2024
전국 지방자치단체
민·관 협업사무 운영 현황 Ⅲ

민간자본사업보조,자체재원(402-01)

민간자본사업보조,이전재원(402-02)

민간위탁사업비(402-03)

공기관 등에 대한 자본적 위탁사업비(403-02)

2024 전국 지방자치단체   2024. 2.

민·관 협업사무 운영 현황 III

민간자본사업보조,자체재원(402-01)

민간자본사업보조,이전재원(402-02)

민간위탁사업비(402-03)

공기관등에 대한 자본적 위탁사업비(403-02)

한국민간위탁연구소는 정부에서 운영하는 민간위탁 공공서비스의 효율성 향상을 위해 설립된 연구기관입니다. 민간위탁은 성과지향형 공공서비스제공 공급방식의 하나로써 더 나은 정부, 더 효율적인 정부로 가기 위한 제도입니다.

세상의 모든 사물은 세상의 변화를 수용해야 합니다. 민간위탁 사무 또한 운영 목적이나 사회적 가치변화를 수용해야하기 때문에 지속적으로 변화해 왔습니다. 현행 민간위탁 사무의 유형은 공익적 성격과 사익적성격의 사무가 혼재되어 스펙트럼이 다양합니다. 시대적 흐름과 환경변화에 맞는 민간위탁사무는 갈수록 커뮤니티거버넌스형(CG) 공공서비스 제공방식으로 변화 되어 가고 있습니다.

이를 효율적으로 관리하기 위해서는 민간위탁의 본질을 이해해야 하는데, 대표적인 영문표기가 contracting out인 것처럼 구매계약 또는 외주계약으로 계약에 관한 전반적인 프로세스를 이해하고 계약관리능력이 필요한 제도라는 것을 이해해야 합니다. 민간위탁 과정은 먼저 민간위탁을 위한 추진계획을 수립한 후 지방의회의 심의를 거쳐 민간위탁 선정심의위원회의 선정과정을 통해 최종 민간위탁 사업자를 선정하게 됩니다. 이 과정에 민간위탁 업체선정을 위한 계약법검토, 조례제정 또는 개정, 적정 위탁비용 산정, 위탁 후 성과평가 결과 적용을 위한 지표개발 등 세부적이고 전문적인 연구결과를 통한 의사결정 자료가 필요하게 됩니다. 이러한 연구결과는 민간기업이 공공서비스를 제공할 때 지속적인 품질 개선을 유도함으로써 서비스경쟁력을 향상시키고, 지자체는 효율적인 예산운영을 통하여 과대 또는 과소예산으로 인한 사회적 비용을 감소시키며 재정운영의 건전성을 증대시키는 효과가 있습니다. 이와 같이 민간위탁만을 연구해온 저희 연구소는 다양한 연구를 통해 얻은 노하우를 바탕으로 좀 더 선진화된 민간위탁 의사결정 자료와 효율적인 운영방안을 제안하는 역할을 수행할 것입니다.

연구소장 배성기

주요연구분야

공공서비스재설계 (Public Service Re-design)
혁신전략 (Innovation Master Plan)
경영평가 (Management Evaluation)
조직진단 (Organization Structure Design)
사업타당성 분석 (Project Feasibility Study)
정부원가계산 (Government Cost Accounting)
공공요금 및 수수료 산정 (Calculation of Utility rates)
성과평가 (public Service Performance Assessment)
민간위탁/공공위탁/관리대행/보조금 (Contracting Out Management)
ESGDI 경영 (Environment Social Governance Digital Transformation)
지방의회 민관협업/행정사무감사 (Audit of Local Government)

연락처

전화 : 02 943 1941
팩스 : 02 943 1948
이메일 : kcomi@kcomi.re.kr
홈페이지: www.kcomi.re.kr

「2024 전국 지방자치단체 「민·관 협업사무 운영현황 Ⅲ」는 이렇게 발간되었습니다.

1. 조사개요

민·관 협업은 학계와 실무계를 불문하고 사회 각계각층이 이 주제의 중요성을 인식하고 처방적 대안 마련에 관심을 쏟고 있음에도 불구하고 민간위탁 케이스별 연구만이 주로 되어 왔습니다. 또한 사회적 현상을 기반으로 공공서비스의 유형을 공공서비스, 준공공서비스, 선택적 공공서비스 등으로의 구분하고 공익성의 정도에 따른 관리기법 및 예산운영 방법 등을 심도 있게 연구한 연구문헌이 부족한 상황입니다.

민·관 협업형 공공서비스는 국민들과의 최접점에서 공급되는 공공서비스로 지속적으로 성장하는 국민들의 공공서비스 수요를 반영하고 개선하기 위해서는 다양한 주제와 분야별로 지속적인 연구가 되어야 합니다. 하지만 이러한 연구를 하기 위한 기초적 통계자료가 없다는 것은 실로 놀라운 일이 아닐 수 없습니다.

따라서 본 조사는 전국 243개 지자체 전부를 대상으로 민·관 협업사무 현황을 분석하기 위해 지자체의 민간경상사업보조(307-02), 민간단체 법정운영비보조(307-03), 민간행사사업보조(307-04), 민간위탁금(307-05), 사회복지시설 법정운영비보조(307-10), 민간인위탁교육비(307-12), 공기관 등에 대한 경상적위탁사업비(308-13), 민간자본사업보조 자체재원(402-01), 민간자본사업보조 이전재원(402-02), 민간위탁사업비(402-03), 공기관 등에 대한 자본적 위탁사업비(403-02) 예산을 조사한 후 해당사무별 업체선정방법, 개별조례 유무, 원가산정기준, 서비스(성과)평가 유무, 수탁기업 현황 등에 대한 정보공개요청을 통해 현황을 조사하였습니다.

본 조사를 통해 얻을 수 있었던 것은 동종의 민·관 협업사무라도 운영예산규모, 업체선정기준, 개별조례유무, 위탁비용 산정기준, 서비스(성과)평가 유무 등이 같지 않다는 것을 알 수 있었습니다. 이를 검증하기 위해서는 심도 있는 연구가 수행 되어야 하겠으나 이런 비교결과조차도 유의미하다고 생각됩니다.

전국 지자체 민·관 협업사무 통계조사의 효용성은 첫째, 유사 민·관 협업사무의 운영예산 확인을 통한 예산운영의 적정성을 판단할 수 있는 기준자료, 둘째, 개별조례 유무 확인을 통한 제정 및 개정 용이, 셋째, 적정 비용 산정기준 확인, 넷째, 성과평가 기준 확인, 다섯째, 민간위탁기업명 확인을 통한 경쟁력 있는 기업선정 기초자료 확보 등과 같습니다.

상기와 같은 조사를 통해 궁극적으로 얻고자 한 것은 「건전한 긴장관계 유지」 입니다. 전국 민·관 협업사무 운영현황을 통해 사무의 종류와 예산의 규모, 협업 수행 기업의 종류와 유형이 공개됨으로써 민·관 협업사무를 추진하는 입장에서는 선택의 폭이 넓어질 것이고, 서비스를 받는 국민의 입장에서는 서비스기업 간 경쟁시스템이 올바르게 갖추어져, 좀 더 체계적이며, 경제적이고, 만족할 만한 공공서비스가 제공 되어질 것입니다.

현 통계 조사의 한계점은 지자체에서 민간이전(307), 자치단체등이전(308), 민간자본이전(402), 자치단체자본이전(403) 예산으로 운영하는 사무를 총괄하여 나열하였으나 해당 사무의

예산 편성시 다른 예산항목 사업으로 편성하여 혼재되어 공개된 사무가 다수 존재합니다. 이는 향후 관리자 교육을 통해 민간위탁 사업의 정확한 이해를 기반으로 해당사무 운영 기본 조례 제·개정과 함께 해당 사무가 운영될 시에 해소가 될 것으로 판단됩니다.

본 현황분석은 한국민간위탁경영연구소의 열 번째 전국단위 민·관 협업사무 운영현황 통계 조사를 한 것으로서 미흡한 부분이 다소 존재합니다. 하지만 전국 민·관 협업 서비스 발전을 위한 기초 연구자료로써 중요한 역할을 할 수 있을 것을 기대합니다. 도움을 주신 전국 민·관 협업사무 담당 공무원분들께 감사드립니다.

2. 조사기간 : 2023년 12월 23일 ~ 2024년 1월 31일

3. 조사결과
- 5개년 조사결과 요약

(단위: 건, 억원)

구분	2020	2021	2022	2023	2024
지자체수(응답)	168	225	234	238	223
사업수(전체)	59,715	88,364	81,162	90,816	99,370
예산(전체)	189,143	194,313	204,171	227,504	256,735
사업수(민간위탁금)	8,173	11,423	11,643	11,989	12,895
예산(민간위탁금)	55,093	59,274	62,201	65,298	70,590

- 행정 단위별 통계

(단위: 억원)

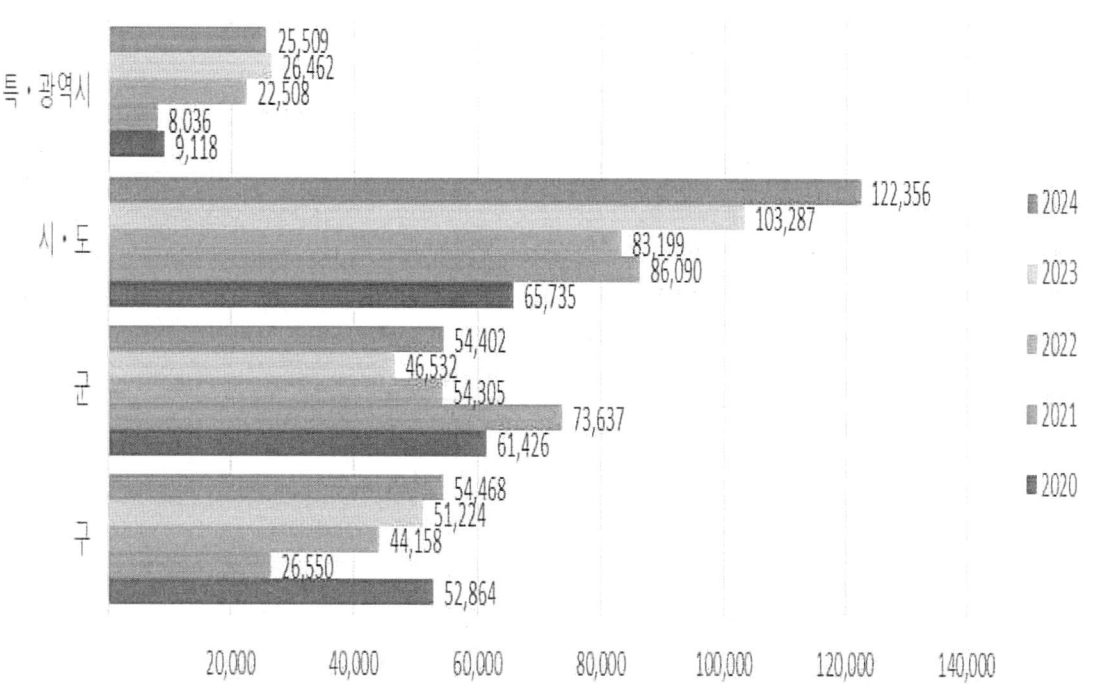

- 민간이전 분류별 통계

(단위: 억원)

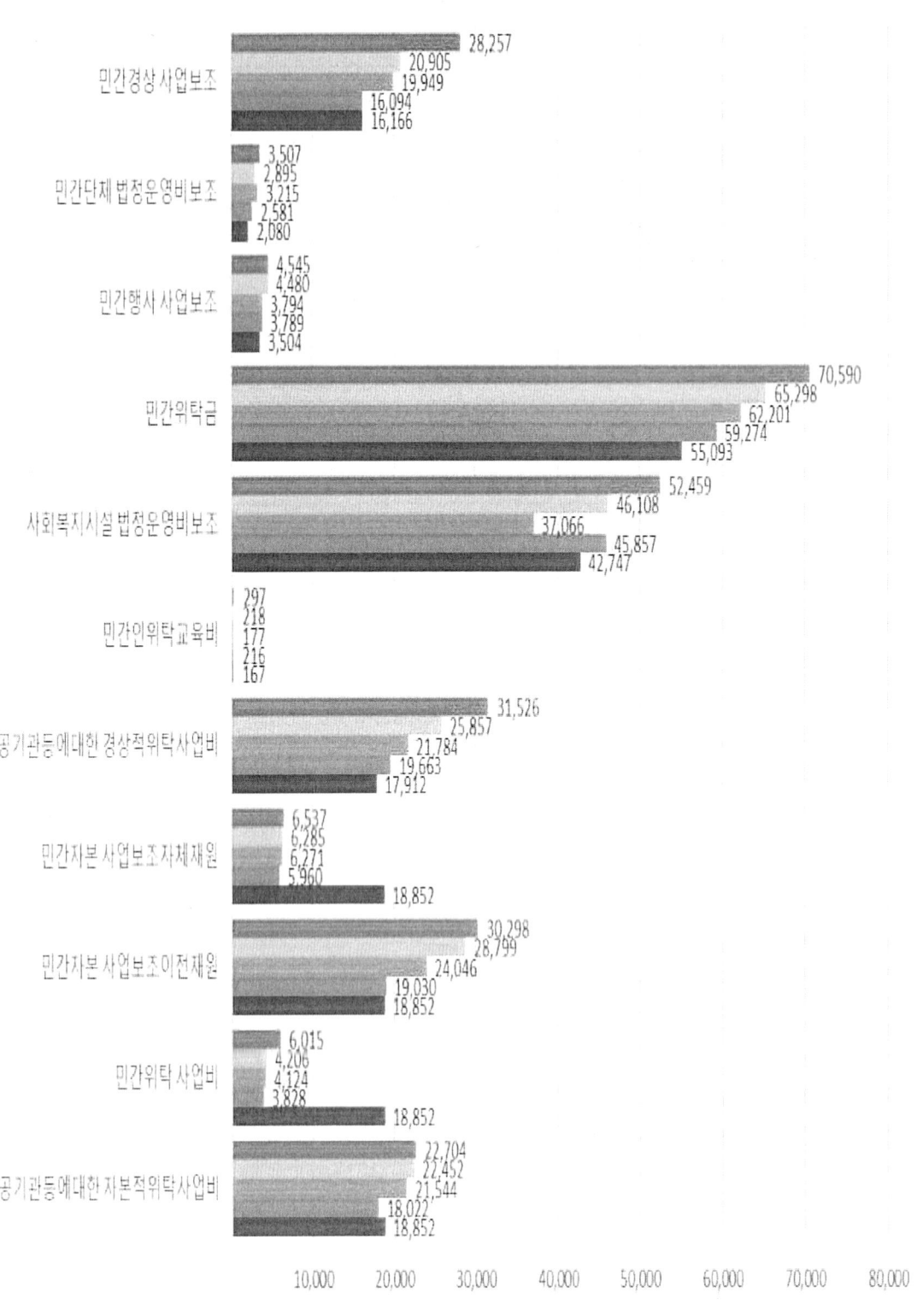

- 사업수별 통계

(단위: 건)

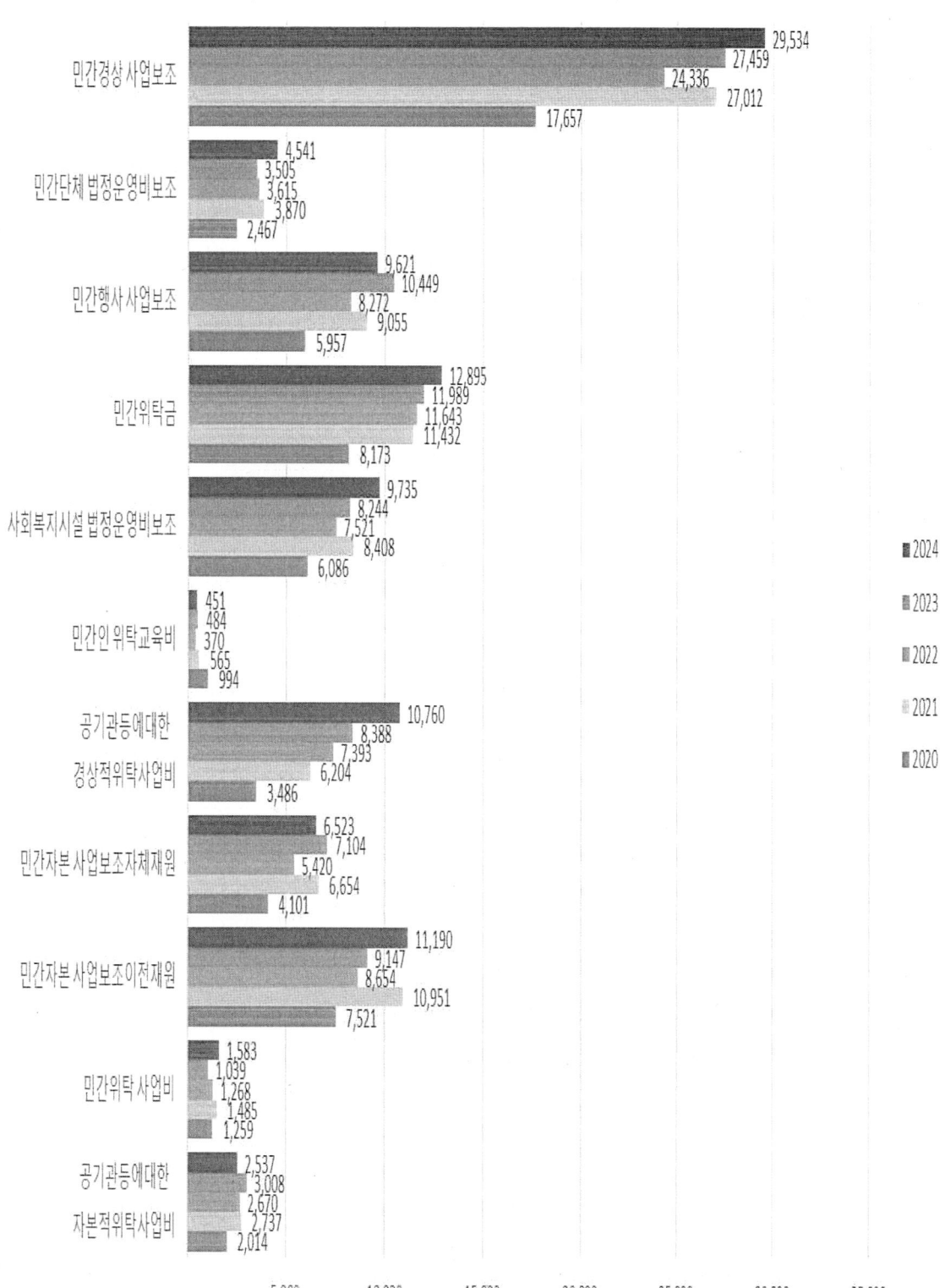

(1) 2024년 조사결과

(단위: 건, 억원)

행정단위	민간이전 (307)			
	민간경상 사업보조 (307-02)	민간단체 법정운영비보조 (307-03)	민간행사 사업보조 (307-04)	민간위탁금 (307-05)
합 계	28,257	3,507	4,545	70,590
특·광역시	4,442	134	402	6,626
시·도	13,471	2,050	2,349	30,236
군	7,898	785	1,446	11,054
구	2,445	538	347	22,674
사업수	29,534	4,541	9,621	12,895

(단위: 건, 억원)

행정단위	민간이전 (307)		자치단체등이전 (308)	민간자본이전 (402)
	사회복지시설 법정운영비보조 (307-10)	민간인 위탁교육비 (307-12)	공기관등에대한 경상적대행사업비 (308-10)	민간자본 사업보조자체재원 (402-01)
합 계	52,459	297	31,526	6,537
특·광역시	2,478	1	5,556	194
시·도	22,230	258	15,847	3,379
군	7,057	28	4,840	2,691
구	20,694	9	5,282	273
사업수	9,735	451	10,760	6,523

(단위: 건, 억원)

행정단위	민간자본이전 (402)		자치단체자본이전 (403)	합 계
	민간자본 사업보조이전재원 (402-02)	민간위탁 사업비 (402-03)	공기관등에대한 자본적위탁사업비 (403-02)	
합 계	30,298	6,015	22,704	256,735
특·광역시	2,200	432	3,043	25,509
시·도	18,618	2,496	11,421	122,356
군	8,682	2,576	7,345	54,402
구	799	511	895	54,468
사업수	11,190	1,583	2,537	99,370

(2) 2023년 조사결과

(단위: 건, 억원)

행정단위	민간이전 (307)			
	민간경상 사업보조 (307-02)	민간단체 법정운영비보조 (307-03)	민간행사 사업보조 (307-04)	민간위탁금 (307-05)
합 계	20,905	2,895	4,480	65,298
특·광역시	2,182	454	222	6,705
시·도	9,837	1,573	2,314	28,941
군	6,605	569	1,592	9,568
구	2,281	298	353	20,084
사업수	27,459	3,505	10,449	11,989

(단위: 건, 억원)

행정단위	민간이전 (307)		자치단체등이전 (308)	민간자본이전 (402)
	사회복지시설 법정운영비보조 (307-10)	민간인 위탁교육비 (307-12)	공기관등에대한 경상적대행사업비 (308-10)	민간자본 사업보조자체재원 (402-01)
합 계	46,108	218	25,857	6,285
특·광역시	1,694	2	5,176	207
시·도	16,509	179	12,284	2,775
군	7,189	33	3,103	3,016
구	20,716	4	5,294	288
사업수	8,244	484	8,388	7,104

(단위: 건, 억원)

행정단위	민간자본이전(402)		자치단체자본이전 (403)	합 계
	민간자본 사업보조이전재원 (402-02)	민간위탁 사업비 (402-03)	공기관등에대한 자본적위탁사업비 (403-02)	
합 계	28,799	4,206	22,452	227,504
특·광역시	6,546	238	3,037	26,462
시·도	16,337	1,958	10,580	103,287
군	5,400	1,480	7,976	46,532
구	516	530	860	51,224
사업수	9,147	1,039	3,008	90,816

(3) 2022년 조사결과

(단위: 건, 억원)

행정단위	민간이전 (307)			
	민간경상 사업보조 (307-02)	민간단체 법정운영비보조 (307-03)	민간행사 사업보조 (307-04)	민간위탁금 (307-05)
합 계	19,949	3,215	3,794	62,201
특·광역시	1,966	443	116	6,715
시·도	9,476	1,697	1,942	23,943
군	6,620	698	1,431	10,680
구	1,888	377	305	20,864
사업수	24,336	3,615	8,272	11,643

(단위: 건, 억원)

행정단위	민간이전 (307)		자치단체등이전 (308)	민간자본이전 (402)
	사회복지시설 법정운영비보조 (307-10)	민간인 위탁교육비 (307-12)	공기관등에대한 경상적위탁사업비 (308-10)	민간자본 사업보조자체재원 (402-01)
합 계	37,066	177	21,784	6,271
특·광역시	1,810	0.2	4,815	418
시·도	14,051	18	9,570	2,388
군	6,764	111	3,400	3,233
구	14,441	48	3,999	231
사업수	7,521	370	7,393	5,420

(단위: 건, 억원)

행정단위	민간자본이전(402)		자치단체자본이전 (403)	합 계
	민간자본 사업보조이전재원 (402-02)	민간위탁 사업비 (402-03)	공기관등에대한 자본적위탁사업비 (403-02)	
합 계	24,046	4,124	21,544	204,171
특·광역시	3,246	325	2,655	22,508
시·도	10,457	1,249	8,408	83,199
군	9,684	2,141	9,544	54,305
구	660	409	937	44,158
사업수	8,654	1,268	2,670	81,162

(4) 2021년 조사결과

(단위: 건, 억원)

행정단위	민간이전 (307)			
	민간경상 사업보조 (307-02)	민간단체 법정운영비보조 (307-03)	민간행사 사업보조 (307-04)	민간위탁금 (307-05)
합 계	16,094	2,581	3,789	59,274
특·광역시	1,265	207	175	1,419
시·도	7,417	1,405	1,910	25,055
군	5,844	698	1,441	23,693
구	1,569	271	262	9,107
사업수	27,012	3,870	9,055	11,423

(단위: 건, 억원)

행정단위	민간이전 (307)		자치단체등이전 (308)	민간자본이전 (402)
	사회복지시설 법정운영비보조 (307-10)	민간인 위탁교육비 (307-12)	공기관등에대한 경상적대행사업비 (308-10)	민간자본 사업보조자체재원 (402-01)
합 계	45,857	216	19,663	5,960
특·광역시	958	3	2,820	261
시·도	17,429	46	11,703	2,345
군	15,096	117	3,840	3,149
구	12,374	51	1,300	205
사업수	8,408	565	6,204	6,654

(단위: 건, 억원)

행정단위	민간자본이전 (402)		자치단체자본이전 (403)	합 계
	민간자본 사업보조이전재원 (402-02)	민간위탁 사업비 (402-03)	공기관등에대한 자본적위탁사업비 (403-02)	
합 계	19,030	3,828	18,022	194,313
특·광역시	392	32	505	8,036
시·도	9,454	1,541	7,785	86,090
군	8,771	2,063	8,924	73,637
구	413	191	808	26,550
사업수	10,951	1,485	2,737	88,364

(5) 2020년 조사결과

(단위: 건, 억원)

행정단위	민간이전 (307)			
	민간경상 사업보조 (307-02)	민간단체 법정운영비보조 (307-03)	민간행사 사업보조 (307-04)	민간위탁금 (307-05)
합 계	16,166	2,080	3,504	55,093
특·광역시	1,478	200	203	2,046
시·도	5,663	878	1,425	19,771
군	6,904	716	1,618	14,858
구	2,121	287	259	18,417
사업수	17,657	2,467	5,957	8,173

(단위: 건, 억원)

행정단위	민간이전 (307)		자치단체등이전 (308)	민간자본이전 (402)
	사회복지시설 법정운영비보조 (307-10)	민간인 위탁교육비 (307-12)	공기관등에대한 경상적대행사업비 (308-10)	민간자본 사업보조자체재원 (402-01)
합 계	42,747	167	17,912	6,889
특·광역시	443	5	2,377	308
시·도	15,315	76	5,468	2,883
군	5,555	54	3,952	3,143
구	21,433	32	6,116	555
사업수	6,086	994	3,486	4,101

(단위: 건, 억원)

행정단위	민간자본이전(402)		자치단체자본이전 (403)	합 계
	민간자본 사업보조이전재원 (402-02)	민간위탁 사업비 (402-03)	공기관등에대한 자본적위탁사업비 (403-02)	
합 계	21,949	3,783	18,852	189,143
특·광역시	693	108	1,258	9,118
시·도	8,438	1,074	4,744	65,735
군	10,944	1,411	12,270	61,426
구	1,874	1,190	580	52,864
사업수	7,521	1,259	2,014	59,715

■ 민·관협업 예산비목 설명

1) 민간경상사업보조(307-02)란 민간이 행하는 사업에 대하여 자치단체가 이를 권장하기 위하여 교부하는 것으로 자본적 경비를 제외한 보조금을 말함
2) 민간단체 법정운영비보조(307-03)란 지방재정법 제17조 및 제32조의2제2항에 따라 운영비를 지원할 수 있는 단체 등에 지원하는 경비를 말함
3) 민간행사사업보조(307-04)란 민간이 주관 또는 주최하는 행사에 대하여 자본적 경비를 제외한 보조금을 말함
4) 민간위탁금(307-05)이란 국가 또는 지방자치단체가 법령 및 조례에 의하여 민간인에게 위탁 관리시키는 사업 중 기금성격의 사업비로서 사업이 종료되거나 위탁이 폐지될 때에는 전액 국고 또는 지방비로 회수가 가능한 사업을 말함
5) 사회복지시설 법정운영비 보조(307-10)란 주민 복지를 위해 법령의 명시적 근거에 따라 사회복지시설에 대하여 운영비 지원 목적으로 편성하는 보조금을 말함
6) 민간인위탁교육비(307-12)란 법령 또는 조례 등에 따라 자치단체 사무를 위해 민간인을 위탁 교육할 경우 위탁기관에 지급할 위탁교육비를 말함
7) 공기관등에 대한 경상적 위탁사업비(308-13)란 광역사업 등 당해 자치단체가 시행하여야 할 자본형성적 사업 외의 경비를 공기관에 위임 또는 위탁, 대행하여 시행할 경우 부담하는 제반경비, 지방자치단체조합(한국지역정보개발원 등)에 위탁하는 자본 형성적 사업 외 제반 경비를 말함
8) 민간자본사업보조(자체재원)(402-01)이란 민간의 자본형성을 위하여 민간이 추진하는 사업을 권장할 목적으로 민간에게 자치단체 자체 재원으로 직접 지급하는 보조금을 말함
9) 민간자본사업보조(이전재원)(402-02)이란 민간의 자본형성을 위하여 민간이 추진하는 사업을 권장할 목적으로 민간에게 국비 또는 시도비를 시도 및 시군구에서 지급하는 보조금
10) 민간위탁사업비(402-03)란 자치단체가 직접 추진하여야 할 사업으로서 법령의 규정에 의하여 민간에 위임 또는 위탁, 대행시키는 사업의 사업비, 국가 또는 지방자치단체의 위임사무에 수반하는 경비로서 지방자치단체 이외의 타에 지급하는 교부금을 말함
11) 공기관등에 대한 자본적 위탁사업비(403-02)란 광역사업 등 당해 자치단체가 시행하여야 할 자본 형성적 사업을 공기관에 위임 또는 위탁, 대행하여 시행할 경우 부담하는 제반경비를 말함

※ 자료의 특성상 원본(엑셀) 제공은 다소 어려우나, 별도의 요청이 있는 경우 특정항목 및 특정사업에 따라 분류된 자료를 제공드릴 수 있습니다.

자료출처 : 행정안전부, 2024년도 지방자치단체 예산편성 운영기준 및 기금운용계획 수립기준 (2023. 7.)

chapter 1

민간자본사업보조, 자체재원
(402-01)

목 차

Chapter1. 민간자본사업보조, 자체재원(402-01) ·············· 1

서울

서울특별시 ·············1	구리시 ·············8
광진구 ·············1	남양주시 ·············9
동대문구 ·············1	군포시 ·············10
중랑구 ·············1	의왕시 ·············10
성북구 ·············1	하남시 ·············10
강북구 ·············1	용인시 ·············10
도봉구 ·············2	파주시 ·············10
노원구 ·············2	이천시 ·············11
은평구 ·············2	시흥시 ·············12
서대문구 ·············2	안성시 ·············12
마포구 ·············2	여주시 ·············21
양천구 ·············2	화성시 ·············22
강서구 ·············2	광주시 ·············22
구로구 ·············2	양주시 ·············23
영등포구 ·············3	연천군 ·············23
동작구 ·············3	가평군 ·············24
관악구 ·············3	양평군 ·············25
송파구 ·············3	
강동구 ·············3	

경기

수원시 ·············3	
성남시 ·············4	
의정부시 ·············4	
안양시 ·············4	
부천시 ·············5	
광명시 ·············5	
평택시 ·············6	
동두천시 ·············7	
안산시 ·············7	
고양시 ·············8	
과천시 ·············8	

인천

중구 ·············25
동구 ·············25
미추홀구 ·············25
연수구 ·············25
부평구 ·············25
계양구 ·············26
서구 ·············26
강화군 ·············26
옹진군 ·············26

목 차

광주

광주광역시 ·· 27
동구 ·· 27
서구 ·· 27
남구 ·· 27
북구 ·· 27
광산구 ·· 27

대구

대구광역시 ·· 27
중구 ·· 28
동구 ·· 28
서구 ·· 28
남구 ·· 28
북구 ·· 28
수성구 ·· 28
달서구 ·· 29
달성군 ·· 29
군위군 ·· 29

대전

대전광역시 ·· 30
동구 ·· 31
중구 ·· 31
서구 ·· 31
유성구 ·· 31
대덕구 ·· 31

부산

서구 ·· 31
동구 ·· 31
동래구 ·· 31
남구 ·· 31
북구 ·· 31
해운대구 ·· 31
사하구 ·· 31

강서구 ·· 31
연제구 ·· 32
수영구 ·· 32
사상구 ·· 32
기장군 ·· 32

울산

중구 ·· 32
남구 ·· 32
동구 ·· 32
북구 ·· 33
울주군 ·· 33

세종

세종특별자치시 ································ 33

강원

강원특별자치도 ································ 34
춘천시 ·· 34
강릉시 ·· 35
동해시 ·· 37
태백시 ·· 37
속초시 ·· 37
삼척시 ·· 37
횡성군 ·· 39
영월군 ·· 40
평창군 ·· 41
정선군 ·· 42
철원군 ·· 43
양구군 ·· 43
인제군 ·· 44
고성군 ·· 45

목 차

충북

- 청주시 …………………………………… 45
- 충주시 …………………………………… 47
- 제천시 …………………………………… 49
- 보은군 …………………………………… 53
- 옥천군 …………………………………… 54
- 영동군 …………………………………… 56
- 증평군 …………………………………… 58
- 음성군 …………………………………… 58
- 단양군 …………………………………… 61

충남

- 충청남도 ………………………………… 62
- 천안시 …………………………………… 62
- 공주시 …………………………………… 63
- 보령시 …………………………………… 63
- 아산시 …………………………………… 64
- 서산시 …………………………………… 65
- 논산시 …………………………………… 66
- 계룡시 …………………………………… 67
- 당진시 …………………………………… 67
- 금산군 …………………………………… 68
- 부여군 …………………………………… 68
- 서천군 …………………………………… 69
- 청양군 …………………………………… 70
- 홍성군 …………………………………… 71
- 예산군 …………………………………… 71

경북

- 경상북도 ………………………………… 72
- 포항시 …………………………………… 72
- 경주시 …………………………………… 73
- 영천시 …………………………………… 76
- 김천시 …………………………………… 77
- 안동시 …………………………………… 78
- 구미시 …………………………………… 82
- 상주시 …………………………………… 83
- 문경시 …………………………………… 86
- 경산시 …………………………………… 88
- 의성군 …………………………………… 89
- 청송군 …………………………………… 89
- 영양군 …………………………………… 92
- 영덕군 …………………………………… 93
- 청도군 …………………………………… 93
- 고령군 …………………………………… 93
- 성주군 …………………………………… 94
- 칠곡군 …………………………………… 95
- 예천군 …………………………………… 95
- 봉화군 …………………………………… 97
- 울진군 …………………………………… 98

경남

- 경상남도 ………………………………… 98
- 창원시 …………………………………… 99
- 진주시 …………………………………… 100
- 통영시 …………………………………… 100
- 김해시 …………………………………… 100
- 거제시 …………………………………… 101
- 양산시 …………………………………… 102
- 의령군 …………………………………… 103
- 함안군 …………………………………… 103
- 창녕군 …………………………………… 104
- 고성군 …………………………………… 104
- 남해군 …………………………………… 105
- 하동군 …………………………………… 106

목 차

산청군	107
함양군	108
합천군	110

전북

전라북도	110
전주시	110
익산시	111
정읍시	112
남원시	125
김제시	127
완주군	128
장수군	129
순창군	130
고창군	133

전남

완도군	135
목포시	135
여수시	135
순천시	136
나주시	138
광양시	138
담양군	138
곡성군	140
구례군	142
고흥군	143
화순군	143
장흥군	143
강진군	144
해남군	147
영암군	149
무안군	150
함평군	150
영광군	151
장성군	157
진도군	158
신안군	159

제주

제주시	159
서귀포시	162

2024년 전국 지방자치단체 민간자본사업보조, 자체재원(402-01) 운영현황

순번	시군구	지출명 (사업명)	2024년예산 (단위 : 천원 /1년간)	민간이전 분류 (지방자치단체 세출예산 집행기준에 의거) 1. 민간경상사업보조(307-02) 2. 민간단체 법정운영비보조(307-03) 3. 민간행사사업보조(307-04) 4. 민간위탁금(307-05) 5. 사회복지시설 법정운영비보조(307-10) 6. 민간인위탁교육비(307-12) 7. 공기관등에대한경상적위탁사업비(308-13) 8. 민간자본사업보조,자체재원(402-01) 9. 민간자본사업보조,이체재원(402-02) 10. 민간위탁사업비(402-03) 11. 공기관등에 대한 자본적 위탁사업비(403-02)	민간이전지출 근거 (지방보조금 관리기준 참고) 1. 법률에 규정 2. 국고보조 재원(국가지정) 3. 용도 지정 기부금 4. 조례에 직접규정 5. 지자체가 권장하는 사업을 하는 공공기관 6. 시,도 정책 및 재정사정 7. 기타 8. 해당없음	입찰방식 계약체결방법 (경쟁형태) 1. 일반경쟁 2. 제한경쟁 3. 지명경쟁 4. 수의계약 5. 법정위탁 6. 기타( ) 7. 없음	계약기간 1. 1년 2. 2년 3. 3년 4. 4년 5. 5년 6. 기타( )년 7. 단가계약 (1년미만) 8. 없음	낙찰자선정방법 1. 적격심사 2. 협상에의한계약 3. 최저낙찰제 4. 규격가격분리 5. 2단계 경쟁입찰 6. 기타( ) 7. 없음	운영예산 산정 1. 내부산정 (지자체 자체적으로 산정) 2. 외부산정 (외부전문기관위탁 산정) 3. 내·외부 모두 산정 4. 산정 無 5. 없음	정산방법 1. 내부정산 (지자체 내부적으로 정산) 2. 외부정산 (외부전문기관위탁 정산) 3. 내·외부 모두 산정 4. 정산 無 5. 없음	성과평가 실시여부 1. 실시 2. 미실시 3. 향후 추진 4. 해당없음
1	서울특별시	재개발임대주택현물출자분임대보증금반환	2,000,000	8	7	6	6	7	5	5	4
2	서울특별시	장애인복지관기능보강	1,561,842	8	1	7	8	7	1	1	1
3	서울특별시	보훈단체지원	1,508,000	8	1,4	7	8	7	1	1	1
4	서울특별시	장애인생활이동지원센터운영지원	1,337,635	8	1,4	7	8	7	5	1	2
5	서울특별시	여성인력개발센터지정운영	1,230,000	8	1	6	8	7	1	1	1
6	서울특별시	마을버스서비스개선	1,132,500	8	1	7	8	7	1	1	4
7	서울특별시	장애인체육시설기능보강	555,547	8	1	7	8	7	1	1	4
8	서울특별시	소규모세탁소VOCs저감시설지원	480,000	8	2	7	8	7	5	1	1
9	서울특별시	스토킹범죄예방및피해자지원	100,000	8	1	7	8	7	1	1	3
10	서울특별시	장애인자립생활주택운영	100,000	8	7	1	4	1	1	1	3
11	서울특별시	장애인주간보호시설기능보강	84,185	8	1	7	8	7	5	1	1
12	서울특별시	중증응급환자공공이송체계구축	80,500	8	1	7	8	7	5	5	4
13	서울특별시	빗물관리시설확충	72,000	8	4	7	8	7	1	1	4
14	서울특별시	폭력피해자주거지원시설추가지원(자체)	50,000	8	1	1	2	1	5	1	1
15	서울특별시	非OECD국가학교지원육성	40,000	8	4	7	1	7	5	5	4
16	서울특별시	서울농업인농업기계구매지원	30,000	8	7	6	6	1	1	1	1
17	서울특별시	서울특별시체육회육성	17,100	8	1	6	8	7	1	3	3
18	서울특별시	장애인지원주택운영	12,000	8	7	1	3	5	1	1	1
19	서울특별시	결핵관리보건소결핵관리(자체)	10,000	8	1	7	8	7	5	5	4
20	서울 광진구	공동주택관리및지원	800,000	8	4	7	8	7	1	1	1
21	서울 광진구	사회단체운영효율성제고	122,660	8	5	7	8	7	1	1	1
22	서울 광진구	민간,가정어린이집기능보강및환경개선사업	120,000	8	1,4	7	8	7	5	5	4
23	서울 광진구	장애인단체지원	15,000	8	7	7	8	7	1	1	4
24	서울 광진구	대중교통대책지원(사무실환경개선)	3,000	8	8	7	8	7	1	1	1
25	서울 동대문구	공동주택관리지원	600,000	8	1,4	7	8	7	5	5	4
26	서울 동대문구	어린이집기자재비	300,000	8	7	7	8	7	1	1	1
27	서울 동대문구	민간가정어린이집환경개선	300,000	8	4	7	8	7	1	1	2
28	서울 동대문구	간판개선사업지원	300,000	8	1	7	8	7	5	5	1
29	서울 동대문구	방역차량지원	27,000	8	4	7	8	7	1	1	1
30	서울 동대문구	커뮤니티공모사업	11,700	8	1,4	7	8	7	5	5	4
31	서울 중랑구	공동주택관리보조금지원	700,000	8	1,4	7	8	7	1	1	1
32	서울 중랑구	어린이집운영지원	198,000	8	4	7	8	7	1	1	1
33	서울 성북구	공동주택관리지원	600,000	8	1,4	7	8	7	5	5	4
34	서울 성북구	한옥발전및보존사업	20,000	8	4	7	8	7	5	5	4
35	서울 성북구	성북문화원지원	18,230	8	1	7	8	7	1	1	1
36	서울 강북구	공동주택지원사업	450,000	8	1	7	8	7	1	1	4
37	서울 강북구	지역상권활성화및특화거리지원	237,960	8	4	7	8	7	1	1	4

순번	시군구	지출명 (사업명)	2024년예산 (단위 : 천원 /1년간)	민간이전 분류 (지방자치단체 세출예산 집행기준에 의거)	민간이전지출 근거 (지방보조금 관리기준 참고)	입찰방식			운영예산 산정		성과평가 실시여부
						계약체결방법 (경쟁형태)	계약기간	낙찰자선정방법	운영예산 산정	정산방법	
38	서울 강북구	침수방지시설설치지원	20,000	8	4	7	8	7	5	5	4
39	서울 도봉구	공동주택관리(유지,보수)지원	550,000	8	8	7	8	7	5	5	4
40	서울 도봉구	음식물류폐기물감량사업	40,000	8	5	7	8	7	1	1	4
41	서울 도봉구	민간,가정어린이집환경개선(시비/자체)	30,000	8	1	7	8	7	5	5	2
42	서울 도봉구	작은도서관지원	19,200	8	5	7	8	7	1	1	1
43	서울 도봉구	방학천문화예술거리조성및활성화	10,000	8	4	7	8	7	5	5	4
44	서울 노원구	공동주택지원사업	900,000	8	1,4	7	8	7	5	1	1
45	서울 노원구	아파트경비,미화원기본시설지원	60,000	8	1,4	7	8	7	5	1	1
46	서울 노원구	지역아동센터기능보강	35,000	8	1	7	8	7	1	1	1
47	서울 노원구	미니태양광보급사업구비보조	27,750	8	1	7	8	7	5	5	2
48	서울 노원구	공익사업물품구입지원	5,000	8	1,4	7	8	7	1	1	4
49	서울 은평구	제조업발전지원사업	50,000	8	1	7	8	7	5	5	4
50	서울 은평구	복지기획업무추진	12,750	8	1	7	7	7	1	1	4
51	서울 은평구	은평문화원지원	3,000	8	1	7	8	7	1	1	4
52	서울 서대문구	공동주택안전점검및관리비용지원	600,000	8	1,4	7	8	7	1	1	1
53	서울 서대문구	음식물류폐기물수거	120,000	8	7	7	8	7	5	5	4
54	서울 서대문구	어린이집운영지원	20,000	8	1,4	7	8	7	1	1	1
55	서울 서대문구	지역아동센터운영지원	6,000	8	1	6	5	1	1	1	3
56	서울 마포구	공동주택관리및지원사업(공동주택지원사업비)	350,000	8	8	7	8	7	5	5	4
57	서울 마포구	거리가게자립지원사업지원(거리가게자립지원기금)	25,000	8	8	7	8	7	1	1	4
58	서울 마포구	국민운동지원단체활성화	23,000	8	1	7	8	7	1	1	4
59	서울 마포구	악취저감장치설치지원(악취저감장치사업비,보조재원)	6,960	8	8	7	8	7	5	5	4
60	서울 마포구	장애인복지단체지원(동네힐링안마봉사단운영비)	2,400	8	1	6	1	6	1	1	1
61	서울 양천구	공동주택지원및관리	1,200,000	8	4	7	8	7	1	1	4
62	서울 양천구	양천구녹색건축물조성지원사업	200,000	8	4	7	8	7	1	1	4
63	서울 양천구	어르신복지관시설관리(기능보강)	97,140	8	6	6	5	6	1	1	1
64	서울 양천구	지역아동센터환경개선비지원	50,000	8	1	7	8	7	1	1	4
65	서울 양천구	건축물부설주차장개방사업	45,000	8	4	7	8	7	1	1	4
66	서울 양천구	청년점포및청년기업육성	40,000	8	4	7	8	7	1	1	4
67	서울 양천구	전기자전거구입보조금지원사업	30,000	8	4	7	7	7	1	1	4
68	서울 양천구	어르신복지시설기능보강사업	10,000	8	4	7	8	7	1	1	4
69	서울 양천구	보훈가족지원	9,300	8	4	7	8	7	1	1	4
70	서울 양천구	지진안전시설물인증지원	7,200	8	2	7	8	7	5	5	4
71	서울 양천구	신재생에너지설비설치및유지관리	6,000	8	1	7	8	7	5	5	4
72	서울 양천구	악취저감시설설치비	2,320	8	4	7	7	7	5	5	4
73	서울 강서구	작은도서관도서구입비	124,200	8	4	6	1	1	1	1	1
74	서울 구로구	공동주택관리감독및지원(공동주택관리지원)	400,000	8	1,4	7	8	7	1	1	4
75	서울 구로구	소규모공동주택관리지원(소규모공동주택관리사업비지원)	76,800	8	4	7	8	7	1	1	4
76	서울 구로구	국민운동단체지원(새마을회자율방역전기차량구매지원)	69,900	8	1	6	8	7	5	1	4
77	서울 구로구	대한노인회구로구지회운영(차량대체구입)	45,000	8	4	7	8	7	5	5	4

순번	시군구	지출명(사업명)	2024년예산 (단위:천원/1년간)	민간이전 분류	민간이전지출 근거	계약체결방법 (경쟁형태)	계약기간	낙찰자선정방법	운영예산 산정	정산방법	성과평가 실시여부
78	서울 구로구	국민운동단체지원(오류2동새마을지도자협의회컨테이너구매)	9,000	8	1	7	8	7	5	1	4
79	서울 구로구	생활밀착형작은도서관조성(작은도서관조성지원)	7,500	8	4	2	8	7	1	1	4
80	서울 영등포구	공동주택관리지원사업	700,000	8	1	7	8	7	5	5	4
81	서울 영등포구	노후민간건축물안전관리	75,000	8	1	7	8	7	1	1	1
82	서울 영등포구	방역소독	7,656	8	4	7	8	7	5	3	4
83	서울 동작구	공동주택지원	850,000	8	1,4	1	7	6	3	3	3
84	서울 동작구	에너지절약및이용합리화	300,000	8	4	7	8	7	1	1	1
85	서울 동작구	소규모공동주택지원	100,000	8	4	6	7	6	1	1	1
86	서울 동작구	초미세먼지줄이기지원	80,000	8	4	7	8	7	1	1	1
87	서울 동작구	소상공인스마트기술지원사업	40,000	8	4	6	7	6	1	1	4
88	서울 동작구	민간어린이집기능보강	28,000	8	4	7	8	7	5	5	4
89	서울 동작구	동작형어린이집운영	17,500	8	4	7	8	7	1	1	4
90	서울 동작구	주차장확충사업	15,000	8	8	7	2	7	1	1	4
91	서울 관악구	공동주택관리비용지원	450,000	8	1	7	8	7	5	5	4
92	서울 관악구	어린이집CCTV교체지원	106,080	8	4	7	8	7	1	1	4
93	서울 관악구	생활밀착형소규모시설맞춤형경사로설치지원	20,000	8	1	7	8	7	5	5	4
94	서울 관악구	어린이집등보육시설환경개선개보수비지원	20,000	8	4	7	8	7	1	1	3
95	서울 관악구	침수방지시설지원사업	20,000	8	4	7	8	7	5	5	4
96	서울 관악구	공기공급장치설치비지원	13,920	8	4	7	8	7	1	1	2
97	서울 송파구	공동주택지원사업	600,000	8	4	7	8	7	1	1	1
98	서울 송파구	공동주택침수방지시설설치	100,000	8	4	7	8	7	1	1	1
99	서울 송파구	전통시장,상점가시설환경개선(전환사업)	50,000	8	1	7	8	7	5	5	4
100	서울 송파구	민간공익활동단체지원	24,756	8	1	7	8	7	1	1	1
101	서울 강동구	공동주택공용시설물유지관리비지원	250,000	8	4	7	8	7	5	5	4
102	서울 강동구	강동형민간가정어린이집환경개선사업	50,000	8	1	7	8	7	1	1	1
103	경기 수원시	공동주택관리보조금	2,000,000	8	4	7	8	7	1	1	1
104	경기 수원시	투자유치기업보조금	500,000	8	4	7	8	7	1	1	3
105	경기 수원시	공동주택노후RFID종량기교체지원	500,000	8	4	7	8	7	5	5	4
106	경기 수원시	한옥건축수선지원	230,000	8	4	7	8	7	1	1	4
107	경기 수원시	자활근로사업단육성	200,000	8	4	1	1	6	1	1	1
108	경기 수원시	경로당집기	88,850	8	4	7	8	7	1	1	1
109	경기 수원시	경로당집기	80,000	8	4	7	8	7	1	1	1
110	경기 수원시	경로당집기지원	80,000	8	4	7	8	7	1	1	1
111	경기 수원시	새마을문고도서	52,000	8	4	7	8	7	1	1	1
112	경기 수원시	자활근로사업단육성	50,000	8	4	1	1	6	1	1	1
113	경기 수원시	새마을문고도서	40,000	8	4	7	8	7	1	1	1
114	경기 수원시	내집주차장갖기사업	25,500	8	4	7	8	7	1	1	1
115	경기 수원시	분뇨처리수수료징수대행교부금	22,000	8	4	5	8	7	1	1	2
116	경기 수원시	내집주차장갖기지원사업	17,000	8	4	7	8	7	1	1	1
117	경기 수원시	우수친환경농산물생산및유통사업시설지원	16,000	8	1	7	8	7	1	1	1

| 순번 | 시군구 | 지출명
(사업명) | 2024년예산
(단위 : 천원 /1년간) | 민간이전 분류
(지방자치단체 세출예산 집행기준에 의거)
1. 민간경상사업보조(307-02)
2. 민간단체 법정운영비보조(307-03)
3. 민간행사사업보조(307-04)
4. 민간위탁금(307-05)
5. 사회복지시설 법정운영비보조(307-10)
6. 민간위탁교육비(307-12)
7. 공기관등에대한경상적위탁사업비(308-13)
8. 민간자본사업보조,자체재원(402-01)
9. 민간자본사업보조,이전재원(402-02)
10. 민간위탁사업비(402-03)
11. 공기관등에 대한 자본적 위탁사업비(403-02) | 민간이전지출 근거
(지방보조금 관리기준 참고)
1. 법률에 규정
2. 국고보조 재원(국가지정)
3. 용도 지정 기부금
4. 조례에 직접규정
5. 지자체가 권장하는 사업을 하는 공공기관
6. 시,도 정책 및 재정사정
7. 기타
8. 해당없음 | 입찰방식 | | | 운영예산 산정 | | 성과평가
실시여부 |
						계약체결방법 (경쟁형태) 1. 일반경쟁 2. 제한경쟁 3. 지명경쟁 4. 수의계약 5. 법정위탁 6. 기타 ( ) 7. 없음	계약기간 1. 1년 2. 2년 3. 3년 4. 4년 5. 5년 6. 기타 ( )년 7. 단기계약 (1년미만) 8. 없음	낙찰자선정방법 1. 적격심사 2. 협상에의한계약 3. 최저가낙찰제 4. 규격가격분리 5. 2단계 경쟁입찰 6. 기타 ( ) 7. 없음	운영예산 산정 1. 내부산정 (지자체 자체적으로 산정) 2. 외부산정 (외부전문기관위탁 산정) 3. 내·외부 모두 산정 4. 산정 無	정산방법 1. 내부정산 (지자체 내부적으로 정산) 2. 외부정산 (외부전문기관위탁 정산) 3. 내·외부 모두 산정 4. 정산 無 5. 없음	1. 실시 2. 미실시 3. 향후 추진 4. 해당없음
118	경기 수원시	농업기계구입지원	12,000	8	1	7	8	7	1	1	1
119	경기 수원시	새마을문고집기	7,080	8	4	7	8	7	1	1	1
120	경기 수원시	농업용관정개발	6,000	8	1	7	8	7	1	1	1
121	경기 수원시	새마을동부녀회집기	4,950	8	4	7	8	7	1	1	1
122	경기 수원시	새마을문고집기	4,331	8	4	7	8	7	1	1	1
123	경기 수원시	수원시체육회운영	2,700	8	1	7	1	7	1	1	1
124	경기 수원시	새마을부녀회집기	2,400	8	4	7	8	7	1	1	1
125	경기 수원시	수원시장애인체육회운영	1,000	8	1	7	7	7	1	1	1
126	경기 성남시	공동주택공동시설보조금지원	1,980,000	8	8	7	8	7	5	5	4
127	경기 성남시	성남맞춤농정사업	406,287	8	6	7	8	7	1	1	1
128	경기 성남시	소규모공동주택보조금지원	240,000	8	4	7	8	7	5	5	4
129	경기 성남시	새마을운동중앙회지원	200,000	8	1	7	8	7	1	1	1
130	경기 성남시	해외전시회개별참가지원	96,000	8	4,6	6	7	6	5	5	4
131	경기 성남시	인공지능체험관설치	90,000	8	8	7	8	7	1	1	4
132	경기 성남시	미니태양광보급지원사업	86,340	8	6	7	8	7	1	1	4
133	경기 성남시	신재생에너지주택지원사업(국가직접지원)	77,100	8	1	7	8	7	1	1	4
134	경기 성남시	음식물종량제기기(RFID)설치지원사업	60,000	8	1	7	8	7	1	1	1
135	경기 성남시	녹색건축물조성을위한보조금	60,000	8	4	7	8	7	1	1	4
136	경기 성남시	성남시새마을회지원	47,300	8	1	7	8	7	1	1	1
137	경기 성남시	지방보조금지원	43,947	8	4	7	8	7	1	1	1
138	경기 성남시	해외규격인증획득지원	36,000	8	4,6	6	7	6	5	5	4
139	경기 성남시	우수공예품개발보조금지원	25,000	8	1,4	7	8	7	1	1	1
140	경기 성남시	시설원예스마트팜기술보급시범(농업경쟁력향상지원사업)	19,200	8	1	7	8	7	1	1	3
141	경기 성남시	해외공동물류지사화패키지지원	18,000	8	4,6	6	7	6	5	5	4
142	경기 성남시	펩리스인력양성사업지원	10,000	8	6	7	8	7	1	1	1
143	경기 성남시	식물을활용한녹색공간조성시범(농업경쟁력향상지원사업)	9,000	8	1	7	8	7	5	1	3
144	경기 성남시	지역아동센터환경개선비지원	9,000	8	6	7	8	7	5	1	4
145	경기 성남시	지역아동센터환경개선비지원(자체)	9,000	8	6	7	8	7	5	1	4
146	경기 성남시	내집주차장조성보조금	1,200	8	4	7	8	7	1	5	4
147	경기 성남시	내집주차장조성보조금	1,200	8	4	7	8	7	1	5	4
148	경기 의정부시	공동주택지원사업(건축허가대상)	130,000	8	1	7	8	7	5	5	4
149	경기 의정부시	관내이전기업지원보조금	100,000	8	4	7	8	7	5	5	4
150	경기 의정부시	공동주택지원사업(사업승인대상)	80,000	8	1	7	8	7	5	5	4
151	경기 의정부시	신재생에너지보급(주택지원)사업	54,800	8	7	7	8	7	2	3	1
152	경기 의정부시	내집안주차장설치보조금	16,000	8	4	7	8	7	5	5	4
153	경기 의정부시	벌꿀스틱자동포장날인기	4,000	8	1	7	8	7	5	5	4
154	경기 안양시	공동주택단지공용시설물보조금지원	900,000	8	8	7	8	7	5	5	4
155	경기 안양시	공동주택노후승강기교체보조금지원	500,000	8	8	7	8	7	5	5	4
156	경기 안양시	소규모공동주택공용시설물보조금지원	500,000	8	8	7	8	7	5	5	4
157	경기 안양시	녹색건축물조성보조금지원	120,000	8	8	7	8	7	5	5	4

순번	시군구	지출명(사업명)	2024년예산 (단위: 천원/1년간)	민간이전 분류 (지방자치단체 세출예산 집행기준에 의거) 1. 민간경상사업보조(307-02) 2. 민간단체 법정운영비보조(307-03) 3. 민간행사사업보조(307-04) 4. 민간위탁금(307-05) 5. 사회복지시설 법정운영비보조(307-10) 6. 민간위탁교육비(307-12) 7. 공기관등에대한경상적위탁사업비(308-13) 8. 민간자본사업보조,자체재원(402-01) 9. 민간자본사업보조,이전재원(402-02) 10. 민간위탁사업비(402-03) 11. 공기관등에 대한 자본적 위탁사업비(403-02)	민간이전지출 근거 (지방보조금 관리기준 참고) 1. 법률에 규정 2. 국고보조 재원(국가지정) 3. 용도 지정 기부금 4. 조례에 직접규정 5. 지자체가 권장하는 사업을 하는 공공기관 6. 시,도 정책 및 재정사정 7. 기타 8. 해당없음	입찰방식 계약체결방법 (경쟁형태) 1. 일반경쟁 2. 제한경쟁 3. 지명경쟁 4. 수의계약 5. 법정위탁 6. 기타() 7. 없음	계약기간 1. 1년 2. 2년 3. 3년 4. 4년 5. 5년 6. 기타( )년 7. 단기계약 (1년미만) 8. 없음	낙찰자선정방법 1. 적격심사 2. 협상에의한계약 3. 최저가낙찰제 4. 규격가격분리 5. 2단계 경쟁입찰 6. 기타( ) 7. 없음	운영예산 산정 1. 내부산정 (지자체 자체적으로 산정) 2. 외부산정 (외부전문기관위탁 산정) 3. 내·외부 모두 산정 4. 산정 無 5. 없음	정산방법 1. 내부정산 (지자체 내부적으로 정산) 2. 외부정산 (외부전문기관위탁 정산) 3. 내·외부 모두 산정 4. 정산 無 5. 없음	성과평가 실시여부 1. 실시 2. 미실시 3. 향후 추진 4. 해당없음
158	경기 안양시	지체장애인특장차량구입	58,983	8	8	7	8	7	5	5	4
159	경기 안양시	침수방지시설(차수판)설치지원	50,000	8	8	7	8	7	5	5	4
160	경기 안양시	새마을작은도서관도서구입비	35,700	8	8	7	8	7	5	5	4
161	경기 안양시	자율방범대순찰차량구입비	30,000	8	8	7	8	7	5	5	4
162	경기 안양시	사립작은도서관도서구입지원	18,000	8	8	7	8	7	5	5	4
163	경기 안양시	장애인가맹경기단체경기용품지원	14,000	8	8	7	8	7	5	5	4
164	경기 안양시	주택태양광시설설치지원	13,500	8	8	7	8	7	5	5	4
165	경기 안양시	내집주차장갖기사업보조금지원	10,000	8	8	7	8	7	5	5	4
166	경기 안양시	농기계구입지원	8,000	8	8	7	8	7	5	5	4
167	경기 부천시	삼협연립3차가로주택정비사업	974,165	8	1	7	8	7	1	3	3
168	경기 부천시	부천여월LH참여형가로주택정비사업	704,011	8	1	7	8	7	1	3	3
169	경기 부천시	공동주택공용시설물유지보수지원	300,000	8	4	7	8	7	1	1	1
170	경기 부천시	경로당운영필수가전및물품구입	196,100	8	4	7	8	7	1	1	1
171	경기 부천시	대한노인회부천시지회노후차량교체지원	138,000	8	4	7	8	7	1	1	2
172	경기 부천시	오정노인복지관경로식당물품구입	70,000	8	4	7	8	7	1	1	2
173	경기 부천시	소음피해지역수납가구등지원사업	40,000	8	4	7	8	7	1	1	2
174	경기 부천시	지역아동센터기자재비지원(민간자본이전)	30,140	8	6	7	8	7	5	1	1
175	경기 부천시	부천시체육진흥공모사업(물품)	30,000	8	1	7	8	7	1	3	1
176	경기 부천시	마을만들기자체공모사업(공간조성)	20,000	8	4	7	8	7	1	1	1
177	경기 부천시	내집안주차장설치보조	6,000	8	4	7	8	7	1	5	4
178	경기 부천시	내집안주차장설치지원	6,000	8	8	7	8	7	5	5	4
179	경기 부천시	부천시장애인시니어체육진흥공모사업(물품)	5,000	8	1	7	8	7	1	3	1
180	경기 부천시	부천시지속가능발전협의회자산형성비	2,400	8	1	7	8	7	5	5	4
181	경기 부천시	부천시체육회사무국집기류구입비	1,250	8	4	7	8	7	1	1	1
182	경기 부천시	내집안주차장설치지원	6,000	8	4	7	8	7	1	5	4
183	경기 광명시	공동주택노후온수관교체지원	369,000	8	4	7	8	7	1	1	1
184	경기 광명시	택시블랙박스교체설치지원	302,640	8	1	7	8	7	1	1	4
185	경기 광명시	공동주택관리비지원	300,000	8	4	7	8	7	1	1	1
186	경기 광명시	그린집수리사업	300,000	8	4	7	8	7	5	5	4
187	경기 광명시	광명노인건강케어센터셔틀버스	250,000	8	7	4	8	7	1	3	2
188	경기 광명시	농산물포장재지원	150,000	8	6	7	8	7	1	1	4
189	경기 광명시	충전기설치지원	100,000	8	1	7	8	7	1	1	1
190	경기 광명시	골목상권공동체지원사업(자본)	100,000	8	7	7	8	7	1	1	4
191	경기 광명시	공동주택경비청소노동자휴게시설개선지원	40,000	8	4	7	8	7	1	1	2
192	경기 광명시	소규모태양광보급지원사업	31,114	8	4	7	8	7	1	4	4
193	경기 광명시	스마트상점기술보급지원	30,000	8	1	7	8	7	1	1	4
194	경기 광명시	경로당물품지원	30,000	8	4	7	8	7	1	1	2
195	경기 광명시	경로식당기능보강지원	17,841	8	1	1	5	1	3	3	4
196	경기 광명시	수출용화훼종자지원	16,200	8	1	7	8	7	5	1	4
197	경기 광명시	토양증진체지원	14,400	8	6	7	8	7	1	1	4

연번	구분	사업명 (사업코드)	2024예산액 (단위: 백만원/千円)	사업의 성격 (지원대상 및 지원 기간 등) 1. 민간경상보조금(307-02) 2. 민간자본보조금(307-03) 3. 사회복지시설법정운영비보조(307-04) 4. 자치단체경상보조금(307-05) 5. 민간위탁금(307-10) 6. 민간행사보조금(308-13) 7. 민간자본이전(대행사업비)(401-01) 8. 자치단체자본보조(402-02) 9. 민간대행사업비(402-02) 10. 민간위탁사업비(403-01) 11. 공기관등에 대한 경상적 위탁사업비(403-02)	재정지원의 성격 1. 행사성경비 2. 자치단체 지원경비 3. 소요비용 분담 4. 민간보조 5. 수행경비 분담 6. 기타() 7. 없음 8. 해당없음	재원분담 1. 국비 2. 지자체비 3. 자부담 4. 수익자 부담금 5. 보조금 6. 기타() 7. 없음	보조금지급방식 1. 현금지급 2. 현물지급 3. 대행사업비 4. 기타보조금 5. 혼합형 6. 기타() 7. 없음	성과평가 방식 1. 자체평가 2. 지방자치단체평가 3. 외부평가 4. 기타 5. 없음	성과평가 결과 1. 매우우수 2. 우수 3. 보통 4. 미흡 5. 매우미흡 6. 기타() 7. 없음	보조사업 평가결과 1. 유지 2. 감액 3. 증액 4. 폐지
198	경상보조	장애인단체지원(회의,수용비등)	13,650	8	6	7	8	7	1	4
199	경상보조	장애인가족지원센터	10,000	8	4	7	8	7	5	5	4
200	경상보조	장애인가족양육지원사업	10,000	8	4	7	8	7	1	1	1
201	경상보조	발달장애인평생교육지원사업	6,860	8	6	7	8	7	1	1	4
202	경상보조	발달장애인의사소통지원사업	5,000	8	4	7	8	7	1	4	4
203	경상보조	가족휴식지원사업	4,180	8	6	7	8	7	1	1	4
204	경상보조	부모연대	2,700	8	6	7	8	7	1	1	4
205	경상보조	장애아동수당지급사업	1,491,172	8	6	7	8	7	5	5	4
206	경상보조	장애아동가족지원사업	1,376,352	8	4	7	8	7	1	1	3
207	경상보조	발달장애인주간지원사업	1,080,000	8	1	7	8	7	1	1	3
208	경상보조	발달장애인자립지원	1,000,000	8	1	7	8	7	1	1	4
209	경상보조	장애인활동지원사업	997,500	8	1	7	8	7	5	5	4
210	경상보조	청각장애인지원	660,000	8	4	7	8	7	1	1	3
211	경상보조	장애인복지지원	625,000	8	4	7	8	7	1	1	3
212	경상보조	장애인복지	550,000	8	4	7	8	7	1	1	3
213	경상보조	지역사회재활지원사업	500,000	8	4	7	8	7	1	1	1
214	경상보조	발달장애인주간활동서비스지원사업	489,491	8	4	7	8	7	5	5	4
215	경상보조	발달장애인부모상담지원(자립)	420,000	8	4	7	8	7	1	1	1
216	경상보조	장애인복지지원	400,000	8	6	7	8	7	1	1	3
217	경상보조	발달재활서비스지원사업	330,000	8	6	7	8	7	5	5	4
218	경상보조	발달장애지원센터	297,000	8	4	7	8	7	1	1	3
219	경상보조	관련단체	267,000	8	4	7	8	7	1	1	4
220	경상보조	장애인복지관지원사업	258,191	8	1	7	8	7	5	5	4
221	경상보조	장애인보호대상자(정신)	245,000	8	4	7	8	7	1	1	4
222	경상보조	발달장애인주간활동서비스사업	226,300	8	1	7	8	7	5	5	4
223	경상보조	장애인복지지원경비	200,000	8	1	7	8	7	1	1	3
224	경상보조	수화통역센터기능보강사업	180,000	8	4	7	8	7	1	1	1
225	경상보조	발달장애인주간활동서비스	120,000	8	6	7	8	7	1	1	3
226	경상보조	행복발달지원센터	120,000	8	6	7	8	7	1	1	3
227	경상보조	장애인지원보조	110,000	8	1	7	8	7	1	1	3
228	경상보조	여성장애인지원사업	100,000	8	4	7	8	7	1	1	4
229	경상보조	발달장애인지원사업	80,000	8	4	7	8	7	5	5	4
230	경상보조	장애인복지시설지원	75,600	8	4	7	8	7	1	1	3
231	경상보조	시청각장애인지원사업	75,000	8	6	7	8	7	1	1	3
232	경상보조	장애인복지	70,000	8	6	7	8	7	1	1	1
233	경상보조	청각장애인보조기기지원	70,000	8	5	7	8	7	1	1	3
234	경상보조	장애인복지관기능보강지원사업	68,110	8	6	7	8	7	5	1	1
235	경상보조	지역사회이동수단지원사업	60,000	8	6	7	8	7	5	5	4
236	경상보조	장애인복지시설지원	59,670	8	6	7	8	7	1	1	3
237	경상보조	장애인행복주택관리지원	46,000	8	7	7.4	7	8	7	1	1	1

순번	시군구	지출명 (사업명)	2024년예산 (단위:천원/1년간)	민간이전 분류	민간이전지출 근거	계약체결방법 (경쟁형태)	계약기간	낙찰자선정방법	운영예산 산정	정산방법	성과평가 실시여부
238	경기 평택시	공중위생업소환경개선지원	40,000	8	4	7	8	7	1	1	3
239	경기 평택시	그린리모델링지원시범사업	40,000	8	1	7	8	7	1	1	1
240	경기 평택시	원예농가상토지원	40,000	8	6	7	8	7	1	1	3
241	경기 평택시	아동양육시설환경개선사업지원	30,000	8	1	7	8	7	5	5	4
242	경기 평택시	벼드문모심기재배기술시범	30,000	8	6	7	8	7	5	5	4
243	경기 평택시	청년마음건강지원사업	26,460	8	1	7	8	7	5	5	4
244	경기 평택시	맞춤형스마트농업인육성사업	24,000	8	6	7	8	7	5	5	4
245	경기 평택시	기후변화대응비가림시설설치시범	24,000	8	6	7	8	7	5	5	4
246	경기 평택시	기후변화대응아열대채소육성시범	24,000	8	6	7	8	7	5	5	4
247	경기 평택시	농촌지도자현장애로기술지원사업	22,000	8	1	7	8	7	5	5	4
248	경기 평택시	친환경인증농가유기질비료지원	21,300	8	6	7	8	7	1	1	1
249	경기 평택시	과수화상병폐원농가신소득작물발굴조성시범	20,000	8	6	7	8	7	5	5	4
250	경기 평택시	슈퍼오닝배수출단지지원	20,000	8	4	7	8	7	1	1	1
251	경기 평택시	기후변화대응개량물꼬시범	18,600	8	6	7	8	7	5	5	4
252	경기 평택시	젊은농부영농현장사업	16,000	8	1	7	8	7	5	5	4
253	경기 평택시	공동주택공동체활성화지원사업	15,000	8	4	7	8	7	5	1	1
254	경기 평택시	공동주택공동체활성화지원사업	15,000	8	4	7	8	7	5	1	1
255	경기 평택시	시설원예수정별지원사업	15,000	8	6	7	8	7	5	5	4
256	경기 평택시	시설화훼류관수시스템개선시범	9,000	8	6	7	8	7	5	5	4
257	경기 평택시	시설화훼류노동력절감생력화시범	8,100	8	6	7	8	7	5	5	4
258	경기 평택시	과수품평회개최	5,000	8	6	7	8	7	5	5	4
259	경기 평택시	찰쌀보리자율교환채종단지시범	3,000	8	6	7	8	7	5	5	4
260	경기 평택시	고품질포도생산을위한수확전관리시범	3,000	8	6	7	8	7	5	5	4
261	경기 동두천시	재래시장및지역경제활성화공연	19,600	8	6	7	8	7	1	1	1
262	경기 동두천시	소득원개발	14,000	8	4	7	8	7	1	1	2
263	경기 동두천시	장애인단체총연합회활성화지원	2,980	8	1	7	8	7	1	1	4
264	경기 동두천시	바르게살기운동활성화지원	1,020	8	1	7	8	7	1	1	1
265	경기 안산시	주택재건축정비사업정비기반시설설치공사지원사업	1,800,000	8	4	7	8	7	1	1	1
266	경기 안산시	공동주택지원사업	200,000	8	4	7	8	7	1	1	1
267	경기 안산시	특별안전구역스마트솔루션구축사업	118,000	8	2	7	8	7	5	1	3
268	경기 안산시	자율방범대운영지원	105,000	8	1	7	8	7	1	1	1
269	경기 안산시	자활사업지원(시설보강비)	92,400	8	4	7	8	7	1	1	4
270	경기 안산시	청년농업인영농작업단육성사업	80,000	8	1	7	8	7	1	1	4
271	경기 안산시	농장맞춤형스마트팜시범(시설채소_베드재배)	64,000	8	1	7	8	7	1	1	4
272	경기 안산시	유해화학물질안전시설교체개선지원사업	60,000	8	4	7	8	7	1	1	4
273	경기 안산시	샤인머스켓등품종재배시범	49,000	8	1	7	8	7	1	1	4
274	경기 안산시	침수방지시설(차수판)설치지원	48,000	8	1	7	8	7	1	1	3
275	경기 안산시	농장맞춤형스마트팜시범(과수)	48,000	8	1	7	8	7	1	1	4
276	경기 안산시	새소득원창출을위한고소득작물재배시범	32,000	8	1	7	8	7	1	1	4
277	경기 안산시	벼생산비절감을위한드문모심기기술시범(농협협력)	32,000	8	1	7	8	7	1	1	4

순번	시군구	지출명 (사업명)	2024년예산 (단위 : 천원 /1년간)	민간이전 분류 (지방자치단체 세출예산 집행기준에 의거)	민간이전지출 근거 (지방보조금 관리기준 참고)	입찰방식			운영예산 산정		성과평가 실시여부
						계약체결방법 (경쟁형태)	계약기간	낙찰자선정방법	운영예산 산정	정산방법	
278	경기 안산시	과수시설등현대화지원사업	25,000	8	1	7	8	7	5	1	4
279	경기 안산시	고품질안산쌀생산을위한드론지원사업(농협협력)	24,000	8	1	7	8	7	1	1	4
280	경기 안산시	농장맞춤형스마트팜시범(시설채소)	24,000	8	1	7	8	7	1	1	4
281	경기 안산시	대형농기계지원	22,500	8	4	7	8	7	5	5	4
282	경기 안산시	농업기계화사업추진(대형농기계지원)	22,500	8	7	7	8	7	5	5	4
283	경기 안산시	여름철고온기재해예방을위한환경개선시범(농협협력)	20,000	8	1	7	8	7	1	1	4
284	경기 안산시	축사시설현대화사업	15,000	8	1	7	8	7	5	1	4
285	경기 안산시	농업기계화사업추진(농업용소형관정지원)	12,000	8	7	7	8	7	5	5	4
286	경기 안산시	벼수확후관리기술시범(농협협력)	11,200	8	1	7	8	7	1	1	4
287	경기 안산시	내집안주차장설치보조금	10,000	8	4	7	8	7	5	5	4
288	경기 안산시	농업용관리기등다목적농기계지원사업	10,000	8	1	7	8	7	5	1	4
289	경기 안산시	농업용소형관정지원	8,400	8	4	7	8	7	5	5	4
290	경기 안산시	과수시설등현대화지원사업	8,000	8	1	7	8	7	5	1	4
291	경기 안산시	승용중경제초기이용논잡초방제기술시범(농협협력)	8,000	8	1	7	8	7	5	5	4
292	경기 안산시	원예작물등생산시설현대화사업	7,000	8	1	7	8	7	5	1	4
293	경기 안산시	블루베리신품종육성시범	7,000	8	1	7	8	7	1	1	4
294	경기 안산시	안산시이동편의시설기술지원센터운영	6,000	8	4	7	1	7	1	1	1
295	경기 안산시	농업용수로기성제정비사업	6,000	8	5	7	8	7	5	1	4
296	경기 안산시	과수시설등현대화지원사업	6,000	8	1	7	8	7	5	1	4
297	경기 안산시	경로당시설지원및운영(상록)	5,000	8	4	7	8	7	5	5	4
298	경기 안산시	경로당시설지원및운영(단원)	5,000	8	4	7	8	7	5	5	4
299	경기 안산시	축산환경개선사업	2,000	8	1	7	8	7	5	1	4
300	경기 고양시	주민자치활성화사업	620,000	8	7	7	8	7	5	5	4
301	경기 고양시	공동주택관리업무지원보조금	460,000	8	1,4	7	8	7	5	1	4
302	경기 고양시	녹색건축물조성지원사업	300,000	8	1,4	7	8	7	5	5	4
303	경기 고양시	소규모공동주택관리업무보조금지원	100,000	8	4	7	8	7	5	5	4
304	경기 고양시	신재생에너지주택지원사업	88,500	8	4	7	8	7	5	5	4
305	경기 고양시	건강취약계층시설미세먼지방진창설치	60,000	8	1	7	8	7	5	5	4
306	경기 고양시	공동육아나눔터환경개선및기자재구입	54,000	8	1	5	3	7	1	1	3
307	경기 고양시	자활기업운영지원(차량구입비)	30,000	8	4	5	1	6	1	3	1
308	경기 고양시	마을회관지원보조금	30,000	8	4	7	8	7	5	5	4
309	경기 과천시	경로당환경개선사업(대한노인회과천시지회)	250,000	8	4	7	8	7	1	1	1
310	경기 과천시	화재안전성능점검및보강	40,000	8	4	7	8	7	1	1	4
311	경기 과천시	침수방지시설설치지원금	20,000	8	4	7	8	7	5	5	4
312	경기 과천시	새마을회관노후화시설개선공사	10,000	8	1	7	8	7	5	5	4
313	경기 과천시	바르게살기운동과천시협의회사무집기	5,000	8	1	7	8	7	5	5	4
314	경기 과천시	고엽제전우회컴퓨터구입지원	3,000	8	8	7	8	7	1	1	4
315	경기 과천시	무료민원상담실사무집기구입(지방행정동우회)	2,000	8	1	7	8	7	5	5	4
316	경기 과천시	대한적십자과천지구협의회컴퓨터구입(대한적십자봉사회과천시지부)	1,350	8	1	7	8	7	5	5	4
317	경기 구리시	공동주택보조금지원	1,300,000	8	4	7	8	7	5	1	1

순번	시군구	지출명 (사업명)	2024년예산 (단위: 천원/1년간)	민간이전 분류 (지방자치단체 세출예산 집행기준에 의거)	민간이전지출 근거 (지방보조금 관리기준 참고)	입찰방식 계약체결방법 (경쟁형태)	계약기간	낙찰자선정방법	운영예산 산정	정산방법	성과평가 실시여부
318	경기 구리시	소규모공동주택보조금지원	200,000	8	4	7	8	7	5	1	1
319	경기 구리시	일반농가농기계공급사업	27,000	8	6	7	8	7	1	1	1
320	경기 구리시	태양광주택보급지원사업(국비,도비직접지원)	16,200	8	7	7	8	7	5	5	4
321	경기 구리시	새마을야채절단기구입	2,000	8	4	7	8	7	1	1	1
322	경기 남양주시	친환경유기질비료지원	800,000	8	6	7	8	7	5	5	4
323	경기 남양주시	유기질비료지원(전환사업)	738,016	8	6	7	8	7	5	5	4
324	경기 남양주시	공동주택보수지원사업	300,000	8	4	7	8	7	1	5	1
325	경기 남양주시	경로당기능보강사업	250,000	8	4	7	8	7	1	1	1
326	경기 남양주시	축산분뇨처리지원	213,000	8	1	7	8	7	5	5	4
327	경기 남양주시	노후공동주택유지관리지원(다세대,연립주택)	150,000	8	4	7	8	7	5	5	4
328	경기 남양주시	축산분뇨자원화지원	100,000	8	1	7	8	7	5	5	4
329	경기 남양주시	조사료유통활성화	99,066	8	1	7	8	7	5	5	4
330	경기 남양주시	먹골배농업기계지원	98,000	8	1	7	8	7	5	5	4
331	경기 남양주시	품목별명품브랜드육성사업	63,600	8	1	7	8	7	5	5	4
332	경기 남양주시	친환경인증미생산지원	48,825	8	6	7	8	7	5	5	4
333	경기 남양주시	먹골배명품화지원	46,500	8	1	7	8	7	5	5	4
334	경기 남양주시	품목별명품브랜드육성사업	43,800	8	1	7	8	7	5	5	4
335	경기 남양주시	재해취약공동주택침수방지시설설치지원사업	40,000	8	4	7	8	7	5	5	4
336	경기 남양주시	시설채소GAP기반조성	40,000	8	1	7	8	7	5	5	4
337	경기 남양주시	먹골배명품화지원	33,500	8	1	7	8	7	5	5	4
338	경기 남양주시	남양주과수이상기상대응안정생산	32,000	8	1	7	8	7	5	5	4
339	경기 남양주시	원예용상토지원	32,000	8	6	7	8	7	5	5	4
340	경기 남양주시	가축사육장비지원	30,000	8	1	7	8	7	5	5	4
341	경기 남양주시	벼못자리용상토지원	28,000	8	6	7	8	7	5	5	4
342	경기 남양주시	남양주시대표브랜드육성	25,000	8	1	7	8	7	5	5	4
343	경기 남양주시	고로쇠생산농가자재지원	20,000	8	1	7	8	7	5	5	4
344	경기 남양주시	깨끗한영농현장조성	20,000	8	1	7	8	7	5	5	4
345	경기 남양주시	남양주딸기육성	19,500	8	1	7	8	7	5	5	4
346	경기 남양주시	식량작물생산기반조성	18,000	8	6	7	8	7	5	5	4
347	경기 남양주시	친환경축산생산기반조성	18,000	8	1	7	8	7	5	5	4
348	경기 남양주시	지역적응및상품화시범	16,000	8	1	7	8	7	5	5	4
349	경기 남양주시	위생업소환경개선지원	15,000	8	4	7	8	7	5	5	4
350	경기 남양주시	먹골배명품화지원	15,000	8	1	7	8	7	5	5	4
351	경기 남양주시	우수가축생산지원	15,000	8	1	7	8	7	5	5	4
352	경기 남양주시	노인회기능보강사업	10,000	8	1	7	8	7	1	1	1
353	경기 남양주시	식량작물생산기반조성	9,600	8	6	7	8	7	5	5	4
354	경기 남양주시	남양주화훼명품화육성	9,000	8	1	7	8	7	5	5	4
355	경기 남양주시	공중화장실유지관리	5,000	8	4	7	8	7	5	5	4
356	경기 남양주시	농촌청소년및청년단체육성	5,000	8	1	7	8	7	1	1	2
357	경기 남양주시	먹골배명품화지원	4,500	8	1	7	8	7	5	5	4

순번	시군구	지출명 (사업명)	2024년예산 (단위 : 천원 /1년간)	민간이전 분류 (지방자치단체 세출예산 집행기준에 의거) 1. 민간경상사업보조(307-02) 2. 민간단체 법정운영비보조(307-03) 3. 민간행사사업보조(307-04) 4. 민간위탁금(307-05) 5. 사회복지시설 법정운영비보조(307-10) 6. 민간위탁교육비(307-12) 7. 공기관등에대한경상적위탁사업비(308-13) 8. 민간자본보조,자체재원(402-01) 9. 민간자본사업보조,이전재원(402-02) 10. 민간위탁사업비(402-03) 11. 공기관등에 대한 자본적 위탁사업비(403-02)	민간이전지출 근거 (지방보조금 관리기준 참고) 1. 법률에 규정 2. 국고조 재원(국가지정) 3. 용도 지정 기부금 4. 조례에 직접규정 5. 지자체가 권장하는 사업을 하는 공공기관 6. 시,도 정책 및 재정사정 7. 기타 8. 해당없음	입찰방식			운영예산 산정		성과평가 실시여부 1. 실시 2. 미실시 3. 향후 추진 4. 해당없음
						계약체결방법 (경쟁형태) 1. 일반경쟁 2. 제한경쟁 3. 지명경쟁 4. 수의계약 5. 법정위탁 6. 기타 ( ) 7. 없음	계약기간 1. 1년 2. 2년 3. 3년 4. 4년 5. 5년 6. 기타 ( )년 7. 단기계약 (1년미만) 8. 없음	낙찰자선정방법 1. 적격심사 2. 협상에의한계약 3. 최저가낙찰제 4. 규격가격분리 5. 2단계 경쟁입찰 6. 기타 ( ) 7. 없음	운영예산 산정 1. 내부산정 (지자체 자체적으로 산정) 2. 외부산정 (외부전문기관위탁 산정) 3. 내·외부 모두 산정 4. 산정 無 5. 없음	정산방법 1. 내부정산 (지자체 내부적으로 정산) 2. 외부정산 (외부전문기관위탁 정산) 3. 내·외부 모두 산정 4. 정산 無 5. 없음	
358	경기 군포시	소규모노후공동주택유지관리지원	320,000	8	4	7	8	7	5	5	4
359	경기 군포시	공동주택보조금지원	200,000	8	1,4	7	8	7	5	5	4
360	경기 군포시	경로당운영물품지원	40,000	8	4	7	8	7	1	1	1
361	경기 군포시	신재생에너지보급(주택지원)사업지원	25,500	8	1	7	8	7	1	1	4
362	경기 군포시	경로당운영물품지원	22,000	8	4	7	8	7	1	1	1
363	경기 군포시	점점오래(상가리모델링)사업	19,800	8	1	7	8	7	1	1	4
364	경기 군포시	일반농가및작목반농기계지원	10,000	8	7	7	8	7	1	1	3
365	경기 군포시	개방화장실시설개보수지원	10,000	8	5	7	8	7	5	1	4
366	경기 군포시	물재이용시설설치비지원	10,000	8	1	7	8	7	5	1	4
367	경기 군포시	축산농가톱밥지원	5,000	8	6	7	8	7	1	1	1
368	경기 군포시	양봉농가지원	5,000	8	6	7	8	7	1	1	1
369	경기 군포시	내집주차장갖기사업	3,825	8	1	7	8	7	1	1	1
370	경기 의왕시	신재생에너지설비설치지원	16,800	8	4	7	8	7	1	5	4
371	경기 하남시	덕풍동도시재생(간판개선사업)	180,000	8	1	7	8	7	5	5	4
372	경기 하남시	녹색건축물조성지원	80,000	8	4	7	8	7	1	1	1
373	경기 용인시	경로당환경개선사업	378,000	8	1	7	8	7	1	1	1
374	경기 용인시	녹색건축물조성지원	190,000	8	4	7	7	7	1	5	4
375	경기 용인시	개방주차장설치보조금지원	70,000	8	4	7	8	7	1	1	3
376	경기 용인시	농작업생력화기계지원	70,000	8	1	7	8	7	1	1	1
377	경기 용인시	품목별단체별경쟁력제고사업	60,000	8	1	7	8	7	1	1	1
378	경기 용인시	스마트농업기술보급시범	47,400	8	1	7	8	7	1	1	1
379	경기 용인시	농촌체험관광농장활성화	40,000	8	6	7	8	7	1	1	1
380	경기 용인시	청년농업인맞춤형지원	40,000	8	1	7	8	7	1	1	1
381	경기 용인시	화훼재배환경개선기술시범	36,000	8	1	7	8	7	1	1	1
382	경기 용인시	과채류수경재배기술보급시범	30,000	8	1	7	8	7	1	1	1
383	경기 용인시	가축사료효율및생산성향상기술보급시범	30,000	8	1	7	8	7	5	5	4
384	경기 용인시	화훼노동력절감기술시범	24,000	8	1	7	8	7	1	1	1
385	경기 용인시	공공형어린이집환경개선	18,000	8	1	1	7	1	1	1	1
386	경기 용인시	종합사회복지관기능보강	17,607	8	1	7	8	7	1	1	4
387	경기 용인시	특수임무유공자회잠수장비구입	13,500	8	1	7	8	7	1	1	1
388	경기 용인시	장애인직업재활시설장비보강	12,000	8	4	7	8	7	5	5	4
389	경기 용인시	채소,특작환경제어기술보급시범	12,000	8	1	7	8	7	1	1	1
390	경기 용인시	틈새작목안정생산기술시범	12,000	8	1	7	8	7	1	1	1
391	경기 용인시	모범운전자회지원	10,800	8	4	7	8	7	1	1	1
392	경기 용인시	대한노인회운영지원	7,099	8	4	7	8	7	1	1	2
393	경기 용인시	젖소초유안정생산및공급기반조성시범	6,000	8	1	7	8	7	1	1	1
394	경기 용인시	내집주차장설치보조금지원	3,000	8	4	7	8	7	1	1	3
395	경기 파주시	노후공동주택시설물보수지원	440,000	8	4	7	8	7	1	1	1
396	경기 파주시	경로당환경개선	350,000	8	4	7	8	7	1	1	1
397	경기 파주시	신산3리마을회관신축	350,000	8	4	7	8	7	3	3	3

순번	시군구	지출명 (사업명)	2024년예산 (단위 : 천원 /1년간)	민간이전 분류 (지방자치단체 세출예산 집행기준에 의거) 1. 민간경상사업보조(307-02) 2. 민간단체 법정운영비보조(307-03) 3. 민간행사사업보조(307-04) 4. 민간위탁금(307-05) 5. 사회복지시설 법정운영비보조(307-10) 6. 민간인위탁교육비(307-12) 7. 공기관등에대한경상적위탁사업비(308-13) 8. 민간자본사업보조,자체재원(402-01) 9. 민간자본사업보조,이전재원(402-02) 10. 민간위탁사업비(402-03) 11. 공기관등에 대한 자본적 위탁사업비(403-02)	민간이전지출 근거 (지방보조금 관리기준 참고) 1. 법률에 규정 2. 국고보조 재원(국가지정) 3. 용도 지정 기부금 4. 조례에 직접규정 5. 지자체가 권장하는 사업을 하는 공공기관 6. 시,도 정책 및 재정사정 7. 기타 8. 해당없음	입찰방식			운영예산 산정		성과평가 실시여부 1. 실시 2. 미실시 3. 향후 추진 4. 해당없음
						계약체결방법 (경쟁형태) 1. 일반경쟁 2. 제한경쟁 3. 지명경쟁 4. 수의계약 5. 법정위탁 6. 기타 ( ) 7. 없음	계약기간 1. 1년 2. 2년 3. 3년 4. 4년 5. 5년 6. 기타 ( )년 7. 단기계약 (1년미만) 8. 없음	낙찰자선정방법 1. 적격심사 2. 협상에의한계약 3. 최저가낙찰제 4. 규격가격분리 5. 2단계 경쟁입찰 6. 기타 ( ) 7. 없음	운영예산 산정 1. 내부산정 (지자체 자체적으로 산정) 2. 외부산정 (외부전문기관위탁 산정) 3. 내·외부 모두 산정 4. 산정 無 5. 없음	정산방법 1. 내부정산 (지자체 내부적으로 정산) 2. 외부정산 (외부전문기관위탁 정산) 3. 내·외부 모두 산정 4. 정산 無 5. 없음	
398	경기 파주시	농산물보관저온저장고지원	170,000	8	6	7	8	7	1	1	3
399	경기 파주시	신재생에너지설비설치지원	157,000	8	6	7	8	7	1	5	4
400	경기 파주시	벼건조기지원	124,000	8	6	7	8	7	1	1	1
401	경기 파주시	우수농업인맞춤형그린농정지원	112,000	8	6	7	8	7	1	1	3
402	경기 파주시	로컬푸드동절기기획생산체계구축지원	105,000	8	7	7	8	7	5	1	3
403	경기 파주시	노후공동주택유지관리지원	100,000	8	4	7	8	7	1	1	4
404	경기 파주시	고품질파주장단콩생산지원(시금고협력사업비)	100,000	8	1,6	7	8	7	1	1	3
405	경기 파주시	콩보리탈곡용콤바인지원(시금고협력사업비)	80,000	8	6	7	8	7	1	1	1
406	경기 파주시	친환경파주개성인삼재배단지육성	75,000	8	6	7	8	7	1	1	1
407	경기 파주시	화재알림시설지원	64,000	8	6	7	8	7	1	1	1
408	경기 파주시	경로당시설기능보강지원	52,000	8	4	7	8	7	5	5	4
409	경기 파주시	가정민간어린이집CCTV교체	50,000	8	4	7	8	7	1	1	1
410	경기 파주시	트랙터활용기자재지원	50,000	8	6	7	8	7	1	1	1
411	경기 파주시	금촌16통마을회관보수	31,416	8	4	7	8	7	3	3	3
412	경기 파주시	파주형예비사회적기업지원	30,000	8	4	7	8	7	1	1	1
413	경기 파주시	양봉시설현대화	25,500	8	7	7	8	7	1	1	1
414	경기 파주시	율포리마을회관보수	24,903	8	4	7	8	7	3	3	3
415	경기 파주시	웰빙농산물품질향상기자재지원	24,000	8	1,6	7	8	7	1	1	3
416	경기 파주시	농업용동력운반차지원	15,000	8	6	7	8	7	1	1	1
417	경기 파주시	국내육성내랭성조생종벼생산단지지원	15,000	8	1,6	7	8	7	1	1	1
418	경기 파주시	작은도서관활성화지원공모사업	13,000	8	4	7	8	7	1	1	1
419	경기 파주시	낙하리마을회관보수	10,800	8	4	7	8	7	3	3	3
420	경기 파주시	작은도서관활성화공모사업	10,000	8	1	7	8	7	1	1	1
421	경기 파주시	두포3리마을회관보수	5,832	8	4	7	8	7	3	3	3
422	경기 파주시	구읍1리마을회관보수	5,166	8	4	7	8	7	3	3	3
423	경기 파주시	아동복지시설시설개선	2,500	8	8	7	8	7	5	5	4
424	경기 파주시	공립작은도서관독서환경조성	2,500	8	6	7	8	7	1	1	1
425	경기 이천시	공동주택지원	1,500,000	8	1	7	8	7	1	1	3
426	경기 이천시	이천시공영버스노대폐차보조금	876,000	8	1	7	8	7	1	1	4
427	경기 이천시	경로당설치지원	750,000	8	1	7	8	7	5	5	4
428	경기 이천시	축산물판매장지원	300,000	8	1	7	8	7	1	1	3
429	경기 이천시	빈집정비사업	141,000	8	4	7	8	7	1	5	4
430	경기 이천시	신재생에너지보급주택지원사업	138,000	8	4	7	8	7	1	1	4
431	경기 이천시	경로당물품지원	135,000	8	1	7	8	7	5	5	4
432	경기 이천시	가축분뇨악취저감시설지원	100,000	8	1	7	8	7	1	1	3
433	경기 이천시	악취저감축사시설개선사업(시범)	82,800	8	1	7	8	7	1	1	3
434	경기 이천시	농업용드론	80,000	8	6	7	8	7	1	1	4
435	경기 이천시	국공립어린이집환경개선비지원	73,018	8	1	7	8	7	1	1	1
436	경기 이천시	농가소규모(3평)저온저장고지원사업	60,000	8	6	7	8	7	1	1	4
437	경기 이천시	원예시설환경개선시범	48,000	8	1	7	8	7	5	5	1

번호	구분	시설명	2024년 이용료 (금액: 천원/1천원)	시설이용 현황 (시설이용률)	시설이용 필요성	재정자립도 (재정자주도)	시설운영 관련성	설치이용 특성	배점
438	장기 이용시설	LPG수입저장출하기지시설(가스충전소)	40,000	8	4	7	8	7	4
439	장기 이용시설	가스공급기지관련시설	40,000	8	7	7	8	7	1
440	장기 이용시설	선박수리시설(종합수리)	30,000	8	6	7	8	7	4
441	장기 이용시설	석유정제및유통관련저장공급시설	24,000	8	1	7	8	7	1
442	장기 이용시설	원유정제관련시설	20,000	8	1	7	8	7	3
443	장기 이용시설	원유수입운반관리시설	12,000	8	1	7	8	7	1
444	장기 이용시설	원유저장시설	10,000	8	6	7	8	7	4
445	장기 이용시설	이산가스공급시설	9,000	8	4	7	8	7	4
446	장기 이용시설	가스충전공급관리	6,000	8	6	7	8	7	4
447	장기 이용시설	가스물품고정관리	2,000	8	1	7	8	7	3
448	장기 이용시설	선박수리제작관리시설	850,000	8	1	7	8	7	4
449	장기 이용시설	항공운송관리시설	400,000	8	4	7	8	7	3
450	장기 이용시설	가스공공운송관리시설	300,000	8	4	7	8	7	3
451	장기 이용시설	가스고정공급관리시설	220,000	8	4	7	8	7	1
452	장기 이용시설	가스공급관리공급	195,000	8	4	7	8	7	2
453	장기 이용시설	원유수입저장관리관리(원유)	120,000	8	1	7	8	7	1
454	장기 이용시설	가스기급관리시설	120,000	8	5	7	8	7	1
455	장기 이용시설	가스기급관리관리기공공시설(원유)	70,000	8	4	7	7	7	1
456	장기 이용시설	원유정제시설	55,000	8	4	7	8	7	4
457	장기 이용시설	원유정제시설가스관리시설(원유)	40,000	8	1	7	8	7	3
458	장기 이용시설	원유관리관리가스관리공기품관리(원유)	32,000	8	1	7	8	7	3
459	장기 이용시설	가스공기가공기관리공기공관공기시설	30,000	8	4	5	7	7	3
460	장기 이용시설	이관기관가스고정공급시설(공급이관공급)	25,000	8	4	7	8	7	1
461	장기 이용시설	이관기관이관공기공공관관기(공기공관공급)	20,000	8	4	7	7	7	2
462	장기 이용시설	여수공기원(공기이관공급)	12,500	8	1	7	8	7	1
463	장기 이용시설	선박기관관관기관공공공관기	11,000	8	6	7	8	7	4
464	장기 이용시설	공항공공공관관공가공가관기공	1,190,301	8	4	7	8	7	4
465	장기 이용시설	가스공공공기관리관기관	840,000	8	1	7	8	7	4
466	장기 이용시설	원공기공공기기이관기관공공기관	400,000	8	1	7	8	7	4
467	장기 이용시설	가스공가공원공관기	275,790	8	1	7	8	7	4
468	장기 이용시설	관가공가관공공관기공관공기관	190,000	8	1	7	8	7	4
469	장기 이용시설	관관기관가공공공관기관기관	160,000	8	1	7	8	7	4
470	장기 이용시설	공관공관공관공기관	150,000	8	1	7	8	7	4
471	장기 이용시설	관관가공공가공관기관관관공관공	128,000	8	1	7	8	7	4
472	장기 이용시설	가관공공관공공기관기관기관관(공관공가공관)	100,000	8	2	7	8	7	4
473	장기 이용시설	공공관관관관공관기관	100,000	8	1	7	8	7	4
474	장기 이용시설	안공관관가공관공관공공관기관	90,000	8	1	7	8	7	4
475	장기 이용시설	공공관관공공공(공관)관공관공공관	85,500	8	1	7	8	7	4
476	장기 이용시설	공관관시공공관	80,000	8	1	7	8	7	4
477	장기 이용시설	공공관관관공관관공공관공공	80,000	8	1	7	8	7	4

순번	시군구	지출명 (사업명)	2024년예산 (단위: 천원/1년간)	민간이전 분류	민간이전지출 근거	입찰방식 계약체결방법	계약기간	낙찰자선정방법	운영예산 산정	정산방법	성과평가 실시여부
478	경기 안성시	친환경쌀실천단지지원	80,000	8	1	7	8	7	5	5	4
479	경기 안성시	가축분뇨펠릿화시설지원사업	75,000	8	1	7	8	7	5	5	4
480	경기 안성시	오리,육계왕겨구입	72,000	8	1	7	8	7	5	5	4
481	경기 안성시	버드문모안정생산재배단지조성시범	70,000	8	1	7	8	7	5	5	4
482	경기 안성시	안성맞춤친환경단지지원사업	70,000	8	1	7	8	7	5	5	4
483	경기 안성시	축산농가가축분뇨퇴비부숙제지원사업	50,000	8	1	7	8	7	5	5	4
484	경기 안성시	액비운반차량지원사업	50,000	8	1	7	8	7	5	5	4
485	경기 안성시	과수생산시설현대화사업	50,000	8	1	7	8	7	5	5	4
486	경기 안성시	신성장맞춤농정지원	50,000	8	1	7	8	7	5	5	4
487	경기 안성시	배국내육성우수품종보급시범	44,800	8	1	7	8	7	5	5	4
488	경기 안성시	의용소방대차량지원	40,000	8	4	7	8	7	5	5	4
489	경기 안성시	기후변화대응과수기술보급시범	40,000	8	1	7	8	7	5	5	4
490	경기 안성시	자동심장충격기보급	37,500	8	4	7	8	7	5	5	4
491	경기 안성시	사회적기업작업환경개선지원	35,000	8	4	7	8	7	5	5	4
492	경기 안성시	수출기업해외홍보물제작지원	30,000	8	6	7	8	7	5	5	4
493	경기 안성시	안성육우고급화사업	30,000	8	1	7	8	7	5	5	4
494	경기 안성시	한육우농가볏짚절단기지원	24,250	8	1	7	8	7	5	5	4
495	경기 안성시	작물수분스트레스기반포도재배자동관수시스템구축시범	24,000	8	1	7	8	7	5	5	4
496	경기 안성시	서운면8동경로당창호교체	22,000	8	4	7	8	7	5	5	4
497	경기 안성시	미양면미양학구경로당지붕보수	22,000	8	4	7	8	7	5	5	4
498	경기 안성시	안성1동현수동경로당창호교체	22,000	8	4	7	8	7	5	5	4
499	경기 안성시	미양면후평리경로당지붕보수	21,964	8	4	7	8	7	5	5	4
500	경기 안성시	양성면이현리경로당경사로설치	21,560	8	4	7	8	7	5	5	4
501	경기 안성시	미양면사거리경로당지붕교체	20,210	8	4	7	8	7	5	5	4
502	경기 안성시	경로당긴급개보수	20,000	8	4	7	8	7	5	5	4
503	경기 안성시	로컬푸드포장재지원	20,000	8	4	7	8	7	5	5	4
504	경기 안성시	우수귀농인육성	20,000	8	1	7	8	7	5	5	4
505	경기 안성시	일죽면IC타운경로당화장실보수	19,910	8	4	7	8	7	5	5	4
506	경기 안성시	대덕면외평경로당옥상및계단방수	19,872	8	4	7	8	7	5	5	4
507	경기 안성시	안성한돈포크활성화사업	19,500	8	1	7	8	7	5	5	4
508	경기 안성시	미양면강덕리경로당옥상방수및난간대설치	19,360	8	4	7	8	7	5	5	4
509	경기 안성시	공도읍신촌경로당비가림막설치	19,255	8	4	7	8	7	5	5	4
510	경기 안성시	콩이식재배기술보급시범	19,200	8	1	7	8	7	5	5	4
511	경기 안성시	양성면장서경로당방문교체및다용도실보수	19,140	8	4	7	8	7	5	5	4
512	경기 안성시	양성면필산경로당창호교체	18,996	8	4	7	8	7	5	5	4
513	경기 안성시	공도읍산수화아파트경로당도시가스설비공사	18,480	8	4	7	8	7	5	5	4
514	경기 안성시	안성2동서인동경로당옥상방수및난간대설치	15,000	8	4	7	8	7	5	5	4
515	경기 안성시	포장재디자인개발지원	15,000	8	6	7	8	7	5	5	4
516	경기 안성시	서운면인처동경로당지붕보수	14,800	8	4	7	8	7	5	5	4
517	경기 안성시	양성면도곡경로당비가림막설치	14,792	8	4	7	8	7	5	5	4

순번	시군구	지출명 (사업명)	2024년예산 (단위 : 천원 /1년간)	민간이전 분류 (지방자치단체 세출예산 집행기준에 의거) 1. 민간경상사업보조(307-02) 2. 민간단체 법정운영비보조(307-03) 3. 민간행사사업보조(307-04) 4. 민간위탁금(307-05) 5. 사회복지시설 법정운영비보조(307-10) 6. 민간인위탁교육비(307-12) 7. 공기관등에대한경상적위탁사업비(308-13) 8. 민간자본사업보조,자체재원(402-01) 9. 민간자본사업보조,이전재원(402-02) 10. 민간위탁사업비(402-03) 11. 공기관등에 대한 자본적 위탁사업비(403-02)	민간이전지출 근거 (지방보조금 관리기준 참고) 1. 법률에 규정 2. 국고보조 재원(국가지정) 3. 용도 지정 기부금 4. 조례에 직접규정 5. 지자체가 권장하는 사업을 하는 공공기관 6. 시,도 정책 및 재정사정 7. 기타 8. 해당없음	입찰방식			운영예산 산정		성과평가 실시여부 1. 실시 2. 미실시 3. 향후 추진 4. 해당없음
						계약체결방법 (경쟁형태) 1. 일반경쟁 2. 제한경쟁 3. 지명경쟁 4. 수의계약 5. 법정위탁 6. 기타 ( ) 7. 없음	계약기간 1. 1년 2. 2년 3. 3년 4. 4년 5. 5년 6. 기타 ( )년 7. 단기계약 (1년미만) 8. 없음	낙찰자선정방법 1. 적격심사 2. 협상에의한계약 3. 최저가낙찰제 4. 규격가격분리 5. 2단계 경쟁입찰 6. 기타 ( ) 7. 없음	운영예산 산정 1. 내부산정 (지자체 자체적으로 산정) 2. 외부산정 (외부전문기관위탁 산정) 3. 내·외부 모두 산정 4. 산정 無	정산방법 1. 내부정산 (지자체 내부적으로 정산) 2. 외부정산 (외부전문기관위탁 정산) 3. 내·외부 모두 산정 4. 정산 無 5. 없음	
518	경기 안성시	일죽면덕현경로당옥상방수	14,332	8	4	7	8	7	5	5	4
519	경기 안성시	공도읍방축경로당외부바닥보수	14,069	8	4	7	8	7	5	5	4
520	경기 안성시	대덕면보두경로당현관문교체및차양막설치	14,069	8	4	7	8	7	5	5	4
521	경기 안성시	미양면개리촌경로당화장실보수	13,309	8	4	7	8	7	5	5	4
522	경기 안성시	고삼면상갈경로당계단보수및외부수도설치	13,053	8	4	7	8	7	5	5	4
523	경기 안성시	고삼면월동경로당옥상방수및외벽도색	12,900	8	4	7	8	7	5	5	4
524	경기 안성시	대덕면삼암경로당옥상및계단방수	12,660	8	4	7	8	7	5	5	4
525	경기 안성시	금광면내동경로당출입구보수	12,358	8	4	7	8	7	5	5	4
526	경기 안성시	금광면가협경로당현관문및창호교체	12,287	8	4	7	8	7	5	5	4
527	경기 안성시	공도읍사곡2리경로당도시가스설비공사	11,613	8	4	7	8	7	5	5	4
528	경기 안성시	서운면신촌여자경로당현관문및창호교체	11,550	8	4	7	8	7	5	5	4
529	경기 안성시	아동복지시설환경개선사업	11,000	8	1	7	8	7	5	5	4
530	경기 안성시	금광면석암경로당국기게양대설치	10,978	8	4	7	8	7	5	5	4
531	경기 안성시	양성면명목2리경로당화장실보수	10,797	8	4	7	8	7	5	5	4
532	경기 안성시	대덕면마현경로당출입구보수	10,120	8	4	7	8	7	5	5	4
533	경기 안성시	로컬푸드시설개선지원사업	10,000	8	4	7	8	7	5	5	4
534	경기 안성시	축사화재예방자동소화용구지원	10,000	8	6	7	8	7	5	5	4
535	경기 안성시	원곡면하가천경로당옥상방수및외벽도색	9,910	8	4	7	8	7	5	5	4
536	경기 안성시	서운면오촌경로당경사로보수	9,900	8	4	7	8	7	5	5	4
537	경기 안성시	안성1동가사2통경로당옥상방수	9,895	8	4	7	8	7	5	5	4
538	경기 안성시	서운면산평학구경로당옥상방수및외벽도색	9,850	8	4	7	8	7	5	5	4
539	경기 안성시	보개면동평경로당옥상방수	9,800	8	4	7	8	7	5	5	4
540	경기 안성시	안성3동금산2통경로당외벽보수	9,800	8	4	7	8	7	5	5	4
541	경기 안성시	일죽면거운경로당보일러실보수	9,185	8	4	7	8	7	5	5	4
542	경기 안성시	서운면산정경로당화장실보수	8,800	8	4	7	8	7	5	5	4
543	경기 안성시	금광면현지경로당현관문및창호교체	8,690	8	4	7	8	7	5	5	4
544	경기 안성시	공도읍대림동산경로당옥상방수	8,202	8	4	7	8	7	5	5	4
545	경기 안성시	공도읍선녀경로당비가림막설치	8,008	8	4	7	8	7	5	5	4
546	경기 안성시	안성마춤한우브랜드지원사업	8,000	8	1	7	8	7	5	5	4
547	경기 안성시	안성벌꿀벌통자재지원	8,000	8	6	7	8	7	5	5	4
548	경기 안성시	농가자율교환용잡곡종자채종포운영시범	8,000	8	1	7	8	7	5	5	4
549	경기 안성시	안성1동가현2통경로당화장실보수	7,920	8	4	7	8	7	5	5	4
550	경기 안성시	양성면미산3리경로당옥상방수	7,524	8	4	7	8	7	5	5	4
551	경기 안성시	안성2동계동경로당화장실보수	7,360	8	4	7	8	7	5	5	4
552	경기 안성시	원곡면신기경로당도시가스설비공사	7,150	8	4	7	8	7	5	5	4
553	경기 안성시	서운면중동경로당옥상방수	7,040	8	4	7	8	7	5	5	4
554	경기 안성시	보개면상가경로당화장실보수	6,820	8	4	7	8	7	5	5	4
555	경기 안성시	공도읍옹천경로당화장실보수	6,545	8	4	7	8	7	5	5	4
556	경기 안성시	안성2동동광2차아파트경로당옥상방수및도배교체	6,480	8	4	7	8	7	5	5	4
557	경기 안성시	공도읍신동1리경로당전기공사	6,270	8	4	7	8	7	5	5	4

순번	시군구	지출명 (사업명)	2024년예산 (단위: 천원/1년간)	민간이전 분류	민간이전지출 근거	입찰방식 계약체결방법	입찰방식 계약기간	입찰방식 낙찰자선정방법	운영예산 산정	운영예산 정산방법	성과평가 실시여부
558	경기 안성시	서운면평리경로당보일러실보수	6,270	8	4	7	8	7	5	5	4
559	경기 안성시	공도읍불당리경로당중문교체	6,138	8	4	7	8	7	5	5	4
560	경기 안성시	안성2동계동여자경로당외벽철거및도색	5,950	8	4	7	8	7	5	5	4
561	경기 안성시	일죽면지내경로당창호교체	5,885	8	4	7	8	7	5	5	4
562	경기 안성시	금광면하록동경로당배수시설보수	5,500	8	4	7	8	7	5	5	4
563	경기 안성시	서운면신기경로당화장실보수	5,467	8	4	7	8	7	5	5	4
564	경기 안성시	삼죽면도촌경로당도시가스설비공사	5,390	8	4	7	8	7	5	5	4
565	경기 안성시	일죽면송학경로당외부물받이동잡철공사	5,357	8	4	7	8	7	5	5	4
566	경기 안성시	안성1동가사2통경로당지붕기와철거및미장	5,095	8	4	7	8	7	5	5	4
567	경기 안성시	산업재산권출원등록지원	5,000	8	4	7	8	7	5	5	4
568	경기 안성시	고삼면신가여자경로당외부단열공사	4,966	8	4	7	8	7	5	5	4
569	경기 안성시	보개면하가경로당비가림막설치	4,900	8	4	7	8	7	5	5	4
570	경기 안성시	삼죽면지운경로당미닫이문철거	4,873	8	4	7	8	7	5	5	4
571	경기 안성시	안성1동발화동경로당현관문교체	4,860	8	4	7	8	7	5	5	4
572	경기 안성시	원곡면하가천경로당현관문및중문교체	4,840	8	4	7	8	7	5	5	4
573	경기 안성시	일죽면대송경로당싱크대및배관교체	4,840	8	4	7	8	7	5	5	4
574	경기 안성시	금광면신기경로당계단보수	4,808	8	4	7	8	7	5	5	4
575	경기 안성시	원곡면통심경로당외벽방수	4,700	8	4	7	8	7	5	5	4
576	경기 안성시	죽산면하삼경로당경사로보수	4,700	8	4	7	8	7	5	5	4
577	경기 안성시	미양면보체경로당화장실보수	4,664	8	4	7	8	7	5	5	4
578	경기 안성시	공도읍공도경로당옥상방수	4,543	8	4	7	8	7	5	5	4
579	경기 안성시	미양면용두리경로당계단보수	4,400	8	4	7	8	7	5	5	4
580	경기 안성시	양성면방축경로당경사로설치	4,375	8	4	7	8	7	5	5	4
581	경기 안성시	대덕면용현경로당문수리및방충망설치	4,334	8	4	7	8	7	5	5	4
582	경기 안성시	안성2동계동경로당우수처리시설정비	4,260	8	4	7	8	7	5	5	4
583	경기 안성시	공도읍선녀경로당경사로설치	4,136	8	4	7	8	7	5	5	4
584	경기 안성시	안성2동중리동경로당화장실보수	4,125	8	4	7	8	7	5	5	4
585	경기 안성시	죽산면두평경로당콘크리트덧씌우기공사	4,114	8	4	7	8	7	5	5	4
586	경기 안성시	원곡면하가천경로당내부루바동목공공사	4,082	8	4	7	8	7	5	5	4
587	경기 안성시	공도읍야촌경로당외벽도색	3,828	8	4	7	8	7	5	5	4
588	경기 안성시	일죽면덕현경로당화장실안전바설치	3,795	8	4	7	8	7	5	5	4
589	경기 안성시	양성면남극경로당국기게양대설치	3,630	8	4	7	8	7	5	5	4
590	경기 안성시	삼죽면마전1리경로당외벽보수및도색	3,476	8	4	7	8	7	5	5	4
591	경기 안성시	안성1동가현2통경로당경사로설치	3,025	8	4	7	8	7	5	5	4
592	경기 안성시	공도읍수화아파트경로당보일러교체	3,000	8	4	7	8	7	5	5	4
593	경기 안성시	보개면곡천경로당보일러교체	3,000	8	4	7	8	7	5	5	4
594	경기 안성시	서운면평리경로당보일러교체	3,000	8	4	7	8	7	5	5	4
595	경기 안성시	일죽면거운경로당보일러교체	3,000	8	4	7	8	7	5	5	4
596	경기 안성시	안성3동금산2통경로당옥상방수	3,000	8	4	7	8	7	5	5	4
597	경기 안성시	삼죽면기동경로당의료용구구입	3,000	8	4	7	8	7	5	5	4

순번	시군구	지출명 (사업명)	2024년예산 (단위 : 천원 /1년간)	민간이전 분류 (지방자치단체 세출예산 집행기준에 의거)	민간이전지출 근거 (지방보조금 관리기준 참고)	입찰방식			운영예산 산정		성과평가 실시여부
						계약체결방법 (경쟁형태)	계약기간	낙찰자선정방법	운영예산 산정	정산방법	
598	경기 안성시	안성2동신원아침도시경로당실내운동기구구입	3,000	8	4	7	8	7	5	5	4
599	경기 안성시	일죽면거운경로당지붕물받이설치	2,970	8	4	7	8	7	5	5	4
600	경기 안성시	금광면내개산경로당화장실보수	2,901	8	4	7	8	7	5	5	4
601	경기 안성시	금광면신양복리경로당현관문교체	2,893	8	4	7	8	7	5	5	4
602	경기 안성시	양성면미산경로당현관보수	2,816	8	4	7	8	7	5	5	4
603	경기 안성시	안성3동금산2통경로당바닥보수	2,500	8	4	7	8	7	5	5	4
604	경기 안성시	미양면보체경로당경사로및블라인드설치	2,475	8	4	7	8	7	5	5	4
605	경기 안성시	벼신품종종자생산보급시범	2,400	8	1	7	8	7	5	5	4
606	경기 안성시	일죽면하가경로당방충망설치	2,255	8	4	7	8	7	5	5	4
607	경기 안성시	서운면상북산경로당거실천장보수	2,200	8	4	7	8	7	5	5	4
608	경기 안성시	미양면법전경로당경사로설치	2,200	8	4	7	8	7	5	5	4
609	경기 안성시	자원봉사센터자산취득비지원	2,190	8	4	7	8	7	5	5	4
610	경기 안성시	서운면중동경로당출입문설치	2,090	8	4	7	8	7	5	5	4
611	경기 안성시	금광면상동경로당난간대보수	2,046	8	4	7	8	7	5	5	4
612	경기 안성시	죽산면대근경로당다용도수납장설치	2,035	8	4	7	8	7	5	5	4
613	경기 안성시	공도읍부영아파트도배교체	2,000	8	4	7	8	7	5	5	4
614	경기 안성시	공도읍금호우림2단지경로당싱크대교체	2,000	8	4	7	8	7	5	5	4
615	경기 안성시	공도읍웅천경로당싱크대교체	2,000	8	4	7	8	7	5	5	4
616	경기 안성시	공도읍우림아파트경로당도배교체	2,000	8	4	7	8	7	5	5	4
617	경기 안성시	보개면동문경로당싱크대교체	2,000	8	4	7	8	7	5	5	4
618	경기 안성시	보개면동안경로당도배교체	2,000	8	4	7	8	7	5	5	4
619	경기 안성시	보개면솔외경로당도배장판교체	2,000	8	4	7	8	7	5	5	4
620	경기 안성시	금광면내개산경로당도배교체	2,000	8	4	7	8	7	5	5	4
621	경기 안성시	금광면하록동경로당도배장판교체	2,000	8	4	7	8	7	5	5	4
622	경기 안성시	금광면하록동경로당싱크대교체	2,000	8	4	7	8	7	5	5	4
623	경기 안성시	서운면서운경로당도배교체	2,000	8	4	7	8	7	5	5	4
624	경기 안성시	서운면중동경로당도배교체	2,000	8	4	7	8	7	5	5	4
625	경기 안성시	양성면난실2리경로당싱크대교체	2,000	8	4	7	8	7	5	5	4
626	경기 안성시	양성면산정경로당싱크대교체	2,000	8	4	7	8	7	5	5	4
627	경기 안성시	일죽면송학경로당도배장판교체	2,000	8	4	7	8	7	5	5	4
628	경기 안성시	죽산면열원경로당장판교체	2,000	8	4	7	8	7	5	5	4
629	경기 안성시	죽산면한실경로당싱크대교체	2,000	8	4	7	8	7	5	5	4
630	경기 안성시	죽산면한평경로당도배장판교체	2,000	8	4	7	8	7	5	5	4
631	경기 안성시	죽산면내토경로당싱크대교체	2,000	8	4	7	8	7	5	5	4
632	경기 안성시	삼죽면삼죽학구경로당장판교체	2,000	8	4	7	8	7	5	5	4
633	경기 안성시	삼죽면외토경로당도배교체	2,000	8	4	7	8	7	5	5	4
634	경기 안성시	고삼면산문경로당싱크대교체	2,000	8	4	7	8	7	5	5	4
635	경기 안성시	고삼면상갈경로당화장실보수	2,000	8	4	7	8	7	5	5	4
636	경기 안성시	안성1동동신아파트경로당도배및장판교체	2,000	8	4	7	8	7	5	5	4
637	경기 안성시	안성2동신원아침도시경로당도배및장판교체	2,000	8	4	7	8	7	5	5	4

순번	시군구	지출명 (사업명)	2024년예산 (단위 : 천원/1년간)	민간이전 분류 (지방자치단체 세출예산 집행기준에 의거) 1. 민간경상사업보조(307-02) 2. 민간단체 법정운영비보조(307-03) 3. 민간행사사업보조(307-04) 4. 민간위탁금(307-05) 5. 사회복지시설 법정운영비보조(307-10) 6. 민간위탁교육비(307-12) 7. 공기관등에대한경상적위탁사업비(308-13) 8. 민간자본사업보조,자체재원(402-01) 9. 민간자본사업보조,이전재원(402-02) 10. 민간위탁사업비(402-03) 11. 공기관등에 대한 자본적 위탁사업비(403-02)	민간이전지출 근거 (지방보조금 관리기준 참고) 1. 법률에 규정 2. 국고보조 재원(국가지정) 3. 용도 지정 기부금 4. 조례에 직접규정 5. 지자체가 권장하는 사업을 하는 공공기관 6. 시,도 정책 및 재정사정 7. 기타 8. 해당없음	입찰방식 계약체결방법 (경쟁형태) 1. 일반경쟁 2. 제한경쟁 3. 지명경쟁 4. 수의계약 5. 법정위탁 6. 기타 ( ) 7. 없음	계약기간 1. 1년 2. 2년 3. 3년 4. 4년 5. 5년 6. 기타 ( )년 7. 단기계약 (1년미만) 8. 없음	낙찰자선정방법 1. 적격심사 2. 협상에의한계약 3. 최저가낙찰제 4. 규격가격분리 5. 2단계 경쟁입찰 6. 기타 ( ) 7. 없음	운영예산 산정 1. 내부산정 (지자체 자체적으로 산정) 2. 외부산정 (외부전문기관위탁 산정) 3. 내·외부 모두 산정 4. 산정 無 5. 없음	정산방법 1. 내부정산 (지자체 내부적으로 정산) 2. 외부정산 (외부전문기관위탁 정산) 3. 내·외부 모두 산정 4. 정산無 5. 없음	성과평가 실시여부 1. 실시 2. 미실시 3. 향후 추진 4. 해당없음
638	경기 안성시	안성2동신원아침도시경로당싱크대교체	2,000	8	4	7	8	7	5	5	4
639	경기 안성시	안성2동우남아파트경로당도배교체	2,000	8	4	7	8	7	5	5	4
640	경기 안성시	안성2동인지동경로당싱크대교체	2,000	8	4	7	8	7	5	5	4
641	경기 안성시	안성2동동중리동경로당도배및장판교체	2,000	8	4	7	8	7	5	5	4
642	경기 안성시	안성3동금산2통경로당도배및장판교체	2,000	8	4	7	8	7	5	5	4
643	경기 안성시	안성3동금산2통경로당창호교체	2,000	8	4	7	8	7	5	5	4
644	경기 안성시	공도읍송정경로당에어컨구입	2,000	8	4	7	8	7	5	5	4
645	경기 안성시	공도읍금호어울림2단지경로당에어컨구입	2,000	8	4	7	8	7	5	5	4
646	경기 안성시	공도읍하용두경로당안마의자구입	2,000	8	4	7	8	7	5	5	4
647	경기 안성시	보개면거리실경로당에어컨구입	2,000	8	4	7	8	7	5	5	4
648	경기 안성시	보개면동안경로당에어컨구입	2,000	8	4	7	8	7	5	5	4
649	경기 안성시	보개면북좌경로당에어컨구입	2,000	8	4	7	8	7	5	5	4
650	경기 안성시	보개면양협경로당에어컨구입	2,000	8	4	7	8	7	5	5	4
651	경기 안성시	금광면구송동경로당에어컨구입	2,000	8	4	7	8	7	5	5	4
652	경기 안성시	금광면금광경로당에어컨구입	2,000	8	4	7	8	7	5	5	4
653	경기 안성시	금광면내개산경로당에어컨구입	2,000	8	4	7	8	7	5	5	4
654	경기 안성시	금광면동막경로당에어컨구입	2,000	8	4	7	8	7	5	5	4
655	경기 안성시	금광면하록동경로당에어컨구입	2,000	8	4	7	8	7	5	5	4
656	경기 안성시	미양면구례경로당에어컨구입	2,000	8	4	7	8	7	5	5	4
657	경기 안성시	미양면미양학구경로당에어컨구입	2,000	8	4	7	8	7	5	5	4
658	경기 안성시	미양면사거리경로당에어컨구입	2,000	8	4	7	8	7	5	5	4
659	경기 안성시	미양면원마산경로당에어컨구입	2,000	8	4	7	8	7	5	5	4
660	경기 안성시	미양면정동리경로당에어컨구입	2,000	8	4	7	8	7	5	5	4
661	경기 안성시	대덕면당촌경로당안마의자구입	2,000	8	4	7	8	7	5	5	4
662	경기 안성시	대덕면소사경로당안마의자구입	2,000	8	4	7	8	7	5	5	4
663	경기 안성시	대덕면신촌경로당안마의자구입	2,000	8	4	7	8	7	5	5	4
664	경기 안성시	양성면남극경로당안마의자구입	2,000	8	4	7	8	7	5	5	4
665	경기 안성시	양성면방축경로당에어컨구입	2,000	8	4	7	8	7	5	5	4
666	경기 안성시	양성면장서경로당에어컨구입	2,000	8	4	7	8	7	5	5	4
667	경기 안성시	일죽면내동경로당에어컨구입	2,000	8	4	7	8	7	5	5	4
668	경기 안성시	일죽면송학경로당안마의자구입	2,000	8	4	7	8	7	5	5	4
669	경기 안성시	죽산면두평경로당에어컨구입	2,000	8	4	7	8	7	5	5	4
670	경기 안성시	죽산면목동경로당에어컨구입	2,000	8	4	7	8	7	5	5	4
671	경기 안성시	죽산면서부경로당에어컨구입	2,000	8	4	7	8	7	5	5	4
672	경기 안성시	죽산면성남경로당김치냉장고구입	2,000	8	4	7	8	7	5	5	4
673	경기 안성시	죽산면성남경로당안마의자구입	2,000	8	4	7	8	7	5	5	4
674	경기 안성시	죽산면중부경로당에어컨구입	2,000	8	4	7	8	7	5	5	4
675	경기 안성시	죽산면한실경로당에어컨구입	2,000	8	4	7	8	7	5	5	4
676	경기 안성시	삼죽면마전1리경로당안마의자구입	2,000	8	4	7	8	7	5	5	4
677	경기 안성시	삼죽면음촌경로당에어컨구입	2,000	8	4	7	8	7	5	5	4

번호	시군구	지구명	2024년 공시 (원/㎡)	임야지역 기준 (지가산정 시 제외항목) 1. 임업진흥지역 지정고시(307-02) 2. 보전산지 지정고시(307-03) 3. 산림유전자원보호구역(307-04) 4. 자연휴양림 지정(307-05) 5. 사방지정 지정고시(307-10) 6. 임업직접지불제 대상자(307-12) 7. 산지관리법 보전산지(308-13) 8. 농지전용허가, 산지전용허가(402-01) 9. 임업진흥지역 안의산지(402-02) 10. 임업기반시설(402-03) 11. 농지전용허가 대상지 내외 기반시설(403-02)	지목등급 1. 임야 2. 공공시설용 부지 3. 공원·유원지 4. 자연환경보전지역 5. 개발제한구역 지정 6. 기타 () 7. 잡종 8. 임장용	지형조건 1. 평지 2. 완경사지 3. 급경사지 4. 수몰지역 5. 지형변경지 6. 기타 () 7. 잡종	토양조건 (암반지반 포함) 1. 양질양토 2. 점질토 3. 기타점토질 4. 수분조건 5. 기타 () 6. 기타 () 7. 잡종	임상조건 1. 활엽수 2. 침엽수 3. 혼효림 4. 무림목지 5. 잡종	자연조건 1. 양호 2. 보통 3. 불량 4. 훼손 5. 잡종	경제성 1. 양호 2. 보통 3. 불량 4. 접근성 (임도 접근성) 5. 잡종
678	경기 성남시	금토동 산1전임야등등급지	2,000		8	4	7	8	7	5	5	4
679	경기 성남시	금토동 산2전임야등등급지	2,000		8	4	7	8	7	5	5	4
680	경기 성남시		2,000		8	4	7	8	7	5	5	4
681	경기 성남시		2,000		8	4	7	8	7	5	5	4
682	경기 성남시		2,000		8	4	7	8	7	5	5	4
683	경기 성남시		2,000		8	4	7	8	7	5	5	4
684	경기 성남시		2,000		8	4	7	8	7	5	5	4
685	경기 성남시		2,000		8	4	7	8	7	5	5	4
686	경기 성남시		2,000		8	4	7	8	7	5	5	4
687	경기 성남시		2,000		8	4	7	8	7	5	5	4
688	경기 성남시		2,000		8	4	7	8	7	5	5	4
689	경기 성남시		2,000		8	4	7	8	7	5	5	4
690	경기 성남시		2,000		8	4	7	8	7	5	5	4
691	경기 성남시		2,000		8	4	7	8	7	5	5	4
692	경기 성남시		2,000		8	4	7	8	7	5	5	4
693	경기 성남시		2,000		8	4	7	8	7	5	5	4
694	경기 성남시		2,000		8	4	7	8	7	5	5	4
695	경기 성남시		1,991		8	4	7	8	7	5	5	4
696	경기 성남시		1,990		8	4	7	8	7	5	5	4
697	경기 성남시		1,980		8	4	7	8	7	5	5	4
698	경기 성남시		1,980		8	4	7	8	7	5	5	4
699	경기 성남시		1,980		8	4	7	8	7	5	5	4
700	경기 성남시		1,980		8	4	7	8	7	5	5	4
701	경기 성남시		1,980		8	4	7	8	7	5	5	4
702	경기 성남시		1,980		8	4	7	8	7	5	5	4
703	경기 성남시		1,967		8	4	7	8	7	5	5	4
704	경기 성남시		1,960		8	4	7	8	7	5	5	4
705	경기 성남시		1,952		8	4	7	8	7	5	5	4
706	경기 성남시		1,936		8	4	7	8	7	5	5	4
707	경기 성남시		1,932		8	4	7	8	7	5	5	4
708	경기 성남시		1,932		8	4	7	8	7	5	5	4
709	경기 성남시		1,932		8	4	7	8	7	5	5	4
710	경기 성남시		1,932		8	4	7	8	7	5	5	4
711	경기 성남시		1,932		8	4	7	8	7	5	5	4
712	경기 성남시		1,932		8	4	7	8	7	5	5	4
713	경기 성남시		1,925		8	4	7	8	7	5	5	4
714	경기 성남시		1,925		8	4	7	8	7	5	5	4
715	경기 성남시		1,925		8	4	7	8	7	5	5	4
716	경기 성남시		1,880		8	4	7	8	7	5	5	4
717	경기 성남시		1,880		8	4	7	8	7	5	5	4

순번	시군구	지출명 (사업명)	2024년예산 (단위 : 천원 /1년간)	민간이전 분류 (지방자치단체 세출예산 집행기준에 의거) 1. 민간경상사업보조(307-02) 2. 민간단체 법정운영비보조(307-03) 3. 민간행사사업보조(307-04) 4. 민간위탁금(307-05) 5. 사회복지시설 법정운영비보조(307-10) 6. 민간위탁교육비(307-12) 7. 공기관등에대한경상적위탁사업비(308-13) 8. 민간자본사업보조,자체재원(402-01) 9. 민간자본보조,이전재원(402-02) 10. 민간위탁사업비(402-03) 11. 공기관등에 대한 자본적 위탁사업비(403-02)	민간이전지출 근거 (지방보조금 관리기준 참고) 1. 법률에 규정 2. 국고보조 재원(국가지정) 3. 용도 지정 기부금 4. 조례에 직접규정 5. 지자체가 권장하는 사업을 하는 공공기관 6. 시,도 정책 및 재정사정 7. 기타 8. 해당없음	입찰방식 계약체결방법 (경쟁형태) 1. 일반경쟁 2. 제한경쟁 3. 지명경쟁 4. 수의계약 5. 법정위탁 6. 기타 ( ) 7. 없음	계약기간 1. 1년 2. 2년 3. 3년 4. 4년 5. 5년 6. 기타 ( )년 7. 단기계약 (1년미만) 8. 없음	낙찰자선정방법 1. 적격심사 2. 협상에의한계약 3. 최저가낙찰제 4. 규격가격분리 5. 2단계 경쟁입찰 6. 기타 ( ) 7. 없음	운영예산 산정 1. 내부산정 (지자체 자체적으로 산정) 2. 외부산정 (외부전문기관위탁 산정) 3. 내·외부 모두 산정 4. 산정 無 5. 없음	정산방법 1. 내부정산 (지자체 내부적으로 정산) 2. 외부정산 (외부전문기관위탁 정산) 3. 내·외부 모두 정산 4. 정산 無 5. 없음	성과평가 실시여부 1. 실시 2. 미실시 3. 향후 추진 4. 해당없음
718	경기 안성시	죽산면하삼경로당도배교체	1,800	8	4	7	8	7	5	5	4
719	경기 안성시	고삼면봉지곡경로당에어컨구입	1,730	8	4	7	8	7	5	5	4
720	경기 안성시	보개면상남경로당에어컨구입	1,673	8	4	7	8	7	5	5	4
721	경기 안성시	안성1동가사1통경로당창호보수및비가림막설치	1,617	8	4	7	8	7	5	5	4
722	경기 안성시	일죽면청룡경로당중문보수	1,540	8	4	7	8	7	5	5	4
723	경기 안성시	원곡면상가천경로당운동기기구입	1,540	8	4	7	8	7	5	5	4
724	경기 안성시	공도읍만수정경로당냉장고구입	1,500	8	4	7	8	7	5	5	4
725	경기 안성시	공도읍선녀경로당김치냉장고구입	1,500	8	4	7	8	7	5	5	4
726	경기 안성시	공도읍신용정경로당김치냉장고구입	1,500	8	4	7	8	7	5	5	4
727	경기 안성시	공도읍진등경로당냉장고구입	1,500	8	4	7	8	7	5	5	4
728	경기 안성시	보개면구사경로당에어컨구입	1,500	8	4	7	8	7	5	5	4
729	경기 안성시	금광면복거경로당냉장고구입	1,500	8	4	7	8	7	5	5	4
730	경기 안성시	금광면상록동경로당냉장고구입	1,500	8	4	7	8	7	5	5	4
731	경기 안성시	금광면양지편경로당김치냉장고구입	1,500	8	4	7	8	7	5	5	4
732	경기 안성시	금광면양지편경로당냉장고구입	1,500	8	4	7	8	7	5	5	4
733	경기 안성시	미양면개리촌경로당냉장고구입	1,500	8	4	7	8	7	5	5	4
734	경기 안성시	미양면사거리경로당냉장고구입	1,500	8	4	7	8	7	5	5	4
735	경기 안성시	일죽면율동경로당냉장고구입	1,500	8	4	7	8	7	5	5	4
736	경기 안성시	삼죽면상덕경로당김치냉장고구입	1,500	8	4	7	8	7	5	5	4
737	경기 안성시	안성1동우정에쉐르아파트경로당김치냉장고구입	1,500	8	4	7	8	7	5	5	4
738	경기 안성시	안성2동옥산1통경로당냉장고구입	1,500	8	4	7	8	7	5	5	4
739	경기 안성시	안성2동인지동경로당김치냉장고구입	1,500	8	4	7	8	7	5	5	4
740	경기 안성시	안성3동당왕1통경로당냉장고구입	1,500	8	4	7	8	7	5	5	4
741	경기 안성시	안성3동대우경남아파트경로당김치냉장고구입	1,500	8	4	7	8	7	5	5	4
742	경기 안성시	안성3동쌍용아파트경로당냉장고구입	1,500	8	4	7	8	7	5	5	4
743	경기 안성시	안성3동코아루경로당냉장고구입	1,500	8	4	7	8	7	5	5	4
744	경기 안성시	금광면석암경로당냉장고구입	1,469	8	4	7	8	7	5	5	4
745	경기 안성시	안성3동금산2통경로당화장실양변기교체	1,450	8	4	7	8	7	5	5	4
746	경기 안성시	미양면암동경로당냉장고구입	1,400	8	4	7	8	7	5	5	4
747	경기 안성시	죽산면하창경로당김치냉장고구입	1,330	8	4	7	8	7	5	5	4
748	경기 안성시	공도읍만가대경로당비가림막설치	1,320	8	4	7	8	7	5	5	4
749	경기 안성시	금광면조령경로당의료용구구입	1,320	8	4	7	8	7	5	5	4
750	경기 안성시	공도읍산수화아파트경로당김치냉장고구입	1,260	8	4	7	8	7	5	5	4
751	경기 안성시	원곡면하가천경로당화장실보수	1,250	8	4	7	8	7	5	5	4
752	경기 안성시	삼죽면외토경로당김치냉장고구입	1,240	8	4	7	8	7	5	5	4
753	경기 안성시	안성3동태영아파트경로당김치냉장고구입	1,240	8	4	7	8	7	5	5	4
754	경기 안성시	공도읍산수화아파트경로당냉장고구입	1,190	8	4	7	8	7	5	5	4
755	경기 안성시	대덕면소촌경로당냉장고구입	1,110	8	4	7	8	7	5	5	4
756	경기 안성시	양성면북부경로당배수관보수	1,100	8	4	7	8	7	5	5	4
757	경기 안성시	삼죽면하냉경로당도배교체	1,100	8	4	7	8	7	5	5	4

순번	사업	지식재산 (사업명)	2024년예산 (백만원/개소)	신청자격 요건 (지식재산 성공 조건 등기)	지원대상	지원기간	지원내용	지원한도 (필요세목 등)	명칭
	사업구분	(사업명)		1. 산업재산권 분쟁조정위원회(307-02)	1. 경영	1. 지원대상 (지식재산 경영 등기)	1. 신청	1. 법무/세무	1. 법무/세무
				2. 산업재산권 사법통합 및 조정제도(307-03)	2. 공고등록	2. 지원방법	2. 경영	2. 경영자문	2. 경영자문
				3. 재활용 지원(307-04)	3. 지원자격	3. 심사위원회	3. 심사	3. 심사 (지식재산 경영 등기)	3. 심사 (지식재산 경영 등기)
				4. 상표법 지원 지원(307-05)	4. 신청방법	4. 심사방법	4. 심사(내 사항)	4. 상담자문	4. 상담자문
				5. 지식재산 이익분배(307-10)	5. 경영자문	5. 심사(내 사항)	5. 등기	5. 상담	
				6. 지식재산법 지원(307-13)	6. 기타( )	6. 기타( )	6. 기타( )		
				7. 지식재산서비스 지원(402-01)	7. 기타	7. 등기	7. 등기		
				8. 지식재산 사업화(402-02)		8. 경영 (내용)			
				9. 지식재산서비스(402-03)					
				10. 사업지원(403-02)					
				11. 경기지역 지식재산 사업지원사업(403-03)					
758	법인 등기	경기광주시용인지점소재지변경	1,067		8	4	7	8	7	5	5	4
759	법인 등기	내용변경등기경영심사지점	1,067		8	4	7	8	7	5	5	4
760	법인 등기	경영심사자본금경영등기계	1,000		8	4	7	8	7	5	5	4
761	법인 등기	경영심사광주지점경영등기	1,000		8	4	7	8	7	5	5	4
762	법인 등기	경영등기수원지점소재지변경심사지점	1,000		8	4	7	8	7	5	5	4
763	법인 등기	경영등기용인스지점경영심사지점	1,000		8	4	7	8	7	5	5	4
764	법인 등기	경영등기수원경영심사지점	1,000		8	4	7	8	7	5	5	4
765	법인 등기	경영등기수원지점경영심사지점	1,000		8	4	7	8	7	5	5	4
766	법인 등기	경영등기수원지점용인지점경영심사지점이계	1,000		8	4	7	8	7	5	5	4
767	법인 등기	경영등기용인수원지점	1,000		8	4	7	8	7	5	5	4
768	법인 등기	경영등기용인지점변경광주지점경영심사지점이계	1,000		8	4	7	8	7	5	5	4
769	법인 등기	경영등기수원지점경영계	1,000		8	4	7	8	7	5	5	4
770	법인 등기	경영등기수원경영계	1,000		8	4	7	8	7	5	5	4
771	법인 등기	경영등기수원경영심사지점	1,000		8	4	7	8	7	5	5	4
772	법인 등기	경영등기경영심사지점	1,000		8	4	7	8	7	5	5	4
773	법인 등기	사업등기경영심사지점지점	1,000		8	4	7	8	7	5	5	4
774	법인 등기	이광주경영심사경영지점지점	1,000		8	4	7	8	7	5	5	4
775	법인 등기	대신광주경영심사지점	1,000		8	4	7	8	7	5	5	4
776	법인 등기	광주지경영기경영심사지점	1,000		8	4	7	8	7	5	5	4
777	법인 등기	광주심사경영심사지점	1,000		8	4	7	8	7	5	5	4
778	법인 등기	광주지용지경영심사지점	1,000		8	4	7	8	7	5	5	4
779	법인 등기	광주지경영수원지점지점	1,000		8	4	7	8	7	5	5	4
780	법인 등기	광주지경영수원지점지점	1,000		8	4	7	8	7	5	5	4
781	법인 등기	광주지지경영심사지점	1,000		8	4	7	8	7	5	5	4
782	법인 등기	광주지용심사지점	1,000		8	4	7	8	7	5	5	4
783	법인 등기	광주지용경영심사지점이계	1,000		8	4	7	8	7	5	5	4
784	법인 등기	광주지경영심사지점	1,000		8	4	7	8	7	5	5	4
785	법인 등기	광주지경영지점경영	1,000		8	4	7	8	7	5	5	4
786	법인 등기	광주지경영심사이계지점	1,000		8	4	7	8	7	5	5	4
787	법인 등기	광주지이용지경영심사지점	1,000		8	4	7	8	7	5	5	4
788	법인 등기	광주지이용수용지경영심사지점	1,000		8	4	7	8	7	5	5	4
789	법인 등기	광주지이용지경영심사용지점	1,000		8	4	7	8	7	5	5	4
790	법인 등기	광주지이용아이지경영지점	1,000		8	4	7	8	7	5	5	4
791	법인 등기	광주지경영용경영지점	1,000		8	4	7	8	7	5	5	4
792	법인 등기	광주공단용경영용이아이용경영심사지점	990		8	4	7	8	7	5	5	4
793	법인 등기	광주지용경영심사지점	990		8	4	7	8	7	5	5	4
794	법인 등기	광주지용경영심사지점	990		8	4	7	8	7	5	5	4
795	법인 등기	광주지경영심사지점	990		8	4	7	8	7	5	5	4
796	법인 등기	광주지경영심사지점이계	979		8	4	7	8	7	5	5	4
797	법인 등기	광주지용심사지점이이용경영지점	946		8	4	7	8	7	5	5	4

순번	시군구	지출명 (사업명)	2024년예산 (단위:천원/1년간)	민간이전 분류 (지방자치단체 세출예산 집행기준에 의거) 1. 민간경상사업보조(307-02) 2. 민간단체 법정운영비보조(307-03) 3. 민간행사사업보조(307-04) 4. 민간위탁금(307-05) 5. 사회복지시설 법정운영비보조(307-10) 6. 민간인위탁교육비(307-12) 7. 공기관등에대한경상적위탁사업비(308-13) 8. 민간자본사업보조,자체재원(402-01) 9. 민간자본사업보조,이전재원(402-02) 10. 민간위탁사업비(402-03) 11. 공기관등에 대한 자본적 위탁사업비(403-02)	민간이전지출 근거 (지방보조금 관리기준 참고) 1. 법률에 규정 2. 국고보조 재원(국가지정) 3. 용도 지정 기부금 4. 조례에 직접규정 5. 지자체가 권장하는 사업을 하는 공공기관 6. 시,도 정책 및 재정사정 7. 기타 8. 해당없음	입찰방식			운영예산 산정		성과평가 실시여부 1. 실시 2. 미실시 3. 향후 추진 4. 해당없음
						계약체결방법 (경쟁형태) 1. 일반경쟁 2. 제한경쟁 3. 지명경쟁 4. 수의계약 5. 법정위탁 6. 기타 ( ) 7. 없음	계약기간 1. 1년 2. 2년 3. 3년 4. 4년 5. 5년 6. 기타 ( )년 7. 단가계약 (1년미만) 8. 없음	낙찰자선정방법 1. 적격심사 2. 협상에의한계약 3. 최저가낙찰제 4. 규격가격분리 5. 2단계 경쟁입찰 6. 기타 ( ) 7. 없음	운영예산 산정 1. 내부산정 (지자체 자체적으로 산정) 2. 외부산정 (외부전문기관위탁 산정) 3. 내·외부 모두 산정 4. 산정 無 5. 없음	정산방법 1. 내부정산 (지자체 내부적으로 정산) 2. 외부정산 (외부전문기관위탁 정산) 3. 내·외부 모두 산정 4. 정산 無 5. 없음	
798	경기 안성시	금광면하록동경로당TV구입	950	8	4	7	8	7	5	5	4
799	경기 안성시	죽산면상구산경로당TV구입	950	8	4	7	8	7	5	5	4
800	경기 안성시	서운면중동경로당수돗가보수	880	8	4	7	8	7	5	5	4
801	경기 안성시	공도읍사곡2리경로당보일러설치	825	8	4	7	8	7	5	5	4
802	경기 안성시	일죽면청룡경로당화장실보수	825	8	4	7	8	7	5	5	4
803	경기 안성시	금광면양지편경로당TV구입	800	8	4	7	8	7	5	5	4
804	경기 안성시	삼죽면월곡경로당입식테이블구입	800	8	4	7	8	7	5	5	4
805	경기 안성시	서운면중동경로당계단및난간대보수	770	8	4	7	8	7	5	5	4
806	경기 안성시	원곡면상지문경로당난간대보수	649	8	4	7	8	7	5	5	4
807	경기 여주시	공동주택보수지원	350,000	8	1	7	8	7	5	5	4
808	경기 여주시	소규모기업환경개선사업	289,979	8	1	7	8	7	5	5	4
809	경기 여주시	융복합디지털스마트농업창업지원	150,000	8	6	7	8	7	1	1	1
810	경기 여주시	빈집철거비용지원	90,000	8	1	7	8	7	5	5	4
811	경기 여주시	벼저탄소농업기술실천시범(측조시비기보급)	55,000	8	6	7	8	7	5	5	4
812	경기 여주시	버섯국내육성품종보급시범	50,000	8	2	7	8	7	5	5	4
813	경기 여주시	채절단기활용가지가공활성화시범사업	48,500	8	6	7	8	7	5	5	4
814	경기 여주시	소생체난자흡입기술활용조기개량기술시범	48,000	8	6	7	8	7	5	5	4
815	경기 여주시	고품질쌀생산노동력절감기술보급시범	40,000	8	6	7	8	7	5	5	4
816	경기 여주시	자율방범대순찰차량구입	36,000	8	1	4	8	7	1	1	1
817	경기 여주시	맞춤액비활용고품질농산물생산기술보급시범	32,000	8	6	7	8	7	5	5	4
818	경기 여주시	벼종자증식포운영	30,000	8	6	7	8	7	5	5	4
819	경기 여주시	국내육성바이러스무병묘보급시범	30,000	8	6	7	8	7	5	5	4
820	경기 여주시	소비선호형분화생산기술보급및생력화시범사업	30,000	8	6	7	8	7	5	5	4
821	경기 여주시	젖소저온살균초유안정생산기반조성시범	30,000	8	6	7	8	7	5	5	4
822	경기 여주시	땅콩생력재배기술향상시범	25,000	8	6	7	8	7	5	5	4
823	경기 여주시	한우사료효율향상질병예방시범	25,000	8	6	7	8	7	5	5	4
824	경기 여주시	오염발생저감시설개선및친환경소독제지원	24,000	8	6	7	8	7	5	5	4
825	경기 여주시	제초제살포생력화시범	20,000	8	6	7	8	7	5	5	4
826	경기 여주시	여주고구마저장성향상시범	20,000	8	6	7	8	7	5	5	4
827	경기 여주시	고품질절화생산기술보급시범사업	20,000	8	6	7	8	7	5	5	4
828	경기 여주시	토종벌생산성향상기술보급시범	20,000	8	6	7	8	7	5	5	4
829	경기 여주시	벼병해충방제효율화시범	18,000	8	6	7	8	7	5	5	4
830	경기 여주시	최고품질사과생산성향상기술시범사업	15,000	8	6	7	8	7	5	5	4
831	경기 여주시	복숭아친환경병해충관리및농작업환경개선기술시범사업	15,000	8	6	7	8	7	5	5	4
832	경기 여주시	곤충산업활성화기반조성시범	15,000	8	6	7	8	7	5	5	4
833	경기 여주시	양봉생육환경개선시범	15,000	8	6	7	8	7	5	5	4
834	경기 여주시	양돈번식향상기술보급시범	11,000	8	6	7	8	7	5	5	4
835	경기 여주시	보훈단체운영물품지원	10,214	8	6	3	8	7	1	1	1
836	경기 여주시	친환경차광도포제활용시설하우스온도저감시범사업	10,000	8	6	7	8	7	5	5	4
837	경기 여주시	고품질포도생산과원환경개선시범사업	10,000	8	6	7	8	7	5	5	4

순번	시군구	지출명 (사업명)	2024년예산 (단위: 천원/1년간)	민간이전 분류	민간이전지출 근거	입찰방식 계약체결방법 (경쟁형태)	입찰방식 계약기간	입찰방식 낙찰자선정방법	운영예산 산정 운영예산 산정	운영예산 산정 정산방법	성과평가 실시여부
838	경기 여주시	노후화과원환경개선시범사업	10,000	8	6	7	8	7	5	5	4
839	경기 화성시	도시가스공급취약지역지원사업	1,980,000	8	1	7	8	7	5	5	4
840	경기 화성시	주변지역지원	1,000,000	8	4	7	8	7	1	1	2
841	경기 화성시	공동주택지원사업	962,000	8	1	7	8	7	5	5	4
842	경기 화성시	기타지역지원	750,000	8	4	7	8	7	1	1	2
843	경기 화성시	주차장공유사업	490,000	8	4	7	8	7	5	5	4
844	경기 화성시	친환경생산단지조성	460,000	8	6	7	8	7	5	5	4
845	경기 화성시	유치지역지원	454,668	8	4	7	8	7	1	1	2
846	경기 화성시	양돈농가모돈갱신지원사업	362,500	8	6	7	8	7	1	1	2
847	경기 화성시	웰빙원예용하우스지원	280,000	8	4	7	8	7	5	5	4
848	경기 화성시	지역특화작목발굴및육성사업	273,000	8	4	7	8	7	5	5	1
849	경기 화성시	밥쌀용고품질신품종생산및확대보급시범	200,000	8	8	7	8	7	5	5	4
850	경기 화성시	지역활력화작목기반조성시범	200,000	8	8	7	8	7	5	5	4
851	경기 화성시	원예농산물시설장비지원	161,700	8	4	7	8	7	5	5	1
852	경기 화성시	이상기상대비과수시설재배시범	160,000	8	8	7	8	7	5	5	4
853	경기 화성시	농촌치유농장육성	48,000	8	8	7	8	7	5	5	4
854	경기 화성시	장애인생활이동지원센터차량교체	43,000	8	1	7	8	7	1	1	2
855	경기 화성시	과수안정생산종합관리시범	40,000	8	8	7	8	7	5	5	4
856	경기 화성시	과수스마트팜확산시범	36,000	8	8	7	8	7	5	5	4
857	경기 화성시	고온기원예작물안정생산기술보급시범	32,000	8	8	7	8	7	5	5	4
858	경기 화성시	축사시설자동화사업	30,000	8	8	7	8	7	1	1	3
859	경기 화성시	농어촌빈집정비사업	30,000	8	8	7	8	7	5	5	4
860	경기 화성시	과수농업용수이온화식수처리기시범	22,400	8	8	7	8	7	5	5	4
861	경기 화성시	원예용농업용수처리기지원사업	20,000	8	4	7	8	7	5	5	1
862	경기 화성시	논온실가스감축물관리와완효성비료복합기술시범	20,000	8	8	7	8	7	5	5	4
863	경기 화성시	시설원예분야스마트팜기술보급확대	20,000	8	8	7	8	7	5	5	4
864	경기 화성시	시설원예스마트팜기술보급	16,000	8	8	7	8	7	5	5	4
865	경기 화성시	중학교자유학기제대응학교텃밭활용프로그램시범	16,000	8	8	7	8	7	5	5	4
866	경기 광주시	공동주택시설보조금지원사업	400,000	8	4	7	8	7	5	5	4
867	경기 광주시	친환경무농약쌀생산단지육성사업	172,501	8	7	7	8	7	5	5	4
868	경기 광주시	친환경무농약쌀생산단지육성사업	172,501	8	7	7	8	7	5	5	4
869	경기 광주시	벼수확후품질관리기술시범	49,800	8	7	7	8	7	5	5	4
870	경기 광주시	벼수확후품질관리기술시범	49,800	8	7	7	8	7	5	5	4
871	경기 광주시	과채류생력화재배시스템구축시범	30,000	8	1	7	8	7	5	5	4
872	경기 광주시	딸기친환경재배기술시범	30,000	8	1	7	8	7	5	5	4
873	경기 광주시	토마토연작장해개선시범	30,000	8	1	7	8	7	5	5	4
874	경기 광주시	화훼품질향상경쟁력강화기술시범	30,000	8	1	7	8	7	5	5	4
875	경기 광주시	과채류생력화재배시스템구축시범	30,000	8	1	7	8	7	5	5	4
876	경기 광주시	딸기친환경재배기술시범	30,000	8	1	7	8	7	5	5	4
877	경기 광주시	토마토연작장해개선시범	30,000	8	1	7	8	7	5	5	4

순번	시군구	지출명 (사업명)	2024년예산 (단위 : 천원/1년간)	민간이전 분류 (지방자치단체 세출예산 집행기준에 의거) 1. 민간경상사업보조(307-02) 2. 민간단체 법정운영비보조(307-03) 3. 민간행사사업보조(307-04) 4. 민간위탁(307-05) 5. 사회복지시설 법정운영비보조(307-10) 6. 민간인위탁교육비(307-12) 7. 공기관등에대한경상적위탁사업비(308-13) 8. 민간자본사업보조,자체재원(402-01) 9. 민간자본사업보조,이전재원(402-02) 10. 민간위탁사업비(402-03) 11. 공기관등에 대한 자본적 위탁사업비(403-02)	민간이전지출 근거 (지방보조금 관리기준 참고) 1. 법률에 규정 2. 국고보조 지원(국가지정) 3. 용도 지정 기부금 4. 조례에 직접규정 5. 지자체가 권장하는 사업을 하는 공공기관 6. 시,도 정책 및 재정사정 7. 기타 8. 해당없음	입찰방식 계약체결방법 (경쟁형태) 1. 일반경쟁 2. 제한경쟁 3. 지명경쟁 4. 수의계약 5. 법정위탁 6. 기타 ( ) 7. 없음	계약기간 1. 1년 2. 2년 3. 3년 4. 4년 5. 5년 6. 기타 ( )년 7. 단가계약 (1년미만) 8. 없음	낙찰자선정방법 1. 적격심사 2. 협상에의한계약 3. 최저가낙찰제 4. 규격가격분리 5. 2단계 경쟁입찰 6. 기타 ( ) 7. 없음	운영예산 산정 1. 내부산정 (지자체 자체적으로 산정) 2. 외부산정 (외부전문기관위탁 산정) 3. 내·외부 모두 산정 4. 산정 無 5. 없음	정산방법 1. 내부정산 (지자체 내부적으로 정산) 2. 외부정산 (외부전문기관위탁 정산) 3. 내·외부 모두 정산 4. 정산 無 5. 없음	성과평가 실시여부 1. 실시 2. 미실시 3. 향후 추진 4. 해당없음
878	경기 광주시	화훼품질향상경쟁력강화기술시범	30,000	8	1	7	8	7	5	5	4
879	경기 광주시	농업경쟁력제고사업	30,000	8	7	7	8	7	1	1	3
880	경기 광주시	농촌체험교육농장환경개선시범	28,000	8	1	7	8	7	1	1	3
881	경기 광주시	이상기상대응과원안정생산기술시범	24,000	8	1	7	8	7	5	5	4
882	경기 광주시	이상기상대응과원안정생산기술시범	24,000	8	1	7	8	7	5	5	4
883	경기 광주시	새마을지회봉사활동차량구입	23,000	8	4	7	8	7	1	1	1
884	경기 광주시	무농약GAP토마토수정벌보급	21,000	8	1	7	8	7	5	5	4
885	경기 광주시	무농약GAP토마토수정벌보급	21,000	8	1	7	8	7	5	5	4
886	경기 광주시	벼병해충무인항공방제사업	16,926	8	7	7	8	7	5	5	4
887	경기 광주시	벼병해충무인항공방제사업	16,926	8	7	7	8	7	5	5	4
888	경기 광주시	양봉농가경쟁력향상활성화시범	9,000	8	7	7	8	7	1	1	3
889	경기 광주시	지역아동센터운영비지원외	28,333	8	8	7	8	7	5	5	4
890	경기 양주시	공동주택보조금지원사업	400,000	8	4	7	8	7	5	5	4
891	경기 양주시	농협협력농산유통지원	380,000	8	1	7	8	7	5	5	1
892	경기 양주시	경로당시설지원	380,000	8	4	7	8	7	1	1	4
893	경기 양주시	원예특작경쟁력제고대책	313,500	8	1	7	8	7	5	5	1
894	경기 양주시	마을회관시설개선공사	285,000	8	4	7	8	7	5	5	4
895	경기 양주시	무형문화재관람편의를위한청련사화장실설치	232,950	8	1	7	8	7	1	1	1
896	경기 양주시	농업기계화지원	221,000	8	1	7	8	7	5	5	1
897	경기 양주시	소규모공동주택보조금지원사업	135,805	8	1	7	8	7	5	5	4
898	경기 양주시	마을회관시설개선공사	80,000	8	4	7	8	7	5	5	4
899	경기 양주시	마을회관시설개선공사	66,500	8	4	7	8	7	5	5	4
900	경기 양주시	친환경농업활성화지원	62,700	8	1	7	8	7	5	5	1
901	경기 양주시	가정민간어린이집개보수지원	60,000	8	1	7	8	7	1	1	1
902	경기 양주시	폭염대비축사시설지원사업	60,000	8	6	7	8	7	1	1	4
903	경기 양주시	원예특작선택농정활성화지원	57,000	8	1	7	8	7	5	5	1
904	경기 양주시	축산악취방지시설지원사업	57,000	8	6	7	8	7	1	1	4
905	경기 양주시	고능력가축생산사업	39,000	8	1	7	8	7	5	5	4
906	경기 양주시	아파트쌈지텃밭조성사업	27,000	8	4	7	8	7	5	5	4
907	경기 양주시	공동주택에너지효율향상사업	24,000	8	1	7	8	7	5	5	4
908	경기 양주시	소형관정개발사업	23,750	8	1	7	8	7	1	1	1
909	경기 양주시	사립작은도서관운영활성화	18,050	8	6	6	1	1	1	1	3
910	경기 양주시	고능력가축생산사업	10,000	8	1	7	8	7	5	5	4
911	경기 양주시	주민자율방범대활동지원	5,700	8	1	7	8	7	5	5	4
912	경기 양주시	새마을운동활성화사업(교통봉사대근무환경개선)	4,285	8	1	7	8	7	5	5	4
913	경기 연천군	농자재지원사업(자체)	763,090	8	1,4	7	8	7	1	1	4
914	경기 연천군	벼육묘용상토지원(자체)	573,000	8	1	7	8	7	1	1	1
915	경기 연천군	슬레이트처리지원사업(자체)	530,960	8	1	7	8	7	1	1	4
916	경기 연천군	농협지자체협력사업(자체)	400,000	8	1	7	8	7	1	1	1
917	경기 연천군	축산농가부숙제지원(자체)	350,000	8	1	7	8	7	1	1	1

번호	명칭	사업명	2024예산액(백만원/개소)									
918	감염병관리지원(지자체)		340,200	8	8	1	7	8	7	1	1	1
919	미등록이주아동 예방접종비용지원(지자체)		230,000	8	8	7	8	7	5	5	1	4
920	결핵예방관리사업 예방접종 비용지원(지자체)		200,000	8	1	7	8	7	1	1	1	4
921	AS형바이러스감염 감시지원(지자체)		200,000	8	8	7	8	7	1	1	1	1
922	기후변화 대응 및 지원(지자체)		150,314	8	1.4	7	8	7	1	1	1	4
923	재난관리자원 지원(지자체)		150,000	8	8	7	8	7	5	5	1	4
924	응급의료전달체계 등		70,000	8	1	7	8	7	1	1	1	1
925	응급의료시설 취약지역 지원(지자체)		65,000	8	1	7	8	7	1	1	1	1
926	통합의료관계비지원(지자체)		50,000	8	1	7	8	7	1	1	1	4
927	중독관리지원(지자체)		49,500	8	6	7	8	7	1	1	1	4
928	응급의료지원(지자체)		40,000	8	1	7	8	7	1	1	1	1
929	응급의료지원(지자체)		40,000	8	1	7	8	7	1	1	1	1
930	조사감시시스템 구축(지자체)		40,000	8	1	7	8	7	1	1	1	4
931	감염병관리(지역인)		30,000	8	7	7	8	7	5	5	1	4
932	응급의료시설지원		30,000	8	7	7	8	7	1	1	1	1
933	감염병관리지원(지자체)		25,000	8	1	7	8	7	1	1	1	4
934	감염병관리(지자체)		20,000	8	1	7	8	7	1	1	1	1
935	감염병공공기관 및 감시지원		15,000	8	1	7	8	7	1	1	1	1
936	응급의료지원 및 관리(지자체)		15,000	8	1.4	7	8	7	1	1	1	4
937	감염병분야 인력양성지원(지자체)		9,000	8	1	7	8	7	1	1	1	1
938	기후변화지원		6,000	8	1	7	8	5	1	5	1	4
939	지역감염병관리지원지원		4,500	8	1	7	8	7	1	1	1	1
940	조류독감감시지원정보지원		3,000	8	1	7	8	7	5	5	1	4
941	응급의료이송지원 및 응급이송시설(지자체)		400,000	8	2	7	8	7	5	5	1	4
942	응급의료지원 및 응급이송지원		75,000	8	2	7	8	7	5	5	1	4
943	응급의료관리지원		60,000	8	4	7	8	7	5	5	1	4
944	감염관리지원정보지원		51,200	8	4	7	8	7	1	1	1	4
945	응급의료응급이송관리지원		44,118	8	1	7	8	7	5	5	1	4
946	재난인구감염응급의료관리지원(지자체)		40,000	8	1	7	8	7	5	5	1	4
947	응급의료지원지원		35,000	8	4	7	8	7	5	5	1	4
948	재난응급의료관리지원지원		31,116	8	4	7	8	7	1	1	1	4
949	응급의료지원관리지원		30,000	8	6	7	8	7	5	5	1	4
950	비상의료지원응급지원지원		25,000	8	1	7	8	7	1	1	1	3
951	응급의료지원관리(지자체)		20,000	8	4	7	8	7	1	1	1	4
952	응급의료관리지원지원(지자체)		20,000	8	4	7	8	7	5	5	1	4
953	응급의료지원지원지원(응급의료사업)		16,100	8	6	7	8	7	5	5	1	4
954	비상의료응급지원		15,000	8	4	7	7	7	1	1	1	1
955	가축전염병응급지원지원(지자체소각)		15,000	8	9	7	8	7	5	5	1	4
956	소독가축이지원		9,000	8	4	7	8	7	5	5	1	4
957	철저대응응급의료응급지원관리		9,000	8	1	7	8	7	5	5	1	4

순번	시군구	지출명 (사업명)	2024년예산 (단위: 천원/1년간)	민간이전 분류 (지방자치단체 세출예산 집행기준에 의거) 1. 민간경상사업보조(307-02) 2. 민간단체 법정운영비보조(307-03) 3. 민간행사사업보조(307-04) 4. 민간위탁금(307-05) 5. 사회복지시설 법정운영비보조(307-10) 6. 민간인위탁교육비(307-12) 7. 공기관등에대한경상적위탁사업비(308-13) 8. 민간자본사업보조,자체재원(402-01) 9. 민간자본사업보조,이전재원(402-02) 10. 민간위탁사업비(402-03) 11. 공기관등에 대한 자본적 위탁사업비(403-02)	민간이전지출 근거 (지방보조금 관리기준 참고) 1. 법률에 규정 2. 국고보조 재원(국가지정) 3. 용도 지정 기부금 4. 조례에 직접규정 5. 지자체가 권장하는 사업을 하는 공공기관 6. 시,도 정책 및 재정사정 7. 기타 8. 해당없음	입찰방식			운영예산 산정		성과평가 실시여부
						계약체결방법 (경쟁형태) 1. 일반경쟁 2. 제한경쟁 3. 지명경쟁 4. 수의계약 5. 법정위탁 6. 기타 ( ) 7. 없음	계약기간 1. 1년 2. 2년 3. 3년 4. 4년 5. 5년 6. 기타 ( )년 7. 단기계약 (1년미만) 8. 없음	낙찰자선정방법 1. 적격심사 2. 협상에의한계약 3. 최저가낙찰제 4. 규격가격분리 5. 2단계 경쟁입찰 6. 기타 ( ) 7. 없음	운영예산 산정 1. 내부산정 (지자체 자체적으로 산정) 2. 외부산정 (외부전문기관위탁 산정) 3. 내,외부 모두 산정 4. 산정 無 5. 없음	정산방법 1. 내부정산 (지자체 내부적으로 정산) 2. 외부정산 (외부전문기관위탁 정산) 3. 내,외부 모두 산정 4. 정산 無 5. 없음	1. 실시 2. 미실시 3. 향후 추진 4. 해당없음
958	경기 가평군	가평군새마을회업무용컴퓨터구입	2,100	8	1	7	8	7	1	1	1
959	경기 양평군	양평어울림공동체참여공동체포괄사업비	361,000	8	4	7	8	7	5	5	4
960	경기 양평군	신재생에너지주택지원사업	330,540	8	4	7	8	7	5	5	4
961	경기 양평군	노인복지관신축유지비	200,000	8	4	7	8	7	1	1	1
962	경기 양평군	양봉장비지원사업	151,218	8	1	7	8	7	5	5	4
963	경기 양평군	조사료생산장비보급및기반조성사업	151,200	8	1	7	8	7	5	5	4
964	경기 양평군	축사환기시설설치사업	80,000	8	1	7	8	7	5	5	4
965	경기 양평군	가축전염병차단방역시설설치사업	76,000	8	1	7	8	7	5	5	4
966	경기 양평군	수리계수리시설관리	50,000	8	1	7	8	7	5	5	4
967	경기 양평군	젖소개체관리장비지원사업	46,275	8	1	7	8	7	5	5	4
968	경기 양평군	우수능력정액공급사업	45,000	8	1	7	8	7	5	5	4
969	경기 양평군	한우개체관리장비지원사업	42,400	8	1	7	8	7	5	5	4
970	경기 양평군	소규모환경개선사업	40,000	8	4	7	8	7	1	1	1
971	경기 양평군	가금류및기타가축사육환경개선사업	30,000	8	1	7	8	7	5	5	4
972	경기 양평군	사료배합기지원사업	25,000	8	1	7	8	7	5	5	4
973	경기 양평군	양돈농가모돈갱신지원사업	24,000	8	1	7	8	7	5	5	4
974	경기 양평군	내수면어업인경쟁력강화사업	22,500	8	1	7	8	7	5	5	4
975	경기 양평군	축산농가나무(차폐목)식재시범사업	20,000	8	1	7	8	7	5	5	4
976	경기 양평군	가축분뇨처리장비지원사업	18,000	8	1	7	8	7	5	5	4
977	경기 양평군	전통한옥체험숙박시설개보수	12,000	8	2	7	8	7	5	5	4
978	경기 양평군	장애인단체지원	12,000	8	4	7	8	7	1	1	1
979	인천 중구	경로당(생활집기)기능보강	40,000	8	4	7	7	7	1	1	2
980	인천 동구	신재생에너지민간보급사업	10,000	8	1	7	8	7	1	1	1
981	인천 동구	민간및가정어린이집장비비지원	9,700	8	6	7	8	7	1	5	4
982	인천 동구	공공형·인천형어린이집환경개선비지원	1,700	8	5	7	8	7	1	1	1
983	인천 미추홀구	소규모공동주택보조금지원	200,000	8	4	7	8	7	5	5	4
984	인천 미추홀구	신재생에너지주택지원사업	30,000	8	1	7	1	7	1	4	1
985	인천 미추홀구	신재생에너지미니태양광지원사업	7,000	8	1	7	1	7	1	4	1
986	인천 미추홀구	위생업소(단체)위생시설등개선지원	5,000	8	4	7	8	7	1	1	1
987	인천 미추홀구	LPG용기사용가구시설개선사업민간자부담	2,000	8	2	5	1	7	5	1	4
988	인천 연수구	공동주택유지관리지원	250,000	8	1	7	8	7	1	1	4
989	인천 연수구	안전한외식문화조성	50,000	8	4	7	8	7	1	1	2
990	인천 연수구	신재생에너지주택지원사업	40,000	8	1	7	8	7	5	5	4
991	인천 부평구	중소기업기술지원사업	159,300	8	7	7	8	7	1	1	1
992	인천 부평구	경로당(생활집기)기능보강	90,000	8	4	7	8	7	1	1	1
993	인천 부평구	민간(가정)어린이집환경개선비	70,000	8	5	6	7	6	1	1	1
994	인천 부평구	신재생에너지보급사업	30,000	8	1	7	8	7	1	1	1
995	인천 부평구	공공형어린이집환경개선비	16,000	8	5	7	8	7	1	1	1
996	인천 부평구	공동주택LED교체지원사업	10,000	8	4	7	8	7	1	1	1
997	인천 부평구	부평구체육회자본적지출	1,723	8	8	6	7	7	5	1	1

순번	시군구	지출명 (사업명)	2024년예산 (단위: 천원/1년간)	민간이전 분류	민간이전지출 근거	계약체결방법 (경쟁형태)	계약기간	낙찰자선정방법	운영예산 산정	정산방법	성과평가 실시여부
998	인천 계양구	공동주택관리(공동주택관리지원사업)	400,000	8	1	7	8	7	1	1	1
999	인천 계양구	가정용친환경보일러설치지원사업	144,000	8	1	7	8	7	5	1	2
1000	인천 계양구	경로당(생활집기)기능보강	50,000	8	1	7	8	7	1	1	4
1001	인천 계양구	민간어린이집등환경개선	30,000	8	7	7	8	7	1	1	1
1002	인천 계양구	미니태양광보급지원	14,000	8	4	7	8	7	1	1	1
1003	인천 계양구	신재생에너지주택지원사업보조금지원	12,000	8	4	7	8	7	1	1	1
1004	인천 서구	공동주택지원및관리(공동주택관리지원사업)	1,200,000	8	1,4	7	8	7	1	1	1
1005	인천 서구	어린이집기자재구입비	164,000	8	6	7	7	7	1	1	1
1006	인천 서구	작은도서관운영활성화	161,000	8	4	7	8	7	5	5	4
1007	인천 서구	골목형상점가공동시설환경개선	75,000	8	4	7	8	7	5	1	1
1008	인천 서구	미니태양광발전지원사업	30,000	8	4,6	7	8	7	1	1	4
1009	인천 서구	권역별거점평생학습관	25,500	8	4	7	8	7	1	1	1
1010	인천 서구	신재생에너지주택지원사업	20,000	8	4,6	7	8	7	1	1	4
1011	인천 서구	지역사회보장협의체사무국설치	16,571	8	4	7	8	7	1	1	2
1012	인천 서구	소형농기계지원사업	12,000	8	7	7	8	7	1	1	4
1013	인천 서구	서구체육회운영지원	11,408	8	4	7	8	7	1	1	1
1014	인천 서구	공공형어린이집환경개선비	11,000	8	6	7	7	7	1	1	4
1015	인천 강화군	전통사찰보수정비	300,000	8	1	7	8	7	5	5	4
1016	인천 강화군	신재생에너지주택지원사업	300,000	8	4	7	8	7	1	1	4
1017	인천 강화군	외식업소시설개선지원사업	300,000	8	4	7	8	7	1	1	1
1018	인천 강화군	종교단체소규모시설보수지원	200,000	8	4	7	8	7	1	1	1
1019	인천 강화군	민간의료기관지원사업	180,000	8	1,4	8	8	3	1	1	1
1020	인천 강화군	공동주택관리지원사업(자체재원)	150,000	8	1	4	7	7	1	1	1
1021	인천 강화군	숙박업소시설개선지원사업	120,000	8	4	7	8	7	1	1	1
1022	인천 강화군	소창직물산업시설개선지원사업	100,000	8	4	7	8	7	1	1	4
1023	인천 강화군	미용업소시설개선지원사업	100,000	8	4	7	8	7	5	5	4
1024	인천 강화군	전기택시보급지원사업	85,000	8	2	7	8	7	1	1	4
1025	인천 강화군	개량물꼬지원사업	44,000	8	4	7	8	7	1	1	1
1026	인천 강화군	노인회운영지원(자체)	40,000	8	1	5	8	7	1	1	4
1027	인천 강화군	노인복지관운영지원	16,073	8	1	5	8	7	1	1	4
1028	인천 강화군	왕골건조기지원사업	12,000	8	4	7	8	7	1	1	4
1029	인천 강화군	개인택시전기자동차완속충전기보급사업	11,900	8	4	7	8	7	1	1	4
1030	인천 옹진군	주거환경개선사업	900,000	8	4	7	8	7	5	5	4
1031	인천 옹진군	농어촌민박시설환경개선사업	200,000	8	4	7	8	7	1	1	4
1032	인천 옹진군	노후어선기관,장비개량	180,000	8	4	7	8	7	1	1	4
1033	인천 옹진군	소상공인경영환경개선사업	150,000	8	4	7	8	7	1	1	1
1034	인천 옹진군	비닐하우스시설설치지원사업	150,000	8	4	7	8	7	1	1	2
1035	인천 옹진군	전통장생산소득화지원사업	80,000	8	1	7	8	7	5	5	4
1036	인천 옹진군	벼포트육묘재배기술조성사업	73,360	8	6	7	8	7	5	5	4
1037	인천 옹진군	벼육묘시설(차광시설)개선사업	52,221	8	6	7	8	7	5	5	4

순번	시군구	지출명 (사업명)	2024년예산 (단위 : 천원 /1년간)	민간이전 분류 (지방자치단체 세출예산 집행기준에 의거) 1. 민간경상사업보조(307-02) 2. 민간단체 법정운영비보조(307-03) 3. 민간행사사업보조(307-04) 4. 민간위탁금(307-05) 5. 사회복지시설 법정운영비보조(307-10) 6. 민간인위탁교육비(307-12) 7. 공기관등에대한경상적위탁사업비(308-13) 8. 민간자본사업보조,자체재원(402-01) 9. 민간자본사업보조,이전재원(402-02) 10. 민간위탁사업비(402-03) 11. 공기관등에 대한 자본적 위탁사업비(403-02)	민간이전지출 근거 (지방보조금 관리기준 참고) 1. 법률에 규정 2. 국고보조 재원(국가지정) 3. 용도 지정 기부금 4. 조례에 직접규정 5. 지자체가 권장하는 사업을 하는 공공기관 6. 시,도 정책 및 재정사정 7. 기타 8. 해당없음	입찰방식 계약체결방법 (경쟁형태) 1. 일반경쟁 2. 제한경쟁 3. 지명경쟁 4. 수의계약 5. 법정위탁 6. 기타 ( ) 7. 없음	계약기간 1. 1년 2. 2년 3. 3년 4. 4년 5. 5년 6. 기타 ( )년 7. 단가계약 (1년미만) 8. 없음	낙찰자선정방법 1. 적격심사 2. 협상에의한계약 3. 최저가낙찰제 4. 규격가격분리 5. 2단계 경쟁입찰 6. 기타 ( ) 7. 없음	운영예산 산정 1. 내부산정 (지자체 자체적으로 산정) 2. 외부산정 (외부전문기관위탁 산정) 3. 내,외부 모두 산정 4. 산정 無 5. 없음	정산방법 1. 내부정산 (지자체 내부적으로 정산) 2. 외부정산 (외부전문기관위탁 정산) 3. 내,외부 모두 정산 4. 정산 無 5. 없음	성과평가 실시여부 1. 실시 2. 미실시 3. 향후 추진 4. 해당없음
1038	인천 옹진군	농기계간이보관창고지원사업	39,900	8	4	7	8	7	5	5	4
1039	인천 옹진군	비닐하우스환풍,관수시설지원사업	35,000	8	4	7	8	7	1	1	2
1040	인천 옹진군	축산기반시설지원사업	30,300	8	6	7	8	7	5	5	1
1041	인천 옹진군	농기계용주유지원사업	30,100	8	4	7	8	7	5	5	4
1042	인천 옹진군	농산물세척기지원사업	30,000	8	4	7	8	7	1	1	2
1043	인천 옹진군	과수재배면적확대시범사업	26,000	8	4	7	8	7	5	5	4
1044	인천 옹진군	귀농인지원사업	20,000	8	4	7	8	7	1	1	4
1045	인천 옹진군	백령냉장,냉동시설수리지원	11,550	8	4	7	8	7	5	1	4
1046	인천 옹진군	단호박품질향상재배기술보급사업	10,511	8	4	7	8	7	5	5	4
1047	인천 옹진군	해충포획기(병해충방제기)지원사업	6,000	8	4	7	8	7	1	1	2
1048	인천 옹진군	지역사회보장협의체운영지원(자체)	2,490	8	6	7	8	7	5	5	4
1049	인천 옹진군	샤인머스캣생장조절제처리생력화사업	1,575	8	4	7	8	7	5	5	4
1050	광주광역시	시민햇빛발전소구축지원	500,000	8	4	7	8	7	5	5	4
1051	광주광역시	첨단산단에너지자급자족인프라구축(국가직접지원)	500,000	8	2	7	8	7	5	5	4
1052	광주광역시	전기자동차민간공용충전기설치운영지원	300,000	8	1	7	8	7	5	5	4
1053	광주광역시	개인택시선진화사업지원	300,000	8	1,6	7	8	7	5	5	4
1054	광주광역시	투자유치보조금	220,000	8	4	7	8	7	5	5	4
1055	광주광역시	신재생에너지주택지원	126,000	8	4	7	8	7	5	5	4
1056	광주광역시	택시내격벽설치	30,000	8	1,6	7	8	7	5	5	4
1057	광주광역시	장애인생활체육용기구지원(국가직접지원)	10,000	8	2	7	8	7	5	5	4
1058	광주광역시	장애인전문체육용기구지원	3,000	8	4	7	8	7	5	5	4
1059	광주 동구	경로당시설관리	20,000	8	1	7	8	7	1	1	4
1060	광주 동구	보훈단체지원	15,000	8	1	7	8	7	1	1	4
1061	광주 서구	경로당비품지원	346,176	8	4	7	8	7	1	1	1
1062	광주 서구	야생동물피해예방시설지원	10,000	8	4	7	8	7	5	5	4
1063	광주 남구	5.18공법단체사무실지원(사무실집기구입)	15,000	8	4	7	8	7	5	5	4
1064	광주 남구	복지관사무이전기자재구입(사회복지관지원운영)	10,000	8	1	7	8	7	5	1	4
1065	광주 남구	지역아동센터지원	5,000	8	4	7	8	7	1	1	4
1066	광주 남구	보훈단체사무실컴퓨터교체	4,500	8	1	6	8	7	1	1	4
1067	광주 남구	체육회집기구입	2,210	8	4	7	8	7	5	5	4
1068	광주 북구	마을공동체활성화지원	140,000	8	4	7	8	7	1	1	1
1069	광주 북구	경로당비품지원	100,000	8	4	7	8	7	1	1	4
1070	광주 북구	침수방지시설설치	1,000	8	4	6	7	2	1	1	1
1071	광주 광산구	공동주택운영지원	500,000	8	4	7	1	7	1	1	4
1072	광주 광산구	경로당비품지원	400,000	8	1,4	7	8	7	1	1	1
1073	광주 광산구	공유주차장조성	130,000	8	4	7	8	7	5	5	4
1074	광주 광산구	중소기업노동환경개선사업	100,000	8	4	7	8	7	5	5	4
1075	광주 광산구	동곡동주민복리증진사업비	50,000	8	4	7	8	7	5	5	4
1076	대구광역시	정밀기계가공산업육성사업	1,110,000	8	4	7	8	7	5	5	4
1077	대구광역시	대구국가산단표면처리특화단지지원	960,000	8	4	7	8	7	5	5	4

순번	시군구	지출명 (사업명)	2024년예산 (단위: 천원/1년간)	민간이전 분류 (지방자치단체 세출예산 집행기준에 의거)	민간이전지출 근거 (지방보조금 관리기준 참고)	계약체결방법 (경쟁형태)	계약기간	낙찰자선정방법	운영예산 산정	정산방법	성과평가 실시여부
1078	대구광역시	스마트이송물류AMR산업육성초광역협력플랫폼구축	700,000	8	4	7	8	7	5	5	4
1079	대구광역시	사회복지시설종사자대체인력지원	585,422	8	2	7	8	7	5	5	4
1080	대구광역시	신재생에너지주택지원사업지원	420,000	8	4	7	8	7	5	5	4
1081	대구광역시	PET병재활용그린섬유플랫폼장비구축	196,000	8	4	7	8	7	5	5	4
1082	대구광역시	택시영상기록장치(블랙박스)장착지원	115,000	8	4	7	8	7	5	5	4
1083	대구광역시	운수종사자식당문시스템도입	102,000	8	7	7	8	7	5	5	4
1084	대구광역시	국고지원시설종사자유급병가지원	100,000	8	6	7	8	7	5	5	4
1085	대구광역시	과수경쟁력향상시범	84,000	8	6	7	8	7	5	5	4
1086	대구광역시	산업평화대상수상업체근로환경개선지원	60,000	8	4	7	8	7	5	5	4
1087	대구광역시	유치기업투자보조금지원	55,760	8	4	7	8	7	5	5	4
1088	대구광역시	시내버스운수종사자편의시설교체	45,000	8	7	7	8	7	5	5	4
1089	대구광역시	축산경쟁력강화사업	42,000	8	6	7	8	7	5	5	4
1090	대구광역시	사회복지시설긴급복구	40,000	8	1	7	8	7	5	5	4
1091	대구광역시	시티투어차량래핑	40,000	8	1	7	8	7	5	5	4
1092	대구광역시	채소경쟁력향상시범	40,000	8	6	7	8	7	5	5	4
1093	대구광역시	시티투어다국어안내기설치	31,000	8	1	7	8	7	5	5	4
1094	대구광역시	빗물이용시설설치지원사업	20,000	8	4	7	8	7	5	5	4
1095	대구광역시	특용작물경쟁력향상시범	20,000	8	6	7	8	7	5	5	4
1096	대구광역시	농업인농작업환경개선보조구시범	14,000	8	6	7	8	7	5	5	4
1097	대구광역시	친환경농산물생산지원	14,000	8	6	7	8	7	5	5	4
1098	대구 중구	위생업소시설개선지원	40,000	8	4	7	8	7	1	1	1
1099	대구 중구	음식물류폐기물감량기설치보조금지원	22,000	8	4	7	8	7	1	1	3
1100	대구 중구	소규모어린이집환경개선	4,500	8	1	7	8	7	1	1	1
1101	대구 동구	공동주택관리비용지원	200,000	8	4	2,4	7	1,3	1	1	1
1102	대구 동구	음식점환경개선지원사업	60,000	8	4	7	8	7	5	1	1
1103	대구 동구	음식물류폐기물감량기기설치지원	50,500	8	4	7	8	7	5	5	4
1104	대구 동구	대구광역시동구체육회지원	10,000	8	1,4	7	8	7	1	1	1
1105	대구 동구	보훈단체시설유지보수지원	10,000	8	1	7	8	7	1	1	2
1106	대구 서구	위생업소수준향상(음식점등시설환경개선지원)	50,000	8	4	6	8	7	1	5	1
1107	대구 서구	공중유통업소위생수준향상(노후이미용업소시설개선지원)	30,000	8	4	6	8	7	1	5	1
1108	대구 서구	공동주택및재건축사업(공동주택지원사업)	100,000	8	4	7	8	7	1	1	4
1109	대구 남구	지역혁신창업활성화사업	1,300,000	8	2	7	8	7	5	5	4
1110	대구 남구	청소년상담복지센터환경개선사업(주민참여예산구참여형)	20,000	8	5	5	1	1	3	1	1
1111	대구 남구	외식업소환경개선지원	15,000	8	1	6	7	6	1	1	1
1112	대구 북구	공동주택관리지원사업	250,000	8	4	7	8	7	1	1	1
1113	대구 북구	주차장개방공유사업	80,000	8	1	7	8	7	1	1	1
1114	대구 북구	음식점환경개선사업	40,000	8	4	7	8	7	5	5	4
1115	대구 북구	내집주차장갖기지원	12,000	8	1	7	8	7	1	1	4
1116	대구 수성구	공동주택관리문화정착	300,000	8	4	7	7	7	5	5	4
1117	대구 수성구	법인어린이집환경개선(법인어린이집환경개선)	20,000	8	1	7	8	7	5	5	4

순번	시군구	지출명(사업명)	2024년예산 (단위: 천원/1년간)	민간이전 분류	민간이전지출 근거	계약체결방법 (경쟁형태)	계약기간	낙찰자선정방법	운영예산 산정	정산방법	성과평가 실시여부
1118	대구 수성구	침수방지시설설치지원	20,000	8	4	7	8	7	5	5	4
1119	대구 수성구	보훈단체사무실보수비	20,000	8	1	7	8	7	1	1	2
1120	대구 수성구	외식업소시설개선지원	15,000	8	4	7	8	7	1	1	1
1121	대구 수성구	보육업무지원	12,000	8	4	1	3	1	1	1	4
1122	대구 달서구	공동주택관리비용지원	600,000	8	1	7	8	7	5	5	4
1123	대구 달서구	AI기반공정혁신시뮬레이션센터구축및운영사업	200,000	8	2	7	8	7	5	5	4
1124	대구 달서구	공동주택부설주차장설치지원사업	90,000	8	4	7	8	7	5	5	4
1125	대구 달서구	외식업소시설환경개선지원	60,000	8	4	7	8	7	1	1	1
1126	대구 달서구	외식업소입식테이블설치지원	40,000	8	4	7	8	7	1	1	1
1127	대구 달서구	향토문화유산보수정비지원	10,000	8	4	7	8	7	1	1	4
1128	대구 달성군	공동주택관리비용지원	1,000,000	8	1	7	8	7	1	1	1
1129	대구 달성군	경로당개보수지원	200,000	8	1	4	7	3	1	1	1
1130	대구 달성군	화원읍구라3리경로당신축	150,000	8	1	1	7	3	1	1	1
1131	대구 달성군	화원읍동곡1리경로당신축	150,000	8	1	1	7	3	1	1	1
1132	대구 달성군	정부미지원어린이집공기질클린사업	120,000	8	6	7	7	7	1	1	4
1133	대구 달성군	농촌빈집정비지원사업	90,000	8	4	7	8	7	1	1	2
1134	대구 달성군	가업승계농업인지원	21,000	8	4	7	8	7	5	5	1
1135	대구 달성군	비닐하우스측창개폐기설치사업	90,000	8	1	7	8	7	1	1	1
1136	대구 달성군	달성형스마트팜조성기술보급사업	52,500	8	1	7	8	7	1	1	1
1137	대구 달성군	채소안정생산관수시설보급사업	30,000	8	1	7	8	7	1	1	1
1138	대구 달성군	양봉신소재벌통보급	26,000	8	1,4	7	8	7	1	1	1
1139	대구 달성군	마늘저비용가변형건조시스템기술보급	15,000	8	1	7	8	7	1	1	1
1140	대구 달성군	과수원현대화관수시설보급	10,000	8	1,4	7	8	7	1	1	1
1141	대구 군위군	신선농산물포장재(박스)지원	350,000	8	4	6	8	7	1	1	1
1142	대구 군위군	농산물브랜드강화지원사업	250,000	8	4	7	8	7	5	5	1
1143	대구 군위군	축산농가톱밥(왕겨)지원	240,000	8	1,4	7	8	7	5	5	4
1144	대구 군위군	야생동물피해예방시설지원	150,000	8	4	7	8	7	1	1	4
1145	대구 군위군	관내생산유기질비료추가지원사업	150,000	8	2	7	8	7	5	5	1
1146	대구 군위군	악취저감시설(저감제)지원	150,000	8	1,4	7	8	7	5	5	4
1147	대구 군위군	야생동물피해예방시설지원	150,000	8	4	7	8	7	1	1	4
1148	대구 군위군	수리계수리시설운영비	140,000	8	4	7	8	7	1	5	2
1149	대구 군위군	과일선별기지원	105,000	8	6	7	8	7	5	5	4
1150	대구 군위군	농기계구입지원	100,000	8	1	7	8	7	5	5	4
1151	대구 군위군	조사료사일리지제조용비닐지원	100,000	8	1,4	7	8	7	5	5	4
1152	대구 군위군	한우인공수정액지원	100,000	8	1,4	7	8	7	5	5	4
1153	대구 군위군	양봉보조사료지원사업	90,000	8	4	7	8	7	5	5	4
1154	대구 군위군	축산농가생균제지원	87,500	8	1,4	7	8	7	5	5	4
1155	대구 군위군	귀농인귀농정착지원	80,000	8	7	7	8	7	5	5	4
1156	대구 군위군	농용멀칭재(가을비닐)지원	73,500	8	4	7	8	7	5	5	4
1157	대구 군위군	농용멀칭재(봄비닐)지원	73,500	8	4	7	8	7	5	5	4

순번	시군구	지출명 (사업명)	2024년예산 (단위 : 천원 /1년간)	민간이전 분류 (지방자치단체 세출예산 집행기준에 의거) 1. 민간경상사업보조(307-02) 2. 민간단체 법정운영비보조(307-03) 3. 민간행사사업보조(307-04) 4. 민간위탁금(307-05) 5. 사회복지시설 법정운영비보조(307-10) 6. 민간위탁교육비(307-12) 7. 공기관등에대한경상적위탁사업비(308-13) 8. 민간자본사업보조,자체재원(402-01) 9. 민간자본보조,이전재원(402-02) 10. 민간위탁사업비(402-03) 11. 공기관등에 대한 자본적 위탁사업비(403-02)	민간이전지출 근거 (지방보조금 관리기준 참고) 1. 법률에 규정 2. 국고보조 재원(국가지정) 3. 용도 지정 기부금 4. 조례에 직접규정 5. 지자체가 권장하는 사업을 하는 공공기관 6. 시,도 정책 및 재정사정 7. 기타 8. 해당없음	입찰방식 계약체결방법 (경쟁형태) 1. 일반경쟁 2. 제한경쟁 3. 지명경쟁 4. 수의계약 5. 법정위탁 6. 기타 ( ) 7. 없음	 계약기간 1. 1년 2. 2년 3. 3년 4. 4년 5. 5년 6. 기타 ( )년 7. 단기계약 (1년미만) 8. 없음	 낙찰자선정방법 1. 적격심사 2. 협상에의한계약 3. 최저가낙찰제 4. 규격가격분리 5. 2단계 경쟁입찰 6. 기타 ( ) 7. 없음	운영예산 산정 운영예산 산정 1. 내부산정 (지자체 자체적으로 산정) 2. 외부산정 (외부전문기관위탁 산정) 3. 내·외부 모두 산정 4. 산정 無 5. 없음	 정산방법 1. 내부정산 (지자체 내부적으로 정산) 2. 외부정산 (외부전문기관위탁 정산) 3. 내·외부 모두 산정 4. 정산 無 5. 없음	성과평가 실시여부 1. 실시 2. 미실시 3. 향후 추진 4. 해당없음
1158	대구 군위군	복숭아,자두우산식지주시설지원	72,000	8	4	7	8	7	5	5	4
1159	대구 군위군	유기질비료포장재지원	70,000	8	1,4	7	8	7	5	5	4
1160	대구 군위군	벼육묘장지원	63,000	8	4	7	8	7	5	5	4
1161	대구 군위군	농촌빈집정비사업	62,500	8	4	7	8	1	1	1	1
1162	대구 군위군	빈집자원화사업	60,000	8	4	7	8	1	1	1	1
1163	대구 군위군	농산물소포장재제작지원	60,000	8	4	6	8	7	1	1	1
1164	대구 군위군	마늘,양파맞춤비료(칼슘유황비료)지원	56,700	8	4	7	8	7	5	5	4
1165	대구 군위군	연동하우스시설현대화사업	55,000	8	4	7	8	7	5	5	4
1166	대구 군위군	양봉소초광지원사업	46,200	8	4	7	8	7	5	5	4
1167	대구 군위군	승용제초기,고소작업차지원	45,000	8	4	7	8	7	5	5	4
1168	대구 군위군	우수농산물PB상품포장재지원	40,000	8	4	7	8	7	5	5	1
1169	대구 군위군	무농약친환경농산물생산시범	40,000	8	4	7	8	7	5	5	4
1170	대구 군위군	농심나눔쉼터수리보수시범	40,000	8	4	7	8	7	5	5	4
1171	대구 군위군	한우거세지원	37,500	8	1,4	7	8	7	5	5	4
1172	대구 군위군	밭작물폭염(가뭄)피해예방사업	30,000	8	1	7	8	7	5	5	4
1173	대구 군위군	귀농인농가주택수리비지원	30,000	8	7	7	8	7	5	5	4
1174	대구 군위군	농산물플라스틱운반상자지원	30,000	8	4	6	8	7	1	1	1
1175	대구 군위군	과수전용방제기(승용SS기)지원	30,000	8	4	7	8	7	5	5	4
1176	대구 군위군	임산물생산및유통기반조성사업	26,250	8	6	7	8	7	5	5	4
1177	대구 군위군	양계농가열풍기지원사업	20,000	8	4	7	8	7	5	5	4
1178	대구 군위군	APC과실장기저장제지원	20,000	8	4	7	8	7	5	5	1
1179	대구 군위군	과수저온피해미온수살포방지기술시범	16,000	8	4	7	8	7	1	1	4
1180	대구 군위군	친환경농산물택배비지원	15,000	8	2	7	8	7	5	5	1
1181	대구 군위군	공공비축미곡톤백저울구입지원	12,500	8	1	7	8	7	5	5	4
1182	대구 군위군	소독시설(중형)지원5대	12,500	8	4	7	8	7	5	5	4
1183	대구 군위군	양봉꿀병지원사업	11,000	8	4	7	8	7	5	5	4
1184	대구 군위군	한우종축등록비지원	10,000	8	1,4	7	8	7	5	5	4
1185	대구 군위군	양봉사비가림시설지원사업	10,000	8	4	7	8	7	5	5	4
1186	대구 군위군	낙농기자재지원	7,500	8	1,4	7	8	7	5	5	4
1187	대구 군위군	양봉채밀카지원사업	7,000	8	4	7	8	7	5	5	4
1188	대구 군위군	양봉사료용해기지원사업	7,000	8	4	7	8	7	5	5	4
1189	대구 군위군	양봉자동채밀기지원사업	5,500	8	4	7	8	7	5	5	4
1190	대구 군위군	양봉꿀병포장재지원사업	5,250	8	4	7	8	7	5	5	4
1191	대구 군위군	양봉운반장비(리프트기)지원사업	4,500	8	4	7	8	7	5	5	4
1192	대구 군위군	농작물피해방지포획기지원	3,000	8	1	7	8	7	5	5	4
1193	대구 군위군	말벌유인포획기지원사업	2,700	8	4	7	8	7	5	5	4
1194	대구 군위군	양봉자동탈봉기지원사업	2,250	8	4	7	8	7	5	5	4
1195	대구 군위군	구제역백신원거리자동주사기지원5대	1,225	8	2	7	8	7	5	5	4
1196	대전광역시	컨택센터유치보조금	800,000	8	4	7	8	7	5	5	4
1197	대전광역시	신재생에너지보급주택지원사업	150,000	8	4	7	8	7	1	1	4

순번	시군구	지출명 (사업명)	2024년예산 (단위: 천원/1년간)	민간이전 분류	민간이전지출 근거	계약체결방법 (경쟁형태)	계약기간	낙찰자선정방법	운영예산 산정	정산방법	성과평가 실시여부
1198	대전광역시	우수건축자산및한옥등지원사업	40,000	8	4	7	8	7	1	1	4
1199	대전 동구	경로당비품구입비지원	100,000	8	4	7	7	7	1	1	2
1200	대전 중구	경로당수선	300,000	8	1	7	8	7	1	1	4
1201	대전 중구	경로당기능보강	100,000	8	4	7	8	7	1	1	4
1202	대전 중구	공동주택음식물쓰레기RFID기반종량기설치	76,000	8	1	6	6	6	1	1	1
1203	대전 중구	재향군인회회관보수공사	39,000	8	4	7	8	7	1	1	1
1204	대전 중구	어린이집운영지원	29,750	8	8	7	8	7	5	1	4
1205	대전 서구	소상공인성장지원	60,000	8	4	7	8	7	1	1	4
1206	대전 서구	공동주택지원	50,000	8	1,4	1,2,4	7	1,3	1	1	2
1207	대전 서구	노인정책운영	30,000	8	1	7	8	7	1	1	4
1208	대전 서구	물가안정및지역경제활성화시책	20,000	8	7	7	8	7	1	1	4
1209	대전 유성구	마을커뮤니티공간조성공모사업	100,000	8	4	2	7	1	1	1	3
1210	대전 유성구	공동주택지능형LED조명교체지원	80,000	8	6	7	8	7	1	1	1
1211	대전 유성구	경로당기능보강지원(대한노인회유성구지회)	70,000	8	1	7	8	7	1	1	4
1212	대전 유성구	농기계구입지원(농업경영인유성구협의회)	8,000	8	1	4	8	7	1	1	3
1213	대전 유성구	농업인예취기수리지원(농업경영인유성구협의회)	7,000	8	1	4	8	7	1	1	3
1214	대전 유성구	농촌지역스마트폰연동CCTV설치지원공모	3,500	8	4	7	8	7	1	1	4
1215	대전 대덕구	가족센터조성	70,930	8	7	4	7	7	5	5	4
1216	부산 서구	공동주택관리지원사업	30,000	8	1	7	1	7	1	1	4
1217	부산 서구	음식점입식좌석개선지원사업	21,000	8	4	7	8	7	1	1	1
1218	부산 동구	공동주택공용시설보수사업지원	100,000	8	4	7	8	7	1	1	4
1219	부산 동구	자치단체표준기록관리시스템통합유지관리	35,930	8	5	7	8	7	2	2	4
1220	부산 동구	우편모아시스템유지보수비	5,500	8	5	7	1	7	2	2	4
1221	부산 동래구	공동주택관리지원사업	300,000	8	1	7	8	7	5	5	4
1222	부산 동래구	음식물류폐기물감량추진	30,000	8	4	7	8	7	5	5	4
1223	부산 동래구	음식점입식좌석개선지원	20,000	8	5	7	8	7	5	5	4
1224	부산 동래구	옥외광고발전기금	20,000	8	1	7	8	1	1	1	4
1225	부산 남구	부설주차장개방사업	16,000	8	4	7	8	7	5	5	4
1226	부산 북구	인사정보시스템유지관리비	27,536	8	1	2	1	7	2	2	4
1227	부산 해운대구	2023년공동주택관리지원사업	400,000	8	4	7	8	7	5	5	4
1228	부산 해운대구	2023년소규모공동주택관리지원사업	200,000	8	4	7	8	7	5	5	4
1229	부산 해운대구	침수방지시설설치지원	50,000	8	4	7	8	7	1	1	3
1230	부산 해운대구	경로당물품구입	25,000	8	1	7	8	7	1	1	4
1231	부산 사하구	부설주차장개방지원	60,000	8	4	7	8	7	1	1	4
1232	부산 강서구	맞춤형농기계구입비지원	194,400	8	1	7	8	7	1	1	1
1233	부산 강서구	고품질원예작물생산지원	90,000	8	1	7	8	7	1	1	1
1234	부산 강서구	원예시설전기온풍기난방지원	72,000	8	6	7	8	7	1	1	1
1235	부산 강서구	마을회관개보수등지원	49,649	8	4	7	8	7	2	1	4
1236	부산 강서구	수출농가시설보수지원	40,000	8	1	7	8	7	1	1	1
1237	부산 강서구	농업용무인항공방제기(드론)지원	27,540	8	1	7	8	7	1	1	1

순번	시군구	지출명 (사업명)	2024년예산 (단위 : 천원 /1년간)	민간이전 분류 (지방자치단체 세출예산 집행기준에 의거) 1. 민간경상사업보조(307-02) 2. 민간단체 법정운영비보조(307-03) 3. 민간행사사업보조(307-04) 4. 민간위탁금(307-05) 5. 사회복지시설 법정운영비보조(307-10) 6. 민간위탁교육비(307-12) 7. 공기관등에대한경상적위탁사업비(308-13) 8. 민간자본사업보조,자체재원(402-01) 9. 민간자본사업보조,이전재원(402-02) 10. 민간위탁사업비(402-03) 11. 공기관등에 대한 자본적 위탁사업비(403-02)	민간이전지출 근거 (지방보조금 관리기준 참고) 1. 법률에 규정 2. 국고보조 재원(국가지정) 3. 용도 지정 기부금 4. 조례에 직접규정 5. 지자체가 권장하는 사업을 하는 공공기관 6. 시,도 정책 및 재정사정 7. 기타 8. 해당없음	입찰방식			운영예산 산정		성과평가 실시여부 1. 실시 2. 미실시 3. 향후 추진 4. 해당없음
						계약체결방법 (경쟁형태) 1. 일반경쟁 2. 제한경쟁 3. 지명경쟁 4. 수의계약 5. 법정위탁 6. 기타 ( ) 7. 없음	계약기간 1. 1년 2. 2년 3. 3년 4. 4년 5. 5년 6. 기타 ( )년 7. 단기계약 (1년미만) 8. 없음	낙찰자선정방법 1. 적격심사 2. 협상에의한계약 3. 최저가낙찰제 4. 규격가격분리 5. 2단계 경쟁입찰 6. 기타 ( ) 7. 없음	운영예산 산정 1. 내부산정 (지자체 자체적으로 산정) 2. 외부산정 (외부전문기관위탁 산정) 3. 내·외부 모두 산정 4. 산정 無 5. 없음	정산방법 1. 내부정산 (지자체 내부적으로 정산) 2. 외부정산 (외부전문기관위탁 정산) 3. 내·외부 모두 산정 4. 정산 無 5. 없음	
1238	부산 강서구	경로당환경개선사업	27,000	8	4	7	8	7	1	1	2
1239	부산 강서구	공동주택관리지원	27,000	8	1	7	8	7	1	1	1
1240	부산 강서구	양봉입식비지원	10,000	8	4	7	8	7	1	1	1
1241	부산 강서구	하우스난방기무선경비시스템지원	9,360	8	1	7	8	7	1	1	1
1242	부산 연제구	노후간판개선사업	30,000	8	1	7	7	7	1	3	4
1243	부산 연제구	공동주택관리지원금	100,000	8	1,4	7	8	7	1	1	1
1244	부산 연제구	공유주차장지원	60,000	8	4	7	8	7	1	1	1
1245	부산 수영구	착한가격업소소규모환경개선지원	30,000	8	4	7	8	7	1	1	4
1246	부산 수영구	공동주택관리지원(공동주택관리지원사업)	10,000	8	4	7	8	7	5	5	4
1247	부산 사상구	공동주택시설개선비지원	70,000	8	4	7	8	7	1	1	4
1248	부산 사상구	사상공업지역제조업체근로환경개선사업	50,000	8	8	7	8	7	5	5	4
1249	부산 기장군	경로당시설환경개선사업비(추가군비)	300,000	8	1,4	7	8	7	5	5	4
1250	부산 기장군	경로당시설환경개선사업비(추가군비)	50,000	8	4	7	8	7	1	1	1
1251	부산 기장군	농기계공동보관창고설치지원	50,000	8	7	7	8	7	5	5	4
1252	부산 기장군	주민복지지원	50,000	8	4	7	8	7	1	1	3
1253	부산 기장군	주민복지지원	49,300	8	4	7	8	7	1	1	3
1254	부산 기장군	채소류소형저온저장고설치	36,000	8	3	7	8	7	5	5	4
1255	부산 기장군	한우작목반장비지원	30,000	8	4	7	8	7	1	1	2
1256	부산 기장군	농업기술보급	30,000	8	4	7	8	7	5	5	4
1257	부산 기장군	주민복지지원	21,230	8	4	7	8	7	1	1	3
1258	부산 기장군	주민복지지원	20,020	8	4	7	8	7	1	1	3
1259	부산 기장군	양봉작목반장비지원	20,000	8	4	7	8	7	1	1	2
1260	부산 기장군	주민복지지원	18,106	8	4	7	8	7	1	1	3
1261	부산 기장군	주민복지지원	16,258	8	4	7	8	7	1	1	3
1262	부산 기장군	주민복지지원	11,220	8	4	7	8	7	1	1	3
1263	부산 기장군	비닐하우스시설설치	10,000	8	4	7	8	7	5	5	4
1264	부산 기장군	농업기술보급	10,000	8	4	7	8	7	5	5	4
1265	부산 기장군	주민복지지원	10,000	8	4	7	8	7	1	1	3
1266	부산 기장군	주민복지지원	10,000	8	4	7	8	7	1	1	3
1267	부산 기장군	주민복지지원	9,420	8	4	7	8	7	1	1	3
1268	부산 기장군	새일센터지정운영	5,000	8	7	7	8	7	1	1	4
1269	부산 기장군	농산물간이직판장설치지원사업	5,000	8	4	7	8	7	5	5	4
1270	부산 기장군	주민복지지원	5,000	8	4	7	8	7	1	1	3
1271	부산 기장군	주민복지지원	4,800	8	4	7	8	7	1	1	3
1272	울산 중구	공동주택지원사업	350,000	8	4	7	8	7	5	5	4
1273	울산 중구	아른다운간판정비지원사업	20,000	8	4	7	8	7	5	5	4
1274	울산 남구	소상공인경영환경개선지원	300,000	8	4	7	8	7	1	1	1
1275	울산 남구	노후간판교체지원사업	40,000	8	4	6	1	6	1	1	4
1276	울산 남구	공예거리입점점포환경개선지원	30,000	8	4	7	8	7	1	1	1
1277	울산 동구	소상공인경영환경개선지원사업	50,000	8	4	7	8	7	5	5	4

순번	시군구	지출명 (사업명)	2024년예산 (단위:천원/1년간)	민간이전 분류	민간이전지출 근거	입찰방식			운영예산 산정		성과평가 실시여부
						계약체결방법 (경쟁형태)	계약기간	낙찰자선정방법	운영예산 산정	정산방법	
1278	울산 북구	친환경농산물생산단지조성	40,000	8	1	7	8	7	5	5	4
1279	울산 북구	작은도서관장서확충지원	36,000	8	1,4	7	8	7	1	1	1
1280	울산 북구	시설원예및고소득과수생산지원	30,000	8	7	7	8	7	5	5	4
1281	울산 북구	축산분뇨처리장비지원	25,000	8	6	7	8	7	5	5	4
1282	울산 울주군	자율방범대물품구입및초소환경개선사업	252,945	8	1,4	7	8	7	1	1	1
1283	울산 울주군	관광숙박업전환시설개선비지원	200,000	8	4	7	8	7	5	5	4
1284	울산 울주군	6차산업예비사업자기반조성지원사업	200,000	8	1	7	8	7	1	1	4
1285	울산 울주군	가축분뇨처리장비지원	200,000	8	1	7	8	7	1	1	4
1286	울산 울주군	양봉농가피해예방지원	198,900	8	1	7	8	7	1	1	4
1287	울산 울주군	울주형태양광주택지원사업	190,400	8	4	7	8	7	3	1	4
1288	울산 울주군	어린이집운영활성화	152,000	8	4	7	8	7	1	1	1
1289	울산 울주군	소득작물생산경쟁력지원사업	120,000	8	1	7	8	7	1	1	4
1290	울산 울주군	자동분무기지원	84,000	8	1	7	8	7	1	1	1
1291	울산 울주군	EPP벌통지원및사료용해기지원	81,600	8	1	7	8	7	1	1	4
1292	울산 울주군	농업용방제드론지원	80,300	8	1	7	8	7	1	1	4
1293	울산 울주군	사립작은도서관도서구입비지원	80,000	8	1	7	8	7	1	1	1
1294	울산 울주군	과수농가경쟁력강화지원사업	70,000	8	1	7	8	7	5	1	4
1295	울산 울주군	6차산업활성화지원사업	45,000	8	1	7	8	7	1	1	4
1296	울산 울주군	낙농가친환경무주유식진공시스템지원	28,000	8	1	7	8	7	1	1	4
1297	울산 울주군	농기계용급유탱크구입지원	27,000	8	1	7	8	7	1	1	4
1298	울산 울주군	폐사가축처리장비지원사업	17,500	8	1	7	8	7	1	1	1
1299	울산 울주군	유해야생동물퇴치용품(기피제등)보급	10,000	8	1	7	8	7	5	5	4
1300	울산 울주군	무침주사기지원	9,000	8	1	7	8	7	1	1	1
1301	세종특별자치시	농촌융복합산업상품화기반조성	245,000	8	1	7	8	7	5	5	4
1302	세종특별자치시	어린이집환경개선(자체)	85,800	8	1	7	8	7	5	5	1
1303	세종특별자치시	화훼류시설하우스환경개선시범	56,000	8	1	7	8	7	5	5	4
1304	세종특별자치시	과수친환경해충방제시범	52,500	8	1	7	8	7	5	5	4
1305	세종특별자치시	저온피해예방을위한연소자재지원시범	35,000	8	1	7	8	7	5	5	4
1306	세종특별자치시	벼드론직파실증시범	32,000	8	1	7	8	7	5	5	4
1307	세종특별자치시	선도적농업리더영농정착지원시범사업	28,000	8	1	7	8	7	5	5	4
1308	세종특별자치시	포도친환경표토관리생력화시범	25,200	8	1	7	8	7	5	5	4
1309	세종특별자치시	농산물제조가공시설장비지원	25,000	8	1	7	8	7	5	5	4
1310	세종특별자치시	농촌지도자신농자재실증시범	15,680	8	1	7	8	7	5	5	4
1311	세종특별자치시	딸기우량묘보급체계개선사업	15,200	8	1	7	8	7	5	5	4
1312	세종특별자치시	시설과채류신소재활용농산물품질향상시범	11,200	8	1	7	8	7	5	5	4
1313	세종특별자치시	세종형여성친화기업인증제추진	4,000	8	6	7	8	7	5	5	4
1314	세종특별자치시	정원형가족텃밭시범	4,000	8	1	7	8	7	5	5	4
1315	세종특별자치시	전통사찰보수(전환사업)	320,000	8	1	7	8	7	5	5	4
1316	세종특별자치시	자율방범대운영	52,000	8	1	7	8	7	5	5	4
1317	세종특별자치시	요식업소스마트화지원사업	20,000	8	6	7	8	7	1	1	4

순번	시군구	지출명 (사업명)	2024년예산 (단위 : 천원/1년간)	민간이전 분류 (지방자치단체 세출예산 집행기준에 의거)	민간이전지출 근거 (지방보조금 관리기준 참고)	입찰방식 계약체결방법 (경쟁형태)	입찰방식 계약기간	입찰방식 낙찰자선정방법	운영예산 산정 운영예산 산정	운영예산 산정 정산방법	성과평가 실시여부
1318	세종특별자치시	일반음식점환경개선지원사업	10,000	8	4	7	8	7	1	1	4
1319	세종특별자치시	신재생에너지주택지원사업(국가직접지원)	144,000	8	1	7	8	7	1	1	4
1320	세종특별자치시	여름철물놀이안전관리	26,000	8	4	7	8	7	1	1	1
1321	세종특별자치시	마을단위햇빛발전소지원사업	25,000	8	4	7	8	7	1	1	3
1322	세종특별자치시	미니태양광보급지원사업	25,000	8	4	7	8	7	1	1	3
1323	세종특별자치시	신재생에너지햇살드림사업	13,000	8	4	7	8	7	1	1	3
1324	강원특별자치도	산학연협력선도대학육성사업(LINC3.)지원	1,078,000	8	2	7	8	7	1	1	1
1325	강원특별자치도	그린스타트업타운조성(국가직접지원)	300,000	8	2	7	8	7	1	1	4
1326	강원특별자치도	IoT기반문화재안전관리시스템구축	96,200	8	1	7	8	7	1	1	1
1327	강원특별자치도	보훈단체차량지원	84,000	8	1	7	8	7	1	1	4
1328	강원특별자치도	대학창의적자산실용화지원	60,000	8	2	7	8	4	1	1	1
1329	강원특별자치도	대한노인회강원특별자치도연합회기능보강지원	51,360	8	1	7	8	7	1	1	4
1330	강원특별자치도	지역경제발전효율적추진	50,000	8	1	7	8	7	5	5	4
1331	강원특별자치도	상이군경휴복지회관기능보강	49,610	8	1	7	8	7	1	1	4
1332	강원특별자치도	강원장기요양요원지원센터기능보강지원	28,600	8	4	7	8	7	1	1	4
1333	강원특별자치도	장애인지역사회재활시설기능보강사업	20,000	8	1	5	5	7	1	1	1
1334	강원 춘천시	열린관광지조성	1,060,000	8	2	7	8	7	1	1	4
1335	강원 춘천시	스마트시설원예생산기반조성시범	729,000	8	6	7	8	7	5	5	4
1336	강원 춘천시	강원FC홈경기광고비(춘천시홍보)지원	720,000	8	1,4	7	8	7	1	1	1
1337	강원 춘천시	관내기존기업투자조조금지원사업	360,000	8	4	7	8	1	1	3	4
1338	강원 춘천시	조사료생산장비지원	210,000	8	4	7	8	7	1	1	4
1339	강원 춘천시	국민체력1체력인증센터운영지원	203,640	8	1	7	8	7	1	1	4
1340	강원 춘천시	어린이집보수및기능보강	110,000	8	1	4	8	7	1	1	4
1341	강원 춘천시	시설하우스ICT현대화	110,000	8	6	7	8	7	5	5	4
1342	강원 춘천시	소상공인경영환경개선지원	100,000	8	4	7	8	7	5	5	4
1343	강원 춘천시	과수생력화장비지원	80,000	8	4	7	8	7	5	5	4
1344	강원 춘천시	지능형축산시설도입	55,000	8	6	7	8	7	1	1	4
1345	강원 춘천시	춘천상공회의소신축이전지원	50,000	8	1	7	8.	7	5	5	4
1346	강원 춘천시	자활사업단환경개선지원	50,000	8	1	7	8	7	1	1	4
1347	강원 춘천시	청년농업인영농창업기반조성	50,000	8	4	7	8	7	1	1	4
1348	강원 춘천시	축산경쟁력강화	50,000	8	6	7	8	7	1	1	4
1349	강원 춘천시	시설원예용동력분무기지원	41,600	8	6	7	8	7	5	5	4
1350	강원 춘천시	장애인거주시설기능보강(시자체)	40,000	8	6	7	8	7	1	1	3
1351	강원 춘천시	공동주택지원(시설물보수)	40,000	8	4	7	8	7	5	5	4
1352	강원 춘천시	농작물재해예방대책지원	40,000	8	6	7	8	7	5	5	4
1353	강원 춘천시	스마트가축방역시설지원	40,000	8	1	7	8	7	5	5	4
1354	강원 춘천시	전기자전거구입보조금지원	30,000	8	4	7	8	7	5	5	4
1355	강원 춘천시	농촌체험휴양마을시설개선지원	20,000	8	1	7	8	7	1	1	4
1356	강원 춘천시	기능성필름지원	20,000	8	6	7	8	7	5	5	4
1357	강원 춘천시	부추재배농가장비지원	18,000	8	4	7	8	7	5	5	4

순번	시군구	지출명 (사업명)	2024년예산 (단위 : 천원 /1년간)	민간이전 분류 (지방자치단체 세출예산 집행기준에 의거) 1. 민간경상사업보조(307-02) 2. 민간단체 법정운영비보조(307-03) 3. 민간행사사업보조(307-04) 4. 민간위탁금(307-05) 5. 사회복지시설 법정운영비보조(307-10) 6. 민간인위탁교육비(307-12) 7. 공기관에대한경상적위탁사업비(308-13) 8. 민간자본사업보조,자체재원(402-01) 9. 민간자본사업보조,이전재원(402-02) 10. 민간위탁사업비(402-03) 11. 공기관등에 대한 자본적 위탁사업비(403-02)	민간이전지출 근거 (지방보조금 관리기준 참고) 1. 법률에 규정 2. 국고보조 지원(국가지정) 3. 용도 지정 기부금 4. 조례에 직접규정 5. 지자체가 권장하는 사업을 하는 공공기관 6. 시,도 정책 및 재정사정 7. 기타 8. 해당없음	입찰방식			운영예산 산정		성과평가 실시여부
						계약체결방법 (경쟁형태) 1. 일반경쟁 2. 제한경쟁 3. 지명경쟁 4. 수의계약 5. 법정위탁 6. 기타 7. 없음	계약기간 1. 1년 2. 2년 3. 3년 4. 4년 5. 5년 6. 기타 ( )년 7. 단가계약 (1년미만) 8. 없음	낙찰자선정방법 1. 적격심사 2. 협상에의한계약 3. 최저가낙찰제 4. 규격가격분리 5. 2단계 경쟁입찰 6. 기타 ( ) 7. 없음	운영예산 산정 1. 내부산정 (지자체 자체적으로 산정) 2. 외부산정 (외부전문기관위탁 산정) 3. 내·외부 모두 산정 4. 산정 無 5. 없음	정산방법 1. 내부정산 (지자체 내부적으로 정산) 2. 외부정산 (외부전문기관위탁 정산) 3. 내·외부 모두 정산 4. 정산 無 5. 없음	1. 실시 2. 미실시 3. 향후 추진 4. 해당없음
1358	강원 춘천시	생강재배농가지원	16,000	8	4	7	8	7	5	5	4
1359	강원 춘천시	한우경쟁력강화	16,000	8	6	7	8	7	1	1	4
1360	강원 춘천시	채소절단기지원	15,400	8	4	7	8	7	5	5	4
1361	강원 춘천시	마을복지계획실행지원	15,000	8	1,4	7	8	7	5	5	4
1362	강원 춘천시	장애인단체운영지원(기능보강)	15,000	8	1	7	8	7	1	1	3
1363	강원 춘천시	외국인계절근로자근로편익지원	15,000	8	1	7	8	7	1	1	4
1364	강원 춘천시	복숭아대표품종육성	15,000	8	4	7	8	7	5	5	4
1365	강원 춘천시	모범운전자회지원사업(장비)	10,000	8	1	7	8	7	1	1	1
1366	강원 춘천시	수출농산물경쟁력제고지원	7,000	8	4	7	8	7	5	5	4
1367	강원 춘천시	벼생력화장비지원	6,150	8	1	7	8	7	5	5	4
1368	강원 춘천시	바르게살기운동춘천시협의회(PC구입)	2,000	8	1	7	8	7	1	1	1
1369	강원 강릉시	폐기물처리시설(소각시설)주변영향지역주민지원	1,586,904	8	1	7	8	7	5	5	4
1370	강원 강릉시	공동주택지원(보조율5%~9%)	720,000	8	1	7	8	7	5	5	4
1371	강원 강릉시	해조류시범양식장운영	600,000	8	7	7	8	7	5	5	4
1372	강원 강릉시	도시가스공급(민간연계사업)	330,000	8	1	7	8	7	5	5	4
1373	강원 강릉시	영세소상공인경영환경개선사업	300,000	8	4	7	8	7	5	5	4
1374	강원 강릉시	자원순환센터주변마을지원	296,862	8	1	7	8	7	5	5	4
1375	강원 강릉시	도시가스인입배관설치비지원	289,328	8	1,4	7	8	7	5	5	4
1376	강원 강릉시	친환경쌀생산단지조성	220,000	8	4	7	8	7	5	5	4
1377	강원 강릉시	경로당가전제품및운동기구지원	210,000	8	4	7	8	7	5	5	4
1378	강원 강릉시	농업용중형관정개발	210,000	8	4	7	8	7	5	5	4
1379	강원 강릉시	빈집정비사업	200,000	8	4	7	8	7	5	5	4
1380	강원 강릉시	왕산면(4개리)주변마을지원사업	180,000	8	4	7	8	7	5	5	4
1381	강원 강릉시	농업용대형관정개발	144,000	8	4	7	8	7	5	5	4
1382	강원 강릉시	산불조기극복특별할인참여업소인센티브지원	142,000	8	4	7	8	7	5	5	4
1383	강원 강릉시	자활사업단(에코워싱)구축	125,000	8	2	7	8	7	5	5	4
1384	강원 강릉시	상수원보호구역친환경단지조성	120,000	8	4	7	8	7	5	5	4
1385	강원 강릉시	농업인단체경영개선지원사업	104,000	8	4	7	8	7	5	5	4
1386	강원 강릉시	조사료생산이용기계·장비지원	100,000	8	1	7	8	7	5	5	4
1387	강원 강릉시	우수농산물시설및장비지원	100,000	8	1	7	8	7	5	5	4
1388	강원 강릉시	악취저감시설및부자재지원	90,000	8	1	7	8	7	5	5	4
1389	강원 강릉시	기후변화대응열대(온대)과수육성지원	84,000	8	6	7	8	7	5	5	4
1390	강원 강릉시	과수농가일손절감농기계지원	80,000	8	6	7	8	7	5	5	4
1391	강원 강릉시	화장장수수료총수입액민간보조	77,768	8	4	7	8	7	5	5	4
1392	강원 강릉시	가정용음식물쓰레기처리기지원	60,000	8	6	7	8	7	5	5	4
1393	강원 강릉시	대형농기계급유탱크구입지원	60,000	8	4	7	8	7	5	5	4
1394	강원 강릉시	농업용소형관정개발	60,000	8	4	7	8	7	5	5	4
1395	강원 강릉시	악취저감시설지원	60,000	8	1	7	8	7	5	5	4
1396	강원 강릉시	시설원예토질개량제지원	60,000	8	6	7	8	7	5	5	4
1397	강원 강릉시	FTA대응명품과수단지육성사업	60,000	8	6	7	8	7	5	5	4

순번	시군구	지출명 (사업명)	2024년예산 (단위 : 천원 /1년간)	민간이전 분류 (지방자치단체 세출예산 집행기준에 의거)	민간이전지출 근거 (지방보조금 관리기준 참고)	입찰방식			운영예산 산정		성과평가 실시여부
						계약체결방법 (경쟁형태)	계약기간	낙찰자선정방법	운영예산 산정	정산방법	
1398	강원 강릉시	비가림하우스피복지원사업	56,000	8	4	7	8	7	5	5	4
1399	강원 강릉시	축사시설시설(장비)및기자재지원	50,000	8	1	7	8	7	5	5	4
1400	강원 강릉시	옥계상수원보호구역주민지원사업(동해시출연금)	50,000	8	4	7	8	7	5	5	4
1401	강원 강릉시	GCM미생물자가배양기지원	49,000	8	4	7	8	7	5	5	4
1402	강원 강릉시	기후변화대응작목육성사업	47,500	8	6	7	8	7	5	5	4
1403	강원 강릉시	음식업소환경개선지원(시비추가)	42,000	8	2	7	8	7	5	5	4
1404	강원 강릉시	어린이집소규모환경개선비지원	40,000	8	1	7	8	7	5	5	4
1405	강원 강릉시	농업재해사전예방장비(물품)지원	40,000	8	4	7	8	7	5	5	4
1406	강원 강릉시	포도반촉성재배기술향상시범	40,000	8	6	7	8	7	5	5	4
1407	강원 강릉시	숙박업소환경개선지원(시비추가)	36,000	8	4,6	7	8	7	5	5	4
1408	강원 강릉시	농업인가공창업판로조성사업	32,000	8	4	7	8	7	5	5	4
1409	강원 강릉시	버섯오염발생저감시설시범	32,000	8	6	7	8	7	5	5	4
1410	강원 강릉시	강릉문화원사시설유지보수	30,000	8	4	7	8	7	5	5	4
1411	강원 강릉시	제례문화표준화지원사업	30,000	8	1	7	8	7	5	5	4
1412	강원 강릉시	축사지붕개보수지원	30,000	8	1	7	8	7	5	5	4
1413	강원 강릉시	농업인단체활력화사업	30,000	8	4	7	8	7	5	5	4
1414	강원 강릉시	다목적농산물건조기지원	30,000	8	6	7	8	7	5	5	4
1415	강원 강릉시	고랭지감자신품종지역적응시범사업	28,000	8	6	7	8	7.	5	5	4
1416	강원 강릉시	축산시설기자재및환경개선재지원	25,000	8	1	7	8	7	5	5	4
1417	강원 강릉시	행정장비구입	24,000	8	1,5	7	8	7	5	5	4
1418	강원 강릉시	자율방재단장비보강	20,000	8	4	7	8	7	5	5	4
1419	강원 강릉시	전자문서작성소프트웨어구입	20,000	8	1,5	7	8	7	5	5	4
1420	강원 강릉시	금진항어업용해수공급시설정비	20,000	8	7	7	8	7	5	5	4
1421	강원 강릉시	양록(사슴)육성지원	20,000	8	1	7	8	7	5	5	4
1422	강원 강릉시	축산시설개보수및장비기자재구입지원	20,000	8	1	7	8	7	5	5	4
1423	강원 강릉시	노후액비저장조개보수및악취저감시설지원	20,000	8	1	7	8	7	5	5	4
1424	강원 강릉시	찰옥수수신품종보급	16,000	8	6	7	8	7	5	5	4
1425	강원 강릉시	시설재배지천적활용기술도입	15,000	8	6	7	8	7	5	5	4
1426	강원 강릉시	명품신사임당곶감마케팅시범	15,000	8	6	7	8	7	5	5	4
1427	강원 강릉시	낚시어선활성화지원	14,000	8	6	7	8	7	5	5	4
1428	강원 강릉시	해난구조장비지원	14,000	8	6	7	8	7	5	5	4
1429	강원 강릉시	자활사업단(물세탁,낚시)기능보강	10,740	8	2	7	8	7	5	5	4
1430	강원 강릉시	축산물위생기자재지원	10,500	8	1	7	8	7	5	5	4
1431	강원 강릉시	겨울딸기후작물시범재배	10,500	8	6	7	8	7	5	5	4
1432	강원 강릉시	친환경농자재공급	10,000	8	4	7	8	7	5	5	4
1433	강원 강릉시	볍씨괄파종기및육묘적재기지원	7,500	8	4	7	8	7	5	5	4
1434	강원 강릉시	동력분무기지원	5,500	8	4	7	8	7	5	5	4
1435	강원 강릉시	볍씨발아기지원	5,500	8	4	7	8	7	5	5	4
1436	강원 강릉시	행정장비구입	4,000	8	1,5	7	8	7	5	5	4
1437	강원 강릉시	프로그램운영물품구입	4,000	8	1	7	8	7	5	5	4

순번	시군구	지출명(사업명)	2024년예산 (단위: 천원/1년간)	민간이전 분류	민간이전지출 근거	계약체결방법 (경쟁형태)	계약기간	낙찰자선정방법	운영예산 산정	정산방법	성과평가 실시여부
1438	강원 강릉시	잡곡신품종조기확산기반조성	4,000	8	6	7	8	7	5	5	4
1439	강원 강릉시	비료살포기지원	3,750	8	4	7	8	7	5	5	4
1440	강원 강릉시	가정폭력상담소운영지원(기능보강)	3,000	8	1	7	8	7	5	5	4
1441	강원 강릉시	문화유산환경정비용장비구입	2,000	8	1	7	8	7	5	5	4
1442	강원 동해시	공동주택지원	150,000	8	4	7	8	7	5	5	4
1443	강원 동해시	시정홍보강원FC보드광고	20,000	8	4	7	8	7	1	1	4
1444	강원 동해시	친환경연승부표지원	10,000	8	7	7	8	7	5	5	4
1445	강원 동해시	장애인체육회사무실컴퓨터교체	9,000	8	4	7	8	7	1	1	4
1446	강원 태백시	공동주택주거지원	300,000	8	1	7	8	7	5	1	4
1447	강원 태백시	청장년층과채류생산기반확대시범	105,000	8	4	7	8	7	1	1	4
1448	강원 태백시	비닐하우스비닐교체지원	30,000	8	4	7	8	7	5	5	4
1449	강원 태백시	지역소득작목육성	18,000	8	4	7	8	7	5	5	4
1450	강원 태백시	축산농가경영개선지원사업	16,000	8	1	7	8	7	1	1	1
1451	강원 태백시	소득작목경쟁력향상기반지원	6,190	8	4	7	8	7	5	5	4
1452	강원 태백시	자동심장충격기보급지원	4,300	8	4	7	8	7	1	1	3
1453	강원 태백시	작은도서관운영지원	4,000	8	1	7	8	7	1	1	1
1454	강원 속초시	공동주택지원(시설보수)	283,500	8	1	7	8	7	3	1	1
1455	강원 속초시	경로당기능보강	66,000	8	1	7	8	7	3	1	1
1456	강원 속초시	빈집정비지원사업	60,000	8	1	7	8	7	3	1	1
1457	강원 속초시	사료제조및축산장비	60,000	8	4	7	8	7	1	1	1
1458	강원 속초시	어린이집시설환경개선비	54,000	8	1	7	8	7	3	1	1
1459	강원 속초시	로컬푸드연중생산체계구축지원	50,000	8	1	7	8	7	1	1	1
1460	강원 속초시	체리품질향상시설지원	48,000	8	4	7	8	7	1	1	1
1461	강원 속초시	청호연승연합회어구보수보관장지붕보강공사	41,837	8	1	7	8	7	3	1	1
1462	강원 속초시	동명어촌계어구보수보관장지붕보강공사	24,737	8	1	7	8	7	3	1	1
1463	강원 속초시	소형농기계공급지원	20,000	8	4	7	8	7	1	1	1
1464	강원 속초시	벼병해충공동방제용드론구입지원	16,000	8	4	7	8	7	1	1	4
1465	강원 속초시	새소득작목재배단지조성(FTA대비)	16,000	8	4	7	8	7	1	1	1
1466	강원 속초시	중형관정개발	16,000	8	4	7	8	7	1	1	1
1467	강원 속초시	기후변화대응새소득작목개발	9,000	8	4	7	8	7	1	1	1
1468	강원 속초시	시설채소확대재배(내재해형)	8,000	8	4	7	8	7	1	1	1
1469	강원 속초시	소형관정개발	7,000	8	4	7	8	7	1	1	1
1470	강원 속초시	어구실명표지기제작지원	6,400	8	6	7	8	7	3	1	1
1471	강원 속초시	축사시설개선지원	5,120	8	4	7	8	7	1	1	1
1472	강원 속초시	자원봉사센터물품구입	4,571	8	1	7	8	7	3	1	1
1473	강원 속초시	장애인체육회운영물품구입(컴퓨터)	2,000	8	6	7	8	7	1	1	1
1474	강원 속초시	속초지역자활센터기능보강사업	1,647	8	1	7	8	7	3	1	1
1475	강원 삼척시	공동주택관리비용지원	600,000	8	1,4	7	8	7	2	1	4
1476	강원 삼척시	고품질딸기생산지원	350,000	8	4	7	8	7	1	1	3
1477	강원 삼척시	LNG기부금사업지원	324,000	8	3	7	8	7	1	1	3

| 순번 | 시군구 | 지출명
(사업명) | 2024예산
(단위 : 천원 /1년간) | 민간이전 분류
(지방자치단체 세출예산 집행기준에 의거)

1. 민간경상사업보조(307-02)
2. 민간단체 법정운영비보조(307-03)
3. 민간행사사업보조(307-04)
4. 민간위탁금(307-05)
5. 사회복지시설 법정운영비보조(307-10)
6. 민간위탁교육비(307-12)
7. 공기관등에대한경상적위탁사업비(308-13)
8. 민간자본사업보조,자체재원(402-01)
9. 민간자본사업보조,이전재원(402-02)
10. 민간위탁사업비(402-03)
11. 공기관등에 대한 자본적 위탁사업비(403-02) | 민간이전지출 근거
(지방보조금 관리기준 참고)

1. 법률에 규정
2. 국고보조 재원(국가지정)
3. 용도 지정 기부금
4. 조례에 직접규정
5. 지자체가 권장하는 사업을 하는 공공기관
6. 시,도 정책 및 재정사정
7. 기타
8. 해당없음 | 입찰방식 | | | 운영예산 산정 | | 성과평가
실시여부 |
						계약체결방법 (경쟁형태) 1. 일반경쟁 2. 제한경쟁 3. 지명경쟁 4. 수의계약 5. 법정위탁 6. 기타 ( ) 7. 없음	계약기간 1. 1년 2. 2년 3. 3년 4. 4년 5. 5년 6. 기타 ( )년 7. 단기계약 (1년미만) 8. 없음	낙찰자선정방법 1. 적격심사 2. 협상에의한계약 3. 최저가낙찰제 4. 규격가격분리 5. 2단계 경쟁입찰 6. 기타 ( ) 7. 없음	운영예산 산정 1. 내부산정 (지자체 자체적으로 산정) 2. 외부산정 (외부전문기관위탁 산정) 3. 내·외부 모두 산정 4. 산정 無 5. 없음	정산방법 1. 내부정산 (지자체 내부적으로 정산) 2. 외부정산 (외부전문기관위탁 정산) 3. 내·외부 모두 산정 4. 정산 無 5. 없음	1. 실시 2. 미실시 3. 향후 추진 4. 해당없음
1478	강원 삼척시	저온유통체계구축지원	300,000	8	4	7	8	7	5	5	4
1479	강원 삼척시	노인건강증진및정보화지원	250,000	8	5	7	8	7	1	1	4
1480	강원 삼척시	중대형농업기계현대화지원	250,000	8	4	7	8	7	1	1	3
1481	강원 삼척시	삼척대표작물육성지원	250,000	8	4	7	8	7	1	1	3
1482	강원 삼척시	소형농업기계현대화지원	220,000	8	4	7	8	7	1	1	3
1483	강원 삼척시	정치망어업생력화지원	210,000	8	4	7	8	7	5	5	4
1484	강원 삼척시	지역특화작목육성지원	200,000	8	4	7	8	7	1	1	3
1485	강원 삼척시	농산물포장재지원	200,000	8	4	7	8	7	1	1	3
1486	강원 삼척시	쓰레기매립장주변마을지원	193,000	8	8	7	8	7	5	5	4
1487	강원 삼척시	연탄보일러설치지원	180,000	8	4	7	8	7	1	1	1
1488	강원 삼척시	원예특작저온유통시설지원	175,000	8	4	7	8	7	1	1	3
1489	강원 삼척시	조사료생산장비지원	160,000	8	1	7	8	7	1	1	1
1490	강원 삼척시	천연가스생산기지주변지역지원	150,000	8	3	7	8	7	5	5	4
1491	강원 삼척시	고랭지싱싱풋고추육성지원	150,000	8	4	7	8	7	1	1	3
1492	강원 삼척시	야생동물피해예방시설설치	150,000	8	4	7	8	7	5	5	4
1493	강원 삼척시	고령농업인벼육묘지원	132,300	8	4	7	8	7	1	1	3
1494	강원 삼척시	친환경인증농산물포장재지원	120,000	8	4	7	8	7	1	1	3
1495	강원 삼척시	농업용동력운반차(궤도차)지원	100,000	8	4	7	8	7	1	1	3
1496	강원 삼척시	다목적농산물건조기지원	100,000	8	4	7	8	7	1	1	3
1497	강원 삼척시	산지유통저장시설지원	100,000	8	4	7	8	7	1	1	3
1498	강원 삼척시	농업인단체활성화지원(농촌지도자우량종묘지원사업)	100,000	8	4	7	8	7	5	5	4
1499	강원 삼척시	수산물유통차량지원	84,000	8	4	7	8	7	5	5	4
1500	강원 삼척시	가뭄대책관수수장비지원	82,000	8	4	7	8	7	1	1	3
1501	강원 삼척시	친환경유기농자재(수피)지원	80,000	8	4	7	8	7	1	1	3
1502	강원 삼척시	청년4H스마트방제사업단육성	80,000	8	4	7	8	7	5	5	4
1503	강원 삼척시	신속한가축분뇨처리지원	75,000	8	1	7	8	7	1	1	1
1504	강원 삼척시	명품과원기반조성지원	70,000	8	4	7	8	7	1	1	3
1505	강원 삼척시	농업인소규모창업기술지원	70,000	8	4	7	8	7	5	5	4
1506	강원 삼척시	고랭지배추씨스트선충방제지밀도저감효과정립	70,000	8	4	7	8	7	1	1	1
1507	강원 삼척시	어린이집운영지원	59,000	8	6	7	8	7	5	5	4
1508	강원 삼척시	소득유망작목육성지원	55,000	8	4	7	8	7	1	1	3
1509	강원 삼척시	농업인단체활성화지원(생활개선회)	51,200	8	4	7	8	7	5	5	4
1510	강원 삼척시	노인복지시설환경개선지원	50,000	8	7	7	8	7	5	1	4
1511	강원 삼척시	과수생력화작업기지원	50,000	8	4	7	8	7	1	1	3
1512	강원 삼척시	축사시설현대화	50,000	8	1	7	8	7	1	1	1
1513	강원 삼척시	마을회관신축및개보수	50,000	8	4	1	1	3	1	1	4
1514	강원 삼척시	고랭지딸기육묘생산기술시범	49,000	8	4	7	8	7	5	5	4
1515	강원 삼척시	조류인플루엔자예방백신지원	48,720	8	1	7	8	7	1	1	4
1516	강원 삼척시	아스파라거스품질향상실증시범	43,200	8	4	7	8	7	5	5	4
1517	강원 삼척시	축사시설현대화	41,250	8	1	7	8	7	1	1	1

| 순번 | 시군구 | 지출명
(사업명) | 2024년예산
(단위 : 천원 /1년간) | 민간이전 분류
(지방자치단체 세출예산 집행기준에 의거)

1. 민간경상사업보조(307-02)
2. 민간단체 법정운영비보조(307-03)
3. 민간행사사업보조(307-04)
4. 민간위탁금(307-05)
5. 사회복지시설 법정운영보조(307-10)
6. 민간위탁교육비(307-12)
7. 공기관등에대한경상적위탁사업비(308-13)
8. 민간자본사업보조,자체재원(402-01)
9. 민간자본사업보조,이전재원(402-02)
10. 민간위탁사업비(402-03)
11. 공기관등에 대한 자본적 위탁사업비(403-02) | 민간이전지출 근거
(지방보조금 관리기준 참고)

1. 법률에 규정
2. 국고보조 재원(국가지정)
3. 용도 지정 기부금
4. 조례에 직접규정
5. 지자체가 권장하는 사업을 하는 공공기관
6. 시,도 정책 및 재정사정
7. 기타
8. 해당없음 | 입찰방식 | | | 운영예산 산정 | | 성과평가
실시여부 |
						계약체결방법 (경쟁형태) 1. 일반경쟁 2. 제한경쟁 3. 지명경쟁 4. 수의계약 5. 법정위탁 6. 기타 ( ) 7. 없음	계약기간 1. 1년 2. 2년 3. 3년 4. 4년 5. 5년 6. 기타 ( )년 7. 단기계약 (1년미만) 8. 없음	낙찰자선정방법 1. 적격심사 2. 협상에의한계약 3. 최저가낙찰제 4. 규격가격분리 5. 2단계 경쟁입찰 6. 기타 ( ) 7. 없음	운영예산 산정 1. 내부산정 (지자체 자체적으로 산정) 2. 외부산정 (외부전문기관위탁 산정) 3. 내·외부 모두 산정 4. 산정 無 5. 없음	정산방법 1. 내부정산 (지자체 내부적으로 정산) 2. 외부정산 (외부전문기관위탁 정산) 3. 내·외부 모두 산정 4. 정산無 5. 없음	1. 실시 2. 미실시 3. 향후 추진 4. 해당없음
1518	강원 삼척시	장애인생활이동지원센터운영	41,000	8	1	7	7	7	1	1	1
1519	강원 삼척시	벼육묘장시설개선	40,000	8	4	7	8	7	1	1	3
1520	강원 삼척시	과수경쟁력제고지원	40,000	8	4	7	8	7	1	1	3
1521	강원 삼척시	신속한가축분뇨처리지원	40,000	8	1	7	8	7	1	1	1
1522	강원 삼척시	어촌체험마을지원	40,000	8	4	7	8	7	5	5	4
1523	강원 삼척시	소규모창업경영체기술지원	40,000	8	4	7	8	7	5	5	4
1524	강원 삼척시	시설원예환경개선	35,000	8	4	7	8	7	1	1	3
1525	강원 삼척시	삼척왕마늘활성화	35,000	8	4	7	8	7	1	1	1
1526	강원 삼척시	축산분뇨처리개선사업	32,200	8	1	7	8	7	1	1	1
1527	강원 삼척시	친환경농자재공급지원	30,000	8	4	7	8	7	1	1	3
1528	강원 삼척시	아스파라거스복합재배장치구축농가실증재배	30,000	8	4	7	8	7	5	5	4
1529	강원 삼척시	비닐하우스현대화지원	28,000	8	4	7	8	7	1	1	3
1530	강원 삼척시	빈집정비사업	28,000	8	1	7	8	7	1	1	4
1531	강원 삼척시	농업인대학농업기술실천시범	28,000	8	4	7	8	7	5	5	4
1532	강원 삼척시	친환경유기농자재(우렁이)지원	25,200	8	4	7	8	7	1	1	3
1533	강원 삼척시	외국인계절근로자숙소리모델링및임차료지원사업	25,000	8	4	7	8	7	1	1	3
1534	강원 삼척시	기능성특수미단지조성시범	25,000	8	4	7	8	7	5	5	4
1535	강원 삼척시	축산인단체활성화지원	20,800	8	1	7	8	7	1	1	1
1536	강원 삼척시	수어통역센터운영	20,000	8	1	7	7	7	1	1	1
1537	강원 삼척시	유기농업자재지원	20,000	8	4	7	8	7	1	1	3
1538	강원 삼척시	R&D기술접목농촌여성안전보호구보급	16,000	8	4	7	8	7	5	5	4
1539	강원 삼척시	재난네트워크관리	15,000	8	1,4	7	8	7	1	1	1
1540	강원 삼척시	농촌여성리더창업활동시범	14,000	8	4	7	8	7	5	5	4
1541	강원 삼척시	축사시설현대화	12,000	8	1	7	8	7	1	1	1
1542	강원 삼척시	사과신선도유지향상기술보급시범	11,200	8	4	7	8	7	5	5	4
1543	강원 삼척시	재난네트워크관리	10,000	8	1	7	8	7	1	1	1
1544	강원 삼척시	가축질병차단방역장비	10,000	8	1	7	8	7	1	1	1
1545	강원 삼척시	어린이통학차량안전보호장치설치비지원사업	10,000	8	4	7	8	7	5	5	4
1546	강원 삼척시	벼드론직파재배시범	7,000	8	4	7	8	7	5	5	4
1547	강원 삼척시	신품종태양찰옥수수지역적응시범	7,000	8	4	7	8	7	5	5	4
1548	강원 삼척시	재난네트워크관리	5,000	8	1	7	8	7	1	1	1
1549	강원 삼척시	삼척특용작물명품화지원	5,000	8	4	7	8	7	1	1	3
1550	강원 횡성군	마을만들기(자율개발)사업(전환)	1,000,000	8	4	7	8	7	1	1	1
1551	강원 횡성군	시설원예생산기반지원	830,000	8	6	7	8	7	5	5	1
1552	강원 횡성군	고품질소득작목안정생산	723,410	8	6	7	8	7	1	1	1
1553	강원 횡성군	원예작물소규모산지유통기반확충지원	217,000	8	6	7	8	7	5	5	1
1554	강원 횡성군	특화자원개발보급	216,500	8	1	7	8	7	1	1	1
1555	강원 횡성군	과수재배경쟁력강화지원	160,500	8	6	7	8	7	5	5	1
1556	강원 횡성군	청년농업인영농기반조성공모사업	152,000	8	1	7	8	7	5	5	4
1557	강원 횡성군	농업재해복구지원	150,000	8	6	7	8	7	1	1	1

순번	시군구	지출명 (사업명)	2024년예산 (단위 : 천원 /1년간)	민간이전 분류 (지방자치단체 세출예산 집행기준에 의거)	민간이전지출 근거 (지방보조금 관리기준 참고)	입찰방식			운영예산 산정		성과평가 실시여부
						계약체결방법 (경쟁형태)	계약기간	낙찰자선정방법	운영예산 산정	정산방법	
1558	강원 횡성군	명품사과경쟁력강화지원	140,000	8	6	7	8	7	5	5	1
1559	강원 횡성군	농산물생산단체경쟁력강화지원	140,000	8	6	7	8	7	5	5	1
1560	강원 횡성군	농기계지원	100,000	8	4	7	8	7	1	1	3
1561	강원 횡성군	농산물물류장비확충지원	100,000	8	4	7	8	7	1	1	1
1562	강원 횡성군	가구단위LPG소형저장탱크지원사업	66,000	8	4	7	8	7	5	5	4
1563	강원 횡성군	농촌관광민박시설확충지원(도)	63,000	8	4	7	8	7	5	5	4
1564	강원 횡성군	횡성한우암소변식효율향상시범	56,000	8	6	7	8	7	1	1	1
1565	강원 횡성군	어린이집환경개선비지원	45,000	8	7	7	1	7	1	1	1
1566	강원 횡성군	고품질안전과실생산	44,800	8	4	7	8	7	1	1	1
1567	강원 횡성군	명품토마토생산지원	44,000	8	6	7	8	7	5	5	1
1568	강원 횡성군	EV택시구매보조	32,500	8	6	7	8	7	1	1	1
1569	강원 횡성군	농촌관광체험마을육성(도)	26,250	8	4	7	8	7	1	1	1
1570	강원 횡성군	향토음식점시설개선지원	25,000	8	4	7	8	7	5	1	1
1571	강원 횡성군	농작물공동방제운영지원	15,000	8	6	4	8	7	1	1	2
1572	강원 횡성군	2024횡성군비공용완속충전기구입보조	12,000	8	6	7	8	7	1	1	1
1573	강원 횡성군	소상공인시설개선지원	120,000	8	4	7	1	7	1	1	4
1574	강원 횡성군	공동주택관리시설비지원	89,000	8	8	7	8	7	5	5	4
1575	강원 횡성군	방재단복구활동지원차량구입	42,000	8	4	7	8	7	5	5	4
1576	강원 횡성군	소득형성형마을공동체만들기지원사업	20,000	8	4	7	8	7	1	1	3
1577	강원 횡성군	보훈회관운영물품구입비지원	4,355	8	4	7	8	7	1	1	1
1578	강원 영월군	물놀이안전운영관리	17,000	8	4	7	8	7	1	1	1
1579	강원 영월군	절임배추소득화지원	480,000	8	6	7	8	7	1	2	1
1580	강원 영월군	시설재배생산성향상	400,000	8	4	7	8	7	1	1	4
1581	강원 영월군	연동비닐하우스설치	360,000	8	4	7	8	7	1	1	4
1582	강원 영월군	영월콩유통기반구축사업	336,000	8	4	1	7	3	1	2	3
1583	강원 영월군	명품과원기반조성(자체)	336,000	8	4	7	8	7	1	1	1
1584	강원 영월군	마을회관정비사업	300,000	8	4	7	7	7	1	1	4
1585	강원 영월군	임산물생산단지자립기반조성지원(풀베기)	262,080	8	4	7	8	7	5	5	4
1586	강원 영월군	원예작물품질향상지원	250,000	8	4	7	8	7	1	1	1
1587	강원 영월군	참살기좋은마을만들기	230,000	8	4	7	7	7	1	1	1
1588	강원 영월군	비닐하우스농자재지원	200,000	8	4	7	8	7	1	1	4
1589	강원 영월군	과수품질향상지원	200,000	8	4	7	8	7	1	1	1
1590	강원 영월군	농산물저온저장고설치	150,000	8	4	7	8	7	1	1	1
1591	강원 영월군	과수시설현대화	150,000	8	4	7	8	7	1	1	1
1592	강원 영월군	가뭄대책지원사업	120,000	8	1	7	8	7	1	1	1
1593	강원 영월군	친환경농산물생산지원	107,000	8	4	7	8	7	1	1	4
1594	강원 영월군	산채류생산기반조성	107,000	8	4	7	8	7	1	1	4
1595	강원 영월군	산림농업사후관리지원	105,000	8	4	7	8	7	5	5	4
1596	강원 영월군	표고버섯생산성향상지원	100,000	8	4	7	8	7	5	5	4
1597	강원 영월군	농식품산업기반조성	100,000	8	6	7	8	7	1	1	1

순번	시군구	지출명(사업명)	2024년예산 (단위: 천원/1년간)	민간이전 분류	민간이전지출 근거	계약체결방법 (경쟁형태)	계약기간	낙찰자선정방법	운영예산 산정	정산방법	성과평가 실시여부
1598	강원 영월군	청년농업인맞춤형지원	96,000	8	6	7	8	7	1	1	1
1599	강원 영월군	소규모다목적비닐하우스	66,000	8	4	7	8	7	1	1	4
1600	강원 영월군	레저스포츠장비지원	64,000	8	4	7	7	7	1	1	2
1601	강원 영월군	노지고추품질향상지원	55,825	8	4	7	8	7	1	1	4
1602	강원 영월군	옥수수재배생력농기계지원	50,000	8	4	7	8	7	1	1	4
1603	강원 영월군	인삼재배기반조성	50,000	8	4	7	8	7	1	1	1
1604	강원 영월군	쌀전업농농기계지원	46,000	8	4	7	8	7	1	1	4
1605	강원 영월군	약용작물기반조성	40,000	8	4	7	8	7	1	1	1
1606	강원 영월군	농산물종합가공센터운영	40,000	8	6	7	8	7	1	1	1
1607	강원 영월군	농촌자원활용치유농업육성	40,000	8	7	7	8	7	1	1	1
1608	강원 영월군	보급종우량종자생산지원	37,500	8	4	7	8	7	1	1	1
1609	강원 영월군	여성농업인농작업편이장비지원	37,500	8	4	7	8	7	1	1	1
1610	강원 영월군	청년창업육성지원사업	32,000	8	4	7	8	7	5	5	4
1611	강원 영월군	가업승계농영농기반조성	28,000	8	4	7	8	7	1	1	1
1612	강원 영월군	임산물생산성향상물품구입지원	25,000	8	4	7	8	7	5	5	4
1613	강원 영월군	생강재배기반조성	22,500	8	4	7	8	7	1	1	4
1614	강원 영월군	어린이집환경개선사업	20,000	8	4	7	8	7	5	5	4
1615	강원 영월군	어린이집환경개선사업	20,000	8	4	7	8	7	5	5	4
1616	강원 영월군	관리기지원사업	20,000	8	4	7	8	7	1	1	1
1617	강원 영월군	친환경쌀생산단지육성	15,000	8	4	7	8	7	1	1	4
1618	강원 영월군	버섯생산성향상지원	15,000	8	4	7	8	7	1	1	1
1619	강원 영월군	시설하우스연작장해개선	13,500	8	4	7	8	7	1	1	4
1620	강원 영월군	인력절감형방제호스릴지원	10,000	8	4	7	8	7	1	1	1
1621	강원 영월군	찰옥수수명품화지원	10,000	8	4	7	8	7	1	1	4
1622	강원 영월군	야생동물피해예방사업(군비추가)	150,000	8	1	7	8	7	5	5	4
1623	강원 영월군	음식물감량화기기설치보조사업	105,000	8	6	7	8	7	5	5	4
1624	강원 평창군	가뭄대비관수시설지원	331,500	8	4	7	8	7	1	1	1
1625	강원 평창군	청년농업인창업지원	304,000	8	4	7	8	7	1	1	4
1626	강원 평창군	농산물저온저장고지원	250,000	8	4	7	8	7	1	1	1
1627	강원 평창군	공동주택운영관리지원	220,000	8	1,4	7	8	7	5	5	4
1628	강원 평창군	친환경축산물생산기반시설지원	160,000	8	7	7	8	7	1	1	1
1629	강원 평창군	인삼해가림시설지원	136,780	8	4	7	8	7	1	1	1
1630	강원 평창군	시설농업기반확충지원(군비)	130,200	8	4	7	8	7	1	1	1
1631	강원 평창군	농특산물가공산업육성	125,000	8	4	7	8	7	1	1	1
1632	강원 평창군	시설원예환경개선지원(군비)	116,800	8	4	7	8	7	1	1	1
1633	강원 평창군	농업분야계절근로자운영	100,000	8	1	7	8	7	1	1	4
1634	강원 평창군	절임배추가공시설지원	100,000	8	4	7	8	7	1	1	1
1635	강원 평창군	특산품목재배기반확대조성지원	95,684	8	4	7	8	7	1	1	1
1636	강원 평창군	소형농기계공급지원	87,500	8	4	7	8	7	1	1	1
1637	강원 평창군	로컬푸드다겹보온이중하우스지원	84,000	8	6	7	8	7	1	1	3

순번	시군구	지출명 (사업명)	2024년예산 (단위: 천원/1년간)	민간이전 분류 (지방자치단체 세출예산 집행기준에 의거) 1. 민간경상사업보조(307-02) 2. 민간단체 법정운영비보조(307-03) 3. 민간행사사업보조(307-04) 4. 민간위탁금(307-05) 5. 사회복지시설 법정운영비보조(307-10) 6. 민간인위탁교육비(307-12) 7. 공기관등에대한경상적위탁사업비(308-13) 8. 민간자본사업보조,자체재원(402-01) 9. 민간자본사업보조,이전재원(402-02) 10. 민간위탁사업비(402-03) 11. 공기관등에 대한 자본적 위탁사업비(403-02)	민간이전지출 근거 (지방보조금 관리기준 참고) 1. 법률에 규정 2. 국고보조 재원(국가지정) 3. 용도 지정 기부금 4. 조례에 직접규정 5. 지자체가 권장하는 사업을 하는 공공기관 6. 시,도 정책 및 재정사정 7. 기타 8. 해당없음	계약체결방법 (경쟁형태) 1. 일반경쟁 2. 제한경쟁 3. 지명경쟁 4. 수의계약 5. 법정위탁 6. 기타 ( ) 7. 없음	계약기간 1. 1년 2. 2년 3. 3년 4. 4년 5. 5년 6. 기타 ( )년 7. 단기계약(1년미만) 8. 없음	낙찰자선정방법 1. 적격심사 2. 협상에의한계약 3. 최저가낙찰제 4. 규격가격분리 5. 2단계 경쟁입찰 6. 기타 ( ) 7. 없음	운영예산 산정 1. 내부산정(지자체 자체적으로 산정) 2. 외부산정(외부전문기관위탁 산정) 3. 내·외부 모두 산정 4. 산정 無 5. 없음	정산방법 1. 내부정산(지자체 내부적으로 정산) 2. 외부정산(외부전문기관위탁 정산) 3. 내·외부 모두 산정 4. 정산 無 5. 없음	성과평가 실시여부 1. 실시 2. 미실시 3. 향후 추진 4. 해당없음
1638	강원 평창군	고랭지생강시범재배지원	74,970	8	4	7	8	7	5	5	4
1639	강원 평창군	시설농업기반확충지원(농협협력)	65,000	8	4	7	8	7	1	1	1
1640	강원 평창군	귀농인지원	60,000	8	4	7	8	7	1	1	3
1641	강원 평창군	친환경축산퇴비자원화시설지원	50,000	8	1	7	8	7	1	1	1
1642	강원 평창군	다목적가축분뇨처리장비지원(군비)	40,000	8	1	7	8	7	1	1	1
1643	강원 평창군	청년4H맞춤형과제지원사업	39,000	8	6	1	1	1	1	1	1
1644	강원 평창군	과수생력화작업기지원	36,500	8	4	7	8	7	1	1	1
1645	강원 평창군	꿀벌육성지원(꿀벌육성기자재)	30,000	8	7	7	8	7	1	1	1
1646	강원 평창군	고랭지천마시범재배지원	28,000	8	4	7	8	7	5	5	4
1647	강원 평창군	이장행정정보화지원	24,000	8	4	7	8	7	5	5	4
1648	강원 평창군	친환경생력화장비지원	21,600	8	7	7	8	7	1	1	1
1649	강원 평창군	사과경쟁력강화지원	21,000	8	4	7	8	7	1	1	1
1650	강원 평창군	농업용드론보조지원	20,000	8	6	7	8	7	5	5	4
1651	강원 평창군	소규모체리시범재배지원	15,400	8	4	7	8	7	5	5	4
1652	강원 평창군	농업인단체활성화지원사업	15,000	8	4	1	1	1	1	1	1
1653	강원 평창군	주택침수방지지원	10,000	8	4	7	8	7	5	5	4
1654	강원 평창군	의용소방대구조활동장비지원	5,000	8	4	7	8	7	5	5	4
1655	강원 정선군	산지저온시설지원	233,000	8	6	7	8	7	1	1	1
1656	강원 정선군	공동주택관리비용지원	160,000	8	1	7	8	7	5	5	4
1657	강원 정선군	도시가스공급관설치비지원	100,000	8	6	5	7	7	3	2	3
1658	강원 정선군	마을사업	100,000	8	7	3	1	1	1	1	1
1659	강원 정선군	가축분뇨개별처리시설(퇴비사)지원	100,000	8	6	7	8	7	1	1	1
1660	강원 정선군	양봉농가기자재비지원	90,000	8	6	7	8	7	1	1	1
1661	강원 정선군	축사개·보수비지원	80,000	8	6	7	8	7	1	1	1
1662	강원 정선군	귀농인영농기반조성및주택수리비(귀농인정착지원)	70,000	8	1	7	8	7	5	5	4
1663	강원 정선군	쌀전업농농기계지원	70,000	8	4	7	8	7	5	5	4
1664	강원 정선군	축산농가자동화시설지원	70,000	8	6	7	8	7	1	1	1
1665	강원 정선군	친환경쌀생산시설개선사업	69,150	8	4	7	8	7	5	5	4
1666	강원 정선군	원예용소형관정지원	60,000	8	1	7	8	7	1	1	1
1667	강원 정선군	농산물수집상자지원	60,000	8	6	7	8	7	1	1	1
1668	강원 정선군	친환경인증농가농자재지원	50,000	8	4	7	8	7	5	5	4
1669	강원 정선군	친환경축사신축지원	50,000	8	6	7	8	7	1	1	1
1670	강원 정선군	농촌빈집정비	50,000	8	1	7	8	7	1	1	3
1671	강원 정선군	중,소형농기계지원	47,000	8	1	7	8	7	1	1	1
1672	강원 정선군	다목적농산물건조기지원	44,000	8	1	7	8	7	1	1	1
1673	강원 정선군	증산어린이집시설보수(방수)	30,000	8	4	7	8	7	1	1	1
1674	강원 정선군	토종벌구입지원	30,000	8	6	7	8	7	1	1	1
1675	강원 정선군	영농4H경영개선지원	30,000	8	1	7	8	7	5	5	4
1676	강원 정선군	농업용동력운반차지원	20,000	8	1	7	8	7	1	1	1
1677	강원 정선군	양봉사료지원	20,000	8	6	7	8	7	1	1	1

순번	시군구	지출명 (사업명)	2024년예산 (단위:천원/1년간)	민간이전 분류	민간이전지출 근거	입찰방식			운영예산 산정		성과평가 실시여부
						계약체결방법 (경쟁형태)	계약기간	낙찰자선정방법	운영예산 산정	정산방법	
1678	강원 정선군	용기구입비지원	5,000	8	6	7	8	7	1	1	1
1679	강원 정선군	액화산소구입	4,500	8	6	7	8	7	1	1	1
1680	강원 정선군	주택개선지원	3,000	8	8	7	8	7	5	5	4
1681	강원 화천군	공동주택지원사업	300,000	8	4	7	8	7	1	1	2
1682	강원 화천군	임산물명품화지원사업(군)	250,000	8	1,4	7	8	7	5	5	1
1683	강원 화천군	경로당환경개선사업	160,000	8	1	7	8	7	1	1	1
1684	강원 화천군	고수익임산물생산지원	100,000	8	1,4	7	8	7	5	5	1
1685	강원 화천군	양계농가수분조절제지원	80,000	8	5	7	8	7	5	5	4
1686	강원 화천군	축산환경(양돈)수분조절제지원	63,000	8	5	7	8	7	5	5	4
1687	강원 화천군	한우농가헬퍼지원	49,000	8	5	7	8	7	5	5	4
1688	강원 화천군	동물복지형친환경우사지원	46,200	8	5	7	8	7	5	5	4
1689	강원 화천군	어린이집기능보강	35,000	8	6	7	8	7	1	1	1
1690	강원 양구군	주민편의시설개선지원	1,500,000	8	4	7	8	7	1	1	1
1691	강원 양구군	비닐하우스현대화사업	816,000	8	7	7	8	7	5	5	4
1692	강원 양구군	이상기후대비환경조절시스템구축	300,000	8	7	7	8	7	5	5	4
1693	강원 양구군	호국정신함양보훈단체지원	277,000	8	4	7	8	7	1	1	3
1694	강원 양구군	농특산물포장재지원사업	250,000	8	6	7	8	7	5	1	1
1695	강원 양구군	곰취농가육성지원	205,000	8	4	7	8	7	1	1	1
1696	강원 양구군	소상공인예비창업지원	200,000	8	4	7	8	7	5	5	4
1697	강원 양구군	자동화시설하우스노후비닐교체지원사업	200,000	8	7	7	8	7	5	5	4
1698	강원 양구군	한우농가경영안정지원사업	168,000	8	1	7	8	7	5	1	1
1699	강원 양구군	귀농인정착지원	160,000	8	4	7	8	7	5	5	3
1700	강원 양구군	소상공인시설개선(리모델링)지원	100,000	8	4	7	8	7	5	5	4
1701	강원 양구군	산림농업육성및지원사업	100,000	8	4	7	8	7	1	1	1
1702	강원 양구군	청년농업인농업생산시설지원	100,000	8	4	7	8	7	5	5	3
1703	강원 양구군	기술보급지원	100,000	8	7	7	8	7	5	5	4
1704	강원 양구군	새소득작목시범재배사업	100,000	8	7	7	8	7	5	5	4
1705	강원 양구군	친환경인증농산물포장재지원사업(군비)	71,000	8	7	7	8	7	5	5	4
1706	강원 양구군	친환경농가발효퇴비생산자재(수피)지원사업	70,000	8	7	7	8	7	5	5	4
1707	강원 양구군	친환경우렁이농법지원사업	63,000	8	7	7	8	7	5	5	4
1708	강원 양구군	고품질양구사과육성지원	63,000	8	7	7	8	7	5	5	4
1709	강원 양구군	경로당운영활성화추진	50,000	8	6	7	1	7	1	1	1
1710	강원 양구군	어린이집통학차량교체지원사업	50,000	8	7	7	8	7	1	1	1
1711	강원 양구군	과수안전생산관리지원	50,000	8	7	7	8	7	5	5	4
1712	강원 양구군	공동주택유지관리지원사업(3개단지)	48,000	8	4	7	8	7	1	1	1
1713	강원 양구군	간판설치비지원사업	48,000	8	7	7	8	7	1	1	1
1714	강원 양구군	가축재해예방지원	48,000	8	7	7	8	7	1	1	1
1715	강원 양구군	꿀벌사육농가경영안정지원사업	45,000	8	1	7	8	7	1	1	1
1716	강원 양구군	시설하우스연작장해해소토양개선시범	35,000	8	7	7	8	7	5	5	4
1717	강원 양구군	자율방범대노후차량교체	33,000	8	1,4	7	8	7	1	1	1

순번	시군구	지출명 (사업명)	2024년예산 (단위: 천원/1년간)	민간이전 분류 (지방자치단체 세출예산 집행기준에 의거)	민간이전지출 근거 (지방보조금 관리기준 참고)	입찰방식			운영예산 산정		성과평가 실시여부
						계약체결방법 (경쟁형태)	계약기간	낙찰자선정방법	운영예산 산정	정산방법	
1718	강원 양구군	민간개방화장실시설개선지원사업	33,000	8	1	7	8	7	5	5	4
1719	강원 양구군	댐및발전소주변지역지원사업	30,000	8	4	7	8	7	1	1	3
1720	강원 양구군	원예작물소형건조기지원	30,000	8	7	7	8	7	5	5	4
1721	강원 양구군	농산물가공제품포장재지원	30,000	8	5,6	7	8	7	5	5	4
1722	강원 양구군	시설하우스연작장해소토양개선시범	25,000	8	7	7	8	7	5	5	4
1723	강원 양구군	어린이집기능보강비지원	20,000	8	7	7	8	7	1	1	1
1724	강원 양구군	1인자영업자키오스크설치	20,000	8	4	7	8	7	5	5	4
1725	강원 양구군	청정양구쌀포장재지원사업	20,000	8	7	7	8	7	5	5	4
1726	강원 양구군	음식물감량기설치보조금지원	15,000	8	4	7	8	7	5	5	4
1727	강원 양구군	대형농기계급유탱크구입지원(자체)	15,000	8	7	7	8	7	5	5	4
1728	강원 양구군	호국정신함양국가유공자지원	10,000	8	4	7	8	7	1	1	3
1729	강원 양구군	농촌사회관리지원	10,000	8	1	7	8	7	5	5	4
1730	강원 양구군	나라사랑보금자리사업	5,000	8	4	7	8	7	1	1	3
1731	강원 양구군	노인요양시설확충(장비보강)사업	4,000	8	1	7	8	7	1	1	4
1732	강원 인제군	문화재보존정비	2,000,000	8	5	7	8	7	5	5	4
1733	강원 인제군	친환경톱밥발효축사지원	1,000,000	8	1	7	8	7	1	1	4
1734	강원 인제군	축산종합유통센터신축지원	600,000	8	1	7	8	7	1	1	4
1735	강원 인제군	개인하수처리시설설치지원	315,250	8	8	7	8	7	5	5	4
1736	강원 인제군	인제군한우출하수송차량지원	180,000	8	1	7	8	7	1	1	4
1737	강원 인제군	축산농가축사시설개선	134,000	8	1	7	8	7	1	1	4
1738	강원 인제군	가축분뇨퇴비화시설지원	128,000	8	1	7	8	7	1	1	4
1739	강원 인제군	인공수정용액화질소충전소설치	120,000	8	1	7	8	7	1	1	4
1740	강원 인제군	생태체험마을육성[자체]	105,000	8	8	7	8	7	5	5	4
1741	강원 인제군	인제형청년농업인농업기반구축지원	96,000	8	4	7	8	7	1	1	1
1742	강원 인제군	유해조수퇴치시설지원	90,000	8	1	7	8	7	1	1	4
1743	강원 인제군	축산악취저감장치	90,000	8	1	7	8	7	1	1	4
1744	강원 인제군	강원한우포장재및광고지원	80,000	8	1	7	8	7	1	1	4
1745	강원 인제군	개인하수처리시설개선지원	71,000	8	8	7	8	7	5	5	4
1746	강원 인제군	한우자동제한급여시스템지원	60,000	8	1	7	8	7	1	1	4
1747	강원 인제군	농산물저온저장고지원	58,750	8	4	7	8	7	5	5	4
1748	강원 인제군	어업용소요자재반값지원	54,000	8	4	7	8	7	5	5	4
1749	강원 인제군	부선식어구보관장시설지원	42,000	8	4	7	8	7	5	5	4
1750	강원 인제군	웰컴투인제군추진협의회관광안내도제작지원	40,000	8	1	7	8	7	1	1	1
1751	강원 인제군	아름다운화장실가꾸기[자체]	40,000	8	1	7	8	7	1	1	4
1752	강원 인제군	토종벌종보전지원	33,000	8	1	7	8	7	1	1	4
1753	강원 인제군	농산물물류가공시설보완	24,250	8	4	7	8	7	5	5	4
1754	강원 인제군	로컬푸드활성화지원	22,000	8	4	7	8	7	5	5	4
1755	강원 인제군	노후선외기대체지원	21,000	8	4	7	8	7	5	5	4
1756	강원 인제군	농산물가공상품유통활성화지원	18,000	8	4	7	8	7	5	5	4
1757	강원 인제군	조사료베일러집게지원	18,000	8	1	7	8	7	1	1	4

순번	시군구	지출명 (사업명)	2024년예산 (단위 : 천원 /1년간)	민간이전 분류 (지방자치단체 세출예산 집행기준에 의거) 1. 민간경상사업보조(307-02) 2. 민간단체 법정운영비보조(307-03) 3. 민간행사사업보조(307-04) 4. 민간위탁금(307-05) 5. 사회복지시설 법정운영비보조(307-10) 6. 민간위탁교육비(307-12) 7. 민간인위탁사업비,자체재원(308-13) 8. 민간자본사업보조,자체재원(402-01) 9. 민간자본사업보조,이전재원(402-02) 10. 민간위탁사업비(402-03) 11. 공기관등에 대한 자본적 위탁사업비(403-02)	민간이전지출 근거 (지방보조금 관리기준 참고) 1. 법률에 규정 2. 국고보조 재원(국가지정) 3. 용도 지정 기부금 4. 조례에 직접규정 5. 지자체가 권장하는 사업 6. 시,도 정책 및 재정사정 7. 기타 8. 해당없음	입찰방식			운영예산 산정		성과평가 실시여부 1. 실시 2. 미실시 3. 향후 추진 4. 해당없음
						계약체결방법 (경쟁형태) 1. 일반경쟁 2. 제한경쟁 3. 지명경쟁 4. 수의계약 5. 법정위탁 6. 기타 ( ) 7. 없음	계약기간 1. 1년 2. 2년 3. 3년 4. 4년 5. 5년 6. 기타 ( )년 7. 단기계약 (1년미만) 8. 없음	낙찰자선정방법 1. 적격심사 2. 협상에의한계약 3. 최저가낙찰제 4. 규격가격분리 5. 2단계 경쟁입찰 6. 기타 ( ) 7. 없음	운영예산 산정 1. 내부산정 (지자체 자체적으로 산정) 2. 외부산정 (외부전문기관위탁 산정) 3. 내·외부 모두 산정 4. 산정 無 5. 없음	정산방법 1. 내부정산 (지자체 내부적으로 정산) 2. 외부정산 (외부전문기관위탁 정산) 3. 내·외부 모두 정산 4. 정산 無 5. 없음	
1758	강원 인제군	내수면노후어선건조비지원	14,700	8	4	7	8	7	5	5	4
1759	강원 인제군	작은도서관운영비지원사업	9,000	8	8	7	8	7	1	1	4
1760	강원 고성군	유휴지조사료생산장비지원사업	180,000	8	4	1	1	3	5	1	3
1761	강원 고성군	축산선진화육성	135,000	8	1,4	7	8	7	1	1	4
1762	강원 고성군	과수지역적응시범사업	113,400	8	4	7	8	7	5	5	4
1763	강원 고성군	과수생력화장비지원	105,000	8	4	7	8	7	5	5	4
1764	강원 고성군	부존자원활용조사료자급률확대	85,000	8	4	7	8	7	5	1	3
1765	강원 고성군	축산업재난재해대책	80,000	8	1,4	7	8	7	1	1	4
1766	강원 고성군	액체질소충전시설설치지원사업	50,000	8	1,4	7	8	7	1	1	4
1767	강원 고성군	신속한가축분뇨자원화	40,000	8	4	7	8	7	5	1	3
1768	강원 고성군	시설화훼절화생산시범사업	28,000	8	4	7	8	7	5	5	4
1769	강원 고성군	깨끗한축산농장조성	25,000	8	4	7	8	7	5	1	3
1770	강원 고성군	조사료자급체계활성화	22,500	8	4	7	8	7	5	1	3
1771	강원 고성군	꿀벌농가경영안정화	15,000	8	1,4	7	8	7	1	1	4
1772	강원 고성군	고품질쌀생산을위한측조시비지원사업	12,500	8	4	7	8	7	5	5	4
1773	강원 고성군	농산물다목적건조기지원	7,500	8	4	7	8	7	5	5	4
1774	강원 고성군	고품질쌀생산을위한볍씨발아기지원사업	6,500	8	4	7	8	7	5	5	4
1775	충북 청주시	노후공동주택지원사업	1,700,000	8	1	1,4	7	1,3	1	1	1
1776	충북 청주시	시설하우스필름교체지원	800,000	8	4	7	8	7	1	1	1
1777	충북 청주시	시설하우스환경개선지원	773,500	8	4	7	8	7	1	1	1
1778	충북 청주시	시설하우스신규설치지원	589,500	8	4	7	8	7	1	1	1
1779	충북 청주시	농특산물생산및유통활성화지원	560,000	8	4	7	8	7	5	5	4
1780	충북 청주시	맞춤형영농기계화장비지원	400,000	8	1	7	8	7	5	1	4
1781	충북 청주시	농업기반조성청주시농협공동협력사업	340,000	8	7	7	8	7	5	5	4
1782	충북 청주시	소규모공동주택지원사업	200,000	8	4	7	7	7	1	1	1
1783	충북 청주시	농업용드론지원	189,000	8	1	2	7	3	5	1	4
1784	충북 청주시	청주종합사회복지관기능보강공사	181,180	8	1	7	8	7	1	1	1
1785	충북 청주시	시설하우스난방보급지원	129,000	8	4	7	8	7	1	1	1
1786	충북 청주시	작은도서관도서및서가지원	86,800	8	4	7	8	7	1	1	1
1787	충북 청주시	로컬푸드산지조직육성사업	72,000	8	4	1	8	7	1	1	3
1788	충북 청주시	임산물생산지원	70,000	8	1,2	7	8	7	5	5	4
1789	충북 청주시	옥산면소로1리경로당신축지원보조금	70,000	8	4	7	8	7	5	5	4
1790	충북 청주시	민간소유경로당개보수	61,000	8	4	7	8	7	5	5	4
1791	충북 청주시	자활사업단기능보강	60,000	8	4	7	8	7	1	1	4
1792	충북 청주시	어린이집개보수사업(자체)	60,000	8	6	7	8	7	1	1	1
1793	충북 청주시	자활사업단기계설비구입지원	40,000	8	4	7	8	7	1	1	4
1794	충북 청주시	녹색건축물조성지원사업	36,000	8	4	7	7	7	1	1	1
1795	충북 청주시	청용3리마을정비	29,582	8	1	1	2	1	1	1	2
1796	충북 청주시	열린도서관도서구입	28,800	8	4	7	6	7	1	1	1
1797	충북 청주시	청용2리농기계구입지원	28,000	8	1	1	2	1	1	1	2

연번	분류	지표명	2024년이내 (점/단위)	계량지표 근거	계량지표 척도(다기준척도 근거)	계량지표 적용	가산점수	부가점수	종합점수	배점
		(지표명)		1. 관련지표 관련 기초조사(307-02) 2. 관련지표 관련 심층조사(307-03) 3. 교통 및 교통시설 조사(307-04) 4. 시설물 및 안전점검(307-05) 5. 주거복지시설 실태조사(307-10) 6. 인구사회학조사(307-12) 7. 지역경제 및 산업조사(308-13) 8. 환경오염 및 기후변화(402-01) 9. 안전관리실태조사(402-02) 10. 재난안전조사(402-03) 11. 공공행정에 대한 기초조사(403-02)		1. 배점 2. 만점 (점수척도) 3. 가점 4. 주기기준 5. 검토 6. 기타() 7. 없음 8. 없음	1. 배점 2. 만점 3. 가중치 4. 추가기준 5. 검토 6. 기타() 7. 없음	1. 배점 2. 만점(수준) 3. 가중치 4. 가중치평가(실측지표 포함) 5. 검토 6. 기타 7. 없음	1. 배점 2. 만점(수준) 3. 가중치 4. 가중치평가(실측지표 포함) 5. 검토 6. 기타 7. 없음	1. 배점 2. 만점 3. 평가점수 수정 4. 결정점
1798	종합 참여시	참여가치관기초기반	28,000	8	1	2	1	1	1	2
1799	종합 참여시	장애보건동시기본방(지표, 당시정성평가)	20,000	8	5	7	8	5	5	4
1800	종합 참여시	요규제외정보통신자치기자치관서	17,090	8	1	1	2	1	1	2
1801	종합 참여시	기초급여공원방향(기본방향)개선	12,000	8	4	6	8	7	3	1	1
1802	종합 참여시	참여관리자치기자치자치공장	10,000	8	4	7	8	7	5	5	4
1803	종합 참여시	강민참여자치기자치기관장	9,999	8	4	7	8	7	5	5	4
1804	종합 참여시	장민참여자치공공공간참여기관	8,591	8	4	7	8	7	5	5	4
1805	종합 참여시	기초급여직접이기자치공장,자치장기관단체	8,195	8	4	7	8	7	5	5	4
1806	종합 참여시	공공자치공원	7,252	8	4	7	8	7	5	5	4
1807	종합 참여시	장민폐기울장용자치기관	6,555	8	4	7	8	7	5	5	4
1808	종합 참여시	장민자공공자치기자치참여기간수	6,580	8	4	7	8	7	5	5	4
1809	종합 참여시	장민기자치공공자치기자치참여기간수,공공,공공기	6,226	8	4	7	8	7	5	5	4
1810	종합 참여시	공공참여자치기기관	5,368	8	4	7	8	7	5	5	4
1811	종합 참여시	가공공자치참여자치참여시각기수	4,400	8	4	7	8	7	5	5	4
1812	종합 참여시	참여자공공자치기관	2,629	8	4	7	8	7	5	5	4
1813	종합 참여시	참여자공공자치기관	2,178	8	4	7	8	7	5	5	4
1814	종합 참여시	참여시기관참여자기공공공공,공공	1,700	8	1	7	8	7	5	1	1
1815	종합 참여시	참여자공공자기기기자치참여기자치공자이이	1,500	8	4	7	8	7	5	5	4
1816	종합 참여시	참여자공공공공자치기자치기자치자공자자이	1,500	8	4	7	8	7	5	5	4
1817	종합 참여시	참여자공공자치자자자자이이	1,500	8	4	7	8	7	5	5	4
1818	종합 참여시	참여시자공공자치이이자치자자공공공공공	1,500	8	4	7	8	7	5	5	4
1819	종합 참여시	참여시자공공자치자공공공자	1,500	8	4	7	8	7	5	5	4
1820	종합 참여시	자자자치자이자공자이이이이	1,500	8	4	7	8	7	5	5	4
1821	종합 참여시	자자자기자이자공공자치자자이이자	1,500	8	4	7	8	7	5	5	4
1822	종합 참여시	자자자자자기기자치자공자공자공공자공자자	1,500	8	4	7	8	7	5	5	4
1823	종합 참여시	자자자기자자자이이자	1,500	8	4	7	8	7	5	5	4
1824	종합 참여시	자자자자기자이이자	1,500	8	4	7	8	7	5	5	4
1825	종합 참여시	가공공자치자기자자이자자이공자공자자	1,500	8	4	7	8	7	5	5	4
1826	종합 참여시	가공공자자자자자기기자이자자자이이자	1,500	8	4	7	8	7	5	5	4
1827	종합 참여시	가공공자자자기자자자이자이자	1,500	8	4	7	8	7	5	5	4
1828	종합 참여시	가공공자자자자자기자이자이자	1,500	8	4	7	8	7	5	5	4
1829	종합 참여시	장자자자치자기자자이자이자	1,500	8	4	7	8	7	5	5	4
1830	종합 참여시	장자자자기자자이자이자	1,500	8	4	7	8	7	5	5	4
1831	종합 참여시	장자자자기자자자이자	1,500	8	4	7	8	7	5	5	4
1832	종합 참여시	자자자자자기자자공자	1,500	8	4	7	8	7	5	5	4
1833	종합 참여시	장자자자자이이자자기자자자자자공자공자	1,500	8	4	7	8	7	5	5	4
1834	종합 참여시	장자자자자자이이이자기자자자자자자자자자자	1,500	8	4	7	8	7	5	5	4
1835	종합 참여시	자자자자자자자이이기자공공자자자자자자기자TV	1,200	8	4	7	8	7	5	5	4
1836	종합 참여시	TV자자자자자자자이이자이이자자자이자자자자자	1,200	8	4	7	8	7	5	5	4
1837	종합 참여시	장자자자자자자기자자자자자자	1,000	8	4	7	8	7	5	5	4

순번	시군구	지출명 (사업명)	2024년예산 (단위 : 천원 /1년간)	민간이전 분류 (지방자치단체 세출예산 집행기준에 의거) 1. 민간경상사업보조(307-02) 2. 민간단체 법정운영비보조(307-03) 3. 민간행사사업보조(307-04) 4. 민간위탁금(307-05) 5. 사회복지시설 법정운영비보조(307-10) 6. 민간위탁교육비(307-12) 7. 공기관등에대한경상적위탁사업비(308-13) 8. 민간자본사업보조,자체재원(402-01) 9. 민간자본사업보조,이전재원(402-02) 10. 민간위탁사업비(402-03) 11. 공기관등에 대한 자본적 위탁사업비(403-02)	민간이전지출 근거 (지방보조금 관리기준 참고) 1. 법률에 규정 2. 국고보조 재원(국가지정) 3. 용도 지정 기부금 4. 조례에 직접규정 5. 지자체가 권장하는 사업 6. 시,도 정책 및 재정사정 7. 기타 8. 해당없음	입찰방식 계약체결방법 (경쟁형태) 1. 일반경쟁 2. 제한경쟁 3. 지명경쟁 4. 수의계약 5. 법정위탁 6. 기타 ( ) 7. 없음	계약기간 1. 1년 2. 2년 3. 3년 4. 4년 5. 5년 6. 기타 ( )년 7. 단가계약 (1년미만) 8. 없음	낙찰자선정방법 1. 적격심사 2. 협상에의한계약 3. 최저가낙찰제 4. 규격가격분리 5. 2단계 경쟁입찰 6. 기타 ( ) 7. 없음	운영예산 산정 1. 내부산정 (지자체 자체적으로 산정) 2. 외부산정 (외부전문기관위탁 산정) 3. 내·외부 모두 산정 4. 산정 無 5. 없음	정산방법 1. 내부정산 (지자체 내부적으로 정산) 2. 외부정산 (외부전문기관위탁 정산) 3. 내·외부 모두 정산 4. 정산 無 5. 없음	성과평가 실시여부 1. 실시 2. 미실시 3. 향후 추진 4. 해당없음
1838	충북 청주시	운천신봉동산정경로당김치냉장고	1,000	8	4	7	8	7	5	5	4
1839	충북 청주시	복대1동하복대현대2차아파트경로당김치냉장고	1,000	8	4	7	8	7	5	5	4
1840	충북 청주시	복대1동하복대벽산아파트경로당김치냉장고	1,000	8	4	7	8	7	5	5	4
1841	충북 청주시	봉명2송동봉명세원아파트경로당김치냉장고	1,000	8	4	7	8	7	5	5	4
1842	충북 청주시	강서1동비하34통화장실타일공사	878	8	4	7	8	7	5	5	4
1843	충북 청주시	오송읍평1리방충망교체	700	8	4	7	8	7	5	5	4
1844	충북 청주시	오송읍공북1리출입구유리교체	500	8	4	7	8	7	5	5	4
1845	충북 청주시	운천신봉동형석아파트경로당가스레인지	300	8	4	7	8	7	5	5	4
1846	충북 청주시	복대1동복대주은아파트경로당전기밥솥	300	8	4	7	8	7	5	5	4
1847	충북 청주시	복대1동하복대현대1차아파트경로당전기밥솥	300	8	4	7	8	7	5	5	4
1848	충북 청주시	복대1동복대두진하트리움아파트경로당전기밥솥	300	8	4	7	8	7	5	5	4
1849	충북 청주시	복대1동대원A장미경로당전기밥솥	300	8	4	7	8	7	5	5	4
1850	충북 청주시	복대1동죽천경로당전기밥솥	300	8	4	7	8	7	5	5	4
1851	충북 청주시	가경동한라비발디아파트경로당가스레인지	300	8	4	7	8	7	5	5	4
1852	충북 청주시	강서1동서촌2구경로당전기밥솥	300	8	4	7	8	7	5	5	4
1853	충북 청주시	강서2동신규예정테크노폴리스우미린아파트전기밥솥	300	8	4	7	8	7	5	5	4
1854	충북 청주시	강서2동신규예정테크노폴리스지웰아파트전기밥솥	300	8	4	7	8	7	5	5	4
1855	충북 충주시	권역별농협지자체협력사업	2,000,000	8	1	7	8	7	5	5	4
1856	충북 충주시	경로당시설환경개선	1,411,000	8	1,4	7	8	7	5	5	4
1857	충북 충주시	공공주택부대복지시설지원	1,000,000	8	4	7	8	7	1	1	4
1858	충북 충주시	모빌리티전장부품기능안전기반구축	770,000	8	2	7	8	7	3	2	4
1859	충북 충주시	소상공인점포환경개선사업	439,000	8	4	7	8	7	1	1	4
1860	충북 충주시	악취저감용수분조절제지원	300,000	8	4	7	8	7	5	5	4
1861	충북 충주시	권역별농협해충방제용드론지원	240,000	8	1	7	8	7	5	5	4
1862	충북 충주시	과수화상병대체작목육성지원	120,000	8	1	7	8	7	5	5	4
1863	충북 충주시	가축분뇨악취감지원	120,000	8	4	7	8	7	5	5	4
1864	충북 충주시	시설원예지열활용순환형난방시설구축시범	100,000	8	1	7	8	7	5	5	4
1865	충북 충주시	유망화훼재배농가육성시범	100,000	8	1	7	8	7	5	5	4
1866	충북 충주시	복숭아유망품종전환시범	100,000	8	1	7	8	7	5	5	4
1867	충북 충주시	장애인주간보호시설차량지원	88,440	8	6	7	8	7	5	5	4
1868	충북 충주시	고밀식과원조성시범	80,000	8	1	7	8	7	5	5	4
1869	충북 충주시	양봉설탕사료지원	65,250	8	4	7	8	7	5	5	4
1870	충북 충주시	귀농인영농정착지원	65,000	8	1	7	8	7	5	5	4
1871	충북 충주시	가축분뇨고액분리기지원	64,000	8	4	7	8	7	5	5	4
1872	충북 충주시	벼육묘생산비절감기술보급시범	60,000	8	1	7	8	7	5	5	4
1873	충북 충주시	스마트육묘장표준화시범	60,000	8	1	7	8	7	5	5	4
1874	충북 충주시	과수묘목생산시범	60,000	8	1	7	8	7	5	5	4
1875	충북 충주시	핵과류이상기상대응과원조성시범	60,000	8	1	7	8	7	5	5	4
1876	충북 충주시	양돈악취환경개선지원	60,000	8	4	7	8	7	5	5	4
1877	충북 충주시	자연재해축산시설지원	50,000	8	1	7	8	7	1	1	1

순번	시군구	지출명 (사업명)	2024년예산 (단위 : 천원 /1년간)	민간이전 분류 (지방자치단체 세출예산 집행기준에 의거) 1. 민간경상사업보조(307-02) 2. 민간단체 법정운영비보조(307-03) 3. 민간행사사업보조(307-04) 4. 민간위탁금(307-05) 5. 사회복지시설 법정운영비보조(307-10) 6. 민간인위탁교육비(307-12) 7. 공기관등에대한경상적위탁사업비(308-13) 8. 민간자본사업보조,자체재원(402-01) 9. 민간자본사업보조,이전재원(402-02) 10. 민간위탁사업비(402-03) 11. 공기관에 대한 자본적 위탁사업비(403-02)	민간이전지출 근거 (지방보조금 관리기준 참고) 1. 법률에 규정 2. 국고보조 재원(국가지정) 3. 용도 지정 기부금 4. 조례에 직접규정 5. 지자체가 권장하는 사업을 하는 공공기관 6. 시,도 정책 및 재정사정 7. 기타 8. 해당없음	입찰방식			운영예산 산정		성과평가 실시여부 1. 실시 2. 미실시 3. 향후 추진 4. 해당없음
						계약체결방법 (경쟁형태) 1. 일반경쟁 2. 제한경쟁 3. 지명경쟁 4. 수의계약 5. 법정위탁 6. 기타 ( ) 7. 없음	계약기간 1. 1년 2. 2년 3. 3년 4. 4년 5. 5년 6. 기타 ( )년 7. 단기계약 (1년미만) 8. 없음	낙찰자선정방법 1. 적격심사 2. 협상에의한계약 3. 최저가낙찰제 4. 규격가격분리 5. 2단계 경쟁입찰 6. 기타 ( ) 7. 없음	운영예산 산정 1. 내부산정 (지자체 자체적으로 산정) 2. 외부산정 (외부전문기관위탁 산정) 3. 내·외부 모두 산정 4. 산정 無	정산방법 1. 내부정산 (지자체 내부적으로 정산) 2. 외부정산 (외부전문기관위탁 정산) 3. 내·외부 모두 산정 4. 정산 無 5. 없음	
1878	충북 충주시	빈집정비사업	50,000	8	4	7	8	7	1	1	3
1879	충북 충주시	핵과류과원수형개선시범	45,000	8	1	7	8	7	5	5	4
1880	충북 충주시	양봉벌집지원	44,000	8	4	7	8	7	5	5	4
1881	충북 충주시	청년농업인영농조기정착활력화시범	42,000	8	4	7	8	7	5	5	4
1882	충북 충주시	인명구조장비구입지원(해병전우회)	40,777	8	4	4	1	1	1	1	1
1883	충북 충주시	고품질밭작물특화단지조성시범	40,000	8	1	7	8	7	5	5	4
1884	충북 충주시	콩국내육성우수품종단지조성시범	40,000	8	1	7	8	7	5	5	4
1885	충북 충주시	충북에서살아보기	38,400	8	1	7	8	7	5	5	4
1886	충북 충주시	폭염스트레스개선지원	35,000	8	1	7	8	7	1	1	4
1887	충북 충주시	수어통역센터차량지원	31,390	8	6	7	8	7	5	5	4
1888	충북 충주시	벼국내육성신품종확산기술보급시범	30,000	8	1	7	8	7	5	5	4
1889	충북 충주시	모돈갱신지원	30,000	8	1	7	8	7	1	1	1
1890	충북 충주시	한우사료첨가제지원	30,000	8	6	7	8	7	5	5	4
1891	충북 충주시	조사료사일리지생산장비지원	30,000	8	4	7	8	7	5	5	4
1892	충북 충주시	내집주차장확보지원	30,000	8	4	7	8	7	5	5	4
1893	충북 충주시	침수방지시설설치지원	28,000	8	4	7	8	7	5	5	4
1894	충북 충주시	공이자율방범대순찰차량	25,000	8	4	4	1	7	1	1	3
1895	충북 충주시	동량운교1마을회관건강관리실조성	22,000	8	7	4	1	7	1	1	3
1896	충북 충주시	통합방위협의회군부대위문	20,000	8	4	4	1	7	1	1	1
1897	충북 충주시	장애인체육장비	20,000	8	1	7	8	7	1	1	4
1898	충북 충주시	양돈약취저감미생물배지지원	20,000	8	1	7	8	7	5	5	4
1899	충북 충주시	지역농산물활용음식상품화시범	20,000	8	1	7	8	7	5	5	4
1900	충북 충주시	내수면양식장사료구입비지원	18,000	8	1	7	8	7	5	5	4
1901	충북 충주시	충주오메가한우포장재지원	15,500	8	4	7	8	7	5	5	4
1902	충북 충주시	마을기업육성	10,500	8	2	7	8	7	5	1	1
1903	충북 충주시	생활체육활성화비품지원	10,000	8	1	7	8	7	1	1	1
1904	충북 충주시	식용곤충사육활성화	10,000	8	1	7	8	7	1	1	1
1905	충북 충주시	영농4H소득증진실증시범	10,000	8	1	7	8	7	5	5	4
1906	충북 충주시	새소득새기술실증시범지원	9,000	8	1	7	8	7	5	5	4
1907	충북 충주시	영구임대아파트방역소독비지원	5,000	8	4	7	8	7	1	1	4
1908	충북 충주시	노인게이트볼장편의시설설치	5,000	8	1	7	8	7	5	5	4
1909	충북 충주시	민방위마을단위시범훈련장비지원	3,600	8	1	7	8	7	1	1	4
1910	충북 충주시	체육회사무실비품	2,900	8	1	7	8	7	1	1	1
1911	충북 충주시	보훈단체물품지원	660	8	4	7	8	7	1	1	4
1912	충북 충주시	시설원예하우스신축지원	1,000,000	8	1	7	8	7	1	1	4
1913	충북 충주시	과실품질향상자재지원	763,300	8	1	7	8	7	1	1	4
1914	충북 충주시	유기인증농가지원	590,000	8	4	7	8	7	5	5	4
1915	충북 충주시	수요응답형버스구입지원	373,750	8	6	7	8	7	5	5	4
1916	충북 충주시	벼육묘전용상토지원	330,000	8	4	7	8	7	5	5	4
1917	충북 충주시	시설하우스태양열토양소독지원	300,000	8	1	7	8	7	1	1	1

순번	시군구	지출명 (사업명)	2024년예산 (단위 : 천원 /1년간)	민간이전 분류 (지방자치단체 세출예산 집행기준에 의거) 1. 민간경상사업보조(307-02) 2. 민간단체 법정운영비보조(307-03) 3. 민간행사사업보조(307-04) 4. 민간위탁금(307-05) 5. 사회복지시설 법정운영보조(307-10) 6. 민간위탁교육비(307-12) 7. 공기관등에대한경상적위탁사업비(308-13) 8. 민간자본사업보조,자체재원(402-01) 9. 민간자본사업보조,이전재원(402-02) 10. 민간위탁사업비(402-03) 11. 공기관등에 대한 자본적 위탁사업비(403-02)	민간이전지출 근거 (지방보조금 관리기준 참고) 1. 법률에 규정 2. 국고조 재원(국가지정) 3. 용도 지정 기부금 4. 조례에 직접규정 5. 지자체가 권장하는 사업을 하는 공공기관 6. 시,도 정책 및 재정사정 7. 기타 8. 해당없음	입찰방식				운영예산 산정		성과평가 실시여부
						계약체결방법 (경쟁형태) 1. 일반경쟁 2. 제한경쟁 3. 지명경쟁 4. 수의계약 5. 법정위탁 6. 기타( ) 7. 없음	계약기간 1. 1년 2. 2년 3. 3년 4. 4년 5. 5년 6. 기타( )년 7. 단기계약 (1년미만) 8. 없음	낙찰자선정방법 1. 적격심사 2. 협상에의한계약 3. 최저가낙찰제 4. 규격가격분리 5. 2단계 경쟁입찰 6. 기타 ( ) 7. 없음	운영예산 산정 1. 내부산정 (지자체 자체적으로 산정) 2. 외부산정 (외부전문기관위탁 산정) 3. 내외부 모두 산정 4. 산정 無 5. 없음	정산방법 1. 내부정산 (지자체 내부적으로 정산) 2. 외부정산 (외부전문기관위탁 정산) 3. 내외부 모두 산정 4. 정산 無 5. 없음	1. 실시 2. 미실시 3. 향후 추진 4. 해당없음
1918	충북 충주시	임담배영농자재지원	300,000	8	1	7	8	7	1	1	1
1919	충북 충주시	신규과원묘목대지원	252,000	8	1	7	8	7	1	1	4
1920	충북 충주시	읍면동지역특화지원	189,510	8	1	7	8	7	1	1	1
1921	충북 충주시	종자(육묘상)처리제지원	170,500	8	4	7	8	7	5	5	4
1922	충북 충주시	인삼지주목및차광지지원	125,000	8	1	7	8	7	1	1	1
1923	충북 충주시	시설채소농가유기질비료지원	110,000	8	4	7	8	7	5	5	4
1924	충북 충주시	멀칭비닐지원	100,000	8	1	7	8	7	1	1	1
1925	충북 충주시	비규격시설하우스현대화지원	100,000	8	1	7	8	7	1	1	1
1926	충북 충주시	신규과원관정및관수시설지원	100,000	8	1	7	8	7	1	1	4
1927	충북 충주시	미생물발효퇴비제조용재료지원	92,400	8	4	7	8	7	5	5	4
1928	충북 충주시	초기제초제지원	82,000	8	4	7	8	7	5	5	4
1929	충북 충주시	차광막지원	70,000	8	1	7	8	7	1	1	1
1930	충북 충주시	시설하우스난방시설지원	51,000	8	1	7	8	7	1	1	1
1931	충북 충주시	양채류무사마귀병방제지원	50,000	8	1	7	8	7	1	1	1
1932	충북 충주시	무농약인증농가지원	49,700	8	4	7	8	7	5	5	4
1933	충북 충주시	과수농가영농장비지원	38,000	8	1	7	8	7	1	1	4
1934	충북 충주시	특용작물재배농가영농자재지원	30,000	8	1	7	8	7	1	1	1
1935	충북 충주시	고구마재배지원(산척)	30,000	8	4	7	8	7	5	5	4
1936	충북 충주시	찹쌀재배지원(노은)	22,800	8	4	7	8	7	5	5	4
1937	충북 충주시	찹쌀재배지원(금가)	21,096	8	4	7	8	7	5	5	4
1938	충북 충주시	콩재배지원(대소원)	20,510	8	4	7	8	7	5	5	4
1939	충북 충주시	찹쌀재배지원(동량)	19,000	8	4	7	8	7	5	5	4
1940	충북 충주시	동력살분무기지원	17,500	8	8	7	8	7	5	5	4
1941	충북 충주시	화상병매몰과원대체작목농기계지원	15,000	8	1	7	8	7	1	1	4
1942	충북 충주시	생분해멀칭비닐지원	14,000	8	1	7	8	7	1	1	4
1943	충북 충주시	공공비축미곡용톤백저울지원	12,000	8	4	7	8	7	5	5	4
1944	충북 충주시	모범운전자연합회사무실환경개선지원	10,000	8	4	7	8	7	5	5	4
1945	충북 충주시	친환경벼재배농가톤백지원	9,000	8	4	7	8	7	5	5	4
1946	충북 충주시	친환경쌀포장재지원	7,500	8	4	7	8	7	5	5	4
1947	충북 제천시	유기질비료지원(국비연계)	1,880,000	8	8	7	8	7	5	5	4
1948	충북 제천시	공동주택관리지원사업	1,000,000	8	8	7	8	7	5	5	4
1949	충북 제천시	가축분뇨수분조절제지원	450,000	8	8	7	8	7	5	5	4
1950	충북 제천시	단독주택도시가스공급사업	340,000	8	8	7	8	7	5	5	4
1951	충북 제천시	농특산물포장재지원	325,000	8	8	7	8	7	5	5	4
1952	충북 제천시	원예특작물재배농가멀칭필름지원	310,000	8	8	7	8	7	5	5	4
1953	충북 제천시	경로당증축및대수선(개보수)	300,000	8	8	7	8	7	5	5	4
1954	충북 제천시	친환경유기(무농약)인증단지지원	252,000	8	8	7	8	7	5	5	4
1955	충북 제천시	수산면전곡리마을회관신축	250,000	8	8	7	8	7	5	5	4
1956	충북 제천시	청풍면참실리마을회관신축	250,000	8	8	7	8	7	5	5	4
1957	충북 제천시	GAP우수약초생산지원	250,000	8	8	7	8	7	5	5	4

연번	기수	대회명 (종목)	2024년까지 (명) : 선발 / 기수	선정기준 (각 항목별 점수 기준) (사용자 선정 점수 기준) 1. 선발대회 참여자표창(307-02) 2. 선발대회 참여자표창(307-03) 3. 선발대회 참여자표창(307-04) 4. 선발대회 참여자표창(307-05) 5. 선발대회 참여자표창(307-10) 6. 선발대회 참여자표창(307-12) 7. 선발대회 참여자표창(308-13) 8. 선발대회 참여자표창(402-01) 9. 선발대회 참여자표창(402-02) 10. 선발대회 참여자표창(402-03) 11. 선발대회 참여자표창(403-02)	선정위원 (위원장 포함) 1. 위원장 2. 부위원장 3. 간사 4. 감사 5. 위원 6. 기타 ( ) 7. 기타	심사위원 1. 위원장 2. 부위원장 3. 간사 4. 감사 5. 위원 6. 기타 ( ) 7. 기타 8. 기타	대회참가자 1. 대표 2. 부대표 3. 감독 4. 수석코치 5. 코치 6. 기타 ( ) 7. 기타	총괄본부 운영위원 1. 위원장 2. 부위원장 3. 간사 4. 감사 5. 기타(행사본부, 운영본부, 집행위원 등)	조직위원 운영 1. 위원장 2. 부위원장 3. 기타 (★ 기타 참가자는 생략) 4. 기타 5. 위원	행사요원 1. 의전요원 2. 통역 3. 서무 진행요원 (★ 기타 참가자는 생략) 4. 기타 5. 기타
1958	종합 제1회	전국종합기능경기대회	250,000	8	7	8	7	5	5	4
1959	종합 제2회	전국종합기능경기대회 및 기능계	220,000	8	7	8	7	5	5	4
1960	종합 제3회	기능장려주간(SSG) 및 기능경기대회	200,000	8	7	8	7	5	5	4
1961	종합 제4회	배움중산자가장 및 종합기능경기대회	200,000	8	7	8	7	5	5	4
1962	종합 제5회	전국기능경기대회	200,000	8	7	8	7	5	5	4
1963	종합 제6회	대한공업주간경기	175,000	8	7	8	7	5	5	4
1964	종합 제7회	전국기능경기진흥주간	160,000	8	7	8	7	5	5	4
1965	종합 제8회	이달의 종합기능선수단기능대회	156,000	8	7	8	7	5	5	4
1966	종합 제9회	기능장려(종합기능)	150,000	8	7	8	7	5	5	4
1967	종합 제10회	전국기능종합대회(종합대회)	150,000	8	7	8	7	5	5	4
1968	종합 제11회	대한공업공예주간기능(종합대회)	150,000	8	7	8	7	5	5	4
1969	종합 제12회	기능공장기대회(종합대회)	150,000	8	7	8	7	5	5	4
1970	종합 제13회	새마을기능대회	140,000	8	7	8	7	5	5	4
1971	종합 제14회	종합기능경기및기능공장기대회	134,583	8	7	8	7	5	5	4
1972	종합 제15회	대한공업종합등기기능공장기대회	130,000	8	7	8	7	5	5	4
1973	종합 제16회	기능경기종합기능대회	127,000	8	7	8	7	5	5	4
1974	종합 제17회	기능경기공업진흥기능공업대회	125,000	8	7	8	7	5	5	4
1975	종합 제18회	이달종합기술대회	120,000	8	7	8	7	5	5	4
1976	종합 제19회	기능공장기이공장중군대회	105,000	8	7	8	7	5	5	4
1977	종합 제20회	대한공업종합공업공장기대회	100,800	8	7	8	7	5	5	4
1978	종합 제21회	기능원자(공업기기대회)(예비대회)	100,625	8	7	8	7	5	5	4
1979	종합 제22회	체육회종합기능대회	100,000	8	7	8	7	5	5	4
1980	종합 제23회	기능상공대회사	100,000	8	7	8	7	5	5	4
1981	종합 제24회	기능상공수출기능대회	100,000	8	7	8	7	5	5	4
1982	종합 제25회	기능이대공장종기원공장기대회	99,000	8	7	8	7	5	5	4
1983	종합 제26회	(경제비)	90,000	8	7	8	7	5	5	4
1984	종합 제27회	기능상공계속가승공장기대회	81,092	8	7	8	7	5	5	4
1985	종합 제28회	그공진자상승공공장기대회	80,000	8	7	8	7	5	5	4
1986	종합 제29회	기능상공공업강승공가공업공	77,000	8	7	8	7	5	5	4
1987	종합 제30회	기능경기공공이대회	75,000	8	7	8	7	5	5	4
1988	종합 제31회	기능경기공공공업기대회	70,000	8	7	8	7	5	5	4
1989	종합 제32회	기능상공공공성기공업대회	70,000	8	7	8	7	5	5	4
1990	종합 제33회	기능승공공기이이공업가승공기공장기대회	61,568	8	7	8	7	5	5	4
1991	종합 제34회	기능공공공기기이공업(경기대회)	60,000	8	7	8	7	5	5	4
1992	종합 제35회	경승공대공공공공자승공상기본공	60,000	8	7	8	7	5	5	4
1993	종합 제36회	이공공대공공공공자승공상기대회대회	60,000	8	7	8	7	5	5	4
1994	종합 제37회	공공공유공기이공공공가승공대회공	56,000	8	7	8	7	5	5	4
1995	종합 제38회	이공상기계공공공기공공승공공자공업공공	55,521	8	7	8	7	5	5	4
1996	종합 제39회	기능승공대공공기이공업고승공공기공장기대회	52,500	8	7	8	7	5	5	4
1997	종합 제40회	승공경이이공공공기업기공업	50,000	8	7	8	7	5	5	4

순번	시군구	지출명 (사업명)	2024년예산 (단위 : 천원 /1년간)	민간이전 분류 (지방자치단체 세출예산 집행기준에 의거) 1. 민간경상사업보조(307-02) 2. 민간단체 법정운영비보조(307-03) 3. 민간사회단체보조(307-04) 4. 민간위탁금(307-05) 5. 사회복지시설 법정운영비보조(307-10) 6. 민간위원회교육비(307-12) 7. 공기관등에대한경상적위탁사업비(308-13) 8. 민간자본사업보조,자체재원(402-01) 9. 민간자본사업보조,이전재원(402-02) 10. 민간위탁사업비(402-03) 11. 공기관등에 대한 자본적 위탁사업비(403-02)	민간이전지출 근거 (지방보조금 관리기준 참고) 1. 법률에 규정 2. 국고보조 재원(국가지정) 3. 용도 지정 기부금 4. 조례에 직접규정 5. 지자체가 권장하는 사업을 하는 공공기관 6. 시,도 정책 및 재정사정 7. 기타 8. 해당없음	입찰방식			운영예산 산정		성과평가 실시여부 1. 실시 2. 미실시 3. 향후 추진 4. 해당없음
						계약체결방법 (경쟁형태) 1. 일반경쟁 2. 제한경쟁 3. 지명경쟁 4. 수의계약 5. 법정위탁 6. 기타 ( ) 7. 없음	계약기간 1. 1년 2. 2년 3. 3년 4. 4년 5. 5년 6. 기타 ( )년 7. 단기계약 (1년미만) 8. 없음	낙찰자선정방법 1. 적격심사 2. 협상에의한계약 3. 최저가낙찰제 4. 규격가격분리 5. 2단계 경쟁입찰 6. 기타 ( ) 7. 없음	운영예산 산정 1. 내부산정 (지자체 자체적으로 산정) 2. 외부산정 (외부전문기관위탁 산정) 3. 내·외부 모두 산정 4. 산정 無 5. 없음	정산방법 1. 내부정산 (지자체 내부적으로 정산) 2. 외부정산 (외부전문기관위탁 정산) 3. 내·외부 모두 정산 4. 정산 無 5. 없음	
1998	충북 제천시	청전동새터(46통)마을회관리모델링	50,000	8	8	7	8	7	5	5	4
1999	충북 제천시	단열포장재지원	50,000	8	8	7	8	7	5	5	4
2000	충북 제천시	고품질하늘뜨레농산물육성단지지원	50,000	8	8	7	8	7	5	5	4
2001	충북 제천시	신백동농업용소형농기계및관정설치지원사업	43,000	8	8	7	8	7	5	5	4
2002	충북 제천시	로컬푸드저온저장고지원	40,320	8	8	7	8	7	5	5	4
2003	충북 제천시	승용이양기및승용관리기구입지원사업	40,000	8	8	7	8	7	5	5	4
2004	충북 제천시	농산물유통시설보수등지원	40,000	8	8	7	8	7	5	5	4
2005	충북 제천시	돼지품질개량종돈구입지원	39,000	8	8	7	8	7	5	5	4
2006	충북 제천시	자원봉사센터차량구입	36,885	8	8	7	8	7	5	5	4
2007	충북 제천시	소규모원예소득작물포장재지원	35,000	8	8	7	8	7	5	5	4
2008	충북 제천시	큰나무주간활동센터차량지원	32,000	8	8	7	8	7	5	5	4
2009	충북 제천시	수산면구곡리농자재구입지원	31,381	8	8	7	8	7	5	5	4
2010	충북 제천시	수산면수산2리마을회관창고증축공사	31,381	8	8	7	8	7	5	5	4
2011	충북 제천시	수산면도전리마을회관태양광발전설비공사	31,381	8	8	7	8	7	5	5	4
2012	충북 제천시	자율방범대초소이전신축(백운면)	30,000	8	8	7	8	7	5	5	4
2013	충북 제천시	GAP시설기계장비지원사업	30,000	8	8	7	8	7	5	5	4
2014	충북 제천시	농업용무인방제기(드론)지원사업	30,000	8	8	7	8	7	5	5	4
2015	충북 제천시	드론이용농약(친환경)방제대행비및약제비지원사업	30,000	8	8	7	8	7	5	5	4
2016	충북 제천시	과수신선도유지제지원	30,000	8	8	7	8	7	5	5	4
2017	충북 제천시	노력절감형고추지원(건조기,세척기)	30,000	8	8	7	8	7	5	5	4
2018	충북 제천시	어구세척용고압세척기및어구지원	30,000	8	8	7	8	7	5	5	4
2019	충북 제천시	어선(기관)구입지원	30,000	8	8	7	8	7	5	5	4
2020	충북 제천시	이색과채류(디나)생산시범	28,000	8	8	7	8	7	5	5	4
2021	충북 제천시	수중인명구조장비구입지원(해병전우회)	27,000	8	8	7	8	7	5	5	4
2022	충북 제천시	미래형사과다축재배시범	27,000	8	8	7	8	7	5	5	4
2023	충북 제천시	제천시장애인체육회장비보강	26,100	8	8	7	8	7	5	5	4
2024	충북 제천시	과일운반상자공급지원	25,000	8	8	7	8	7	5	5	4
2025	충북 제천시	농기계구입비지원	24,900	8	8	7	8	7	5	5	4
2026	충북 제천시	중소유통물류센터배송차량구입	24,240	8	8	7	8	7	5	5	4
2027	충북 제천시	농업인소규모창업기술지원	24,000	8	8	7	8	7	5	5	4
2028	충북 제천시	이상기후대비벼육묘환경제어시범	24,000	8	8	7	8	7	5	5	4
2029	충북 제천시	블루베리안정생산기반조성시범	24,000	8	8	7	8	7	5	5	4
2030	충북 제천시	농업용화물자동차환경개선사업	22,500	8	8	7	8	7	5	5	4
2031	충북 제천시	수산면전곡리마을회관공동물품구입	21,381	8	8	7	8	7	5	5	4
2032	충북 제천시	수산면대전2리노인회관시설정비	20,881	8	8	7	8	7	5	5	4
2033	충북 제천시	여성친화인증기업지원	20,000	8	8	7	8	7	5	5	4
2034	충북 제천시	덕산면수산1리마을회관스마트마을방송시스템교체사업	20,000	8	8	7	8	7	5	5	4
2035	충북 제천시	제천약초홍보관포장재제작지원	20,000	8	8	7	8	7	5	5	4
2036	충북 제천시	박달콩특화작물육성생력화지원사업	20,000	8	8	7	8	7	5	5	4
2037	충북 제천시	청풍면친환경밀칭필름지원	20,000	8	8	7	8	7	5	5	4

순번	시군구	지출명 (사업명)	2024년예산 (단위 : 천원 /1년간)	민간이전 분류 (지방자치단체 세출예산 집행기준에 의거)	민간이전지출 근거 (지방보조금 관리기준 참고)	입찰방식			운영예산 산정		성과평가 실시여부
						계약체결방법 (경쟁형태)	계약기간	낙찰자선정방법	운영예산 산정	정산방법	
2038	충북 제천시	소규모농가농산물소포장재지원사업	20,000	8	8	7	8	7	5	5	4
2039	충북 제천시	고품질벌꿀생산기자재지원	20,000	8	8	7	8	7	5	5	4
2040	충북 제천시	한우농가트랙터부착용축분교반기지원	20,000	8	8	7	8	7	5	5	4
2041	충북 제천시	삼한의초록길자전거체험센터운영(자본)	19,800	8	8	7	8	7	5	5	4
2042	충북 제천시	오미자포장재제작지원	18,750	8	8	7	8	7	5	5	4
2043	충북 제천시	한수면농기계및농자재지원	18,362	8	8	7	8	7	5	5	4
2044	충북 제천시	이상기상대응과수안정생산시범	18,000	8	8	7	8	7	5	5	4
2045	충북 제천시	새소득사과배재배단지조성시범	18,000	8	8	7	8	7	5	5	4
2046	충북 제천시	자율방범대초소기능보강지원	13,000	8	8	7	8	7	5	5	4
2047	충북 제천시	기후변화대응밭작물안정생산시범	12,000	8	8	7	8	7	5	5	4
2048	충북 제천시	벼노동력절감종합기술시범	12,000	8	8	7	8	7	5	5	4
2049	충북 제천시	한우번식우수태율향상신기술시범	12,000	8	8	7	8	7	5	5	4
2050	충북 제천시	농업인상담소농산물품질향상시범(북부)	12,000	8	8	7	8	7	5	5	4
2051	충북 제천시	농업인상담소농산물품질향상시범(중부)	12,000	8	8	7	8	7	5	5	4
2052	충북 제천시	농업인상담소농산물품질향상시범(청풍수산)	12,000	8	8	7	8	7	5	5	4
2053	충북 제천시	농업인상담소농산물품질향상시범(남부)	12,000	8	8	7	8	7	5	5	4
2054	충북 제천시	수산면대전2리제설장비구입지원	10,500	8	8	7	8	7	5	5	4
2055	충북 제천시	한수면송계3리마을회관주민정보물품구입	10,133	8	8	7	8	7	5	5	4
2056	충북 제천시	청풍면의용소방대교육장비구입	10,000	8	8	7	8	7	5	5	4
2057	충북 제천시	청풍면학현리자율방범대컨테이너구입지원	10,000	8	8	7	8	7	5	5	4
2058	충북 제천시	수산면전곡리마을회관철거공사	10,000	8	8	7	8	7	5	5	4
2059	충북 제천시	한수면송계2리경로당공동물품구입	10,000	8	8	7	8	7	5	5	4
2060	충북 제천시	한수면송계3리마을회팬션보수	10,000	8	8	7	8	7	5	5	4
2061	충북 제천시	AI방역용산란계농가일회용알판지원	10,000	8	8	7	8	7	5	5	4
2062	충북 제천시	작은도서관시설및물품구입지원	10,000	8	8	7	8	7	5	5	4
2063	충북 제천시	토종벌낭충봉아부패병저항성품종기술보급시범	9,000	8	8	7	8	7	5	5	4
2064	충북 제천시	제천시체육회장비보강및시설개선	8,882	8	8	7	8	7	5	5	4
2065	충북 제천시	화산동농업용관정설치지원	7,500	8	8	7	8	7	5	5	4
2066	충북 제천시	화산동보행형관리기보급지원	7,500	8	8	7	8	7	5	5	4
2067	충북 제천시	고구마국내우수품종재배확대시범	7,200	8	8	7	8	7	5	5	4
2068	충북 제천시	한수면송계3리마을회관보수	7,000	8	8	7	8	7	5	5	4
2069	충북 제천시	여성농업인농작업편의장비지원사업	7,000	8	8	7	8	7	5	5	4
2070	충북 제천시	소상공인연합회사무실물품구입	6,110	8	8	7	8	7	5	5	4
2071	충북 제천시	내집앞주차장갖기사업	6,000	8	8	7	8	7	5	5	4
2072	충북 제천시	쌀소비촉진소규모상품화시범	6,000	8	8	7	8	7	5	5	4
2073	충북 제천시	과수유해동물피해경감시범	6,000	8	8	7	8	7	5	5	4
2074	충북 제천시	오미자판매다각화수확관리시범사업	6,000	8	8	7	8	7	5	5	4
2075	충북 제천시	황해쑥생산단지수확생력화시범사업	6,000	8	8	7	8	7	5	5	4
2076	충북 제천시	마을공동체만들기공모사업	5,000	8	8	7	8	7	5	5	4
2077	충북 제천시	한수면송계2리마을회공용창고수선사업	3,000	8	8	7	8	7	5	5	4

- 52 -

순번	시군구	지출명 (사업명)	2024년예산 (단위: 천원/1년간)	민간이전 분류 (지방자치단체 세출예산 집행기준에 의거) 1. 민간경상사업보조(307-02) 2. 민간단체 법정운영비보조(307-03) 3. 민간행사사업보조(307-04) 4. 민간위탁금(307-05) 5. 사회복지시설 법정운영보조(307-10) 6. 민간위탁교육비(307-12) 7. 공기관등에대한경상적위탁사업(308-13) 8. 민간자본사업보조,자체재원(402-01) 9. 민간자본사업보조,이전재원(402-02) 10. 민간위탁사업비(402-03) 11. 공기관등에 대한 자본적 위탁사업비(403-02)	민간이전지출 근거 (지방보조금 관리기준 참고) 1. 법률에 규정 2. 국고보조 재원(국가지정) 3. 용도 지정 기부금 4. 조례에 직접규정 5. 지자체가 권장하는 사업을 하는 공공기관 6. 시,도 정책 및 재정사정 7. 기타 8. 해당없음	입찰방식 계약체결방법 (경쟁형태) 1. 일반경쟁 2. 제한경쟁 3. 지명경쟁 4. 수의계약 5. 법정위탁 6. 기타() 7. 없음	계약기간 1. 1년 2. 2년 3. 3년 4. 4년 5. 5년 6. 기타()년 7. 단가계약 (1년미만) 8. 없음	낙찰자선정방법 1. 적격심사 2. 협상에의한계약 3. 최저가낙찰제 4. 규격가격분리 5. 2단계 경쟁입찰 6. 기타() 7. 없음	운영예산 산정 1. 내부산정 (지자체 자체적으로 산정) 2. 외부산정 (외부전문기관위탁 산정) 3. 내·외부 모두 산정 4. 산정 無 5. 없음	정산방법 1. 내부정산 (지자체 내부적으로 정산) 2. 외부정산 (외부전문기관위탁 정산) 3. 내·외부 모두 정산 4. 정산 無 5. 없음	성과평가 실시여부 1. 실시 2. 미실시 3. 향후 추진 4. 해당없음
2078	충북 제천시	보훈회관시설보강	2,090	8	8	7	8	7	5	5	4
2079	충북 제천시	독거노인공동생활제비품구입비	2,000	8	8	7	8	7	5	5	4
2080	충북 제천시	월남참전기념탑보강	1,485	8	8	7	8	7	5	5	4
2081	충북 제천시	상노리게이트볼장의자구입	914	8	8	7	8	7	5	5	4
2082	충북 제천시	노사민정협의회사무국냉장고구입	800	8	8	7	8	7	5	5	4
2083	충북 제천시	한수면하탄지리마을회관방충망설치	341	8	8	7	8	7	5	5	4
2084	충북 보은군	응급실이전비용	440,000	8	7	7	8	7	5	3	1
2085	충북 보은군	산나물·산약초육성사업(지방소멸대응기금)	310,000	8	2	7	8	7	1	5	3
2086	충북 보은군	마을회관보수공사	231,880	8	4	7	8	7	1	1	1
2087	충북 보은군	경로당개보수사업	219,760	8	4	7	8	7	1	1	1
2088	충북 보은군	공동주택유지보수지원	200,000	8	4	7	8	7	1	1	3
2089	충북 보은군	초음파영상진단기	200,000	8	7	7	8	7	5	3	1
2090	충북 보은군	대추비가림시설(군비추가분)	170,000	8	4	7	8	7	1	1	1
2091	충북 보은군	스마트농업특화지구육성사업(군비추가분)	135,000	8	2	7	8	7	1	1	3
2092	충북 보은군	농기계구입등지원	133,387	8	4	7	8	7	1	1	1
2093	충북 보은군	가축분뇨처리지원(군비추가분)	80,000	8	4	7	8	7	1	1	3
2094	충북 보은군	밭작물중형관정지원	70,000	8	4	7	8	7	3	1	4
2095	충북 보은군	대추이상기상대응과원피해예방기술시범	70,000	8	4	7	8	7	5	5	4
2096	충북 보은군	벌집및소초광지원(군비추가분)	50,050	8	4	7	8	7	1	1	1
2097	충북 보은군	소상공인경영개선지원사업	50,000	8	4	7	8	7	1	1	1
2098	충북 보은군	귀농인농기계구입자금지원	50,000	8	4	7	8	7	1	1	3
2099	충북 보은군	지역자율방재단업무용차량구입	45,280	8	1,4	7	1	7	1	1	3
2100	충북 보은군	인공호흡기	44,000	8	7	7	8	7	5	3	1
2101	충북 보은군	축산재해예방시설지원(군비추가분)	40,000	8	6	7	8	7	1	1	3
2102	충북 보은군	농촌빈집정비사업	40,000	8	4	7	8	7	1	1	1
2103	충북 보은군	축산기자재운반차량지원	36,000	8	6	7	8	7	1	1	3
2104	충북 보은군	고품질마늘재배용생산장비지원	30,000	8	4	7	8	7	1	1	3
2105	충북 보은군	CCTV	30,000	8	4	7	8	7	1	1	3
2106	충북 보은군	자동목걸이	30,000	8	4	7	8	7	1	1	3
2107	충북 보은군	축조시비기지원	25,000	8	4	7	8	7	1	1	4
2108	충북 보은군	노지고추간이비가림보급시범	23,800	8	1	7	8	7	5	5	4
2109	충북 보은군	청년농업인영농정착지원	21,000	8	6	7	8	7	5	5	4
2110	충북 보은군	농촌빈집개량사업	20,000	8	4	7	8	7	1	1	3
2111	충북 보은군	돼지고기품질향상지원	19,200	8	4	7	8	7	1	1	3
2112	충북 보은군	농업용방제기지원사업	15,000	8	4	7	8	7	1	1	4
2113	충북 보은군	농업용예취기지원사업	15,000	8	4	7	8	7	1	1	4
2114	충북 보은군	농장소독시설지원(군비추가분)	15,000	8	4	7	8	7	1	1	1
2115	충북 보은군	속리산악의용소방대화장실설치	15,000	8	4	7	8	7	5	5	4
2116	충북 보은군	풍림정사제례용품및제례복구입	11,000	8	7	7	8	7	1	1	1
2117	충북 보은군	고품질마늘생산기반조성지원(중형관정)	10,500	8	4	7	8	7	1	1	3

연번	기관구분	시설명	2024년예산(단위: 천원/년간)	시설의 종류 (지역사회서비스 투자사업 참고) 1. 장애인복지관부설(307-02) 2. 노인복지관부설(307-03) 3. 사회복지관부설(307-04) 4. 지역자활센터부설(307-05) 5. 시·군·구직영보호소(307-10) 6. 민간위탁보호소(308-13) 7. 민간독립형보호소(402-01) 8. 민간위탁보호소,이용시설(402-02) 9. 민간독립형보호소(402-03) 10. 권역별자립지원(403-03) 11. 장기요양센터 또는 자립지원시설(403-02)	제공기관 인력 1. 법인 2. 보호인력 3. 생활지원 4. 수급지원 5. 기타 6. 기타() 7. 합계 8. 합계	제공기관시설 1. 법인 2. 지사법인 3. 지자체 4. 비영리법인 5. 기타 6. 기타() 7. 합계	서비스제공기관 1. 법인 2. 지사법인 (지자체지원금) 3. 지사보호 4. 상담서비스 5. 사회복지 6. 기타() 7. 합계	운영관리 실적 1. 법인 2. 지사법인 (지자체지원금) 3. 사회복지서비스 4. 상담치료 5. 합계	수행역량 실적 1. 법인 2. 지사법인 (지자체지원금) 3. 사회복지서비스 4. 상담치료 5. 합계	서비스 이용자 1. 생보자 2. 의료수급 3. 차상위계층 4. 일반일용
2118	충북 영동군	용화면에서경로당통합돌봄사업	10,150	4	7	8	7	5	5	4
2119	충북 영동군	영동군여성단체협의회	9,000	4	7	8	7	1	1	1
2120	충북 영동군	노인맞춤돌봄사회서비스지원(수요응답형)	7,188	4	7	8	7	1	1	3
2121	충북 영동군	돌봄공동체	7,000	4	7	8	7	1	1	3
2122	충북 영동군	소아돌봄	4,792	4	7	8	7	1	1	3
2123	충북 영동군	장애인방과후활동지원	4,000	4	7	8	7	1	1	1
2124	충북 영동군	다문화가족방문교육지원사업	3,850	4	7	8	7	2	2	4
2125	충북 영동군	시니어클럽	3,600	4	7	8	7	1	1	3
2126	충북 영동군	재가장애인맞춤형이동돌봄지원	3,300	4	7	8	7	1	1	1
2127	충북 영동군	재가노인맞춤형이동돌봄지원	2,200	4	7	8	7	1	1	1
2128	충북 영동군	장애인생활이동지원	1,210	4	7	8	7	1	1	1
2129	충북 영동군	중증장애인이동돌봄	1,000	4	7	8	7	1	1	1
2130	충북 영동군	무장애관광활성화	1,000	4	7	8	7	1	1	1
2131	충북 영동군	결혼	900	4	7	8	7	2	2	4
2132	충북 영동군	장애아동가족지원돌봄사업	770	1	7	8	7	2	2	4
2133	충북 영동군	가족건강지원센터	550	1	7	8	7	1	1	1
2134	충북 영동군	지사	375	4	7	8	7	2	2	4
2135	충북 영동군	장애인	270	4	7	8	7	2	2	4
2136	충북 영동군	영농경작지원사업지원(농산물생산지원)	1,177,126	8	1	7	8	7	2	3	4
2137	충북 영동군	농작물돌봄생활지원(16종)	720,000	8	4	7	8	7	2	2	4
2138	충북 영동군	농업종합돌봄(도농보편활)	600,000	8	4	7	8	7	1	1	3
2139	충북 영동군	농기계임대지원	450,000	8	4	7	8	7	2	2	4
2140	충북 영동군	농촌형도우미지원생활소득농산물지원	450,000	8	4	7	1	1	3	1	1
2141	충북 영동군	지사농경지원	333,000	8	4	5	3	2	1	1	3
2142	충북 영동군	자녀돌봄지원(3종)	253,800	8	4	7	8	7	2	1	1
2143	충북 영동군	영농농업지원(1종2종)	250,000	8	4	7	8	7	1	1	1
2144	충북 영동군	농수산작물홈롤가공지원	225,000	8	4	7	8	7	2	1	1
2145	충북 영동군	농기계구입지원	221,400	8	7	7	8	7	2	2	2
2146	충북 영동군	영농농기계구매지원	215,000	8	4	7	8	7	1	1	1
2147	충북 영동군	농농영지원(총)	199,800	8	4	7	8	7	2	1	1
2148	충북 영동군	농작물돌봄생활지원	176,400	8	4	7	8	3	2	2	2
2149	충북 영동군	농농물농자재지원	166,700	8	4	5	3	2	1	1	3
2150	충북 영동군	농작물돌봄지원생활	165,500	8	7	7	8	7	2	1	1
2151	충북 영동군	농가돌봄농작업지원	162,000	8	4	7	8	7	2	1	1
2152	충북 영동군	농촌공동농업지원	115,650	8	4	7	8	7	2	1	1
2153	충북 영동군	농장생활돌봄생활지원	95,720	8	4	7	8	7	2	1	1
2154	충북 영동군	차생활복지사농가돌봄지원(2개)	80,000	8	4	7	8	7	1	1	3
2155	충북 영동군	자영농복지사지원(5종)	72,000	8	4	7	8	7	1	1	1
2156	충북 영동군	가족친화형가족돌봄생활차재돌봄지원	70,848	8	6	7	8	7	2	2	2
2157	충북 영동군	친환경돌봄가족생활농업지원센터지원	70,560	8	7	7	8	7	2	1	1

순번	시군구	지출명 (사업명)	2024년예산 (단위 : 천원 /1년간)	민간이전 분류 (지방자치단체 세출예산 집행기준에 의거) 1. 민간경상사업보조(307-02) 2. 민간단체 법정운영비보조(307-03) 3. 민간행사사업보조(307-04) 4. 민간위탁금(307-05) 5. 사회복지시설 법정운영비보조(307-10) 6. 민간위탁교육비(307-12) 7. 공기관등에대한경상적위탁사업비(308-13) 8. 민간자본사업보조,자체재원(402-01) 9. 민간자본사업보조,이전재원(402-02) 10. 민간위탁사업비(402-03) 11. 공기관등에 대한 자본적 위탁사업비(403-02)	민간이전지출 근거 (지방보조금 관리기준 참고) 1. 법률에 규정 2. 국고보조 재원(국가지정) 3. 용도 지정 기부금 4. 조례에 직접규정 5. 지자체가 권장하는 사업 6. 시,도 정책 및 재정사정 7. 기타 8. 해당없음	입찰방식 계약체결방법 (경쟁형태) 1. 일반경쟁 2. 제한경쟁 3. 지명경쟁 4. 수의계약 5. 법정위탁 6. 기타 ( ) 7. 없음	계약기간 1. 1년 2. 2년 3. 3년 4. 4년 5. 5년 6. 기타 ( )년 7. 단가계약 (1년미만) 8. 없음	낙찰자선정방법 1. 적격심사 2. 협상에의한계약 3. 최저가낙찰제 4. 규격가격분리 5. 2단계 경쟁입찰 6. 기타 ( ) 7. 없음	운영예산 산정 1. 내부산정 (지자체 자체적으로 산정) 2. 외부산정 (외부전문기관위탁 산정) 3. 내.외부 모두 산정 4. 산정 無 5. 없음	정산방법 1. 내부정산 (지자체 내부적으로 정산) 2. 외부정산 (외부전문기관위탁 정산) 3. 내.외부 모두 산정 4. 정산 無 5. 없음	성과평가 실시여부 1. 실시 2. 미실시 3. 향후 추진 4. 해당없음
2158	충북 옥천군	APC포장재제작지원	69,300	8	4	7	8	7	5	5	4
2159	충북 옥천군	묘목용하우스신설지원	68,400	8	4	7	8	7	1	1	1
2160	충북 옥천군	APC공선회물류비지원	63,000	8	4	7	8	7	5	5	4
2161	충북 옥천군	수리계수리시설유지관리비지원	60,000	8	1	7	8	7	5	5	4
2162	충북 옥천군	옥천로컬푸드농산물잡초관리피복재지원	59,880	8	4	7	8	7	1	1	4
2163	충북 옥천군	APC공동선별비지원	56,700	8	4	7	8	7	5	5	4
2164	충북 옥천군	도시가스시설분담금지원	50,000	8	4	1	7	1	1	1	2
2165	충북 옥천군	경로당입식전환지원	50,000	8	1	7	8	7	5	5	4
2166	충북 옥천군	귀농귀촌인시설하우스신축지원	46,200	8	7	7	8	7	5	5	4
2167	충북 옥천군	소규모공동주택유지보수지원	45,000	8	4	1	1	3	1	1	1
2168	충북 옥천군	고추재배자재지원(4.1ha)	45,000	8	7	7	8	7	5	5	1
2169	충북 옥천군	귀농인농기계구입지원(6종)	40,000	8	8	7	8	7	5	5	4
2170	충북 옥천군	귀농인주택수리비지원	35,000	8	8	7	8	7	5	5	4
2171	충북 옥천군	옥천로컬푸드가공제품용기제작지원	28,800	8	4	7	8	7	1	1	4
2172	충북 옥천군	친환경노린재방제자재지원	27,000	8	4	7	8	7	5	1	1
2173	충북 옥천군	양봉자재지원	27,000	8	4	7	8	7	5	1	1
2174	충북 옥천군	양봉농가포장용기지원	27,000	8	4	7	8	7	5	1	1
2175	충북 옥천군	옻나무식재농가지원	25,200	8	4	7	8	7	1	1	1
2176	충북 옥천군	인삼병해충약제지원	25,200	8	4	7	8	7	5	1	1
2177	충북 옥천군	공공급식사업포장재제작지원	25,200	8	4	5	3	2	1	1	4
2178	충북 옥천군	군북용목리가구별농기계구입지원	24,000	8	4	7	8	7	5	5	4
2179	충북 옥천군	군북추소리가구별물품구입지원	24,000	8	4	7	8	7	5	5	4
2180	충북 옥천군	여성농업인동력운반차공급지원	22,500	8	4	7	8	7	1	1	2
2181	충북 옥천군	임담배생산자재지원	21,600	8	4	7	8	7	5	1	1
2182	충북 옥천군	청년4H활력화기반구축지원	21,000	8	1	7	8	7	1	1	1
2183	충북 옥천군	경로당한궁구입지원	20,000	8	1	7	8	7	1	1	1
2184	충북 옥천군	군북보오리마을주차장부지매입지원	20,000	8	4	7	8	7	5	5	4
2185	충북 옥천군	귀농귀촌학부모의집조성지원(1개소)	20,000	8	8	7	8	7	5	5	4
2186	충북 옥천군	옥천교동2리마을회관부지매입지원	19,996	8	4	7	8	7	5	5	4
2187	충북 옥천군	친환경농산물포장재지원	19,440	8	6	7	8	7	5	5	2
2188	충북 옥천군	공공비축미매입용톤백지원	18,000	8	4	7	8	7	5	1	1
2189	충북 옥천군	군북이평1리마을공동시설기계설비구입지원	15,000	8	4	7	8	7	5	5	4
2190	충북 옥천군	농촌마을샤워실수리비지원(1개소)	15,000	8	4	7	8	7	5	5	4
2191	충북 옥천군	딸기재배자재지원(.64ha)	13,500	8	7	7	8	7	5	1	1
2192	충북 옥천군	수출용과일소독약구입지원	13,500	8	4	7	8	7	5	1	1
2193	충북 옥천군	묘목포장재제작지원(3종)	11,700	8	4	7	8	7	1	1	1
2194	충북 옥천군	묘목보호용지주대지원	11,700	8	4	7	8	7	1	1	1
2195	충북 옥천군	재향군인회물품구입지원(5종)	10,400	8	1	7	8	7	1	1	1
2196	충북 옥천군	벼육묘상관주처리약제구입지원	10,000	8	7	7	8	7	5	1	1
2197	충북 옥천군	자율방범대초소기능보강지원(3개소)	9,300	8	4	7	8	7	1	1	3

순번	시군구	지출명 (사업명)	2024년예산 (단위: 천원/1년간)	민간이전 분류 (지방자치단체 세출예산 집행기준에 의거)	민간이전지출 근거 (지방보조금 관리기준 참고)	계약체결방법 (경쟁형태)	계약기간	낙찰자선정방법	운영예산 산정	정산방법	성과평가 실시여부
2198	충북 옥천군	과수다기능매트지원	9,000	8	4	7	8	7	5	1	1
2199	충북 옥천군	묘목택배용비닐제작지원	7,200	8	4	7	8	7	1	1	1
2200	충북 옥천군	포도재배환경별최적영양관리시범지원	6,300	8	7	7	7	7	5	5	4
2201	충북 옥천군	군북석호리마을공용농기계구입지원	6,000	8	4	7	8	7	5	5	4
2202	충북 옥천군	벼노동력절감제초제살포기술보급지원	5,670	8	7	7	8	7	5	1	1
2203	충북 옥천군	수출농산물공선비지원	5,400	8	4	7	8	7	5	1	1
2204	충북 옥천군	대한노인회옥천군지회사무기기구입지원(2종)	5,300	8	1	7	8	7	1	1	1
2205	충북 옥천군	군북이평1리마을공용기계수리지원	5,000	8	4	7	8	7	5	5	4
2206	충북 옥천군	군북보오리마을공용물품구입지원	4,000	8	4	7	8	7	5	5	4
2207	충북 옥천군	시설재배지연작장해기술보급지원	3,360	8	7	7	8	7	5	1	1
2208	충북 옥천군	옻순보관상자지원	3,000	8	4	7	8	7	1	1	1
2209	충북 옥천군	옻순장아찌포장용기지원	2,100	8	4	7	8	7	1	1	1
2210	충북 영동군	스마트농업특화지구육성(군비추가분)	1,600,000	8	1	7	8	7	1	1	1
2211	충북 영동군	시설하우스설치지원사업	1,472,000	8	4	7	8	7	1	1	1
2212	충북 영동군	경로당활성화	1,260,000	8	1	7	8	7	1	1	1
2213	충북 영동군	시설하우스에너지절감시설지원	1,200,000	8	4	7	8	7	1	1	1
2214	충북 영동군	과수분야스마트팜확산사업	700,000	8	2	7	8	7	5	5	4
2215	충북 영동군	농업인농기계공급	680,000	8	4	7	8	7	5	1	2
2216	충북 영동군	마을개발자치사업	532,000	8	1	7	8	7	1	1	1
2217	충북 영동군	소상공인점포환경개선지원사업	400,000	8	4	7	8	7	1	1	1
2218	충북 영동군	농산물유통장비(당도선별기)설치지원	375,100	8	4	7	8	7	5	1	4
2219	충북 영동군	맞춤형축산업현대화지원사업	340,000	8	4	7	8	7	5	1	1
2220	충북 영동군	소형저온저장고지원	300,000	8	4	7	8	7	5	5	4
2221	충북 영동군	표고자목및배지구입비지원	292,000	8	4	7	8	7	5	5	4
2222	충북 영동군	시설원예장기성필름지원	250,000	8	4	7	8	7	1	1	1
2223	충북 영동군	포도간이비가림보완시설지원	221,000	8	4	7	8	7	1	1	1
2224	충북 영동군	과수안전생산장비지원사업	196,000	8	4	7	8	7	1	1	1
2225	충북 영동군	농산물유통시설현대화사업	165,500	8	4	7	8	7	5	5	4
2226	충북 영동군	농산물집하장신축지원사업	165,000	8	4	7	8	7	5	5	4
2227	충북 영동군	이앙및마애불주변시설정비	160,000	8	7	7	1	6	2	3	3
2228	충북 영동군	고품질인삼생산지원	150,500	8	4	7	8	7	1	1	1
2229	충북 영동군	농산물유통시설보수지원	140,000	8	4	7	8	7	5	5	4
2230	충북 영동군	귀농인영농정착지원	140,000	8	4	7	8	7	1	1	1
2231	충북 영동군	산지농산물집하선별장지원사업	115,000	8	4	7	8	7	5	5	4
2232	충북 영동군	외국인계절근로자전용숙소리모델링	100,000	8	4	7	8	7	5	5	4
2233	충북 영동군	틈새농업육성지원사업	100,000	8	4	7	8	7	1	1	1
2234	충북 영동군	과수저온피해경감지원사업	96,275	8	4	7	8	7	1	1	1
2235	충북 영동군	공동주택환경비사어	90,000	8	1	7	8	7	1	1	1
2236	충북 영동군	야생동물피해예방사업	87,860	8	1	7	7	7	5	1	1
2237	충북 영동군	농작업안전사용장비지원사업	87,500	8	4	7	8	7	5	1	2

순번	시군구	지출명 (사업명)	2024년예산 (단위 : 천원 /1년간)	민간이전 분류	민간이전지출 근거	입찰방식 계약체결방법	계약기간	낙찰자선정방법	운영예산 산정	정산방법	성과평가 실시여부
2238	충북 영동군	가축분뇨자원화장비지원사업	75,000	8	4	7	8	7	5	1	1
2239	충북 영동군	가뭄대비과수원관정지원사업	72,600	8	4	7	8	7	1	1	1
2240	충북 영동군	영국사승탑주변지반및진입계단설치	70,000	8	2	7	1	6	3	3	3
2241	충북 영동군	귀농귀촌인주거지원	70,000	8	4	7	8	7	1	1	1
2242	충북 영동군	농산물유통장비(지게차)지원	60,300	8	4	7	8	7	5	5	4
2243	충북 영동군	블루베리생산시설지원	60,000	8	4	7	8	7	1	1	1
2244	충북 영동군	추풍령면상신안리마을회관리모델링공사	50,000	8	4	7	8	7	5	5	4
2245	충북 영동군	작목별맞춤형안전관리실천시범	50,000	8	2	7	8	7	5	5	4
2246	충북 영동군	농촌어르신복지실천시범	50,000	8	1	7	8	7	5	5	4
2247	충북 영동군	농가형와인제조설비지원	48,000	8	4	7	8	7	5	5	4
2248	충북 영동군	가뭄대비급수저장조지원	45,000	8	4	7	8	7	5	1	2
2249	충북 영동군	어린이집기능보강사업(자체)	40,000	8	2	7	8	7	1	1	1
2250	충북 영동군	농촌체험휴양마을사무장인건비지원	37,098	8	4	7	8	7	5	5	4
2251	충북 영동군	농식품수출지원사업	35,000	8	4	7	8	7	5	5	4
2252	충북 영동군	품목별연구회인센티브사업	30,000	8	1	7	8	7	5	5	4
2253	충북 영동군	농업활동안전사고예방생활화	30,000	8	1	7	8	7	5	5	4
2254	충북 영동군	농촌문화체험농장육성	30,000	8	1	7	8	7	5	5	4
2255	충북 영동군	농촌빈집정비사업	30,000	8	1	7	8	7	1	1	1
2256	충북 영동군	사과저온저장고습도조절생력화기술보급시범	28,800	8	1	7	8	7	5	5	4
2257	충북 영동군	청년농업인새소득작목창출	24,000	8	1	7	8	7	5	5	4
2258	충북 영동군	포도시설하우스고온피해경감환기창설치시범	24,000	8	1	7	8	7	5	5	4
2259	충북 영동군	영동읍동정리마을회관정자설치공사	22,000	8	4	7	8	7	5	5	4
2260	충북 영동군	용화면평촌리건강관리실보수공사	22,000	8	4	7	8	7	5	5	4
2261	충북 영동군	용화면자계리마을회관보수공사	22,000	8	4	7	8	7	5	5	4
2262	충북 영동군	심천면장동리마을쉼터조성공사	20,000	8	4	7	8	7	5	5	4
2263	충북 영동군	스마트농업비상발전기지원사업	20,000	8	4	7	8	7	5	5	4
2264	충북 영동군	영농4H회원시범영농지원	20,000	8	1	7	8	7	5	5	4
2265	충북 영동군	지역아동센터환경개선지원	20,000	8	4	7	8	7	1	1	4
2266	충북 영동군	제조업체환경개선지원사업	20,000	8	4	7	8	1	1	1	1
2267	충북 영동군	농촌체험휴양마을운영지원	18,000	8	4	7	8	7	5	5	4
2268	충북 영동군	노지과수관비시스템보급시범	18,000	8	1	7	8	7	5	5	4
2269	충북 영동군	스마트팜오이베드재배시범	18,000	8	7	7	8	7	5	5	4
2270	충북 영동군	친환경농약통지원사업	16,000	8	4	7	8	7	5	1	1
2271	충북 영동군	영동읍계산1리마을벽화조성사업	15,000	8	4	7	8	7	5	5	4
2272	충북 영동군	영동읍계산2리(제주도)마을벽화조성사업	15,000	8	4	7	8	7	5	5	4
2273	충북 영동군	영동읍중앙2리마을벽화조성사업	15,000	8	4	7	8	7	5	5	4
2274	충북 영동군	영동읍영산1리마을벽화조성사업	15,000	8	4	7	8	7	5	5	4
2275	충북 영동군	영동읍영산2리마을벽화조성사업	15,000	8	4	7	8	7	5	5	4
2276	충북 영동군	영동읍부용1리마을벽화조성사업	15,000	8	4	7	8	7	5	5	4
2277	충북 영동군	영동읍부용2리마을벽화조성사업	15,000	8	4	7	8	7	5	5	4

식별 번호	기록물철 제목	생산년도 2024년도 (기관명)	보존 기간 (단위: 월/1개월)	공개여부 구분 1. 전부공개 2. 부분공개(공공기관의 정보공개에 관한 법률 제9조 제1항제2호(307-02) 제3호(307-03) 제4호(307-04) 제5호(307-05) 제6호(308-13) 7. 공공기관의 정보공개에 관한 법률 시행령 제1호(401-01) 8. 개인정보보호법 제2호(402-02) 9. 개인정보보호법 제3호(402-03) 10. 개인정보보호법 제4호(402-04) 11. 공공기관의 정보공개에 관한 법률 시행령(403-02)	접근권한 1. 일반 2. 제한적 공개 3. 지정권자 공개 (비밀 및 보안기록물) 4. 중요 기록물 5. 기타	기록매체 1. 전자 2. 종이 3. 시청각 4. 마이크로필름 5. 기타 6. 기타 ( ) 7. 기타	공개형태 1. 원본 2. 사본 3. 지적재산권 4. 수집기록 5. 도서 6. 기타 ( ) 7. 기타 8. 기타	보존방법 1. 원본 2. 수집 3. 마이크로필름수집 4. 보존처리 5. 기타 ( ) 7. 기타	보존장소 1. 서가 2. 지정서고 3. 밀봉서고 (실물 보존 포함) 4. 위탁보존 5. 기타	분류번호 1. 해당 2. 불해당 3. 중요 위탁 4. 기타
2278	중요업무 보고서 공개자료집		15,000	8	4	7	8	7	2	2	4
2279	중요업무 관련 홍보자료 공개자료집		15,000	8	4	7	8	7	2	2	4
2280	중요업무 관련 협력사업 공개자료집		15,000	8	4	7	8	7	2	2	4
2281	관련업무 협력자료집		15,000	8	4	7	8	7	2	2	4
2282	주요업무 관련 취급 공개자료집		14,400	8	4	7	8	7	2	1	1
2283	중요업무 보고 중요사업 공개자료집		10,800	8	7	7	8	7	2	2	4
2284	대통령기록물 관련 업무 공개자료집		10,000	8	4	7	8	7	2	2	4
2285	중요업무 관련 홍보출판 공개자료집		10,000	8	1	7	8	7	2	2	4
2286	중요업무 취급관련 업무		10,000	8	1	7	8	7	1	1	1
2287	중요 취급자료		9,900	8	1	7	8	7	1	1	1
2288	주요업무 상관자료집		9,900	8	4	7	8	7	2	2	1
2289	중요 업무자료 공개자료집		9,000	8	4	7	8	7	2	2	4
2290	중요업무 공개자료집		7,500	8	4	7	8	7	2	2	1
2291	중요업무 추가 공개(업무협의 등)의 내용 등		6,000	8	4	7	8	7	2	1	1
2292	중요업무 공개지원 자료집		5,000	8	4	7	8	7	2	1	1
2293	특별업무 사례자료집		3,000	8	4	7	8	7	2	2	4
2294	주요업무 취급자료집 관련 업무 중 기타업무		3,000	8	4	7	8	7	1	1	1
2295	주요업무 공개자료(업무등)자료집		2,750	8	4	7	8	7	2	2	4
2296	중요업무 관련 취급자료 업무		2,006	8	1,4	6	8	7	1	1	1
2297	중요업무 공개관련 홍보자료 업무		1,500	8	1,4	6	8	7	1	1	1
2298	중요업무 공개관련 홍보자료집 업무		850	8	1,4	6	8	7	1	1	1
2299	공통업무 자료집		140,000	8	1	7	8	7	2	2	4
2300	공개자료 관리자료		100,000	8	1	7	8	7	2	2	4
2301	공개자료 관리자료집		25,000	8	7	7	8	7	1	1	1
2302	기타업무 공개자료 및 업무자료집		21,450	8	1	7	8	7	2	2	2
2303	중요업무 관련 주요업무 자료집		20,000	8	4	7	8	7	2	2	4
2304	중요업무 자료집 (원본자료)		20,000	8	4	7	8	7	2	2	4
2305	사업관련 공개자료		17,500	8	1	7	8	7	2	2	4
2306	기타업무 공개자료집		12,000	8	7	7	8	7	1	1	1
2307	중요업무 자료집		10,500	8	6	7	8	7	2	2	4
2308	일부 업무기록 공개자료		10,500	8	1	7	8	7	2	2	4
2309	일부 업무기록 취급자료		10,000	8	1	7	8	7	2	2	4
2310	주요업무 자료집		10,000	8	4	7	8	7	1	1	4
2311	고용업무 관련사항 취급업무 자료집		7,000	8	1	7	8	7	2	2	4
2312	고용업무 관련사항 취급업무 자료집		7,000	8	1	7	8	7	2	2	4
2313	중요업무 관련자료		5,000	8	1	7	8	7	1	1	4
2314	업무기타 관련자료집		3,500	8	4	7	8	7	2	1	4
2315	기타관련 업무공개 자료집		3,000	8	4	7	8	7	2	2	4
2316	특별업무(기관본부)에 관한 기타 자료집(원본자료)		400,000	8	7	7	8	7	2	2	4
2317	공통업무 자료집		320,000	8	4	7	8	7	1	1	4

순번	시군구	지출명 (사업명)	2024년예산 (단위 : 천원/1년간)	민간이전 분류 (지방자치단체 세출예산 집행기준에 의거) 1. 민간경상사업보조(307-02) 2. 민간단체 법정운영비보조(307-03) 3. 민간행사사업보조(307-04) 4. 민간위탁금(307-05) 5. 사회복지시설 법정운영비보조(307-10) 6. 민간위탁교육비(307-12) 7. 공기관등에대한경상적위탁사업비(308-13) 8. 민간자본사업보조,자체재원(402-01) 9. 민간자본사업보조,이전재원(402-02) 10. 민간위탁사업비(402-03) 11. 공기관등에 대한 자본적 위탁사업비(403-02)	민간이전지출 근거 (지방보조금 관리기준 참고) 1. 법률에 규정 2. 국고보조 재원(국가지정) 3. 용도 지정 기부금 4. 조례에 직접규정 5. 지자체가 권장하는 사업을 하는 공공기관 6. 시,도 정책 및 재정사정 7. 기타 8. 해당없음	입찰방식			운영예산 산정		성과평가 실시여부
						계약체결방법 (경쟁형태) 1. 일반경쟁 2. 제한경쟁 3. 지명경쟁 4. 수의계약 5. 법정위탁 6. 기타 ( ) 7. 없음	계약기간 1. 1년 2. 2년 3. 3년 4. 4년 5. 5년 6. 기타 ( )년 7. 단기계약 (1년미만) 8. 없음	낙찰자선정방법 1. 적격심사 2. 협상에의한계약 3. 최저가낙찰제 4. 규격가격분리 5. 2단계 경쟁입찰 6. 기타 ( ) 7. 없음	운영예산 산정 1. 내부산정 (지자체 자체적으로 산정) 2. 외부산정 (외부전문기관위탁 산정) 3. 내·외부 모두 산정 4. 산정 無 5. 없음	정산방법 1. 내부정산 (지자체 내부적으로 정산) 2. 외부정산 (외부전문기관위탁 정산) 3. 내·외부 모두 산정 4. 정산 無 5. 없음	1. 실시 2. 미실시 3. 향후 추진 4. 해당없음
2318	충북 음성군	소상공인경영환경패키지개선사업지원	280,000	8	6	5	1	6	3	3	2
2319	충북 음성군	품목별농촌지도사업활력화지원사업	280,000	8	4	7	8	7	1	1	3
2320	충북 음성군	도시가스공급시설설치지원사업	270,000	8	4	7	8	7	5	1	1
2321	충북 음성군	경로당맞춤형장비보강사업	250,000	8	4	7	8	7	1	1	4
2322	충북 음성군	수박비가림필름교체지원	200,000	8	4	7	8	7	1	1	4
2323	충북 음성군	과수생력화장비지원사업	200,000	8	4	7	8	7	1	1	4
2324	충북 음성군	신축	190,000	8	4	7	8	7	5	5	4
2325	충북 음성군	공동주택시설물관리보조금	185,000	8	4	4	7	3	1	1	1
2326	충북 음성군	개보수	180,768	8	4	7	8	7	5	5	4
2327	충북 음성군	화훼재배용장기성필름교체지원사업	150,000	8	4	7	8	7	1	1	4
2328	충북 음성군	한내(중동1리)마을만들기사업(전환사업)	140,000	8	7	7	8	7	5	5	4
2329	충북 음성군	기후변화대응비가림설치시범	112,000	8	4	7	8	7	1	1	3
2330	충북 음성군	소형저온저장고설치지원	110,000	8	1	7	8	7	1	1	4
2331	충북 음성군	연방죽(행제3리)마을만들기사업(전환사업)	110,000	8	7	7	8	7	5	5	4
2332	충북 음성군	긴급개보수	100,000	8	4	7	8	7	5	5	4
2333	충북 음성군	맹동본성1리경로당보수	100,000	8	6	7	8	7	5	5	4
2334	충북 음성군	삼성상곡2리경로당증축	100,000	8	6	7	8	7	5	5	4
2335	충북 음성군	원남보천1리마을회관찜질방설치공사	100,000	8	4	4	7	3	5	1	3
2336	충북 음성군	감곡단평1리마을회관리모델링	100,000	8	4	4	7	3	5	1	3
2337	충북 음성군	소규모공동주택시설물관리보조금	100,000	8	4	4	7	3	1	1	1
2338	충북 음성군	음성신천6리(금광포란재아파트)인도블록및CCTV교체공사	100,000	8	4	7	8	7	5	5	4
2339	충북 음성군	금왕무극7리(주공1차아파트)쓰레기분리수거장정비및도색	100,000	8	4	7	8	7	5	5	4
2340	충북 음성군	금왕무극8리(유수장미아파트)주차장포장및지하주차장정비	100,000	8	4	7	8	7	5	5	4
2341	충북 음성군	맹동동성4리(영무예다83차)CCTV설치및주거환경개선사업	100,000	8	4	7	8	7	5	5	4
2342	충북 음성군	대소태생4리(개나리아파트)아스콘덧씌우기	100,000	8	4	7	8	7	5	5	4
2343	충북 음성군	대소태생11리(웰메이드타운아파트)마을정자설치및주거환경개선사업	100,000	8	4	7	8	7	5	5	4
2344	충북 음성군	감곡오향8리(삼성푸른아파트)외관도색사업	100,000	8	4	7	8	7	5	5	4
2345	충북 음성군	생극차평2리마을회관리모델링	78,000	8	4	4	7	3	5	1	3
2346	충북 음성군	소이후미1리경로당찜질방설치	70,000	8	6	7	8	7	5	5	4
2347	충북 음성군	맹동쌍정4리(양촌빌라)외관도색사업	70,000	8	4	7	8	7	5	5	4
2348	충북 음성군	감곡원당3리경로당보수	68,000	8	6	7	8	7	5	5	4
2349	충북 음성군	음성초천1리마을회관보수공사	64,000	8	4	4	7	3	5	1	3
2350	충북 음성군	대한노인회음성군지회장비보강지원	63,958	8	6	7	8	7	1	1	4
2351	충북 음성군	농촌빈집정비사업	60,000	8	4	7	8	7	1	1	1
2352	충북 음성군	대소대풍1리경로당보수및찜질방설치	55,665	8	6	7	8	7	5	5	4
2353	충북 음성군	감곡왕장5리경로당보수공사	55,000	8	6	7	8	7	5	5	4
2354	충북 음성군	삼성천평3리경로당보수	50,000	8	6	7	8	7	5	5	4
2355	충북 음성군	대소성본2리마을회관리모델링	50,000	8	4	4	7	3	5	1	3
2356	충북 음성군	대소부윤1리마을회관리모델링	50,000	8	4	4	7	3	5	1	3
2357	충북 음성군	금왕금석2리경로당리모델링	43,000	8	6	7	8	7	5	5	4

순번	시군구	지출명 (사업명)	2024년예산 (단위:천원/1년간)	민간이전 분류 (지방자치단체 세출예산 집행기준에 의거)	민간이전지출 근거 (지방보조금 관리기준 참고)	입찰방식			운영예산 산정		성과평가 실시여부
						계약체결방법 (경쟁형태)	계약기간	낙찰자선정방법	운영예산 산정	정산방법	
2358	충북 음성군	음성평곡2리마을회관찜질방설치공사	42,000	8	4	4	7	3	5	1	3
2359	충북 음성군	금왕무극3리마을회관찜질방설치공사	40,000	8	4	4	7	3	5	1	3
2360	충북 음성군	금왕도청1리마을회관찜질방설치공사	38,000	8	4	4	7	3	5	1	3
2361	충북 음성군	귀농인소형농기계지원사업	36,000	8	1	7	8	7	5	5	4
2362	충북 음성군	금왕구계2리경로당찜질설치	35,000	8	6	7	8	7	5	5	4
2363	충북 음성군	원남문암2리경로당찜질설치	35,000	8	6	7	8	7	5	5	4
2364	충북 음성군	금왕백아리마을회관찜질방설치공사	35,000	8	4	4	7	3	5	1	3
2365	충북 음성군	금왕구계1리마을회관찜질방설치공사	35,000	8	4	4	7	3	5	1	3
2366	충북 음성군	금왕쌍봉1리마을회관찜질방설치공사	35,000	8	4	4	7	3	5	1	3
2367	충북 음성군	대소수태2리경로당찜질방설치	34,760	8	6	7	8	7	5	5	4
2368	충북 음성군	소이후미1리경로당찜질방설치	34,000	8	6	7	8	7	5	5	4
2369	충북 음성군	고추건조기	34,000	8	4	7	8	7	1	1	4
2370	충북 음성군	소이후미1리(음덕)경로당찜질방설치	33,000	8	6	7	8	7	5	5	4
2371	충북 음성군	소이후미1리(신대)경로당찜질방설치	33,000	8	6	7	8	7	5	5	4
2372	충북 음성군	고추세척기	25,000	8	4	7	8	7	1	1	4
2373	충북 음성군	벼자가육묘장보완및영농기자재지원	24,000	8	4	7	8	7	1	1	4
2374	충북 음성군	맹동봉현1리경로당보수	22,000	8	6	7	8	7	5	5	4
2375	충북 음성군	과일운반상자지원사업	22,000	8	4	7	8	7	1	1	4
2376	충북 음성군	맹동용촌3리마을회관보수공사	22,000	8	4	4	7	7	5	1	3
2377	충북 음성군	맹동봉현1리마을회관유지보수사업	22,000	8	4	4	7	7	5	1	3
2378	충북 음성군	여성친화기업환경개선사업	21,000	8	4	7	8	7	1	1	4
2379	충북 음성군	고품질쌀생산영농기자재지원(동력살분무기)	21,000	8	4	7	8	7	1	1	4
2380	충북 음성군	신계천(용계2리)마을만들기사업	21,000	8	7	7	8	7	5	5	4
2381	충북 음성군	과수저온피해방지구축시범	21,000	8	4	7	8	7	1	1	3
2382	충북 음성군	금왕도청2리경로당리모델링	20,000	8	6	7	8	7	5	5	4
2383	충북 음성군	시설채소(수박등)환풍기지원	20,000	8	4	7	8	7	1	1	4
2384	충북 음성군	로컬푸드기반조성지원	20,000	8	4	7	8	7	5	5	4
2385	충북 음성군	농촌지도자소형농기계지원사업	20,000	8	4	7	8	7	1	1	3
2386	충북 음성군	청년농업인4H드론자율봉사단운영	20,000	8	4	7	8	7	1	1	3
2387	충북 음성군	음성소여2리마을회관보수공사	19,800	8	4	4	7	7	5	1	3
2388	충북 음성군	금왕무극3리마을회관보수공사	18,000	8	4	4	7	7	5	1	3
2389	충북 음성군	음성읍내4리(일봉연립3차)아스콘덧씌우기	18,000	8	4	7	8	7	5	1	4
2390	충북 음성군	감곡사곡2리마을회관보수공사	17,820	8	4	4	7	7	5	1	3
2391	충북 음성군	채소무인병해충방제구축시범	17,500	8	4	7	8	7	1	1	3
2392	충북 음성군	수박소형과재배시범	17,500	8	4	7	8	7	1	1	3
2393	충북 음성군	음성석인2리경로당보수	15,000	8	6	7	8	7	5	5	4
2394	충북 음성군	블루베리생산성향상영농자재지원사업	15,000	8	4	7	8	7	1	1	4
2395	충북 음성군	귀농귀촌인농가주택수리비지원사업	15,000	8	1	7	8	7	5	5	4
2396	충북 음성군	벼육묘상관주리병해충방제시범	14,000	8	4	7	8	7	1	1	3
2397	충북 음성군	화훼농장에너지절감냉난방시스템구축시범	14,000	8	4	7	8	7	1	1	3

순번	시군구	지출명 (사업명)	2024년예산 (단위 : 천원 /1년간)	민간이전 분류 (지방자치단체 세출예산 집행기준에 의거) 1. 민간경상사업보조(307-02) 2. 민간단체 법정운영비보조(307-03) 3. 민간행사사업보조(307-04) 4. 민간위탁금(307-05) 5. 사회복지시설 법정운영비보조(307-10) 6. 민간위탁교육비(307-12) 7. 공기관등에대한경상적위탁사업비(308-13) 8. 민간자본사업보조,자체재원(402-01) 9. 민간자본사업보조,이전재원(402-02) 10. 민간위탁사업비(402-03) 11. 공기관등에 대한 자본적 위탁사업비(403-02)	민간이전지출 근거 (지방보조금 관리기준 참고) 1. 법률에 규정 2. 국고보조 재원(국가지정) 3. 용도 지정 기부금 4. 조례에 직접규정 5. 지자체가 권장하는 사업을 하는 공공기관 6. 시,도 정책 및 재정사정 7. 기타 8. 해당없음	계약체결방법 (경쟁형태) 1. 일반경쟁 2. 제한경쟁 3. 지명경쟁 4. 수의계약 5. 법정위탁 6. 기타 ( ) 7. 없음	계약기간 1. 1년 2. 2년 3. 3년 4. 4년 5. 5년 6. 기타 ( )년 7. 단기계약 (1년미만) 8. 없음	낙찰자선정방법 1. 적격심사 2. 협상에의한계약 3. 최저가낙찰제 4. 규격가격분리 5. 2단계 경쟁입찰 6. 기타 ( ) 7. 없음	운영예산 산정 1. 내부산정 (지자체 자체적으로 산정) 2. 외부산정 (외부전문기관위탁 산정) 3. 내·외부 모두 산정 4. 산정 無 5. 없음	정산방법 1. 내부정산 (지자체 내부적으로 정산) 2. 외부정산 (외부전문기관위탁 정산) 3. 내·외부 모두 산정 4. 정산 無 5. 없음	성과평가 실시여부 1. 실시 2. 미실시 3. 향후 추진 4. 해당없음
2398	충북 음성군	복숭아유인지주대활용수형개량시범	14,000	8	4	7	8	7	1	1	3
2399	충북 음성군	종축개량을통한염소생산성향상시범	14,000	8	4	7	8	7	1	1	3
2400	충북 음성군	육계왕겨재사용효율화시범	14,000	8	4	7	8	7	1	1	3
2401	충북 음성군	노동력절감축조시비기술보급시범	12,600	8	4	7	8	7	1	1	3
2402	충북 음성군	음성읍내4리(삼풍연립)아스콘덧씌우기	11,000	8	4	7	8	7	5	5	4
2403	충북 음성군	돌마래미(상우3리)마을만들기사업	10,000	8	7	7	8	7	5	5	4
2404	충북 음성군	감곡오향4리마을회관보수공사	10,000	8	4	4	7	7	5	5	3
2405	충북 음성군	4H본부조직활성화지원	10,000	8	4	7	8	7	1	1	3
2406	충북 음성군	생극병암4리경로당보수	9,000	8	6	7	8	7	5	5	4
2407	충북 음성군	소규모식품산업및전통주육성	9,000	8	4	7	8	7	5	5	4
2408	충북 음성군	수난구조장비구입및수리	8,600	8	4	7	8	7	1	1	4
2409	충북 음성군	무인보트활용벼제초제살포기술보급시범	8,400	8	4	7	8	7	1	1	3
2410	충북 음성군	음성군장애인체육회사무집기구입	8,000	8	1,4	7	8	7	1	1	1
2411	충북 음성군	화훼정밀재배를위한영농기자재보급시범	7,000	8	4	7	8	7	1	1	3
2412	충북 음성군	신소득특용작물안정재배기술보급시범	7,000	8	4	7	8	7	1	1	3
2413	충북 음성군	들깨생산농가지원사업(영농자재)	6,000	8	1	7	8	7	5	5	4
2414	충북 음성군	음성읍내3리(용원연립)LED등교체공사	5,000	8	4	7	8	7	5	5	4
2415	충북 음성군	탁구대구입	4,500	8	1,4	7	8	7	1	1	1
2416	충북 음성군	바이오차를활용한저탄소인삼재배지관리시범	4,200	8	4	7	8	7	1	1	3
2417	충북 음성군	각궁구입	4,125	8	1,4	7	8	7	1	1	1
2418	충북 음성군	음성군체육회사무집기(컴퓨터)구입	2,600	8	1,4	7	8	7	1	1	1
2419	충북 단양군	공동주택공동시설지원사업	260,000	8	1	7	8	7	5	5	4
2420	충북 단양군	경로당개보수지원사업	100,000	8	4	7	8	7	1	1	1
2421	충북 단양군	마늘밭마사토객토시범	100,000	8	1	7	8	7	1	1	1
2422	충북 단양군	친환경축산시설장비보급(자체)	100,000	8	6	7	8	7	1	1	3
2423	충북 단양군	마늘건조환경개선시범	75,000	8	1	7	8	7	1	1	1
2424	충북 단양군	어상천수박명품화지원	52,500	8	7	7	8	7	1	1	3
2425	충북 단양군	다목적소형저장고지원	50,400	8	7	7	8	7	1	1	3
2426	충북 단양군	청년창업지원사업(청년창업지원사업(시설비))	50,000	8	4	7	8	7	1	1	1
2427	충북 단양군	이미용업소시설개선사업	50,000	8	4	7	7	7	1	1	4
2428	충북 단양군	과수주요병해충방제지원	40,500	8	1	7	8	7	1	1	1
2429	충북 단양군	단양군수어통역센터차량대체구입	39,000	8	1	7	8	7	1	1	1
2430	충북 단양군	농촌지도자회농작업장비지원	36,000	8	4	7	8	7	1	1	1
2431	충북 단양군	귀농인소형농기계(관리기)지원	33,600	8	4	7	8	7	5	5	4
2432	충북 단양군	마을회관보수사업	30,000	8	4	7	8	7	1	1	1
2433	충북 단양군	사과다축과원조성시범	30,000	8	1	7	8	7	1	1	1
2434	충북 단양군	재해예방관수장비지원사업	30,000	8	7	7	8	7	1	1	3
2435	충북 단양군	노후과원생산성향상묘목갱신지원	28,000	8	1	7	8	7	1	1	1
2436	충북 단양군	착한가격업소규모시설개선지원	27,000	8	4	7	1	7	1	1	1
2437	충북 단양군	노지수박서리피해방지조기재배시범	24,000	8	1	7	8	7	1	1	1

순번	시군구	지출명 (사업명)	2024년예산 (단위 : 천원 /1년간)	민간이전 분류 (지방자치단체 세출예산 집행기준에 의거) 1. 민간경상사업보조(307-02) 2. 민간단체 법정운영비보조(307-03) 3. 민간행사사업보조(307-04) 4. 민간위탁금(307-05) 5. 사회복지시설 법정운영비보조(307-10) 6. 민간위탁교육비(307-12) 7. 공기관등에대한경상적위탁사업비(308-13) 8. 민간자본사업보조,자체재원(402-01) 9. 민간자본보조,이전재원(402-02) 10. 민간위탁사업비(402-03) 11. 공기관등에 대한 자본적 위탁사업비(403-02)	민간이전지출 근거 (지방보조금 관리기준 참고) 1. 법률에 규정 2. 국고보조 재원(국가지정) 3. 용도 지정 기부금 4. 조례에 직접규정 5. 지자체가 권장하는 사업을 하는 공공기관 6. 시,도 정책 및 재정사정 7. 기타 8. 해당없음	입찰방식			운영예산 산정		성과평가 실시여부 1. 실시 2. 미실시 3. 향후 추진 4. 해당없음
						계약체결방법 (경쟁형태) 1. 일반경쟁 2. 제한경쟁 3. 지명경쟁 4. 수의계약 5. 법정위탁 6. 기타 ( ) 7. 없음	계약기간 1. 1년 2. 2년 3. 3년 4. 4년 5. 5년 6. 기타 ( )년 7. 단기계약 (1년미만) 8. 없음	낙찰자선정방법 1. 적격심사 2. 협상에의한계약 3. 최저가낙찰제 4. 규격가격분리 5. 2단계 경쟁입찰 6. 기타 ( ) 7. 없음	운영예산 산정 1. 내부산정 (지자체 자체적으로 산정) 2. 외부산정 (외부전문기관위탁 산정) 3. 내·외부 모두 산정 4. 산정 無 5. 없음	정산방법 1. 내부정산 (지자체 내부적으로 정산) 2. 외부정산 (외부전문기관위탁 정산) 3. 내·외부 모두 산정 4. 정산 無 5. 없음	
2438	충북 단양군	귀농인비닐하우스신축지원	20,000	8	4	7	8	7	5	5	4
2439	충북 단양군	귀농인농가주택수리비지원	20,000	8	4	7	8	7	5	5	4
2440	충북 단양군	고추육묘환경개선시범	18,000	8	1	7	8	7	1	1	1
2441	충북 단양군	소형관정개발사업	14,000	8	4	7	8	7	5	5	4
2442	충북 단양군	고추서리피해예방안정생산시범	12,000	8	1	7	8	7	5	5	4
2443	충북 단양군	과원생력제초방초망시범	12,000	8	1	7	8	7	1	1	1
2444	충북 단양군	축사지붕개량지원사업	10,800	8	6	7	8	7	1	1	3
2445	충북 단양군	자율방범대방범초소및차량정비지원	10,000	8	1,4	7	8	7	1	1	1
2446	충북 단양군	내수면어업시설장비지원	10,000	8	4	7	8	7	1	1	3
2447	충북 단양군	경로당에어컨지원사업	9,000	8	4	7	8	7	5	5	4
2448	충북 단양군	영농4H회원자립기반조성지원	7,200	8	4	7	8	7	1	1	1
2449	충북 단양군	흑색썩음균핵병토양소독방제시범	7,000	8	1	7	8	7	5	5	4
2450	충북 단양군	트랩활용과수해충밀도저감지원	5,250	8	1	7	8	7	1	1	1
2451	충북 단양군	오미자과원갱신시범	3,750	8	1	7	8	7	1	1	1
2452	충북 단양군	마늘수확후생력화작업시범	3,600	8	1	7	8	7	1	1	1
2453	충북 단양군	단양예총노후컴퓨터교체및사무기기지원	3,000	8	4	7	8	7	1	1	1
2454	충북 단양군	다리안관광지문고신간도서구입	2,500	8	1,4	7	8	7	1	1	1
2455	충북 단양군	소형연못설치사업	2,450	8	4	7	8	7	5	5	4
2456	충북 단양군	노력절감고추생산성향상시범	1,800	8	1	7	8	7	5	5	4
2457	충청남도	장애인민원상담센터임차료	300,000	8	4	6	1	1	1	1	1
2458	충청남도	도장애인단체기능보강	94,554	8	4	6	1	1	1	1	1
2459	충청남도	재난재해대응인명구조용장비구입지원	45,000	8	4	7	8	7	1	1	4
2460	충청남도	메이커스페이스운영	43,000	8	4	7	8	7	5	5	4
2461	충청남도	사랑의집짓기(고치기)	42,500	8	4	1	1	1	1	1	1
2462	충청남도	해바라기센터기능보강(도)	40,000	8	6	7	8	7	5	5	4
2463	충청남도	재향군인회향군회관기능보강	30,000	8	4	7	8	7	1	1	4
2464	충청남도	충청남도적십자봉사회나눔터등기능보강사업	14,000	8	1	7	8	7	1	1	4
2465	충청남도	북한이탈주민초기정착지원	4,000	8	4	7	8	7	1	1	4
2466	충청남도	지역암센터장비비지원	1,200,000	8	2	5	8	7	5	3	1
2467	충남 천안시	경로당기능보강	700,000	8	6	4	1	7	1	1	4
2468	충남 천안시	경로당기능보강	600,000	8	1	7	1	7	1	1	4
2469	충남 천안시	과수연구개발기술보급	140,000	8	1	7	8	7	5	5	4
2470	충남 천안시	농축산관리	64,000	8	7	7	8	7	1	1	4
2471	충남 천안시	소규모공동주택관리지원사업	64,000	8	4	7	8	7	5	5	4
2472	충남 천안시	식량작물기술개발보급	49,000	8	1	7	8	7	5	5	4
2473	충남 천안시	채소특작연구보급	49,000	8	6	7	8	7	5	5	4
2474	충남 천안시	축산연구개발보급	35,000	8	1	7	8	7	5	5	4
2475	충남 천안시	작은도서관운영지원	30,000	8	4	7	8	7	5	5	4
2476	충남 천안시	농촌지도기획(벼일괄육묘자동화시스템보급시범)	17,500	8	1,4	7	8	7	1	1	1
2477	충남 천안시	농촌지도기획(기후변화대응대추생력화재배기술시범)	15,400	8	1,4	7	8	7	1	1	1

순번	시군구	지출명 (사업명)	2024년예산 (단위 : 천원 /1년간)	민간이전 분류 (지방자치단체 세출예산 집행기준에 의거) 1. 민간경상사업보조(307-02) 2. 민간단체 법정운영비보조(307-03) 3. 민간행사사업보조(307-04) 4. 민간위탁금(307-05) 5. 사회복지시설 법정운영비보조(307-10) 6. 민간인위탁교육비(307-12) 7. 공기관등에대한경상적위탁사업비(308-13) 8. 민간자본사업보조,자체재원(402-01) 9. 민간자본사업보조,이전재원(402-02) 10. 민간위탁사업비(402-03) 11. 공기관등에 대한 자본적 위탁사업비(403-02)	민간이전지출 근거 (지방보조금 관리기준 참고) 1. 법률에 규정 2. 국고보조 재원(국가지정) 3. 용도 지정 기부금 4. 조례에 직접규정 5. 지자체가 권장하는 사업을 하는 공공기관 6. 시,도 정책 및 재정사정 7. 기타 8. 해당없음	입찰방식 계약체결방법 (경쟁형태) 1. 일반경쟁 2. 제한경쟁 3. 지명경쟁 4. 수의계약 5. 법정위탁 6. 기타 ( ) 7. 없음	계약기간 1. 1년 2. 2년 3. 3년 4. 4년 5. 5년 6. 기타 ( )년 7. 단가계약(1년미만) 8. 없음	낙찰자선정방법 1. 적격심사 2. 협상에의한계약 3. 최저가낙찰제 4. 규격가격분리 5. 2단계 경쟁입찰 6. 기타 ( ) 7. 없음	운영예산 산정 1. 내부산정 (지자체 자체적으로 산정) 2. 외부산정 (외부전문기관위탁 산정) 3. 내,외부 모두 산정 4. 산정 無 5. 없음	정산방법 1. 내부정산 (지자체 내부적으로 정산) 2. 외부정산 (외부전문기관위탁 정산) 3. 내,외부 모두 정산 4. 정산 無 5. 없음	성과평가 실시여부 1. 실시 2. 미실시 3. 향후 추진 4. 해당없음
2478	충남 천안시	농축산관리	15,000	8	7	7	8	7	5	5	4
2479	충남 천안시	농촌지도기획(기후변화포도시설환경개선시범)	14,000	8	1,4	7	8	7	1	1	1
2480	충남 천안시	농촌지도기획(시설원예작물병해충무인방제시범)	14,000	8	1,4	7	8	7	1	1	1
2481	충남 천안시	농촌지도기획(기상재해대응포도안정생산시범)	14,000	8	1,4	7	8	7	1	1	1
2482	충남 천안시	농촌지도기획(시설하우스온도조절생산성향상시범)	14,000	8	1,4	7	8	7	1	1	1
2483	충남 천안시	농촌지도기획(밭작물안정생산모델구축시범)	14,000	8	1,4	7	8	7	1	1	1
2484	충남 천안시	농촌지도기획(벼우량육묘생산생력화기술보급시범)	7,000	8	1,4	7	8	7	1	1	1
2485	충남 공주시	답작용관정개발지원민간보조사업	180,000	8	6	7	8	7	1	1	4
2486	충남 공주시	자원봉사센터물품구입비	50,000	8	1	5	8	7	1	1	4
2487	충남 공주시	야생동물피해예방시설설치	30,000	8	5	7	7	7	1	1	4
2488	충남 공주시	공주시산악구조대컨테이너지원	20,000	8	4	7	8	7	1	1	4
2489	충남 공주시	어린이집맞춤형환경개선지원	20,000	8	1	7	8	7	1	1	4
2490	충남 공주시	사회복지협의회운영비지원	5,000	8	1	7	8	7	3	1	4
2491	충남 공주시	바르게살기운동협의회사무실컴퓨터구입	1,500	8	4	7	8	7	5	5	4
2492	충남 보령시	바지락종패지원	250,000	8	6	7	8	7	5	5	4
2493	충남 보령시	고부가가치어종(해삼)종자살포지원	120,000	8	6	7	8	7	5	5	4
2494	충남 보령시	수산물(멸치)포장용기보급	50,000	8	7	7	8	7	5	5	4
2495	충남 보령시	소규모유통가공설비지원	50,000	8	7	7	8	7	5	5	4
2496	충남 보령시	양송이재배사생산기반개선지원	801,000	8	3	7	8	7	5	5	4
2497	충남 보령시	공동주택관리비지원사업	300,000	8	4	7	8	7	5	5	1
2498	충남 보령시	낙동2리독거노인동거노락방신축	250,000	8	4	7	8	7	5	5	4
2499	충남 보령시	신흑7통독거노인동거노락방신축	250,000	8	4	7	8	7	5	5	4
2500	충남 보령시	성동1리경로당개보수	250,000	8	4	7	8	7	5	5	4
2501	충남 보령시	소규모주민숙원(민자)사업	186,800	8	6	7	8	7	5	5	4
2502	충남 보령시	개보수(공모)	150,000	8	4	7	8	7	5	5	4
2503	충남 보령시	양계농가육성	132,000	8	6	7	8	7	5	5	4
2504	충남 보령시	귀농창업농육성	90,000	8	4	7	8	7	5	5	4
2505	충남 보령시	경축순환농업촉진완숙퇴비생산시범	90,000	8	4	7	8	7	5	5	4
2506	충남 보령시	경로당운영지원	72,000	8	4	7	8	7	5	5	4
2507	충남 보령시	친환경농업실천공동농자재지원	70,000	8	4	7	8	7	5	5	4
2508	충남 보령시	농가맞춤형그린하우스보급	70,000	8	4	7	8	7	5	5	4
2509	충남 보령시	소규모공동주택관리지원사업	70,000	8	4	7	8	7	5	5	1
2510	충남 보령시	녹전리경로당개보수	60,000	8	4	7	8	7	5	5	4
2511	충남 보령시	폐양송이재배사철거지원	59,000	8	3	7	8	7	5	5	4
2512	충남 보령시	청년농업인육성생산기반지원	50,000	8	4	7	8	7	5	5	4
2513	충남 보령시	만세보령쿨냉쿨강낭콩명품화지원사업	50,000	8	4	7	8	7	5	5	4
2514	충남 보령시	폭염대응축사환기시설	50,000	8	6	7	8	7	5	5	4
2515	충남 보령시	귀농인영농정착지원	49,000	8	4	7	8	7	5	5	4
2516	충남 보령시	업무용차량(트럭)구입	47,000	8	1,4	5	8	7	1	1	3
2517	충남 보령시	진죽1리경로당개보수	30,000	8	4	7	8	7	5	5	4

연번	시스템	자산명 (시스템)	2024년예산 (단위: 천원/VAT포함)	업무의 중요성 (사이버위기 경보 발령기준) 1. 침해사고 대응 매뉴얼(307-02) 2. 사이버위기 경보 발령기준 등(307-03) 3. 용역 점검 기준 4. 중요정보 등급 기준(307-05) 5. 사내 정보시스템 개인정보 처리수준(307-10) 6. 인적자원 보안관리 지침(307-13) 7. 업무연속성 관리기준(308-13) 8. 임직원 개인정보 보호지침(402-01) 9. 위기관리계획 기본지침(402-02) 10. 민감한 개인정보 처리절차(403-02) 11. 중요정보의 반입 · 반출 보안업무 처리절차(403-02)	개인정보영향평가 (영향평가 대상 판단기준) 1. 영향 · 영향 등급 기준 2. 용도별 등급 기준 3. 용도별 등급 기준 4. 수요 등급 기준 5. 기밀성 영향 6. 기타 ( ) 7. 없음 8. 해당없음	업무확장성 1. 영향 2. 기관방호시설 3. 처리업무 4. 수용인원 5. 행사계획 6. 기타 ( ) 7. 없음	업무운영성 1. 영향 2. 등급 3. 기타 4. 수용 5. 기밀 6. 기타 ( ) 7. 없음	용량관리 영향 1. 대량처리 2. 개인정보처리 (실시간 개인정보 포함) 3. 수정사 판단 4. 개인정보보호 수준 (실시간 개인정보 수준) 5. 기관 수준 7. 기타	용량정보 영향 1. 대량처리 2. 개인정보 3. 수정사 판단 4. 중요성 판단 5. 기관 수준 6. 기타	내부통제 영향 1. 법적 · 규정 2. 이해 · 자본 감소 3. 사업수행 영향 4. 이미지 손실
2518	용역사업시	종합기록물관리시스템	30,000	8	4	7	8	7	7	5	5	4
2519	용역사업시	기록물보존시설	25,000	8	6	7	8	7	7	5	5	4
2520	용역사업시	행정25(영향)정보관리수	25,000	8	4	7	8	7	7	5	5	4
2521	용역사업시	아동25(영향)정보관리수	22,000	8	4	7	8	7	7	5	5	4
2522	용역사업시	모니터링정보종합용역정보관리	21,000	8	4	7	8	7	7	5	5	4
2523	용역사업시	통합안전관리기관직원관리시스템	20,000	8	4	7	8	7	7	5	5	1
2524	용역사업시	AnBank수출관리	20,000	8	4	7	7	7	7	1	1	3
2525	용역사업시	용역정보종합관리수	18,000	8	4	7	8	7	7	5	5	4
2526	용역사업시	가족정보수집관리	15,000	8	4	7	8	7	7	5	5	4
2527	용역사업시	이행25정보관리수	15,000	8	4	7	8	7	7	5	5	4
2528	용역사업시	수출25(관리)정보관리수	15,000	8	4	7	8	7	7	5	5	4
2529	용역사업시	수출25(시행)정보관리수	15,000	8	4	7	8	7	7	5	5	4
2530	용역사업시	용역정보종합관리시설	15,000	8	4	7	8	7	7	1	1	3
2531	용역사업시	처리정보종합정보관리수	12,000	8	4	7	8	7	7	5	5	4
2532	용역사업시	용역처리자원관리지원용역사업정	11,330	8	4	5	5	7	7	1	1	1
2533	용역사업시	수출기(용역시립)정보관리수	10,000	8	4	7	8	7	7	5	5	4
2534	용역사업시	대용정보관리수	10,000	8	4	7	8	7	7	5	5	4
2535	용역사업시	수출18(중산/인체)정보관리수	10,000	8	4	7	8	7	7	5	5	4
2536	용역사업시	수출23정보관리수	10,000	8	4	7	8	7	7	5	5	4
2537	용역사업시	용역23정보관리수	10,000	8	4	7	8	7	7	5	5	4
2538	용역사업시	처리근거정보관리정	10,000	8	1	7	7	7	7	1	1	3
2539	용역사업시	행정지정정보관리수	9,000	8	4	7	8	7	7	5	5	4
2540	용역사업시	수용1관리정정정보수	9,000	8	4	7	8	7	7	5	5	4
2541	용역사업시	처리자정보관리지관리	7,400	8	4	7	8	7	7	5	5	4
2542	용역사업시	처리자(고시이)정보자원관리	7,000	8	4	7	8	7	7	5	5	4
2543	용역사업시	용역23정정정관리수	6,000	8	4	7	8	7	7	5	5	4
2544	용역사업시	이용등정정사관리자업	4,000	8	1,4	5	8	7	7	1	1	1
2545	용역사업시	행정관계정관리업	3,000	8	4	7	8	7	7	1	1	4
2546	용역사업시	관리자비저정정정	2,500	8	1	7	8	7	7	1	1	1
2547	용역사업시	처리업자사업무자관리자정	2,000	8	1,4	5	8	7	7	1	1	3
2548	용역사업시	처리업자사업무자관리자정	1,540	8	1,4	5	8	7	7	1	1	3
2549	용역사업시	용역관리지정관	600	8	2	7	8	7	7	5	5	4
2550	용역사업시	용역수행자관리지정업	681,000	8	1,4	7	8	7	7	5	5	4
2551	용역사업시	용역RPC비지수정관리지정업	400,000	8	6	4	8	7	7	1	1	1
2552	용역사업시	용역정보관리정업	204,400	8	6	4	7	8	7	1	1	2
2553	용역사업시	개요정보원(용역중앙정관기지)지정관리 이사업	195,630	8	4	5	8	7	1	1	1	2
2554	용역사업시	관리용가지관지업	180,000	8	6	8	7	1	1	1	1	1
2555	용역사업시	용역협정원관리정업가지업	150,000	8	6	7	8	5	5	5	5	4
2556	용역사업시	용역정관관리정	135,000	8	6	4	8	7	1	1	1	2
2557	용역사업시	용역가지정관관리정(용역자정관)	75,000	8	4	7	8	7	5	5	5	4

순번	시군구	지출명 (사업명)	2024년예산 (단위 : 천원 /1년간)	민간이전 분류 (지방자치단체 세출예산 집행기준에 의거) 1. 민간경상사업보조(307-02) 2. 민간단체 법정운영비보조(307-03) 3. 민간행사사업보조(307-04) 4. 민간위탁금(307-05) 5. 사회복지시설 법정운영비보조(307-10) 6. 민간위야교육비(307-12) 7. 공기관등에대한경상적위탁사업비(308-13) 8. 민간자본사업보조,자체재원(402-01) 9. 민간자본사업보조,이전재원(402-02) 10. 민간위탁사업비(402-03) 11. 공기관등에 대한 자본적 위탁사업비(403-02)	민간이전지출 근거 (지방보조금 관리기준 참고) 1. 법률에 규정 2. 국고보조 재원(국가지정) 3. 용도 지정 기부금 4. 조례에 직접규정 5. 지자체가 권장하는 사업을 하는 공공기관 6. 시,도 정책 및 재정사정 7. 기타 8. 해당없음	입찰방식			운영예산 산정		성과평가 실시여부 1. 실시 2. 미실시 3. 향후 추진 4. 해당없음
						계약체결방법 (경쟁형태) 1. 일반경쟁 2. 제한경쟁 3. 지명경쟁 4. 수의계약 5. 법정위탁 6. 기타 ( ) 7. 없음	계약기간 1. 1년 2. 2년 3. 3년 4. 4년 5. 5년 6. 기타 ( )년 7. 단가계약 (1년미만) 8. 없음	낙찰자선정방법 1. 적격심사 2. 협상에의한계약 3. 최저가낙찰제 4. 규격가격분리 5. 2단계 경쟁입찰 6. 기타 ( ) 7. 없음	운영예산 산정 1. 내부산정 (지자체 자체적으로 산정) 2. 외부산정 (외부전문기관위탁 산정) 3. 내·외부 모두 산정 4. 산정 無 5. 없음	정산방법 1. 내부정산 (지자체 내부적으로 정산) 2. 외부정산 (외부전문기관위탁 정산) 3. 내·외부 모두 산정 4. 정산 無 5. 없음	
2558	충남 아산시	일상소비용중소과국내육성품종보급	75,000	8	4	7	8	7	5	5	4
2559	충남 아산시	로컬푸드직매장유통환경개선지원	64,200	8	4	7	8	7	5	5	4
2560	충남 아산시	소규모농식품기업생산·유통시설지원	50,000	8	1	7	8	7	5	5	4
2561	충남 아산시	로컬푸드직매장설치및기능보강사업	50,000	8	4	7	8	7	5	5	4
2562	충남 아산시	기획생산참여농가생산환경개선지원	50,000	8	4	7	8	7	5	5	4
2563	충남 아산시	벼노동력절감직파재배기술보급시범	50,000	8	4	7	8	7	5	5	4
2564	충남 아산시	고추농가수확후생력화장비지원사업	50,000	8	4	7	8	7	5	5	4
2565	충남 아산시	과원유해조류피해방지장비지원	46,000	8	4	7	8	7	5	5	4
2566	충남 아산시	채종포단지맞춤형(농업용지게차)지원사업	45,000	8	6	7	8	7	1	1	1
2567	충남 아산시	농산물수출기반조성지원	45,000	8	4	7	8	7	5	5	4
2568	충남 아산시	과수품질고급화육성(배연구회)	43,500	8	4	7	8	7	5	5	4
2569	충남 아산시	과수농가농기계지원사업	33,000	8	6	7	8	7	5	5	4
2570	충남 아산시	무료개방주차장지원(공유주차)	30,000	8	4	7	8	7	1	1	1
2571	충남 아산시	왕우렁이활용벼조기건답직파재배기술보급시범	30,000	8	4	7	8	7	5	5	4
2572	충남 아산시	맥류논콩,분질미이모작단지조성시범	30,000	8	4	7	8	7	5	5	4
2573	충남 아산시	친환경청년농부영농정착지원사업	29,250	8	4	7	8	7	1	1	1
2574	충남 아산시	원예작물재배농가작업장이동식에어컨지원	27,000	8	4	7	8	7	5	5	4
2575	충남 아산시	취소사육환경개선지원	25,000	8	4	7	8	7	5	5	4
2576	충남 아산시	상수도보호관리	25,000	8	4	7	8	7	1	1	4
2577	충남 아산시	지역아동센터물품구입비지원	22,750	8	4	7	8	7	5	1	1
2578	충남 아산시	홍가신선생유물관리환경개선	20,000	8	6	7	8	7	5	5	4
2579	충남 아산시	블루베리고품질생산시설시범	20,000	8	4	7	8	7	5	5	4
2580	충남 아산시	과수품질고급화육성(사과연구회)	16,000	8	4	7	8	7	5	5	4
2581	충남 아산시	노후공동육묘장배시설개보수	12,000	8	6	7	8	7	1	1	1
2582	충남 아산시	농작물돌발병해충긴급방제단운영지원사업	12,000	8	4	7	8	7	5	5	4
2583	충남 아산시	아산맑은쌀전용품종농가실증및채종재배시범	10,000	8	4	7	8	7	5	5	4
2584	충남 아산시	콩안정생산기반구축시범사업	10,000	8	4	7	8	7	5	5	4
2585	충남 아산시	해맑은벼시비특성조사시험포조성	10,000	8	4	7	8	7	5	5	4
2586	충남 아산시	축사입구고정형차량소독시설	7,500	8	4	7	8	7	5	5	4
2587	충남 아산시	벼종자철분코팅장비지원	7,500	8	4	7	8	7	5	5	4
2588	충남 아산시	도농교류센터정보화장비구입	7,200	8	1	7	8	7	5	5	4
2589	충남 아산시	대한노인회아산시지회기능보강사업(펌프실모터교체)	6,050	8	1	7	8	7	5	5	4
2590	충남 아산시	신품종보급을위한채종단지운영	5,000	8	4	7	8	7	5	5	4
2591	충남 아산시	아산맑은쌀전용품종개발시험포운영시범	5,000	8	4	7	8	7	5	5	4
2592	충남 아산시	과수품질고급화육성(블루베리연구회)	4,000	8	4	7	8	7	5	5	4
2593	충남 아산시	과수품질고급화육성(포도연구회)	4,000	8	4	7	8	7	5	5	4
2594	충남 아산시	상수도보호관리	3,625	8	4	7	8	7	1	1	1
2595	충남 서산시	특작물전용저온저장시설지원사업	130,000	8	4	4	7	7	1	1	1
2596	충남 서산시	노후시설하우스개보수지원사업	100,000	8	4	4	7	7	1	1	1
2597	충남 서산시	마늘건조시설지원사업	98,400	8	4	4	7	7	1	1	1

- 99 -

순번	사업구분	사업명	2024년예산 (단위: 백만원/개소)	신청요건 (관련근거 등)	지원대상 (사업시행주체)	지원조건	추진절차	사업방식	평가방법	사업성과	사후관리
2598	주민사업	농촌중심지활성화시범사업	87,500	8	4	7	7	1	1	1	1
2599	주민사업	마을만들기지원사업	52,500	8	4	7	7	1	1	1	1
2600	주민사업	마을공동체사업	40,000	8	4	7	7	1	1	1	1
2601	주민사업	마을기업육성지원사업	30,000	8	4	7	7	1	1	1	1
2602	주민사업	농촌재생지원사업	1,600,000	8	4	7	8	7	1	1	1
2603	주민사업	도시재생뉴딜사업	400,000	8	4	7	8	7	1	1	1
2604	주민사업	주민자치활성화지원사업	255,000	8	1,4	7	8	7	5	5	4
2605	주민사업	공동체활성화지원사업	200,000	8	4	7	8	7	1	1	1
2606	주민사업	도시농업활성화지원사업	146,264	8	2,4	7	8	7	5	5	4
2607	주민사업	생활문화공동체지원사업	80,000	8	1,4	7	8	7	5	5	4
2608	주민사업	주민참여예산지원사업	60,000	8	2,4	7	8	7	5	5	4
2609	주민사업	마을만들기지원사업(기타)	50,000	8	4	7	8	7	1	1	4
2610	주민사업	주민참여기반조성	50,000	8	1,4	7	8	7	5	5	4
2611	주민사업	주민자치회활성화지원사업	49,500	8	1,4	7	8	7	5	5	4
2612	주민사업	평생학습지원사업(기타)	45,000	8	4	7	8	7	1	1	1
2613	주민사업	주민참여활동지원사업	42,000	8	1,4	7	8	7	5	5	4
2614	주민사업	RFID종량기지원사업	36,125	8	4	7	8	7	5	5	4
2615	주민사업	마을공동체지원사업	35,000	8	1,4	7	8	7	5	5	4
2616	주민사업	희망키움통장지원사업(기타)	30,000	8	4	7	7	1	1	1	1
2617	주민사업	주민자치활성화지원사업	30,000	8	1,4	7	8	7	5	5	4
2618	주민사업	마을만들기사업(기타)	25,000	8	6	7	8	7	1	1	4
2619	주민사업	마을만들기지원사업(기타)	25,000	8	6	7	8	7	1	1	4
2620	주민사업	주민참여예산지원사업	20,000	8	1,4	7	8	7	5	1	1
2621	주민사업	마을공동체활성화사업	19,900	8	1,4	1	7	1	1	1	1
2622	주민사업	마을만들기지원사업	16,500	8	1,4	7	8	7	5	5	4
2623	주민사업	공동체활성화지원사업	14,800	8	4	7	8	7	5	5	4
2624	주민사업	마을공동체지원사업	14,000	8	1,4	7	8	7	5	5	4
2625	주민사업	주민공동체활성화사업	10,000	8	4	7	8	7	1	1	1
2626	주민사업	주민참여예산사업	10,000	8	5	7	8	7	1	1	1
2627	주민사업	마을만들기활성화지원사업	10,000	8	1,4	7	8	7	5	5	4
2628	주민사업	주민자치활동지원사업	5,000	8	4	7	7	1	1	1	1
2629	주민사업	마을공동체지원	500,000	8	4	7	8	7	1	1	1
2630	주민사업	마을공동체지원사업	270,000	8	4	7	8	7	1	1	1
2631	주민사업	마을공동체활성화지원사업	150,000	8	4	7	8	7	1	1	1
2632	주민사업	마을공동체형성지원사업	130,000	8	4	7	8	7	1	1	1
2633	주민사업	기타공동체지원사업	60,000	8	4	7	8	7	5	1	1
2634	주민사업	지역공동체활성화지원사업	44,000	8	4	7	8	1	1	1	4
2635	주민사업	복지공동체활성화지원사업	10,000	8	4	7	8	7	5	1	4
2636	주민사업	안전마을만들기지원사업	6,000	8	4	7	8	7	1	1	1
2637	주민사업	마을공영(단속)기지급사업	5,000	8	4	7	8	7	1	1	1

순번	시군구	지출명 (사업명)	2024년예산 (단위: 천원/1년간)	민간이전 분류 (지방자치단체 세출예산 집행기준에 의거) 1. 민간경상사업보조(307-02) 2. 민간단체 법정운영비보조(307-03) 3. 민간행사사업보조(307-04) 4. 민간위탁금(307-05) 5. 사회복지시설 법정운영비보조(307-10) 6. 민간위탁교육비(307-12) 7. 공기관등에대한경상적위탁사업비(308-13) 8. 민간자본사업보조,자체재원(402-01) 9. 민간자본보조,이전재원(402-02) 10. 민간위탁사업비(402-03) 11. 공기관등에 대한 자본적 위탁사업비(403-02)	민간이전지출 근거 (지방보조금 관리기준 참고) 1. 법률에 규정 2. 국고보조 재원(국가지정) 3. 용도 지정 기부금 4. 조례에 직접규정 5. 지자체가 권장하는 사업을 하는 공공기관 6. 시,도 정책 및 재정사정 7. 기타 8. 해당없음	입찰방식 계약체결방법 (경쟁형태) 1. 일반경쟁 2. 제한경쟁 3. 지명경쟁 4. 수의계약 5. 법정위탁 6. 기타() 7. 없음	계약기간 1. 1년 2. 2년 3. 3년 4. 4년 5. 5년 6. 기타()년 7. 단가계약 (1년미만) 8. 없음	낙찰자선정방법 1. 적격심사 2. 협상에의한계약 3. 최저가낙찰제 4. 규격가격분리 5. 2단계 경쟁입찰 6. 기타() 7. 없음	운영예산 산정 1. 내부산정 (지자체 자체적으로 산정) 2. 외부산정 (외부전문기관위탁 산정) 3. 내.외부 모두 산정 4. 산정 無 5. 없음	정산방법 1. 내부정산 (지자체 내부적으로 정산) 2. 외부정산 (외부전문기관위탁 정산) 3. 내.외부 모두 정산 4. 정산無 5. 없음	성과평가 실시여부 1. 실시 2. 미실시 3. 향후 추진 4. 해당없음
2638	충남 계룡시	공동주택지원사업(공용시설물유지보수)	337,000	8	4	7	8	7	1	1	1
2639	충남 계룡시	신재생에너지건물지원사업(국비직접지급사업)	20,000	8	2	7	8	7	1	1	4
2640	충남 계룡시	농어촌빈집정비	15,000	8	1	7	8	7	1	1	1
2641	충남 계룡시	시설하우스장기비닐교체시범	9,000	8	1	7	8	7	1	1	3
2642	충남 계룡시	소규모시설하우스ICT활용기술보급	8,000	8	1	7	8	7	1	1	3
2643	충남 계룡시	계룡시우수농산품포장재개발지원	8,000	8	1	7	8	7	1	1	3
2644	충남 계룡시	우리팥안정생산기반조성시범	6,000	8	1	7	8	7	5	5	4
2645	충남 계룡시	이상고온대응시설채소온도저감시범	5,600	8	1	7	8	7	1	1	3
2646	충남 계룡시	원예작물친환경생분해필름멀칭시범	5,600	8	1	7	8	7	1	1	3
2647	충남 계룡시	고추안정생산종합시범	4,800	8	1	7	8	7	1	1	3
2648	충남 계룡시	시설하우스광환경개선지원시범	4,800	8	1	7	8	7	1	1	3
2649	충남 계룡시	온난화대응아열대채소등재배시범	3,200	8	1	7	8	7	1	1	3
2650	충남 계룡시	벼재배농가개량못자리지원시범	800	8	1	7	8	7	1	1	3
2651	충남 당진시	친환경농장육성지원(맞춤형종합개선)	450,000	8	4	7	8	7	5	5	4
2652	충남 당진시	해나루공동브랜드포장재지원	300,000	8	4	7	8	7	1	1	4
2653	충남 당진시	6차지역특화공모사업	270,000	8	4	7	8	7	1	1	4
2654	충남 당진시	농산물유통센터참여농가종자지원	168,830	8	4	7	8	7	1	1	4
2655	충남 당진시	탄소중립시범마을	160,000	8	1	7	8	7	5	5	4
2656	충남 당진시	양봉농가육성지원	101,550	8	1	7	8	7	5	5	4
2657	충남 당진시	가금농가육성지원	92,300	8	1	7	8	7	5	5	4
2658	충남 당진시	어선안전장비지원	82,000	8	1	7	8	7	1	1	3
2659	충남 당진시	디지털원예농업스마트센서보급시범	48,000	8	7	7	8	7	5	5	4
2660	충남 당진시	보훈관리및지원(독립만세지원및관리)	42,530	8	1	7	8	7	1	1	1
2661	충남 당진시	대가축ICT,AI적용실증시범	42,000	8	7	7	8	7	5	5	4
2662	충남 당진시	쪽파연중생산기반조성시범	40,000	8	1	7	8	7	5	5	4
2663	충남 당진시	2024년공동주택RFID방식음식물류폐기물종량기설치지원사업	38,000	8	4	7	8	7	5	5	4
2664	충남 당진시	의용소방대순찰차량구입및도색	37,000	8	1	7	8	7	5	5	4
2665	충남 당진시	사슴농가육성지원	35,500	8	1	7	8	7	5	5	4
2666	충남 당진시	농산물포장재지원	35,000	8	4	7	8	7	1	1	4
2667	충남 당진시	양계농가사육환경개선지원	25,000	8	1	7	8	7	5	5	4
2668	충남 당진시	민간,가정노후어린이집환경개선	25,000	8	1	2	1	7	1	1	4
2669	충남 당진시	한우농가육성실증시범	24,000	8	7	7	8	7	5	5	4
2670	충남 당진시	젖소농가육성실증시범	24,000	8	7	7	8	7	5	5	4
2671	충남 당진시	중소가축ICT,AI적용실증시범	24,000	8	7	7	8	7	5	5	4
2672	충남 당진시	농촌체험휴양마을경관조성	21,000	8	1	7	8	7	1	1	4
2673	충남 당진시	산지유통및원예산업종합평가사업실적우수농협지원	20,000	8	1	7	8	7	1	1	4
2674	충남 당진시	수산물포장재지원	18,000	8	1	7	8	7	1	1	3
2675	충남 당진시	양봉산물소득개발실증사업	16,000	8	7	7	8	7	5	5	4
2676	충남 당진시	중소가축친환경육성실증시범	14,000	8	7	7	8	7	5	5	4
2677	충남 당진시	곤충농가기자재지원	10,000	8	1	7	8	7	5	5	4

순번	시군구	지출명 (사업명)	2024년예산 (단위: 천원/1년간)	민간이전 분류 (지방자치단체 세출예산 집행기준에 의거) 1. 민간경상사업보조(307-02) 2. 민간단체 법정운영비보조(307-03) 3. 민간행사사업보조(307-04) 4. 민간위탁금(307-05) 5. 사회복지시설 법정운영비보조(307-10) 6. 민간인위탁교육비(307-12) 7. 공기관등에대한경상적위탁사업비(308-13) 8. 민간자본사업보조_자체재원(402-01) 9. 민간자본사업보조_이전재원(402-02) 10. 민간위탁사업비(402-03) 11. 공기관등에 대한 자본적 위탁사업비(403-02)	민간이전지출 근거 (지방보조금 관리기준 참고) 1. 법률에 규정 2. 국고보조 재원(국가지정) 3. 용도 지정 기부금 4. 조례에 직접규정 5. 지자체가 권장하는 사업을 하는 공공기관 6. 시,도 정책 및 재정조정 7. 기타 8. 해당없음	입찰방식			운영예산 산정		성과평가 실시여부 1. 실시 2. 미실시 3. 향후 추진 4. 해당없음
						계약체결방법 (경쟁형태) 1. 일반경쟁 2. 제한경쟁 3. 지명경쟁 4. 수의계약 5. 법정위탁 6. 기타( ) 7. 없음	계약기간 1. 1년 2. 2년 3. 3년 4. 4년 5. 5년 6. 기타( )년 7. 단기계약 (1년미만) 8. 없음	낙찰자선정방법 1. 적격심사 2. 협상에의한계약 3. 최저가낙찰제 4. 규격가격분리 5. 2단계 경쟁입찰 6. 기타( ) 7. 없음	운영예산 산정 1. 내부산정 (지자체 자체적으로 산정) 2. 외부산정 (외부전문기관위탁 산정) 3. 내·외부 모두 산정 4. 산정 無	정산방법 1. 내부정산 (지자체 내부적으로 정산) 2. 외부정산 (외부전문기관위탁 정산) 3. 내·외부 모두 정산 4. 정산 無 5. 없음	
2678	충남 당진시	내수면양식장노후장비교체	9,000	8	1	7	8	7	1	1	1
2679	충남 당진시	염소산업육성지원	9,000	8	1	7	8	7	5	5	4
2680	충남 당진시	이상고온대응시설채소온도저감기술시범	8,000	8	7	7	8	7	5	5	4
2681	충남 당진시	시설원예생육환경개선기술지원시범	8,000	8	7	7	8	7	5	5	4
2682	충남 당진시	틈새재배실증시범	8,000	8	7	7	8	7	5	5	4
2683	충남 당진시	화훼류고온적응성국내육성품종비교시범	8,000	8	7	7	8	7	5	5	4
2684	충남 당진시	사과친환경적화제시범	8,000	8	7	7	8	7	5	5	4
2685	충남 당진시	특용작물생산성향상재배기술실증시범	8,000	8	7	7	8	7	5	5	4
2686	충남 당진시	노지고추유인망재배실증시범	8,000	8	7	7	8	7	5	5	4
2687	충남 당진시	특수채소작부체계개선실증시범	8,000	8	7	7	8	7	5	5	4
2688	충남 당진시	생강고온기피해경감기술시범	8,000	8	7	7	8	7	5	5	4
2689	충남 당진시	상추에너지저감형시범	8,000	8	7	7	8	7	5	5	4
2690	충남 당진시	파리고추병해충방제시범	8,000	8	7	7	8	7	5	5	4
2691	충남 당진시	포도조기출하보급시범	8,000	8	7	7	8	7	5	5	4
2692	충남 당진시	기업체여성휴게실(수유실)조성지원	5,500	8	2	7	8	7	1	1	1
2693	충남 당진시	로컬푸드상표승인농가포장재제작지원사업	100	8	4	7	8	7	1	1	4
2694	충남 금산군	경로당기능보강사업(신축,리모델링,개보수)	630,000	8	1	7	8	7	1	1	4
2695	충남 금산군	농업농촌경쟁력강화사업	231,415	8	5	7	8	7	1	1	3
2696	충남 금산군	경로당소요물품지원사업	113,000	8	1	7	8	7	1	1	4
2697	충남 금산군	남이면의용소방대차량지원	40,500	8	1	5	1	7	1	1	4
2698	충남 금산군	청년농업인정착지원기반조성	30,000	8	1	7	8	7	5	5	4
2699	충남 금산군	친환경벼생산온탕소독기지원	25,000	8	6	7	8	7	5	5	4
2700	충남 금산군	잎들깨채종포시설지원시범사업	24,600	8	4	7	8	7	5	5	4
2701	충남 금산군	음식점입식테이블식개선	24,000	8	4	2	8	1	1	1	1
2702	충남 금산군	신소비트렌드과수품목안정생산기반조성	20,000	8	6	7	8	7	5	5	4
2703	충남 금산군	시설원예무인방제시스템보급	20,000	8	6	7	8	7	5	5	4
2704	충남 금산군	중소형수박수직재배기술시범	20,000	8	6	7	8	7	5	5	4
2705	충남 금산군	농촌지도자회신기종지원촉진사업	15,000	8	5	7	8	7	5	5	4
2706	충남 금산군	이상기상대응과원피해예방시범사업	15,000	8	6	7	8	7	5	5	4
2707	충남 금산군	어르신공동생활의집기능보강사업	10,000	8	4	7	8	7	1	1	4
2708	충남 금산군	포도과원맞춤형다목적스마트방제기보급시범	10,000	8	6	7	8	7	5	5	4
2709	충남 금산군	어르신공동생활의집소요물품사업	5,000	8	4	7	8	7	1	1	4
2710	충남 부여군	홍산면남촌4리경로당신축공사	800,000	8	6	7	8	7	5	5	4
2711	충남 부여군	경로당보수	400,000	8	6	7	8	7	5	5	4
2712	충남 부여군	하반기농업용관정지원사업	282,500	8	1	7	8	7	5	5	4
2713	충남 부여군	경로당소요물품지원	250,000	8	6	7	8	7	5	5	4
2714	충남 부여군	농어촌빈집정비사업	147,000	8	1,4	7	8	7	1	1	1
2715	충남 부여군	공동주택환경개선지원	133,000	8	1,4	2	1	1	1	1	1
2716	충남 부여군	상반기농업용관정지원사업	127,500	8	1	7	8	7	5	5	4
2717	충남 부여군	취나물연작장해해소수경재배기술지원시범	80,000	8	5	7	8	7	5	5	4

순번	시군구	지출명 (사업명)	2024년예산 (단위 : 천원 /1년간)	민간이전 분류 (지방자치단체 세출예산 집행기준에 의거) 1. 민간경상사업보조(307-02) 2. 민간단체 법정운영비보조(307-03) 3. 민간행사사업보조(307-04) 4. 민간위탁금(307-05) 5. 사회복지시설 법정운영비보조(307-10) 6. 민간위탁육육비(307-12) 7. 공기관등에대한경상적위탁사업비(308-13) 8. 민간자본사업보조,자체재원(402-01) 9. 민간자본사업보조,이전재원(402-02) 10. 민간위탁사업비(402-03) 11. 공기관등에 대한 자본적 위탁사업비(403-02)	민간이전지출 근거 (지방보조금 관리기준 참고) 1. 법률에 규정 2. 국고보조 재원(국가지정) 3. 용도 지정 기부금 4. 조례에 직접규정 5. 지자체가 권장하는 사업을 하는 공공기관 6. 시,도 정책 및 재정사정 7. 기타 8. 해당없음	입찰방식			운영예산 산정		성과평가 실시여부 1. 실시 2. 미실시 3. 향후 추진 4. 해당없음
						계약체결방법 (경쟁형태) 1. 일반경쟁 2. 제한경쟁 3. 지명경쟁 4. 수의계약 5. 법정위탁 6. 기타 ( ) 7. 없음	계약기간 1. 1년 2. 2년 3. 3년 4. 4년 5. 5년 6. 기타 ( )년 7. 단기계약 (1년미만) 8. 없음	낙찰자선정방법 1. 적격심사 2. 협상에의한계약 3. 최저가낙찰제 4. 규격가격분리 5. 2단계 경쟁입찰 6. 기타 ( ) 7. 없음	운영예산 산정 1. 내부산정 (지자체 자체적으로 산정) 2. 외부산정 (외부전문기관위탁 산정) 3. 내·외부 모두 산정 4. 산정 無 5. 없음	정산방법 1. 내부정산 (지자체 내부적으로 정산) 2. 외부정산 (외부전문기관위탁 정산) 3. 내·외부 모두 산정 4. 정산 無 5. 없음	
2718	충남 부여군	친환경임산물생산자육성지원	50,000	8	4	7	8	7	1	1	2
2719	충남 부여군	폭염대응시설채소환경개선시범	50,000	8	5	7	8	7	5	5	4
2720	충남 부여군	경로당안전손잡이설치지원사업	49,996	8	6	7	8	7	5	5	4
2721	충남 부여군	가축분뇨수분조절제지원	40,000	8	4	7	8	7	1	1	4
2722	충남 부여군	염소폐사율저감을위한환경개선시범	40,000	8	5	7	8	7	5	5	4
2723	충남 부여군	옥산면중양리경로당지원사업	30,000	8	6	7	8	7	5	5	4
2724	충남 부여군	토종약꿀의브랜드화를위한저항성벌도입시범	30,000	8	5	7	8	7	5	5	4
2725	충남 부여군	중소형컬러수박전략화시범	30,000	8	5	7	8	7	5	5	4
2726	충남 부여군	부여읍동남5리경로당지원사업	25,000	8	6	7	8	7	5	5	4
2727	충남 부여군	귀농인소규모주택개선지원	25,000	8	1	7	8	7	1	1	1
2728	충남 부여군	어셈블리트레이를활용한딸기육묘재배시범	25,000	8	5	7	8	7	5	5	4
2729	충남 부여군	규암면노화1리경로당지원사업	20,000	8	6	7	8	7	5	5	4
2730	충남 부여군	생균제원자재지원	20,000	8	4	7	8	7	1	1	4
2731	충남 부여군	굿뜨래농식품품질관리시스템지원	20,000	8	4	7	8	7	5	5	4
2732	충남 부여군	딸기근권온도관리향상실증시범	20,000	8	5	7	8	7	5	5	4
2733	충남 부여군	연작토양친환경지력증진기술시범	17,500	8	1	7	8	7	5	5	4
2734	충남 부여군	유해생물구제수질정화지원	15,000	8	4	7	8	7	1	1	4
2735	충남 부여군	독립유공자후손주택환경개선사업	14,000	8	4	7	8	7	1	1	1
2736	충남 부여군	규암면내2리경로당지원사업	10,000	8	6	7	8	7	5	5	4
2737	충남 부여군	고능력젖소정액구입비지원	10,000	8	4	7	8	7	1	1	1
2738	충남 부여군	귀농인소규모농기계지원	10,000	8	1	7	8	7	1	1	1
2739	충남 부여군	수중정화및수해재난보수지원	8,000	8	4	7	8	7	5	5	4
2740	충남 부여군	범죄예방을위한청소년공부방환경개선사업	5,950	8	7	7	8	7	1	1	4
2741	충남 부여군	충화면분회경로당지원사업	5,000	8	6	7	8	7	5	5	4
2742	충남 부여군	홍산면교원2리경로당지원사업	5,000	8	6	7	8	7	5	5	4
2743	충남 서천군	모판용가공상토농업인지원	1,705,000	8	4	7	8	7	1	1	1
2744	충남 서천군	지역특화농특산물가공및유통시설지원	700,000	8	6	1	1	1	1	1	4
2745	충남 서천군	신소득과수작물생산지원	470,000	8	4	7	8	7	1	1	1
2746	충남 서천군	맥문동재배단지기반조성사업	168,000	8	4	7	8	7	5	5	4
2747	충남 서천군	농업기계지원	123,000	8	4	7	8	7	1	1	1
2748	충남 서천군	지역특화작물생산지원	122,500	8	4	7	8	7	1	1	1
2749	충남 서천군	중소규모농가저온유통시설지원	80,000	8	6	1	1	1	1	1	4
2750	충남 서천군	원예작물시설장비지원	55,500	8	4	7	8	7	1	1	1
2751	충남 서천군	한우기자재지원	52,500	8	1	7	8	7	5	5	4
2752	충남 서천군	서천군수어통역센터차량구입	50,000	8	4	7	8	7	5	5	4
2753	충남 서천군	가공용쌀재배단지지원	50,000	8	4	7	8	7	1	1	1
2754	충남 서천군	농촌지도자국내육성우량품종재배기술보급시범	42,000	8	4	7	8	7	5	5	4
2755	충남 서천군	기후변화대응작목개발및기반조성	35,000	8	4	7	8	7	5	5	4
2756	충남 서천군	맥문동꽃화분상품화시범	28,000	8	4	7	8	7	5	5	4
2757	충남 서천군	소규모도정공장포장재지원	25,000	8	6	1	1	1	1	1	4

순번	시군구	지출명 (사업명)	2024년예산 (단위 : 천원 /1년간)	민간이전 분류 (지방자치단체 세출예산 집행기준에 의거)	민간이전지출 근거 (지방보조금 관리기준 참고)	계약체결방법 (경쟁형태)	계약기간	낙찰자선정방법	운영예산 산정	정산방법	성과평가 실시여부
2758	충남 서천군	친환경농산물생산농업인지원사업	20,000	8	4	7	8	7	1	1	1
2759	충남 서천군	품목농업인연구회경쟁력강화기반조성지원시범	20,000	8	4	7	8	7	5	5	4
2760	충남 서천군	귀농수익형영농정착장비(관리기)지원사업	15,000	8	4	7	8	7	5	5	4
2761	충남 서천군	가축분뇨처리시설지원(펠릿제조기)	14,000	8	1	7	8	7	5	5	4
2762	충남 서천군	장애인무료급식소시설보강(지장협)	3,000	8	4	7	8	7	1	1	1
2763	충남 청양군	위생업소시설개선지원사업	70,000	8	4	7	8	7	5	5	4
2764	충남 청양군	쓰레기매립장주변지역지원사업	220,000	8	4	5	1	7	1	1	1
2765	충남 청양군	가정용음식물쓰레기감량기기지원사업	19,500	8	4	7	1	7	1	1	1
2766	충남 청양군	농산물세척. 건조. 저장시설지원	678,000	8	6	7	8	7	1	1	3
2767	충남 청양군	친환경임산물육성	672,000	8	1,4,6	7	8	7	5	5	4
2768	충남 청양군	농산물유통시설현대화	470,000	8	4	7	8	7	5	5	4
2769	충남 청양군	농업기계지원	405,000	8	6	7	8	7	5	5	4
2770	충남 청양군	임산물소득증대	391,000	8	1,4,6	7	8	7	5	5	4
2771	충남 청양군	시설원예기반지원	360,000	8	6	7	8	7	1	1	3
2772	충남 청양군	지역특화작목지원	282,000	8	6	7	8	7	1	1	3
2773	충남 청양군	전략특작생산단체육성	230,000	8	6	7	8	7	1	1	3
2774	충남 청양군	밤나무해충방제사업	227,640	8	8	7	8	7	5	5	4
2775	충남 청양군	경로당소요물품지원	227,500	8	6	4	7	7	1	1	1
2776	충남 청양군	전략친환경농업지원	210,000	8	6	7	8	7	5	5	4
2777	충남 청양군	수해사각지대농가특별지원	210,000	8	6	7	8	7	1	1	3
2778	충남 청양군	전략원예생산단체육성	186,000	8	6		8	7	1	1	3
2779	충남 청양군	농촌체험휴양마을경영활성화지원	183,750	8	7	7	8	7	5	5	4
2780	충남 청양군	동계작물생육지원	150,000	8	6	7	8	7	1	1	3
2781	충남 청양군	경로당리모델링사업	150,000	8	6	4	7	7	1	1	1
2782	충남 청양군	고추산업기반지원	144,000	8	6	7	8	7	1	1	3
2783	충남 청양군	품목별연구회육성지원사업	107,800	8	4	7	8	7	5	5	4
2784	충남 청양군	농특산물군수품질인증제도적기반마련	94,500	8	4	7	8	7	1	1	4
2785	충남 청양군	청년농업인영농디딤돌지원사업	80,000	8	4	7	8	7	5	5	4
2786	충남 청양군	청양더한우운송차량지원	66,000	8	4	7	8	7	5	5	4
2787	충남 청양군	벼육묘장설치지원	63,000	8	6	7	8	7	5	5	4
2788	충남 청양군	과수원예농가생산지원	60,000	8	6	7	8	7	1	1	3
2789	충남 청양군	축산폐기물관리시설	60,000	8	4	7	8	7	5	5	4
2790	충남 청양군	소규모재배농가지원사업	60,000	8	6	7	8	7	5	5	4
2791	충남 청양군	논타작물생산기반구축	45,000	8	6	7	8	7	5	5	4
2792	충남 청양군	청양군수어통역센터차량구입비지원	43,250	8	4	7	8	7	5	5	4
2793	충남 청양군	축산농가출입구소독시설지원	42,000	8	4	7	8	7	5	5	4
2794	충남 청양군	재향군인회사무실리모델링	40,000	8	1	7	8	7	1	1	1
2795	충남 청양군	밤나무해충방제사업	36,360	8	8	7	8	7	5	5	4
2796	충남 청양군	이상고온대응시설채소안정생산시범	35,000	8	1	7	8	7	5	5	4
2797	충남 청양군	어린이집노후통학차량교체비지원	30,000	8	4	7	8	7	1	1	1

- 70 -

순번	시군구	지출명 (사업명)	2024년예산 (단위: 천원/1년간)	민간이전 분류 (지방자치단체 세출예산 집행기준에 의거) 1. 민간경상사업보조(307-02) 2. 민간단체 법정운영비보조(307-03) 3. 민간행사사업보조(307-04) 4. 민간위탁금(307-05) 5. 사회복지시설 법정운영비보조(307-10) 6. 민간위탁교육비(307-12) 7. 공기관등에대한경상적위탁사업비(308-13) 8. 민간자본사업보조,자체재원(402-01) 9. 민간자본사업보조,이전재원(402-02) 10. 민간위탁사업비(402-03) 11. 공기관등에 대한 자본적 위탁사업비(403-02)	민간이전지출 근거 (지방보조금 관리기준 참고) 1. 법률에 규정 2. 국고보조 재원(국가지정) 3. 용도 지정 기부금 4. 조례에 직접규정 5. 지자체가 권장하는 사업을 하는 공공기관 6. 시,도 정책 및 재정사정 7. 기타 8. 해당없음	입찰방식 계약체결방법 (경쟁형태) 1. 일반경쟁 2. 제한경쟁 3. 지명경쟁 4. 수의계약 5. 법정위탁 6. 기타 ( ) 7. 없음	계약기간 1. 1년 2. 2년 3. 3년 4. 4년 5. 5년 6. 기타 ( )년 7. 단기계약 (1년미만) 8. 없음	낙찰자선정방법 1. 적격심사 2. 협상에의한계약 3. 최저가낙찰제 4. 규격가격분리 5. 2단계 경쟁입찰 6. 기타 ( ) 7. 없음	운영예산 산정 1. 내부산정 (지자체 자체적으로 산정) 2. 외부산정 (외부전문기관위탁 산정) 3. 내·외부 모두 산정 4. 산정 無 5. 없음	정산방법 1. 내부정산 (지자체 내부적으로 정산) 2. 외부정산 (외부전문기관위탁 정산) 3. 내·외부 모두 산정 4. 정산 無 5. 없음	성과평가 실시여부 1. 실시 2. 미실시 3. 향후 추진 4. 해당없음
2798	충남 청양군	논두렁물막이판지원사업	29,700	8	6	7	8	7	5	5	4
2799	충남 청양군	시설과수고온피해저감천창자동개폐시범	21,000	8	7	7	8	7	5	5	4
2800	충남 청양군	교촌치킨계약재배지원	20,000	8	6	7	8	7	1	1	3
2801	충남 청양군	청양더한우식육판매점시설및간판지원	14,000	8	4	7	8	7	5	5	4
2802	충남 청양군	치유농장육성시범	14,000	8	6	7	8	7	5	5	4
2803	충남 청양군	어린이집환경개선지원	13,000	8	2	7	8	7	1	1	1
2804	충남 청양군	원예용관수시설지원	10,000	8	6	7	8	7	1	1	3
2805	충남 청양군	보훈단체컴퓨터지원	2,000	8	1	7	8	7	1	1	1
2806	충남 홍성군	마을회관시설물기능보강	377,500	8	4	7	8	7	1	1	1
2807	충남 홍성군	자율방범대차량구입지원	60,000	8	4	7	8	7	1	1	4
2808	충남 홍성군	결성구수동마을회관리모델링	50,000	8	4	7	8	7	1	1	1
2809	충남 홍성군	새마을회기능보강	1,000	8	4	7	8	7	1	1	1
2810	충남 홍성군	행정동우회사무실기능보강	1,000	8	4	7	8	7	1	1	1
2811	충남 예산군	경로당개보수및기능보강사업	350,000	8	4	7	8	7	1	1	3
2812	충남 예산군	소형농기계지원사업	300,000	8	4	7	8	7	1	1	1
2813	충남 예산군	2세대이상공동주택관리지원사업	250,000	8	4	7	8	7	5	5	4
2814	충남 예산군	2세대미만공동주택관리지원사업	250,000	8	4	7	8	7	5	5	4
2815	충남 예산군	고덕면대천3리옥동경로당신축	210,000	8	4	7	8	7	1	1	3
2816	충남 예산군	양곡가공업체시설장비지원	200,000	8	5	7	8	7	1	1	1
2817	충남 예산군	벼곡물건조기지원(집진기포함)	160,000	8	4	7	8	7	1	1	1
2818	충남 예산군	시설하우스노후시설교체지원사업	150,000	8	4	4	8	7	5	1	1
2819	충남 예산군	원예작물농산물건조(세척)기지원사업	150,000	8	4	4	8	7	1	1	1
2820	충남 예산군	예산군자율방범대순찰차량구입	120,000	8	1,4	4	1	6	1	1	4
2821	충남 예산군	경로당소요물품지원사업	116,000	8	4	7	8	7	1	1	3
2822	충남 예산군	이티2리마을회관리모델링사업	60,000	8	4	4	7	7	1	1	1
2823	충남 예산군	우수기업작업환경개선	60,000	8	4	7	8	7	1	1	1
2824	충남 예산군	경로당입식테이블지원사업	50,000	8	4	7	8	7	1	1	3
2825	충남 예산군	의용소방대연합회순찰차량구입	45,500	8	4	4	7	7	1	1	3
2826	충남 예산군	시설원예재배환경개선사업	45,000	8	4	4	8	7	5	1	1
2827	충남 예산군	예산군자율방범대순찰차량구입	40,000	8	1,4	4	1	6	1	1	4
2828	충남 예산군	발효사료자가생산가축사육시범	37,800	8	6	7	8	7	5	5	4
2829	충남 예산군	통합사례관리대상가구주거환경개선	35,000	8	1	7	8	7	5	1	1
2830	충남 예산군	우수농업인연구회시범사업지원	32,400	8	4	7	8	7	5	5	4
2831	충남 예산군	축산회관리모델링사업	30,000	8	4	7	8	7	5	5	4
2832	충남 예산군	수산자원기반조성	30,000	8	4	7	8	7	1	1	1
2833	충남 예산군	시설원예생육환경개선시범	28,000	8	6	7	8	7	5	5	4
2834	충남 예산군	양돈악취감부숙도촉진시범사업	28,000	8	6	7	8	7	5	5	4
2835	충남 예산군	축산스마트감통합제어시스템활용기술시범	28,000	8	6	7	8	7	5	5	4
2836	충남 예산군	시설화훼환경개선시범	26,460	8	1	7	8	7	5	5	4
2837	충남 예산군	귀농인주택수리비지원	22,500	8	4	7	8	7	5	5	4

구분	사업명 (내역)	2024예산액 (단위: 백만원/기간)	사업의 성격 (지원사업분류기준 참조)	집행방식	재원분담	보조사업평가	성과평가 결과		성과 사업 결과	성과 사업 결과
			1. 민간경상사업보조(307-02) (지방자치단체가 부담하는 경비 보조) 2. 민간자본사업보조(307-03) 3. 민간행사사업보조(307-04) 4. 자본형성적 출연금(307-05) 5. 사회복지사업보조(307-10) 6. 민간위탁금(307-12) 7. 민간이전(308-13) 8. 장학금 및 학자금(308-01) 9. 민간인위탁교육비(402-02) 10. 민간단체법정운영비보조(402-03) 11. 공기관등에대한경상적위탁사업비(403-02) (403-03)	1. 법정 2. 공모 3. 중앙정부 위임 4. 자체계획 (지자체 재량사업) 5. 기타 (종교단체 지원 등)	1. 보조 2.2.1 직접 보조 2.2 간접 보조 3. 출연금 4. 위탁 5. 기타	1. 법정 2. 관행분담 3. 재정자립도 4. 수익자부담 5.5.1 6. 기타 () 7. 없음 (1건이면)	1. 법정 2. 관행분담 3. 재정자립도 4. 수익자부담 5.5.1 6. 기타 () 7. 없음	8. 없음	1. 법정 2. 관행분담 3. 재정자립도 4. 수익자부담 5.5.1 6. 기타 () 7. 없음 8. 없음 (1건이면)		1. 확대 2. 정상 3. 축소 유지 4. 사업 종료
2838	예술인 창작준비금 지원사업 운영	20,000	8	1,4	4	7	1	6	1	1	4
2839	예술교육 지원	20,000	8	4	7	8	7	1	1	1	4
2840	문화예술 지원 사업	20,000	8	4	7	7	7	1	1	1	3
2841	지역대표 공연예술제 지원	18,000	8	4	7	8	7	1	1	4
2842	예술인 교육사업 지원	16,000	8	5	7	8	7	1	1	1
2843	지역문화진흥 사업 지원	14,000	8	4	7	8	7	5	5	4
2844	공연예술 사업 지원	14,000	8	4	7	8	7	5	5	4
2845	지역문화 지원 사업	11,000	8	1,4	7	8	7	1	1	4
2846	지역문화 예술교육	10,000	8	6	7	8	7	5	5	4
2847	공연예술 콘텐츠 개발 지원	6,250	8	4	7	8	7	5	5	4
2848	문화예술 매개 콘텐츠 개발 지원사업	5,250	8	4	7	8	7	1	1	3
2849	공연예술 창작산업 지원	5,000	8	4	7	8	7	1	1	4
2850	공연예술 지원 사업 운영	2,000	8	4	7	8	7	5	5	4
2851	예술인 창작활동 지원 사업 운영	1,700,000	8	5	5	2	1	1	1	1
2852	공연예술 종합 지원	800,000	8	2	7	8	1	1	1	4
2853	문화예술 창작 지원 사업 운영	600,000	8	2	7	8	7	5	5	4
2854	지역문화 활성화 지원 사업	488,550	8	1	7	8	7	1	1	1
2855	문화예술 창작 지원 사업	450,000	8	2	7	8	7	5	3	4
2856	지역문화예술 진흥 지원사업	130,000	8	1	7	8	7	5	5	4
2857	문화예술 창작 지원	90,000	8	4	7	8	7	1	1	1
2858	지역문화 지원	80,000	8	4	7	8	7	1	1	1
2859	지역문화 지원 사업 운영	60,000	8	4	7	8	7	5	5	4
2860	문화예술 지원 사업 운영	36,000	8	1	7	8	7	5	1	4
2861	문화예술 지원 사업 운영	10,000	8	2	3	1	2	2	2	4
2862	문화예술(창작) 지원사업	900,000	8	4	7	8	1	1	1	3
2863	지역문화진흥 사업 지원	243,600	8	1	7	8	7	5	5	4
2864	공연예술 지원 사업	160,000	8	4	7	8	7	5	5	4
2865	공연예술 창작 지원 사업 운영	127,845	8	4	6	1	1	1	1	1
2866	문화예술 활동 지원	123,200	8	1	7	8	7	5	5	4
2867	공연예술 창작산업 진흥 지원	113,346	8	6	7	8	7	5	5	4
2868	지역문화 지원 사업	87,120	8	6	7	8	7	5	5	4
2869	지역문화 지원	70,000	8	1	7	8	7	5	5	4
2870	문화예술 지원 사업	70,000	8	1	7	8	7	5	5	4
2871	지역문화 지원 사업	64,000	8	4	7	8	7	5	5	4
2872	지역문화 지원 사업	49,000	8	1	7	8	7	5	5	4
2873	지역문화 지원 사업	40,000	8	1	7	8	7	5	5	4
2874	지역문화 지원 사업	38,500	8	4	7	8	7	5	5	4
2875	지역문화 지원 사업	28,700	8	4	7	8	7	5	5	4
2876	지역문화 지원 사업	28,000	8	1	7	8	7	5	5	4
2877	지역문화 지원 사업	28,000	8	1	7	8	7	5	5	4

순번	시군구	지출명 (사업명)	2024년예산 (단위 : 천원 /1년간)	민간이전 분류	민간이전지출 근거	입찰방식 계약체결방법	계약기간	낙찰자선정방법	운영예산 산정	정산방법	성과평가 실시여부
2878	경북 포항시	산딸기노력절감생산시범	28,000	8	4	7	8	7	5	5	4
2879	경북 포항시	고랭지신소득하계작물개발	22,400	8	1	7	8	7	5	5	4
2880	경북 포항시	산딸기재해예방시설시범	21,000	8	4	7	8	7	5	5	4
2881	경북 포항시	스테비아농법사과생산시범	20,216	8	1	7	8	7	5	5	4
2882	경북 포항시	포항초기계화재배시범	18,900	8	1	7	8	7	5	5	4
2883	경북 포항시	새소득작목표고원목지원	18,000	8	4	7	8	7	5	5	4
2884	경북 포항시	벼육묘상관주처리시범	14,207	8	1	7	8	7	5	5	4
2885	경북 포항시	특화작목저온저장시설지원	11,250	8	4	7	8	7	5	5	4
2886	경북 포항시	저탄소벼재배단지조성시범	10,500	8	1	7	8	7	5	5	4
2887	경북 포항시	과메기판매거리시설물설치	10,000	8	4	7	8	7	5	5	4
2888	경북 포항시	친환경액비활용기능성쌀생산시범	4,900	8	1	7	8	7	5	5	4
2889	경북 경주시	하늘마루주민협약사업(축산물직판장건립)	2,000,000	8	6	7	7	7	1	1	3
2890	경북 경주시	벼재배농가육묘상지원	1,500,000	8	6	7	8	7	5	5	4
2891	경북 경주시	벼재배농가육묘처리제지원	1,300,000	8	6	7	8	7	5	5	4
2892	경북 경주시	단독주택도시가스공급사업	600,000	8	4	7	8	7	5	5	4
2893	경북 경주시	다목적공익형육묘장설치지원	600,000	8	6	7	8	7	5	5	4
2894	경북 경주시	경주천년한우브랜드육성	500,000	8	6	7	7	7	1	1	3
2895	경북 경주시	방폐장민간환경감시기구(장비비)	320,000	8	2	7	8	7	5	5	4
2896	경북 경주시	TMF시설(사료원료저장)현대화지원	300,000	8	6	7	7	7	1	1	3
2897	경북 경주시	스마트팜육성지원사업	270,000	8	1	7	8	7	5	5	4
2898	경북 경주시	현곡면오류1리경로당(신축)	250,000	8	8	7	8	7	5	5	4
2899	경북 경주시	고품질벼생산단지육성사업	230,000	8	1	7	8	7	5	5	4
2900	경북 경주시	축산농가악취저감시설지원	225,000	8	6	7	7	7	1	1	3
2901	경북 경주시	경로당소파제작및설치	200,000	8	8	7	8	7	5	5	4
2902	경북 경주시	다목적이동식저온저장고지원	175,000	8	6	7	8	7	5	5	4
2903	경북 경주시	내남면노곡2리경로당(신축)	170,000	8	4	1	7	3	2	1	3
2904	경북 경주시	경주천년한우고급생산지원	162,000	8	6	7	7	7	1	1	3
2905	경북 경주시	벼생력형드문모심기단지조성사업	150,000	8	1	7	8	7	5	5	4
2906	경북 경주시	수송아지거세진료개선사업	135,000	8	6	7	7	7	1	1	3
2907	경북 경주시	전국으뜸체리명품화시범	120,000	8	1	7	8	7	5	5	4
2908	경북 경주시	깨끗한축산농장지원사업	105,000	8	6	7	7	7	1	1	3
2909	경북 경주시	축산농가자가사료제조및급이지원	100,000	8	6	7	7	7	1	1	3
2910	경북 경주시	긴급복지시설환경개선	100,000	8	8	7	8	7	5	5	4
2911	경북 경주시	귀농인영농정착지원	98,000	8	4	7	8	7	5	5	4
2912	경북 경주시	벼재배농가대형농기계지원	90,000	8	6	7	8	7	5	5	4
2913	경북 경주시	논콩재배단지조성지원	90,000	8	1	7	8	7	5	5	4
2914	경북 경주시	원예특작농가다목적저온저장고지원사업	90,000	8	1	7	8	7	5	5	4
2915	경북 경주시	부추및채소류생산력강화사업	90,000	8	1	7	8	7	5	5	4
2916	경북 경주시	채소특작경쟁력제고사업	90,000	8	1	7	8	7	5	5	4
2917	경북 경주시	경로당노후보일러교체	90,000	8	8	7	8	7	5	5	4

순번	시군구	지출명 (사업명)	2024년예산 (단위: 천원/1년간)	민간이전 분류 (지방자치단체 세출예산 집행기준에 의거) 1. 민간경상사업보조(307-02) 2. 민간단체 법정운영비보조(307-03) 3. 민간행사사업보조(307-04) 4. 민간위탁금(307-05) 5. 사회복지시설 법정운영비보조(307-10) 6. 민간인위탁교육비(307-12) 7. 공기관등에대한경상적위탁사업비(308-13) 8. 민간자본사업보조_자체재원(402-01) 9. 민간자본사업보조_이전재원(402-02) 10. 민간위탁사업비(402-03) 11. 공기관등에 대한 자본적 위탁사업비(403-02)	민간이전지출 근거 (지방보조금 관리기준 참고) 1. 법률에 규정 2. 국고보조 재원(국가지정) 3. 용도 지정 기부금 4. 조례에 직접규정 5. 지자체가 권장하는 사업을 하는 공공기관 6. 시,도 정책 및 재정사정 7. 기타 8. 해당없음	입찰방식 계약체결방법 (경쟁형태) 1. 일반경쟁 2. 제한경쟁 3. 지명경쟁 4. 수의계약 5. 법정위탁 6. 기타 ( ) 7. 없음	계약기간 1. 1년 2. 2년 3. 3년 4. 4년 5. 5년 6. 기타 ( )년 7. 단기계약 (1년미만) 8. 없음	낙찰자선정방법 1. 적격심사 2. 협상에의한계약 3. 최저가낙찰제 4. 규격가격분리 5. 2단계 경쟁입찰 6. 기타 ( ) 7. 없음	운영예산 산정 1. 내부산정 (지자체 자체적으로 산정) 2. 외부산정 (외부전문기관위탁 산정) 3. 내·외부 모두 산정 4. 산정 無	정산방법 1. 내부정산 (지자체 내부적으로 정산) 2. 외부정산 (외부전문기관위탁 정산) 3. 내·외부 모두 산정 4. 정산 無 5. 없음	성과평가 실시여부 1. 실시 2. 미실시 3. 향후 추진 4. 해당없음
2918	경북 경주시	고품질포도생산기반조성시범	90,000	8	1	7	8	7	5	5	4
2919	경북 경주시	법인택시노후장비교체지원	89,320	8	4	7	8	7	1	1	1
2920	경북 경주시	양봉보조사료(설탕)지원	86,000	8	6	7	7	7	1	1	3
2921	경북 경주시	과수화훼경쟁력제고	81,000	8	1	7	8	7	5	5	4
2922	경북 경주시	IoT번식효율개선지원사업	81,000	8	6	7	7	7	1	1	3
2923	경북 경주시	부추인력절감지원사업	72,000	8	1	7	8	7	5	5	4
2924	경북 경주시	어린가축호흡기질병유발원인환경개선시범	70,000	8	1	7	8	7	5	5	4
2925	경북 경주시	과수품질고급화사업	63,000	8	1	7	8	7	5	5	4
2926	경북 경주시	벼건조저장시설보완지원	60,000	8	1	7	8	7	1	1	3
2927	경북 경주시	신규사료작물알팔파재배기술보급시범	60,000	8	1	7	8	7	5	5	4
2928	경북 경주시	경주천년한우HACCP시스템적용시범	60,000	8	1	7	8	7	5	5	4
2929	경북 경주시	드론이용농작업재배기술확대시범사업	56,000	8	1	7	8	7	5	5	4
2930	경북 경주시	건찰찰쌀보리자육성	54,000	8	6	7	8	7	5	5	4
2931	경북 경주시	논타작물생력화장비지원	50,000	8	6	7	8	7	5	5	4
2932	경북 경주시	조사료생산장비지원	50,000	8	6	7	7	7	1	1	3
2933	경북 경주시	농가형가공사업품질향상지원	50,000	8	4	7	8	7	5	5	4
2934	경북 경주시	농업인소규모가공창업장조성	50,000	8	4	7	8	7	5	5	4
2935	경북 경주시	분뇨수집운반대행업자유류비지원	48,000	8	4	7	8	7	1	1	2
2936	경북 경주시	딸기품질고급화사업	45,000	8	1	7	8	7	5	5	4
2937	경북 경주시	조사료생산부속장비지원	45,000	8	6	7	7	7	1	1	3
2938	경북 경주시	과수인력절감장비지원사업	43,200	8	1	7	8	7	5	5	4
2939	경북 경주시	원예작물친환경단지조성시범	42,000	8	1	7	8	7	5	5	4
2940	경북 경주시	돈사환경개선지원	40,500	8	6	7	7	7	1	1	3
2941	경북 경주시	조생종벼육성지원	40,000	8	6	7	8	7	5	5	4
2942	경북 경주시	배봉지원	40,000	8	1	7	8	7	5	5	4
2943	경북 경주시	곤포사일리지집게지원	40,000	8	6	7	7	7	1	1	3
2944	경북 경주시	귀농귀촌인유치우수마을지원	40,000	8	4	7	8	7	5	5	4
2945	경북 경주시	원예작물스마트팜실용기술확대보급시범	40,000	8	1	7	8	7	5	5	4
2946	경북 경주시	무농약쌀생산단지육성사업	39,000	8	1	7	8	7	5	5	4
2947	경북 경주시	경주팥생산단지조성사업	38,000	8	1	7	8	7	5	5	4
2948	경북 경주시	과수기능성영양제등지원사업	37,800	8	1	7	8	7	5	5	4
2949	경북 경주시	가뭄대비밭작물관수,관비시설지원	36,000	8	6	7	8	7	5	5	4
2950	경북 경주시	과수장기저장제등지원사업	36,000	8	1	7	8	7	5	5	4
2951	경북 경주시	사료혼합기지원	36,000	8	6	7	8	7	1	1	3
2952	경북 경주시	농산부산물사료화기술보급시범	35,000	8	1	7	8	7	5	5	4
2953	경북 경주시	승계농업인정착지원	31,500	8	6	7	8	7	5	5	4
2954	경북 경주시	친환경등과수재배기반조성사업	31,500	8	1	7	8	7	5	5	4
2955	경북 경주시	양봉자재(소초광)지원	31,000	8	6	7	7	7	1	1	3
2956	경북 경주시	한우송아지전용건초조제시범	30,800	8	1	7	8	7	5	5	4
2957	경북 경주시	기후변화에대응한안평벼재배지원	30,000	8	6	7	8	7	5	5	4

순번	시군구	지출명 (사업명)	2024년예산 (단위 : 천원 /1년간)	민간이전 분류 (지방자치단체 세출예산 집행기준에 의거) 1. 민간경상사업보조(307-02) 2. 민간단체 법정운영비보조(307-03) 3. 민간행사사업보조(307-04) 4. 민간위탁금(307-05) 5. 사회복지시설 법정운영비보조(307-10) 6. 민간위탁교육비(307-12) 7. 공기관등에대한경상적위탁사업비(308-13) 8. 민간자본사업보조,자체재원(402-01) 9. 민간자본보조,이전재원(402-02) 10. 민간위탁사업비(402-03) 11. 공기관등에 대한 자본적 위탁사업비(403-02)	민간이전지출 근거 (지방보조금 관리기준 참고) 1. 법률에 규정 2. 국고보조 재원(국가지정) 3. 용도 지정 기부금 4. 조례에 직접규정 5. 지자체가 권장하는 사업을 하는 공공기관 6. 시, 도 정책 및 재정사정 7. 기타 8. 해당없음	입찰방식			운영예산 산정		성과평가 실시여부 1. 실시 2. 미실시 3. 향후 추진 4. 해당없음
						계약체결방법 (경쟁형태) 1. 일반경쟁 2. 제한경쟁 3. 지명경쟁 4. 수의계약 5. 법정위탁 6. 기타 ( ) 7. 없음	계약기간 1. 1년 2. 2년 3. 3년 4. 4년 5. 5년 6. 기타 ( )년 7. 단기계약 (1년미만) 8. 없음	낙찰자선정방법 1. 적격심사 2. 협상에의한계약 3. 최저가낙찰제 4. 규격가격분리 5. 2단계 경쟁입찰 6. 기타 ( ) 7. 없음	운영예산 산정 1. 내부산정 (지자체 자체적으로 산정) 2. 외부산정 (외부전문기관위탁 산정) 3. 내·외부 모두 산정 4. 산정 無 5. 없음	정산방법 1. 내부정산 (지자체 내부적으로 정산) 2. 외부정산 (외부전문기관위탁 정산) 3. 내·외부 모두 정산 4. 정산 無 5. 없음	
2958	경북 경주시	체리재배기반조성지원사업	30,000	8	1	7	8	7	5	5	4
2959	경북 경주시	블루베리관비재배시스템조성시범	30,000	8	1	7	8	7	5	5	4
2960	경북 경주시	지속가능한다축사과원조성시범	30,000	8	1	7	8	7	5	5	4
2961	경북 경주시	건천읍화천1리마을회관(보수)	29,980	8	8	7	8	7	5	5	4
2962	경북 경주시	야생동물피해예방사업	27,000	8	7	7	8	7	5	1	3
2963	경북 경주시	한라봉현대화시설및장비지원사업	27,000	8	1	7	8	7	5	5	4
2964	경북 경주시	대마육성지원사업	27,000	8	1	7	8	7	5	5	4
2965	경북 경주시	반려동물문화축제지원	27,000	8	6	7	7	7	1	1	3
2966	경북 경주시	경로당상수도배관세척	27,000	8	1	7	8	7	5	5	4
2967	경북 경주시	가루쌀생산단지교육컨설팅지원	25,200	8	2	7	8	7	5	5	4
2968	경북 경주시	고청윤경혈고택정비	25,000	8	5	7	8	7	1	1	1
2969	경북 경주시	초유은행거점농가유질향상시범	25,000	8	1	7	8	7	5	5	4
2970	경북 경주시	서면아화1리경로당(보수)	24,200	8	8	7	8	7	5	5	4
2971	경북 경주시	안강읍용통2리마을회관(보수)	23,430	8	8	7	8	7	5	5	4
2972	경북 경주시	마늘인력절감및경쟁력강화사업	22,500	8	1	7	8	7	5	5	4
2973	경북 경주시	건천읍모량2리경로당(보수)	21,712	8	8	7	8	7	5	5	4
2974	경북 경주시	강동면왕신1리경로당(보수)	21,692	8	8	7	8	7	5	5	4
2975	경북 경주시	월성동도지경로당(보수)	21,212	8	8	7	8	7	5	5	4
2976	경북 경주시	선도동고란경로당(보수)	21,000	8	8	7	8	7	5	5	4
2977	경북 경주시	선도동장매마을경로당(보수)	20,774	8	8	7	8	7	5	5	4
2978	경북 경주시	원예작물경쟁력향상시범	20,000	8	1	7	8	7	5	5	4
2979	경북 경주시	반사필름지원	18,000	8	1	7	8	7	5	5	4
2980	경북 경주시	블루베리품질강화지원사업	18,000	8	1	7	8	7	5	5	4
2981	경북 경주시	개사육농가톱밥지원	18,000	8	6	7	7	7	1	1	3
2982	경북 경주시	영농4H자립기반조성	18,000	8	4	7	8	7	5	5	4
2983	경북 경주시	귀농인소형농기계지원	16,800	8	4	7	8	7	5	5	4
2984	경북 경주시	경주전통손명주마을누에고치지원	16,200	8	1	7	8	7	1	1	3
2985	경북 경주시	서면심곡원심경로당(보수)	16,170	8	8	7	8	7	5	5	4
2986	경북 경주시	청보리채종단지조성시범	15,000	8	1	7	8	7	5	5	4
2987	경북 경주시	사과우량품종갱신지원사업	13,500	8	1	7	8	7	5	5	4
2988	경북 경주시	건천읍송선1리달천경로당(보수)	13,100	8	8	7	8	7	5	5	4
2989	경북 경주시	가축방역용고압분무기지원	12,600	8	6	7	7	7	1	1	3
2990	경북 경주시	귀농인주택수리비지원	12,000	8	4	7	8	7	5	5	4
2991	경북 경주시	귀농인영농자재구입지원	11,200	8	4	7	8	7	5	5	4
2992	경북 경주시	사료용해기지원	11,000	8	6	7	7	7	1	1	3
2993	경북 경주시	화훼생산전문농업인육성시범	10,000	8	1	7	8	7	5	5	4
2994	경북 경주시	신품종사료작물채종단지조성시범	10,000	8	1	7	8	7	5	5	4
2995	경북 경주시	한우번식우단지수태율향상시범	10,000	8	1	7	8	7	5	5	4
2996	경북 경주시	현곡면남사2리경로당(보수)	9,966	8	8	7	8	7	5	5	4
2997	경북 경주시	안강읍산대4리경로당(보수)	9,900	8	8	7	8	7	5	5	4

순번	시군구	지출명 (사업명)	2024년예산 (단위 : 천원 /1년간)	민간이전 분류 (지방자치단체 세출예산 집행기준에 의거) 1. 민간경상사업보조(307-02) 2. 민간단체 법정운영비보조(307-03) 3. 민간행사사업보조(307-04) 4. 민간위탁금(307-05) 5. 사회복지시설 법정운영비보조(307-10) 6. 민간인위탁교육비(307-12) 7. 공기관등에대한경상적위탁사업비(308-13) 8. 민간자본사업보조,자체재원(402-01) 9. 민간자본사업보조,이전재원(402-02) 10. 민간위탁사업비(402-03) 11. 공기관에 대한 자본적 위탁사업비(403-02)	민간이전지출 근거 (지방보조금 관리기준 참고) 1. 법률에 규정 2. 국고보조 재원(국가지정) 3. 용도 지정 기부금 4. 조례에 직접규정 5. 지자체가 권장하는 사업을 하는 공공기관 6. 시,도 정책 및 재정사정 7. 기타 8. 해당없음	입찰방식			운영예산 산정		성과평가 실시여부 1. 실시 2. 미실시 3. 향후 추진 4. 해당없음
						계약체결방법 (경쟁형태) 1. 일반경쟁 2. 제한경쟁 3. 지명경쟁 4. 수의계약 5. 법정위탁 6. 기타 ( ) 7. 없음	계약기간 1. 1년 2. 2년 3. 3년 4. 4년 5. 5년 6. 기타 ( )년 7. 단기계약 (1년미만) 8. 없음	낙찰자선정방법 1. 적격심사 2. 협상에의한계약 3. 최저가낙찰제 4. 규격가격분리 5. 2단계 경쟁입찰 6. 기타 ( ) 7. 없음	운영예산 산정 1. 내부산정 (지자체 자체적으로 산정) 2. 외부산정 (외부전문기관위탁 산정) 3. 내·외부 모두 산정 4. 산정 無	정산방법 1. 내부정산 (지자체 내부적으로 정산) 2. 외부정산 (외부전문기관위탁 정산) 3. 내·외부 모두 산정 4. 정산 無 5. 없음	
2998	경북 경주시	내남면망성1리경로당(보수)	9,900	8	8	7	8	7	5	5	4
2999	경북 경주시	현곡면하구1리경로당(보수)	9,843	8	8	7	8	7	5	5	4
3000	경북 경주시	강동면국당2리마을회관(보수)	9,537	8	8	7	8	7	5	5	4
3001	경북 경주시	자동채밀기지원	8,800	8	6	7	7	7	1	1	3
3002	경북 경주시	내남면양지마을경로당(보수)	8,060	8	8	7	8	7	5	5	4
3003	경북 경주시	반사필름처리지원사업	8,000	8	1	7	8	7	5	5	4
3004	경북 경주시	감포읍감포할머니회경로당(보수)	7,947	8	8	7	8	7	5	5	4
3005	경북 경주시	양봉농가차량접이식리프트지원	7,500	8	6	7	7	7	1	1	3
3006	경북 경주시	시금치품질균일화사업	7,200	8	1	7	8	7	5	5	4
3007	경북 경주시	읍면동새마을문고도서구입	7,200	8	1,4	7	8	7	1	1	1
3008	경북 경주시	외동읍활성리마을회관(보수)	7,200	8	8	7	8	7	5	5	4
3009	경북 경주시	건천읍신평2리가척경로당(보수)	6,710	8	8	7	8	7	5	5	4
3010	경북 경주시	사슴농가포장용기지원	6,300	8	6	7	7	7	1	1	3
3011	경북 경주시	강동면오금4리경로당(보수)	6,000	8	8	7	8	7	5	5	4
3012	경북 경주시	공공비축미대형포대매입기자재지원	5,000	8	1	7	8	7	1	1	3
3013	경북 경주시	현곡면오류2리마을회관(보수)	4,196	8	8	7	8	7	5	5	4
3014	경북 경주시	자동탈봉기지원	4,000	8	6	7	7	7	1	1	3
3015	경북 경주시	꿀펌핑기지원	2,750	8	6	7	7	7	1	1	3
3016	경북 경주시	양봉이동식인버터지원	1,700	8	6	7	7	7	1	1	3
3017	경북 영천시	청년농업인농식품아이디어콘테스트	270,000	8	4	7	8	7	1	1	4
3018	경북 영천시	농식품가공판매유통기반조성	200,000	8	4	7	8	7	1	1	4
3019	경북 영천시	복숭아조기출하시설재배시범	160,000	8	1	7	8	7	5	5	4
3020	경북 영천시	대형농기계(트랙터)지원사업	105,000	8	4	7	8	7	5	5	4
3021	경북 영천시	대형농기계(트랙터)지원사업	105,000	8	4	7	8	7	5	5	4
3022	경북 영천시	노동력절감장비지원	44,000	8	6	7	8	7	5	5	4
3023	경북 영천시	미래형사과다축과원시범보급	40,000	8	1	7	8	7	5	5	4
3024	경북 영천시	농가형쌀저온유통시설지원	30,000	8	4	7	8	7	5	5	4
3025	경북 영천시	농촌지도자생산성향상농기자재지원	25,000	8	6	7	8	7	5	5	4
3026	경북 영천시	스마트영농작업개선시범	25,000	8	4	7	8	7	5	5	4
3027	경북 영천시	우수농식품가공업체활성화	24,000	8	4	7	8	7	1	1	4
3028	경북 영천시	양봉장이전지원	20,000	8	6	6	1	6	4	1	1
3029	경북 영천시	포도IOT기반무인관수및방제시스템시범	20,000	8	1	7	8	7	5	5	4
3030	경북 영천시	시설원예스마트팜보급시범	20,000	8	1	7	8	7	5	5	4
3031	경북 영천시	염소개량사업	18,000	8	6	6	1	6	4	1	1
3032	경북 영천시	포도적정시비를위한토양개량시범	18,000	8	1	7	8	7	5	5	4
3033	경북 영천시	마늘연작장해결토양소독기신기술시범	15,000	8	1	7	8	7	5	5	4
3034	경북 영천시	여성농업인소형편의장비지원	14,000	8	4	7	8	7	5	5	4
3035	경북 영천시	여성농업인생산성향상장비지원	10,500	8	7	7	8	7	5	5	4
3036	경북 영천시	고품질채종포조성시범	10,000	8	4	7	8	7	5	5	4
3037	경북 영천시	잡초성벼상습발생지재배환경개선시범	10,000	8	4	7	8	7	5	5	4

- 76 -

순번	시군구	지출명 (사업명)	2024년예산 (단위 : 천원/1년간)	민간이전 분류 (지방자치단체 세출예산 집행기준에 의거) 1. 민간경상사업보조(307-02) 2. 민간단체 법정운영비보조(307-03) 3. 민간행사사업보조(307-04) 4. 민간위탁금(307-05) 5. 사회복지시설 법정운영비보조(307-10) 6. 민간인위탁교육비(307-12) 7. 공기관등에대한경상적위탁사업비(308-13) 8. 민간자본사업보조,자체재원(402-01) 9. 민간자본사업보조,이전재원(402-02) 10. 민간위탁사업비(402-03) 11. 공기관등에 대한 자본적 위탁사업비(403-02)	민간이전지출 근거 (지방보조금 관리기준 참고) 1. 법률에 규정 2. 국고보조 재원(국가지정) 3. 용도 지정 기부금 4. 조례에 직접규정 5. 지자체가 권장하는 사업을 하는 공공기관 6. 시,도 정책 및 재정사정 7. 기타 8. 해당없음	입찰방식			운영예산 산정		성과평가 실시여부 1. 실시 2. 미실시 3. 향후 추진 4. 해당없음
						계약체결방법 (경쟁형태) 1. 일반경쟁 2. 제한경쟁 3. 지명경쟁 4. 수의계약 5. 법정위탁 6. 기타 ( ) 7. 없음	계약기간 1. 1년 2. 2년 3. 3년 4. 4년 5. 5년 6. 기타 ( )년 7. 단기계약 (1년미만) 8. 없음	낙찰자선정방법 1. 적격심사 2. 협상에의한계약 3. 최저가낙찰제 4. 규격가격분리 5. 2단계 경쟁입찰 6. 기타 ( ) 7. 없음	운영예산 산정 1. 내부산정 (지자체 자체적으로 산정) 2. 외부산정 (외부전문기관위탁 산정) 3. 내·외부 모두 산정 4. 산정 無 5. 없음	정산방법 1. 내부정산 (지자체 내부적으로 정산) 2. 외부정산 (외부전문기관위탁 정산) 3. 내·외부 모두 산정 4. 정산 無 5. 없음	
3038	경북 영천시	벼육묘상관주처리병해충방제시범	10,000	8	4	7	8	7	5	5	4
3039	경북 영천시	추석햅쌀출하용조생종벼재배시범	10,000	8	4	7	8	7	5	5	4
3040	경북 영천시	신품종콩지역실증시범	10,000	8	2	7	8	7	5	5	4
3041	경북 영천시	트랙터모듈형직진자동조향장치기술시범	10,000	8	1	7	8	7	5	5	4
3042	경북 영천시	축산농가소독시설(장비)지원	9,600	8	4	6	1	6	4	1	1
3043	경북 영천시	청년농업인4H회원영농기반조성	9,000	8	6	7	8	7	5	5	4
3044	경북 영천시	선도농업인밀착형편의장비지원	7,000	8	4	7	8	7	5	5	4
3045	경북 영천시	과수시설재배환경개선시범	7,000	8	1	7	8	7	5	5	4
3046	경북 영천시	영천시농업명장육성지원	5,000	8	4	7	8	7	5	5	4
3047	경북 영천시	소형저온저장고지원사업	360,000	8	4	7	8	7	1	1	2
3048	경북 영천시	과수재배시설개선사업	320,000	8	4	7	8	7	1	1	2
3049	경북 영천시	과수관정시설지원사업	280,000	8	4	7	8	7	1	1	2
3050	경북 영천시	휴대용비파괴당도측정기지원	132,000	8	4	7	8	7	1	1	2
3051	경북 영천시	과수고부가가치실현청년와이너리조성	125,000	8	4	7	8	7	1	1	4
3052	경북 영천시	과수전용방제기(승용ss기5L)지원	120,000	8	4	7	8	7	1	1	2
3053	경북 영천시	과수저온저장고설치	112,000	8	4	7	8	7	1	1	2
3054	경북 영천시	과수전용방제기(승용ss기4L)지원	90,000	8	4	7	8	7	1	1	2
3055	경북 영천시	수출농가유통기반구축사업	75,000	8	4	7	8	7	5	1	4
3056	경북 영천시	과수전용전동가위지원사업	68,000	8	4	7	8	7	1	1	2
3057	경북 영천시	과수재해예방지원사업	40,000	8	4	7	8	7	1	1	2
3058	경북 영천시	양조용포도품종재배시범	27,000	8	4	7	8	7	1	1	4
3059	경북 영천시	과일류수출단지육성사업	10,000	8	4	7	8	7	1	1	4
3060	경북 영천시	영천시도시가스공급사업보조금지원	240,000	8	1	7	8	7	5	5	4
3061	경북 영천시	향토문화유산보수정비	140,000	8	4	7	8	7	1	1	4
3062	경북 영천시	청년창업특화거리점포리모델링및간판제작비	100,000	8	4	7	8	7	1	1	4
3063	경북 영천시	보육시설차량구입비지원	80,000	8	4	7	8	7	1	1	4
3064	경북 영천시	각종행사시교통지원차량구매	55,000	8	4	7	8	7	5	5	4
3065	경북 영천시	침수방지시설설치지원	30,000	8	1	7	8	7	5	5	4
3066	경북 영천시	공동주택공용시설지원사업	1,577,041	8	4	7	8	7	5	5	4
3067	경북 영천시	사립작은도서관도서구입비	4,000	8	1	7	8	7	1	1	1
3068	경북 김천시	지역에너지신산업활성화지원사업	703,000	8	2	7	8	7	1	1	4
3069	경북 김천시	사업승인공동주택관리비용지원	550,000	8	1	7	8	7	5	5	4
3070	경북 김천시	경로당및마을회관보수사업	500,000	8	4	7	8	7	1	1	1
3071	경북 김천시	귀농정착지원	450,000	8	4	7	8	7	5	5	4
3072	경북 김천시	종합과일선별기지원	400,000	8	4	5	5	5	1	1	1
3073	경북 김천시	부항댐주변지역지원사업	366,000	8	4	1	1	1	4	5	4
3074	경북 김천시	경로당및마을회관신축사업	300,000	8	4	7	8	7	1	1	1
3075	경북 김천시	부항면옥리경로당신축	300,000	8	4	7	8	7	1	1	1
3076	경북 김천시	신선농산물수출경쟁력제고	258,000	8	4	7	8	7	1	1	4
3077	경북 김천시	중산간지새소득품목전환지원	250,000	8	4	7	8	7	5	1	1

순번	시군구	지출명 (사업명)	2024년예산 (단위: 천원/1년간)	민간이전 분류	민간이전지출 근거	입찰방식 계약체결방법 (경쟁형태)	계약기간	낙찰자선정방법	운영예산 산정	정산방법	성과평가 실시여부
3078	경북 김천시	소규모공동주택시설개선지원	200,000	8	4	7	8	7	5	5	4
3079	경북 김천시	김천농산물및김천앤브랜드홍보	200,000	8	4	7	1	1	4	1	4
3080	경북 김천시	도시가스공급시설설치비지원	150,000	8	4	7	8	7	1	1	4
3081	경북 김천시	농가형저온저장고설치지원	140,000	8	4	7	8	7	5	1	1
3082	경북 김천시	야생동물피해예방시설설치사업	130,000	8	6	7	8	7	1	1	2
3083	경북 김천시	향토문화유산보수정비	100,000	8	4	3	1	1	4	1	3
3084	경북 김천시	과수생력화장비지원(과수전용방제기)	100,000	8	1	7	8	7	5	1	1
3085	경북 김천시	지리적표시제활성화사업	100,000	8	4	7	5	5	1	5	1
3086	경북 김천시	신선농산물예비수출단지육성	96,000	8	4	7	8	7	1	1	4
3087	경북 김천시	양파운반저장용박스지원	90,000	8	4	7	5	5	1	1	1
3088	경북 김천시	김천포도자두홍보및판촉행사지원	90,000	8	4	7	8	7	1	1	4
3089	경북 김천시	과수생력화장비지원(농용고소작업차)	67,500	8	1	7	8	7	5	1	1
3090	경북 김천시	자원순환형가축분뇨처리지원	60,000	8	1	7	8	7	1	1	1
3091	경북 김천시	우수가공식품제조시설구축지원	50,000	8	4	7	8	7	5	5	4
3092	경북 김천시	과수생력화장비지원(동력제초기)	45,000	8	1	7	8	7	5	1	1
3093	경북 김천시	김천대표특화읍식개발사업	45,000	8	4	7	8	7	5	5	4
3094	경북 김천시	신선농산물수출시설및기자재지원	45,000	8	4	7	8	7	1	1	4
3095	경북 김천시	과수생력화장비지원(보행SS기)	30,000	8	1	7	8	7	5	1	1
3096	경북 김천시	과수생력화장비지원(주행형동력분무기)	30,000	8	1	7	8	7	5	1	1
3097	경북 김천시	가축음용수처리기지원	30,000	8	1	7	8	7	3	1	1
3098	경북 김천시	축사화재예방자동소화장치지원	25,000	8	1	7	8	7	3	1	1
3099	경북 김천시	농가주택수리비지원	25,000	8	4	7	8	7	1	1	1
3100	경북 김천시	RFID음식물종량기교체지원사업	20,000	8	4	7	8	7	5	5	4
3101	경북 김천시	한우사료자동급이기지원	19,500	8	1	7	8	7	3	1	1
3102	경북 김천시	공공비축미대형포대매입장비확충	15,000	8	4	7	5	5	1	5	1
3103	경북 김천시	초보농사꾼들의새싹상회	15,000	8	6	7	8	7	5	5	4
3104	경북 김천시	금오산낙협소독시설지원	12,000	8	1	7	8	7	1	1	1
3105	경북 김천시	시립어린이집소규모개보수	10,000	8	5	7	5	5	5	5	4
3106	경북 김천시	기타가축기자재지원	10,000	8	1	7	8	7	1	1	1
3107	경북 김천시	소형소독시설지원(고압동력분무기)	10,000	8	1	7	8	7	1	1	1
3108	경북 김천시	가축음용수처리기지원	9,900	8	1	7	8	7	1	1	1
3109	경북 안동시	공동주택관리지원사업	1,000,000	8	4	7	8	7		5	4
3110	경북 안동시	청신요양시설기능보강	665,000	8	1	7	8	7	5	1	1
3111	경북 안동시	노인복지시설관리및지원	480,000	8	4	7	8	7	5	1	1
3112	경북 안동시	농산물건조기지원	450,000	8	6	7	8	7	5	5	4
3113	경북 안동시	승용제초기,농용고소작업차지원	405,000	8	1	7	8	7	5	5	4
3114	경북 안동시	과수전용방제기(승용SS기)지원	400,000	8	1	7	8	7	5	5	4
3115	경북 안동시	취약지역도시가스공급사업	300,000	8	4	7	8	7	2	3	1
3116	경북 안동시	수출단지농자재지원	300,000	8	1	7	8	7	5	5	4
3117	경북 안동시	채소특작류관정개발지원	297,500	8	6	7	8	7	5	5	4

순번	시군구	지출명 (사업명)	2024년예산 (단위 : 천원 /1년간)	민간이전 분류 (지방자치단체 세출예산 집행기준에 의거) 1. 민간경상사업보조(307-02) 2. 민간단체 법정운영비보조(307-03) 3. 민간행사사업보조(307-04) 4. 민간위탁금(307-05) 5. 사회복지시설 법정운영비보조(307-10) 6. 민간위원교육비(307-12) 7. 공기관등에대한경상적위탁사업비(308-13) 8. 민간자본사업보조,자체재원(402-01) 9. 민간자본사업보조,이전재원(402-02) 10. 민간위탁사업비(402-03) 11. 공기관등에 대한 자본적 위탁사업비(403-02)	민간이전지출 근거 (지방보조금 관리기준 참고) 1. 법률에 규정 2. 국고보조 재원(국가지정) 3. 용도 지정 기부금 4. 조례에 직접규정 5. 지자체가 권장하는 사업 6. 시,도 정책 및 재정사정 7. 기타 8. 해당없음	입찰방식 계약체결방법 (경쟁형태) 1. 일반경쟁 2. 제한경쟁 3. 지명경쟁 4. 수의계약 5. 법정위탁 6. 기타 ( ) 7. 없음	계약기간 1. 1년 2. 2년 3. 3년 4. 4년 5. 5년 6. 기타 ( )년 7. 단가계약 (1년미만) 8. 없음	낙찰자선정방법 1. 적격심사 2. 협상에의한계약 3. 최저가낙찰제 4. 규격가격분리 5. 2단계 경쟁입찰 6. 기타 ( ) 7. 없음	운영예산 산정 1. 내부산정 (지자체 자체적으로 산정) 2. 외부산정 (외부전문기관위탁 산정) 3. 내·외부 모두 산정 4. 산정 無 5. 없음	정산방법 1. 내부정산 (지자체 내부적으로 정산) 2. 외부정산 (외부전문기관위탁 정산) 3. 내·외부 모두 산정 4. 정산 無 5. 없음	성과평가 실시여부 1. 실시 2. 미실시 3. 향후 추진 4. 해당없음
3118	경북 안동시	산약생산농기자재및시설지원	250,000	8	4	7	8	7	1	1	1
3119	경북 안동시	농산물저온저장고(1m³이하)지원	200,000	8	6	7	8	7	5	5	4
3120	경북 안동시	귀농인정착지원	180,000	8	1	7	8	7	5	1	4
3121	경북 안동시	이동식저온저장고지원	180,000	8	1	7	8	7	5	5	4
3122	경북 안동시	빈집정비(슬레이트,일반)	162,500	8	7	7	8	7	5	5	4
3123	경북 안동시	문화유산(향토유적)보수	150,000	8	2	7	8	7	5	5	4
3124	경북 안동시	친환경인증벼경영체대형농기계지원	150,000	8	4	7	8	7	5	1	4
3125	경북 안동시	전동가위지원	150,000	8	1	7	8	7	5	5	4
3126	경북 안동시	이상기상대응과원피해예방시스템구축시범	140,000	8	6	7	8	7	5	5	4
3127	경북 안동시	안동형도시재생사업집수리지원	135,000	8	7	7	8	7	5	5	4
3128	경북 안동시	사과저온저장고설치지원	126,000	8	1	7	8	7	5	5	4
3129	경북 안동시	한옥보존지원사업	120,000	8	4	7	8	7	5	5	4
3130	경북 안동시	친환경농업선도농가확대육성지원	105,000	8	4	7	8	7	5	1	4
3131	경북 안동시	위생업소시설환경개선지원	100,000	8	4	7	8	7	1	1	2
3132	경북 안동시	농업6차산업활성화지원	100,000	8	4	7	8	7	5	1	4
3133	경북 안동시	전통주생산시설현대화	100,000	8	1	7	8	7	5	5	4
3134	경북 안동시	신수형(2축,다축형)사과원조성시범	88,200	8	4	7	8	7	1	1	1
3135	경북 안동시	과원관정개발지원	85,000	8	1	7	8	7	5	5	4
3136	경북 안동시	동력운반차지원	85,000	8	1	7	8	7	5	5	4
3137	경북 안동시	264청포도길조성시범	84,000	8	4	7	8	7	5	5	4
3138	경북 안동시	농식품가공업체생산시설신증설및개보수	75,000	8	1	7	8	7	5	5	4
3139	경북 안동시	사과디지털농업거점과원조성시범	75,000	8	4	7	8	7	5	5	4
3140	경북 안동시	안동시에이스기업육성지원사업(자본보조)	70,000	8	4	7	8	7	1	1	4
3141	경북 안동시	화훼생산유통시설	70,000	8	1	7	8	7	5	5	4
3142	경북 안동시	시설과수작목전환시범	70,000	8	4	7	8	7	5	5	4
3143	경북 안동시	다목적스마트무인방제기보급시범	70,000	8	4	7	8	7	5	5	4
3144	경북 안동시	임하면임하1리양곡보관창고구입	69,300	8	1	7	8	7	5	5	4
3145	경북 안동시	노후장비교체및구입	61,200	8	1	7	8	7	1	1	1
3146	경북 안동시	과실선별기지원	60,000	8	1	7	8	7	5	5	4
3147	경북 안동시	시설하우스에너지절감및환경개선시범	56,000	8	6	7	8	7	5	5	4
3148	경북 안동시	농산물세척기지원	52,500	8	6	7	8	7	5	5	4
3149	경북 안동시	과수지주시설지원	50,400	8	1	7	8	7	5	5	4
3150	경북 안동시	외국인계절근로도입에따른주거환경개선사업	50,000	8	1	7	8	7	5	1	4
3151	경북 안동시	하회상가초가이엉잇기	50,000	8	6	7	1	7	1	1	4
3152	경북 안동시	과실류작업장설치지원	45,000	8	1	7	8	7	5	5	4
3153	경북 안동시	어로기자재지원사업	45,000	8	4	7	8	7	5	5	4
3154	경북 안동시	시설원예환풍기지원	42,000	8	6	7	8	7	5	5	4
3155	경북 안동시	스마트농업을위한시설하우스환경개선시범	42,000	8	6	7	8	7	1	1	1
3156	경북 안동시	딸기양액수직재배신기술보급시범	42,000	8	6	7	8	7	5	5	4
3157	경북 안동시	안동생명콩생력화장비지원	40,000	8	4	7	8	7	5	1	4

순번	시군구	지출명 (사업명)	2024년예산 (단위 : 천원 /1년간)	민간이전 분류 (지방자치단체 세출예산 집행기준에 의거) 1. 민간경상사업보조(307-02) 2. 민간단체 법정운영비보조(307-03) 3. 민간행사사업보조(307-04) 4. 민간위탁금(307-05) 5. 사회복지시설 법정운영비보조(307-10) 6. 민간위탁교육비(307-12) 7. 공기관등에대한경상적위탁사업비(308-13) 8. 민간자본사업보조,자체재원(402-01) 9. 민간자본사업보조,이전재원(402-02) 10. 민간위탁사업비(402-03) 11. 공기관등에 대한 자본적 위탁사업비(403-02)	민간이전지출 근거 (지방보조금 관리기준 참고) 1. 법률에 규정 2. 국고보조 재원(국가지정) 3. 용도 지정 기부금 4. 조례에 직접규정 5. 지자체가 권장하는 사업을 하는 공공기관 6. 시,도 정책 및 재정사정 7. 기타 8. 해당없음	입찰방식			운영예산 산정		성과평가 실시여부 1. 실시 2. 미실시 3. 향후 추진 4. 해당없음
						계약체결방법 (경쟁형태) 1. 일반경쟁 2. 제한경쟁 3. 지명경쟁 4. 수의계약 5. 법정위탁 6. 기타 ( ) 7. 없음	계약기간 1. 1년 2. 2년 3. 3년 4. 4년 5. 5년 6. 기타 ( )년 7. 단기계약 (1년미만) 8. 없음	낙찰자선정방법 1. 적격심사 2. 협상에의한계약 3. 최저가낙찰제 4. 규격가격분리 5. 2단계 경쟁입찰 6. 기타 ( ) 7. 없음	운영예산 산정 1. 내부산정 (지자체 자체적으로 산정) 2. 외부산정 (외부전문기관위탁 산정) 3. 내·외부 모두 산정 4. 산정 無 5. 없음	정산방법 1. 내부정산 (지자체 내부적으로 정산) 2. 외부정산 (외부전문기관위탁 정산) 3. 내·외부 모두 산정 4. 정산 無 5. 없음	
3158	경북 안동시	우량사과대목(臺木)증식포장조성	35,000	8	4	7	8	7	5	5	4
3159	경북 안동시	예안면천전1리마을공동농기계구입	33,300	8	1	7	8	7	5	5	4
3160	경북 안동시	예안면태곡리농자재구입	32,500	8	1	7	8	7	5	5	4
3161	경북 안동시	패시브건축물건축지원	30,000	8	4	7	8	7	5	5	4
3162	경북 안동시	와룡면중가구1리트랙터구입	30,000	8	1	7	8	7	5	5	4
3163	경북 안동시	와룡면태1리과일류자동포장기계구입	30,000	8	1	7	8	7	5	5	4
3164	경북 안동시	침수방지시설(물막이판)설치비지원	30,000	8	4	7	8	7	5	5	4
3165	경북 안동시	고추재배농가수확편이장비지원	30,000	8	6	7	8	7	5	5	4
3166	경북 안동시	예안면인계리마을농기계창고설치및저온창고보수	29,900	8	1	7	8	7	5	5	4
3167	경북 안동시	예안면구룡리농자재구입	28,800	8	1	7	8	7	5	5	4
3168	경북 안동시	유해야생동물포획틀지원	28,800	8	4	7	8	7	5	5	4
3169	경북 안동시	청년농업인영농정착지원시범	28,000	8	1	7	8	7	5	5	4
3170	경북 안동시	딸기육묘환경개선신기술보급시범사업	28,000	8	6	7	8	7	5	5	4
3171	경북 안동시	소면적밀식사과원조성시범	28,000	8	4	7	8	7	1	1	1
3172	경북 안동시	핵과류병발생경감방풍망설치시범	28,000	8	4	7	8	7	5	5	4
3173	경북 안동시	복숭아,자두관수시설설치지원	27,000	8	1	7	8	7	5	5	4
3174	경북 안동시	예안면신남리농자재구입	25,900	8	1	7	8	7	5	5	4
3175	경북 안동시	귀농인주택수리비(소규모)지원	25,000	8	1	7	8	7	5	1	4
3176	경북 안동시	임하면고곡리공동농기계구입	23,900	8	1	7	8	7	5	5	4
3177	경북 안동시	예안면계곡리마을공동농기계구입	23,300	8	1	7	8	7	5	5	4
3178	경북 안동시	임하면노산리공동농기계구입	22,900	8	1	7	8	7	5	5	4
3179	경북 안동시	농작업휴게실보완시범	22,500	8	4	7	8	7	5	5	4
3180	경북 안동시	레이저조류퇴치기효과검증시범사업	22,400	8	4	7	8	7	5	5	4
3181	경북 안동시	길안면용계리마을공동농기계사업	21,400	8	1	7	8	7	5	5	4
3182	경북 안동시	예안면부포리농자재구입	21,400	8	1	7	8	7	5	5	4
3183	경북 안동시	과수인공교배기지원	21,250	8	1	7	8	7	5	5	4
3184	경북 안동시	생강육묘기술보급시범	21,000	8	6	7	8	7	1	1	1
3185	경북 안동시	고온대비시설환경개선시범	21,000	8	6	7	8	7	5	5	4
3186	경북 안동시	고품질핵과류생산시범	21,000	8	4	7	8	7	5	5	4
3187	경북 안동시	임하호수운관리사무소어족자원관리센터양식기자재구입	20,000	8	1	7	8	7	5	5	4
3188	경북 안동시	임동면호수정원리모델링	20,000	8	1	7	8	7	5	5	4
3189	경북 안동시	시설원예개폐기지원	20,000	8	6	7	8	7	5	5	4
3190	경북 안동시	예안면귀단2리농자재구입	19,700	8	1	7	8	7	5	5	4
3191	경북 안동시	임하면천전1리비료구입	18,400	8	1	7	8	7	5	5	4
3192	경북 안동시	예안면기사2리농자재구입	18,400	8	1	7	8	7	5	5	4
3193	경북 안동시	창업보육센터물품구입지원	18,000	8	1	7	8	7	1	1	4
3194	경북 안동시	예안면기사1리농자재구입	17,100	8	1	7	8	7	5	5	4
3195	경북 안동시	예안면주진2리농자재구입	16,900	8	1	7	8	7	5	5	4
3196	경북 안동시	경종(alarmbell)을활용한조수퇴치시범	16,800	8	4	7	8	7	5	5	4
3197	경북 안동시	자두조기다수확수형신규과원조성시범	15,000	8	4	7	8	7	5	5	4

순번	시군구	지출명 (사업명)	2024년예산 (단위 : 천원 /1년간)	민간이전 분류 (지방자치단체 세출예산 집행기준에 의거) 1. 민간경상사업보조(307-02) 2. 민간단체 법정운영비보조(307-03) 3. 민간사회단체보조(307-04) 4. 민간위탁금(307-05) 5. 사회복지시설 법정운영비보조(307-10) 6. 민간위탁교육비(307-12) 7. 공기관등에대한경상적위탁사업비(308-13) 8. 민간자본사업보조,자체재원(402-01) 9. 민간자본사업보조,이전재원(402-02) 10. 민간위탁사업비(402-03) 11. 공기관등에 대한 자본적 위탁사업비(403-02)	민간이전지출 근거 (지방보조금 관리기준 참고) 1. 법률에 규정 2. 국고보조 재원(국가지정) 3. 용도 지정 기부금 4. 조례에 직접규정 5. 지자체가 권장하는 사업을 하는 공공기관 6. 시,도 정책 및 재정사정 7. 기타 8. 해당없음	입찰방식 계약체결방법 (경쟁형태) 1. 일반경쟁 2. 제한경쟁 3. 지명경쟁 4. 수의계약 5. 법정위탁 6. 기타 () 7. 없음	계약기간 1. 1년 2. 2년 3. 3년 4. 4년 5. 5년 6. 기타 ()년 7. 단가계약 (1년미만) 8. 없음	낙찰자선정방법 1. 적격심사 2. 협상에의한계약 3. 최저가낙찰제 4. 규격가격분리 5. 2단계 경쟁입찰 6. 기타 () 7. 없음	운영예산 산정 1. 내부산정 (지자체 자체적으로 산정) 2. 외부산정 (외부전문기관위탁 산정) 3. 내·외부 모두 산정 4. 산정 無 5. 없음	정산방법 1. 내부정산 (지자체 내부적으로 정산) 2. 외부정산 (외부전문기관위탁 정산) 3. 내·외부 모두 산정 4. 정산 無 5. 없음	성과평가 실시여부 1. 실시 2. 미실시 3. 향후 추진 4. 해당없음
3198	경북 안동시	예안면정산1리농자재구입	14,200	8	1	7	8	7	5	5	4
3199	경북 안동시	농산물직거래작업환경개선시범	14,000	8	4	7	8	7	5	5	4
3200	경북 안동시	식농체험농장육성	14,000	8	4	7	8	7	5	5	4
3201	경북 안동시	밭작물우량종자채종단지육성	14,000	8	6	7	8	7	1	1	1
3202	경북 안동시	고품질원예작물광합성증대기술시범	14,000	8	6	7	8	7	5	5	4
3203	경북 안동시	예안면귀단1리농자재구입	13,800	8	1	7	8	7	5	5	4
3204	경북 안동시	임하면천전2리비료구입	13,700	8	1	7	8	7	5	5	4
3205	경북 안동시	예안면정산2리농자재구입	13,600	8	1	7	8	7	5	5	4
3206	경북 안동시	임하면신덕2리공동농기계구입	12,900	8	1	7	8	7	5	5	4
3207	경북 안동시	임하면신덕1리공동농기계구입	12,300	8	1	7	8	7	5	5	4
3208	경북 안동시	예안면계곡리농자재구입	12,000	8	1	7	8	7	5	5	4
3209	경북 안동시	예안면구룡리농자재구입(임하댐)	10,500	8	1	7	8	7	5	5	4
3210	경북 안동시	옥동경로당활성화물품구입	10,400	8	1	7	8	7	5	5	4
3211	경북 안동시	전기자전거보조금지원사업	10,000	8	4	7	8	7	5	5	4
3212	경북 안동시	옥상녹화사업지원	10,000	8	4	7	8	7	5	5	4
3213	경북 안동시	임하면추목공동농기계구입	10,000	8	1	7	8	7	5	5	4
3214	경북 안동시	임하면노산리벼건조기이동설치	10,000	8	1	7	8	7	5	5	4
3215	경북 안동시	임하면금소1리공동농기계구입	10,000	8	1	7	8	7	5	5	4
3216	경북 안동시	임하면오대1리비료구입	10,000	8	1	7	8	7	5	5	4
3217	경북 안동시	임하면오대2리비료구입	10,000	8	1	7	8	7	5	5	4
3218	경북 안동시	예안면삼계리마을공동농기계구입	10,000	8	1	7	8	7	5	5	4
3219	경북 안동시	밭식량작물항공무인방제기(드론)지원	10,000	8	1	7	8	7	5	1	4
3220	경북 안동시	예안면주진1리농자재구입	9,000	8	1	7	8	7	5	5	4
3221	경북 안동시	예안면도촌리농자재구입	9,000	8	1	7	8	7	5	5	4
3222	경북 안동시	길안면천지1리공동저온저장고보수	8,400	8	1	7	8	7	5	5	4
3223	경북 안동시	길안면천지2리공동저온저장고보수	7,300	8	1	7	8	7	5	5	4
3224	경북 안동시	평화동경로당긴급보수및물품구입	7,000	8	1	7	8	7	5	5	4
3225	경북 안동시	시설채소총채벌레방제시범	7,000	8	6	7	8	7	5	5	4
3226	경북 안동시	길안면묵계2리마을공동농기계구입	6,800	8	1	7	8	7	5	5	4
3227	경북 안동시	길안면배방리친환경비료구입	6,800	8	1	7	8	7	5	5	4
3228	경북 안동시	북후면두산리마을비료구입	6,408	8	1	7	8	7	5	5	4
3229	경북 안동시	북후면월전리마을비료구입	5,595	8	1	7	8	7	5	5	4
3230	경북 안동시	길안면구수2리마을창고보수및장비구입	5,400	8	1	7	8	7	5	5	4
3231	경북 안동시	길안면현하3리친환경비료구입	4,900	8	1	7	8	7	5	5	4
3232	경북 안동시	길안면구수1리마을기업사업장건립	4,800	8	1	7	8	7	5	5	4
3233	경북 안동시	예안면미질리마을회관공용물품구입	4,500	8	1	7	8	7	5	5	4
3234	경북 안동시	북후면도촌2리마을비료구입	4,394	8	1	7	8	7	5	5	4
3235	경북 안동시	북후면옹천3리마을비료구입	4,288	8	1	7	8	7	5	5	4
3236	경북 안동시	북후면석탑리마을비료구입	4,271	8	1	7	8	7	5	5	4
3237	경북 안동시	마늘노동력절감액상멀칭필름시범사업	3,500	8	6	7	8	7	5	5	4

| 순번 | 시군구 | 지출명
(사업명) | 2024년예산
(단위 : 천원 /1년간) | 민간이전 분류
(지방자치단체 세출예산 집행기준에 의거)
1. 민간경상사업보조(307-02)
2. 민간단체 법정운영비보조(307-03)
3. 민간행사사업보조(307-04)
4. 민간위탁금(307-05)
5. 사회복지시설 법정운영비보조(307-10)
6. 민간위탁교육비(307-12)
7. 공기관등에대한경상적위탁사업비(308-13)
8. 민간자본사업보조,자체재원(402-01)
9. 민간자본사업보조,이전재원(402-02)
10. 민간위탁사업비(402-03)
11. 공기관등에 대한 자본적 위탁사업비(403-02) | 민간이전지출 근거
(지방보조금 관리기준 참고)
1. 법률에 규정
2. 국고보조 재원(국가지정)
3. 용도 지정 기부금
4. 조례에 직접규정
5. 지자체가 권장하는 사업을 하는 공공기관
6. 시,도 정책 및 재정사정
7. 기타
8. 해당없음 | 입찰방식 | | | 운영예산 산정 | | 성과평가
실시여부 |
						계약체결방법 (경쟁형태) 1. 일반경쟁 2. 제한경쟁 3. 지명경쟁 4. 수의계약 5. 법정위탁 6. 기타 ( ) 7. 없음	계약기간 1. 1년 2. 2년 3. 3년 4. 4년 5. 5년 6. 기타 ( )년 7. 단기계약 (1년미만) 8. 없음	낙찰자선정방법 1. 적격심사 2. 협상에의한계약 3. 최저가낙찰제 4. 규격가격분리 5. 2단계 경쟁입찰 6. 기타 ( ) 7. 없음	운영예산 산정 1. 내부산정 (지자체 자체적으로 산정) 2. 외부산정 (외부전문기관위탁 산정) 3. 내·외부 모두 산정 4. 산정 無 5. 없음	정산방법 1. 내부정산 (지자체 내부적으로 정산) 2. 외부정산 (외부전문기관위탁 정산) 3. 내·외부 모두 산정 4. 정산 無 5. 없음	1. 실시 2. 미실시 3. 향후 추진 4. 해당없음
3238	경북 안동시	북후면옹천1리마을비료구입	3,339	8	1	7	8	7	5	5	4
3239	경북 안동시	북후면장기리마을비료구입	3,302	8	1	7	8	7	5	5	4
3240	경북 안동시	임하면임하2리공동급식소주방기구구입	2,300	8	1	7	8	7	5	5	4
3241	경북 안동시	북후면옹천2리마을비료구입	2,017	8	1	7	8	7	5	5	4
3242	경북 안동시	자원봉사센터전산장비구입	2,000	8	1,4	5	2	1	1	1	1
3243	경북 안동시	예안면기사1리농자재구입(임하댐)	1,500	8	1	7	8	7	5	5	4
3244	경북 안동시	예안면기사2리농자재구입(임하댐)	1,500	8	1	7	8	7	5	5	4
3245	경북 안동시	북후면연곡1리마을비료구입	1,357	8	1	7	8	7	5	5	4
3246	경북 안동시	북후면신전1리마을비료구입	1,335	8	1	7	8	7	5	5	4
3247	경북 안동시	북후면대현리마을비료구입	1,024	8	1	7	8	7	5	5	4
3248	경북 안동시	길안면대곡2리농기계수리비	600	8	1	7	8	7	5	5	4
3249	경북 안동시	노후옥내급수관개량지원	20,000	8	6	7	8	7	5	5	4
3250	경북 구미시	벼병해충방제처리제지원	1,411,800	8	6	1	7	1	1	1	4
3251	경북 구미시	벼재배농가육묘상토지원	1,101,204	8	4	7	8	7	1	1	4
3252	경북 구미시	농산물규격출하(포장재)지원사업	912,000	8	4	7	8	7	5	5	4
3253	경북 구미시	숙박업소시설환경개선지원	425,000	8	4	7	8	7	5	5	4
3254	경북 구미시	숙박업소시설환경개선지원	425,000	8	4	7	8	7	5	5	4
3255	경북 구미시	공동주택시설관리지원사업	400,000	8	5	7	8	7	1	1	1
3256	경북 구미시	벼병해충공동방제지원	400,000	8	6	7	8	7	1	1	4
3257	경북 구미시	장애인복지관차량교체비	270,000	8	1,6	4	8	7	1	1	3
3258	경북 구미시	음식점입식테이블설치지원사업	175,000	8	4	7	8	7	5	5	4
3259	경북 구미시	포도이상기후대응공기순환팬활용시범	150,000	8	1	7	8	7	5	5	4
3260	경북 구미시	벼종자소독제지원	120,003	8	6	4	7	3	1	1	4
3261	경북 구미시	대표농산물쌀GAP재배단지조성	110,000	8	4	7	8	7	1	1	4
3262	경북 구미시	경로당개보수	100,000	8	4	7	8	7	5	5	4
3263	경북 구미시	대표농산물멜론육성지원사업	93,600	8	4	7	8	7	5	5	4
3264	경북 구미시	유기질비료지원(지역공급업체인센티브)	90,000	8	4	7	8	7	1	1	4
3265	경북 구미시	청년농업인영농정착기술보급	80,000	8	4	7	8	7	1	3	4
3266	경북 구미시	수정벌지원사업	73,500	8	4	7	8	7	5	5	4
3267	경북 구미시	고품질농산물생산영양제지원	72,000	8	4	7	8	7	1	1	4
3268	경북 구미시	벼못자리용부직포지원	70,000	8	4	7	8	7	1	1	4
3269	경북 구미시	과수원예작물분야칼슘유황비료지원	58,374	8	4	7	8	7	5	5	4
3270	경북 구미시	침수방지시설(차수판)설치지원사업	45,000	8	1	7	8	7	5	5	4
3271	경북 구미시	과수착색봉지지원사업	42,000	8	4	7	8	7	5	5	4
3272	경북 구미시	유기농전환벼재배단지지원	35,000	8	4	7	8	7	1	1	4
3273	경북 구미시	다양한유럽종포도재배기술시범	35,000	8	1	7	8	7	5	5	4
3274	경북 구미시	양파마늘부직포지원사업	32,900	8	4	7	8	7	5	5	4
3275	경북 구미시	새마을작은도서관도서구입지원	32,640	8	4	4	1	7	1	1	1
3276	경북 구미시	로컬푸드연중생산체계구축사업	30,000	8	4	7	8	7	5	5	4
3277	경북 구미시	원예용육묘상토지원사업	30,000	8	4	7	8	7	5	5	4

순번	시군구	지출명 (사업명)	2024년예산 (단위 : 천원/1년간)	민간이전 분류	민간이전지출 근거	계약체결방법 (경쟁형태)	계약기간	낙찰자선정방법	운영예산 산정	정산방법	성과평가 실시여부
3278	경북 구미시	멜론스마트수경재배기술시범	28,000	8	1	7	8	7	5	5	4
3279	경북 구미시	영농4H회농작업장비지원	28,000	8	4	7	8	7	1	3	4
3280	경북 구미시	(자체)어린이집환경개선(기능보강사업)	25,000	8	6	7	8	7	1	1	4
3281	경북 구미시	과수제초매트지원	25,000	8	4	7	8	7	5	5	4
3282	경북 구미시	노력절감형벼육묘상자지원	21,600	8	4	7	8	7	1	1	4
3283	경북 구미시	표고재배농가지원사업	20,160	8	4	6	7	7	5	1	4
3284	경북 구미시	인삼재배농가관수시설및해가림시설지원사업	16,200	8	4	7	8	7	5	5	4
3285	경북 구미시	구미시새마을회관음향시설교체	16,000	8	4	7	8	7	5	5	4
3286	경북 구미시	단독주택도시가스공급지원	15,000	8	1	7	8	7	2	3	4
3287	경북 구미시	과수수형개선지원사업	13,500	8	4	7	8	7	5	5	4
3288	경북 구미시	새마을작은도서관조성및정비사업	11,000	8	4	4	1	7	1	1	1
3289	경북 구미시	과수반사필름지원사업	10,000	8	4	7	8	7	5	5	4
3290	경북 구미시	물놀이안전계도및수난구조활동	6,400	8	4	7	8	7	5	5	4
3291	경북 구미시	이미용단체재능기부봉사활동지원	5,000	8	4	7	8	7	5	5	4
3292	경북 구미시	이미용단체재능기부봉사활동지원	5,000	8	4	7	8	7	5	5	4
3293	경북 구미시	사립작은도서관도서구입지원	5,000	8	4	7	8	7	1	1	1
3294	경북 구미시	친환경쌀생산단지종자구입비지원	3,500	8	4	7	8	7	1	1	1
3295	경북 구미시	특수임무유공자회사무실집기구입	3,000	8	1,4	7	8	7	1	1	1
3296	경북 상주시	고품질쌀생산을위한공동방제지원	1,600,000	8	1	7	8	7	5	5	4
3297	경북 상주시	DSC시설장비지원	1,200,000	8	4	7	8	7	5	5	4
3298	경북 상주시	공동주택관리사업지원	1,000,000	8	8	7	8	7	5	5	4
3299	경북 상주시	마을회관보수지원	438,534	8	4	4	7	7	1	1	1
3300	경북 상주시	친환경농업통합지원	400,000	8	4	7	8	7	5	5	4
3301	경북 상주시	농산물산지유통시설지원	400,000	8	6	7	8	7	5	5	4
3302	경북 상주시	소상공인영업환경개선지원	300,000	8	4	7	8	7	5	5	4
3303	경북 상주시	귀농귀촌인주택수리비지원	222,000	8	1	7	8	7	5	5	1
3304	경북 상주시	양파스마트유통시스템구축지원	200,000	8	6	7	8	7	5	5	4
3305	경북 상주시	오이시설하우스환경제어개선시범프로젝트사업	195,500	8	4	7	8	7	5	5	4
3306	경북 상주시	국내육성적포도신품종생산기반조성프로젝트사업	168,500	8	4	7	8	7	5	5	4
3307	경북 상주시	수출전략품목(딸기)육성지원	150,000	8	6	7	8	7	5	5	4
3308	경북 상주시	다목적농가형저온저장고설치지원	125,000	8	4	7	8	7	5	5	4
3309	경북 상주시	농산물산지유통시설보완	120,000	8	6	7	8	7	5	5	4
3310	경북 상주시	농업용동력운반차지원	112,000	8	4	7	8	7	5	5	4
3311	경북 상주시	상주명품쌀재배단지지원	105,000	8	4	7	8	7	5	5	4
3312	경북 상주시	빈집정비사업지원	99,000	8	1	7	8	7	5	5	4
3313	경북 상주시	전통한옥체험숙박시설지원	80,000	8	4	7	8	7	5	5	4
3314	경북 상주시	논타작물재배농가기자재지원	80,000	8	4	7	8	7	5	5	4
3315	경북 상주시	유통효율화기계장비지원	75,000	8	6	7	8	7	5	5	4
3316	경북 상주시	농용급유기지원	70,000	8	4	7	8	7	5	5	4
3317	경북 상주시	양봉채밀카지원	70,000	8	1	7	8	7	1	1	3

순번	시군구	지출명 (사업명)	2024년예산 (단위: 천원/1년간)	민간이전 분류 (지방자치단체 세출예산 집행기준에 의거)	민간이전지출 근거 (지방보조금 관리기준 참고)	입찰방식 계약체결방법 (경쟁형태)	계약기간	낙찰자선정방법	운영예산 산정 운영예산 산정	정산방법	성과평가 실시여부
3318	경북 상주시	곶감공판용상자및비닐포장지지원	70,000	8	1	7	8	7	5	5	4
3319	경북 상주시	벼계약재배용못백지원	60,000	8	4	7	8	7	5	5	4
3320	경북 상주시	시설원예연질강화필름지원	60,000	8	4	7	8	7	5	5	4
3321	경북 상주시	포도재배농가조합식계량기지원	60,000	8	6	7	8	7	5	5	4
3322	경북 상주시	가축분뇨부숙촉진장치(장비)지원	56,000	8	1	7	8	7	1	1	3
3323	경북 상주시	스마트기반저온피해방지시스템실증시범사업	56,000	8	4	7	8	7	5	5	4
3324	경북 상주시	가열음통한발효(화식)사료생산기술보급프로젝트사업	50,000	8	4	7	8	7	5	5	4
3325	경북 상주시	벼무써레농법및직파재배기술도입시범사업	42,000	8	1	7	8	7	5	5	4
3326	경북 상주시	재해예방포도과원표준모델시범사업	42,000	8	4	7	8	7	5	5	4
3327	경북 상주시	고온대비화훼류시설환경개선시범사업	42,000	8	4	7	8	7	5	5	4
3328	경북 상주시	특이페로몬이용암소변식장애개선시범사업	42,000	8	4	7	8	7	5	5	4
3329	경북 상주시	경로당긴급보수지원	40,000	8	4	7	8	7	5	5	4
3330	경북 상주시	드론활용마을영농회단위방제시범사업	40,000	8	1	7	8	7	5	5	4
3331	경북 상주시	명주생산용생사구입비지원	36,064	8	4	7	8	7	5	5	4
3332	경북 상주시	2축형사과과원조성프로젝트사업	35,000	8	4	7	8	7	5	5	4
3333	경북 상주시	농식품가공사업장시장경쟁력강화시범사업	35,000	8	1	7	8	7	5	5	4
3334	경북 상주시	독거노인공동거주시설인프라(리모델링)구축지원	30,000	8	1	7	8	7	1	1	4
3335	경북 상주시	생감공판용상자지원	30,000	8	1	7	8	7	5	5	4
3336	경북 상주시	포도과원병충해생력화방제시스템구축시범사업	30,000	8	1	7	8	7	5	5	4
3337	경북 상주시	경영개선컨설팅농가영농활동개선사업지원	30,000	8	1	7	8	7	5	5	4
3338	경북 상주시	조사료원형사일리지절단기지원	28,000	8	1	7	8	7	1	1	3
3339	경북 상주시	농촌지도자학습과제포실증시범사업	28,000	8	1	7	8	7	5	5	4
3340	경북 상주시	강소농경영개선브랜드개발시범사업	28,000	8	1	7	8	7	5	5	4
3341	경북 상주시	선진미래형사과다축재배과원조성시범사업	28,000	8	1	7	8	7	5	5	4
3342	경북 상주시	국내육성포도신품종보급시범사업	28,000	8	1	7	8	7	5	5	4
3343	경북 상주시	만생종블루베리단지조성시범사업	28,000	8	4	7	8	7	5	5	4
3344	경북 상주시	소비트렌드맞춤형패키지가공상품개발시범사업	28,000	8	1	7	8	7	5	5	4
3345	경북 상주시	청년농업인기술이전모델화사업지원	25,000	8	1	7	8	7	5	5	4
3346	경북 상주시	채종포단지생력화기계지원	24,000	8	4	7	8	7	5	5	4
3347	경북 상주시	직매장순회수집차량지원	24,000	8	6	7	8	7	5	5	4
3348	경북 상주시	단독주택등도시가스공급사업지원	24,000	8	4	7	8	7	1	1	2
3349	경북 상주시	독림가및임업후계자소득지원사업지원	21,000	8	1	7	8	7	5	5	4
3350	경북 상주시	소형육묘장살수장치지원	20,000	8	4	7	8	7	5	5	4
3351	경북 상주시	깨끗한축산농장지정농가인센티브지원	20,000	8	1	7	8	7	1	1	3
3352	경북 상주시	상주로컬푸드생산기반지원	20,000	8	6	7	8	7	5	5	4
3353	경북 상주시	이안문창1리(동미안)경로당보수지원	19,800	8	4	7	8	7	5	5	4
3354	경북 상주시	민간단체재난장비구입지원	18,000	8	4	7	8	7	1	1	4
3355	경북 상주시	사별국가막골경로당보수지원	16,317	8	4	7	8	7	5	5	4
3356	경북 상주시	자활사업단기계설비구입지원	15,180	8	2	7	8	7	1	1	4
3357	경북 상주시	양봉기자재(리프트게이트)지원	15,000	8	1	7	8	7	1	1	3

순번	시군구	지출명 (사업명)	2024년예산 (단위:천원/1년간)	민간이전 분류	민간이전지출 근거	입찰방식 계약체결방법	계약기간	낙찰자선정방법	운영예산 산정	정산방법	성과평가 실시여부
3358	경북 상주시	사과국내육성품종과원조성시범사업	15,000	8	4	7	8	7	5	5	4
3359	경북 상주시	TMR사료급이기지원	14,000	8	1	7	8	7	1	1	3
3360	경북 상주시	벼노동력절감을위한소식재배기술확대보급시범사업	14,000	8	1	7	8	7	5	5	4
3361	경북 상주시	논타작물노동력절감을위한생력화시범사업	14,000	8	1	7	8	7	5	5	4
3362	경북 상주시	두릅시설촉성재배실증시범사업	14,000	8	1	7	8	7	5	5	4
3363	경북 상주시	벼생산비절감및노동강도경감기술확대보급실증시범사업	14,000	8	1	7	8	7	5	5	4
3364	경북 상주시	노지월동채소병충해저감기술보급시범사업	14,000	8	4	7	8	7	5	5	4
3365	경북 상주시	스마트팜상하흔들식자동약제살포시스템실증시범사업	14,000	8	1	7	8	7	5	5	4
3366	경북 상주시	포도양액관리최적화기술보급실증시범사업	14,000	8	1	7	8	7	5	5	4
3367	경북 상주시	내서북장리경로당보수지원	13,484	8	4	7	8	7	5	5	4
3368	경북 상주시	낙동낙동리경로당보수지원	13,464	8	4	7	8	7	5	5	4
3369	경북 상주시	낙동가마실경로당보수지원	13,326	8	4	7	8	7	5	5	4
3370	경북 상주시	청리마공새터경로당보수지원	12,960	8	4	7	8	7	5	5	4
3371	경북 상주시	기상이변대응을위한포도과원안정생산기반조성시범사업	12,000	8	1	7	8	7	5	5	4
3372	경북 상주시	마을회관긴급보수지원	11,466	8	4	4	7	7	1	1	1
3373	경북 상주시	화서동점경로당보수지원	11,395	8	4	7	8	7	5	5	4
3374	경북 상주시	기후변화대응체리안정생산재배시범사업	10,500	8	1	7	8	7	5	5	4
3375	경북 상주시	밀기울을활용한시설재배지토양환경개선실증시범사업	10,500	8	1	7	8	7	5	5	4
3376	경북 상주시	여성농업인경영주맞춤형영농활동개선사업지원	10,000	8	1	7	8	7	5	5	4
3377	경북 상주시	신규농업인소규모창업지원	10,000	8	1	7	8	7	5	5	4
3378	경북 상주시	곡물건조기집진시설설치지원	8,500	8	1	7	8	7	5	5	4
3379	경북 상주시	포도과원전용방제기보급시범사업	7,500	8	1	7	8	7	5	5	4
3380	경북 상주시	포도과원배수기반시설보완실증시범사업	7,000	8	1	7	8	7	5	5	4
3381	경북 상주시	친환경자재활용작물생산성향상기술시범사업	7,000	8	1	7	8	7	5	5	4
3382	경북 상주시	연수기활용저탄소방제실증시범사업	7,000	8	1	7	8	7	5	5	4
3383	경북 상주시	내집주차장갖기지원	6,000	8	4	7	8	7	1	1	2
3384	경북 상주시	양봉탈봉기지원	5,500	8	1	7	8	7	1	1	3
3385	경북 상주시	청리노인회분회경로당보수지원	5,040	8	4	7	8	7	5	5	4
3386	경북 상주시	화동노인회분회경로당보수지원	5,040	8	4	7	8	7	5	5	4
3387	경북 상주시	중동오상1리경로당보수지원	5,000	8	4	7	8	7	5	5	4
3388	경북 상주시	신흥동아경로당보수지원	5,000	8	4	7	8	7	5	5	4
3389	경북 상주시	영농4H회원영농지원	5,000	8	1	7	8	7	5	5	4
3390	경북 상주시	모서노인회분회경로당보수지원	4,998	8	4	7	8	7	5	5	4
3391	경북 상주시	모서백학1리(목과)경로당보수지원	4,950	8	4	7	8	7	5	5	4
3392	경북 상주시	이안소암2리경로당보수지원	4,922	8	4	7	8	7	5	5	4
3393	경북 상주시	공성덕고개경로당보수지원	4,600	8	4	7	8	7	5	5	4
3394	경북 상주시	동문화개경로당보수지원	4,500	8	4	7	8	7	5	5	4
3395	경북 상주시	함창구향2리경로당보수지원	4,202	8	4	7	8	7	5	5	4
3396	경북 상주시	남원그린경로당보수지원	4,200	8	4	7	8	7	5	5	4
3397	경북 상주시	채종포단지계약재배용톤백지원	4,000	8	4	7	8	7	5	5	4

순번	시군구	지출명 (사업명)	2024년예산 (단위 : 천원 /1년간)	민간이전 분류 (지방자치단체 세출예산 집행기준에 의거)	민간이전지출 근거 (지방보조금 관리기준 참고)	계약체결방법 (경쟁형태)	계약기간	낙찰자선정방법	운영예산 산정	정산방법	성과평가 실시여부
3398	경북 상주시	공검부곡2리경로당보수지원	3,800	8	4	7	8	7	5	5	4
3399	경북 상주시	경로당안전관리CCTV설치지원	2,600	8	4	7	8	7	1	1	4
3400	경북 상주시	은척노인회분회경로당보수지원	1,582	8	4	7	8	7	5	5	4
3401	경북 문경시	사과과원조성지원	1,200,000	8	4	7	8	7	1	1	4
3402	경북 문경시	마을회관보수및리모델링등	633,000	8	4	7	8	7	1	1	1
3403	경북 문경시	전통사찰운암사적운당개축	550,000	8	4	7	8	7	5	5	4
3404	경북 문경시	경로당보수및비품지원	500,000	8	4	4	8	7	1	1	4
3405	경북 문경시	대형농기계지원	420,000	8	4	7	8	7	1	1	4
3406	경북 문경시	배추무사마귀병방제약제지원	300,000	8	4	7	8	7	1	1	1
3407	경북 문경시	오미자신규재배지원	250,000	8	4	7	8	7	1	1	1
3408	경북 문경시	친환경특수농법영농자재지원	247,500	8	4	7	8	7	1	1	4
3409	경북 문경시	채소특작분야포장재지원	230,000	8	4	7	8	7	1	1	1
3410	경북 문경시	객토사업지원	227,500	8	4	7	8	7	1	1	4
3411	경북 문경시	과원반사필름공급	212,500	8	4	7	8	7	1	1	4
3412	경북 문경시	벼병해충공동방제	210,000	8	4	7	8	7	1	1	4
3413	경북 문경시	양파종자대지원	200,000	8	4	7	8	7	1	1	1
3414	경북 문경시	오미자점적관수시설지원	200,000	8	4	7	8	7	1	1	1
3415	경북 문경시	오미자갱신지원	187,500	8	4	7	8	7	1	1	1
3416	경북 문경시	과수원안테나식지주대지원	175,000	8	4	7	8	7	1	1	4
3417	경북 문경시	일반비닐하우스설치지원	170,000	8	4	7	8	7	1	1	1
3418	경북 문경시	식품위생업소시설개선사업	160,000	8	4	7	8	7	5	5	4
3419	경북 문경시	채소특작온저장고지원	150,000	8	4	7	8	7	1	1	1
3420	경북 문경시	생오미자포장재지원	150,000	8	4	7	8	7	1	1	1
3421	경북 문경시	오미자특작저온저장고지원	150,000	8	4	7	8	7	1	1	1
3422	경북 문경시	저습답개량지원	100,000	8	4	7	8	7	1	1	4
3423	경북 문경시	콩생력화장비지원	100,000	8	4	7	8	7	1	1	4
3424	경북 문경시	사과포장재지원	100,000	8	4	7	8	7	1	1	4
3425	경북 문경시	잎담배재배농가기자재지원	100,000	8	4	7	8	7	1	1	1
3426	경북 문경시	고품질문경오미자생산자재지원	100,000	8	4	7	8	7	1	1	1
3427	경북 문경시	오미자청담금포장재지원	99,000	8	4	7	8	7	1	1	1
3428	경북 문경시	다축형사과원조성시범	90,000	8	1,4	7	8	7	5	5	4
3429	경북 문경시	감자종자대지원	90,000	8	4	7	8	7	1	1	4
3430	경북 문경시	감홍사과전문생산단지조성시범	82,500	8	1,4	8	8	7	5	5	4
3431	경북 문경시	가뭄대비농업용수저장시설	80,000	8	4	7	8	7	1	1	4
3432	경북 문경시	사과꽃가루지원	80,000	8	4	7	8	7	1	1	4
3433	경북 문경시	시설하우스일반비닐교체지원	77,000	8	4	7	8	7	1	1	1
3434	경북 문경시	농산물건조기지원	75,000	8	4	7	8	7	1	1	1
3435	경북 문경시	과수포장재지원사업	70,000	8	4	7	8	7	1	1	4
3436	경북 문경시	문경사과포장재지원	70,000	8	4	7	8	7	1	1	4
3437	경북 문경시	양파재배단지생산기자재지원	64,000	8	4	7	8	7	1	1	1

순번	시군구	지출명 (사업명)	2024년예산 (단위 : 천원/1년간)	민간이전 분류 (지방자치단체 세출예산 집행기준에 의거) 1. 민간경상사업보조(307-02) 2. 민간단체 법정운영비보조(307-03) 3. 민간행사사업보조(307-04) 4. 민간위탁금(307-05) 5. 사회복지시설 법정운영비보조(307-10) 6. 민간위탁교육비(307-12) 7. 공기관등에대한경상적위탁사업비(308-13) 8. 민간자본사업보조,자체재원(402-01) 9. 민간자본사업보조,이전재원(402-02) 10. 민간위탁사업비(402-03) 11. 공기관등에 대한 자본적 위탁사업비(403-02)	민간이전지출 근거 (지방보조금 관리기준 참고) 1. 법률에 규정 2. 국고보조 재원(국가지정) 3. 용도 지정 기부금 4. 조례에 직접규정 5. 지자체가 권장하는 사업을 하는 공공기관 6. 시,도 정책 및 재정사정 7. 기타 8. 해당없음	입찰방식 계약체결방법 (경쟁형태) 1. 일반경쟁 2. 제한경쟁 3. 지명경쟁 4. 수의계약 5. 법정위탁 6. 기타 ( ) 7. 없음	계약기간 1. 1년 2. 2년 3. 3년 4. 4년 5. 5년 6. 기타 ( )년 7. 단기계약 (1년미만) 8. 없음	낙찰자선정방법 1. 적격심사 2. 협상에의한계약 3. 최저가낙찰제 4. 규격가격분리 5. 2단계 경쟁입찰 6. 기타 ( ) 7. 없음	운영예산 산정 1. 내부산정 (지자체 자체적으로 산정) 2. 외부산정 (외부전문가위탁 산정) 3. 내·외부 모두 산정 4. 산정 無 5. 없음	정산방법 1. 내부정산 (지자체 내부적으로 정산) 2. 외부정산 (외부전문가위탁 정산) 3. 내·외부 모두 산정 4. 정산 無 5. 없음	성과평가 실시여부 1. 실시 2. 미실시 3. 향후 추진 4. 해당없음
3438	경북 문경시	사과전동가위지원	60,000	8	4	7	8	7	1	1	4
3439	경북 문경시	포도비가림시설설치지원	60,000	8	4	7	8	7	1	1	4
3440	경북 문경시	콩병해충공동방제	57,000	8	4	7	8	7	1	1	4
3441	경북 문경시	단동하우스고온피해경감실증시범	56,000	8	1	7	8	7	5	5	4
3442	경북 문경시	고품질오이기자재지원	56,000	8	4	7	8	7	1	1	1
3443	경북 문경시	과수수분용양봉임대지원	52,000	8	4	7	8	7	1	1	4
3444	경북 문경시	문경형시설채소양액재배시설시범	50,000	8	1	7	8	7	5	5	4
3445	경북 문경시	농어촌민박시설환경개선사업	50,000	8	4	7	8	7	5	1	4
3446	경북 문경시	문경쌀포장재구입지원	50,000	8	4	7	8	3	1	1	4
3447	경북 문경시	감홍사과칼슘제지원	45,000	8	4	7	8	7	1	1	4
3448	경북 문경시	이상기상대응미온수미세살수장치설치시범	42,000	8	1,4	7	8	7	5	5	4
3449	경북 문경시	시설오이육묘대지원	40,500	8	4	7	8	7	1	1	1
3450	경북 문경시	과수봉지지원	40,000	8	4	7	8	7	1	1	4
3451	경북 문경시	약돌사과포장재지원	40,000	8	4	7	8	7	1	1	4
3452	경북 문경시	애호박생산인큐베이터지원	40,000	8	4	7	8	7	1	1	1
3453	경북 문경시	수박모종지원	40,000	8	4	7	8	7	1	1	1
3454	경북 문경시	오미자친환경자재지원	40,000	8	4	7	8	7	1	1	1
3455	경북 문경시	우리품종사과과원조성시범	36,750	8	1,4	7	8	7	5	5	4
3456	경북 문경시	단호박종자대지원	36,000	8	4	7	8	7	1	1	1
3457	경북 문경시	버섯배지지원	33,000	8	4	7	8	7	1	1	1
3458	경북 문경시	기능성사과(약돌)지원	30,000	8	4	7	8	7	1	1	4
3459	경북 문경시	시설하우스기자재지원	26,000	8	4	7	8	7	1	1	1
3460	경북 문경시	기후변화대응대체작목육성지원	25,000	8	4	7	8	7	1	1	4
3461	경북 문경시	실시설계비및공모설계비(동로면명전2리마을회관신축)	22,000	8	4	7	8	7	1	1	4
3462	경북 문경시	문경형오미자과원조성시범	21,000	8	1,4	7	8	7	5	5	4
3463	경북 문경시	오미자친환경유인망실증시범	21,000	8	1,4	7	8	7	5	5	4
3464	경북 문경시	벼무논점파생력화기술보급시범	20,000	8	1,4	7	8	7	5	1	4
3465	경북 문경시	곡물적재함지원	20,000	8	4	7	8	7	1	1	4
3466	경북 문경시	음식물류폐기물감량기시범사업	18,000	8	4	7	8	7	5	5	4
3467	경북 문경시	복숭아지주대및유인대지원	18,000	8	4	7	8	7	1	1	4
3468	경북 문경시	대체과수냉해예방지원	18,000	8	4	7	8	7	1	1	4
3469	경북 문경시	시설과수무인방제시스템설치시범	16,800	8	1,4	7	8	7	5	5	4
3470	경북 문경시	콩이모작재배기술생력화시범	16,500	8	1,4	7	8	7	5	1	4
3471	경북 문경시	애호박재배농가수정벌지원	15,050	8	4	7	8	7	1	1	1
3472	경북 문경시	샤인머스켓생육영양제지원	15,000	8	4	7	8	7	1	1	1
3473	경북 문경시	수박재배농가수정벌지원	15,000	8	4	7	8	7	1	1	1
3474	경북 문경시	온실차광제지원	15,000	8	4	7	8	7	1	1	4
3475	경북 문경시	축사열스트레스저감기술시범	14,000	8	1	7	8	7	5	5	4
3476	경북 문경시	말벌유인포획기술시범	12,600	8	1	7	8	7	5	5	4
3477	경북 문경시	산채재배단지조성시범	12,600	8	1,4	7	8	7	5	5	4

연번	시설구분	시설명	2024매출액 (단위: 천원/년간)	환경오염시설 관리 (사업장 배출 폐기물 등 관리기준 준수) 1. 배출시설 허가 (대기오염물질배출시설(307-02) 2. 폐수배출시설 설치허가(307-03) 3. 폐수 재활용업 등록(307-04) 4. 생활폐기물 배출자 신고(307-05) 5. 사업장폐기물 배출자신고(307-10) 6. 잔재물처리시설 설치신고(307-13) 7. 대기오염방지시설 설치허가(308-13) 8. 악취배출시설 설치신고(402-01) 9. 악취방지시설 설치허가(402-02) 10. 휘발성유기화합물배출시설 신고(403-03) 11. 유해화학물질 취급 시설 설치검사(403-02)	환경관리 (환경관리 실태) 1. 대기 2. 소음 ( ) 3. 악취 4. 수질 5. 폐기물 6. 기타 ( ) 7. 없음	개선관리 1. 환경 2. 시설 3. 공정 4. 수질관리 5. 에너지효율 6. 기타 ( ) 7. 없음	내부환경관리 활동 1. 환경교육 2. 환경감사 (내부/외부) 3. 임직원교육 4. 환경보전활동 5. 정화활동 7. 없음	환경인증 및 인증 1. 환경경영 2. 탄소발자국 (배출량 검증 등) 3. 환경표지 4. 환경성적표시 5. 없음	신재생에너지 도입 1. 태양광 2. 풍력 3. 지열 4. 수소 5. 없음	안전사고 대응 1. 화재 2. 이상기후 3. 이상전류 4. 배출상태
3478	일반 음식점	휴게음식점영업시설업	12,000	8	1,4	7	8	7	2	1	4
3479	일반 음식점	단란주점영업시설업	12,000	8	4	7	8	7	1	1	4
3480	일반 음식점	즉석판매제조가공업영업시설업	11,200	8	1	7	8	7	5	5	4
3481	일반 음식점	식품자동판매기영업시설업	10,500	8	1,4	7	8	7	5	5	4
3482	일반 음식점	유흥주점영업시설(유흥종사자있는경우)	10,500	8	1,4	7	8	7	5	5	4
3483	일반 음식점	위탁급식영업시설업	10,000	8	4	7	8	7	1	1	4
3484	일반 음식점	제과점영업시설업	8,800	8	4	7	8	7	1	1	4
3485	일반 음식점	식품소분판매업영업시설업	6,000	8	4	7	8	7	1	1	4
3486	일반 음식점	집단급식소식품판매업시설업	5,000	8	1,4	7	8	7	5	1	4
3487	일반 음식점	식품접객업영업시설업이외의시설업	5,000	8	1,4	7	8	7	5	1	4
3488	일반 음식점	일반음식점영업시설	4,200	8	4	7	8	7	1	1	4
3489	일반 음식점	식품운반판매영업시설업	3,000	8	4	7	8	7	1	1	4
3490	판매 시설	도매점판매영업시설업	676,370	8	4	7	8	7	5	5	1
3491	판매 시설	수산시장	470,000	8	4	7	8	7	5	1	4
3492	판매 시설	전통시장시설업	409,500	8	4	7	8	7	5	5	1
3493	판매 시설	농산물시장	300,000	8	4	7	8	7	1	1	2
3494	판매 시설	유통판매점판매시설업	228,000	8	1	7	8	7	1	1	1
3495	판매 시설	마트	220,000	8	6	7	8	7	1	1	4
3496	판매 시설	도매상점판매시설업	176,000	8	4	7	8	7	5	5	4
3497	판매 시설	농수산물도매판매시설업	160,000	8	4	7	8	7	5	5	4
3498	판매 시설	일반잡화소매판매시설업	160,000	8	6	7	8	7	1	1	4
3499	판매 시설	일반판매업(552호)	120,000	8	6	7	8	7	1	1	4
3500	판매 시설	공영도소매시장시설업	120,000	8	4	7	8	7	5	5	4
3501	판매 시설	농수산물도매판매시설업	100,000	8	4	7	8	7	5	5	4
3502	판매 시설	대형점판매시설업	90,000	8	4	7	8	7	5	5	1
3503	판매 시설	축산물도매판매시설업	75,500	8	4	7	8	7	1	1	4
3504	판매 시설	전시장 및 유통센터도매판매시설업	65,000	8	1	7	8	7	5	5	4
3505	판매 시설	전문상가시설업	60,000	8	4	7	8	7	5	5	1
3506	판매 시설	농수산물소매점판매시설업	50,000	8	1	7	8	7	5	5	4
3507	판매 시설	축산물 및 농산물 도매판매시설업	41,250	8	4	7	8	7	5	5	4
3508	판매 시설	축산물판매시설업	35,000	8	4	7	8	7	5	5	4
3509	판매 시설	축산물판매업이의축산판매시설업	30,000	8	1	7	8	7	5	5	4
3510	판매 시설	대형농수산물유통센터시설업	30,000	8	4	7	8	7	5	5	1
3511	판매 시설	지역축산물유통센터시설업	30,000	8	4	7	8	7	5	5	1
3512	판매 시설	민물고기판매시설업	25,000	8	4	7	8	7	1	3	1
3513	판매 시설	농산물판매시설업	20,000	8	4	7	8	7	5	5	4
3514	판매 시설	잡화도매판매시설업	20,000	8	4	7	8	7	5	5	4
3515	판매 시설	도매상판매시설업	12,500	8	4	7	8	7	5	5	4
3516	판매 시설	일반농수산도매판매시설업	12,500	8	4	7	8	7	5	5	4
3517	판매 시설	재활용도소매판매시설업	10,000	8	4	7	8	7	5	5	4

순번	시군구	지출명 (사업명)	2024년예산 (단위 : 천원 /1년간)	민간이전 분류 (지방자치단체 세출예산 집행기준에 의거) 1. 민간경상사업보조(307-02) 2. 민간단체 법정운영비보조(307-03) 3. 민간행사사업보조(307-04) 4. 민간위탁금(307-05) 5. 사회복지시설 법정운영비보조(307-10) 6. 민간위탁교육비(307-12) 7. 공기관등에대한경상적위탁사업비(308-13) 8. 민간자본사업보조,자체재원(402-01) 9. 민간자본사업보조,이전재원(402-02) 10. 민간위탁사업비(402-03) 11. 공기관등에 대한 자본적 위탁사업비(403-02)	민간이전지출 근거 (지방보조금 관리기준 참고) 1. 법률에 규정 2. 국고보조 재원(국가지정) 3. 용도 지정 기부금 4. 조례에 직접규정 5. 지자체가 권장하는 사업을 하는 공공기관 6. 시,도 정책 및 재정사정 7. 기타 8. 해당없음	입찰방식 계약체결방법 (경쟁형태) 1. 일반경쟁 2. 제한경쟁 3. 지명경쟁 4. 수의계약 5. 법정위탁 6. 기타 ( ) 7. 없음	계약기간 1. 1년 2. 2년 3. 3년 4. 4년 5. 5년 6. 기타 ( )년 7. 단기계약 (1년미만) 8. 없음	낙찰자선정방법 1. 적격심사 2. 협상에의한계약 3. 최저가낙찰제 4. 규격가격분리 5. 2단계 경쟁입찰 6. 기타 ( ) 7. 없음	운영예산 산정 1. 내부산정 (지자체 자체적으로 산정) 2. 외부산정 (외부전문기관위탁 산정) 3. 내·외부 모두 산정 4. 산정 無 5. 없음	정산방법 1. 내부정산 (지자체 내부적으로 정산) 2. 외부정산 (외부전문기관위탁 정산) 3. 내·외부 모두 산정 4. 정산 無 5. 없음	성과평가 실시여부 1. 실시 2. 미실시 3. 향후 추진 4. 해당없음
3518	경북 경산시	젖소축사환기시설지원(송풍기)	7,500	8	4	7	8	7	5	5	4
3519	경북 경산시	신규농업인현장실습교육장조성	7,000	8	1	7	8	7	5	5	4
3520	경북 경산시	젖소농가이동식저온저장고지원	6,000	8	4	7	8	7	5	5	4
3521	경북 경산시	경로당운동기구터링지원사업	5,775	8	4	7	8	7	5	5	4
3522	경북 경산시	양봉채밀대차구입지원	5,325	8	4	7	8	7	5	5	4
3523	경북 경산시	무료급식소주방기구등교체	5,000	8	1	7	8	7	1	1	2
3524	경북 경산시	낙농용체세포감소제구입	5,000	8	4	7	8	7	5	5	4
3525	경북 경산시	공공비축미곡대형포대매입기자재지원사업(톤백자동계량기)	3,500	8	6	7	8	7	1	1	3
3526	경북 경산시	북한이탈주민기초생활물품지원	3,000	8	1	7	8	7	1	1	1
3527	경북 경산시	벼논물관리시범	3,000	8	4	7	8	7	1	1	1
3528	경북 의성군	소형저온저장고지원	297,000	8	4	7	8	7	1	1	3
3529	경북 의성군	과수노동력절감장비지원	248,500	8	4	7	8	7	1	1	1
3530	경북 의성군	무인항공방제용드론구입	200,000	8	4	7	8	7	5	5	1
3531	경북 의성군	시설채소연작장해경감신기술보급시범	120,000	8	4	7	8	7	1	1	1
3532	경북 의성군	중소기업근로환경개선사업	100,000	8	4	7	8	7	1	1	1
3533	경북 의성군	시설복숭아고품질생산시범	80,000	8	4	7	8	7	1	1	1
3534	경북 의성군	선도농가기술이전모델화	75,000	8	4	7	8	7	5	5	4
3535	경북 의성군	귀농새내기육성지원	72,000	8	4	7	8	7	1	1	4
3536	경북 의성군	행복경로당활성화물품지원	63,000	8	4	7	8	7	1	1	4
3537	경북 의성군	저비용마늘건조시범	54,000	8	4	7	8	7	1	1	1
3538	경북 의성군	이상기상대응과원피해예방시범	50,000	8	4	7	8	7	1	1	1
3539	경북 의성군	고품질딸기육묘시범	50,000	8	4	7	8	7	5	5	4
3540	경북 의성군	소형관정개발지원	48,000	8	4	7	8	7	1	1	3
3541	경북 의성군	생활원예활성화시범	40,000	8	4	7	8	7	1	1	1
3542	경북 의성군	농산물유통시설지원	35,000	8	6	7	8	7	5	5	4
3543	경북 의성군	의성마늘목장지원	32,000	8	4	7	8	7	1	1	3
3544	경북 의성군	의성군문화유산보수지원	30,000	8	4	7	7	6	5	1	3
3545	경북 의성군	시설원예온도저감시설지원	30,000	8	4	7	8	7	1	1	4
3546	경북 의성군	귀농인주택수리지원	30,000	8	4	7	8	7	1	1	4
3547	경북 의성군	특수미채종포단지조성	20,000	8	4	7	8	7	5	5	1
3548	경북 의성군	용무1리주민수혜사업(태양광발전시설인허가부담금)	15,500	8	4	7	8	7	1	1	4
3549	경북 의성군	폐농약용기류잔류농약세척지원사업	11,200	8	6	7	8	7	1	1	4
3550	경북 의성군	야생동물피해예방지원(센서등)	10,000	8	5	7	8	7	1	1	4
3551	경북 의성군	지역농산물활용상품화시범	10,000	8	4	7	8	7	1	1	4
3552	경북 의성군	저품위부가가치향상시범	8,750	8	4	7	8	7	5	5	4
3553	경북 의성군	유용미생물활성화시범	8,500	8	4	7	8	7	1	1	1
3554	경북 청송군	농특산물포장재비지원(자부담50%)	1,630,000	8	5	7	8	7	1	1	4
3555	경북 청송군	GAP명품사과재배단지조성	960,000	8	6	2	2	3	1	1	3
3556	경북 청송군	고추육묘사업	945,000	8	6	7	8	7	1	1	3
3557	경북 청송군	과실장기저장제지원	600,000	8	6	7	8	7	1	1	4

연번	품목(규격)	2024예시가격 (단위: 원/1kg등)	지원사업 관련 (지원사업이 많은 순서 기재) 1. 친환경직불제(농업환경보전직불제 307-02) 2. 친환경농업직불제(307-03) 3. 광역친환경농업단지(307-04) 4. 유기농업자재지원(307-05) 5. 친환경농자재(농약) 유통지원(307-10) 6. 친환경농업지구(307-12) 7. 지속가능농업직불(308-13) 8. 친환경농업지원(402-01) 9. 친환경농산물유통(402-02) 10. 친환경농산물인증지원(402-03) 11. 농가단위 6차 지원사업(403-02)	재배면적증가(기타) (중복선택 가능) 1. 면적 2. 품질향상 3. 인건비 절감 4. 수량확보 5. 재배기간 단축 6. 기타( ) 7. 없음 8. 해당없음	가격안정성 (중복선택 가능) 1. 면적 2. 품질향상 3. 인건비 절감 4. 수량확보 5. 재배기간 단축 6. 기타( ) 7. 없음 8. 해당없음	시장성확대 1. 면적 2. 품질향상 3. 인건비 절감 4. 수량확보 5. 재배기간 단축 6. 기타( ) 7. 없음	소비자선호 1. 면적 2. 품질향상 3. 인건비절감 4. 수량확보 5. 재배기간 단축 6. 기타 7. 없음	종합평가 1. 매우높음 2. 높음 3. 보통 4. 낮음 5. 매우낮음
3558	유기농이유식	546,000	4	6	7	8	7	1	4
3559	유기농혼합잡곡	540,000	7	7	8	7	1	1	4
3560	유기농유산균식품(차량입고50%)	500,000	4	4	8	7	1	1	4
3561	압축완두식빵	300,000	4	4	8	7	4	1	4
3562	가공식품음료(등기)(차량입고50%)	280,000	4	4	8	7	1	5	4
3563	감귤수송사업매체재배지원	240,000	6	7	7	7	1	1	3
3564	LPG품질검사분석지원	200,000	4	4	8	7	1	5	4
3565	유기종사자지원사업	200,000	6	4	8	7	1	1	3
3566	유기농세버비지원(차량입고50%)	168,000	4	4	8	7	1	1	4
3567	한우검진	150,000	6	7	7	7	1	1	1
3568	계반농가농업경영종합지원사업(차량입고50%)	150,000	6	7	8	7	1	5	1
3569	유기농우유일반사업지원	150,000	7	7	7	7	1	5	1
3570	친환경농수산품검사지원사업	150,000	5	7	8	7	1	5	4
3571	친환경농사지원	130,000	6	7	8	7	1	1	1
3572	우량농산물인증(GAP)사업	120,000	6	5	7	3	7	1	3
3573	유기농축산품 사업지원(차량입고50%)	115,000	4	4	7	8	7	1	4
3574	연장시설유기농축산품(품목)시설지원	106,000	8	7	7	8	7	5	4
3575	건사사업(등기)(차량입고50%)	103,500	4	4	7	8	7	5	4
3576	건사수수이용장비시설	100,000	8	6	7	8	7	1	3
3577	비닐하우스내부시설지원	84,000	8	6	7	8	7	1	1
3578	채소(원예수) 수확내장비지원(차량입고50%)	80,000	8	4	5	3	7	1	4
3579	저장기기사업(1-MCP)가공지지원(차량입고50%)	80,000	8	4	5	3	7	1	4
3580	2차상비축사업지원시설내장지원시	80,000	8	6	7	8	7	5	4
3581	계량개량예산내장사업지지원(차량입고50%)	75,000	8	4	7	8	7	1	4
3582	차사과수기품출하지원	74,900	8	7	7	8	7	5	4
3583	우량농사지원수기지원(차량입고GAP)	72,000	8	6	7	7	7	1	3
3584	가치향상건충검사수지지원시사업	66,000	8	6	5	5	3	1	3
3585	이상기상반응수사업경영지지원사업	63,000	8	6	7	8	7	1	3
3586	가공수출지원사업(차량입고50%)	60,000	8	4	7	8	7	5	4
3587	일반검사지원	50,400	8	6	7	8	7	1	1
3588	유기농공인장별세사업지원(차량입고50%)	50,000	8	4	7	8	7	1	4
3589	친환경업체검사유수기지원(차량입고50%)	50,000	8	4	7	8	7	1	4
3590	유기농업직접지불제지원	50,000	8	4	7	8	7	1	4
3591	이도수확물시설내장수지원	48,000	8	6	7	8	7	5	4
3592	도가사상내비수기지원	40,000	8	6	7	8	7	1	4
3593	유기등시지원지원(차량입고50%)	40,000	8	4	7	8	7	1	4
3594	울등가공출이농업지원(APC)(차량입고60%)	40,000	8	5	7	8	7	1	4
3595	영농생가농업지비지원(차량입고60%)	37,440	8	4	7	8	7	1	4
3596	이비내농수지원농수지지원	35,000	8	4	7	8	7	1	1
3597	울농주가시지내비지원(차량입고50%)	35,000	8	4	7	8	5	5	4

순번	시군구	지출명 (사업명)	2024년예산 (단위 : 천원 /1년간)	민간이전 분류 (지방자치단체 세출예산 집행기준에 의거) 1. 민간경상사업보조(307-02) 2. 민간단체 법정운영비보조(307-03) 3. 민간행사사업보조(307-04) 4. 민간위탁금(307-05) 5. 사회복지시설 법정운영비보조(307-10) 6. 민간위원교육비(307-12) 7. 공기관등에대한경상적위탁사업비(308-13) 8. 민간자본사업보조,자체재원(402-01) 9. 민간자본사업보조,이전재원(402-02) 10. 민간위탁사업비(402-03) 11. 공기관등에 대한 자본적 위탁사업비(403-02)	민간이전지출 근거 (지방보조금 관리기준 참고) 1. 법률에 규정 2. 국고보조 재원(국가지정) 3. 용도 지정 기부금 4. 조례에 직접규정 5. 지자체가 권장하는 사업 6. 시,도 정책 및 재정사정 7. 기타 8. 해당없음	입찰방식 계약체결방법 (경쟁형태) 1. 일반경쟁 2. 제한경쟁 3. 지명경쟁 4. 수의계약 5. 법정위탁 6. 기타 ( ) 7. 없음	입찰방식 계약기간 1. 1년 2. 2년 3. 3년 4. 4년 5. 5년 6. 기타 ( )년 7. 단가계약 (1년미만) 8. 없음	입찰방식 낙찰자선정방법 1. 적격심사 2. 협상에의한계약 3. 최저가낙찰제 4. 규격가격분리 5. 2단계 경쟁입찰 6. 기타 ( ) 7. 없음	운영예산 산정 1. 내부산정 (지자체 자체적으로 산정) 2. 외부산정 (외부전문기관위탁 산정) 3. 내·외부 모두 산정 4. 산정 無 5. 없음	운영예산 정산방법 1. 내부정산 (지자체 내부적으로 정산) 2. 외부정산 (외부전문기관위탁 정산) 3. 내·외부 모두 정산 4. 정산 無 5. 없음	성과평가 실시여부 1. 실시 2. 미실시 3. 향후 추진 4. 해당없음
3598	경북 청송군	고추우량묘생산육묘장운영자재지원	35,000	8	6	7	8	7	1	1	3
3599	경북 청송군	과수전용소형농기계지원	33,600	8	6	7	8	7	1	1	4
3600	경북 청송군	최고품질복숭아재배단지조성(복숭아GAP)	33,600	8	6	7	7	7	1	1	3
3601	경북 청송군	힐링푸드밸리활성화사업지원	30,000	8	6	7	8	7	1	1	3
3602	경북 청송군	중소형수박생력화수직재배시범	28,000	8	6	7	8	7	5	5	4
3603	경북 청송군	서리피해방지용열상방상팬설치시범	25,600	8	6	7	7	7	1	1	3
3604	경북 청송군	친환경해충방제비지원	25,000	8	6	7	8	7	5	5	4
3605	경북 청송군	축산물포장재지원사업(자부담40%)	24,000	8	4	7	8	7	5	5	4
3606	경북 청송군	조사료생산용종자대구입지원(자부담30%)	21,000	8	4	7	8	7	5	5	4
3607	경북 청송군	딸기육묘환경개선기술보급시범	21,000	8	6	7	8	7	5	5	4
3608	경북 청송군	화상병확산방지환경개선제시범	20,800	8	6	7	8	7	5	5	4
3609	경북 청송군	어린이집환경개선	20,000	8	8	7	8	7	5	5	4
3610	경북 청송군	성탄절성탄트리설치지원	20,000	8	4	7	8	7	1	1	1
3611	경북 청송군	친환경농법지원사업(자부담50%)	20,000	8	6	7	8	7	1	1	1
3612	경북 청송군	고추세척기지원(자부담50%)	20,000	8	4	7	8	7	1	1	4
3613	경북 청송군	로컬푸드육성지원사업	20,000	8	6	7	8	7	1	1	3
3614	경북 청송군	노지채소자동관수관비장치보급시범	19,200	8	6	7	8	7	1	1	3
3615	경북 청송군	향토음식및가공제품개발컨설팅시범사업	16,000	8	6	7	8	7	5	5	4
3616	경북 청송군	고추수확편의장비지원(자부담50%)	15,300	8	4	7	8	7	1	1	4
3617	경북 청송군	곡물건조기지원	15,000	8	6	7	8	7	1	1	1
3618	경북 청송군	양봉농가기자재지원사업(자부담40%)	15,000	8	6	7	8	7	5	5	4
3619	경북 청송군	토봉농가기자재지원사업(자부담40%)	15,000	8	6	7	8	7	5	5	4
3620	경북 청송군	악취저감장치지원사업(자부담50%)	15,000	8	4	7	8	7	5	5	4
3621	경북 청송군	청년농업인학습단체영농정착지원	15,000	8	6	7	8	7	1	1	3
3622	경북 청송군	과원부직포지원	14,700	8	6	7	8	7	1	1	4
3623	경북 청송군	농업용급유기지원	14,000	8	6	7	8	7	1	1	1
3624	경북 청송군	임담배멀칭비닐지원(자부담60%)	10,560	8	4	7	8	7	1	1	4
3625	경북 청송군	과실봉지지원	10,200	8	6	7	8	7	1	1	4
3626	경북 청송군	기타과수생산기반시설지원	10,000	8	6	7	8	7	1	1	4
3627	경북 청송군	청송사과글로벌GAP인증지원사업(자부담50%)	10,000	8	4	7	8	7	1	1	4
3628	경북 청송군	고추다축형모종이용다수확기술개발	9,600	8	6	7	8	7	1	1	3
3629	경북 청송군	논생태양식농법시범	8,000	8	6	7	8	7	5	5	4
3630	경북 청송군	영농현장애로기술발굴시범사업	8,000	8	6	7	8	7	1	1	3
3631	경북 청송군	주택용목재펠릿보일러(자부담:3,120천원)	7,280	8	2	7	8	7	1	1	2
3632	경북 청송군	한지및옹기포장지원	4,000	8	6	7	8	7	1	1	1
3633	경북 청송군	톱백자동계량저울지원	4,000	8	6	7	8	7	1	1	1
3634	경북 청송군	내수면어업허가(지역내)기자재지원(자부담50%)	4,000	8	4	7	8	7	5	5	4
3635	경북 청송군	생분해멀칭필름재배시범	4,000	8	6	7	8	7	1	1	3
3636	경북 청송군	꽃가루은행시범운영지원	3,000	8	6	7	8	7	1	1	3
3637	경북 청송군	고추완효성비료활용재배시범	2,400	8	6	7	8	7	1	1	3

순번	시군구	지출명 (사업명)	2024년예산 (단위: 천원/1년간)	민간이전 분류	민간이전지출 근거	입찰방식			운영예산 산정		성과평가 실시여부
						계약체결방법 (경쟁형태)	계약기간	낙찰자선정방법	운영예산 산정	정산방법	
3638	경북 영양군	청년창업지원	369,000	8	4	3	1	7	1	1	1
3639	경북 영양군	신규과원기반조성지원	252,000	8	4	7	8	7	5	5	4
3640	경북 영양군	채소류비가림하우스설치지원	231,000	8	4	7	8	7	5	5	4
3641	경북 영양군	천궁재배단지조성지원	230,000	8	4	7	8	7	5	5	4
3642	경북 영양군	가축분뇨퇴비화용톱밥지원	211,200	8	4	7	8	7	1	1	1
3643	경북 영양군	채소류병해충(무사마귀)방제지원	200,000	8	4	7	8	7	5	5	4
3644	경북 영양군	수박생산지원	140,625	8	4	7	8	7	5	5	4
3645	경북 영양군	채소류비가림하우스환경개선지원	124,000	8	4	7	8	7	5	5	4
3646	경북 영양군	채소류토양환경개선지원	87,420	8	4	7	8	7	5	5	4
3647	경북 영양군	농업기술특화시범	80,000	8	4	7	8	7	5	5	4
3648	경북 영양군	한우인공수정지원	72,000	8	4	7	8	7	5	5	4
3649	경북 영양군	가뭄대책지원	60,000	8	4	7	8	7	5	5	4
3650	경북 영양군	과실선별기지원사업	60,000	8	4	7	8	7	5	5	4
3651	경북 영양군	과수이동식저온저장고설치지원	60,000	8	4	7	8	7	5	5	4
3652	경북 영양군	서양종꿀벌육성사업	59,700	8	4	7	8	7	5	5	4
3653	경북 영양군	채소특작스프링클러설치지원	50,000	8	4	7	8	7	5	5	4
3654	경북 영양군	과실운송차량리프트게이트설치지원	49,500	8	4	7	8	7	5	5	4
3655	경북 영양군	장애인생활이동지원센터노후차량교체	46,915	8	7	7	7	7	1	1	1
3656	경북 영양군	친환경토양개량제지원	40,000	8	4	7	8	7	5	5	4
3657	경북 영양군	고품질과실생산지원(착색봉지)	40,000	8	4	7	8	7	5	5	4
3658	경북 영양군	벼육묘용매트및상토지원	39,000	8	4	7	8	7	5	5	4
3659	경북 영양군	신소득과실명품화지원	38,000	8	4	7	8	7	5	5	4
3660	경북 영양군	과원조류차단지원	35,000	8	4	7	8	7	5	5	4
3661	경북 영양군	과수수분용꽃가루(수정벌)공급지원사업	34,500	8	4	7	8	7	5	5	4
3662	경북 영양군	영양마을만들기사업	30,000	8	4	7	8	7	5	5	4
3663	경북 영양군	고품질과실생산조직육성	30,000	8	4	7	8	7	5	5	4
3664	경북 영양군	양파재배지원	25,000	8	4	7	8	7	5	5	4
3665	경북 영양군	양계지원사업	24,675	8	4	7	8	7	5	5	4
3666	경북 영양군	청년농업인4H회원성공모델구축사업	24,000	8	1	7	8	7	5	5	4
3667	경북 영양군	화훼생산지원	24,000	8	4	7	8	7	5	5	4
3668	경북 영양군	토종꿀벌육성사업	23,900	8	4	7	8	7	5	5	4
3669	경북 영양군	옥수수생산지원	20,000	8	4	7	8	7	5	5	4
3670	경북 영양군	친환경농자재지원	20,000	8	4	7	8	7	5	5	4
3671	경북 영양군	조사료원형곤포사일리지(볏짚)운송비지원	20,000	8	4	7	8	7	5	5	4
3672	경북 영양군	축산환경개선제지원	18,000	8	4	7	8	7	1	1	1
3673	경북 영양군	비가림하우스천창완전개폐시범	17,500	8	4	7	8	7	5	5	4
3674	경북 영양군	조사료제조용랩핑비닐지원	17,500	8	4	7	8	7	5	5	4
3675	경북 영양군	축사시설송풍기지원	17,145	8	4	7	8	7	5	5	4
3676	경북 영양군	쌀포장재지원	14,000	8	4	7	8	7	5	5	4
3677	경북 영양군	기능성엽채류생산지원	12,500	8	4	7	8	7	5	5	4

순번	시군구	지출명 (사업명)	2024년예산 (단위:천원/1년간)	민간이전 분류 (지방자치단체 세출예산 집행기준에 의거) 1. 민간경상사업보조(307-02) 2. 민간단체 법정운영비보조(307-03) 3. 민간행사사업보조(307-04) 4. 민간위탁금(307-05) 5. 사회복지시설 법정운영비보조(307-10) 6. 민간위탁교육비(307-12) 7. 공기관등에대한경상적위탁사업비(308-13) 8. 민간자본사업보조,자체재원(402-01) 9. 민간자본사업보조,이전재원(402-02) 10. 민간자본사업비(402-03) 11. 공기관등에 대한 자본적 위탁사업비(403-02)	민간이전지출 근거 (지방보조금 관리기준 참고) 1. 법률에 규정 2. 국고보조 재원(국가지정) 3. 용도 지정 기부금 4. 조례에 직접규정 5. 지자체가 권장하는 사업을 하는 공공기관 6. 시,도 정책 및 재정사정 7. 기타 8. 해당없음	입찰방식			운영예산 산정		성과평가 실시여부
						계약체결방법 (경쟁형태) 1. 일반경쟁 2. 제한경쟁 3. 지명경쟁 4. 수의계약 5. 법정위탁 6. 기타 () 7. 없음	계약기간 1. 1년 2. 2년 3. 3년 4. 4년 5. 5년 6. 기타 ( )년 7. 단가계약 (1년미만) 8. 없음	낙찰자선정방법 1. 적격심사 2. 협상에의한계약 3. 최저가낙찰제 4. 규격가격분리 5. 2단계 경쟁입찰 6. 기타 ( ) 7. 없음	운영예산 산정 1. 내부산정 (지자체 자체적으로 산정) 2. 외부산정 (외부전문기관위탁 산정) 3. 내·외부 모두 산정 4. 산정 無 5. 없음	정산방법 1. 내부정산 (지자체 내부적으로 정산) 2. 외부정산 (외부전문기관위탁 정산) 3. 내·외부 모두 산정 4. 정산 無 5. 없음	1. 실시 2. 미실시 3. 향후 추진 4. 해당없음
3678	경북 영양군	친환경전동운반기지원	10,800	8	4	7	8	7	5	5	4
3679	경북 영양군	시설과채류수정별공급지원	10,500	8	4	7	8	7	5	5	4
3680	경북 영양군	축산물친환경약취저감제지원	10,000	8	4	7	8	7	1	1	1
3681	경북 영양군	한우자동목걸이지원	9,952	8	4	7	8	7	5	5	4
3682	경북 영양군	사료통청소용콤프레샤지원	9,900	8	4	7	8	7	5	5	4
3683	경북 영양군	축산농가미네랄블록지원	9,000	8	4	7	8	7	1	1	1
3684	경북 영양군	흑염소경쟁력강화	8,750	8	4	7	8	7	5	5	4
3685	경북 영양군	농촌체험농장사업장조성지원	8,400	8	4	7	8	7	5	5	4
3686	경북 영양군	조사료받침용팔레트지원	7,119	8	4	7	8	7	5	5	4
3687	경북 영양군	지역특화고추재배상품화시범	7,000	8	4	7	8	7	5	5	4
3688	경북 영양군	축산물유통안전성제고사업	5,005	8	6	7	8	7	1	1	1
3689	경북 영양군	축사용워터컵지원	4,200	8	4	7	8	7	5	5	4
3690	경북 영덕군	청년농업인경쟁력제고	200,000	8	6	7	8	7	5	5	4
3691	경북 영덕군	빈집정비사업	80,000	8	6	7	8	7	5	5	4
3692	경북 영덕군	도시가스공급관설치보조금지원사업	50,000	8	1	6	1	2	3	3	4
3693	경북 영덕군	송이소포장재지원	21,580	8	6	7	8	7	1	1	4
3694	경북 영덕군	산채작목반묘목구입지원사업	20,000	8	1	7	8	7	5	5	4
3695	경북 영덕군	노동력절감드문모심기재배단지조성시범	20,000	8	6	7	8	7	5	5	4
3696	경북 영덕군	우수농촌지도자맞춤형고품질농산물생산지원	12,000	8	6	7	8	7	5	5	4
3697	경북 청도군	경로당신축	460,000	8	4	1	1	1	1	1	1
3698	경북 청도군	경로당보수	300,000	8	4	1	1	1	1	1	1
3699	경북 청도군	농업인학습조직체지원	70,000	8	7	7	8	7	1	1	1
3700	경북 청도군	경로당물품및건강기구지원사업	50,000	8	4	1	1	1	1	1	1
3701	경북 청도군	공립어린이집차량구입비지원	42,000	8	4	7	1	1	1	1	3
3702	경북 청도군	경로당환경개선	40,000	8	4	7	1	1	1	1	1
3703	경북 청도군	빈집정비지원사업	30,000	8	4	7	8	7	1	1	1
3704	경북 청도군	산림소독사업관리	30,000	8	4	7	8	7	1	1	1
3705	경북 청도군	농산물유통기반조성	20,000	8	4	7	8	7	1	1	1
3706	경북 청도군	농산물유통기반조성	20,000	8	8	7	8	7	5	5	4
3707	경북 청도군	사료작물수확장비지원	20,000	8	4	7	8	7	1	1	1
3708	경북 청도군	양봉사비가림시설지원사업	7,500	8	4	7	8	7	1	1	1
3709	경북 청도군	농촌지도기관정보인프라	6,300	8	6	7	8	7	5	5	3
3710	경북 청도군	양봉차량리프트기지원	4,500	8	4	7	8	7	1	1	1
3711	경북 청도군	어린이집기능보강비	1,000	8	4	7	1	1	1	1	3
3712	경북 고령군	땅심회복지원사업	180,000	8	4	7	8	7	1	1	3
3713	경북 고령군	축산농가톱밥지원사업	114,700	8	4	4	8	6	1	1	1
3714	경북 고령군	양파기계육묘시설신기술시범사업	56,000	8	6	7	8	7	1	1	3
3715	경북 고령군	꿀벌화분지원사업	52,800	8	1	7	8	7	5	5	4
3716	경북 고령군	양봉농가보조사료지원	45,000	8	1	7	8	7	5	5	4
3717	경북 고령군	청년창업공간리모델링지원사업	30,000	8	6	7	8	7	1	1	4

순번	시군구	지출명 (사업명)	2024년예산 (단위:천원/1년간)	민간이전 분류 (지방자치단체 세출예산 집행기준에 의거)	민간이전지출 근거 (지방보조금 관리기준 참고)	계약체결방법 (경쟁형태)	계약기간	낙찰자선정방법	운영예산 산정	정산방법	성과평가 실시여부
3718	경북 고령군	여름수박재배기술시범사업	28,000	8	4	7	8	7	5	5	3
3719	경북 고령군	축분건조시설지원	24,000	8	6	7	8	7	5	5	1
3720	경북 고령군	양질생균제및비타민제구입지원	20,000	8	6	7	8	7	5	5	1
3721	경북 고령군	양계농가사료효율개선사업	18,000	8	1	7	8	7	5	5	4
3722	경북 고령군	면역증강제지원	15,000	8	1	7	8	7	5	5	4
3723	경북 고령군	사료자동급이시설지원	13,000	8	6	7	8	7	5	5	1
3724	경북 고령군	우수여왕벌보급지원	12,000	8	1	7	8	7	5	5	4
3725	경북 고령군	축사시설환경개선지원	11,000	8	6	7	8	7	5	5	1
3726	경북 고령군	독거노인환경개선사업	10,800	8	1	7	8	7	1	1	1
3727	경북 고령군	채밀카지원사업	10,500	8	1	7	8	7	5	5	4
3728	경북 고령군	소초광지원사업	10,000	8	1	7	8	7	5	5	4
3729	경북 고령군	벼우량종자채종포조성(보급종부족분대체)	10,000	8	4	7	8	7	1	1	3
3730	경북 고령군	양봉산물포장재지원	8,000	8	1	7	8	7	5	5	4
3731	경북 고령군	내수면어업장비지원	8,000	8	1	7	8	7	5	5	4
3732	경북 고령군	양봉리프트게이트지원사업	7,500	8	1	7	8	7	5	5	4
3733	경북 고령군	육계사깔짚지원사업	7,500	8	1	7	8	7	5	5	4
3734	경북 고령군	토종벌종보존	6,400	8	1	7	8	7	5	5	4
3735	경북 고령군	한우개체잠금장치지원	5,500	8	6	7	8	7	5	5	1
3736	경북 고령군	영농현장문제해결시범사업	5,000	8	4	7	8	7	5	5	3
3737	경북 고령군	마늘노동력절감액상멀칭필름시범사업	4,550	8	4	7	8	7	5	5	3
3738	경북 고령군	동물보호센터시설지원사업	3,000	8	1	7	8	7	5	5	4
3739	경북 고령군	젖소더위방지용대형선풍기	3,000	8	1	7	8	7	5	5	4
3740	경북 고령군	양파마늘후작용벼조생비교전시포운영	3,000	8	4	7	8	7	5	5	4
3741	경북 고령군	중성화수술장비지원	2,800	8	1	7	8	7	5	5	4
3742	경북 고령군	젖소유전형질개량사업	2,320	8	1	7	8	7	5	5	4
3743	경북 고령군	젖소카우브러시지원사업	2,000	8	1	7	8	7	5	5	4
3744	경북 고령군	신육성최고품질벼지역시범재배시범	2,000	8	4	7	8	7	5	5	4
3745	경북 고령군	말벌퇴치지원사업	1,800	8	1	7	8	7	5	5	4
3746	경북 성주군	성주형스마트참외시설보급지원	1,000,000	8	4	7	8	7	5	5	1
3747	경북 성주군	향토문화유산등보수정비지원	500,000	8	4	7	8	7	5	1	3
3748	경북 성주군	참외선별기지원	330,000	8	4	7	8	7	1	1	1
3749	경북 성주군	성주형시설하우스신품종딸기재배기술보급시범	126,000	8	1	7	8	7	1	1	4
3750	경북 성주군	공동주택단지내공동시설물유지관리비지원	120,000	8	4	7	8	7	1	1	1
3751	경북 성주군	참외선별세척기지원	100,000	8	4	7	8	7	1	1	1
3752	경북 성주군	과수농가선별기공급지원사업	70,000	8	4	7	8	7	1	1	1
3753	경북 성주군	시설과수육성지원사업	50,000	8	4	7	8	7	1	1	1
3754	경북 성주군	참외밴딩기지원	50,000	8	4	7	8	7	1	1	1
3755	경북 성주군	양돈농가악취저감시설지원사업	40,000	8	1	7	8	7	5	1	1
3756	경북 성주군	지역발전우수기업환경개선정비비	40,000	8	4	7	8	7	5	5	4
3757	경북 성주군	축산물유통안전성제고	22,484	8	1	7	8	7	5	1	1

순번	시군구	지출명 (사업명)	2024년예산 (단위: 천원 /1년간)	민간이전 분류	민간이전지출 근거	계약체결방법 (경쟁형태)	계약기간	낙찰자선정방법	운영예산 산정	정산방법	성과평가 실시여부
3758	경북 성주군	화목보일러지원	12,500	8	6	7	8	7	1	1	1
3759	경북 성주군	민간가정어린이집환경개선비지원	10,000	8	4	7	8	7	1	1	4
3760	경북 성주군	장애인단체휠체어차량개조비지원	10,000	8	4	7	8	7	1	1	3
3761	경북 성주군	새마을회버스승강장청소용노후장비교체	10,000	8	1	7	8	7	1	1	1
3762	경북 성주군	청년농업인영농정착기반조성	10,000	8	1	7	8	7	1	1	4
3763	경북 성주군	임산물저온저장고지원	6,000	8	1	7	8	7	1	1	1
3764	경북 성주군	축산물유통차량지원	4,500	8	1	7	8	7	5	1	1
3765	경북 성주군	양봉자동채밀기지원	4,000	8	1	7	8	7	5	1	1
3766	경북 성주군	오미자재배농가냉동고지원	3,500	8	1	7	8	7	1	1	3
3767	경북 성주군	(사)한국후계농업경영인성주군연합회및읍면회입간판교체	2,000	8	7	7	8	7	1	1	1
3768	경북 칠곡군	공동주택관리지원사업	600,000	8	4	7	8	7	1	1	4
3769	경북 칠곡군	시설원예스마트팜활용기술적용시범	35,000	8	7	7	8	7	5	5	4
3770	경북 칠곡군	이상기후대응과원피해예방기반조성	35,000	8	7	7	8	7	5	5	4
3771	경북 칠곡군	우수보육시설환경개선비지원	28,000	8	1	7	8	7	1	1	4
3772	경북 칠곡군	청년농업인영농정착지원사업	10,000	8	7	7	8	7	1	1	4
3773	경북 칠곡군	농촌체험학습콘텐츠개발기반조성시범	10,000	8	6	7	8	7	5	5	4
3774	경북 칠곡군	강소농양봉노동력절감기술보급시범	7,500	8	7	7	8	7	5	5	4
3775	경북 예천군	벽재배농가상토지원	1,320,000	8	7	7	8	7	1	1	1
3776	경북 예천군	우수농특산물포장재개선지원	500,000	8	4	7	8	7	1	1	1
3777	경북 예천군	원예산업육성지원(관수시설,저온저장고,장기성PO필름등)	430,000	8	4	7	8	7	1	1	1
3778	경북 예천군	수확기산물벼건조료지원	400,000	8	7	7	8	7	1	1	1
3779	경북 예천군	퇴비사지원	396,000	8	4	4	7	2	5	5	4
3780	경북 예천군	축산분뇨처리용톱밥지원	315,000	8	4	7	8	7	5	5	1
3781	경북 예천군	소상공인경영안정지원	300,000	8	4	7	6	7	1	1	4
3782	경북 예천군	경로당보수	300,000	8	4	7	8	7	5	5	4
3783	경북 예천군	경로당신축	240,000	8	4	7	8	7	5	5	4
3784	경북 예천군	임산물소득증대지원	200,000	8	1	7	8	7	5	5	4
3785	경북 예천군	퇴비살포기지원	200,000	8	4	7	8	7	5	5	1
3786	경북 예천군	농촌빈집정비지원	187,000	8	1	7	8	7	5	5	4
3787	경북 예천군	친환경실천단지(우렁이농법)지원	180,000	8	7	7	8	7	1	1	1
3788	경북 예천군	농산물출하농가포장재지원	180,000	8	4	7	8	7	1	1	1
3789	경북 예천군	자가배합사료(TMR)저장보관시설지원	175,000	8	4	7	8	7	5	5	1
3790	경북 예천군	공공비축미곡매입용포장재지원	150,000	8	7	7	8	7	1	1	1
3791	경북 예천군	시설원예농가현대화지원	144,000	8	6	7	8	7	1	1	4
3792	경북 예천군	농산물출하농가선별비지원	120,000	8	4	7	8	7	1	1	1
3793	경북 예천군	도시가스미공급지역지원사업(45m)	108,000	8	6	7	8	7	2	1	4
3794	경북 예천군	귀농인영농기반지원	100,000	8	7	7	8	7	1	1	1
3795	경북 예천군	공공비축미곡산물벼건조료지원	100,000	8	7	7	8	7	1	1	1
3796	경북 예천군	시설채소연작피해방지용하자재지원	100,000	8	4	7	8	7	1	1	1
3797	경북 예천군	생력및고품질과수자재지원(사과착색봉지)	86,400	8	4	7	8	7	1	1	1

사업코드	구분	사업명	2024년예산 (단위: 천원)	사업의 근거 (법령)	정책사업	단위사업	세부사업	내역사업	성과지표	성과목표
3798	정책 예산조	정책조정자문단 운영	80,000		8	4	7	8	7	5	5	4
3799	정책 예산조	정책조정자문단 자치시책	80,000		8	4	7	8	7	1	1	1
3800	정책 예산조	일자리창출 자치시책 이행 시책사업	78,000		8	4	7	1	7	1	1	1
3801	정책 예산조	농촌창업 자치시책 이행 시책사업	76,500		8	4	7	8	7	1	1	1
3802	정책 예산조	자치사업 시책사업(55개)	75,000		8	4	7	8	7	1	1	1
3803	정책 예산조	주요국정 자치사업	70,000		8	4	7	8	7	1	1	1
3804	정책 예산조	시책사업 경영계획 사업 집중관리	66,000		8	4	7	8	7	1	1	3
3805	정책 예산조	주요 시책 수시점검 시책	60,000		8	4	7	8	7	1	1	1
3806	정책 예산조	정책시책 관리경영 시책사업	60,000		8	6	7	8	7	1	1	3
3807	정책 예산조	중점시책 자치시책 시책 (경영평가시책)	56,000		8	4	7	8	7	2	2	1
3808	정책 예산조	중점주요 자치시책 시책관리	50,000		8	4	7	8	7	1	1	1
3809	정책 예산조	일자리시책 자치시책 시책사업	45,000		8	4	7	8	7	1	1	1
3810	정책 예산조	시책사업 경영시책 자치시책 시책사업	42,200		8	4	7	8	7	1	1	1
3811	정책 예산조	자치시책 사업성공 운영 (53개)	42,000		8	4	7	8	7	1	1	1
3812	정책 예산조	기관운영 시책경영	42,000		8	4	7	8	7	1	1	1
3813	정책 예산조	주요시책경영 관리 시책	40,000		8	6	7	8	7	1	1	1
3814	정책 예산조	자치사업 자치시책 시책사업 (자치사업평가, 자치시책)	40,000		8	4	7	8	7	1	1	1
3815	정책 예산조	일상사업 경영시책 관리시책	40,000		8	4	7	8	7	1	1	3
3816	정책 예산조	지역시책 자치시책 이행점검 (자치시책 자치경영자치 시책시책)	36,000		8	4	7	8	7	1	1	1
3817	정책 예산조	정책시책 자치시책 경영시책 중점시책 시책	34,500		8	4	7	8	7	1	1	1
3818	정책 예산조	자치시책 시책시책 시책시책	32,000		8	4	7	8	7	1	1	1
3819	정책 예산조	관리사업 시책(시, 도, 군구) 경영 시책시책	30,000		8	4	7	8	7	1	1	1
3820	정책 예산조	주요이행시책 자치시책 이행점검 시책시책	30,000		8	4	4	7	2	1	1	1
3821	정책 예산조	주요시책 지역 자치시책 시책시책 (이행점검)	26,100		8	4	7	8	7	1	1	3
3822	정책 예산조	자치시책사업 시책사업 자치시책 시책	24,000		8	4	7	8	7	1	1	3
3823	정책 예산조	자치시책시책 지역시책 시책시책 시책	24,000		8	4	7	8	7	1	1	3
3824	정책 예산조	시책지역동 자치시책시책 시책	21,000		8	4	7	8	7	1	1	1
3825	정책 예산조	시책가지역 자치시책 자치시책 시책사업	20,000		8	4	7	8	7	2	2	4
3826	정책 예산조	자치시책시책 자치시책 시책 시책사업	20,000		8	4	7	8	7	1	1	1
3827	정책 예산조	자치시책 자치시책시책 시책사업	20,000		8	4	4	7	5	1	1	1
3828	정책 예산조	자치시책시책 사업시책 시책	17,500		8	4	7	8	7	1	1	1
3829	정책 예산조	지자치시책시책 시책 시책	17,000		8	4	7	8	7	1	1	1
3830	정책 예산조	관시책시책 자치시책 지역시책 시책	16,000		8	4	7	8	7	1	1	3
3831	정책 예산조	시책시책 자치시책 시책 시책사업	16,000		8	4	7	8	7	1	1	3
3832	정책 예산조	지역시책 시책시책시책	15,000		8	4	7	8	7	1	1	1
3833	정책 예산조	자치시책시책시책 시책사업	14,000		8	4	7	8	7	1	1	1
3834	정책 예산조	시책시책 자치시책시책 자치시책	14,000		8	4	7	8	7	1	1	3
3835	정책 예산조	자치시책 자치시책시책	12,500		8	4	7	8	7	2	2	1
3836	정책 예산조	시책자치시책 시책시책	12,500		8	4	7	8	7	2	2	1
3837	정책 예산조	지역시책시책시책 자치시책 자치시책	12,000		8	4	7	8	7	1	1	3

순번	시군구	지출명 (사업명)	2024년예산 (단위 : 천원 /1년간)	민간이전 분류 (지방자치단체 세출예산 집행기준에 의거) 1. 민간경상사업보조(307-02) 2. 민간단체 법정운영비보조(307-03) 3. 민간행사사업보조(307-04) 4. 민간위탁금(307-05) 5. 사회복지시설 법정운영비보조(307-10) 6. 민간위탁교육비(307-12) 7. 공기관등에대한경상적위탁사업비(308-13) 8. 민간자본사업보조,자체재원(402-01) 9. 민간자본사업보조,이전재원(402-02) 10. 민간위탁사업비(402-03) 11. 공기관등에 대한 자본적 위탁사업비(403-02)	민간이전지출 근거 (지방보조금 관리기준 참고) 1. 법률에 규정 2. 국고보조 재원(국가지정) 3. 용도 지정 기부금 4. 조례에 직접규정 5. 지자체가 권장하는 사업을 하는 공공기관 6. 시,도 정책 및 재정사정 7. 기타 8. 해당없음	입찰방식			운영예산 산정		성과평가 실시여부 1. 실시 2. 미실시 3. 향후 추진 4. 해당없음
						계약체결방법 (경쟁형태) 1. 일반경쟁 2. 제한경쟁 3. 지명경쟁 4. 수의계약 5. 법정위탁 6. 기타 ( ) 7. 없음	계약기간 1. 1년 2. 2년 3. 3년 4. 4년 5. 5년 6. 기타 ( )년 7. 기타 (1년미만) 8. 없음	낙찰자선정방법 1. 적격심사 2. 협상에의한계약 3. 최저가낙찰제 4. 규격가격분리 5. 2단계 경쟁입찰 6. 기타 ( ) 7. 없음	운영예산 산정 1. 내부산정 (지자체 자체적으로 산정) 2. 외부산정 (외부전문기관위탁 산정) 3. 내·외부 모두 산정 4. 산정 無 5. 없음	정산방법 1. 내부정산 (지자체 내부적으로 정산) 2. 외부정산 (외부전문기관위탁 정산) 3. 내·외부 모두 산정 4. 정산 無 5. 없음	
3838	경북 예천군	농업인유통마케팅활성화사업	10,500	8	6	7	8	7	1	1	3
3839	경북 예천군	작은도서관도서구입지원	10,000	8	1	7	8	7	1	1	1
3840	경북 예천군	친환경쌀포장재지원	10,000	8	7	7	8	7	1	1	1
3841	경북 예천군	친환경육묘상처리약제지원	10,000	8	7	7	8	7	1	1	1
3842	경북 예천군	친환경농산물일손절감형농기자재지원	10,000	8	7	7	8	7	1	1	1
3843	경북 예천군	양봉리프트기지원	10,000	8	4	7	8	7	5	5	1
3844	경북 예천군	인명구조및행사용장비지원	10,000	8	7	7	8	7	5	5	4
3845	경북 예천군	저아밀로스쌀상품화지원	10,000	8	4	7	8	7	1	1	3
3846	경북 예천군	과수유인자재및조류방제자재공급사업	10,000	8	4	7	8	7	1	1	3
3847	경북 예천군	고품질포도생산방열공기순환팬보급시범	8,000	8	4	7	8	7	1	1	3
3848	경북 예천군	쪽파경쟁력향상생력화확대시범	7,200	8	4	7	8	7	1	1	3
3849	경북 예천군	정보화마을전자상거래포장재지원	6,300	8	4	7	8	7	5	5	1
3850	경북 예천군	생력및고품질과수자재지원(복숭아봉지)	6,000	8	4	7	8	7	1	1	3
3851	경북 예천군	민간침수방지시설설치비용지원사업	5,000	8	4	7	8	7	5	5	4
3852	경북 예천군	교통안전지도참여단체용품구입지원	3,400	8	7	7	8	7	1	1	1
3853	경북 봉화군	원예작물내재해형비닐하우스지원	1,350,000	8	4	7	8	7	5	5	3
3854	경북 봉화군	농산물계통출하농가운송비지원	1,000,000	8	4	7	8	7	1	1	1
3855	경북 봉화군	농산물공동브랜드포장재지원사업	800,000	8	4	7	8	7	1	1	1
3856	경북 봉화군	원예작물멀칭비닐지원	735,000	8	4	7	8	7	5	5	3
3857	경북 봉화군	한우사육여건개선사업	704,500	8	4	7	8	7	5	5	4
3858	경북 봉화군	지역특화품목포장재지원	700,000	8	4	7	8	7	1	1	1
3859	경북 봉화군	과수우량묘목지원사업	600,000	8	4	7	8	7	5	5	4
3860	경북 봉화군	시설하우스비닐교체지원	580,000	8	4	7	8	7	5	5	3
3861	경북 봉화군	우리품종전문생산단지조성시범사업	455,000	8	4	7	8	7	5	5	4
3862	경북 봉화군	고추재배영농자재지원	450,000	8	4	7	8	7	5	5	3
3863	경북 봉화군	비닐하우스고온피해경감시설지원	450,000	8	4	7	8	7	5	5	3
3864	경북 봉화군	원예특용작물관수시설지원	420,000	8	4	7	8	7	5	5	3
3865	경북 봉화군	원예특용작물중형관정지원	400,000	8	4	7	8	7	5	5	3
3866	경북 봉화군	마을회관신축	360,000	8	1	7	8	7	1	1	1
3867	경북 봉화군	채소(십자화과)영농자재지원	350,000	8	4	7	8	7	5	5	3
3868	경북 봉화군	고추종합처리장홍고추계약재배수매장려금지원	306,000	8	4	7	8	7	1	1	1
3869	경북 봉화군	농산물산지유통센터출하농가공동선별비지원	236,000	8	4	7	8	7	1	1	1
3870	경북 봉화군	수박재배영농자재지원	180,000	8	4	7	8	7	5	5	3
3871	경북 봉화군	청년농업인소득기반구축지원사업	120,000	8	5	7	8	7	5	5	4
3872	경북 봉화군	지역특화약용작물영농자재지원	100,000	8	4	7	8	7	5	5	3
3873	경북 봉화군	양채류재배영농자재지원	90,000	8	4	7	8	7	5	5	3
3874	경북 봉화군	댐주변지역지원사업	84,441	8	4	7	8	7	5	5	4
3875	경북 봉화군	경로당활성화물품지원	80,000	8	7	7	8	7	1	1	1
3876	경북 봉화군	원예작물상품화를위한수정벌지원	80,000	8	4	7	8	7	5	5	3
3877	경북 봉화군	농산물산지유통센터과실장기저장제지원	75,600	8	4	7	8	7	1	1	1

순번	시군구	지출명 (사업명)	2024년예산 (단위: 천원/1년간)	민간이전 분류	민간이전지출 근거	계약체결방법 (경쟁형태)	계약기간	낙찰자선정방법	운영예산 산정	정산방법	성과평가 실시여부
3878	경북 봉화군	봉화은어생산기반구축지원	75,000	8	4	7	8	7	5	5	4
3879	경북 봉화군	용수저장물탱크지원	70,000	8	4	7	8	7	5	5	4
3880	경북 봉화군	토마토재배영농자재지원	70,000	8	4	7	8	7	5	5	3
3881	경북 봉화군	빈집정비지원사업	60,000	8	4	7	8	7	5	5	4
3882	경북 봉화군	임산물생산단지조성사업	60,000	8	1	7	8	7	5	5	4
3883	경북 봉화군	영주댐주변지역지원사업(봉화)	56,000	8	1	7	8	7	5	1	4
3884	경북 봉화군	기후변화대응시설과수기반조성시범사업	52,500	8	4	7	8	7	5	5	4
3885	경북 봉화군	측조시비기	50,000	8	4	7	8	7	5	5	4
3886	경북 봉화군	축산농가소독시설지원사업	50,000	8	4	7	8	7	5	5	4
3887	경북 봉화군	논타작물생산장비지원	45,000	8	4	7	8	7	5	5	4
3888	경북 봉화군	다축재배적용묘목생산일관화시범사업	42,000	8	4	7	8	7	5	5	4
3889	경북 봉화군	로타베이터	40,000	8	4	7	8	7	5	5	4
3890	경북 봉화군	개암재배지원사업	36,960	8	1	7	8	7	5	5	4
3891	경북 봉화군	핵과류품질향상기자재지원사업	30,000	8	4	7	8	7	5	5	4
3892	경북 봉화군	영주댐주변지역지원사업(상운)	28,441	8	1	7	8	7	5	1	4
3893	경북 봉화군	엽연초재배영농자재지원	27,000	8	4	7	8	7	5	5	3
3894	경북 봉화군	화훼농가흙갈이지원	25,000	8	4	7	8	7	5	5	3
3895	경북 봉화군	대형저울	20,000	8	4	7	8	7	5	5	4
3896	경북 봉화군	농촌여성신기술농작업장비지원	20,000	8	4	7	8	7	5	5	4
3897	경북 봉화군	저온저장고스마트자동이산화탄소제거및환기장치시설보급지원	19,250	8	4	7	8	7	5	5	4
3898	경북 봉화군	양봉산업기반구축사업	18,000	8	4	7	8	7	5	5	4
3899	경북 봉화군	사과가정용소형선별기지원사업	17,500	8	4	7	8	7	5	5	4
3900	경북 봉화군	여성농업인노동경감장비지원	16,000	8	7	7	8	7	5	5	4
3901	경북 봉화군	관수장비(양수기)지원	12,500	8	4	7	8	7	5	5	4
3902	경북 봉화군	염소사료자동급이기지원	6,000	8	4	7	8	7	5	5	4
3903	경북 봉화군	다문화가정모국위성방송수신장치지원	2,600	8	8	7	8	7	3	3	2
3904	경북 울진군	표고버섯재배단지조성	1,680,000	8	4	7	8	7	1	1	1
3905	경북 울진군	소규모공동주택시설관리지원사업	200,000	8	1	7	8	7	5	1	4
3906	경북 울진군	농어촌빈집정비	150,000	8	1	7	8	7	5	1	4
3907	경북 울진군	울진형체리간이비가림시설설치	140,000	8	6	7	8	7	1	1	1
3908	경북 울진군	벼드문모생력재배단지조성사업	125,000	8	6	7	8	7	1	1	1
3909	경북 울진군	농업인단체과제포지원	50,000	8	6	7	8	7	1	1	1
3910	경북 울진군	수요자맞춤형치유농장대표모델육성	42,000	8	6	7	8	7	1	1	1
3911	경북 울진군	공동주택시설관리지원사업	40,000	8	1	7	8	7	5	1	4
3912	경북 울진군	민간어린이집기능보강사업	40,000	8	4	7	8	7	1	1	1
3913	경북 울진군	국공립어린이집차량구입비지원	40,000	8	4	7	8	7	1	1	1
3914	경북 울진군	우량씨감자안정생산보급	22,000	8	6	7	8	7	1	1	1
3915	경북 울진군	과수생산안정화생력재배시범	17,500	8	6	7	8	7	1	1	1
3916	경북 울진군	과수반사필름이용품질향상시범	4,200	8	6	7	8	7	1	1	1
3917	경상남도	감정노동자편의시설설치비지원	27,000	8	4	6	8	7	1	1	1

순번	시군구	지출명 (사업명)	2024년예산 (단위: 천원/1년간)	민간이전 분류 (지방자치단체 세출예산 집행기준에 의거) 1. 민간경상사업보조(307-02) 2. 민간단체 법정운영비보조(307-03) 3. 민간행사사업보조(307-04) 4. 민간위탁금(307-05) 5. 사회복지시설 법정운영비보조(307-10) 6. 민간인위탁교육비(307-12) 7. 공기관등에대한경상적위탁사업비(308-13) 8. 민간자본사업보조,자체재원(402-01) 9. 민간자본사업보조,이전재원(402-02) 10. 민간위탁사업비(402-03) 11. 공기관등에 대한 자본적 위탁사업비(403-02)	민간이전지출 근거 (지방보조금 관리기준 참고) 1. 법률에 규정 2. 국고보조 재원(국가지정) 3. 용도 지정 기부금 4. 조례에 직접규정 5. 지자체가 권장하는 사업을 하는 공공기관 6. 시,도 정책 및 재정사정 7. 기타 8. 해당없음	계약체결방법 (경쟁형태) 1. 일반경쟁 2. 제한경쟁 3. 지명경쟁 4. 수의계약 5. 법정위탁 6. 기타() 7. 없음	계약기간 1. 1년 2. 2년 3. 3년 4. 4년 5. 5년 6. 기타()년 7. 단기계약 (1년미만) 8. 없음	낙찰자선정방법 1. 적격심사 2. 협상에의한계약 3. 최저가낙찰제 4. 규격가격분리 5. 2단계 경쟁입찰 6. 기타() 7. 없음	운영예산 산정 1. 내부산정 (지자체 자체적으로 산정) 2. 외부산정 (외부전문기관위탁 산정) 3. 내·외부 모두 산정 4. 산정 無 5. 없음	정산방법 1. 내부정산 (지자체 내부적으로 정산) 2. 외부정산 (외부전문기관 정산) 3. 내·외부 모두 산정 4. 정산 無 5. 없음	성과평가 실시여부 1. 실시 2. 미실시 3. 향후 추진 4. 해당없음
3918	경남 창원시	우리누리청소년문화센터	1,550,842	8	1	7	8	7	1	1	1
3919	경남 창원시	대형전기수소상용차전기구동시스템통합성능기반구축사업	1,408,000	8	5	7	5	7	1	1	4
3920	경남 창원시	늘푸른전당	1,286,076	8	1	7	8	7	1	1	1
3921	경남 창원시	수소전기차부품내구성전주기지원인프라사업	940,800	8	5	7	4	7	1	1	4
3922	경남 창원시	성주사템플스테이건립	800,000	8	1	7	8	7	5	5	4
3923	경남 창원시	공동주택관리지원사업	500,000	8	4	7	8	7	5	5	4
3924	경남 창원시	소규모공동주택관리지원사업	500,000	8	4	7	8	7	5	5	4
3925	경남 창원시	진해청소년야영장	320,786	8	1	7	8	7	1	1	1
3926	경남 창원시	소외농어촌지역도시가스주공급관구축보조금지원	300,000	8	4	7	8	7	5	5	4
3927	경남 창원시	전기·수소차핵심부품및차량안정성확보지원사업	220,000	8	5	7	2	7	1	1	4
3928	경남 창원시	신선농산물생산단지글로컬육성지원	168,000	8	6	7	8	7	5	5	4
3929	경남 창원시	공공급식농산물수급전문조직육성	94,500	8	1	7	8	7	5	5	4
3930	경남 창원시	축산농가악취방지개선지원	93,750	8	1	7	8	7	1	1	4
3931	경남 창원시	가축분뇨수분조절재지원	80,750	8	1	7	8	7	1	1	4
3932	경남 창원시	노후목욕탕굴뚝철거비지원	75,000	8	4	7	8	7	5	5	4
3933	경남 창원시	양봉농가기자재구입지원	70,720	8	1	7	8	7	1	1	1
3934	경남 창원시	신선농산물글로컬경쟁력제고지원	52,443	8	6	7	8	7	5	5	4
3935	경남 창원시	소규모농산물유통시설치	45,972	8	6	7	8	7	5	5	4
3936	경남 창원시	로컬푸드기획생산체계시설개선지원사업	45,000	8	6	7	8	7	1	1	4
3937	경남 창원시	전기사업한전계통비용지원	40,000	8	6	7	8	7	5	5	4
3938	경남 창원시	독외인근지역경관개선사업	40,000	8	2	7	6	7	5	5	4
3939	경남 창원시	폭염대비축사냉방기지원	37,500	8	1	7	8	7	1	1	4
3940	경남 창원시	육질진단용초음파진단기	28,000	8	1	7	8	7	1	1	4
3941	경남 창원시	축사선풍기지원(중형,대형)	27,550	8	1	7	8	7	1	1	4
3942	경남 창원시	피조개종자살포사업	27,000	8	6	7	8	7	5	5	4
3943	경남 창원시	농가형저온유통직거래활성화지원	25,000	8	6	7	8	7	1	1	1
3944	경남 창원시	녹색빗물저금동설치	20,000	8	1	7	8	7	5	5	4
3945	경남 창원시	시설과수환경개선시범사업	20,000	8	4	7	8	7	5	5	4
3946	경남 창원시	평생학습센터운영평가시상금	15,000	8	5	7	8	7	1	1	1
3947	경남 창원시	소사료자동급이기지원	15,000	8	1	7	8	7	1	1	4
3948	경남 창원시	가축분뇨처리기계장비지원	15,000	8	1	7	8	7	1	1	4
3949	경남 창원시	비상발전기설치지원	15,000	8	1	7	8	7	1	1	4
3950	경남 창원시	사립작은도서관도서구입비지원	14,400	8	4	7	8	7	1	1	1
3951	경남 창원시	작은도서관운영평가시상금	13,000	8	4	7	8	7	1	1	1
3952	경남 창원시	청년농업인화훼생산기반확충시범	10,000	8	7	7	8	7	1	1	4
3953	경남 창원시	내집주차장설치보조	9,000	8	4	7	8	7	1	1	1
3954	경남 창원시	청년4H영농안정정착자립기반구축지원사업	8,500	8	4	7	8	7	5	5	4
3955	경남 창원시	참다래궤양병저항성대목갱신용묘목시범	8,000	8	4	7	8	7	5	5	4
3956	경남 창원시	창원형농촌관광기반시설조성	7,500	8	1	7	8	7	5	1	4
3957	경남 창원시	축사시설환경개선지원	6,300	8	1	7	8	7	1	1	4

순번	시군구	지출명 (사업명)	2024년예산 (단위: 천원/1년간)	민간이전 분류 (지방자치단체 세출예산 집행기준에 의거)	민간이전지출 근거 (지방보조금 관리기준 참고)	입찰방식			운영예산 산정		성과평가 실시여부
						계약체결방법 (경쟁형태)	계약기간	낙찰자선정방법	운영예산 산정	정산방법	
3958	경남 창원시	우사보정목걸이지원	4,500	8	1	7	8	7	1	1	4
3959	경남 창원시	도무형문화재전수교육관공연장비구입비	2,686	8	1	7	8	7	1	1	1
3960	경남 창원시	내집주차장설치사업	2,400	8	4	7	8	7	1	1	2
3961	경남 진주시	진주청곡사성은암대웅전해체보수	200,000	8	1	7	8	7	5	1	4
3962	경남 진주시	공동주택관리지원사업	800,000	8	4	7	8	7	1	1	4
3963	경남 진주시	FTA대응축산기반조성	743,500	8	7	7	8	7	1	1	4
3964	경남 진주시	경로당기능보강사업	300,000	8	8	5	1	7	1	1	4
3965	경남 진주시	야생동물피해예방시설설치지원사업	248,000	8	1,2,4	7	8	7	5	1	1
3966	경남 진주시	중소기업근무환경개선사업	200,000	8	4	7	8	7	1	1	1
3967	경남 진주시	축산농가기자재지원사업	180,000	8	7	7	8	7	1	1	4
3968	경남 진주시	소규모농산물가공시설지원사업	100,000	8	4	7	8	7	1	1	3
3969	경남 진주시	다함께돌봄센터차량구입비지원	50,000	8	4	7	8	7	1	1	1
3970	경남 진주시	노후시설개선	30,000	8	4	7	8	7	1	1	1
3971	경남 진주시	장애인단체사무기기재활기구지원	24,000	8	1	7	8	1	1	1	1
3972	경남 진주시	내집주차장갖기사업	20,000	8	4	7	8	7	5	5	4
3973	경남 진주시	축사시설환경개선사업	12,000	8	7	7	8	7	1	1	4
3974	경남 진주시	다함께돌봄센터환경개선비지원	10,000	8	1	7	8	7	1	1	1
3975	경남 진주시	장애인단체사무실편의시설지원	5,000	8	1	7	8	1	1	1	1
3976	경남 진주시	쌀전업농육성지원사업	380,000	8	7	7	8	7	1	1	4
3977	경남 진주시	친환경방제기지원	75,000	8	6	7	8	7	5	5	4
3978	경남 진주시	축산물판매지원	40,000	8	7	7	8	7	1	1	4
3979	경남 진주시	온새미로농법탄화물저온저장창고지원	7,000	8	7	7	8	7	1	1	4
3980	경남 진주시	농촌체험휴양마을사후관리지원	10,000	8	4	7	8	7	5	1	4
3981	경남 진주시	청년4H회우수회원영농지원	10,000	8	4	7	8	7	5	1	4
3982	경남 진주시	농업인회관전산장비구입지원	2,500	8	4	7	8	7	5	1	4
3983	경남 진주시	농업유통기반시설및장비지원	1,000,000	8	1	7	8	7	1	1	1
3984	경남 통영시	도서공영버스구입보조	459,000	8	4	7	8	7	1	1	2
3985	경남 통영시	어린이집환경개선(자체)	20,000	8	1	7	8	7	1	1	1
3986	경남 통영시	민간가정어린이집환경개선비지원	20,000	8	1	7	8	7	1	1	1
3987	경남 통영시	아열대과수재배확대	680,000	8	1	4	1	6	1	1	4
3988	경남 통영시	귀농세대정착지원	20,000	8	4	4	7	7	1	1	1
3989	경남 통영시	도시가스확대공급	700,000	8	4	7	8	7	1	1	4
3990	경남 통영시	천연가스생산기지주변지역지원	625,000	8	4	7	8	7	1	1	4
3991	경남 통영시	야생동물피해예방시설설치	210,000	8	4	7	8	7	1	1	1
3992	경남 통영시	산양신봉마을회관리모델링공사	45,000	8	4	7	8	7	5	5	1
3993	경남 통영시	연안외줄낚시미끼공급사업	15,000	8	6	6	7	7	1	1	2
3994	경남 김해시	공동주택관리보조금지원사업	570,000	8	4	7	8	7	5	5	1
3995	경남 김해시	노인여가복지시설(경로당등)개보수	528,237	8	4	7	8	7	5	5	4
3996	경남 김해시	의생명기업등지역전략사업지원	300,000	8	4	7	8	7	1	1	1
3997	경남 김해시	수출딸기공동육묘장육성시범사업	240,000	8	6	7	8	7	5	5	1

순번	시군구	지출명 (사업명)	2024년예산 (단위 : 천원 /1년간)	민간이전 분류 (지방자치단체 세출예산 집행기준에 의거) 1. 민간경상사업보조(307-02) 2. 민간단체 법정운영비보조(307-03) 3. 민간행사사업보조(307-04) 4. 민간위탁금(307-05) 5. 사회복지시설 법정운영비보조(307-10) 6. 민간위itetian교육비(307-12) 7. 공기관등에대한경상적위탁사업비(308-13) 8. 민간자본사업보조,자체재원(402-01) 9. 민간자본사업보조,이전재원(402-02) 10. 민간위탁사업비(402-03) 11. 공기관등에 대한 자본적 위탁사업비(403-02)	민간이전지출 근거 (지방보조금 관리기준 참고) 1. 법률에 규정 2. 국고보조 재원(국가지정) 3. 용도 지정 기부금 4. 조례에 직접규정 5. 지자체가 권장하는 사업을 하는 공공기관 6. 시,도 정책 및 재정사정 7. 기타 8. 해당없음	입찰방식 계약체결방법 (경쟁형태) 1. 일반경쟁 2. 제한경쟁 3. 지명경쟁 4. 수의계약 5. 법정위탁 6. 기타 ( ) 7. 없음	계약기간 1. 1년 2. 2년 3. 3년 4. 4년 5. 5년 6. 기타 ( )년 7. 단기계약 (1년미만) 8. 없음	낙찰자선정방법 1. 적격심사 2. 협상에의한계약 3. 최저가낙찰제 4. 규격가격분리 5. 2단계 경쟁입찰 6. 기타 ( ) 7. 없음	운영예산 산정 1. 내부산정 (지자체 자체적으로 산정) 2. 외부산정 (외부전문기관위탁 산정) 3. 내·외부 모두 산정 4. 산정 無 5. 없음	정산방법 1. 내부정산 (지자체 내부적으로 정산) 2. 외부정산 (외부전문기관위탁 정산) 3. 내·외부 모두 산정 4. 정산 無 5. 없음	성과평가 실시여부 1. 실시 2. 미실시 3. 향후 추진 4. 해당없음
3998	경남 김해시	경로당신축	200,000	8	4	7	8	7	5	5	4
3999	경남 김해시	전략품목환경개선지원	180,000	8	6	7	8	7	1	1	1
4000	경남 김해시	지하수원상복구공사비지원	100,000	8	4	7	8	7	5	5	4
4001	경남 김해시	김해형스마트팜조성사업	100,000	8	6	7	8	7	1	1	1
4002	경남 김해시	원예스마트팜현대화지원사업	100,000	8	6	7	8	7	1	1	1
4003	경남 김해시	신선농산물예냉고지원	90,000	8	6	7	8	7	1	1	1
4004	경남 김해시	산딸기명품브랜드육성지원	90,000	8	6	7	8	7	1	1	1
4005	경남 김해시	축산농가분뇨클린지원(스키드러더)	90,000	8	6	7	7	7	5	1	1
4006	경남 김해시	김해행복공동체조성사업	80,000	8	7	7	7	7	5	5	4
4007	경남 김해시	고품질한우산업육성	56,000	8	5	7	8	7	2	1	1
4008	경남 김해시	과수신소득단지조성	56,000	8	4	7	8	7	5	5	1
4009	경남 김해시	작은도서관도서구입비지원	52,500	8	4	7	8	7	5	5	1
4010	경남 김해시	단감과원생력형리모델링시범	35,000	8	4	7	8	7	5	5	1
4011	경남 김해시	농촌체험농장육성	32,000	8	4	7	8	7	5	5	4
4012	경남 김해시	연작장해대응산딸기양액재배시범	32,000	8	4	7	8	7	5	5	1
4013	경남 김해시	벼육묘장개보수및장비확충	30,000	8	5	7	8	7	5	1	4
4014	경남 김해시	폐사축처리기지원	30,000	8	1	7	8	7	5	5	1
4015	경남 김해시	위생시설개선사업	30,000	8	4	7	8	7	5	5	1
4016	경남 김해시	작은도서관환경개선지원	24,300	8	4	7	8	7	5	5	1
4017	경남 김해시	지역특성화치유농업시설육성시범	21,000	8	4	7	8	7	5	5	4
4018	경남 김해시	블루베리등생산성향상기술시범	21,000	8	4	7	8	7	5	5	1
4019	경남 김해시	PLS대응산딸기안전재배시범	21,000	8	4	7	8	7	5	5	1
4020	경남 김해시	수출농가연질강화필름지원사업	20,000	8	6	7	8	7	5	1	4
4021	경남 김해시	이상기상대응시설과수보광등(LED)설치	16,000	8	4	7	8	7	5	5	1
4022	경남 김해시	베리류연구회실증시범	16,000	8	4	7	8	7	5	5	1
4023	경남 김해시	자활지원사업등보조	15,000	8	4	7	8	7	1	1	4
4024	경남 김해시	애플망고신소득작목육성	14,000	8	4	7	8	7	5	5	1
4025	경남 김해시	맞춤형노동권익보호(현장노동자휴게시설개선사업)	12,000	8	1	7	7	7	1	1	1
4026	경남 김해시	휴대용자동전동가위지원사업	12,000	8	6	7	8	7	1	1	1
4027	경남 김해시	블루베리등노동력절감형기술시범	10,500	8	4	7	8	7	5	5	1
4028	경남 김해시	무료경로식당기능보강	8,603	8	6	4	8	1	1	1	3
4029	경남 김해시	단감연구회실증시범사업	8,000	8	4	7	8	7	5	5	1
4030	경남 김해시	이상기상대응블루베리수정벌보급시범	7,000	8	4	7	8	7	5	5	1
4031	경남 김해시	축사시설환경개선사업	5,940	8	1	7	8	7	5	5	1
4032	경남 거제시	중소형조선소생산기술혁신센터구축(2차년도)	2,000,000	8	1	7	8	7	5	5	4
4033	경남 거제시	공동주택관리보조금지원	600,000	8	1,4	7	8	7	5	5	4
4034	경남 거제시	소규모공동주택관리보조금지원	600,000	8	1,4	7	8	7	5	5	4
4035	경남 거제시	북부권농협농기계보관및공동이용시설건립지원	330,000	8	1	7	8	7	5	5	4
4036	경남 거제시	선박풍력추진보조장치실증센터구축	300,000	8	2	7	8	7	5	5	4
4037	경남 거제시	수양해명신촌두레(가칭)경로당신축	200,000	8	7	7	8	7	5	5	4

순번	시군구	지출명 (사업명)	2024년예산 (단위 : 천원 /1년간)	민간이전 분류 (지방자치단체 세출예산 집행기준에 의거)	민간이전지출 근거 (지방보조금 관리기준 참고)	입찰방식			운영예산 산정		성과평가 실시여부
				1. 민간경상사업보조(307-02) 2. 민간단체 법정운영비보조(307-03) 3. 민간행사사업보조(307-04) 4. 민간위탁금(307-05) 5. 사회복지시설 법정운영비보조(307-10) 6. 민간인위탁교육비(307-12) 7. 공기관등에대한경상적위탁사업비(308-13) 8. 민간자본사업보조,자체재원(402-01) 9. 민간자본사업보조,이전재원(402-02) 10. 민간위탁사업비(402-03) 11. 공기관등에 대한 자본적 위탁사업비(403-02)	1. 법률에 규정 2. 국고보조 재원(국가지정) 3. 용도 지정 기부금 4. 조례에 직접규정 5. 지자체가 권장하는 사업을 하는 공공기관 6. 시,도 정책 및 재정사정 7. 기타 8. 해당없음	계약체결방법 (경쟁형태) 1. 일반경쟁 2. 제한경쟁 3. 지명경쟁 4. 수의계약 5. 법정위탁 6. 기타 ( ) 7. 없음	계약기간 1. 1년 2. 2년 3. 3년 4. 4년 5. 5년 6. 기타 ( )년 7. 단기계약 (1년미만) 8. 없음	낙찰자선정방법 1. 적격심사 2. 협상에의한계약 3. 최저가낙찰제 4. 규격가격분리 5. 2단계 경쟁입찰 6. 기타 ( ) 7. 없음	운영예산 산정 1. 내부산정 (지자체 자체적으로 산정) 2. 외부산정 (외부전문기관위탁 산정) 3. 내·외부 모두 산정 4. 산정 無 5. 없음	정산방법 1. 내부정산 (지자체 내부적으로 정산) 2. 외부정산 (외부전문기관위탁 정산) 3. 내·외부 모두 산정 4. 정산 無 5. 없음	1. 실시 2. 미실시 3. 향후 추진 4. 해당없음
4038	경남 거제시	지역특화작목유통시설설치지원	185,000	8	4	7	8	7	5	5	4
4039	경남 거제시	시내버스노선안내전광판교체	166,650	8	1	7	8	7	5	5	4
4040	경남 거제시	경로당안마의자등비품구입비지원	150,000	8	1	7	8	7	5	5	4
4041	경남 거제시	거제면마을버스(예비차량)구입	85,000	8	1	7	8	7	5	5	4
4042	경남 거제시	민간노후굴뚝정비사업	45,000	8	1	7	8	7	5	5	4
4043	경남 거제시	터미널LED전광판설치	39,000	8	1	7	8	7	5	5	4
4044	경남 거제시	신선농산물생산기반시설지원	35,000	8	6	7	8	7	5	5	4
4045	경남 거제시	거제노인교실책걸상교체	20,160	8	1	7	8	7	5	5	4
4046	경남 거제시	거제경찰서자율방범연합대우전기지원	20,000	8	4	7	8	7	5	5	4
4047	경남 거제시	로컬푸드농가시설지원	20,000	8	4	7	8	7	5	5	4
4048	경남 거제시	장애인편의시설설치지원	10,000	8	4	7	8	7	5	5	4
4049	경남 거제시	맹종죽테마파크활성화지원	10,000	8	4	7	8	7	5	5	4
4050	경남 거제시	한우농가CCTV설치지원	7,000	8	1	7	8	7	5	5	4
4051	경남 거제시	장승포노인교실냉난방기교체	4,800	8	1	7	8	7	5	5	4
4052	경남 거제시	축사시설환경개선지원	3,000	8	1	7	8	7	5	5	4
4053	경남 양산시	중대형선박하이브리드추진시스템육상실증기반조성(국가직접지원)	1,500,000	8	2	7	5	7	3	3	3
4054	경남 양산시	버스차량구입비지원(동양산~서양산신설노선직행좌석차량구입)	742,560	8	4	7	8	7	5	5	4
4055	경남 양산시	광섬유기반고정밀계측센서개발및실용화기반구축	595,000	8	2	7	8	7	2	2	3
4056	경남 양산시	공암마을경로당재건축	270,000	8	4	7	8	7	1	1	4
4057	경남 양산시	대성마을경로당재건축	270,000	8	4	7	8	7	1	1	4
4058	경남 양산시	전통사찰주변정비사업	180,000	8	4	7	8	7	5	5	4
4059	경남 양산시	음식물류폐기물감량기기설치보조금지원사업	112,000	8	4	7	8	7	1	1	1
4060	경남 양산시	경로당기능보강사업지원	64,670	8	4	7	8	7	1	1	1
4061	경남 양산시	저능력모돈갱신사업	58,500	8	1	7	8	7	5	5	4
4062	경남 양산시	축산분뇨퇴비화유도사업(축산분뇨처리지원사업)	55,000	8	1	7	8	7	5	5	4
4063	경남 양산시	FTA대응가축사육기반조성(축산농가전동운반차지원사업)	50,000	8	6	7	8	7	5	5	4
4064	경남 양산시	소사육기반조성사업(자동목걸이설치사업)	40,000	8	6	7	8	7	5	5	4
4065	경남 양산시	경로당전자제품기능보강	20,000	8	4	7	8	7	1	1	4
4066	경남 양산시	산지경로당개보수	16,135	8	4	7	8	7	1	1	4
4067	경남 양산시	젖소산유능력개선사업(소사육농가사료자동급이기지원)	15,000	8	6	7	8	7	5	5	4
4068	경남 양산시	장제마을경로당개보수	14,914	8	4	7	8	7	1	1	4
4069	경남 양산시	일양아파트경로당개보수	14,564	8	4	7	8	7	1	1	4
4070	경남 양산시	금산훼미리경로당개보수	14,520	8	4	7	8	7	1	1	4
4071	경남 양산시	영동마을경로당개보수	14,390	8	4	7	8	7	1	1	4
4072	경남 양산시	영천경로당개보수	11,935	8	4	7	8	7	1	1	4
4073	경남 양산시	신주마을경로당개보수	11,180	8	4	7	8	7	1	1	4
4074	경남 양산시	서북정마을경로당개보수	11,140	8	4	7	8	7	1	1	4
4075	경남 양산시	중리마을경로당개보수	10,943	8	4	7	8	7	1	1	4
4076	경남 양산시	동부마을경로당개보수	9,839	8	4	7	8	7	1	1	4
4077	경남 양산시	서리마을경로당개보수	8,976	8	4	7	8	7	1	1	4

순번	시군구	지출명 (사업명)	2024년예산 (단위: 천원/1년간)	민간이전 분류 (지방자치단체 세출예산 집행기준에 의거)	민간이전지출 근거 (지방보조금 관리기준 참고)	입찰방식 계약체결방법 (경쟁형태)	입찰방식 계약기간	입찰방식 낙찰자선정방법	운영예산 산정	운영예산 정산방법	성과평가 실시여부
4078	경남 양산시	금호어울림경로당개보수	8,360	8	4	7	8	7	1	1	4
4079	경남 양산시	아랫반회경로당개보수	7,790	8	4	7	8	7	1	1	4
4080	경남 양산시	동원아파트경로당개보수	7,180	8	4	7	8	7	1	1	4
4081	경남 양산시	다방마을경로당개보수	6,732	8	4	7	8	7	1	1	4
4082	경남 양산시	동우2차아파트경로당개보수	5,060	8	4	7	8	7	1	1	4
4083	경남 양산시	체육회사무국운영	4,900	8	1	7	8	7	5	5	4
4084	경남 양산시	신도시주공8단지경로당개보수	4,653	8	4	7	8	7	1	1	4
4085	경남 양산시	백학마을경로당개보수	4,637	8	4	7	8	7	1	1	4
4086	경남 양산시	소토새진흥아파트경로당개보수	4,598	8	4	7	8	7	1	1	4
4087	경남 양산시	일동미라주경로당개보수	4,400	8	4	7	8	7	1	1	4
4088	경남 양산시	화룡경로당개보수	3,951	8	4	7	8	7	1	1	4
4089	경남 양산시	경로당긴급보수비	3,000	8	4	7	8	7	1	1	4
4090	경남 양산시	경로당긴급보수비	3,000	8	4	7	8	7	1	1	1
4091	경남 양산시	연곡마을경로당개보수	2,610	8	4	7	8	7	1	1	4
4092	경남 양산시	양봉산업구조개선사업(자동채밀기)	2,000	8	6	7	8	7	5	5	4
4093	경남 양산시	지하수원상복구비지원	42,500	8	4	7	8	7	5	5	4
4094	경남 양산시	노후굴뚝정비사업	15,000	8	4	7	8	7	1	1	4
4095	경남 의령군	한우사육환경개선	200,000	8	1	7	8	7	5	5	4
4096	경남 의령군	한돈사육환경개선지원	150,000	8	1	7	8	7	5	5	4
4097	경남 의령군	가금농가사육환경개선지원	150,000	8	1	7	8	7	5	5	4
4098	경남 의령군	신선농산물생산로컬농가시설개선지원	120,000	8	4	7	8	7	5	5	4
4099	경남 의령군	낙농사육환경개선지원	100,000	8	4	7	8	7	5	5	4
4100	경남 의령군	가축분뇨퇴비시설장비지원	80,000	8	1	7	8	7	5	5	4
4101	경남 의령군	소규모공동주택시설개선	77,600	8	4	7	8	7	1	1	4
4102	경남 의령군	의령청년반값임대주택수리비지원사업	75,000	8	4	7	8	7	1	1	4
4103	경남 의령군	가축재해예방장비지원	75,000	8	1	7	8	7	5	5	4
4104	경남 의령군	위생업소지도및환경개선	60,000	8	4	7	8	7	1	1	1
4105	경남 의령군	한우사양관리첨단ICT장비지원	50,000	8	1	7	8	7	5	5	4
4106	경남 의령군	유해물질저감축사환경개선지원	40,000	8	1	7	8	7	5	5	4
4107	경남 의령군	청년운영체험시설조성지원사업	20,000	8	4	7	8	7	1	1	4
4108	경남 의령군	벼거점육묘장시설현대화지원사업	20,000	8	4	7	8	7	5	5	4
4109	경남 의령군	농업인가공사업장시설장비개선지원(자체)	14,000	8	4	7	8	7	5	5	4
4110	경남 의령군	농촌어르신소득활동지원사업	10,000	8	4	7	8	7	5	5	4
4111	경남 의령군	양봉농가말벌포획기지원	5,000	8	1	7	8	7	5	5	4
4112	경남 의령군	강언용장군묘지보수보조금	2,000	8	8	7	8	7	5	5	4
4113	경남 의령군	노인복지시설기능보강	470,000	8	4	7	8	7	5	5	4
4114	경남 함안군	아라농촌마을재생사업	127,000	8	4	7	8	7	5	5	4
4115	경남 함안군	화장시설설치지역복지증진기금	90,039	8	4	7	8	7	5	5	4
4116	경남 함안군	농촌생활환경	8,000	8	7	7	8	7	5	5	4
4117	경남 함안군	벼드문모심기(소식재배)지원	225,000	8	4	7	8	7	1	1	1

순번	시군구	지출명 (사업명)	2024년예산 (단위: 천원/1년간)	민간이전 분류 (지방자치단체 세출예산 집행기준에 의거) 1. 민간경상사업보조(307-02) 2. 민간단체 법정운영비보조(307-03) 3. 민간행사사업보조(307-04) 4. 민간위탁금(307-05) 5. 사회복지시설 법정운영비보조(307-10) 6. 민간위탁교육비(307-12) 7. 공기관등에대한경상적위탁사업비(308-13) 8. 민간자본사업보조,자체재원(402-01) 9. 민간자본보조,이전재원(402-02) 10. 민간위탁사업비(402-03) 11. 공기관에 대한 자본적 위탁사업비(403-02)	민간이전지출 근거 (지방보조금 관리기준 참고) 1. 법률에 규정 2. 국고보조 재원(국가지정) 3. 용도 지정 기부금 4. 조례에 직접규정 5. 지자체가 권장하는 사업을 하는 공공기관 6. 시,도 정책 및 재정사정 7. 기타 8. 해당없음	입찰방식			운영예산 산정		성과평가 실시여부 1. 실시 2. 미실시 3. 향후 추진 4. 해당없음
						계약체결방법 (경쟁형태) 1. 일반경쟁 2. 제한경쟁 3. 지명경쟁 4. 수의계약 5. 법정위탁 6. 기타 ( ) 7. 없음	계약기간 1. 1년 2. 2년 3. 3년 4. 4년 5. 5년 6. 기타 ( )년 7. 단기계약 (1년미만) 8. 없음	낙찰자선정방법 1. 적격심사 2. 협상에의한계약 3. 최저가낙찰제 4. 규격가격분리 5. 2단계 경쟁입찰 6. 기타 ( ) 7. 없음	운영예산 산정 1. 내부산정 (지자체 자체적으로 산정) 2. 외부산정 (외부전문기관위탁 산정) 3. 내·외부 모두 산정 4. 산정 無 5. 없음	정산방법 1. 내부정산 (지자체 내부적으로 정산) 2. 외부정산 (외부전문기관위탁 정산) 3. 내·외부 모두 정산 4. 정산 無 5. 없음	
4118	경남 함안군	LPG판매업소용기검사비지원	84,000	8	1	7	8	7	5	5	4
4119	경남 함안군	청년일자리우수기업지원사업	30,000	8	4	7	8	7	1	1	2
4120	경남 함안군	공중위생업소시설개선비지원	25,000	8	4	7	8	7	5	5	4
4121	경남 함안군	질병관리계류시설설치지원	16,800	8	4	7	8	7	1	1	1
4122	경남 함안군	소규모쌀가공농가유통활성화지원	16,000	8	4	7	8	7	1	1	1
4123	경남 함안군	식품접객업소시설개선비지원	12,500	8	4	7	8	7	5	5	4
4124	경남 창녕군	빈집수선지원	154,000	8	4	7	8	7	5	5	4
4125	경남 창녕군	공동주택관리지원	100,000	8	4	7	8	7	5	5	4
4126	경남 창녕군	목욕탕노후굴뚝지원	100,000	8	4	7	8	7	5	5	4
4127	경남 창녕군	야생동물피해예방시설설치지원	80,000	8	6	7	8	7	5	5	4
4128	경남 고성군	시금치특성화지원	500,000	8	4	7	8	7	5	5	4
4129	경남 고성군	가축분뇨처리지원	345,000	8	1	7	8	7	5	5	4
4130	경남 고성군	부추특성화지원	180,000	8	4	7	8	7	5	5	4
4131	경남 고성군	친환경농업벼재배단지농기계지원사업	89,650	8	4	7	8	7	5	5	4
4132	경남 고성군	글로벌농산물생산분야지원	82,000	8	4	7	8	7	5	5	4
4133	경남 고성군	공동주택관리지원사업	81,800	8	6	7	8	7	5	5	4
4134	경남 고성군	벼육묘장설치지원	75,000	8	4	7	8	7	5	5	4
4135	경남 고성군	토마토특성화지원	75,000	8	4	7	8	7	5	5	4
4136	경남 고성군	호박특성화지원	70,000	8	4	7	8	7	5	5	4
4137	경남 고성군	딸기특성화지원	70,000	8	4	7	8	7	5	5	4
4138	경남 고성군	양돈분뇨급속발효기설치	60,000	8	1	7	8	7	5	5	4
4139	경남 고성군	낙농가착유시설개선사업	50,000	8	4	7	8	7	5	5	4
4140	경남 고성군	취나물특성화지원	45,000	8	4	7	8	7	5	5	4
4141	경남 고성군	고추특성화지원	45,000	8	4	7	8	7	5	5	4
4142	경남 고성군	소상공인경영지원사업	40,000	8	4	7	8	7	5	5	3
4143	경남 고성군	119희망의집건축보급	40,000	8	4	7	8	7	5	5	4
4144	경남 고성군	양돈농가폭염대비장비지원	40,000	8	1	7	8	7	5	5	4
4145	경남 고성군	빈집병비사업	37,200	8	6	7	8	7	5	5	4
4146	경남 고성군	고성읍자율방범대차량구입지원사업	30,000	8	4	7	8	7	1	1	1
4147	경남 고성군	경로당건강보조기구지원	30,000	8	4	7	8	7	1	1	4
4148	경남 고성군	근로환경개선사업	30,000	8	4	7	8	7	1	1	4
4149	경남 고성군	참다래과원현대화	30,000	8	6	7	8	7	5	5	4
4150	경남 고성군	과수동력운반기보급	30,000	8	4	7	8	7	5	5	4
4151	경남 고성군	계사시설개선사업	30,000	8	1	7	8	7	5	5	4
4152	경남 고성군	계사폭염대비시설지원	25,000	8	1	7	8	7	5	5	4
4153	경남 고성군	과수작업용고소작업차지원	21,000	8	4	7	8	7	5	5	4
4154	경남 고성군	신소득작물재배지원	20,000	8	4	7	8	7	5	5	4
4155	경남 고성군	신소득작목특용수육성	20,000	8	4	7	8	7	5	5	4
4156	경남 고성군	특용작물재배지원	19,500	8	4	7	8	7	5	5	4
4157	경남 고성군	마늘특성화지원	15,000	8	4	7	8	7	5	5	4

순번	시군구	지출명 (사업명)	2024년예산 (단위: 천원/1년간)	민간이전 분류 (지방자치단체 세출예산 집행기준에 의거) 1. 민간경상사업보조(307-02) 2. 민간단체 법정운영비보조(307-03) 3. 민간행사사업보조(307-04) 4. 민간위탁금(307-05) 5. 사회복지시설 법정운영비보조(307-10) 6. 민간위탁교육비(307-12) 7. 공기관등에대한경상적위탁사업비(308-13) 8. 민간자본사업보조,자체재원(402-01) 9. 민간자본사업보조,이전재원(402-02) 10. 민간위탁사업비(402-03) 11. 공기관등에 대한 자본적 위탁사업비(403-02)	민간이전지출 근거 (지방보조금 관리기준 참고) 1. 법률에 규정 2. 국고보조 재원(국가지정) 3. 용도 지정 기부금 4. 조례에 직접규정 5. 지자체가 권장하는 사업을 하는 공공기관 6. 시,도 정책 및 재정사정 7. 기타 8. 해당없음	입찰방식 계약체결방법 (경쟁형태) 1. 일반경쟁 2. 제한경쟁 3. 지명경쟁 4. 수의계약 5. 법정위탁 6. 기타 ( ) 7. 없음	계약기간 1. 1년 2. 2년 3. 3년 4. 4년 5. 5년 6. 기타 ( )년 7. 단기계약 (1년미만) 8. 없음	낙찰자선정방법 1. 적격심사 2. 협상에의한계약 3. 최저가낙찰제 4. 규격가격분리 5. 2단계 경쟁입찰 6. 기타 ( ) 7. 없음	운영예산 산정 1. 내부산정 (지자체 자체적으로 산정) 2. 외부산정 (외부전문기관위탁 산정) 3. 내·외부 모두 산정 4. 산정 無 5. 없음	정산방법 1. 내부정산 (지자체 내부적으로 정산) 2. 외부정산 (외부전문기관위탁 정산) 3. 내·외부 모두 정산 4. 정산 無 5. 없음	성과평가 실시여부 1. 실시 2. 미실시 3. 향후 추진 4. 해당없음
4158	경남 고성군	임산물소득지원	12,700	8	4	7	8	7	5	5	4
4159	경남 고성군	채소특작지하수개발지원	12,000	8	4	7	8	7	5	5	4
4160	경남 고성군	원유냉각기지원	12,000	8	4	7	8	7	5	5	4
4161	경남 고성군	안전축산물생산기반조성	11,000	8	1	7	8	7	5	5	4
4162	경남 고성군	침수방지시설설치지원사업	10,000	8	4	7	8	7	5	5	4
4163	경남 고성군	과일선별기지원	6,000	8	4	7	8	7	5	5	4
4164	경남 고성군	경로당비품지원	5,000	8	4	7	8	7	1	1	4
4165	경남 고성군	조경수생산지원	4,900	8	4	7	8	7	5	5	4
4166	경남 남해군	마을회관지원사업	742,350	8	4	1,4	1	3	5	1	1
4167	경남 남해군	경로당환경개선지원	264,500	8	1,4	7	8	7	5	5	4
4168	경남 남해군	아동복지시설기능보강사업	260,500	8	1	7	8	7	5	5	4
4169	경남 남해군	식량생산다목적창고지원	214,800	8	6	7	8	7	5	5	4
4170	경남 남해군	수소충전소설치마을주민숙원사업	100,000	8	4	7	8	7	5	5	4
4171	경남 남해군	유포마을관수시설설치사업	100,000	8	7	7	8	7	1	1	1
4172	경남 남해군	고사리밭모노레일설치사업	60,000	8	7	7	8	7	1	1	1
4173	경남 남해군	마늘전업농육성지원사업	48,570	8	4	7	8	7	5	5	4
4174	경남 남해군	농자재살포기구입지원(자체)	45,000	8	4	7	8	7	5	5	4
4175	경남 남해군	주거환경개보수	43,960	8	6	4	7	7	3	1	1
4176	경남 남해군	남해전통시장시설개선지원	30,000	8	1	7	8	7	5	5	4
4177	경남 남해군	기후위기극복대체작물및향기산업육성	29,000	8	1,4	7	8	7	5	5	4
4178	경남 남해군	원예작물비가림재배시설지원	27,000	8	4	7	8	7	5	5	4
4179	경남 남해군	친환경시설장비지원	21,000	8	4	7	8	7	5	5	4
4180	경남 남해군	벼육묘장시설현대화지원(자체)	20,000	8	4	7	8	7	5	5	4
4181	경남 남해군	시금치파종기지원	20,000	8	4	7	8	7	5	5	4
4182	경남 남해군	축사시설장비구입지원	18,270	8	1	7	8	7	5	5	4
4183	경남 남해군	참두릅묘목및소포장재지원	17,680	8	7	7	8	7	1	1	1
4184	경남 남해군	농업인가공창업지원	15,000	8	4	4	1	7	1	1	1
4185	경남 남해군	장기요양기관환기시설설치지원	11,456	8	2	7	8	7	1	1	1
4186	경남 남해군	전입세대빈집수리비지원	10,000	8	4	7	8	7	5	5	4
4187	경남 남해군	경로당건강증진기기보급및수리	10,000	8	4	7	8	7	1	1	1
4188	경남 남해군	낙농산업발전기반조성	10,000	8	1	7	8	7	5	5	4
4189	경남 남해군	집하장지원사업	10,000	8	4	7	8	7	5	5	4
4190	경남 남해군	시설원예환경관리시범	9,000	8	4	7	8	7	5	5	4
4191	경남 남해군	나잠어업(해녀)육성지원	8,750	8	7	7	8	7	1	1	4
4192	경남 남해군	농촌체험휴양마을운영지원	7,837	8	1,4	4	8	7	1	1	1
4193	경남 남해군	어린이집평가인증지원	7,500	8	4	7	8	7	5	5	4
4194	경남 남해군	친환경시설장비지원	7,000	8	4	7	8	7	5	5	4
4195	경남 남해군	공동거주시설개보수	5,000	8	4	7	8	7	5	5	4
4196	경남 남해군	공공형어린이집환경개선비지원	2,500	8	7	7	8	7	5	5	1
4197	경남 남해군	친환경시설장비지원	2,000	8	4	7	8	7	5	5	4

순번	시군구	지출명 (사업명)	2024년예산 (단위: 천원 /1년간)	민간이전 분류 (지방자치단체 세출예산 집행기준에 의거)	민간이전지출 근거 (지방보조금 관리기준 참고)	입찰방식			운영예산 산정		성과평가 실시여부
						계약체결방법 (경쟁형태)	계약기간	낙찰자선정방법	운영예산 산정	정산방법	
4198	경남 남해군	가정용음식물쓰레기처리기보급	129,000	8	6	7	8	7	1	1	4
4199	경남 남해군	돈사악취저감시설지원	18,000	8	1	7	8	7	5	1	1
4200	경남 하동군	유기질비료지원(전환사업)	1,203,019	8	6	7	8	7	1	1	1
4201	경남 하동군	부농육성	1,000,000	8	4	7	8	7	1	1	1
4202	경남 하동군	공동주택시설개선지원사업	1,000,000	8	4	4	7	7	2	1	1
4203	경남 하동군	다목적회관신개축사업	710,000	8	4	7	8	7	5	5	4
4204	경남 하동군	귀농인주거안정지원	586,000	8	4	7	8	7	1	1	3
4205	경남 하동군	원예작물생산시설현대화지원사업	520,000	8	6	7	8	7	1	1	1
4206	경남 하동군	하동형청년농키움사업	500,000	8	7	7	8	7	5	5	4
4207	경남 하동군	농특산물포장재지원	385,000	8	6	7	8	7	5	5	4
4208	경남 하동군	딸기하우스수정벌지원사업	280,000	8	6	7	8	7	1	1	1
4209	경남 하동군	친환경지구벨트육성	250,000	8	6	7	8	7	1	1	1
4210	경남 하동군	양봉산업경쟁력강화사업(자체)	243,762	8	6	7	8	7	5	5	4
4211	경남 하동군	임산물상품성향상지원	230,000	8	4	7	8	7	5	5	4
4212	경남 하동군	기능성녹차참숭어배합사료지원사업	200,000	8	1	7	8	7	1	1	4
4213	경남 하동군	고품질딸기생산지원	182,000	8	6	7	8	7	1	1	1
4214	경남 하동군	소규모농작업편의장비지원사업	154,000	8	6	7	7	7	5	5	4
4215	경남 하동군	수산가공품포장시설등지원	150,000	8	1	7	8	7	1	1	4
4216	경남 하동군	양돈경쟁력강화사업(자체)	145,000	8	6	7	8	7	5	5	4
4217	경남 하동군	5개핫플레이스지정	140,000	8	4	7	8	7	1	1	3
4218	경남 하동군	생산성향상지원사업	140,000	8	1	7	8	7	5	5	4
4219	경남 하동군	농산물가공상품화지원	120,000	8	6	7	8	7	5	5	4
4220	경남 하동군	채소류생산시설현대화사업	120,000	8	6	7	8	7	1	1	1
4221	경남 하동군	가축분뇨자원화사업(자체)	110,000	8	6	7	8	7	5	5	4
4222	경남 하동군	축산농가맞춤식축산장비지원(자체)	102,500	8	6	7	8	7	5	5	4
4223	경남 하동군	농업인선택형농기계지원	100,000	8	6	7	8	7	1	1	1
4224	경남 하동군	고품질원예작물생산농자재지원	100,000	8	6	7	8	7	1	1	1
4225	경남 하동군	어업생산기반시설치사업	100,000	8	1	7	8	7	1	1	4
4226	경남 하동군	귀농일번지조성사업(지방소멸대응기금기초)	80,000	8	4	7	8	7	1	1	3
4227	경남 하동군	마늘우량종구갱신사업	80,000	8	6	7	8	7	1	1	1
4228	경남 하동군	소형어선자동화시설지원사업	80,000	8	1	7	8	7	1	1	4
4229	경남 하동군	젖소농가사육기자재지원사업(자체)	75,000	8	6	7	8	7	5	5	4
4230	경남 하동군	수출농가육성지원	75,000	8	6	7	8	7	5	5	4
4231	경남 하동군	북천꽃양귀비마을축제	70,000	8	6	7	7	7	5	5	4
4232	경남 하동군	하동솔잎한우육성지원(자체)	70,000	8	6	7	8	7	5	5	4
4233	경남 하동군	소규모농산물선별기지원	70,000	8	7	7	8	7	5	5	4
4234	경남 하동군	과수생산시설현대화사업	70,000	8	4	7	8	7	1	1	1
4235	경남 하동군	한우개량기반조성(자체)	60,000	8	6	7	8	7	5	5	4
4236	경남 하동군	벼수매통(곡물적재함)구입비지원	60,000	8	6	7	8	7	1	1	1
4237	경남 하동군	수출단호박재배단지조성사업	60,000	8	6	7	8	7	1	1	1

순번	시군구	지출명 (사업명)	2024년예산 (단위: 천원/1년간)	민간이전 분류 (지방자치단체 세출예산 집행기준에 의거) 1. 민간경상사업보조(307-02) 2. 민간단체 법정운영비보조(307-03) 3. 민간행사사업보조(307-04) 4. 민간위탁금(307-05) 5. 사회복지시설 법정운영비보조(307-10) 6. 민간인위탁교육비(307-12) 7. 공기관등에대한경상적위탁사업비(308-13) 8. 민간자본사업보조,자체재원(402-01) 9. 민간자본사업보조,이전재원(402-02) 10. 민간위탁사업비(402-03) 11. 공기관등에 대한 자본적 위탁사업비(403-02)	민간이전지출 근거 (지방보조금 관리기준 참고) 1. 법률에 규정 2. 국고보조 재원(국가지정) 3. 용도 지정 기부금 4. 조례에 직접규정 5. 지자체가 권장하는 사업을 하는 공공기관 6. 시,도 정책 및 재정사정 7. 기타 8. 해당없음	입찰방식			운영예산 산정		성과평가 실시여부 1. 실시 2. 미실시 3. 향후 추진 4. 해당없음
						계약체결방법 (경쟁형태) 1. 일반경쟁 2. 제한경쟁 3. 지명경쟁 4. 수의계약 5. 법정위탁 6. 기타 ( ) 7. 없음	계약기간 1. 1년 2. 2년 3. 3년 4. 4년 5. 5년 6. 기타 ( )년 7. 단기계약 (1년미만) 8. 없음	낙찰자선정방법 1. 적격심사 2. 협상에의한계약 3. 최저가낙찰제 4. 규격가격분리 5. 2단계 경쟁입찰 6. 기타 ( ) 7. 없음	운영예산 산정 1. 내부산정 (지자체 자체적으로 산정) 2. 외부산정 (외부전문기관위탁 산정) 3. 내·외부 모두 산정 4. 산정 無 5. 없음	정산방법 1. 내부정산 (지자체 내부적으로 정산) 2. 외부정산 (외부전문기관위탁 정산) 3. 내·외부 모두 산정 4. 정산 無 5. 없음	
4238	경남 하동군	시설원예단지영농폐기물처리지원사업	60,000	8	6	7	8	7	1	1	1
4239	경남 하동군	더불어나눔주택사업	60,000	8	8	7	8	7	1	1	2
4240	경남 하동군	수산물저온시설지원	60,000	8	1	7	8	7	1	1	4
4241	경남 하동군	영농정착지원	50,000	8	4	7	8	7	1	1	4
4242	경남 하동군	자활사업활성화지원	50,000	8	1	7	8	7	5	3	4
4243	경남 하동군	농업인단체활성화	50,000	8	6	7	7	7	5	5	4
4244	경남 하동군	전통차발화대사업	50,000	8	1	7	8	7	5	5	4
4245	경남 하동군	신소득전략작목육성사업	50,000	8	6	7	8	7	1	1	4
4246	경남 하동군	하동의가치를담은섬진강재첩특성화사업	50,000	8	1	7	8	7	1	1	4
4247	경남 하동군	가두리양식어장재활화산소지원	50,000	8	1	7	8	7	1	1	4
4248	경남 하동군	신품종원예작물생산기반구축	45,000	8	6	7	8	7	1	1	1
4249	경남 하동군	소형어선인양기대차구입지원사업	40,000	8	1	7	8	7	1	1	4
4250	경남 하동군	사천만어손실발생지역지원	37,005	8	1	7	8	7	1	1	4
4251	경남 하동군	사회봉사단체지원	31,000	8	1	7	8	7	1	1	1
4252	경남 하동군	음식물쓰레기관리	30,000	8	1	7	8	7	5	5	4
4253	경남 하동군	차량부착용리프트지원사업	30,000	8	7	7	8	7	5	5	4
4254	경남 하동군	친환경농법보급사업	30,000	8	6	7	8	7	1	1	1
4255	경남 하동군	미나리단지시설하우스지원	30,000	8	6	7	8	7	1	1	1
4256	경남 하동군	소득화특화작목육성	30,000	8	4	7	8	7	1	1	1
4257	경남 하동군	수산특산물포장재지원	28,000	8	1	7	8	7	1	1	4
4258	경남 하동군	토봉농가생산성향상사업(자체)	24,000	8	6	7	8	7	5	5	4
4259	경남 하동군	농촌마을경관개선사업	21,000	8	4	7	8	7	5	5	4
4260	경남 하동군	고로쇠수액용기지원	20,000	8	4	7	8	7	5	5	4
4261	경남 하동군	신소득작물묘목지원사업	20,000	8	4	7	8	7	5	5	4
4262	경남 하동군	양계농가경쟁력강화사업(자체)	20,000	8	6	7	8	7	5	5	4
4263	경남 하동군	어업인회관리모델링지원사업	20,000	8	1	7	8	7	5	5	4
4264	경남 하동군	조사료생산기반확충사업(자체)	18,000	8	6	7	8	7	5	5	4
4265	경남 하동군	고로쇠수액정제시설및QR코드지원사업	15,000	8	4	7	8	7	5	5	4
4266	경남 하동군	고로쇠집수탱크구입지원	15,000	8	4	7	8	7	5	5	4
4267	경남 하동군	북천경관보전직불제토양개량제사용	15,000	8	6	7	7	7	5	5	4
4268	경남 하동군	가두리관리시현대화사업	14,000	8	1	7	8	7	1	1	4
4269	경남 하동군	낚시터조성사업	12,000	8	1	7	8	7	1	1	4
4270	경남 하동군	통합마케팅조직육성지원(자체)	10,500	8	7	7	8	7	5	5	4
4271	경남 하동군	음식문화개선	10,000	8	4	7	8	7	5	5	4
4272	경남 하동군	과수상품성향상지원사업	10,000	8	4	7	8	7	1	1	1
4273	경남 하동군	사랑나누미빨래방운영	5,000	8	2	7	8	7	1	1	4
4274	경남 하동군	어린이집지원	5,000	8	4	7	8	7	1	1	1
4275	경남 하동군	북천허브리아단지조성	5,000	8	4	7	8	7	1	1	1
4276	경남 산청군	농업소득증대사업지원	2,000,000	8	7	7	8	7	5	5	4
4277	경남 산청군	원예작물지원사업	1,554,000	8	4	7	8	7	5	5	3

순번	시군구	지출명 (사업명)	2024년예산 (단위 : 천원 /1년간)	민간이전 분류 (지방자치단체 세출예산 집행기준에 의거) 1. 민간경상사업보조(307-02) 2. 민간단체 법정운영비보조(307-03) 3. 민간행사사업보조(307-04) 4. 민간위탁금(307-05) 5. 사회복지시설 법정운영비보조(307-10) 6. 민간위탁교육비(307-12) 7. 공기관등에대한경상적위탁사업비(308-13) 8. 민간자본사업보조,자체재원(402-01) 9. 민간자본사업보조,이전재원(402-02) 10. 민간위탁사업비(402-03) 11. 공기관등에 대한 자본적 위탁사업비(403-02)	민간이전지출 근거 (지방보조금 관리기준 참고) 1. 법률에 규정 2. 국고보조 재원(국가지정) 3. 용도 지정 기부금 4. 조례에 직접규정 5. 지자체가 권장하는 사업을 하는 공공기관 6. 시,도 정책 및 재정사정 7. 기타 8. 해당없음	입찰방식			운영예산 산정		성과평가 실시여부 1. 실시 2. 미실시 3. 향후 추진 4. 해당없음
						계약체결방법 (경쟁형태) 1. 일반경쟁 2. 제한경쟁 3. 지명경쟁 4. 수의계약 5. 법정위탁 6. 기타 ( ) 7. 없음	계약기간 1. 1년 2. 2년 3. 3년 4. 4년 5. 5년 6. 기타 ( )년 7. 단가계약 (1년미만) 8. 없음	낙찰자선정방법 1. 적격심사 2. 협상에의한계약 3. 최저가낙찰제 4. 규격가격분리 5. 2단계 경쟁입찰 6. 기타 ( ) 7. 없음	운영예산 산정 1. 내부산정 (지자체 자체적으로 산정) 2. 외부산정 (외부전문기관위탁 산정) 3. 내·외부 모두 산정 4. 산정 無 5. 없음	정산방법 1. 내부정산 (지자체 내부적으로 정산) 2. 외부정산 (외부전문기관위탁 정산) 3. 내·외부 모두 산정 4. 정산 無 5. 없음	
4278	경남 산청군	경로당신개축및개보수사업	1,400,000	8	4	7	8	7	5	5	4
4279	경남 산청군	축산산업육성(자체)	886,085	8	7	7	8	7	5	1	1
4280	경남 산청군	농산물건조기및저온냉동시설지원	800,000	8	7	7	8	7	5	5	4
4281	경남 산청군	원예작물지원사업	497,200	8	4	4	8	7	1	1	1
4282	경남 산청군	육묘지원사업	470,000	8	6	7	8	7	3	1	1
4283	경남 산청군	RPC벼품종판정기지원사업	419,307	8	4	7	8	7	5	5	4
4284	경남 산청군	묘판상토보급지원	344,500	8	6	7	8	7	3	1	1
4285	경남 산청군	유기질비료지원	330,000	8	6	7	8	7	3	1	1
4286	경남 산청군	기후변화대응신소득작목육성지원	300,000	8	4	7	8	7	1	1	3
4287	경남 산청군	친환경인증농가유박퇴비지원	274,050	8	6	7	8	7	3	1	1
4288	경남 산청군	신소득아열대시범농장육성	200,000	8	4	4	8	7	1	1	1
4289	경남 산청군	논콩생산장비지원사업(생산장비)	177,000	8	6	7	8	7	3	1	1
4290	경남 산청군	고품질양파종자지원사업	150,000	8	4	7	8	7	1	1	3
4291	경남 산청군	경로당운영지원(자체)	125,300	8	1	7	8	7	5	5	4
4292	경남 산청군	위생업소환경개선사업	120,000	8	4	7	8	7	5	5	4
4293	경남 산청군	고품질산청사과명품화지원	120,000	8	4	4	8	7	1	1	1
4294	경남 산청군	친환경농자재(우렁이)지원	105,000	8	6	7	8	7	3	1	1
4295	경남 산청군	공동주택지원사업	100,000	8	1	7	8	7	5	5	4
4296	경남 산청군	폐기물처리설주변지역주민지원사업	89,800	8	1	7	8	7	5	5	4
4297	경남 산청군	벼자가수분증진지원사업	80,000	8	6	7	8	7	3	1	1
4298	경남 산청군	청년4h회경쟁력강화지원	80,000	8	4	7	8	7	1	1	1
4299	경남 산청군	폐기물처리시설주민지원기금(주변영향지역가구별지원사업)	63,300	8	1	7	8	7	5	5	4
4300	경남 산청군	폐기물처리시설주민지원기금(주변영향지역마을공동지원사업)	60,000	8	1	7	8	7	5	5	4
4301	경남 산청군	2024전략약초특화단지조성사업	50,000	8	4	7	8	7	5	5	4
4302	경남 산청군	딸기국내유통선도유지기술시범	50,000	8	4	7	8	7	1	1	3
4303	경남 산청군	해외신시장개척마케팅비지원	50,000	8	4	7	8	7	5	5	4
4304	경남 산청군	명품마늘육성사업	40,000	8	4	7	8	7	1	1	3
4305	경남 산청군	고품질쌀생산단지조성사업	39,200	8	6	7	8	7	3	1	1
4306	경남 산청군	쪽파시설하우스지원사업	30,600	8	4	7	8	7	1	1	3
4307	경남 산청군	농업용정수시스템설치시범	22,000	8	4	7	8	7	1	1	3
4308	경남 산청군	벼신품종지역적응시범사업	20,000	8	6	4	8	7	1	1	1
4309	경남 산청군	엽채류고온피해예방시범	16,000	8	4	7	8	7	1	1	3
4310	경남 산청군	노령단감신품종과수원조성	15,000	8	4	4	8	7	1	1	1
4311	경남 산청군	누에사육환경개선기술시범	15,000	8	4	4	8	7	1	1	3
4312	경남 산청군	청년4h회과학영농지원	14,000	8	4	7	8	7	1	1	1
4313	경남 산청군	과수해충유인친환경포충기설치사업	12,000	8	4	4	8	7	1	1	1
4314	경남 산청군	탑라이스재배단지시범	10,000	8	4	4	8	7	1	1	1
4315	경남 산청군	블루베리용기재배방법개선시범	7,500	8	4	4	8	7	1	1	1
4316	경남 산청군	예비못자리설치	7,200	8	6	7	8	7	3	1	1
4317	경남 함양군	딸기생산지원	875,000	8	4	7	8	7	1	1	1

- 108 -

순번	시군구	지출명 (사업명)	2024년예산 (단위: 천원/1년간)	민간이전 분류 (지방자치단체 세출예산 집행기준에 의거) 1. 민간경상사업보조(307-02) 2. 민간단체 법정운영보조(307-03) 3. 민간행사사업보조(307-04) 4. 민간위탁금(307-05) 5. 사회복지시설 법정운영보조비(307-10) 6. 민간인위탁교육비(307-12) 7. 공기관등에대한경상적위탁사업비(308-13) 8. 민간자본사업보조,자체재원(402-01) 9. 민간자본사업보조,이전재원(402-02) 10. 민간대행사업비(402-03) 11. 공기관등에 대한 자본적 위탁사업비(403-02)	민간이전지출 근거 (지방보조금 관리기준 참고) 1. 법률에 규정 2. 국고보조 재원(국가지정) 3. 용도 지정 기부금 4. 조례에 직접규정 5. 지자체가 권장하는 사업을 하는 공공기관 6. 시,도 정책 및 재정사정 7. 기타 8. 해당없음	계약체결방법 (경쟁형태) 1. 일반경쟁 2. 제한경쟁 3. 지명경쟁 4. 수의계약 5. 법정위탁 6. 기타 ( ) 7. 없음	계약기간 1. 1년 2. 2년 3. 3년 4. 4년 5. 5년 6. 기타( )년 7. 단가계약 (1년미만) 8. 없음	낙찰자선정방법 1. 적격심사 2. 협상에의한계약 3. 최저가낙찰제 4. 규격가격분리 5. 2단계 경쟁입찰 6. 기타 ( ) 7. 없음	운영예산 산정 1. 내부산정 (지자체 자체적으로 산정) 2. 외부산정 (외부전문기관위탁 산정) 3. 내·외부 모두 산정 4. 산정 無 5. 없음	정산방법 1. 내부정산 (지자체 내부적으로 정산) 2. 외부정산 (외부전문기관위탁 정산) 3. 내·외부 모두 산정 4. 정산 無 5. 없음	성과평가 실시여부 1. 실시 2. 미실시 3. 향후 추진 4. 해당없음
4318	경남 함양군	벼육묘용농자재지원	751,500	8	5	7	8	7	2	1	4
4319	경남 함양군	원예작물기반시설지원	605,000	8	4	7	8	7	1	1	1
4320	경남 함양군	과원방제지원사업	336,000	8	4	7	8	7	1	1	4
4321	경남 함양군	기후변화대응아열대과수재배시범사업	240,000	8	4	7	8	7	1	1	4
4322	경남 함양군	신소득과수작목육성지원사업	238,000	8	4	7	8	7	1	1	4
4323	경남 함양군	과원관리승용예초기지원사업	225,000	8	4	7	8	7	1	1	4
4324	경남 함양군	꿀벌산업육성지원	210,000	8	2	7	8	7	1	1	4
4325	경남 함양군	소규모양계육성사업	200,000	8	4	7	8	7	1	1	4
4326	경남 함양군	(중견)귀농인영농정착지원	200,000	8	4	7	8	7	1	1	4
4327	경남 함양군	양파농기계지원	200,000	8	4	7	8	7	1	1	1
4328	경남 함양군	과일신선도유지제지원사업	176,000	8	4	7	8	7	1	1	4
4329	경남 함양군	농가소득대체작목신기술시범	170,000	8	4	7	8	7	1	1	1
4330	경남 함양군	농산물동력운반차지원사업	150,000	8	4	7	8	7	1	1	4
4331	경남 함양군	농기계자체지원사업	150,000	8	7	7	8	7	5	5	4
4332	경남 함양군	귀농인유치를위한빈집리모델링사업	140,000	8	4	7	8	7	1	1	4
4333	경남 함양군	산양삼종자지원	129,600	8	4	7	8	7	1	1	1
4334	경남 함양군	고소작업차지원사업	127,500	8	4	7	8	7	1	1	4
4335	경남 함양군	과수주력품목전략육성지원사업	126,000	8	4	7	8	7	1	1	4
4336	경남 함양군	축산선진화기반조성지원	125,000	8	4	7	8	7	1	1	4
4337	경남 함양군	축산선진화기반조성	125,000	8	4	7	8	7	1	1	4
4338	경남 함양군	가축사육기반개선지원	114,375	8	4	7	8	7	1	1	4
4339	경남 함양군	틈새작목육성(오미자,복분자)	107,500	8	4	7	8	7	1	1	4
4340	경남 함양군	농촌빈집수선사업	100,000	8	7	7	8	7	5	5	4
4341	경남 함양군	양파생산성향상자재지원	100,000	8	4	7	8	7	1	1	1
4342	경남 함양군	토종벌육성지원	85,000	8	2	7	8	7	1	1	4
4343	경남 함양군	과수생산시설기반구축사업(관정)	80,000	8	4	7	8	7	1	1	4
4344	경남 함양군	함양고종시단지조성	75,000	8	4	7	8	7	1	1	4
4345	경남 함양군	과채류결실안정수정벌지원	75,000	8	4	7	8	7	1	1	1
4346	경남 함양군	원예작물품질향상지원	75,000	8	4	7	8	7	1	1	1
4347	경남 함양군	논타작물재배지원	70,000	8	5	7	8	7	2	1	4
4348	경남 함양군	과수친환경자재지원사업	70,000	8	4	7	8	7	1	1	4
4349	경남 함양군	청년귀농인영농시범사업	60,000	8	7	7	8	7	5	5	4
4350	경남 함양군	산양삼미생물제지원사업	57,600	8	4	7	8	7	1	1	1
4351	경남 함양군	일반음식점좌식환경개선사업	50,000	8	4	7	8	7	5	5	4
4352	경남 함양군	염소생산성기반지원	50,000	8	4	7	8	7	1	1	4
4353	경남 함양군	소,염소전업농방역인프라설치지원	50,000	8	4	7	8	7	1	1	4
4354	경남 함양군	화훼생산기반조성지원	50,000	8	4	7	8	7	1	1	1
4355	경남 함양군	벼건조기지원	48,000	8	5	7	8	7	2	1	4
4356	경남 함양군	과수생산성향상지원사업	46,200	8	4	7	8	7	1	1	4
4357	경남 함양군	친환경인증농자재(우렁이)지원	45,360	8	6	7	8	7	5	5	4

순번	시군구	지출명 (사업명)	2024년예산 (단위 : 천원 /1년간)	민간이전 분류 (지방자치단체 세출예산 집행기준에 의거)	민간이전지출 근거 (지방보조금 관리기준 참고)	입찰방식			운영예산 산정		성과평가 실시여부
						계약체결방법 (경쟁형태)	계약기간	낙찰자선정방법	운영예산 산정	정산방법	
4358	경남 함양군	소과류생산기반구축사업	45,000	8	4	7	8	7	1	1	4
4359	경남 함양군	과수재배생력화사업	45,000	8	4	7	8	7	1	1	4
4360	경남 함양군	이상기후대비전작물관수지원	45,000	8	4	7	8	7	1	1	4
4361	경남 함양군	전입세대주택설계비지원	40,000	8	7	7	8	7	5	5	4
4362	경남 함양군	내수면어업육성사업	40,000	8	4	7	8	7	1	1	4
4363	경남 함양군	과수정형과생산및결실안정사업	40,000	8	4	7	8	7	1	1	4
4364	경남 함양군	고추세척기지원	30,000	8	4	7	8	7	1	1	1
4365	경남 함양군	틈새작목육성(민초피나무)묘목지원	30,000	8	4	7	8	7	1	1	1
4366	경남 함양군	원료삼생산단지종자지원사업	27,000	8	4	7	8	7	5	5	4
4367	경남 함양군	생산비절감벼소식재배시범	25,000	8	5	7	8	7	2	1	4
4368	경남 함양군	보행예초기지원사업	25,000	8	4	7	8	7	1	1	4
4369	경남 함양군	화훼우량종묘지원	25,000	8	4	7	8	7	1	1	1
4370	경남 함양군	조사료베일러집게지원	24,000	8	4	7	8	7	1	1	4
4371	경남 함양군	명품사과적제지원사업	20,300	8	4	7	8	7	1	1	4
4372	경남 함양군	수출단감품질향상사업	20,000	8	4	7	8	7	1	1	4
4373	경남 함양군	벼논두렁제초기지원	18,000	8	5	7	8	7	2	1	4
4374	경남 함양군	친환경농산물포장재지원	15,000	8	6	7	8	7	5	5	4
4375	경남 함양군	원료삼생산시범단지부지정지(장비대등)지원사업	9,600	8	4	7	8	7	5	5	4
4376	경남 함양군	기능성특용작물육성	3,300	8	4	7	8	7	1	1	4
4377	경남 함양군	원료삼생산시범단지미생물제지원사업	2,880	8	4	7	8	7	1	1	4
4378	경남 합천군	청년여성창업지원사업	100,000	8	4	7	8	7	5	5	4
4379	경남 합천군	표고버섯톱밥배지	90,000	8	1	7	8	7	5	5	4
4380	경남 합천군	임산물생산기반시설설치지원	50,000	8	1	7	8	7	5	5	4
4381	경남 합천군	신소득작목생산단지조성	35,000	8	1	7	8	7	5	5	4
4382	경남 합천군	어린이집시설개선지원	10,000	8	1	7	8	7	1	1	4
4383	전라북도	메카노바이오활성소재혁신의료기기실증기반구축	1,000,000	8	1	7	5	7	1	1	4
4384	전라북도	탄소복합체가상공학센터기반구축	700,000	8	5	7	3	7	2	2	3
4385	전라북도	암이동검진차량및장비지원	350,000	8	1	7	8	7	1	2	3
4386	전북 전주시	메카노바이오활성소재혁신의료기기실증기반구축(국가직접지원)	1,000,000	8	2	7	8	7	5	5	4
4387	전북 전주시	탄소복합체가상공학센터구축(국도비직접지원)	700,000	8	1	7	8	7	5	5	4
4388	전북 전주시	노인이용시설유지보수	565,000	8	8	7	8	7	1	1	1
4389	전북 전주시	지역혁신선도연구센터지원사업(국가직접지원)	500,000	8	1	7	8	7	5	5	4
4390	전북 전주시	전주권소각자원센터간접영향권외주변지역주민숙원사업	500,000	8	7	7	8	7	5	5	4
4391	전북 전주시	시설원예연동하우스지원	420,000	8	6	7	8	7	1	5	1
4392	전북 전주시	주차장무료개방지원	400,000	8	4	7	8	7	1	1	1
4393	전북 전주시	친환경학교급식단지농자재지원	280,000	8	8	7	8	7	1	1	4
4394	전북 전주시	전주영화도시역량강화	243,000	8	4	7	8	7	1	1	1
4395	전북 전주시	영농작업환경개선사업	225,000	8	6	7	8	7	5	5	1
4396	전북 전주시	청년농업인영농기반구축사업	200,000	8	1	7	8	7	5	5	4
4397	전북 전주시	노인복지관기능보강(도참여예산)	167,600	8	6	7	8	7	5	1	4

순번	시군구	지출명 (사업명)	2024년예산 (단위: 천원/1년간)	민간이전 분류	민간이전지출 근거	계약체결방법 (경쟁형태)	계약기간	낙찰자선정방법	운영예산 산정	정산방법	성과평가 실시여부
4398	전북 전주시	시설하우스설치및환경개선사업	128,700	8	6	7	8	7	1	1	1
4399	전북 전주시	특화품목농업생산기반구조개선	124,000	8	6	7	8	7	5	5	1
4400	전북 전주시	고품질과수안정생산지원	124,000	8	6	7	8	7	1	1	1
4401	전북 전주시	첨단나노소재부품사업화실증기반고도화(국가직접지원)	110,000	8	1	7	8	7	5	5	4
4402	전북 전주시	한옥마을원주민한옥수선비지원	100,000	8	4	7	8	7	1	1	1
4403	전북 전주시	친환경농업유기질비료지원	100,000	8	6	7	8	7	1	1	1
4404	전북 전주시	복지시설등취약시설기능보강	100,000	8	8	7	8	7	5	5	4
4405	전북 전주시	정부보급종종자대지원	90,000	8	6	7	8	7	1	1	1
4406	전북 전주시	벼생산비절감지원	80,000	8	6	7	8	7	1	1	1
4407	전북 전주시	뿌리기업그린환경시스템구축지원사업(도비직접지원)	70,000	8	6	6	1	7	5	5	1
4408	전북 전주시	내집주차장그린파킹사업	70,000	8	4	7	8	7	5	5	1
4409	전북 전주시	시설채소생산시설현대화지원	60,000	8	6	7	8	7	1	1	1
4410	전북 전주시	독립영화관판매급사업	60,000	8	4	7	8	7	1	1	1
4411	전북 전주시	농업인스마트팜시설지원	50,000	8	6	7	8	7	1	1	1
4412	전북 전주시	콩나물콩재배농가생산지원	50,000	8	6	7	8	7	1	1	1
4413	전북 전주시	딸기신품종확대보급기술시범	50,000	8	2	7	8	7	1	1	1
4414	전북 전주시	문화시설개선	50,000	8	1	7	8	7	1	1	4
4415	전북 전주시	전주푸드기획생산기반구축사업	48,600	8	8	7	8	7	1	1	4
4416	전북 전주시	양봉산업육성지원	45,000	8	6	7	8	7	5	5	1
4417	전북 전주시	기능성양봉부산물생산증대장려사업	45,000	8	6	7	8	7	5	5	1
4418	전북 전주시	기후변화대응시설원예안정생산지원	40,000	8	6	7	8	7	1	1	1
4419	전북 전주시	소규모저온저장고지원	30,000	8	6	7	8	7	1	1	1
4420	전북 전주시	전기자전거구입지원	30,000	8	4	7	7	7	1	1	1
4421	전북 전주시	중소기업노후시설및장비개선지원사업	25,000	8	6	7	8	7	5	5	4
4422	전북 전주시	치유농업활성화지원	21,000	8	6	7	8	7	1	1	1
4423	전북 전주시	가축분뇨수분조절제지원	20,000	8	6	7	8	7	5	5	1
4424	전북 전주시	전주시연탄보일러교체사업	20,000	8	4	7	8	7	1	1	4
4425	전북 전주시	시각장애인도서관운영지원	18,200	8	5	7	7	7	1	1	1
4426	전북 전주시	민간단체선정지원	16,000	8	1	7	8	7	5	5	4
4427	전북 전주시	사랑의PC보급및정보화소외계층교육지원	15,000	8	1	7	1	7	1	1	1
4428	전북 전주시	축산농가사육시설현대화사업	15,000	8	6	7	8	7	5	5	1
4429	전북 전주시	지식재산권및해외규격인증획득지원	12,000	8	6	7	8	7	5	5	4
4430	전북 전주시	벼육묘작업기계화지원	10,000	8	6	7	8	7	1	1	1
4431	전북 전주시	전주시체육회운영개선	4,000	8	1	7	8	7	1	1	1
4432	전북 익산시	중소형농업기계지원	412,880	8	6	7	8	7	1	1	4
4433	전북 익산시	CJ햇반원료곡생산단지조성	375,000	8	6	7	8	7	1	1	1
4434	전북 익산시	농촌주거용빈집정비사업	358,000	8	4	7	8	7	1	1	3
4435	전북 익산시	소규모주민숙원사업	315,100	8	1	7	8	7	1	1	3
4436	전북 익산시	청년농업인선진영농기술도입기반조성	275,000	8	4	7	8	7	1	1	1
4437	전북 익산시	공동주택지원사업	240,000	8	4	7	8	7	1	1	3

순번	시군구	지출명 (사업명)	2024년예산 (단위 : 천원 /1년간)	민간이전 분류 (지방자치단체 세출예산 집행기준에 의거)	민간이전지출 근거 (지방보조금 관리기준 참고)	계약체결방법 (경쟁형태)	계약기간	낙찰자선정방법	운영예산 산정	정산방법	성과평가 실시여부
4438	전북 익산시	청년농업인드론지원	210,000	8	4	7	8	7	1	1	4
4439	전북 익산시	마을방범용CCTV설치	200,000	8	1	7	2	7	1	1	3
4440	전북 익산시	섬유업체환경시설개선지원	200,000	8	4	7	8	7	1	1	1
4441	전북 익산시	청년농업인시설하우스지원사업	196,200	8	4	7	8	7	1	1	1
4442	전북 익산시	석재업체환경시설개선지원	190,000	8	4	7	8	7	1	1	1
4443	전북 익산시	시설채소경쟁력향상지원사업	180,000	8	4	7	8	7	5	5	4
4444	전북 익산시	농약안전보관함보급	175,000	8	7	7	8	7	1	1	1
4445	전북 익산시	시설원예기능성필름을활용한경쟁력강화사업	140,000	8	4	7	8	7	5	5	4
4446	전북 익산시	마을방범용CCTV기능보강	130,000	8	4	7	1	7	1	1	3
4447	전북 익산시	소규모농산물저온저장고지원	121,500	8	4	7	8	7	1	1	1
4448	전북 익산시	군부대교류협력지원사업	115,000	8	8	7	8	7	5	5	4
4449	전북 익산시	농촌비주거용빈집정비사업	112,000	8	4	7	8	7	1	1	3
4450	전북 익산시	자율방범대기능보강사업	100,000	8	4	7	8	7	1	1	3
4451	전북 익산시	익산형로컬크리에이터지원	100,000	8	1	7	8	7	1	1	1
4452	전북 익산시	마을자치연금지원사업	100,000	8	6	7	8	7	5	5	4
4453	전북 익산시	과수경쟁력강화농기계지원	100,000	8	4	7	8	7	5	5	4
4454	전북 익산시	스마트팜신규농가확대보급사업	100,000	8	4	7	8	7	5	5	4
4455	전북 익산시	귀농귀촌인소득사업및생산기반지원	100,000	8	4	7	8	7	1	1	1
4456	전북 익산시	시설원예생육환경개선사업	90,000	8	4	7	8	7	5	5	4
4457	전북 익산시	공동주택개별계량장비교체보조사업	90,000	8	4	7	8	7	1	1	1
4458	전북 익산시	귀농귀촌인농가주택수리비지원	90,000	8	4	7	8	7	1	1	1
4459	전북 익산시	하림즉석밥원료곡생산단지조성	82,500	8	4	7	8	7	1	1	1
4460	전북 익산시	벼톤백지원사업	75,000	8	4		8	7	1	1	1
4461	전북 익산시	본도시락원료곡생산단지조성	75,000	8	1	7	8	7	1	1	1
4462	전북 익산시	탑마루쌀생산단지조성	70,000	8	4	7	8	7	1	1	1
4463	전북 익산시	소상공인경영환경개선사업(시설개선)	60,000	8	4	7	8	7	1	1	1
4464	전북 익산시	로컬푸드직매장소포장재지원	60,000	8	4	7	8	7	1	1	1
4465	전북 익산시	청년창업드림카구입지원	50,000	8	4	7	8	7	1	1	1
4466	전북 익산시	청년기업안정화시설비지원	50,000	8	4	7	8	7	1	1	1
4467	전북 익산시	전략육성품목생산시설지원	50,000	8	4	7	8	7	5	5	4
4468	전북 익산시	탑마루공동브랜드포장재제작지원	50,000	8	4	7	8	7	1	1	1
4469	전북 익산시	학교급식친환경농산물생산농가지원	50,000	8	4	7	8	7	1	1	1
4470	전북 익산시	악취시설개선지원보조금	50,000	8	4	7	8	7	1	1	2
4471	전북 익산시	귀금속제조업체환경시설개선지원사업	47,500	8	4	7	8	7	5	5	3
4472	전북 익산시	청년농업인농가주택리모델링지원	45,000	8	4	7	8	7	1	1	1
4473	전북 익산시	탑마루딸기무병묘지원	40,000	8	4	7	8	7	1	1	1
4474	전북 익산시	CJ햇반원료곡톤백지원	37,500	8	1	7	8	7	1	1	1
4475	전북 익산시	도시빈집정비사업	37,000	8	4	7	8	7	1	1	3
4476	전북 익산시	청년농업인농업기계자율주행기술도입지원	35,000	8	4	7	8	7	1	1	1
4477	전북 익산시	탑마루고구마생산농가지원	32,000	8	4	7	8	7	1	1	1

순번	시군구	지출명(사업명)	2024년예산 (단위: 천원/1년간)	민간이전 분류	민간이전지출 근거	계약체결방법 (경쟁형태)	계약기간	낙찰자선정방법	운영예산 산정	정산방법	성과평가 실시여부
4478	전북 익산시	자율방범대차량구입	30,000	8	4	7	8	7	1	1	3
4479	전북 익산시	아열대작물생산시설지원	25,000	8	4	7	8	7	5	5	4
4480	전북 익산시	탑마루상추생산농가지원	25,000	8	4	7	8	7	1	1	1
4481	전북 익산시	다량배출사업장감량기설치보조사업	20,000	8	4	7	8	7	5	5	1
4482	전북 익산시	농협식품즉석밥원료곡생산단지조성	15,000	8	1	7	8	7	1	1	1
4483	전북 익산시	노후공동주택경비노동자근무환경개선사업	15,000	8	6	7	8	7	1	1	3
4484	전북 익산시	소규모농업인가공제품상품화지원	14,700	8	4	7	8	7	1	1	1
4485	전북 익산시	읍면동(농업인상담소)지역특화품목육성사업	14,000	8	1	7	8	7	1	1	4
4486	전북 익산시	보람찬벼채종포생산단지조성	12,000	8	1	7	8	7	1	1	1
4487	전북 익산시	기후변화대응시설개선사업	10,000	8	4	7	8	7	1	1	4
4488	전북 익산시	익산보리쌀포장재지원사업	9,600	8	4	7	8	7	1	1	1
4489	전북 익산시	하림즉석밥원료곡톤백지원	3,750	8	1	7	8	7	1	1	1
4490	전북 정읍시	유기질비료지원	1,860,000	8	1	7	8	7	1	1	4
4491	전북 정읍시	농기계지원사업	1,700,000	8	4	7	8	7	1	1	4
4492	전북 정읍시	벼육묘생산지원사업	1,639,440	8	4	7	8	7	1	1	4
4493	전북 정읍시	축산악취저감시설지원사업	700,000	8	6	7	8	7	1	1	4
4494	전북 정읍시	모정보조금지원사업	685,607	8	4	7	8	7	1	1	4
4495	전북 정읍시	만감류시설하우스지원사업	600,000	8	4	7	8	7	1	1	1
4496	전북 정읍시	산지자원특화사업	400,000	8	6	7	8	7	5	5	4
4497	전북 정읍시	노후공동주택관리비용지원	378,355	8	4	7	8	7	1	1	4
4498	전북 정읍시	읍면동경로당개보수및기능보강	300,000	8	4	7	8	7	5	5	4
4499	전북 정읍시	축산악취저감제지원사업	300,000	8	4	7	8	7	1	1	4
4500	전북 정읍시	콩선별장지원(지자체협력사업)	250,000	8	6	7	8	7	1	1	4
4501	전북 정읍시	가금농가폐가축처리기지원사업	200,000	8	4	7	8	7	1	1	4
4502	전북 정읍시	경로당한궁용구지원사업	180,000	8	4	7	8	7	5	5	4
4503	전북 정읍시	귀농인영농정착지원	180,000	8	4	7	8	7	5	1	3
4504	전북 정읍시	가축분뇨처리용수분조절제지원사업	180,000	8	6	7	8	7	1	1	4
4505	전북 정읍시	한우품질개선지원사업	160,000	8	6	7	8	7	1	1	4
4506	전북 정읍시	시설원예작물육성지원사업	126,000	8	4	7	8	7	1	1	1
4507	전북 정읍시	로컬푸드직매장참여농가포장재지원사업	125,000	8	4	7	8	7	5	5	3
4508	전북 정읍시	정읍시민창안대회줄기및사후관리단계지원사업	120,000	8	4	7	8	7	1	1	3
4509	전북 정읍시	통합마케팅원예작물우량종묘지원사업	120,000	8	4	7	8	7	1	1	1
4510	전북 정읍시	발작물토양개량제비료지원사업	118,800	8	4	7	8	7	1	1	1
4511	전북 정읍시	시내버스대폐차구입비지원	110,700	8	1	7	8	7	5	5	4
4512	전북 정읍시	과수농가농자재지원사업	107,000	8	4	7	8	7	1	1	1
4513	전북 정읍시	양봉농가벌통지원사업	105,000	8	4	7	8	7	1	1	1
4514	전북 정읍시	양봉농가화분지원사업	101,880	8	4	7	8	7	1	1	1
4515	전북 정읍시	공동주택분리수거시설설치	100,000	8	4	7	8	7	5	5	4
4516	전북 정읍시	귀농귀촌인농가주택수리비지원	100,000	8	4	7	8	7	5	1	3
4517	전북 정읍시	벼수매자재(톤백)지원사업	100,000	8	1	7	8	7	1	1	4

순번	시군구	지출명 (사업명)	2024년예산 (단위 : 천원 /1년간)	민간이전 분류 (지방자치단체 세출예산 집행기준에 의거)	민간이전지출 근거 (지방보조금 관리기준 참고)	입찰방식			운영예산 산정		성과평가 실시여부
				1. 민간경상사업보조(307-02) 2. 민간단체 법정운영비보조(307-03) 3. 민간행사사업보조(307-04) 4. 민간위탁금(307-05) 5. 사회복지시설 법정운영비보조(307-10) 6. 민간인위탁교육비(307-12) 7. 공기관등에대한경상적위탁사업비(308-13) 8. 민간자본사업보조,자체재원(402-01) 9. 민간자본사업보조,이전재원(402-02) 10. 민간위탁사업비(402-03) 11. 공기관에 대한 자본적 위탁사업비(403-02)	1. 법률에 규정 2. 국고보조 재원(국가지정) 3. 용도 지정 기부금 4. 조례에 직접규정 5. 지자체가 권장하는 사업을 하는 공공기관 6. 시,도 정책 및 재정사정 7. 기타 8. 해당없음	계약체결방법 (경쟁형태) 1. 일반경쟁 2. 제한경쟁 3. 지명경쟁 4. 수의계약 5. 법정위탁 6. 기타 ( ) 7. 없음	계약기간 1. 1년 2. 2년 3. 3년 4. 4년 5. 5년 6. 기타 ( )년 7. 단기계약 (1년미만) 8. 없음	낙찰자선정방법 1. 적격심사 2. 협상에의한계약 3. 최저가낙찰제 4. 규격가격분리 5. 2단계 경쟁입찰 6. 기타 ( ) 7. 없음	운영예산 산정 1. 내부산정 (지자체 자체적으로 산정) 2. 외부산정 (외부전문기관위탁 산정) 3. 내·외부 모두 산정 4. 산정 無	정산방법 1. 내부정산 (지자체 내부적으로 정산) 2. 외부정산 (외부전문기관위탁 정산) 3. 내·외부 모두 산정 4. 정산 無 5. 없음	1. 실시 2. 미실시 3. 향후 추진 4. 해당없음
4518	전북 정읍시	시설원예연작피해예방을위한농자재지원사업	100,000	8	4	7	8	7	1	1	1
4519	전북 정읍시	농특산물규격화용및수출용포장재지원	90,000	8	1	7	8	7	1	1	4
4520	전북 정읍시	정우면게이트볼장사무실증축및외부단열공사	84,000	8	4	7	8	7	5	5	4
4521	전북 정읍시	과수농가포장재지원사업	80,000	8	4	7	8	7	1	1	1
4522	전북 정읍시	과수저온피해예방방지제지원사업	80,000	8	4	7	8	7	1	1	1
4523	전북 정읍시	로컬푸드직매장환경개선지원사업	80,000	8	4	7	8	7	5	5	3
4524	전북 정읍시	가금농가기자재지원사업	75,125	8	6	7	8	7	1	1	4
4525	전북 정읍시	과수농가병해충방제를위한농자재지원사업	75,000	8	4	7	8	7	1	1	1
4526	전북 정읍시	시설하우스차광도포제지원사업	61,200	8	4	7	8	7	1	1	1
4527	전북 정읍시	급식소공동작업소신축공사및집기류지원	60,000	8	5	7	8	7	5	5	4
4528	전북 정읍시	농특산품가공포장재지원사업	60,000	8	6	7	8	7	1	1	4
4529	전북 정읍시	사료운반전동손수레지원사업	60,000	8	6	7	8	7	1	1	4
4530	전북 정읍시	청년창업지원(2024년도1차분)	50,000	8	4	7	8	7	5	5	4
4531	전북 정읍시	낙농기자재지원사업	45,000	8	6	7	8	7	1	1	4
4532	전북 정읍시	착유우유두침지제지원사업	43,200	8	6	7	8	7	1	1	4
4533	전북 정읍시	소규모세탁소휘발성유기화합물저감사업	40,000	8	8	7	8	7	1	1	1
4534	전북 정읍시	소성면애당마을회관개보수공사	40,000	8	6	7	8	7	5	5	4
4535	전북 정읍시	내수면양식기반시설및장비지원	39,000	8	4	7	8	7	5	5	3
4536	전북 정읍시	시기동정읍노휴제마당등주변정비사업	35,000	8	4	7	8	7	5	5	4
4537	전북 정읍시	시내버스운수종사자피복비지원	35,000	8	1	7	8	7	5	5	4
4538	전북 정읍시	젖소정액지원사업	35,000	8	6	7	8	7	1	1	4
4539	전북 정읍시	명품고추생산자재지원사업	32,000	8	4	7	8	7	1	1	1
4540	전북 정읍시	미등록경로당환경개선사업	30,000	8	4	7	8	7	5	5	4
4541	전북 정읍시	태인면중앙경로당재포장공사	27,000	8	4	7	8	7	5	5	4
4542	전북 정읍시	시내버스LED전광판유지보수지원	26,500	8	1	7	8	7	5	5	4
4543	전북 정읍시	감곡의용소방대사무실신축	26,180	8	4	7	8	7	1	1	3
4544	전북 정읍시	가업승계및전통상업점포육성지원	26,000	8	4	1	8	1	1	1	3
4545	전북 정읍시	흑염소종모지원사업	25,500	8	6	7	8	7	1	1	4
4546	전북 정읍시	과수,원예작물토양환경개선자재지원사업	24,000	8	4	7	8	7	1	1	1
4547	전북 정읍시	정우면천덕경로당개보수사업(방수공사및도배,장판)	23,064	8	4	7	8	7	5	5	4
4548	전북 정읍시	2023년매립장주면마을지원사업	21,988	8	1	7	1	7	1	1	3
4549	전북 정읍시	옹동면정동경로당개보수사업	20,000	8	4	7	8	7	5	5	4
4550	전북 정읍시	단풍미인쇼핑몰규격화포장재지원	20,000	8	1	7	8	7	1	1	4
4551	전북 정읍시	이화어린이집어린이놀이시설지원	19,800	8	4	7	8	7	1	1	1
4552	전북 정읍시	동화나라어린이집어린이놀이시설지원	19,800	8	4	7	8	7	1	1	1
4553	전북 정읍시	아이별어린이집어린이놀이시설지원	19,800	8	4	7	8	7	1	1	1
4554	전북 정읍시	루씨어린이집어린이놀이시설지원	19,800	8	4	7	8	7	1	1	1
4555	전북 정읍시	성결교회어린이놀이시설지원	19,800	8	4	7	8	7	1	1	1
4556	전북 정읍시	신창어린이집어린이놀이시설지원	19,800	8	4	7	8	7	1	1	1
4557	전북 정읍시	샤론어린이집어린이놀이시설지원	19,800	8	4	7	8	7	1	1	1

순번	시군구	지출명 (사업명)	2024년예산 (단위 : 천원 /1년간)	민간이전 분류 (지방자치단체 세출예산 집행기준에 의거) 1. 민간경상사업보조(307-02) 2. 민간단체 법정운영비보조(307-03) 3. 민간행사사업보조(307-04) 4. 민간위탁금(307-05) 5. 사회복지시설 법정운영비보조(307-10) 6. 민간위탁교육비(307-12) 7. 공기관등에대한경상적위탁사업비(308-13) 8. 민간자본사업보조,자체재원(402-01) 9. 민간자본보조,이전재원(402-02) 10. 민간위탁사업비(402-03) 11. 공기관등에 대한 자본적 위탁사업비(403-02)	민간이전지출 근거 (지방보조금 관리기준 참고) 1. 법률에 규정 2. 국고보조 재원(국가지정) 3. 용도 지정 기부금 4. 조례에 직접규정 5. 지자체가 권장하는 사업을 하는 공공기관 6. 시,도 정책 및 재정사정 7. 기타 8. 해당없음	입찰방식 계약체결방법 (경쟁형태) 1. 일반경쟁 2. 제한경쟁 3. 지명경쟁 4. 수의계약 5. 법정위탁 6. 기타 ( ) 7. 없음	계약기간 1. 1년 2. 2년 3. 3년 4. 4년 5. 5년 6. 기타 ( )년 7. 단가계약 (1년미만) 8. 없음	낙찰자선정방법 1. 적격심사 2. 협상에의한계약 3. 최저가낙찰제 4. 규격가격분리 5. 2단계 경쟁입찰 6. 기타 ( ) 7. 없음	운영예산 산정 1. 내부산정 (지자체 자체적으로 산정) 2. 외부산정 (외부전문기관위탁 산정) 3. 내·외부 모두 산정 4. 산정 無 5. 없음	정산방법 1. 내부정산 (지자체 내부적으로 정산) 2. 외부정산 (외부전문기관위탁 정산) 3. 내·외부 모두 정산 4. 정산 無 5. 없음	성과평가 실시여부 1. 실시 2. 미실시 3. 향후 추진 4. 해당없음
4558	전북 정읍시	북면성원경로당개보수사업(도배,장판,지붕공사)	19,710	8	4	7	8	7	5	5	4
4559	전북 정읍시	신태인읍인교경로당개보수사업(지붕강판및외벽리모델링공사)	19,595	8	4	7	8	7	5	5	4
4560	전북 정읍시	정우면금창경로당개보수사업(지붕,도배,장판,화장실리모델링)	19,450	8	4	7	8	7	5	5	4
4561	전북 정읍시	덕천면덕천경로당개보수사업(내부리모델링,전기공사)	19,350	8	4	7	8	7	5	5	4
4562	전북 정읍시	북면학동경로당개보수사업(지붕개량)	19,260	8	4	7	8	7	5	5	4
4563	전북 정읍시	입암면신면경로당개보수사업(화장실,외벽,창호공사)	18,900	8	4	7	8	7	5	5	4
4564	전북 정읍시	산내면구복경로당개보수사업(경로당내부리모델링)	18,000	8	4	7	8	7	5	5	4
4565	전북 정읍시	귀농인주택신축설계비지원	18,000	8	4	7	8	7	5	1	3
4566	전북 정읍시	북면원태곡경로당개보수사업(창호,문체)	17,940	8	4	7	8	7	5	5	4
4567	전북 정읍시	태인면향교경로당개보수사업(창문교체)	17,366	8	4	7	8	7	5	5	4
4568	전북 정읍시	북면사거리경로당개보수사업(창호교체)	17,020	8	4	7	8	7	5	5	4
4569	전북 정읍시	이평면지경경로당개보수사업(도배및지붕개량)	16,983	8	4	7	8	7	5	5	4
4570	전북 정읍시	내장상동부무경로당개보수사업(지붕설치및외부도색)	16,928	8	4	7	8	7	5	5	4
4571	전북 정읍시	태인면오리경로당개보수사업(창호교체)	16,362	8	4	7	8	7	5	5	4
4572	전북 정읍시	입암면만화경로당개보수사업(지붕보수)	15,741	8	4	7	8	7	5	5	4
4573	전북 정읍시	이평면대독경로당개보수사업(창호교체)	15,640	8	4	7	8	7	5	5	4
4574	전북 정읍시	수성동오정경로당개보수사업(창호교체및화장실설치공사)	15,640	8	4	7	8	7	5	5	4
4575	전북 정읍시	영원남성의용소방대사무실기능보강	15,400	8	4	7	8	7	1	1	3
4576	전북 정읍시	북면평촌경로당개보수사업(창호,문체)	14,867	8	4	7	8	7	5	5	4
4577	전북 정읍시	산내자율방범지대환경정비사업	14,784	8	4	7	8	7	2	1	3
4578	전북 정읍시	태인면낙양경로당개보수사업(지붕수리)	14,720	8	4	7	8	7	5	5	4
4579	전북 정읍시	산내면중리경로당개보수사업(창호교체)	14,720	8	4	7	8	7	5	5	4
4580	전북 정읍시	수어통역센터기능보강(음향기기등)	14,714	8	1	7	8	7	1	1	3
4581	전북 정읍시	산외면평사경로당개보수사업(현관문및창호교체)	14,536	8	4	7	8	7	5	5	4
4582	전북 정읍시	공기청정기지원사업	14,400	8	4	7	8	7	5	5	4
4583	전북 정읍시	덕천면용곡경로당개보수사업(경로당입구바닥및핸드레일)	14,212	8	4	7	8	7	5	5	4
4584	전북 정읍시	연지동죽림경로당개보수사업(출입문및현관입구보수)	14,136	8	4	7	8	7	5	5	4
4585	전북 정읍시	영원면성지경로당개보수사업(창호교체및벽방수등)	13,864	8	4	7	8	7	5	5	4
4586	전북 정읍시	수성동부영1차경로당개보수사업(화장실설치공사)	13,765	8	4	7	8	7	5	5	4
4587	전북 정읍시	북면이문경로당개보수사업(화장실수리)	13,062	8	4	7	8	7	5	5	4
4588	전북 정읍시	영원면새마을지도자협의회기능보강사업(사무실외벽계단)	13,013	8	4	7	8	7	2	1	3
4589	전북 정읍시	사과품질향상을위한반사필름자재지원사업	13,000	8	4	7	8	7	1	1	1
4590	전북 정읍시	산내면하궁실경로당개보수사업(창호교체)	11,662	8	4	7	8	7	5	5	4
4591	전북 정읍시	농소동두승경로당개보수사업(중문및창호교체)	11,507	8	4	7	8	7	5	5	4
4592	전북 정읍시	북면하유경로당개보수사업(지붕공사)	11,295	8	4	7	8	7	5	5	4
4593	전북 정읍시	덕천면대죽경로당개보수사업(방화문,도배,장판,화장실리모델링)	11,129	8	4	7	8	7	5	5	4
4594	전북 정읍시	입암면진동경로당개보수사업(화장실보수,외벽도색)	10,925	8	4	7	8	7	5	5	4
4595	전북 정읍시	입암면신원면경로당개보수사업(화장실,붙박이장,현관문보수)	10,450	8	4	7	8	7	5	5	4
4596	전북 정읍시	이평면목교경로당개보수사업(창호교체및페인트공사)	10,450	8	4	7	8	7	5	5	4
4597	전북 정읍시	농소동효죽경로당개보수사업(천정및창호교체)	10,450	8	4	7	8	7	5	5	4

순번	시군구	지출명 (사업명)	2024년예산 (단위 : 천원 /1년간)	민간이전 분류 (지방자치단체 세출예산 집행기준에 의거)	민간이전지출 근거 (지방보조금 관리기준 참고)	입찰방식			운영예산 산정		성과평가 실시여부
						계약체결방법 (경쟁형태)	계약기간	낙찰자선정방법	운영예산 산정	정산방법	
4598	전북 정읍시	입암면문당경로당개보수사업(외벽도색,방문보수,도배)	10,440	8	4	7	8	7	5	5	4
4599	전북 정읍시	정우면대동경로당개보수사업(주방이전,도배,장판,외부경사로)	10,440	8	4	7	8	7	5	5	4
4600	전북 정읍시	고부면교동경로당개보수사업(창호교체)	10,397	8	4	7	8	7	5	5	4
4601	전북 정읍시	산내면흥문경로당개보수사업(창호교체및도배장판)	10,355	8	4	7	8	7	5	5	4
4602	전북 정읍시	영원면주촌경로당개보수사업(창호교체등)	10,345	8	4	7	8	7	5	5	4
4603	전북 정읍시	이평면석전경로당개보수사업(창호교체)	10,336	8	4	7	8	7	5	5	4
4604	전북 정읍시	정우면월성경로당개보수사업(주방및화장실리모델링,도배,장판)	10,262	8	4	7	8	7	5	5	4
4605	전북 정읍시	정우면대서경로당개보수사업(창호,내부문교체)	10,241	8	4	7	8	7	5	5	4
4606	전북 정읍시	장명동구량경로당개보수사업(천정방수,이중창설치및도배장판)	10,012	8	4	7	8	7	5	5	4
4607	전북 정읍시	우수자활사업단및자활기업지원	10,000	8	4	7	8	7	1	1	4
4608	전북 정읍시	덕천면농민회사무실기능보강	10,000	8	7	7	8	7	5	5	3
4609	전북 정읍시	염소생산성향상지원사업	10,000	8	6	7	8	7	1	1	4
4610	전북 정읍시	양봉시설자동화지원사업	10,000	8	4	7	8	7	1	1	1
4611	전북 정읍시	산외면외농경로당개보수사업(지붕칼라강판)	9,984	8	4	7	8	7	5	5	4
4612	전북 정읍시	고부면용등경로당개보수사업(화장실,외벽보수및페인트공사)	9,900	8	4	7	8	7	5	5	4
4613	전북 정읍시	영원면북풍경로당개보수사업(화장실보수등)	9,900	8	4	7	8	7	5	5	4
4614	전북 정읍시	영원면갈선경로당개보수사업(현관출입계단보수등)	9,900	8	4	7	8	7	5	5	4
4615	전북 정읍시	태인면왕림경로당개보수사업(계단수리,페인트)	9,900	8	4	7	8	7	5	5	4
4616	전북 정읍시	내장상동백석경로당개보수사업(리모델링)	9,900	8	4	7	8	7	5	5	4
4617	전북 정읍시	수성동군대경로당개보수사업(화장실설치공사)	9,875	8	4	7	8	7	5	5	4
4618	전북 정읍시	신태인읍내석경로당개보수사업(지붕방수및도색공사)	9,800	8	4	7	8	7	5	5	4
4619	전북 정읍시	감곡면학일경로당개보수사업(지붕,창문)	9,800	8	4	7	8	7	5	5	4
4620	전북 정읍시	산외면서진경로당개보수사업(창호교체)	9,768	8	4	7	8	7	5	5	4
4621	전북 정읍시	이평면오정경로당개보수사업(창호교체)	9,715	8	4	7	8	7	5	5	4
4622	전북 정읍시	초산동남산경로당개보수사업(도배,장판및화장실리모델링)	9,700	8	4	7	8	7	5	5	4
4623	전북 정읍시	정우면대정경로당개보수사업(방수공사및외벽페인트)	9,604	8	4	7	8	7	5	5	4
4624	전북 정읍시	옹동면정동경로당개보수사업(도배,장판,누수공사)	9,570	8	4	7	8	7	5	5	4
4625	전북 정읍시	덕천면가정경로당개보수사업(방수페인트,도배,장판)	9,352	8	4	7	8	7	5	5	4
4626	전북 정읍시	이평면하송경로당개보수사업(외벽도색,창호교체)	9,285	8	4	7	8	7	5	5	4
4627	전북 정읍시	북면신촌경로당개보수사업(화장실수리)	9,200	8	4	7	8	7	5	5	4
4628	전북 정읍시	영원면효문경로당개보수사업(창호교체등)	8,800	8	4	7	8	7	5	5	4
4629	전북 정읍시	감곡면석점경로당개보수사업(도배,장판,페인트시공)	8,800	8	4	7	8	7	5	5	4
4630	전북 정읍시	시기동대흥경로당개보수사업(현관문및내부중문,창문교체)	8,525	8	4	7	8	7	5	5	4
4631	전북 정읍시	장애인직업재활시설자애자립장기능보강(스프링쿨러)	8,470	8	1	7	8	7	5	5	3
4632	전북 정읍시	입암면구마석경로당개보수사업(외벽도색,경사로및계단보수)	8,338	8	4	7	8	7	5	5	4
4633	전북 정읍시	입암면군령경로당개보수사업(지붕보수)	8,187	8	4	7	8	7	5	5	4
4634	전북 정읍시	시기동대흥경로당개보수사업(외부도색)	8,000	8	4	7	8	7	5	5	4
4635	전북 정읍시	신태인읍농원경로당개보수사업(심야전기보일러교체)	7,890	8	4	7	8	7	5	5	4
4636	전북 정읍시	태인면사리경로당개보수사업(문교체)	7,831	8	4	7	8	7	5	5	4
4637	전북 정읍시	산외면종산2경로당개보수사업(창호교체및출입구공사)	7,710	8	4	7	8	7	5	5	4

순번	시군구	지출명 (사업명)	2024년예산 (단위: 천원/1년간)	민간이전 분류	민간이전지출 근거	계약체결방법 (경쟁형태)	계약기간	낙찰자선정방법	운영예산 산정	정산방법	성과평가 실시여부
4638	전북 정읍시	내장상동부전경로당개보수사업(창호및도어교체)	7,667	8	4	7	8	7	5	5	4
4639	전북 정읍시	이평면소송경로당개보수사업(외벽보수및창호교체)	7,601	8	4	7	8	7	5	5	4
4640	전북 정읍시	옹동면소월경로당개보수사업(화장실정화조보수공사)	7,514	8	4	7	8	7	5	5	4
4641	전북 정읍시	밀재배지무경운논콩재배사업	7,500	8	6	7	8	7	1	1	4
4642	전북 정읍시	입암면천원동부경로당개보수사업(방문공사)	7,447	8	4	7	8	7	5	5	4
4643	전북 정읍시	태인면원궁사경로당개보수사업(장판,바닥공사)	7,370	8	4	7	8	7	5	5	4
4644	전북 정읍시	이평면국정경로당개보수사업(도배,장판,창호교체)	7,350	8	4	7	8	7	5	5	4
4645	전북 정읍시	정우면창납경로당개보수사업(지붕및도배,화장실보수)	7,260	8	4	7	8	7	5	5	4
4646	전북 정읍시	산외면내목경로당개보수사업(화장실개보수)	7,240	8	4	7	8	7	5	5	4
4647	전북 정읍시	고부면남영경로당개보수사업(창호교체)	7,110	8	4	7	8	7	5	5	4
4648	전북 정읍시	태인면오봉경로당개보수사업(팬스설치,외벽페인트)	6,974	8	4	7	8	7	5	5	4
4649	전북 정읍시	신태인읍명금경로당개보수사업(창문및방충망교체)	6,930	8	4	7	8	7	5	5	4
4650	전북 정읍시	수성동선은경로당개보수사업(옥상방수및화장실보수공사)	6,869	8	4	7	8	7	5	5	4
4651	전북 정읍시	북면장재경로당개보수사업(문턱제거및장판)	6,710	8	4	7	8	7	5	5	4
4652	전북 정읍시	감곡면중평경로당개보수사업(물받이및페인트시공)	6,600	8	4	7	8	7	5	5	4
4653	전북 정읍시	산외면화정경로당개보수사업(화장실개보수및도배)	6,560	8	4	7	8	7	5	5	4
4654	전북 정읍시	산외면만병경로당개보수사업(현관문교체및도배)	6,440	8	4	7	8	7	5	5	4
4655	전북 정읍시	북면조동경로당개보수사업(외벽보수및페인트공사)	6,000	8	4	7	8	7	5	5	4
4656	전북 정읍시	산내면옥정경로당개보수사업(옥상방수및외부페인트)	6,000	8	4	7	8	7	5	5	4
4657	전북 정읍시	북면연지경로당개보수사업(페인트및외벽보수)	5,950	8	4	7	8	7	5	5	4
4658	전북 정읍시	소성면두암경로당개보수사업(화장실보수공사,외부페인트도색)	5,865	8	4	7	8	7	5	5	4
4659	전북 정읍시	칠보면석탄경로당개보수사업(창고공사및현관문교체)	5,821	8	4	7	8	7	5	5	4
4660	전북 정읍시	북면신성경로당개보수사업(외벽도색)	5,800	8	4	7	8	7	5	5	4
4661	전북 정읍시	덕천면신송경로당개보수사업(방수페인트)	5,654	8	4	7	8	7	5	5	4
4662	전북 정읍시	소성면성고경로당개보수사업(지붕누수공사,도배,장판,출입문교체)	5,485	8	4	7	8	7	5	5	4
4663	전북 정읍시	옹동면제내경로당개보수사업(도배,장판)	5,159	8	4	7	8	7	5	5	4
4664	전북 정읍시	입암면신기경로당개보수사업(외벽도색,현관중문)	5,000	8	4	7	8	7	5	5	4
4665	전북 정읍시	영원면월산경로당개보수사업(화장실보수및도배,장판)	5,000	8	4	7	8	7	5	5	4
4666	전북 정읍시	영원면미전경로당개보수사업(벽방수공사)	4,950	8	4	7	8	7	5	5	4
4667	전북 정읍시	태인면삼리경로당개보수사업(보일러배관공사)	4,950	8	4	7	8	7	5	5	4
4668	전북 정읍시	영원면후지경로당개보수사업(도배,장판)	4,895	8	4	7	8	7	5	5	4
4669	전북 정읍시	신태인읍산정경로당개보수사업(중문교체)	4,840	8	4	7	8	7	5	5	4
4670	전북 정읍시	신태인읍동령경로당개보수사업(내부화장실설치)	4,694	8	4	7	8	7	5	5	4
4671	전북 정읍시	북면원당경로당개보수사업(화장실수리)	4,503	8	4	7	8	7	5	5	4
4672	전북 정읍시	감곡면감곡양수제개보수사업(도배,장판)	4,500	8	4	7	8	7	5	5	4
4673	전북 정읍시	산외면엄계경로당개보수사업(도배,장판)	4,460	8	4	7	8	7	5	5	4
4674	전북 정읍시	신태인읍우령경로당개보수사업(도배,장판)	4,400	8	4	7	8	7	5	5	4
4675	전북 정읍시	소성면작천경로당개보수사업(내.외부페인트도색)	4,400	8	4	7	8	7	5	5	4
4676	전북 정읍시	감곡면신평경로당개보수사업(도배,장판)	4,400	8	4	7	8	7	5	5	4
4677	전북 정읍시	자율방범연합회사무실환경정비사업	4,347	8	4	7	8	7	2	1	3

순번	시군구	지출명 (사업명)	2024년예산 (단위 : 천원 /1년간)	민간이전 분류 (지방자치단체 세출예산 집행기준에 의거) 1. 민간경상사업보조(307-02) 2. 민간단체 법정운영비보조(307-03) 3. 민간행사사업보조(307-04) 4. 민간위탁금(307-05) 5. 사회복지시설 법정운영비보조(307-10) 6. 민간인위탁교육비(307-12) 7. 공기관등에대한경상적위탁사업비(308-13) 8. 민간자본사업보조,자체재원(402-01) 9. 민간자본사업보조,이전재원(402-02) 10. 민간위탁사업비(402-03) 11. 공기관등에 대한 자본적 위탁사업비(403-02)	민간이전지출 근거 (지방보조금 관리기준 참고) 1. 법률에 규정 2. 국고보조 재원(국가지정) 3. 용도 지정 기부금 4. 조례에 직접규정 5. 지자체가 권장하는 사업을 하는 공공기관 6. 시,도 정책 및 재정사정 7. 기타 8. 해당없음	입찰방식 계약체결방법 (경쟁형태) 1. 일반경쟁 2. 제한경쟁 3. 지명경쟁 4. 수의계약 5. 법정위탁 6. 기타 ( ) 7. 없음	계약기간 1. 1년 2. 2년 3. 3년 4. 4년 5. 5년 6. 기타 ( )년 7. 단기계약 (1년미만) 8. 없음	낙찰자선정방법 1. 적격심사 2. 협상에의한계약 3. 최저가낙찰제 4. 규격가격분리 5. 2단계 경쟁입찰 6. 기타 ( ) 7. 없음	운영예산 산정 운영예산 산정 1. 내부산정 (지자체 자체적으로 산정) 2. 외부산정 (외부전문기관위탁 산정) 3. 내·외부 모두 산정 4. 산정 無 5. 없음	정산방법 1. 내부정산 (지자체 내부적으로 정산) 2. 외부정산 (외부전문기관위탁 정산) 3. 내·외부 모두 산정 4. 정산 無 5. 없음	성과평가 실시여부 1. 실시 2. 미실시 3. 향후 추진 4. 해당없음
4678	전북 정읍시	감곡면학성경로당개보수사업(벽누수,도배)	4,180	8	4	7	8	7	5	5	4
4679	전북 정읍시	북면가전경로당개보수사업(화장실,오수관공사)	4,130	8	4	7	8	7	5	5	4
4680	전북 정읍시	꿈드래장애인협회기능보강(복합기구입)	4,000	8	1	7	8	7	5	5	3
4681	전북 정읍시	칠보면검단경로당개보수사업(창호공사및계단타일교체)	3,971	8	4	7	8	7	5	5	4
4682	전북 정읍시	옹동면작소경로당개보수사업(외부도색공사)	3,960	8	4	7	8	7	5	5	4
4683	전북 정읍시	옹동면두립경로당개보수사업(외부도색공사)	3,960	8	4	7	8	7	5	5	4
4684	전북 정읍시	내장상동봉래경로당개보수사업(출입문등교체)	3,960	8	4	7	8	7	5	5	4
4685	전북 정읍시	덕천면전림경로당개보수사업(도배,장판)	3,850	8	4	7	8	7	5	5	4
4686	전북 정읍시	내장상동상사경로당개보수사업(주방확장)	3,850	8	4	7	8	7	5	5	4
4687	전북 정읍시	이평면소독경로당개보수사업(화장실보수및씽크대타일교체)	3,795	8	4	7	8	7	5	5	4
4688	전북 정읍시	로컬푸드직매장출하농가홍보물품(조끼)지원	3,750	8	4	7	8	7	5	5	3
4689	전북 정읍시	태인면원거산경로당개보수사업(도장공사)	3,748	8	4	7	8	7	5	5	4
4690	전북 정읍시	옹동면수암경로당개보수사업(도배,장판)	3,686	8	4	7	8	7	5	5	4
4691	전북 정읍시	덕천면내정경로당개보수사업(방수페인트,전등,내부도배)	3,670	8	4	7	8	7	5	5	4
4692	전북 정읍시	연지동연지할아버지경로당개보수사업(외벽도색)	3,663	8	4	7	8	7	5	5	4
4693	전북 정읍시	태인면하산경로당개보수사업(화장실)	3,630	8	4	7	8	7	5	5	4
4694	전북 정읍시	북면장구경로당개보수사업(도배,장판)	3,597	8	4	7	8	7	5	5	4
4695	전북 정읍시	산내면종암경로당개보수사업(외부방수및도색)	3,597	8	4	7	8	7	5	5	4
4696	전북 정읍시	소성면대동경로당개보수사업(지붕누수공사)	3,533	8	4	7	8	7	5	5	4
4697	전북 정읍시	고부면영곡경로당개보수사업(도배,장판)	3,520	8	4	7	8	7	5	5	4
4698	전북 정읍시	덕천면용두경로당개보수사업(도배,장판)	3,520	8	4	7	8	7	5	5	4
4699	전북 정읍시	입암문화경로당개보수사업(주방리모델링)	3,500	8	4	7	8	7	5	5	4
4700	전북 정읍시	신태인읍평화2경로당개보수사업(보일러이전및바닥공사)	3,464	8	4	7	8	7	5	5	4
4701	전북 정읍시	농소동동곡경로당개보수사업(도배및장판)	3,454	8	4	7	8	7	5	5	4
4702	전북 정읍시	장명동장명경로당개보수사업(전기승압및전기이설,화장실수리)	3,406	8	4	7	8	7	5	5	4
4703	전북 정읍시	수성동주공2차경로당개보수사업(도배,장판)	3,350	8	4	7	8	7	5	5	4
4704	전북 정읍시	농소동동심경로당개보수사업(도배및장판)	3,267	8	4	7	8	7	5	5	4
4705	전북 정읍시	북면원오류경로당개보수사업(도배,장판,문교체)	3,255	8	4	7	8	7	5	5	4
4706	전북 정읍시	고부면진선경로당기능보강(에어컨,김치냉장고,냉장고)	3,250	8	4	7	8	7	5	5	4
4707	전북 정읍시	고부면서당경로당기능보강(에어컨,안마의자)	3,200	8	4	7	8	7	5	5	4
4708	전북 정읍시	옹동면성칠경로당기능보강(안마의자,에어컨)	3,200	8	4	7	8	7	5	5	4
4709	전북 정읍시	고부면학정경로당개보수사업(미닫이문교체)	3,190	8	4	7	8	7	5	5	4
4710	전북 정읍시	초산동센트럴카운티경로당개보수사업(도배)	3,180	8	4	7	8	7	5	5	4
4711	전북 정읍시	상교동칠정경로당개보수사업(출입구및계단턱)	3,174	8	4	7	8	7	5	5	4
4712	전북 정읍시	이평면정경로당개보수사업(도배,장판)	3,080	8	4	7	8	7	5	5	4
4713	전북 정읍시	내장상동휴먼시아2단지경로당개보수사업(출입구중문설치)	3,080	8	4	7	8	7	5	5	4
4714	전북 정읍시	소성면외동경로당개보수사업(도배,방충망)	3,064	8	4	7	8	7	5	5	4
4715	전북 정읍시	상교동백학경로당개보수사업(화장실보수)	3,047	8	4	7	8	7	5	5	4
4716	전북 정읍시	산외면종산1경로당개보수사업(하수관공사)	2,977	8	4	7	8	7	5	5	4
4717	전북 정읍시	영원면신영경로당개보수사업(도배,장판)	2,871	8	4	7	8	7	5	5	4

순번	시군구	지출명 (사업명)	2024년예산 (단위 : 천원 /1년간)	민간이전 분류 (지방자치단체 세출예산 집행기준에 의거) 1. 민간경상사업보조(307-02) 2. 민간단체 법정운영비보조(307-03) 3. 민간행사사업보조(307-04) 4. 민간위탁금(307-05) 5. 사회복지시설 법정운영비보조(307-10) 6. 민간위원교육비(307-12) 7. 공기관등에대한경상적위탁사업비(308-13) 8. 민간자본사업보조,자체재원(402-01) 9. 민간자본사업보조,이전재원(402-02) 10. 민간위탁사업비(402-03) 11. 공기관에 대한 자본적 위탁사업비(403-02)	민간이전지출 근거 (지방보조금 관리기준 참고) 1. 법률에 규정 2. 국고보조 재원(국가지정) 3. 용도 지정 기부금 4. 조례에 직접규정 5. 지자체가 권장하는 사업을 하는 공공기관 6. 시,도 정책 및 재정사정 7. 기타 8. 해당없음	입찰방식 계약체결방법 (경쟁형태) 1. 일반경쟁 2. 제한경쟁 3. 지명경쟁 4. 수의계약 5. 법정위탁 6. 기타 ( ) 7. 없음	계약기간 1. 1년 2. 2년 3. 3년 4. 4년 5. 5년 6. 기타 ( )년 7. 단기계약 (1년미만) 8. 없음	낙찰자선정방법 1. 적격심사 2. 협상예의한계약 3. 최저가낙찰제 4. 규격가격분리 5. 2단계 경쟁입찰 6. 기타 ( ) 7. 없음	운영예산 산정 1. 내부산정 (지자체 자체적으로 산정) 2. 외부산정 (외부전문기관위탁 산정) 3. 내·외부 모두 산정 4. 산정 無 5. 없음	정산방법 1. 내부정산 (지자체 내부적으로 정산) 2. 외부정산 (외부전문기관위탁 정산) 3. 내·외부 모두 정산 4. 정산 無 5. 없음	성과평가 실시여부 1. 실시 2. 미실시 3. 향후 추진 4. 해당없음
4718	전북 정읍시	덕천면장문경로당개보수사업(내부벽타일,도배,화장실보수)	2,840	8	4	7	8	7	5	5	4
4719	전북 정읍시	북면원한교경로당개보수사업(도배장판)	2,805	8	4	7	8	7	5	5	4
4720	전북 정읍시	소성면재경경로당개보수사업(도배)	2,789	8	4	7	8	7	5	5	4
4721	전북 정읍시	태인면계수양재개보수사업(전기배선공사)	2,789	8	4	7	8	7	5	5	4
4722	전북 정읍시	산외면이치경로당개보수사업(화장실개보수)	2,750	8	4	7	8	7	5	5	4
4723	전북 정읍시	신태인읍대신경로당기능보강(에어컨,씽크대)	2,700	8	4	7	8	7	5	5	4
4724	전북 정읍시	소성면주동경로당기능보강(에어컨,씽크대)	2,700	8	4	7	8	7	5	5	4
4725	전북 정읍시	영원면백양합동경로당기능보강(에어컨,TV)	2,700	8	4	7	8	7	5	5	4
4726	전북 정읍시	감곡면정가경로당기능보강(에어컨,TV)	2,700	8	4	7	8	7	5	5	4
4727	전북 정읍시	옹동면삼리경로당개보수사업(입구경사로손잡이설치)	2,569	8	4	7	8	7	5	5	4
4728	전북 정읍시	신태인읍신시경로당기능보강(김치냉장고,냉장고,씽크대)	2,550	8	4	7	8	7	5	5	4
4729	전북 정읍시	북면하유경로당기능보강(냉장고,에어컨)	2,500	8	4	7	8	7	5	5	4
4730	전북 정읍시	북면이문경로당기능보강(냉장고,에어컨)	2,500	8	4	7	8	7	5	5	4
4731	전북 정읍시	고부면읍지경로당개보수사업(미서기문교체)	2,500	8	4	7	8	7	5	5	4
4732	전북 정읍시	덕천면제야경로당기능보강(TV,안마의자)	2,500	8	4	7	8	7	5	5	4
4733	전북 정읍시	이평면도천경로당개보수사업(도배,장판)	2,500	8	4	7	8	7	5	5	4
4734	전북 정읍시	감곡면반룡경로당기능보강(씽크대,안마의자)	2,500	8	4	7	8	7	5	5	4
4735	전북 정읍시	옹동면용상경로당기능보강(에어컨,냉장고)	2,500	8	4	7	8	7	5	5	4
4736	전북 정읍시	입암면원신면경로당기능보강(에어컨,김치냉장고)	2,450	8	4	7	8	7	5	5	4
4737	전북 정읍시	입암면연구면경로당기능보강(김치냉장고,에어컨)	2,450	8	4	7	8	7	5	5	4
4738	전북 정읍시	수성동선은경로당개보수사업(도배,장판)	2,447	8	4	7	8	7	5	5	4
4739	전북 정읍시	이평면세곡경로당개보수사업(도배빛몰딩교체)	2,432	8	4	7	8	7	5	5	4
4740	전북 정읍시	신태인읍대신경로당개보수사업(창문보수및수리)	2,398	8	4	7	8	7	5	5	4
4741	전북 정읍시	고부면신정경로당개보수사업(도배,장판)	2,387	8	4	7	8	7	5	5	4
4742	전북 정읍시	초산동영화아파트경로당개보수사업(전기판넬및장판설치,전기증설공사)	2,375	8	4	7	8	7	5	5	4
4743	전북 정읍시	태인면문화경로당개보수사업(도배,장판)	2,343	8	4	7	8	7	5	5	4
4744	전북 정읍시	고부면작산경로당기능보강(안마의자,냉장고)	2,300	8	4	7	8	7	5	5	4
4745	전북 정읍시	고부면용회경로당기능보강(김치냉장고,안마의자)	2,250	8	4	7	8	7	5	5	4
4746	전북 정읍시	수성동박동경로당개보수사업(도배,장판)	2,244	8	4	7	8	7	5	5	4
4747	전북 정읍시	입암면평암경로당개보수사업(화장실보수)	2,200	8	4	7	8	7	5	5	4
4748	전북 정읍시	고부면홍원경로당개보수사업(도배,장판)	2,200	8	4	7	8	7	5	5	4
4749	전북 정읍시	내장상동대석경로당개보수사업(보일러실창호교체)	2,180	8	4	7	8	7	5	5	4
4750	전북 정읍시	초산동유창2차아파트경로당개보수사업(도배,장판)	2,129	8	4	7	8	7	5	5	4
4751	전북 정읍시	북면평촌경로당기능보강(테이블,냉장고,김치냉장고)	2,050	8	4	7	8	7	5	5	4
4752	전북 정읍시	북면신평경로당개보수사업(도배,장판)	2,000	8	4	7	8	7	5	5	4
4753	전북 정읍시	북면원오류경로당개보수사업(주방개보수)	2,000	8	4	7	8	7	5	5	4
4754	전북 정읍시	이평면한수경로당개보수사업(화장실좌변기및세면대교체등)	2,000	8	4	7	8	7	5	5	4
4755	전북 정읍시	북면월천경로당개보수사업(도배,화장실수리)	1,919	8	4	7	8	7	5	5	4
4756	전북 정읍시	북면원화해경로당개보수사업(도배,장판)	1,875	8	4	7	8	7	5	5	4
4757	전북 정읍시	산외면용두경로당개보수사업(도배)	1,820	8	4	7	8	7	5	5	4

순번	시군구	지출명 (사업명)	2024년예산 (단위 : 천원 /1년간)	민간이전 분류 (지방자치단체 세출예산 집행기준에 의거) 1. 민간경상사업보조(307-02) 2. 민간단체 법정운영비보조(307-03) 3. 민간행사사업보조(307-04) 4. 민간위탁금(307-05) 5. 사회복지시설 법정운영비보조(307-10) 6. 민간인위탁교육비(307-12) 7. 공기관등에대한경상적위탁사업비(308-13) 8. 민간자본사업보조,자체재원(402-01) 9. 민간자본사업보조,이전재원(402-02) 10. 민간위탁사업비(402-03) 11. 공기관등에 대한 자본적 위탁사업비(403-02)	민간이전지출 근거 (지방보조금 관리기준 참고) 1. 법률에 규정 2. 국고보조 재원(국가지정) 3. 용도 지정 기부금 4. 조례에 직접규정 5. 지자체가 권장하는 사업을 하는 공공기관 6. 시,도 정책 및 재정사정 7. 기타 8. 해당없음	입찰방식			운영예산 산정		성과평가 실시여부 1. 실시 2. 미실시 3. 향후 추진 4. 해당없음
						계약체결방법 (경쟁형태) 1. 일반경쟁 2. 제한경쟁 3. 지명경쟁 4. 수의계약 5. 법정위탁 6. 기타 ( ) 7. 없음	계약기간 1. 1년 2. 2년 3. 3년 4. 4년 5. 5년 6. 기타 ( )년 7. 단기계약 (1년미만) 8. 없음	낙찰자선정방법 1. 적격심사 2. 협상에의한계약 3. 최저가낙찰제 4. 규격가격분리 5. 2단계 경쟁입찰 6. 기타 ( ) 7. 없음	운영예산 산정 1. 내부산정 (지자체 자체적으로 산정) 2. 외부산정 (외부전문기관위탁 산정) 3. 내·외부 모두 산정 4. 산정 無 5. 없음	정산방법 1. 내부정산 (지자체 내부적으로 정산) 2. 외부정산 (외부전문기관위탁 정산) 3. 내·외부 모두 정산 4. 정산 無 5. 없음	
4758	전북 정읍시	덕천면도계게이트볼장보수공사(도색공사)	1,800	8	4	7	8	7	5	5	4
4759	전북 정읍시	태인면칠리경로당개보수사업(도배,장판)	1,771	8	4	7	8	7	5	5	4
4760	전북 정읍시	입암면천원동부경로당기능보강(TV,김치냉장고)	1,750	8	4	7	8	7	5	5	4
4761	전북 정읍시	농소동상흑경로당개보수사업(도배)	1,730	8	4	7	8	7	5	5	4
4762	전북 정읍시	신태인읍용서경로당기능보강(에어컨)	1,700	8	4	7	8	7	5	5	4
4763	전북 정읍시	신태인읍상서경로당기능보강(에어컨)	1,700	8	4	7	8	7	5	5	4
4764	전북 정읍시	북면신평경로당기능보강(에어컨)	1,700	8	4	7	8	7	5	5	4
4765	전북 정읍시	북면오산경로당기능보강(에어컨)	1,700	8	4	7	8	7	5	5	4
4766	전북 정읍시	입암면신면경로당기능보강(에어컨)	1,700	8	4	7	8	7	5	5	4
4767	전북 정읍시	입암면대흥부녀경로당기능보강(에어컨)	1,700	8	4	7	8	7	5	5	4
4768	전북 정읍시	입암면차단경로당기능보강(에어컨)	1,700	8	4	7	8	7	5	5	4
4769	전북 정읍시	입암면선암경로당기능보강(에어컨)	1,700	8	4	7	8	7	5	5	4
4770	전북 정읍시	입암면월천경로당기능보강(에어컨)	1,700	8	4	7	8	7	5	5	4
4771	전북 정읍시	소성면구룡경로당기능보강(에어컨)	1,700	8	4	7	8	7	5	5	4
4772	전북 정읍시	고부면주산경로당기능보강(에어컨)	1,700	8	4	7	8	7	5	5	4
4773	전북 정읍시	고부면강고경로당기능보강(에어컨)	1,700	8	4	7	8	7	5	5	4
4774	전북 정읍시	고부면신흥경로당기능보강(에어컨)	1,700	8	4	7	8	7	5	5	4
4775	전북 정읍시	고부면신용1구경로당기능보강(에어컨)	1,700	8	4	7	8	7	5	5	4
4776	전북 정읍시	고부면만화경로당기능보강(에어컨)	1,700	8	4	7	8	7	5	5	4
4777	전북 정읍시	이평면마항경로당기능보강(에어컨)	1,700	8	4	7	8	7	5	5	4
4778	전북 정읍시	이평면돈지경로당기능보강(에어컨)	1,700	8	4	7	8	7	5	5	4
4779	전북 정읍시	정우면규촌경로당기능보강(에어컨)	1,700	8	4	7	8	7	5	5	4
4780	전북 정읍시	태인면주산경로당기능보강(에어컨)	1,700	8	4	7	8	7	5	5	4
4781	전북 정읍시	태인면상동구경로당기능보강(에어컨)	1,700	8	4	7	8	7	5	5	4
4782	전북 정읍시	태인면하동구경로당기능보강(에어컨)	1,700	8	4	7	8	7	5	5	4
4783	전북 정읍시	태인면매계수양제기능보강(에어컨)	1,700	8	4	7	8	7	5	5	4
4784	전북 정읍시	태인면독양경로당기능보강(에어컨)	1,700	8	4	7	8	7	5	5	4
4785	전북 정읍시	감곡면유치경로당기능보강(에어컨)	1,700	8	4	7	8	7	5	5	4
4786	전북 정읍시	옹동면농원경로당기능보강(에어컨)	1,700	8	4	7	8	7	5	5	4
4787	전북 정읍시	칠보면벌수경로당기능보강(에어컨)	1,700	8	4	7	8	7	5	5	4
4788	전북 정읍시	칠보면송산경로당기능보강(에어컨)	1,700	8	4	7	8	7	5	5	4
4789	전북 정읍시	칠보면보암제기능보강(에어컨)	1,700	8	4	7	8	7	5	5	4
4790	전북 정읍시	칠보면흥삼경로당기능보강(에어컨)	1,700	8	4	7	8	7	5	5	4
4791	전북 정읍시	칠보면남전경로당기능보강(에어컨)	1,700	8	4	7	8	7	5	5	4
4792	전북 정읍시	칠보면행단제경로당기능보강(에어컨)	1,700	8	4	7	8	7	5	5	4
4793	전북 정읍시	칠보면동막경로당기능보강(에어컨)	1,700	8	4	7	8	7	5	5	4
4794	전북 정읍시	칠보면동축촌경로당기능보강(에어컨)	1,700	8	4	7	8	7	5	5	4
4795	전북 정읍시	산내면구복경로당기능보강(에어컨)	1,700	8	4	7	8	7	5	5	4
4796	전북 정읍시	산내면봉화대경로당기능보강(에어컨)	1,700	8	4	7	8	7	5	5	4
4797	전북 정읍시	산내면하매경로당기능보강(에어컨)	1,700	8	4	7	8	7	5	5	4

순번	시군구	지출명 (사업명)	2024년예산 (단위 : 천원/1년간)	민간이전 분류 (지방자치단체 세출예산 집행기준에 의거) 1. 민간경상사업보조(307-02) 2. 민간단체 법정운영비보조(307-03) 3. 민간행사사업보조(307-04) 4. 민간위탁금(307-05) 5. 사회복지시설 법정운영비보조(307-10) 6. 민간위원교육비(307-12) 7. 공기관등에대한경상적위탁사업비(308-13) 8. 민간자본사업보조,자체재원(402-01) 9. 민간자본사업보조,이전재원(402-02) 10. 민간위탁사업비(402-03) 11. 공기관등에 대한 자본적 위탁사업비(403-02)	민간이전지출 근거 (지방보조금 관리기준 참고) 1. 법률에 규정 2. 국고보조 재원(국가지정) 3. 용도 지정 기부금 4. 조례에 직접규정 5. 지자체가 권장하는 사업을 하는 공공기관 6. 시,도 정책 및 재정사정 7. 기타 8. 해당없음	입찰방식 계약체결방법 (경쟁형태) 1. 일반경쟁 2. 제한경쟁 3. 지명경쟁 4. 수의계약 5. 법정위탁 6. 기타 ( ) 7. 없음	계약기간 1. 1년 2. 2년 3. 3년 4. 4년 5. 5년 6. 기타 ( )년 7. 단가계약 (1년미만) 8. 없음	낙찰자선정방법 1. 적격심사 2. 협상에의한계약 3. 최저가낙찰제 4. 규격가격분리 5. 2단계 경쟁입찰 6. 기타 ( ) 7. 없음	운영예산 산정 1. 내부산정 (지자체 자체적으로 산정) 2. 외부산정 (외부전문기관위탁 산정) 3. 내·외부 모두 산정 4. 산정 無 5. 없음	정산방법 1. 내부정산 (지자체 내부적으로 정산) 2. 외부정산 (외부전문기관위탁 정산) 3. 내·외부 모두 정산 4. 정산 無 5. 없음	성과평가 실시여부 1. 실시 2. 미실시 3. 향후 추진 4. 해당없음
4798	전북 정읍시	산내면종암경로당기능보강(에어컨)	1,700	8	4	7	8	7	5	5	4
4799	전북 정읍시	산내면하례경로당기능보강(에어컨)	1,700	8	4	7	8	7	5	5	4
4800	전북 정읍시	산내면방성동경로당기능보강(에어컨)	1,700	8	4	7	8	7	5	5	4
4801	전북 정읍시	산외면이치경로당기능보강(에어컨)	1,700	8	4	7	8	7	5	5	4
4802	전북 정읍시	산외면용두경로당기능보강(에어컨)	1,700	8	4	7	8	7	5	5	4
4803	전북 정읍시	수성동중앙경로당기능보강(에어컨)	1,700	8	4	7	8	7	5	5	4
4804	전북 정읍시	장명동매기경로당개보수사업(국기게양대설치)	1,700	8	4	7	8	7	5	5	4
4805	전북 정읍시	내장상동대림아파트경로당기능보강(에어컨)	1,700	8	4	7	8	7	5	5	4
4806	전북 정읍시	내장상동우미타운경로당기능보강(에어컨)	1,700	8	4	7	8	7	5	5	4
4807	전북 정읍시	시기동청수경로당기능보강(에어컨)	1,700	8	4	7	8	7	5	5	4
4808	전북 정읍시	초산동초현여자경로당기능보강(에어컨)	1,700	8	4	7	8	7	5	5	4
4809	전북 정읍시	연지동신흥경로당기능보강(에어컨)	1,700	8	4	7	8	7	5	5	4
4810	전북 정읍시	소성면부안경로당개보수사업(내부부분수리)	1,675	8	4	7	8	7	5	5	4
4811	전북 정읍시	초산동은하아파트경로당개보수사업(도배,장판)	1,660	8	4	7	8	7	5	5	4
4812	전북 정읍시	내장상동회룡경로당개보수사업(화장실보수)	1,620	8	4	7	8	7	5	5	4
4813	전북 정읍시	내장상동명진로알경로당개보수사업(냉장고,김치냉장고)	1,550	8	4	7	8	7	5	5	4
4814	전북 정읍시	내장상동현대1차아파트경로당개보수사업(주방보수)	1,510	8	4	7	8	7	5	5	4
4815	전북 정읍시	소성면산곡경로당기능보강(안마의자)	1,500	8	4	7	8	7	5	5	4
4816	전북 정읍시	소성면신광경로당기능보강(안마의자)	1,500	8	4	7	8	7	5	5	4
4817	전북 정읍시	고부면칠정경로당기능보강(안마의자)	1,500	8	4	7	8	7	5	5	4
4818	전북 정읍시	이평면석정경로당기능보강(안마의자)	1,500	8	4	7	8	7	5	5	4
4819	전북 정읍시	이평면세곡경로당기능보강(안마의자)	1,500	8	4	7	8	7	5	5	4
4820	전북 정읍시	감곡면ار일경로당기능보강(안마의자)	1,500	8	4	7	8	7	5	5	4
4821	전북 정읍시	감곡면상평경로당기능보강(안마의자)	1,500	8	4	7	8	7	5	5	4
4822	전북 정읍시	감곡면중평경로당기능보강(안마의자)	1,500	8	4	7	8	7	5	5	4
4823	전북 정읍시	웅동면작소경로당기능보강(안마의자)	1,500	8	4	7	8	7	5	5	4
4824	전북 정읍시	칠보면은석경로당기능보강(안마의자)	1,500	8	4	7	8	7	5	5	4
4825	전북 정읍시	칠보면복호경로당기능보강(안마의자)	1,500	8	4	7	8	7	5	5	4
4826	전북 정읍시	칠보면건흥경로당기능보강(안마의자)	1,500	8	4	7	8	7	5	5	4
4827	전북 정읍시	칠보면흥이경로당기능보강(안마의자)	1,500	8	4	7	8	7	5	5	4
4828	전북 정읍시	산내면구복경로당기능보강(안마의자)	1,500	8	4	7	8	7	5	5	4
4829	전북 정읍시	산외면운전경로당기능보강(안마의자)	1,500	8	4	7	8	7	5	5	4
4830	전북 정읍시	산외면동진경로당기능보강(안마의자)	1,500	8	4	7	8	7	5	5	4
4831	전북 정읍시	산외면죽동경로당기능보강(안마의자)	1,500	8	4	7	8	7	5	5	4
4832	전북 정읍시	수성동주공3차경로당기능보강(안마의자)	1,500	8	4	7	8	7	5	5	4
4833	전북 정읍시	시기동남부노휴제기능보강(안마의자)	1,500	8	4	7	8	7	5	5	4
4834	전북 정읍시	초산동코아루천년가아파트경로당개보수사업(도배)	1,500	8	4	7	8	7	5	5	4
4835	전북 정읍시	초산동원경로당기능보강(안마의자)	1,500	8	4	7	8	7	5	5	4
4836	전북 정읍시	농소동부암경로당기능보강(안마의자)	1,500	8	4	7	8	7	5	5	4
4837	전북 정읍시	농소동회제기능보강(안마의자)	1,500	8	4	7	8	7	5	5	4

- 122 -

시가표	지목명 (시설명)	2024년 단가 (원/㎡ , 원/㎡)	(시설의 종류 및 규모별로 구분) 1. 건강보건시설 공원시설(307-02) 2. 건강보건시설 공원시설(307-03) 3. 체육시설 공원시설(307-04) 4. 조경시설 공원시설(307-05) 5. 사회복지시설 공원시설(307-10) 6. 문화예술 관련 시설(307-12) 7. 민간자본조성 공공시설(308-13) 8. 민간자본조성 공공시설(402-01) 9. 민간자본시설(402-02) 10. 민간자본시설(403-03) 11. 도시공원내 민간 대상 복지시설(403-02)	개발지 (용지비 공시) 1. 내용 2. 지가상승 3. 주변여건 4. 조성비용 5. 부대비용 (공용보상) 6. 기타 7. 합계 8. 합계	건설비 1. 내용 2. 지가상승 3. 주변여건 4. 수요예측 5. 5세대 6. 기타 ( ) 7. 합계	부대비 및 예비비 1. 내용 2. 설계비 등 (공용보상시 설계) 3. 감리비 4. 분양기타비용 5. 운영관리비 등 6. 기타 ( ) 7. 합계	운영시설 투자 1. 내용 2. 설치 3. 조성기간 (설계 설치시 장단) 4. 차수 투자 5. 합계	정비 1. 내용 2. 조성기간 3. 조성 (설계 조성 기간) 4. 차수 조정 5. 합계	예비비 1. 내용 2. 조성기간 3. 조성 4. 예비비
경제 정운시	다중이용실내체육시설(실내수영장)	1,500	8	4	7	8	7	5	5	4
경제 정운시	체육체험활동시설수영장(게임,경기)	1,485	8	4	7	8	7	5	5	4
경제 정운시	대형상생체육시설수영장(설계,체험)	1,485	8	4	7	8	7	5	5	4
경제 정운시	수영장체육실내수영장(설계실체험수영)	1,465	8	4	7	8	7	5	5	4
경제 정운시	수영장체육실내수영장(설계실체험수영)	1,389	8	4	7	8	7	5	5	4
경제 정운시	수영장체육실내수영장(설계실체험수영)	1,375	8	4	7	8	7	5	5	4
경제 정운시	실내체육실내수영장(설계실체험시)	1,320	8	4	7	8	7	5	5	4
경제 정운시	수영장체육실내수영장(설계실체험수영)	1,320	8	4	7	8	7	5	5	4
경제 정운시	수영장체육실내수영장(설계시/체험)	1,320	8	4	7	8	7	5	5	4
경제 정운시	실내체육실내수영장(실내)(시)	1,000	8	4	7	8	7	5	5	4
경제 정운시	실내수영장실내수영장(시)	1,000	8	4	7	8	7	5	5	4
경제 정운시	실내수영장수영장실내수영(시)	1,000	8	4	7	8	7	5	5	4
경제 정운시	실내수영장수영장실내수영(시)	1,000	8	4	7	8	7	5	5	4
경제 정운시	수영장수영장실내수영장(시)	1,000	8	4	7	8	7	5	5	4
경제 정운시	수영장수영장실내수영장(시)	1,000	8	4	7	8	7	5	5	4
경제 정운시	수영장수영장실내수영장(시)	1,000	8	4	7	8	7	5	5	4
경제 정운시	고등학교수영장실내수영장(시)	1,000	8	4	7	8	7	5	5	4
경제 정운시	고등학교수영장실내수영장(시)	1,000	8	4	7	8	7	5	5	4
경제 정운시	고등학교중등수영장실내수영장(시)	1,000	8	4	7	8	7	5	5	4
경제 정운시	울산울산수영장실내수영장(시)	1,000	8	4	7	8	7	5	5	4
경제 정운시	울산수영장수영장실내수영장(시)	1,000	8	4	7	8	7	5	5	4
경제 정운시	인천수영장수영장실내수영장(시)	1,000	8	4	7	8	7	5	5	4
경제 정운시	이천수영장수영장실내수영장(시)	1,000	8	4	7	8	7	5	5	4
경제 정운시	이천수영장수영장실내수영장(시)	1,000	8	4	7	8	7	5	5	4
경제 정운시	강원고수영장수영장실내수영장(시)	1,000	8	4	7	8	7	5	5	4
경제 정운시	강원고수영장수영장실내수영장(시)	1,000	8	4	7	8	7	5	5	4
경제 정운시	대전울산수영장수영장실내수영장(시)	1,000	8	4	7	8	7	5	5	4
경제 정운시	대전울산수영장수영장실내수영장(시)	1,000	8	4	7	8	7	5	5	4
경제 정운시	대전울산수영장수영장실내수영장(시)	1,000	8	4	7	8	7	5	5	4
경제 정운시	대전울산수영장수영장실내수영장(시)	1,000	8	4	7	8	7	5	5	4
경제 정운시	대전울산수영장수영장실내수영장(시)	1,000	8	4	7	8	7	5	5	4
경제 정운시	대전울산수영장수영장실내수영장(시)	1,000	8	4	7	8	7	5	5	4
경제 정운시	대전울산수영장수영장실내수영장(시)	1,000	8	4	7	8	7	5	5	4

순번	시군구	지출명 (사업명)	2024년예산 (단위 : 천원 /1년간)	민간이전 분류 (지방자치단체 세출예산 집행기준에 의거) 1. 민간경상사업보조(307-02) 2. 민간단체 법정운영비보조(307-03) 3. 민간행사사업보조(307-04) 4. 민간위탁금(307-05) 5. 사회복지시설 법정운영비보조(307-10) 6. 민간위탁교육비(307-12) 7. 공기관등에대한경상적위탁사업비(308-13) 8. 민간자본사업보조,자체재원(402-01) 9. 민간자본사업보조,이전재원(402-02) 10. 민간위탁사업비(402-03) 11. 공기관등에 대한 자본적 위탁사업비(403-02)	민간이전지출 근거 (지방보조금 관리기준 참고) 1. 법률에 규정 2. 국고보조 재원(국가지정) 3. 용도 지정 기부금 4. 조례에 직접규정 5. 지자체가 권장하는 사업을 하는 공공기관 6. 시,도 정책 및 재정사정 7. 기타 8. 해당없음	입찰방식			운영예산 산정		성과평가 실시여부 1. 실시 2. 미실시 3. 향후 추진 4. 해당없음
						계약체결방법 (경쟁형태) 1. 일반경쟁 2. 제한경쟁 3. 지명경쟁 4. 수의계약 5. 법정위탁 6. 기타 ( ) 7. 없음	계약기간 1. 1년 2. 2년 3. 3년 4. 4년 5. 5년 6. 기타 ( )년 7. 단기계약 (1년미만) 8. 없음	낙찰자선정방법 1. 적격심사 2. 협상에의한계약 3. 최저가낙찰제 4. 규격가격분리 5. 2단계 경쟁입찰 6. 기타 ( ) 7. 없음	운영예산 산정 1. 내부산정 (지자체 자체적으로 산정) 2. 외부산정 (외부전문기관위탁 산정) 3. 내·외부 모두 산정 4. 산정 無 5. 없음	정산방법 1. 내부정산 (지자체 내부적으로 정산) 2. 외부정산 (외부전문기관위탁 정산) 3. 내·외부 모두 산정 4. 정산 無 5. 없음	
4878	전북 정읍시	감곡면회암경로당기능보강(TV)	1,000	8	4	7	8	7	5	5	4
4879	전북 정읍시	칠보면시기경로당기능보강(TV)	1,000	8	4	7	8	7	5	5	4
4880	전북 정읍시	산내면구복경로당기능보강(TV)	1,000	8	4	7	8	7	5	5	4
4881	전북 정읍시	산내면구복경로당기능보강(씽크대)	1,000	8	4	7	8	7	5	5	4
4882	전북 정읍시	산외면종산1경로당기능보강(씽크대)	1,000	8	4	7	8	7	5	5	4
4883	전북 정읍시	수성동선은경로당기능보강(TV)	1,000	8	4	7	8	7	5	5	4
4884	전북 정읍시	수성동기우경로당기능보강(TV)	1,000	8	4	7	8	7	5	5	4
4885	전북 정읍시	내장상동휴먼시아3단지경로당기능보강(씽크대)	1,000	8	4	7	8	7	5	5	4
4886	전북 정읍시	시기동삼화그린아파트남자경로당기능보강(씽크대)	1,000	8	4	7	8	7	5	5	4
4887	전북 정읍시	초산동현대아파트(남)경로당기능보강(씽크대)	1,000	8	4	7	8	7	5	5	4
4888	전북 정읍시	초산동영화아파트경로당기능보강(TV)	1,000	8	4	7	8	7	5	5	4
4889	전북 정읍시	초산동신기메이플아파트경로당기능보강(TV)	1,000	8	4	7	8	7	5	5	4
4890	전북 정읍시	연지동연지할머니경로당기능보강(씽크대)	1,000	8	4	7	8	7	5	5	4
4891	전북 정읍시	연지동부경로당기능보강(TV)	1,000	8	4	7	8	7	5	5	4
4892	전북 정읍시	연지동연지할아버지경로당기능보강(TV)	1,000	8	4	7	8	7	5	5	4
4893	전북 정읍시	농소동목련2차경로당기능보강(씽크대)	1,000	8	4	7	8	7	5	5	4
4894	전북 정읍시	농소동목련아파트경로당기능보강(TV)	1,000	8	4	7	8	7	5	5	4
4895	전북 정읍시	상교동내동경로당기능보강(TV)	1,000	8	4	7	8	7	5	5	4
4896	전북 정읍시	상교동백운경로당기능보강(TV)	1,000	8	4	7	8	7	5	5	4
4897	전북 정읍시	감곡면감곡양수제개보수사업(씽크대철거)	990	8	4	7	8	7	5	5	4
4898	전북 정읍시	내장상동대광로제비양경로당개보수사업(블라인드및방충망설치)	990	8	4	7	8	7	5	5	4
4899	전북 정읍시	상교동계화경로당개보수사업(누전차단기등교체)	968	8	4	7	8	7	5	5	4
4900	전북 정읍시	상교동삼산경로당개보수사업(남자화장실변기등)	946	8	4	7	8	7	5	5	4
4901	전북 정읍시	시기동제1시장노휴제개보수사업(도배)	935	8	4	7	8	7	5	5	4
4902	전북 정읍시	영원면운학경로당기능보강(보일러)	900	8	4	7	8	7	5	5	4
4903	전북 정읍시	영원면장재경로당기능보강(보일러)	900	8	4	7	8	7	5	5	4
4904	전북 정읍시	정우면서산경로당기능보강(보일러)	900	8	4	7	8	7	5	5	4
4905	전북 정읍시	산내면구복경로당기능보강(보일러)	900	8	4	7	8	7	5	5	4
4906	전북 정읍시	내장상동부전경로당기능보강(보일러)	900	8	4	7	8	7	5	5	4
4907	전북 정읍시	초산동신기메이플아파트경로당기능보강(보일러)	900	8	4	7	8	7	5	5	4
4908	전북 정읍시	연지동서부여성경로당기능보강(보일러)	900	8	4	7	8	7	5	5	4
4909	전북 정읍시	내장상동명진로얄경로당개보수사업(현관타일교체)	826	8	4	7	8	7	5	5	4
4910	전북 정읍시	칠보면원반경로당기능보강(보일러)	820	8	4	7	8	7	5	5	4
4911	전북 정읍시	신태인읍표천경로당기능보강(냉장고)	800	8	4	7	8	7	5	5	4
4912	전북 정읍시	신태인읍두지경로당기능보강(냉장고)	800	8	4	7	8	7	5	5	4
4913	전북 정읍시	입암면옹암경로당기능보강(냉장고)	800	8	4	7	8	7	5	5	4
4914	전북 정읍시	입암면반월경로당기능보강(냉장고)	800	8	4	7	8	7	5	5	4
4915	전북 정읍시	입암면접지서부경로당기능보강(김치냉장고)	800	8	4	7	8	7	5	5	4
4916	전북 정읍시	소성면재경경로당기능보강(냉장고)	800	8	4	7	8	7	5	5	4
4917	전북 정읍시	고부면만수경로당기능보강(냉장고)	800	8	4	7	8	7	5	5	4

순번	시군구	지출명 (사업명)	2024년예산 (단위 : 천원 /1년간)	민간이전 분류 (지방자치단체 세출예산 집행기준에 의거)	민간이전지출 근거 (지방보조금 관리기준 참고)	입찰방식			운영예산 산정		성과평가 실시여부
						계약체결방법 (경쟁형태)	계약기간	낙찰자선정방법	운영예산 산정	정산방법	
4918	전북 정읍시	이평면조소경로당기능보강(냉장고)	800	8	4	7	8	7	5	5	4
4919	전북 정읍시	이평면서산경로당기능보강(냉장고)	800	8	4	7	8	7	5	5	4
4920	전북 정읍시	태인면원고천경로당기능보강(냉장고)	800	8	4	7	8	7	5	5	4
4921	전북 정읍시	감곡면용오경로당기능보강(냉장고)	800	8	4	7	8	7	5	5	4
4922	전북 정읍시	옹동면옹동노휴제기능보강(냉장고)	800	8	4	7	8	7	5	5	4
4923	전북 정읍시	산내면구복경로당기능보강(냉장고)	800	8	4	7	8	7	5	5	4
4924	전북 정읍시	내장상동행정경로당기능보강(냉장고)	800	8	4	7	8	7	5	5	4
4925	전북 정읍시	내장상동송죽경로당기능보강(냉장고)	800	8	4	7	8	7	5	5	4
4926	전북 정읍시	시기동남부노휴제기능보강(냉장고)	800	8	4	7	8	7	5	5	4
4927	전북 정읍시	초산동현대아파트(여)경로당기능보강(냉장고)	800	8	4	7	8	7	5	5	4
4928	전북 정읍시	초산동초헌남자경로당기능보강(냉장고)	800	8	4	7	8	7	5	5	4
4929	전북 정읍시	연지동대실경로당기능보강(냉장고)	800	8	4	7	8	7	5	5	4
4930	전북 정읍시	신태인읍괴동경로당기능보강(김치냉장고)	750	8	4	7	8	7	5	5	4
4931	전북 정읍시	북면탑성경로당기능보강(김치냉장고)	750	8	4	7	8	7	5	5	4
4932	전북 정읍시	소성면외동경로당기능보강(김치냉장고)	750	8	4	7	8	7	5	5	4
4933	전북 정읍시	소성면와석경로당기능보강(김치냉장고)	750	8	4	7	8	7	5	5	4
4934	전북 정읍시	소성면원두경로당기능보강(김치냉장고)	750	8	4	7	8	7	5	5	4
4935	전북 정읍시	고부면관청경로당기능보강(김치냉장고)	750	8	4	7	8	7	5	5	4
4936	전북 정읍시	영원면영원경로당기능보강(김치냉장고)	750	8	4	7	8	7	5	5	4
4937	전북 정읍시	이평면용전경로당기능보강(김치냉장고)	750	8	4	7	8	7	5	5	4
4938	전북 정읍시	이평면팔선경로당기능보강(김치냉장고)	750	8	4	7	8	7	5	5	4
4939	전북 정읍시	이평면창경로당기능보강(김치냉장고)	750	8	4	7	8	7	5	5	4
4940	전북 정읍시	태인면청학경로당기능보강(김치냉장고)	750	8	4	7	8	7	5	5	4
4941	전북 정읍시	태인면상산경로당기능보강(김치냉장고)	750	8	4	7	8	7	5	5	4
4942	전북 정읍시	감곡면유수경로당기능보강(김치냉장고)	750	8	4	7	8	7	5	5	4
4943	전북 정읍시	감곡면녹촌경로당기능보강(김치냉장고)	750	8	4	7	8	7	5	5	4
4944	전북 정읍시	칠보면신기경로당기능보강(김치냉장고)	750	8	4	7	8	7	5	5	4
4945	전북 정읍시	칠보면중일경로당기능보강(김치냉장고)	750	8	4	7	8	7	5	5	4
4946	전북 정읍시	산내면구복경로당기능보강(김치냉장고)	750	8	4	7	8	7	5	5	4
4947	전북 정읍시	내장상동휴먼시아3단지경로당기능보강(김치냉장고)	750	8	4	7	8	7	5	5	4
4948	전북 정읍시	시기동시기경로당기능보강(김치냉장고)	750	8	4	7	8	7	5	5	4
4949	전북 정읍시	연지동연지1통경로당기능보강(김치냉장고)	750	8	4	7	8	7	5	5	4
4950	전북 정읍시	농소동구암경로당기능보강(김치냉장고)	750	8	4	7	8	7	5	5	4
4951	전북 정읍시	농소동기산경로당기능보강(김치냉장고)	750	8	4	7	8	7	5	5	4
4952	전북 정읍시	상교동월천경로당기능보강(김치냉장고)	750	8	4	7	8	7	5	5	4
4953	전북 정읍시	산내면새마을부녀회기능보강사업(가스레인지및작업대등)	700	8	4	7	8	7	2	1	3
4954	전북 정읍시	바르게살기운동태인면지회기능보강사업(에어컨)	700	8	1	7	8	7	2	1	3
4955	전북 정읍시	고부면송곡경로당개보수사업(외벽방수공사)	660	8	4	7	8	7	5	5	4
4956	전북 정읍시	신태인읍남계경로당개보수사업(염문교체)	650	8	4	7	8	7	5	5	4
4957	전북 정읍시	고부면구중경로당개보수사업(화장실변기교체)	600	8	4	7	8	7	5	5	4

순번	시군구	지출명 (사업명)	2024년예산 (단위 : 천원 /1년간)	민간이전 분류 (지방자치단체 세출예산 집행기준에 의거) 1. 민간경상사업보조(307-02) 2. 민간단체 법정운영비보조(307-03) 3. 민간행사사업보조(307-04) 4. 민간위탁금(307-05) 5. 사회복지시설 법정운영비보조(307-10) 6. 민간위원교육비(307-12) 7. 공기관등에대한경상적위탁사업비(308-13) 8. 민간자본사업보조,자체재원(402-01) 9. 민간자본사업보조,이전재원(402-02) 10. 민간위탁사업비(402-03) 11. 공기관등에 대한 자본적 위탁사업비(403-02)	민간이전지출 근거 (지방보조금 관리기준 참고) 1. 법률에 규정 2. 국고보조 재원(국가지정) 3. 용도 지정 기부금 4. 조례에 직접규정 5. 지자체가 권장하는 사업을 하는 공공기관 6. 시,도 정책 및 재정사정 7. 기타 8. 해당없음	입찰방식 계약체결방법 (경쟁형태) 1. 일반경쟁 2. 제한경쟁 3. 지명경쟁 4. 수의계약 5. 법정위탁 6. 기타 () 7. 없음	계약기간 1. 1년 2. 2년 3. 3년 4. 4년 5. 5년 6. 기타 ()년 7. 단가계약 (1년미만) 8. 없음	낙찰자선정방법 1. 적격심사 2. 협상에의한계약 3. 최저가낙찰제 4. 규격가격분리 5. 2단계 경쟁입찰 6. 기타 () 7. 없음	운영예산 산정 1. 내부산정 (지자체 자체적으로 산정) 2. 외부산정 (외부전문기관위탁 산정) 3. 내·외부 모두 산정 4. 산정 無 5. 없음	정산방법 1. 내부정산 (지자체 내부적으로 정산) 2. 외부정산 (외부전문기관위탁 정산) 3. 내·외부 모두 산정 4. 정산 無 5. 없음	성과평가 실시여부 1. 실시 2. 미실시 3. 향후 추진 4. 해당없음
4958	전북 정읍시	한국자유총연맹정읍시지회기능보강사업(레이저복합기)	600	8	1	7	8	7	2	1	3
4959	전북 정읍시	수성동주공3차경로당개보수사업(중문설치공사)	594	8	4	7	8	7	5	5	4
4960	전북 정읍시	고부면해정경로당개보수사업(지붕처마보수)	550	8	4	7	8	7	5	5	4
4961	전북 정읍시	고부작산경로당개보수사업(지붕보수)	539	8	4	7	8	7	5	5	4
4962	전북 정읍시	수성동구미경로당개보수사업(방충망교체)	539	8	4	7	8	7	5	5	4
4963	전북 정읍시	소성면광조경로당기능보강(입식테이블및의자)	500	8	4	7	8	7	5	5	4
4964	전북 정읍시	옹동면송월경로당기능보강(식탁)	500	8	4	7	8	7	5	5	4
4965	전북 정읍시	산내면구복경로당기능보강(식탁)	500	8	4	7	8	7	5	5	4
4966	전북 정읍시	장명동동부경로당기능보강(입식테이블)	500	8	4	7	8	7	5	5	4
4967	전북 정읍시	신태인읍하신경로당개보수사업(도배)	351	8	4	7	8	7	5	5	4
4968	전북 정읍시	신태인읍금화2경로당개보수사업(나무현판설치)	220	8	4	7	8	7	5	5	4
4969	전북 남원시	원예농가세미스마트팜지원사업	1,000,000	8	4	7	8	3	1	1	4
4970	전북 남원시	공동주택지원사업	1,000,000	8	4	7	8	7	5	5	4
4971	전북 남원시	원예작물시설하우스지원사업	700,000	8	4	7	8	3	1	1	4
4972	전북 남원시	고품질포도생산단지지원사업	693,000	8	4	7	8	7	5	5	4
4973	전북 남원시	과수농기계지원사업	600,000	8	4	7	8	7	5	5	4
4974	전북 남원시	스마트팜확대보급사업	320,000	8	1	7	8	7	5	5	4
4975	전북 남원시	과수시설현대화지원사업	290,000	8	4	7	8	7	5	5	4
4976	전북 남원시	친환경농업육성자재지원사업	200,000	8	4	7	8	7	5	1	4
4977	전북 남원시	밭작물관리기지원사업	100,000	8	4	7	8	7	1	1	1
4978	전북 남원시	도심하우스빈집재생사업	100,000	8	6	7	8	7	5	5	4
4979	전북 남원시	과수특작중형관정개발사업	96,250	8	4	7	8	7	5	5	4
4980	전북 남원시	과수저온피해예방지원사업	90,000	8	4	7	8	7	5	5	4
4981	전북 남원시	원예용중형관정개발지원	87,500	8	4	7	8	7	1	1	1
4982	전북 남원시	퇴비공장악취저감제지원사업	80,000	8	4	7	8	7	5	1	4
4983	전북 남원시	딸기우량모주공급체계구축시범	80,000	8	1	7	8	7	5	5	4
4984	전북 남원시	산림소득작물재배지원	67,500	8	4	7	8	7	1	1	4
4985	전북 남원시	고로쇠채취호스지원	60,000	8	4	7	8	7	1	1	4
4986	전북 남원시	과수냉해방지용온풍기지원사업	60,000	8	4	7	8	7	5	5	4
4987	전북 남원시	시설하우스차광시설지원사업	60,000	8	4	7	8	7	1	1	1
4988	전북 남원시	친환경(인증농가)농기계지원사업	50,000	8	4	7	8	7	5	1	4
4989	전북 남원시	산림소득작물표고배지지원	50,000	8	4	7	8	7	1	1	4
4990	전북 남원시	최고품질포도생산단지조성시범	50,000	8	4	7	8	7	5	5	4
4991	전북 남원시	신소득(특용아열대)작물육성지원	50,000	8	4	7	8	7	5	5	4
4992	전북 남원시	서촌마을야외화장실철거및신축공사	48,000	8	4	7	8	7	1	1	1
4993	전북 남원시	덕동마을회관축대정비공사	45,000	8	4	7	8	7	1	1	1
4994	전북 남원시	최고품질복숭아생산단지조성시범	40,000	8	4	7	8	7	5	5	4
4995	전북 남원시	사과복숭아생산단지지원사업	40,000	8	4	7	8	7	5	5	4
4996	전북 남원시	명품왕대추고품질육성화지원	38,000	8	4	7	8	7	1	1	4
4997	전북 남원시	저온저장고신선도유지제지원사업	35,000	8	4	7	8	7	5	5	4

번호	명칭	대상(시설명)	2024단가 (단위:원/1인등)	비용부담 주체	대상자 선정기준 등	제공인력	제공시간	계약기간 등			운영시간 등		
					1. 장애인활동지원 급여지원(307-02) 2. 바우처지원 급여지원(307-04) 3. 사회서비스이용권사업(307-05) 4. 장애인활동지원제도(307-10) 5. 장애인활동보조제도(307-12) 6. 장애인활동지원서비스(308-13) 7. 장애인활동지원사업(402-01) 8. 장애인활동지원/이용지원(402-02) 9. 장애인활동지원/신청접수(402-02) 10. 활동지원사업(402-03) 11. 장기요양보험 사업 기관지원사업(403-02)	1. 원칙 2. 감사협력 기관협력 (지원부여 대상자) 3. 기 등록 4. 확정 5. 기타( ) 7. 기타 8. 해당없음	1. 확인 2. 제출 3. 부서확인 4. 수시확인 5. 원칙준수 6. 기타 ( ) 7. 기타 (기입명) 8. 없음	1. 보조비 2. 제공자 3. 제공인력 4. 변경 5. 보조자 6. 기타 ( ) 7. 기타 8. 없음	제공인력 자격기준 1. 자격자 2. 관련분야 3. 분야특성 4. 수습자격 5. 기타 (기입명) 6. 기타 ( ) 7. 없음	1. 대상자 2. 보증금 (비용부담 등 포함) 3. 학력기준 4. 수당 등 5. 기타 (기입명) 6. 기타 ( ) 7. 없음	계약요건 1. 기본 2. 증빙서 3. 보조금 지원 4. 수당등 5. 기타 7. 등록		1. 일시 2. 이용방식 3. 보조인 선정등 4. 이용 대상 보조인 협력 5. 등록
장애인지원	내국인활동지원사		30,000	8	4	7	8	7	1	1	1			
장애인지원	중증장애인사회서비스제공기관		28,800	8	4	7	8	7	5	5	4			
장애인지원	장애인활동지원사		28,300	8	4	7	8	7	1	1	1			
장애인지원	중증장애인활동지원사		28,000	8	4	7	8	7	1	1	1			
장애인지원	시각장애인활동보조지원사		24,000	8	4	7	8	7	1	1	1			
장애인지원	지체장애인활동지원보조지원사		24,000	8	4	7	8	7	1	1	1			
장애인지원	고령장애인사회서비스제공기관		23,000	8	4	7	8	7	5	5	4			
장애인지원	노인장애인활동지원사		22,000	8	4	7	8	7	1	1	1			
장애인지원	내과장애인활동지원사		22,000	8	4	7	8	7	1	1	1			
장애인지원	내과장애인활동지원사		22,000	8	4	7	8	7	1	1	1			
장애인지원	내과장애인수족지원사		22,000	8	4	7	8	7	1	1	1			
장애인지원	외과장애인활동지원사		22,000	8	4	7	8	7	1	1	1			
장애인지원	정형외과장애인활동지원사		21,500	8	4	7	8	7	1	1	1			
장애인지원	정신장애인활동지원사		21,000	8	4	7	8	7	1	1	1			
장애인지원	중증장애인활동지원사		20,000	8	4	7	8	7	1	1	1			
장애인지원	장애인교통보조지원사		20,000	8	4	7	8	7	1	1	1			
장애인지원	내과장애인활동지원사		20,000	8	4	7	8	7	1	1	1			
장애인지원	장애인활동지원사		20,000	8	4	7	8	7	1	1	1			
장애인지원	가사장애인활동보조지원사		20,000	8	4	7	8	7	1	1	1			
장애인지원	가족장애인활동보조지원사		20,000	8	4	7	8	7	1	1	1			
장애인지원	가족장애인활동보조지원사		20,000	8	4	7	8	7	1	1	1			
장애인지원	나이장애인활동지원기관		20,000	8	4	7	8	7	1	1	1			
장애인지원	시각장애인활동보조자기지원등		17,000	8	1	4	7	7	1	1	1			
장애인지원	청각장애인활동보조자기지원등		17,000	8	1	4	7	7	1	1	1			
장애인지원	발달장애인활동지원사		15,000	8	4	7	8	7	1	1	1			
장애인지원	초신장애인활동지원사		15,000	8	4	7	8	7	1	1	1			
장애인지원	신장장애인활동지원사		15,000	8	4	7	8	7	1	1	1			
장애인지원	안면장애인활동지원사		15,000	8	4	7	8	7	1	1	1			
장애인지원	수학장애인활동지원사		15,000	8	4	7	8	7	1	1	1			
장애인지원	시각장애인활동지원사		15,000	8	4	7	8	7	1	1	1			
장애인지원	신장이식수술환자교육지원사		15,000	8	4	7	8	7	1	1	1			
장애인지원	간장애인활동지원사		15,000	8	4	7	8	7	1	1	1			
장애인지원	심장장애인활동지원사		15,000	8	4	7	8	7	1	1	1			
장애인지원	호흡기장애인활동지원사		15,000	8	4	7	8	7	1	1	1			
장애인지원	장애아사회서비스제공기관지원		15,000	8	4	7	8	5	5	5	4			
장애인지원	발달장애인활동지원사		12,350	8	4	7	8	7	1	1	1			
장애인지원	지적장애인활동지원사		12,000	8	4	7	8	7	1	1	1			

순번	시군구	지출명 (사업명)	2024년예산 (단위: 천원/1년간)	민간이전 분류	민간이전지출 근거	입찰방식 계약체결방법 (경쟁형태)	계약기간	낙찰자선정방법	운영예산 산정	정산방법	성과평가 실시여부
5038	전북 남원시	남원문화원노후시설교체사업	11,000	8	1	6	8	7	1	1	1
5039	전북 남원시	송내마을모정정비공사	10,000	8	4	7	8	7	1	1	1
5040	전북 남원시	효동마을모정정비공사	10,000	8	4	7	8	7	1	1	1
5041	전북 남원시	성산마을회관기능보강사업	10,000	8	4	7	8	7	1	1	1
5042	전북 남원시	내황마을모정비가림설치공사	9,300	8	4	7	8	7	1	1	1
5043	전북 남원시	척동마을회관기능보강공사	8,350	8	4	7	8	7	1	1	1
5044	전북 남원시	정충마을모정정비공사	5,700	8	4	7	8	7	1	1	1
5045	전북 남원시	양평마을모정도색공사	5,000	8	4	7	8	7	1	1	1
5046	전북 남원시	태산마을모정도색공사	5,000	8	4	7	8	7	1	1	1
5047	전북 남원시	영촌마을모정도장공사	5,000	8	4	7	8	7	1	1	1
5048	전북 남원시	대성마을모정기능보강공사	5,000	8	4	7	8	7	1	1	1
5049	전북 남원시	금탄마을회관기봉정비공사	5,000	8	4	7	8	7	1	1	1
5050	전북 남원시	편동마을회관정비공사	5,000	8	4	7	8	7	1	1	1
5051	전북 남원시	평선마을회관비가림교체공사	5,000	8	4	7	8	7	1	1	1
5052	전북 남원시	채곡마을회관기능보강공사	5,000	8	4	7	8	7	1	1	1
5053	전북 남원시	남평마을공동창고기능보강공사	5,000	8	4	7	8	7	1	1	1
5054	전북 김제시	못자리용상토지원사업	1,600,000	8	4	7	8	7	5	5	4
5055	전북 김제시	유기질비료지원사업	1,527,000	8	1	7	8	7	5	5	4
5056	전북 김제시	경로당기능보강지원사업(신축,개보수,장비보강)	1,400,000	8	4	1,4,6	7	6	1	1	3
5057	전북 김제시	소상공인시설개선및경영지원사업	1,000,000	8	4	7	8	7	5	5	4
5058	전북 김제시	지역자활센터공동작업장리모델링	1,000,000	8	2	5	1	7	1	1	1
5059	전북 김제시	농촌영농인력일자리직접지원사업(장비)	900,000	8	7	7	8	7	5	5	4
5060	전북 김제시	소형농기계지원사업	500,000	8	4	7	8	7	5	5	4
5061	전북 김제시	공동체활성화마을만들기사업	500,000	8	1	7	8	7	5	5	3
5062	전북 김제시	벼안전생산방제지원(자체)	430,000	8	7	7	8	7	5	5	4
5063	전북 김제시	시설하우스설치보강지원사업	400,000	8	4	7	8	7	5	5	4
5064	전북 김제시	청년인재유입스마트팜육성사업	308,000	8	2	7	8	7	5	5	4
5065	전북 김제시	공동주택시설개선지원	300,000	8	4	7	8	7	5	5	4
5066	전북 김제시	지역특화작목육성사업	300,000	8	4	7	8	7	5	5	4
5067	전북 김제시	농산물저온저장고지원사업	300,000	8	4	7	8	7	5	5	4
5068	전북 김제시	지평선공동브랜드포장재지원사업	295,115	8	4	7	8	7	5	5	4
5069	전북 김제시	주민공동이용시설(모정)정비신축·개보수	250,000	8	6	4	8	7	1	1	1
5070	전북 김제시	지평선쌀생산종자지원사업	250,000	8	1	7	8	7	5	5	4
5071	전북 김제시	독거노인주거환경개선사업	220,000	8	4	7	7	7	1	1	1
5072	전북 김제시	한울타리행복의집신규조성,기능보강,장비보강사업	216,000	8	4	1,4,6	7	6	1	1	3
5073	전북 김제시	친환경농산물생산자재지원	200,000	8	1	7	8	7	5	5	4
5074	전북 김제시	파프리카생산자재지원사업	180,000	8	4	7	8	7	5	5	4
5075	전북 김제시	주요도로변방치축물정비	160,000	8	4	7	8	7	1	1	4
5076	전북 김제시	사물인터넷(IOT)측정기기부착지원사업	157,500	8	4	7	8	7	5	5	4
5077	전북 김제시	창업소상공인지원사업	150,000	8	4	7	8	7	5	5	4

순번	시군구	지출명 (사업명)	2024년예산 (단위:천원/1년간)	민간이전 분류	민간이전지출 근거	계약체결방법 (경쟁형태)	계약기간	낙찰자선정방법	운영예산 산정	정산방법	성과평가 실시여부
5078	전북 김제시	고소득작목육성사업	100,000	8	4	7	8	7	5	5	4
5079	전북 김제시	과수경쟁력강화지원사업	100,000	8	4	7	8	7	5	5	4
5080	전북 김제시	통합마케팅전문조직육성포장재지원사업	100,000	8	1	7	8	7	1	1	3
5081	전북 김제시	촌집리모델링임대주택사업	75,000	8	6	4	8	7	5	5	4
5082	전북 김제시	노인회사업추진	70,000	8	4	7	7	7	1	1	4
5083	전북 김제시	자율방범대순찰차량지원	60,000	8	4	7	8	7	5	1	1
5084	전북 김제시	빈점포창업김제애마켓지원사업	60,000	8	4	7	8	7	5	5	4
5085	전북 김제시	드문모이앙기구입비지원사업	50,000	8	4	7	8	7	5	5	4
5086	전북 김제시	공공급식및로컬푸드신규품목재배지원	50,000	8	4	7	8	7	5	5	4
5087	전북 김제시	우분살포장비지원사업	40,000	8	4	7	8	7	5	5	4
5088	전북 김제시	시설감자재배난방비비교실증	35,000	8	7	7	8	7	5	5	4
5089	전북 김제시	해병대순찰차량지원	30,000	8	7	7	8	7	5	1	1
5090	전북 김제시	소상공인위기극복지원사업	30,000	8	4	7	8	7	5	5	4
5091	전북 김제시	한센주거환경개선사업	30,000	8	4	7	8	7	1	1	1
5092	전북 김제시	RPC자체수매확대쌀포장재지원	30,000	8	1	7	8	7	5	5	4
5093	전북 김제시	농산물부산물활용토양개량사업	30,000	8	7	7	8	7	5	5	4
5094	전북 김제시	찾아가는생활체육서비스이동차량	25,000	8	4	7	8	7	1	1	3
5095	전북 김제시	소규모점포경사로보급지원	25,000	8	7	7	7	7	1	1	2
5096	전북 김제시	자활사업실시기관기능보강지원	20,000	8	2	5	1	7	1	1	2
5097	전북 김제시	로컬푸드출하농산물포장재지원사업	20,000	8	4	7	8	7	1	1	2
5098	전북 김제시	지평선친환경쌀포장재지원사업	15,000	8	1	7	8	7	5	5	4
5099	전북 김제시	농산물디자인개발지원	12,000	8	1	7	8	7	5	5	4
5100	전북 김제시	김제시체육회집기구입	10,000	8	4	7	8	7	1	1	1
5101	전북 김제시	디지털교육무인단말기구입지원	5,000	8	7	7	7	7	1	1	2
5102	전북 김제시	지평선친환경쌀종자지원사업	3,375	8	1	7	8	7	5	5	4
5103	전북 김제시	장애인체육회지도용품구입	2,000	8	4	7	8	7	1	1	1
5104	전북 완주군	주민참여예산(농업용성분야)	400,000	8	4	7	8	7	1	1	1
5105	전북 완주군	친환경농업조기정착및저변확대지원사업	330,000	8	4	7	8	7	5	5	4
5106	전북 완주군	농어촌빈집정비사업(주거용)	300,000	8	1	7	7	7	5	5	4
5107	전북 완주군	농업용관정개발사업	222,000	8	4	7	8	7	1	1	4
5108	전북 완주군	유기질비료이모작지원	200,000	8	4	7	8	7	5	5	4
5109	전북 완주군	중소형농기계지원사업	200,000	8	4	7	8	7	5	5	4
5110	전북 완주군	농업에너지이용효율화사업(에너지절감시설다겹보온커튼등)	173,962	8	2	7	8	7	5	5	4
5111	전북 완주군	공동주택관리지원사업	120,000	8	4	7	8	7	5	5	4
5112	전북 완주군	시설원예품질향상지원사업	100,000	8	7	7	8	7	5	5	4
5113	전북 완주군	농식품부산물활용상품화기술시범	100,000	8	2	7	8	7	5	5	4
5114	전북 완주군	완주군공동브랜드육성지원사업	90,000	8	4	1	1	3	1	1	1
5115	전북 완주군	노지채소품질향상토양소독제지원	72,800	8	7	7	8	7	5	5	4
5116	전북 완주군	열대과일및소핵과가공기술상품화시범사업	70,000	8	2	7	8	7	5	5	4
5117	전북 완주군	농식품가공사업장품질향상지원사업	64,000	8	2	7	8	7	5	5	4

순번	시군구	지출명 (사업명)	2024년예산 (단위: 천원/1년간)	민간이전 분류	민간이전지출 근거	계약체결방법 (경쟁형태)	계약기간	낙찰자선정방법	운영예산 산정	정산방법	성과평가 실시여부
5118	전북 완주군	농산물상품화기반구축사업	56,044	8	4	1	1	3	3	1	1
5119	전북 완주군	비닐하우스차광시설설치지원사업	50,000	8	7	7	8	7	5	5	4
5120	전북 완주군	과수자연재해경감생산기반조성	50,000	8	4	7	8	7	5	5	4
5121	전북 완주군	야생동물피해예방사업(자체)	50,000	8	6	7	8	7	5	5	4
5122	전북 완주군	육묘대행지원	48,750	8	7	7	8	7	5	5	4
5123	전북 완주군	우량고추묘지원사업	39,000	8	7	7	8	7	5	5	4
5124	전북 완주군	돼지생식기호흡기증후군(PRRS)예방백신지원	30,000	8	6	7	8	7	5	5	4
5125	전북 완주군	완주형청년농업인기반구축시범사업	24,000	8	4	7	8	7	5	5	4
5126	전북 완주군	지역가공업체브랜드경쟁력향상지원	20,000	8	6	7	8	7	5	5	4
5127	전북 완주군	공동주택관리지원사업(주민참여예산)	14,000	8	4	7	8	7	5	5	4
5128	전북 완주군	마늘이동식차압건조시설지원	11,850	8	7	7	8	7	5	5	4
5129	전북 완주군	육계농가감보예약품지원사업	10,000	8	6	7	8	7	5	5	4
5130	전북 완주군	고능력염소종축입식지원사업	7,000	8	6	7	8	7	5	5	4
5131	전북 장수군	가축분뇨처리(한우)수분조절제지원	900,600	8	4	7	8	7	5	1	1
5132	전북 장수군	마을회관및모정지원사업	532,521	8	6	7	8	7	5	5	4
5133	전북 장수군	못자리용상토매트지원사업	530,640	8	7	7	8	7	5	5	1
5134	전북 장수군	객토지원사업	350,350	8	7	7	8	7	5	5	1
5135	전북 장수군	고품질원예(과수)작물생산기반구축사업	300,000	8	1,4	7	8	7	5	5	4
5136	전북 장수군	옥수수수확장비지원사업	240,000	8	4	7	8	7	5	1	4
5137	전북 장수군	과수ss기지원	225,000	8	4	7	8	7	5	1	1
5138	전북 장수군	과원고소작업차지원	200,000	8	4	7	8	7	5	1	1
5139	전북 장수군	가축분뇨처리수분조절제지원(기타가축)	180,000	8	4	7	8	7	5	1	1
5140	전북 장수군	일반원예시설지원	167,500	8	4	7	8	7	1	1	1
5141	전북 장수군	농산물저온저장고지원	157,240	8	4	7	8	7	5	1	1
5142	전북 장수군	장수마을만들기사업	150,000	8	6	7	8	7	5	5	1
5143	전북 장수군	과수생산시설현대화지원	136,752	8	4	7	8	7	5	1	1
5144	전북 장수군	신규과원조성지원	134,760	8	4	7	8	7	5	1	1
5145	전북 장수군	곤포사일리지(볏짚)비닐공급사업	117,000	8	4	7	8	7	5	1	4
5146	전북 장수군	농특산물포장재지원	111,000	8	4	7	8	7	1	1	1
5147	전북 장수군	양봉기자재지원	100,000	8	4	7	8	7	1	1	1
5148	전북 장수군	품종갱신지원사업	86,800	8	4	7	8	7	1	1	3
5149	전북 장수군	시설하우스보일러지원사업	80,000	8	4	7	8	7	5	5	1
5150	전북 장수군	포도시설냉난방지원사업	76,750	8	4	7	8	7	5	5	4
5151	전북 장수군	풀사료신규경영체장비지원사업	75,000	8	4	7	8	7	5	1	4
5152	전북 장수군	농산물이용식품제조가공업체지원	50,000	8	4	7	8	7	5	1	1
5153	전북 장수군	사과노후과원정비(폐원)지원사업	50,000	8	4	7	8	7	5	1	1
5154	전북 장수군	중소기업환경개선사업	48,000	8	4	7	8	7	1	1	1
5155	전북 장수군	장수한우수정란이식지원사업	46,250	8	4	7	8	7	5	1	1
5156	전북 장수군	퇴비사	40,000	8	4	7	8	7	5	1	1
5157	전북 장수군	청년창업더하기지원사업	36,000	8	1	1	8	1	1	1	3

순번	시군구	지출명 (사업명)	2024년예산 (단위: 천원/1년간)	민간이전 분류 (지방자치단체 세출예산 집행기준에 의거)	민간이전지출 근거 (지방보조금 관리기준 참고)	입찰방식 계약체결방법 (경쟁형태)	계약기간	낙찰자선정방법	운영예산 산정 운영예산 산정	정산방법	성과평가 실시여부
5158	전북 장수군	노후공동주택단지지원	30,000	8	4	1	7	3	1	1	1
5159	전북 장수군	귀농귀촌인주택수리비지원	30,000	8	4	7	8	7	5	5	1
5160	전북 장수군	환풍기	30,000	8	4	7	8	7	5	1	1
5161	전북 장수군	스키드로더(농가용)	30,000	8	4	7	8	7	5	1	1
5162	전북 장수군	지방문화원사업활동지원	23,340	8	4	1	1	1	1	1	1
5163	전북 장수군	축사환경개선사업	20,000	8	4	7	8	7	5	1	1
5164	전북 장수군	닭감보로백신지원	20,000	8	4	7	8	7	5	5	4
5165	전북 장수군	과수품질고급화(봉지)지원사업	17,550	8	4	7	8	7	1	1	1
5166	전북 장수군	중형관정	17,500	8	4	7	8	7	5	1	1
5167	전북 장수군	포도선과기지원사업	15,000	8	4	7	8	7	1	1	1
5168	전북 장수군	액비처리장비	15,000	8	4	7	8	7	5	1	1
5169	전북 장수군	야생동물피해예방사업(군비)	12,500	8	4	7	8	7	5	1	4
5170	전북 장수군	고능력흑염소보급사업	12,000	8	4	7	8	7	1	1	1
5171	전북 장수군	이동식분무소독기지원	10,000	8	5	7	8	7	5	5	4
5172	전북 장수군	저온저장고지원	9,000	8	4	7	8	7	1	1	1
5173	전북 장수군	유해조류퇴치기지원사업	7,500	8	4	7	8	7	1	1	1
5174	전북 장수군	귀농귀촌인주택신축설계비지원	6,000	8	4	7	8	7	5	5	1
5175	전북 장수군	차량용리프트지원	5,000	8	4	7	8	7	1	1	1
5176	전북 장수군	양봉농가간판지원	5,000	8	4	7	8	7	1	1	4
5177	전북 장수군	채밀기,이송펌프지원	4,500	8	4	7	8	7	1	1	1
5178	전북 장수군	가축음용수소독약투약지원사업	4,400	8	4	7	8	7	1	1	1
5179	전북 장수군	꿀벌사육농가해충방제살포기지원	2,500	8	5	7	8	7	5	5	4
5180	전북 순창군	트랙터지원사업	1,252,800	8	4	7	8	7	1	1	4
5181	전북 순창군	퇴비사신축지원사업	840,000	8	4	7	8	7	1	1	4
5182	전북 순창군	소상공인사업장환경개선지원	480,000	8	4	7	8	7	1	1	1
5183	전북 순창군	비닐하우스설치지원사업	420,000	8	4	1	8	7	1	1	4
5184	전북 순창군	특화작목(생강)육성지원사업	384,677	8	4	4	8	7	1	1	4
5185	전북 순창군	콤바인지원사업	379,500	8	4	7	8	7	1	1	1
5186	전북 순창군	소형관정개발사업	300,000	8	4	7	8	7	1	5	4
5187	전북 순창군	친환경농업신규단지조성사업	300,000	8	4	7	8	7	5	5	4
5188	전북 순창군	노후공동주택관리비용지원	275,500	8	4	7	8	7	5	5	4
5189	전북 순창군	경로당환경개선사업	270,000	8	4	7	8	7	1	1	4
5190	전북 순창군	승용이앙기지원사업	264,000	8	4	7	8	7	1	1	1
5191	전북 순창군	단성전이화당지봉보수공사	250,000	8	4	4	1	1	1	1	4
5192	전북 순창군	순창농협쌍치지점콩선별고신축공사	250,000	8	4	1,4	8	1	1	1	4
5193	전북 순창군	농축협협력사업	247,500	8	4	1,4	8	1	1	1	4
5194	전북 순창군	비닐하우스설치지원사업	220,100	8	4	1	8	7	1	1	4
5195	전북 순창군	조사료경영체기계,장비지원사업(군비)	220,000	8	4	7	8	7	1	1	4
5196	전북 순창군	조사료경영체(옥수수)기계,장비지원사업(군비)	220,000	8	6	7	8	7	1	1	4
5197	전북 순창군	맹암거설치사업	210,000	8	4	7	8	7	1	5	4

순번	시군구	지출명 (사업명)	2024년예산 (단위 : 천원/1년간)	민간이전 분류 (지방자치단체 세출예산 집행기준 의거) 1. 민간경상사업보조(307-02) 2. 민간단체 법정운영비보조(307-03) 3. 민간행사사업보조(307-04) 4. 민간위탁금(307-05) 5. 사회복지시설 법정운영비보조(307-10) 6. 민간위탁교육비(307-12) 7. 공기관등에대한경상적위탁사업비(308-13) 8. 민간자본사업보조,자체재원(402-01) 9. 민간자본사업보조,이전재원(402-02) 10. 민간위탁사업비(402-03) 11. 공기관등에 대한 자본적 위탁사업비(403-02)	민간이전지출 근거 (지방보조금 관리기준 참고) 1. 법률에 규정 2. 국고보조 재원(국가지정) 3. 용도 지정 기부금 4. 조례에 직접규정 5. 지자체가 권장하는 사업 6. 시,도 정책 및 재정사정 7. 기타 8. 해당없음	계약체결방법 (경쟁형태) 1. 일반경쟁 2. 제한경쟁 3. 지명경쟁 4. 수의계약 5. 법정위탁 6. 기타 ( ) 7. 없음	계약기간 1. 1년 2. 2년 3. 3년 4. 4년 5. 5년 6. 기타 ( )년 7. 단기계약 (1년미만) 8. 없음	낙찰자선정방법 1. 적격심사 2. 협상에의한계약 3. 최저가낙찰제 4. 규격가격분리 5. 2단계 경쟁입찰 6. 기타 ( ) 7. 없음	운영예산 산정 1. 내부산정 (지자체 자체적으로 산정) 2. 외부산정 (외부전문기관위탁 산정) 3. 내·외부 모두 산정 4. 산정 無 5. 없음	정산방법 1. 내부정산 (지자체 내부적으로 정산) 2. 외부정산 (외부전문기관위탁 정산) 3. 내·외부 모두 산정 4. 정산 無 5. 없음	성과평가 실시여부 1. 실시 2. 미실시 3. 향후 추진 4. 해당없음
5198	전북 순창군	블루베리식재지원	210,000	8	4	7	8	7	1	1	1
5199	전북 순창군	귀농자소득사업	200,000	8	1	7	8	7	1	1	1
5200	전북 순창군	임업소득작물재배지원	200,000	8	6	7	8	7	1	1	1
5201	전북 순창군	축산기자재지원사업(군비)	200,000	8	4	7	8	7	1	1	4
5202	전북 순창군	블루베리피트모스지원사업	190,000	8	4	4	8	7	1	1	4
5203	전북 순창군	과수특작중형관정지원사업	160,000	8	4	4	8	7	1	1	4
5204	전북 순창군	저온저장고지원사업	160,000	8	4	4	8	7	1	1	4
5205	전북 순창군	귀농자등주택수리및신축지원사업	150,000	8	1	7	8	7	1	1	1
5206	전북 순창군	행랑채철거지원사업	150,000	8	4	7	8	7	5	1	4
5207	전북 순창군	경로당비품구입및수리비지원사업	148,000	8	4	7	8	7	1	1	1
5208	전북 순창군	청년창업지원	135,000	8	4	7	8	7	1	1	2
5209	전북 순창군	도시가스미공급지역설치비지원(인입배관)	130,000	8	4	7	8	7	1	1	4
5210	전북 순창군	소규모임도정업체벼보관창고신축지원사업	125,000	8	4	7	8	7	1	1	3
5211	전북 순창군	비닐하우스기자재지원사업	121,000	8	4	4	8	7	1	1	4
5212	전북 순창군	극만생종복숭아재배시범	120,000	8	4	7	8	7	1	1	1
5213	전북 순창군	섬진강댐주변지역지원사업	114,705	8	4	7	8	7	5	5	4
5214	전북 순창군	농특산물건조기지원사업	108,000	8	4	4	8	7	1	1	4
5215	전북 순창군	벼재배단지논두렁물막이지원	100,000	8	4	7	8	7	1	1	1
5216	전북 순창군	벼육묘장지원사업	100,000	8	4	7	8	7	1	1	1
5217	전북 순창군	트랙터부착용로터베이터지원사업	99,000	8	4	7	8	7	1	1	1
5218	전북 순창군	사료화식기지원사업	92,000	8	4	7	8	7	1	1	4
5219	전북 순창군	표고재배지원	85,000	8	6	7	8	7	1	1	1
5220	전북 순창군	보행형관리기지원사업	85,000	8	4	4	8	7	1	1	4
5221	전북 순창군	일반답새끼우렁이지원사업	84,000	8	4	7	8	7	1	1	1
5222	전북 순창군	비닐하우스필름지원사업	80,000	8	4	4	8	7	1	1	4
5223	전북 순창군	딸기고설재배지교체지원사업	77,000	8	4	4	8	7	1	1	4
5224	전북 순창군	단호박덕재배시설지원사업	75,600	8	4	4	8	7	1	1	4
5225	전북 순창군	밤생산전용비료지원	72,000	8	6	7	8	7	1	1	1
5226	전북 순창군	복분자조직배양묘지원	71,400	8	6	7	8	7	5	5	4
5227	전북 순창군	구림면민자조사업	70,000	8	3	7	8	7	5	5	4
5228	전북 순창군	봄무재배기자재지원사업	70,000	8	4	4	8	7	1	1	4
5229	전북 순창군	축사중형,소형관정지원사업	70,000	8	4	7	8	7	1	1	4
5230	전북 순창군	블루베리동방조망지원사업	66,000	8	4	4	8	7	1	1	4
5231	전북 순창군	잎담배작목반건조기지원사업	63,000	8	4	4	8	7	1	1	4
5232	전북 순창군	금과면민자보조사업	60,000	8	3	7	8	7	5	5	4
5233	전북 순창군	농촌민박조성및환경개선지원	60,000	8	4	7	8	7	1	1	4
5234	전북 순창군	육묘장확장사업	60,000	8	4	1,4	8	1	1	1	4
5235	전북 순창군	농산물운반차지원사업	60,000	8	4	7	8	7	1	1	4
5236	전북 순창군	농업용방제드론지원사업	60,000	8	4	7	8	7	1	1	1
5237	전북 순창군	두릅전용비료지원	55,000	8	6	7	8	7	1	1	1

시설구분	시설명	사업명	2024예산 (단위:천원/년액)	신청기준 점수 1. 인건비지원시설종류(307-02) 2. 기능보강사업종류(307-03) 3. 총정원(307-05) 4. 프로그램 참여 장애인수(307-10) 5. 사회복지시설 평가결과(307-12) 6. 운영법인지원금(308-13) 7. 시설, 운영 장애등급 8. 인건비지원비율(402-02) 9. 인건비지원도, 이용장애인수(402-03) 10. 운영법인지원금(402-03) 11. 운영법인지원금, 시설지원사업비(403-02)	평가지표 (운영활동) 1. 행정운영 2. 기관운영 관련 이용자관리 3. 지역사회관계 8. 예산편성	지역사회 1. 시설 2. 지역사회 3. 지역사회와의 협력 4. 공공자원 5. 민간자원 6. 기타 ( ) 7. 없음	내부운영관리 1. 행정사무 2. 시설사업 3. 외부사업참여 4. 직원 5. 회계 6. 기타 ( ) 7. 없음	정보공개 1. 홈페이지 2. 정보공개 3. 기타 4. 정기간행물 5. 없음 6. 기타 ( ) 7. 없음	홍보활동 1. 매체활용 2. 홍보물 3. 이벤트 4. 기타 ( ) 5. 없음	법인운영 1. 업무보고 2. 정기총회 3. 이사회 4. 감사 5. 회계 6. 기타 ( ) 7. 없음	수익사업 1. 법인 2. 시설(법인 수익사업 운영) 3. 시설(법인 수익사업 참여) 4. 없음
장애인 이용시설	다솜장애인주간보호시설		50,000	7	7	8	7	2	1	4
장애인 이용시설	나눔장애인CCTV시설		50,000	4	7	8	7	1	1	1
장애인 이용시설	한울장애인시설		50,000	3	7	8	7	2	2	4
장애인 이용시설	다솜장애인주간보호시설장애인시설		50,000	4	7	8	7	1	2	4
장애인 이용시설	희망의숲주간보호지원시설		50,000	4	4	8	7	1	1	4
장애인 이용시설	동녘빛장애인지원시설		48,000	4	4	8	7	1	1	4
장애인 이용시설	광명사랑의집장애인지원시설		46,464	4	4	8	7	1	1	4
장애인 이용시설	늘푸른장애인지역사회시설		42,875	6	4	8	7	2	2	4
장애인 이용시설	단기청소년장애인시설		42,000	4	4	1	7	1	1	1
장애인 이용시설	시흥장애인에덴지원고용지원시설		42,000	4	7	8	7	1	1	1
장애인 이용시설	장애인생활시설		40,000	4	4	8	7	1	1	1
장애인 이용시설	행복한지역공동체장애인지원시설		40,000	4	4	8	7	1	1	4
장애인 이용시설	햇살가득기기지원시설		38,500	4	4	8	7	1	1	1
장애인 이용시설	기쁨이있는가정지원시설		37,700	4	4	8	7	1	1	4
장애인 이용시설	매원장애인지원시설		36,000	4	4	8	7	1	1	4
장애인 이용시설	하늘소망함께걸어지원시설		35,640	4	4	8	7	1	1	4
장애인 이용시설	사랑의열매나눔지원시설		32,000	4	4	8	7	1	1	1
장애인 이용시설	시흥시장애인주간보호시설		31,500	1	7	8	7	1	1	2
장애인 이용시설	꿈이있는곳주간보호지원시설		30,000	4	7	8	7	1	1	4
장애인 이용시설	믿음장애인지원시설		27,500	4	7	8	7	1	1	4
장애인 이용시설	동구장애인지원시설		27,500	4	7	8	7	1	1	1
장애인 이용시설	사랑기지원지원시설		27,000	4	7	8	7	1	1	4
장애인 이용시설	기쁨의종합지원시설		25,000	4	4	8	7	1	1	1
장애인 이용시설	시흥시호수종합지원시설		24,000	4	4	8	7	1	1	4
장애인 이용시설	은총장애인소재지원시설		23,000	3	7	8	7	2	2	4
장애인 이용시설	다솜장애인소망지원시설		22,800	4	7	8	7	1	1	1
장애인 이용시설	나누기장애지원시설		22,500	4	4	8	7	1	1	4
장애인 이용시설	내동중기시설장애인,사랑고기자기지원시설		21,000	4	7	8	7	1	1	4
장애인 이용시설	이리장애지원지원시설		20,000	3	7	8	7	2	2	4
장애인 이용시설	동구지원장애지원시설		20,000	3	7	8	7	2	2	4
장애인 이용시설	사랑지원장애지원시설		20,000	3	7	8	7	2	2	4
장애인 이용시설	다솜기기의이용장애지원시설		20,000	6	7	8	7	1	1	4
장애인 이용시설	인심지원지원시설		20,000	4	4	8	7	1	1	1
장애인 이용시설	동구지원장애고무지원시설		20,000	4	4	8	7	1	1	4
장애인 이용시설	남지원장애수지원지원시설		20,000	4	8	8	7	1	1	1
장애인 이용시설	매원장애수고무지원지원시설		20,000	4	8	8	7	1	1	1
장애인 이용시설	다솜장애동부지원지원시설		20,000	4	8	8	7	1	1	1
장애인 이용시설	매원기혜기지원지원		19,500	4	8	8	7	1	1	1
장애인 이용시설	다솜기의지원지원기		19,500	4	8	8	7	1	1	1

순번	시군구	지출명 (사업명)	2024년예산 (단위 : 천원 /1년간)	민간이전 분류 (지방자치단체 세출예산 집행기준에 의거) 1. 민간경상사업보조(307-02) 2. 민간단체 법정운영비보조(307-03) 3. 민간행사사업보조(307-04) 4. 민간위탁금(307-05) 5. 사회복지시설 법정운영비보조(307-10) 6. 민간위탁교육비(307-12) 7. 공기관등에대한경상적위탁사업비(308-13) 8. 민간자본사업보조,자체재원(402-01) 9. 민간자본사업보조,이전재원(402-02) 10. 민간위탁사업비(402-03) 11. 공기관에 대한 자본적 위탁사업비(403-02)	민간이전지출 근거 (지방보조금 관리기준 참고) 1. 법률에 규정 2. 국고조 재원(국가지정) 3. 용도 지정 기부금 4. 조례에 직접규정 5. 지자체가 권장하는 사업을 하는 공공기관 6. 시,도 정책 및 재정사정 7. 기타 8. 해당없음	계약체결방법 (경쟁형태) 1. 일반경쟁 2. 제한경쟁 3. 지명경쟁 4. 수의계약 5. 법정위탁 6. 기타 () 7. 없음	계약기간 1. 1년 2. 2년 3. 3년 4. 4년 5. 5년 6. 기타 ()년 7. 단기계약 (1년미만) 8. 없음	낙찰자선정방법 1. 적격심사 2. 협상에의한계약 3. 최저가낙찰제 4. 규격가격분리 5. 2단계 경쟁입찰 6. 기타 () 7. 없음	운영예산 산정 1. 내부산정 (지자체 자체적으로 산정) 2. 외부산정 (외부전문기관위탁 산정) 3. 내·외부 모두 산정 4. 산정 無 5. 없음	정산방법 1. 내부정산 (지자체 내부적으로 정산) 2. 외부정산 (외부전문기관위탁 정산) 3. 내·외부 모두 정산 4. 정산 無 5. 없음	성과평가 실시여부 1. 실시 2. 미실시 3. 향후 추진 4. 해당없음
5278	전북 순창군	볍씨발아기지원사업	18,700	8	4	7	8	7	1	1	1
5279	전북 순창군	비닐하우스자동환풍기지원사업	17,000	8	4	4	8	7	1	1	4
5280	전북 순창군	복흥면민자보조사업	16,000	8	3	7	8	7	5	5	4
5281	전북 순창군	적성면민자보조사업	14,000	8	3	7	8	7	5	5	4
5282	전북 순창군	과수신품종식재지원	14,000	8	4	7	8	7	1	1	1
5283	전북 순창군	과수예냉기구입지원사업	12,000	8	4	4	8	7	1	1	4
5284	전북 순창군	농촌유학지원사업물품구입등	10,000	8	7	7	7	7	5	5	4
5285	전북 순창군	자율방범대초소기능보강사업	10,000	8	4	7	8	7	1	1	1
5286	전북 순창군	천황대추제초매트지원	10,000	8	4	6	8	7	5	5	4
5287	전북 순창군	톤백저울(계량기)지원사업	8,500	8	4	7	8	7	1	1	3
5288	전북 순창군	꿀벌자동생산장비개선사업	8,000	8	4	7	8	7	1	1	4
5289	전북 순창군	식물성장LED조명지원	7,000	8	4	7	8	7	1	1	1
5290	전북 순창군	의용소방대연합회사무실기능보강사업	6,000	8	4	7	8	7	1	1	1
5291	전북 순창군	단독주택도시가스지원사업	5,000	8	4	7	8	7	1	1	1
5292	전북 순창군	재향군인회사무실기능보강사업	1,500	8	4	7	8	7	1	1	1
5293	전북 고창군	벼육묘용경량상토지원	1,613,898	8	4	7	8	7	5	5	4
5294	전북 고창군	중소형농기계지원사업	580,000	8	4	7	8	7	5	5	4
5295	전북 고창군	벼병해충육묘상자처리제지원사업	440,000	8	6	7	8	7	5	5	4
5296	전북 고창군	농산물중소형저온저장고지원사업	375,000	8	4	7	8	7	5	5	4
5297	전북 고창군	원예작물생산단지지원사업	356,500	8	4	7	8	7	5	5	4
5298	전북 고창군	하우스작물재배용수정벌지원사업	315,000	8	4	7	8	7	5	5	4
5299	전북 고창군	마을드론방제확대지원사업	294,000	8	6	7	8	7	5	5	4
5300	전북 고창군	내병계고추종자지원사업	250,000	8	4	7	8	7	5	5	4
5301	전북 고창군	친환경쌀생산단지지원사업	232,500	8	5	7	8	7	5	5	4
5302	전북 고창군	매립시설주변지역지원사업	230,000	8	4	7	8	7	5	5	4
5303	전북 고창군	고추건조기지원사업	225,000	8	4	7	8	7	5	5	4
5304	전북 고창군	소각시설주변지역지원사업	200,000	8	4	7	8	7	5	5	4
5305	전북 고창군	원예작물지력증진사업	150,000	8	4	7	8	7	5	5	4
5306	전북 고창군	곤포사일리지제조용비닐지원	120,000	8	4	7	8	7	1	1	3
5307	전북 고창군	소규모비닐하우스지원사업	115,500	8	4	7	8	7	5	5	4
5308	전북 고창군	과수류에너지효율화사업	112,500	8	4	7	8	7	5	5	4
5309	전북 고창군	경로당기능보강	100,000	8	4	7	8	7	1	1	4
5310	전북 고창군	위생업소시설개선지원사업	100,000	8	4	1	8	1	5	5	4
5311	전북 고창군	고창읍교촌마을회관신축공사	100,000	8	4	7	8	7	5	5	4
5312	전북 고창군	소과종수박브랜드육성지원시범	100,000	8	6	7	8	7	5	5	4
5313	전북 고창군	양봉농가채밀대차지원	90,000	8	4	7	8	7	1	1	4
5314	전북 고창군	귀농귀촌농가주택수리비지원사업	90,000	8	6	7	8	7	5	5	4
5315	전북 고창군	한우배합사료자동급이기지원	75,000	8	4	7	8	7	1	1	3
5316	전북 고창군	소규모농식품가공업체제품개발지원	70,000	8	6	7	8	7	5	5	4
5317	전북 고창군	농작업편의장비지원사업	66,000	8	4	7	8	7	5	5	4

순번	시군구	지출명 (사업명)	2024년예산 (단위: 천원/1년간)	민간이전 분류 (지방자치단체 세출예산 집행기준에 의거)	민간이전지출 근거 (지방보조금 관리기준 참고)	입찰방식			운영예산 산정		성과평가 실시여부
				1. 민간경상사업보조(307-02) 2. 민간단체 법정운영비보조(307-03) 3. 민간행사사업보조(307-04) 4. 민간위탁금(307-05) 5. 사회복지시설 법정운영비보조(307-10) 6. 민간인위탁교육비(307-12) 7. 공기관등에대한경상적위탁사업비(308-13) 8. 민간자본사업보조,자체재원(402-01) 9. 민간자본사업보조,이전재원(402-02) 10. 민간위탁사업비(402-03) 11. 공기관등에 대한 자본적 위탁사업비(403-02)	1. 법률에 규정 2. 국고조 재원(국가지정) 3. 용도 지정 기부금 4. 조례에 직접규정 5. 지자체가 권장하는 사업을 하는 공공기관 6. 시,도 정책 및 재정사정 7. 기타 8. 해당없음	계약체결방법 (경쟁형태) 1. 일반경쟁 2. 제한경쟁 3. 지명경쟁 4. 수의계약 5. 법정위탁 6. 기타( ) 7. 없음	계약기간 1. 1년 2. 2년 3. 3년 4. 4년 5. 5년 6. 기타( )년 7. 단기계약 (1년미만) 8. 없음	낙찰자선정방법 1. 적격심사 2. 협상에의한계약 3. 최저가낙찰제 4. 규격가격분리 5. 2단계 경쟁입찰 6. 기타( ) 7. 없음	운영예산 산정 1. 내부산정 (지자체 자체적으로 산정) 2. 외부산정 (외부전문기관위탁 산정) 3. 내·외부 모두 산정 4. 산정 無 5. 없음	정산방법 1. 내부정산 (지자체 내부적으로 정산) 2. 외부정산 (외부전문기관위탁 정산) 3. 내·외부 모두 정산 4. 정산 無 5. 없음	1. 실시 2. 미실시 3. 향후 추진 4. 해당없음
5318	전북 고창군	복분자유용미생물제제지원사업	60,000	8	4	7	8	7	5	5	4
5319	전북 고창군	복분자살리기사업	60,000	8	4	7	8	7	5	5	4
5320	전북 고창군	특용작물생산단지지원사업	50,000	8	4	7	8	7	5	5	4
5321	전북 고창군	젖소우량정액지원	50,000	8	4	7	8	7	1	1	3
5322	전북 고창군	무,배추뿌리혹병사전방제사업	50,000	8	6	7	8	7	5	5	4
5323	전북 고창군	양봉피해저감시범	50,000	8	6	7	8	7	5	5	4
5324	전북 고창군	염소농가건초지원	48,000	8	4	7	8	7	1	1	3
5325	전북 고창군	스키드로더지원	45,000	8	4	7	8	7	1	1	3
5326	전북 고창군	가업승계청년농업인육성사업	42,000	8	6	7	8	7	5	5	4
5327	전북 고창군	자가배합교반기지원	40,000	8	4	7	8	7	1	1	3
5328	전북 고창군	한우수정란이식비용지원	40,000	8	4	7	8	7	1	1	3
5329	전북 고창군	초보청년농부성공모델구축	40,000	8	6	7	8	7	5	5	4
5330	전북 고창군	농촌청년창업활성화사업지원	40,000	8	6	7	8	7	5	5	4
5331	전북 고창군	양봉농가소초광지원	36,000	8	4	7	8	7	1	1	3
5332	전북 고창군	천일염생산시설자동화사업	31,200	8	6	7	8	7	5	5	4
5333	전북 고창군	성송면양사마을회관리모델링공사	30,000	8	4	7	8	7	5	5	4
5334	전북 고창군	부안면용산마을회관정비공사	30,000	8	4	7	8	7	5	5	4
5335	전북 고창군	토종복분자재배생산단지체계화구축	30,000	8	6	7	8	7	5	5	4
5336	전북 고창군	고온기멜론온도저감신기술시범	28,000	8	6	7	8	7	5	5	4
5337	전북 고창군	오리농가급수시설지원	24,000	8	4	7	8	7	1	1	3
5338	전북 고창군	무장면시거마을모정신축공사	22,000	8	4	7	8	7	5	5	4
5339	전북 고창군	육계농가차량계근대지원	21,000	8	4	7	8	7	1	1	3
5340	전북 고창군	공음면신촌마을모정신축공사	15,000	8	4	7	8	7	5	5	4
5341	전북 고창군	심원면진주마을회관유지보수공사	15,000	8	4	7	8	7	5	5	4
5342	전북 고창군	축사해충퇴치장비지원	12,600	8	4	7	8	7	1	1	3
5343	전북 고창군	고창읍신월마을모정보수공사	10,000	8	4	7	8	7	5	5	4
5344	전북 고창군	고창읍당촌마을모정보수공사	10,000	8	4	7	8	7	5	5	4
5345	전북 고창군	아산면목동마을모정보수공사	10,000	8	4	7	8	7	5	5	4
5346	전북 고창군	공음면대정마을모정보수공사	10,000	8	4	7	8	7	5	5	4
5347	전북 고창군	상하면장호마을모정보수공사	10,000	8	4	7	8	7	5	5	4
5348	전북 고창군	성송면삼태마을모정보수공사	10,000	8	4	7	8	7	5	5	4
5349	전북 고창군	성송면학전마을모정보수공사	10,000	8	4	7	8	7	5	5	4
5350	전북 고창군	성송면복동마을모정보수공사	10,000	8	4	7	8	7	5	5	4
5351	전북 고창군	대산면장수당마을모정보수공사	10,000	8	4	7	8	7	5	5	4
5352	전북 고창군	대산면반월마을모정보수공사	10,000	8	4	7	8	7	5	5	4
5353	전북 고창군	대산면사거마을모정보수공사	10,000	8	4	7	8	7	5	5	4
5354	전북 고창군	대산면소재지공원모정보수공사	10,000	8	4	7	8	7	5	5	4
5355	전북 고창군	흥덕면수침마을모정보수공사	10,000	8	4	7	8	7	5	5	4
5356	전북 고창군	흥덕면송이마을모정보수공사	10,000	8	4	7	8	7	5	5	4
5357	전북 고창군	흥덕면예촌마을모정보수공사	10,000	8	4	7	8	7	5	5	4

순번	시군구	지출명 (사업명)	2024년예산 (단위: 천원/1년간)	민간이전 분류 (지방자치단체 세출예산 집행기준에 의거) 1. 민간경상사업보조(307-02) 2. 민간단체 법정운영비보조(307-03) 3. 민간행사사업보조(307-04) 4. 민간위탁금(307-05) 5. 사회복지시설 법정운영비보조(307-10) 6. 민간위탁교육비(307-12) 7. 공기관등에대한경상적위탁사업비(308-13) 8. 민간자본사업보조,자체재원(402-01) 9. 민간자본보조,이전재원(402-02) 10. 민간위탁사업비(402-03) 11. 공기관에 대한 자본적 위탁사업비(403-02)	민간이전지출 근거 (지방보조금 관리기준 참고) 1. 법률에 규정 2. 국고보조 재원(국가지정) 3. 용도 지정 기부금 4. 조례에 직접규정 5. 지자체가 권장하는 사업을 하는 공공기관 6. 시,도 정책 및 재정사정 7. 기타 8. 해당없음	입찰방식			운영예산 산정		성과평가 실시여부 1. 실시 2. 미실시 3. 향후 추진 4. 해당없음
						계약체결방법 (경쟁형태) 1. 일반경쟁 2. 제한경쟁 3. 지명경쟁 4. 수의계약 5. 법정위탁 6. 기타 () 7. 없음	계약기간 1. 1년 2. 2년 3. 3년 4. 4년 5. 5년 6. 기타 ( )년 7. 단기계약 (1년미만) 8. 없음	낙찰자선정방법 1. 적격심사 2. 협상에의한계약 3. 최저가낙찰제 4. 규격가격분리 5. 2단계 경쟁입찰 6. 기타 ( ) 7. 없음	운영예산 산정 1. 내부산정 (지자체 자체적으로 산정) 2. 외부산정 (외부전문기관위탁 산정) 3. 내·외부 모두 산정 4. 산정 無 5. 없음	정산방법 1. 내부정산 (지자체 내부적으로 정산) 2. 외부정산 (외부전문기관위탁 정산) 3. 내·외부 모두 정산 4. 정산 無 5. 없음	
5358	전북 고창군	흥덕면월암마을모정보수공사	10,000	8	4	7	8	7	5	5	4
5359	전북 고창군	흥덕면신송마을모정보수공사	10,000	8	4	7	8	7	5	5	4
5360	전북 고창군	흥덕면오태마을모정보수공사	10,000	8	4	7	8	7	5	5	4
5361	전북 고창군	성내면교동마을모정보수공사	10,000	8	4	7	8	7	5	5	4
5362	전북 고창군	신림면암마을모정보수공사	10,000	8	4	7	8	7	5	5	4
5363	전북 고창군	신림면내기마을모정보수공사	10,000	8	4	7	8	7	5	5	4
5364	전북 고창군	신림면마산마을모정보수공사	10,000	8	4	7	8	7	5	5	4
5365	전북 고창군	부안면안현마을모정정비공사	10,000	8	4	7	8	7	5	5	4
5366	전북 고창군	부안면원당마을외부화장실신축공사	10,000	8	4	7	8	7	5	5	4
5367	전북 고창군	부안면농원마을회관정비공사	10,000	8	4	7	8	7	5	5	4
5368	전북 고창군	부안면상굴마을모정정비공사	10,000	8	4	7	8	7	5	5	4
5369	전북 고창군	오리농가온풍기지원	7,000	8	4	7	8	7	1	1	3
5370	전북 고창군	공음면선산마을모정보수공사	7,000	8	4	7	8	7	5	5	4
5371	전북 고창군	야생동물피해예방사업(자체)	3,960	8	4	7	8	7	5	5	4
5372	전북 고창군	애란회난전시및선운산석곡자생지복원사업	3,000	8	4	7	8	7	5	5	4
5373	전남 완도군	위생업소시설개선자금지원	150,000	8	4	7	8	7	5	5	3
5374	전남 완도군	아열대소득작목재배면적확대조성	300,000	8	1	7	8	7	5	5	4
5375	전남 완도군	마른김포장재지원사업	200,000	8	1	4	1	7	1	1	1
5376	전남 완도군	버섯종균배양시설설치사업	100,000	8	1	7	8	7	5	5	4
5377	전남 완도군	빈집정비사업	60,000	8	4	7	8	7	5	5	4
5378	전남 완도군	위생포장재지원사업	40,000	8	1	7	8	7	1	1	1
5379	전남 완도군	포도비가림시설설치사업	30,000	8	1	7	8	7	5	5	4
5380	전남 완도군	유자6차산업화활성화가공상품개발	30,000	8	1	7	8	7	5	5	4
5381	전남 완도군	소규모가공농업인현대화시범	20,000	8	1	7	8	7	5	5	4
5382	전남 완도군	농촌자원활용치유농장육성	20,000	8	1	7	8	7	5	5	4
5383	전남 완도군	6차산업한우번식효율향상시범	10,000	8	1	7	8	7	5	5	4
5384	전남 목포시	원도심상가활성화	230,000	8	4	7	8	7	5	5	4
5385	전남 목포시	도시가스공급보조금지원사업	200,000	8	4	5	1	7	1	1	2
5386	전남 목포시	공동주택지원사업	200,000	8	4	7	8	7	1	1	1
5387	전남 목포시	빈집정비지원사업	190,000	8	4	7	8	7	1	1	1
5388	전남 목포시	중소기업소규모기업환경개선사업	20,000	8	4	7	8	7	1	1	1
5389	전남 여수시	저상버스구입비지원	1,656,000	8	2	7	7	7	3	3	3
5390	전남 여수시	도시가스공급배관확대지원	500,000	8	1,6	7	8	7	5	5	4
5391	전남 여수시	여수맞춤형미래스마트팜조성시범	280,000	8	1,4	7	8	7	5	5	4
5392	전남 여수시	유기농쌀품질고급화재배단지조성시범	168,000	8	1,4	7	8	7	5	5	4
5393	전남 여수시	가축분뇨처리노동력절감지원사업	99,000	8	1	7	8	7	5	5	4
5394	전남 여수시	원예작물에너지절감기술보급시범	56,000	8	1,4	7	8	7	5	5	4
5395	전남 여수시	명품돌산갓생산기반조성	50,400	8	1,4	7	8	7	5	5	4
5396	전남 여수시	특용작물컨테이너스마트팜보급시범	49,000	8	1,4	7	8	7	5	5	4
5397	전남 여수시	곡물건조용집진기지원	49,000	8	1	7	8	7	5	5	4

순번	시군구	지출명 (사업명)	2024년예산 (단위 : 천원 /1년간)	민간이전 분류 (지방자치단체 세출예산 집행기준에 의거) 1. 민간경상사업보조(307-02) 2. 민간단체 법정운영비보조(307-03) 3. 민간행사사업보조(307-04) 4. 민간위탁금(307-05) 5. 사회복지시설 법정운영비보조(307-10) 6. 민간위탁교육비(307-12) 7. 공기관등에대한경상적위탁사업비(308-13) 8. 민간자본사업보조,자체재원(402-01) 9. 민간자본사업보조,이전재원(402-02) 10. 민간위탁사업(402-03) 11. 공기관등에 대한 자본적 위탁사업비(403-02)	민간이전지출 근거 (지방보조금 관리기준 참고) 1. 법률에 규정 2. 국고보조 재원(국가지정) 3. 용도 지정 기부금 4. 조례에 직접규정 5. 지자체가 권장하는 사업을 하는 공공기관 6. 시,도 정책 및 재정사정 7. 기타 8. 해당없음	입찰방식			운영예산 산정		성과평가 실시여부 1. 실시 2. 미실시 3. 향후 추진 4. 해당없음
						계약체결방법 (경쟁형태) 1. 일반경쟁 2. 제한경쟁 3. 지명경쟁 4. 수의계약 5. 법정위탁 6. 기타 ( ) 7. 없음	계약기간 1. 1년 2. 2년 3. 3년 4. 4년 5. 5년 6. 기타 ( )년 7. 단기계약 (1년미만) 8. 없음	낙찰자선정방법 1. 적격심사 2. 협상에의한계약 3. 최저가낙찰제 4. 규격가격분리 5. 2단계 경쟁입찰 6. 기타 ( ) 7. 없음	운영예산 산정 1. 내부산정 (지자체 자체적으로 산정) 2. 외부산정 (외부전문기관위탁 산정) 3. 내·외부 모두 산정 4. 산정 無 5. 없음	정산방법 1. 내부정산 (지자체 내부적으로 정산) 2. 외부정산 (외부전문기관위탁 정산) 3. 내·외부 모두 산정 4. 정산 無 5. 없음	
5398	전남 여수시	고품질체리안정생산비가림재배시범	42,000	8	1,4	7	8	7	5	5	4
5399	전남 여수시	환경장해저감미생물활용생산기술시범	42,000	8	1,4	7	8	7	5	5	4
5400	전남 여수시	거문도해풍쑥드론이용친환경방제지원	42,000	8	4	7	8	7	1	1	3
5401	전남 여수시	지역농특산물농촌융복합산업화기반조성	40,000	8	4	7	8	7	1	1	3
5402	전남 여수시	농촌융복합산업인증경영체경쟁력강화지원	30,000	8	4	7	8	7	1	1	3
5403	전남 여수시	귀농인농업기반시설및활력화지원	21,000	8	4	7	8	7	1	1	1
5404	전남 여수시	밭작물생분해필름지원	20,400	8	4	7	8	7	5	5	4
5405	전남 여수시	귀농인농가주택수리비지원	20,000	8	4	7	8	7	1	1	1
5406	전남 여수시	꿀벌사육기반안정화시범	17,500	8	1,4	7	8	7	5	5	4
5407	전남 여수시	친환경옥수수드론이용친환경방제지원	17,500	8	4	7	8	7	1	1	3
5408	전남 여수시	고품질방풍생산부직포지원	16,800	8	4	7	8	7	5	5	4
5409	전남 여수시	귀농인맞춤형소규모농기계지원	14,700	8	4	7	8	7	1	1	1
5410	전남 여수시	기능성컬러찰옥수수신품종재배단지조성시범	11,200	8	1,4	7	8	7	5	5	4
5411	전남 여수시	농가참여형텃밭조성시범	10,000	8	1,4	7	8	7	1	1	1
5412	전남 여수시	내집주차장갖기보조사업	1,200	8	1,4	7	8	7	5	5	4
5413	전남 순천시	고소득전략작목육성(오이)	352,000	8	1	7	8	7	1	1	4
5414	전남 순천시	주택도시가스공급보조사업	300,000	8	1,4	7	8	7	2	1	1
5415	전남 순천시	임산부신생아전용구급차지원	300,000	8	4	7	8	7	5	5	4
5416	전남 순천시	산림복합경영단지	244,012	8	1	7	8	7	1	1	1
5417	전남 순천시	경로당물품보강	200,480	8	4	7	8	7	1	1	4
5418	전남 순천시	주민복지시설개보수	200,000	8	4	7	8	7	1	1	4
5419	전남 순천시	권역응급의료센터x선발생장지지원	160,000	8	4	7	8	7	5	5	4
5420	전남 순천시	가축분뇨환경개선지원	160,000	8	6	7	8	7	1	1	4
5421	전남 순천시	친환경과수생산시설(기자재)지원사업	150,000	8	1	7	8	7	1	1	4
5422	전남 순천시	고소득전략작목(복숭아)육성	110,000	8	1	7	8	7	1	1	4
5423	전남 순천시	산림작물생산단지조성(소액)	110,000	8	1	7	8	7	1	1	1
5424	전남 순천시	신재생에너지확대기반조성사업	100,000	8	7	7	8	7	5	5	4
5425	전남 순천시	철도태양광실증사업	100,000	8	7	7	8	7	5	5	4
5426	전남 순천시	생활밀착형농특산물및소규모1차가공시설설치	100,000	8	7	7	8	7	1	1	2
5427	전남 순천시	야생동물피해예방시설지원	96,000	8	6	7	8	7	5	1	4
5428	전남 순천시	고소득전략작목육성(미나리)	94,000	8	1	7	8	7	1	1	4
5429	전남 순천시	소아긴급진료센터운영지원	90,000	8	4	7	8	7	5	5	4
5430	전남 순천시	과수농가저온피해방제약제지원	80,000	8	1	7	8	7	1	1	4
5431	전남 순천시	축산환경개선제지원	80,000	8	1	7	8	7	1	1	4
5432	전남 순천시	공동주택미니태양광보급사업	72,000	8	7	7	8	7	5	5	4
5433	전남 순천시	상사댐수몰이주역사관건립공사	70,000	8	1	7	1	7	5	1	4
5434	전남 순천시	시설원예에너지노동력절감시설	60,250	8	1	7	8	7	1	1	4
5435	전남 순천시	산림특화작물육성	55,000	8	1	7	8	7	1	1	1
5436	전남 순천시	축산농장악취저감시설지원	54,000	8	6	7	8	7	5	1	4
5437	전남 순천시	다목적소형농기계지원사업	50,000	8	1	7	8	7	1	1	4

순번	시군구	지출명 (사업명)	2024년예산 (단위 : 천원/1년간)	민간이전 분류 (지방자치단체 세출예산 집행기준에 의거) 1. 민간경상사업보조(307-02) 2. 민간단체 법정운영비보조(307-03) 3. 민간행사사업보조(307-04) 4. 민간위탁금(307-05) 5. 사회복지시설 법정운영비보조(307-10) 6. 민간위탁교육비(307-12) 7. 공기관등에대한경상적위탁사업비(308-13) 8. 민간자본사업보조,자체재원(402-01) 9. 민간자본사업보조,이전재원(402-02) 10. 민간위탁사업비(402-03) 11. 공기관등에 대한 자본적 위탁사업비(403-02)	민간이전지출 근거 (지방보조금 관리기준 참고) 1. 법률에 규정 2. 국고보조 재원(국가지정) 3. 용도 지정 기부금 4. 조례에 직접규정 5. 지자체가 권장하는 사업을 하는 공공기관 6. 시,도 정책 및 재정사정 7. 기타 8. 해당없음	계약체결방법 (경쟁형태) 1. 일반경쟁 2. 제한경쟁 3. 지명경쟁 4. 수의계약 5. 법정위탁 6. 기타 ( ) 7. 없음	계약기간 1. 1년 2. 2년 3. 3년 4. 4년 5. 5년 6. 기타 ( )년 7. 단가계약 (1년미만) 8. 없음	낙찰자선정방법 1. 적격심사 2. 협상에의한계약 3. 최저가낙찰제 4. 규격가격분리 5. 2단계 경쟁입찰 6. 기타 ( ) 7. 없음	운영예산 산정 1. 내부산정 (지자체 자체적으로 산정) 2. 외부산정 (외부전문기관위탁 산정) 3. 내·외부 모두 산정 4. 산정 無 5. 없음	정산방법 1. 내부산정 (지자체 내부적으로 정산) 2. 외부정산 (외부전문기관위탁 정산) 3. 내·외부 모두 정산 4. 정산 無 5. 없음	성과평가 실시여부 1. 실시 2. 미실시 3. 향후 추진 4. 해당없음
5438	전남 순천시	양봉농가기자재지원	46,000	8	6	7	8	7	5	1	4
5439	전남 순천시	작은도서관개보수및비품구입	42,400	8	8	7	8	7	5	5	4
5440	전남 순천시	귀농인의집조성사업	40,000	8	4	7	8	7	1	1	4
5441	전남 순천시	고소득전략작목육성(딸기묘)	40,000	8	1	7	8	7	1	1	4
5442	전남 순천시	과수생력화장비지원	40,000	8	1	7	8	7	1	1	4
5443	전남 순천시	시장품질인증제	40,000	8	7	7	8	7	1	1	2
5444	전남 순천시	농산물수출촉진지원	40,000	8	7	7	8	7	5	5	4
5445	전남 순천시	왕지동매립장주민숙원사업	40,000	8	6	7	8	7	5	1	4
5446	전남 순천시	임산물상품화지원	40,000	8	1	7	8	7	1	1	1
5447	전남 순천시	임산물유통기반조성	40,000	8	1	7	8	7	1	1	1
5448	전남 순천시	순천만두루누리주민참여공모사업	40,000	8	4	7	8	7	5	5	4
5449	전남 순천시	어부장터운영환경조성	40,000	8	7	7	8	7	5	5	4
5450	전남 순천시	귀농인소형농기계구입지원	36,000	8	4	7	8	7	1	1	4
5451	전남 순천시	조사료생산이용장비	34,000	8	6	7	8	7	1	1	4
5452	전남 순천시	노외및부설주차장설치비지원	30,000	8	4	7	8	7	5	5	4
5453	전남 순천시	고소득전략작목(참다래)육성	30,000	8	1	7	8	7	1	1	4
5454	전남 순천시	로컬푸드계획생산농가농자재지원사업	30,000	8	4	7	8	7	1	1	2
5455	전남 순천시	송광면재활용동네마당설치사업	30,000	8	1	7	1	7	5	1	4
5456	전남 순천시	임산물생산기반조성(소액)	30,000	8	1	7	8	7	1	1	1
5457	전남 순천시	노동절감형생분해성멀칭농자재지원	27,539	8	1	7	8	7	1	1	4
5458	전남 순천시	친환경임산물재배관리	25,000	8	1	7	8	7	1	1	1
5459	전남 순천시	영세농다목적소형하우스시설	24,750	8	1	7	8	7	1	1	4
5460	전남 순천시	과수농가인공수분기지원	23,250	8	1	7	8	7	1	1	4
5461	전남 순천시	밭작물소형관정지원	22,000	8	1	7	8	7	5	1	4
5462	전남 순천시	장애인단체지원	20,000	8	1	7	8	7	1	1	1
5463	전남 순천시	고소득전략작목(곶감)육성	20,000	8	1	7	8	7	1	1	4
5464	전남 순천시	농산물간이집하장개보수지원	20,000	8	7	7	8	7	5	5	4
5465	전남 순천시	낙농가위생사료조설치지원	20,000	8	6	7	8	7	1	1	4
5466	전남 순천시	전문임업인양성생산장비지원	18,000	8	1	7	8	7	1	1	1
5467	전남 순천시	음식점시설환경개선사업(화장실개보수등)	16,000	8	4	7	7	7	5	5	4
5468	전남 순천시	HACCP인증사후관리지원사업	16,000	8	7	7	8	7	1	1	2
5469	전남 순천시	귀농인주택리모델링지원	15,000	8	4	7	8	7	1	1	4
5470	전남 순천시	인삼재배생산단지조성	15,000	8	1	7	8	7	1	1	4
5471	전남 순천시	한우자동목걸림장치지원	14,616	8	6	7	8	7	1	1	4
5472	전남 순천시	친환경웰빙농산물생산단지조성	10,000	8	1	7	8	7	1	1	4
5473	전남 순천시	과수친환경부직포지원	10,000	8	1	7	8	7	1	1	4
5474	전남 순천시	순천대표음식밀키트제작지원	10,000	8	6	7	8	7	5	5	4
5475	전남 순천시	주암면금요극장설치운영(스피커)	10,000	8	1	7	1	7	5	1	4
5476	전남 순천시	송광면다목적CCTV설치	10,000	8	1	7	1	7	5	1	4
5477	전남 순천시	약용작물생산단지육성	6,000	8	1	7	8	7	1	1	4

순번	시군구	지출명 (사업명)	2024년예산 (단위: 천원/1년간)	민간이전 분류	민간이전지출 근거	계약체결방법 (경쟁형태)	계약기간	낙찰자선정방법	운영예산 산정	정산방법	성과평가 실시여부
5478	전남 순천시	순천시(장애인)체육회물품구입	5,000	8	1	7	8	7	1	1	4
5479	전남 순천시	어촌관광활성화사업	5,000	8	7	7	8	7	5	5	4
5480	전남 나주시	경로당기능보강및신축지원	379,000	8	4	7	8	7	5	5	4
5481	전남 나주시	주민편익시설확충(우산각,쉼터,우물,창고신설및보수지원)	230,000	8	4	4	7	6	1	1	1
5482	전남 나주시	축사환경개선정비사업	200,000	8	1	7	8	7	1	1	4
5483	전남 나주시	2024전국지체장애인체육대회	200,000	8	7	7	8	7	5	5	4
5484	전남 나주시	한옥마을한옥신축	200,000	8	4	7	8	7	5	5	4
5485	전남 나주시	마을회관신축및보수	188,000	8	6	7	8	7	5	5	4
5486	전남 나주시	마을회관개보수사업	143,466	8	4	7	8	7	5	5	4
5487	전남 나주시	청년농업인영농기반조성지원사업	126,000	8	4	7	8	7	5	5	4
5488	전남 나주시	경로당건강보조기구및전자제품보급	100,000	8	6	7	8	7	5	5	4
5489	전남 나주시	고속건조형퇴비저장소시범사업	75,000	8	1	7	8	7	1	1	4
5490	전남 나주시	ICT,사물인터넷활용소개체관리시범사업	36,750	8	1	7	8	7	5	5	4
5491	전남 나주시	양봉시설및기자재지원	31,000	8	6	7	8	7	5	5	4
5492	전남 나주시	경로당기능보강및신축지원	14,051	8	4	7	8	7	5	5	4
5493	전남 나주시	곤충농가육성지원	5,000	8	1	7	8	7	1	1	4
5494	전남 광양시	노후주택옥내급수관개량사업	400,000	8	4	7	8	7	1	1	4
5495	전남 광양시	경로당물품지원	400,000	8	4	7	8	7	1	1	4
5496	전남 광양시	고로쇠수액포장재지원	95,000	8	7	7	8	7	5	5	3
5497	전남 광양시	참다래재배기반조성시범	50,000	8	4	7	8	7	5	5	4
5498	전남 광양시	공원및공공용지수목이식운영지원	40,000	8	4	7	8	7	5	5	4
5499	전남 광양시	귀농귀촌보금자리조성	40,000	8	1	7	8	7	1	1	4
5500	전남 광양시	청년농(귀농인)소득생산기반확충지원	30,000	8	1	7	8	7	1	1	4
5501	전남 광양시	장례식장다회용기재사용촉진지원	20,000	8	1	7	8	7	5	5	3
5502	전남 광양시	귀농귀촌인살터기반지원	15,000	8	1	7	8	7	1	1	4
5503	전남 광양시	신품종소득작목도입시범	14,000	8	4	7	8	7	5	5	4
5504	전남 광양시	축산농가소득시설지원	14,000	8	4	7	8	7	1	1	4
5505	전남 광양시	작은도서관(사립)지원도서구입비	10,000	8	1	7	8	7	5	5	4
5506	전남 광양시	사회적집단시설옥내급수관정비사업	5,000	8	4	7	8	7	1	1	4
5507	전남 담양군	시설원예작생산기반구축(시설하우스,양액재배시설등)	1,300,000	8	6	7	8	7	5	5	4
5508	전남 담양군	마을회관및모정건립개보수사업	310,000	8	4	7	8	7	5	5	4
5509	전남 담양군	마을내축사이전지원	288,000	8	4	7	8	7	5	5	4
5510	전남 담양군	마을회관등건립사업	150,000	8	4	7	8	7	5	5	4
5511	전남 담양군	중형관정지원	121,600	8	6	7	8	7	5	5	4
5512	전남 담양군	지자체농협력사업	120,000	8	6	7	8	7	5	5	4
5513	전남 담양군	TMR사료배합기지원사업	108,000	8	5	7	8	7	5	5	4
5514	전남 담양군	블루베리시설하우스지원	108,000	8	6	7	8	7	5	5	4
5515	전남 담양군	노인복지시설기능보강	100,000	8	1	7	8	7	1	1	4
5516	전남 담양군	경로당개보수	100,000	8	4	4	7	2	1	1	4
5517	전남 담양군	관내농산물이동형판매대및농막설치지원(1개소)	100,000	8	4	7	8	7	5	5	4

순번	시군구	지출명 (사업명)	2024년예산 (단위 : 천원 /1년간)	민간이전 분류 (지방자치단체 세출예산 집행기준에 의거) 1. 민간경상사업보조(307-02) 2. 민간단체 법정운영비보조(307-03) 3. 민간행사사업보조(307-04) 4. 민간위탁금(307-05) 5. 사회복지시설 법정운영비보조(307-10) 6. 민간인위탁교육비(307-12) 7. 공기관등에대한경상적위탁사업비(308-13) 8. 민간자본사업보조,자체재원(402-01) 9. 민간자본보조,이전재원(402-02) 10. 민간위탁사업비(402-03) 11. 공기관등에 대한 자본적 위탁사업비(403-02)	민간이전지출 근거 (지방보조금 관리기준 참고) 1. 법률에 규정 2. 국고보조 재원(국가지정) 3. 용도 지정 기부금 4. 조례에 직접규정 5. 지자체가 권장하는 사업을 하는 공공기관 6. 시,도 정책 및 재정사정 7. 기타 8. 해당없음	입찰방식			운영예산 산정		성과평가 실시여부 1. 실시 2. 미실시 3. 향후 추진 4. 해당없음
						계약체결방법 (경쟁형태) 1. 일반경쟁 2. 제한경쟁 3. 지명경쟁 4. 수의계약 5. 법정위탁 6. 기타 ( ) 7. 없음	계약기간 1. 1년 2. 2년 3. 3년 4. 4년 5. 5년 6. 기타 ( )년 7. 단기계약 (1년미만) 8. 없음	낙찰자선정방법 1. 적격심사 2. 협상에의한계약 3. 최저가낙찰제 4. 규격가격분리 5. 2단계 경쟁입찰 6. 기타 ( ) 7. 없음	운영예산 산정 1. 내부산정 (지자체 자체적으로 산정) 2. 외부산정 (외부전문기관위탁 산정) 3. 내·외부 모두 산정 4. 산정 無 5. 없음	정산방법 1. 내부정산 (지자체 내부적으로 정산) 2. 외부정산 (외부전문기관위탁 정산) 3. 내·외부 모두 산정 4. 정산 無 5. 없음	
5518	전남 담양군	담양가축시장주차장아스콘포장(A=4,9㎡)	100,000	8	5	7	8	7	5	5	4
5519	전남 담양군	시설과수다겹보온커튼지원(1.5ha)	100,000	8	6	7	8	7	5	5	4
5520	전남 담양군	마을회관등리모델링사업	90,000	8	4	7	8	7	5	5	4
5521	전남 담양군	경로당고효율에너지보급사업	84,000	8	4	4	7	2	1	1	4
5522	전남 담양군	저소득층노후주택개보수사업	60,000	8	4	7	8	7	1	1	4
5523	전남 담양군	축사환경개선사업	52,500	8	1	7	8	7	5	5	4
5524	전남 담양군	농업분야외국인근로환경개선사업	50,400	8	4	7	8	7	5	5	4
5525	전남 담양군	소규모노후공동주택시설정비	50,000	8	4	7	8	7	5	5	4
5526	전남 담양군	중소농원예특용작물생산기반구축사업(군비추가분)	50,000	8	6	7	8	7	5	5	4
5527	전남 담양군	딸기생산시설현대화지원사업(군비추가분)	50,000	8	6	7	8	7	5	5	4
5528	전남 담양군	소규모산지유통시설지원사업	48,000	8	4	7	8	7	5	5	4
5529	전남 담양군	동복댐주변지역주민지원사업	44,641	8	2	7	8	7	5	5	4
5530	전남 담양군	마을모정등리모델링사업	40,000	8	4	7	8	7	5	5	4
5531	전남 담양군	딸기삽목묘대량증식기술보급시범	40,000	8	1	7	8	7	5	5	4
5532	전남 담양군	보리암화물용삭도보수정비	35,000	8	1	7	8	7	5	5	4
5533	전남 담양군	소규모벼육묘장지원	32,400	8	4	7	8	7	5	5	4
5534	전남 담양군	청년농부주택리모델링비용지원	31,250	8	4	7	8	7	5	5	4
5535	전남 담양군	마을모정등건립사업	30,000	8	4	7	8	7	5	5	4
5536	전남 담양군	영농4H회원맞춤형과제사업	28,000	8	1	7	8	7	5	5	4
5537	전남 담양군	청년농업인영농현장적용기술시범사업	28,000	8	1	7	8	7	5	5	4
5538	전남 담양군	마을가꾸기빈집철거	27,000	8	4	7	8	7	5	5	4
5539	전남 담양군	어린이장난감도서관내부인테리어공사	25,000	8	4	7	8	7	1	1	4
5540	전남 담양군	소규모농식품가공시설지원사업	24,000	8	4	7	8	7	5	5	4
5541	전남 담양군	경로당건강보조기구	20,000	8	4	7	8	7	1	1	4
5542	전남 담양군	농촌체험휴양마을시설개선	20,000	8	4	7	8	7	5	5	4
5543	전남 담양군	소규모시설개선지원	20,000	8	4	7	8	7	5	5	4
5544	전남 담양군	신품종기능성토마토농가실증시범	20,000	8	1	7	8	7	5	5	4
5545	전남 담양군	음식점화장실개보수지원	15,000	8	4	7	8	7	5	5	4
5546	전남 담양군	식품제조업소설비교체등환경개선	15,000	8	4	7	8	7	5	5	4
5547	전남 담양군	공중위생업소시설환경개선	15,000	8	4	7	8	7	5	5	4
5548	전남 담양군	봉산면양지리양지마을회관지붕개량공사	15,000	8	4	7	8	7	5	5	4
5549	전남 담양군	귀농인농가주택수리비	14,700	8	1	7	8	7	5	5	4
5550	전남 담양군	담양읍만성리(2976)모정보수공사	12,000	8	4	7	8	7	5	5	4
5551	전남 담양군	지역아동센터기능보강사업	10,000	8	1	7	8	7	5	5	4
5552	전남 담양군	음식점주방시설개선사업	10,000	8	4	7	8	7	5	5	4
5553	전남 담양군	안전장비(CCTV)지원	10,000	8	4	7	8	7	5	5	4
5554	전남 담양군	유기동물보호센터환경개선사업	10,000	8	1	7	8	7	1	1	4
5555	전남 담양군	영세고령농가자동분무기지원	8,400	8	4	7	8	7	5	5	4
5556	전남 담양군	축사화재예방전기분전반지원	8,400	8	1	7	8	7	5	5	4
5557	전남 담양군	가축개량장비지원	6,660	8	1	7	8	7	5	5	4

순번	시군구	지출명 (사업명)	2024년예산 (단위 : 천원 /1년간)	민간이전 분류 (지방자치단체 세출예산 집행기준에 의거) 1. 민간경상사업보조(307-02) 2. 민간단체 법정운영비보조(307-03) 3. 민간행사보조(307-04) 4. 민간위탁금(307-05) 5. 사회복지시설 법정운영비보조(307-10) 6. 민간위탁교육비(307-12) 7. 공기관등에대한경상적위탁사업비(308-13) 8. 민간자본사업보조,자체재원(402-01) 9. 민간자본사업보조,이전재원(402-02) 10. 민간위탁사업비(402-03) 11. 공기관등에 대한 자본적 위탁사업비(403-02)	민간이전지출 근거 (지방보조금 관리기준 참고) 1. 법률에 규정 2. 국고보조 재원(국가지정) 3. 용도 지정 기부금 4. 조례에 직접규정 5. 지자체가 권장하는 사업을 하는 공공기관 6. 시,도 정책 및 재정사정 7. 기타 8. 해당없음	입찰방식			운영예산 산정		성과평가 실시여부 1. 실시 2. 미실시 3. 향후 추진 4. 해당없음
						계약체결방법 (경쟁형태) 1. 일반경쟁 2. 제한경쟁 3. 지명경쟁 4. 수의계약 5. 법정위탁 6. 기타 ( ) 7. 없음	계약기간 1. 1년 2. 2년 3. 3년 4. 4년 5. 5년 6. 기타 ( )년 7. 단기계약 (1년미만) 8. 없음	낙찰자선정방법 1. 적격심사 2. 협상에의한계약 3. 최저가낙찰제 4. 규격가격분리 5. 2단계 경쟁입찰 6. 기타 ( ) 7. 없음	운영예산 산정 (지자체 자체적으로 산정) 1. 내부산정 2. 외부산정 (외부전문기관위탁 산정) 3. 내·외부 모두 산정 4. 산정 無 5. 없음	정산방법 (지자체 내부적으로 정산) 1. 내부정산 2. 외부정산 (외부전문기관위탁 정산) 3. 내·외부 모두 산정 4. 정산 無 5. 없음	
5558	전남 담양군	소형관정지원	4,800	8	6	7	8	7	5	5	4
5559	전남 담양군	토양개량제공동살포기지원	4,500	8	4	7	8	7	5	5	4
5560	전남 담양군	승용농기계후방카메라설치비지원	1,440	8	4	7	8	7	5	5	4
5561	전남 곡성군	블루베리품질향상지원	750,000	8	4	7	8	7	5	5	4
5562	전남 곡성군	농업용상토공급	537,600	8	5	1	7	4	1	1	3
5563	전남 곡성군	소상공인경영환경개선사업	420,000	8	4	7	8	6	1	1	4
5564	전남 곡성군	농산물포장재지원	360,000	8	4	7	8	7	1	1	1
5565	전남 곡성군	원예작물수출인프라구축사업	340,000	8	4	7	8	7	5	5	4
5566	전남 곡성군	곡성명품멜론안정생산지원	330,000	8	4	7	8	7	5	5	4
5567	전남 곡성군	체리특화단지조성사업	313,600	8	4	7	8	7	5	5	4
5568	전남 곡성군	축산농가폐사축처리기	210,000	8	4	7	8	7	1	1	1
5569	전남 곡성군	친환경쌀생산돌발해충(먹노린재)종합관리시범	210,000	8	5	7	8	7	5	5	4
5570	전남 곡성군	고품질만감류특화단지조성	200,000	8	4	7	8	7	5	5	4
5571	전남 곡성군	벼육묘장지원사업	180,000	8	5	7	8	7	1	1	3
5572	전남 곡성군	친환경농업단지녹비종자종자대지원	174,300	8	5	7	8	7	1	1	3
5573	전남 곡성군	특수미생산단지조성사업	172,500	8	5	7	8	7	1	1	4
5574	전남 곡성군	조사료배합기지원	160,000	8	4	7	8	7	1	1	1
5575	전남 곡성군	곡성농특산물수출포장재지원	150,000	8	4	7	8	7	1	1	1
5576	전남 곡성군	귀농귀촌인농가주택수리비지원사업	150,000	8	4	7	8	7	5	5	4
5577	전남 곡성군	농산물소형저온저장고지원	143,850	8	6	7	8	7	1	1	1
5578	전남 곡성군	축분처리(스키드로더)지원	140,000	8	4	7	8	7	1	1	1
5579	전남 곡성군	경로당활성화용품지원—경로당활성화물품지원	130,000	8	4	5	8	7	1	1	1
5580	전남 곡성군	꿀벌농가기자재지원	126,000	8	4	7	8	7	1	1	1
5581	전남 곡성군	사과다축과원조성시범	126,000	8	4	7	8	7	5	5	4
5582	전남 곡성군	귀농인신규농업인력육성지원사업	120,000	8	4	7	8	7	5	5	4
5583	전남 곡성군	농식품가공업체포장재지원	100,000	8	6	7	8	7	1	1	1
5584	전남 곡성군	신소득채소생산실증시범	98,000	8	4	7	8	7	5	5	4
5585	전남 곡성군	중소기업물류비지원사업	90,000	8	4	7	8	7	1	1	4
5586	전남 곡성군	축사환풍기지원	88,000	8	4	7	8	7	1	1	1
5587	전남 곡성군	청년농업인자율공모사업	80,000	8	4	7	8	1	1	1	1
5588	전남 곡성군	조사료곤포사일리지기자재지원	78,000	8	4	7	8	7	1	1	1
5589	전남 곡성군	농식품가공업체육성지원	75,000	8	6	7	8	7	1	1	1
5590	전남 곡성군	원예용관정지원사업	75,000	8	4	7	8	7	5	5	4
5591	전남 곡성군	공공비축미곡포장재지원	72,000	8	4	7	8	7	1	1	1
5592	전남 곡성군	가금류급이시설교체사업지원	70,000	8	4	7	8	7	1	1	1
5593	전남 곡성군	노후원예하우스시설개선사업	70,000	8	4	7	8	7	5	5	4
5594	전남 곡성군	가금류급수시설교체지원	60,125	8	4	7	8	7	1	1	1
5595	전남 곡성군	퇴비사설치지원	60,000	8	4	7	8	7	1	1	4
5596	전남 곡성군	틈새소비트렌드미니찰옥수수육성시범	56,000	8	5	7	8	7	5	5	4
5597	전남 곡성군	소비자맞춤형찰옥수수생산단지조성	53,200	8	5	7	8	7	5	5	4

순번	시군구	지출명 (사업명)	2024년예산 (단위 : 천원/1년간)	민간이전 분류	민간이전지출 근거	계약체결방법 (경쟁형태)	계약기간	낙찰자선정방법	운영예산 산정	정산방법	성과평가 실시여부
5598	전남 곡성군	볍씨일괄자동파종기지원사업	52,000	8	5	7	8	7	1	1	3
5599	전남 곡성군	미질향상벼친환경깨씨무늬병예방시범	50,400	8	5	7	8	7	5	5	4
5600	전남 곡성군	논이모작서류작물계약재배지원사업	50,000	8	5	7	8	7	1	1	4
5601	전남 곡성군	계약재배용묘삼생산기반구축	45,000	8	4	7	8	7	5	5	4
5602	전남 곡성군	노동절감형스마트청년농업인육성시범	42,000	8	4	7	8	7	5	5	4
5603	전남 곡성군	양돈자가발전기지원	40,000	8	4	7	8	7	5	5	4
5604	전남 곡성군	학교급식용친환경쌀포장재지원	40,000	8	6	7	8	7	1	1	1
5605	전남 곡성군	야영장안전.위생시설개보수지원(야영장운영활성화사업)	40,000	8	2	7	8	7	5	5	4
5606	전남 곡성군	다목적시설하우스지원사업	40,000	8	4	7	8	7	5	5	4
5607	전남 곡성군	신품종단감재배지원사업	40,000	8	4	7	8	7	5	5	4
5608	전남 곡성군	시설과채류화분매개곤충(수정벌)안정공급시범	40,000	8	4	7	8	7	5	5	4
5609	전남 곡성군	벼흰잎마름병발생상습지방제지원	39,065	8	5	7	8	7	5	5	4
5610	전남 곡성군	오리품질개선지원	37,500	8	4	7	8	7	1	1	1
5611	전남 곡성군	축산농가소독장비지원	36,000	8	4	7	8	7	1	1	1
5612	전남 곡성군	관내중소기업전입근로자월세지원사업	36,000	8	4	7	8	7	1	1	4
5613	전남 곡성군	축사관정지원	35,000	8	4	7	8	7	1	1	1
5614	전남 곡성군	농촌체험휴양마을시설개선지원	35,000	8	4	7	8	7	5	5	4
5615	전남 곡성군	가금깔짚건조기계장비지원	34,000	8	4	7	8	7	1	1	1
5616	전남 곡성군	사과착색증진및반사필름지원	31,350	8	4	7	8	7	5	5	4
5617	전남 곡성군	양봉생산장비지원	30,000	8	4	7	8	7	1	1	1
5618	전남 곡성군	기업불편해소지원사업	30,000	8	4	7	8	7	1	1	4
5619	전남 곡성군	신규과원고품질생산시설현대화지원사업	30,000	8	4	7	8	7	5	5	4
5620	전남 곡성군	밀가루쌀배생산시범단지조성	28,000	8	5	7	8	7	5	5	4
5621	전남 곡성군	사과저장증진사업	27,000	8	4	7	8	7	5	5	4
5622	전남 곡성군	밭작물조류피해예방을위한방조망지원	25,000	8	5	7	8	7	5	5	4
5623	전남 곡성군	시설채소생산자조직특화육성시범	21,000	8	4	7	8	7	5	5	4
5624	전남 곡성군	화분매개곤충보호및정형과향상지원	20,200	8	4	7	8	7	5	5	4
5625	전남 곡성군	양봉사설치지원	20,000	8	4	7	8	7	5	5	4
5626	전남 곡성군	곡성읍장선1구마을회관화장실리모델링공사	20,000	8	8	4	7	7	1	1	1
5627	전남 곡성군	곡성읍읍내4구마을회관보수공사	20,000	8	8	4	7	7	1	1	1
5628	전남 곡성군	곡성읍대평2구마을회관리모델링	20,000	8	8	4	7	7	1	1	1
5629	전남 곡성군	목사동면수곡2구마을회관정비공사	20,000	8	8	4	7	7	1	1	1
5630	전남 곡성군	농업CEO육성기반구축시범사업	20,000	8	4	7	8	7	5	5	4
5631	전남 곡성군	작은도서관도서구입지원	18,000	8	4	7	8	7	5	5	4
5632	전남 곡성군	낙농사료조교체지원	16,500	8	4	7	8	7	5	5	4
5633	전남 곡성군	흑염소기자재지원	15,000	8	4	7	8	7	1	1	1
5634	전남 곡성군	축사열풍기지원	15,000	8	4	7	8	7	1	1	1
5635	전남 곡성군	볏짚수확기(랩피복기)지원	15,000	8	4	7	8	7	1	1	1
5636	전남 곡성군	고달면목동1구유선각정비공사	15,000	8	8	4	7	7	1	1	1
5637	전남 곡성군	고달면목동1구경로당(여)비가림시설설치사업	15,000	8	8	4	7	7	1	1	1

| 순번 | 시군구 | 지출명
(사업명) | 2024년예산
(단위 : 천원 /1년간) | 민간이전 분류
(지방자치단체 세출예산 집행기준에 의거)
1. 민간경상사업보조(307-02)
2. 민간단체 법정운영비보조(307-03)
3. 민간행사사업보조(307-04)
4. 민간위탁금(307-05)
5. 사회복지시설 법정운영비보조(307-10)
6. 민간인위탁교육비(307-12)
7. 공기관등에대한경상적위탁사업비(308-13)
8. 민간자본사업보조,자체재원(402-01)
9. 민간자본사업보조,이전재원(402-02)
10. 민간위탁사업비(402-03)
11. 공기관등에 대한 자본적 위탁사업비(403-02) | 민간이전지출 근거
(지방보조금 관리기준 참고)
1. 법률에 규정
2. 국고보조 재원(국가지정)
3. 용도 지정 기부금
4. 조례에 직접규정
5. 지자체가 권장하는 사업을
하는 공공기관
6. 시,도 정책 및 재정사정
7. 기타
8. 해당없음 | 입찰방식 | | | 운영예산 산정 | | 성과평가
실시여부 |
						계약체결방법 (경쟁형태) 1. 일반경쟁 2. 제한경쟁 3. 지명경쟁 4. 수의계약 5. 법정위탁 6. 기타 ( ) 7. 없음	계약기간 1. 1년 2. 2년 3. 3년 4. 4년 5. 5년 6. 기타 ( )년 7. 단가계약 (1년미만) 8. 없음	낙찰자선정방법 1. 적격심사 2. 협상에의한계약 3. 최저가낙찰제 4. 규격가격분리 5. 2단계 경쟁입찰 6. 기타 ( ) 7. 없음	운영예산 산정 1. 내부산정 (지자체 자체적으로 산정) 2. 외부산정 (외부전문기관위탁 산정) 3. 내·외부 모두 산정 4. 산정 無 5. 없음	정산방법 1. 내부정산 (지자체 내부적으로 정산) 2. 외부정산 (외부전문기관위탁 정산) 3. 내·외부 모두 정산 4. 정산 無 5. 없음	1. 실시 2. 미실시 3. 향후 추진 4. 해당없음
5638	전남 곡성군	고달면목동3구회관주변정비공사	15,000	8	8	4	7	7	1	1	1
5639	전남 곡성군	옥과면보정마을유선각정비사업	15,000	8	8	4	7	7	1	1	1
5640	전남 곡성군	오산면반석마을회관지붕설치공사	15,000	8	8	4	7	7	1	1	1
5641	전남 곡성군	젖소착유시설소독세척제	14,000	8	4	7	8	7	1	1	1
5642	전남 곡성군	입면매월유선각비가림시설설치공사	14,000	8	8	4	7	7	1	1	1
5643	전남 곡성군	원예자연순환생명농업자연농자재시범	14,000	8	5	7	8	7	5	5	4
5644	전남 곡성군	미온수살수시설기술보급시범	14,000	8	4	7	8	7	5	5	4
5645	전남 곡성군	가금류자가발전기지원	12,000	8	4	7	8	7	1	1	1
5646	전남 곡성군	종자온탕소독기지원	10,750	8	4	7	8	7	5	5	4
5647	전남 곡성군	조사료운반(집게)장비지원	10,000	8	4	7	8	7	1	1	1
5648	전남 곡성군	곡성읍학정리유선각도색작업	10,000	8	8	4	7	7	1	1	1
5649	전남 곡성군	고달면두계마을회관정비공사	10,000	8	8	4	7	7	1	1	1
5650	전남 곡성군	옥과면금의마을유선각정비공사	10,000	8	8	4	7	7	1	1	1
5651	전남 곡성군	옥과면광암마을유선각정비사업	10,000	8	8	4	7	7	1	1	1
5652	전남 곡성군	오산면함안마을회관보수공사	10,000	8	8	4	7	7	1	1	1
5653	전남 곡성군	영농4H회원과제활동지원사업	7,500	8	4	7	8	7	5	5	4
5654	전남 곡성군	체리중량선별기지원사업	7,200	8	4	7	8	7	5	5	4
5655	전남 곡성군	톤백자동계량기구입지원	6,400	8	4	7	8	7	1	1	1
5656	전남 곡성군	시설하우스유황증기지원사업	5,500	8	4	7	8	7	5	5	4
5657	전남 곡성군	토란노동력절감장비지원	5,250	8	4	7	8	7	5	5	4
5658	전남 곡성군	경로당활성화용품지원경로당한궁지원	5,000	8	4	5	8	7	1	1	1
5659	전남 곡성군	경로당건강기구수리비	2,000	8	4	5	8	7	1	1	1
5660	전남 곡성군	벼신품종지역적응시범포	2,000	8	5	7	8	7	5	5	4
5661	전남 곡성군	자연순환생명농업브랜드쌀품종증식포운영	2,000	8	5	7	8	7	5	5	4
5662	전남 구례군	특화작물비가림하우스설치지원	297,000	8	4	7	8	7	5	5	4
5663	전남 구례군	애호박인큐베이터지원사업	180,000	8	4	7	8	7	5	5	4
5664	전남 구례군	시설채소명품화지원	160,000	8	4	7	8	7	5	5	4
5665	전남 구례군	지자체협력농기계지원	100,000	8	4	7	8	7	1	1	1
5666	전남 구례군	귀농인정착농업기설지원	84,000	8	4	7	8	7	5	5	4
5667	전남 구례군	경로당비품및냉방기지원	80,000	8	1	7	8	7	1	1	4
5668	전남 구례군	경로당개보수	80,000	8	1	7	8	7	1	1	4
5669	전남 구례군	귀농귀촌인주택수리비지원	80,000	8	4	7	8	7	5	5	4
5670	전남 구례군	공동주택보조지원사업	60,000	8	4	6	8	7	1	1	2
5671	전남 구례군	농어촌빈집정비사업	45,000	8	1	7	8	7	1	1	1
5672	전남 구례군	과수경쟁력제고지원	30,000	8	4	7	8	7	5	5	4
5673	전남 구례군	구례오이수박품질향상지원사업	27,400	8	4	7	8	7	5	5	4
5674	전남 구례군	중소형수박수직재배도입시범	21,000	8	7	7	8	7	5	5	4
5675	전남 구례군	논콩재배단지조류피해방지망지원	20,000	8	7	7	8	7	1	1	4
5676	전남 구례군	친환경제제지원	20,000	8	7	7	8	7	5	1	4
5677	전남 구례군	과수원예작물생산유기농업자재지원	20,000	8	4	7	8	7	5	5	4

- 142 -

순번	시군구	지출명 (사업명)	2024년예산 (단위: 천원/1년간)	민간이전 분류	민간이전지출 근거	입찰방식 계약체결방법	계약기간	낙찰자선정방법	운영예산 산정	정산방법	성과평가 실시여부
5678	전남 구례군	지자체협력지원사업	20,000	8	4	7	8	7	5	5	4
5679	전남 구례군	콩재배단지지원사업	10,000	8	7	7	8	7	1	1	4
5680	전남 구례군	경로당입식테이블지원	8,000	8	1	7	8	7	5	5	4
5681	전남 구례군	아마존전남브랜드관입점업체지원	5,000	8	6	7	8	7	5	3	4
5682	전남 구례군	시설하우스온풍기지원사업	5,000	8	4	7	8	7	5	5	4
5683	전남 고흥군	경로당시설지원	437,000	8	2	7	8	7	5	5	4
5684	전남 고흥군	경로당물품구입비및수리비지원	220,000	8	4	7	8	7	1	1	4
5685	전남 고흥군	아동복지시설개선지원	24,000	8	4	7	8	7	1	1	1
5686	전남 화순군	지역특화작목육성지원	500,000	8	4	7	8	7	1	1	4
5687	전남 화순군	소규모시설원예농가현대화지원사업	500,000	8	4	7	8	7	1	1	4
5688	전남 화순군	시설원예환경개선지원사업	400,000	8	4	7	8	7	1	1	4
5689	전남 화순군	은퇴자소규모하우스지원사업	200,000	8	4	7	8	7	1	1	4
5690	전남 화순군	디지털연계흡수성소재융복합의료산업기반구축사업(국가직접지원)	196,000	8	4	7	8	7	5	2	3
5691	전남 화순군	농산물소형저온저장고지원(군비추가분)	157,500	8	4	7	8	7	5	5	4
5692	전남 화순군	과수분야생산비절감농기계지원	100,000	8	4	7	8	7	1	1	4
5693	전남 화순군	소상공인소규모경영환경개선사업	60,000	8	4	7	8	7	1	1	4
5694	전남 화순군	축산농가환풍기지원	50,000	8	1	7	8	7	1	1	4
5695	전남 화순군	푸드플랜생산기반조성(로컬푸드농가비닐하우스지원)	40,425	8	1	7	8	7	5	5	4
5696	전남 화순군	농산물건조기지원	37,500	8	4	7	8	7	5	5	4
5697	전남 화순군	노인요양시설확충	35,000	8	2	7	8	7	1	1	4
5698	전남 화순군	공동주택종량기설치지원사업	20,000	8	7	7	8	7	5	5	4
5699	전남 화순군	폐기물처리시설주변지역주민지원사업	20,000	8	4	7	7	7	1	1	4
5700	전남 장흥군	경로당개보수	424,690	8	4	7	8	7	1	1	4
5701	전남 장흥군	군투자기업인센티브	400,000	8	6	7	8	7	1	1	1
5702	전남 장흥군	청소년수련원기능보강(도/전환)(전환사업)	300,000	8	1	1	7	1	1	1	4
5703	전남 장흥군	가축분뇨친환경공동발효센터시범설치	200,000	8	1	7	8	7	5	5	4
5704	전남 장흥군	산림소득증대기반조성(표고자목지원)	180,000	8	4	7	8	7	1	1	4
5705	전남 장흥군	장흥읍도시가스공급사업	111,000	8	6	7	8	7	1	1	4
5706	전남 장흥군	축산업균형발전지원	80,000	8	7	7	8	7	5	5	4
5707	전남 장흥군	꿈사다리공부방사업	73,451	8	6	7	8	7	5	5	4
5708	전남 장흥군	농어촌빈집정비사업빈집철거비	50,000	8	1,4	7	8	7	5	5	4
5709	전남 장흥군	가축폭염피해예방시설장비지원사업	50,000	8	7	7	8	7	1	1	4
5710	전남 장흥군	축산농장방취림조성사업	50,000	8	4	7	8	7	5	5	4
5711	전남 장흥군	노인여가복지시설소규모비품구입	47,000	8	4	7	8	7	1	1	4
5712	전남 장흥군	청소년시설유지관리	40,000	8	4	4	7	6	1	1	4
5713	전남 장흥군	꿈키움드림오케스트라운영	38,400	8	6	7	8	7	5	5	4
5714	전남 장흥군	양봉농가경영비및노동력절감양시스템구축시범	35,000	8	1	7	8	7	1	1	4
5715	전남 장흥군	장흥한우운송차량리모델링지원사업	25,500	8	7	7	8	7	1	1	4
5716	전남 장흥군	음식문화개선및입식테이블지원	25,000	8	4	7	8	7	1	4	3
5717	전남 장흥군	청소년수련관기능보강공사	22,900	8	1	1	7	1	1	1	4

순번	시군구	지출명 (사업명)	2024년예산 (단위 : 천원 /1년간)	민간이전 분류 (지방자치단체 세출예산 집행기준에 의거)	민간이전지출 근거 (지방보조금 관리기준 참고)	계약체결방법 (경쟁형태)	계약기간	낙찰자선정방법	운영예산 산정	정산방법	성과평가 실시여부
5718	전남 장흥군	가금류축사환경개선시범사업	20,000	8	1	7	8	7	5	5	4
5719	전남 장흥군	양봉농가재해대응경영안정지원사업	20,000	8	1	7	8	7	1	1	4
5720	전남 장흥군	산림소득증대기반조성(신규임산소득품목지원및특화소득작물재배단지조성)	20,000	8	4	7	8	7	1	1	4
5721	전남 장흥군	미등록경로당지원	15,000	8	1	7	8	7	5	5	4
5722	전남 장흥군	보육시설운영지원	10,000	8	7	7	8	7	1	1	4
5723	전남 장흥군	아동돌봄시설냉난방기지원사업	10,000	8	6	7	8	7	5	5	4
5724	전남 장흥군	흑염소생산비절감기술시범	10,000	8	1	7	8	7	1	1	4
5725	전남 강진군	농기계공급사업	350,000	8	4	6	7	7	1	1	1
5726	전남 강진군	다목적소형저온저장고설치	315,000	8	4	6	7	7	1	1	3
5727	전남 강진군	시설원예스마트팜시설지원사업	312,700	8	4	7	8	7	1	1	4
5728	전남 강진군	신규전입자주택신축지원	300,000	8	4	7	8	7	5	5	4
5729	전남 강진군	전복가두리시설보수,양식장,관리기,입식비지원	249,000	8	4	7	8	7	5	5	4
5730	전남 강진군	빈집리모델링지원(자가거주)	240,000	8	4	7	8	7	1	1	2
5731	전남 강진군	지역농협특성화사업	200,000	8	4	6	7	7	1	1	1
5732	전남 강진군	시설하우스(과채화훼류)양액재배시설설치사업	200,000	8	4	7	8	7	1	1	4
5733	전남 강진군	유망고소득특화작목생산기반조성	200,000	8	4	7	8	7	1	1	4
5734	전남 강진군	명품반찬산업육성사업	200,000	8	4	7	8	7	5	5	4
5735	전남 강진군	임산물재배하우스신축및보완	200,000	8	1	7	8	7	5	5	4
5736	전남 강진군	농업용드론지원사업	190,000	8	4	6	7	7	1	1	4
5737	전남 강진군	시설하우스장기성필름지원사업	180,000	8	4	7	8	7	1	1	4
5738	전남 강진군	시설하우스일반필름지원사업	180,000	8	4	7	8	7	1	1	4
5739	전남 강진군	원예특작농자재지원사업	160,000	8	4	7	8	7	1	1	4
5740	전남 강진군	마을단위소형저장탱크지원사업	150,000	8	6	7	8	7	5	5	4
5741	전남 강진군	고소득시설원예지원사업	150,000	8	4	7	8	7	1	1	4
5742	전남 강진군	시설원예스마트팜시설지원사업	132,500	8	4	7	8	7	1	1	4
5743	전남 강진군	화훼재배기술보급	126,000	8	1	7	7	7	1	1	4
5744	전남 강진군	조사료원형사일리지절단기지원사업	120,000	8	6	7	8	7	1	1	4
5745	전남 강진군	고품질축산물생산자가사료배합기술보급시범	120,000	8	4	7	8	7	1	1	4
5746	전남 강진군	특수농기계지원	110,000	8	4	6	7	7	1	1	1
5747	전남 강진군	시설하우스개보수자재지원사업	110,000	8	4	7	8	7	1	1	4
5748	전남 강진군	강진청년정착기반지원	108,000	8	4	7	8	7	5	5	4
5749	전남 강진군	가업승계청년정착기반지원	108,000	8	4	7	8	7	5	5	4
5750	전남 강진군	논두렁개량지원사업	100,000	8	4	6	7	7	1	1	3
5751	전남 강진군	수출용절화화훼유통장비지원사업	100,000	8	4	7	8	7	1	1	4
5752	전남 강진군	농어촌빈집정비사업	100,000	8	1	7	8	7	1	1	4
5753	전남 강진군	명품반찬산업육성사업	96,000	8	4	7	8	7	5	5	4
5754	전남 강진군	채소재배기술보급	91,000	8	1	7	7	7	1	1	4
5755	전남 강진군	원예특작분야관정개발지원사업	90,000	8	4	7	8	7	1	1	4
5756	전남 강진군	귀농정착보조사업	90,000	8	4	7	7	7	1	1	1
5757	전남 강진군	소규모다목적텃밭소득지원사업	87,500	8	4	7	8	7	1	1	4

순번	시군구	지출명 (사업명)	2024년예산 (단위 : 천원 /1년간)	민간이전 분류 (지방자치단체 세출예산 집행기준에 의거) 1. 민간경상사업보조(307-02) 2. 민간단체 법정운영비보조(307-03) 3. 민간행사사업보조(307-04) 4. 민간위탁금(307-05) 5. 사회복지시설 법정운영비보조(307-10) 6. 민간인위탁교육비(307-12) 7. 공기관등에대한경상적위탁사업비(308-13) 8. 민간자본사업보조,자체재원(402-01) 9. 민간자본사업보조,이전재원(402-02) 10. 민간위탁사업비(402-03) 11. 공기관등에 대한 자본적 위탁사업비(403-02)	민간이전지출 근거 (지방보조금 관리기준 참고) 1. 법률에 규정 2. 국고보조 재원(국가지정) 3. 용도 지정 기부금 4. 조례에 직접규정 5. 지자체가 권장하는 사업을 하는 공공기관 6. 시,도 정책 및 재정사정 7. 기타 8. 해당없음	입찰방식			운영예산 산정		성과평가 실시여부
						계약체결방법 (경쟁형태) 1. 일반경쟁 2. 제한경쟁 3. 지명경쟁 4. 수의계약 5. 법정위탁 6. 기타 ( ) 7. 없음	계약기간 1. 1년 2. 2년 3. 3년 4. 4년 5. 5년 6. 기타 ( )년 7. 단가계약 (1년미만) 8. 없음	낙찰자선정방법 1. 적격심사 2. 협상에의한계약 3. 최저가낙찰제 4. 규격가격분리 5. 2단계 경쟁입찰 6. 기타 ( ) 7. 없음	운영예산 산정 1. 내부산정 (지자체 자체적으로 산정) 2. 외부산정 (외부전문기관위탁 산정) 3. 내·외부 모두 산정 4. 산정 無 5. 없음	정산방법 1. 내부정산 (지자체 내부적으로 정산) 2. 외부정산 (외부전문기관위탁 정산) 3. 내·외부 모두 산정 4. 정산 無 5. 없음	1. 실시 2. 미실시 3. 향후 추진 4. 해당없음
5758	전남 강진군	어선용장비보급사업	87,500	8	4	7	8	7	5	5	4
5759	전남 강진군	해조류양식지원사업	84,000	8	4	7	8	7	5	5	4
5760	전남 강진군	종합농기계수리센터부품구입비지원	80,000	8	1	6	7	7	1	1	1
5761	전남 강진군	하안들가꾸기비닐하우스지원사업	80,000	8	4	7	8	7	1	1	4
5762	전남 강진군	농식품가공산업육성사업	80,000	8	4	7	8	7	5	5	4
5763	전남 강진군	축산농가퇴비살포기지원사업	80,000	8	6	7	8	7	1	1	4
5764	전남 강진군	푸소운영농가집기및장비지원사업	75,000	8	4	7	8	7	1	1	4
5765	전남 강진군	음식점시설개선지원사업	75,000	8	4	7	8	7	1	1	4
5766	전남 강진군	중간찹쌀생산단지조성시범사업	70,000	8	1	7	7	7	1	1	4
5767	전남 강진군	고온살균화식조사료급여실증시범	70,000	8	4	7	8	7	1	1	4
5768	전남 강진군	양봉농가기자재장비지원사업	69,000	8	6	7	8	7	1	1	4
5769	전남 강진군	내수면양식장지원	60,000	8	4	7	8	7	5	5	4
5770	전남 강진군	마을경로당집기구입	60,000	8	4	1	7	3	1	1	4
5771	전남 강진군	민간요맞춤형장비지원	60,000	8	4	7	7	7	1	1	4
5772	전남 강진군	시설원예스마트팜시설지원사업	58,300	8	4	7	8	7	1	1	4
5773	전남 강진군	(권리)표고버섯생산지원사업	54,000	8	1	7	8	7	5	5	4
5774	전남 강진군	도농상생판촉지원	53,600	8	4	7	8	7	5	5	4
5775	전남 강진군	과수재배기술보급	52,500	8	1	7	7	7	1	1	4
5776	전남 강진군	명인,명품특성화사업(명인)	50,000	8	4	7	8	7	1	1	4
5777	전남 강진군	음식점시설개선지원사업	50,000	8	4	7	8	7	1	1	4
5778	전남 강진군	원예난방비절감시설지원사업	50,000	8	4	7	8	7	1	1	4
5779	전남 강진군	FTA경쟁력강화과수생산시설지원	50,000	8	4	7	8	7	1	1	4
5780	전남 강진군	하우스고온예방시설사업	50,000	8	4	7	8	7	1	1	4
5781	전남 강진군	임산물유통시설장비지원	50,000	8	1	7	8	7	5	5	4
5782	전남 강진군	민간요신상품개발지원	50,000	8	4	7	7	7	1	1	4
5783	전남 강진군	마을경로당공기청정기필터구입	49,200	8	4	1	7	3	1	1	4
5784	전남 강진군	쌀귀리종자용전용건조기적용시범사업	42,000	8	1	7	7	7	5	5	1
5785	전남 강진군	양봉스마트팜기술적용안정사양관리시범	42,000	8	4	7	8	7	1	1	4
5786	전남 강진군	양파산업경쟁력강화지원사업	41,340	8	4	7	8	7	1	1	4
5787	전남 강진군	어업활동기자재지원	40,250	8	4	7	8	7	5	5	4
5788	전남 강진군	푸소운영신규주택지원사업	40,000	8	4	7	8	7	1	1	4
5789	전남 강진군	직거래선도농어업인육성	40,000	8	4	7	8	7	5	5	4
5790	전남 강진군	명인떡산업육성	40,000	8	4	7	8	7	5	5	4
5791	전남 강진군	귀어자지원사업	40,000	8	4	7	8	7	5	5	4
5792	전남 강진군	임산물재배하우스신축및보완	40,000	8	1	7	8	7	5	5	4
5793	전남 강진군	민관공동협력따뜻한강진만들기지원	40,000	8	4	7	1	7	1	1	1
5794	전남 강진군	마을단위소형저장탱크지원사업	38,000	8	6	7	8	7	5	5	4
5795	전남 강진군	곡물건조기집진기지원	35,250	8	4	6	7	7	1	1	1
5796	전남 강진군	다용도작업대지원	33,920	8	4	6	7	7	1	1	1
5797	전남 강진군	생력화육묘를위한기자재지원시범사업	33,600	8	1	7	7	7	1	1	4

순번	시군구	지출명 (사업명)	2024년예산 (단위: 천원/1년간)	민간이전 분류 (지방자치단체 세출예산 집행기준에 의거)	민간이전지출 근거 (지방보조금 관리기준 참고)	계약체결방법 (경쟁형태)	계약기간	낙찰자선정방법	운영예산 산정	정산방법	성과평가 실시여부
5798	전남 강진군	축산악취측정장비지원사업	32,000	8	6	7	8	7	1	1	4
5799	전남 강진군	ICT기반한우동물복지형축사환경조성시범	31,500	8	4	7	8	7	1	1	4
5800	전남 강진군	벼잡초방제및저온성해충동시방제시범사업	30,800	8	1	7	7	7	1	1	4
5801	전남 강진군	명인명품특성화사업(명품)	30,000	8	4	7	8	7	1	1	4
5802	전남 강진군	음식점(초음파)식기세척기지원사업	30,000	8	4	7	8	7	1	1	4
5803	전남 강진군	작천자율방범대사무실이전	30,000	8	1	7	8	7	1	1	4
5804	전남 강진군	마을경로당냉방기설치	30,000	8	4	1	7	3	1	1	4
5805	전남 강진군	마을경로당집기구입	30,000	8	4	1	7	3	1	1	4
5806	전남 강진군	여성이장임명마을(3,5년)소규모주민편익사업	30,000	8	4	7	8	7	1	1	4
5807	전남 강진군	청년4H회원맞춤형경쟁력제고사업	28,000	8	4	7	7	7	1	1	4
5808	전남 강진군	축산스마트팜퇴액비환경관리기술시범	28,000	8	4	7	8	7	1	1	4
5809	전남 강진군	지역농업발전반영과제지원사업	25,200	8	4	7	7	7	1	1	4
5810	전남 강진군	안개분무무인방제시스템지원사업	25,000	8	6	7	8	7	1	1	4
5811	전남 강진군	버섯생산용톱밥배지구입지원	25,000	8	1	7	8	7	5	5	4
5812	전남 강진군	맞춤형정액보관용질소통구입지원사업	23,100	8	6	7	8	7	1	1	4
5813	전남 강진군	전동사료급이기(수레형)공급사업	21,000	8	6	7	8	7	1	1	4
5814	전남 강진군	논콩재배단지병해충종합관리시범사업	21,000	8	1	7	7	7	5	5	1
5815	전남 강진군	IOT스마트생체정보관리시스템보급시범	21,000	8	4	7	8	7	1	1	4
5816	전남 강진군	공중위생업소시설개선지원사업	20,000	8	4	7	8	7	1	1	4
5817	전남 강진군	과수기자재지원사업	20,000	8	4	7	8	7	1	1	4
5818	전남 강진군	농촌융복합산업육성(6차산업)	20,000	8	4	6	7	7	1	1	3
5819	전남 강진군	양돈산업육성사업	20,000	8	4	7	8	7	1	1	4
5820	전남 강진군	건강축종시설장비지원사업	20,000	8	6	7	8	7	1	1	4
5821	전남 강진군	우량송아지생산기반구축사업	20,000	8	6	7	8	7	1	1	4
5822	전남 강진군	수산업다용도작업대지원	17,600	8	4	7	8	7	5	5	4
5823	전남 강진군	송아지보온시설(램프등)설치사업	16,500	8	6	7	8	7	1	1	4
5824	전남 강진군	밀키트판매업소장비지원사업	15,000	8	4	7	8	7	1	1	4
5825	전남 강진군	하멜촌커피제조업소장비지원사업	15,000	8	4	7	8	7	1	1	4
5826	전남 강진군	건강축종사양관리기자재지원사업	15,000	8	6	7	8	7	1	1	4
5827	전남 강진군	가축폭염피해예방환풍기지원사업	15,000	8	6	7	8	7	1	1	4
5828	전남 강진군	가금사육농가농용로우더구입비지원	15,000	8	6	7	8	7	1	1	4
5829	전남 강진군	청자촌신규업체장비지원	13,200	8	4	7	7	7	1	1	4
5830	전남 강진군	임산물생산기자재지원	12,500	8	1	7	8	7	5	5	4
5831	전남 강진군	말벌포획틀지원사업	12,000	8	6	7	8	7	1	1	4
5832	전남 강진군	화훼절화용결속기지원등	11,500	8	4	7	8	7	1	1	4
5833	전남 강진군	임삼물소형저온저장고지원	11,454	8	1	7	8	7	5	5	4
5834	전남 강진군	원예특작분야관정개발지원사업	10,000	8	4	7	8	7	1	1	4
5835	전남 강진군	산지유통시설장비등지원사업	10,000	8	4	7	8	7	5	5	4
5836	전남 강진군	종부용우량소입식지원사업	10,000	8	6	7	8	7	1	1	4
5837	전남 강진군	축사내급수기자동화시설지원사업	10,000	8	6	7	8	7	1	1	4

순번	시군구	지출명 (사업명)	2024년예산 (단위 : 천원 /1년간)	민간이전 분류 (지방자치단체 세출예산 집행기준에 의거) 1. 민간경상사업보조(307-02) 2. 민간단체 법정운영비보조(307-03) 3. 민간행사사업보조(307-04) 4. 민간위탁금(307-05) 5. 사회복지시설 법정운영비보조(307-10) 6. 민간위탁교육비(307-12) 7. 공기관등에대한경상적위탁사업비(308-13) 8. 민간자본사업보조,자체재원(402-01) 9. 민간자본사업보조,이전재원(402-02) 10. 민간위탁사업비(402-03) 11. 공기관등에 대한 자본적 위탁사업비(403-02)	민간이전지출 근거 (지방보조금 관리기준 참고) 1. 법률에 규정 2. 국고보조 재원(국가지정) 3. 용도 지정 기부금 4. 조례에 직접규정 5. 지자체가 권장하는 사업을 하는 공공기관 6. 시,도 정책 및 재정사정 7. 기타 8. 해당없음	입찰방식 계약체결방법 (경쟁형태) 1. 일반경쟁 2. 제한경쟁 3. 지명경쟁 4. 수의계약 5. 법정위탁 6. 기타 ( ) 7. 없음	계약기간 1. 1년 2. 2년 3. 3년 4. 4년 5. 5년 6. 기타 ( )년 7. 단기계약 (1년미만) 8. 없음	낙찰자선정방법 1. 적격심사 2. 협상에의한계약 3. 최저가낙찰제 4. 규격가격분리 5. 2단계 경쟁입찰 6. 기타 ( ) 7. 없음	운영예산 산정 1. 내부산정 (지자체 자체적으로 산정) 2. 외부산정 (외부전문기관위탁 산정) 3. 내,외부 모두 산정 4. 산정 無 5. 없음	정산방법 1. 내부정산 (지자체 내부적으로 정산) 2. 외부정산 (외부전문기관위탁 정산) 3. 내,외부 모두 산정 4. 정산 無 5. 없음	성과평가 실시여부 1. 실시 2. 미실시 3. 향후 추진 4. 해당없음
5838	전남 강진군	자율방범연합대초소개·보수	10,000	8	1	7	8	7	1	1	4
5839	전남 강진군	귀농사관학교이수자영농기반지원사업	10,000	8	4	7	7	7	1	1	1
5840	전남 강진군	한봉농가기자재지원사업	8,000	8	6	7	8	7	1	1	4
5841	전남 강진군	임산물생산을위한관정지원	8,000	8	1	7	8	7	5	5	4
5842	전남 강진군	임산물포장재및컨테이너지원	7,500	8	1	7	8	7	5	5	4
5843	전남 강진군	음식점입식식탁설치지원사업	5,000	8	4	7	8	7	1	1	4
5844	전남 강진군	축사입구차량소독시설지원	5,000	8	4	7	8	7	1	1	4
5845	전남 강진군	꿀벌작업차량화물상,하차지원사업	4,500	8	6	7	8	7	1	1	4
5846	전남 강진군	꿀벌(양봉,한봉)저온저장고지원사업	3,000	8	6	7	8	7	1	1	4
5847	전남 강진군	작천자율방범대사무실이전	2,000	8	1	7	8	7	1	1	4
5848	전남 강진군	작천자율방범대사무실이전	2,000	8	1	7	8	7	1	1	4
5849	전남 해남군	드리미지역아동센터	987,840	8	2	7	8	7	5	1	4
5850	전남 해남군	경로당고효율에너지지원사업	700,000	8	6	7	1	7	3	1	4
5851	전남 해남군	밭작물권역별기계화랜드사업	600,000	8	7	7	8	7	1	1	3
5852	전남 해남군	원예작물생산내재해형하우스지원	600,000	8	7	7	8	7	1	1	3
5853	전남 해남군	조사료개별장비지원사업	280,000	8	7	7	8	7	1	1	4
5854	전남 해남군	농어촌주거환경개선사업	204,000	8	4	7	8	7	1	1	4
5855	전남 해남군	빈집철거	168,000	8	4	7	8	7	1	1	4
5856	전남 해남군	숙박업소및음식점시설개선지원	150,000	8	4	7	8	7	1	1	4
5857	전남 해남군	원예작물생산하우스시설개선지원	150,000	8	7	7	8	7	1	1	3
5858	전남 해남군	영농승계청년농업인육성지원사업	150,000	8	6	7	8	7	5	5	4
5859	전남 해남군	귀농정착소득기반조성사업	150,000	8	1	7	8	7	5	5	4
5860	전남 해남군	유망약용작물생산기반구축	140,000	8	1	7	8	7	5	5	4
5861	전남 해남군	농어촌민박시설환경개선사업	100,000	8	4	7	8	7	1	1	3
5862	전남 해남군	농작업스마트안전장비지원	100,000	8	7	7	8	7	1	1	4
5863	전남 해남군	스마트팜기반소득작물육성지원	100,000	8	7	7	8	7	1	1	3
5864	전남 해남군	청년농업인맞춤형창업성공모델지원사업	100,000	8	6	7	8	7	5	5	4
5865	전남 해남군	귀농귀촌인농가주택수리지원	100,000	8	1	7	8	7	5	5	4
5866	전남 해남군	노인종합복지관안전기능강화사업	94,150	8	1	7	8	7	5	1	4
5867	전남 해남군	스마트팜기술적용고구마우량종순증식시범	90,000	8	1	7	8	7	5	5	4
5868	전남 해남군	데이터기반육묘자동환경제어시스템시범	90,000	8	1	7	8	7	5	5	4
5869	전남 해남군	고구마폐기물자원화시범	85,000	8	1	7	8	7	5	5	4
5870	전남 해남군	공동주택시설개선지원사업	80,000	8	4	7	8	7	5	1	4
5871	전남 해남군	에너지절감기술적용과수조기출하시범	80,000	8	1	7	8	7	5	5	4
5872	전남 해남군	농업인소규모가공창업기술지원	70,000	8	1	7	8	7	5	5	4
5873	전남 해남군	농촌자원활용치유농업육성시범	70,000	8	1	7	8	7	5	5	4
5874	전남 해남군	에너지절감기술적용시설하우스개선시범	70,000	8	1	7	8	7	5	5	4
5875	전남 해남군	지역브랜드활성화기술시범	70,000	8	1	7	8	7	5	5	4
5876	전남 해남군	GPS기반직진자율주행장치기술시범	63,000	8	1	7	8	7	5	5	4
5877	전남 해남군	청년임대주택(빈집)수리비지원	60,000	8	7	7	8	7	1	1	4

순번	시군구	지출명 (사업명)	2024년예산 (단위: 천원/1년간)	민간이전 분류 (지방자치단체 세출예산 집행기준에 의거)	민간이전지출 근거 (지방보조금 관리기준 참고)	입찰방식 계약체결방법 (경쟁형태)	계약기간	낙찰자선정방법	운영예산 산정	정산방법	성과평가 실시여부
5878	전남 해남군	청년문화공간두드림하우스조성지원	60,000	8	7	7	8	7	1	1	4
5879	전남 해남군	경로당긴급개보수사업	60,000	8	6	7	1	7	3	1	4
5880	전남 해남군	벼생산비절감종합기술모델시범	60,000	8	1	7	8	7	5	5	4
5881	전남 해남군	신생송아지안전사양기술시범	56,000	8	1	7	8	7	5	5	4
5882	전남 해남군	꿀벌해충방제및폐사예방시설설치시범	52,500	8	1	7	8	7	5	5	4
5883	전남 해남군	공동주택	50,000	8	4	7	8	7	5	1	4
5884	전남 해남군	보릿짚토양환원처리기술시범	50,000	8	1	7	8	7	5	5	4
5885	전남 해남군	딸기우량묘생산기술보급시범	50,000	8	1	7	8	7	5	5	4
5886	전남 해남군	인삼특화품목육성지원	45,000	8	7	7	8	7	1	1	3
5887	전남 해남군	음식물류폐기물감량기설치보조금	45,000	8	1,4	7	8	7	5	1	3
5888	전남 해남군	돼지형질개량지원사업	44,000	8	7	7	8	7	1	1	4
5889	전남 해남군	유용미생물활용깔짚재사용기술시범	42,000	8	1	7	8	7	5	5	4
5890	전남 해남군	해남땅끝한우저등급육성기술지원	42,000	8	1	7	8	7	5	5	4
5891	전남 해남군	청년임업인정착지원	36,150	8	4	7	8	7	5	5	4
5892	전남 해남군	화장실개량	36,000	8	4	7	8	7	1	1	4
5893	전남 해남군	퇴비부숙도향상생력기계화시범	35,000	8	1	7	8	7	5	5	4
5894	전남 해남군	양돈농가폐사가축처리기지원	33,000	8	7	7	8	7	1	1	4
5895	전남 해남군	젖소유두자동세척기활용시범	31,500	8	1	7	8	7	5	5	4
5896	전남 해남군	소규모공동주택	30,000	8	4	7	8	7	5	5	4
5897	전남 해남군	임산물재배하우스	30,000	8	1	7	8	7	5	5	4
5898	전남 해남군	귀농인소형농기계보조지원	30,000	8	1	7	8	7	5	5	4
5899	전남 해남군	시설과수무인방제시스템구축시범	30,000	8	1	7	8	7	5	5	4
5900	전남 해남군	귀농귀촌인생활시설기반지원	25,000	8	1	7	8	7	5	5	4
5901	전남 해남군	토종다래생태농업재배시범	25,000	8	1	7	8	7	5	5	4
5902	전남 해남군	야생동물피해예방시설지원(자체)	23,040	8	1,4	7	8	7	1	1	3
5903	전남 해남군	노동력절감조사료기계화시범	22,500	8	1	7	8	7	5	5	4
5904	전남 해남군	이미용업소시설개선지원	20,000	8	4	7	8	7	1	1	4
5905	전남 해남군	양계농가폐사가축처리기지원	16,500	8	7	7	8	7	1	1	4
5906	전남 해남군	화산면관동경로당개보수	15,000	8	6	7	1	7	3	1	4
5907	전남 해남군	현산면애향정경로당개보수	15,000	8	6	7	1	7	3	1	4
5908	전남 해남군	북평면묵동경로당개보수	15,000	8	6	7	1	7	3	1	4
5909	전남 해남군	영농4H회원과제활동지원	15,000	8	6	7	8	7	5	5	4
5910	전남 해남군	흑염소개량(종모구입)지원사업	15,000	8	7	7	8	7	1	1	4
5911	전남 해남군	황산면징의2경로당개보수	14,900	8	6	7	1	7	3	1	4
5912	전남 해남군	북평면신기남자경로당개보수	14,894	8	6	7	1	7	3	1	4
5913	전남 해남군	현산면조산경로당개보수	14,828	8	6	7	1	7	3	1	4
5914	전남 해남군	산이면송천경로당개보수	14,750	8	6	7	1	7	3	1	4
5915	전남 해남군	생체정보기반소안전사양기술시범	14,000	8	1	7	8	7	5	5	4
5916	전남 해남군	흑염소번식관리및질병조기예측기술시범	14,000	8	1	7	8	7	5	5	4
5917	전남 해남군	위생업소시설개선사업(저온저장고설치)	12,600	8	4	7	8	7	1	1	4

순번	시군구	지출명 (사업명)	2024년예산 (단위 : 천원 /1년간)	민간이전 분류 (지방자치단체 세출예산 집행기준에 의거) 1. 민간경상사업보조(307-02) 2. 민간단체 법정운영비보조(307-03) 3. 민간행사사업보조(307-04) 4. 민간위탁금(307-05) 5. 사회복지시설 법정운영비보조(307-10) 6. 민간인위탁교육비(307-12) 7. 공기관등에대한경상적위탁사업비(308-13) 8. 민간자본사업보조,자체재원(402-01) 9. 민간자본사업보조,이전재원(402-02) 10. 민간위탁사업비(402-03) 11. 공기관등에 대한 자본적 위탁사업비(403-02)	민간이전지출 근거 (지방보조금 관리기준 참고) 1. 법률에 규정 2. 국고보조 재원(국가지정) 3. 용도 지정 기부금 4. 조례에 직접규정 5. 지자체가 권장하는 사업을 하는 공공기관 6. 시,도 정책 및 재정사정 7. 기타 8. 해당없음	입찰방식 계약체결방법 (경쟁형태) 1. 일반경쟁 2. 제한경쟁 3. 지명경쟁 4. 수의계약 5. 법정위탁 6. 기타 ( ) 7. 없음	계약기간 1. 1년 2. 2년 3. 3년 4. 4년 5. 5년 6. 기타 ( )년 7. 단기계약 (1년미만) 8. 없음	낙찰자선정방법 1. 적격심사 2. 협상에의한계약 3. 최저가낙찰제 4. 규격가격분리 5. 2단계 경쟁입찰 6. 기타 ( ) 7. 없음	운영예산 산정 1. 내부산정 (지자체 자체적으로 산정) 2. 외부산정 (외부전문기관위탁 산정) 3. 내·외부 모두 산정 4. 산정 無 5. 없음	정산방법 1. 내부정산 (지자체 내부적으로 정산) 2. 외부정산 (외부전문기관위탁 정산) 3. 내·외부 모두 산정 4. 정산 無 5. 없음	성과평가 실시여부 1. 실시 2. 미실시 3. 향후 추진 4. 해당없음
5918	전남 해남군	흑염소농가방역울타리지원	12,000	8	7	7	8	7	1	1	4
5919	전남 해남군	무화과묘목생산전용시설하우스설치시범	11,000	8	1	7	8	7	5	5	4
5920	전남 해남군	벌꿀전용스테인리스드럼지원사업	10,750	8	7	7	8	7	1	1	4
5921	전남 해남군	참두릅정아삽이용연중재배시범	10,000	8	1	7	8	7	5	5	4
5922	전남 해남군	오리축사환경개선지원사업	10,000	8	7	7	8	7	1	1	4
5923	전남 해남군	양계축사환경개선지원사업	10,000	8	7	7	8	7	1	1	4
5924	전남 해남군	지역아동센터기능보강사업	9,600	8	2	7	8	7	5	1	4
5925	전남 해남군	축사환풍기지원사업	9,450	8	7	7	8	7	1	1	4
5926	전남 해남군	저온저장고지원사업(오리,양봉)	9,450	8	7	7	8	7	1	1	4
5927	전남 해남군	양계축사환기휀지원사업	8,800	8	7	7	8	7	1	1	4
5928	전남 해남군	해남읍공간아파트경로당개보수	8,580	8	6	7	1	7	3	1	4
5929	전남 해남군	임산물저온저장고(소형)	6,150	8	4	7	8	7	5	5	4
5930	전남 해남군	경로당안마의자수리비지원	5,000	8	6	7	1	7	3	1	4
5931	전남 해남군	오리축사열풍기지원사업	1,800	8	7	7	8	7	1	1	4
5932	전남 영암군	도갑지구휴게공간조성	720,000	8	4	7	8	7	5	5	4
5933	전남 영암군	기업투자유치입지,시설보조금	702,500	8	4	7	8	7	5	1	3
5934	전남 영암군	인력절감형농기계	500,000	8	4	7	8	7	5	5	4
5935	전남 영암군	과수작물(배무화과감)노지스마트팜지원	350,000	8	1	7	8	7	5	5	4
5936	전남 영암군	마을형공동퇴비장지원	210,000	8	1	7	8	7	5	5	4
5937	전남 영암군	향토문화유산보수정비	200,000	8	4	1	1	3	5	5	1
5938	전남 영암군	공중위생업소시설개선사업지원	200,000	8	4	7	8	7	5	5	4
5939	전남 영암군	소규모농식품제조가공기반구축	170,000	8	4	7	8	7	5	5	4
5940	전남 영암군	도시가스공급수요자부담금지원	150,000	8	4	7	8	7	1	5	2
5941	전남 영암군	식품위생업소시설개선사업지원	150,000	8	4	7	8	7	5	5	4
5942	전남 영암군	농업용드론지원	120,000	8	6	7	8	7	5	5	4
5943	전남 영암군	농산물소형저온저장고설치지원	120,000	8	4	7	8	7	5	5	4
5944	전남 영암군	귀향인주택(마더하우스)수리지원	105,000	8	4	6	7	6	1	1	1
5945	전남 영암군	농산물중형저온저장시설설치지원	105,000	8	4	7	8	7	5	5	4
5946	전남 영암군	마을경로당비품구입	100,000	8	4	7	8	7	5	5	4
5947	전남 영암군	아파트공용부분시설개선지원	100,000	8	4	7	8	7	5	5	4
5948	전남 영암군	작은도서관조성지원(축성암)	80,000	8	8	7	8	7	5	5	4
5949	전남 영암군	원예용관정지원	72,000	8	1	7	8	7	5	5	4
5950	전남 영암군	신소득특화작목육성사업	70,000	8	1	7	8	7	5	5	4
5951	전남 영암군	축사환풍기지원	52,500	8	1	7	8	7	5	5	4
5952	전남 영암군	소규모공동주택보수지원	50,000	8	4	7	8	7	5	5	4
5953	전남 영암군	학산면은곡마을회관2층증축공사(보조사업)	50,000	8	4	7	8	7	5	5	4
5954	전남 영암군	조사료배합지원	36,000	8	1	7	8	7	5	5	4
5955	전남 영암군	로컬푸드출하농산물재배하우스설치지원(주민참여예산)	35,000	8	4	7	8	7	5	5	4
5956	전남 영암군	농업환경변화대응시설재배환경개선시범	35,000	8	6	7	8	7	5	5	4
5957	전남 영암군	가금류열풍기지원	32,500	8	1	7	8	7	5	5	4

순번	시군구	지출명 (사업명)	2024년예산 (단위: 천원/1년간)	민간이전 분류	민간이전지출 근거	계약체결방법 (경쟁형태)	계약기간	낙찰자선정방법	운영예산 산정	정산방법	성과평가 실시여부
5958	전남 영암군	원예작물고온피해경감기술보급	31,500	8	6	7	8	7	5	5	4
5959	전남 영암군	귀농귀촌인주택수리비지원	30,000	8	4	4	7	6	1	1	1
5960	전남 영암군	연안어선노후기관대체사업	30,000	8	1	7	8	7	5	5	4
5961	전남 영암군	군서면남송정마을회관리모델링공사	30,000	8	4	7	8	7	5	5	4
5962	전남 영암군	군서면학림마을회관비가림시설설치공사	30,000	8	4	7	8	7	5	5	4
5963	전남 영암군	농산물건조기지원	30,000	8	4	7	8	7	5	5	4
5964	전남 영암군	차단방역시설지원	25,000	8	4	7	8	7	5	5	4
5965	전남 영암군	과수생산및품질향상장비지원사업	20,000	8	1	7	8	7	5	5	4
5966	전남 영암군	이안미술관야외체험장설치	15,000	8	8	7	8	7	5	5	4
5967	전남 영암군	청소년페스티벌	15,000	8	7	7	8	7	1	1	4
5968	전남 영암군	주택내부구조개선사업(재래식화장실개량)	15,000	8	4	7	8	7	5	5	4
5969	전남 영암군	슬레이트주택지붕해체지원	15,000	8	4	7	8	7	5	5	4
5970	전남 영암군	영농4H회원시범영농지원	14,000	8	1	7	8	7	5	5	4
5971	전남 영암군	기후변화대응과수생산기술보급시범	14,000	8	6	7	8	7	5	5	4
5972	전남 영암군	내수면양식기자재지원	10,000	8	1	7	8	7	5	5	4
5973	전남 영암군	내수면어선노후기관대체지원	10,000	8	1	7	8	7	5	5	4
5974	전남 영암군	자가발전시설설치지원	6,000	8	1	7	8	7	5	5	4
5975	전남 영암군	양식장전동수레지원	5,000	8	1	7	8	7	5	5	4
5976	전남 영암군	지역아동센터토요운영추가지원	3,600	8	4	7	8	7	5	5	4
5977	전남 영암군	투자기업이행보증보험증권수수료지원	3,000	8	4	7	8	7	5	1	3
5978	전남 무안군	무안고품질브랜드쌀생산시설개보수지원	250,000	8	4	7	8	7	5	5	4
5979	전남 무안군	화합물반도체기술지원및인력양성사업	200,000	8	2	1	3	1	1	1	4
5980	전남 무안군	초소형전기차산업육성실증지원사업	100,000	8	2	1	6	1	1	1	4
5981	전남 무안군	로컬푸드생산기반구축지원	35,000	8	6	7	8	7	5	5	4
5982	전남 무안군	음식점입식테이블설치지원	10,000	8	4	7	8	7	5	5	3
5983	전남 함평군	고품질포도생산기반조성사업	800,000	8	4	7	8	7	5	5	4
5984	전남 함평군	농산물생산비절감지원사업	351,000	8	4	7	8	7	5	5	4
5985	전남 함평군	명품쑥생산시설지원사업	198,000	8	4	7	8	7	5	5	4
5986	전남 함평군	친환경원예작물용관정개발지원사업	197,500	8	4	7	8	7	5	5	4
5987	전남 함평군	친환경원예시설개선지원사업	170,000	8	4	7	8	7	5	5	4
5988	전남 함평군	양파생력기계재배생산비절감지원	168,750	8	6	7	8	7	1	1	1
5989	전남 함평군	과수농가생산기반확충지원사업	150,000	8	4	7	8	7	5	5	4
5990	전남 함평군	식품및공중위생업소관리	114,000	8	4	7	8	7	5	5	4
5991	전남 함평군	빈집정비사업	105,000	8	4	7	8	7	1	1	1
5992	전남 함평군	과수(체리)안정생산시설재배시범	100,000	8	7	7	8	7	1	1	1
5993	전남 함평군	미래축산맞춤형소득개발지원사업	100,000	8	4	7	8	7	5	5	4
5994	전남 함평군	농촌자원소득화치유농장기반조성	96,000	8	5	7	8	7	1	1	1
5995	전남 함평군	연중기획생산기반시설패키지지원	90,000	8	1	7	8	7	1	1	1
5996	전남 함평군	양봉산업경쟁력강화지원사업	90,000	8	4	7	8	7	5	5	4
5997	전남 함평군	친환경농작물비가림하우스지원사업	87,500	8	4	7	8	7	5	5	4

순번	시군구	지출명 (사업명)	2024년예산 (단위 : 천원 /1년간)	민간이전 분류 (지방자치단체 세출예산 집행기준에 의거) 1. 민간경상사업보조(307-02) 2. 민간단체 법정운영비보조(307-03) 3. 민간행사사업보조(307-04) 4. 민간위탁금(307-05) 5. 사회복지시설 법정운영비보조(307-10) 6. 민간위례교육비(307-12) 7. 공기관등에대한경상적위탁사업비(308-13) 8. 민간자본사업보조,자체재원(402-01) 9. 민간자본사업보조,이전재원(402-02) 10. 민간위탁사업비(402-03) 11. 공기관등에 대한 자본적 위탁사업비(403-02)	민간이전지출 근거 (지방보조금 관리기준 참고) 1. 법률에 규정 2. 국고보조 재원(국가지정) 3. 용도 지정 기부금 4. 조례에 직접규정 5. 지자체가 권장하는 사업을 하는 공공기관 6. 시,도 정책 및 재정사정 7. 기타 8. 해당없음	입찰방식			운영예산 산정		성과평가 실시여부
						계약체결방법 (경쟁형태) 1. 일반경쟁 2. 제한경쟁 3. 지명경쟁 4. 수의계약 5. 법정위탁 6. 기타 ( ) 7. 없음	계약기간 1. 1년 2. 2년 3. 3년 4. 4년 5. 5년 6. 기타 ( )년 7. 단가계약 (1년미만) 8. 없음	낙찰자선정방법 1. 적격심사 2. 협상에의한계약 3. 최저가낙찰제 4. 규격가격분리 5. 2단계 경쟁입찰 6. 기타 ( ) 7. 없음	운영예산 산정 1. 내부산정 (지자체 자체적으로 산정) 2. 외부산정 (외부전문기관위탁 산정) 3. 내·외부 모두 산정 4. 산정 無 5. 없음	정산방법 1. 내부정산 (지자체 내부적으로 정산) 2. 외부정산 (외부전문기관위탁 정산) 3. 내·외부 모두 산정 4. 정산 無 5. 없음	1. 실시 2. 미실시 3. 향후 추진 4. 해당없음
5998	전남 함평군	낙농가퇴비부숙용장비지원	75,000	8	6	7	8	7	5	5	4
5999	전남 함평군	친환경쌀곡물건조기지원	65,000	8	6	7	8	7	5	5	4
6000	전남 함평군	연동포도하우스보급형스마트팜시범	60,000	8	7	7	8	7	1	1	1
6001	전남 함평군	포도시설토양환경개선사업시범	60,000	8	7	7	8	7	1	1	1
6002	전남 함평군	2024년함평군공동주택보수지원	60,000	8	4	1	8	1	1	1	4
6003	전남 함평군	밭작물(양파,마늘,단호박등)관수시설지원사업	55,000	8	4	7	8	7	5	5	4
6004	전남 함평군	양계사육농가생산성향상지원	55,000	8	4	7	8	7	5	5	4
6005	전남 함평군	오리사육농가생산성향상지원	55,000	8	4	7	8	7	5	5	4
6006	전남 함평군	저탄소기능성율무재배단지조성	50,000	8	7	7	8	7	1	1	1
6007	전남 함평군	다목적소형하우스설치지원사업	50,000	8	4	7	8	7	5	5	4
6008	전남 함평군	가축분뇨퇴비사설치지원	50,000	8	4	7	8	7	5	5	4
6009	전남 함평군	양봉대표브랜드포장용기박스지원	41,250	8	4	7	8	7	1	1	1
6010	전남 함평군	가축음용수(관정)개발지원사업	40,000	8	4	7	8	7	5	5	4
6011	전남 함평군	흑염소생산성향상지원사업	40,000	8	4	7	8	7	5	5	4
6012	전남 함평군	우량모돈갱신사업	37,500	8	4	7	8	7	5	5	4
6013	전남 함평군	돼지고능력우량정액대지원사업	32,000	8	4	7	8	7	5	5	4
6014	전남 함평군	가축분뇨퇴비살포기지원	30,000	8	4	7	8	7	5	5	4
6015	전남 함평군	벌꿀이동형채밀기지원사업	25,000	8	4	7	8	7	5	5	4
6016	전남 함평군	젖소목장시설환경개선사업	20,000	8	4	7	8	7	5	5	4
6017	전남 함평군	농가맞춤형축산경쟁력제고사업	20,000	8	6	7	8	7	5	5	4
6018	전남 함평군	시설작물자동관수관비시스템시범	19,500	8	7	7	8	7	1	1	1
6019	전남 함평군	중소형수박우량묘도입시범	19,500	8	7	7	8	7	1	1	1
6020	전남 함평군	맞춤형신소득작목육성시범	15,000	8	7	7	8	7	1	1	1
6021	전남 함평군	젖소능력검정우량정액대	15,000	8	4	7	8	7	5	5	4
6022	전남 함평군	축사도난및재해예방시스템설치지원사업	15,000	8	4	7	8	7	5	5	4
6023	전남 함평군	축산농가차량방역시설지원	15,000	8	4	7	8	7	5	5	4
6024	전남 함평군	시설원예천적활용해충관리시범	14,000	8	7	7	8	7	1	1	1
6025	전남 함평군	한봉사육농가기자재구입지원	12,500	8	4	7	8	7	5	5	4
6026	전남 함평군	축산농가대인소독시설지원	12,500	8	4	7	8	7	5	5	4
6027	전남 함평군	단동하우스고온예방차열막활용시범	11,250	8	7	7	8	7	1	1	1
6028	전남 함평군	양봉현대화기자재지원	10,875	8	4	7	8	7	1	1	1
6029	전남 함평군	노지기능성옥수수생력재배시범	10,000	8	4	7	8	7	1	1	1
6030	전남 함평군	양봉대표브랜드품질향상지원	9,300	8	4	7	8	7	1	1	1
6031	전남 함평군	축산농가볏짚절단기지원사업	9,000	8	4	7	8	7	5	5	4
6032	전남 함평군	청보리사료적재기	8,000	8	4	7	8	7	5	5	4
6033	전남 함평군	딸기신품종도입시범	3,500	8	7	7	8	7	1	1	1
6034	전남 함평군	도시가스공급사업	1,077,370	8	1	7	8	7	2	2	4
6035	전남 영광군	2023년영광군도시가스공급망확장사업보조금지급	1,794,416	8	8	7	8	7	5	5	4
6036	전남 영광군	2023년(상반기)경로당개보수지원사업보조금송금(1차)	528,312	8	8	7	8	7	5	5	4
6037	전남 영광군	2023년맞춤형농기계지원사업보조금지급(1차)	500,624	8	8	7	8	7	5	5	4

순번	시군구	지출명 (사업명)	2024년예산 (단위 : 천원 /1년간)	민간이전 분류 (지방자치단체 세출예산 집행기준에 의거) 1. 민간경상사업보조(307-02) 2. 민간단체 법정운영비보조(307-03) 3. 민간행사사업보조(307-04) 4. 민간위탁금(307-05) 5. 사회복지시설 법정운영비보조(307-10) 6. 민간인위탁교육비(307-12) 7. 공기관등에대한경상적위탁사업비(308-13) 8. 민간자본사업보조,자체재원(402-01) 9. 민간자본사업보조,이전재원(402-02) 10. 민간위탁사업비(402-03) 11. 공기관등에 대한 자본적 위탁사업비(403-02)	민간이전지출 근거 (지방보조금 관리기준 참고) 1. 법률에 규정 2. 국고보조 재원(국가지정) 3. 용도 지정 기부금 4. 조례에 직접설치 5. 지자체가 권장하는 사업을 하는 공공기관 6. 시,도 정책 및 재정사정 7. 기타 8. 해당없음	입찰방식			운영예산 산정		성과평가 실시여부 1. 실시 2. 미실시 3. 향후 추진 4. 해당없음
						계약체결방법 (경쟁형태) 1. 일반경쟁 2. 제한경쟁 3. 지명경쟁 4. 수의계약 5. 법정위탁 6. 기타 ( ) 7. 없음	계약기간 1. 1년 2. 2년 3. 3년 4. 4년 5. 5년 6. 기타 ( )년 7. 단기계약 (1년미만) 8. 없음	낙찰자선정방법 1. 적격심사 2. 협상에의한계약 3. 최저가낙찰 4. 규격가격분리 5. 2단계 경쟁입찰 6. 기타 ( ) 7. 없음	운영예산 산정 1. 내부산정 (지자체 자체적으로 산정) 2. 외부산정 (외부전문기관위탁 산정) 3. 내·외부 모두 산정 4. 산정 無	정산방법 1. 내부정산 (지자체 내부적으로 정산) 2. 외부정산 (외부전문기관위탁 정산) 3. 내·외부 모두 정산 4. 정산 無 5. 없음	
6038	전남 영광군	2023년맞춤형농기계지원사업보조금지급(4차)	410,378	8	8	7	8	7	5	5	4
6039	전남 영광군	2023년맞춤형농기계지원사업보조금지급(2차)	401,009	8	8	7	8	7	5	5	4
6040	전남 영광군	대마전기자동차산업단지투자기업(주)에이치비입지보조금지급	362,805	8	8	7	8	7	5	5	4
6041	전남 영광군	2023년맞춤형농기계지원사업보조금지급(1차)	328,023	8	8	7	8	7	5	5	4
6042	전남 영광군	2023년맞춤형농기계지원사업보조금지급(6차)	309,322	8	8	7	8	7	5	5	4
6043	전남 영광군	2023년맞춤형농기계지원사업보조금지급(9차)	230,222	8	8	7	8	7	5	5	4
6044	전남 영광군	2023년맞춤형농기계지원사업보조금지급(3차)	206,977	8	8	7	8	7	5	5	4
6045	전남 영광군	연흥사주변정비(버스주차장조성등)사업보조금교부결정및송금통보	200,000	8	8	7	8	7	5	5	4
6046	전남 영광군	2023년맞춤형농기계지원사업보조금지급(5차)	168,111	8	8	7	8	7	5	5	4
6047	전남 영광군	2023년어획물운반컨베이어지원사업보조금지급	160,000	8	8	7	8	7	5	5	4
6048	전남 영광군	2023년맞춤형농기계지원사업보조금지급(8차)	156,665	8	8	7	8	7	5	5	4
6049	전남 영광군	농어촌버스통합교통카드단말기교체지원사업보조금교부결정및지급	150,000	8	8	7	8	7	5	5	4
6050	전남 영광군	2023년지자체농협협력사업(대파생산기반조성)보조금교부결정및지급	140,250	8	8	7	8	7	5	5	4
6051	전남 영광군	2023년지자체농협협력사업(대파생산기반조성)보조금교부결정취소및반납	140,250	8	8	7	8	7	5	5	4
6052	전남 영광군	2023년지자체농협협력사업(로컬푸드출하농가생산기반조성)보조금교부결정및지급(신속집행)	123,750	8	8	7	8	7	5	5	4
6053	전남 영광군	대마전기자동차산업단지투자기업대양식품(주)입지보조금지급	118,536	8	8	7	8	7	5	5	4
6054	전남 영광군	2023년맞춤형농기계지원사업보조금지급(최종)	109,979	8	8	7	8	7	5	5	4
6055	전남 영광군	2023년경로당입식테이블설치지원(시범)사업보조금송금[도비사업포함]	100,000	8	8	7	8	7	5	5	4
6056	전남 영광군	2023년밭작물생력화기술적용시범단지조성사업보조금지급	86,596	8	8	7	8	7	5	5	4
6057	전남 영광군	2023년지자체농협협력사업(물류현대화파레트지원)보조금지급(신속집행)	84,000	8	8	7	8	7	5	5	4
6058	전남 영광군	2023년경로당개보수지원사업보조금송금(6차)	83,835	8	8	7	8	7	5	5	4
6059	전남 영광군	2023년(상반기)경로당개보수지원사업보조금송금(2차)	81,180	8	8	7	8	7	5	5	4
6060	전남 영광군	2023조기수확형신품종복숭아보급시범사업보조금지급(신속집행)	77,000	8	8	7	8	7	5	5	4
6061	전남 영광군	조기수확형신품종복숭아보급시범사업보조금지급(신속집행)	77,000	8	8	7	8	7	5	5	4
6062	전남 영광군	2023년동력연무소독기지원사업보조금교부결정	74,520	8	8	7	8	7	5	5	4
6063	전남 영광군	2023년소형어선선외기교체지원사업보조금지급(2차)	71,790	8	8	7	8	7	5	5	4
6064	전남 영광군	2023년잡곡류생산비절감기계화시범사업보조금지급	63,000	8	8	7	8	7	5	5	4
6065	전남 영광군	2023년(상반기)경로당개보수지원사업보조금송금(3차)	62,804	8	8	7	8	7	5	5	4
6066	전남 영광군	2023년하반기경로당건강기구지원사업보조금송금1	60,000	8	8	7	8	7	5	5	4
6067	전남 영광군	2023년한우농가질소통지원사업	60,000	8	8	7	8	7	5	5	4
6068	전남 영광군	2023년기후변화에따른고품질시설과수재배농가육성시범사업보조금지급(신속집행)	60,000	8	8	7	8	7	5	5	4
6069	전남 영광군	2023년맞춤형농기계지원사업보조금지급(7차)	58,229	8	8	7	8	7	5	5	4
6070	전남 영광군	2022년하반기군내투자기업이행보증보험증권발급수수료지급	55,914	8	8	7	8	7	5	5	4
6071	전남 영광군	2023년상반기경로당건강기구지원사업보조금송금	55,000	8	8	7	8	7	5	5	4
6072	전남 영광군	2023년경로당개보수지원사업보조금송금(4차)	50,333	8	8	7	8	7	5	5	4
6073	전남 영광군	2023년스탄치온자동개폐장치지원사업	50,000	8	8	7	8	7	5	5	4
6074	전남 영광군	2023년고수온대응지원사업보조금지급	50,000	8	8	7	8	7	5	5	4
6075	전남 영광군	2023년소형어선선외기교체지원사업보조금지급	48,210	8	8	7	8	7	5	5	4
6076	전남 영광군	모시떡자동포장시설설비구축사업보조금지급(1차)	43,871	8	8	7	8	7	5	5	4
6077	전남 영광군	2023년경로당개보수지원사업보조금송금(5차)	38,485	8	8	7	8	7	5	5	4

순번	시군구	지출명 (사업명)	2024년예산 (단위: 천원/1년간)	민간이전 분류 (지방자치단체 세출예산 집행기준에 의거) 1. 민간경상사업보조(307-02) 2. 민간단체 법정운영비보조(307-03) 3. 민간행사사업보조(307-04) 4. 민간위탁금(307-05) 5. 사회복지시설 법정운영비보조(307-10) 6. 민간인위탁교육비(307-12) 7. 공기관등에대한경상적위탁사업비(308-13) 8. 민간자본사업보조,자체재원(402-01) 9. 민간자본사업보조,이전재원(402-02) 10. 민간위탁사업비(402-03) 11. 공기관등에 대한 자본적 위탁사업비(403-02)	민간이전지출 근거 (지방보조금 관리기준 참고) 1. 법률에 규정 2. 국고보조 재원(국가지정) 3. 용도 지정 기부금 4. 조례에 직접규정 5. 지자체가 권장하는 사업을 하는 공공기관 6. 시,도 정책 및 재정사정 7. 기타 8. 해당없음	입찰방식			운영예산 산정		성과평가 실시여부
						계약체결방법 (경쟁형태) 1. 일반경쟁 2. 제한경쟁 3. 지명경쟁 4. 수의계약 5. 법정위탁 6. 기타 ( ) 7. 없음	계약기간 1. 1년 2. 2년 3. 3년 4. 4년 5. 5년 6. 기타 ( )년 7. 단기계약 (1년미만) 8. 없음	낙찰자선정방법 1. 적격심사 2. 협상에의한계약 3. 최저가낙찰제 4. 규격가격분리 5. 2단계 경쟁입찰 6. 기타 ( ) 7. 없음	운영예산 산정 1. 내부산정 (지자체 자체적으로 산정) 2. 외부산정 (외부전문기관위탁 산정) 3. 내·외부 모두 산정 4. 산정 無 5. 없음	정산방법 1. 내부정산 (지자체 내부적으로 정산) 2. 외부정산 (외부전문기관위탁 정산) 3. 내·외부 모두 정산 4. 정산 無 5. 없음	1. 실시 2. 미실시 3. 향후 추진 4. 해당없음
6078	전남 영광군	2023년TMR자동급이기지원사업지원사업보조금지급(4차)	38,400	8	8	7	8	7	5	5	4
6079	전남 영광군	모싯잎송편가공장비현대화지원사업보조금지급(1차)	36,000	8	8	7	8	7	5	5	4
6080	전남 영광군	2023년수산물운반용지게차보급사업보조금지급의뢰	32,400	8	8	7	8	7	5	5	4
6081	전남 영광군	2023년표고톱밥배지구입지원사업보조금지급(2차)	32,142	8	8	7	8	7	5	5	4
6082	전남 영광군	2023년고품질원예작물생산연작장해개선시범사업보조금지급(신속집행)	31,500	8	8	7	8	7	5	5	4
6083	전남 영광군	2023년염소종모종빈지원사업보조금지급(1차)	31,250	8	8	7	8	7	5	5	4
6084	전남 영광군	2023년맞춤형농기계지원사업보조금지급(1차_추가)	30,060	8	8	7	8	7	5	5	4
6085	전남 영광군	굳지않는영광모시떡상품화지원사업보조금지급(1차)	30,000	8	8	7	8	7	5	5	4
6086	전남 영광군	2023년딸기육묘장여름철고온기온도저감시설보급시범사업보조금지급(1차)	29,995	8	8	7	8	7	5	5	4
6087	전남 영광군	딸기육묘장여름철고온기온도저감시설보급시범사업보조금지급(3차)	29,817	8	8	7	8	7	5	5	4
6088	전남 영광군	굳지않는영광모시떡상품화지원사업보조금지급(2차)	28,311	8	8	7	8	7	5	5	4
6089	전남 영광군	2023년논메탄발생저감맥류콩이모작재배시범사업보조금지급(1차)	28,000	8	8	7	8	7	5	5	4
6090	전남 영광군	2023년논메탄발생저감맥류콩이모작재배시범사업보조금지급(2차)	28,000	8	8	7	8	7	5	5	4
6091	전남 영광군	2023년특수미상품화기술시범사업보조금지급	28,000	8	8	7	8	7	5	5	4
6092	전남 영광군	2023년논메탄발생저감맥류콩이모작재배시범사업보조금지급(3차)	28,000	8	8	7	8	7	5	5	4
6093	전남 영광군	2023년논메탄발생저감맥류콩이모작재배시범사업보조금지급	28,000	8	8	7	8	7	5	5	4
6094	전남 영광군	2023년도소비트렌드대응블루베리신품종보급시범사업보조금지급(신속집행)	28,000	8	8	7	8	7	5	5	4
6095	전남 영광군	2023년축사공기정화질병예방기술시범사업보조금지급	28,000	8	8	7	8	7	5	5	4
6096	전남 영광군	2023년농산물소형저온저장고지원사업보조금지급(자체1차)	25,767	8	8	7	8	7	5	5	4
6097	전남 영광군	경로당비품지원사업교부결정및송금통보(2차)	25,760	8	8	7	8	7	5	5	4
6098	전남 영광군	2023년사료조환경개선지원사업보조금지급(6차)	25,250	8	8	7	8	7	5	5	4
6099	전남 영광군	연충사목조삼세여래좌상승격자료작성용역보조금교부결정및송금통보	25,000	8	8	7	8	7	5	5	4
6100	전남 영광군	경로당비품지원사업교부결정및송금통보(1차)	23,460	8	8	7	8	7	5	5	4
6101	전남 영광군	경로당비품지원사업교부결정및송금통보(6차)	22,450	8	8	7	8	7	5	5	4
6102	전남 영광군	2023년저탄소식량작물재배기술현장확산모델시범사업보조금지급	21,000	8	8	7	8	7	5	5	4
6103	전남 영광군	2023년쪽파연중생산재배작형구축시범사업보조금지급(신속집행)	21,000	8	8	7	8	7	5	5	4
6104	전남 영광군	2023년양봉산물가공상품화기술시범사업보조금지급	21,000	8	8	7	8	7	5	5	4
6105	전남 영광군	상사화절화상품화시범사업보조금지급	21,000	8	8	7	8	7	5	5	4
6106	전남 영광군	2023년딸기육묘장여름철고온기온도저감시설보급시범사업보조금지급(2차)	20,084	8	8	7	8	7	5	5	4
6107	전남 영광군	2023년자연순환가축분뇨처리장비지원사업보조금지급(1차)	20,000	8	8	7	8	7	5	5	4
6108	전남 영광군	2023년양봉소초광저온보관기술시범사업보조금지급	20,000	8	8	7	8	7	5	5	4
6109	전남 영광군	홍농읍경로당노후시설개선사업완료에따른대금지급	19,780	8	8	7	8	7	5	5	4
6110	전남 영광군	2023년청년창업농장조성지원사업보조금지급(신속집행)	17,500	8	8	7	8	7	5	5	4
6111	전남 영광군	2023년조사료이용장비지원사업보조금지급(9차)	16,800	8	8	7	8	7	5	5	4
6112	전남 영광군	2023년일반음식점입식테이블설치지원사업완료에따른보조금지급(자체)	16,555	8	8	7	8	7	5	5	4
6113	전남 영광군	2023년조사료이용장비지원사업보조금지급(7차)	16,240	8	8	7	8	7	5	5	4
6114	전남 영광군	2023년다용도소형하우스지원사업보조금집행(2차)	16,117	8	8	7	8	7	5	5	4
6115	전남 영광군	2023년가금농가시설장비지원사업보조금지급(2차)	16,000	8	8	7	8	7	5	5	4
6116	전남 영광군	2023년샤인머스켓수확기노동력절감시범사업(추경)보조금지급	15,750	8	8	7	8	7	5	5	4
6117	전남 영광군	2022년하반기군내투자기업이행보증보험증권발급수수료지급	15,200	8	8	7	8	7	5	5	4

순번	시군구	지출명 (사업명)	2024년예산 (단위: 천원/1년간)	민간이전 분류 (지방자치단체 세출예산 집행기준에 의거) 1. 민간경상사업보조(307-02) 2. 민간단체 법정운영비보조(307-03) 3. 민간행사사업보조(307-04) 4. 민간위탁금(307-05) 5. 사회복지시설 법정운영비보조(307-10) 6. 민간위탁교육비(307-12) 7. 공기관등에대한경상적위탁사업비(308-13) 8. 민간자본사업보조,자체재원(402-01) 9. 민간자본보조,이전재원(402-02) 10. 민간위탁사업비(402-03) 11. 공기관등에 대한 자본적 위탁사업비(403-02)	민간이전지출 근거 (지방보조금 관리기준 참고) 1. 법률에 규정 2. 국고보조 재원(국가지정) 3. 용도 지정 기부금 4. 조례에 직접규정 5. 지자체가 권장하는 사업을 하는 공공기관 6. 시,도 정책 및 재정사정 7. 기타 8. 해당없음	입찰방식			운영예산 산정		성과평가 실시여부 1. 실시 2. 미실시 3. 향후 추진 4. 해당없음
						계약체결방법 (경쟁형태) 1. 일반경쟁 2. 제한경쟁 3. 지명경쟁 4. 수의계약 5. 법정위탁 6. 기타 ( ) 7. 없음	계약기간 1. 1년 2. 2년 3. 3년 4. 4년 5. 5년 6. 기타 ( )년 7. 단기계약 (1년미만) 8. 없음	낙찰자선정방법 1. 적격심사 2. 협상에의한계약 3. 최저가낙찰제 4. 규격가격분리 5. 2단계 경쟁입찰 6. 기타 ( ) 7. 없음	운영예산 산정 1. 내부산정 (지자체 자체적으로 산정) 2. 외부산정 (외부전문기관위탁 산정) 3. 내·외부 모두 산정 4. 산정 無	정산방법 1. 내부정산 (지자체 내부적으로 정산) 2. 외부정산 (외부전문기관위탁 정산) 3. 내·외부 모두 산정 4. 정산 無 5. 없음	
6118	전남 영광군	2023년소규모강소농창업활성화시범사업보조금교부결정	15,000	8	8	7	8	7	5	5	4
6119	전남 영광군	2023년청년농업인영농창업지원사업보조금지급(신속집행)	15,000	8	8	7	8	7	5	5	4
6120	전남 영광군	굳지않는영광모시떡상품화지원사업보조금지급(영광참모시)	15,000	8	8	7	8	7	5	5	4
6121	전남 영광군	2023년경로당개보수지원사업보조금송금(4차)	14,967	8	8	7	8	7	5	5	4
6122	전남 영광군	2023년가정용음식물류폐기물처리기설치지원사업보조금지급(27명)	14,899	8	8	7	8	7	5	5	4
6123	전남 영광군	2023년축사입구소독장비지원사업보조금지급(2차)	14,500	8	8	7	8	7	5	5	4
6124	전남 영광군	2023년경로당개보수지원사업보조금송금(6차)	14,439	8	8	7	8	7	5	5	4
6125	전남 영광군	2023년개인형이동수단(PM)보급사업대상자보조금지급	14,400	8	8	7	8	7	5	5	4
6126	전남 영광군	2023년고품질배신품종재배단지조성시범사업(추경)보조금지급	14,369	8	8	7	8	7	5	5	4
6127	전남 영광군	2023년농산물소형저온저장고지원사업보조금지급(자체2차)	14,315	8	8	7	8	7	5	5	4
6128	전남 영광군	2023년경로당개보수지원사업보조금송금(7차)	14,251	8	8	7	8	7	5	5	4
6129	전남 영광군	2023년상반기영광군창업지원사업(리모델링비)교부결정및송금(이O영외1명)	14,000	8	8	7	8	7	5	5	4
6130	전남 영광군	2023년하반기영광군청년창업지원사업(리모델링비)교부결정및송금	14,000	8	8	7	8	7	5	5	4
6131	전남 영광군	2023년다량배출사업장음식물류폐기물처리기설치지원사업보조금지급	14,000	8	8	7	8	7	5	5	4
6132	전남 영광군	2023년축매연소탄산시비이용시설예생산성향상시범사업보조금지급	14,000	8	8	7	8	7	5	5	4
6133	전남 영광군	2023년당근2기작재배작형구축시범사업보조금지급(신속집행)	14,000	8	8	7	8	7	5	5	4
6134	전남 영광군	시설채소생물학적해충종합방제시범사업보조금집행(신속집행)	14,000	8	8	7	8	7	5	5	4
6135	전남 영광군	2023년상사화신품종재배육성사업보조금지급	14,000	8	8	7	8	7	5	5	4
6136	전남 영광군	2023년조사료이용장비지원사업보조금지급(8차)	13,440	8	8	7	8	7	5	5	4
6137	전남 영광군	2023년다용도소형하우스지원사업보조금집행(1차)	12,750	8	8	7	8	7	5	5	4
6138	전남 영광군	2023년가정용음식물류폐기물처리기설치지원사업보조금지급	12,639	8	8	7	8	7	5	5	4
6139	전남 영광군	2023년염소종모종빈지원사업보조금지급(3차)	12,500	8	8	7	8	7	5	5	4
6140	전남 영광군	2023년염소종모종빈지원사업보조금지급(최종)	12,500	8	8	7	8	7	5	5	4
6141	전남 영광군	2023년무인보트활용논제초생력화시범사업보조금지급	12,250	8	8	7	8	7	5	5	4
6142	전남 영광군	2022년자연순환가축분뇨처리장비지원사업보조금지급(최종)사고이월	12,000	8	8	7	8	7	5	5	4
6143	전남 영광군	2023년자연순환가축분뇨처리장비지원사업보조금지급(2차)	12,000	8	8	7	8	7	5	5	4
6144	전남 영광군	2023년자연순환가축분뇨처리장비지원사업보조금지급(3차)	12,000	8	8	7	8	7	5	5	4
6145	전남 영광군	2023년자연순환가축분뇨처리장비지원사업보조금지급(최종)	12,000	8	8	7	8	7	5	5	4
6146	전남 영광군	2023년가정용음식물류폐기물처리기설치지원사업보조금지급	11,664	8	8	7	8	7	5	5	4
6147	전남 영광군	2023년사료조환경개선지원사업보조금지급(4차)	11,610	8	8	7	8	7	5	5	4
6148	전남 영광군	2023년사료조환경개선지원사업보조금지급(1차)	11,430	8	8	7	8	7	5	5	4
6149	전남 영광군	2023년경로당개보수지원사업보조금송금(5차)	11,259	8	8	7	8	7	5	5	4
6150	전남 영광군	2023년축사환풍기지원사업보조금지급2차	11,250	8	8	7	8	7	5	5	4
6151	전남 영광군	2023년축사환풍기지원사업보조금지급(5차)	10,850	8	8	7	8	7	5	5	4
6152	전남 영광군	2023년가정용음식물류폐기물처리기설치지원사업보조금지급	10,802	8	8	7	8	7	5	5	4
6153	전남 영광군	2023년표고톱밥배지구입지원사업보조금지급(1차)	10,714	8	8	7	8	7	5	5	4
6154	전남 영광군	2023년표고톱밥배지구입지원사업보조금지급(3차)	10,714	8	8	7	8	7	5	5	4
6155	전남 영광군	2022년다용도소형하우스지원사업보조금집행(이월,완료)	10,701	8	8	7	8	7	5	5	4
6156	전남 영광군	2023년가정용음식물류폐기물처리기설치지원사업보조금지급	10,570	8	8	7	8	7	5	5	4
6157	전남 영광군	장산사유허비주변정비(화장실신축)보조금교부결정및송금통보	10,500	8	8	7	8	7	5	5	4

순번	시군구	지출명 (사업명)	2024년예산 (단위 : 천원 /1년간)	민간이전 분류 (지방자치단체 세출예산 집행기준에 의거) 1. 민간경상사업보조(307-02) 2. 민간단체 법정운영비보조(307-03) 3. 민간행사사업보조(307-04) 4. 민간위탁금(307-05) 5. 사회복지시설 법정운영비보조(307-10) 6. 민간위탁교육비(307-12) 7. 공기관등에대한경상적위탁사업비(308-13) 8. 민간자본사업보조,자체재원(402-01) 9. 민간자본보조,이전재원(402-02) 10. 민간대행사업비(402-03) 11. 공기관등에 대한 자본적 위탁사업비(403-02)	민간이전지출 근거 (지방보조금 관리기준 참고) 1. 법률에 규정 2. 국고보조 재원(국가지정) 3. 용도 지정 기부금 4. 조례에 직접규정 5. 지자체가 권장하는 사업을 하는 공공기관 6. 시,도 정책 및 재정사정 7. 기타 8. 해당없음	입찰방식			운영예산 산정		성과평가 실시여부 1. 실시 2. 미실시 3. 향후 추진 4. 해당없음
						계약체결방법 (경쟁형태) 1. 일반경쟁 2. 제한경쟁 3. 지명경쟁 4. 수의계약 5. 법정위탁 6. 기타 ( ) 7. 없음	계약기간 1. 1년 2. 2년 3. 3년 4. 4년 5. 5년 6. 기타 ( )년 7. 단기계약 (1년미만) 8. 없음	낙찰자선정방법 1. 적격심사 2. 협상에의한계약 3. 최저가낙찰제 4. 규격가격분리 5. 2단계 경쟁입찰 6. 기타 ( ) 7. 없음	운영예산 산정 1. 내부산정 (지자체 자체적으로 산정) 2. 외부산정 (외부전문기관위탁 산정) 3. 내·외부 모두 산정 4. 산정 無 5. 없음	정산방법 1. 내부정산 (지자체 내부적으로 정산) 2. 외부정산 (외부전문기관위탁 정산) 3. 내·외부 모두 산정 4. 정산 無 5. 없음	
6158	전남 영광군	2023년딸기육묘장여름철고온기온도저감시설보급시범사업보조금지급(이*현)	10,500	8	8	7	8	7	5	5	4
6159	전남 영광군	2023년딸기육묘장여름철고온기온도저감시설보급시범사업보조금지급(김*중)	10,500	8	8	7	8	7	5	5	4
6160	전남 영광군	2023년쪽파연중생산재배작구축시범사업보조금반납(여입)	10,500	8	8	7	8	7	5	5	4
6161	전남 영광군	2023년축사환풍기지원사업보조금지급(6차)	10,350	8	8	7	8	7	5	5	4
6162	전남 영광군	경로당비품지원사업교부결정및송금통보(5차)	10,270	8	8	7	8	7	5	5	4
6163	전남 영광군	2023년벼우량종자율교환증식단지조성시범사업보조금지급	10,156	8	8	7	8	7	5	5	4
6164	전남 영광군	2023년소규모공동주택지원사업보조금지급(옥당연립)	10,000	8	8	7	8	7	5	5	4
6165	전남 영광군	2023년소규모공동주택지원사업보조금지급(해룡연립주택)	10,000	8	8	7	8	7	5	5	4
6166	전남 영광군	2023년소규모공동주택지원사업보조금지급(영진행복아파트)	10,000	8	8	7	8	7	5	5	4
6167	전남 영광군	2023년소규모공동주택지원사업보조금지급(숲안에아파트13동)	10,000	8	8	7	8	7	5	5	4
6168	전남 영광군	2023년소규모공동주택지원사업보조금지급(하나프리미엄빌3차)	10,000	8	8	7	8	7	5	5	4
6169	전남 영광군	2023년소규모공동주택지원사업보조금지급(대성스카이빌)	10,000	8	8	7	8	7	5	5	4
6170	전남 영광군	2023년법성진역사문화탐방길조성사업보조금교부결정및송금통보	10,000	8	8	7	8	7	5	5	4
6171	전남 영광군	2023년벼건전육묘시설지원사업보조금지급(2차)	10,000	8	8	7	8	7	5	5	4
6172	전남 영광군	2023년찰보리식품제조가공지원사업보조금지급(2차)	10,000	8	8	7	8	7	5	5	4
6173	전남 영광군	2023년찰보리식품제조가공지원사업보조금지급(1차)	9,700	8	8	7	8	7	5	5	4
6174	전남 영광군	2023년지하수정수장치지원사업보조금지급(3차)	9,600	8	8	7	8	7	5	5	4
6175	전남 영광군	2023년축사환풍기지원사업보조금지급(7차)	9,600	8	8	7	8	7	5	5	4
6176	전남 영광군	2023년소규모공동주택지원사업보조금지급(청미래아파트)	9,554	8	8	7	8	7	5	5	4
6177	전남 영광군	2023년고품질원예작물생산측정기술향상시범사업보조금지급(신속집행)	9,240	8	8	7	8	7	5	5	4
6178	전남 영광군	2023년축사안개분무기지원사업보조금지급(1차)	9,000	8	8	7	8	7	5	5	4
6179	전남 영광군	2023년축사안개분무기지원사업보조금지급(2차)	9,000	8	8	7	8	7	5	5	4
6180	전남 영광군	2023년귀농인농가주택수리비지원사업보조금지급(이*환)	9,000	8	8	7	8	7	5	5	4
6181	전남 영광군	2023년귀농인농가주택수리비지원사업보조금지급(박*열)	9,000	8	8	7	8	7	5	5	4
6182	전남 영광군	2023년귀농인농가주택수리비지원사업보조금지급(이*례)	9,000	8	8	7	8	7	5	5	4
6183	전남 영광군	2023년귀농인농가주택수리비지원사업보조금지급(고*만)	9,000	8	8	7	8	7	5	5	4
6184	전남 영광군	모싯잎송편가공장비현대화지원사업보조금지급(2차)	9,000	8	8	7	8	7	5	5	4
6185	전남 영광군	2023년귀농인농가주택수리비지원사업보조금지급(정*태)	8,960	8	8	7	8	7	5	5	4
6186	전남 영광군	2023년사료조환경개선지원사업보조금지급(3차)	8,940	8	8	7	8	7	5	5	4
6187	전남 영광군	2023년환경관리센터주변지역주민지원사업보조금교부결정(진덕3리)	8,900	8	8	7	8	7	5	5	4
6188	전남 영광군	2023년환경관리센터주변지역주민지원사업보조금교부결정(진덕3리)	8,900	8	8	7	8	7	5	5	4
6189	전남 영광군	2023년다용도소형하우스지원사업보조금지급(11차)	8,732	8	8	7	8	7	5	5	4
6190	전남 영광군	2023년농산물소형저온저장고지원사업보조금지급(자체5차)	8,589	8	8	7	8	7	5	5	4
6191	전남 영광군	2023년축사환풍기지원사업보조금지급(1차)	8,500	8	8	7	8	7	5	5	4
6192	전남 영광군	경로당비품지원사업교부결정및송금통보(3차)	8,260	8	8	7	8	7	5	5	4
6193	전남 영광군	2023년다용도소형하우스지원사업보조금지급(8차)	8,141	8	8	7	8	7	5	5	4
6194	전남 영광군	2023년가금농가시설장비지원사업보조금지급(1차)	8,000	8	8	7	8	7	5	5	4
6195	전남 영광군	2023년축사환풍기지원사업보조금지급(3차)	7,700	8	8	7	8	7	5	5	4
6196	전남 영광군	2023년경로당건강기구지원사업보조금송금	7,500	8	8	7	8	7	5	5	4
6197	전남 영광군	2023년사료조환경개선지원사업보조금지급(2차)	7,500	8	8	7	8	7	5	5	4

순번	시군구	지출명 (사업명)	2024년예산 (단위 : 천원 /1년간)	민간이전 분류 (지방자치단체 세출예산 집행기준에 의거) 1. 민간경상사업보조(307-02) 2. 민간단체 법정운영비보조(307-03) 3. 민간행사사업보조(307-04) 4. 민간위탁금(307-05) 5. 사회복지시설 법정운영비보조(307-10) 6. 민간인위탁교육비(307-12) 7. 공기관등에대한경상적위탁사업비(308-13) 8. 민간자본사업보조,자체재원(402-01) 9. 민간자본보조,이전재원(402-02) 10. 민간위탁사업비(402-03) 11. 공기관등에 대한 자본적 위탁사업비(403-02)	민간이전지출 근거 (지방보조금 관리기준 참고) 1. 법률에 규정 2. 국고보조 재원(국가지정) 3. 용도 지정 기부금 4. 조례에 직접규정 5. 지자체가 권장하는 사업을 하는 공공기관 6. 시,도 정책 및 재정사정 7. 기타 8. 해당없음	입찰방식			운영예산 산정		성과평가 실시여부
						계약체결방법 (경쟁형태) 1. 일반경쟁 2. 제한경쟁 3. 지명경쟁 4. 수의계약 5. 법정위탁 6. 기타 ( ) 7. 없음	계약기간 1. 1년 2. 2년 3. 3년 4. 4년 5. 5년 6. 기타 ( )년 7. 단기계약 (1년미만) 8. 없음	낙찰자선정방법 1. 적격심사 2. 협상에의한계약 3. 최저가낙찰제 4. 규격가격분리 5. 2단계 경쟁입찰 6. 기타 ( ) 7. 없음	운영예산 산정 1. 내부산정 (지자체 자체적으로 산정) 2. 외부산정 (외부전문기관위탁 산정) 3. 내·외부 모두 산정 4. 산정 無 5. 없음	정산방법 1. 내부정산 (지자체 내부적으로 정산) 2. 외부정산 (외부전문기관위탁 정산) 3. 내·외부 모두 산정 4. 정산 無 5. 없음	1. 실시 2. 미실시 3. 향후 추진 4. 해당없음
6198	전남 영광군	2023년소규모공동주택지원사업보조금지급(푸른빌라)	7,207	8	8	7	8	7	5	5	4
6199	전남 영광군	2023년영광군청년창업지원사업보조금교부결정및송금	7,000	8	8	7	8	7	5	5	4
6200	전남 영광군	2023년다용도소형하우스지원사업보조금지급(3차)	6,713	8	8	7	8	7	5	5	4
6201	전남 영광군	2023년TMR자동급이기지원사업지원사업보조금지급(2차)	6,400	8	8	7	8	7	5	5	4
6202	전남 영광군	2023년잡곡류종자부착생분해필름생력화시범사업보조금지급	6,300	8	8	7	8	7	5	5	4
6203	전남 영광군	2023년염소종모빈지원사업보조금지급(2차)	6,250	8	8	7	8	7	5	5	4
6204	전남 영광군	모시떡자동포장시설설비구축지원사업보조금지급(2차)	6,129	8	8	7	8	7	5	5	4
6205	전남 영광군	2023년조사료이용장비지원사업보조금지급(1차)	6,000	8	8	7	8	7	5	5	4
6206	전남 영광군	2023년다용도소형하우스지원사업보조금지급(6차)	5,820	8	8	7	8	7	5	5	4
6207	전남 영광군	2023년소규모공동주택지원사업보조금지급(아마빌레11동,13동)	5,708	8	8	7	8	7	5	5	4
6208	전남 영광군	2023년축사환풍기지원사업보조금지급(4차)	5,700	8	8	7	8	7	5	5	4
6209	전남 영광군	2023년다용도소형하우스지원사업보조금지급(7차)	5,049	8	8	7	8	7	5	5	4
6210	전남 영광군	2023년다용도소형하우스지원사업보조금지급(5차)	5,020	8	8	7	8	7	5	5	4
6211	전남 영광군	2023년벼건전육묘시설설치지원사업보조금지급(1차)	5,000	8	8	7	8	7	5	5	4
6212	전남 영광군	2023년벼건전육묘시설설치지원사업보조금지급(3차)	5,000	8	8	7	8	7	5	5	4
6213	전남 영광군	2023년벼건전육묘시설설치지원사업보조금지급(4차)	5,000	8	8	7	8	7	5	5	4
6214	전남 영광군	2023년귀농인창업농지원사업보조금지급(이*)	5,000	8	8	7	8	7	5	5	4
6215	전남 영광군	2023년귀농인창업농지원사업보조금지급(이*훈)	5,000	8	8	7	8	7	5	5	4
6216	전남 영광군	2023년귀농인창업농지원사업보조선지급(남*훈)	5,000	8	8	7	8	7	5	5	4
6217	전남 영광군	2023년양봉소초광저온보관기술시범사업보조금지급(김O성)	5,000	8	8	7	8	7	5	5	4
6218	전남 영광군	2023년귀농인창업농지원사업보조금지급(임*근)	4,838	8	8	7	8	7	5	5	4
6219	전남 영광군	경로당비품지원사업교부결정및송금(4차)	4,800	8	8	7	8	7	5	5	4
6220	전남 영광군	2023년귀농인창업농지원사업보조금지급(정*훈)	4,551	8	8	7	8	7	5	5	4
6221	전남 영광군	2023년조사료이용장비지원사업보조금지급(2차)	4,400	8	8	7	8	7	5	5	4
6222	전남 영광군	2023년조사료이용장비지원사업보조금지급(6차)	4,240	8	8	7	8	7	5	5	4
6223	전남 영광군	2023년벼생산비절감드문모심기기술시범사업보조금지급	4,200	8	8	7	8	7	5	5	4
6224	전남 영광군	2023년귀농인창업농지원사업보조금지급(김*경)	4,086	8	8	7	8	7	5	5	4
6225	전남 영광군	2023년다용도소형하우스지원사업보조금지급(1차)	3,867	8	8	7	8	7	5	5	4
6226	전남 영광군	2023년조사료이용장비지원사업보조금지급(5차)	3,600	8	8	7	8	7	5	5	4
6227	전남 영광군	2023년사료조환경개선지원사업보조금지급(5차)	3,600	8	8	7	8	7	5	5	4
6228	전남 영광군	2023년바르게살기운동영광군협의회지방보조금교부결정및지급(회의용테이블)	3,600	8	8	7	8	7	5	5	4
6229	전남 영광군	2022년조기수확형신품종복숭아보급시범사업부가세환급금여입	3,255	8	8	7	8	7	5	5	4
6230	전남 영광군	2023년조사료이용장비지원사업보조금지급(4차)	3,200	8	8	7	8	7	5	5	4
6231	전남 영광군	2023년지하수정수장치지원사업보조금지급1차	3,200	8	8	7	8	7	5	5	4
6232	전남 영광군	2023년지하수정수장치지원사업보조금지급(2차)	3,200	8	8	7	8	7	5	5	4
6233	전남 영광군	2022년축사안개분무기지원사업보조금지급	2,908	8	8	7	8	7	5	5	4
6234	전남 영광군	2023년농산물소형저온저장고지원사업보조금지급(자체3차)	2,863	8	8	7	8	7	5	5	4
6235	전남 영광군	2023년농산물소형저온저장고지원사업보조금지급(자체4차)	2,863	8	8	7	8	7	5	5	4
6236	전남 영광군	2023년농산물소형저온저장고지원사업보조금지급(자체6차)	2,863	8	8	7	8	7	5	5	4
6237	전남 영광군	2023년농산물소형저온저장고지원사업보조금지급(자체7차)	2,863	8	8	7	8	7	5	5	4

순번	시군구	지출명 (사업명)	2024년예산 (단위 : 천원 /1년간)	민간이전 분류 (지방자치단체 세출예산 집행기준에 의거) 1. 민간경상사업보조(307-02) 2. 민간단체 법정운영비보조(307-03) 3. 민간행사사업보조(307-04) 4. 민간위탁금(307-05) 5. 사회복지시설 법정운영비보조(307-10) 6. 민간위탁교육비(307-12) 7. 공기관등에대한경상적위탁사업비(308-13) 8. 민간자본사업보조,자체재원(402-01) 9. 민간자본사업보조,이전재원(402-02) 10. 민간위탁사업비(402-03) 11. 공기관등에 대한 자본적 위탁사업비(403-02)	민간이전지출 근거 (지방보조금 관리기준 참고) 1. 법률에 규정 2. 국고보조 재원(국가지정) 3. 용도 지정 기부금 4. 조례에 직접규정 5. 지자체가 권장하는 사업을 하는 공공기관 6. 시,도 정책 및 재정사정 7. 기타 8. 해당없음	입찰방식 계약체결방법(경쟁형태) 1. 일반경쟁 2. 제한경쟁 3. 지명경쟁 4. 수의계약 5. 법정위탁 6. 기타 ( ) 7. 없음	계약기간 1. 1년 2. 2년 3. 3년 4. 4년 5. 5년 6. 기타 ( )년 7. 단기계약 (1년미만) 8. 없음	낙찰자선정방법 1. 적격심사 2. 협상에의한계약 3. 최저가낙찰제 4. 규격가격분리 5. 2단계 경쟁입찰 6. 기타 ( ) 7. 없음	운영예산 산정 1. 내부산정 (지자체 자체적으로 산정) 2. 외부산정 (외부전문기관위탁 산정) 3. 내·외부 모두 산정 4. 산정 無 5. 없음	정산방법 1. 내부정산 (지자체 내부적으로 정산) 2. 외부정산 (외부전문기관위탁 정산) 3. 내·외부 모두 정산 4. 정산 無 5. 없음	성과평가 실시여부 1. 실시 2. 미실시 3. 향후 추진 4. 해당없음
6238	전남 영광군	2023년농산물소형저온저장고지원사업보조금지급(자체8차)	2,863	8	8	7	8	7	5	5	4
6239	전남 영광군	2023년축사입구소독장비지원사업보조금지급(1차)	2,727	8	8	7	8	7	5	5	4
6240	전남 영광군	2023년친환경과수농가해충방제지원사업보조금지급(최종)	2,660	8	8	7	8	7	5	5	4
6241	전남 영광군	2023년하반기경로당건강기구지원사업보조금송금2	2,500	8	8	7	8	7	5	5	4
6242	전남 영광군	2023년축사입구소독장비지원사업보조금지급(3차)	2,500	8	8	7	8	7	5	5	4
6243	전남 영광군	2023년소규모공동주택지원사업보조금지급(심지빌라나동)	2,450	8	8	7	8	7	5	5	4
6244	전남 영광군	경로당비품지원사업교부결정및송금통보(6차)국제아파트,성재동	2,400	8	8	7	8	7	5	5	4
6245	전남 영광군	2023년TMR자동급이기지원사업지원보조금지급(1차)	2,400	8	8	7	8	7	5	5	4
6246	전남 영광군	2023년조사료이용장비지원사업보조금지급(3차)	2,400	8	8	7	8	7	5	5	4
6247	전남 영광군	2023년TMR자동급이기지원사업지원보조금지급(3차)	2,400	8	8	7	8	7	5	5	4
6248	전남 영광군	2023년다용도소형하우스지원사업보조금지급(4차)	2,323	8	8	7	8	7	5	5	4
6249	전남 영광군	2023년다용도소형하우스지원사업보조금지급(9차)	2,319	8	8	7	8	7	5	5	4
6250	전남 영광군	2023년고품질원예작물생산측정기술향상시범사업보조금지급(2차)	2,310	8	8	7	8	7	5	5	4
6251	전남 영광군	2023년양봉소초광저온보관기술시범사업부가가치세환급에따른보조금여입(5명)	2,273	8	8	7	8	7	5	5	4
6252	전남 영광군	2023년기후변화에따른고품질시과수재배농가육성시범사업부가세여입	2,182	8	8	7	8	7	5	5	4
6253	전남 영광군	2023년공기정화용녹색필터시설지원사업보조금지급	2,000	8	8	7	8	7	5	5	4
6254	전남 영광군	시설채소생물학적해충종합방제시범사업보조금여입	1,736	8	8	7	8	7	5	5	4
6255	전남 영광군	2023년논메탄발생저감맥류콩이모작재배시범사업집행잔액반납	1,686	8	8	7	8	7	5	5	4
6256	전남 영광군	2023년가정용음식물류폐기물처리기설치지원사업보조금지급(3명)	1,678	8	8	7	8	7	5	5	4
6257	전남 영광군	2023년잡곡생산비절감기계화시범사업보조금집행잔액반납	1,676	8	8	7	8	7	5	5	4
6258	전남 영광군	2023년논메탄발생저감맥류콩이모작재배시범사업집행잔액반납(김대연)	1,177	8	8	7	8	7	5	5	4
6259	전남 영광군	상사화절화상품화시범사업보조금집행잔액여입	977	8	8	7	8	7	5	5	4
6260	전남 영광군	2023년청년농업인영농창업지원사업부가가치세환급에따른보조금여입(김*주)	672	8	8	7	8	7	5	5	4
6261	전남 영광군	2023영광e모빌리티SNS서포터즈e모빌리티구매지원보조금교부결정및송금	600	8	8	7	8	7	5	5	4
6262	전남 영광군	2023년잡곡종자부착생분해필름생력화시범사업집행잔액반납	573	8	8	7	8	7	5	5	4
6263	전남 영광군	2023년귀농인창업농지원사업부가가치세환급에따른보조금여입(이*훈)	400	8	8	7	8	7	5	5	4
6264	전남 영광군	2023년벼우량종자자율교환증식단지조성시범사업보조금지급	344	8	8	7	8	7	5	5	4
6265	전남 영광군	굳지않는영광모시떡상품화지원사업보조금지급(3차)만민떡집2호점	325	8	8	7	8	7	5	5	4
6266	전남 영광군	2023년일반음식점입식테이블설치지원사업완료에따른보조금지급(자체3차)	291	8	8	7	8	7	5	5	4
6267	전남 영광군	2023년양봉물가공상품화기술시범사업부가가치세환급에따른보조금여입	171	8	8	7	8	7	5	5	4
6268	전남 영광군	2023년고수온대응지원사업보조금지급	160	8	8	7	8	7	5	5	4
6269	전남 장성군	24세대청년농업인육성(드림장성스타트업프로젝트)	378,000	8	4	7	8	7	5	5	1
6270	전남 장성군	장성안전먹거리연중생산기반구축	350,000	8	2	7	8	7	5	5	4
6271	전남 장성군	농협지자체협력사업지원	300,000	8	6	7	8	7	5	5	4
6272	전남 장성군	지속가능한과수육성	300,000	8	6	7	8	7	5	5	4
6273	전남 장성군	원예특작지원사업	200,000	8	6	7	8	7	1	1	4
6274	전남 장성군	원예특작지원사업	160,000	8	6	7	8	7	1	1	4
6275	전남 장성군	축산농가사육기반조성및경쟁력강화지원	150,000	8	6	7	8	7	5	5	4
6276	전남 장성군	농산물저온저장고설치	150,000	8	6	7	8	7	5	5	4
6277	전남 장성군	스마트특성화기반구축사업(국·도직접지원)	128,614	8	8	7	8	7	5	5	4

순번	시군구	지출명 (사업명)	2024년예산 (단위: 천원/1년간)	민간이전 분류 (지방자치단체 세출예산 집행기준에 의거) 1. 민간경상사업보조(307-02) 2. 민간단체 법정운영비보조(307-03) 3. 민간행사사업보조(307-04) 4. 민간위탁금(307-05) 5. 사회복지시설 법정운영비보조(307-10) 6. 민간인위탁교육비(307-12) 7. 공기관등에대한경상적위탁사업비(308-13) 8. 민간자본사업보조,자체재원(402-01) 9. 민간자본사업보조,이전재원(402-02) 10. 민간위탁사업비(402-03) 11. 공기관에 대한 자본적 위탁사업비(403-02)	민간이전지출 근거 (지방보조금 관리기준 참고) 1. 법률에 규정 2. 국고보조 지원(국가지정) 3. 용도 지정 기부금 4. 조례에 직접규정 5. 지자체가 권장하는 사업을 하는 공공기관 6. 시,도 정책 및 재정사정 7. 기타 8. 해당없음	계약체결방법 (경쟁형태) 1. 일반경쟁 2. 제한경쟁 3. 지명경쟁 4. 수의계약 5. 법정위탁 6. 기타 ( ) 7. 없음	계약기간 1. 1년 2. 2년 3. 3년 4. 4년 5. 5년 6. 기타 ( )년 7. 단기계약 (1년미만) 8. 없음	낙찰자선정방법 1. 적격심사 2. 협상에의한계약 3. 최저가낙찰제 4. 규격가격분리 5. 2단계 경쟁입찰 6. 기타 ( ) 7. 없음	운영예산 산정 1. 내부산정 (지자체 자체적으로 산정) 2. 외부산정 (외부전문기관위탁 산정) 3. 내·외부 모두 산정 4. 산정 無 5. 없음	정산방법 1. 내부정산 (지자체 내부적으로 정산) 2. 외부정산 (외부전문기관위탁 정산) 3. 내·외부 모두 산정 4. 정산 無 5. 없음	성과평가 실시여부 1. 실시 2. 미실시 3. 향후 추진 4. 해당없음
6278	전남 장성군	이상기온대응과수안정생산지원	120,000	8	2	7	8	7	5	5	4
6279	전남 장성군	마을편익사업운영	100,000	8	4	7	8	7	5	1	1
6280	전남 장성군	원예관정지원	90,000	8	6	7	8	7	1	1	4
6281	전남 장성군	단기소득임산물육성	85,000	8	2	7	6	7	5	5	4
6282	전남 장성군	지속가능한과수육성	85,000	8	6	7	8	7	1	1	4
6283	전남 장성군	지속가능한과수육성	85,000	8	6	7	8	7	1	1	4
6284	전남 장성군	이상기온대응과수안정생산지원	85,000	8	6	7	8	7	1	1	4
6285	전남 장성군	신소득유망원예작물생산시범	84,000	8	4	7	8	7	5	5	1
6286	전남 장성군	경로당운영지원(자체)	70,000	8	4	7	8	7	1	1	1
6287	전남 장성군	식품산업육성	60,000	8	2	7	8	7	5	5	1
6288	전남 장성군	위생업소및음식문화개선	50,000	8	4	7	8	7	1	1	1
6289	전남 장성군	위생업소및음식문화개선	50,000	8	4	7	8	7	1	1	1
6290	전남 장성군	경로당운영지원(자체)	50,000	8	4	7	8	7	1	1	1
6291	전남 장성군	농촌빈집정비사업	50,000	8	4	7	8	7	1	1	1
6292	전남 장성군	귀농인정착지원	50,000	8	4	7	8	7	5	5	4
6293	전남 장성군	특용작물안정생산단지조성	47,600	8	4	7	8	7	5	5	4
6294	전남 장성군	꿀벌육성사업	43,750	8	6	7	8	7	5	5	4
6295	전남 장성군	식품산업육성	42,000	8	2	7	8	7	5	5	1
6296	전남 장성군	위생업소및음식문화개선	40,000	8	4	7	8	7	1	1	1
6297	전남 장성군	경로당운영지원(자체)	40,000	8	4	7	8	7	1	1	1
6298	전남 장성군	영세농소형하우스지원	40,000	8	4	7	8	7	1	1	4
6299	전남 장성군	딸기육묘시스템모델개발시범	40,000	8	4	7	8	7	5	5	1
6300	전남 장성군	고품질시설채소생산실증	35,000	8	4	7	8	7	5	5	1
6301	전남 장성군	건축진흥사업추진	30,000	8	4	7	8	7	1	1	4
6302	전남 장성군	귀농인정착지원	25,000	8	4	7	8	7	5	5	4
6303	전남 장성군	내수면어업환경개선사업	17,500	8	6	7	8	7	5	5	4
6304	전남 장성군	청년4H회원맞춤형과제사업	17,000	8	4	7	8	7	5	5	1
6305	전남 장성군	밭작물생산단지조성시범	16,800	8	4	7	8	7	5	5	1
6306	전남 장성군	수리계수리시설유지관리	8,000	8	4	7	8	7	1	1	4
6307	전남 장성군	내수면어업환경개선사업	8,000	8	6	7	8	7	5	5	4
6308	전남 장성군	축산농가사육기반조성및경쟁력강화지원	6,000	8	6	7	8	7	5	5	4
6309	전남 진도군	마을복지회관신축	950,001	8	4	7	8	7	5	5	4
6310	전남 진도군	마을복지회관보수	400,000	8	4	7	8	7	5	5	4
6311	전남 진도군	선진농협RPC양곡저장시설개·보수지원사업	300,000	8	4	7	8	7	1	1	1
6312	전남 진도군	진도행복팜하우스프로젝트지원사업	264,000	8	4	7	8	7	1	1	1
6313	전남 진도군	농업용다목적창고지원사업	250,000	8	4	7	8	7	1	1	1
6314	전남 진도군	김가공업체발장지원	225,000	8	8	7	8	7	5	5	3
6315	전남 진도군	환경친화축산농장육성지원사업	150,000	8	1	7	8	7	1	1	1
6316	전남 진도군	원예작물농업용관정지원사업	144,900	8	4	7	8	7	1	1	1
6317	전남 진도군	내재해형다목적소형하우스지원사업	123,750	8	4	7	8	7	1	1	1

순번	시군구	지출명 (사업명)	2024년예산 (단위: 천원/1년간)	민간이전 분류	민간이전지출 근거	계약체결방법 (경쟁형태)	계약기간	낙찰자선정방법	운영예산 산정	정산방법	성과평가 실시여부
6318	전남 진도군	대파승용정식기지원사업	120,000	8	4	7	8	7	1	1	1
6319	전남 진도군	어업용지계차지원사업	105,000	8	4	7	8	7	1	1	1
6320	전남 진도군	일사,강우센서기반스마트관수시스템시범	105,000	8	4	7	8	7	5	5	4
6321	전남 진도군	노후공동주택환경개선사업	100,000	8	4	7	8	7	5	5	4
6322	전남 진도군	영세어업인선외기지원	100,000	8	8	7	8	7	5	5	3
6323	전남 진도군	재래식주거환경정비지원사업	100,000	8	4	7	8	7	1	1	1
6324	전남 진도군	기후변화대응과수생산시설구축사업	100,000	8	4	7	8	7	1	1	1
6325	전남 진도군	농식품기업맞춤형지원사업	100,000	8	6	4	7	7	5	1	1
6326	전남 진도군	외국인근로자주거지원사업	90,000	8	4	7	8	7	1	1	1
6327	전남 진도군	귀농어인정착지원	70,000	8	4	7	8	7	1	1	1
6328	전남 진도군	귀농어인청장년창농지원	70,000	8	4	7	8	7	1	1	1
6329	전남 진도군	삼색키위육성지원사업	60,000	8	4	7	8	7	1	1	1
6330	전남 진도군	다목적인양기보수지원	50,000	8	4	7	8	7	1	1	1
6331	전남 진도군	위생업소시설개선지원사업	50,000	8	8	7	8	7	5	5	4
6332	전남 진도군	빈집정비사업	50,000	8	4	7	8	7	1	1	1
6333	전남 진도군	청년농업인맞춤형패키지지원사업	50,000	8	4	7	8	7	1	1	1
6334	전남 진도군	농산물가공창업지원	50,000	8	6	4	7	7	5	1	1
6335	전남 진도군	곡물건조기집진기지원사업	43,200	8	4	7	8	7	1	1	1
6336	전남 진도군	어류양식장노후펌프교체지원	35,000	8	8	7	8	7	5	1	3
6337	전남 진도군	전복디지털선별기지원	33,000	8	4	7	8	7	5	5	3
6338	전남 진도군	진도군장애인체육회차량구입지원	25,000	8	8	7	8	7	5	5	4
6339	전남 진도군	갯지렁이양식장배합사료구입비지원	20,000	8	4	7	8	7	5	1	3
6340	전남 진도군	낭장망어업선별기지원	16,500	8	8	7	8	7	5	1	3
6341	전남 진도군	양봉농가벌통지원사업	15,000	8	1	7	8	7	1	1	1
6342	전남 진도군	멸치자숙기지원	13,500	8	8	7	8	7	5	1	1
6343	전남 진도군	전복치패장모니터링시스템지원사업	11,250	8	4	7	8	7	5	5	3
6344	전남 진도군	시설하우스농업용수처리기지원사업	10,500	8	4	7	8	7	1	1	1
6345	전남 신안군	연근해어어선구입	200,000	8	4	7	8	7	5	5	4
6346	전남 신안군	수산용지계차공급지원	101,682	8	4	1	7	2	1	1	3
6347	전남 신안군	2024년수산업경영인육성지원사업	100,000	8	4	7	8	7	5	5	4
6348	전남 신안군	마늘양파기계화영농지원단운영시범	100,000	8	4	7	8	7	5	5	4
6349	전남 신안군	아열대작목재배단지조성	80,000	8	4	7	8	7	5	5	4
6350	전남 신안군	전기안전장비보급사업	50,000	8	4	7	8	7	5	5	4
6351	전남 신안군	아동복지시설기능보강	36,000	8	1	7	8	7	5	5	4
6352	전남 신안군	퍼플옥수수재배단지육성시범	21,000	8	4	7	8	7	1	1	3
6353	제주 제주시	대서리경로당신축	1,507,880	8	1	7	8	7	1	1	1
6354	제주 제주시	수원리경로당신축	1,363,640	8	1	7	8	7	1	1	1
6355	제주 제주시	경로당개보수및장비지원	1,214,000	8	1	7	8	7	1	1	1
6356	제주 제주시	마을운동장등각종마을시설물정비(기준보조율)	400,000	8	8	7	8	7	1	1	1
6357	제주 제주시	액비저장조설치지원	350,000	8	4	7	8	7	5	5	4

순번	시군구	지출명 (사업명)	2024년예산 (단위 : 천원 /1년간)	민간이전 분류 (지방자치단체 세출예산 집행기준에 의거)	민간이전지출 근거 (지방보조금 관리기준 참고)	입찰방식			운영예산 산정		성과평가 실시여부
						계약체결방법 (경쟁형태)	계약기간	낙찰자선정방법	운영예산 산정	정산방법	
6358	제주 제주시	어린이집기능보강(증개축,개보수정액,장비비9%)	340,000	8	1	4	8	7	5	5	1
6359	제주 제주시	기후재난대비축산사업장안전기반구축	300,000	8	4	7	8	7	5	5	4
6360	제주 제주시	월성경로당신축	295,000	8	1	7	8	7	1	1	1
6361	제주 제주시	축산사업장악취저감시설	250,000	8	4	7	8	7	5	5	4
6362	제주 제주시	깨끗한축산농장인센티브지원	250,000	8	4	7	8	7	5	5	4
6363	제주 제주시	가축분뇨공동자원화시설운영활성화지원	230,000	8	4	7	8	7	5	5	4
6364	제주 제주시	금악리경로당리모델링	200,000	8	1	7	8	7	1	1	1
6365	제주 제주시	어린이집노후CCTV교체지원사업	200,000	8	1	4	8	7	5	5	1
6366	제주 제주시	말사육생산기반확충	200,000	8	4	7	8	7	5	5	4
6367	제주 제주시	노인복지시설기능보강	150,000	8	4	7	8	7	5	5	4
6368	제주 제주시	FTA대응TMR사료배합기지원	140,000	8	4	7	8	7	5	5	4
6369	제주 제주시	마을공동목장특화	100,000	8	4	7	8	7	1	1	4
6370	제주 제주시	양봉생산기자재지원사업	100,000	8	1	7	8	7	5	5	4
6371	제주 제주시	조사료절단기지원	90,000	8	4	7	8	7	5	5	3
6372	제주 제주시	FTA대응한우육환경개선	60,000	8	4	7	8	7	5	1	3
6373	제주 제주시	배움의옛터옥상방수공사	51,300	8	7	7	8	7	5	5	4
6374	제주 제주시	축산물가공장시설개선	50,400	8	4	7	8	7	5	5	4
6375	제주 제주시	사회적경제기업시설기능강화	50,000	8	4	2	7	7	1	1	3
6376	제주 제주시	가금류가공장시설개선지원	50,000	8	4	7	8	7	5	5	4
6377	제주 제주시	소가격안정및FTA대응조사료생산장비지원	48,000	8	4	7	8	7	5	5	4
6378	제주 제주시	수원리공동묘지환경정비	44,559	8	8	7	8	7	1	1	1
6379	제주 제주시	청수리고래머들산책로정비공사	44,100	8	4	7	8	7	5	5	4
6380	제주 제주시	침수방지시설지원보조사업	40,000	8	4	7	8	7	1	1	1
6381	제주 제주시	경주마생산농가지원	40,000	8	4	7	8	7	5	5	4
6382	제주 제주시	서부종합사회복지관재난안전시설기능보강사업	37,500	8	1	7	8	7	5	5	4
6383	제주 제주시	낙농시설현대화	36,000	8	4	7	8	7	5	5	4
6384	제주 제주시	은성종합사회복지관차량구입기능보강사업	35,000	8	1	7	8	7	5	5	4
6385	제주 제주시	지역아동센터기능보강	35,000	8	1	6	8	7	5	1	2
6386	제주 제주시	소통의소리조성사업(대림리)	31,932	8	8	7	8	7	1	1	1
6387	제주 제주시	소통의소리조성사업(수원리)	31,744	8	8	7	8	7	1	1	1
6388	제주 제주시	농아인협회장비보강(차량구입)사업	30,000	8	1	7	8	7	1	1	1
6389	제주 제주시	제주영락종합사회복지관냉난방기교체기능보강사업	30,000	8	1	7	8	7	1	1	2
6390	제주 제주시	축산사업장소독시설지원	30,000	8	4	7	8	7	5	5	4
6391	제주 제주시	가금농가시설현대화	25,000	8	4	7	8	7	5	5	4
6392	제주 제주시	곤충사육기반시설확충	21,600	8	1	1,4	1	1,3	1	1	1
6393	제주 제주시	제주보육원소화설비교체기능보강사업	20,000	8	1	7	8	7	5	5	4
6394	제주 제주시	필라테스교실운영을위한기구구입	18,000	8	4	7	8	7	5	5	4
6395	제주 제주시	저소득주민재래식화장실정비	18,000	8	4	7	8	7	1	1	4
6396	제주 제주시	소통의소리조성사업(상대리)	17,888	8	8	7	8	7	1	1	1
6397	제주 제주시	아라종합사회복지관차량구입기능보강사업	17,700	8	1	7	8	7	5	5	4

순번	시군구	지출명 (사업명)	2024년예산 (단위: 천원/1년간)	민간이전 분류 (지방자치단체 세출예산 집행기준에 의거) 1. 민간경상사업보조(307-02) 2. 민간단체 법정운영비보조(307-03) 3. 민간행사사업보조(307-04) 4. 민간위탁금(307-05) 5. 사회복지시설 법정운영비보조(307-10) 6. 민간위탁교육비(307-12) 7. 공기관등에대한경상적위탁사업비(308-13) 8. 민간자본사업보조,자체재원(402-01) 9. 민간자본사업보조,이전재원(402-02) 10. 민간위탁사업비(402-03) 11. 공기관등에 대한 자본적 위탁사업비(403-02)	민간이전지출 근거 (지방보조금 관리기준 참고) 1. 법률에 규정 2. 국고보조 재원(국가지정) 3. 용도 지정 기부금 4. 조례에 직접규정 5. 지자체가 권장하는 사업을 하는 공공기관 6. 시,도 정책 및 재정사정 7. 기타 8. 해당없음	입찰방식			운영예산 산정		성과평가 실시여부
						계약체결방법 (경쟁형태) 1. 일반경쟁 2. 제한경쟁 3. 지명경쟁 4. 수의계약 5. 법정위탁 6. 기타 ( ) 7. 없음	계약기간 1. 1년 2. 2년 3. 3년 4. 4년 5. 5년 6. 기타 ( )년 7. 단기계약 (1년미만) 8. 없음	낙찰자선정방법 1. 적격심사 2. 협상에의한계약 3. 최저가낙찰제 4. 규격가격분리 5. 2단계 경쟁입찰 6. 기타 ( ) 7. 없음	운영예산 산정 1. 내부산정 (지자체 자체적으로 산정) 2. 외부산정 (외부전문기관위탁 산정) 3. 내·외부 모두 산정 4. 산정 無 5. 없음	정산방법 1. 내부정산 (지자체 내부적으로 정산) 2. 외부정산 (외부전문기관위탁 정산) 3. 내·외부 모두 산정 4. 정산 無 5. 없음	1. 실시 2. 미실시 3. 향후 추진 4. 해당없음
6398	제주 제주시	기타가축시설장비지원	15,600	8	4	1,4	7	1,3	1	1	1
6399	제주 제주시	도서지역LPG용기교체지원사업(정액)	15,000	8	4	7	1	7	1	1	1
6400	제주 제주시	축산농가폐사축보관고지원	15,000	8	4	7	8	7	5	5	4
6401	제주 제주시	말수송트레일러지원	12,000	8	4	7	8	7	5	5	4
6402	제주 제주시	월남전참전유공자회사무실비품구입	10,000	8	1	7	8	7	5	5	4
6403	제주 제주시	제주시장애인체육회운동기구구입	10,000	8	1	7	8	7	5	5	4
6404	제주 제주시	낙농haccp지정농가지원	10,000	8	4	7	8	7	5	5	4
6405	제주 제주시	승용마생산농가지원	10,000	8	4	7	8	7	5	5	4
6406	제주 제주시	무공수훈자회사무실비품구입	2,880	8	1	7	8	7	5	5	4
6407	제주 제주시	서회천마을(5통)주민숙원사업지원	1,800,000	8	6	7	8	7	5	5	4
6408	제주 제주시	소형농기계지원사업(보조율7%)	1,500,000	8	4	7	8	7	5	5	4
6409	제주 제주시	정예소득작목단지조성	1,100,000	8	4	7	8	7	5	5	4
6410	제주 제주시	밭작물중형농기계지원(보조율6%)	800,000	8	4	7	8	7	5	5	4
6411	제주 제주시	경작지암반제거사업(보조율6%)(균특이양)	750,000	8	4	7	8	7	5	5	4
6412	제주 제주시	농산물유통시설및장비지원(보조율6%)	650,000	8	4	7	8	7	5	5	4
6413	제주 제주시	채소.화훼비닐하우스시설지원(보조율7%)	550,000	8	4	7	8	7	5	5	4
6414	제주 제주시	감귤원토양피복재배지원사업(보조율6%)	500,000	8	4	7	8	7	5	5	4
6415	제주 제주시	농촌융복합산업육성지원사업(균특이양)	400,000	8	4	7	8	7	5	5	4
6416	제주 제주시	기타과수생산시설현대화사업	250,000	8	4	7	8	7	5	5	4
6417	제주 제주시	농가형소규모저온저장시설지원(보조율7%)	250,000	8	4	7	8	7	5	5	4
6418	제주 제주시	한림읍월림리주민숙원사업지원	160,000	8	4	7	8	7	5	5	4
6419	제주 제주시	농가보급형육묘장지원사업(보조율7%)	150,000	8	4	7	8	7	5	5	4
6420	제주 제주시	친환경월빙작물생산유통단지조성사업(균특이양)	119,000	8	1	7	8	7	5	5	4
6421	제주 제주시	키위스피드스프레이어지원사업	100,000	8	4	7	8	7	5	5	4
6422	제주 제주시	농산물가공장비지원사업	100,000	8	4	7	8	7	5	5	4
6423	제주 제주시	친환경인증농가농작업생력화사업	100,000	8	4	7	8	7	5	5	4
6424	제주 제주시	동회천마을(6통)주민숙원사업지원	100,000	8	6	7	8	7	5	5	4
6425	제주 제주시	읍면매립및소각시설주변지역주민숙원사업지원	84,000	8	4	7	8	7	5	5	4
6426	제주 제주시	월빙기능성가공식품개발사업(균특이양)	70,000	8	1	7	8	7	5	5	4
6427	제주 제주시	밭작물관수시설지원사업(보조율7%)	70,000	8	4	7	8	7	5	5	4
6428	제주 제주시	조천야학당공간조성사업	58,500	8	4	7	8	7	5	5	4
6429	제주 제주시	안전하고아름다운간판교체지원사업(보조율5%)(주민참여예산)	50,000	8	4	7	8	7	5	5	4
6430	제주 제주시	마을시설물등기능보강및비품지원	50,000	8	4	7	8	7	5	5	4
6431	제주 제주시	함덕리공동묘지일부구간동담정비사업	45,000	8	4	7	8	7	5	5	4
6432	제주 제주시	선흘2리마을정원조성사업	30,000	8	4	7	8	7	5	5	4
6433	제주 제주시	대흘2리못동산정자설치사업	23,130	8	4	7	8	7	5	5	4
6434	제주 제주시	마을시설물자생단체등기능보강및비품지원	12,000	8	4	7	8	7	5	5	4
6435	제주 제주시	공동주택부대복리시설정비지원사업	400,000	8	1	7	8	7	1	1	4
6436	제주 제주시	노후기관대체지원(보조율6%)	450,000	8	4	7	8	7	5	5	4
6437	제주 제주시	어선자동화시설지원(보조율6%)	300,000	8	4	7	8	7	5	5	4

순번	시군구	지출명 (사업명)	2024년예산 (단위 : 천원 /1년간)	민간이전 분류 (지방자치단체 세출예산 집행기준에 의거) 1. 민간경상사업보조(307-02) 2. 민간단체 법정운영비보조(307-03) 3. 민간행사사업보조(307-04) 4. 민간위탁금(307-05) 5. 사회복지시설 법정운영비보조(307-10) 6. 민간인위탁교육비(307-12) 7. 공기관등에대한경상적위탁사업비(308-13) 8. 민간자본사업보조,자체재원(402-01) 9. 민간자본사업보조,이전재원(402-02) 10. 민간위탁사업비(402-03) 11. 공기관에 대한 자본적 위탁사업비(403-02)	민간이전지출 근거 (지방보조금 관리기준 참고) 1. 법률에 규정 2. 국고보조 재원(국가지정) 3. 용도 지정 기부금 4. 조례에 직접규정 5. 지자체가 권장하는 사업을 하는 공공기관 6. 시,도 정책 및 재정사정 7. 기타 8. 해당없음	입찰방식			운영예산 산정		성과평가 실시여부 1. 실시 2. 미실시 3. 향후 추진 4. 해당없음
						계약체결방법 (경쟁형태) 1. 일반경쟁 2. 제한경쟁 3. 지명경쟁 4. 수의계약 5. 법정위탁 6. 기타 ( ) 7. 없음	계약기간 1. 1년 2. 2년 3. 3년 4. 4년 5. 5년 6. 기타 ( )년 7. 단기계약 (1년미만) 8. 없음	낙찰자선정방법 1. 적격심사 2. 협상에의한계약 3. 최저가낙찰제 4. 규격가격분리 5. 2단계 경쟁입찰 6. 기타 ( ) 7. 없음	운영예산 산정 1. 내부산정 (지자체 자체적으로 산정) 2. 외부산정 (외부전문기관위탁 산정) 3. 내·외부 모두 산정 4. 산정 無	정산방법 1. 내부정산 (지자체 내부적으로 정산) 2. 외부정산 (외부전문기관위탁 정산) 3. 내·외부 모두 산정 4. 정산 無 5. 없음	
6438	제주 제주시	행원육상양식단지기계설비교체지원사업(보조율6%)	280,000	8	1	7	8	7	5	5	4
6439	제주 제주시	수산시설보수보강(보조율7%)	180,000	8	1	7	8	7	5	5	4
6440	제주 제주시	천진어촌계축양장시설신축(보조율7%)	100,000	8	1	7	8	7	5	5	4
6441	제주 제주시	친환경해녀탈의장시설개선사업(정액)(균특이양)	90,000	8	1	7	8	7	5	5	4
6442	제주 제주시	연근해어선알파레이더설치사업(보조율6%)	60,000	8	4	7	8	7	5	5	4
6443	제주 제주시	전통멜그물칠테우제작	48,000	8	4	7	8	7	1	1	1
6444	제주 제주시	어촌체험휴양마을해양레저장비구입지원	45,000	8	1	7	8	7	1	1	1
6445	제주 제주시	어선배전시설정비사업(보조율6%)	35,000	8	4	7	8	7	5	5	4
6446	제주 제주시	해양쓰레기(부유물)활용작품제작	30,000	8	4	7	8	7	1	1	1
6447	제주 제주시	기존테우수리사업	20,000	8	4	7	8	7	1	1	1
6448	제주 제주시	어항및항만유류탱크보수보강(정액)	20,000	8	4	7	8	7	5	5	4
6449	제주 제주시	어선폐유활유수집장보수보강(정액)	10,800	8	1	7	8	7	5	5	4
6450	제주 제주시	말등대모형우편함제작및교체	10,000	8	4	7	8	7	1	1	1
6451	제주 제주시	어선화재예방및소화설비지원(보조율7%)	6,000	8	4	7	8	7	5	5	4
6452	제주 서귀포시	중문경로당신축	1,475,100	8	1	7	8	7	5	5	4
6453	제주 서귀포시	사계리대전경로당신축(정액)	1,311,200	8	1	7	8	7	5	5	4
6454	제주 서귀포시	삼달2리마을복지회관건축사업	1,183,000	8	4	1	1	3	1	1	1
6455	제주 서귀포시	난산리태양광발전시설설치지원사업	1,000,000	8	4	7	8	7	5	5	4
6456	제주 서귀포시	동일2리환경기초시설치주변마을지원(정액)	954,632	8	1	7	8	7	5	5	4
6457	제주 서귀포시	회순리동하동경로당신축(정액)	755,600	8	1	7	8	7	5	5	4
6458	제주 서귀포시	삼달2리동경로당신축(정액)	655,600	8	1	7	8	7	5	5	4
6459	제주 서귀포시	상효1동경로당신축(정액)	655,600	8	1	7	8	7	5	5	4
6460	제주 서귀포시	상효1동마을복지회관신축	618,000	8	4	1	1	3	1	1	1
6461	제주 서귀포시	자기차고지갖기(그린파킹)사업	500,000	8	4	7	8	7	1	1	1
6462	제주 서귀포시	경로당장비보강및소규모개보수(장비정액,개보수9%)	420,000	8	1	7	8	7	5	5	4
6463	제주 서귀포시	서귀동어촌계어구보관시설지원	350,000	8	4	7	8	7	1	1	1
6464	제주 서귀포시	어선자동화시설지원	350,000	8	4	7	8	7	1	1	1
6465	제주 서귀포시	어선노후기관대체지원	350,000	8	4	7	8	7	1	1	1
6466	제주 서귀포시	수산시설물보수보강및어업생산기반시설	325,000	8	4	7	8	7	1	1	1
6467	제주 서귀포시	고령한우농가노동력절감기계장비지원	250,000	8	1,4	7	8	7	5	5	4
6468	제주 서귀포시	친환경에너지절감장비보급지원	242,538	8	2	7	8	7	5	5	4
6469	제주 서귀포시	말사육환경개선	240,000	8	6	7	8	7	1	1	1
6470	제주 서귀포시	친환경해녀탈의장시설개선	180,000	8	4	7	8	7	1	1	1
6471	제주 서귀포시	보들결제주한우사양관리지원	180,000	8	1,4	7	8	7	5	5	4
6472	제주 서귀포시	수출육가공공장시설장비개선	150,000	8	1,4	7	8	7	5	5	4
6473	제주 서귀포시	남원1리경로당증축	147,510	8	1	7	8	7	5	5	4
6474	제주 서귀포시	단체및주민공동시설기능보강사업지원	130,000	8	1,4	7	8	7	1	1	4
6475	제주 서귀포시	소형어선인양기설치	120,000	8	4	7	8	7	1	1	1
6476	제주 서귀포시	미래친환경자원곤충산업육성지원	111,500	8	6	7	8	7	5	5	4
6477	제주 서귀포시	마을회관등기능보강사업	100,000	8	4	7	8	7	1	1	1

순번	시군구	지출명 (사업명)	2024년예산 (단위 : 천원 /1년간)	민간이전 분류 (지방자치단체 세출예산 집행기준에 의거) 1. 민간경상사업보조(307-02) 2. 민간단체 법정운영비보조(307-03) 3. 민간행사사업보조(307-04) 4. 민간위탁금(307-05) 5. 사회복지시설 법정운영비보조(307-10) 6. 민간인위탁교육비(307-12) 7. 공기관등에대한경상적위탁사업비(308-13) 8. 민간자본사업보조,자체재원(402-01) 9. 민간자본사업보조,이전재원(402-02) 10. 민간위탁사업비(402-03) 11. 공기관등에 대한 자본적 위탁사업비(403-02)	민간이전지출 근거 (지방보조금 관리기준 참고) 1. 법률에 규정 2. 국고보조 재원(국가지정) 3. 용도 지정 기부금 4. 조례에 직접규정 5. 지자체가 권장하는 사업을 하는 공공기관 6. 시,도 정책 및 재정사정 7. 기타 8. 해당없음	입찰방식 계약체결방법 (경쟁형태) 1. 일반경쟁 2. 제한경쟁 3. 지명경쟁 4. 수의계약 5. 법정위탁 6. 기타( ) 7. 없음	계약기간 1. 1년 2. 2년 3. 3년 4. 4년 5. 5년 6. 기타( )년 7. 단기계약 (1년미만) 8. 없음	낙찰자선정방법 1. 적격심사 2. 협상에의한계약 3. 최저가낙찰제 4. 규격가격분리 5. 2단계 경쟁입찰 6. 기타( ) 7. 없음	운영예산 산정 1. 내부산정 (지자체 자체적으로 산정) 2. 외부산정 (외부전문기관위탁 산정) 3. 내·외부 모두 산정 4. 산정 無 5. 없음	정산방법 1. 내부정산 (지자체 내부적으로 정산) 2. 외부정산 (외부전문기관위탁 정산) 3. 내·외부 모두 정산 4. 정산 無 5. 없음	성과평가 실시여부 1. 실시 2. 미실시 3. 향후 추진 4. 해당없음
6478	제주 서귀포시	단체및주민공동시설기능보강사업	100,000	8	4	7	8	7	1	1	1
6479	제주 서귀포시	어린이집보육환경개선사업	100,000	8	1	7	8	7	1	1	1
6480	제주 서귀포시	공동주택관리비용지원	100,000	8	4	7	8	7	1	1	3
6481	제주 서귀포시	노인복지시설환경개선사업	93,000	8	1	7	8	7	5	5	4
6482	제주 서귀포시	마을공동목장특성화	80,000	8	1,4	7	8	7	5	5	4
6483	제주 서귀포시	양봉생산기자재지원사업	70,000	8	6	7	8	7	5	5	4
6484	제주 서귀포시	동일1리환경기초시설설치주변마을지원(정액)	68,910	8	1	7	8	7	5	5	4
6485	제주 서귀포시	기후변화대응축산농장기자재지원	60,000	8	1	7	8	7	5	5	4
6486	제주 서귀포시	송산동관내옛지명표지석설치	54,000	8	4	7	8	7	5	5	4
6487	제주 서귀포시	장애인복지시설등기능보강(개보수정액,장비9%)	50,000	8	1	7	8	7	5	5	4
6488	제주 서귀포시	제주흑우사육기반구축사업	50,000	8	1,4	7	8	7	5	5	4
6489	제주 서귀포시	축산사업장소독시설지원	45,000	8	4	7	8	7	5	5	4
6490	제주 서귀포시	마을역사안내등설치지원	45,000	8	4	7	8	7	5	5	4
6491	제주 서귀포시	영천악운동시설및정자교체사업	45,000	8	4	7	8	7	5	5	4
6492	제주 서귀포시	서광동리(거린오름)경관개선사업	44,820	8	4	7	8	7	1	1	1
6493	제주 서귀포시	창천리공동묘지공원묘지화를위한환경개선사업	43,330	8	4	7	8	7	5	5	4
6494	제주 서귀포시	(예비)사회적기업자립기반조성	40,000	8	1	7	8	7	5	5	4
6495	제주 서귀포시	청정한우사육기반구축	40,000	8	1,4	7	8	7	5	5	4
6496	제주 서귀포시	무료개방주차장및주차장설지지원사업	40,000	8	4	7	8	7	1	1	1
6497	제주 서귀포시	마을전광판설치사업	40,000	8	4	7	8	7	5	5	4
6498	제주 서귀포시	성게껍질분할기지원	34,000	8	4	7	8	7	1	1	1
6499	제주 서귀포시	소보정틀및환풍기설치지원	30,000	8	1,4	7	8	7	5	5	4
6500	제주 서귀포시	HACCP인증농가인센티브지원(시설지원)	30,000	8	1,4	7	8	7	5	5	4
6501	제주 서귀포시	어선배전시설정비지원	28,000	8	4	7	8	7	1	1	1
6502	제주 서귀포시	조사료절단기지원	20,400	8	1,4	7	8	7	5	5	4
6503	제주 서귀포시	신풍리마을복지회관리모델링사업	20,000	8	4	1	1	3	1	1	1
6504	제주 서귀포시	기타가축(양계,염소등)시설,장비지원	20,000	8	6	7	8	7	5	5	4
6505	제주 서귀포시	리통사무소행정장비지원	17,500	8	4	7	8	7	1	1	1
6506	제주 서귀포시	한부모가족복지시설기능보강	17,000	8	1	7	8	7	5	5	4
6507	제주 서귀포시	통합상담소상담환경개선	17,000	8	1	7	8	7	5	5	4
6508	제주 서귀포시	새마을작은도서관기능보강사업	15,000	8	4	7	8	7	1	1	1
6509	제주 서귀포시	환경기초시설주변지역(수산1리)농수산물판매시설외벽방수공사	15,000	8	4	4	1	7	1	1	1
6510	제주 서귀포시	환경기초시설주변지역(수산2리)마을회임대주택정비사업	15,000	8	4	4	1	7	1	1	1
6511	제주 서귀포시	해녀탈의장수보강	14,000	8	4	7	8	7	1	1	1
6512	제주 서귀포시	돈내코마을무선방송시스템설치사업	13,610	8	4	7	8	7	5	5	4
6513	제주 서귀포시	근해어선알파레이더지원	12,000	8	4	7	8	7	1	1	1
6514	제주 서귀포시	저소득주민재래식화장실정비	12,000	8	4	7	8	7	1	1	1
6515	제주 서귀포시	대정읍노인회관(기능)(장비)보강사업(정액)	10,100	8	1	7	8	7	5	5	4
6516	제주 서귀포시	축산물가공장등시설장비지원	10,000	8	1,4	7	8	7	5	5	4
6517	제주 서귀포시	양식장방역시설지원	8,000	8	4	7	8	7	1	1	1

순번	시군구	지출명 (사업명)	2024년예산 (단위 : 천원 /1년간)	민간이전 분류 (지방자치단체 세출예산 집행기준에 의거) 1. 민간경상사업보조(307-02) 2. 민간단체 법정운영비보조(307-03) 3. 민간행사사업보조(307-04) 4. 민간위탁금(307-05) 5. 사회복지시설 법정운영비보조(307-10) 6. 민간인위탁교육비(307-12) 7. 공기관등에대한경상적위탁사업비(308-13) 8. 민간자본사업보조,자체재원(402-01) 9. 민간자본사업보조,이전재원(402-02) 10. 민간위탁사업비(402-03) 11. 공기관등에 대한 자본적 위탁사업비(403-02)	민간이전지출 근거 (지방보조금 관리기준 참고) 1. 법률에 규정 2. 국고보조 재원(국가지정) 3. 용도 지정 기부금 4. 조례에 직접규정 5. 지자체가 권장하는 사업을 하는 공공기관 6. 시,도 정책 및 재정사정 7. 기타 8. 해당없음	입찰방식			운영예산 산정		성과평가 실시여부 1. 실시 2. 미실시 3. 향후 추진 4. 해당없음
						계약체결방법 (경쟁형태) 1. 일반경쟁 2. 제한경쟁 3. 지명경쟁 4. 수의계약 5. 법정위탁 6. 기타 ( ) 7. 없음	계약기간 1. 1년 2. 2년 3. 3년 4. 4년 5. 5년 6. 기타 ( )년 7. 단가계약 (1년미만) 8. 없음	낙찰자선정방법 1. 적격심사 2. 협상에의한계약 3. 최저가낙찰제 4. 규격가격분리 5. 2단계 경쟁입찰 6. 기타 ( ) 7. 없음	운영예산 산정 1. 내부산정 (지자체 자체적으로 산정) 2. 외부산정 (외부전문기관위탁 산정) 3. 내·외부 모두 산정 4. 산정 無 5. 없음	정산방법 1. 내부정산 (지자체 내부적으로 정산) 2. 외부정산 (외부전문기관위탁 정산) 3. 내·외부 모두 정산 4. 정산 無 5. 없음	
6518	제주 서귀포시	어선화재예방및소화설비지원	7,000	8	4	7	8	7	1	1	1
6519	제주 서귀포시	폐사축위생처리시설지원	6,000	8	4	7	8	7	5	5	4
6520	제주 서귀포시	신장장애인협회기능보강사업	3,000	8	4	7	8	7	1	1	3
6521	제주 서귀포시	공수의동물복지시설지원	3,000	8	4	7	8	7	5	5	4
6522	제주 서귀포시	행복나눔푸드마켓푸드뱅크기능보강사업	2,250	8	1	7	8	7	5	5	4
6523	제주 서귀포시	대한노인회서귀포시지회장비보강사업	2,240	8	1	7	8	7	1	1	3

… # chapter 2

민간자본사업보조, 이전재원 (402-02)

목 차

Chapter2. 민간자원사업보조, 이전재원(402-02) ······ 165

서울
- 서울특별시 ····· 165
- 성동구 ····· 165
- 광진구 ····· 165
- 동대문구 ····· 165
- 중랑구 ····· 166
- 성북구 ····· 166
- 강북구 ····· 166
- 도봉구 ····· 166
- 은평구 ····· 166
- 서대문구 ····· 166
- 마포구 ····· 166
- 양천구 ····· 166
- 강서구 ····· 166
- 금천구 ····· 167
- 동작구 ····· 167
- 관악구 ····· 167
- 송파구 ····· 167
- 강동구 ····· 167

경기
- 수원시 ····· 167
- 성남시 ····· 168
- 의정부시 ····· 168
- 안양시 ····· 169
- 부천시 ····· 170
- 광명시 ····· 171
- 평택시 ····· 172
- 동두천시 ····· 173
- 안산시 ····· 174
- 고양시 ····· 175
- 과천시 ····· 177
- 구리시 ····· 177

- 남양주시 ····· 177
- 군포시 ····· 180
- 의왕시 ····· 180
- 하남시 ····· 180
- 용인시 ····· 181
- 파주시 ····· 182
- 이천시 ····· 185
- 안성시 ····· 187
- 여주시 ····· 192
- 화성시 ····· 193
- 광주시 ····· 195
- 양주시 ····· 196
- 연천군 ····· 197
- 기평군 ····· 200
- 양평군 ····· 201

인천
- 중구 ····· 202
- 동구 ····· 202
- 미추홀구 ····· 202
- 연수구 ····· 203
- 남동구 ····· 203
- 부평구 ····· 204
- 계양구 ····· 205
- 서구 ····· 205
- 강화군 ····· 206
- 옹진군 ····· 207

목 차

광주
- 광주광역시 ······208
- 동구 ······208
- 서구 ······209
- 남구 ······209
- 북구 ······209
- 광산구 ······210

대구
- 대구광역시 ······210
- 중구 ······211
- 동구 ······211
- 서구 ······212
- 남구 ······212
- 북구 ······213
- 수성구 ······213
- 달서구 ······213
- 달성군 ······214
- 군위군 ······214

대전
- 대전광역시 ······216
- 동구 ······217
- 중구 ······217
- 서구 ······218
- 유성구 ······219
- 대덕구 ······219

부산
- 서구 ······220
- 동구 ······220
- 영도구 ······220
- 부산진구 ······220
- 동래구 ······220
- 남구 ······220
- 북구 ······220
- 해운대구 ······221
- 사하구 ······221
- 강서구 ······221
- 수영구 ······221
- 사상구 ······221
- 기장군 ······221

울산
- 중구 ······222
- 남구 ······222
- 동구 ······222
- 북구 ······223
- 울주군 ······223

세종
- 세종특별자치시 ······224

강원
- 강원특별자치도 ······225
- 춘천시 ······225
- 강릉시 ······227
- 동해시 ······231
- 태백시 ······232
- 속초시 ······233
- 삼척시 ······234
- 홍성군 ······236
- 영월군 ······238
- 평창군 ······239
- 정선군 ······241
- 화천군 ······243
- 양구군 ······243
- 인제군 ······245
- 고성군 ······246

목 차

충북
청주시 ·········· 247
충주시 ·········· 249
제천시 ·········· 252
보은군 ·········· 255
옥천군 ·········· 258
영동군 ·········· 261
증평군 ·········· 262
진천군 ·········· 264
괴산군 ·········· 266
음성군 ·········· 269
단양군 ·········· 269

충남
충청남도 ·········· 271
천안시 ·········· 271
공주시 ·········· 272
보령시 ·········· 275
아산시 ·········· 279
서산시 ·········· 281
논산시 ·········· 281
계룡시 ·········· 285
당진시 ·········· 286
금산군 ·········· 290
부여군 ·········· 292
서천군 ·········· 295
청양군 ·········· 295
홍성군 ··········
예산군 ··········

경북
영천시 ·········· 307
김천시 ·········· 310
안동시 ·········· 313
구미시 ·········· 315
상주시 ·········· 318
문경시 ·········· 323
경산시 ·········· 325
의성군 ·········· 329
청송군 ·········· 331
영양군 ·········· 336
영덕군 ·········· 338
청도군 ·········· 339
고령군 ·········· 340
성주군 ·········· 342
칠곡군 ·········· 344
예천군 ·········· 345
봉화군 ·········· 349
울진군 ·········· 351
울릉군 ·········· 352

경남
경상남도 ·········· 352
창원시 ·········· 352
진주시 ·········· 354
통영시 ·········· 355
김해시 ·········· 356
거제시 ·········· 358
양산시 ·········· 360
의령군 ·········· 362
함안군 ·········· 363
창녕군 ·········· 364
고성군 ·········· 364
남해군 ·········· 366

경북
경상북도 ·········· 299
포항시 ·········· 300
경주시 ·········· 302

목 차

하동군 ·········368
산청군 ·········371
함양군 ·········373
합천군 ·········375

전북
전라북도 ·········376
전주시 ·········376
익산시 ·········379
정읍시 ·········380
남원시 ·········384
김제시 ·········387
완주군 ·········390
장수군 ·········392
임실군 ·········394
순창군 ·········394
고창군 ·········396

전남
완도군 ·········399
목포시 ·········400
여수시 ·········400
순천시 ·········401
나주시 ·········404
광양시 ·········406
담양군 ·········407
곡성군 ·········409
구례군 ·········411
고흥군 ·········413
보성군 ·········415

화순군 ·········415
장흥군 ·········417
강진군 ·········417
해남군 ·········419
영암군 ·········422
무안군 ·········424
함평군 ·········425
영광군 ·········426
장성군 ·········438
진도군 ·········440
신안군 ·········441

제주
제주시 ·········442
서귀포시 ·········444

2024년 전국 지방자치단체 민간자본사업보조, 이전재원(402-02) 운영현황

순번	시군구	지출명 (사업명)	2024년예산 (단위: 천원/1년간)	민간이전 분류 (지방자치단체 세출예산 집행기준에 의거) 1. 민간경상사업보조(307-02) 2. 민간단체 법정운영비보조(307-03) 3. 민간행사사업보조(307-04) 4. 민간위탁사업비(307-05) 5. 사회복지시설 법정운영비보조(307-10) 6. 민간인위탁교육비(307-12) 7. 공기관등에대한경상적위탁사업비(308-13) 8. 민간자본사업보조,자체재원(402-01) 9. 민간자본사업보조,이전재원(402-02) 10. 민간위탁사업비(402-03) 11. 공기관등에 대한 자본적 위탁사업비(403-02)	민간이전지출 근거 (지방보조금 관리기준 참고) 1. 법률에 규정 2. 국고보조 재원(국가지정) 3. 용도 지정 기부금 4. 조례에 직접규정 5. 지자체가 권장하는 사업을 하는 공공기관 6. 시,도 정책 및 재정사정 7. 기타 8. 해당없음	입찰방식 계약체결방법 (경쟁형태) 1. 일반경쟁 2. 제한경쟁 3. 지명경쟁 4. 수의계약 5. 법정위탁 6. 기타( ) 7. 없음	계약기간 1. 1년 2. 2년 3. 3년 4. 4년 5. 5년 6. 기타( )년 7. 단가계약 (1년미만) 8. 없음	낙찰자선정방법 1. 적격심사 2. 협상에의한계약 3. 최저가낙찰제 4. 규격가격분리 5. 2단계 경쟁입찰 6. 기타( ) 7. 없음	운영예산 산정 1. 내부산정 (지자체 자체적으로 산정) 2. 외부산정 (외부전문기관위탁 산정) 3. 내·외부 모두 산정 4. 산정 無 5. 없음	정산방법 1. 내부정산 (지자체 내부적으로 정산) 2. 외부정산 (외부전문기관위탁 정산) 3. 내·외부 모두 산정 4. 정산 無 5. 없음	성과평가 실시여부 1. 실시 2. 미실시 3. 향후 추진 4. 해당없음
1	서울특별시	운행경유차저공해사업운행경유차배출가스저감	25,422,000	9	2	7	8	7	5	1	1
2	서울특별시	수소차보급	16,500,000	9	1,2	7	8	7	5	5	4
3	서울특별시	가스열펌프배출가스저감장치설치사업	7,465,500	9	2	7	8	7	5	1	1
4	서울특별시	공공토지건설형서울리츠	5,008,223	9	2	7	8	7	5	5	4
5	서울특별시	정신건강증진시설기능보강	2,324,954	9	1	7	8	7	5	5	4
6	서울특별시	운행경유차저공해사업보증기간경과장치성능유지관리	2,147,294	9	2	7	8	7	5	1	1
7	서울특별시	지방의료원시설장비현대화	1,956,000	9	2	7	8	7	5	5	4
8	서울특별시	아동복지시설기능보강	1,437,984	9	1	7	7	7	3	1	1
9	서울특별시	소규모대기배출사업장방지시설설치	1,423,800	9	2	7	8	7	5	1	1
10	서울특별시	가정용친환경보일러보급	1,308,000	9	2	7	8	7	5	5	4
11	서울특별시	장애인직업재활시설기능보강	877,356	9	2	7	8	7	5	5	1
12	서울특별시	한부모가족복지시설기능보강	514,818	9	1	7	8	7	5	5	4
13	서울특별시	어린이통학차량의LPG차전환지원	360,000	9	1,2	7	8	7	5	5	4
14	서울특별시	장애인거주시설기능보강	273,110	9	2	7	8	7	1	1	4
15	서울특별시	노숙인복지시설기능보강(국비)	258,582	9	1	7	8	7	3	1	4
16	서울특별시	장애인의료재활시설기능보강	222,484	9	2	7	8	7	1	1	4
17	서울특별시	농업신기술시범(친환경기술)	220,000	9	2	1	1	1	1	1	1
18	서울특별시	어르신복지시설기능보강	171,808	9	2	7	1	1	3	1	1
19	서울특별시	가정폭력피해자보호시설기능보강지원	142,490	9	1	7	8	7	5	1	1
20	서울특별시	성매매피해자지원시설기능보강	139,495	9	1,2	6	8	7	1	1	1
21	서울특별시	농업신기술시범(도시농업기술)	116,000	9	2	1	1	1	1	1	1
22	서울특별시	장애인주간보호시설기능보강	91,658	9	2	7	8	7	5	1	1
23	서울특별시	정신요양시설기능보강	91,484	9	1	7	8	7	5	5	4
24	서울특별시	작목별맞춤형안전관리실천	50,000	9	2	1	1	1	1	1	1
25	서울특별시	아동학대방지인프라기능보강	36,000	9	2	6	5	1	3	3	1
26	서울특별시	권역정신응급의료센터운영(자본)	35,000	9	2	7	8	7	5	5	4
27	서울특별시	공공보건의료협력체계구축(자본보조)	25,000	9	4	7	8	7	5	5	4
28	서울특별시	폭력피해이주여성보호시설안전보강	23,924	9	2	7	8	7	5	1	1
29	서울특별시	여성긴급전화1366서울센터기능보강지원	20,000	9	1	7	8	7	5	1	1
30	서울특별시	성폭력피해자보호시설기능보강	8,168	9	2	7	8	7	1	1	3
31	서울특별시	폭력피해자주거지원시설추가지원	4,671	9	1,2	7	8	7	5	1	1
32	서울 성동구	부설주차장나눠쓰기	50,000	9	1,6	7	8	7	1	1	4
33	서울 광진구	봉제업소공인지원사업	80,000	9	1	7	8	7	1	1	4
34	서울 광진구	분뇨및정화조오니처리	23,200	9	6	4	8	7	1	1	4
35	서울 광진구	서울형어린이집지원	14,000	9	4	7	8	7	1	1	1
36	서울 광진구	장애아통합어린이집운영지원	4,800	9	1	7	8	7	1	1	1
37	서울 동대문구	종합사회복지관기능보강사업	233,717	9	1	7	8	7	1	2	4

순번	시군구	지출명 (사업명)	2024년예산 (단위: 천원/1년간)	민간이전 분류 (지방자치단체 세출예산 집행기준에 의거)	민간이전지출 근거 (지방보조금 관리기준 참고)	계약체결방법 (경쟁형태)	계약기간	낙찰자선정방법	운영예산 산정	정산방법	성과평가 실시여부
38	서울 동대문구	어린이집환경개선	63,000	9	2	7	8	7	5	5	4
39	서울 동대문구	신규,전환어린이집리모델링및기자재비	58,000	9	1	7	8	7	5	5	4
40	서울 동대문구	부설주차장개방사업	50,000	9	6	7	8	7	1	1	4
41	서울 중랑구	의류제조업체작업환경개선지원사업	630,900	9	1,4	7	8	7	5	5	4
42	서울 중랑구	종합사회복지관기능보강사업	67,320	9	1	7	8	7	1	1	1
43	서울 중랑구	지역아동센터환경개선	37,438	9	2,4	7	8	7	5	5	4
44	서울 중랑구	위험건축물정밀안전진단등지원사업(구조보강및긴급안전조치)	34,000	9	7	4	7	7	1	1	4
45	서울 중랑구	장애아통합시설설치	18,000	9	6	7	8	7	1	1	4
46	서울 성북구	전통사찰보수정비	576,000	9	1	7	8	7	3	3	1
47	서울 성북구	장애인복지관운영	462,634	9	1	1	5	7	5	3	4
48	서울 성북구	불법주정차단속	70,000	9	6	7	8	7	5	5	4
49	서울 성북구	지역아동센터환경개선비지원	41,100	9	2	7	8	7	1	1	4
50	서울 성북구	노인의료복지시설운영	29,200	9	2	7	8	7	5	5	4
51	서울 성북구	분뇨및정화조관리	16,240	9	4	7	8	7	5	5	4
52	서울 강북구	제조업(5대업종)작업환경개선지원사업	150,000	9	6	7	8	7	1	1	1
53	서울 강북구	부설주차장관리	45,000	9	6	7	8	7	5	5	4
54	서울 강북구	녹색주차마을조성	40,000	9	6	7	8	7	5	5	4
55	서울 강북구	장애아통합(전문)어린이집운영지원	4,800	9	6	7	8	7	5	1	4
56	서울 도봉구	전통사찰보수정비	640,000	9	1	7	8	7	5	5	4
57	서울 도봉구	봉제의류및4대업종소공인지원사업	108,000	9	4	7	8	7	5	5	4
58	서울 도봉구	정화조관리	9,280	9	6	7	3	7	5	5	4
59	서울 은평구	전통사찰시설확충및정비지원	2,420,000	9	1	7	8	7	5	5	4
60	서울 은평구	전통사찰삼천사보수정비사업	400,000	9	1	7	8	7	5	5	4
61	서울 은평구	전통사찰진관사종각보수	400,000	9	1	7	8	7	5	5	4
62	서울 은평구	공동주택활성화	300,000	9	1	7	8	7	5	5	4
63	서울 은평구	전통사찰수국사대웅보전단청보수정비	240,000	9	1	7	8	7	5	5	4
64	서울 은평구	민간가정어린이집기능보강	85,000	9	1	7	8	7	1	1	4
65	서울 은평구	종합사회복지관기능보강(보조사업)	75,528	9	1	6	8	6	1	1	1
66	서울 은평구	음식물류폐기물종량및감량화	55,000	9	4	7	8	7	5	5	4
67	서울 은평구	지역아동센터환경개선비지원	46,188	9	2	7	8	7	5	5	4
68	서울 은평구	어린이집운영지원	30,000	9	1	7	8	7	1	1	4
69	서울 은평구	은평구체육회지원	3,000	9	4	5	8	7	1	1	1
70	서울 서대문구	손떨림방지재활프로그램개발사업(과학기술활용지역문제해결사업)	142,500	9	2	7	7	7	5	1	1
71	서울 서대문구	커넥티드돌봄시스템구축사업(과학기술활용지역문제해결사업)	112,500	9	2	7	7	7	5	1	1
72	서울 서대문구	의료업소지도관리	5,000	9	2	7	8	7	5	1	4
73	서울 서대문구	어린이집공기청정기지원	4,000	9	1	7	8	7	1	1	1
74	서울 마포구	주차장관리(주차장특별회계)(건축물부설주차장개방시설개선지원)	20,000	9	8	7	8	7	1	1	1
75	서울 마포구	민간건축물및공사장안전점검(건축안전특별회계)	10,000	9	7	7	8	7	5	5	4
76	서울 마포구	악취저감장치설치지원(악취저감장치지원사업,자체재원)	6,960	9	8	7	8	7	5	5	4
77	서울 양천구	지진안전시설물인증지원	64,800	9	2	7	8	7	5	5	4

순번	시군구	지출명 (사업명)	2024년예산 (단위: 천원/1년간)	민간이전 분류	민간이전지출 근거	계약체결방법	계약기간	낙찰자선정방법	운영예산 산정	정산방법	성과평가 실시여부
78	서울 양천구	건축물부설주차장개방사업	45,000	9	4	7	8	7	1	1	4
79	서울 강서구	전통사찰보수정비	400,000	9	1	6	1	7	5	2	1
80	서울 강서구	어린이집기능보강비지원	67,923	9	1	7	8	7	1	1	2
81	서울 강서구	지역아동센터환경개선비지원(지자체,법인시설)	12,438	9	4	7	8	7	1	1	1
82	서울 강서구	지역아동센터환경개선비지원(개인시설)	5,000	9	4	7	8	7	1	1	1
83	서울 금천구	전통사찰보수정비사업	400,000	9	1	7	8	7	1	1	4
84	서울 금천구	부설주차장관리	70,000	9	1,4	7	8	7	1	1	1
85	서울 금천구	종합사회복지관운영	53,460	9	1	7	8	7	3	3	1
86	서울 동작구	전통사찰방재시스템구축	212,000	9	2	7	8	7	5	5	4
87	서울 동작구	공동주택지원	148,301	9	1,4	1	7	6	3	3	3
88	서울 동작구	푸드뱅크마켓센터운영지원	80,648	9	4	7	8	7	5	5	4
89	서울 동작구	장애아통합어린이집운영	4,800	9	6	7	8	7	5	5	4
90	서울 관악구	전통사찰방재시스템구축(관음사)	228,000	9	2	7	8	7	5	5	4
91	서울 관악구	사회복지관기능보강사업	140,065	9	1	5	8	7	1	1	1
92	서울 관악구	의류제조업작업환경개선지원	60,000	9	1	7	8	7	1	3	4
93	서울 관악구	공기공급장치설치비지원	13,920	9	4	7	8	7	1	1	2
94	서울 관악구	사회복지관기능보강사업	9,758	9	1	5	5	7	1	1	1
95	서울 송파구	고독사예방지원사업	20,000	9	2	7	8	7	5	5	4
96	서울 강동구	리모델링및기자재비(공동주택관리동)	1,440,000	9	1,2,5	7	8	7	3	3	4
97	서울 강동구	성가정노인복지관기능보강사업	50,667	9	4	7	8	7	2	1	4
98	서울 강동구	설치비	4,800	9	1,5,6	7	8	7	3	3	4
99	경기 수원시	장애인주간보호시설기능보강(국비)	451,130	9	2	4	7	7	1	1	4
100	경기 수원시	봉녕사경내지정비	366,300	9	2	7	8	7	5	1	4
101	경기 수원시	기업환경개선	240,000	9	4,6	1,4	8	1,3	1	1	1
102	경기 수원시	노후승강기지원	240,000	9	4	7	8	7	1	1	4
103	경기 수원시	봉녕사약사전단청보수	240,000	9	2	7	8	7	5	1	4
104	경기 수원시	노후소규모공동주택유지관리지원	200,000	9	4	7	8	7	1	1	4
105	경기 수원시	팔달사나한전단청및주변정비	189,000	9	2	7	8	7	5	1	4
106	경기 수원시	노인생활시설확충(기능보강)	91,800	9	2	7	8	7	1	1	4
107	경기 수원시	사회복지시설환경개선	74,000	9	2	1,4	7	7	1	1	4
108	경기 수원시	경비청소노동자휴게시설개선지원	60,000	9	4	7	8	7	1	1	4
109	경기 수원시	양봉산업현대화	33,675	9	2	7	8	7	5	1	3
110	경기 수원시	소형농기계지원	33,000	9	1	7	8	7	1	1	4
111	경기 수원시	장애인직업재활시설기능보강(국비)	24,200	9	2	4	7	7	1	1	4
112	경기 수원시	양봉산업기반조성	19,950	9	2	7	8	7	5	1	3
113	경기 수원시	로컬푸드연중생산체계구축	10,333	9	4	7	8	7	1	1	1
114	경기 수원시	정신재활시설기능보강사업(국비)	8,000	9	1,2	7	8	7	5	5	4
115	경기 수원시	수출포장재	7,880	9	4	7	8	7	1	1	1
116	경기 수원시	공동주택경비실에어컨설치비용지원	7,200	9	4	7	8	7	1	1	4
117	경기 수원시	팔달여성새일센터기업환경개선지원	5,000	9	2	7	8	7	1	1	4

순번	시군구	지출명 (사업명)	2024년예산 (단위: 천원 /1년간)	민간이전 분류 (지방자치단체 세출예산 집행기준에 의거)	민간이전지출 근거 (지방보조금 관리기준 참고)	입찰방식			운영예산 산정		성과평가 실시여부
						계약체결방법 (경쟁형태)	계약기간	낙찰자선정방법	운영예산 산정	정산방법	
118	경기 수원시	장애인거주시설기능보강(국비)	2,500	9	2	4	7	7	1	1	4
119	경기 성남시	저상버스도입보조	10,120,000	9	2	7	8	7	1	1	4
120	경기 성남시	수소전기차구매지원	8,895,000	9	2	7	8	7	5	1	4
121	경기 성남시	운행차배출가스저감사업	6,375,900	9	2	6	8	7	2	2	2
122	경기 성남시	어린이건강과일공급	1,289,600	9	1	7	8	7	1	1	4
123	경기 성남시	가정보육어린이건강과일공급	718,390	9	1	7	8	7	1	1	4
124	경기 성남시	임산부친환경농산물지원사업	626,688	9	1	7	8	7	1	1	4
125	경기 성남시	전기이륜차구매지원	480,000	9	2	7	8	7	5	1	4
126	경기 성남시	성남봉국사대광명전재난방지시설구축(전기)	380,000	9	2	7	8	7	1	1	4
127	경기 성남시	성남봉국사대광명전재난방지시설구축(소방)	320,000	9	2	7	8	7	1	1	4
128	경기 성남시	성남봉국사대광명전주변정비사업심검담해체보수실시설계	150,000	9	2	7	8	7	1	1	4
129	경기 성남시	보증기간경과장치성능유지관리	150,000	9	2	6	8	7	2	2	2
130	경기 성남시	면세유구입비입급지원	140,050	9	1	7	8	7	1	1	4
131	경기 성남시	소규모기업환경개선사업	107,484	9	4	7	8	7	1	1	1
132	경기 성남시	성남봉국사대광명전정밀실측기록화	100,000	9	2	7	8	7	1	1	4
133	경기 성남시	로컬푸드관련지원사업	96,267	9	1	7	8	7	1	1	4
134	경기 성남시	영세사업장미세먼지저감개선사업	90,000	9	2	7	8	7	5	3	4
135	경기 성남시	장기요양기관환기시설설치비지원사업	85,920	9	1	7	8	7	5	5	4
136	경기 성남시	어린이집기능보강	60,000	9	2	7	8	7	5	5	4
137	경기 성남시	장애인직업재활시설기능보강	54,448	9	1	7	8	7	5	5	4
138	경기 성남시	통학차량LPG차전환지원사업	40,000	9	2	7	8	7	5	1	4
139	경기 성남시	전기굴착기보급사업	40,000	9	2	7	8	7	5	1	4
140	경기 성남시	가정용저녹스보일러설치지원사업	33,000	9	2	7	8	7	1	1	4
141	경기 성남시	전통주소비활성화지원	21,000	9	6	7	8	7	1	1	4
142	경기 성남시	성남봉국사대광명전재난방지시설구축설계(방범)	20,000	9	2	7	8	7	1	1	4
143	경기 성남시	환경친화형농자재지원	19,487	9	1	7	8	7	1	1	4
144	경기 성남시	장애인주택개조사업	19,000	9	2	2	1	1	1	1	1
145	경기 성남시	양봉산업육성	18,050	9	6	7	8	7	1	1	4
146	경기 성남시	가스열펌프(GHP)냉난방기개조지원사업	15,750	9	2,6	7	8	7	5	1	4
147	경기 성남시	시설원예농업난방시설지원사업	13,667	9	1	7	8	7	1	1	4
148	경기 성남시	지속가능한양봉산업기반조성	12,320	9	6	7	8	7	1	1	4
149	경기 성남시	농업용관리기등지원	11,400	9	1	7	8	7	1	1	4
150	경기 성남시	친환경농산물인증확대	10,500	9	1	7	8	7	1	1	4
151	경기 성남시	공공보건의료협력체계구축사업(자본사업보조)	5,000	9	2	6	8	6	5	1	4
152	경기 성남시	가축재해보험가입지원(국가직접지원)	1,430	9	1	7	8	7	1	1	4
153	경기 성남시	GAP안전성분석지원	1,000	9	2	7	8	7	1	1	4
154	경기 의정부시	운행경유차배출가스저감사업	2,847,140	9	1	7	8	7	2	2	4
155	경기 의정부시	전기화물차구매지원	2,254,750	9	1	7	8	7	1	1	2
156	경기 의정부시	전기승용차구매지원	1,977,200	9	1	7	8	7	1	1	2
157	경기 의정부시	전기승합차구매지원	1,120,000	9	1	7	8	7	1	1	2

순번	시군구	지출명 (사업명)	2024년예산 (단위 : 천원 /1년간)	민간이전 분류 (지방자치단체 세출예산 집행기준에 의거) 1. 민간경상사업보조(307-02) 2. 민간단체 법정운영비보조(307-03) 3. 민간행사사업보조(307-04) 4. 민간위탁금(307-05) 5. 사회복지시설 법정운영비보조(307-10) 6. 민간위탁교육비(307-12) 7. 공기관등에대한경상적위탁사업비(308-13) 8. 민간자본사업보조,자체재원(402-01) 9. 민간자본사업보조,이전재원(402-02) 10. 민간자본사업비(402-03) 11. 공기관등에 대한 자본적 위탁사업비(403-02)	민간이전지출 근거 (지방보조금 관리기준 참고) 1. 법률에 규정 2. 국고보조 재원(국가지정) 3. 용도 지정 기부금 4. 조례에 직접규정 5. 지자체가 권장하는 사업을 하는 공공기관 6. 시,도 정책 및 재정사정 7. 기타 8. 해당없음	입찰방식 계약체결방법 (경쟁형태) 1. 일반경쟁 2. 제한경쟁 3. 지명경쟁 4. 수의계약 5. 법정위탁 6. 기타 ( ) 7. 없음	계약기간 1. 1년 2. 2년 3. 3년 4. 4년 5. 5년 6. 기타 ( )년 7. 단가계약 (1년미만) 8. 없음	낙찰자선정방법 1. 적격심사 2. 협상에의한계약 3. 최저가낙찰제 4. 규격가격분리 5. 2단계 경쟁입찰 6. 기타 ( ) 7. 없음	운영예산 산정 1. 내부산정 (지자체 자체적으로 산정) 2. 외부산정 (외부전문기관위탁 산정) 3. 내·외부 모두 산정 4. 산정 無 5. 없음	정산방법 1. 내부정산 (지자체 내부적으로 정산) 2. 외부정산 (외부전문기관위탁 정산) 3. 내·외부 모두 정산 4. 정산 無 5. 없음	성과평가 실시여부 1. 실시 2. 미실시 3. 향후 추진 4. 해당없음
158	경기 의정부시	도시가스배관망지원사업	351,600	9	6	7	8	7	2	2	4
159	경기 의정부시	수소전기차보급사업	325,000	9	1	7	8	7	1	1	2
160	경기 의정부시	가스열펌프냉난방기개조지원사업	255,150	9	2	7	8	7	1	1	4
161	경기 의정부시	성불사진입계단및주변축대보수	224,460	9	1	7	8	7	5	5	4
162	경기 의정부시	공동주택지원사업(건축허가대상)	208,000	9	1	7	8	7	5	5	4
163	경기 의정부시	공립어린이집외부놀이시설교체및복구공사비지원	200,000	9	1,6	7	8	7	1	1	4
164	경기 의정부시	미륵암석축보수정비	193,500	9	1	7	8	7	5	5	4
165	경기 의정부시	공동주택지원사업(사업승인(의무)대상)	120,000	9	1	7	8	7	5	5	4
166	경기 의정부시	전기이륜차보급사업	88,000	9	1	7	8	7	1	1	2
167	경기 의정부시	망월사칠성각주변정비및낙석방지공사	77,205	9	1	7	8	7	5	5	4
168	경기 의정부시	보증기간경과장치성능유지관리	72,240	9	1	7	8	7	2	2	4
169	경기 의정부시	가정용저녹스보일러보급사업	66,000	9	2	7	8	7	5	5	4
170	경기 의정부시	정부지원어린이집개보수비지원	52,000	9	1,2	7	8	7	1	1	4
171	경기 의정부시	공동주택지원사업(사업승인(비의무)대상)	40,000	9	1	7	8	7	5	5	4
172	경기 의정부시	어린이통학차량의LPG차전환지원사업	35,000	9	1	7	8	7	1	1	4
173	경기 의정부시	장애인주택개조사업	26,600	9	2	4	7	6	5	5	4
174	경기 의정부시	기능성양봉산물생산을위한기술보급시범사업	26,000	9	1	7	8	7	5	5	4
175	경기 의정부시	스마트(ICT)양봉기술을이용한꿀벌육성시범사업	25,200	9	1	7	8	7	5	5	4
176	경기 의정부시	기업환경개선사업	20,000	9	6	6	1	7	5	1	4
177	경기 의정부시	현장노동자휴게시설개선	7,200	9	4	7	8	7	5	5	4
178	경기 의정부시	야생동물피해예방사업(울타리)	6,000	9	1	7	8	7	5	5	4
179	경기 의정부시	성폭력피해자보호시설기능보강	4,600	9	1	5	5	1	5	1	4
180	경기 의정부시	농업용관리기등지원	3,870	9	1	7	8	7	5	5	4
181	경기 의정부시	공공청소년수련시설이용활성화사업	3,570	9	6	7	8	7	1	1	4
182	경기 의정부시	우수여왕벌보급사업	2,400	9	2	7	8	7	5	5	4
183	경기 의정부시	양봉산업현대화지원(자본보조)	2,250	9	1	7	8	7	5	5	4
184	경기 의정부시	정부지원어린이집장비비지원	2,000	9	1,2	7	8	7	1	1	4
185	경기 의정부시	축산관련차량GPS단말기상시전원공급체계구축	1,800	9	2	7	8	7	5	5	4
186	경기 의정부시	축산환경개선	1,000	9	2	7	8	7	5	5	4
187	경기 의정부시	말벌퇴치기지원사업	600	9	2	7	8	7	5	5	4
188	경기 안양시	전기자동차보급사업	17,410,500	9	8	7	8	7	5	5	4
189	경기 안양시	저상버스도입지원	10,580,000	9	8	7	8	7	5	5	4
190	경기 안양시	운행경유차배출가스저감사업	3,255,840	9	8	7	8	7	5	5	4
191	경기 안양시	수소전기차보급사업	487,500	9	8	7	8	7	5	5	4
192	경기 안양시	단독주택집수리지원사업	360,000	9	8	7	8	7	5	5	4
193	경기 안양시	염불사석축및진입계단보수공사	280,000	9	8	7	8	7	5	5	4
194	경기 안양시	기업환경개선사업	274,258	9	8	7	8	7	5	5	4
195	경기 안양시	안양사소방시설설치사업	270,000	9	8	7	8	7	5	5	4
196	경기 안양시	삼막사망해루지붕보수사업	270,000	9	8	7	8	7	5	5	4
197	경기 안양시	의무관리대상공동주택(승강기부분)	240,000	9	8	7	8	7	5	5	4

연번	사업구분	사업명	2024예산액 (단위: 천원/기준월)	신규여부 판단 (시작년도-종료연도) 1. 신규사업계속사업 중점관리 2. 일반적계속사업(307-02) 3. 일반적계속사업(307-04) 4. 축제성 경비 및 행사성 경비 5. 사무관리비성 경비(307-10) 6. 민간이전경비 업무추진비(308-13) 7. 업무추진비경비(402-01) 8. 일시적사업(402-02) 9. 인건비경비(402-02) 10. 민간위탁사업비(402-03) 11. 경기도방침에 의한 지원사업(403-02)	집행시기 1. 1월 2. 2분기 3. 3분기 4. 4분기 5. 연중 6. 기타( ) 7. 해당없음	지방보조금 1. 일반운영비 2. 일시적계속사업 3. 지정사업 4. 추가지원 5. 연중운영 6. 기타( ) 7. 해당없음	사전절차 1. 타당성검토 2. 수요조사 3. 지침개정 4. 수수료조정 5. 조례 6. 기타( ) 7. 해당없음	예산집행방식 1. 직접집행 2. 위탁집행(업무위탁계약) 3. 보조사업(지방보조금) 4. 기타 5. 연중	예산집행방식 1. 직접집행 2. 위탁집행(업무위탁계약) 3. 보조사업(지방보조금) 4. 기타 5. 연중	사업추진도 1. 신규 2. 확대 3. 변동없음 4. 축소 종료
198	일반경상시	가스열펌프(GHP) 냉난방공기조화기설치사업	236,250	9	8	7	8	5	5	4
199	일반경상시	비상안전관리단(시설안전)	200,000	9	8	7	8	5	5	4
200	일반경상시	일반관리사업비	124,800	9	8	7	8	5	5	4
201	일반경상시	시설유지관리사업장비	96,282	9	8	7	8	5	5	4
202	일반경상시	경륜본부장비구매및소모품사업비	85,000	9	8	7	8	5	5	4
203	일반경상시	공유재산관리수선유지보수사업	80,000	9	8	7	8	5	5	4
204	일반경상시	경륜본부소모품구입비	54,000	9	8	7	8	5	5	4
205	일반경상시	비품재산관리사업비	53,280	9	8	7	8	5	5	4
206	일반경상시	냉난방기사장사업지원(6개년)	43,130	9	8	7	8	5	5	4
207	일반경상시	전기보일러등시설장비보조	35,670	9	8	7	8	5	5	4
208	일반경상시	공공재산관리비품사업비	28,640	9	8	7	8	5	5	4
209	일반경상시	이티엘본부LPG설치보수사업비	24,000	9	8	7	8	5	5	4
210	일반경상시	냉난방공조기계사업비	24,000	9	8	7	8	5	5	4
211	일반경상시	냉난방소모품사업	22,800	9	8	7	8	5	5	4
212	일반경상시	비상실비지원사업	20,000	9	8	7	8	5	5	4
213	일반경상시	공중화장실보수	16,340	9	8	7	8	5	5	4
214	일반경상시	사이버공간관리지원사업비(6개소)	8,310	9	8	7	8	5	5	4
215	일반경상시	사업인증장비측정기기등사업비(기초운영)	7,000	9	8	7	8	5	5	4
216	일반경상시	냉난방소모품	3,225	9	8	7	8	5	5	4
217	일반경상시	가스냉난방공조기공장설사업	3,000	9	8	7	8	5	5	4
218	일반경상시	비상기계설비공조사업	2,920	9	8	7	8	5	5	4
219	일반경상시	지역본부이용공조사업	2,400	9	8	7	8	5	5	4
220	일반경상시	공조본부개소소모품	1,900	9	8	7	8	5	5	4
221	일반경상시	재가복지사무이사비용	23,692,000	9	7	2	8	7	3	1	4
222	일반경상시	종합복지사사업개발시비	5,212,700	9	2	7	8	7	5	5	4
223	일반경상시	노인돌봄장사지원사업	748,276	9	6	7	8	7	5	1	4
224	일반경상시	가정봉보전지원사업지원	261,450	9	2	7	8	7	1	1	2
225	일반경상시	경이복지사업지원	235,200	9	2	7	8	7	3	1	4
226	일반경상시	노인돌봄종합서비스지원사업지원(비이용)	160,000	9	7	2	8	7	5	5	4
227	일반경상시	노인돌봄사업시비지원	155,966	9	2	7	8	7	5	5	4
228	일반경상시	노인돌봄종합지원사업지원(신규)	120,000	9	7	7	8	7	5	5	4
229	일반경상시	장애인복지시설시설지원사업	95,000	9	7	7	8	7	5	5	4
230	일반경상시	노인가정복지지원사업	92,000	9	6	5	8	7	3	3	4
231	일반경상시	장애인복지시설지원사업	91,000	9	1	7	8	5	5	5	4
232	일반경상시	경이복지시설보상지원사업	90,000	9	4	7	8	7	1	1	3
233	일반경상시	경이복지시설보상지원	70,000	9	2	7	8	7	3	1	4
234	일반경상시	장애돌봄중간시설이사지원사업지원(성)	64,000	9	1	7	8	7	5	1	2
235	일반경상시	노인돌봄중간시설지원사업	42,000	9	2	7	8	7	5	5	4
236	일반경상시	노인돌봄기간사업지원(성인돌봄지원)	26,000	9	1	7	8	7	1	1	3
237	일반경상시	경이복지지원사업(성인돌봄지원)	20,000	9	4	7	8	7	1	1	1

순번	시군구	지출명 (사업명)	2024년예산 (단위: 천원/1년간)	민간이전 분류	민간이전지출 근거	입찰방식 계약체결방법	계약기간	낙찰자선정방법	운영예산 산정	정산방법	성과평가 실시여부
238	경기 부천시	양봉산업육성	8,250	9	1	7	8	7	5	5	1
239	경기 부천시	노후승강기등공동주택주거환경개선지원사업(경비실에어컨설치비용지원)	4,800	9	7	7	8	7	5	5	4
240	경기 부천시	사립작은도서관도서구입비	3,440	9	4	7	8	7	1	1	4
241	경기 부천시	사립작은도서관도서구입비	3,440	9	4	7	8	7	1	1	4
242	경기 부천시	사립작은도서관도서구입	3,440	9	4	7	8	7	1	1	4
243	경기 부천시	보행관리기지원	3,000	9	6	7	8	7	5	1	4
244	경기 부천시	사립작은도서관도서구입비	2,870	9	4	7	8	7	1	1	4
245	경기 부천시	사립작은도서관도서구입비	2,870	9	4	7	8	7	1	1	4
246	경기 부천시	사립작은도서관도서구입비	2,870	9	4	7	8	7	1	1	4
247	경기 부천시	사립작은도서관도서구입비	2,870	9	4	7	8	7	1	1	4
248	경기 부천시	사립작은도서관도서구입비	2,870	9	4	7	8	7	1	1	4
249	경기 부천시	사립작은도서관도서구입	2,870	9	4	7	8	7	1	1	4
250	경기 부천시	사립작은도서관도서구입	2,870	9	4	7	8	7	1	1	4
251	경기 부천시	사립작은도서관도서구입	2,870	9	4	7	8	7	1	1	4
252	경기 부천시	사립작은도서관도서구입	2,870	9	4	7	8	7	1	1	4
253	경기 부천시	사립작은도서관도서구입	2,870	9	4	7	8	7	1	1	4
254	경기 부천시	사립작은도서관도서구입	2,870	9	4	7	8	7	1	1	4
255	경기 부천시	사립작은도서관냉난방기지원	2,520	9	4	7	8	7	1	1	4
256	경기 부천시	사립작은도서관냉난방비지원	2,470	9	4	7	8	7	1	1	4
257	경기 부천시	사립작은도서관도서구입비	2,310	9	4	7	8	7	1	1	4
258	경기 부천시	사립작은도서관도서구입비	2,310	9	4	7	8	7	1	1	4
259	경기 부천시	사립작은도서관도서구입비	2,310	9	4	7	8	7	1	1	4
260	경기 부천시	사립작은도서관도서구입비	2,310	9	4	7	8	7	1	1	4
261	경기 부천시	사립작은도서관도서구입	2,310	9	4	7	8	7	1	1	4
262	경기 부천시	사립작은도서관냉난방지원	1,830	9	4	7	8	7	1	1	4
263	경기 부천시	사립작은도서관냉난방기지원	1,680	9	4	7	8	7	1	1	4
264	경기 부천시	사립작은도서관냉난방비지원	1,600	9	4	7	8	7	1	1	4
265	경기 부천시	사립작은도서관냉난방비지원	1,070	9	4	7	8	7	1	1	4
266	경기 부천시	사립작은도서관냉난방비지원	950	9	4	7	8	7	1	1	4
267	경기 부천시	사립작은도서관냉난방비지원	450	9	4	7	8	7	1	1	4
268	경기 광명시	전기자동차구매보조	4,068,000	9	2	7	8	7	5	5	4
269	경기 광명시	전기버스구매보조	3,360,000	9	2	7	8	7	5	5	4
270	경기 광명시	전기화물차구매보조	2,772,000	9	2	7	8	7	5	5	4
271	경기 광명시	운행경유차배출가스저감사업	1,124,320	9	8	7	8	7	5	5	4
272	경기 광명시	수소차구매보조	812,500	9	2	7	8	7	5	5	4
273	경기 광명시	어린이건강과일공급	573,760	9	6	7	8	7	5	1	4
274	경기 광명시	미니태양광보급지원사업	141,741	9	6	7	8	7	1	4	4
275	경기 광명시	더드림집수리사업	135,000	9	6	7	8	7	5	1	4
276	경기 광명시	경기도공동주택경비청소노동자휴게시설개선지원	120,000	9	4	7	8	7	1	1	2
277	경기 광명시	공동주택노후승강기교체비용지원사업	120,000	9	6	7	8	7	1	1	1

사업구분	연번	사업명	2024년예산 (백만원/개소당)	법령의 근거	선정기준	제출서류	평가항목	평가내용	배점
집행위임사	278	농촌기반조성시설유지관리	116,049	9	2	7	8	7	5	5	4
집행위임사	279	사회재난구호구호물품비축지원	69,600	9	4	7	8	7	1	1	4
집행위임사	280	전기차구입지원	48,000	9	5	7	8	7	5	5	4
집행위임사	281	농업인안전보험	40,000	9	6	7	8	7	1	1	1
집행위임사	282	가로등및보안등유지관리	21,000	9	8	7	8	7	5	5	4
집행위임사	283	이동통신사각지역해소통신망구축	20,000	9	6	7	8	7	5	5	4
집행위임사	284	농촌자원복합산업화지원(체험마을)	20,000	9	6	7	8	7	5	5	4
집행위임사	285	정보화마을지원사업	16,000	9	6	7	8	7	1	5	4
집행위임사	286	어린이통학차량LPG차량지원	10,000	9	5	7	8	7	5	5	4
집행위임사	287	어린이보호구역개선사업(기능보강및인프라)	10,000	9	5	7	8	7	5	5	4
집행위임사	288	마을회관운영지원	9,550	9	6	7	8	7	5	1	4
집행위임사	289	새마을운동조직지원및부설물관리	3,100	9	4	7	8	7	1	1	4
집행위임사	290	농축산물직접지불금	8,200,000	9	2	7	8	7	5	5	2
집행위임사	291	농업직불제경관보전직불금지원(직불)	4,151,350	9	2	7	7	7	1	5	4
집행위임사	292	농촌마을기본시설확충사업	3,500,000	9	2	7	8	7	5	5	3
집행위임사	293	농촌공동시설지원사업(직불)	1,200,000	9	1	7	8	7	3	3	3
집행위임사	294	재난안전특별교부금	1,070,255	9	6	7	8	7	1	3	3
집행위임사	295	가축분뇨공공처리시설설치지원(직불)	930,000	9	2	7	8	7	5	5	4
집행위임사	296	이동통신기지국운영	825,637	9	1	7	8	7	5	5	4
집행위임사	297	공공하수처리시설설치지원(직불)	560,000	9	1	7	8	7	3	3	3
집행위임사	298	재난관리취약시설관리지원	432,280	9	1	7	8	7	1	1	1
집행위임사	299	농촌마을가꾸기사업추진(직불)	402,000	9	2	7	8	7	3	1	3
집행위임사	300	농촌마을기본시설확충사업(직불)	393,750	9	2	7	8	7	1	1	4
집행위임사	301	농촌마을가꾸기사업추진(직불)	379,649	9	2	7	8	7	3	1	3
집행위임사	302	농촌자원복합산업화지원	360,000	9	1	7	8	7	3	3	3
집행위임사	303	소하천정비및관리지원(어도구조물등지원)(직불)	350,000	9	2	7	8	7	3	1	3
집행위임사	304	재난안전관리특별사업	310,800	9	7	7	8	7	5	5	4
집행위임사	305	소하천정비및관리지원(어도구조물)(직불)	221,208	9	2	7	8	7	3	1	3
집행위임사	306	안전신호등개선지원사업	180,000	9	4	7	8	7	5	5	4
집행위임사	307	이동통신시설개선사업	160,000	9	6	7	8	7	5	5	4
집행위임사	308	사회재난구호기금지원및운영관리	150,000	9	2	7	8	7	5	5	4
집행위임사	309	농촌생활기반시설개선지원	145,900	9	1	7	8	7	3	3	3
집행위임사	310	농촌자원복합산업화지원(직불)	140,864	9	2	7	7	7	1	3	4
집행위임사	311	재난안전통합지원사업	136,710	9	6	7	7	7	1	3	3
집행위임사	312	정보화마을운영지원사업	133,700	9	2	7	7	7	1	5	4
집행위임사	313	소하천정비및관리지원(어도구조물)(직불)	123,048	9	2	7	8	7	3	1	3
집행위임사	314	가축분뇨공공처리시설설치지원	100,000	9	2	7	8	7	5	5	4
집행위임사	315	농촌기반시설유지관리지원	100,000	9	2	7	8	7	5	5	4
집행위임사	316	가축분뇨처리시설설치및운영지원	80,000	9	6	7	8	7	5	5	4
집행위임사	317	농축산물소비촉진및판매지원사업	80,000	9	2	7	8	7	5	5	4

순번	시군구	지출명 (사업명)	2024년예산 (단위 : 천원 /1년간)	민간이전 분류 (지방자치단체 세출예산 집행기준에 의거)	민간이전지출 근거 (지방보조금 관리기준 참고)	입찰방식 계약체결방법 (경쟁형태)	계약기간	낙찰자선정방법	운영예산 산정	정산방법	성과평가 실시여부
318	경기 평택시	환경친화형농자재지원	78,874	9	1	7	8	7	1	1	1
319	경기 평택시	어린이집환경개선(국비)	76,000	9	2	7	8	7	5	5	4
320	경기 평택시	포장재제작비지원	65,000	9	1	7	8	7	3	3	3
321	경기 평택시	빈집정비사업	60,000	9	4	7	8	7	5	5	4
322	경기 평택시	고품질수출농산물생산지원	58,388	9	1	7	8	7	1	1	1
323	경기 평택시	어린이통학차량의LPG차전환지원사업	50,000	9	2	7	8	7	5	5	2
324	경기 평택시	농업인학습단체경쟁력제고사업	50,000	9	1	7	8	7	5	5	4
325	경기 평택시	가정용저녹스보일러보급사업(국비)	42,240	9	2	7	8	7	5	1	4
326	경기 평택시	사회복지시설환경개선사업	40,000	9	4	7	8	7	5	5	4
327	경기 평택시	과수안정생산을위한종합관리시범	40,000	9	6	7	8	7	5	5	4
328	경기 평택시	소규모공동주택주거환경개선지원사업	32,000	9	4	7	8	7	5	5	4
329	경기 평택시	고온기채소재배환경개선기술시범	32,000	9	6	7	8	7	5	5	4
330	경기 평택시	스마트(ICT)양봉기술을이용한꿀벌육성	32,000	9	6	7	8	7	5	5	4
331	경기 평택시	전기자동차구매지원(국비)	30,213	9	2	7	7	7	1	5	4
332	경기 평택시	공동집하장설치	30,000	9	1	4	1	7	1	1	1
333	경기 평택시	토양병해충방제용토양소독신기술시범	30,000	9	2	7	8	7	5	5	4
334	경기 평택시	화재걱정없는가축원적외발열선보온등보급시범	30,000	9	2	7	8	7	5	5	4
335	경기 평택시	로컬푸드연중생산체계구축	29,170	9	1	7	8	7	1	1	1
336	경기 평택시	고추비가림재배시설지원(국비)	27,600	9	2	7	8	7	3	1	3
337	경기 평택시	성매매피해자지설시설기능보강사업	27,241	9	2	7	8	7	5	1	3
338	경기 평택시	청년농업인4H회원신규영농정착시범	24,000	9	1	7	8	7	5	5	4
339	경기 평택시	과수유해조수피해경감시범	24,000	9	2	7	8	7	5	5	4
340	경기 평택시	축종별맞춤형미네랄블록가축생산성향상시범	20,000	9	2	7	8	7	5	5	4
341	경기 평택시	마을기업육성사업	18,000	9	2	7	8	7	5	5	4
342	경기 평택시	마을기업육성사업	18,000	9	2	7	8	7	5	5	4
343	경기 평택시	G마크등경쟁력제고(생산유통시설)	18,000	9	1	7	8	7	1	1	1
344	경기 평택시	경영개선컨설팅농가시설개선지원	16,000	9	6	7	8	7	5	5	4
345	경기 평택시	언택트시대중소농가경영개선을위한브랜드활성화지원	16,000	9	6	7	8	7	5	5	4
346	경기 평택시	시설재배지총채벌레종합방제시범	16,000	9	6	7	8	7	5	5	4
347	경기 평택시	시설원예스마트팜기술보급시범	16,000	9	6	7	8	7	5	5	4
348	경기 평택시	버섯시설현대화지원(국비)	10,000	9	2	7	8	7	3	1	3
349	경기 평택시	스마트팜ICT융복합확산(시설보급)(국비)	9,303	9	2	7	8	7	3	1	3
350	경기 평택시	과수고품질시설현대화사업(국비)	8,870	9	2	7	8	7	3	1	3
351	경기 평택시	인삼생산시설현대화(국비)	6,818	9	2	7	8	7	3	1	3
352	경기 동두천시	전기자동차구매지원	3,027,870	9	2	7	8	7	1	1	4
353	경기 동두천시	동두천시육아종합지원센터설치지원	930,000	9	7	7	8	7	5	5	4
354	경기 동두천시	운행경유차배출가스저감사업	838,950	9	2	7	8	7	5	5	4
355	경기 동두천시	도시가스공급사업	324,340	9	6	7	8	7	1	2	4
356	경기 동두천시	전통사찰보수정비사업	270,000	9	4	6	1	6	3	1	2
357	경기 동두천시	노후공동주택유지관리지원사업	218,000	9	4	7	8	7	1	1	1

순번	시군구	지출명 (사업명)	2024년예산 (단위 : 천원 /1년간)	민간이전 분류 (지방자치단체 세출예산 집행기준에 의거) 1. 민간경상사업보조(307-02) 2. 민간단체 법정운영비보조(307-03) 3. 민간행사사업보조(307-04) 4. 민간위탁금(307-05) 5. 사회복지시설 법정운영비보조(307-10) 6. 민간인위탁교육비(307-12) 7. 공기관등에대한경상적위탁사업비(308-13) 8. 민간자본사업보조,자체재원(402-01) 9. 민간자본사업보조,이전재원(402-02) 10. 민간위탁사업비(402-03) 11. 공기관등에 대한 자본적 위탁사업비(403-02)	민간이전지출 근거 (지방보조금 관리기준 참고) 1. 법률에 규정 2. 국고보조 재원(국가지정) 3. 용도 지정 기부금 4. 조례에 직접규정 5. 지자체가 권장하는 사업을 하는 공공기관 6. 시,도 정책 및 재정사정 7. 기타 8. 해당없음	입찰방식			운영예산 산정		성과평가 실시여부 1. 실시 2. 미실시 3. 향후 추진 4. 해당없음
						계약체결방법 (경쟁형태) 1. 일반경쟁 2. 제한경쟁 3. 지명경쟁 4. 수의계약 5. 법정위탁 6. 기타 ( ) 7. 없음	계약기간 1. 1년 2. 2년 3. 3년 4. 4년 5. 5년 6. 기타 ( )년 7. 단가계약 (1년미만) 8. 없음	낙찰자선정방법 1. 적격심사 2. 협상에의한계약 3. 최저가낙찰제 4. 규격가격분리 5. 2단계 경쟁입찰 6. 기타 ( ) 7. 없음	운영예산 산정 1. 내부산정 (지자체 자체적으로 산정) 2. 외부산정 (외부전문기관위탁 산정) 3. 내·외부 모두 산정 4. 산정 無 5. 없음	정산방법 1. 내부정산 (지자체 내부적으로 정산) 2. 외부정산 (외부전문기관위탁 정산) 3. 내·외부 모두 산정 4. 정산 無 5. 없음	
358	경기 동두천시	수소전기차보급	195,000	9	2	7	8	7	1	1	4
359	경기 동두천시	농업에너지이용효율화사업	140,000	9	2	7	8	7	1	1	2
360	경기 동두천시	축사악취저감시설지원	75,000	9	6	7	8	7	1	1	2
361	경기 동두천시	소규모기업환경개선(전환사업)	64,520	9	6	7	1	1	1	1	4
362	경기 동두천시	그린홈1만호보급사업	60,000	9	1	7	8	7	1	5	4
363	경기 동두천시	현장노동자휴게시설개선	60,000	9	6	6	1	1	1	1	4
364	경기 동두천시	노숙인시설기능보강	54,918	9	2	1	8	7	2	1	4
365	경기 동두천시	장기요양기관환기시설설치	35,800	9	2	7	8	7	5	5	4
366	경기 동두천시	시설원예현대화지원	33,000	9	2	7	8	7	1	1	2
367	경기 동두천시	야생동물피해예방사업	31,000	9	2	7	8	7	1	1	2
368	경기 동두천시	어린이집환경개선	30,000	9	2	7	8	7	1	1	1
369	경기 동두천시	아파트경비,청소노동자휴게시설개선지원	30,000	9	4	7	8	7	1	1	1
370	경기 동두천시	노후주택녹슨상수도관개량지원	30,000	9	6	7	8	7	5	5	3
371	경기 동두천시	전기이륜차보급사업	27,200	9	2	7	8	7	1	1	4
372	경기 동두천시	화재안전성능보강지원	26,666	9	2	7	8	7	1	1	1
373	경기 동두천시	장애인주택개조사업	19,000	9	2	7	8	7	1	1	2
374	경기 동두천시	다용도축산분뇨처리장비지원	15,000	9	6	7	8	7	1	1	2
375	경기 동두천시	농업용관리기등소형농기계지원	11,150	9	1	7	8	7	1	1	2
376	경기 동두천시	목재펠릿보일러보급(산림바이오매스확충)	10,920	9	1	7	8	7	5	1	4
377	경기 동두천시	사회복지용목재펠릿보일러보급	10,400	9	1	7	8	7	5	1	4
378	경기 동두천시	가정용저녹스보일러보급사업	10,200	9	1	7	8	7	1	1	4
379	경기 동두천시	어린이통학차량의LPG차전환지원사업	10,000	9	2	7	8	7	1	1	4
380	경기 동두천시	가축전염병차단방역시설	10,000	9	6	7	8	7	1	1	2
381	경기 동두천시	양돈경쟁력강화	7,500	9	6	7	8	7	1	1	4
382	경기 동두천시	환경친화형농자재지원	6,765	9	6	7	8	7	1	1	2
383	경기 안산시	전기자동차구매지원	12,572,440	9	2	7	8	7	5	5	4
384	경기 안산시	운행경유차배출가스저감사업	6,131,330	9	2	7	8	7	5	5	4
385	경기 안산시	소규모사업장방지시설설치지원사업	1,944,000	9	2	7	8	7	1	1	1
386	경기 안산시	신재생에너지용복합지원사업	1,850,631	9	2	7	8	7	2	3	4
387	경기 안산시	저상버스도입지원	1,840,000	9	2	7	8	7	5	5	4
388	경기 안산시	수소연료전지차구매지원	825,000	9	2	7	8	7	5	5	4
389	경기 안산시	노후공동주택주거환경개선지원사업	240,000	9	4	7	8	7	1	1	1
390	경기 안산시	가스열펌프(GHP)냉난방기개조지원사업	206,500	9	2	7	8	7	5	5	4
391	경기 안산시	전기이륜차구매지원사업	187,200	9	2	7	8	7	1	1	4
392	경기 안산시	장애인거주시설기능보강사업(누리봄)	167,640	9	1	7	8	7	1	1	4
393	경기 안산시	보증기간경과장치성능유지관리	121,487	9	2	7	8	7	5	5	4
394	경기 안산시	자율방범대운영차량구입지원	105,000	9	2	7	8	7	1	1	4
395	경기 안산시	농촌어르신복지실천시범	100,000	9	1	7	8	7	5	5	4
396	경기 안산시	로컬푸드연중생산체계구축사업(전환사업)	90,100	9	1	7	8	7	5	1	4
397	경기 안산시	아파트경비청소노동자휴게시설지원사업	90,000	9	4	7	8	7	1	1	1

순번	시군구	지출명 (사업명)	2024년예산 (단위 : 천원 /1년간)	민간이전 분류 (지방자치단체 세출예산 집행기준에 의거) 1. 민간경상사업보조(307-02) 2. 민간단체 법정운영비보조(307-03) 3. 민간행사사업보조(307-04) 4. 민간위탁금(307-05) 5. 사회복지시설 법정운영비보조(307-10) 6. 민간인위탁교육비(307-12) 7. 공기관등에대한경상적위탁사업비(308-13) 8. 민간자본사업보조,자체재원(402-01) 9. 민간자본사업보조,이전재원(402-02) 10. 민간위탁사업비(402-03) 11. 공기관등에 대한 자본적 위탁사업비(403-02)	민간이전지출 근거 (지방보조금 관리기준 참고) 1. 법률에 규정 2. 국고보조 재원(국가지정) 3. 용도 지정 기부금 4. 조례에 직접규정 5. 지자체가 권장하는 사업을 하는 공공기관 6. 시, 도 정책 및 재정사정 7. 기타 8. 해당없음	입찰방식			운영예산 산정		성과평가 실시여부
						계약체결방법 (경쟁형태) 1. 일반경쟁 2. 제한경쟁 3. 지명경쟁 4. 수의계약 5. 법정위탁 6. 기타 ( ) 7. 없음	계약기간 1. 1년 2. 2년 3. 3년 4. 4년 5. 5년 6. 기타 ( )년 7. 단기계약 (1년미만) 8. 없음	낙찰자선정방법 1. 적격심사 2. 협상에의한계약 3. 최저가낙찰제 4. 규격가격분리 5. 2단계 경쟁입찰 6. 기타 ( ) 7. 없음	운영예산 산정 1. 내부산정 (지자체 자체적으로 산정) 2. 외부산정 (외부전문기관위탁 산정) 3. 내·외부 모두 산정 4. 산정 無 5. 없음	정산방법 1. 내부정산 (지자체 내부적으로 정산) 2. 외부정산 (외부전문기관위탁 정산) 3. 내·외부 모두 산정 4. 정산無 5. 없음	1. 실시 2. 미실시 3. 향후 추진 4. 해당없음
398	경기 안산시	친환경에너지절감장비보급	77,928	9	2	7	8	7	1	1	4
399	경기 안산시	미니태양광보급지원사업	75,544	9	1	7	7	7	3	1	4
400	경기 안산시	전기굴착기구매지원	60,000	9	2	7	8	7	5	5	4
401	경기 안산시	어린이통학차량의LPG차전환지원	60,000	9	2	7	8	7	5	5	4
402	경기 안산시	가정용저녹스보일러보급사업	60,000	9	2	7	8	7	5	5	4
403	경기 안산시	친환경아쿠아포닉스채소생산기술시범	56,000	9	1	7	8	7	5	5	4
404	경기 안산시	농업용관리기등다목적농기계지원사업	53,450	9	1	7	8	7	5	1	4
405	경기 안산시	작목별맞춤형안전관리실천시범사업	50,000	9	1	7	8	7	5	5	4
406	경기 안산시	포도과수원용맞춤형다목적스마트방제기보급시범	50,000	9	1	7	8	7	1	1	4
407	경기 안산시	농촌치유농장육성	48,000	9	1	7	8	7	5	5	4
408	경기 안산시	산림소득사업	42,960	9	2	7	7	7	1	1	1
409	경기 안산시	환경친화형농자재지원사업	34,841	9	1	7	8	7	5	1	4
410	경기 안산시	화재걱정없는가축원적외발열선보온등보급시범	30,000	9	2	7	8	7	5	5	4
411	경기 안산시	농기계동화장치부착지원사업	25,300	9	1	7	8	7	5	1	4
412	경기 안산시	장애인직업재활시설기능보강사업(빛과동지보호작업장)	24,110	9	1	7	8	7	1	1	4
413	경기 안산시	G마크친환경유통기반지원사업	23,500	9	1	7	8	7	5	1	4
414	경기 안산시	경기도공동체활성화공모사업(공간조성)	20,000	9	4	6	1	6	1	1	4
415	경기 안산시	청년농업인4H회원스마트팜기술보급시범	16,000	9	1	7	8	7	1	1	4
416	경기 안산시	경영개선컨설팅농가시설개선지원	16,000	9	1	7	8	7	1	1	4
417	경기 안산시	스마트팜ICT융복합확산(에너지절감)지원사업	12,815	9	1	7	8	7	5	1	4
418	경기 안산시	고추비가림재배시설지원사업	8,250	9	1	7	8	7	1	1	4
419	경기 안산시	야생동물피해예방사업	8,000	9	1	7	8	7	5	5	4
420	경기 안산시	양봉산업육성	5,355	9	1	7	8	7	5	1	4
421	경기 안산시	벼우량종자농가자율교환채종포운영시범	4,000	9	1	7	8	7	1	1	4
422	경기 안산시	양봉산업육성	3,600	9	1	7	8	7	5	1	4
423	경기 안산시	시설원예농업난방시설지원사업	3,000	9	1	7	8	7	5	1	4
424	경기 안산시	양봉산업육성	1,500	9	1	7	8	7	5	1	4
425	경기 안산시	양봉산업육성	1,300	9	1	7	8	7	5	1	4
426	경기 안산시	양봉산업육성	1,050	9	1	7	8	7	5	1	4
427	경기 안산시	양봉산업육성	600	9	1	7	8	7	5	1	4
428	경기 안산시	양봉산업육성	500	9	1	7	8	7	5	1	4
429	경기 고양시	수소버스구매보조금지원	10,150,000	9	2	7	8	7	5	5	1
430	경기 고양시	저상버스도입보조	7,877,000	9	2	7	8	7	5	5	1
431	경기 고양시	운행차저공해조치지원	6,670,680	9	2	6	1	7	5	5	2
432	경기 고양시	수소전기차보급	5,525,000	9	2	7	8	7	5	5	2
433	경기 고양시	전기버스구매보조금지원	5,040,000	9	2	7	8	7	5	5	1
434	경기 고양시	수질복원센터(일산,벽제,원능,삼송)유지보수비	2,000,000	9	7	6	6	6	1	1	4
435	경기 고양시	2024년기업환경개선사업	622,604	9	4	7	8	7	1	1	4
436	경기 고양시	전기이륜차보급	499,200	9	2	7	8	7	1	1	2
437	경기 고양시	공동주택보조금	466,200	9	1,4	7	8	7	5	1	4

순번	시군구	지출명 (사업명)	2024년예산 (단위 : 천원 /1년간)	민간이전 분류 (지방자치단체 세출예산 집행기준에 의거)	민간이전지출 근거 (지방보조금 관리기준 참고)	입찰방식			운영예산 산정		성과평가 실시여부
						계약체결방법 (경쟁형태)	계약기간	낙찰자선정방법	운영예산 산정	정산방법	
438	경기 고양시	전통사찰지원사업(흥국사공양간보수)	400,000	9	1,2	7	8	7	5	5	4
439	경기 고양시	가스열펌프냉난방기개조지원사업	296,100	9	2	7	8	7	5	5	4
440	경기 고양시	도시가스배관망지원사업	294,800	9	4	7	8	7	5	5	4
441	경기 고양시	전통사찰지원사업(상운사요사채개축)	270,000	9	1,2	7	8	7	5	5	4
442	경기 고양시	산림소득유통가공분야공모사업(1단계)	210,000	9	2	7	8	7	5	5	4
443	경기 고양시	로컬푸드직매장개설지원사업	210,000	9	7	7	8	7	5	5	4
444	경기 고양시	로컬푸드연중생산체계구축사업	201,600	9	7	7	8	7	5	5	4
445	경기 고양시	화훼스마트육묘장시스템기술보급	200,000	9	6	7	8	7	5	3	3
446	경기 고양시	가축행복농장지원사업	200,000	9	6	7	8	7	5	1	4
447	경기 고양시	보증기간경과장치성능유지관리지원	174,606	9	2	6	1	7	1	1	2
448	경기 고양시	벼신품종친환경재배단지육성시범	160,000	9	1	7	8	7	5	5	4
449	경기 고양시	청년농업인아이디어사업화공모사업	160,000	9	6	7	8	7	5	1	4
450	경기 고양시	미니태양광지원사업	133,280	9	4	7	8	7	5	5	4
451	경기 고양시	버스차고지시설개선	123,806	9	1	7	8	7	5	1	4
452	경기 고양시	스마트축사환경조절젖소열스트레스저감기술시범	100,000	9	2	7	8	7	5	3	3
453	경기 고양시	다함께돌봄센터설치비지원	90,000	9	1	2	5	1	1	1	3
454	경기 고양시	시설원예국산장기성농용피복재활용재배기술보급	80,000	9	1	7	8	7	5	5	4
455	경기 고양시	어린이통학차량LPG차량전환지원	80,000	9	2	7	8	7	1	1	2
456	경기 고양시	가금경쟁력강화사업	79,000	9	6	7	8	7	5	1	4
457	경기 고양시	사립작은도서관지원	72,000	9	6	7	8	7	5	1	4
458	경기 고양시	친환경감자생산단지조성을위한종합관리기술시범	60,000	9	2	7	8	7	5	3	3
459	경기 고양시	우사에어제트팬및측벽배기팬설치시범	60,000	9	2	7	8	7	5	3	3
460	경기 고양시	한옥건축지원비	60,000	9	6	7	8	7	5	5	4
461	경기 고양시	전기굴착기보급	60,000	9	2	7	8	7	1	1	2
462	경기 고양시	딸기삽목육묘대량증식기술시범	50,000	9	1	7	8	7	5	5	4
463	경기 고양시	가정용저녹스보일러구매지원(저소득층)	42,000	9	2	7	8	7	5	5	4
464	경기 고양시	버섯생육스마트팜기술시범	40,000	9	1	7	8	7	5	5	4
465	경기 고양시	친환경농업시설재배토양환경개선사업	32,000	9	6	7	8	7	5	3	3
466	경기 고양시	선인장분화수경재배기술시범	32,000	9	6	7	8	7	5	3	3
467	경기 고양시	스마트(ICT)양봉기술을이용한꿀벌육성시범	32,000	9	6	7	8	7	5	3	3
468	경기 고양시	노후공동주택주거환경개선지원사업	32,000	9	4	7	8	7	5	5	4
469	경기 고양시	바이오차및천적활용시설재배지온실가스감축기술시범	30,000	9	2	7	8	7	5	3	3
470	경기 고양시	정서곤충체험프로그램소득화모델구축시범	30,000	9	2	7	8	7	5	3	3
471	경기 고양시	양봉산업현대화지원	29,650	9	6	7	8	7	5	1	4
472	경기 고양시	학습애완곤충을이용한소비자곤충산업인식개선시범	24,000	9	6	7	8	7	5	1	4
473	경기 고양시	청년농업인4H회원신규영농정착시범	24,000	9	6	7	8	7	5	1	4
474	경기 고양시	경기도농업전문경영인기술보급사업(도기금)	20,000	9	6	7	8	7	5	1	4
475	경기 고양시	양돈경쟁력강화사업	20,000	9	6	7	8	7	5	1	4
476	경기 고양시	축사이미지개선	20,000	9	6	7	8	7	5	1	4
477	경기 고양시	축사시설악취저감지원	20,000	9	6	7	8	7	5	1	4

순번	시군구	지출명 (사업명)	2024년예산 (단위 : 천원 /1년간)	민간이전 분류 (지방자치단체 세출예산 집행기준에 의거) 1. 민간경상사업보조(307-02) 2. 민간단체 법정운영비보조(307-03) 3. 민간행사사업보조(307-04) 4. 민간위탁금(307-05) 5. 사회복지시설 법정운영비보조(307-10) 6. 민간위탁교육비(307-12) 7. 공기관등에대한경상적위탁사업비(308-13) 8. 민간자본사업보조,자체재원(402-01) 9. 민간자본사업보조,이전재원(402-02) 10. 민간위탁사업비(402-03) 11. 공기관등에 대한 자본적 위탁사업비(403-02)	민간이전지출 근거 (지방보조금 관리기준 참고) 1. 법률에 규정 2. 국고보조 재원(국가지정) 3. 용도 지정 기부금 4. 조례에 직접규정 5. 지자체가 권장하는 사업을 하는 공공기관 6. 시,도 정책 및 재정사정 7. 기타 8. 해당없음	입찰방식 계약체결방법 (경쟁형태) 1. 일반경쟁 2. 제한경쟁 3. 지명경쟁 4. 수의계약 5. 법정위탁 6. 기타 ( ) 7. 없음	계약기간 1. 1년 2. 2년 3. 3년 4. 4년 5. 5년 6. 기타 ( )년 7. 단가계약 (1년미만) 8. 없음	낙찰자선정방법 1. 적격심사 2. 협상에의한계약 3. 최저가낙찰제 4. 규격가격분리 5. 2단계 경쟁입찰 6. 기타 ( ) 7. 없음	운영예산 산정 1. 내부산정 (지자체 자체적으로 산정) 2. 외부산정 (외부전문기관위탁 산정) 3. 내·외부 모두 산정 4. 산정 無 5. 없음	정산방법 1. 내부정산 (지자체 내부적으로 정산) 2. 외부정산 (외부전문기관위탁 정산) 3. 내·외부 모두 정산 4. 정산 無 5. 없음	성과평가 실시여부 1. 실시 2. 미실시 3. 향후 추진 4. 해당없음
478	경기 고양시	경영개선컨설팅농가시설개선지원	16,000	9	6	7	8	7	5	3	3
479	경기 고양시	중학교자유학기제대응학교텃밭활용프로그램	16,000	9	2	7	8	7	1	1	1
480	경기 고양시	고양상여회다지소리전승시설개선사업	15,000	9	1,6	7	8	7	5	5	4
481	경기 고양시	경기소리휘몰이잡가전승시설개선사업	15,000	9	1,6	7	8	7	5	5	4
482	경기 고양시	현장노동자휴게시설개선사업	15,000	9	5	7	1	7	1	1	2
483	경기 고양시	다용도축분처리장비지원	15,000	9	6	7	8	7	5	1	4
484	경기 고양시	G마크생산유통시설지원	13,800	9	6	7	8	7	5	1	4
485	경기 고양시	어린이집환경개선	6,000	9	2	7	8	7	5	1	1
486	경기 고양시	환도장전승시설개선사업	3,000	9	1,6	7	8	7	5	5	4
487	경기 고양시	(공립)민간자본사업보조	2,840	9	6	6	8	7	5	1	4
488	경기 고양시	(공립)민간자본사업보조	2,840	9	6	6	8	7	5	1	4
489	경기 고양시	(공립)민간자본사업보조	2,420	9	6	6	8	7	5	1	4
490	경기 고양시	(공립)민간자본사업보조	2,420	9	6	6	8	7	5	1	4
491	경기 고양시	(공립)민간자본사업보조	2,420	9	6	6	8	7	5	1	4
492	경기 고양시	(공립)민간자본사업보조	1,940	9	6	6	8	7	5	1	4
493	경기 고양시	(공립)민간자본사업보조	1,940	9	6	6	8	7	5	1	4
494	경기 과천시	기업환경개선사업	20,000	9	1	7	8	7	1	1	1
495	경기 과천시	현장노동자휴게시설개선사업	10,000	9	6	7	8	7	1	1	1
496	경기 과천시	작은도서관도서구입지원(독서환경조성)	3,660	9	6	7	8	7	1	1	1
497	경기 구리시	저상버스구입비지원	1,097,000	9	2	7	8	7	5	5	4
498	경기 구리시	노후승강기등공동주택주거환경개선지원사업(사업계획승인대상)	160,000	9	4,6	7	8	7	5	1	1
499	경기 구리시	미니태양광보급지원사업	67,308	9	6	1	7	7	1	1	4
500	경기 구리시	노후승강기등공동주택주거환경개선지원사업(건축허가대상)	32,000	9	4,6	7	8	7	5	1	1
501	경기 구리시	기존건축물화재안전성능보강지원사업	26,666	9	2,6	7	8	7	5	1	1
502	경기 구리시	아파트경비청소노동자휴게시설개선지원사업	25,000	9	4,6	7	8	7	5	1	1
503	경기 구리시	슬레이트처리및개량지원	22,840	9	5	7	8	7	1	1	1
504	경기 구리시	사립작은도서관독서환경조성	21,240	9	1	6	1	6	3	1	1
505	경기 구리시	장기요양기관환기시설설치지원	18,615	9	2	7	8	7	4	1	4
506	경기 구리시	농업용관리기등소형농기계지원	6,900	9	6	7	8	7	1	1	4
507	경기 구리시	청소년쉼터(남자)시설기능보강	5,375	9	2	7	8	7	1	1	4
508	경기 구리시	양봉산업현대화사업(채밀기)	1,050	9	1	7	8	7	5	5	4
509	경기 구리시	양봉산업현대화사업(EPP벌통)	293	9	1	7	8	7	5	5	4
510	경기 남양주시	운행경유차배출가스저감사업	5,269,610	9	2	7	8	7	5	5	4
511	경기 남양주시	저상버스도입비지원	4,948,000	9	1	7	8	7	5	1	4
512	경기 남양주시	직접지원사업(일반지원)	2,116,788	9	2	7	8	7	5	5	4
513	경기 남양주시	농산물산지유통센터지원	1,920,000	9	2	7	8	7	5	5	4
514	경기 남양주시	도시가스배관망지원사업	1,081,920	9	6	7	8	7	5	5	4
515	경기 남양주시	수소전기차보급사업	975,000	9	2	7	8	7	5	5	4
516	경기 남양주시	국가지정문화재및등록문화재보수정비지원(남양주수종사팔각오층석탑주변석축정비)	800,000	9	2	7	8	7	5	5	4
517	경기 남양주시	전기이륜차보급사업	616,000	9	2	7	8	7	5	5	4

순번	시군구	지출명(사업명)	2024년예산 (단위: 천원/1년간)	민간이전 분류	민간이전지출 근거	계약체결방법 (경쟁형태)	계약기간	낙찰자선정방법	운영예산 산정	정산방법	성과평가 실시여부
518	경기 남양주시	국가지정문화재및등록문화재보수정비지원	500,000	9	2	7	8	7	5	5	4
519	경기 남양주시	전통사찰보수정비(국비)	400,000	9	1	7	8	7	5	5	4
520	경기 남양주시	전통사찰보수정비(국비)	400,000	9	1	7	8	7	5	5	4
521	경기 남양주시	전통사찰보수정비(국비)	400,000	9	1	7	8	7	5	5	4
522	경기 남양주시	로컬푸드직매장개설지원	400,000	9	6	7	8	7	5	5	4
523	경기 남양주시	화재안전성능보강지원사업	369,364	9	1	7	8	7	5	5	4
524	경기 남양주시	가스열펌프(GHP)냉난방기개조지원사업	346,500	9	2	7	8	7	5	5	4
525	경기 남양주시	복지증진사업(일반지원사업)	286,500	9	2	7	8	7	1	1	4
526	경기 남양주시	국가지정문화재재난시설구축(남양주불암사목조관음보살좌상재난안전관리사업(소방))	280,000	9	2	7	8	7	5	5	4
527	경기 남양주시	전통사찰보수정비	270,000	9	1	7	8	7	5	5	4
528	경기 남양주시	전통사찰보수정비	270,000	9	1	7	8	7	5	5	4
529	경기 남양주시	전통사찰보수정비	270,000	9	1	7	8	7	5	5	4
530	경기 남양주시	복지증진사업(일반지원사업)	231,667	9	2	7	8	7	1	1	4
531	경기 남양주시	노후승강기등공동주택주거환경개선지원사업	200,000	9	4	7	8	7	1	1	4
532	경기 남양주시	복지증진사업(일반지원사업)	184,698	9	2	7	8	7	1	1	4
533	경기 남양주시	전통사찰보수정비	176,940	9	1	7	8	7	5	5	4
534	경기 남양주시	아파트경비청소노동자휴게시설개선사업	165,000	9	6	7	8	7	5	5	4
535	경기 남양주시	도지정문화재보수정비사업(전환사업)	160,000	9	4	7	8	7	5	5	4
536	경기 남양주시	복지증진사업(일반지원사업)	138,050	9	2	7	8	7	1	1	4
537	경기 남양주시	발전소주변지역주민지원사업	137,000	9	2	7	8	7	5	5	4
538	경기 남양주시	도지정문화재보수정비사업(전환사업)	134,000	9	4	7	8	7	5	5	4
539	경기 남양주시	보증기간경과장치성능유지관리	131,100	9	2	7	8	7	5	5	4
540	경기 남양주시	단독주택집수리지원사업	120,000	9	6	7	8	7	1	1	2
541	경기 남양주시	국가지정문화재및등록문화재보수정비지원(남양주흥국사소조석가여래삼존좌상및16나한상일괄응향각개축설계)	100,000	9	2	7	8	7	5	5	4
542	경기 남양주시	장기요양기관환기시설설치사업	90,215	9	1	7	8	7	5	5	4
543	경기 남양주시	직접지원사업(일반지원사업)	85,823	9	2	7	8	7	1	1	4
544	경기 남양주시	장애인거주시설기능보강	82,856	9	2	7	8	7	5	5	4
545	경기 남양주시	도시농업활성화지원	80,000	9	1	7	8	7	1	1	2
546	경기 남양주시	농업신기술시범	80,000	9	1	7	8	7	5	5	4
547	경기 남양주시	독서환경조성	78,030	9	1	7	8	7	1	1	4
548	경기 남양주시	장애인직업재활시설기능보강	71,500	9	1	7	8	7	5	5	4
549	경기 남양주시	산업기반구축기술	70,000	9	1	7	8	7	5	5	4
550	경기 남양주시	가정용저녹스보일러보급사업	66,000	9	1	7	8	7	5	5	4
551	경기 남양주시	현장노동자휴게시설개선지원	60,000	9	1	7	8	7	5	5	1
552	경기 남양주시	퇴계원리도시취약지역생활여건개조사업	60,000	9	2	7	8	7	1	1	2
553	경기 남양주시	장애인복지시설재활프로그램운영	53,013	9	1	7	8	7	5	5	4
554	경기 남양주시	농작업재해예방	50,000	9	1	7	8	7	5	5	4
555	경기 남양주시	농작업안전관리지원	50,000	9	1	7	8	7	5	5	4
556	경기 남양주시	양봉산업육성	46,000	9	1	7	8	7	5	5	4
557	경기 남양주시	다목적축분처리장비지원	45,000	9	1	7	8	7	5	5	4

순번	시군구	지출명 (사업명)	2024년예산 (단위: 천원/1년간)	민간이전 분류 (지방자치단체 세출예산 집행기준에 의거) 1. 민간경상사업보조(307-02) 2. 민간단체 법정운영비보조(307-03) 3. 민간행사사업보조(307-04) 4. 민간위탁금(307-05) 5. 사회복지시설 법정운영비보조(307-10) 6. 민간위탁교육비(307-12) 7. 공기관등에대한경상적위탁사업비(308-13) 8. 민간자본사업보조,자체재원(402-01) 9. 민간자본사업보조,이전재원(402-02) 10. 민간위탁사업비(402-03) 11. 공기관등에 대한 자본적 위탁사업비(403-02)	민간이전지출 근거 (지방보조금 관리기준 참고) 1. 법률에 규정 2. 국고보조 재원(국가지정) 3. 용도 지정 기부금 4. 조례에 직접규정 5. 지자체가 권장하는 사업을 하는 공공기관 6. 시,도 정책 및 재정사정 7. 기타 8. 해당없음	입찰방식			운영예산 산정		성과평가 실시여부
						계약체결방법 (경쟁형태) 1. 일반경쟁 2. 제한경쟁 3. 지명경쟁 4. 수의계약 5. 법정위탁 6. 기타 ( ) 7. 없음	계약기간 1. 1년 2. 2년 3. 3년 4. 4년 5. 5년 6. 기타 ( )년 7. 단기계약 (1년미만) 8. 없음	낙찰자선정방법 1. 적격심사 2. 협상에의한계약 3. 최저가낙찰제 4. 규격가격분리 5. 2단계 경쟁입찰 6. 기타 ( ) 7. 없음	운영예산 산정 1. 내부정산 (지자체 자체적으로 산정) 2. 외부정산 (외부전문기관위탁 산정) 3. 내·외부 모두 산정 4. 산정 無 5. 없음	정산방법 1. 내부정산 (지자체 내부적으로 정산) 2. 외부정산 (외부전문기관위탁 정산) 3. 내·외부 모두 산정 4. 정산 無 5. 없음	1. 실시 2. 미실시 3. 향후 추진 4. 해당없음
558	경기 남양주시	야영장안전위생시설개보수지원사업	42,000	9	2	7	8	7	1	1	4
559	경기 남양주시	농업신기술시범	40,000	9	1	7	8	7	5	5	4
560	경기 남양주시	로컬푸드연중생산체계구축(전환사업)	37,900	9	6	7	8	7	5	5	4
561	경기 남양주시	토양개량제지원	37,353	9	2	7	8	7	5	5	4
562	경기 남양주시	야생동물피해예방사업	37,000	9	2	7	8	7	1	1	4
563	경기 남양주시	친환경농업새기술보급	32,000	9	1	7	8	7	5	5	4
564	경기 남양주시	사회복지시설환경개선사업	30,000	9	1	7	8	7	5	1	4
565	경기 남양주시	농업신기술시범	30,000	9	1	7	8	7	5	5	4
566	경기 남양주시	가축전염병차단방역시설설치	30,000	9	1	7	8	7	5	5	4
567	경기 남양주시	유기농업자재지원	26,985	9	2	7	8	7	5	5	4
568	경기 남양주시	소득증대사업(일반지원사업)	26,180	9	2	7	8	7	1	1	4
569	경기 남양주시	경기한우명품화사업	24,250	9	1	7	8	7	5	5	4
570	경기 남양주시	청년농업인경쟁력제고	24,000	9	1	7	8	7	1	1	2
571	경기 남양주시	재해예방안정생산새기술보급	24,000	9	1	7	8	7	5	5	4
572	경기 남양주시	소비자곤충산업인식개선시범	24,000	9	1	7	8	7	5	5	4
573	경기 남양주시	축산물이력관리지원	23,232	9	1	7	8	7	5	5	4
574	경기 남양주시	농식품국제시장진출지원	23,143	9	1	7	8	7	5	5	4
575	경기 남양주시	농업용관리기등소형농기계지원	21,900	9	1	7	8	7	5	5	4
576	경기 남양주시	경기도마을공동체공모사업	20,000	9	4	7	8	7	1	1	4
577	경기 남양주시	국가지정문화재방재시설구축(남양주봉선사큰법당재난안전관리사업(전기))	20,000	9	2	7	8	7	5	5	4
578	경기 남양주시	국가지정문화재방재시설구축(남양주흥국사대방재난안전관리전기사전설계용역)	20,000	9	2	7	8	7	5	5	4
579	경기 남양주시	국가지정문화재방재시설구축(남양주흥국사대방재난안전관리소방사전설계용역)	20,000	9	2	7	8	7	5	5	4
580	경기 남양주시	국가지정문화재방재시설구축(남양주운길산수종사일원재난안전관리방범사전설계용역)	20,000	9	2	7	8	7	5	5	4
581	경기 남양주시	발전소주변지역주민지원사업	17,500	9	2	7	8	7	5	5	4
582	경기 남양주시	도시농업활성화지원	16,000	9	1	7	8	7	1	1	2
583	경기 남양주시	농업경영체육성	16,000	9	1	7	8	7	5	5	4
584	경기 남양주시	친환경농업새기술보급	16,000	9	1	7	8	7	5	5	4
585	경기 남양주시	양봉산업육성	14,250	9	1	7	8	7	5	5	4
586	경기 남양주시	구제역예방접종지원(구제역백신지원)	13,300	9	1	7	8	7	5	5	4
587	경기 남양주시	발전소주변지역주민지원사업	11,100	9	2	7	8	7	5	5	4
588	경기 남양주시	조사료생산용종자구입지원	10,800	9	1	7	8	7	5	5	4
589	경기 남양주시	고추비가림재배시설지원	8,250	9	2	7	8	7	5	5	4
590	경기 남양주시	낙농육우산업경쟁력강화	8,250	9	1	7	8	7	5	5	4
591	경기 남양주시	조사료생산용사일리지제조운송비지원사업	6,846	9	1	7	8	7	5	5	4
592	경기 남양주시	환경친화형농자재지원사업	5,470	9	6	7	8	7	5	5	4
593	경기 남양주시	소득증대사업(일반지원사업)	5,000	9	2	7	8	7	1	1	4
594	경기 남양주시	경비실에어컨설치비용지원사업	4,800	9	6	7	8	7	5	5	4
595	경기 남양주시	G마크친환경유통기반지원	3,600	9	6	7	8	7	5	5	4
596	경기 남양주시	산림작물생산단지	3,470	9	1	7	8	7	5	5	4
597	경기 남양주시	발전소주변지역주민지원사업	3,400	9	2	7	8	7	5	5	4

순번	시군구	지출명 (사업명)	2024년예산 (단위 : 천원 /1년간)	민간이전 분류 (지방자치단체 세출예산 집행기준에 의거) 1. 민간경상사업보조(307-02) 2. 민간단체 법정운영비보조(307-03) 3. 민간행사사업보조(307-04) 4. 민간위탁금(307-05) 5. 사회복지시설 법정운영비보조(307-10) 6. 민간위탁교육비(307-12) 7. 공기관등에대한경상적위탁사업비(308-13) 8. 민간자본사업보조,자체재원(402-01) 9. 민간자본사업보조,이전재원(402-02) 10. 민간위탁사업비(402-03) 11. 공기관등에 대한 자본적 위탁사업비(403-02)	민간이전지출 근거 (지방보조금 관리기준 참고) 1. 법률에 규정 2. 국고보조 재원(국가지정) 3. 용도 지정 기부금 4. 조례에 직접규정 5. 지자체가 직접수행 하는 사업을 하는 공공기관 6. 시,도 정책 및 재정사정 7. 기타 8. 해당없음	입찰방식			운영예산 산정		성과평가 실시여부 1. 실시 2. 미실시 3. 향후 추진 4. 해당없음
						계약체결방법 (경쟁형태) 1. 일반경쟁 2. 제한경쟁 3. 지명경쟁 4. 수의계약 5. 법정위탁 6. 기타 ( ) 7. 없음	계약기간 1. 1년 2. 2년 3. 3년 4. 4년 5. 5년 6. 기타 ( )년 7. 단기계약 (1년미만) 8. 없음	낙찰자선정방법 1. 적격심사 2. 협상에의한계약 3. 최저가낙찰제 4. 규격가격분리 5. 2단계 경쟁입찰 6. 기타 ( ) 7. 없음	운영예산 산정 1. 내부산정 (지자체 자체적으로 산정) 2. 외부산정 (외부전문기관위탁 산정) 3. 내·외부 모두 산정 4. 산정 無 5. 없음	정산방법 1. 내부정산 (지자체 내부적으로 정산) 2. 외부정산 (외부전문기관위탁 정산) 3. 내·외부 모두 산정 4. 정산 無 5. 없음	
598	경기 남양주시	발전소주변지역주민지원사업	3,000	9	2	7	8	7	5	5	4
599	경기 남양주시	발전소주변지역주민지원사업	3,000	9	2	7	8	7	5	5	4
600	경기 남양주시	조사료생산용볏짚비닐지원	3,000	9	1	7	8	7	5	5	4
601	경기 남양주시	발전소주변지역주민지원사업	900	9	2	7	8	7	5	5	4
602	경기 군포시	소규모노후공동주택유지관리지원	128,000	9	4	7	8	7	5	5	4
603	경기 군포시	노후승강기등공동주택주거환경개선지원사업(의무관리대상)	120,000	9	1,4	7	8	7	5	5	4
604	경기 군포시	노후승강기등공동주택주거환경개선지원사업(비의무관리대상)	40,000	9	1,4	7	8	7	5	5	4
605	경기 군포시	아파트경비,청소노동자휴게시설개선사업	15,000	9	1,4	7	8	7	5	5	4
606	경기 군포시	노후승강기등공동주택주거환경개선지원사업(경비실에어컨설치비용지원)	11,400	9	1,4	7	8	7	5	5	4
607	경기 군포시	전기자동차구매지원	7,909,500	9	2	7	8	7	5	1	4
608	경기 군포시	운행경유차배출가스저감사업	1,579,890	9	2	7	8	7	5	3	4
609	경기 군포시	저상버스구입비지원	991,000	9	2	7	8	7	1	1	2
610	경기 군포시	수소전기차보급사업	650,000	9	2	7	8	7	5	1	4
611	경기 군포시	융복합지원사업	486,593	9	1	7	8	7	1	1	4
612	경기 군포시	전통사찰보수정비	270,000	9	1	7	8	7	1	1	4
613	경기 군포시	기업환경개선사업	263,581	9	6	7	8	7	1	1	4
614	경기 군포시	경기도단독주택집수리지원사업	120,000	9	6	7	8	7	1	1	4
615	경기 군포시	보증기간경과장치성능유지관리	58,918	9	2	5	8	7	2	3	4
616	경기 군포시	전기이륜차보급사업	49,600	9	2	7	8	7	5	1	4
617	경기 군포시	가정용저녹스보일러설치지원	33,000	9	2	7	8	7	5	1	4
618	경기 군포시	다함께돌봄센터기자재비지원(균)	30,000	9	2	1	5	6	5	1	4
619	경기 군포시	국공립어린이집실내공기질개선사업	25,000	9	1	7	8	7	3	3	1
620	경기 군포시	전기굴착기보급사업	20,000	9	2	7	8	7	5	1	4
621	경기 군포시	장애인주택개조사업	19,000	9	2	7	8	7	1	1	4
622	경기 군포시	현장노동자휴게시설개선지원	18,000	9	6	7	8	7	5	5	4
623	경기 군포시	민간가정어린이집환경개선비지원	16,000	9	1	7	8	7	3	3	1
624	경기 군포시	미니태양광보급지원사업	12,950	9	1	7	8	7	1	1	4
625	경기 군포시	양봉산업경쟁력강화	10,000	9	1	7	8	7	1	1	1
626	경기 군포시	어린이통학차량LPG차전환지원사업	10,000	9	2	7	8	7	5	1	4
627	경기 군포시	양봉산업현대화지원사업	8,600	9	1	7	8	7	1	1	1
628	경기 군포시	어린이집환경개선비	8,000	9	1	7	8	7	3	3	1
629	경기 군포시	사후관리사업비(기업환경개선사업)	5,000	9	2	7	8	7	5	1	4
630	경기 군포시	유기농업자재지원	1,599	9	1	7	8	7	5	1	4
631	경기 군포시	농업용관리기등소형농기계지원	1,500	9	6	7	8	7	3	1	3
632	경기 군포시	환경친화형농자재	657	9	1	7	8	7	5	1	4
633	경기 의왕시	도시가스배관망지원사업	55,220	9	6	7	8	7	1	1	4
634	경기 의왕시	미니태양광보급지원사업	11,218	9	6	7	8	7	1	1	4
635	경기 의왕시	양봉산업육성사업	4,500	9	6	7	7	7	5	1	4
636	경기 하남시	하남교산동마애약사여래좌상선방단청보수	350,000	9	2	7	8	7	5	5	4
637	경기 하남시	덕풍동도시재생(간판개선사업)	100,000	9	1	7	8	7	5	5	4

순번	시군구	지출명 (사업명)	2024년예산 (단위 : 천원 /1년간)	민간이전 분류 (지방자치단체 세출예산 집행기준에 의거) 1. 민간경상사업보조(307-02) 2. 민간단체 법정운영비보조(307-03) 3. 민간행사사업보조(307-04) 4. 민간위탁금(307-05) 5. 사회복지시설 법정운영비보조(307-10) 6. 민간위탁교육비(307-12) 7. 공기관등에대한경상적위탁사업비(308-13) 8. 민간자본사업보조,자체재원(402-01) 9. 민간자본사업보조,이전재원(402-02) 10. 민간위탁사업비(402-03) 11. 공기관등에 대한 자본적 위탁사업비(403-02)	민간이전지출 근거 (지방보조금 관리기준 참고) 1. 법률에 규정 2. 국고보조 재원(국가지정) 3. 용도 지정 기부금 4. 조례에 직접규정 5. 지자체가 권장하는 사업을 하는 공공기관 6. 시,도 정책 및 재정사정 7. 기타 8. 해당없음	입찰방식			운영예산 산정		성과평가 실시여부
						계약체결방법 (경쟁형태) 1. 일반경쟁 2. 제한경쟁 3. 지명경쟁 4. 수의계약 5. 법정위탁 6. 기타 7. 없음	계약기간 1. 1년 2. 2년 3. 3년 4. 4년 5. 5년 6. 기타 ( )년 7. 단가계약 (1년미만) 8. 없음	낙찰자선정방법 1. 적격심사 2. 협상에의한계약 3. 최저가낙찰제 4. 규격가격분리 5. 2단계 경쟁입찰 6. 기타 ( ) 7. 없음	운영예산 산정 1. 내부산정 (지자체 자체적으로 산정) 2. 외부산정 (외부전문기관위탁 산정) 3. 내·외부 모두 산정 4. 산정 無 5. 없음	정산방법 1. 내부정산 (지자체 내부적으로 정산) 2. 외부정산 (외부전문기관위탁 정산) 3. 내·외부 모두 산정 4. 정산無 5. 없음	1. 실시 2. 미실시 3. 향후 추진 4. 해당없음
638	경기 하남시	작은도서관운영지원(독서환경조성)	77,320	9	1	7	6	6	1	1	1
639	경기 하남시	작은도서관냉난방기기지원	11,300	9	1	7	6	6	1	1	1
640	경기 용인시	운행차저공해화사업	6,521,470	9	1	7	8	7	5	5	4
641	경기 용인시	친환경대용량2층전기버스보급지원	4,452,000	9	2	7	8	7	5	5	4
642	경기 용인시	수소전기차보급사업	3,855,000	9	2	7	8	7	5	5	4
643	경기 용인시	저상버스도입보조	2,555,000	9	2	7	8	7	5	5	4
644	경기 용인시	2층저상버스보급지원	1,288,000	9	2	7	8	7	5	5	4
645	경기 용인시	가스열펌프냉난방기개조지원사업	837,900	9	2	7	8	7	5	5	4
646	경기 용인시	소규모기업환경개선사업(전환사업)	399,216	9	4	7	8	7	5	5	4
647	경기 용인시	축산악취개선	320,000	9	2	7	8	7	1	1	4
648	경기 용인시	전기이륜차보급	249,600	9	2	7	8	7	5	5	4
649	경기 용인시	경기한우명품화사업	200,250	9	6	7	8	7	1	1	4
650	경기 용인시	방역선진형농장조성사업	180,000	9	7	7	8	7	1	1	3
651	경기 용인시	도시가스설치지원	178,730	9	1	7	8	7	5	5	4
652	경기 용인시	축산악취저감시설지원	175,000	9	6	7	8	7	1	1	4
653	경기 용인시	장애인거주시설기능보강	174,108	9	1	7	8	7	5	5	4
654	경기 용인시	공동관리비개인하수처리시설개선비지원	128,000	9	2	7	8	7	5	1	4
655	경기 용인시	양돈경쟁력강화사업	122,750	9	6	7	8	7	1	1	4
656	경기 용인시	악취측정ICT기계장비	120,000	9	2	7	8	7	1	1	4
657	경기 용인시	축산ICT용복합확산	113,320	9	2	7	8	7	3	1	4
658	경기 용인시	장애인자립생활지원센터체험홈설치지원	100,000	9	1	7	8	7	5	5	4
659	경기 용인시	가축행복농장지원사업	100,000	9	6	7	8	7	1	1	4
660	경기 용인시	축산악취저감시설지원	100,000	9	2	7	8	7	1	1	4
661	경기 용인시	가금및기타가축경쟁력강화사업	91,000	9	6	7	8	7	1	1	4
662	경기 용인시	국산종균맞춤형기능성식초상품화시범	80,000	9	2	7	8	7	5	1	4
663	경기 용인시	어린이통학차량의LPG차전환지원사업	80,000	9	1	7	8	7	5	5	4
664	경기 용인시	원예작물생산성향상을위한생태적종합관리시범	80,000	9	2	7	8	7	5	5	4
665	경기 용인시	낙농육우산업경쟁력강화사업	77,150	9	6	7	8	7	1	1	4
666	경기 용인시	농업용관리기등소형농기계지원	75,950	9	1	7	8	7	1	1	1
667	경기 용인시	장애인직업재활시설기능보강	71,380	9	1	7	8	7	5	5	4
668	경기 용인시	팔방미인잡곡활용체험콘텐츠확산	70,000	9	2	7	8	7	1	1	1
669	경기 용인시	고온기화훼류고품질안정생산을위한온도저감기술시범	70,000	9	2	7	8	7	5	5	4
670	경기 용인시	친환경감자생산단지조성을위한종합관리기술시범	60,000	9	2	7	8	7	5	1	4
671	경기 용인시	우사에어제트팬및측벽배기팬설치시범	60,000	9	2	7	8	7	5	1	4
672	경기 용인시	축산악취저감시설지원	60,000	9	6	7	8	7	1	1	4
673	경기 용인시	농업인학습단체경쟁력제고	50,000	9	1	7	8	7	1	1	4
674	경기 용인시	작목별맞춤형안전관리실천시범	50,000	9	2	7	8	7	5	1	4
675	경기 용인시	현장노동자휴게시설개선사업	50,000	9	4	7	8	7	5	5	4
676	경기 용인시	수요자맞춤형치유농장대표모델육성	48,000	9	2	7	8	7	1	1	1
677	경기 용인시	닭진드기공동방제사업	44,000	9	1	4	1	3	1	1	4

순번	시군구	지출명 (사업명)	2024년예산 (단위: 천원/1년간)	민간이전 분류 (지방자치단체 세출예산 집행기준에 의거)	민간이전지출 근거 (지방보조금 관리기준 참고)	입찰방식			운영예산 산정		성과평가 실시여부
						계약체결방법 (경쟁형태)	계약기간	낙찰자선정방법	운영예산 산정	정산방법	
678	경기 용인시	가정용저녹스보일러보급	42,000	9	2	7	8	7	1	1	4
679	경기 용인시	가축전염병차단방역시설설치	40,000	9	1	7	8	7	1	1	4
680	경기 용인시	경기도농업전문경영인신기술보급사업	40,000	9	2	7	8	7	5	1	4
681	경기 용인시	마을공동체공간조성지원	40,000	9	4	7	8	7	5	1	1
682	경기 용인시	기능성양봉산물생산을위한기술보급시범	40,000	9	1	7	8	7	5	5	4
683	경기 용인시	소독차량구입지원(신규사업)	40,000	9	1	7	8	7	5	5	4
684	경기 용인시	임산물생산기반조성	39,890	9	2	7	8	7	1	1	3
685	경기 용인시	외국인근로자주거환경개선	35,000	9	1	7	8	7	1	1	3
686	경기 용인시	의료기관스프링클러설치지원	34,800	9	2	7	8	7	5	5	4
687	경기 용인시	의료기관스프링클러설치지원	34,800	9	2	7	8	7	5	5	4
688	경기 용인시	양봉산업육성	32,850	9	1	7	8	7	1	1	3
689	경기 용인시	선인장다육식물고품질재배시범	32,000	9	1	7	8	7	1	1	1
690	경기 용인시	축사전기안전강화사업	31,500	9	1	7	8	7	1	1	3
691	경기 용인시	보육시설환경개선(개보수)	30,000	9	2	1	7	1	5	3	4
692	경기 용인시	화재걱정없는가축원적외발열선온등보급시범	30,000	9	2	7	8	7	5	5	4
693	경기 용인시	내수면양식장경쟁력지원사업	30,000	9	1	7	8	7	1	1	4
694	경기 용인시	발전소주변지역공공사회복지(분당복합화력)	26,400	9	2	7	8	7	5	5	4
695	경기 용인시	가축분뇨퇴액비살포비지원	26,000	9	2	7	8	7	1	1	4
696	경기 용인시	발전소주변지역공공사회복지(화성지사)	25,800	9	2	7	8	7	5	5	4
697	경기 용인시	발전소주변지역공공사회복지(동탄지사)	25,800	9	2	7	8	7	5	5	4
698	경기 용인시	차량구입공모사업비	25,000	9	4	7	8	7	5	5	4
699	경기 용인시	청년농업인4H회원신규영농정착시범	24,000	9	1	7	8	7	5	1	4
700	경기 용인시	야생동물피해예방사업	17,000	9	1	7	8	7	1	1	4
701	경기 용인시	발전소주변지역공공사회복지(광교지사)	16,100	9	2	7	8	7	5	5	4
702	경기 용인시	흑서기한우사육환경개선시범	16,000	9	1	7	8	7	5	5	4
703	경기 용인시	ICT활용화훼재배기반구축시범	16,000	9	1	7	8	7	1	1	1
704	경기 용인시	경영개선컨설팅농가시설개선지원	16,000	9	1	7	8	7	1	1	1
705	경기 용인시	농업용무인공동방제기지원	15,000	9	1	7	8	7	1	1	1
706	경기 용인시	축사이미지개선사업	10,000	9	1	7	8	7	1	1	3
707	경기 용인시	마을기업육성	9,000	9	2	7	8	7	5	1	4
708	경기 용인시	소규모개인하수처리시설시설개선비지원	8,000	9	6	7	8	7	5	1	4
709	경기 용인시	발전소주변지역공공사회복지(남사소각열)	8,000	9	2	7	8	7	5	5	4
710	경기 용인시	보육시설환경개선(장비비)	6,000	9	2	1	7	1	5	3	4
711	경기 용인시	가정폭력피해자보호시설운영지원(기능보강)	3,000	9	2	7	8	7	5	1	4
712	경기 용인시	발전소주변지역공공사회복지(분당연료전지)	3,000	9	2	7	8	7	5	5	4
713	경기 용인시	발전소주변지역공공사회복지(동탄연료전지)	1,500	9	2	7	8	7	5	5	4
714	경기 파주시	전기자동차구매지원	18,713,000	9	2	7	8	7	5	5	4
715	경기 파주시	수소전기차	5,125,000	9	2	7	8	7	5	5	4
716	경기 파주시	운행경유차배출가스저감	4,804,890	9	2	7	8	7	5	5	4
717	경기 파주시	저상버스구입지원	2,973,000	9	2	7	8	7	3	3	2

순번	시군구	지출명 (사업명)	2024년예산 (단위 : 천원 /1년간)	민간이전 분류 (지방자치단체 세출예산 집행기준에 의거) 1. 민간경상사업보조(307-02) 2. 민간단체 법정운영비보조(307-03) 3. 민간행사사업보조(307-04) 4. 민간위탁금(307-05) 5. 사회복지시설 법정운영비보조(307-10) 6. 민간위탁교육비(307-12) 7. 공기관등에대한경상적위탁사업비(308-13) 8. 민간자본사업보조,자체재원(402-01) 9. 민간자본보조,이전재원(402-02) 10. 민간위탁사업비(402-03) 11. 공기관등에 대한 자본적 위탁사업비(403-02)	민간이전지출 근거 (지방보조금 관리기준 참고) 1. 법률에 규정 2. 국고보조 재원(국가지정) 3. 용도 지정 기부금 4. 조례에 직접규정 5. 지자체가 권장하는 사업을 하는 공공기관 6. 시,도 정책 및 재정사정 7. 기타 8. 해당없음	입찰방식			운영예산 산정		성과평가 실시여부
						계약체결방법 (경쟁형태) 1. 일반경쟁 2. 제한경쟁 3. 지명경쟁 4. 수의계약 5. 법정위탁 6. 기타 ( ) 7. 없음	계약기간 1. 1년 2. 2년 3. 3년 4. 4년 5. 5년 6. 기타 ( )년 7. 단기계약 (1년미만) 8. 없음	낙찰자선정방법 1. 적격심사 2. 협상에의한계약 3. 최저가낙찰제 4. 규격가격분리 5. 2단계 경쟁입찰 6. 기타 ( ) 7. 없음	운영예산 산정 1. 내부산정 (지자체 자체적으로 산정) 2. 외부산정 (외부전문기관위탁 산정) 3. 내·외부 모두 산정 4. 산정 無 5. 없음	정산방법 1. 내부정산 (지자체 내부적으로 정산) 2. 외부정산 (외부전문기관위탁 정산) 3. 내·외부 모두 정산 4. 정산 無 5. 없음	1. 실시 2. 미실시 3. 향후 추진 4. 해당없음
718	경기 파주시	도시형교통모델버스도입지원	1,000,000	9	1	7	8	7	1	1	1
719	경기 파주시	농업계학교실습장지원	500,000	9	2	7	8	7	1	1	3
720	경기 파주시	축산ICT융복합확산	312,475	9	7	7	8	7	2	1	4
721	경기 파주시	스마트팜ICT융복합확산(에너지절감)	289,054	9	2	7	8	7	1	1	1
722	경기 파주시	용암사석축및난간정비	280,000	9	1	7	8	7	1	1	4
723	경기 파주시	용암사요사채및종각단청공사	249,060	9	1	7	8	7	1	1	4
724	경기 파주시	검단사무량수전석축및계단정비	240,000	9	1	7	8	7	1	1	4
725	경기 파주시	노후승강기등공동주택주거환경개선지원	229,400	9	4	7	8	7	1	1	4
726	경기 파주시	시설원예농업난방시설지원	227,776	9	6	7	8	7	1	1	1
727	경기 파주시	장애인거주시설기능보강	207,290	9	2	7	8	7	1	1	4
728	경기 파주시	야영장활성화프로그램	200,000	9	4	7	8	7	1	1	4
729	경기 파주시	가축행복농장지원	200,000	9	7	7	8	7	1	1	4
730	경기 파주시	로컬푸드연중생산체계구축	194,000	9	7	7	8	7	5	1	3
731	경기 파주시	시설원예현대화지원(일반원예시설)	193,635	9	2	7	8	7	1	1	1
732	경기 파주시	저탄소식량작물재배기술현장확산모델시범	170,000	9	2	7	8	7	1	3	1
733	경기 파주시	밭작물생산전과정생력화기술시범	160,000	9	1,6	7	8	7	1	1	3
734	경기 파주시	이상기상대비과수시설재배지원	160,000	9	6	7	8	7	5	5	4
735	경기 파주시	농업용관리기등소형농기계지원	130,050	9	6	7	8	7	1	1	1
736	경기 파주시	축사악취저감시설지원	125,000	9	7	7	8	7	1	1	4
737	경기 파주시	신선농산물수출단지시설개선	112,095	9	6	7	8	7	1	1	3
738	경기 파주시	전기이륜차구매지원	112,000	9	2	7	8	7	5	5	4
739	경기 파주시	가금농가경쟁력강화	100,250	9	7	7	8	7	1	1	4
740	경기 파주시	순두부용원료곡생산단지조성	100,000	9	2	7	8	7	5	5	4
741	경기 파주시	기후변화대응다목적햇빛차단망보급시범	100,000	9	2	7	8	7	5	5	4
742	경기 파주시	보증기간경과장치성능유지관리	86,353	9	2	7	8	7	5	5	4
743	경기 파주시	친환경농업단지조성사업	84,000	9	6	7	8	7	1	1	1
744	경기 파주시	경기도육성품종쌀저탄소실천생산단지조성	80,000	9	1	7	8	7	1	1	1
745	경기 파주시	장기요양기관환기시설설치지원	77,327	9	1,4	7	8	7	1	1	4
746	경기 파주시	환경피해저감시설설치	77,000	9	2	7	8	7	5	5	4
747	경기 파주시	양돈산업경쟁력강화	76,550	9	7	7	8	7	1	1	4
748	경기 파주시	특용작물(인삼)생산시설현대화	74,240	9	2	7	8	7	1	1	1
749	경기 파주시	공사립작은도서관도서구입비지원	72,340	9	6	7	8	7	5	5	4
750	경기 파주시	어린이통학차량LPG차전환지원	70,000	9	2	7	8	7	5	5	4
751	경기 파주시	스마트팜ICT융복합확산시설보급	68,706	9	2	7	8	7	1	1	1
752	경기 파주시	야영장안전위생시설개보수	64,750	9	4	7	8	7	1	1	4
753	경기 파주시	축사전기안전강화	64,000	9	7	7	8	7	1	1	4
754	경기 파주시	야생동물피해예방	64,000	9	1	7	8	7	1	1	4
755	경기 파주시	고추비가림재배시설지원	61,750	9	6	7	8	7	1	1	1
756	경기 파주시	공동주택노동자휴게시설개선	60,000	9	4	7	8	7	1	1	4
757	경기 파주시	접경지역군납농산물연중유통체계구축	60,000	9	1	7	8	7	1	1	1

| 순번 | 시군구 | 지출명
(사업명) | 2024년예산
(단위 : 천원 /1년간) | 민간이전 분류
(지방자치단체 세출예산 집행기준에 의거)
1. 민간경상사업보조(307-02)
2. 민간단체 법정운영비보조(307-03)
3. 민간행사사업보조(307-04)
4. 민간위탁금(307-05)
5. 사회복지시설 법정운영비보조(307-10)
6. 민간인위탁교육비(307-12)
7. 공기관등에대한경상적위탁사업비(308-13)
8. 민간자본사업보조,자체재원(402-01)
9. 민간자본사업보조,이전재원(402-02)
10. 민간위탁사업비(402-03)
11. 공기관에 대한 자본적 위탁사업비(403-02) | 민간이전지출 근거
(지방보조금 관리기준 참고)
1. 법률에 규정
2. 국고보조 재원(국가지정)
3. 용도 지정 기부금
4. 조례에 직접규정
5. 지자체가 권장하는 사업을 하는 공공기관
6. 시,도 정책 및 재정사정
7. 기타
8. 해당없음 | 입찰방식 | | | 운영예산 산정 | | 성과평가 실시여부 |
						계약체결방법 (경쟁형태) 1. 일반경쟁 2. 제한경쟁 3. 지명경쟁 4. 수의계약 5. 법정위탁 6. 기타 ( ) 7. 없음	계약기간 1. 1년 2. 2년 3. 3년 4. 4년 5. 5년 6. 기타 ( )년 7. 단기계약 (1년미만) 8. 없음	낙찰자선정방법 1. 적격심사 2. 협상에의한계약 3. 최저가낙찰제 4. 규격가격분리 5. 2단계 경쟁입찰 6. 기타 ( ) 7. 없음	운영예산 산정 1. 내부산정 (지자체 자체적으로 산정) 2. 외부산정 (외부전문기관위탁 산정) 3. 내·외부 모두 산정 4. 산정 無	정산방법 1. 내부정산 (지자체 내부적으로 정산) 2. 외부정산 (외부전문기관위탁 정산) 3. 내·외부 모두 산정 4. 정산 無 5. 없음	1. 실시 2. 미실시 3. 향후 추진 4. 해당없음
758	경기 파주시	파주열병합발전소주변지원사업	59,000	9	2	7	8	7	5	1	4
759	경기 파주시	현장노동자휴게시설개선	56,000	9	6	7	8	7	1	1	4
760	경기 파주시	벼저탄소농업기술실천시범	56,000	9	1	7	8	7	1	1	1
761	경기 파주시	화재안전성능보강지원	53,332	9	1	7	8	7	1	1	2
762	경기 파주시	지속가능한양봉산업기반조성	50,750	9	7	7	8	7	1	1	4
763	경기 파주시	양봉산업현대화지원	46,700	9	7	7	8	7	1	1	4
764	경기 파주시	특용작물(버섯)시설현대화	46,500	9	2	7	8	7	1	1	1
765	경기 파주시	G마크유통기반시설지원	45,000	9	6	7	8	7	1	1	3
766	경기 파주시	농업용무인공동방제기지원	45,000	9	6	7	8	7	1	1	1
767	경기 파주시	다용도축산분뇨처리장비지원	45,000	9	7	7	8	7	1	1	4
768	경기 파주시	농작업안전편이장비보급	42,000	9	6	7	8	7	1	1	4
769	경기 파주시	가정용저녹스보일러구매지원	42,000	9	2	7	8	7	5	5	4
770	경기 파주시	학교교육과정연계질인증지원	40,000	9	2	7	8	7	1	1	3
771	경기 파주시	실버세대맞춤형치유농장환경구축	40,000	9	2	7	8	7	1	1	3
772	경기 파주시	인삼국내육성품종지원	40,000	9	2	7	8	7	5	5	4
773	경기 파주시	시설채소보광등이용재배기술지원	40,000	9	6	7	8	7	5	5	4
774	경기 파주시	과원재해예방시스템지원	40,000	9	6	7	8	7	5	5	4
775	경기 파주시	경기도육성장미국화신품종생산지원	40,000	9	6	7	8	7	5	5	4
776	경기 파주시	전기굴착기보급	40,000	9	2	7	8	7	5	5	4
777	경기 파주시	공영버스구입지원	33,750	9	1	7	8	7	3	3	2
778	경기 파주시	과원자동화시설지원	32,000	9	2	7	8	7	1	1	3
779	경기 파주시	축사이미지개선	30,000	9	7	7	8	7	1	1	4
780	경기 파주시	외국인근로자주거환경개선지원	30,000	9	2	7	8	7	1	1	3
781	경기 파주시	가축전염병차단방역시설설치	30,000	9	7	7	8	7	1	1	4
782	경기 파주시	노동력절감드문모심기재배단지조성	30,000	9	2	7	8	7	1	1	1
783	경기 파주시	장애인주택개조지원	26,600	9	1	7	8	7	5	1	4
784	경기 파주시	장애인직업재활시설기능보강	25,042	9	1	7	8	7	1	1	4
785	경기 파주시	공간조성	20,000	9	4	7	8	7	1	1	4
786	경기 파주시	시설토경관개자동제어시스템보급시범	20,000	9	2	7	8	7	5	5	4
787	경기 파주시	성매매피해자지원시설기능보강	18,900	9	1	7	8	7	1	1	1
788	경기 파주시	시설원예스마트팜기술지원	16,000	9	6	7	8	7	1	1	1
789	경기 파주시	친환경병해충종합방제기술지원	16,000	9	6	7	8	7	1	1	3
790	경기 파주시	LGD서영태양광발전소주변지원사업	14,000	9	2	7	8	7	1	1	4
791	경기 파주시	산림작물생산단지(소액)	10,670	9	2	7	8	7	1	1	3
792	경기 파주시	작은도서관냉난방기기지원	10,000	9	6	7	8	7	5	5	4
793	경기 파주시	내수면양식장지원	10,000	9	7	7	8	7	1	1	4
794	경기 파주시	CCTV등방역인프라구축지원	10,000	9	7	7	8	7	1	1	4
795	경기 파주시	주택용목재펠릿보일러구매지원	7,280	9	2	7	8	7	1	1	4
796	경기 파주시	성폭력피해자보호시설기능보강	5,584	9	1	7	8	7	1	1	1
797	경기 파주시	고령장애인쉼터환경개선	2,500	9	1	7	8	7	1	1	1

순번	시군구	지출명 (사업명)	2024년예산 (단위: 천원/1년간)	민간이전 분류 (지방자치단체 세출예산 집행기준에 의거) 1. 민간경상사업보조(307-02) 2. 민간단체 법정운영비보조(307-03) 3. 민간행사사업보조(307-04) 4. 민간위탁금(307-05) 5. 사회복지시설 법정운영비보조(307-10) 6. 민간위탁교육비(307-12) 7. 공기관등에대한경상적위탁사업비(308-13) 8. 민간자본사업보조,자체재원(402-01) 9. 민간자본사업보조,이전재원(402-02) 10. 민간위탁사업비(402-03) 11. 공기관등에 대한 자본적 위탁사업비(403-02)	민간이전지출 근거 (지방보조금 관리기준 참고) 1. 법률에 규정 2. 국고보조 재원(국가지정) 3. 용도 지정 기부금 4. 조례에 직접규정 5. 지자체가 권장하는 사업을 하는 공공기관 6. 시,도 정책 및 재정사정 7. 기타 8. 해당없음	입찰방식 계약체결방법 (경쟁형태) 1. 일반경쟁 2. 제한경쟁 3. 지명경쟁 4. 수의계약 5. 법정위탁 6. 기타( ) 7. 없음	계약기간 1. 1년 2. 2년 3. 3년 4. 4년 5. 5년 6. 기타( )년 7. 단기계약 (1년미만) 8. 없음	낙찰자선정방법 1. 적격심사 2. 협상에의한계약 3. 최저가낙찰제 4. 규격가격분리 5. 2단계 경쟁입찰 6. 기타( ) 7. 없음	운영예산 산정 1. 내부산정 (지자체 자체적으로 산정) 2. 외부산정 (외부전문기관위탁 산정) 3. 내·외부 모두 산정 4. 산정 無 5. 없음	정산방법 1. 내부정산 (지자체 내부적으로 정산) 2. 외부정산 (외부전문기관위탁 정산) 3. 내·외부 모두 산정 4. 정산 無 5. 없음	성과평가 실시여부 1. 실시 2. 미실시 3. 향후 추진 4. 해당없음
798	경기 이천시	전기승용차구매지원	4,776,000	9	2	7	7	7	5	5	4
799	경기 이천시	전기화물차구매지원	3,230,000	9	2	7	7	7	5	5	4
800	경기 이천시	수소전기버스(고상)구매지원	2,800,000	9	2	7	7	7	5	5	4
801	경기 이천시	고품질쌀유통활성화사업	2,398,000	9	2	7	8	7	5	5	4
802	경기 이천시	선택형맞춤농정사업	2,069,642	9	7	7	8	7	1	1	4
803	경기 이천시	친환경농업기반구축	1,600,000	9	2	7	8	7	5	5	4
804	경기 이천시	LPG소형저장탱크보급사업	1,401,300	9	1	5	1	7	1	1	4
805	경기 이천시	저상버스구입비지원	1,380,000	9	2	7	8	7	3	3	4
806	경기 이천시	가축분뇨공동자원화시설지원사업	1,372,000	9	2	2	1	1	1	1	3
807	경기 이천시	읍면단위[중규모]LPG배관망구축사업	1,227,600	9	2	5	2	7	1	1	4
808	경기 이천시	도시형교통모델(공공형버스)지원사업	1,036,000	9	2	7	8	7	3	1	4
809	경기 이천시	녹물없는우리집수도관개량사업	1,030,000	9	4	7	8	7	5	5	4
810	경기 이천시	쌀가루지역자립형생산소비모델	900,000	9	2	7	8	7	1	1	1
811	경기 이천시	에너지절감시설	799,588	9	2	7	8	7	1	1	4
812	경기 이천시	도시가스배관망지원사업	713,990	9	6	7	8	7	5	1	4
813	경기 이천시	수소전기승용차구매지원	650,000	9	2	7	7	7	5	5	4
814	경기 이천시	전기버스구매지원	560,000	9	2	7	7	7	5	5	4
815	경기 이천시	축산악취개선사업	560,000	9	2	2	1	1	1	1	3
816	경기 이천시	기업환경개선사업(23개소)	547,158	9	8	7	8	7	5	5	4
817	경기 이천시	시설원예현대화지원	533,059	9	2	7	8	7	1	1	4
818	경기 이천시	농업용관리기지원사업	466,900	9	6	7	8	7	1	1	4
819	경기 이천시	주민지원사업(소득증대,복지증진)	382,263	9	2	1	7	3	1	1	4
820	경기 이천시	축산환경개선	353,900	9	1	2	1	1	1	1	3
821	경기 이천시	CCTV등방역인프라구축지원사업	340,000	9	2	7	8	7	1	1	4
822	경기 이천시	낙농육우산업경쟁력강화	263,600	9	1	7	8	7	1	1	3
823	경기 이천시	경기한우명품화	262,150	9	1	7	8	7	1	1	3
824	경기 이천시	영원사진입계단정비공사	255,600	9	8	7	8	7	5	5	4
825	경기 이천시	영월암안심당주변석축정비공사	216,900	9	8	7	8	7	5	5	4
826	경기 이천시	가축행복농장지원	200,000	9	6	7	8	7	1	1	3
827	경기 이천시	밥쌀용고품질신품종생산및확대보급시범	200,000	9	2	7	8	7	5	5	1
828	경기 이천시	ICT융합양질조사료생산단지조성시범	200,000	9	2	7	8	7	5	5	1
829	경기 이천시	논찰옥수수신품종기계화생산단지육성	200,000	9	6	7	8	7	5	5	1
830	경기 이천시	농가형우수젖소수정란배양시스템구축시범	200,000	9	2	7	8	7	5	5	1
831	경기 이천시	스마트농업기술적용화(절화)안정생산기반조성	200,000	9	1	7	8	7	5	5	1
832	경기 이천시	고품질친환경복숭아생산기반조성	200,000	9	6	7	8	7	1	1	1
833	경기 이천시	사회복지시설환경개선사업	186,960	9	2	7	8	7	5	5	4
834	경기 이천시	환경친화형농자재지원	183,897	9	2	7	8	7	1	1	4
835	경기 이천시	노후승강기등공동주택주거환경개선지원사업	177,200	9	1	7	8	7	1	1	3
836	경기 이천시	이상기상대비과수시설재배시범(주민참여예산)	160,000	9	6	7	8	7	1	1	1
837	경기 이천시	악취예방시설지원	150,000	9	1	7	8	7	1	1	3

번호	구분	사업명	사업비 (억원 / 사업기간) 2024년예산	정책의 부합성 (정책지원집중도 307-02) 1. 군전략사업 집중지원도 (307-03) 2. 민군협력사업 집중도 (307-04) 3. 중장기 적용 가능성 4. 사업성과기대효과 (307-05) 5. 민군협력추진가능성 (307-12) 6. 민간참여연계성 (308-13) 7. 중장기사업연계성 (402-01) 8. 민군협력사업효과성 (402-02) 9. 민간사업자가 이용현실성 (402-03) 10. 민간사업자활용도 (403-02) 11. 중장기활용도 및 이해 관계자 확장성 (403-03)	전략과의 부합성 1. 국방 2. 중장기 적용 계획 기여도 (경제적 파급효과 포함) 3. 시장성 4. 수요계획 5. 예산확보 6. 기타 ( ) 7. 합계 8. 예상점	시장성 1. 사용량 2. 판매성 3. 지역성 4. 시장성 5. 유통 6. 기타 ( ) 7. 합계	기술성평가결과 1. 설계 2. 시공성평가 의견 3. 공정 및 적정성 (실사방법 적정성 포함) 4. 기타 5. 합계 6. 기타 ( ) 7. 합계	경영사업성 1. 매출성 2. 성장성 (실사방법 적정성 포함) 3. 기타 4. 합계 5. 합계	경영사업성 1. 매출성 2. 성장성 (실사방법 적정성 포함) 3. 기타 4. 합계 5. 합계	예상효과 1. 타당성 2. 실용성 3. 실적성 (실사방법 적정성 포함) 4. 예상효과
838	장기이전시	중문분류	150,000	9	1	7	8	7	1	1	3
839	장기이전시	중기단기품종조달 고기능성 발돌품소재기술개발	150,000	9	2	7	8	7	2	2	1
840	장기이전시	첨단로봇시험기술개발	148,920	9	2	7	8	7	1	1	4
841	장기이전시	기후변화 대응기술개발	140,000	9	1	7	8	7	1	1	3
842	장기이전시	바이오의약시험기술개발	127,000	9	2	7	8	7	1	1	4
843	장기이전시	첨단소재기술개발	124,387	9	1	7	8	7	1	1	3
844	장기이전시	스마트기기융합기술개발평가기술	120,000	9	2	7	8	7	1	1	3
845	장기이전시	가스분출유(GHP)평가시험기술개발시험	119,700	9	1	7	8	7	5	5	4
846	장기이전시	차량검출품평가시험(소형)	109,910	9	2	7	8	7	2	3	4
847	장기이전시	가전제품소재 대전창호품등고소비전화시험	100,000	9	2	7	8	7	1	1	1
848	장기이전시	자외시기구평가시험	99,200	9	2	7	7	7	5	5	4
849	장기이전시	주거견고품평가시험	94,560	9	1	7	8	7	1	1	3
850	장기이전시	자연순환종조달시험장치시설구축	90,000	9	1	7	8	7	1	1	3
851	장기이전시	소형농업용품 디아이디시설구축사업	80,000	9	1	7	8	7	5	5	4
852	장기이전시	전통고주파시험시험	70,000	9	9	7	8	7	1	1	4
853	장기이전시	소수시력검사평가시험	70,000	9	1	7	1	9	1	1	3
854	장기이전시	동력품검사소품장가스용품검사시험	70,000	9	2	7	8	7	1	1	1
855	장기이전시	자동차용품검사점검 및 통검시험시험	64,000	9	9	7	8	7	5	5	1
856	장기이전시	기반검사	60,000	9	1	7	8	7	1	1	1
857	장기이전시	국방품검사시험 및 자동차검사장비검검사시험	60,000	9	2	7	8	7	5	5	1
858	장기이전시	국제검검사 및 품검사시험장비검시험	60,000	9	2	7	8	7	5	5	1
859	장기이전시	중소검수소검사평가 표준시스템구축사업	55,600	9	9	7	8	7	5	1	1
860	장기이전시	시험품품(검검)시험개선사업	51,227	9	2	7	8	7	1	1	4
861	장기이전시	검수시험	50,000	9	9	7	8	7	1	1	3
862	장기이전시	자연시험검사시험	50,000	9	1	7	8	7	1	1	3
863	장기이전시	가연검검사이접검사시험	50,000	9	1	7	8	7	4	1	1
864	장기이전시	내장차용품품검검사시험기술시험	50,000	9	2	7	8	7	5	5	1
865	장기이전시	진소환경소점검평가이검검사시험기술축	50,000	9	2	7	8	7	5	5	1
866	장기이전시	점검기검검검사시험검사	50,000	9	9	7	8	개선	1	1	1
867	장기이전시	각성검사점검(병점)점검검검사시험(기스시험가수)	49,500	9	2	7	8	7	5	5	4
868	장기이전시	수전검수검검사점검	48,000	9	1	7	8	7	5	5	4
869	장기이전시	단음근종품검사점검검검	45,000	9	1	7	8	7	1	1	3
870	장기이전시	전사기검검점소	42,370	9	7	7	8	7	5	5	4
871	장기이전시	중검수검검점검검사	40,300	9	1	7	8	7	1	1	3
872	장기이전시	디점시검검검(기점검정	40,000	9	2	7	8	7	1	1	3
873	장기이전시	대수검검점검이점검검사점	40,000	9	1	7	1	9	1	1	4
874	장기이전시	해사경검점종점이평점점검검사점점	40,000	9	2	7	8	7	5	5	1
875	장기이전시	점검점접검사점검점평점점 점검점	40,000	9	8	7	8	7	5	5	1
876	장기이전시	이사기주점검점이점검점 시스점점 점점	40,000	9	9	7	8	7	1	1	1
877	장기이전시	고점검검수점점점점검	36,891	9	7	7	8	7	1	1	4

순번	시군구	지출명 (사업명)	2024년예산 (단위 : 천원 /1년간)	민간이전 분류 (지방자치단체 세출예산 집행기준에 의거) 1. 민간경상사업보조(307-02) 2. 민간단체 법정운영비보조(307-03) 3. 민간행사사업보조(307-04) 4. 민간위탁금(307-05) 5. 사회복지시설 법정운영비보조(307-10) 6. 민간위탁교육비(307-12) 7. 공기관등에대한경상적위탁사업비(308-13) 8. 민간자본사업보조,자체재원(402-01) 9. 민간자본사업보조,이전재원(402-02) 10. 민간위탁사업비(402-03) 11. 공기관등에 대한 자본적 위탁사업비(403-02)	민간이전지출 근거 (지방보조금 관리기준 참고) 1. 법률에 규정 2. 국고보조 재원(국가지정) 3. 용도 지정 기부금 4. 조례에 직접규정 5. 지자체가 권장하는 사업을 하는 공공기관 6. 시,도 정책 및 재정사정 7. 기타 8. 해당없음	계약체결방법 (경쟁형태) 1. 일반경쟁 2. 제한경쟁 3. 지명경쟁 4. 수의계약 5. 법정위탁 6. 기타 ( ) 7. 없음	계약기간 1. 1년 2. 2년 3. 3년 4. 4년 5. 5년 6. 기타 ( )년 7. 단기계약 (1년미만) 8. 없음	낙찰자선정방법 1. 적격심사 2. 협상에의한계약 3. 최저가낙찰제 4. 규격가격분리 5. 2단계 경쟁입찰 6. 기타 ( ) 7. 없음	운영예산 산정 1. 내부산정 (지자체 자체적으로 산정) 2. 외부positions (외부전문기관위탁 산정) 3. 내·외부 모두 산정 4. 산정 無 5. 없음	정산방법 1. 내부정산 (지자체 내부적으로 정산) 2. 외부정산 (외부전문기관위탁 정산) 3. 내·외부 모두 정산 4. 정산 無 5. 없음	성과평가 실시여부 1. 실시 2. 미실시 3. 향후 추진 4. 해당없음
878	경기 이천시	노인요양시설환기시설설치	34,368	9	1	7	8	7	5	5	4
879	경기 이천시	로컬푸드연중생산체계구축	34,200	9	6	7	8	7	1	1	4
880	경기 이천시	인삼병해충방제체계개선보급시범	32,000	9	1	7	8	7	5	5	1
881	경기 이천시	딸기육묘기술보급시범	32,000	9	1	7	8	7	5	5	1
882	경기 이천시	스마트팜기술활용과수생육환경조절시범	32,000	9	6	7	8	7	1	1	1
883	경기 이천시	국공립어린이집환경개선(기능보강)	28,000	9	2	7	8	7	1	1	1
884	경기 이천시	시설원예농업난방시설지원	27,343	9	6	7	8	7	1	1	4
885	경기 이천시	기존건축물화재안전성능보강지원사업	26,666	9	2	7	8	7	5	5	4
886	경기 이천시	청년농업인4H회원신규영농정착시범	24,000	9	1	7	8	7	5	5	4
887	경기 이천시	안전농산물생산토양개선기술시범	24,000	9	1	7	8	7	5	5	1
888	경기 이천시	로컬푸드안전성검사비지원	22,800	9	6	7	8	7	1	1	4
889	경기 이천시	이천시장애인단기보호센터효동산(가스보일러교체공사)	21,780	9	2	7	8	7	5	5	4
890	경기 이천시	스마트팜ICT융복합확산시설	21,620	9	2	7	8	7	1	1	4
891	경기 이천시	가정용저녹스보일러구매지원(저소득층)	21,000	9	2	7	7	7	5	5	4
892	경기 이천시	어린이통학차량LPG차전환구매지원	20,000	9	2	7	7	7	5	5	4
893	경기 이천시	농촌폐비닐공동집하장확충지원	20,000	9	2	7	8	7	5	5	4
894	경기 이천시	현장노동자휴게시설개선사업	20,000	9	6	7	8	7	1	1	1
895	경기 이천시	양봉산업현대화지원	20,000	9	1	7	8	7	1	1	3
896	경기 이천시	인삼재배지해가림시설내관수시설설치	20,000	9	1	7	8	7	5	5	4
897	경기 이천시	관고동주민지원사업	19,200	9	1	7	8	7	1	3	4
898	경기 이천시	로컬푸드참여농가유통지원	18,530	9	6	7	8	7	1	1	4
899	경기 이천시	서류잡곡류안정생산재배기술시범	16,000	9	6	7	8	7	5	5	1
900	경기 이천시	시설원예스마트팜기술보급	16,000	9	1	7	8	7	5	5	1
901	경기 이천시	경영개선컨설팅농가시설개선지원	16,000	9	2	7	8	7	5	5	1
902	경기 이천시	수산동물질병예방약품지원	12,910	9	1	7	1	6	1	1	4
903	경기 이천시	엘리엘동산(노후스프링클러주펌프교체공사)	12,500	9	2	7	8	7	5	5	4
904	경기 이천시	G마크생산유통시설지원	10,500	9	6	7	8	7	1	1	4
905	경기 이천시	농기계등화장치부착지원	9,200	9	2	7	8	7	1	1	4
906	경기 이천시	우수여왕벌보급사업	8,880	9	2	7	8	7	1	1	3
907	경기 이천시	노인주야간보호센터환기시설설치	8,592	9	1	7	8	7	5	5	4
908	경기 이천시	농산물수출포장재지원	8,237	9	7	7	8	7	1	1	4
909	경기 이천시	임산물상품화지원	6,880	9	2	7	8	7	2	3	4
910	경기 이천시	율면마을회관안마의자지원	4,800	9	1	7	8	7	1	3	4
911	경기 이천시	임산물유통기반조성	4,250	9	2	7	8	7	2	3	4
912	경기 이천시	축산물전문판매점지원	3,200	9	2	7	8	7	1	1	4
913	경기 이천시	설성면마을회관공기청정기지원	2,400	9	2	7	8	7	1	1	4
914	경기 이천시	말벌퇴치장비지원사업	1,000	9	2	7	8	7	1	1	3
915	경기 이천시	친환경임산물재배관리	680	9	2	7	8	7	2	3	4
916	경기 이천시	농산물수출단지시설개선	579	9	7	7	8	7	1	1	4
917	경기 안성시	전기자동차구매지원	6,877,000	9	2	7	8	7	5	5	4

순번	시군구	지출명 (사업명)	2024년예산 (단위 : 천원 /1년간)	민간이전 분류 (지방자치단체 세출예산 집행기준에 의거) 1. 민간경상사업보조(307-02) 2. 민간단체 법정운영비보조(307-03) 3. 민간행사사업보조(307-04) 4. 민간위탁금(307-05) 5. 사회복지시설 법정운영비보조(307-10) 6. 민간인위탁교육비(307-12) 7. 공기관등에대한경상적위탁사업비(308-13) 8. 민간자본사업보조,자체재원(402-01) 9. 민간자본사업보조,이전재원(402-02) 10. 민간위탁사업비(402-03) 11. 공기관등에 대한 자본적 위탁사업비(403-02)	민간이전지출 근거 (지방보조금 관리기준 참고) 1. 법률에 규정 2. 국고보조 재원(국가지정) 3. 용도 지정 기부금 4. 조례에 직접규정 5. 지자체가 권장하는 사업을 하는 공공기관 6. 시,도 정책 및 재정사정 7. 기타 8. 해당없음	입찰방식			운영예산 산정		성과평가 실시여부 1. 실시 2. 미실시 3. 향후 추진 4. 해당없음
						계약체결방법 (경쟁형태) 1. 일반경쟁 2. 제한경쟁 3. 지명경쟁 4. 수의계약 5. 법정위탁 6. 기타 ( ) 7. 없음	계약기간 1. 1년 2. 2년 3. 3년 4. 4년 5. 5년 6. 기타 ( )년 7. 단가계약 (1년미만) 8. 없음	낙찰자선정방법 1. 적격심사 2. 협상에의한계약 3. 최저가낙찰제 4. 규격가격분리 5. 2단계 경쟁입찰 6. 기타 ( ) 7. 없음	운영예산 산정 1. 내부산정 (지자체 자체적으로 산정) 2. 외부산정 (외부전문기관위탁 산정) 3. 내·외부 모두 산정 4. 산정 無	정산방법 1. 내부정산 (지자체 내부적으로 정산) 2. 외부정산 (외부전문기관위탁 정산) 3. 내·외부 모두 산정 4. 정산 無 5. 없음	
918	경기 안성시	노후차량조기폐차및저감장치지원등	2,761,650	9	2	7	8	7	5	5	4
919	경기 안성시	수소연료전지차구매지원	2,100,000	9	2	7	8	7	5	5	4
920	경기 안성시	칠장사수장고건립	1,400,000	9	1	7	8	7	5	5	4
921	경기 안성시	안성테크노밸리공공폐수처리시설설치사업	1,078,000	9	2	5	6	7	5	1	4
922	경기 안성시	구제역예방접종(전업농)	1,029,223	9	1	7	8	7	5	5	4
923	경기 안성시	경기미생산적합체계구축사업	663,870	9	1	7	8	7	5	5	4
924	경기 안성시	농업에너지이용효율화(지열냉난방시설)	614,000	9	1	7	8	7	5	5	4
925	경기 안성시	농업계학교실습장지원사업	600,000	9	1	7	8	7	5	5	4
926	경기 안성시	가축전염병예방접종(써코백신)	600,000	9	1	7	8	7	5	5	4
927	경기 안성시	축산환경개선사업	523,050	9	1	7	8	7	5	5	4
928	경기 안성시	조사료경영체사일리지제조운송비지원	442,077	9	1	7	8	7	5	5	4
929	경기 안성시	우수축산물학교급식지원	390,000	9	1	7	8	7	5	5	4
930	경기 안성시	축산악취개선지원사업	340,000	9	2	7	8	7	5	5	4
931	경기 안성시	청룡사재난방지시설구축(전기)	310,000	9	1	7	8	7	5	5	4
932	경기 안성시	청룡사재난방지시설구축(소방)	310,000	9	1	7	8	7	5	5	4
933	경기 안성시	석남사재난방지시설구축(소방)	310,000	9	1	7	8	7	5	5	4
934	경기 안성시	농식품기업시설개선지원	295,084	9	6	7	8	7	5	5	4
935	경기 안성시	국공립신축어린이집기자재구입	240,000	9	4	7	8	7	5	5	4
936	경기 안성시	석남사영산전입로축대정비	240,000	9	1	7	8	7	5	5	4
937	경기 안성시	축산분뇨냄새개선시설지원	225,000	9	1	7	8	7	5	5	4
938	경기 안성시	축산ICT융복합확산사업	205,807	9	1	7	8	7	5	5	4
939	경기 안성시	가축행복농장지원사업	200,000	9	1	7	8	7	5	5	4
940	경기 안성시	특수미생산가공단지조성시범	200,000	9	1	7	8	7	5	5	4
941	경기 안성시	오이스마트수경재배기반조성시범	200,000	9	1	7	8	7	5	5	4
942	경기 안성시	농기혁신(新)유가공생산유통시스템구축시범	200,000	9	1	7	8	7	5	5	4
943	경기 안성시	흑염소자가TMR사료펠릿화시범	200,000	9	1	7	8	7	5	5	4
944	경기 안성시	석남사재난방지시설구축(전기)	190,000	9	1	7	8	7	5	5	4
945	경기 안성시	산림작물생산단지	177,840	9	2	7	8	7	5	5	4
946	경기 안성시	가스열펌프(GHP)냉난방기개조지원사업	160,650	9	2	5	1	7	1	1	3
947	경기 안성시	국내육성품종최고급쌀생산단지육성	160,000	9	1	7	8	7	5	5	4
948	경기 안성시	이상기상대비과수시설재배시범	160,000	9	1	7	8	7	5	5	4
949	경기 안성시	가뭄대응사료작물안전재배단지육성시범	160,000	9	1	7	8	7	5	5	4
950	경기 안성시	IoT농기계교통안전및사고감지알람기술시범	160,000	9	1	7	8	7	5	5	4
951	경기 안성시	고추비가림재배시설지원	153,250	9	1	7	8	7	5	5	4
952	경기 안성시	소형농기계지원	151,000	9	1	7	8	7	5	5	4
953	경기 안성시	안성향교풍화루정밀실측기록화	150,000	9	1	7	8	7	5	5	4
954	경기 안성시	축사냄새저감시설지원	150,000	9	1	7	8	7	5	5	4
955	경기 안성시	청룡사재난방지시설구축(방범)	132,000	9	1	7	8	7	5	5	4
956	경기 안성시	석남사재난방지시설구축(방범)	132,000	9	1	7	8	7	5	5	4
957	경기 안성시	아프리카돼지열병농장유입차단지원	124,800	9	6	7	8	7	5	5	4

순번	시군구	지출명 (사업명)	2024년예산 (단위 : 천원 /1년간)	민간이전 분류 (지방자치단체 세출예산 집행기준에 의거) 1. 민간경상사업보조(307-02) 2. 민간단체 법정운영비보조(307-03) 3. 민간행사사업보조(307-04) 4. 민간위탁금(307-05) 5. 사회복지시설 법정운영비보조(307-10) 6. 민간인위탁교육비(307-12) 7. 공기관등에대한경상적위탁사업비(308-13) 8. 민간자본사업보조,자체재원(402-01) 9. 민간자본사업보조,이전재원(402-02) 10. 민간위탁사업비(402-03) 11. 공기관등에 대한 자본적 위탁사업비(403-02)	민간이전지출 근거 (지방보조금 관리기준 참고) 1. 법률에 규정 2. 국고보조 재원(국가지정) 3. 용도 지정 기부금 4. 조례에 직접규정 5. 지자체가 권장하는 사업을 하는 공공기관 6. 시,도 정책 및 재정사정 7. 기타 8. 해당없음	입찰방식 계약체결방법 (경쟁형태) 1. 일반경쟁 2. 제한경쟁 3. 지명경쟁 4. 수의계약 5. 법정위탁 6. 기타 ( ) 7. 없음	계약기간 1. 1년 2. 2년 3. 3년 4. 4년 5. 5년 6. 기타 ( )년 7. 단기계약 (1년미만) 8. 없음	낙찰자선정방법 1. 적격심사 2. 협상에의한계약 3. 최저가낙찰제 4. 규격가격분리 5. 2단계 경쟁입찰 6. 기타 ( ) 7. 없음	운영예산 산정 1. 내부산정 (지자체 자체적으로 산정) 2. 외부산정 (외부전문기관위탁 산정) 3. 내·외부 모두 산정 4. 산정 無 5. 없음	정산방법 1. 내부정산 (지자체 내부적으로 정산) 2. 외부정산 (외부전문기관위탁 정산) 3. 내·외부 모두 산정 4. 정산 無 5. 없음	성과평가 실시여부 1. 실시 2. 미실시 3. 향후 추진 4. 해당없음
958	경기 안성시	고품질수출농산물생산지원사업	121,707	9	6	7	8	7	5	5	4
959	경기 안성시	방역선진형농장조성사업	120,000	9	6	7	8	7	5	5	4
960	경기 안성시	소귀표부착비지원	118,656	9	1	7	8	7	5	5	4
961	경기 안성시	G마크포장재지원	112,625	9	6	7	8	7	5	5	4
962	경기 안성시	과수고품질시설현대화사업	112,160	9	1	7	8	7	5	5	4
963	경기 안성시	스마트팜ICT융복합화산(에너지절감시설)	107,083	9	1	7	8	7	5	5	4
964	경기 안성시	도시가스배관망지원사업	104,400	9	1	7	8	7	5	5	4
965	경기 안성시	무인방제활용과수종합관리기술구축시범	100,000	9	2	7	8	7	5	5	4
966	경기 안성시	시설원예농업난방시설지원	91,707	9	1	7	8	7	5	5	4
967	경기 안성시	양돈경쟁력강화사업	90,000	9	6	7	8	7	5	5	4
968	경기 안성시	특용작물(버섯)생산시설현대화	87,750	9	1	7	8	7	5	5	4
969	경기 안성시	가금산업경쟁력강화사업	87,500	9	1	7	8	7	5	5	4
970	경기 안성시	청원사화장실개보수공사	85,500	9	1	7	8	7	5	5	4
971	경기 안성시	인삼생산시설현대화사업	81,795	9	1	7	8	7	5	5	4
972	경기 안성시	경기한우명품화사업(자율사업)	75,500	9	1	7	8	7	5	5	4
973	경기 안성시	낙농육우산업경쟁력강화사업(자율사업)	74,250	9	1	7	8	7	5	5	4
974	경기 안성시	위해요인제어전통장제조발효관리기술시범	70,000	9	1	7	8	7	5	5	4
975	경기 안성시	농식품체험키트상품화기술시범	70,000	9	1	7	8	7	5	5	4
976	경기 안성시	장애인직업재활시설기능보강	64,572	9	1	7	8	7	5	5	4
977	경기 안성시	전기이륜차구매지원	62,400	9	2	7	8	7	5	5	4
978	경기 안성시	수출포장재지원사업	60,717	9	6	7	8	7	5	5	4
979	경기 안성시	청룡사감로탱정밀진단및기록화	60,000	9	1	7	8	7	5	5	4
980	경기 안성시	단독주택집수리지원사업	60,000	9	2	7	8	7	5	5	4
981	경기 안성시	축사전기안전강화사업	60,000	9	6	7	8	7	5	5	4
982	경기 안성시	거세한우근내지방섬세도향상기술시범	60,000	9	1	7	8	7	5	5	4
983	경기 안성시	육송㈜노후전기배선교체	58,720	9	4	7	8	7	5	5	4
984	경기 안성시	도매시장출하용포장재지원	56,839	9	6	7	8	7	5	5	4
985	경기 안성시	국내육성품종조사료생산단지조성기술시범	56,000	9	1	7	8	7	5	5	4
986	경기 안성시	가축분퇴비부숙도향상기술보급시범	56,000	9	1	7	8	7	5	5	4
987	경기 안성시	임산물유통기반조성	53,100	9	2	7	8	7	5	5	4
988	경기 안성시	공동주택경비청소노동자휴게시설개선	50,000	9	6	7	8	7	5	5	4
989	경기 안성시	가축전염병차단방역시설설치지원	50,000	9	6	7	8	7	5	5	4
990	경기 안성시	작목별맞춤형안전관리실천시범	50,000	9	2	7	8	7	5	5	4
991	경기 안성시	농업인가공사업장시설장비개선	50,000	9	2	7	8	7	5	5	4
992	경기 안성시	농촌치유농장육성	48,000	9	2	7	8	7	5	5	4
993	경기 안성시	농업용무인공동방제기지원	45,000	9	1	7	8	7	5	5	4
994	경기 안성시	닭진드기공동방제지원	44,000	9	1	7	8	7	5	5	4
995	경기 안성시	조사료생산용볏짚비닐지원	42,000	9	1	7	8	7	5	5	4
996	경기 안성시	악취측정ICT기계장비지원	40,000	9	2	7	8	7	5	5	4
997	경기 안성시	경기도농업전문경영인신기술보급사업	40,000	9	1	7	8	7	5	5	4

순번	시군구	지출명 (사업명)	2024년예산 (단위 : 천원 /1년간)	민간이전 분류 (지방자치단체 세출예산 집행기준에 의거)	민간이전지출 근거 (지방보조금 관리기준 참고)	입찰방식			운영예산 산정		성과평가 실시여부
						계약체결방법 (경쟁형태)	계약기간	낙찰자선정방법	운영예산 산정	정산방법	
998	경기 안성시	학교교육과정연계품질인증교육농장지원	40,000	9	1	7	8	7	5	5	4
999	경기 안성시	인삼고온피해경감을위한시설재배시범	40,000	9	1	7	8	7	5	5	4
1000	경기 안성시	잡곡신품종조기확산시범단지조성	40,000	9	2	7	8	7	5	5	4
1001	경기 안성시	인삼국내육성품종보급시범	40,000	9	2	7	8	7	5	5	4
1002	경기 안성시	과수안정생산을위한종합관리시범	40,000	9	1	7	8	7	5	5	4
1003	경기 안성시	기능성양봉산물생산을위한기술보급시범	40,000	9	1	7	8	7	5	5	4
1004	경기 안성시	㈜유비라이트기술사개보수	37,256	9	4	7	8	7	5	5	4
1005	경기 안성시	양봉산업경쟁력강화	36,250	9	6	7	8	7	5	5	4
1006	경기 안성시	벼우수품종공급지원	35,514	9	1	7	8	7	5	5	4
1007	경기 안성시	보증기간경과장치성능유지관리	35,097	9	2	6	5	6	1	1	3
1008	경기 안성시	고추농작업안전관리개선시범(위험요인개선장비지원)	35,000	9	1	7	8	7	5	5	4
1009	경기 안성시	정부지원어린이집환경개선사업	34,000	9	4	7	8	7	5	5	4
1010	경기 안성시	안성성김대건안드레아신부기념성당보수정비	33,000	9	1	7	8	7	5	5	4
1011	경기 안성시	㈜그린씨알피화장실개보수	32,800	9	4	7	8	7	5	5	4
1012	경기 안성시	임산물생산기반조성	32,612	9	2	7	8	7	5	5	4
1013	경기 안성시	친환경농업시설재배토양환경개선사업	32,000	9	1	7	8	7	5	5	4
1014	경기 안성시	가금농가질병관리지원사업	30,000	9	1	7	8	7	5	5	4
1015	경기 안성시	다용도축산분뇨처리장비지원	30,000	9	1	7	8	7	5	5	4
1016	경기 안성시	이룡산업㈜기술사개보수	29,872	9	4	7	8	7	5	5	4
1017	경기 안성시	소보툴리즘예방백신지원사업	28,000	9	6	7	8	7	5	5	4
1018	경기 안성시	임산물상품화지원	27,070	9	2	7	8	7	5	5	4
1019	경기 안성시	유통기반시설지원	27,000	9	6	7	8	7	5	5	4
1020	경기 안성시	우리식품소화설비설치	25,628	9	4	8	8	7	5	5	4
1021	경기 안성시	노동자휴게시설개보수지원	24,000	9	4	7	8	7	5	5	4
1022	경기 안성시	축산종합지도지원사업(돼지소모성질환지도지원)	24,000	9	2	7	8	7	5	5	4
1023	경기 안성시	청년농업인4H회원신규영농정착시범	24,000	9	1	7	8	7	5	5	4
1024	경기 안성시	강소농체험농가활성화지원	24,000	9	1	7	8	7	5	5	4
1025	경기 안성시	안전농산물생산토양개선기술시범	24,000	9	1	7	8	7	5	5	4
1026	경기 안성시	한국이노기스㈜공장지붕보수	23,000	9	4	7	8	7	5	5	4
1027	경기 안성시	주식회사다우리방수공사및LED설치	23,000	9	4	7	8	7	5	5	4
1028	경기 안성시	대찬특장공업바닥도장	23,000	9	4	7	8	7	5	5	4
1029	경기 안성시	탑스모빌LED설치	23,000	9	4	7	8	7	5	5	4
1030	경기 안성시	밭작물정밀파종및시비기술시범	23,000	9	2	7	8	7	5	5	4
1031	경기 안성시	㈜메닉스바닥도장	22,960	9	4	7	8	7	5	5	4
1032	경기 안성시	수산생물질병예방약품지원	22,958	9	1	7	8	7	5	5	4
1033	경기 안성시	㈜부일통상바닥도장	22,800	9	4	7	8	7	5	5	4
1034	경기 안성시	인목왕후어필칠언시영인본제작	22,000	9	1	7	8	7	5	5	4
1035	경기 안성시	에뉴텍바닥도장및LED설치	21,280	9	4	7	8	7	5	5	4
1036	경기 안성시	가정용저녹스보일러설치지원사업	21,000	9	2	7	8	7	5	5	4
1037	경기 안성시	저소득충지원	21,000	9	2	7	8	7	5	5	4

순번	시군구	지출명 (사업명)	2024년예산 (단위 : 천원/1년간)	민간이전 분류	민간이전지출 근거	계약체결방법	계약기간	낙찰자선정방법	운영예산 산정	정산방법	성과평가 실시여부
1038	경기 안성시	민간동물보호시설환경개선지원	21,000	9	2	7	8	7	5	5	4
1039	경기 안성시	에코호유㈜LED설치	20,480	9	4	7	8	7	5	5	4
1040	경기 안성시	㈜엠엔에스텍적재대및작업대,LED설치	20,112	9	4	7	8	7	5	5	4
1041	경기 안성시	농업회사법인손질㈜바닥도장및집진기설치	20,064	9	4	7	8	7	5	5	4
1042	경기 안성시	나래정밀바닥도장	20,000	9	4	7	8	7	5	5	4
1043	경기 안성시	대진산업적재대및작업대	20,000	9	4	7	8	7	5	5	4
1044	경기 안성시	품원㈜바닥도장	20,000	9	4	7	8	7	5	5	4
1045	경기 안성시	진영기업㈜바닥도장	20,000	9	4	7	8	7	5	5	4
1046	경기 안성시	㈜태호팩LED설치	20,000	9	4	7	8	7	5	5	4
1047	경기 안성시	㈜케이엘텍바닥도장	20,000	9	4	7	8	7	5	5	4
1048	경기 안성시	㈜피에스디바닥도장및LED설치,적재대및작업대	20,000	9	4	7	8	7	5	5	4
1049	경기 안성시	㈜케이지이바닥도장및LED설치,적재대	20,000	9	4	7	8	7	5	5	4
1050	경기 안성시	주식회사이레LED설치및적재대	20,000	9	4	7	8	7	5	5	4
1051	경기 안성시	어린이통학차량LPG차전환사업	20,000	9	2	7	8	7	5	5	4
1052	경기 안성시	㈜대길팩바닥도장	19,952	9	4	7	8	7	5	5	4
1053	경기 안성시	케이에스테크놀로지㈜바닥도장	19,952	9	4	7	8	7	5	5	4
1054	경기 안성시	㈜이풍산업적재대	19,896	9	4	7	8	7	5	5	4
1055	경기 안성시	조사료생산용종자구입지원	19,800	9	1	7	8	7	5	5	4
1056	경기 안성시	동성화학산업바닥도장	19,680	9	4	7	8	7	5	5	4
1057	경기 안성시	㈜피앤피코리아바닥도장및적재대	19,478	9	4	7	8	7	5	5	4
1058	경기 안성시	㈜엘케이정밀소방시설설치	19,416	9	4	7	8	7	5	5	4
1059	경기 안성시	㈜제이에스엠산업바닥도장	19,280	9	4	7	8	7	5	5	4
1060	경기 안성시	에어릭스에프엔씨바닥도장	18,920	9	4	7	8	7	5	5	4
1061	경기 안성시	도림이엔지주식회사LED설치	17,272	9	4	7	8	7	5	5	4
1062	경기 안성시	㈜농업법인현준팜바닥도장및LED설치	17,200	9	4	7	8	7	5	5	4
1063	경기 안성시	에이스단열LED설치	17,120	9	4	7	8	7	5	5	4
1064	경기 안성시	디아인텍㈜적재대	16,200	9	4	7	8	7	5	5	4
1065	경기 안성시	㈜빅바이오젠바닥도장	16,000	9	4	7	8	7	5	5	4
1066	경기 안성시	시설원예스마트팜기술보급시범	16,000	9	1	7	8	7	5	5	4
1067	경기 안성시	ICT활용화훼재배기반구축시범	16,000	9	1	7	8	7	5	5	4
1068	경기 안성시	시설재배지총채벌레종합방제시범	16,000	9	1	7	8	7	5	5	4
1069	경기 안성시	카키바닥도장및작업대	15,952	9	4	7	8	7	5	5	4
1070	경기 안성시	제이에스산업바닥도장	15,600	9	4	7	8	7	5	5	4
1071	경기 안성시	㈜유씨티컴텍적재대	15,600	9	4	7	8	7	5	5	4
1072	경기 안성시	농어촌장애인주택개조사업	15,200	9	4	7	8	7	5	5	4
1073	경기 안성시	GAP위생시설보완지원	15,000	9	2	7	8	7	5	5	4
1074	경기 안성시	내수면양식장경쟁력지원	15,000	9	1	7	8	7	5	5	4
1075	경기 안성시	목재펠릿보일러	14,560	9	2	7	8	7	5	5	4
1076	경기 안성시	정헌배주가주식회사농업회사법인적재대및작업대	14,400	9	4	7	8	7	5	5	4
1077	경기 안성시	스마트팜ICT융복합확산(시설원예현대화지원)	14,043	9	1	7	8	7	5	5	4

순번	시설구분	시설명	2024예산액 (단위: 천원/1개소)								
				평가항목 분류 (사회복지사업법 제43조의2)	정량지표 계량지표	정성지표 비계량지표	운영일반 운영	운영일반 운영	운영일반 운영	
				1. 시설 및 환경(307-02) 2. 재정 및 조직운영(307-03) 3. 인적자원관리(307-04) 4. 프로그램 및 서비스(307-05) 5. 이용자의 권리(307-10) 6. 지역사회관계(307-12) 7. 평가결과 환류체계(308-13) 8. 인권보호 및 안전조치(402-01) 9. 인권보장 시설운영(402-02) 10. 권익향상 사회참여(402-03) 11. 장기요양에 대한 대처사업비(403-02)	1.예산 (편성) 2. 결산 3. 기타	1. 원장 2. 사무국장 3. 사회복지사 4. 생활지도원 기타 종사자 5. 간호사 6. 기타 () 7. 운영 8. 결원	1. 입소 2. 퇴소 3. 외박 외출 4. 사망 5. 평균연령 6. 기타 () 7. 운영	1. 법인명 2. 시설명 3. 법인장 4. 법인 5. 법인 6. 기타 () 7. 운영	1. 법인명 2. 시설명(법인시설 등) 3. 시설장 4. 운영법인 5. 법인 6. 기타 () 7. 운영	1. 법인명 2. 시설명 (법인시설 등) 3. 시설장 4. 운영법인 등
1078	설치운영	수어가족수화학원 입주지원사업	13,520	9	4	7	8	7	5	5	4
1079	설치운영	장애인복지관 운영	13,250	9	6	7	8	7	5	5	4
1080	설치운영	청소년수련시설 운영 관리	12,468	9	8	7	8	7	5	5	4
1081	설치운영	안산장애인 수어학습교육	12,152	9	4	7	8	7	5	5	4
1082	설치운영	보훈가족지원 봉사활동	12,100	9	1	7	8	7	5	5	4
1083	설치운영	(경기)공동육아시설 건립	12,056	9	4	7	8	7	5	5	4
1084	설치운영	(노인)데이케어시설 건립	10,704	9	4	7	8	7	5	5	4
1085	설치운영	장기요양보호노인전문시설	8,000	9	1	7	8	7	5	5	4
1086	설치운영	장애인종합복지관 건립지원	7,800	9	2	7	8	7	5	5	4
1087	설치운영	아동복지지역센터 지원(통합)	7,500	9	2	7	8	7	5	5	4
1088	설치운영	아동복지시설 운영	7,310	9	9	7	8	7	5	5	4
1089	설치운영	다문화가족 지원센터 운영(평생교육)	6,532	9	1	7	8	7	5	5	4
1090	설치운영	안산시 LED조명지원	6,496	9	4	7	8	7	5	5	4
1091	설치운영	이용료 감면제도 지원	4,800	9	9	7	8	7	5	5	4
1092	설치운영	장애인 운전면허 취득지원	4,711	9	9	7	8	7	5	5	4
1093	설치운영	수어가타 행사개최지원	4,432	9	4	7	8	7	5	5	4
1094	설치운영	수화봉사자 양성배치 운영지원	4,000	9	1	7	8	7	5	5	4
1095	설치운영	매입임대주택 수리 및 아동복지시설 운영관리	4,000	9	1	7	8	7	5	5	4
1096	설치운영	장애인복지시설 운영	5,422,000	9	2	7	8	7	5	5	4
1097	설치운영	경로당냉난방기 설치지원사업	2,495,760	9	2	7	8	7	5	5	4
1098	설치운영	LPG차량연료비용지원사업	1,652,800	9	1	7	8	7	1	1	4
1099	설치운영	안전사고예방지원사업	782,280	9	1	7	8	7	1	1	4
1100	설치운영	수어번역 및 수어지원사업	650,000	9	2	7	8	7	5	5	4
1101	설치운영	수어인양성 지원 운영	450,000	9	2	7	8	7	5	5	4
1102	설치운영	장애인복합문화시설 지원사업	400,000	9	2	7	8	7	5	5	4
1103	설치운영	장애인재활치료실 사업	270,000	9	1	7	8	7	5	5	4
1104	설치운영	수어가족 수어복지지원 사업	270,000	9	2	7	8	7	5	5	4
1105	설치운영	복수어가족 복지지원 사업(1개소)	200,000	9	2	7	8	7	5	5	4
1106	설치운영	사회복지시설평가 사업	200,000	9	9	7	8	7	5	5	4
1107	설치운영	고령자기자제 지원사업	200,000	9	2	7	8	7	5	5	4
1108	설치운영	장애인생활시설 운영	160,000	9	2	7	8	7	5	5	4
1109	설치운영	기능보강 및 소규모환경개선 사업	160,000	9	6	7	8	7	5	5	4
1110	설치운영	아이가 자라는 지역 사회 만들기(지역돌봄)	160,000	9	6	7	8	7	5	5	4
1111	설치운영	교통약자 이동지원 사업	150,000	9	2	7	8	7	5	5	4
1112	설치운영	수어가족 교육 운영 사업	150,000	9	2	7	8	7	5	5	4
1113	설치운영	이용시설 등 장기요양시설 지원	120,000	9	2	7	8	7	5	5	4
1114	설치운영	장애인직업재활시설 지원	100,000	9	2	7	8	7	5	5	4
1115	설치운영	소규모복지시설 운영지원	100,000	9	9	7	8	7	5	5	4
1116	설치운영	아동시설 지원사업	100,000	9	2	7	8	7	5	5	4
1117	설치운영	아이돌봄센터 지원사업	100,000	9	2	7	8	7	5	5	4

순번	시군구	지출명 (사업명)	2024년예산 (단위 : 천원 /1년간)	민간이전 분류 (지방자치단체 세출예산 집행기준에 의거) 1. 민간경상사업보조(307-02) 2. 민간단체 법정운영비보조(307-03) 3. 민간행사사업보조(307-04) 4. 민간위탁금(307-05) 5. 사회복지시설 법정운영비보조(307-10) 6. 민간위원교육비(307-12) 7. 공기관등에대한경상적위탁사업비(308-13) 8. 민간자본사업보조,자체재원(402-01) 9. 민간자본사업보조,이전재원(402-02) 10. 민간위탁사업비(402-03) 11. 공기관등에 대한 자본적 위탁사업비(403-02)	민간이전지출 근거 (지방보조금 관리기준 참고) 1. 법률에 규정 2. 국고보조 재원(국가지정) 3. 용도 지정 기부금 4. 조례에 직접규정 5. 지자체가 권장하는 사업을 하는 공공기관 6. 시,도 정책 및 재정사정 7. 기타 8. 해당없음	입찰방식 계약체결방법 (경쟁형태) 1. 일반경쟁 2. 제한경쟁 3. 지명경쟁 4. 수의계약 5. 법정위탁 6. 기타 ( ) 7. 없음	계약기간 1. 1년 2. 2년 3. 3년 4. 4년 5. 5년 6. 기타 ( )년 7. 단가계약 (1년미만) 8. 없음	낙찰자선정방법 1. 적격심사 2. 협상에의한계약 3. 최저가낙찰제 4. 규격가격분리 5. 2단계 경쟁입찰 6. 기타 ( ) 7. 없음	운영예산 산정 1. 내부산정 (지자체 자체적으로 산정) 2. 외부산정 (외부전문기관위탁 산정) 3. 내·외부 모두 산정 4. 산정 無 5. 없음	정산방법 1. 내부정산 (지자체 내부적으로 정산) 2. 외부정산 (외부전문기관위탁 정산) 3. 내·외부 모두 정산 4. 정산 無 5. 없음	성과평가 실시여부 1. 실시 2. 미실시 3. 향후 추진 4. 해당없음
1118	경기 여주시	육계스마트환경관리기술보급시범	100,000	9	2	7	8	7	5	5	4
1119	경기 여주시	고품질곤충먹이원생산기반구축시범	100,000	9	6	7	8	7	5	5	4
1120	경기 여주시	전기이륜차보급사업	99,200	9	2	7	8	7	5	5	4
1121	경기 여주시	개인하수도공동관리사업	96,000	9	4	7	8	7	5	5	4
1122	경기 여주시	청년농업인아이디어사업화공모사업	80,000	9	2	7	8	7	1	1	1
1123	경기 여주시	시설원예국산장기성농업용피복재활용재배기술보급	80,000	9	2	7	8	7	5	5	4
1124	경기 여주시	기존건축물화재안전성능보강지원	79,998	9	1	7	8	7	5	5	4
1125	경기 여주시	벼저탄소농업기술실천시범	70,000	9	6	7	8	7	5	5	4
1126	경기 여주시	과실수확후신선도유지시범	64,000	9	2	7	8	7	5	5	4
1127	경기 여주시	농업인학습단체경쟁력제고사업	50,000	9	2	7	8	7	1	1	1
1128	경기 여주시	고품질목장형유제품생산확대및품질특성데이터구축시범	50,000	9	2	7	8	7	5	5	4
1129	경기 여주시	한부모가족복지시설기능보강	49,320	9	2	7	8	7	1	1	4
1130	경기 여주시	잡곡신품종조기획신시범단지조성	40,000	9	2	7	8	7	5	5	4
1131	경기 여주시	친환경농업시설재배토양환경개선사업	40,000	9	6	7	8	7	5	5	4
1132	경기 여주시	기후변화및가축전염성질병예방사육환경개선시범	40,000	9	6	7	8	7	5	5	4
1133	경기 여주시	산업곤충활용상품화시범	40,000	9	6	7	8	7	5	5	4
1134	경기 여주시	채소일사·강우센서기반스마트관수시스템시범	32,000	9	2	7	8	7	5	5	4
1135	경기 여주시	야생동물피해예방시설설치	25,000	9	2	7	8	7	5	5	4
1136	경기 여주시	드론용비산저감AI노즐및분무장치신기술시범	25,000	9	2	7	8	7	5	5	4
1137	경기 여주시	인삼하절기고온피해예방시범	25,000	9	6	7	8	7	5	5	4
1138	경기 여주시	청년농업인4H회원신규영농정착시범	24,000	9	2	7	8	7	1	1	1
1139	경기 여주시	보증기간경과장치성능유지관리	21,198	9	2	7	8	7	5	5	4
1140	경기 여주시	마을공동체공간조성지원사업	20,000	9	2	7	8	7	5	5	4
1141	경기 여주시	아파트경비청소노동자휴게시설개선지원	20,000	9	1	7	8	7	5	5	4
1142	경기 여주시	경기도농업전문경영인신기술보급사업	20,000	9	1	7	8	7	1	1	1
1143	경기 여주시	느타리버섯재배폐열활용에너지절감시범	20,000	9	6	7	8	7	5	5	4
1144	경기 여주시	경영개선컨설팅농가시설개선지원	16,000	9	2	7	8	7	1	1	1
1145	경기 여주시	신소득작목재배기술시범	16,000	9	6	7	8	7	5	5	4
1146	경기 여주시	ICT활용화훼재배기반구축시범	16,000	9	6	7	8	7	5	5	4
1147	경기 여주시	어린이통학차량LPG차전환지원사업	15,000	9	2	7	8	7	5	5	4
1148	경기 여주시	농어촌장애인주택개조사업	11,400	9	1	7	8	7	5	5	4
1149	경기 여주시	가정용저녹스보일러보급사업	10,200	9	2	7	8	7	5	5	4
1150	경기 여주시	경기도형신품종잡곡종자생산시범	10,000	9	6	7	8	7	5	5	4
1151	경기 여주시	소규모개인하수처리시설관리	8,000	9	4	7	8	7	5	5	4
1152	경기 여주시	경비실에어컨설치비용지원	3,000	9	2	7	8	7	5	5	4
1153	경기 화성시	수소전기차구매지원	13,895,000	9	2	7	8	7	1	1	4
1154	경기 화성시	저상버스도입비지원	8,897,000	9	2	7	8	7	1	1	4
1155	경기 화성시	수원화성오산축협가축분뇨공공처리시설설치사업	7,041,000	9	1	7	8	7	2	1	4
1156	경기 화성시	2층전기버스보급지원	5,088,000	9	2	7	8	7	1	1	4
1157	경기 화성시	2층저상버스보급지원	1,472,000	9	2	7	8	7	1	1	4

순번	시군구	지출명 (사업명)	2024년예산 (단위 : 천원 /1년간)	민간이전 분류 (지방자치단체 세출예산 집행기준에 의거) 1. 민간경상사업보조(307-02) 2. 민간단체 법정운영비보조(307-03) 3. 민간행사사업보조(307-04) 4. 민간위탁금(307-05) 5. 사회복지시설 법정운영비보조(307-10) 6. 민간위탁교육비(307-12) 7. 공기관등에대한경상적위탁사업비(308-13) 8. 민간자본보조,자체재원(402-01) 9. 민간자본사업보조,이전재원(402-02) 10. 민간위탁사업비(402-03) 11. 공기관등에 대한 자본적 위탁사업비(403-02)	민간이전지출 근거 (지방보조금 관리기준 참고) 1. 법률에 규정 2. 국고보조 재원(국가지정) 3. 용도 지정 기부금 4. 조례에 직접규정 5. 지자체가 권장하는 사업을 하는 공공기관 6. 시,도 정책 및 재정사정 7. 기타 8. 해당없음	입찰방식			운영예산 산정		성과평가 실시여부
						계약체결방법 (경쟁형태) 1. 일반경쟁 2. 제한경쟁 3. 지명경쟁 4. 수의계약 5. 법정위탁 6. 기타 ( ) 7. 없음	계약기간 1. 1년 2. 2년 3. 3년 4. 4년 5. 5년 6. 기타 ( )년 7. 단기계약(1년미만) 8. 없음	낙찰자선정방법 1. 적격심사 2. 협상에의한계약 3. 최저가낙찰제 4. 규격가격분리 5. 2단계 경쟁입찰 6. 기타 ( ) 7. 없음	운영예산 산정 1. 내부산정 (지자체 자체적으로 산정) 2. 외부산정 (외부전문기관위탁 산정) 3. 내·외부 모두 산정 4. 산정 無	정산방법 1. 내부정산 (지자체 내부적으로 정산) 2. 외부정산 (외부전문기관위탁 정산) 3. 내·외부 모두 산정 4. 정산 無 5. 없음	1. 실시 2. 미실시 3. 향후 추진 4. 해당없음
1158	경기 화성시	소규모기업환경개선	900,000	9	6	7	8	7	1	1	1
1159	경기 화성시	공동주택노후승강기교체지원사업	840,000	9	1	7	8	7	5	5	4
1160	경기 화성시	축산ICT융복합확산사업	655,563	9	1,2	7	8	7	1	1	4
1161	경기 화성시	궁평항어업용면세유공급시설현대화지원	564,000	9	1	7	8	7	5	5	4
1162	경기 화성시	노숙인재활시설기능보강	485,210	9	2	7	8	7	3	3	4
1163	경기 화성시	가스열펌프저감장치설치지원	472,500	9	2	7	8	7	5	5	4
1164	경기 화성시	친환경농업단지조성	300,000	9	6	7	8	7	5	5	4
1165	경기 화성시	버스차고지시설개선지원사업	274,013	9	7	7	8	7	5	5	4
1166	경기 화성시	방역선진형동물복지농장조성지원사업	240,000	9	6	7	8	7	1	1	4
1167	경기 화성시	농업용무인공동방제기지원	225,000	9	6	7	8	7	5	5	3
1168	경기 화성시	가축행복농장시설개선지원	200,000	9	1,4,6	7	8	7	1	1	4
1169	경기 화성시	도시가스배관망지원사업	197,790	9	1	7	8	7	5	5	4
1170	경기 화성시	친환경에너지절감장비보급	185,860	9	1	7	8	7	1	1	4
1171	경기 화성시	공동주택경비및청소노동자휴게시설개선지원	180,000	9	1	7	8	7	5	5	4
1172	경기 화성시	악취예방시설지원	175,000	9	6	7	8	7	1	1	4
1173	경기 화성시	가금산업경쟁력강화사업	164,250	9	6	7	8	7	1	1	4
1174	경기 화성시	양돈산업경쟁력강화사업	157,500	9	6	7	8	7	1	1	4
1175	경기 화성시	전기이륜차구매지원	150,400	9	2	7	8	7	5	5	4
1176	경기 화성시	화성바이오밸리일반산업단지공공폐수처리시설(2단계)증설사업	142,000	9	2	7	8	7	5	5	4
1177	경기 화성시	CCTV등방역인프라구축지원	130,000	9	2	7	8	7	1	1	4
1178	경기 화성시	농업용관리기등소형농기계지원사업	108,150	9	2	7	8	7	5	5	4
1179	경기 화성시	조사료생산용기계장비지원(경영체)	100,000	9	1	7	8	7	1	1	4
1180	경기 화성시	귀어인의집조성지원	100,000	9	1	7	8	7	5	5	4
1181	경기 화성시	전기굴착기구매지원	80,000	9	8	7	8	7	5	5	4
1182	경기 화성시	가축분뇨자원화지원	75,000	9	6	7	8	7	1	1	4
1183	경기 화성시	어린이통학차량의LPG차전환지원	75,000	9	2	7	8	7	5	5	4
1184	경기 화성시	미니태양광보급지원사업	56,000	9	8	7	8	7	5	1	1
1185	경기 화성시	특용작물(버섯등)시설현대화지원사업	45,000	9	2	7	8	7	5	5	4
1186	경기 화성시	다용도축산분뇨처리장비지원	45,000	9	6	7	8	7	1	1	4
1187	경기 화성시	농업분야에너지절감시설지원	43,853	9	2	7	8	7	5	5	4
1188	경기 화성시	고추비가림재배시설지원	35,250	9	2	7	8	7	5	5	4
1189	경기 화성시	시설원예농업난방시설지원	34,863	9	1	7	8	7	5	5	4
1190	경기 화성시	노인일자리창출지원(노후시설개선및신제품지원)	30,000	9	6	7	1	7	1	1	4
1191	경기 화성시	정신재활시설기능보강지원	28,588	9	2	7	8	7	1	1	4
1192	경기 화성시	양봉산업현대화지원사업	27,700	9	6	7	8	7	1	1	4
1193	경기 화성시	LPG용기사용가구시설개선	22,500	9	2	7	8	7	5	3	4
1194	경기 화성시	시설예열현대화	20,251	9	2	7	8	7	5	5	4
1195	경기 화성시	축사전기안전강화	15,000	9	6	7	8	7	1	1	4
1196	경기 화성시	가정용저녹스보일러지원(저소득층)	12,000	9	2	7	8	7	5	5	4
1197	경기 화성시	축사이미지개선	10,000	9	6	7	8	7	1	1	4

순번	시군구	지출명 (사업명)	2024년예산 (단위: 천원/1년간)	민간이전 분류 (지방자치단체 세출예산 집행기준에 의거) 1. 민간경상사업보조(307-02) 2. 민간단체 법정운영비보조(307-03) 3. 민간행사사업보조(307-04) 4. 민간위탁금(307-05) 5. 사회복지시설 법정운영비보조(307-10) 6. 민간위탁료육비(307-12) 7. 공기관등에대한경상적위탁사업비(308-13) 8. 민간자본사업보조,자체재원(402-01) 9. 민간자본사업보조,이전재원(402-02) 10. 민간위탁사업비(402-03) 11. 공기관등에 대한 자본적 위탁사업비(403-02)	민간이전지출 근거 (지방보조금 관리기준 참고) 1. 법률에 규정 2. 국고보조 재원(국가지정) 3. 용도 지정 기부금 4. 조례에 직접규정 5. 지자체가 권장하는 사업을 하는 공공기관 6. 시,도 정책 및 재정사정 7. 기타 8. 해당없음	입찰방식 계약체결방법 (경쟁형태) 1. 일반경쟁 2. 제한경쟁 3. 지명경쟁 4. 수의계약 5. 법정위탁 6. 기타 ( ) 7. 없음	계약기간 1. 1년 2. 2년 3. 3년 4. 4년 5. 5년 6. 기타 ( )년 7. 단기계약(1년미만) 8. 없음	낙찰자선정방법 1. 적격심사 2. 협상에의한계약 3. 최저가낙찰제 4. 규격가격분리 5. 2단계 경쟁입찰 6. 기타 ( ) 7. 없음	운영예산 산정 1. 내부산정(지자체 자체적으로 산정) 2. 외부산정(외부전문기관위탁 산정) 3. 내·외부 모두 산정 4. 산정 無 5. 없음	정산방법 1. 내부정산(지자체 내부적으로 정산) 2. 외부정산(외부전문기관위탁 정산) 3. 내·외부 모두 정산 4. 정산 無 5. 없음	성과평가 실시여부 1. 실시 2. 미실시 3. 향후 추진 4. 해당없음
1198	경기 화성시	축사외국인근로자주거환경개선	10,000	9	6	7	8	7	1	1	4
1199	경기 화성시	어선사고예방시스템구축	5,320	9	1	7	8	7	5	5	4
1200	경기 화성시	원예분야ICT융복합확산	3,412	9	2	7	8	7	5	5	4
1201	경기 광주시	운행차배출가스저감사업	4,108,740	9	1	7	8	7	5	5	4
1202	경기 광주시	수소전기자동차보급사업	812,500	9	1	7	8	7	5	5	4
1203	경기 광주시	광주GAP고추안정재배및가공기반조성	200,000	9	1	7	8	7	5	5	4
1204	경기 광주시	광주GAP고추안정재배및가공기반조성	200,000	9	1	7	8	7	5	5	4
1205	경기 광주시	노후승강기등공동주택주거환경개선지원사업	120,000	9	6	7	8	7	5	5	4
1206	경기 광주시	가스열펌프냉난방기개조지원사업	103,950	9	2	7	8	7	1	1	4
1207	경기 광주시	이상고온대응시설채소안정생산기술시범	100,000	9	2	7	8	7	5	5	4
1208	경기 광주시	이상고온대응시설채소안정생산기술시범	100,000	9	2	7	8	7	5	5	4
1209	경기 광주시	학교교육과정연계품질인증교육농장	80,000	9	1	7	8	7	1	1	3
1210	경기 광주시	전기이륜차보급사업	75,200	9	1	7	8	7	5	5	4
1211	경기 광주시	고온기화훼류고품질안정생산을위한온도저감기술시범	70,000	9	2	7	8	7	5	5	4
1212	경기 광주시	고온기화훼류고품질안정생산을위한온도저감기술시범	70,000	9	2	7	8	7	5	5	4
1213	경기 광주시	야생동물피해예방사업	55,000	9	1	7	8	7	5	5	4
1214	경기 광주시	작은도서관운영지원사업(독서환경조성)	52,030	9	2	7	8	7	1	1	4
1215	경기 광주시	딸기신품종확대보급시범	50,000	9	2	7	8	7	5	5	4
1216	경기 광주시	딸기신품종확대보급시범	50,000	9	2	7	8	7	5	5	4
1217	경기 광주시	작목별맞춤형안전관리실천시범	50,000	9	1	7	8	7	1	1	3
1218	경기 광주시	농촌치유농장육성	48,000	9	1	7	8	7	1	1	3
1219	경기 광주시	시설채소보광등이용재배기술시범	40,000	9	2	7	8	7	5	5	4
1220	경기 광주시	어린이통학차량LPG차전환사업	40,000	9	1	7	8	7	5	5	4
1221	경기 광주시	시설채소보광등이용재배기술시범	40,000	9	2	7	8	7	5	5	4
1222	경기 광주시	가정용저녹스보일러설치지원사업	36,000	9	2	7	8	7	1	1	4
1223	경기 광주시	고온기채소재배환경개선기술시범	32,000	9	1	7	8	7	5	5	4
1224	경기 광주시	고온기채소재배환경개선기술시범	32,000	9	1	7	8	7	5	5	4
1225	경기 광주시	장애인주택개조사업	26,600	9	2	7	8	7	5	1	1
1226	경기 광주시	청년농업인4H회원신규영농정착시범	24,000	9	7	7	8	7	1	1	3
1227	경기 광주시	축종별맞춤형미네랄블록가축생산성향상시범	20,000	9	7	7	8	7	5	5	4
1228	경기 광주시	축종별맞춤형미네랄블록가축생산성향상시범	20,000	9	7	7	8	7	5	5	4
1229	경기 광주시	아파트경비청소노동자휴게시설개선지원사업	20,000	9	6	7	8	7	5	5	4
1230	경기 광주시	시설원예스마트팜기술보급시범	16,000	9	1	7	8	7	5	5	4
1231	경기 광주시	시설원예스마트팜기술보급시범	16,000	9	1	7	8	7	5	5	4
1232	경기 광주시	경영개선컨설팅농가시설개선지원	16,000	9	2	7	8	7	1	1	4
1233	경기 광주시	청년농업인4H회원스마트팜기술보급시범	16,000	9	7	7	8	7	1	1	3
1234	경기 광주시	전기자동차보급(민간)	11,895	9	1	7	8	7	5	5	4
1235	경기 광주시	작은도서관무더위혹한기지원사업(냉난방기기)	6,930	9	2	7	8	7	1	1	4
1236	경기 광주시	벼신품종지역실증및우량종자자율교환채종포운영시범	4,000	9	7	7	8	7	5	5	4
1237	경기 광주시	벼신품종지역실증및우량종자자율교환채종포운영시범	4,000	9	7	7	8	7	5	5	4

순번	시군구	지출명 (사업명)	2024년예산 (단위 : 천원 /1년간)	민간이전 분류 (지방자치단체 세출예산 집행기준에 의거)	민간이전지출 근거 (지방보조금 관리기준 참고)	입찰방식 계약체결방법 (경쟁형태)	계약기간	낙찰자선정방법	운영예산 산정	정산방법	성과평가 실시여부
1238	경기 양주시	전기자동차구매지원	2,888,000	9	2	7	8	7	5	5	4
1239	경기 양주시	전기자동차구매지원	2,800,000	9	2	7	8	7	5	5	4
1240	경기 양주시	수소전기자동차구매지원	2,400,000	9	2	7	8	7	5	5	4
1241	경기 양주시	전기자동차구매지원	2,240,000	9	2	7	8	7	5	5	4
1242	경기 양주시	운행경유차배출가스저감사업	2,105,300	9	2	7	8	7	5	5	4
1243	경기 양주시	저상버스구입비지원	2,060,000	9	1	7	8	7	5	5	4
1244	경기 양주시	도시가스확대보급사업	1,137,936	9	1	7	8	7	1	1	4
1245	경기 양주시	수소전기자동차구매지원	975,000	9	2	7	8	7	5	5	4
1246	경기 양주시	운행경유차배출가스저감사업	495,000	9	2	7	8	7	5	5	4
1247	경기 양주시	기업환경개선사업	464,113	9	4	7	8	7	5	5	4
1248	경기 양주시	문화재재난안전관리사업(회암사지무학대사탑주변재난정비사업(소방))	360,000	9	2	7	8	7	1	1	1
1249	경기 양주시	시설원예현대화지원	253,264	9	2	7	8	7	5	5	1
1250	경기 양주시	농업분야에너지절감시설지원	242,802	9	2	7	8	7	5	5	1
1251	경기 양주시	시설채소재배환경개선시범	200,000	9	1	7	8	7	5	5	4
1252	경기 양주시	경기북부거점배수출단지조성	200,000	9	1	7	8	7	5	5	4
1253	경기 양주시	가축행복농장지원사업	200,000	9	4	7	8	7	1	1	4
1254	경기 양주시	운행경유차배출가스저감사업	156,660	9	2	7	8	7	5	5	4
1255	경기 양주시	운행경유차배출가스저감사업	132,800	9	2	7	8	7	5	5	4
1256	경기 양주시	축산분야ICT융복합확산사업	126,637	9	6	7	8	7	1	1	4
1257	경기 양주시	원예분야ICT융복합지원	107,404	9	2	7	8	7	5	5	1
1258	경기 양주시	국내육성우수신품종보급	100,000	9	1	7	8	7	5	5	1
1259	경기 양주시	농업용관리기등소형농기계지원사업	87,500	9	1	7	8	7	5	5	1
1260	경기 양주시	사립작은도서관운영지원(독서환경조성)	83,890	9	6	6	1	1	1	1	4
1261	경기 양주시	다목적육묘하우스설치시범	80,000	9	1	7	8	7	5	5	4
1262	경기 양주시	논활용밭작물생산체계구축	80,000	9	1	7	8	7	5	5	4
1263	경기 양주시	환경친화형농자재지원	79,800	9	1	7	8	7	5	5	1
1264	경기 양주시	양돈경쟁력강화사업	79,375	9	6	7	8	7	1	1	4
1265	경기 양주시	도지정문화재보수정비(양주청련사석조지장보살좌상보존처리)	70,000	9	1	7	8	7	1	1	1
1266	경기 양주시	특용작물(버섯)시설현대화지원사업	66,500	9	2	7	8	7	5	5	1
1267	경기 양주시	생산비절감을위한드문모내기재배기술시범	64,000	9	1	7	8	7	5	5	4
1268	경기 양주시	농식품가공업체시설개선지원	60,000	9	6	7	8	7	1	1	4
1269	경기 양주시	노인일자리취창업초기투자비지원	60,000	9	6	7	8	7	5	5	4
1270	경기 양주시	시설원예농업난방시설지원	53,450	9	1	7	8	7	5	5	1
1271	경기 양주시	축사악취저감시설지원사업	50,000	9	6	7	8	7	1	1	4
1272	경기 양주시	작목별맞춤형안전관리실천시범	50,000	9	1	7	8	7	5	5	4
1273	경기 양주시	전기이륜차구매지원	49,600	9	2	7	8	7	5	5	4
1274	경기 양주시	경기한우명품화사업	48,000	9	1	7	8	7	1	1	4
1275	경기 양주시	농촌치유농장육성시범	48,000	9	1	7	8	7	5	5	4
1276	경기 양주시	빈집정비사업(동지역)	45,000	9	1	7	8	7	5	5	4
1277	경기 양주시	미니태양광보급지원사업	43,168	9	1	7	8	7	5	5	4

순번	시군구	지출명 (사업명)	2024년예산 (단위 : 천원 /1년간)	민간이전 분류 (지방자치단체 세출예산 집행기준에 의거) 1. 민간경상사업보조(307-02) 2. 민간단체 법정운영비보조(307-03) 3. 민간행사사업보조(307-04) 4. 민간위탁금(307-05) 5. 사회복지시설 법정운영비보조(307-10) 6. 민간위탁교육비(307-12) 7. 공기관에대한경상적위탁사업비(308-13) 8. 민간자본사업보조,자체재원(402-01) 9. 민간자본사업보조,이전재원(402-02) 10. 민간위탁사업비(402-03) 11. 공기관등에 대한 자본적 위탁사업비(403-02)	민간이전지출 근거 (지방보조금 관리기준 참고) 1. 법률에 규정 2. 국고보조 재원(국가지정) 3. 용도 지정 기부금 4. 조례에 직접규정 5. 지자체가 권장하는 사업을 하는 공공기관 6. 시,도 정책 및 재정사정 7. 기타 8. 해당없음	입찰방식 계약체결방법 (경쟁형태) 1. 일반경쟁 2. 제한경쟁 3. 지명경쟁 4. 수의계약 5. 법정위탁 6. 기타 ( ) 7. 없음	계약기간 1. 1년 2. 2년 3. 3년 4. 4년 5. 5년 6. 기타 ( )년 7. 단가계약 (1년미만) 8. 없음	낙찰자선정방법 1. 적격심사 2. 협상에의한계약 3. 최저가낙찰제 4. 규격가격분리 5. 2단계 경쟁입찰 6. 기타 ( ) 7. 없음	운영예산 산정 1. 내부산정 (지자체 자체적으로 산정) 2. 외부산정 (외부전문기관위탁 산정) 3. 내·외부 모두 산정 4. 산정 無 5. 없음	정산방법 1. 내부정산 (지자체 내부적으로 정산) 2. 외부정산 (외부전문기관위탁 정산) 3. 내·외부 모두 정산 4. 정산 無 5. 없음	성과평가 실시여부 1. 실시 2. 미실시 3. 향후 추진 4. 해당없음
1278	경기 양주시	인삼신품종시범단지조성	40,000	9	1	7	8	7	5	5	4
1279	경기 양주시	가축전염병차단방역시설지원	40,000	9	6	7	8	7	1	1	4
1280	경기 양주시	학교교육과정연계품질인증교육농장시범	40,000	9	4	7	8	7	5	5	4
1281	경기 양주시	운행경유차배출가스저감사업	39,600	9	2	7	8	7	5	5	4
1282	경기 양주시	가금농가경쟁력강화사업	36,250	9	6	7	8	7	1	1	4
1283	경기 양주시	낙농산업경쟁력강화사업	35,750	9	6	7	8	7	1	1	4
1284	경기 양주시	가정용저녹스보일러보급사업	33,000	9	2	7	8	7	5	5	4
1285	경기 양주시	공립어린이집확충	30,000	9	2	7	8	7	1	1	1
1286	경기 양주시	다용도축산분뇨처리장비	30,000	9	6	7	8	7	1	1	4
1287	경기 양주시	방역인프라설치지원사업	30,000	9	2	7	8	7	1	1	4
1288	경기 양주시	청년농업인4H회원신규영농정착시범	24,000	9	4	7	8	7	5	5	4
1289	경기 양주시	임산물생산기반조성	22,325	9	2	7	8	7	5	5	4
1290	경기 양주시	어린이통학차량의LPG차전환지원사업	20,000	9	2	7	8	7	5	5	4
1291	경기 양주시	마을공동체공모사업지원	20,000	9	4	7	8	7	5	5	4
1292	경기 양주시	경기도농업전문경영인기술교육지원사업	20,000	9	1	7	8	7	5	5	4
1293	경기 양주시	농업인근골격계질환예방지원	20,000	9	1	7	8	7	5	5	4
1294	경기 양주시	시설원예스마트팜기술보급시범	16,000	9	1	7	8	7	5	5	4
1295	경기 양주시	ICT활용화훼재배기반구축시범	16,000	9	1	7	8	7	5	5	4
1296	경기 양주시	혹서기한우사육환경개선시범	16,000	9	1	7	8	7	5	5	4
1297	경기 양주시	경영개선컨설팅농가시설개선지원	16,000	9	1	7	8	7	5	5	4
1298	경기 양주시	언택트시대중소농가경영개선을위한브랜드활성화지원	16,000	9	1	7	8	7	5	5	4
1299	경기 양주시	청년농업인4H회원스마트팜기술보급시범	16,000	9	4	7	8	7	5	5	4
1300	경기 양주시	야생동물피해예방사업	16,000	9	1	7	8	7	5	5	4
1301	경기 양주시	장애인주택개조사업	15,200	9	2	7	8	7	5	5	4
1302	경기 양주시	폭력피해이주여성보호시설안전보강	15,000	9	2	7	8	7	1	3	4
1303	경기 양주시	양주도시공사운영(청소행정과)	11,000	9	1	7	8	7	5	5	4
1304	경기 양주시	빈집정비사업(읍면지역)	10,000	9	1	7	8	7	5	5	4
1305	경기 양주시	현장근로자휴게시설개선사업	10,000	9	4	7	8	7	5	5	4
1306	경기 양주시	양봉산업육성사업	7,550	9	6	7	8	7	1	1	4
1307	경기 양주시	어린이집환경개선(정부지원)	4,000	9	2	4	7	3	1	1	4
1308	경기 양주시	벼우량종자농가자율교환채종포운영	4,000	9	1	7	8	7	5	5	4
1309	경기 양주시	목재펠릿보일러보급사업	3,640	9	2	7	8	7	5	5	4
1310	경기 양주시	내수면양식장경쟁력지원	2,500	9	1	7	8	7	1	1	4
1311	경기 양주시	축사전기안전강화지원사업	2,500	9	6	7	8	7	1	1	4
1312	경기 양주시	사립작은도서관냉난방비지원사업(작은도서관냉난방기기지원)	1,800	9	6	6	1	6	1	1	4
1313	경기 양주시	농업기계화장치지원사업	1,100	9	2	7	8	7	1	1	1
1314	경기 연천군	전기자동차구매지원(국비)	2,528,000	9	2	7	8	7	5	5	4
1315	경기 연천군	운행경유차배출가스저감사업(국비)	1,118,810	9	2	7	8	7	5	1	4
1316	경기 연천군	친환경벼복합생태농업실천단지조성	1,045,867	9	6	7	8	7	5	5	4
1317	경기 연천군	유기질비료지원(전환)	1,043,046	9	1	7	8	7	5	5	4

순번	시군구	지출명 (사업명)	2024년예산 (단위 : 천원 /1년간)	민간이전 분류 (지방자치단체 세출예산 집행기준에 의거) 1. 민간경상사업보조(307-02) 2. 민간단체 법정운영비보조(307-03) 3. 민간행사사업보조(307-04) 4. 민간위탁금(307-05) 5. 사회복지시설 법정운영비보조(307-10) 6. 민간위탁교육비(307-12) 7. 공기관등에대한경상적위탁사업비(308-13) 8. 민간자본사업보조,자체재원(402-01) 9. 민간자본사업보조,이전재원(402-02) 10. 민간위탁사업비(402-03) 11. 공기관에 대한 자본적 위탁사업비(403-02)	민간이전지출 근거 (지방보조금 관리기준 참고) 1. 법률에 규정 2. 국고보조 재원(국가지정) 3. 용도 지정 기부금 4. 조례에 직접규정 5. 지자체가 권장하는 사업을 하는 공공기관 6. 시,도 정책 및 재정사정 7. 기타 8. 해당없음	입찰방식			운영예산 산정		성과평가 실시여부 1. 실시 2. 미실시 3. 향후 추진 4. 해당없음
						계약체결방법 (경쟁형태) 1. 일반경쟁 2. 제한경쟁 3. 지명경쟁 4. 수의계약 5. 법정위탁 6. 기타 ( ) 7. 없음	계약기간 1. 1년 2. 2년 3. 3년 4. 4년 5. 5년 6. 기타 ( )년 7. 단기계약 (1년미만) 8. 없음	낙찰자선정방법 1. 적격심사 2. 협상에의한계약 3. 최저가낙찰제 4. 규격가격분리 5. 2단계 경쟁입찰 6. 기타 ( ) 7. 없음	운영예산 산정 1. 내부산정 (지자체 자체적으로 산정) 2. 외부산정 (외부전문기관위탁 산정) 3. 내·외부 모두 산정 4. 산정 無	정산방법 1. 내부정산 (지자체 내부적으로 정산) 2. 외부정산 (외부전문기관위탁 정산) 3. 내·외부 모두 산정 4. 정산 無 5. 없음	
1318	경기 연천군	농촌자원복합산업화(전환사업)	1,025,500	9	1	7	8	7	5	5	4
1319	경기 연천군	도시가스공급	671,380	9	1	7	8	7	5	5	4
1320	경기 연천군	가축재해보험가입지원	613,800	9	1	7	8	7	5	1	4
1321	경기 연천군	농촌자원복합산업화(2023년이월군비매칭)	553,000	9	1	7	8	7	5	5	4
1322	경기 연천군	토양개량제지원(국비)	452,778	9	1	7	8	7	5	5	4
1323	경기 연천군	산업체연계원료공급비즈니스모델화(귀리)	400,000	9	1	7	8	7	5	5	4
1324	경기 연천군	축산악취개선사업(국비)	320,000	9	2	7	8	7	1	1	4
1325	경기 연천군	축산ICT융복합확산사업(국비)	235,459	9	6	7	8	7	1	1	1
1326	경기 연천군	신재생에너지주택지원사업	200,000	9	1	7	8	7	1	1	4
1327	경기 연천군	가축행복농장지원사업	200,000	9	1	7	8	7	1	1	4
1328	경기 연천군	지역활력화작목기반조성(토마토경쟁력강화기반조성사업)	200,000	9	1	7	8	7	5	5	4
1329	경기 연천군	국내육성품종최고급쌀생산단지육성시범	160,000	9	1	7	8	7	5	5	4
1330	경기 연천군	인삼생산시설현대화사업(국비)	138,935	9	2	7	8	7	5	5	4
1331	경기 연천군	낙농산업경쟁력강화사업	130,900	9	6	7	8	7	1	1	1
1332	경기 연천군	낙농산업경쟁력강화사업	130,900	9	6	7	8	7	1	1	1
1333	경기 연천군	양돈산업경쟁력강화	117,464	9	6	7	8	7	1	1	1
1334	경기 연천군	경기한우명품화사업	111,900	9	6	7	8	7	1	1	1
1335	경기 연천군	경기한우명품화사업	111,900	9	6	7	8	7	1	1	1
1336	경기 연천군	수요자참여식량작물특성화시범(1년차)	100,000	9	1	7	8	7	5	5	4
1337	경기 연천군	논범용화를위한지하수위제어시스템	100,000	9	1	7	8	7	5	5	4
1338	경기 연천군	이상고온대응시설채소안정생산시범	100,000	9	1	7	8	7	5	5	4
1339	경기 연천군	가축분뇨퇴비화발효시스템기술보급시범	100,000	9	1	7	8	7	5	5	4
1340	경기 연천군	육계스마트환경관리기술보급시범	100,000	9	1	7	8	7	5	5	4
1341	경기 연천군	한우스마트팜번식관리시스템보급시범	100,000	9	1	7	8	7	5	5	4
1342	경기 연천군	국내육성우수신품종보급(딸기)	100,000	9	1	7	8	7	5	5	4
1343	경기 연천군	가금농가경쟁력강화사업	81,500	9	6	7	8	7	1	1	1
1344	경기 연천군	가금농가경쟁력강화사업	81,500	9	6	7	8	7	1	1	1
1345	경기 연천군	경기도육성품종쌀저탄소실천생산단지조성시범	80,000	9	1	7	8	7	5	5	4
1346	경기 연천군	이상기상대응밭작물안정생산기반조성시범	80,000	9	1	7	8	7	5	5	4
1347	경기 연천군	수입과일대응국내육성품종확대보급시범	80,000	9	1	7	8	7	5	5	4
1348	경기 연천군	보증기간경과장치성능유지관리(국비)	76,461	9	2	5	1	7	5	1	4
1349	경기 연천군	지방재정관리시스템운영	70,878	9	1	6	1	6	2	2	4
1350	경기 연천군	ICT활용친환경가축전염성질병방역시스템구축시범	64,000	9	1	7	8	7	5	5	4
1351	경기 연천군	유기자재지원사업(국비)	59,819	9	2	7	8	7	5	5	4
1352	경기 연천군	농업용관리기지원	56,660	9	1	7	8	7	5	5	4
1353	경기 연천군	야생동물피해예방사업	54,000	9	2	7	8	7	1	1	4
1354	경기 연천군	야영장안전위생개보수사업	52,500	9	2	7	8	7	5	1	2
1355	경기 연천군	친환경농산물인증확대	51,354	9	6	7	8	7	5	5	4
1356	경기 연천군	농작업안전편이장비보급시범	50,000	9	1	7	8	7	5	5	4
1357	경기 연천군	기후변화대응저온성필름을이용한스마트노지환경조절기술	50,000	9	1	7	8	7	5	5	4

순번	시군구	지출명 (사업명)	2024년예산 (단위 : 천원 /1년간)	민간이전 분류 (지방자치단체 세출예산 집행기준에 의거) 1. 민간경상사업보조(307-02) 2. 민간단체 법정운영비보조(307-03) 3. 민간행사사업보조(307-04) 4. 민간위탁금(307-05) 5. 사회복지시설 법정운영비보조(307-10) 6. 민간위탁교육비(307-12) 7. 공기관등에대한경상적위탁사업비(308-13) 8. 민간자본사업보조,자체재원(402-01) 9. 민간자본사업보조,이전재원(402-02) 10. 민간위탁사업비(402-03) 11. 공기관에 대한 자본적 위탁사업비(403-02)	민간이전지출 근거 (지방보조금 관리기준 참고) 1. 법률에 규정 2. 국고보조 재원(국가지정) 3. 용도 지정 기부금 4. 조례에 직접규정 5. 지자체가 권장하는 사업을 하는 공공기관 6. 시,도 정책 및 재정사정 7. 기타 8. 해당없음	입찰방식 계약체결방법 (경쟁형태) 1. 일반경쟁 2. 제한경쟁 3. 지명경쟁 4. 수의계약 5. 법정위탁 6. 기타 ( ) 7. 없음	계약기간 1. 1년 2. 2년 3. 3년 4. 4년 5. 5년 6. 기타 ( )년 7. 단가계약 (1년미만) 8. 없음	낙찰자선정방법 1. 적격심사 2. 협상에의한계약 3. 최저가낙찰제 4. 규격가격분리 5. 2단계 경쟁입찰 6. 기타 ( ) 7. 없음	운영예산 산정 1. 내부산정 (지자체 자체적으로 산정) 2. 외부산정 (외부전문기관위탁 산정) 3. 내·외부 모두 산정 4. 산정 無 5. 없음	정산방법 1. 내부정산 (지자체 내부적으로 정산) 2. 외부정산 (외부전문기관위탁 정산) 3. 내·외부 모두 정산 4. 정산 無 5. 없음	성과평가 실시여부 1. 실시 2. 미실시 3. 향후 추진 4. 해당없음
1358	경기 연천군	접경지역군납농산물연중유통체계구축	48,000	9	4	7	8	7	5	5	4
1359	경기 연천군	농촌치유농장육성	48,000	9	1	7	8	7	5	5	4
1360	경기 연천군	다용도축산분뇨처리장비지원	45,000	9	1	7	8	7	1	1	4
1361	경기 연천군	장애인직업재활시설기능보강(국비)	43,570	9	1	5	8	7	1	1	1
1362	경기 연천군	일반학생승마체험(국비)	40,320	9	2	7	8	7	1	1	1
1363	경기 연천군	노후공동주택유지관리지원사업(사업승인대상)	40,000	9	1	7	8	7	1	1	1
1364	경기 연천군	가축분뇨악취측정ICT기계장비지원(국비)	40,000	9	6	7	8	7	1	1	1
1365	경기 연천군	학교교육과정연계품질인증교육농장지원	40,000	9	1	7	8	7	5	5	4
1366	경기 연천군	인삼국내육성품종보급시범	40,000	9	1	7	8	7	5	5	4
1367	경기 연천군	육계기후변화대응및사육환경개선시범	40,000	9	1	7	8	7	5	5	4
1368	경기 연천군	스마트팜기술활용과수생육환경조절시범	32,000	9	1	7	8	7	5	5	4
1369	경기 연천군	가스열펌프(GHP)배출가스저감장치부착지원사업(국비)	31,500	9	2	7	8	7	5	5	4
1370	경기 연천군	고추비가림재배시설지원사업(국비)	30,650	9	1	7	8	7	5	5	4
1371	경기 연천군	어린이집환경개선	30,000	9	1	7	8	7	3	1	4
1372	경기 연천군	축사이미지개선사업	30,000	9	1	7	8	7	1	1	1
1373	경기 연천군	바이오차및천적활용시설재배지온실가스감축기술시범	30,000	9	1	7	8	7	5	5	4
1374	경기 연천군	토양병해충방제용토양소독기신기술시범	30,000	9	1	7	8	7	5	5	4
1375	경기 연천군	G마크등포장재지원	29,400	9	1,4	7	8	7	5	5	4
1376	경기 연천군	전기이륜차보급사업(국비)	25,600	9	2	7	8	7	5	5	4
1377	경기 연천군	환경친화형농자재지원	24,970	9	6	7	8	7	5	5	4
1378	경기 연천군	청년농업인4H회원신규영농정착시범	24,000	9	1	7	8	7	5	5	4
1379	경기 연천군	밭작물정밀파종및시비기술시범	23,000	9	1	7	8	7	5	5	4
1380	경기 연천군	캠핑카인프라구축	21,000	9	2	7	8	7	5	5	2
1381	경기 연천군	카네이션하우스운영비지원(전곡4리,도신4리)	20,000	9	1	5	1	7	1	1	1
1382	경기 연천군	전기굴착기보급사업(국비)	20,000	9	2	7	8	7	5	5	4
1383	경기 연천군	가축전염병차단방역시설설치	20,000	9	6	7	8	7	1	1	1
1384	경기 연천군	가축전염병차단방역시설설치	20,000	9	6	7	8	7	1	1	1
1385	경기 연천군	경기도농업전문경영인신기술보급사업	20,000	9	1	7	8	7	5	5	4
1386	경기 연천군	노후공동주택유지관리지원사업(건축허가대상)	16,000	9	1	7	8	7	1	1	1
1387	경기 연천군	내수면양식장경쟁력지원	16,000	9	6	7	8	7	1	1	1
1388	경기 연천군	청년농업인4H회원스마트팜기술보급시범	16,000	9	1	7	8	7	5	5	4
1389	경기 연천군	친환경병해충종합방제기술시범	16,000	9	1	7	8	7	5	5	4
1390	경기 연천군	반딧불이인공사육연구사업	16,000	9	1	7	8	7	5	5	4
1391	경기 연천군	경영개선컨설팅농가시설개선지원	16,000	9	1	7	8	7	5	5	4
1392	경기 연천군	공동주택폐의약품수거함설치	15,500	9	4	7	8	7	5	5	4
1393	경기 연천군	아파트경비청소노동자휴게시설개선사업	15,000	9	1	7	8	7	1	1	1
1394	경기 연천군	농업용무인공동방제기지원	15,000	9	1	7	8	7	5	5	4
1395	경기 연천군	에너지절감형농업난방시설지원	13,910	9	8	7	8	7	5	5	4
1396	경기 연천군	고품질수출농산물생산지원	13,306	9	1,4	7	8	7	5	5	4
1397	경기 연천군	우수여왕별생산공급시범	12,000	9	1	7	8	7	5	5	4

순번	시군구	지출명 (사업명)	2024년예산 (단위: 천원/1년간)	민간이전 분류 (지방자치단체 세출예산 집행기준에 의거)	민간이전지출 근거 (지방보조금 관리기준 참고)	입찰방식 계약체결방법 (경쟁형태)	입찰방식 계약기간	입찰방식 낙찰자선정방법	운영예산 산정 운영예산 산정	운영예산 산정 정산방법	성과평가 실시여부
1398	경기 연천군	장애인거주시설기능보강(국비)	11,448	9	1	5	8	7	1	1	1
1399	경기 연천군	로컬푸드연중생산체계구축(전환사업)	11,070	9	4	7	8	7	5	5	4
1400	경기 연천군	가정용저녹스보일러보급사업(국비)	10,200	9	2	7	8	7	5	1	4
1401	경기 연천군	어린이통학차량LPG차전환지원사업(국비)	10,000	9	2	7	8	7	5	1	4
1402	경기 연천군	생활개선회재능활용지역돌봄	10,000	9	1	7	8	7	5	5	4
1403	경기 연천군	농어촌장애인주택개조사업(국비)	7,600	9	2	7	8	7	5	5	4
1404	경기 연천군	야영시설화재안정성확보	5,250	9	2	7	8	7	5	1	2
1405	경기 연천군	페비닐공동집하장확충지원	5,000	9	2	7	8	7	5	1	4
1406	경기 연천군	축산전기안전진단	5,000	9	1	7	8	7	1	1	4
1407	경기 연천군	사회공익승마체험(국비)	4,800	9	6	7	8	7	1	1	1
1408	경기 연천군	사회공익승마사업	4,160	9	6	7	8	7	1	1	1
1409	경기 연천군	승용마조련강화(국비)	4,000	9	2	7	8	7	1	1	1
1410	경기 연천군	벼신품종지역실증및우량종자율교환채종포운영시범	4,000	9	1	7	8	7	5	5	4
1411	경기 연천군	작은도서관환경개선	2,420	9	6	1	8	1	3	3	1
1412	경기 연천군	양봉산업육성사업	1,900	9	6	7	8	7	1	1	1
1413	경기 연천군	작은도서관냉난방기기지원	1,000	9	6	1	8	1	3	3	1
1414	경기 가평군	전기자동차구매지원	2,756,000	9	2	7	8	7	5	5	4
1415	경기 가평군	상수원관리지역주민지원사업	1,994,220	9	2	7	8	7	5	5	4
1416	경기 가평군	신재생에너지융복합지원사업	1,954,729	9	2	7	8	7	5	5	4
1417	경기 가평군	도시가스공급사업(상면행현리일대)	956,700	9	2	7	8	7	5	5	4
1418	경기 가평군	노후차조기폐차지원	500,000	9	2	7	8	7	5	5	4
1419	경기 가평군	이정구선생묘및삼세신도비보호각건립	450,000	9	1	7	8	7	5	5	4
1420	경기 가평군	야영장안전위생시설개보수지원	241,500	9	7	7	8	7	5	5	4
1421	경기 가평군	가축행복농장지원	200,000	9	1,4	7	8	7	1	1	4
1422	경기 가평군	대체품종활용과수우리품종특화단지조성시범	200,000	9	1	7	8	7	5	5	4
1423	경기 가평군	고형생균제초황활용육계브랜드화사업	200,000	9	1	7	8	7	5	5	4
1424	경기 가평군	임산물유통기반조성	191,123	9	2	4		7	1	1	4
1425	경기 가평군	전통한옥체험숙박시설개보수	176,000	9	7	7	8	7	5	5	4
1426	경기 가평군	CCTV등방역인프라설치지원	160,000	9	1,4	7	8	7	1	1	4
1427	경기 가평군	경기한우명품화	150,400	9	1	7	8	7	1	1	4
1428	경기 가평군	야영장화재안전성확보	108,500	9	7	7	8	7	5	5	4
1429	경기 가평군	축산ICT융복합확산	107,292	9	1,2	7	8	7	1	1	4
1430	경기 가평군	가축분뇨퇴비화발효시스템기술보급시범	100,000	9	2	7	8	7	5	5	4
1431	경기 가평군	무인방제활용과수종합관리기술구축시범	100,000	9	2	7	8	7	5	5	4
1432	경기 가평군	현등사극락전전통단청실시설계	99,000	9	2	7	8	7	5	5	4
1433	경기 가평군	산림작물생산단지조성(소액)	85,670	9	2	4		7	1	1	4
1434	경기 가평군	농산물가공창업시범	80,000	9	5	7	8	7	5	5	4
1435	경기 가평군	태양광발전시설주변지역주민지원사업	65,864	9	2	7	8	7	5	5	4
1436	경기 가평군	농업용관리기등소형농기계지원	65,650	9	2	7	8	7	5	5	4
1437	경기 가평군	농가보급형특용작물수직다단양액재배기술시범	60,000	9	1	7	8	7	5	5	4

| 순번 | 시군구 | 지출명
(사업명) | 2024년예산
(단위 : 천원 /1년간) | 민간이전 분류
(지방자치단체 세출예산 집행기준에 의거)

1. 민간경상사업보조(307-02)
2. 민간단체 법정운영비보조(307-03)
3. 민간행사사업보조(307-04)
4. 민간위탁금(307-05)
5. 사회복지시설 법정운영비보조(307-11)
6. 민간위탁교육비(307-12)
7. 공기관등에대한경상적위탁사업비(308-13)
8. 민간자본사업보조,자체재원(402-01)
9. 민간자본사업보조,이전재원(402-02)
10. 민간위탁사업비(402-03)
11. 공기관등에대한 자본적 위탁사업비(403-02) | 민간이전지출 근거
(지방보조금 관리기준 참고)

1. 법률에 규정
2. 국고보조 재원(국가지정)
3. 용도 지정 기부금
4. 조례에 직접규정
5. 지자체가 권장하는 사업을
하는 공공기관
6. 시,도 정책 및 재정사정
7. 기타
8. 해당없음 | 입찰방식 ||| 운영예산 산정 || 성과평가
실시여부

1. 실시
2. 미실시
3. 향후 추진
4. 해당없음 |
						계약체결방법 (경쟁형태) 1. 일반경쟁 2. 제한경쟁 3. 지명경쟁 4. 수의계약 5. 법정위탁 6. 기타 ( ) 7. 없음	계약기간 1. 1년 2. 2년 3. 3년 4. 4년 5. 5년 6. 기타 ( )년 7. 단기계약 (1년미만) 8. 없음	낙찰자선정방법 1. 적격심사 2. 협상에의한계약 3. 최저가낙찰제 4. 규격가격분리 5. 2단계 경쟁입찰 6. 기타 ( ) 7. 없음	운영예산 산정 1. 내부산정 (지자체 자체적으로 산정) 2. 외부산정 (외부전문기관위탁 산정) 3. 내·외부 모두 산정 4. 산정 無 5. 없음	정산방법 1. 내부정산 (지자체 내부적으로 정산) 2. 외부정산 (외부전문기관위탁 정산) 3. 내·외부 모두 정산 4. 정산 無 5. 없음	
1438	경기 가평군	산림복합경영단지(공모)조성3년차	58,800	9	2	4	7	7	1	1	4
1439	경기 가평군	기업환경개선사업지원	55,954	9	6	7	8	7	5	5	4
1440	경기 가평군	낙농육우산업경쟁력강화	52,570	9	1	7	8	7	1	1	4
1441	경기 가평군	버섯국내육성품종보급시범	50,000	9	1	7	8	7	5	5	4
1442	경기 가평군	전기이륜차구매지원	49,600	9	2	7	8	7	5	5	4
1443	경기 가평군	배출가스저감장치부착지원	49,500	9	2	7	8	7	5	5	4
1444	경기 가평군	건설기계엔진교체지원	49,500	9	2	7	8	7	5	5	4
1445	경기 가평군	다용도축분처리장비지원사업	45,000	9	1,4	7	8	7	1	1	4
1446	경기 가평군	환경친화형농자재지원	43,146	9	2	7	8	7	5	5	4
1447	경기 가평군	가금및기타가축경쟁력강화	42,500	9	1	7	8	7	1	1	4
1448	경기 가평군	고온기채소재배환경개선기술시범	32,000	9	1	7	8	7	5	5	4
1449	경기 가평군	임산물생산기반조성	31,984	9	2	4	7	7	1	1	4
1450	경기 가평군	현장노동자휴게시설개선사업	30,000	9	1	7	8	7	5	5	4
1451	경기 가평군	양돈산업경쟁력강화	30,000	9	1	7	8	7	1	1	4
1452	경기 가평군	가축전염병차단방역시설	30,000	9	1,4	7	8	7	1	1	4
1453	경기 가평군	악취예방시설지원사업	25,000	9	1,4	7	8	7	1	1	4
1454	경기 가평군	내수면양식장지원	24,000	9	1	7	8	7	1	1	3
1455	경기 가평군	청년농업인4H회원신규영농정착시범	24,000	9	4	2	1	1	1	1	1
1456	경기 가평군	과수유해조수피해경감시범	24,000	9	1	7	8	7	5	5	4
1457	경기 가평군	폭염대비에너지복지지원사업	22,000	9	5	7	8	7	5	5	4
1458	경기 가평군	토종벌낭충봉아부패병저항성계통증식보급시범	22,000	9	1	7	8	7	5	5	4
1459	경기 가평군	축사이미지개선사업	20,000	9	1,4	7	8	7	1	1	4
1460	경기 가평군	양봉산업현대화지원사업	19,750	9	1	7	8	7	1	1	4
1461	경기 가평군	경영개선컨설팅농가시설개선지원(이전재원)	16,000	9	4	7	8	7	5	5	1
1462	경기 가평군	보증기간경과적정성능유지관리	11,105	9	2	7	8	7	5	5	4
1463	경기 가평군	로컬푸드연중생산체계구축(전환사업)	10,070	9	6	7	8	7	5	5	4
1464	경기 가평군	어린이통학차량LPG차전환지원사업	10,000	9	2	7	8	7	5	5	4
1465	경기 가평군	가정용저녹스보일러보급사업	9,600	9	2	7	8	7	5	5	4
1466	경기 가평군	주택용목재펠릿보일러,난로지원	7,280	9	2	4	7	7	5	5	4
1467	경기 가평군	작은도서관운영지원(독서환경조성)	6,940	9	4	7	8	7	5	1	4
1468	경기 가평군	가축분뇨자원화지원사업	5,000	9	1,4	7	8	7	1	1	4
1469	경기 가평군	농기계등화장치부착지원	4,400	9	2	7	8	7	5	5	4
1470	경기 가평군	작은도서관무더위한기쉼터운영지원(냉난방기기)	2,000	9	4	7	8	7	5	1	4
1471	경기 가평군	산양삼생산적합성조사비지원	760	9	2	4	7	7	1	1	4
1472	경기 가평군	장애인직업재활시설기능보강지원	15,082	9	2	7	8	7	1	1	4
1473	경기 양평군	전기자동차보급사업	6,166,000	9	2	7	8	7	5	5	4
1474	경기 양평군	2024년에너지자립마을조성사업	1,971,877	9	6	7	8	7	5	5	4
1475	경기 양평군	운행차배출가스저감사업	1,879,270	9	2	7	8	7	5	5	4
1476	경기 양평군	용문사삼성각증축공사	270,000	9	2	7	8	7	1	1	1
1477	경기 양평군	전통사찰보수정비	175,000	9	2	7	8	7	1	1	1

순번	시군구	지출명 (사업명)	2024년예산 (단위: 천원/1년간)	민간이전 분류 (지방자치단체 세출예산 집행기준에 의거)	민간이전지출 근거 (지방보조금 관리기준 참고)	입찰방식 계약체결방법 (경쟁형태)	계약기간	낙찰자선정방법	운영예산 산정	정산방법	성과평가 실시여부
1478	경기 양평군	수소전기차보급사업	162,500	9	2	7	8	7	5	5	4
1479	경기 양평군	축산ICT융복합확산사업	155,108	9	2	7	8	7	5	5	4
1480	경기 양평군	가금산업경쟁력강화사업	146,250	9	6	7	8	7	5	5	4
1481	경기 양평군	전기이륜차보급사업	112,000	9	2	7	8	7	5	5	4
1482	경기 양평군	가축행복농장지원사업	100,000	9	6	7	8	7	5	5	4
1483	경기 양평군	낙농산업경쟁력강화사업	90,514	9	6	7	8	7	5	5	4
1484	경기 양평군	야영장안전위생시설개보수사업	68,250	9	2	7	8	7	5	5	4
1485	경기 양평군	야생동물피해예방사업(개인)	55,000	9	1	7	8	7	1	1	4
1486	경기 양평군	중소기업노동자기숙사임차비지원사업	51,000	9	4	7	8	7	1	1	1
1487	경기 양평군	양돈경쟁력강화	50,132	9	6	7	8	7	5	5	4
1488	경기 양평군	축사전기안전강화	47,500	9	6	7	8	7	5	5	4
1489	경기 양평군	양봉산업육성사업(양봉산업현대화지원)	44,000	9	6	7	8	7	5	5	4
1490	경기 양평군	CCTV등방역인프라구축지원	42,000	9	6	7	8	7	5	5	4
1491	경기 양평군	다용도축산분뇨처리장비지원	30,000	9	6	7	8	7	5	5	4
1492	경기 양평군	가축전염병차단방역시설지원	30,000	9	1	7	8	7	5	5	4
1493	경기 양평군	내수면양식장경쟁력지원	24,000	9	1	7	8	7	5	5	4
1494	경기 양평군	2024년미니태양광지원사업	21,580	9	6	7	8	7	5	5	4
1495	경기 양평군	축사이미지개선	20,000	9	6	7	8	7	5	5	4
1496	경기 양평군	소규모기업환경개선사업	17,616	9	4	7	8	7	1	1	1
1497	경기 양평군	야영장화재안전성확보사업	14,000	9	2	7	8	7	5	5	4
1498	경기 양평군	현장노동자휴게시설개선사업	12,000	9	7	7	8	7	5	5	4
1499	경기 양평군	가정용저녹스보일러보급사업	10,200	9	2	7	8	7	5	5	4
1500	경기 양평군	어린이통학차량LPG차전환지원	10,000	9	2	7	8	7	5	5	4
1501	경기 양평군	작은도서관냉난방기기지원사업	1,700	9	4	7	8	7	1	1	1
1502	경기 양평군	양봉말벌퇴치기지원사업	400	9	2	7	8	7	5	5	4
1503	인천 중구	인천형어린이집지원(인천형어린이집환경개선비)	24,000	9	6	7	8	7	1	1	1
1504	인천 중구	성폭력피해자보호시설기능보강	13,920	9	2	7	8	7	5	5	4
1505	인천 중구	폭력피해여성주거지원사업임대보증금	3,114	9	2	7	8	7	5	5	4
1506	인천 중구	노인무료급식사업기관장비보강사업	1,000	9	1	7	8	7	1	1	4
1507	인천 중구	노인무료급식사업기관장비보강사업	1,000	9	1	7	8	7	1	1	4
1508	인천 동구	공동주택시설개선지원사업	510,000	9	1	7	8	7	5	5	4
1509	인천 동구	가정용저녹스보일러보급사업	66,000	9	2	7	8	7	5	5	4
1510	인천 동구	소규모사업장방지시설설치지원	64,800	9	2	7	8	7	1	1	4
1511	인천 동구	작은도서관운영활성화지원	42,000	9	1	7	8	7	1	1	4
1512	인천 동구	어린이집기능보강	4,860	9	2	7	8	7	1	1	4
1513	인천 동구	어선사고예방시스템구축	4,800	9	1	7	8	7	5	5	4
1514	인천 동구	노인무료급식사업기관장비보강사업	4,000	9	1	7	8	7	1	1	4
1515	인천 미추홀구	가스열펌프배출가스저감장치부착지원사업	233,100	9	1,2	7	8	7	5	1	4
1516	인천 미추홀구	그린파킹사업	200,000	9	4	7	8	7	1	1	1
1517	인천 미추홀구	어린이집확충	185,000	9	2	7	8	7	5	1	4

순번	시군구	지출명 (사업명)	2024년예산 (단위: 천원/1년간)	민간이전 분류	민간이전지출 근거	계약체결방법 (경쟁형태)	계약기간	낙찰자선정방법	운영예산 산정	정산방법	성과평가 실시여부
1518	인천 미추홀구	공동주택보조금지원사업	161,000	9	1	7	8	7	5	5	4
1519	인천 미추홀구	장애인직업재활시설기능보강	149,310	9	1	7	8	7	1	1	4
1520	인천 미추홀구	가정용저녹스보일러보급사업	114,000	9	2	7	8	7	5	1	4
1521	인천 미추홀구	종합사회복지관기능보강	81,830	9	1	7	6	7	1	1	4
1522	인천 미추홀구	소규모사업장방지시설설치지원사업	64,800	9	1,2	7	8	7	3	1	4
1523	인천 미추홀구	어린이집기능보강	43,572	9	2	7	8	7	5	5	4
1524	인천 미추홀구	아파트행복공간꾸밈사업	25,000	9	1	7	8	7	5	5	4
1525	인천 미추홀구	노숙인복지시설기능보강	22,352	9	1	7	8	7	1	1	4
1526	인천 미추홀구	장애인주간보호시설기능보강	19,932	9	1	7	8	7	1	1	4
1527	인천 미추홀구	공동주택관리종사자근무환경개선사업	10,000	9	1	7	8	7	5	5	4
1528	인천 미추홀구	인천형어린이집시범사업추진	4,000	9	6	7	8	7	5	5	4
1529	인천 미추홀구	경로식당무료급식장비보강	3,000	9	1	7	8	7	5	5	4
1530	인천 연수구	장애인거주시설기능보강	534,100	9	2	7	8	7	1	1	4
1531	인천 연수구	종합사회복지관기능보강	197,974	9	1	6	5	6	1	1	4
1532	인천 연수구	가스열펌프(GHP)배출가스저감장치부착지원사업	126,000	9	1	7	8	7	5	5	4
1533	인천 연수구	작은도서관평가연계운영활성화지원	123,000	9	1	7	8	7	1	1	4
1534	인천 연수구	소규모사업장방지시설설치지원사업	79,200	9	1	7	8	7	5	5	4
1535	인천 연수구	아파트부설주차장설치지원사업	45,000	9	6	7	8	7	1	1	4
1536	인천 연수구	부설주차장개방지원사업	36,000	9	6	7	8	7	1	1	4
1537	인천 연수구	GreenParking사업	32,500	9	4	7	8	7	1	1	4
1538	인천 연수구	공동체활성화사업지원	29,880	9	1	7	8	7	1	1	2
1539	인천 연수구	부설주차장개방공유사업	15,000	9	4	7	8	7	1	1	4
1540	인천 연수구	풍수해보험	10,000	9	1	7	8	7	5	5	4
1541	인천 연수구	수출농식품포장재지원	9,000	9	6	7	8	7	1	1	4
1542	인천 연수구	인천형어린이집환경개선비	8,000	9	6	7	8	7	1	1	2
1543	인천 연수구	노인무료급식사업기관장비보강사업	7,000	9	5	7	7	7	1	1	4
1544	인천 연수구	국공립어린이집장비비	3,720	9	1	7	7	7	5	5	4
1545	인천 연수구	어선사고예방시스템구축	1,560	9	1	7	8	7	5	5	4
1546	인천 남동구	정비기반시설사업비보조	1,154,000	9	1,4	7	8	7	5	5	4
1547	인천 남동구	소규모사업장방지시설설치지원사업	388,800	9	2	7	8	7	5	5	4
1548	인천 남동구	집수리지원사업	256,000	9	4	7	8	7	5	5	4
1549	인천 남동구	공동주택시설개선지원사업비	231,000	9	4	7	8	7	1	1	4
1550	인천 남동구	작은도서관평가연계운영활성화지원	96,000	9	6	7	8	7	1	1	4
1551	인천 남동구	가정용저녹스보일러보급사업	90,000	9	1	7	8	7	1	1	4
1552	인천 남동구	가스열펌프저감장치설치지원사업	78,750	9	2	7	8	7	1	1	4
1553	인천 남동구	한부모가족복지시설지원(기능보강사업)	75,000	9	2	7	8	7	1	1	4
1554	인천 남동구	그린파킹사업	65,000	9	4	7	8	7	1	1	4
1555	인천 남동구	농산물유통저온저장고지원	64,260	9	1	7	8	7	1	1	4
1556	인천 남동구	만월종합사회복지관기능보강사업(노후냉난방기교체)	37,428	9	1	7	8	7	1	3	1
1557	인천 남동구	친환경어선장비지원	36,000	9	2	7	8	7	1	1	4

순번	시군구	지출명 (사업명)	2024년예산 (단위 : 천원 /1년간)	민간이전 분류 (지방자치단체 세출예산 집행기준에 의거)	민간이전지출 근거 (지방보조금 관리기준 참고)	입찰방식			운영예산 산정		성과평가 실시여부
						계약체결방법 (경쟁형태)	계약기간	낙찰자선정방법	운영예산 산정	정산방법	
1558	인천 남동구	공동체활성화사업비	36,000	9	4	7	8	7	5	5	4
1559	인천 남동구	도시근교농업육성지원	35,404	9	1	7	8	7	1	1	4
1560	인천 남동구	다함께돌봄센터기자재구입비	30,000	9	2	1	5	6	1	1	3
1561	인천 남동구	기자재구입비	30,000	9	2	7	8	7	1	1	4
1562	인천 남동구	공동주택관리종사자근무환경개선사업비	30,000	9	4	7	8	7	1	1	4
1563	인천 남동구	부평농장하수도준설및낙석처리사업	29,000	9	4	7	8	7	1	1	4
1564	인천 남동구	논현종합사회복지관기능보강사업(지하주차장캐노피설치)	26,000	9	1	7	8	7	1	3	1
1565	인천 남동구	만삼이네마을환경개선사업	25,000	9	4	7	8	7	5	5	4
1566	인천 남동구	간석3동마을환경개선사업	20,000	9	4	7	8	7	5	5	4
1567	인천 남동구	만수3동작은도서관도서구입	20,000	9	4	7	8	7	1	1	4
1568	인천 남동구	생활악취저감시설설치보조금지원사업	19,500	9	6	7	8	7	5	5	4
1569	인천 남동구	어선사고예방시스템구축지원사업	18,680	9	2	7	8	7	5	1	4
1570	인천 남동구	부설주차장개방사업(시설개선비)	18,000	9	4	7	8	7	1	1	4
1571	인천 남동구	폭력피해이주여성보호시설기능보강	17,800	9	1	7	8	7	5	5	4
1572	인천 남동구	친환경소형농기계지원	15,840	9	1	7	8	7	1	1	4
1573	인천 남동구	성산종합사회복지관기능보강사업(노후보일러교체)	15,136	9	1	7	8	7	1	3	1
1574	인천 남동구	도룡농생태공원일원개선사업	15,000	9	4	7	8	7	5	5	4
1575	인천 남동구	주거환경취약계층집수리사업	15,000	9	4	7	8	7	5	5	4
1576	인천 남동구	주차공유활성화사업	15,000	9	4	7	8	7	1	1	4
1577	인천 남동구	성폭력피해자보호시설기능보강	13,120	9	1	7	8	7	5	5	4
1578	인천 남동구	노인무료급식사업기관장비보강사업	11,000	9	6	6	6	6	1	1	4
1579	인천 남동구	경로당환경개선및생활집기지원사업	11,000	9	4	7	8	7	5	5	4
1580	인천 남동구	아파트부설주차장설치지원	10,000	9	1	7	8	7	1	1	4
1581	인천 남동구	o개보수지원	9,900	9	1	7	8	7	1	1	4
1582	인천 남동구	인천형어린이집환경개선비	8,000	9	4	7	8	7	1	1	4
1583	인천 남동구	노인요양시설화재안전창문지원	7,866	9	2	5	8	7	1	1	4
1584	인천 남동구	폭력피해이주여성자립홈기능보강	4,183	9	1	7	8	7	5	5	4
1585	인천 남동구	농업용관정지원사업	3,600	9	6	7	8	7	5	5	4
1586	인천 남동구	o장비비지원	700	9	1	7	8	7	1	1	4
1587	인천 부평구	노후공동주택시설개선지원사업	453,000	9	4	7	8	6	3	3	2
1588	인천 부평구	국공립어린이집기자재비	250,000	9	2	5	5	6	1	1	2
1589	인천 부평구	아동복지시설기능보강사업	193,160	9	2	7	8	7	1	1	2
1590	인천 부평구	음식물가정용감량기보급	180,000	9	6	7	7	7	5	5	2
1591	인천 부평구	소규모사업장방지시설설치지원	129,600	9	1	6	7	7	1	1	2
1592	인천 부평구	가스열펌프배출시설저감장치부착지원	119,700	9	1	7	8	7	1	1	2
1593	인천 부평구	부설주차장설치지원	104,500	9	4	7	3	7	1	1	2
1594	인천 부평구	가정용저녹스보일러설치보조금지원	90,000	9	1	7	7	7	1	1	2
1595	인천 부평구	종합사회복지관기능보강	75,280	9	1	5	6	7	1	3	2
1596	인천 부평구	작은도서관운영활성화지원	71,000	9	1	7	8	7	1	1	2
1597	인천 부평구	지역아동센터환경개선비지원	30,000	9	1	7	8	7	1	1	2

순번	시군구	지출명 (사업명)	2024년예산 (단위:천원/1년간)	민간이전 분류	민간이전지출 근거	계약체결방법	계약기간	낙찰자선정방법	운영예산 산정	정산방법	성과평가 실시여부
1598	인천 부평구	공동주택관리종사자근무환경개선사업	30,000	9	4	7	8	6	3	3	2
1599	인천 부평구	청소년복지시설기능보강지원	8,816	9	2	5	1	7	1	2	2
1600	인천 부평구	노인무료급식소장비기능보강사업	5,000	9	6	7	8	7	5	5	4
1601	인천 부평구	인천형영유아어린이집환경개선비	4,000	9	6	7	8	7	1	1	2
1602	인천 부평구	공예품개발장려금	4,000	9	6	7	8	7	1	1	2
1603	인천 계양구	도시근교농업육성지원	150,000	9	6	7	8	7	1	1	2
1604	인천 계양구	노후공동주택시설개선지원사업	149,000	9	1	7	8	7	1	1	1
1605	인천 계양구	저층주거지집수리지원사업	120,000	9	6	7	8	7	1	1	4
1606	인천 계양구	소규모영세사업장방지시설설치지원	109,800	9	2	7	8	7	1	1	2
1607	인천 계양구	가스열펌프(GHP)저감장치부착지원사업	97,650	9	2	7	8	7	5	5	4
1608	인천 계양구	음식물류폐기물감량기보급지원	90,000	9	6	7	8	7	5	5	4
1609	인천 계양구	장애인직업재활시설기능보강	80,548	9	2	7	8	7	1	1	4
1610	인천 계양구	장애인주택개조사업	57,000	9	5	1	7	1	1	1	4
1611	인천 계양구	노숙인시설기능보강비지원	55,000	9	2	7	8	7	5	1	4
1612	인천 계양구	친환경소형농기계지원	51,480	9	1	7	8	7	1	1	2
1613	인천 계양구	부설주차장개방지원사업	44,000	9	4	7	8	7	5	1	1
1614	인천 계양구	공동주택관리동구립어린이집설치	32,500	9	7	7	8	7	1	1	4
1615	인천 계양구	공동주택관리종사자근무환경개선사업	20,000	9	1	7	8	7	1	1	1
1616	인천 계양구	농가용저온저장고설치	18,900	9	6	7	8	7	1	1	2
1617	인천 계양구	아이사랑꿈터운영지원(공동체활성화사업비)	18,000	9	1	7	5	7	1	1	4
1618	인천 계양구	노인무료급식사업기관장비보강사업	7,000	9	6	7	8	7	5	1	4
1619	인천 계양구	가정폭력피해자보호시설운영지원(기능보강)	6,600	9	2	7	8	7	1	1	4
1620	인천 계양구	어린이집기능보강(장비)	5,200	9	7	7	8	7	1	1	4
1621	인천 계양구	인천형어린이집지원	4,000	9	1	7	8	7	1	1	4
1622	인천 계양구	사례관리(지역보조기기센터기능보강)	3,300	9	2	7	8	7	1	1	4
1623	인천 서구	소규모사업장대기방지시설설치지원	1,512,000	9	1,2	7	8	7	1	1	4
1624	인천 서구	수질TMS설치비및유지관리비지원	357,943	9	2	7	8	7	1	1	4
1625	인천 서구	공동주택지원및관리(소규모공동주택시설개선지원사업)	260,000	9	6	7	8	7	1	1	1
1626	인천 서구	가스열펌프저감장치설치지원	248,850	9	1,2	7	8	7	1	1	4
1627	인천 서구	장기요양기관환기시설설치사업	163,248	9	2	7	8	7	5	5	4
1628	인천 서구	음식물류폐기물종량제사업	153,000	9	6	7	8	7	1	1	1
1629	인천 서구	가정용저녹스보일러보급사업	150,000	9	2	7	8	7	5	5	4
1630	인천 서구	장애인직업재활시설기능보강사업(국고보조)	52,000	9	2	7	8	7	1	1	1
1631	인천 서구	개방주차장지원사업(시설개선비)	50,000	9	4	7	3	7	1	4	4
1632	인천 서구	복지시설상자텃밭조성지원	39,000	9	2	7	8	7	1	1	4
1633	인천 서구	노인요양시설확충(기능보강)	26,790	9	2	7	8	7	5	5	4
1634	인천 서구	가뭄대비농업용관정개발지원	23,400	9	6	7	8	7	1	1	4
1635	인천 서구	아파트부설주차장설치지원사업	20,000	9	4	7	5	7	1	4	4
1636	인천 서구	공동주택지원및관리(공동주택관리종사자근무환경개선지원사업)	20,000	9	6	7	8	7	1	1	1
1637	인천 서구	장애인직업재활시설기능보강사업(국고보조)	19,600	9	2	7	8	7	1	1	1

순번	시군구	지출명 (사업명)	2024년예산 (단위 : 천원 /1년간)	민간이전 분류 (지방자치단체 세출예산 집행기준에 의거)	민간이전지출 근거 (지방보조금 관리기준 참고)	입찰방식			운영예산 산정		성과평가 실시여부
						계약체결방법 (경쟁형태)	계약기간	낙찰자선정방법	운영예산 산정	정산방법	
1638	인천 서구	장애인직업재활시설기능보강사업(국고보조)	16,210	9	2	7	8	7	1	1	1
1639	인천 서구	커피박(커피찌꺼기)재활용사업지원	6,500	9	2	7	8	7	1	1	2
1640	인천 서구	우수공예품생산업체개발장려	4,000	9	1	7	8	7	1	1	2
1641	인천 강화군	신재생에너지융복합지원사업	1,783,925	9	4	7	8	7	1	1	4
1642	인천 강화군	전등사삼랑성전통문화교육관건립	1,728,000	9	1	7	8	7	5	5	4
1643	인천 강화군	문화재재난방지시설구축	1,580,000	9	1	7	8	7	5	5	4
1644	인천 강화군	강화첨단농업육성지원	1,187,774	9	1	7	8	7	1	1	3
1645	인천 강화군	친환경소형농기계지원	910,800	9	1	7	8	7	1	1	1
1646	인천 강화군	농가용저온저장고지원	540,000	9	1	7	8	7	1	1	1
1647	인천 강화군	강화고려인삼생산기반시설조성	513,032	9	1	7	8	7	1	1	1
1648	인천 강화군	가축분뇨처리기계장비(스키드로더)지원	480,000	9	1	7	8	7	5	5	4
1649	인천 강화군	강화정수사법당주변보수정비	400,000	9	1	7	8	7	5	5	4
1650	인천 강화군	전등사대조루주변정비공사	400,000	9	1	7	8	7	5	5	4
1651	인천 강화군	곡물건조기지원사업	329,400	9	1	7	8	7	1	1	1
1652	인천 강화군	기후변화대응로컬푸드과수보급	300,000	9	1	7	8	7	1	1	4
1653	인천 강화군	강화전등사목조지장보살삼존상및시왕상일괄기록화사업	250,000	9	1	7	8	7	5	5	4
1654	인천 강화군	전통사찰방재시설구축	246,000	9	1	7	8	7	5	5	4
1655	인천 강화군	식량작물활성화시범	218,400	9	1	7	8	7	1	1	1
1656	인천 강화군	축사환경개선설비지원	211,888	9	1	7	8	7	5	5	4
1657	인천 강화군	강화전등사약사전단청기록화사업	200,000	9	1	7	8	7	5	5	4
1658	인천 강화군	밥쌀용고품질신품종생산및확대보급시범	200,000	9	2	7	8	7	1	1	1
1659	인천 강화군	스마트팜ICT융복합확산	194,282	9	1	7	8	7	1	1	3
1660	인천 강화군	축산분야ICT융복합지원	185,000	9	1	7	8	7	5	5	4
1661	인천 강화군	가뭄극복농업용수관정개발지원사업	180,000	9	6	7	8	7	1	1	1
1662	인천 강화군	수산물냉동냉장시설지원	180,000	9	6	7	8	7	5	5	4
1663	인천 강화군	전통사찰방재시스템구축	178,000	9	1	7	8	7	5	5	4
1664	인천 강화군	인천형농식품수출선도조직육성사업	160,000	9	1	7	8	7	1	1	1
1665	인천 강화군	벼자동화육묘장설치지원사업	156,300	9	6	7	8	7	1	1	1
1666	인천 강화군	시설채소맞춤형에너지절감패키지기술시범	144,000	9	1	7	8	7	1	1	3
1667	인천 강화군	청년농업인영농스타트업지원	120,000	9	6	7	8	7	1	1	3
1668	인천 강화군	농작물병해충방제생력화지원사업	108,000	9	1	7	8	7	1	1	1
1669	인천 강화군	방역인프라설치지원	102,566	9	1	7	8	7	5	5	4
1670	인천 강화군	강화전등사약사전보수정비	100,000	9	1	7	8	7	5	5	4
1671	인천 강화군	수요자참여식량작물특성화시범	100,000	9	2	7	8	7	1	1	1
1672	인천 강화군	강화정족산사고지주변정비공사	90,000	9	1	7	8	7	5	5	4
1673	인천 강화군	소규모농산물가공창업기술지원	90,000	9	6	7	8	7	1	1	1
1674	인천 강화군	발작물재배생력화시범	84,000	9	1	7	8	7	1	1	1
1675	인천 강화군	시설과채류순환식양액재활용기술보급시범	80,000	9	1	7	8	7	1	1	3
1676	인천 강화군	임산물생산단지규모화	79,200	9	2	7	8	7	5	5	4
1677	인천 강화군	시설원예편이장비시설지원	68,000	9	1	7	8	7	1	1	3

순번	시군구	지출명 (사업명)	2024년예산 (단위 : 천원 /1년간)	민간이전 분류 (지방자치단체 세출예산 집행기준에 의거) 1. 민간경상사업보조(307-02) 2. 민간단체 법정운영비보조(307-03) 3. 민간행사사업보조(307-04) 4. 민간위탁금(307-05) 5. 사회복지시설 법정운영비보조(307-10) 6. 민간위탁교육비(307-12) 7. 공기관등에대한경상적위탁사업비(308-13) 8. 민간자본사업보조,자체재원(402-01) 9. 민간자본사업보조,이전재원(402-02) 10. 민간위탁사업비(402-03) 11. 공기관등에 대한 자본적 위탁사업비(403-02)	민간이전지출 근거 (지방보조금 관리기준 참고) 1. 법률에 규정 2. 국고보조 재원(국가지정) 3. 용도 지정 기부금 4. 조례에 직접규정 5. 지자체가 권장하는 사업을 하는 공공기관 6. 시,도 정책 및 재정사정 7. 기타 8. 해당없음	입찰방식 계약체결방법 (경쟁형태) 1. 일반경쟁 2. 제한경쟁 3. 지명경쟁 4. 수의계약 5. 법정위탁 6. 기타 ( ) 7. 없음	계약기간 1. 1년 2. 2년 3. 3년 4. 4년 5. 5년 6. 기타 ( )년 7. 단기계약 (1년미만) 8. 없음	낙찰자선정방법 1. 적격심사 2. 협상에의한계약 3. 최저가낙찰제 4. 규격가격분리 5. 2단계 경쟁입찰 6. 기타 ( ) 7. 없음	운영예산 산정 1. 내부산정 (지자체 자체적으로 산정) 2. 외부산정 (외부전문기관위탁 산정) 3. 내.외부 모두 산정 4. 산정 無 5. 없음	정산방법 1. 내부정산 (지자체 내부적으로 정산) 2. 외부정산 (외부전문기관위탁 정산) 3. 내.외부 모두 산정 4. 정산 無 5. 없음	성과평가 실시여부 1. 실시 2. 미실시 3. 향후 추진 4. 해당없음
1678	인천 강화군	친환경에너지절감장비보급	64,000	9	2	7	8	7	5	5	4
1679	인천 강화군	과수새소득작목육성시범사업	60,000	9	1	7	8	7	1	1	4
1680	인천 강화군	공동주택관리지원사업(이전재원)	54,000	9	1	4	7	7	1	1	1
1681	인천 강화군	농촌관광소득활성화지원	54,000	9	6	7	8	7	1	1	1
1682	인천 강화군	딸기삽목묘대량증식기술시범	50,000	9	1	7	8	7	1	1	3
1683	인천 강화군	스마트팜작업자추종운반로봇시범	50,000	9	1	7	8	7	1	1	3
1684	인천 강화군	빈집정비사업(이전재원)	45,000	9	1	4	7	7	1	1	4
1685	인천 강화군	고품질논콩생산을위한기계화신품종및건조기술보급	40,000	9	2	7	8	7	1	1	1
1686	인천 강화군	친환경양식어업육성(고수온대응)	37,500	9	2	7	8	7	5	5	4
1687	인천 강화군	고온기폭염피해최소화시설환경개선지원	36,000	9	1	7	8	7	1	1	3
1688	인천 강화군	목재펠릿보일러보급	31,720	9	2	7	8	7	5	5	4
1689	인천 강화군	과수품질고급화환경개선지원	30,000	9	1	7	8	7	1	1	1
1690	인천 강화군	어선사고예방시스템구축	24,000	9	2	7	8	7	5	5	4
1691	인천 강화군	임산물생산기반조성	18,000	9	2	7	8	7	5	5	4
1692	인천 강화군	농업용드론활용지원사업	18,000	9	1	7	8	7	1	1	1
1693	인천 강화군	장애인거주시설기능보강	17,640	9	1,6	7	8	7	1	1	1
1694	인천 강화군	GAP시설보완	15,000	9	2	7	8	7	1	1	1
1695	인천 강화군	소면적과수포장재지원	12,000	9	1	7	8	7	1	1	4
1696	인천 강화군	강화약쑥명품화시범	10,000	9	1	7	8	7	1	1	4
1697	인천 강화군	개방형경로당운영	8,000	9	1	5	8	7	1	1	4
1698	인천 강화군	친환경임산물재배관리	6,429	9	2	7	8	7	5	5	4
1699	인천 강화군	산양삼생산과정확인제도	760	9	1	7	8	7	5	5	4
1700	인천 옹진군	수산물냉동.냉장시설지원(급속,저온)	450,400	9	7	7	8	7	5	5	4
1701	인천 옹진군	양식장친환경에너지보급(해수열히트펌프)	400,000	9	2	7	8	7	5	5	4
1702	인천 옹진군	옹진군공영버스구입지원(농어촌공영버스구입)	390,000	9	4	7	8	7	5	5	4
1703	인천 옹진군	산지유통개선저온저장고지원사업	360,000	9	6	7	8	7	1	1	2
1704	인천 옹진군	도시근교농업육성지원	163,800	9	6	7	8	7	1	1	2
1705	인천 옹진군	자율관리어업공동체지원사업	162,000	9	2	7	8	7	5	1	4
1706	인천 옹진군	농산물건조방법개선	150,240	9	4	7	8	7	1	1	4
1707	인천 옹진군	어린이집확충사업(장기임차)	110,000	9	2	7	8	7	3	1	4
1708	인천 옹진군	신기술보급(무인방제활용과수종합관리기술구축시범)	100,000	9	2	7	8	7	5	5	4
1709	인천 옹진군	친환경에너지절감장비보급	96,640	9	2	7	8	7	5	1	4
1710	인천 옹진군	체험어장(유어장)패류살포지원	90,000	9	6	7	8	7	5	1	4
1711	인천 옹진군	농업기술보급(비료절감형(측조시비)벼재배기술지원)	90,000	9	6	7	8	7	5	5	4
1712	인천 옹진군	해적생물구제	80,000	9	6	7	8	7	5	5	4
1713	인천 옹진군	신기술보급(원예작물생산성향상을위한생태적종합관리시범)	80,000	9	2	7	8	7	5	5	4
1714	인천 옹진군	신기술보급(위해요인제어전통장제조발효관리)	70,000	9	2	7	8	7	5	5	4
1715	인천 옹진군	농작물병해충방제생력화지원(농작업생력화드론시범사업)	60,000	9	6	7	8	7	5	5	4
1716	인천 옹진군	친환경소형농기계공급	52,800	9	6	7	8	7	5	5	4
1717	인천 옹진군	신기술보급(들깨품질고급화를위한안전저장및재배기술보급)	50,000	9	2	7	8	7	5	5	4

| 순번 | 시군구 | 지출명
(사업명) | 2024년예산
(단위 : 천원 /1년간) | 민간이전 분류
(지방자치단체 세출예산 집행기준에 의거)

1. 민간경상사업보조(307-02)
2. 민간단체 법정운영보조(307-03)
3. 민간행사사업보조(307-04)
4. 민간위탁금(307-05)
5. 사회복지시설 법정운영비보조(307-10)
6. 민간위탁교육비(307-12)
7. 공기관등에대한경상적위탁사업비(308-13)
8. 민간자본사업보조,자체재원(402-01)
9. 민간자본사업보조,이전재원(402-02)
10. 민간위탁사업비(402-03)
11. 공기관에 대한 자본적 위탁사업비(403-02) | 민간이전지출 근거
(지방보조금 관리기준 참고)

1. 법률에 규정
2. 국고보조 재원(국가지정)
3. 용도 지정 기부금
4. 조례에 직접규정
5. 지자체가 권장하는 사업을 하는 공공기관
6. 시,도 정책 및 재정사정
7. 기타
8. 해당없음 | 입찰방식 | | | 운영예산 산정 | | 성과평가 실시여부

1. 실시
2. 미실시
3. 향후 추진
4. 해당없음 |
						계약체결방법 (경쟁형태) 1. 일반경쟁 2. 제한경쟁 3. 지명경쟁 4. 수의계약 5. 법정위탁 6. 기타 ( ) 7. 없음	계약기간 1. 1년 2. 2년 3. 3년 4. 4년 5. 5년 6. 기타 ( )년 7. 단기계약 (1년미만) 8. 없음	낙찰자선정방법 1. 적격심사 2. 협상에의한계약 3. 최저가낙찰제 4. 규격가격분리 5. 2단계 경쟁입찰 6. 기타 ( ) 7. 없음	운영예산 산정 1. 내부산정 (지자체 자체적으로 산정) 2. 외부산정 (외부전문기관위탁 산정) 3. 내·외부 모두 산정 4. 산정 無 5. 없음	정산방법 1. 내부정산 (지자체 내부적으로 정산) 2. 외부정산 (외부전문기관위탁 정산) 3. 내·외부 모두 정산 4. 정산 無 5. 없음	
1718	인천 옹진군	농어촌빈집정비	39,200	9	1	7	8	7	5	5	4
1719	인천 옹진군	어선사고예방시스템구축	36,000	9	2	7	8	7	5	1	4
1720	인천 옹진군	야생동물피해예방사업	36,000	9	2	7	8	7	5	5	4
1721	인천 옹진군	신기술보급(노동력절감드문모심기재배단지조성)	30,000	9	2	7	8	7	5	5	4
1722	인천 옹진군	농업기술보급(벼생력재배무인보트지원사업)	19,800	9	6	7	8	7	5	5	4
1723	인천 옹진군	음식물가정용감량기보급	18,000	9	6	7	8	7	5	5	4
1724	인천 옹진군	친환경양식어업육성(고수온대응지원)	13,000	9	2	7	8	7	5	1	4
1725	인천 옹진군	양봉기자재지원사업	10,000	9	6	7	8	7	5	5	4
1726	인천 옹진군	농업기술보급(잡곡생력재배기술시범사업)	6,000	9	6	7	8	7	5	5	4
1727	광주광역시	운행경유차배출가스저감지원	12,751,870	9	1	7	8	7	5	5	4
1728	광주광역시	호남권역감염병전문병원사업지원	6,388,000	9	2	7	8	7	5	5	4
1729	광주광역시	지방투자촉진보조금	5,686,500	9	1	7	8	7	5	5	4
1730	광주광역시	마이크로의료로봇개발지원센터구축	4,350,000	9	2	7	8	7	5	5	4
1731	광주광역시	수소버스구입보조	3,000,000	9	1	7	8	7	5	5	4
1732	광주광역시	수소연료전지차구매보조금지급(민간)	2,750,000	9	1	7	8	7	5	5	4
1733	광주광역시	병원중심AI기반디지털생체의료산업고도화(국가직접지원)	1,650,000	9	2	7	8	7	5	5	4
1734	광주광역시	디지털연계흡수성소재융복합의료산업기반구축(국가직접지원)	1,650,000	9	2	7	8	7	5	5	4
1735	광주광역시	바이오인터페이싱인체이식형생체흡수성의료기기실증기반구축	1,200,000	9	2	7	8	7	5	5	4
1736	광주광역시	안과광학의료기기글로벌화지원	1,050,000	9	2	7	8	7	5	5	4
1737	광주광역시	친환경공기산업육성기반구축	1,000,000	9	2	7	8	7	5	5	4
1738	광주광역시	임상실증연계치과의료소재부품산업고도화	800,000	9	2	7	8	7	5	5	4
1739	광주광역시	가스열펌프(GHP)냉난방기개조지원	793,100	9	1	7	8	7	5	5	4
1740	광주광역시	치매코호트멀티모달데이터적용실증기반구축(국가직접지원)	711,000	9	2	7	8	7	5	5	4
1741	광주광역시	전기이륜차민간보급	658,400	9	1	7	8	7	5	5	4
1742	광주광역시	마이크로LED디스플레이산업화지원	430,000	9	2	7	8	7	5	5	4
1743	광주광역시	수소충전소고장예지및안전관리상용화기술개발(국가직접지원)	200,000	9	1	7	8	7	5	5	4
1744	광주광역시	광역수소충전소핵심기술개발(국가직접지원)	200,000	9	1	7	8	7	5	5	4
1745	광주광역시	마이하트플랫폼기반심부전제어및치료기술개발	200,000	9	2	7	8	7	5	5	4
1746	광주광역시	어린이통학차량LPG차전환지원	194,000	9	1	7	8	7	5	5	4
1747	광주광역시	보증기간경과장치성능유지관리지원	46,194	9	1	7	8	7	5	5	4
1748	광주광역시	공공보건의료협력체계구축(자본보조)	5,000	9	2	7	8	7	5	5	4
1749	광주 동구	국가지정문화재보수정비	1,086,000	9	2	7	8	7	3	1	2
1750	광주 동구	전통사찰보수정비	400,000	9	8	7	8	7	3	1	2
1751	광주 동구	노숙인재활시설기능보강사업	380,000	9	1	7	8	1	1	1	4
1752	광주 동구	아동복지시설기능보강	200,000	9	2	7	8	7	5	5	4
1753	광주 동구	노인복지시설기능보강사업	148,366	9	1	7	8	7	1	1	4
1754	광주 동구	가정용저녹스보일러설치지원사업	108,000	9	1	6	8	7	5	5	4
1755	광주 동구	기후변화취약계층지원사업	100,000	9	2	7	8	7	5	5	4
1756	광주 동구	전통사찰방재시스템구축사업	80,000	9	2	7	8	7	3	1	2
1757	광주 동구	경로당기능보강사업	38,400	9	1	4	8	7	1	1	4

순번	시군구	지출명 (사업명)	2024년예산 (단위 : 천원 /1년간)	민간이전 분류 (지방자치단체 세출예산 집행기준에 의거) 1. 민간경상사업보조(307-02) 2. 민간단체 법정운영비보조(307-03) 3. 민간행사사업보조(307-04) 4. 민간위탁금(307-05) 5. 사회복지시설 법정운영비보조(307-10) 6. 민간위탁교육비(307-12) 7. 공기관등에대한경상적위탁사업비(308-13) 8. 민간자본사업보조,자체재원(402-01) 9. 민간자본사업보조,이전재원(402-02) 10. 민간위탁사업비(402-03) 11. 공기관등에 대한 자본적 위탁사업비(403-02)	민간이전지출 근거 (지방보조금 관리기준 참고) 1. 법률에 규정 2. 국고보조 재원(국가지정) 3. 용도 지정 기부금 4. 조례에 직접규정 5. 지자체가 권장하는 사업을 하는 공공기관 6. 시,도 정책 및 재정사정 7. 기타 8. 해당없음	입찰방식			운영예산 산정		성과평가 실시여부 1. 실시 2. 미실시 3. 향후 추진 4. 해당없음
						계약체결방법 (경쟁형태) 1. 일반경쟁 2. 제한경쟁 3. 지명경쟁 4. 수의계약 5. 법정위탁 6. 기타 7. 없음	계약기간 1. 1년 2. 2년 3. 3년 4. 4년 5. 5년 6. 기타 ( )년 7. 단기계약 (1년미만) 8. 없음	낙찰자선정방법 1. 적격심사 2. 협상에의한계약 3. 최저가낙찰제 4. 규격가격분리 5. 2단계 경쟁입찰 6. 기타 ( ) 7. 없음	운영예산 산정 1. 내부산정 (지자체 자체적으로 산정) 2. 외부산정 (외부전문기관위탁 산정) 3. 내·외부 모두 산정 4. 산정 無 5. 없음	정산방법 1. 내부정산 (지자체 내부적으로 정산) 2. 외부정산 (외부전문기관위탁 정산) 3. 내·외부 모두 산정 4. 정산 無 5. 없음	
1758	광주 동구	민간개방화장실지원사업	30,000	9	1	7	8	7	5	1	4
1759	광주 동구	작은도서관활성화지원사업	20,000	9	1	7	8	7	1	1	4
1760	광주 동구	어린이집기능보강사업	4,000	9	1	7	8	7	1	1	4
1761	광주 동구	장애인거주시설기능보강사업(공기청정기렌탈지원)	3,200	9	1	7	8	7	1	1	1
1762	광주 서구	가정용저녹스보일러설치지원	120,000	9	1	7	8	7	5	5	4
1763	광주 서구	다함께돌봄센터설치비지원	70,000	9	2	7	8	7	4	1	4
1764	광주 서구	민간개방화장실지원	15,000	9	1	7	8	7	5	5	4
1765	광주 남구	가정용저녹스보일러보금	120,000	9	2	7	8	7	5	5	4
1766	광주 남구	시설하우스보완사업	84,000	9	1	7	8	7	5	1	4
1767	광주 남구	저온저장시설지원	28,800	9	1	7	8	7	5	5	4
1768	광주 남구	건축물화재안전성능보강지원사업	28,000	9	1	7	8	7	5	5	4
1769	광주 남구	맞춤형농기계지원	23,400	9	1	7	8	7	5	5	4
1770	광주 남구	고추비가림재배시설지원	19,675	9	2	7	8	7	5	1	4
1771	광주 남구	다문화가정자녀놀이치료실조성	18,000	9	5	7	8	7	5	5	4
1772	광주 남구	한부모가족복지시설기능보강지원	17,000	9	1,2	7	8	7	5	5	4
1773	광주 남구	민간개방화장실지원	15,000	9	4,6	7	8	7	5	5	4
1774	광주 남구	폭력피해여성주거지원운영지원(자본보조)	1,750	9	2	7	8	7	1	1	4
1775	광주 북구	장애인거주시설기능보강	558,368	9	1	7	8	7	1	1	4
1776	광주 북구	장애인직업재활시설기능보강	254,312	9	1	7	8	7	1	1	4
1777	광주 북구	종합사회복지관기능보강	240,000	9	1	7	8	7	1	1	4
1778	광주 북구	가정용저녹스보일러설치지원	180,000	9	1	7	8	7	5	5	4
1779	광주 북구	어린이집기능보강	152,000	9	2	7	8	7	1	1	4
1780	광주 북구	지역아동센터환경개선지원	120,000	9	1	7	8	7	1	1	4
1781	광주 북구	무등산수박육성(토양개량작업기,수박진공포장기)	99,240	9	4	7	8	7	5	5	4
1782	광주 북구	비닐하우스자동화시설보완	80,216	9	1	7	8	7	5	5	4
1783	광주 북구	장애인지역사회재활시설기능보강	80,000	9	1	7	8	7	1	1	4
1784	광주 북구	스마트팜ICT융복합확산	57,475	9	2	7	8	7	5	5	4
1785	광주 북구	국공립어린이집확충지원	50,000	9	6	7	8	7	5	5	4
1786	광주 북구	고품질콩육성지원	27,120	9	1	7	8	7	5	5	4
1787	광주 북구	가축분뇨살포기구입비지원	23,400	9	2	7	8	7	5	5	4
1788	광주 북구	맞춤형농기계지원	18,000	9	1	7	8	7	5	5	4
1789	광주 북구	다문화가족지원거점센터기능보강	18,000	9	6	7	8	7	5	1	4
1790	광주 북구	민간개방화장실개보수지원	15,000	9	1	7	8	7	5	5	4
1791	광주 북구	아동복지시설기능보강	14,480	9	1	7	8	7	5	1	4
1792	광주 북구	성폭력피해자보호시설기능보강	13,500	9	1	7	8	7	5	1	4
1793	광주 북구	저온저장고지원	11,700	9	1	7	8	7	5	5	4
1794	광주 북구	장애인복지시설기능보강(자체)	10,000	9	1	7	8	7	5	5	4
1795	광주 북구	축산시설소독장비구입지원	9,000	9	2	7	8	7	5	5	4
1796	광주 북구	장애인주간보호시설기능보강	7,038	9	1	7	8	7	1	1	4
1797	광주 북구	축사환풍기설치지원	5,850	9	2	7	8	7	5	5	4

순번	시군구	지출명 (사업명)	2024년예산 (단위 : 천원 /1년간)	민간이전 분류 (지방자치단체 세출예산 집행기준에 의거)	민간이전지출 근거 (지방보조금 관리기준 참고)	입찰방식 계약체결방법 (경쟁형태)	입찰방식 계약기간	입찰방식 낙찰자선정방법	운영예산 산정 운영예산 산정	운영예산 산정 정산방법	성과평가 실시여부
1798	광주 북구	이주여성보호시설기능보강	2,091	9	2	7	8	7	5	1	4
1799	광주 광산구	가정용저녹스보일러설치지원사업	660,000	9	2,6	7	8	7	4	4	4
1800	광주 광산구	노후중소형아파트시설개선사업	348,000	9	4	7	1	7	1	1	4
1801	광주 광산구	어린이집확충지원	265,000	9	6	7	8	7	1	1	2
1802	광주 광산구	어린이집환경개선	90,000	9	6	7	8	7	1	1	2
1803	광주 광산구	공동주택경비,청소원근무환경개선사업	61,000	9	4	7	1	7	1	1	4
1804	광주 광산구	공공형영린이집환경개선비	38,000	9	6	7	8	7	1	1	2
1805	광주 광산구	민간개방화장실개보수지원	15,000	9	1	7	8	7	5	5	4
1806	대구광역시	조기폐차지원	16,230,000	9	1	7	8	7	5	5	4
1807	대구광역시	수소전기자동차보급	9,765,000	9	2	7	8	7	5	5	4
1808	대구광역시	저상버스도입	8,280,000	9	2	7	8	7	5	5	4
1809	대구광역시	지방투자촉진보조금지원	4,627,400	9	2	7	8	7	5	5	4
1810	대구광역시	AI기반공정혁신시뮬레이션센터구축운영사업	4,000,000	9	1	7	8	7	5	5	4
1811	대구광역시	미래차디지털융합산업실증플랫폼구축	3,454,000	9	1	7	8	7	5	5	4
1812	대구광역시	메디밸리창업지원센터건립	2,925,000	9	2	7	8	7	5	5	4
1813	대구광역시	미래모빌리티선도기술개발지원사업	2,292,000	9	4	7	8	7	5	5	4
1814	대구광역시	외투유치기업투자보조금지원	2,100,000	9	1	7	8	7	5	5	4
1815	대구광역시	운행차저공해조치지원	1,509,000	9	1	7	8	7	5	5	4
1816	대구광역시	건설기계저공해조치지원	1,399,700	9	1	7	8	7	5	5	4
1817	대구광역시	자동차산업미래기술혁신오픈플랫폼생태계구축	1,314,000	9	1	7	8	7	5	5	4
1818	대구광역시	전기이륜차보급	1,121,125	9	2	7	8	7	5	5	4
1819	대구광역시	수소저상버스도입	1,080,000	9	2	7	8	7	5	5	4
1820	대구광역시	배수개선사업1식	1,000,000	9	2	7	8	7	5	5	4
1821	대구광역시	전기저상버스도입	1,000,000	9	2	7	8	7	5	5	4
1822	대구광역시	미래자동차전기구동부품제조공정고도화지원기반구축사업	763,286	9	1	7	8	7	5	5	4
1823	대구광역시	CAV기반미래모빌리티자율주행평가플랫폼구축	727,000	9	1	7	8	7	5	5	4
1824	대구광역시	전동화모듈부품평가지원기반구축사업	634,000	9	1	7	8	7	5	5	4
1825	대구광역시	반도체특성화대학지원	600,000	9	2	7	8	7	5	5	4
1826	대구광역시	서비스맞춤모빌리티산업혁신생태계구축사업	522,000	9	1	7	8	7	5	5	4
1827	대구광역시	미래형자동차튜닝부품기술개발사업	400,000	9	1	7	8	7	5	5	4
1828	대구광역시	수경재배적합들깨국내육성품종보급시범	200,000	9	6	7	8	7	5	5	4
1829	대구광역시	한국형로봇착유기보급시범	180,000	9	6	7	8	7	5	5	4
1830	대구광역시	어린이통학차량의LPG차전환지원	175,000	9	1	7	8	7	5	5	4
1831	대구광역시	경유자동차보증기간경과장치성능유지관리	154,622	9	1	7	8	7	5	5	4
1832	대구광역시	지역협력혁신성장사업	122,000	9	1	7	8	7	5	5	4
1833	대구광역시	권역별반도체공동연구소건립	100,000	9	2	7	8	7	5	5	4
1834	대구광역시	대구그린스타트업타운조성	100,000	9	2	7	8	7	5	5	4
1835	대구광역시	미래형자동차현장인력양성사업	90,000	9	1	7	8	7	5	5	4
1836	대구광역시	무공해건설기계보급사업	60,000	9	2	7	8	7	5	5	4
1837	대구광역시	국방섬유작전환경적용실증센터장비구축	50,000	9	4	7	8	7	5	5	4

순번	시군구	지출명 (사업명)	2024년예산 (단위 : 천원 /1년간)	민간이전 분류	민간이전지출 근거	계약체결방법 (경쟁형태)	계약기간	낙찰자선정방법	운영예산 산정	정산방법	성과평가 실시여부
1838	대구광역시	작목별맞춤형안전관리실천시범	50,000	9	2	7	8	7	5	5	4
1839	대구광역시	채소일사강우센서기반스마트관수시스템시범	40,000	9	6	7	8	7	5	5	4
1840	대구광역시	다중지능기반휴먼센트릭자율주행핵심기술개발	35,000	9	1	7	8	7	5	5	4
1841	대구광역시	축종별맞춤형미네랄블록가축생산성향상시범사업	20,000	9	2	7	8	7	5	5	4
1842	대구 중구	가스열펌프저감장치설치지원	214,200	9	2	7	8	7	5	5	4
1843	대구 중구	어린이집확충	195,000	9	1	7	8	7	3	3	4
1844	대구 중구	사회복지관기능보강	147,700	9	7	7	8	7	1	1	1
1845	대구 중구	우수노인요양시설종사자장려금지원	48,240	9	1	7	8	7	3	1	3
1846	대구 중구	가정용저녹스보일러보급	46,000	9	8	7	8	7	5	5	4
1847	대구 중구	사랑의집고쳐주기	32,000	9	4	7	8	7	1	1	1
1848	대구 중구	기자재구입(성매매피해자지원시설)	16,640	9	2	7	8	7	1	1	2
1849	대구 중구	개보수(성매매피해자지원시설)	11,116	9	2	7	8	7	1	1	2
1850	대구 중구	농기계구입지원	2,000	9	2	7	8	7	1	1	4
1851	대구 동구	국가지정유산및등록유산보수정비지원	5,337,143	9	1	7	8	7	5	5	4
1852	대구 동구	동화사사명대사체험관및교육관건립	2,830,000	9	1	7	8	7	5	5	4
1853	대구 동구	국가지정유산및등록유산보수정비지원	930,000	9	1	7	8	7	5	5	4
1854	대구 동구	시지정유산보수정비	867,000	9	1	7	8	7	5	5	4
1855	대구 동구	국가지정유산및등록유산보수정비지원	785,715	9	1	7	8	7	5	5	4
1856	대구 동구	국가지정유산및등록유산보수정비지원	540,000	9	1	7	8	7	5	5	4
1857	대구 동구	국가지정유산및등록유산보수정비지원	500,000	9	1	7	8	7	5	5	4
1858	대구 동구	전통사찰보수정비	400,000	9	1	7	8	7	5	5	4
1859	대구 동구	전통사찰보수정비	400,000	9	1	7	8	7	5	5	4
1860	대구 동구	원예작물경쟁력제고사업	370,120	9	6	7	8	7	5	1	4
1861	대구 동구	어린이집확충	350,000	9	1	7	8	7	3	3	2
1862	대구 동구	어린이집환경개선	268,000	9	2	7	8	7	3	3	2
1863	대구 동구	과수경쟁력제고사업	234,900	9	6	7	8	7	5	5	4
1864	대구 동구	국가유산재난방지시설구축	200,000	9	1	7	8	7	5	5	4
1865	대구 동구	전통사찰방재시스템구축	190,000	9	1	7	8	7	5	5	4
1866	대구 동구	시지정유산보수정비	179,000	9	1	7	8	7	5	5	4
1867	대구 동구	장애인직업재활시설기능보강	172,156	9	1	7	8	7	5	5	4
1868	대구 동구	가정용저녹스보일러설치지원	168,000	9	2	7	8	7	5	5	4
1869	대구 동구	가스열펌프저감장치설치지원	144,900	9	2	7	8	7	5	5	4
1870	대구 동구	농기계구입지원사업	120,000	9	6	7	8	7	5	1	4
1871	대구 동구	정신요양시설기능보강	116,068	9	1	7	8	7	5	5	4
1872	대구 동구	축산경쟁력사업	89,100	9	1	7	8	7	5	1	4
1873	대구 동구	국가지정유산및등록유산보수정비지원	80,000	9	1	7	8	7	5	5	4
1874	대구 동구	축산경쟁력사업	75,000	9	1	7	8	7	5	1	4
1875	대구 동구	종합사회복지관운영	72,693	9	1	7	8	7	1	1	2
1876	대구 동구	수리계수리시설유지관리	50,000	9	4	7	8	7	5	1	4
1877	대구 동구	어린이집석면처리지원	40,550	9	1	7	8	7	5	5	4

순번	시군구	지출명 (사업명)	2024년예산 (단위 : 천원 /1년간)	민간이전 분류 (지방자치단체 세출예산 집행기준에 의거) 1. 민간경상사업보조(307-02) 2. 민간단체 법정운영비보조(307-03) 3. 민간행사사업보조(307-04) 4. 민간위탁금(307-05) 5. 사회복지시설 법정운영비보조(307-10) 6. 민간위탁교육비(307-12) 7. 공기관등에대한경상적위탁사업비(308-13) 8. 민간자본사업보조,자체재원(402-01) 9. 민간자본보조,이전재원(402-02) 10. 민간위탁사업비(402-03) 11. 공기관등에 대한 자본적 위탁사업비(403-02)	민간이전지출 근거 (지방보조금 관리기준 참고) 1. 법률에 규정 2. 국고조 재원(국가지정) 3. 용도 지정 기부금 4. 조례에 직접규정 5. 지자체가 권장하는 사업을 하는 공공기관 6. 시,도 정책 및 재정사정 7. 기타 8. 해당없음	입찰방식			운영예산 산정		성과평가 실시여부
						계약체결방법 (경쟁형태) 1. 일반경쟁 2. 제한경쟁 3. 지명경쟁 4. 수의계약 5. 법정위탁 6. 기타 ( ) 7. 없음	계약기간 1. 1년 2. 2년 3. 3년 4. 4년 5. 5년 6. 기타 ( )년 7. 단기계약 (1년미만) 8. 없음	낙찰자선정방법 1. 적격심사 2. 협상에의한계약 3. 최저가낙찰 4. 규격가격분리 5. 2단계 경쟁입찰 6. 기타 ( ) 7. 없음	운영예산 산정 1. 내부산정 (지자체 자체적으로 산정) 2. 외부산정 (외부전문기관위탁 산정) 3. 내·외부 모두 산정 4. 산정 無	정산방법 1. 내부정산 (지자체 내부적으로 정산) 2. 외부정산 (외부전문기관위탁 정산) 3. 내·외부 모두 산정 4. 정산 無 5. 없음	1. 실시 2. 미실시 3. 향후 추진 4. 해당없음
1878	대구 동구	국가지정유산및등록유산보수정비지원	40,000	9	1	7	8	7	5	5	4
1879	대구 동구	축산경쟁력사업	39,690	9	1	7	8	7	5	1	4
1880	대구 동구	아동복지시설기능보강	38,468	9	1	7	8	7	5	5	4
1881	대구 동구	우수명품육성사업	34,000	9	6	7	8	7	5	1	4
1882	대구 동구	어린이집확충	30,000	9	2	7	8	7	3	3	2
1883	대구 동구	국가유산재난방지시설구축	28,000	9	1	7	8	7	5	5	4
1884	대구 동구	장애인생산품판매시설기능보강	27,434	9	1	7	8	7	5	5	4
1885	대구 동구	화재안전성능보강지원사업	26,660	9	1	7	8	7	5	3	4
1886	대구 동구	장기요양기관환기시설설치사업	25,776	9	1	7	8	7	1	1	1
1887	대구 동구	정신건강증진시설확충(정신재활시설기능보강)	20,945	9	2	7	8	7	5	5	4
1888	대구 동구	스마트팜ICT융복합확산사업	15,736	9	2	7	8	7	5	1	4
1889	대구 동구	가정폭력피해자지원시설기능보강	11,780	9	1	5	8	7	5	1	1
1890	대구 동구	야생동물피해예방시설설치	10,000	9	1	7	8	7	5	1	4
1891	대구 서구	가스열펌프저감장치설치지원사업	157,500	9	8	7	8	7	5	5	4
1892	대구 서구	어린이집기능보강	120,000	9	2	7	8	7	1	1	4
1893	대구 서구	국공립어린이집확충사업	110,000	9	2	7	8	7	1	1	4
1894	대구 서구	가정용저녹스보일러지원사업	108,000	9	2	7	8	7	5	5	4
1895	대구 서구	신재생에너지융복합지원사업	106,917	9	6	7	8	7	1	3	4
1896	대구 서구	종합사회복지관운영	86,186	9	1	1	5	1	1	1	1
1897	대구 서구	주차장개방공유사업	60,000	9	4	7	8	7	5	5	4
1898	대구 서구	장기요양기관환기시설설치사업	47,256	9	2	7	8	7	1	1	4
1899	대구 서구	국공립어린이집확충환경개선비	46,287	9	6	7	8	7	1	1	4
1900	대구 서구	석면건축물처리지원사업	46,000	9	4	7	8	7	1	1	4
1901	대구 서구	정신재활시설기능보강사업	42,313	9	2	7	8	7	5	5	4
1902	대구 서구	무기질비료가격보조및수급안정지원사업	13,343	9	2	7	8	7	5	5	4
1903	대구 서구	내집주차장갖기지원사업	6,000	9	5	7	8	7	5	5	4
1904	대구 서구	농기계구입지원	4,000	9	2	7	8	7	5	5	4
1905	대구 서구	유기질비료지원사업	832	9	2	7	8	7	5	5	4
1906	대구 남구	지역혁신창업활성화사업	2,450,000	9	2	7	8	7	5	5	4
1907	대구 남구	서봉사경사면석축설치공사	400,000	9	2	7	8	7	5	5	4
1908	대구 남구	국공립어린이집확충	220,000	9	8	1	8	7	5	1	4
1909	대구 남구	어린이집환경개선	122,000	9	8	7	8	7	5	1	4
1910	대구 남구	가정용저녹스보일러보급사업	96,000	9	2	7	8	7	1	1	4
1911	대구 남구	가스열펌프저감장치설치지원	81,900	9	2	7	8	7	1	1	4
1912	대구 남구	주차장개방공유사업지원	60,000	9	4	7	2	7	5	5	2
1913	대구 남구	장기요양기관환기시설설치지원	35,800	9	2	7	8	7	1	1	4
1914	대구 남구	내집주차장갖기사업지원	15,000	9	4	7	5	7	5	5	2
1915	대구 남구	폭력피해이주여성안전보강	14,000	9	1	7	8	7	1	1	2
1916	대구 남구	가정폭력피해자보호시설기능보강비	8,843	9	1	7	8	7	1	1	2
1917	대구 남구	장애인거주시설기능보강	6,800	9	2	7	8	7	1	1	4

- 212 -

순번	시군구	지출명 (사업명)	2024년예산 (단위: 천원/1년간)	민간이전 분류 (지방자치단체 세출예산 집행기준에 의거) 1. 민간경상사업보조(307-02) 2. 민간단체 법정운영비보조(307-03) 3. 민간행사사업보조(307-04) 4. 민간위탁금(307-05) 5. 사회복지시설 법정운영비보조(307-10) 6. 민간위원교육비(307-12) 7. 공기관등에대한경상적위탁사업비(308-13) 8. 민간자본사업보조,자체재원(402-01) 9. 민간자본사업보조,이전재원(402-02) 10. 민간위탁사업비(402-03) 11. 공기관등에 대한 자본적 위탁사업비(403-02)	민간이전지출 근거 (지방보조금 관리기준 참고) 1. 법률에 규정 2. 국고보조 재원(국가지정) 3. 용도 지정 기부금 4. 조례에 직접규정 5. 지자체가 권장하는 사업 6. 시,도 정책 및 재정사정 7. 기타 8. 해당없음	입찰방식			운영예산 산정		성과평가 실시여부 1. 실시 2. 미실시 3. 향후 추진 4. 해당없음
						계약체결방법 (경쟁형태) 1. 일반경쟁 2. 제한경쟁 3. 지명경쟁 4. 수의계약 5. 법정위탁 6. 기타() 7. 없음	계약기간 1. 1년 2. 2년 3. 3년 4. 4년 5. 5년 6. 기타()년 7. 단가계약 (1년미만) 8. 없음	낙찰자선정방법 1. 적격심사 2. 협상에의한계약 3. 최저가낙찰제 4. 규격가격분리 5. 2단계 경쟁입찰 6. 기타() 7. 없음	운영예산 산정 1. 내부산정 (지자체 자체적으로 산정) 2. 외부산정 (외부전문기관위탁 산정) 3. 내·외부 모두 산정 4. 산정 無 5. 없음	정산방법 1. 내부정산 (지자체 내부적으로 정산) 2. 외부정산 (외부전문기관위탁 정산) 3. 내·외부 모두 산정 4. 정산 無 5. 없음	
1918	대구 남구	장애아시설환경개선	3,000	9	8	7	8	7	5	1	4
1919	대구 남구	성폭력피해자보호시설기능보강비	2,600	9	1	7	8	7	1	1	2
1920	대구 남구	농기계구입지원사업	2,000	9	1	7	8	7	5	5	4
1921	대구 북구	대구안식원생활관개보수	365,790	9	2	7	8	7	1	3	1
1922	대구 북구	어린이집확충	305,000	9	2	7	8	7	5	5	4
1923	대구 북구	가스열펌프저감장치설치지원사업	189,000	9	1	7	8	7	5	5	4
1924	대구 북구	가정용저녹스보일러설치지원	180,000	9	1	7	8	7	5	5	4
1925	대구 북구	어린이집환경개선	94,000	9	2	7	8	7	5	5	4
1926	대구 북구	한우리보호작업장생산설비보강(장비구입)	21,670	9	1	7	8	7	1	1	1
1927	대구 북구	장기요양기관환기시설설치지원사업	10,760	9	2	7	8	7	5	5	4
1928	대구 북구	전기울타리설치비용지원사업	10,000	9	1	7	8	7	5	5	4
1929	대구 북구	가정종합사회복지관기능보강사업지원	67,991	9	1	7	8	7	1	1	4
1930	대구 수성구	어린이집환경개선(어린이집환경개선)	296,000	9	1	7	8	7	5	5	4
1931	대구 수성구	가스열펌프저감장치설치지원사업	229,950	9	2	7	8	7	5	5	4
1932	대구 수성구	가정용저녹스보일러설치지원	168,000	9	2	7	8	7	5	5	4
1933	대구 수성구	부설주차장개방시설지원	80,000	9	1	7	8	7	5	5	4
1934	대구 수성구	종합사회복지관기능보강사업	50,000	9	1	7	8	7	1	1	4
1935	대구 수성구	농기계구입지원	46,000	9	2	7	8	7	1	1	4
1936	대구 수성구	내집주차장갖기사업	46,000	9	1	7	8	7	5	5	4
1937	대구 수성구	석면건축물처리지원사업	38,300	9	6	7	8	7	5	5	4
1938	대구 수성구	채소류경쟁력제고	37,500	9	2	7	8	7	1	1	4
1939	대구 수성구	야생동물피해예방울타리설치지원	30,000	9	1	7	8	7	5	5	4
1940	대구 수성구	노인요양시설(기능보강)사업	15,000	9	2	7	8	7	1	1	2
1941	대구 수성구	과수산업경쟁력제고	9,800	9	2	7	8	7	1	1	4
1942	대구 수성구	정신재활시설기능보강	8,716	9	2	7	8	7	3	3	4
1943	대구 수성구	장기요양기관환기시설설치사업	5,728	9	2	7	8	7	1	1	2
1944	대구 수성구	장애인단체지원(한사랑의집환경개선사업)	5,000	9	1	7	8	7	5	1	1
1945	대구 수성구	폭력피해이주여성보호시설기능보강	3,383	9	1,2	6	8	7	1	1	1
1946	대구 수성구	장애아시설환경개선(장애아시설환경개선)	3,000	9	1	7	8	7	5	5	4
1947	대구 수성구	말벌퇴치장비지원	240	9	1	7	8	7	1	1	1
1948	대구 달서구	전통사찰보수정비지원	400,000	9	1	4	6	6	3	3	4
1949	대구 달서구	공동주택리모델링환경개선비	300,000	9	2	7	8	7	5	1	2
1950	대구 달서구	평가인증어린이집환경개선비지원	90,000	9	6	7	8	7	5	1	2
1951	대구 달서구	어린이집개보수비	60,000	9	2	7	8	7	5	1	2
1952	대구 달서구	주차장공유사업	60,000	9	4	7	8	7	5	5	4
1953	대구 달서구	무기질비료가격보조및수급안정지원	48,162	9	2	7	8	7	5	5	4
1954	대구 달서구	농기계구입지원사업	30,000	9	1	7	8	7	5	5	4
1955	대구 달서구	공동주택리모델링기자재구입비	30,000	9	2	7	8	7	5	1	2
1956	대구 달서구	장애인거주시설기능보강	22,750	9	1	7	8	7	1	1	1
1957	대구 달서구	내집주차장갖기사업	8,000	9	4	7	8	7	5	5	4

연도	시상구분	저작물 (작품명)	상금액수 2024년기준 (1,000원)	심의위원 기준 (심의위원 위촉근거 규정) 1. 한국문화예술진흥원법(307-02) 2. 한국문화예술진흥원정관(307-03) 3. 문예진흥기금 운용규정 4. 문예진흥기금 운용지침 5. 지원사업관리규정(307-10) 6. 신인예술상규정(307-12) 7. 문예진흥원포상규정(308-13) 8. 한국문화예술상규정(402-01) 9. 한국문화예술상지원규정(402-02) 10. 한국문화예술상시상(402-03) 11. 공연예술 대상 지원사업 시상(403-02)	심의자 방식 (심의자 선정 등) 1. 심의위원 명단 공개 유무 2. 심의자 자격 요건 3. 심의자 결격 사유 4. 수상자 제척 사유	최종선정 (결정방식) 1. 단독 2. 다수결 3. 평균점 4. 가중치 5. 기타 ( ) 6. 기타 ( ) 7. 없음	심사위원 (심사방식) 1. 단독 2. 다수결(보수) 3. 평균점(보수) 4. 가중치 5. 기타 6. 기타 ( ) 7. 기타 ( ) 8. 없음	심의위원 1. 위촉직 2. 상임직 (상근직 정규직 위촉) 3. 비상임직 위촉 4. 비정기 5. 없음	심의위원 1. 위촉직 2. 상임직 (상근직 정규직 위촉) 3. 비상임직 위촉 4. 비정기 5. 없음	수상자격 1. 개인 2. 단체 3. 개인 및 (개인 법인 단체) 4. 세부분야
1958	대한민국예술원	이화여자대학교	4,000	9	2	7	8	7	5	1	2
1959	대한민국예술원	예술원공로상	1,500	9	4	7	8	7	5	5	4
1960	대한민국예술원	대한민국예술원공로상	490,000	9	1	7	8	7	5	5	4
1961	대한민국예술원	예술문화상	283,000	9	1,4	7	8	7	5	5	4
1962	대한민국예술원	대한민국예술원상	180,000	9	1,4	7	8	7	5	5	4
1963	대한민국예술원	예술문학상	163,000	9	1,4	7	8	7	5	5	4
1964	대한민국예술원	대한민국예술원상	120,000	9	4	7	8	7	5	5	1
1965	대한민국예술원	이화인문학상(개인상,장려상)	96,000	9	2	1	1	7	1	1	1
1966	대한민국예술원	대한민국예술원상	67,498	9	1,2	7	8	7	5	5	4
1967	대한민국예술원	예술원상(이화여대예술원상)	65,000	9	6	7	8	7	1	1	4
1968	대한민국예술원	예술문학상상금	60,000	9	6	7	8	7	1	1	2
1969	대한민국예술원	예술원상	60,000	9	1,4	7	8	7	5	5	4
1970	대한민국예술원	예술문화상상금	60,000	9	4	7	8	7	5	5	1
1971	대한민국예술원	예술공로상	42,000	9	1	5	8	7	5	1	1
1972	대한민국예술원	대한민국예술원상	40,000	9	1,4	7	8	7	5	5	4
1973	대한민국예술원	우수문학예술상상금	36,000	9	1,4	7	8	7	5	5	4
1974	대한민국예술원	예술문학상상금	32,500	9	1,4	7	8	7	5	5	4
1975	대한민국예술원	예술문학상	20,000	9	4	7	8	7	5	5	1
1976	대한민국예술원	예술문화예술상	18,000	9	1	7	8	7	1	1	1
1977	대한민국예술원	예술문학상상금	17,500	9	1,2	7	8	7	5	5	4
1978	대한민국예술원	대학예술문화상	12,000	9	4	7	8	7	5	5	1
1979	대한민국예술원	예술문학상	8,000	9	1,4	7	8	7	5	5	4
1980	대한민국예술원	예술상	7,000	9	4	7	8	7	5	5	1
1981	대한민국예술원	예술문화상상금	6,000	9	6	7	8	7	5	5	4
1982	대한민국예술원	예술문학상상금	6,000	9	4	7	8	7	5	5	1
1983	대한민국예술원	예술문화상상금	4,000	9	1,4	7	8	7	5	5	4
1984	대한민국예술원	이화여자대학예술문화상	4,000	9	6	7	8	7	1	1	4
1985	대한민국예술원	이화여자대학예술문학상상금	100,000	9	2	7	8	7	1	1	1
1986	대한민국예술원	예술문학상상금	1,527,500	9	2	7	8	7	5	5	1
1987	대한민국예술원	이화여자대학예술상	1,500,000	9	2	7	8	7	5	5	4
1988	대한민국예술원	이화여자대학예술문학상	970,026	9	2	7	8	7	5	1	3
1989	대한민국예술원	예술문학상	858,333	9	2	7	8	7	5	5	1
1990	대한민국예술원	예술상상금	630,000	9	6	7	8	7	5	5	4
1991	대한민국예술원	예술문화예술상	625,000	9	6	7	8	7	5	5	4
1992	대한민국예술원	예술문학상상금	600,000	9	1,4	7	8	7	5	5	4
1993	대한민국예술원	예술문화예술상상금	498,000	9	4	7	8	7	5	5	4
1994	대한민국예술원	예술문학상	480,000	9	1	7	8	7	5	5	4
1995	대한민국예술원	예술문학상상금	356,127	9	2	7	8	7	5	5	1
1996	대한민국예술원	예술문화예술상	344,500	9	4	7	8	7	5	5	4
1997	대한민국예술원	이화여자대학예술상상금	324,000	9	2	7	8	7	5	5	4

순번	시군구	지출명 (사업명)	2024년예산 (단위 : 천원 /1년간)	민간이전 분류 (지방자치단체 세출예산 집행기준에 의거) 1. 민간경상사업보조(307-02) 2. 민간단체 법정운영비보조(307-03) 3. 민간행사사업보조(307-04) 4. 민간위탁금(307-05) 5. 사회복지시설 법정운영비보조(307-10) 6. 민간위탁교육비(307-12) 7. 공기관등에대한경상적위탁사업비(308-13) 8. 민간자본사업보조,자체재원(402-01) 9. 민간자본사업보조,이전재원(402-02) 10. 민간위탁사업비(402-03) 11. 공기관등에 대한 자본적 위탁사업비(403-02)	민간이전지출 근거 (지방보조금 관리기준 참고) 1. 법률에 규정 2. 국고보조 재원(국가지정) 3. 용도 지정 기부금 4. 조례에 직접규정 5. 지자체가 권장하는 사업을 하는 공공기관 6. 시,도 정책 및 재정사정 7. 기타 8. 해당없음	입찰방식			운영예산 산정		성과평가 실시여부 1. 실시 2. 미실시 3. 향후 추진 4. 해당없음
						계약체결방법 (경쟁형태) 1. 일반경쟁 2. 제한경쟁 3. 지명경쟁 4. 수의계약 5. 법정위탁 6. 기타 ( ) 7. 없음	계약기간 1. 1년 2. 2년 3. 3년 4. 4년 5. 5년 6. 기타 ( )년 7. 단기계약 (1년미만) 8. 없음	낙찰자선정방법 1. 적격심사 2. 협상에의한계약 3. 최저가낙찰제 4. 규격가격분리 5. 2단계 경쟁입찰 6. 기타 ( ) 7. 없음	운영예산 산정 1. 내부산정 (지자체 자체적으로 산정) 2. 외부산정 (외부전문기관위탁 산정) 3. 내·외부 모두 산정 4. 산정 無 5. 없음	정산방법 1. 내부정산 (지자체 내부적으로 정산) 2. 외부정산 (외부전문기관위탁 정산) 3. 내·외부 모두 산정 4. 정산 無 5. 없음	
1998	대구 군위군	산림작물생산단지(소액)	277,673	9	2	7	8	7	5	5	4
1999	대구 군위군	조사료생산용사일리지제조비지원	265,099	9	1,4	7	8	7	5	5	4
2000	대구 군위군	지보사삼층석탑주변정비사업(강설루해체보수)	250,000	9	2	7	8	7	5	5	4
2001	대구 군위군	조사료생산용종자구입	243,553	9	1,4	7	8	7	5	5	4
2002	대구 군위군	전업농가구제역백신구입지원	213,400	9	2	7	8	7	5	5	4
2003	대구 군위군	대체품종활용과수우리품종특화단지조성시범	200,000	9	2	7	8	7	5	5	4
2004	대구 군위군	농촌공공형버스지원(행복버스)	170,000	9	2	1	6	2	1	1	1
2005	대구 군위군	면역강화용사료첨가제	131,545	9	1,4	7	8	7	5	5	4
2006	대구 군위군	방역인프라설치지원사업	121,800	9	2	7	8	7	5	5	4
2007	대구 군위군	가축분뇨이용촉진비지원	120,000	9	1,4	7	8	7	5	5	4
2008	대구 군위군	낙동강수계민간자본사업보조	119,396	9	4	7	8	7	5	2	4
2009	대구 군위군	써코백신지원93,125두	103,020	9	2	7	8	7	5	5	4
2010	대구 군위군	시설원예친환경수정벌지원	100,000	9	2	7	8	7	5	5	1
2011	대구 군위군	퇴비수분조절제지원	100,000	9	1,4	7	8	7	5	5	4
2012	대구 군위군	기후변화대응다목적햇빛차단망보급시범	100,000	9	2	7	8	7	5	5	4
2013	대구 군위군	시설원예친환경수정벌지원	100,000	9	2	7	8	7	5	5	1
2014	대구 군위군	불량모돈갱신사업25두	75,000	9	1,4	7	8	7	1	1	4
2015	대구 군위군	돼지액상정액지원	72,000	9	1,4	7	8	7	1	1	4
2016	대구 군위군	야생동물피해예방시설	66,000	9	2	7	8	7	1	1	4
2017	대구 군위군	꿀벌화분지원	62,000	9	6	7	8	7	5	5	4
2018	대구 군위군	노지밭작물국산지중점적자동관개시스템	60,000	9	2	7	8	7	5	5	4
2019	대구 군위군	승용SS기행형동력분무기외2	56,000	9	2	7	8	7	5	5	4
2020	대구 군위군	FTA기금과수고품질시설현대화사업(총사업비15,천원예산외52,5천원)	52,500	9	2	7	8	7	5	3	1
2021	대구 군위군	구군위성결교회외벽보수	52,000	9	2	7	8	7	5	5	4
2022	대구 군위군	인각사지종합정비사업(승방복원고증조사)	50,000	9	2	7	8	7	5	5	4
2023	대구 군위군	고액분리기(델칸타)지원	50,000	9	1,4	7	8	7	5	5	4
2024	대구 군위군	버섯국내육성품종보급시범	50,000	9	2	7	8	7	5	5	4
2025	대구 군위군	파속채소신품종안정생산기술시범	50,000	9	2	7	8	7	5	5	4
2026	대구 군위군	실외사육견중성화수술지원12두	48,000	9	2	7	8	7	5	5	4
2027	대구 군위군	지보사삼층석탑보존처리	47,000	9	2	7	8	7	5	5	4
2028	대구 군위군	임산물생산기반조성(생산기반조성)	46,250	9	2	7	8	7	5	5	4
2029	대구 군위군	사료작물종자구입비지원	44,100	9	1,4	7	8	7	5	5	4
2030	대구 군위군	악취저감제지원	40,000	9	1,4	7	8	7	5	5	4
2031	대구 군위군	악취측정ICT기계장비지원2개소	40,000	9	1,4	7	8	7	5	5	4
2032	대구 군위군	발작물유해물질발생저감실천시범단지조성	40,000	9	2	7	8	7	5	5	4
2033	대구 군위군	잡곡신품종조기확산시범단지조성	40,000	9	2	7	8	7	5	5	4
2034	대구 군위군	조사료생산장려금지원	38,000	9	1,4	7	8	7	5	5	4
2035	대구 군위군	신선농산물수출경쟁력제고	32,400	9	4	6	8	7	1	1	1
2036	대구 군위군	양봉벌통지원	31,500	9	6	7	8	7	5	5	4
2037	대구 군위군	에너지절감시설지원	31,473	9	2	7	8	7	5	5	4

순번	시군구	지출명 (사업명)	2024년예산 (단위: 천원/1년간)	민간이전 분류 (지방자치단체 세출예산 집행기준에 의거)	민간이전지출 근거 (지방보조금 관리기준 참고)	입찰방식			운영예산 산정		성과평가 실시여부
						계약체결방법 (경쟁형태)	계약기간	낙찰자선정방법	운영예산 산정	정산방법	
2038	대구 군위군	조사료생산장비지원2대	30,000	9	1,4	7	8	7	5	5	4
2039	대구 군위군	축산농가환경개선장비지원2대	30,000	9	1,4	7	8	7	5	5	4
2040	대구 군위군	한우사료자동급이기3대	30,000	9	1,4	7	8	7	5	5	4
2041	대구 군위군	가축음용수처리기지원5개소	30,000	9	1,4	7	8	7	5	5	4
2042	대구 군위군	악취저감용퇴비부숙제지원	30,000	9	1,4	7	8	7	5	5	4
2043	대구 군위군	다목적농가형저온저장고설치	28,000	9	4	7	8	7	5	5	4
2044	대구 군위군	시설원예현대화지원	25,239	9	2	7	8	7	5	5	4
2045	대구 군위군	고추비가림재배시설지원	25,000	9	2	7	8	7	5	5	4
2046	대구 군위군	축산분야ICT융복합화산사업2개소	21,000	9	1,4	7	8	7	5	5	4
2047	대구 군위군	군위아미타여래삼존석굴주변정비사업(진입로정비설계)	20,000	9	2	7	8	7	5	5	4
2048	대구 군위군	우수명품농축특산물육성지원	20,000	9	4	7	8	7	5	5	4
2049	대구 군위군	임산물유통기반조성	17,500	9	2	7	8	7	5	5	4
2050	대구 군위군	ICT시설보급지원	15,023	9	2	7	8	7	5	5	4
2051	대구 군위군	양봉산물저온저장고지원5대	15,000	9	6	7	8	7	5	5	4
2052	대구 군위군	출하선별기지원4개소	14,000	9	1,4	7	8	7	1	1	4
2053	대구 군위군	자돈폐사율감소지원4세트	13,200	9	1,4	7	8	7	1	1	4
2054	대구 군위군	계란난좌지원3천개	12,000	9	6	7	8	7	5	5	4
2055	대구 군위군	양돈분만위생개선사업지원3세트	11,700	9	1,4	7	8	7	1	1	4
2056	대구 군위군	축사단열처리지원사업2개소	10,000	9	1,4	7	8	7	5	5	4
2057	대구 군위군	육계사깔짚지원	8,000	9	1,4	7	8	7	5	5	4
2058	대구 군위군	토종벌종보전지원	8,000	9	6	7	8	7	5	5	4
2059	대구 군위군	원유냉각기지원1대	7,500	9	1,4	7	8	7	5	5	4
2060	대구 군위군	미세폭기시설지원3대	6,000	9	1,4	7	8	7	5	5	4
2061	대구 군위군	돼지소모성질환지도사업지원2개소	6,000	9	2	7	8	7	5	5	4
2062	대구 군위군	축사관리용CCTV지원5개소	5,000	9	1,4	7	8	7	5	5	4
2063	대구 군위군	친환경축산물인증비1호	4,900	9	1,4	7	8	7	5	5	4
2064	대구 군위군	젖소더위방지용대형선풍기지원2대	3,000	9	1,4	7	8	7	5	5	4
2065	대구 군위군	토종벌벌통지원6군	2,400	9	6	7	8	7	5	5	4
2066	대구 군위군	임산물상품화지원	2,400	9	2	7	8	7	5	5	4
2067	대구 군위군	친환경임산물재배관리(유기질비료)	1,714	9	2	7	8	7	5	5	4
2068	대구 군위군	말벌퇴치장비지원사업27대	1,620	9	2	7	8	7	5	5	4
2069	대전광역시	운행차배출가스저감사업	14,105,310	9	1	7	8	7	5	5	4
2070	대전광역시	수소차보급사업	9,750,000	9	1,2	7	8	7	1	1	1
2071	대전광역시	지방투자촉진보조금	5,000,000	9	1	7	8	7	1	1	4
2072	대전광역시	가스열펌프(GHP)냉난방기개조지원사업	938,700	9	1	7	8	7	5	5	4
2073	대전광역시	전기이륜차보급사업(직접)	622,400	9	1	7	8	7	5	5	4
2074	대전광역시	소규모사업장방지시설설치지원사업	529,200	9	1	7	8	7	5	5	4
2075	대전광역시	어린이통학차량의LPG차전환지원사업	115,000	9	1	7	8	7	5	5	4
2076	대전광역시	전기차민간급속충전기설치지원	96,000	9	1	7	8	7	5	5	4
2077	대전광역시	굴뚝자동측정기기설치운영관리비지원	63,000	9	1	7	8	7	5	5	4

순번	시군구	지출명 (사업명)	2024년예산 (단위 : 천원 /1년간)	민간이전 분류	민간이전지출 근거	계약체결방법	계약기간	낙찰자선정방법	운영예산 산정	정산방법	성과평가 실시여부
2078	대전광역시	스토킹피해자임대주택주거지원(보증금)	48,000	9	2	7	8	7	1	1	1
2079	대전광역시	긴급피난처기능보강(여성긴급전화1366센터)	45,720	9	2	5	5	7	5	1	1
2080	대전광역시	권역정신응급의료센터운영	35,000	9	2	7	8	7	1	2	1
2081	대전광역시	권역책임의료기관운영(자본)	2,500	9	1	7	8	7	3	3	4
2082	대전 동구	농기계,농자재구입,공동시설치및보수등	1,385,287	9	1	7	8	7	2	1	1
2083	대전 동구	전통사찰보수정비사업(국비)	400,000	9	2	1	1	6	1	1	2
2084	대전 동구	농기계,퇴비,농자재,공동시설치및보수,댐소인종등	338,814	9	1	7	8	7	2	1	1
2085	대전 동구	저녹스보일러설치지원(저소득층)	222,000	9	8	7	8	7	1	1	1
2086	대전 동구	공동주택노후시설물보수지원	100,000	9	4	7	8	7	1	1	1
2087	대전 동구	전통사찰방재시스템구축(국비)	84,000	9	2	1	1	6	1	1	2
2088	대전 동구	부설주차장개방시설물설치	83,020	9	1	7	7	7	5	1	4
2089	대전 동구	국공립어린이집확충	68,000	9	1	7	6	7	1	1	2
2090	대전 동구	화재안전성능보강지원사업(국비)	54,380	9	2	7	8	7	5	5	4
2091	대전 동구	야생동물피해예방시설치지원	52,800	9	2	7	8	7	1	1	4
2092	대전 동구	내집주차장갖기사업	50,000	9	1	7	5	7	5	1	4
2093	대전 동구	공동주택RFID종량기설치지원사업	43,200	9	6	7	8	7	1	1	1
2094	대전 동구	가정용음식물쓰레기감량처리기구입비지원	42,000	9	6	7	8	7	1	1	1
2095	대전 동구	공동주택공동체활성화시설지원	42,000	9	4	7	8	7	1	1	1
2096	대전 동구	장애인체육회운영지원	39,500	9	1	7	8	7	5	1	1
2097	대전 동구	마을공동시설치및보수(15통)	20,276	9	1	7	8	7	2	1	1
2098	대전 동구	공동주택외벽색채디자인지원	20,000	9	1	7	8	7	1	1	1
2099	대전 동구	가정폭력피해자보호시설기능보강(국비)	16,178	9	2	7	8	7	1	1	1
2100	대전 동구	공동주택교통안전시설지원	5,000	9	4	7	8	7	1	1	1
2101	대전 중구	정신재활시설확충사업	394,396	9	2	7	8	7	5	5	4
2102	대전 중구	노인복지시설기능보강	366,328	9	1	7	8	7	1	1	4
2103	대전 중구	가정용저녹스보일러보급사업	180,000	9	2	7	8	7	5	5	4
2104	대전 중구	공동주택공용시설지원사업	167,000	9	4	7	8	7	1	1	4
2105	대전 중구	유기질비료공급사업	154,316	9	2	7	8	7	1	1	4
2106	대전 중구	선화동음식특화거리골목형상점가특화거리조성	90,630	9	6	7	8	7	5	5	4
2107	대전 중구	반려동물놀이터조성	60,000	9	6	7	8	7	5	5	4
2108	대전 중구	화재안전성능보강지원사업	54,380	9	1	7	8	7	5	5	4
2109	대전 중구	농산물저온저장고(농기계)지원	52,080	9	6	7	8	7	1	1	4
2110	대전 중구	벼영농자재통합지원	43,000	9	6	7	8	7	1	1	4
2111	대전 중구	가정용음식물쓰레기감량처리기구입비지원	42,000	9	1	6	2	6	1	1	1
2112	대전 중구	야생동물피해예방지원사업	31,200	9	1	7	8	7	1	1	4
2113	대전 중구	국공립어린이집확충인센티브	26,000	9	4	7	8	7	5	1	2
2114	대전 중구	노숙인시설기능보강	24,100	9	1	7	8	7	1	1	4
2115	대전 중구	마을입구안내판설치	21,000	9	6	7	8	7	5	5	4
2116	대전 중구	비닐하우스연질필름교체지원	17,836	9	6	7	8	7	1	1	4
2117	대전 중구	토양개량제공급사업	17,590	9	2	7	8	7	1	1	4

순번	시군구	지출명 (사업명)	2024년예산 (단위: 천원/1년간)	민간이전 분류 (지방자치단체 세출예산 집행기준에 의거)	민간이전지출 근거 (지방보조금 관리기준 참고)	계약체결방법 (경쟁형태)	계약기간	낙찰자선정방법	운영예산 산정	정산방법	성과평가 실시여부
2118	대전 중구	장기요양기관환기시설설치비지원	17,184	9	1	7	8	7	1	1	4
2119	대전 중구	축산분야ICT시설지원사업	8,400	9	6	7	8	7	1	1	4
2120	대전 중구	포도비가림시설설치지원	6,048	9	6	7	8	7	5	5	4
2121	대전 중구	곤충사육농가소득증대지원	4,900	9	6	7	8	7	1	1	4
2122	대전 중구	농장소독시설지원	2,800	9	6	7	8	7	2	1	4
2123	대전 중구	도시농업어린이체험농장지원	2,250	9	6	7	8	7	1	1	4
2124	대전 중구	친환경우량꽃상토지원	1,932	9	6	7	8	7	1	1	2
2125	대전 중구	해충방제등지원	1,134	9	6	7	8	7	5	5	4
2126	대전 중구	성매매피해자지원시설기능보강	990	9	1	7	8	7	5	1	4
2127	대전 서구	정신건강증진시설확충	1,711,259	9	2	7	8	7	1	1	4
2128	대전 서구	어린이집지원	1,561,520	9	1	7	8	7	5	5	1
2129	대전 서구	공동주택지원	357,000	9	1,4	1,2,4	7	1,3	1	1	2
2130	대전 서구	가정용저녹스보일러보급사업	258,600	9	2	7	8	7	5	5	4
2131	대전 서구	음식물류폐기물처리	174,200	9	6	7	8	7	5	5	4
2132	대전 서구	어린이집지원(교재교구비)	164,167	9	1	7	8	7	5	5	1
2133	대전 서구	장애인복지관기능보강	142,000	9	1	7	8	7	1	1	4
2134	대전 서구	축산분야ICT시설지원	87,734	9	1	7	8	7	1	1	4
2135	대전 서구	내집주차장갖기사업	80,000	9	6	7	8	7	1	1	4
2136	대전 서구	저온저장고농기계지원	78,120	9	1	7	8	7	1	1	4
2137	대전 서구	양액재배시설지원	76,756	9	1	7	8	7	1	1	4
2138	대전 서구	국공립어린이집확충인센티브	61,000	9	6	7	8	7	1	1	1
2139	대전 서구	장애인주간보호시설기능보강	59,808	9	1	7	8	7	1	1	4
2140	대전 서구	장애인직업재활시설기능보강	54,050	9	1	7	8	7	1	1	4
2141	대전 서구	양봉농가경영지원	50,554	9	1	7	8	7	1	1	4
2142	대전 서구	산림작물생산단지	49,500	9	1	7	8	7	1	1	1
2143	대전 서구	야생동물피해예방사업	48,000	9	1,2	7	8	7	1	1	4
2144	대전 서구	비닐하우스(연질필름)교체	32,970	9	1	7	8	7	1	1	4
2145	대전 서구	마을기업육성	31,000	9	2	7	8	7	5	1	4
2146	대전 서구	화재안전성능보강	27,180	9	1	7	8	7	5	1	3
2147	대전 서구	축산시설현대화사업	26,677	9	1	7	8	7	1	1	4
2148	대전 서구	조사료사일리지제조비지원	25,515	9	1	7	8	7	1	1	4
2149	대전 서구	친환경축산지원	23,100	9	1	7	8	7	1	1	4
2150	대전 서구	장기요양기관운영지원	21,480	9	2	7	8	7	1	1	4
2151	대전 서구	고추비가림재배시설지원	20,000	9	1	7	8	7	1	1	4
2152	대전 서구	에너지이용효율화(다겹보온커튼)지원	18,956	9	1	7	8	7	1	1	4
2153	대전 서구	공동이용농기계지원사업	17,804	9	1	7	8	7	1	1	4
2154	대전 서구	공공형어린이집운영비(전환사업)	16,000	9	1	7	8	7	1	1	1
2155	대전 서구	폭력피해이주여성보호시설기능보강	12,717	9	1	7	8	7	5	5	4
2156	대전 서구	딸기수정벌입식지원사업	6,930	9	1	7	8	7	1	1	4
2157	대전 서구	장애인거주시설공기청정기렌탈지원	6,925	9	1	7	8	7	1	1	4

순번	시군구	지출명 (사업명)	2024년예산 (단위 : 천원 /1년간)	민간이전 분류 (지방자치단체 세출예산 집행기준에 의거) 1. 민간경상사업보조(307-02) 2. 민간단체 법정운영비보조(307-03) 3. 민간행사사업보조(307-04) 4. 민간위탁금(307-05) 5. 사회복지시설 법정운영비보조(307-10) 6. 민간위원교육비(307-12) 7. 공기관등에대한경상적위탁사업비(308-13) 8. 민간자본사업보조,자체재원(402-01) 9. 민간자본사업보조,이전재원(402-02) 10. 민간위탁사업비(402-03) 11. 공기관등에 대한 자본적 위탁사업비(403-02)	민간이전지출 근거 (지방보조금 관리기준 참고) 1. 법률에 규정 2. 국고보조 재원(국가지정) 3. 용도 지정 기부금 4. 조례에 직접규정 5. 지자체가 권장하는 사업을 하는 공공기관 6. 시,도 정책 및 재정사정 7. 기타 8. 해당없음	입찰방식			운영예산 산정		성과평가 실시여부 1. 실시 2. 미실시 3. 향후 추진 4. 해당없음
						계약체결방법 (경쟁형태) 1. 일반경쟁 2. 제한경쟁 3. 지명경쟁 4. 수의계약 5. 법정위탁 6. 기타 ( ) 7. 없음	계약기간 1. 1년 2. 2년 3. 3년 4. 4년 5. 5년 6. 기타 ( )년 7. 단기계약 (1년미만) 8. 없음	낙찰자선정방법 1. 적격심사 2. 협상에의한계약 3. 최저가낙찰제 4. 규격가격분리 5. 2단계 경쟁입찰 6. 기타 ( ) 7. 없음	운영예산 산정 1. 내부정산 (지자체 자체적으로 산정) 2. 외부정산 (외부전문기관위탁 산정) 3. 내·외부 모두 산정 4. 산정 無 5. 없음	정산방법 1. 내부정산 (지자체 내부적으로 정산) 2. 외부정산 (외부전문기관위탁 정산) 3. 내·외부 모두 정산 4. 정산 無 5. 없음	
2158	대전 서구	비닐하우스물받이설치지원	5,600	9	1	7	8	7	1	1	4
2159	대전 서구	아동복지시설운영지원	5,000	9	1	7	8	7	1	1	1
2160	대전 서구	도시농업육성	4,500	9	1	7	8	7	1	1	4
2161	대전 서구	양봉농가장비지원	3,920	9	1	7	8	7	1	1	4
2162	대전 서구	한부모가족복지시설기능보강	3,174	9	1	7	8	7	5	5	4
2163	대전 서구	친환경우량꽃생산지원사업	2,052	9	1	7	8	7	1	1	4
2164	대전 서구	수리계유지관리	1,300	9	1	7	8	7	1	1	4
2165	대전 유성구	벽영농자재통합지원	244,000	9	1	7	8	7	1	1	4
2166	대전 유성구	노후공동주택지원사업	200,000	9	6	7	8	7	1	1	4
2167	대전 유성구	저온저장고농기계지원	138,880	9	1	7	8	7	1	1	4
2168	대전 유성구	화재안전성능보강지원	135,930	9	1	7	8	7	5	5	4
2169	대전 유성구	공동이용농기계지원	131,118	9	6	7	8	7	1	1	4
2170	대전 유성구	가정용저녹스보일러보급지원	126,000	9	1	7	8	7	5	5	4
2171	대전 유성구	농업생산기반시설확충	100,000	9	1	7	8	7	1	1	4
2172	대전 유성구	공동체활성화시설지원	80,000	9	6	7	8	7	1	1	4
2173	대전 유성구	가정용음식물쓰레기감량기구입지원	72,800	9	4	7	8	7	5	5	4
2174	대전 유성구	희망자리(장비보강)	70,000	9	1	7	8	7	1	1	4
2175	대전 유성구	부설주차장개방지원사업	64,900	9	4	7	8	7	1	1	4
2176	대전 유성구	야생동물피해예방시설지원	55,200	9	1,2,4	7	8	7	1	1	2
2177	대전 유성구	비닐하우스연질필름교체지원	46,662	9	1	7	8	7	1	1	4
2178	대전 유성구	야생동물피해예방시설지원(구비추가분)	40,000	9	1,4	7	8	7	1	1	2
2179	대전 유성구	축산분야ICT융복합지원	39,200	9	2	7	8	7	5	1	4
2180	대전 유성구	조사료사일리지제조비지원	36,855	9	2	7	8	7	1	1	4
2181	대전 유성구	친환경우량꽃생산지원	28,658	9	1	7	8	7	1	1	4
2182	대전 유성구	국공립어린이집인센티브	28,000	9	6	7	8	7	1	1	4
2183	대전 유성구	단지내교통안전시설지원	25,000	9	6	7	8	7	1	1	4
2184	대전 유성구	공동주택외벽색채디자인지원사업	20,000	9	6	7	8	7	1	1	4
2185	대전 유성구	농촌체험마을활성화사업	18,274	9	1,4	7	8	7	5	5	4
2186	대전 유성구	안개분무시설지원	16,800	9	6	7	8	7	5	1	4
2187	대전 유성구	장기요양기관환기시설설치	15,752	9	1	7	8	7	1	1	4
2188	대전 유성구	배인공수분용우량꽃가루지원	13,524	9	1	7	8	7	1	1	4
2189	대전 유성구	내집주차장갖기사업	10,000	9	4	7	8	7	1	1	4
2190	대전 유성구	스탄촌(자동목걸이)지원	8,400	9	6	7	8	7	5	1	4
2191	대전 유성구	축산농가환기시설지원	8,400	9	6	7	8	7	5	1	4
2192	대전 유성구	휴대용비파괴당도측정기	8,316	9	6	7	8	7	1	1	4
2193	대전 유성구	농장소독시설	5,600	9	6	7	8	7	1	1	4
2194	대전 대덕구	장애인거주시설기능보강(국비)	605,494	9	1	7	8	7	1	1	4
2195	대전 대덕구	공동주택노후시설물보수지원	150,000	9	1	7	8	7	5	5	4
2196	대전 대덕구	농산물저온저장고설치지원	52,080	9	1	7	8	7	5	1	2
2197	대전 대덕구	공동주택공동체활성화시설지원사업	42,000	9	1	7	8	7	5	5	4

순번	시군구	지출명 (사업명)	2024년예산 (단위: 천원/1년간)	민간이전 분류 (지방자치단체 세출예산 집행기준에 의거)	민간이전지출 근거 (지방보조금 관리기준 참고)	계약체결방법 (경쟁형태)	계약기간	낙찰자선정방법	운영예산 산정	정산방법	성과평가 실시여부
2198	대전 대덕구	가정용음식물쓰레기감량기설치	33,600	9	6	2	2	6	1	1	3
2199	대전 대덕구	장애인직업재활시설기능보강(국비)	32,900	9	1	7	8	7	1	1	4
2200	대전 대덕구	공동이용농기계지원	21,000	9	1	7	8	7	1	1	4
2201	대전 대덕구	공동주택외벽색채디자인지원사업	20,000	9	1	7	8	7	5	5	4
2202	대전 대덕구	국공립어린이집확충인센티브	17,000	9	1	7	8	7	5	1	4
2203	대전 대덕구	공동주택단지내교통안전시설설치지원사업	5,000	9	1	7	8	7	5	5	4
2204	대전 대덕구	도시농업어린이체험농장지원	4,500	9	1	7	8	7	1	1	4
2205	대전 대덕구	친환경우량꽃생산지원	3,922	9	1	7	8	7	5	1	2
2206	대전 대덕구	시설하우스수정벌입식지원	1,890	9	1	7	8	7	5	1	2
2207	부산 서구	친환경에너지절감장비보급사업	173,000	9	2	7	8	7	1	1	4
2208	부산 서구	가정용저녹스보일러보급사업	69,000	9	1	7	8	7	5	5	4
2209	부산 서구	성매매피해자지원시설기능보강사업	26,649	9	2	5	8	7	1	1	4
2210	부산 서구	내집마당주차장갖기사업지원	20,000	9	4	7	8	7	5	5	4
2211	부산 서구	어선사고예방시스템구축사업	1,164	9	2	7	8	7	1	1	4
2212	부산 동구	가정용저녹스보일러설치지원사업	110,000	9	1	7	8	7	1	1	4
2213	부산 동구	가스열펌프(GHP)저감장치부착지원사업	59,900	9	1	7	8	7	5	5	4
2214	부산 동구	소규모사업장방지시설설치지원사업	9,450	9	1	7	8	7	1	5	4
2215	부산 영도구	국가지정문화재및국가등록문화재보수정비(법화사묘법연화경불서보각해제보수)(법화사묘법연화경불서보각(대웅전)해제보수)	500,000	9	2	7	8	7	1	1	1
2216	부산 영도구	가정용저녹스보일러보급사업(가정용저녹스보일러보급사업)	170,000	9	1	7	8	7	1	1	2
2217	부산 영도구	친환경에너지절감장비보급사업(친환경에너지절감장비보급사업)	142,080	9	4	7	8	7	1	1	4
2218	부산 영도구	그린주차사업(그린주차사업지원)	28,000	9	6	7	8	7	1	1	4
2219	부산 영도구	어선사고예방시스템구축(어선사고예방시스템구축사업)	2,820	9	4	7	8	7	1	1	4
2220	부산 부산진구	가정용저녹스보일러지원	336,000	9	2	7	8	7	1	1	4
2221	부산 부산진구	가스열펌프저감장치부착지원사업	69,300	9	2	7	8	7	5	5	4
2222	부산 부산진구	소규모사업장방지시설설치지원	58,500	9	2	7	8	7	5	5	4
2223	부산 부산진구	어린이집기능보강사업	56,640	9	2	7	7	7	1	1	4
2224	부산 부산진구	그린주차사업지원	32,000	9	4	7	8	7	5	5	4
2225	부산 부산진구	지역아동센터환경개선지원	20,000	9	1	7	8	7	5	1	4
2226	부산 부산진구	국공립어린이집기자재구입비	10,000	9	2	7	8	7	5	1	4
2227	부산 동래구	가정용저녹스보일러설치	656,900	9	2	7	8	7	5	5	4
2228	부산 동래구	차수판설치사업	63,000	9	8	7	8	7	5	5	4
2229	부산 동래구	내집마당주차장갖기사업	60,000	9	4	7	8	7	1	1	4
2230	부산 남구	가정용저녹스보일러설치지원	410,000	9	1	7	8	7	1	1	4
2231	부산 남구	공가리모델링사업	72,000	9	6	7	8	7	1	1	4
2232	부산 남구	그린주차사업추진	60,000	9	4	7	8	7	1	1	4
2233	부산 남구	소규모사업장방지시설설치지원	54,450	9	2	7	8	7	5	5	4
2234	부산 남구	가스열펌프배출가스저감장치부착지원	47,250	9	2	7	8	7	5	5	4
2235	부산 북구	가정용저녹스보일러보급사업	400,000	9	2	7	8	7	1	1	4
2236	부산 북구	2024년내집마당그린주차사업	80,000	9	4	7	8	7	5	5	3
2237	부산 북구	내수면어선기관교체지원사업	53,880	9	1	6	7	7	1	1	2

순번	시군구	지출명 (사업명)	2024년예산 (단위: 천원/1년간)	민간이전 분류	민간이전지출 근거	입찰방식 계약체결방법 (경쟁형태)	입찰방식 계약기간	입찰방식 낙찰자선정방법	운영예산 산정	정산방법	성과평가 실시여부
2238	부산 해운대구	지역아동센터환경개선비지원	60,000	9	2	7	8	7	5	5	4
2239	부산 해운대구	아동양육시설안전관리환경개선지원	4,000	9	6	7	8	7	1	1	4
2240	부산 해운대구	공동생활가정안전관리비지원	1,800	9	6	7	8	7	1	1	4
2241	부산 사하구	가정용친환경보일러설치지원사업	460,000	9	2	7	8	7	1	1	4
2242	부산 사하구	내수면어선기관교체지원	12,696	9	6	7	8	7	1	1	4
2243	부산 강서구	내재해형농업시설치사업	400,000	9	6	7	8	7	1	1	1
2244	부산 강서구	농업분야에너지절감시설지원	273,569	9	2	7	8	7	1	1	1
2245	부산 강서구	원예시설현대화	177,745	9	2	7	8	7	1	1	1
2246	부산 강서구	친환경에너지절감장비보급	176,014	9	2	7	8	7	1	1	1
2247	부산 강서구	내수면노후기관및장비교체지원사업	131,580	9	2	7	8	7	1	1	1
2248	부산 강서구	가정용저녹스보일러설치지원사업	65,000	9	1	7	8	7	1	1	1
2249	부산 강서구	IT활용원예시설환경제어시스템구축	50,000	9	6	7	8	7	1	1	1
2250	부산 강서구	축산분야ICT융복합시설지원사업	45,000	9	2	7	8	7	1	1	1
2251	부산 강서구	고품질원예작물생산지원	33,200	9	6	7	8	7	1	1	1
2252	부산 강서구	임산물생산기반조성	27,000	9	2	6	1	6	1	1	1
2253	부산 강서구	농식품산업육성지원	17,000	9	6	7	8	7	1	1	1
2254	부산 강서구	지역아동센터환경개선비지원	9,000	9	2	7	8	7	1	1	1
2255	부산 강서구	새일센터기업환경개선사업	5,000	9	2	7	8	7	1	1	1
2256	부산 강서구	유해야생동물피해예방시설설치지원	3,000	9	1	7	8	7	1	1	1
2257	부산 수영구	내집마당주차장건설	90,000	9	4	7	8	7	5	5	4
2258	부산 사상구	가정용저녹스보일러보급사업	260,000	9	2	7	8	7	5	5	4
2259	부산 사상구	착한가격업소규모환경개선지원	44,157	9	2	7	8	7	5	5	4
2260	부산 사상구	공립어린이집개보수지원(민들레)	30,000	9	1	7	8	7	5	5	4
2261	부산 사상구	지역아동센터환경개선비지원	17,000	9	2	7	8	7	5	5	1
2262	부산 사상구	문화재난방지시설구축(방범)	10,600	9	2	7	8	7	5	5	4
2263	부산 사상구	그린주차사업(2가구)	2,400	9	4	7	8	7	1	5	4
2264	부산 기장군	중입자가속기구축지원사업(국가직접지원)	2,694,000	9	7	7	8	7	3	3	4
2265	부산 기장군	공공사회복지(소득증대사업)	1,254,540	9	1	7	7	7	1	1	4
2266	부산 기장군	공공사회복지(공공사회복지사업)	929,764	9	1	7	7	7	1	1	4
2267	부산 기장군	국가지정문화재및등록문화재보수정비지원	800,000	9	1	7	8	7	5	5	4
2268	부산 기장군	시지정문화재및등록문화재보수정비지원	500,000	9	1	7	8	7	5	5	4
2269	부산 기장군	전통사찰보수정비	400,000	9	1	7	8	7	5	5	4
2270	부산 기장군	공공사회복지(공공사회복지사업)	340,147	9	1	7	7	7	1	1	4
2271	부산 기장군	전통사찰방재시스템구축	300,000	9	1	7	8	7	5	5	4
2272	부산 기장군	소규모사업장방지시설설치지원사업	207,000	9	1	7	8	7	1	1	4
2273	부산 기장군	국가지정문화재및등록문화재보수정비지원	200,000	9	1	7	8	7	5	5	4
2274	부산 기장군	내재해형농업시설치	200,000	9	6	7	8	7	5	5	4
2275	부산 기장군	상수원보호구역주민지원	195,100	9	1	7	8	7	5	5	4
2276	부산 기장군	공공사회복지(소득증대사업)	186,703	9	1	7	7	7	1	1	4
2277	부산 기장군	국가지정문화재및등록문화재보수정비지원	170,000	9	1	7	8	7	5	5	4

연번	기관구분	사업명(시설명)	2024예산액 (단위:백만원/1천원)	성인지 관련 정도	정책대상별 구분	예산사업 유형	성별영향평가	내부성평등	정책성평등	사업수혜
2278	복지기관운영	장애인재활시설운영지원	160,000	9	1	7	8	7	5	5	2,4
2279	복지기관운영	장애인종합복지관	120,000	9	1,2	7	8	7	5	5	4
2280	복지기관운영	장애인활동지원센터	89,950	9	2	7	8	7	5	5	4
2281	복지기관운영	가정폭력피해자보호시설운영	82,800	9	1	7	8	7	5	5	4
2282	복지기관운영	노인복지관운영	70,000	9	1,2	7	8	7	5	5	4
2283	복지기관운영	종합사회복지관	52,000	9	6	7	8	7	5	5	1
2284	복지기관운영	아이돌봄지원사업(아이돌봄지원)	33,795	9	2	7	8	7	5	5	4
2285	복지기관운영	아이돌봄지원사업(아이돌보미육성)	24,250	9	2	7	8	7	5	5	1
2286	복지기관운영	노인장기요양기관운영지원	24,000	9	2	7	8	7	1	1	4
2287	복지기관운영	성폭력피해자보호시설운영지원	17,000	9	6	7	8	7	5	5	4
2288	복지기관운영	건강가정지원센터(다문화가족지원센터통합)	16,000	9	4	7	8	7	5	5	4
2289	복지기관운영	다문화가족지원센터	10,880	9	6	7	8	7	5	5	4
2290	복지증진	아동복지시설운영지원	679,290	9	1	7	8	7	3	3	2
2291	복지증진	가정위탁및입양아동지원	456,750	9	2	7	8	7	5	5	4
2292	복지증진	장애수당및장애인연금	103,800	9	1	7	8	7	5	5	4
2293	복지증진	국민기초생활보장급여지원	93,420	9	1	5	8	7	1	1	4
2294	복지증진	의사상자지원사업지원(유족급여등)	84,000	9	6	7	8	7	1	1	1
2295	복지증진	장애인활동지원사업	68,544	9	1	7	8	7	3	3	1
2296	복지증진	기초연금지원	65,000	9	1	7	8	7	1	1	1
2297	복지증진	공공형노인일자리지원	60,000	9	1	7	8	7	1	1	1
2298	복지증진	장애연금	59,280	9	1	7	8	7	1	1	1
2299	복지증진	한부모가족지원	45,000	9	1,4	7	8	7	1	1	1
2300	복지증진	장애수당및부가급여지원	8,000	9	1	7	8	7	1	1	1
2301	복지증진	취업취약계층	6,400	9	6	7	8	7	5	5	4
2302	복지증진	여성장애인지원	5,320	9	1	7	8	7	5	5	4
2303	복지증진	성인여성장애인지원	5,000	9	1	7	8	7	1	1	1
2304	복지증진	장애인활동등지원사업	3,500	9	6	7	8	7	5	5	4
2305	복지증진	성폭력피해자의료비등지원	3,000	9	2	7	8	7	1	1	2
2306	복지증진	성인수고지원사업	1,800	9	1	7	8	7	5	5	4
2307	복지증진	장애인복지지원	1,000	9	1	7	8	7	1	1	1
2308	복지증진	장애인수급기관운영	750	9	1	7	8	7	5	5	4
2309	복지증진	장애인복지차량운영	360	9	1	7	8	7	5	5	4
2310	복지증진	장애인복지시설지원	300	9	1	7	8	7	5	5	4
2311	복지증진	임산부지원사업	192	9	2	7	8	7	5	5	1	4
2312	복지증진	장애수당지원	180	9	1	7	8	7	1	1	4
2313	복지증진	가정폭력피해자가정회복지원	551,250	9	2	7	8	7	5	5	4
2314	복지증진	가정폭력피해자지원사업	171,600	9	2	7	8	7	5	5	4
2315	복지증진	성인장애인사회지원	60,000	9	4	7	8	7	1	1	1
2316	복지증진	아동학대피해자지원사업	804,742	9	2	7	8	7	5	5	4
2317	복지증진	가정폭력피해자지원사업	57,600	9	2	7	8	7	1	1	4

순번	시군구	지출명 (사업명)	2024년예산 (단위 : 천원 /1년간)	민간이전 분류 (지방자치단체 세출예산 집행기준에 의거) 1. 민간경상사업보조(307-02) 2. 민간단체 법정운영비보조(307-03) 3. 민간행사사업보조(307-04) 4. 민간위탁금(307-05) 5. 사회복지시설 법정운영비보조(307-10) 6. 민간위탁사업비(307-12) 7. 공기관등에대한경상적위탁사업비(308-13) 8. 민간자본사업보조,자체재원(402-01) 9. 민간자본사업보조,이전재원(402-02) 10. 민간위탁사업비(402-03) 11. 공기관등에 대한 자본적 위탁사업비(403-02)	민간이전지출 근거 (지방보조금 관리기준 참고) 1. 법률에 규정 2. 국고보조 재원(국가지정) 3. 용도 지정 기부금 4. 조례에 직접규정 5. 지자체가 권장하는 사업을 하는 공공기관 6. 시, 도 정책 및 재정사정 7. 기타 8. 해당없음	입찰방식			운영예산 산정		성과평가 실시여부
						계약체결방법 (경쟁형태) 1. 일반경쟁 2. 제한경쟁 3. 지명경쟁 4. 수의계약 5. 법정위탁 6. 기타 ( ) 7. 없음	계약기간 1. 1년 2. 2년 3. 3년 4. 4년 5. 5년 6. 기타 ( )년 7. 단기계약 (1년미만) 8. 없음	낙찰자선정방법 1. 적격심사 2. 협상에의한계약 3. 최저가낙찰제 4. 규격가격분리 5. 2단계 경쟁입찰 6. 기타 ( ) 7. 없음	운영예산 산정 1. 내부산정 (지자체 자체적으로 산정) 2. 외부산정 (외부전문기관위탁 산정) 3. 내·외부 모두 산정 4. 산정 無 5. 없음	정산방법 1. 내부정산 (지자체 내부적으로 정산) 2. 외부정산 (외부전문기관위탁 정산) 3. 내·외부 모두 정산 4. 정산 無 5. 없음	1. 실시 2. 미실시 3. 향후 추진 4. 해당없음
2318	울산 동구	울산형태양광주택지원사업	38,080	9	6	7	8	7	5	5	4
2319	울산 동구	가스열펌프(GHP)저감장치설치지원	28,350	9	2	7	8	7	5	5	4
2320	울산 북구	장애인직업재활시설기능보강사업	816,424	9	1	7	8	7	5	5	4
2321	울산 북구	시설하우스환경개선	334,745	9	6	7	8	7	5	5	4
2322	울산 북구	시설하우스스마트팜시설지원	175,000	9	6	7	8	7	5	5	4
2323	울산 북구	울산형태양광주택지원사업	152,320	9	6	7	8	7	5	5	4
2324	울산 북구	미곡종합처리장보수공사지원	90,000	9	6	7	8	7	5	5	4
2325	울산 북구	어선기관,장비,설비대체자금	90,000	9	1	7	8	7	5	5	4
2326	울산 북구	시설채소생산성향상지원	81,250	9	6	7	8	7	5	5	4
2327	울산 북구	울산명성노인전문요양원기능보강사업	78,894	9	1	7	8	7	5	5	4
2328	울산 북구	축산분야ICT융복합지원	77,000	9	2	7	8	7	5	5	4
2329	울산 북구	화훼생산유통지원	62,500	9	6	7	8	7	5	5	4
2330	울산 북구	경로당기능활성화사업	40,000	9	6	7	7	7	1	1	4
2331	울산 북구	시설원예현대화사업	32,663	9	2	7	8	7	5	5	4
2332	울산 북구	축산농가방역시설설치지원	32,400	9	6	7	8	7	5	5	4
2333	울산 북구	에너지절감시설지원	27,241	9	2	7	8	7	5	5	4
2334	울산 북구	로컬푸드연중생산체계구축	25,000	9	6	7	8	7	5	5	4
2335	울산 북구	부설주차장무료개방지원	20,000	9	4	7	8	7	5	5	4
2336	울산 북구	농산물생산시설장비지원	18,000	9	6	7	8	7	5	5	4
2337	울산 북구	사료자동급이기설치지원	15,600	9	6	7	8	7	5	5	4
2338	울산 북구	양봉산업육성	11,949	9	6	7	8	7	5	5	4
2339	울산 북구	임산물생산기반조성	10,250	9	2	7	8	7	5	5	4
2340	울산 북구	기업환경개선지원	10,000	9	2	5	8	7	1	1	1
2341	울산 북구	내집주차장갖기사업	9,000	9	4	7	8	7	5	5	4
2342	울산 북구	축사환풍기지원	8,400	9	6	7	8	7	5	5	4
2343	울산 북구	고수온대응(대비)장비구입비	8,000	9	1	7	8	7	5	5	4
2344	울산 북구	장기요양기관환기시설설치	7,160	9	2	7	8	7	5	5	4
2345	울산 북구	과수품종갱신육성지원	6,250	9	6	7	8	7	5	5	4
2346	울산 북구	말벌퇴치장비지원	1,440	9	2	7	8	7	5	5	4
2347	울산 북구	성폭력피해자보호시설기자재지원	1,170	9	1	5	8	7	1	1	1
2348	울산 울주군	서생지역농기계지원사업	1,693,647	9	2	7	8	7	5	5	4
2349	울산 울주군	신재생에너지융복합사업	976,210	9	2	2	1	7	3	3	1
2350	울산 울주군	축산분야ICT융복합지원	420,000	9	2	7	8	7	1	1	1
2351	울산 울주군	농산물생산시설현대화지원	364,120	9	1	7	8	7	1	1	4
2352	울산 울주군	친환경에너지절감장비보급	273,960	9	1	7	8	7	1	1	1
2353	울산 울주군	조사료생산용기계장비구입지원	264,000	9	1	7	8	7	1	1	1
2354	울산 울주군	축사환풍기지원	210,000	9	1	7	8	7	1	1	1
2355	울산 울주군	온양지역농기계지원사업	170,280	9	2	7	8	7	5	5	4
2356	울산 울주군	울산형태양광주택지원사업	152,320	9	1	7	8	7	3	1	4
2357	울산 울주군	어린이집운영비추가지원	150,000	9	4	7	8	7	1	1	4

순번	시군구	지출명 (사업명)	2024년예산 (단위 : 천원 /1년간)	민간이전 분류 (지방자치단체 세출예산 집행기준에 의거) 1. 민간경상사업보조(307-02) 2. 민간단체 법정운영비보조(307-03) 3. 민간행사사업보조(307-04) 4. 민간위탁금(307-05) 5. 사회복지시설 법정운영비보조(307-10) 6. 민간인위탁교육비(307-12) 7. 공기관등에대한경상적위탁사업비(308-13) 8. 민간자본사업보조,자체재원(402-01) 9. 민간자본사업보조,이전재원(402-02) 10. 민간위탁사업비(402-03) 11. 공기관등에 대한 자본적 위탁사업비(403-02))	민간이전지출 근거 (지방보조금 관리기준 참고) 1. 법률에 규정 2. 국고보조 재원(국가지정) 3. 용도 지정 기부금 4. 조례에 직접규정 5. 지자체가 권장하는 사업을 하는 공공기관 6. 시,도 정책 및 재정사정 7. 기타 8. 해당없음	입찰방식			운영예산 산정		성과평가 실시여부 1. 실시 2. 미실시 3. 향후 추진 4. 해당없음
						계약체결방법 (경쟁형태) 1. 일반경쟁 2. 제한경쟁 3. 지명경쟁 4. 수의계약 5. 법정위탁 6. 기타 ( ) 7. 없음	계약기간 1. 1년 2. 2년 3. 3년 4. 4년 5. 5년 6. 기타 ( )년 7. 단기계약 (1년미만) 8. 없음	낙찰자선정방법 1. 적격심사 2. 협상에의한계약 3. 최저가낙찰제 4. 규격가격분리 5. 2단계 경쟁입찰 6. 기타 ( ) 7. 없음	운영예산 산정 1. 내부산정 (지자체 자체적으로 산정) 2. 외부산정 (외부전문기관위탁 산정) 3. 내·외부 모두 산정 4. 산정 無	정산방법 1. 내부정산 (지자체 내부적으로 정산) 2. 외부정산 (외부전문기관위탁 정산) 3. 내·외부 모두 산정 4. 정산 無 5. 없음	
2358	울산 울주군	가정용저녹스보일러교체비지원	129,600	9	2	7	8	7	5	5	4
2359	울산 울주군	국공립어린이집확충	120,000	9	2	7	8	7	1	1	4
2360	울산 울주군	소사료자동급이시설설치지원	109,200	9	1	7	8	7	1	1	1
2361	울산 울주군	외식업입식좌석개선지원	100,000	9	4	7	8	7	1	1	4
2362	울산 울주군	시설하우스스마트팜시설지원	97,500	9	1	7	8	7	5	1	4
2363	울산 울주군	흑서기가축재해예방장비지원	90,000	9	1	7	8	7	1	1	1
2364	울산 울주군	어린이집운영지원	68,000	9	2	7	8	7	1	1	1
2365	울산 울주군	소체철보정용고정대지원	67,200	9	1	7	8	7	1	1	1
2366	울산 울주군	양봉산업육성	66,587	9	1	7	8	7	1	1	1
2367	울산 울주군	축사CCTV설치지원	62,988	9	1	7	8	7	1	1	1
2368	울산 울주군	화훼생산유통지원	62,500	9	1	7	8	7	5	1	4
2369	울산 울주군	어린이집기능보강사업	62,000	9	2	7	8	7	1	1	4
2370	울산 울주군	과수품종갱신육성지원	58,178	9	1	7	8	7	5	1	4
2371	울산 울주군	축사방역시설설치지원	54,000	9	1	7	8	7	1	1	1
2372	울산 울주군	야생동물피해예방시설설치비지원	48,000	9	2	7	8	7	5	5	4
2373	울산 울주군	가스열펌프배출가스저감장치부착지원사업	47,250	9	2	7	8	7	5	5	4
2374	울산 울주군	축사자동소독시설지원	46,800	9	1	7	8	7	1	1	1
2375	울산 울주군	축사노후시설교체및원격제어지원	46,200	9	1	7	8	7	1	1	1
2376	울산 울주군	로컬푸드연중생산체계구축	25,000	9	1	7	8	7	5	1	4
2377	울산 울주군	양봉농가저온저장고지원	23,520	9	1	7	8	7	1	1	1
2378	울산 울주군	수산물건조기지원	12,800	9	2	7	8	7	5	1	4
2379	울산 울주군	산림소득증대사업	9,500	9	2	7	8	7	5	5	4
2380	울산 울주군	공공형어린이집교육환경개선비	8,000	9	4	7	8	7	1	1	4
2381	울산 울주군	GAP인증농가수수료지원	8,000	9	1	7	8	7	1	1	4
2382	울산 울주군	FTA고품질과수생산시설현대화지원사업	7,500	9	2	7	8	7	5	1	3
2383	울산 울주군	고추비가림재배시설지원	5,000	9	1	7	8	7	5	1	4
2384	울산 울주군	언양읍경로당운영지원사업	2,400	9	2	7	8	7	2	1	4
2385	울산 울주군	말벌퇴치장비지원사업	1,912	9	2	7	8	7	1	1	4
2386	울산 울주군	상북면경로당운영지원사업	1,500	9	2	7	8	7	2	1	4
2387	울산 울주군	청량신촌마을농기계지원사업	1,000	9	2	7	8	7	5	5	4
2388	세종특별자치시	어린이집환경개선	142,000	9	2	7	8	7	5	5	2
2389	세종특별자치시	한우스마트팜번식관리시스템보급시범	100,000	9	2	7	8	7	5	5	4
2390	세종특별자치시	농식품체험키트상품화기술시범	70,000	9	2	7	8	7	5	5	4
2391	세종특별자치시	무가당와인제조기술시범	60,000	9	2	7	8	7	5	5	4
2392	세종특별자치시	작목별맞춤형안전관리실천시범	50,000	9	2	7	8	7	5	5	4
2393	세종특별자치시	딸기신품종확대보급기술시범	50,000	9	2	7	8	7	5	5	4
2394	세종특별자치시	화재걱정없는가축원적외선발열선보온등보급시범	30,000	9	2	7	8	7	5	5	4
2395	세종특별자치시	드론용비산저감AI노즐및분무장치시기술시범	25,000	9	2	7	8	7	5	5	4
2396	세종특별자치시	논온실가스감축을위한물관리와완효성비료복합기술시범	20,000	9	2	7	8	7	5	5	4
2397	세종특별자치시	미래세대대상농업체험'키드키드팜'조성및콘텐츠적용시범	20,000	9	2	7	8	7	5	5	4

순번	시군구	지출명(사업명)	2024년예산 (단위: 천원/1년간)	민간이전 분류	민간이전지출 근거	계약체결방법 (경쟁형태)	계약기간	낙찰자선정방법	운영예산 산정	정산방법	성과평가 실시여부
2398	세종특별자치시	마을기업컨설팅등지원	84,000	9	2	7	8	7	5	1	4
2399	세종특별자치시	한센간이양로주택기능보강	42,000	9	4	7	8	7	5	5	4
2400	세종특별자치시	지방투자촉진보조금지원	5,939,000	9	2	7	8	7	5	3	1
2401	세종특별자치시	노인복지시설기능보강사업	279,000	9	2	7	8	7	1	2	2
2402	세종특별자치시	주변지역주민공동이용시설환경조성사업	67,450	9	1	7	1	7	5	1	4
2403	세종특별자치시	신세종복합발전소주변지역기본지원	20,700	9	1	7	1	7	5	1	4
2404	세종특별자치시	세종디엠솔라발전소주변지역기본지원	17,000	9	1	7	1	7	5	1	4
2405	세종특별자치시	장애인주간보호시설기능보강사업	14,425	9	1	7	1	7	5	5	4
2406	세종특별자치시	그린신재생발전소주변지역기본지원	14,000	9	1	7	1	7	5	1	4
2407	세종특별자치시	아세아제지신재생발전소기본지원사업	11,600	9	1	7	1	7	5	1	4
2408	세종특별자치시	장기요양기관환기시설설치	11,520	9	2	7	8	7	1	1	2
2409	세종특별자치시	주변지역주민공동농기계구입	10,850	9	1	7	1	7	5	1	4
2410	세종특별자치시	소수력발전소주변지역기본지원	9,900	9	1	7	1	7	5	1	4
2411	세종특별자치시	한반도태양광발전소주변지역기본지원	8,400	9	1	7	1	7	5	1	4
2412	세종특별자치시	아세아제지신재생발전소기본지원사업	2,400	9	1	7	1	7	5	1	4
2413	강원특별자치도	배수개선	7,290,000	9	2	1	3	1	5	5	4
2414	강원특별자치도	지방의료원기능특성화및감염병대응	5,950,000	9	1	7	8	7	3	3	4
2415	강원특별자치도	지방의료원전산운영노후전산장비교체	300,000	9	2	7	8	7	5	5	4
2416	강원특별자치도	장애인의료재활시설기능보강	223,333	9	1	7	8	7	3	3	4
2417	강원특별자치도	스토킹피해자임대주택주거임임대보증금	48,000	9	2	7	8	7	2	1	4
2418	강원특별자치도	장애인직업재활시설기능보강	30,030	9	1	5	5	7	1	1	1
2419	강원특별자치도	지역공공보건의료협력체계구축(자본)	25,000	9	2	7	8	7	5	5	4
2420	강원특별자치도	여성긴급전화1366센터기능보강	21,400	9	1	7	8	7	1	1	4
2421	강원 춘천시	전기자동차보급지원	13,209,200	9	2	7	8	7	1	1	4
2422	강원 춘천시	수소자동차보급지원	7,390,000	9	2	7	8	7	1	1	4
2423	강원 춘천시	종자산업기반구축	1,400,000	9	2	7	8	7	5	5	4
2424	강원 춘천시	스마트팜ICT융복합확산(온실신개축지원)	1,200,000	9	2	7	8	7	5	5	4
2425	강원 춘천시	두지역살아보기	1,000,000	9	1,2	7	8	7	1	1	4
2426	강원 춘천시	춘천시가족센터기능보강	750,000	9	7	7	3	7	1	1	1
2427	강원 춘천시	어린이집환경개선지원	600,000	9	6	7	8	7	1	1	4
2428	강원 춘천시	경유자동차매연저감장치설치지원	427,880	9	2	7	8	7	5	5	4
2429	강원 춘천시	소규모사업장방지시설설치지원	390,600	9	2	7	8	7	5	5	4
2430	강원 춘천시	축산악취개선	340,000	9	2	7	8	7	1	1	4
2431	강원 춘천시	사과안정생산기반조성지원(지역활력화작목기반조성)	334,000	9	6	7	8	7	5	5	4
2432	강원 춘천시	장애인거주시설기능보강(국비)	250,000	9	1	7	8	7	3	1	4
2433	강원 춘천시	전기이륜차보급지원	240,000	9	2	7	8	7	1	1	4
2434	강원 춘천시	건설기계저공해조치	225,000	9	2	7	8	7	5	5	4
2435	강원 춘천시	축산분야ICT융복합확산지원	202,500	9	2	7	8	7	1	1	4
2436	강원 춘천시	기업형새농촌도약마을지원(2단계)	200,000	9	1	7	8	7	1	1	4
2437	강원 춘천시	고품질자가퇴비자원화및유통활성화시범	200,000	9	1	7	8	7	1	1	4

순번	시군구	지출명 (사업명)	2024년예산 (단위 : 천원 /1년간)	민간이전 분류 (지방자치단체 세출예산 집행기준에 의거)	민간이전지출 근거 (지방보조금 관리기준 참고)	입찰방식 계약체결방법 (경쟁형태)	입찰방식 계약기간	입찰방식 낙찰자선정방법	운영예산 산정 운영예산 산정	운영예산 산정 정산방법	성과평가 실시여부
2438	강원 춘천시	신재생에너지보급(주택지원)	150,606	9	4	7	8	7	1	1	4
2439	강원 춘천시	임산물생산단지규모화	109,320	9	2	7	8	7	5	5	4
2440	강원 춘천시	의용소방대활동장비지원	100,000	9	6	7	8	7	1	1	1
2441	강원 춘천시	종합사회복지관운영지원(기능보강)	100,000	9	1	7	8	7	1	1	4
2442	강원 춘천시	지역아동센터기능보강지원	100,000	9	1	7	8	7	5	5	4
2443	강원 춘천시	생력형농기계지원	96,000	9	6	7	8	7	5	5	4
2444	강원 춘천시	가스열펌프(GHP)배출가스저감장치부착지원	91,350	9	2	7	8	7	5	5	4
2445	강원 춘천시	춘천시장애인종합복지관기능보강	90,000	9	1	7	8	7	1	1	3
2446	강원 춘천시	시설원예국산장기성농업용피복재활용재배기술보급시범	80,000	9	2	7	8	7	5	5	4
2447	강원 춘천시	다목적가축분뇨처리장비지원	80,000	9	1	7	8	7	1	1	4
2448	강원 춘천시	식품공중위생업소환경개선사업	78,000	9	4	7	8	7	5	5	1
2449	강원 춘천시	가축분뇨고속발효시설지원	75,000	9	1	7	8	7	1	1	4
2450	강원 춘천시	축산물작업장위생개선지원	75,000	9	1	7	8	7	5	5	4
2451	강원 춘천시	방역인프라설치지원	66,360	9	2	7	8	7	5	5	4
2452	강원 춘천시	데이터기반시설원예모니터링시스템보급시범	64,000	9	6	7	8	7	5	5	4
2453	강원 춘천시	농촌체험안전편의시설확충	63,000	9	1	7	8	7	1	1	4
2454	강원 춘천시	장애인거주시설기능보강	60,000	9	6	7	8	7	1	1	3
2455	강원 춘천시	내수면어업인안전조업어선보급및개선	49,997	9	1	7	8	7	5	5	4
2456	강원 춘천시	내수면노후선외기대체지원	42,000	9	1	7	8	7	5	5	4
2457	강원 춘천시	도래샘주간보호소기능보강	40,000	9	1	7	8	7	1	1	3
2458	강원 춘천시	농어촌민박시설환경개선	40,000	9	1	7	8	7	1	1	4
2459	강원 춘천시	고추비가림재배시설지원	38,550	9	2	7	8	7	5	5	4
2460	강원 춘천시	고품질인삼생산시설지원	38,325	9	6	7	8	7	5	5	4
2461	강원 춘천시	양식기반시설및기자재지원	37,334	9	1	7	8	7	5	5	4
2462	강원 춘천시	어업경영개선장비지원	36,687	9	1	7	8	7	5	5	4
2463	강원 춘천시	야생동물피해예방시설설치사업(전기목책기,철망울타리,포획틀등)	33,000	9	2	7	8	7	1	1	2
2464	강원 춘천시	비닐하우스현대화	32,000	9	6	7	8	7	5	5	4
2465	강원 춘천시	이상수온대응지원	32,000	9	1	7	8	7	5	5	4
2466	강원 춘천시	다회용기재사용촉진지원(민간자본)	30,000	9	1	7	8	7	5	5	4
2467	강원 춘천시	명품과원기반조성	29,400	9	6	7	8	7	5	5	4
2468	강원 춘천시	벽육묘시설장비지원	25,000	9	6	7	8	7	5	5	4
2469	강원 춘천시	과수경쟁력제고지원	25,000	9	6	7	8	7	5	5	4
2470	강원 춘천시	가축분뇨배출시설악취저감지원	25,000	9	1	7	8	7	1	1	4
2471	강원 춘천시	화훼생산유통지원	22,500	9	6	7	8	7	5	5	4
2472	강원 춘천시	에너지절감시설	22,486	9	2	7	8	7	5	5	4
2473	강원 춘천시	어린이통학차량LPG전환지원	20,000	9	2	7	8	7	5	5	4
2474	강원 춘천시	시설원예환경개선	20,000	9	6	7	8	7	5	5	4
2475	강원 춘천시	저녹스보일러설치지원	18,000	9	1	7	8	7	5	5	4
2476	강원 춘천시	청년4H회원기초영농정착지원	18,000	9	1	7	8	7	1	1	4
2477	강원 춘천시	양봉산업육성지원(기자재)	17,000	9	6	7	8	7	1	1	4

순번	시군구	지출명 (사업명)	2024년예산 (단위:천원/1년간)	민간이전 분류 (지방자치단체 세출예산 집행기준에 의거) 1. 민간경상사업보조(307-02) 2. 민간단체 법정운영비보조(307-03) 3. 민간행사사업보조(307-04) 4. 민간위탁금(307-05) 5. 사회복지시설 법정운영비보조(307-10) 6. 민간위탁교육비(307-12) 7. 민간자본사업보조(자본이전)(308-13) 8. 민간자본사업보조,자체재원(402-01) 9. 민간자본사업보조,이전재원(402-02) 10. 민간위탁사업비(402-03) 11. 공기관등에대한 자본적 위탁사업비(403-02)	민간이전지출 근거 (지방보조금 관리기준 참고) 1. 법률에 규정 2. 국고보조 재원(국가지정) 3. 용도 지정 기부금 4. 조례에 직접규정 5. 지자체가 권장하는 사업을 하는 공공기관 6. 시,도 정책 및 재정사정 7. 기타 8. 해당없음	입찰방식			운영예산 산정		성과평가 실시여부
						계약체결방법 (경쟁형태) 1. 일반경쟁 2. 제한경쟁 3. 지명경쟁 4. 수의계약 5. 법정위탁 6. 기타 ( ) 7. 없음	계약기간 1. 1년 2. 2년 3. 3년 4. 4년 5. 5년 6. 기타 ( )년 7. 단가계약 (1년미만) 8. 없음	낙찰자선정방법 1. 적격심사 2. 협상에의한계약 3. 최저가낙찰제 4. 규격가격분리 5. 2단계 경쟁입찰 6. 기타 ( ) 7. 없음	운영예산 산정 1. 내부산정 (지자체 자체적으로 산정) 2. 외부산정 (외부전문기관위탁 산정) 3. 내·외부 모두 산정 4. 산정 無 5. 없음	정산방법 1. 내부정산 (지자체 내부적으로 정산) 2. 외부정산 (외부전문기관위탁 정산) 3. 내·외부 모두 정산 4. 정산 無 5. 없음	1. 실시 2. 미실시 3. 향후 추진 4. 해당없음
2478	강원 춘천시	펠릿보일러지원(주민편의용)	15,600	9	2	7	8	7	5	5	4
2479	강원 춘천시	농가차단방역용소독시설장비지원	11,960	9	1	7	8	7	5	5	4
2480	강원 춘천시	한부모가족복지시설기능보강	11,546	9	2	7	8	7	1	1	1
2481	강원 춘천시	부존자원활용조사료자급률확대(TMR자동급이기)	10,500	9	1	7	8	7	5	5	4
2482	강원 춘천시	성매매피해상담소기능보강	8,094	9	1	7	8	7	1	1	1
2483	강원 춘천시	펠릿보일러지원(주택용)	7,280	9	2	7	8	7	5	5	4
2484	강원 춘천시	시설원예현대화	6,736	9	2	7	8	7	5	5	4
2485	강원 춘천시	인삼생산시설현대화	6,225	9	2	7	8	7	5	5	4
2486	강원 춘천시	양돈농장ASF방역관리지원	5,000	9	2	7	8	7	5	5	4
2487	강원 춘천시	성매매피해자지원시설기능보강	3,968	9	1	5	8	1	1	1	1
2488	강원 춘천시	어린이집기능보강	2,000	9	2	4	8	7	5	5	4
2489	강원 춘천시	토봉산업육성지원	2,000	9	6	7	8	7	1	1	4
2490	강원 춘천시	친환경임산물재배관리	858	9	2	7	8	7	5	5	4
2491	강원 강릉시	지방투자기업지방투자촉진보조금지원	9,832,500	9	1	7	8	7	5	5	4
2492	강원 강릉시	전기자동차(화물)구입지원(정액)	7,848,000	9	2	7	8	7	5	5	4
2493	강원 강릉시	수소전기자동차보급사업	6,600,000	9	2	7	8	7	5	5	4
2494	강원 강릉시	전기자동차(승용)구입지원(정액)	3,749,600	9	2	7	8	7	5	5	4
2495	강원 강릉시	4등급노후경유차조기폐차지원(정액)	2,201,500	9	1	7	8	7	5	5	4
2496	강원 강릉시	전기자동차(승합)구입지원(정액)	1,638,000	9	2	7	8	7	5	5	4
2497	강원 강릉시	5등급노후경유차조기폐차지원(정액)	1,585,600	9	1	7	8	7	5	5	4
2498	강원 강릉시	장애인거주시설기능보강	751,180	9	2	7	8	7	5	5	4
2499	강원 강릉시	저상버스도입지원	715,000	9	1	7	8	7	5	5	4
2500	강원 강릉시	단독주택도시가스보급확대사업	479,840	9	1,4	7	8	7	5	5	4
2501	강원 강릉시	강릉선교장홍예헌사면보수및배수로정비	442,000	9	2	7	8	7	5	5	4
2502	강원 강릉시	용연사대웅전증개축2차	400,000	9	2	7	8	7	5	5	4
2503	강원 강릉시	시티버스구입	390,000	9	1,4	7	8	7	5	5	4
2504	강원 강릉시	동해안수출용딸기안정생산기반확대	388,800	9	6	7	8	7	5	5	4
2505	강원 강릉시	지역적응형체리키위명품화단지조성	364,000	9	6	7	8	7	5	5	4
2506	강원 강릉시	원예농산물안정생산및인프라확충	320,000	9	6	7	8	7	5	5	4
2507	강원 강릉시	소규모사업장방지시설설치지원사업	302,400	9	2	7	8	7	5	5	4
2508	강원 강릉시	낙가사대웅전주변정비	302,400	9	2	7	8	7	5	5	4
2509	강원 강릉시	강릉보현사낭원대사탑진입로정비2차	299,000	9	2	7	8	7	5	5	4
2510	강원 강릉시	유휴지활용조사료생산장비지원	280,000	9	1	7	8	7	5	5	4
2511	강원 강릉시	해면양식장지원	262,960	9	1	7	8	7	5	5	4
2512	강원 강릉시	저온저장고설치지원	258,000	9	2	7	8	7	5	5	4
2513	강원 강릉시	강릉보현사석조아미타삼존불상정밀조사및복장유물보존처리	250,000	9	2	7	8	7	5	5	4
2514	강원 강릉시	산림작물생산단지(소액)	213,190	9	1	7	8	7	5	5	4
2515	강원 강릉시	신재생에너지주택지원사업	210,964	9	6	7	8	7	5	5	4
2516	강원 강릉시	연근해어선노후기관대체지원	210,600	9	6	7	8	7	5	5	4
2517	강원 강릉시	청학사요사채개축2차	200,000	9	2	7	8	7	5	5	4

번호	기관	사업명	2024예산액 (단위: 백만원/개소)	평가지표별 점수 (사업의 성격 및 일반기준에 따라 선택) 1. 법정의무 여부 관련 정도(307-02) 2. 인건비성 사업 여부(307-03) 3. 시설유지관리보수 사업 여부(307-04) 4. 사용처 지정 여부(307-05) 5. 사업대상자 지정 여부(307-10) 6. 인건비보조금의 비중(307-12) 7. 시도보조사업 보조율(308-13) 8. 인건비성 사업의 수혜자 범위(402-01) 9. 인건비성 사업의 고용형태(402-02) 10. 민간이전경비의 비중(402-03) 11. 정기성여부 관련 시도비 보조사업 지원 정도(403-02)	합산평가 (보조사업자 종류에 따라 선택) 1. 기관 2. 공공 3. 민간 4. 수행기관 5. 정책적필요성 6. 기타 ( ) 7. 합산점수 8. 등급	평가지표 1. 기관 2.2 경쟁력 3. 재정지원 4. 수혜자부담 5.성과관리 5.5 적정성 6. 기타 ( ) 7. 합산점수	사업시행 효율성 1. 기관 2. 전문성 3. 효과성 (공정성 전문성) 4. 수요자 만족도 5.자립가능성 6. 기타 ( ) 7. 합산점수	성과결과 평가 1. 기관 2. 달성도 (실적목표 대비) 3. 효율성 4. 효과성 5. 합산점수	종합평가 결과 1. 유지 2. 이월지원 3. 축소운영 (실적부진 반영) 4. 폐지
2518	장애인종합시설	발달장애인 주간활동서비스 및 방과후활동서비스(지원)	200,000	9	2	7	8	7	5	5	4
2519	장애인종합시설	사회서비스원 운영지원 시설비	200,000	9	1	7	8	7	5	5	4
2520	장애인종합시설	기초연금 및 장애인연금 지급 및 관리 시설비	200,000	9	1	7	8	7	5	5	4
2521	장애인종합시설	다사랑장애인주간보호 및 단기보호서비스	200,000	9	2	7	8	7	5	5	4
2522	장애인종합시설	노인일자리 사업 등	187,532	9	2	7	8	7	5	5	4
2523	장애인종합시설	지역사회서비스 투자(명)	160,000	9	2	7	8	7	5	5	4
2524	장애인종합시설	아동복지시설 운영 시설비	155,520	9	6	7	8	7	5	5	4
2525	장애인종합시설	장애인 활동지원수당(비매뉴)	150,000	9	2	7	8	7	5	5	4
2526	장애인종합시설	사회복지시설의 안전 개선	150,000	9	2	7	8	7	5	5	4
2527	장애인종합시설	장애인 직업재활 지원	148,500	9	1	7	8	7	5	5	4
2528	장애인종합시설	지역아동센터 지원	141,900	9	1	7	8	7	5	5	4
2529	장애인종합시설	장애인 거주시설 운영	140,609	9	2	7	8	7	5	5	4
2530	장애인종합시설	보육시설이용 지원시설비	140,000	9	6	7	8	7	5	5	4
2531	장애인종합시설	국가참여형 사회서비스 투자사업 시설비	135,000	9	1	7	8	7	5	5	4
2532	장애인종합시설	장애인거주시설 및 재가시설 운영비	133,600	9	2	7	8	7	5	5	4
2533	장애인종합시설	아이사랑 민간어린이집 행정운영 시설비	130,373	9	1,4	7	8	7	5	5	4
2534	장애인종합시설	장애아동 수당지원기	127,200	9	2	7	8	7	5	5	4
2535	장애인종합시설	아동복지센터 시설비	123,900	9	6	7	8	7	5	5	4
2536	장애인종합시설	사회복지시설	100,000	9	6	7	8	7	5	5	4
2537	장애인종합시설	장애인단체 활동지원 시설비	100,000	9	2	7	8	7	5	5	4
2538	장애인종합시설	발달장애인 운영비	100,000	9	1	7	8	7	5	5	4
2539	장애인종합시설	이동편의 증진 시설비	100,000	9	2	7	8	7	5	5	4
2540	장애인종합시설	노인복지센터 시설비	94,500	9	6	7	8	7	5	5	4
2541	장애인종합시설	저소득층 지원사업 및 자립	82,140	9	2	7	8	7	5	5	4
2542	장애인종합시설	노인시설센터 시설비	80,725	9	2	7	8	7	5	5	4
2543	장애인종합시설	노인시설 운영시설	80,000	9	4	7	8	7	5	5	4
2544	장애인종합시설	아이돌봄지원사업의 시설비 (개선추가)	80,000	9	1,4	7	8	7	5	5	4
2545	장애인종합시설	기타 민간환경 운영 시설비	80,000	9	1	7	8	7	5	5	4
2546	장애인종합시설	장애인 정보활동지원 시설비 증감	80,000	9	6	7	8	7	5	5	4
2547	장애인종합시설	지역정보화 복지사업 및 장애인 전문지원 등 시설비	80,000	9	2	7	8	7	5	5	4
2548	장애인종합시설	장애인운영 보조금 시설지원	76,191	9	1	7	8	7	5	5	4
2549	장애인종합시설	장애인 고용 촉진 시설비	75,000	9	1	7	8	7	5	5	4
2550	장애인종합시설	자활경로시설 운영	72,000	9	1	7	8	7	5	5	4
2551	장애인종합시설	민간이전시설 인건비 보조 시설비증감	64,000	9	6	7	8	7	5	5	4
2552	장애인종합시설	다사랑복지관등운영인건보조시설비	60,000	9	2	7	8	7	5	5	4
2553	장애인종합시설	장애인복지중재정시설비	60,000	9	2	7	8	7	5	5	4
2554	장애인종합시설	발달장애사업시설인력 시설비	52,250	9	6	7	8	7	5	5	4
2555	장애인종합시설	한부모가족지원등시설운영	50,000	9	1	7	8	7	5	5	4
2556	장애인종합시설	자활가정지원 시설비	50,000	9	6	7	8	7	5	5	4
2557	장애인종합시설	장애인의료지원시설	50,000	9	1	7	8	7	5	5	4

순번	시군구	지출명 (사업명)	2024년예산 (단위 : 천원 /1년간)	민간이전 분류 (지방자치단체 세출예산 집행기준에 의거) 1. 민간경상사업보조(307-02) 2. 민간단체 법정운영비보조(307-03) 3. 민간행사사업보조(307-04) 4. 민간위탁금(307-05) 5. 사회복지시설 법정운영비보조(307-10) 6. 민간위탁교육비(307-12) 7. 공기관등에대한경상적위탁사업비(308-13) 8. 민간자본사업보조,자체재원(402-01) 9. 민간자본사업보조,이전재원(402-02) 10. 민간위탁사업비(402-03) 11. 공기관등에 대한 자본적 위탁사업비(403-02)	민간이전지출 근거 (지방보조금 관리기준 참고) 1. 법률에 규정 2. 국고보조 재원(국가지정) 3. 용도 지정 기부금 4. 조례에 직접규정 5. 지자체가 권장하는 사업을 하는 공공기관 6. 시,도 정책 및 재정사정 7. 기타 8. 해당없음	입찰방식			운영예산 산정		성과평가 실시여부
						계약체결방법 (경쟁형태) 1. 일반경쟁 2. 제한경쟁 3. 지명경쟁 4. 수의계약 5. 법정위탁 6. 기타 ( ) 7. 없음	계약기간 1. 1년 2. 2년 3. 3년 4. 4년 5. 5년 6. 기타 ( )년 7. 단기계약 (1년미만) 8. 없음	낙찰자선정방법 1. 적격심사 2. 협상에의한계약 3. 최저가낙찰제 4. 규격가격분리 5. 2단계 경쟁입찰 6. 기타 ( ) 7. 없음	운영예산 산정 1. 내부산정 (지자체 자체적으로 산정) 2. 외부산정 (외부전문기관위탁 산정) 3. 내·외부 모두 산정 4. 산정 無 5. 없음	정산방법 1. 내부정산 (지자체 내부적으로 정산) 2. 외부정산 (외부전문기관위탁 정산) 3. 내·외부 모두 산정 4. 정산無 5. 없음	1. 실시 2. 미실시 3. 향후 추진 4. 해당없음
2558	강원 강릉시	농식품산업활성화지원	50,000	9	6	7	8	7	5	5	4
2559	강원 강릉시	딸기신품종확대보급기술시범	50,000	9	2	7	8	7	5	5	4
2560	강원 강릉시	지중점적활용시설재배과원계획관수시범	50,000	9	2	7	8	7	5	5	4
2561	강원 강릉시	경로당화재예방생명박스설치지원사업	48,000	9	6	7	8	7	5	5	4
2562	강원 강릉시	가스열펌프배출가스저감장치부착지원	47,250	9	2	7	8	7	5	5	4
2563	강원 강릉시	문어연승용봉돌지원	46,914	9	6	7	8	7	5	5	4
2564	강원 강릉시	청년농업인식품기업육성지원	46,800	9	6	7	8	7	5	5	4
2565	강원 강릉시	자원봉사센터차량구입지원	46,000	9	1	7	8	7	5	5	4
2566	강원 강릉시	수산식품가공설비지원	43,800	9	2	7	8	7	5	5	4
2567	강원 강릉시	산지유통저온저장시설지원	43,750	9	2	7	8	7	5	5	4
2568	강원 강릉시	TMR제조장비지원	42,000	9	1	7	8	7	5	5	4
2569	강원 강릉시	농어촌민박시설환경개선지원	42,000	9	4,6	7	8	7	5	5	4
2570	강원 강릉시	사회보장특별지구역차량지원	40,000	9	2	7	8	7	5	5	4
2571	강원 강릉시	다함께돌봄사업설치비(기자재구입)지원	40,000	9	2	7	8	7	5	5	4
2572	강원 강릉시	기자재구입	40,000	9	1	7	8	7	5	5	4
2573	강원 강릉시	다목적가축분뇨처리장비지원	40,000	9	1	7	8	7	5	5	4
2574	강원 강릉시	밭작물유해물질발생저감실천시범단지조성	40,000	9	2	7	8	7	5	5	4
2575	강원 강릉시	화훼생산유통지원	37,500	9	6	7	8	7	5	5	4
2576	강원 강릉시	노숙인시설차량구입지원	36,690	9	2	7	8	7	5	5	4
2577	강원 강릉시	인증부표보급	36,260	9	1	7	8	7	5	5	4
2578	강원 강릉시	명품과원기반조성사업	34,300	9	2	7	8	7	5	5	4
2579	강원 강릉시	상수원보호구역주민지원사업	33,000	9	2	7	8	7	5	5	4
2580	강원 강릉시	경포수난전문의용소방대구조장비보강	30,000	9	4	7	8	7	5	5	4
2581	강원 강릉시	경유지게차전동화(리튬이온)	30,000	9	1	7	8	7	5	5	4
2582	강원 강릉시	경유지게차전동화(리튬인산철)	30,000	9	1	7	8	7	5	5	4
2583	강원 강릉시	강릉유연계곡일원전기시설개선	30,000	9	2	7	8	7	5	5	4
2584	강원 강릉시	장애아어린이집개보수	30,000	9	2	7	8	7	5	5	4
2585	강원 강릉시	지능형축산시설지원	30,000	9	1	7	8	7	5	5	4
2586	강원 강릉시	바이오차및천적활용시설재배지온실가스감축기술시범	30,000	9	2	7	8	7	5	5	4
2587	강원 강릉시	토양병해충방제용토양소독기신기술시범	30,000	9	2	7	8	7	5	5	4
2588	강원 강릉시	농업활동안전사고예방생활화	27,000	9	6	7	8	7	5	5	4
2589	강원 강릉시	건설기계조기폐차지원(정액)	26,110	9	1	7	8	7	5	5	4
2590	강원 강릉시	임산물생산기반조성(소액)	25,406	9	1	7	8	7	5	5	4
2591	강원 강릉시	벼육묘시설개선지원	25,000	9	6	7	8	7	5	5	4
2592	강원 강릉시	환경친화퇴비생산시설지원	25,000	9	1	7	8	7	5	5	4
2593	강원 강릉시	고품질액비생산시설	25,000	9	1	7	8	7	5	5	4
2594	강원 강릉시	가축분뇨배출시설악취저감	25,000	9	1	7	8	7	5	5	4
2595	강원 강릉시	과수경쟁력제고사업지원	25,000	9	6	7	8	7	5	5	4
2596	강원 강릉시	노인장기요양기관환기시설지원	24,480	9	2	7	8	7	5	5	4
2597	강원 강릉시	숙박업소환경개선지원	24,000	9	4,6	7	8	7	5	5	4

순번	시군구	지출명 (사업명)	2024년예산 (단위 : 천원 /1년간)	민간이전 분류 (지방자치단체 세출예산 집행기준에 의거)	민간이전지출 근거 (지방보조금 관리기준 참고)	입찰방식 계약체결방법 (경쟁형태)	계약기간	낙찰자선정방법	운영예산 산정 운영예산 산정	정산방법	성과평가 실시여부
2598	강원 강릉시	벼못자리용비닐하우스지원	23,750	9	6	7	8	7	5	5	4
2599	강원 강릉시	연근해채낚기어선수리지원	22,436	9	6	7	8	7	5	5	4
2600	강원 강릉시	고수온대응지원	21,900	9	1	7	8	7	5	5	4
2601	강원 강릉시	농촌체험마을시설환경개선	21,000	9	6	7	8	7	5	5	4
2602	강원 강릉시	논온실가스감축을위한물관리와완효성비료복합기술시범	20,000	9	2	7	8	7	5	5	4
2603	강원 강릉시	정신재활시설기능보강	20,000	9	7	7	8	7	5	5	4
2604	강원 강릉시	청년4H회원기초영농지원	18,000	9	6	7	8	7	5	5	4
2605	강원 강릉시	기자재현대화	17,000	1	7	7	8	7	5	5	4
2606	강원 강릉시	1톤화물차전동화개조(정액)	15,000	9	1	7	8	7	5	5	4
2607	강원 강릉시	어린이통학차량LPG전환(정액)	15,000	9	1	7	8	7	5	5	4
2608	강원 강릉시	노인요양시설기능보강	15,000	9	2	7	8	7	5	5	4
2609	강원 강릉시	소규모민간시설접근성개선	14,000	9	1	7	8	7	5	5	4
2610	강원 강릉시	외국인근로자주거환경개선	12,700	9	6	7	8	7	5	5	4
2611	강원 강릉시	가정용저녹스보일러보급사업(정액)	12,000	9	2	7	8	7	5	5	4
2612	강원 강릉시	어선사고예방시스템구축	12,000	9	2	7	8	7	5	5	4
2613	강원 강릉시	원적외선곡물건조기지원	12,000	9	6	7	8	7	5	5	4
2614	강원 강릉시	문어연승냉장고(냉각기)지원	11,340	9	6	7	8	7	5	5	4
2615	강원 강릉시	TMR자동급이기지원	10,500	9	1	7	8	7	5	5	4
2616	강원 강릉시	아프리카돼지열병8대방역시설등지원	10,000	9	1	7	8	7	5	5	4
2617	강원 강릉시	HACCP시설장비등지원(작업장)	10,000	9	1	7	8	7	5	5	4
2618	강원 강릉시	시설원예환경개선	7,500	9	7	7	8	7	5	5	4
2619	강원 강릉시	펠릿보일러(주택용)	7,280	9	1	7	8	7	5	5	4
2620	강원 강릉시	연근해채낚기어선장비지원	7,000	9	6	7	8	7	5	5	4
2621	강원 강릉시	수산물안전성홍보시설지원	6,680	9	1	7	8	7	5	5	4
2622	강원 강릉시	친환경인증농산물포장재지원	6,000	9	4	7	8	7	5	5	4
2623	강원 강릉시	백두대간주민지원	5,670	9	1	7	8	7	5	5	4
2624	강원 강릉시	친환경임산물재배관리(유기질비료)	5,499	9	1	7	8	7	5	5	4
2625	강원 강릉시	친환경임산물재배관리(토양개량제)	5,360	9	1	7	8	7	5	5	4
2626	강원 강릉시	농업에너지이용효율화(에너지절감시설)	5,338	9	2	7	8	7	5	5	4
2627	강원 강릉시	펠릿보일러(주민편의용)	5,200	9	1	7	8	7	5	5	4
2628	강원 강릉시	시설원예현대화지원	4,950	9	2	7	8	7	5	5	4
2629	강원 강릉시	방역시설설치비지원	2,500	9	1	7	8	7	5	5	4
2630	강원 강릉시	말벌퇴치장비지원사업	2,100	9	1	7	8	7	5	5	4
2631	강원 강릉시	정부지원어린이집장비비	2,000	9	1	7	8	7	5	5	4
2632	강원 강릉시	축산물판매업소위생기자재지원	2,000	9	1	7	8	7	5	5	4
2633	강원 강릉시	친환경농자재공급	1,981	9	4	7	8	7	5	5	4
2634	강원 강릉시	벼육묘이송기지원	1,650	9	6	7	8	7	5	5	4
2635	강원 강릉시	가정폭력피해자보호시설기능보강	1,300	9	1	7	8	7	5	5	4
2636	강원 강릉시	보증기간경과품치성능유지관리	1,090	9	1	7	8	7	5	5	4
2637	강원 강릉시	잡곡산업기반조성지원	1,000	9	6	7	8	7	5	5	4

| 순번 | 시군구 | 지출명
(사업명) | 2024년예산
(단위 : 천원 /1년간) | 민간이전 분류
(지방자치단체 세출예산 집행기준에 의거)

1. 민간경상사업보조(307-02)
2. 민간단체 법정운영비보조(307-03)
3. 민간행사사업보조(307-04)
4. 민간위탁금(307-05)
5. 사회복지시설 법정운영비보조(307-10)
6. 민간인위탁교육비(307-12)
7. 공기관등에대한경상적위탁사업비(308-13)
8. 민간자본사업보조,자체재원(402-01)
9. 민간자본사업보조,이전재원(402-02)
10. 민간위탁사업비(402-03)
11. 공기관등에대한 자본적 위탁사업비(403-02) | 민간이전지출 근거
(지방보조금 관리기준 참고)

1. 법률에 규정
2. 국고보조 재원(국가지정)
3. 용도 지정 기부금
4. 조례에 직접규정
5. 지자체가 권장하는 사업을 하는 공공기관
6. 시,도 정책 및 재정사정
7. 기타
8. 해당없음 | 입찰방식 ||| 운영예산 산정 || 성과평가
실시여부 |
						계약체결방법 (경쟁형태) 1. 일반경쟁 2. 제한경쟁 3. 지명경쟁 4. 수의계약 5. 법정위탁 6. 기타 ( ) 7. 없음	계약기간 1. 1년 2. 2년 3. 3년 4. 4년 5. 5년 6. 기타 ( )년 7. 단기계약 (1년미만) 8. 없음	낙찰자선정방법 1. 적격심사 2. 협상에의한계약 3. 최저가낙찰제 4. 규격가격분리 5. 2단계 경쟁입찰 6. 기타 ( ) 7. 없음	운영예산 산정 1. 내부산정 (지자체 자체적으로 산정) 2. 외부산정 (외부전문기관위탁 산정) 3. 내·외부 모두 산정 4. 산정 無 5. 없음	정산방법 1. 내부정산 (지자체 내부적으로 정산) 2. 외부정산 (외부전문기관위탁 정산) 3. 내·외부 모두 산정 4. 정산 無 5. 없음	1. 실시 2. 미실시 3. 향후 추진 4. 해당없음
2638	강원 강릉시	벼육묘운반기지원	900	9	6	7	8	7	5	5	4
2639	강원 동해시	북평산업단지입주업체물류비	1,290,000	9	4	7	8	7	1	1	4
2640	강원 동해시	북평산업단지입주업체폐수처리비	480,000	9	4	7	8	7	1	1	4
2641	강원 동해시	반값농자재지원	367,000	9	6	5	1	1	1	1	1
2642	강원 동해시	친환경농산물가공유통기반조성	350,000	9	6	7	8	7	1	1	1
2643	강원 동해시	음식문화개선사업	163,200	9	4	7	8	7	5	1	4
2644	강원 동해시	친환경에너지절감장비지원	149,400	9	2	7	8	7	5	5	4
2645	강원 동해시	소규모사업장방지시설치지원사업	147,600	9	2	7	8	7	5	5	4
2646	강원 동해시	수산식품가공설비지원	110,400	9	6	7	8	7	5	5	4
2647	강원 동해시	문어연승용봉돌지원	84,071	9	4	7	8	7	5	5	4
2648	강원 동해시	양곡관리기반시설조성	80,000	9	6	7	8	7	1	1	1
2649	강원 동해시	야생동물피해예방시설치지원사업	75,000	9	2	7	8	7	5	5	4
2650	강원 동해시	원격근무형농촌공간조성기술시범	70,000	9	2	7	8	7	5	5	4
2651	강원 동해시	어로안전항해장비지원	70,000	9	6	7	8	7	5	5	4
2652	강원 동해시	어린이집안전용품구입비	60,000	9	6	7	8	7	1	1	3
2653	강원 동해시	벼안정생산대형농기계지원	60,000	9	4	7	8	7	5	5	4
2654	강원 동해시	작목별맞춤형안전관리실천시범	50,000	9	2	7	8	7	5	5	4
2655	강원 동해시	연근해어선노후기관대체지원	46,800	9	6	7	8	7	5	5	4
2656	강원 동해시	신재생에너지그린홈보급	45,688	9	2	7	8	7	3	3	4
2657	강원 동해시	산지유통저온저장시설지원	37,500	9	4	7	8	7	5	5	4
2658	강원 동해시	가스열펌프배출가스저감장치부착지원사업	34,650	9	2	7	8	7	5	5	4
2659	강원 동해시	농촌체험마을소득창출기능보강사업	30,000	9	4	4	1	7	5	5	1
2660	강원 동해시	명품과원기반조성	24,500	9	4	7	8	7	5	5	4
2661	강원 동해시	농촌체험마을안전시설지원사업	24,000	9	4	4	1	7	5	5	4
2662	강원 동해시	노후선외기대체지원	21,000	9	6	7	8	7	5	5	4
2663	강원 동해시	다목적가축분뇨처리장비지원	20,000	9	1	7	8	7	1	1	3
2664	강원 동해시	장애요양원차량지원사업	20,000	9	4,6	7	8	7	1	1	1
2665	강원 동해시	횟집단지해수인입관정비	18,000	9	6	7	8	7	5	5	4
2666	강원 동해시	중학교자유학기제대응학교텃밭활용프로그램시범	16,000	9	2	7	8	7	5	5	4
2667	강원 동해시	연근해채낚기어선장비지원	14,000	9	6	7	8	7	5	5	4
2668	강원 동해시	연근해채낚기어선수리지원	14,000	9	6	7	8	7	5	5	4
2669	강원 동해시	과수경쟁력제고사업	12,500	9	4	7	8	7	5	5	4
2670	강원 동해시	시설원예환경개선사업	12,500	9	6	7	8	7	5	5	4
2671	강원 동해시	가정폭력피해자보호시설기능보강	10,500	9	6	7	8	7	1	1	2
2672	강원 동해시	문어연승냉장고(냉각기)지원	9,240	9	6	7	8	7	5	5	4
2673	강원 동해시	목재펠릿보일러보급(주택용)	7,280	9	2	7	8	7	5	5	4
2674	강원 동해시	깨끗한축산지정농가관리지원	7,000	9	1	7	8	7	1	1	3
2675	강원 동해시	여성어업인단체작업용품지원	6,300	9	6	7	8	7	5	5	4
2676	강원 동해시	어선사고예방시스템구축	6,000	9	2	7	8	7	5	5	4
2677	강원 동해시	축산물판매업소위생개선지원	4,000	9	1	7	1	7	1	1	3

순번	시군구	지출명 (사업명)	2024년예산 (단위: 천원 /1년간)	민간이전 분류 (지방자치단체 세출예산 집행기준에 의거)	민간이전지출 근거 (지방보조금 관리기준 참고)	입찰방식			운영예산 산정		성과평가 실시여부
						계약체결방법 (경쟁형태)	계약기간	낙찰자선정방법	운영예산 산정	정산방법	
2678	강원 동해시	양봉산업육성사업	3,600	9	1	7	7	7	1	1	3
2679	강원 태백시	전기자동차보급사업	2,395,200	9	2	7	8	7	5	1	4
2680	강원 태백시	운행차배출가스저감사업(노후경유차조기폐차지원)	541,500	9	1	7	8	7	1	1	4
2681	강원 태백시	지역활력화작목기반조성(전환사업)	400,000	9	4	7	8	7	5	5	4
2682	강원 태백시	저상버스도입지원	340,000	9	1	7	8	7	1	1	4
2683	강원 태백시	수소자동차보급사업	330,000	9	2	7	8	7	5	1	4
2684	강원 태백시	숲가꾸기사업추진	250,000	9	1	7	8	7	1	1	1
2685	강원 태백시	백두대간주민소득지원	160,894	9	1	7	8	7	1	1	1
2686	강원 태백시	관광휴양목장조성	150,000	9	1	7	8	7	1	1	1
2687	강원 태백시	국민사회단체활성화지원	120,000	9	1	7	8	7	1	1	1
2688	강원 태백시	농업신기술시범	100,000	9	1	7	8	7	5	5	4
2689	강원 태백시	한우스마트팜번식관리시스템보급시범	100,000	9	1	7	8	7	1	1	1
2690	강원 태백시	운행차배출가스저감사업(건설기계엔진교체)	99,000	9	1	7	8	7	1	1	4
2691	강원 태백시	소규모사업장방지시설설치지원	90,000	9	1	7	8	7	5	5	4
2692	강원 태백시	주민자율방범대운영지원	80,000	9	1,4	7	8	7	1	1	1
2693	강원 태백시	지역아동센터추가운영비지원	70,000	9	2	7	8	7	1	1	4
2694	강원 태백시	운행차배출가스저감사업(경유자동차매연저감장치부착)	66,000	9	1	7	8	7	1	1	4
2695	강원 태백시	장난감도서관리모델링	60,000	9	1	7	8	7	1	1	3
2696	강원 태백시	식품공중위생업소환경개선사업	54,000	9	4	7	8	7	1	1	1
2697	강원 태백시	장애인민원봉사실운영지원	40,000	9	1	7	8	7	1	1	1
2698	강원 태백시	저소득재가노인식사배달사업	40,000	9	1	7	8	7	1	1	1
2699	강원 태백시	반딧불특화사업	40,000	9	4	7	8	7	5	5	4
2700	강원 태백시	신재생에너지주택지원사업	36,871	9	1	7	8	7	1	1	3
2701	강원 태백시	야생동식물피해예방사업	33,000	9	2	7	8	7	5	5	4
2702	강원 태백시	전기이륜차보급사업	32,000	9	2	7	8	7	5	1	4
2703	강원 태백시	산지저온시설지원사업	31,250	9	4	7	8	7	5	5	4
2704	강원 태백시	축산물작업장위생설비개선지원	31,000	9	1	7	8	7	1	1	1
2705	강원 태백시	화재걱정없는가축원적외발열선보온등보급시범	30,000	9	1	7	8	7	5	5	4
2706	강원 태백시	조림사업(경제림조성)	28,000	9	1	7	8	7	1	1	1
2707	강원 태백시	여성농업인지원사업	23,040	9	1	7	8	7	5	5	4
2708	강원 태백시	농촌체험휴양마을시설환경개선	21,000	9	4	7	8	7	1	1	1
2709	강원 태백시	민간가정어린이집운영지원	20,000	9	1	7	8	7	1	1	3
2710	강원 태백시	저온유통체계구축사업	19,200	9	1	7	8	7	5	5	4
2711	강원 태백시	청년4H회원기초영농정착지원	18,000	9	1	7	8	7	5	5	4
2712	강원 태백시	노인복지시설기능강화	17,280	9	1	7	8	7	1	1	1
2713	강원 태백시	소규모민간시설접근성개선사업	16,000	9	1	7	8	7	1	1	1
2714	강원 태백시	산림작물생산단지조성	15,840	9	1	7	8	7	1	1	1
2715	강원 태백시	축산농가경영개선지원사업	15,000	9	1	7	8	7	1	1	1
2716	강원 태백시	명품과원기반조성	14,700	9	4	7	8	7	5	5	4
2717	강원 태백시	꿀벌사육농가경영안정지원	12,000	9	1	7	8	7	1	1	1

순번	시군구	지출명 (사업명)	2024년예산 (단위 : 천원 /1년간)	민간이전 분류	민간이전지출 근거	계약체결방법 (경쟁형태)	계약기간	낙찰자선정방법	운영예산 산정	정산방법	성과평가 실시여부
2718	강원 태백시	목재펠릿보일러보급	10,920	9	1	7	8	7	1	1	1
2719	강원 태백시	친환경농자재지원	10,412	9	4	7	8	7	1	1	2
2720	강원 태백시	강원한우통합브랜드가치제고	8,400	9	1	7	8	7	1	1	1
2721	강원 태백시	과수경쟁력제고지원	7,500	9	4	7	8	7	5	5	4
2722	강원 태백시	시설원예환경개선	7,500	9	4	7	8	7	5	5	4
2723	강원 태백시	농어촌민박시설환경개선지원	7,000	9	4	7	8	7	1	1	1
2724	강원 태백시	가정용저녹스보일러보급사업	6,000	9	1	7	8	7	5	5	4
2725	강원 태백시	어린이통학차량의LPG차전환지원사업	5,000	9	5	7	8	7	5	5	4
2726	강원 태백시	양돈농가ASF방역관리지원	5,000	9	1	7	8	7	1	1	1
2727	강원 태백시	비닐하우스현대화사업	4,000	9	1	7	8	7	5	5	4
2728	강원 태백시	도지사품질인증제지원	3,500	9	4	7	8	7	1	1	2
2729	강원 태백시	잡곡산업기반조성	3,000	9	4	7	8	7	1	1	2
2730	강원 태백시	산양삼생산과정확인지원	1,140	9	1	7	8	7	1	1	1
2731	강원 속초시	영산회상도보호시설건립	1,428,572	9	2	7	8	7	3	1	1
2732	강원 속초시	신흥사내원암요사채건립	900,000	9	4	7	8	7	3	1	1
2733	강원 속초시	속초보광사일주문복원	730,000	9	4	7	8	7	3	1	1
2734	강원 속초시	저상버스도입	425,000	9	1	7	8	7	3	1	1
2735	강원 속초시	외국인어선원복지회관건립	400,000	9	2	7	8	7	3	1	1
2736	강원 속초시	친환경에너지절감장비보급	370,380	9	1	7	8	7	3	1	1
2737	강원 속초시	내원암석축및담장정비	295,000	9	2	7	8	7	3	1	1
2738	강원 속초시	속초시자율방범대차량구입지원	200,000	9	1	7	8	7	3	1	1
2739	강원 속초시	지역활력화작목기반조성	200,000	9	4	7	8	7	1	1	1
2740	강원 속초시	어로안전항해장비지원	163,100	9	1	7	8	7	3	1	1
2741	강원 속초시	연근해어선노후기관대체지원	152,830	9	1	7	8	7	3	1	1
2742	강원 속초시	연안어선노후전기설비수리지원	147,000	9	1	7	8	7	3	1	1
2743	강원 속초시	슬레이트지붕개량지원	129,640	9	2	7	8	7	3	1	1
2744	강원 속초시	해면어류양식(가두리)시설지원	112,000	9	1	7	8	7	3	1	1
2745	강원 속초시	횟집단지해수인입관정비	103,500	9	1	7	8	7	3	1	1
2746	강원 속초시	자율관리어업육성사업비지원	90,000	9	1	7	8	7	3	1	1
2747	강원 속초시	연근해채낚기어선안전장비(레이더)지원	80,500	9	1	7	8	7	3	1	1
2748	강원 속초시	수산식품가공설비지원	72,600	9	1	7	8	7	3	1	1
2749	강원 속초시	대포수협활어보관시설건립지원	70,000	9	1	7	8	7	3	1	1
2750	강원 속초시	연안노후어선수리지원	70,000	9	1	7	8	7	3	1	1
2751	강원 속초시	신재생에너지주택지원사업	69,902	9	2	7	8	7	3	1	1
2752	강원 속초시	건설기계엔진교체지원	66,000	9	1	7	8	7	3	1	1
2753	강원 속초시	전기이륜차보급사업	56,000	9	1	7	8	7	3	1	1
2754	강원 속초시	신체장애인복지회차량구입	55,000	9	1	7	8	7	3	1	1
2755	강원 속초시	금강장애인복지센터차량구입	55,000	9	1	7	8	7	3	1	1
2756	강원 속초시	노후선외기대체지원	52,500	9	1	7	8	7	3	1	1
2757	강원 속초시	해면양식장지원	46,400	9	1	7	8	7	3	1	1

연번	구분	사업명	2024예산액 (단위:천원/개소)	평가지표 선정 근거	계량지표	성과지표 관련	성과목표 관련	성과평가 관련	예산편성 관련
2758	경상 보조사업	비료가격안정기금관리지원	40,000	9	1	7	8	7	3	1	1
2759	경상 보조사업	농업경영회생자금이차보전	40,000	9	4	7	8	7	3	1	1
2760	경상 보조사업	농식품모태조합출자	40,000	9	1	7	8	7	3	1	1
2761	경상 보조사업	농작물재해보험지원사업	39,600	9	2	7	8	7	3	1	1
2762	경상 보조사업	시설채소온실설치지원사업	36,000	9	6	7	8	7	5	1	1
2763	경상 보조사업	친환경축산직접지불제(가축분뇨자원화)	29,120	9	4	7	8	7	3	1	1
2764	경상 보조사업	양봉농가월동꿀벌지원(가축방역대책)	24,000	9	4	7	8	7	1	1	1
2765	경상 보조사업	임산물재해보험지원	22,481	9	1	7	8	7	3	1	1
2766	경상 보조사업	친환경농업기반조성	20,000	9	1	7	8	7	3	1	1
2767	경상 보조사업	풍수해보험가입자에대한보험료지원	20,000	9	2	7	8	7	3	5	1
2768	경상 보조사업	농촌출신대학생학자금융자지원	18,000	9	6	7	8	7	3	2	1
2769	경상 보조사업	친환경농축산물인증관리	15,516	9	1	7	8	7	3	1	1
2770	경상 보조사업	가축방역비(예방백신및방역약품지원)	14,000	9	1	7	8	7	3	1	1
2771	경상 보조사업	아동수당지급사업	12,240	9	4	7	8	7	3	1	1
2772	경상 보조사업	농업인안전보험지원	11,429	9	1	7	8	7	3	1	1
2773	경상 보조사업	어업사고예방구호활동	9,600	9	1	7	8	7	3	1	1
2774	경상 보조사업	농작업편의증진지원	8,575	9	2	7	8	7	3	1	1
2775	경상 보조사업	유기농업자재지원	8,500	9	6	7	8	7	1	1	1
2776	경상 보조사업	가축분뇨퇴액비유통지원사업	8,000	9	6	7	8	7	1	1	1
2777	경상 보조사업	내수면수산양식개발	8,000	9	6	7	8	7	1	1	1
2778	경상 보조사업	농축산인산재근로자지원사업	7,500	9	4	7	8	7	3	1	1
2779	경상 보조사업	산림재해이재민구호지원	7,000	9	4	7	8	7	3	1	1
2780	경상 보조사업	농촌여성교육훈련지원	7,000	9	4	7	8	7	3	1	1
2781	경상 보조사업	LPG용기가스누출안전차단기사업	6,750	9	2	7	8	7	3	1	1
2782	경상 보조사업	가축방역및소방역방제지원(가축방역)	6,000	9	2	7	8	7	3	1	1
2783	경상 보조사업	농기자재지원	4,000	9	2	7	8	7	3	1	1
2784	경상 보조사업	친환경동물의약품지원사업	2,880	9	1	7	8	7	3	1	1
2785	경상 보조사업	시설원예스마트팜이증원	720	9	1	7	8	7	3	1	1
2786	경상 보조사업	한우경쟁력제고지원사업	516	9	2	7	8	7	3	1	1
2787	경상 보조사업	축산분뇨처리시설	3,184,000	9	2	7	8	7	1	1	4
2788	경상 보조사업	쌀전업농지원사업	2,103,600	9	2	7	8	7	1	1	4
2789	경상 보조사업	기초수산물공공비축사업	770,000	9	5	7	8	7	5	5	3
2790	경상 보조사업	농산물품질관리기반조성지원	600,000	9	2	7	8	7	5	5	4
2791	경상 보조사업	(증)농기자재국내생산기반시설(증)	414,039	9	7	7	8	7	1	1	4
2792	경상 보조사업	(증)양봉축산인력성수기지원(증)	300,000	9	6	7	8	7	5	5	4
2793	경상 보조사업	(증)농축산수출경쟁력강화(증)	243,000	9	4	7	8	7	5	5	4
2794	경상 보조사업	(증)농촌형인공지능융복합전시실진(증)	240,000	9	7	7	8	7	5	5	4
2795	경상 보조사업	농업창업지원	239,274	9	1	7	7	7	1	1	1
2796	경상 보조사업	ICT활용이동정보서비스운영지원	200,000	9	1,2,4	7	8	7	5	5	4
2797	경상 보조사업	가정용형광등고효율조명기기보급교체(증)	200,000	9	4,6	7	8	7	1	1	1

순번	시군구	지출명 (사업명)	2024년예산 (단위 : 천원/1년간)	민간이전 분류 (지방자치단체 세출예산 집행기준에 의거) 1. 민간경상사업보조(307-02) 2. 민간단체 법정운영비보조(307-03) 3. 민간행사사업보조(307-04) 4. 민간위탁금(307-05) 5. 사회복지시설 법정운영비보조(307-10) 6. 민간위탁교육비(307-12) 7. 공기관등에대한경상적위탁사업비(308-13) 8. 민간자본사업보조,자체재원(402-01) 9. 민간자본사업보조,이전재원(402-02) 10. 민간위탁사업비(402-03) 11. 공기관등에 대한 자본적 위탁사업비(403-02)	민간이전지출 근거 (지방보조금 관리기준 참고) 1. 법률에 규정 2. 국고보조 재원(국가지정) 3. 용도 지정 기부금 4. 조례에 직접규정 5. 지자체가 권장하는 사업 6. 시,도 정책 및 재정사정 7. 기타 8. 해당없음	입찰방식			운영예산 산정		성과평가 실시여부 1. 실시 2. 미실시 3. 향후 추진 4. 해당없음
						계약체결방법 (경쟁형태) 1. 일반경쟁 2. 제한경쟁 3. 지명경쟁 4. 수의계약 5. 법정위탁 6. 기타 ( ) 7. 없음	계약기간 1. 1년 2. 2년 3. 3년 4. 4년 5. 5년 6. 기타 ( )년 7. 단기계약 (1년미만) 8. 없음	낙찰자선정방법 1. 적격심사 2. 협상에의한계약 3. 최저가낙찰제 4. 규격가격분리 5. 2단계 경쟁입찰 6. 기타 ( ) 7. 없음	운영예산 산정 1. 내부산정 (지자체 자체적으로 산정) 2. 외부산정 (외부전문기관위탁 산정) 3. 내·외부 모두 산정 4. 산정 無 5. 없음	정산방법 1. 내부정산 (지자체 내부적으로 정산) 2. 외부정산 (외부전문기관위탁 정산) 3. 내·외부 모두 정산 4. 정산 無 5. 없음	
2798	강원 삼척시	발전소주변지역지원사업기본지원금(삼척발전본부)	186,000	9	4	7	8	7	5	3	3
2799	강원 삼척시	백두대간주민지원	174,625	9	1	7	8	7	1	1	1
2800	강원 삼척시	소규모사업장방지시설설치지원	160,200	9	2	7	8	7	5	5	4
2801	강원 삼척시	축산악취개선지원사업	160,000	9	1	7	8	7	5	1	1
2802	강원 삼척시	기후적응형벼안정생산재배단지조성시범	100,000	9	1,2,4	7	8	7	5	5	4
2803	강원 삼척시	한우스마트팜번식관리시스템보급시범	100,000	9	1,2,4	7	8	7	5	5	4
2804	강원 삼척시	이상고온대응시설채소안정생산시범	100,000	9	1,2,4	7	8	7	5	5	4
2805	강원 삼척시	운행차배출가스저감	99,000	9	2	7	8	7	5	5	4
2806	강원 삼척시	저상버스도입보조	85,000	9	2	7	8	7	5	5	4
2807	강원 삼척시	조사료경영체장비지원	80,000	9	1	7	8	7	5	1	1
2808	강원 삼척시	기존건축물화재안전성능보강지원	80,000	9	1	7	8	7	5	5	4
2809	강원 삼척시	여성농업인노동경감지원(도)	78,480	9	4	7	8	7	1	1	3
2810	강원 삼척시	농업인단체활성화지원	65,600	9	4	7	8	7	1	1	4
2811	강원 삼척시	고랭지딸기육묘생산기술시범(도)	64,000	9	4,6	7	8	7	5	5	4
2812	강원 삼척시	농촌체험유양마을안전편의시설확충(노)	63,000	9	4	7	8	7	1	1	3
2813	강원 삼척시	야생동물피해예방시설설치	60,000	9	2	7	8	7	5	5	4
2814	강원 삼척시	수산식품가공설비지원사업	60,000	9	1	7	8	7	5	5	4
2815	강원 삼척시	산림복합경영단지	56,885	9	1	7	8	7	1	1	4
2816	강원 삼척시	운행차배출가스저감	56,100	9	2	7	8	7	5	5	4
2817	강원 삼척시	농촌민박사업자시설환경개선지원(도)	56,000	9	4	7	8	7	1	1	3
2818	강원 삼척시	작목별맞춤형안전관리실천시범	50,000	9	2	7	8	7	5	5	4
2819	강원 삼척시	보훈단체기능보강(도)	46,000	9	1	7	8	7	5	5	4
2820	강원 삼척시	지역아동센터기능보강비지원(도)	42,000	9	1	7	8	7	5	5	4
2821	강원 삼척시	생분해성멸칭필름지원(도)	42,000	9	6	7	8	7	1	1	3
2822	강원 삼척시	노인복지관차량구입(도)	40,000	9	6	7	8	7	5	5	4
2823	강원 삼척시	노인일자리및사회활동지원사업(도)	40,000	9	1	7	8	7	5	5	4
2824	강원 삼척시	가족센터차량지원(도)	40,000	9	6	7	8	7	1	1	4
2825	강원 삼척시	장애인종합상담실운영(도)	40,000	9	1	7	7	7	1	1	1
2826	강원 삼척시	신속한가축분뇨처리지원(도)	40,000	9	1	7	8	7	5	1	1
2827	강원 삼척시	농촌자원활용치유농업육성시범(도)	40,000	9	1	7	8	7	5	5	4
2828	강원 삼척시	잡곡신품종조기확산시범단지조성	40,000	9	1,2,4	7	8	7	5	5	4
2829	강원 삼척시	여객자동차터미널환경개선사업(도)	34,672	9	1	7	8	7	5	5	4
2830	강원 삼척시	가스열펌프(GHP)저감장치설치지원사업	34,650	9	2	7	8	7	5	5	4
2831	강원 삼척시	가축방역	32,000	9	1	7	8	7	5	1	1
2832	강원 삼척시	지능형축산시설도입(도)	30,000	9	1	7	8	7	5	5	4
2833	강원 삼척시	토양병해충방제용토양소독신기술시범	30,000	9	1,2,4	7	8	7	5	5	4
2834	강원 삼척시	상수원보호구역주민지원	30,000	9	1	7	8	7	5	5	4
2835	강원 삼척시	전기이륜차구매지원	28,800	9	2	7	8	7	1	1	4
2836	강원 삼척시	벼육묘시설장비지원(도)	28,450	9	6	7	8	7	1	1	3
2837	강원 삼척시	정치망가두리시설비지원(도)	28,000	9	4	7	8	7	5	5	4

순번	시군구	지출명 (사업명)	2024년예산 (단위: 천원/1년간)	민간이전 분류 (지방자치단체 세출예산 집행기준에 의거)	민간이전지출 근거 (지방보조금 관리기준 참고)	계약체결방법 (경쟁형태)	계약기간	낙찰자선정방법	운영예산 산정	정산방법	성과평가 실시여부
2838	강원 삼척시	신재생에너지주택지원(국가직접지원)(도)	25,118	9	2	7	8	7	1	1	4
2839	강원 삼척시	드론용비산저감AI노즐및분무장치신기술시범	25,000	9	1,2,4	7	8	7	5	5	4
2840	강원 삼척시	장애인주택개조지원	22,800	9	8	6	8	7	5	5	4
2841	강원 삼척시	목재펠릿보일러보급(주택용)	21,840	9	1	7	8	7	1	1	4
2842	강원 삼척시	발전소주변지역지원사업기본지원금(상호태양광)	20,000	9	4	7	8	7	5	3	3
2843	강원 삼척시	도계노인복지관물품지원(도)	20,000	9	6	7	8	7	1	1	4
2844	강원 삼척시	축종별맞춤형미네랄블록가축생산성향상시범	20,000	9	1,2,4	7	8	7	5	5	4
2845	강원 삼척시	청년4H회원기초영농정착지원(도)	18,000	9	1	7	8	7	5	5	4
2846	강원 삼척시	강원형수선유지주거급여지원(도)	16,000	9	8	6	8	7	5	5	4
2847	강원 삼척시	자체육성신품종농감자육성시범(도)	16,000	9	4,6	7	8	7	5	5	4
2848	강원 삼척시	여성어업인연합회단체작업물품지원(도)	15,750	9	1	7	8	7	5	5	4
2849	강원 삼척시	운행차배출가스저감	15,000	9	2	7	8	7	5	5	4
2850	강원 삼척시	친환경농자재공급지원(도)	13,596	9	6	7	8	7	1	1	3
2851	강원 삼척시	유기농업자재지원	12,000	9	2	7	8	7	1	1	3
2852	강원 삼척시	친환경인증농산물포장재지원(도)	12,000	9	6	7	8	7	1	1	3
2853	강원 삼척시	운행차배출가스저감	11,000	9	2	7	8	7	5	5	4
2854	강원 삼척시	발전소주변지역지원사업기본지원금(삼척발전본부태양광)	9,900	9	4	7	8	7	5	3	3
2855	강원 삼척시	산림작물생산단지	8,736	9	1	7	8	7	1	1	4
2856	강원 삼척시	우수여왕벌보급사업	6,960	9	1	7	8	7	1	1	4
2857	강원 삼척시	목재펠릿보일러보급(주민편의용)	5,200	9	2	7	8	7	1	1	4
2858	강원 삼척시	깨끗한축산농장조성(도)	5,000	9	1	7	8	7	1	1	1
2859	강원 삼척시	가축방역	4,680	9	1	7	8	7	5	1	1
2860	강원 삼척시	유기질비료지원	4,189	9	1	7	8	7	1	1	4
2861	강원 삼척시	토양개량제	4,121	9	1	7	8	7	1	1	4
2862	강원 삼척시	내수면양식장사료구입비지원(도)	3,500	9	4,6	7	8	7	1	1	4
2863	강원 삼척시	중가축예방약지원(도)	2,000	9	1	7	8	7	5	1	4
2864	강원 삼척시	임산물생산기반조성	2,000	9	1	7	8	7	1	1	4
2865	강원 삼척시	가정용저녹스보일러설치지원	1,800	9	2	7	8	7	5	5	4
2866	강원 삼척시	수용성규산지원(도)	1,500	9	6	7	8	7	1	1	3
2867	강원 삼척시	보증기간경과장치성능유지관리	630	9	2	7	8	7	5	5	4
2868	강원 횡성군	채소류출하조절시설(기금)	3,500,000	9	2	7	8	7	5	2	4
2869	강원 횡성군	전기자동차보급사업	2,532,640	9	2	7	8	7	5	5	4
2870	강원 횡성군	신재생에너지용복합지원사업	1,631,064	9	2	7	8	7	5	5	4
2871	강원 횡성군	노후경유차조기폐차비지원	1,346,080	9	2	7	8	7	1	1	4
2872	강원 횡성군	수소전기자동차보급사업	990,000	9	2	7	8	7	5	5	4
2873	강원 횡성군	도시가스공급시설설치비지원사업	548,340	9	4	7	8	7	5	5	4
2874	강원 횡성군	신기술보급(소득경영)	350,000	9	2	7	8	7	5	1	1
2875	강원 횡성군	농촌마을활력프로젝트사업(도)	260,000	9	4	7	8	7	1	1	1
2876	강원 횡성군	꿀벌자원육성품종증식보급시범	200,000	9	2	7	8	7	1	1	1
2877	강원 횡성군	고품질쌀생산(도)	182,300	9	4	7	8	7	1	1	2

순번	시군구	지출명 (사업명)	2024년예산 (단위 : 천원 /1년간)	민간이전 분류 (지방자치단체 세출예산 집행기준에 의거) 1. 민간경상사업보조(307-02) 2. 민간단체 법정운영비보조(307-03) 3. 민간행사사업보조(307-04) 4. 민간위탁금(307-05) 5. 사회복지시설 법정운영비보조(307-10) 6. 민간인위탁교육비(307-12) 7. 공기관등에대한경상적위탁사업비(308-13) 8. 민간자본사업보조,자체재원(402-01) 9. 민간자본사업보조,이전재원(402-02) 10. 민간위탁사업비(402-03) 11. 공기관등에 대한 자본적 위탁사업비(403-02)	민간이전지출 근거 (지방보조금 관리기준 참고) 1. 법률에 규정 2. 국고보조 재원(국가지정) 3. 용도 지정 기부금 4. 조례에 직접규정 5. 지자체가 권장하는 사업을 하는 공공기관 6. 시,도 정책 및 재정사정 7. 기타 8. 해당없음	입찰방식 계약체결방법 (경쟁형태) 1. 일반경쟁 2. 제한경쟁 3. 지명경쟁 4. 수의계약 5. 법정위탁 6. 기타 ( ) 7. 없음	계약기간 1. 1년 2. 2년 3. 3년 4. 4년 5. 5년 6. 기타 ( )년 7. 단가계약 (1년미만) 8. 없음	낙찰자선정방법 1. 적격심사 2. 협상에의한계약 3. 최저가낙찰제 4. 규격가격분리 5. 2단계 경쟁입찰 6. 기타 ( ) 7. 없음	운영예산 산정 1. 내부산정 (지자체 자체적으로 산정) 2. 외부산정 (외부전문기관위탁 산정) 3. 내·외부 모두 산정 4. 산정 無 5. 없음	정산방법 1. 내부정산 (지자체 내부적으로 정산) 2. 외부정산 (외부전문기관위탁 정산) 3. 내·외부 모두 산정 4. 정산 無 5. 없음	성과평가 실시여부 1. 실시 2. 미실시 3. 향후 추진 4. 해당없음
2878	강원 횡성군	가뭄대응사료작물안전재배단지육성시범	160,000	9	2	7	8	7	1	1	1
2879	강원 횡성군	신재생에너지주택지원사업(국가직접지원)	142,013	9	2	7	8	7	5	5	4
2880	강원 횡성군	농업분야외국인근로자숙소지원(도)	120,000	9	1	7	8	7	5	5	4
2881	강원 횡성군	소규모방지시설설치지원사업	109,800	9	2	7	8	7	1	1	4
2882	강원 횡성군	농기계공급관리(도)	100,000	9	6	7	8	7	1	1	3
2883	강원 횡성군	가축분뇨퇴비화발효시스템기술보급시범	100,000	9	2	7	8	7	1	1	1
2884	강원 횡성군	스마트축사환경조절젖소열스트레스저감기술시범	100,000	9	2	7	8	7	1	1	1
2885	강원 횡성군	개인하수처리시설위탁관리	95,904	9	1	7	8	7	1	1	4
2886	강원 횡성군	특용작물(인삼)생산시설현대화지원	95,100	9	6	7	8	7	5	5	4
2887	강원 횡성군	시설원예경쟁력제고(도)	95,000	9	6	7	8	7	5	5	4
2888	강원 횡성군	어린이집기능보강	90,000	9	1	7	8	1	1	1	1
2889	강원 횡성군	농촌관광체험마을육성(도)	84,000	9	4	7	8	7	1	1	1
2890	강원 횡성군	가스열펌프배출가스저감장치부착지원	80,500	9	2	7	8	7	1	1	4
2891	강원 횡성군	고품질안전과실생산(도)	80,000	9	4	7	8	7	5	5	4
2892	강원 횡성군	농식품체험키트상품화	70,000	9	2	7	8	7	5	5	1
2893	강원 횡성군	원격근무형농촌공간조성기술시범	70,000	9	2	7	8	7	5	5	1
2894	강원 횡성군	농식품부산물활용한우경산우비육품질고급화시범	70,000	9	2	7	8	7	1	1	1
2895	강원 횡성군	농업분야에너지이용효율화(에너지절감시설지원)(기금)	69,915	9	6	7	8	7	5	5	4
2896	강원 횡성군	과수화훼생산유통(도)	67,000	9	6	7	8	7	5	5	4
2897	강원 횡성군	발전소주변지역지원사업	66,800	9	2	7	8	7	5	5	4
2898	강원 횡성군	고품질소득작목안정생산(도)	64,000	9	4	7	8	7	5	1	1
2899	강원 횡성군	거세한우근내지방세도향상기술시범	60,000	9	2	7	8	7	1	1	1
2900	강원 횡성군	우사에어제트팬및측면배기팬설치시범	60,000	9	2	7	8	7	1	1	1
2901	강원 횡성군	고추비가림재배시설지원(기금)	58,975	9	6	7	8	7	5	5	4
2902	강원 횡성군	전기이륜차보급사업	56,000	9	2	7	8	7	1	1	4
2903	강원 횡성군	농식품산업기반구축(도)	50,000	9	6	7	8	7	1	1	1
2904	강원 횡성군	작목별맞춤형안전관리실천지원	50,000	9	2	7	8	7	5	1	1
2905	강원 횡성군	특수미채종포종자저장창고지원	50,000	9	6	7	8	7	5	5	1
2906	강원 횡성군	시설원예현대화지원(기금)	38,537	9	6	7	8	7	5	5	4
2907	강원 횡성군	인삼기반조성(도)	38,325	9	6	7	8	7	5	5	4
2908	강원 횡성군	산지유통기반조성(저온저장고)(도)	31,250	9	6	7	8	7	5	5	4
2909	강원 횡성군	야생동물피해예방시설설치지원	30,000	9	4	7	8	7	1	1	4
2910	강원 횡성군	지역사회서비스원맞춤형치유시설및프로그램시범	30,000	9	2	7	8	7	5	1	1
2911	강원 횡성군	화재걱정없는가축원적외발열선보온등보급시범	30,000	9	2	7	8	7	1	1	1
2912	강원 횡성군	수질TMS부착사업장운영관리비지원사업	24,582	9	2	7	8	7	1	1	4
2913	강원 횡성군	곤충스마트팜육성	23,333	9	6	7	8	7	5	5	4
2914	강원 횡성군	축종별맞춤형미네랄블록가축생산성향상시범	20,000	9	2	7	8	7	1	1	1
2915	강원 횡성군	로컬푸드육성(도)	10,500	9	6	7	8	7	1	1	1
2916	강원 횡성군	어린이통학차량의LPG차전환지원사업	5,000	9	2	7	8	7	1	1	4
2917	강원 횡성군	가정용저녹스버너보급사업	3,000	9	2	7	8	7	1	1	4

연번	소관	사업명	2024예산 (백만원/개소)	지원의 근거	지원대상	기준보조율	차등보조율	보조금 예산편성	정산여부	실적보고
2918	질병관리청	결핵집단감염지원(국)	2,000	9	1	7	8	7	2	2	4
2919	질병관리청	결핵감염병진료비지원및관리	516	9	2	7	8	7	1	1	4
2920	질병관리청	기타예방접종지원및관리사업	6,082,200	9	2	7	8	7	2	2	4
2921	질병관리청	권역별감염병전문병원구축운영(감염)	526,550	9	2	7	8	7	2	1	4
2922	질병관리청	국가예방접종실시기관관리및운영사업	140,000	9	1	7	8	7	1	1	3
2923	질병관리청	의료감염병관리지원	110,000	9	6	7	8	7	2	2	4
2924	질병관리청	결핵환자관리사업	80,735	9	2	7	8	7	2	1	4
2925	질병관리청	의료관련감염지원사업(군)	54,000	9	6	7	1	7	1	1	1
2926	질병관리청	감염병진료비지원사업(감염병관리지원)	54,000	9	2	7	8	7	2	1	4
2927	질병관리청	결핵환자진료	43,804	9	2	7	8	7	2	1	4
2928	질병관리청	감염병환자관리진료비지원(공공)	29,121	9	2	7	8	7	2	1	4
2929	질병관리청	권역별감염병진료센터운영(공공)	20,802	9	2	7	8	7	2	1	4
2930	질병감염청	국가예방접종지원및관리사업(추후가정)	5,000	9	6	7	7	1	3	1	1
2931	질병감염청	국가예방접종지원및관리사업(감가정)	5,000	9	6	7	7	1	3	1	1
2932	질병관리청	결핵관리	72,600	9	6	7	8	7	1	1	4
2933	질병관리청	국가결핵관리사업	210,000	9	2	7	8	7	1	3	1
2934	질병관리청	예방접종관리지원	200,000	9	4	7	8	7	1	1	1
2935	질병관리청	결핵병관리지원및관리사업	150,000	9	2	7	8	7	2	2	4
2936	질병관리청	국가결핵관리	140,000	9	2	7	8	7	2	2	4
2937	질병관리청	결핵환자관리사업(진료비)	128,800	9	4	7	8	7	1	1	4
2938	질병관리청	권역별감염병전문병원구축및기능운영지원	80,000	9	6	7	8	7	1	1	1
2939	질병관리청	의료관련감염지원	80,000	9	6	7	8	7	1	1	4
2940	질병관리청	예방접종지원사업	78,444	9	1	7	8	7	2	2	4
2941	질병관리청	결핵관리지원사업	75,000	9	6	7	8	7	1	1	4
2942	질병관리청	예방접종지원사업	73,440	9	1	7	8	7	1	1	1
2943	질병관리청	권역별감염병전문병원구축및기능지원사업	70,000	9	2	7	8	7	1	1	4
2944	질병관리청	결핵환자진료비지원및기능지원사업	50,000	9	2	7	8	7	1	1	4
2945	질병관리청	예방접종관리지원사업지원및관리사업	50,000	9	2	7	8	7	1	1	4
2946	질병관리청	결핵관리지원및관리사업	50,000	9	2	7	8	7	1	1	1
2947	질병관리청	응급의료지원체계365일지원운영	50,000	9	6	7	8	7	1	1	1
2948	질병관리청	예방접종지원사업	48,000	9	6	7	8	7	1	1	4
2949	질병관리청	결핵관리지원사업	46,568	9	1	7	8	7	2	2	4
2950	질병관리청	결핵환자관리지원사업	44,000	9	6	7	8	7	1	1	1
2951	질병관리청	권역별감염병전문병원구축운영지원	40,000	9	2	7	8	7	1	1	4
2952	질병관리청	국가결핵관리사업지원	40,000	9	2	7	8	7	1	1	4
2953	질병관리청	결핵환자지원(예방)	40,000	9	6	7	8	7	1	1	4
2954	질병관리청	권역별감염병전문병원지원	40,000	9	2	7	8	7	1	1	4
2955	질병관리청	국가결핵관리사업	39,200	9	6	7	8	7	1	1	4
2956	질병관리청	결핵관리지원사업	37,500	9	4	7	8	7	1	1	4
2957	질병관리청	권역별감염병전문병원구축및운영지원사업	32,000	9	6	7	8	7	1	1	4

순번	시군구	지출명 (사업명)	2024년예산 (단위 : 천원/1년간)	민간이전 분류	민간이전지출 근거	입찰방식			운영예산 산정		성과평가 실시여부
						계약체결방법 (경쟁형태)	계약기간	낙찰자선정방법	운영예산 산정	정산방법	
2958	강원 영월군	유기농업자재지원사업	31,601	9	2	7	8	7	1	1	4
2959	강원 영월군	화분매개용디지털벌통기술시범	30,000	9	2	7	8	7	1	1	4
2960	강원 영월군	친환경농업자재지원	29,532	9	6	7	8	7	1	1	4
2961	강원 영월군	과수경쟁력제고지원	25,000	9	6	7	8	7	1	1	4
2962	강원 영월군	어린이집기능보강사업	24,000	9	2	7	8	7	5	1	4
2963	강원 영월군	스마트팜ICT융복합확산(에너지절감시설)	23,080	9	2	7	8	7	1	1	4
2964	강원 영월군	시설토경관개자동제어시스템보급시범	20,000	9	2	7	8	7	1	1	4
2965	강원 영월군	원적외선곡물건조기지원	18,000	9	1	7	8	7	1	1	1
2966	강원 영월군	친환경농산물인증포장재지원	18,000	9	2	7	8	7	1	1	4
2967	강원 영월군	청년4H기초영농지원	18,000	9	6	7	8	7	1	1	1
2968	강원 영월군	대형농기계급유탱크지원사업	15,000	9	1	7	8	7	1	1	4
2969	강원 영월군	시설원예환경개선	15,000	9	6	7	8	7	1	1	4
2970	강원 영월군	임산물생산기반조성	9,450	9	1	7	8	7	5	5	4
2971	강원 영월군	주택용목재펠릿보일러	7,280	9	2	7	8	7	5	5	4
2972	강원 영월군	기업환경개선지원	5,000	9	2	7	8	7	5	1	4
2973	강원 영월군	어린이집기능보강사업	4,000	9	2	7	8	7	5	1	4
2974	강원 영월군	스마트팜ICT융복합확산(시설원예현대화)	2,992	9	2	7	8	7	1	1	4
2975	강원 영월군	인삼친환경재배지원	2,520	9	6	7	8	7	1	1	4
2976	강원 영월군	전기자동차보급사업	2,060,000	9	2	7	8	7	5	5	4
2977	강원 영월군	건설기계엔진교체지원	132,000	9	2	7	8	7	5	5	4
2978	강원 영월군	경유차매연저감장치부착지원	99,000	9	2	7	8	7	5	5	4
2979	강원 영월군	소규모사업장방지시설설치지원	64,800	9	2	7	8	7	5	5	4
2980	강원 영월군	전기굴착기보급사업	60,000	9	2	7	8	7	5	5	4
2981	강원 영월군	야생동물피해예방사업	51,000	9	1	7	8	7	5	5	4
2982	강원 영월군	식품및공중위생업소환경개선지원	48,000	9	4	7	8	7	1	1	1
2983	강원 영월군	가스열펌프(GHP)배출가스저감장치부착지원사업	44,100	9	2	7	8	7	5	5	4
2984	강원 영월군	전기이륜차보급사업	24,000	9	2	7	8	7	5	5	4
2985	강원 영월군	어린이통학차량LPG차전환지원	5,000	9	2	7	8	7	5	5	4
2986	강원 영월군	가정용저녹스버너보급사업	1,200	9	2	7	8	7	5	5	4
2987	강원 영월군	보증기간경과장치성능유지	458	9	2	7	8	7	5	5	4
2988	강원 평창군	전기자동차구매지원	2,160,800	9	2	7	8	7	1	1	4
2989	강원 평창군	운행경유차배출가스저감사업	1,349,230	9	2	7	8	7	5	5	4
2990	강원 평창군	상원사목우당철거및증축	925,800	9	2	7	8	7	1	1	4
2991	강원 평창군	월정사용금루개축및범종루이축	850,000	9	2	7	8	7	1	1	4
2992	강원 평창군	상원사영산전해체및이전	826,200	9	2	7	8	7	1	1	4
2993	강원 평창군	상원사관리동건립	700,000	9	2	7	8	7	1	1	4
2994	강원 평창군	대화농협농산물산지유통센터지원	540,000	9	2	7	8	7	1	1	4
2995	강원 평창군	저온유통체계구축	514,800	9	2	7	8	7	1	1	4
2996	강원 평창군	월정사금강문복원	450,000	9	2	7	8	7	1	1	4
2997	강원 평창군	지역활력화작목기반조성(딸기육묘생산단지조성)	396,000	9	6	7	8	7	5	5	4

순번	시군구	지출명 (사업명)	2024년예산 (단위 : 천원 /1년간)	민간이전 분류 (지방자치단체 세출예산 집행기준에 의거) 1. 민간경상사업보조(307-02) 2. 민간단체 법정운영비보조(307-03) 3. 민간사회단체보조(307-04) 4. 민간위탁금(307-05) 5. 사회복지시설 법정운영비보조(307-10) 6. 민간인위탁교육비(307-12) 7. 공기관등에대한경상적위탁사업비(308-13) 8. 민간자본사업보조,자체재원(402-01) 9. 민간자본사업보조,이전재원(402-02) 10. 민간위탁사업비(402-03) 11. 공기관등에 대한 자본적 위탁사업비(403-02)	민간이전지출 근거 (지방보조금 관리기준 참고) 1. 법률에 규정 2. 국고조 재원(국가지정) 3. 용도 지정 기부금 4. 조례에 직접규정 5. 지자체가 권장하는 사업을 하는 공공기관 6. 시,도 정책 및 재정사정 7. 기타 8. 해당없음	입찰방식			운영예산 산정		성과평가 실시여부 1. 실시 2. 미실시 3. 향후 추진 4. 해당없음
						계약체결방법 (경쟁형태) 1. 일반경쟁 2. 제한경쟁 3. 지명경쟁 4. 수의계약 5. 법정위탁 6. 기타 ( ) 7. 없음	계약기간 1. 1년 2. 2년 3. 3년 4. 4년 5. 5년 6. 기타 ( )년 7. 단기계약 (1년미만) 8. 없음	낙찰자선정방법 1. 적격심사 2. 협상에의한계약 3. 최저가낙찰제 4. 규격가격분리 5. 2단계 경쟁입찰 6. 기타 ( ) 7. 없음	운영예산 산정 1. 내부산정 (지자체 자체적으로 산정) 2. 외부산정 (외부전문기관위탁 산정) 3. 내·외부 모두 산정 4. 산정 無	정산방법 1. 내부정산 (지자체 내부적으로 정산) 2. 외부정산 (외부전문기관위탁 정산) 3. 내·외부 모두 산정 4. 정산 無 5. 없음	
2998	강원 평창군	수소전기자동차구매지원	330,000	9	2	7	8	7	1	1	4
2999	강원 평창군	월정사요사채단청	295,000	9	2	7	8	7	1	1	4
3000	강원 평창군	공동선별비지원	221,270	9	2	7	8	7	1	1	4
3001	강원 평창군	월정사진입로정비	200,000	9	2	7	8	7	1	1	4
3002	강원 평창군	품목별데이터기반생산모델보급	200,000	9	2	7	8	7	5	5	4
3003	강원 평창군	월정사북대고운암산신각복원	175,000	9	6	7	8	7	1	1	4
3004	강원 평창군	소규모사업장방지시설설치지원사업	156,600	9	2	7	8	7	5	5	4
3005	강원 평창군	발전소주변지역지원사업	141,000	9	4	7	8	7	5	5	4
3006	강원 평창군	신재생에너지(목재펠릿난방기설치)	129,000	9	2	7	8	7	5	5	4
3007	강원 평창군	시설원예현대화사업지원	114,316	9	2	7	8	7	1	1	1
3008	강원 평창군	농어촌민박시설환경개선	112,000	9	6	7	8	7	1	1	4
3009	강원 평창군	여성농업인육성	108,720	9	6	7	8	7	5	1	4
3010	강원 평창군	비닐하우스현대화지원	104,000	9	6	7	8	7	1	1	1
3011	강원 평창군	산림작물생산단지	103,020	9	1	7	8	7	5	1	4
3012	강원 평창군	연동온실상하촌들식무인방제시스템지원	100,000	9	2	7	8	7	5	5	4
3013	강원 평창군	수출용딸기품질고급화생산기술지원	100,000	9	2	7	8	7	5	5	4
3014	강원 평창군	기후변화대응다목적햇빛차단망지원	100,000	9	2	7	8	7	5	5	4
3015	강원 평창군	황태부산물재가공시설	96,000	9	1	7	8	7	1	1	1
3016	강원 평창군	전통한옥체험숙박시설운영	91,200	9	1	7	8	7	5	1	1
3017	강원 평창군	어린이집환경개선지원	90,000	9	2	7	8	7	1	1	4
3018	강원 평창군	농촌체험안전편의시설확충	84,000	9	6	7	8	7	1	1	4
3019	강원 평창군	과수다축형보급시범	80,000	9	6	7	8	7	5	5	4
3020	강원 평창군	에너지절감시설사업지원	79,489	9	2	7	8	7	1	1	1
3021	강원 평창군	액비순환시스템지원	75,000	9	1	7	8	7	1	1	1
3022	강원 평창군	유기농업자재지원	71,212	9	2	7	8	7	1	1	1
3023	강원 평창군	운흥사목조아미타불좌상및복장유물보존처리	65,000	9	6	7	8	7	1	1	4
3024	강원 평창군	친환경감자생산단지종합관리기술지원	60,000	9	2	7	8	7	5	5	4
3025	강원 평창군	지장암목조지장보살좌상및복장유물보존처리	57,500	9	6	7	8	7	1	1	4
3026	강원 평창군	대파명품화물류장비지원	56,000	9	6	7	8	7	5	5	4
3027	강원 평창군	야생동물피해예방시설설치지원	51,000	9	2	7	8	7	1	1	4
3028	강원 평창군	가축분뇨배출시설악취저감지원	50,000	9	1	7	8	7	1	1	1
3029	강원 평창군	내수면노후양식장현대화시설지원	50,000	9	1	7	8	7	1	1	4
3030	강원 평창군	스마트팜작업자추종운반로봇시범지원	50,000	9	2	7	8	7	5	5	4
3031	강원 평창군	농업인력지원	45,000	9	1	7	8	7	5	1	4
3032	강원 평창군	농업인가공사업장시설장비개선지원	45,000	9	6	7	8	7	1	1	4
3033	강원 평창군	APC시설보완	42,500	9	6	7	8	7	1	1	4
3034	강원 평창군	TMR제조장비지원	42,000	9	7	7	8	7	1	1	1
3035	강원 평창군	지능형축산시설도입지원	40,000	9	7	7	8	7	1	1	1
3036	강원 평창군	다목적가축분뇨처리장비지원	40,000	9	1	7	8	7	1	1	4
3037	강원 평창군	채소일사강우센서기반스마트관수시스템시범	40,000	9	2	7	8	7	5	5	4

순번	시군구	지출명 (사업명)	2024년예산 (단위 : 천원 /1년간)	민간이전 분류 (지방자치단체 세출예산 집행기준에 의거) 1. 민간경상사업보조(307-02) 2. 민간단체 법정운영비보조(307-03) 3. 민간행사사업보조(307-04) 4. 민간위탁금(307-05) 5. 사회복지시설 법정운영비보조(307-10) 6. 민간위탁교육비(307-12) 7. 공기관등에대한경상적위탁사업비(308-13) 8. 민간자본사업보조,자체재원(402-01) 9. 민간자본사업보조,이전재원(402-02) 10. 민간위탁사업비(402-03) 11. 공기관등에 대한 자본적 위탁사업비(403-02)	민간이전지출 근거 (지방보조금 관리기준 참고) 1. 법률에 규정 2. 국고보조 재원(국가지정) 3. 용도 지정 기부금 4. 조례에 직접규정 5. 지자체가 권장하는 사업을 하는 공공기관 6. 시,도 정책 및 재정사정 7. 기타 8. 해당없음	입찰방식			운영예산 산정		성과평가 실시여부 1. 실시 2. 미실시 3. 향후 추진 4. 해당없음
						계약체결방법 (경쟁형태) 1. 일반경쟁 2. 제한경쟁 3. 지명경쟁 4. 수의계약 5. 법정위탁 6. 기타 ( ) 7. 없음	계약기간 1. 1년 2. 2년 3. 3년 4. 4년 5. 5년 6. 기타 ( )년 7. 단가계약 (1년미만) 8. 없음	낙찰자선정방법 1. 적격심사 2. 협상에의한계약 3. 최저가낙찰제 4. 규격가격분리 5. 2단계 경쟁입찰 6. 기타 ( ) 7. 없음	운영예산 산정 1. 내부산정 (지자체 자체적으로 산정) 2. 외부산정 (외부전문기관위탁 산정) 3. 내·외부 모두 산정 4. 산정 無 5. 없음	정산방법 1. 내부정산 (지자체 내부적으로 정산) 2. 외부정산 (외부전문기관위탁 정산) 3. 내·외부 모두 정산 4. 정산 無 5. 없음	
3038	강원 평창군	우리도육성자색옥수수가공상품화지원	40,000	9	6	7	8	7	5	5	4
3039	강원 평창군	축산분야ICT융복합확산사업	35,190	9	2	7	8	7	1	1	1
3040	강원 평창군	월정사북대고운암단청공사	35,000	9	6	7	8	7	1	1	4
3041	강원 평창군	산지유통저장시설지원	31,250	9	6	7	8	7	1	1	4
3042	강원 평창군	식품공중위생업소환경개선지원	30,000	9	2	1	8	6	1	1	1
3043	강원 평창군	양식기반시설및기자재지원	28,000	9	1	7	8	7	1	1	1
3044	강원 평창군	어업경영개선장비지원	26,660	9	1	7	8	7	1	1	1
3045	강원 평창군	고수온대응지원	26,300	9	1	7	8	7	1	1	1
3046	강원 평창군	시설원예환경개선지원	25,000	9	7	7	8	7	1	1	1
3047	강원 평창군	환경친화형가축분뇨퇴비생산지원	25,000	9	6	7	8	7	1	1	1
3048	강원 평창군	고품질액비생산시설지원	25,000	9	1	7	8	7	1	1	1
3049	강원 평창군	축산물작업장위생설비개선지원	25,000	9	7	7	8	7	1	1	1
3050	강원 평창군	과수명품과원조성지원	24,500	9	6	7	8	7	1	1	1
3051	강원 평창군	전기이륜차보급사업	24,000	9	2	7	8	7	5	5	4
3052	강원 평창군	고품질인삼생산시설지원	22,995	9	6	7	8	7	1	1	1
3053	강원 평창군	명태산업광역특구기자재지원	22,857	9	1	7	8	7	1	1	1
3054	강원 평창군	당귀명품화물류장비지원	22,000	9	6	7	8	7	5	5	4
3055	강원 평창군	당귀명품화기계장비지원	21,000	9	6	7	8	7	5	5	4
3056	강원 평창군	전통민속활성화사업지원	20,000	9	6	7	8	7	1	1	4
3057	강원 평창군	신품종식량작물지역적응성시범사업	20,000	9	4	7	8	7	5	5	4
3058	강원 평창군	양송이의안정적인배지생산을위한살균후발효준화기술보급지원	20,000	9	2	7	8	7	5	5	4
3059	강원 평창군	청년4H회원기초영농지원	18,000	9	6	1	1	1	1	1	1
3060	강원 평창군	농촌돌봄서비스활성화지원	16,500	9	2	7	8	7	1	1	4
3061	강원 평창군	과수경쟁력제고지원	15,000	9	6	7	8	7	1	1	1
3062	강원 평창군	친환경유기농자재지원	14,226	9	7	7	8	7	1	1	1
3063	강원 평창군	잡곡산업기반조성지원	13,000	9	4	4	1	1	1	1	4
3064	강원 평창군	조사료자동급이기지원	10,500	9	7	7	8	7	1	1	1
3065	강원 평창군	양돈농가ASF방역관리지원	10,000	9	7	7	8	7	1	1	1
3066	강원 평창군	비타민과수재배시설지원	8,100	9	4	7	8	7	5	5	4
3067	강원 평창군	농가차단방역용소독시설.장비지원	7,350	9	7	7	8	7	1	1	1
3068	강원 평창군	주택용목재펠릿보일러지원	7,280	9	2	7	8	7	5	1	2
3069	강원 평창군	인삼재배시설현대화지원	6,225	9	2	7	8	7	1	1	1
3070	강원 평창군	원적외선곡물건조기지원	6,000	9	4	7	8	7	1	1	4
3071	강원 평창군	강원양봉산업육성지원(양봉기자재)	4,500	9	7	7	8	7	1	1	1
3072	강원 평창군	강원토봉산업육성지원(토봉기자재)	3,600	9	7	7	8	7	1	1	1
3073	강원 평창군	가정용저녹스보일러보급사업	3,000	9	2	7	8	7	5	1	2
3074	강원 평창군	보증기간경과장치성능유지관리	574	9	2	7	8	7	5	5	4
3075	강원 정선군	전기차구매지원	1,855,200	9	2	7	8	7	5	5	4
3076	강원 정선군	정암사수마노탑진입로정비사업	482,000	9	1	7	8	7	5	5	4
3077	강원 정선군	신재생에너지주택지원	206,385	9	2	7	8	6	5	1	4

순번	시군구	지출명 (사업명)	2024년예산 (단위: 천원/1년간)	민간이전 분류 (지방자치단체 세출예산 집행기준에 의거)	민간이전지출 근거 (지방보조금 관리기준 참고)	입찰방식			운영예산 산정		성과평가 실시여부
						계약체결방법 (경쟁형태)	계약기간	낙찰자선정방법	운영예산 산정	정산방법	
3078	강원 정선군	농특산물직거래판매장설치	200,000	9	6	7	8	7	1	1	1
3079	강원 정선군	농기계시설개선,파종기및자동공급기	165,000	9	6	7	8	7	5	5	4
3080	강원 정선군	정암사수마노탑관람편의시설(삼소정)단청공사	150,000	9	1	7	8	7	5	5	4
3081	강원 정선군	소규모사업장방지시설설치지원	117,000	9	2	7	8	7	5	5	4
3082	강원 정선군	도시가스공급시설설치비지원사업	113,946	9	6	5	7	7	3	2	3
3083	강원 정선군	조사료경영체기계장비지원	105,000	9	2	7	8	7	1	1	1
3084	강원 정선군	국내육성팥신품종보급	100,000	9	2	7	8	7	5	5	4
3085	강원 정선군	외국인근로자숙소지원	75,000	9	1	7	8	7	5	5	4
3086	강원 정선군	부숙촉진악취저감지원	75,000	9	6	7	8	7	1	1	1
3087	강원 정선군	건설기계엔진교체지원	66,000	9	2	7	8	7	5	5	4
3088	강원 정선군	고랭지딸기육묘생산기술시범	64,000	9	2	7	8	7	5	5	4
3089	강원 정선군	여성농업인노동경감지원	58,320	9	1	7	8	7	5	5	4
3090	강원 정선군	2024년피해예방시설설치지원(개별농가)	54,000	9	1	4	7	6	1	1	4
3091	강원 정선군	새일여성인턴제(취업장려금지원)	53,200	9	1	7	7	7	1	1	4
3092	강원 정선군	비닐하우스현대화지원	52,000	9	1	7	8	7	1	1	1
3093	강원 정선군	정선문화원차량구입지원	50,000	9	1	7	8	7	1	1	1
3094	강원 정선군	홈쇼핑판매활성화지원	50,000	9	6	7	8	7	1	1	1
3095	강원 정선군	명품과원조성(사과,자두)	49,000	9	1	7	8	7	1	1	1
3096	강원 정선군	산지저온시설지원(도지원)	48,750	9	6	7	8	7	1	1	1
3097	강원 정선군	과수경쟁력제고(과원정비,고소작업차)	45,000	9	1	7	8	7	1	1	1
3098	강원 정선군	농촌어르신복지실천시범	45,000	9	6	7	8	7	5	5	4
3099	강원 정선군	장애인생활이동지원센터차량구입	44,000	9	6	7	8	7	5	1	4
3100	강원 정선군	수어통역센터차량구입	44,000	9	6	7	8	7	5	1	4
3101	강원 정선군	농촌체험마을시설환경개선	42,000	9	4	7	8	7	5	5	4
3102	강원 정선군	고추비가림재배시설지원	41,000	9	2	7	8	7	1	1	1
3103	강원 정선군	다목적가축분뇨처리장비	40,000	9	6	7	8	7	1	1	1
3104	강원 정선군	도시농업기술활용공간조성	40,000	9	2	7	8	7	5	5	4
3105	강원 정선군	농촌자원활용치유농업육성시범	40,000	9	2	7	8	7	5	5	4
3106	강원 정선군	시설원예현대화	36,155	9	2	7	8	7	1	1	1
3107	강원 정선군	음식숙박업소환경개선지원	36,000	9	6	7	8	7	5	5	4
3108	강원 정선군	농식품산업활성화지원	33,000	9	6	7	8	7	1	1	1
3109	강원 정선군	노후경유차매연감장치부착지원	33,000	9	2	7	8	7	5	5	4
3110	강원 정선군	전기이륜차구매지원	32,000	9	2	7	8	7	5	5	4
3111	강원 정선군	증산어린이집기능보강지원	30,000	9	1	7	8	7	1	1	1
3112	강원 정선군	임계어린이집기능보강지원	30,000	9	1	7	8	7	1	1	1
3113	강원 정선군	새빛어린이집기능보강지원	30,000	9	1	7	8	7	1	1	1
3114	강원 정선군	디지털화분매개별적용기술	30,000	9	2	7	8	7	5	5	4
3115	강원 정선군	토양병해충방제용토양소독기신기술시범	30,000	9	2	7	8	7	5	5	4
3116	강원 정선군	내수면양식기자재재지원	28,000	9	6	7	8	7	1	1	1
3117	강원 정선군	어업경영개선장비지원	26,660	9	6	7	8	7	1	1	1

순번	시군구	지출명 (사업명)	2024년예산 (단위 : 천원 /1년간)	민간이전 분류 (지방자치단체 세출예산 집행기준에 의거) 1. 민간경상사업보조(307-02) 2. 민간단체 법정운영비보조(307-03) 3. 민간행사사업보조(307-04) 4. 민간위탁금(307-05) 5. 사회복지시설 법정운영비보조(307-10) 6. 민간위탁교육비(307-12) 7. 공기관등에대한경상적위탁사업비(308-13) 8. 민간자본사업보조,자체재원(402-01) 9. 민간자본사업보조,이전재원(402-02) 10. 민간위탁사업비(402-03) 11. 공기관등에 대한 자본적 위탁사업비(403-02)	민간이전지출 근거 (지방보조금 관리기준 참고) 1. 법률에 규정 2. 국고보조 재원(국가지정) 3. 용도 지정 기부금 4. 조례에 직접규정 5. 지자체가 권장하는 사업을 하는 공공기관 6. 시,도 정책 및 재정사정 7. 기타 8. 해당없음	입찰방식 계약체결방법 (경쟁형태) 1. 일반경쟁 2. 제한경쟁 3. 지명경쟁 4. 수의계약 5. 법정위탁 6. 기타 ( ) 7. 없음	계약기간 1. 1년 2. 2년 3. 3년 4. 4년 5. 5년 6. 기타 ( )년 7. 단기계약 (1년미만) 8. 없음	낙찰자선정방법 1. 적격심사 2. 협상에의한계약 3. 최저가낙찰제 4. 규격가격분리 5. 2단계 경쟁입찰 6. 기타 ( ) 7. 없음	운영예산 산정 1. 내부산정 (지자체 자체적으로 산정) 2. 외부산정 (외부전문기관위탁 산정) 3. 내·외부 모두 산정 4. 산정 無 5. 없음	정산방법 1. 내부정산 (지자체 내부적으로 정산) 2. 외부정산 (외부전문기관위탁 정산) 3. 내·외부 모두 정산 4. 정산 無 5. 없음	성과평가 실시여부 1. 실시 2. 미실시 3. 향후 추진 4. 해당없음
3118	강원 정선군	넥스포태양광발전소	20,000	9	2	7	8	7	5	3	4
3119	강원 정선군	신선농산물유통활성화지원	20,000	9	6	7	8	7	1	1	1
3120	강원 정선군	청년4H회원기초영농정착지원	18,000	9	1	7	8	7	5	5	4
3121	강원 정선군	지능형축산시설(자동화장비)지원	15,000	9	6	7	8	7	1	1	1
3122	강원 정선군	농어촌민박시설환경개선지원	14,000	9	4	7	8	7	5	5	4
3123	강원 정선군	기자재현대화	14,000	9	6	7	8	7	1	1	1
3124	강원 정선군	로컬푸드활성화(시설장비)	10,500	9	6	7	8	7	1	1	1
3125	강원 정선군	시설원예환경개선지원	10,000	9	1	7	8	7	1	1	1
3126	강원 정선군	양봉사료	8,400	9	1	7	8	7	1	1	1
3127	강원 정선군	고품질인삼생산시설지원	7,665	9	6	7	8	7	1	1	1
3128	강원 정선군	원적외선곡물건조기공급	6,000	9	6	7	8	7	5	5	4
3129	강원 정선군	센터사업비(새일여성인턴제우수사업장지원)	5,000	9	1	7	7	7	1	1	1
3130	강원 정선군	어린이통학차량LPG차전환지원	5,000	9	2	7	8	7	5	5	4
3131	강원 정선군	못자리비닐하우스	4,250	9	6	7	8	7	5	5	4
3132	강원 정선군	이동식동력분무기지원	3,920	9	6	7	8	7	1	1	1
3133	강원 정선군	기자재현대화	3,500	9	6	7	8	7	1	1	1
3134	강원 정선군	오성태양광발전소	2,700	9	2	7	8	7	5	3	4
3135	강원 정선군	새빛어린이집장비비지원	2,000	9	1	7	8	7	1	1	1
3136	강원 정선군	축산물작업장위생설비개선지원	2,000	9	6	7	8	7	1	1	1
3137	강원 정선군	가정용저녹스보일러보급	1,800	9	2	7	8	7	5	5	4
3138	강원 정선군	육묘이송기	1,650	9	6	7	8	7	5	5	4
3139	강원 정선군	보증기간경과장치성능유지관리	918	9	2	7	8	7	5	5	4
3140	강원 화천군	조사료생산용사일리지제조지원	346,869	9	6	7	8	7	5	5	4
3141	강원 화천군	축산ICT융복합지원사업	127,000	9	6	7	8	7	5	5	4
3142	강원 화천군	산림작물생산단지조성(소액)(국)	125,034	9	1,2	7	8	7	5	5	1
3143	강원 화천군	산지종합유통센터(국)	113,400	9	1,2	7	8	7	5	5	1
3144	강원 화천군	조사료생산장비지원	105,000	9	6	7	8	7	5	5	4
3145	강원 화천군	강원양봉산업육성	75,000	9	6	7	8	7	5	5	4
3146	강원 화천군	지능형축산시설도입사업	70,000	9	6	7	8	7	5	5	4
3147	강원 화천군	TMR제조장비지원	42,000	9	6	7	8	7	5	5	4
3148	강원 화천군	다목적가축분뇨처리장비지원	40,000	9	6	7	8	7	5	5	4
3149	강원 화천군	노인복지시설소규모환경개선지원사업	30,000	9	1	7	8	7	1	1	1
3150	강원 화천군	강원토봉산업육성	11,500	9	6	7	8	7	5	5	4
3151	강원 화천군	청정양돈경영선진화	10,200	9	6	7	8	7	5	5	4
3152	강원 화천군	조사료생산용사일리지비닐지원	4,200	9	6	7	8	7	5	5	4
3153	강원 화천군	말벌퇴치장비지원사업	1,380	9	6	7	8	7	5	5	4
3154	강원 양구군	전기자동차보급사업	1,848,800	9	1	7	8	7	3	1	4
3155	강원 양구군	농촌자원복합산업화지원(공모)	360,000	9	1,6	7	8	7	5	5	4
3156	강원 양구군	수소전기자동차보급사업	330,000	9	1	7	8	7	3	1	4
3157	강원 양구군	친환경농산물가공유통기반조성사업	300,000	9	6	7	8	7	5	5	4

순번	시군구	지출명 (사업명)	2024년예산 (단위: 천원/1년간)	민간이전 분류 (지방자치단체 세출예산 집행기준에 의거)	민간이전지출 근거 (지방보조금 관리기준 참고)	입찰방식 계약체결방법 (경쟁형태)	입찰방식 계약기간	입찰방식 낙찰자선정방법	운영예산 산정	정산방법	성과평가 실시여부
3158	강원 양구군	유기농업자재공급지원사업	194,000	9	2	7	8	7	5	5	4
3159	강원 양구군	지역특화형신선농산물수출단지조성	190,000	9	2	7	8	7	5	5	4
3160	강원 양구군	여성농업인센터운영	160,000	9	1	7	8	7	5	5	4
3161	강원 양구군	산지저장및가공시설현대화	100,000	9	6	7	8	7	5	5	4
3162	강원 양구군	이상고온대응시설채소안정생산시범	100,000	9	2	7	8	7	5	5	4
3163	강원 양구군	무인방제활용과수종합관리기술구축시범	100,000	9	2	7	8	7	5	5	4
3164	강원 양구군	비닐하우스현대화사업	91,200	9	6	7	8	7	5	5	4
3165	강원 양구군	산림작물생산단지	80,574	9	2	7	8	7	1	1	4
3166	강원 양구군	접경지역시설현대화사업	80,000	9	6	7	8	7	5	5	4
3167	강원 양구군	이상기상대응과수스마트팜기반조성시범	80,000	9	6	7	8	7	5	5	4
3168	강원 양구군	군납농산물연중공급체계구축지원	77,167	9	6	7	8	7	5	1	1
3169	강원 양구군	농어업에너지이용효율화(원예)	63,282	9	2	7	8	7	5	5	4
3170	강원 양구군	어린이집기능보강비지원	60,000	9	2	7	8	7	1	1	1
3171	강원 양구군	생분해성멀칭필름지원사업	59,500	9	6	7	8	7	5	5	4
3172	강원 양구군	부존자원활용조사료자급률확대	56,700	9	6	2	8	1	5	1	4
3173	강원 양구군	CCTV등방역인프라	54,000	9	2	7	7	7	5	5	4
3174	강원 양구군	야생동물피해예방시설(울타리)설치지원사업	52,000	9	4	7	7	7	1	1	4
3175	강원 양구군	파속채소신품종안정생산기술시범	50,000	9	2	7	8	7	5	5	4
3176	강원 양구군	건설기계엔진교체지원	49,500	9	2	7	8	7	5	5	4
3177	강원 양구군	농업인가공사업장시설장비개선지원	45,000	9	1,6	7	8	7	5	5	4
3178	강원 양구군	인삼재배시설현대화지원	44,175	9	2	7	8	7	5	5	4
3179	강원 양구군	화재안전성능보강지원사업	40,000	9	2	7	8	7	5	5	4
3180	강원 양구군	내수면어업인안전조업어선보급및개선	40,000	9	6	7	7	7	5	5	4
3181	강원 양구군	다목적가축분뇨처리장비지원	40,000	9	6	7	8	7	5	1	4
3182	강원 양구군	지능형축산시설지원사업	40,000	9	6	7	8	7	5	1	4
3183	강원 양구군	산지저온시설지원	37,500	9	6	7	8	7	5	5	4
3184	강원 양구군	친환경임산물재배관리(토양개량제)	34,601	9	2	7	8	7	1	1	4
3185	강원 양구군	명품과원기반조성	34,300	9	6	7	8	7	5	5	4
3186	강원 양구군	임산물생산기반조성	33,296	9	2	7	8	7	1	1	4
3187	강원 양구군	경유자동차매연저감장치설치지원	33,000	9	2	7	8	7	5	5	4
3188	강원 양구군	전기이륜차보급사업	32,000	9	1	7	8	7	3	1	4
3189	강원 양구군	바이오차활용토양환경개선및저탄소농업기술시범	32,000	9	6	7	8	7	5	5	4
3190	강원 양구군	고품질인삼생산시설지원	30,660	9	6	7	8	7	5	5	4
3191	강원 양구군	바이오차및천적활용시설재배지온실가스감축기술시범	30,000	9	6	7	8	7	5	5	4
3192	강원 양구군	화훼생산유통지원	30,000	9	6	7	8	7	5	5	4
3193	강원 양구군	어업경영개선장비지원	30,000	9	6	7	7	7	5	5	4
3194	강원 양구군	민물가마우지피해방지어구보급지원	28,000	9	6	7	7	7	5	5	4
3195	강원 양구군	강원양봉산업육성지원	27,200	9	6	7	8	7	5	1	4
3196	강원 양구군	드론용비산저감AI노출및분무장치신기술시범	25,000	9	2	7	8	7	5	5	4
3197	강원 양구군	과수경쟁력제고지원	25,000	9	6	7	8	7	5	5	4

순번	시군구	지출명 (사업명)	2024년예산 (단위: 천원/1년간)	민간이전 분류	민간이전지출 근거	계약체결방법 (경쟁형태)	계약기간	낙찰자선정방법	운영예산 산정	정산방법	성과평가 실시여부
3198	강원 양구군	깨끗한축산농장조성(부숙촉진악취저감제)	25,000	9	6	7	8	7	1	1	4
3199	강원 양구군	소규모사업장방지시설설치지원	23,400	9	2	7	8	7	5	5	4
3200	강원 양구군	시설원예환경개선사업	21,000	9	6	7	8	7	5	5	4
3201	강원 양구군	내수면노후선외기대체지원	21,000	9	6	7	7	7	5	5	4
3202	강원 양구군	논온실가스감축을위한물관리와완효성비료복합기술시범	20,000	9	2	7	8	7	5	5	4
3203	강원 양구군	시설원예현대화사업	15,377	9	6	7	8	7	5	5	4
3204	강원 양구군	원적외선곡물건조기공급	12,000	9	6	7	8	7	5	5	4
3205	강원 양구군	잡곡산업기반조성	12,000	9	6	7	8	7	5	5	4
3206	강원 양구군	장기요양기관환기시설설치사업	10,080	9	2	7	8	7	2	1	4
3207	강원 양구군	친환경인증농산물포장재지원사업	10,000	9	6	7	8	7	5	5	4
3208	강원 양구군	양계농가포장재지원사업	10,000	9	6	7	8	7	5	5	4
3209	강원 양구군	고랭지채소안정생산	9,600	9	6	7	8	7	5	5	4
3210	강원 양구군	친환경농자재공급지원사업	8,283	9	6	7	8	7	5	5	4
3211	강원 양구군	목재산업육성(목재펠릿보일러보급주택용)	7,280	9	2	7	8	7	1	1	1
3212	강원 양구군	강원토봉산업육성지원	6,500	9	6	7	8	7	5	1	4
3213	강원 양구군	어린이통학차량LPG차전환지원	5,000	9	2	7	8	7	5	5	4
3214	강원 양구군	인삼친환경재배	4,410	9	6	7	8	7	5	5	4
3215	강원 양구군	로컬푸드활성화지원사업(운영지원)	4,000	9	6	7	8	7	5	1	1
3216	강원 양구군	도지사품질보증제지원	3,500	9	6	7	8	7	5	1	1
3217	강원 양구군	농가차단방역용소독시설장비지원	3,480	9	1	7	7	7	5	5	4
3218	강원 양구군	어린이집기능보강비지원	2,000	9	6	7	8	7	1	1	1
3219	강원 양구군	고품질쌀생산(벼육묘시설장비지원)	900	9	6	7	8	7	5	5	4
3220	강원 양구군	보증기간경과품치성능유지관리지원	572	9	6	7	8	7	5	1	4
3221	강원 양구군	친환경임산물재배관리(유기질비료)	460	9	2	7	8	7	5	5	4
3222	강원 인제군	백담사보수정비	1,700,780	9	1	7	8	7	1	1	4
3223	강원 인제군	전통사찰보수정비	400,000	9	1	7	8	7	1	1	4
3224	강원 인제군	문화재보수정비	250,000	9	4	7	8	7	1	1	4
3225	강원 인제군	분뇨부숙촉진제	200,000	9	1	7	8	7	1	1	4
3226	강원 인제군	여성농업인노동경감지원	185,400	9	6	7	8	7	5	1	4
3227	강원 인제군	가축분뇨처리장비지원	160,000	9	1	7	8	7	1	1	4
3228	강원 인제군	야생동물피해예방[자체]	160,000	9	8	7	8	7	5	5	4
3229	강원 인제군	농촌자원복합산업화지원사업	128,000	9	6	7	8	7	5	5	4
3230	강원 인제군	강원양봉브랜드활성화	103,800	9	1	7	8	7	1	1	4
3231	강원 인제군	농촌체험마을경영활성화[도비]	84,000	9	1	7	8	7	5	5	4
3232	강원 인제군	지능형축산시설도입	80,000	9	1	7	8	7	1	1	4
3233	강원 인제군	내수면어선장비현대화사업	63,000	9	1	7	8	7	1	1	4
3234	강원 인제군	군납농산물연중공급체계구축사업	58,534	9	4	7	8	7	5	5	4
3235	강원 인제군	환경친화퇴비생산시설	50,000	9	1	7	8	7	1	1	4
3236	강원 인제군	가축분뇨배출시설악취저감	50,000	9	1	7	8	7	1	1	4
3237	강원 인제군	외국인근로자숙소지원	50,000	9	6	7	8	7	1	1	4

순번	시군구	지출명 (사업명)	2024년예산 (단위: 천원/1년간)	민간이전 분류 (지방자치단체 세출예산 집행기준에 의거)	민간이전지출 근거 (지방보조금 관리기준 참고)	입찰방식			운영예산 산정		성과평가 실시여부
						계약체결방법 (경쟁형태)	계약기간	낙찰자선정방법	운영예산 산정	정산방법	
3238	강원 인제군	야생동물피해예방시설설치사업[국비]	42,000	9	8	7	8	7	5	5	4
3239	강원 인제군	청정양돈경영선진화	40,500	9	1	7	8	7	1	1	4
3240	강원 인제군	인제군재향군인회관시설개선	40,000	9	1	7	8	7	5	5	4
3241	강원 인제군	봉정암보수설계	40,000	9	1	7	8	7	1	1	4
3242	강원 인제군	내수면어업인안전조업어선보급및개선	40,000	9	1	7	8	7	5	5	4
3243	강원 인제군	청년4H회원기초영농정착지원	36,000	9	6	7	8	7	1	1	1
3244	강원 인제군	산지유통저온저장시설지원	31,250	9	1,4	7	8	7	5	5	4
3245	강원 인제군	어업경영개선장비지원	30,000	9	1	7	8	7	5	5	4
3246	강원 인제군	민물가마우지피해방지어구보급지원	28,000	9	1	7	8	7	5	5	4
3247	강원 인제군	내수면노후선외기대체지원	21,000	9	1	7	8	7	5	5	4
3248	강원 인제군	농식품제조가공시설장비(지게차)지원	20,000	9	4	7	8	7	5	5	4
3249	강원 인제군	전통사찰방재시스템유지보수	10,800	9	1	7	8	7	1	1	4
3250	강원 인제군	로컬푸드육성사업(시설장비지원)	10,500	9	4	7	8	7	5	5	4
3251	강원 인제군	SD저항성토종별보급	2,500	9	1	7	8	7	1	1	4
3252	강원 인제군	여성어업인작업물품등지원	2,100	9	1	7	8	7	5	5	4
3253	강원 고성군	전통사찰(화암사)보수정비사업	400,000	9	2	7	1	7	5	5	4
3254	강원 고성군	지역활력화작목기반조성(해안고랭지연계연중고급채소생산단지조성)	400,000	9	6	7	8	7	5	5	4
3255	강원 고성군	저온유통체계구축사업(산지저온시설)	359,160	9	2	7	8	7	5	5	4
3256	강원 고성군	신속한가축분뇨자원화	250,000	9	4	7	8	7	5	1	3
3257	강원 고성군	밥쌀용고품질신품종생산및확대보급시범사업	200,000	9	2	7	8	7	5	5	4
3258	강원 고성군	기후변화대응시설채소안정생산지원	144,000	9	2	7	8	7	5	5	4
3259	강원 고성군	고향찰벼특산단지조성	133,600	9	6	7	8	7	5	5	4
3260	강원 고성군	특용작물(버섯,약용)재배시설현대화지원	110,475	9	2	7	8	7	5	5	4
3261	강원 고성군	축산신기술보급시범사업	100,000	9	2	7	8	7	1	1	4
3262	강원 고성군	군납농산물연중공급체계구축	90,467	9	6	7	8	7	5	5	4
3263	강원 고성군	노인복지시설기능보강(차량지원)	58,900	9	4	7	8	7	1	1	1
3264	강원 고성군	기후변화대응과원피해예방기술시범	56,000	9	6	7	8	7	5	5	4
3265	강원 고성군	지능형축산시설도입	55,000	9	6	7	8	7	1	1	4
3266	강원 고성군	장애인보호작업장기능보강(차량구입)	50,000	9	6	7	8	7	5	5	4
3267	강원 고성군	지적장애인자립지원센터기능보강(차량구입)	50,000	9	6	7	8	7	5	5	4
3268	강원 고성군	농식품산업활성화지원	50,000	9	6	7	8	7	5	5	4
3269	강원 고성군	비닐하우스현대화지원	48,000	9	6	7	8	7	5	5	4
3270	강원 고성군	산지저온저장시설지원	43,750	9	6	7	8	7	5	5	4
3271	강원 고성군	깨끗한축산농장조성	37,500	9	4	7	8	7	5	1	3
3272	강원 고성군	사계절친환경농산물생산시설지원	28,000	9	6	7	8	7	5	5	4
3273	강원 고성군	CCTV등방역인프라설치지원사업	21,000	9	1	7	8	7	1	1	1
3274	강원 고성군	고성군가족센터차량지원	20,000	9	6	7	8	7	3	1	1
3275	강원 고성군	청년4H회원기초영농지원사업	18,000	9	1	7	8	7	5	5	4
3276	강원 고성군	명품과원조성	14,700	9	6	7	8	7	5	5	4
3277	강원 고성군	시설원예환경개선	12,500	9	6	7	8	7	5	5	4

순번	시군구	지출명 (사업명)	2024년예산 (단위: 천원/1년간)	민간이전 분류	민간이전지출 근거	계약체결방법 (경쟁형태)	계약기간	낙찰자선정방법	운영예산 산정	정산방법	성과평가 실시여부
3278	강원 고성군	과수경쟁력제고	12,500	9	6	7	8	7	5	5	4
3279	강원 고성군	강원양봉산업육성	12,400	9	6	7	8	7	1	1	4
3280	강원 고성군	고추비가림재배시설지원	11,550	9	2	7	8	7	5	5	4
3281	강원 고성군	장기요양기관환기시설설치지원	11,520	9	1	4	7	7	1	1	1
3282	강원 고성군	스마트터치테이블구축	11,000	9	6	7	8	7	5	5	4
3283	강원 고성군	통합브랜드포장재지원	11,000	9	6	7	8	7	5	5	4
3284	강원 고성군	농가차단방역용소독시설장비지원	10,980	9	1	7	8	7	1	1	1
3285	강원 고성군	청정양돈경영선진화	10,200	9	6	7	8	7	1	1	1
3286	강원 고성군	양돈농가ASF방역관리지원	10,000	9	1	7	8	7	1	1	1
3287	강원 고성군	가축방역예방주사사업	9,498	9	1	7	8	7	1	1	1
3288	강원 고성군	도지사품질인증제지원	7,000	9	6	7	8	7	5	5	4
3289	강원 고성군	전통주포장재개선및품질관리지원	4,800	9	6	7	8	7	5	5	4
3290	강원 고성군	강원토봉산업육성	2,700	9	6	7	8	7	1	1	4
3291	강원 고성군	축산물HACCP컨설팅지원사업	560	9	1	7	8	7	1	1	1
3292	강원 고성군	말벌퇴치장비지원사업	240	9	2	7	8	7	1	1	4
3293	충북 청주시	무공해차구매지원(전기승용)	12,240,000	9	1	7	8	7	5	5	4
3294	충북 청주시	무공해차구매지원(전기화물)	6,398,400	9	1	7	8	7	5	5	4
3295	충북 청주시	운행경유차배출가스저감사업(조기폐차지원)	5,683,680	9	1	7	8	7	5	5	4
3296	충북 청주시	무공해차구매지원(수소승용)	4,824,000	9	1	7	8	7	5	5	4
3297	충북 청주시	신재생에너지융복합지원사업(신재생에너지설비)	2,124,224	9	2	7	8	7	5	5	4
3298	충북 청주시	정신요양시설기능보강	1,821,000	9	2	7	8	7	5	5	4
3299	충북 청주시	청주용화사석조불상군관리사건립	1,500,000	9	1,2	7	8	7	5	5	4
3300	충북 청주시	전통사찰보수정비사업	1,360,000	9	2	7	8	7	5	5	4
3301	충북 청주시	친환경농업기반구축사업	1,018,000	9	1	7	8	7	5	1	4
3302	충북 청주시	운행경유차배출가스저감사업(건설기계저공해조치)	976,500	9	1	7	8	7	5	5	4
3303	충북 청주시	농산물제조가공유통시설지원	700,000	9	7	7	8	7	5	5	3
3304	충북 청주시	소규모사업장방지시설설치지원	666,000	9	1	7	8	7	5	5	4
3305	충북 청주시	기업정주여건개선사업	585,800	9	6	7	8	7	1	1	4
3306	충북 청주시	무공해차구매지원(전기중형승합)	560,000	9	1	7	8	7	5	5	4
3307	충북 청주시	전통사찰방재시스템구축	516,000	9	1	7	8	7	5	5	4
3308	충북 청주시	식품소재및반가공산업육성	460,200	9	7	7	8	7	5	5	3
3309	충북 청주시	친환경농산물생산,유통지원	423,667	9	4	7	8	7	5	1	4
3310	충북 청주시	운행경유차배출가스저감사업(운행차저공해조치)	340,200	9	1	7	8	7	5	5	4
3311	충북 청주시	장애인직업재활시설기능보강(2개소)	330,020	9	2	7	8	7	5	1	4
3312	충북 청주시	주택지원보급사업(태양광)	315,600	9	2	7	8	7	5	5	4
3313	충북 청주시	산림작물생산단지조성(소액)	288,733	9	1,2	7	8	7	5	5	4
3314	충북 청주시	어린이집기능보강	253,900	9	2	7	8	7	5	5	4
3315	충북 청주시	시설원예ICT융복합확산(시설원예현대화)	249,421	9	2	7	8	7	5	1	4
3316	충북 청주시	발전소주변지역지원사업(기본)	243,800	9	2	7	8	7	5	3	3
3317	충북 청주시	양묘시설현대화	222,000	9	1,2	7	8	7	5	5	4

순번	시군구	지출명 (사업명)	2024년예산 (단위:천원/1년간)	민간이전 분류 (지방자치단체 세출예산 집행기준에 의거)	민간이전지출 근거 (지방보조금 관리기준 참고)	입찰방식 계약체결방법 (경쟁형태)	계약기간	낙찰자선정방법	운영예산 산정 운영예산 산정	정산방법	성과평가 실시여부
3318	충북 청주시	가정용저녹스보일러보급사업	202,200	9	1	7	8	7	5	5	4
3319	충북 청주시	시설원예스마트생산기반지원	162,000	9	6	7	8	7	5	1	4
3320	충북 청주시	시설원예ICT융복합확산(절감시설)	160,268	9	2	7	8	7	5	1	4
3321	충북 청주시	인삼생산자재지원	160,000	9	4	7	8	7	1	1	1
3322	충북 청주시	가스열펌프냉난방기설치지원사업	154,350	9	1	7	8	7	5	5	4
3323	충북 청주시	산림복합경영단지조성(공모)	150,000	9	1,2	7	8	7	5	5	4
3324	충북 청주시	영농기계화장비공급	135,600	9	1	7	8	7	5	1	4
3325	충북 청주시	시설원예ICT융복합확산(시설보급)	135,558	9	2	7	8	7	5	1	1
3326	충북 청주시	전기이륜차보급사업	123,200	9	1	7	8	7	5	5	4
3327	충북 청주시	지역특화작목육성(7ha)	110,000	9	6	7	8	7	5	1	4
3328	충북 청주시	농산물산지유통시설설치	99,000	9	7	7	8	7	5	5	4
3329	충북 청주시	로컬푸드연중생산비닐하우스지원	88,200	9	4	1	8	7	1	1	3
3330	충북 청주시	임산물생산기반조성	80,489	9	1,2	7	8	7	5	5	4
3331	충북 청주시	굴뚝자동측정기기설치운영관리비지원사업	73,980	9	1	7	8	7	5	5	4
3332	충북 청주시	산림바이오매스(펠릿)확충(주택용)	72,800	9	1,2	7	8	7	5	5	4
3333	충북 청주시	고품질벼육묘설치보완	70,000	9	4	7	8	7	5	1	4
3334	충북 청주시	저소득층LED조명교체사업	70,000	9	2	7	8	7	5	5	4
3335	충북 청주시	사회복지시설LED조명교체사업	70,000	9	2	7	8	7	5	5	4
3336	충북 청주시	축산농가시설태양광보급사업	68,000	9	2	7	8	7	5	5	4
3337	충북 청주시	과수노력절감생산장비지원	61,120	9	1	7	8	7	5	1	4
3338	충북 청주시	콩전용농기계지원사업	60,000	9	1	7	8	7	5	1	4
3339	충북 청주시	버섯생산시설현대화사업	59,400	9	2	7	8	7	5	1	4
3340	충북 청주시	건물형태양광보급사업	52,000	9	2	7	8	7	5	5	4
3341	충북 청주시	LPG가스차량구입비보조	50,000	9	1	7	8	7	5	5	4
3342	충북 청주시	성덕원기능보강사업	42,884	9	1	7	7	7	1	1	1
3343	충북 청주시	김치산업육성지원	40,000	9	7	7	8	7	5	5	3
3344	충북 청주시	로컬푸드직매장활성화지원사업	36,000	9	4	1	8	7	1	1	3
3345	충북 청주시	기능성양잠산업기반조성	35,625	9	6	7	8	7	5	1	4
3346	충북 청주시	보증기간경과장치성능유지관리	29,536	9	1	7	8	7	5	5	4
3347	충북 청주시	임산물유통기반지원	28,500	9	1,2	7	8	7	5	5	4
3348	충북 청주시	첨단농기계공급지원	28,000	9	1	2	7	3	5	1	4
3349	충북 청주시	고추비가림재배시설지원	25,000	9	2	7	8	7	5	1	4
3350	충북 청주시	장애인거주시설기능보강(이전재원)	24,398	9	2	7	8	7	1	1	4
3351	충북 청주시	강서2동문암경로당기능보강공서	20,300	9	4	7	8	7	5	5	4
3352	충북 청주시	한부모가족복지시설기능보강지원	18,870	9	1,2	7	8	7	5	1	4
3353	충북 청주시	산림바이오매스(펠릿)확충(사회복지용)	15,600	9	1,2	7	8	7	5	5	4
3354	충북 청주시	임산물저장건조시설	13,560	9	1,2	7	8	7	5	5	4
3355	충북 청주시	가정폭력피해자보호시설기능보강	7,500	9	2	7	8	7	5	1	4
3356	충북 청주시	강서2동송절1구경로당기능보강공서	2,500	9	4	7	8	7	5	5	4
3357	충북 청주시	폭력피해이주여성보호시설안전보강	2,091	9	1,2	7	8	7	5	1	4

순번	시군구	지출명 (사업명)	2024년예산 (단위 : 천원/1년간)	민간이전 분류	민간이전지출 근거	계약체결방법 (경쟁형태)	계약기간	낙찰자선정방법	운영예산 산정	정산방법	성과평가 실시여부
3358	충북 청주시	폭력피해여성주거지원임대보증금	1,557	9	2	7	8	7	5	1	4
3359	충북 청주시	성폭력피해자보호시설기능보강	1,000	9	2	7	8	7	5	1	4
3360	충북 충주시	특장차수소파워팩기술지원기반구축	4,700,000	9	2	7	8	7	3	2	1
3361	충북 충주시	신재생에너지융복합지원사업	2,105,413	9	6	7	8	7	1	1	1
3362	충북 충주시	축산ICT융복합지원	900,000	9	1	1	8	7	5	5	4
3363	충북 충주시	지방이전기업입지및투자보조금지원	700,000	9	4	7	8	7	1	1	4
3364	충북 충주시	장애인직업재활시설기능보강	540,250	9	2	7	8	7	5	5	4
3365	충북 충주시	수변구역특별주민지원	450,172	9	2	7	8	7	1	1	4
3366	충북 충주시	충주지역특산주활성화지원사업	400,000	9	2	7	8	7	5	5	4
3367	충북 충주시	농경문화소득화모델구축	210,000	9	2	7	8	7	5	5	4
3368	충북 충주시	꿀벌자원육성품종증식보급시범	200,000	9	1	7	8	7	5	5	4
3369	충북 충주시	수변구역일반주민지원	187,388	9	2	7	8	7	1	1	4
3370	충북 충주시	기업정주여건개선사업	177,000	9	4	7	8	7	5	5	4
3371	충북 충주시	지역활력화작목기반조성	160,000	9	1	7	8	7	5	5	4
3372	충북 충주시	양봉화분사료공급	154,500	9	4	7	8	7	5	5	4
3373	충북 충주시	친환경축산시설장비보급	150,000	9	4	7	8	7	5	5	4
3374	충북 충주시	조사료수확장비지원	150,000	9	4	7	8	7	5	5	4
3375	충북 충주시	벼전과정디지털영농기술고도화시범	100,000	9	1	7	8	7	5	5	4
3376	충북 충주시	순두부용원료곡생산단지조성	100,000	9	1	7	8	7	5	5	4
3377	충북 충주시	병풀스마트팜수경재배시설시범보급	100,000	9	1	7	8	7	5	5	4
3378	충북 충주시	병풀스마트팜수경재배시설시범보급	100,000	9	1	7	8	7	5	5	4
3379	충북 충주시	지역특화우수품종보급시범(전환사업)	100,000	9	1	7	8	7	5	5	4
3380	충북 충주시	정밀농업구현과수스마트팜기반조성	100,000	9	2	7	8	7	5	5	4
3381	충북 충주시	기후변화대응다목적햇빛차단망보급시범	100,000	9	2	7	8	7	5	5	4
3382	충북 충주시	디지털농업기술드론직파벼재배단지조성	80,000	9	1	7	8	7	5	5	4
3383	충북 충주시	시설과채류순환식수경재배양액재활용기술보급시범	80,000	9	1	7	8	7	5	5	4
3384	충북 충주시	고온기수경재배양액냉각기기술보급	80,000	9	1	7	8	7	5	5	4
3385	충북 충주시	ICT기반한우동물복지사양기술보급시범	80,000	9	1	7	8	7	5	5	4
3386	충북 충주시	국산종균을이용한맞춤형기능성식초상품화시범	80,000	9	2	7	8	7	5	5	4
3387	충북 충주시	가축분뇨고속발효기지원	77,000	9	4	7	8	7	5	5	4
3388	충북 충주시	청년농업인스마트팜기반조성	70,000	9	1	7	8	7	5	5	4
3389	충북 충주시	태양광주택보급	62,400	9	6	7	8	7	1	1	1
3390	충북 충주시	친환경감자생산단지조성을위한종합관리기술시범	60,000	9	1	7	8	7	5	5	4
3391	충북 충주시	농업활동안전사고예방생활화	60,000	9	1	7	8	7	5	5	4
3392	충북 충주시	농가형가공상품화창업기술지원	52,500	9	2	7	8	7	5	5	4
3393	충북 충주시	밀가루대체가공용쌀원료곡생산단지육성	50,000	9	1	7	8	7	5	5	4
3394	충북 충주시	딸기신품종확대보급기술시범	50,000	9	1	7	8	7	5	5	4
3395	충북 충주시	딸기삽목묘대량증식기술시범	50,000	9	1	7	8	7	5	5	4
3396	충북 충주시	농업인가공사업장시설장비개선시범	50,000	9	2	7	8	7	5	5	4
3397	충북 충주시	농업자원활용농장명소화지원	50,000	9	1	7	8	7	5	5	4

순번	시군구	지출명 (사업명)	2024년예산 (단위: 천원/1년간)	민간이전 분류 (지방자치단체 세출예산 집행기준에 의거)	민간이전지출 근거 (지방보조금 관리기준 참고)	입찰방식 계약체결방법 (경쟁형태)	입찰방식 계약기간	입찰방식 낙찰자선정방법	운영예산 산정 운영예산 산정	운영예산 산정 정산방법	성과평가 실시여부
3398	충북 충주시	작목별맞춤형안전관리실천시범	50,000	9	1	7	8	7	5	5	4
3399	충북 충주시	농촌어르신복지실천시범	50,000	9	1	7	8	7	5	5	4
3400	충북 충주시	가축생균제지원	44,000	9	4	7	8	7	5	5	4
3401	충북 충주시	인삼국내육성품종보급시범	40,000	9	1	7	8	7	5	5	4
3402	충북 충주시	채소일사강우센서기반스마트관수시스템시범	40,000	9	1	7	8	7	5	5	4
3403	충북 충주시	국내개발젖소케토시스회복및예방기술시범	40,000	9	1	7	8	7	5	5	4
3404	충북 충주시	꿀벌벌집(벌통,소초광등)공급	35,200	9	4	7	8	7	5	5	4
3405	충북 충주시	내수면양식장지하수노후관정정비	32,400	9	1	7	8	7	5	5	4
3406	충북 충주시	노후어선교체구입비지원	30,240	9	1	7	8	7	5	5	4
3407	충북 충주시	가축폐사체처리기기지원	30,000	9	1	7	8	7	1	1	1
3408	충북 충주시	양봉생산물처리장비지원	30,000	9	4	7	8	7	5	5	4
3409	충북 충주시	가축분뇨처리장비보급	30,000	9	4	7	8	7	5	5	4
3410	충북 충주시	우수여왕벌보급사업	28,800	9	4	7	8	7	5	5	4
3411	충북 충주시	산단건물태양광설치	28,000	9	6	7	8	7	1	1	1
3412	충북 충주시	볏짚처리비(비닐등)지원	27,610	9	4	7	8	7	5	5	4
3413	충북 충주시	가축기후변화대응시설지원	27,000	9	1	7	8	7	1	1	1
3414	충북 충주시	드론용비산저감AI노즐분무장치신기술시범	25,000	9	1	7	8	7	5	5	4
3415	충북 충주시	특화작목부가가치향상지원사업	21,000	9	1	7	8	7	5	5	4
3416	충북 충주시	시설토경관개자동제어시스템보급시범	20,000	9	1	7	8	7	5	5	4
3417	충북 충주시	혹서기대비축사환경및가축질병예방시범	20,000	9	1	7	8	7	5	5	4
3418	충북 충주시	ICT활용축사재해예방시스템구축시범	20,000	9	1	7	8	7	5	5	4
3419	충북 충주시	낚시터안전시설개선	20,000	9	1	7	8	7	5	5	4
3420	충북 충주시	발전소주변지역지원사업(에이치디충주태양광1호)	20,000	9	2	7	8	7	5	5	4
3421	충북 충주시	발전소주변지역지원사업(에이치디충주태양광2호)	20,000	9	2	7	8	7	5	5	4
3422	충북 충주시	액비저장조분뇨발효제지원	18,000	9	4	7	8	7	5	5	4
3423	충북 충주시	연어류(송어)발안란구입비지원	16,640	9	1	7	8	7	5	5	4
3424	충북 충주시	내수면어업어망등장비지원	16,000	9	1	7	8	7	5	5	4
3425	충북 충주시	트랙터부착형폐비닐수거장치지원	15,400	9	1	7	8	7	5	5	4
3426	충북 충주시	내수면양식장정전피해대비시설정비	14,580	9	1	7	8	7	5	5	4
3427	충북 충주시	발전소주변지역지원사업(충주3수력태양광)	14,000	9	2	7	8	7	5	5	4
3428	충북 충주시	치유농업프로그램기술보급시범	14,000	9	2	7	8	7	5	5	4
3429	충북 충주시	장애인거주시설기능보강	12,712	9	2	7	8	7	5	5	4
3430	충북 충주시	양식어업인수산약품및양식장비공급	11,902	9	1	7	8	7	5	5	4
3431	충북 충주시	혼합사료포장재지원	11,900	9	4	7	8	7	5	5	4
3432	충북 충주시	농촌여성농부증예방농작업장비지원	10,000	9	1	7	8	7	5	5	4
3433	충북 충주시	발전소주변지역지원사업(음성그린에너지건설본부태양광)	9,700	9	2	7	8	7	5	5	4
3434	충북 충주시	지능형교배시기탐지기지원	9,600	9	6	7	8	7	5	5	4
3435	충북 충주시	퇴비발효촉진제지원	9,308	9	4	7	8	7	5	5	4
3436	충북 충주시	내수면양식장수질개선	8,100	9	1	7	8	7	5	5	4
3437	충북 충주시	말벌퇴치장비지원	8,100	9	4	7	8	7	5	5	4

순번	시군구	지출명 (사업명)	2024년예산 (단위 : 천원 /1년간)	민간이전 분류 (지방자치단체 세출예산 집행기준에 의거) 1. 민간경상사업보조(307-02) 2. 민간단체 법정운영비보조(307-03) 3. 민간행사사업보조(307-04) 4. 민간위탁금(307-05) 5. 사회복지시설 법정운영비보조(307-10) 6. 민간위원교육비(307-12) 7. 공기관등에대한경상적위탁사업비(308-13) 8. 민간자본사업보조,자체재원(402-01) 9. 민간자본사업보조,이전재원(402-02) 10. 민간위탁사업비(402-03) 11. 공기관등에 대한 자본적 위탁사업비(403-02)	민간이전지출 근거 (지방보조금 관리기준 참고) 1. 법률에 규정 2. 국고보조 재원(국가지정) 3. 용도 지정 기부금 4. 조례에 직접규정 5. 지자체가 권장하는 사업을 하는 공공기관 6. 시,도 정책 및 재정사정 7. 기타 8. 해당없음	입찰방식 계약체결방법 (경쟁형태) 1. 일반경쟁 2. 제한경쟁 3. 지명경쟁 4. 수의계약 5. 법정위탁 6. 기타 ( ) 7. 없음	계약기간 1. 1년 2. 2년 3. 3년 4. 4년 5. 5년 6. 기타 ( )년 7. 단가계약 (1년미만) 8. 없음	낙찰자선정방법 1. 적격심사 2. 협상에의한계약 3. 최저가낙찰제 4. 규격가격분리 5. 2단계 경쟁입찰 6. 기타 ( ) 7. 없음	운영예산 산정 1. 내부산정 (지자체 자체적으로 산정) 2. 외부산정 (외부전문기관위탁 산정) 3. 내·외부 모두 산정 4. 산정 無 5. 없음	정산방법 1. 내부정산 (지자체 내부적으로 정산) 2. 외부정산 (외부전문기관위탁 정산) 3. 내·외부 모두 산정 4. 정산 無 5. 없음	성과평가 실시여부 1. 실시 2. 미실시 3. 향후 추진 4. 해당없음
3438	충북 충주시	축산농가태양광보급	8,000	9	6	7	8	7	1	1	1
3439	충북 충주시	건물형태양광설치	8,000	9	6	7	8	7	1	1	1
3440	충북 충주시	발전소주변지역지원사업(kwater청풍호수상태양광)	7,200	9	2	7	8	7	5	5	4
3441	충북 충주시	양식수산물재해보험	6,000	9	1	7	8	7	5	5	4
3442	충북 충주시	발전소주변지역지원사업(원주그린솔라태양광)	5,100	9	2	7	8	7	5	5	4
3443	충북 충주시	발전소주변지역지원사업(삼익악기음성태양광)	4,400	9	2	7	8	7	5	5	4
3444	충북 충주시	수소저상버스구입지원	3,180,000	9	2	7	8	7	5	5	4
3445	충북 충주시	전기저상버스구입지원	2,560,000	9	2	7	8	7	5	5	4
3446	충북 충주시	과수고품질시설현대화사업	700,000	9	1	7	8	7	1	1	1
3447	충북 충주시	농업필수영농자재지원	521,734	9	1	7	8	7	5	5	4
3448	충북 충주시	전통사찰보수정비사업(창룡사)	450,000	9	1	4	7	2	5	1	1
3449	충북 충주시	전통사찰보수정비사업(청룡사)	450,000	9	1	4	7	2	5	1	1
3450	충북 충주시	노후RPC(DSC)시설장비지원	325,000	9	1	7	8	7	5	5	4
3451	충북 충주시	전통사찰보수정비사업(대원사)	270,000	9	1	4	7	2	5	1	1
3452	충북 충주시	과실품질향상자재지원	212,604	9	1	7	8	7	1	1	4
3453	충북 충주시	친환경농산물생산.유통지원	179,667	9	4	7	8	7	5	5	4
3454	충북 충주시	국공립어린이집확충사업	160,000	9	2	1	7	3	1	1	4
3455	충북 충주시	과수노력절감생산장비지원	142,040	9	1	7	8	7	1	1	4
3456	충북 충주시	친환경공동광역살포기공급	126,000	9	1	7	8	7	5	5	4
3457	충북 충주시	지역특화작목육성지원	123,000	9	1	7	8	7	1	1	4
3458	충북 충주시	영농기계화장비공급	117,970	9	1	7	8	7	1	1	1
3459	충북 충주시	친환경특수미생산단지조성	105,600	9	1	7	8	7	1	1	1
3460	충북 충주시	영농기계화장비공급	94,800	9	8	7	8	7	1	1	1
3461	충북 충주시	버섯생산시설현대화사업	92,880	9	1	7	8	7	1	1	1
3462	충북 충주시	어린이집개보수	90,000	9	2	7	7	7	5	1	4
3463	충북 충주시	인삼생산시설현대화사업	84,280	9	1	7	8	7	1	1	1
3464	충북 충주시	고품질쌀생력재배친환경자재공급	80,640	9	1	7	8	7	5	5	4
3465	충북 충주시	시설원예ICT융복합확산(절감시설)	78,469	9	1	7	8	7	1	1	1
3466	충북 충주시	과수화상병대체작목육성지원	77,150	9	1	7	8	7	1	1	4
3467	충북 충주시	시설원예스마트생산기반조성	57,000	9	1	7	8	7	1	1	1
3468	충북 충주시	시설원예ICT융복합확산(현대화)	55,597	9	1	7	8	7	1	1	1
3469	충북 충주시	유기농업자재	42,500	9	4	7	8	7	5	5	4
3470	충북 충주시	친환경인삼지력증진제공급지원	33,500	9	1	7	8	7	1	1	1
3471	충북 충주시	고추비가림재배시설지원	30,500	9	1	7	8	7	1	1	1
3472	충북 충주시	가뭄대비급수저장조(물저금통)지원	17,250	9	4	7	8	7	5	5	4
3473	충북 충주시	벼자동톤백저울지원	16,000	9	4	7	8	7	1	1	1
3474	충북 충주시	친환경우렁이종패지원	15,330	9	4	7	8	7	5	5	4
3475	충북 충주시	유해야생동물포획시설지원	11,880	9	2	7	8	7	5	5	4
3476	충북 충주시	시설원예ICT융복합확산(시설보급)	9,300	9	1	7	8	7	1	1	1
3477	충북 충주시	생분해성멀칭필름지원	7,200	9	1	7	8	7	1	1	1

순번	시군구	지출명 (사업명)	2024년예산 (단위 : 천원 /1년간)	민간이전 분류 (지방자치단체 세출예산 집행기준에 의거) 1. 민간경상사업보조(307-02) 2. 민간단체 법정운영비보조(307-03) 3. 민간행사사업보조(307-04) 4. 민간위탁금(307-05) 5. 사회복지시설 법정운영비보조(307-10) 6. 민간인위탁교육비(307-12) 7. 공기관등에대한경상적위탁사업비(308-13) 8. 민간자본사업보조,자체재원(402-01) 9. 민간자본사업보조,이전재원(402-02) 10. 민간위탁사업비(402-03) 11. 공기관등에 대한 자본적 위탁사업비(403-02)	민간이전지출 근거 (지방보조금 관리기준 참고) 1. 법률에 규정 2. 국고보조 재원(국가지정) 3. 용도 지정 기부금 4. 조례에 직접규정 5. 지자체가 권장하는 사업을 하는 공공기관 6. 시,도 정책 및 재정사정 7. 기타 8. 해당없음	입찰방식			운영예산 산정		성과평가 실시여부
						계약체결방법 (경쟁형태) 1. 일반경쟁 2. 제한경쟁 3. 지명경쟁 4. 수의계약 5. 법정위탁 6. 기타( ) 7. 없음	계약기간 1. 1년 2. 2년 3. 3년 4. 4년 5. 5년 6. 기타( )년 7. 단기계약 (1년미만) 8. 없음	낙찰자선정방법 1. 적격심사 2. 협상에의한계약 3. 최저가낙찰제 4. 규격가격분리 5. 2단계 경쟁입찰 6. 기타( ) 7. 없음	운영예산 산정 1. 내부산정 (지자체 자체적으로 산정) 2. 외부산정 (외부전문기관위탁 산정) 3. 내·외부 모두 산정 4. 산정 無	정산방법 1. 내부정산 (지자체 내부적으로 정산) 2. 외부정산 (외부전문기관위탁 정산) 3. 내·외부 모두 정산 4. 정산 無 5. 없음	1. 실시 2. 미실시 3. 향후 추진 4. 해당없음
3478	충북 충주시	어린이집장비비	4,000	9	2	7	7	7	5	1	4
3479	충북 충주시	오디생사납절감기자재보급	1,813	9	1	7	8	7	1	1	1
3480	충북 충주시	기능성양잠산업기반조성	1,050	9	1	7	8	7	1	1	1
3481	충북 제천시	전기자동차구매지원	12,365,600	9	8	7	8	7	5	5	4
3482	충북 제천시	운행차배출가스저감사업(조기폐차지원)	2,447,980	9	8	7	8	7	5	5	4
3483	충북 제천시	수소자동차구매지원	1,675,000	9	8	7	8	7	5	5	4
3484	충북 제천시	에너지원설치(주택,건물)지원	1,598,448	9	8	7	8	7	5	5	4
3485	충북 제천시	유기질비료지원	1,090,710	9	8	7	8	7	5	5	4
3486	충북 제천시	운행차배출가스저감사업(건설기계공해조치지원)	827,500	9	8	7	8	7	5	5	4
3487	충북 제천시	아동복지시설기능보강	738,950	9	8	7	8	7	5	5	4
3488	충북 제천시	과수고품질시설현대화지원	500,000	9	8	7	8	7	5	5	4
3489	충북 제천시	이하의집개보수	430,442	9	8	7	8	7	5	5	4
3490	충북 제천시	세하앤증축	414,908	9	8	7	8	7	5	5	4
3491	충북 제천시	전통사찰보수정비(1개소)	400,000	9	8	7	8	7	5	5	4
3492	충북 제천시	신품종국산감초원료안정공급모델화	400,000	9	8	7	8	7	5	5	4
3493	충북 제천시	지역거점국내육성약용작물전문생산단지조성	400,000	9	8	7	8	7	5	5	4
3494	충북 제천시	운행차배출가스저감사업(운행차저공해조치지원)	310,200	9	8	7	8	7	5	5	4
3495	충북 제천시	농산물산지유통시설설치지원사업	257,400	9	8	7	8	7	5	5	4
3496	충북 제천시	지역활력화작목기반(딸기)조성	250,000	9	8	7	8	7	5	5	4
3497	충북 제천시	가스열펌프냉난방기설치지원사업	233,100	9	8	7	8	7	5	5	4
3498	충북 제천시	2024년기업정주여건개선사업	221,600	9	8	7	8	7	5	5	4
3499	충북 제천시	의림지배후음식촌환경개선	200,000	9	8	7	8	7	5	5	4
3500	충북 제천시	특수미생산가공단지조성시범	200,000	9	8	7	8	7	5	5	4
3501	충북 제천시	논농업필수영농자재지원	195,083	9	8	7	8	7	5	5	4
3502	충북 제천시	소규모사업장방지시설설치지원사업	180,000	9	8	7	8	7	5	5	4
3503	충북 제천시	산림작물생산단지(소액사업)	171,357	9	8	7	8	7	5	5	4
3504	충북 제천시	임산물가공산업활성화사업(공모)	165,200	9	8	7	8	7	5	5	4
3505	충북 제천시	제천시장애인보호작업장인쇄장비기능보강	144,980	9	8	7	8	7	5	5	4
3506	충북 제천시	귀농귀촌희망동지조성지원	120,000	9	8	7	8	7	5	5	4
3507	충북 제천시	사하의집개보수	112,332	9	8	7	8	7	5	5	4
3508	충북 제천시	태양광주택보급사업	106,800	9	8	7	8	7	5	5	4
3509	충북 제천시	제천역세권집수리정비사업	100,000	9	8	7	8	7	5	5	4
3510	충북 제천시	수요자참여식량작물특성화시범	100,000	9	8	7	8	7	5	5	4
3511	충북 제천시	지황국내육성품종보급시범	100,000	9	8	7	8	7	5	5	4
3512	충북 제천시	수출용딸기품질고급화생산기술시범	100,000	9	8	7	8	7	5	5	4
3513	충북 제천시	지역특화우수품종(감초)보급	100,000	9	8	7	8	7	5	5	4
3514	충북 제천시	축산ICT융복합사업	85,000	9	8	7	8	7	5	5	4
3515	충북 제천시	전기이륜차보급사업	84,800	9	8	7	8	7	5	5	4
3516	충북 제천시	친환경축산시설,장비보급	84,000	9	8	7	8	7	5	5	4
3517	충북 제천시	과실품질향상자재지원	83,550	9	8	7	8	7	5	5	4

순번	시군구	지출명 (사업명)	2024년예산 (단위: 천원/1년간)	민간이전 분류	민간이전지출 근거	계약체결방법 (경쟁형태)	계약기간	낙찰자선정방법	운영예산 산정	정산방법	성과평가 실시여부
3518	충북 제천시	김치산업육성지원사업	81,634	9	8	7	8	7	5	5	4
3519	충북 제천시	산림복합경영단지조성(공모2년차)	75,000	9	8	7	8	7	5	5	4
3520	충북 제천시	임산물생산기반조성(생산장비)	72,477	9	8	7	8	7	5	5	4
3521	충북 제천시	영농기계화장비지원	70,800	9	8	7	8	7	5	5	4
3522	충북 제천시	지역특화작목육성지원	67,500	9	8	7	8	7	5	5	4
3523	충북 제천시	친환경농산물생산유통지원사업	65,667	9	8	7	8	7	5	5	4
3524	충북 제천시	제천서부동도시재생사업집수리지원	64,800	9	8	7	8	7	5	5	4
3525	충북 제천시	과수노력절감생산장비지원	62,150	9	8	7	8	7	5	5	4
3526	충북 제천시	디딤마을(우수마을)	60,000	9	8	7	8	7	5	5	4
3527	충북 제천시	거세한우근내지방섬세도향상기술시범	60,000	9	8	7	8	7	5	5	4
3528	충북 제천시	우사에어제트팬및측벽배기팬설치시범	60,000	9	8	7	8	7	5	5	4
3529	충북 제천시	양봉화분사료공급지원	58,125	9	8	7	8	7	5	5	4
3530	충북 제천시	저온유통체계구축사업	56,802	9	8	7	8	7	5	5	4
3531	충북 제천시	야영장안전위생시설개보수지원	54,250	9	8	7	8	7	5	5	4
3532	충북 제천시	가정용저녹스보일러보급사업	54,000	9	8	7	8	7	5	5	4
3533	충북 제천시	임산물저장건조시설	52,383	9	8	7	8	7	5	5	4
3534	충북 제천시	토양개량제공동살포지원	51,607	9	8	7	8	7	5	5	4
3535	충북 제천시	디딤마을(최우수마을)	50,000	9	8	7	8	7	5	5	4
3536	충북 제천시	농촌어르신복지실천시범	50,000	9	8	7	8	7	5	5	4
3537	충북 제천시	농업인가공사업장시설장비개선	50,000	9	8	7	8	7	5	5	4
3538	충북 제천시	들깨품질고급화를위한안전저장및재배기술보급	50,000	9	8	7	8	7	5	5	4
3539	충북 제천시	스마트팜작업자추종운반로봇시범보급	50,000	9	8	7	8	7	5	5	4
3540	충북 제천시	주택용등펠릿보일러및난로지원	47,320	9	8	7	8	7	5	5	4
3541	충북 제천시	과수화상병대체작목육성지원	44,140	9	8	7	8	7	5	5	4
3542	충북 제천시	시설원예스마트생산기반지원	44,000	9	8	7	8	7	5	5	4
3543	충북 제천시	낚시터안전시설개선	40,000	9	8	7	8	7	5	5	4
3544	충북 제천시	작목별맞춤형안전관리실천시범	40,000	9	8	7	8	7	5	5	4
3545	충북 제천시	잡곡신품종조기확산시범단지조성	40,000	9	8	7	8	7	5	5	4
3546	충북 제천시	실내공기질개선을위한식물활용시범	40,000	9	8	7	8	7	5	5	4
3547	충북 제천시	캠핑카인프라구축지원	35,000	9	8	7	8	7	5	5	4
3548	충북 제천시	어린이집기능보강사업	32,000	9	8	7	8	7	5	5	4
3549	충북 제천시	바이오차및천적활용시설재배지온실가스감축기술시범	30,000	9	8	7	8	7	5	5	4
3550	충북 제천시	토양병해충방제용토양소독기신기술시범	30,000	9	8	7	8	7	5	5	4
3551	충북 제천시	백두대간주민지원사업	28,701	9	8	7	8	7	5	5	4
3552	충북 제천시	농가울타리설치사업	28,022	9	8	7	8	7	5	5	4
3553	충북 제천시	친환경자재공급	27,020	9	8	7	8	7	5	5	4
3554	충북 제천시	양돈농가방역시설지원	25,000	9	8	7	8	7	5	5	4
3555	충북 제천시	농업활동안전사고예방생활화	24,000	9	8	7	8	7	5	5	4
3556	충북 제천시	발작물정밀파종및시비기술	23,000	9	8	7	8	7	5	5	4
3557	충북 제천시	농어촌장애인주택개조	22,800	9	8	7	8	7	5	5	4

순번	시군구	지출명 (사업명)	2024년예산 (단위 : 천원 /1년간)	민간이전 분류 (지방자치단체 세출예산 집행기준에 의거) 1. 민간경상사보조비(307-02) 2. 민간단체 법정운영비보조(307-03) 3. 민간행사사업보조(307-04) 4. 민간위탁금(307-05) 5. 사회복지시설 법정운영비보조(307-10) 6. 민간위탁교육비(307-12) 7. 공기관등에대한경상적위탁사업비(308-13) 8. 민간자본사업보조,자체재원(402-01) 9. 민간자본사업보조,이전재원(402-02) 10. 민간위탁사업비(402-03) 11. 공기관에 대한 자본적 위탁사업비(403-02)	민간이전지출 근거 (지방보조금 관리기준 참고) 1. 법률에 규정 2. 국고조 재원(국가지정) 3. 용도 지정 기부금 4. 조례에 직접규정 5. 지자체가 권장하는 사업을 하는 공공기관 6. 시,도 정책 및 재정사정 7. 기타 8. 해당없음	입찰방식			운영예산 산정		성과평가 실시여부 1. 실시 2. 미실시 3. 향후 추진 4. 해당없음
						계약체결방법 (경쟁형태) 1. 일반경쟁 2. 제한경쟁 3. 지명경쟁 4. 수의계약 5. 법정위탁 6. 기타 ( ) 7. 없음	계약기간 1. 1년 2. 2년 3. 3년 4. 4년 5. 5년 6. 기타 ( )년 7. 단기계약 (1년미만) 8. 없음	낙찰자선정방법 1. 적격심사 2. 협상에의한계약 3. 최저가낙찰제 4. 규격가격분리 5. 2단계 경쟁입찰 6. 기타 ( ) 7. 없음	운영예산 산정 1. 내부산정 (지자체 자체적으로 산정) 2. 외부산정 (외부전문기관위탁 산정) 3. 내·외부 모두 산정 4. 산정 無 5. 없음	정산방법 1. 내부정산 (지자체 내부적으로 정산) 2. 외부정산 (외부전문기관위탁 정산) 3. 내·외부 모두 산정 4. 정산 無 5. 없음	
3558	충북 제천시	장기요양기관환기시설설치	21,480	9	8	7	8	7	5	5	4
3559	충북 제천시	방역인프라설치지원	21,008	9	8	7	8	7	5	5	4
3560	충북 제천시	특화작목부가가치향상지원사업	21,000	9	8	7	8	7	5	5	4
3561	충북 제천시	영농4H활력화기반구축조성사업	21,000	9	8	7	8	7	5	5	4
3562	충북 제천시	충북도육성밭작물명품화단지조성	21,000	9	8	7	8	7	5	5	4
3563	충북 제천시	일반기자재비지원	20,000	9	8	7	8	7	5	5	4
3564	충북 제천시	SOC기자재비지원	20,000	9	8	7	8	7	5	5	4
3565	충북 제천시	외국인고용기업지원사업	20,000	9	8	7	8	7	5	5	4
3566	충북 제천시	가축기후변화대응시설지원	20,000	9	8	7	8	7	5	5	4
3567	충북 제천시	미래세대상농업체험'키드키드팜'조성및콘텐츠적용시범	20,000	9	8	7	8	7	5	5	4
3568	충북 제천시	친환경우렁이종패지원사업	19,483	9	8	7	8	7	5	5	4
3569	충북 제천시	친환경특수미생산단지육성	19,200	9	8	7	8	7	5	5	4
3570	충북 제천시	유기농업자재지원사업	17,676	9	8	7	8	7	5	5	4
3571	충북 제천시	수출농식품포장재제작지원	16,808	9	8	7	8	7	5	5	4
3572	충북 제천시	유기가공식품포장재지원	16,433	9	8	7	8	7	5	5	4
3573	충북 제천시	에너지원설치(주민수익창출형)지원	16,095	9	8	7	8	7	5	5	4
3574	충북 제천시	통학차량LPG차전환지원	15,000	9	8	7	8	7	5	5	4
3575	충북 제천시	가축분뇨처리장비보급(스키드로다)	15,000	9	8	7	8	7	5	5	4
3576	충북 제천시	가축폐사체처리기지원	15,000	9	8	7	8	7	5	5	4
3577	충북 제천시	야영장화재안전성확보지원	14,350	9	8	7	8	7	5	5	4
3578	충북 제천시	혹서기대비축사환경및가축질병예방시범	14,000	9	8	7	8	7	5	5	4
3579	충북 제천시	임산물상품화지원(포장고급화지원)	13,567	9	8	7	8	7	5	5	4
3580	충북 제천시	꿀벌벌집(벌통,소초광등)지원	13,200	9	8	7	8	7	5	5	4
3581	충북 제천시	노후어선교체구입비지원	12,960	9	8	7	8	7	5	5	4
3582	충북 제천시	액비저장조분뇨발효제공급지원	11,520	9	8	7	8	7	5	5	4
3583	충북 제천시	임산물재배지유기질비료지원(1포당2원)	10,968	9	8	7	8	7	5	5	4
3584	충북 제천시	동물복지인증사업확대	10,800	9	8	7	8	7	5	5	4
3585	충북 제천시	양봉생산물처리장비지원	10,500	9	8	7	8	7	5	5	4
3586	충북 제천시	핵심농업인친환경농산물생산지원	10,500	9	8	7	8	7	5	5	4
3587	충북 제천시	사회복지시설목재펠릿보일러지원	10,400	9	8	7	8	7	5	5	4
3588	충북 제천시	인삼지력증진제공급	10,000	9	8	7	8	7	5	5	4
3589	충북 제천시	농촌여성농부증예방농작업장비지원	10,000	9	8	7	8	7	5	5	4
3590	충북 제천시	밭작물매립형대면적스마트관수시스템기술시범	10,000	9	8	7	8	7	5	5	4
3591	충북 제천시	지능형교배시기탐지기기지원	9,600	9	8	7	8	7	5	5	4
3592	충북 제천시	보호시설기능보강	9,144	9	8	7	8	7	5	5	4
3593	충북 제천시	농업기계등화장치부착지원	9,000	9	8	7	8	7	5	5	4
3594	충북 제천시	기능성양잠산업육성분야	8,750	9	8	7	8	7	5	5	4
3595	충북 제천시	임산물유통기반지원	8,500	9	8	7	8	7	5	5	4
3596	충북 제천시	축산농가태양광보급사업	8,000	9	8	7	8	7	5	5	4
3597	충북 제천시	임산물재배지토양개량제지원	7,812	9	8	7	8	7	5	5	4

- 254 -

순번	시군구	지출명(사업명)	2024년예산 (단위: 천원/1년간)	민간이전 분류	민간이전지출 근거	입찰방식 계약체결방법	계약기간	낙찰자선정방법	운영예산 산정	정산방법	성과평가 실시여부
3598	충북 제천시	인삼생산시설현대화사업	7,568	9	8	7	8	7	5	5	4
3599	충북 제천시	임산물생산기반조성(작업로)	7,500	9	8	7	8	7	5	5	4
3600	충북 제천시	자연산민물고기진공포장기지원	6,000	9	8	7	8	7	5	5	4
3601	충북 제천시	혼합사료포장재지원	5,600	9	8	7	8	7	5	5	4
3602	충북 제천시	가축생균제지원사업	5,000	9	8	7	8	7	5	5	4
3603	충북 제천시	건물형태양광설치사업	4,000	9	8	7	8	7	5	5	4
3604	충북 제천시	FTA사업계획수립지원	3,800	9	8	7	8	7	5	5	4
3605	충북 제천시	보증기간경과장치성능유지관리	2,728	9	8	7	8	7	5	5	4
3606	충북 제천시	말벌퇴치장비지원사업	2,700	9	8	7	8	7	5	5	4
3607	충북 제천시	산양삼생산확인고비용지원	2,660	9	8	7	8	7	5	5	4
3608	충북 제천시	농장출입구자동소독기설치	2,500	9	8	7	8	7	5	5	4
3609	충북 제천시	양식어업인수산약품및양식장비지원	2,102	9	8	7	8	7	5	5	4
3610	충북 보은군	스마트농업특화지구육성사업	1,991,700	9	2	7	8	7	1	1	3
3611	충북 보은군	전기화물차구매지원	1,479,200	9	1	7	8	7	1	1	4
3612	충북 보은군	신재생에너지융복합지원사업	1,423,034	9	2	7	8	7	1	2	1
3613	충북 보은군	상수원관리지역주민지원사업	1,333,046	9	1	7	8	7	1	1	4
3614	충북 보은군	전기승용차구매지원	1,280,000	9	1	7	8	7	1	1	4
3615	충북 보은군	보은법주사미륵전정비사업	1,160,194	9	1	7	8	7	1	1	1
3616	충북 보은군	수소승용차구매지원	1,005,000	9	2	7	8	7	1	1	4
3617	충북 보은군	대추비가림시설	850,000	9	2	7	8	7	1	1	1
3618	충북 보은군	무형문화재공방개선사업(낙화장)	360,000	9	2	7	8	7	1	1	1
3619	충북 보은군	지방투자기업보조금지원	360,000	9	1	7	8	7	3	3	4
3620	충북 보은군	중사자암정비사업	320,000	9	2	7	8	7	1	1	1
3621	충북 보은군	산림재배시설피복교체	300,000	9	2	7	8	7	1	1	1
3622	충북 보은군	산림작물생산단지조성(공모)	300,000	9	2	7	8	7	3	1	1
3623	충북 보은군	산림작물생산단지조성	263,608	9	2	7	8	7	1	1	2
3624	충북 보은군	생산및방제장비	243,446	9	2	7	8	7	1	1	1
3625	충북 보은군	임산물저장건조시설	210,200	9	2	7	8	7	1	1	1
3626	충북 보은군	보은법주사능인전지봉해체보수	200,000	9	1	7	8	7	1	1	1
3627	충북 보은군	데이터기반생산모델보급(노지)	200,000	9	2	7	8	7	5	5	4
3628	충북 보은군	저상버스구입지원	185,000	9	4	4	1	6	1	1	1
3629	충북 보은군	방역인프라설치지원	181,858	9	2	7	8	7	1	1	1
3630	충북 보은군	축산ICT융복합사업	172,500	9	2	7	8	7	1	1	1
3631	충북 보은군	고온기대응시설환경조성시범사업	160,000	9	2	7	8	7	1	1	4
3632	충북 보은군	민감채소수급안정생산기술시범	150,000	9	1	7	8	7	5	5	4
3633	충북 보은군	김치산업육성지원	147,500	9	4	7	8	7	1	1	3
3634	충북 보은군	보은대추명품화육성시범	140,000	9	2	7	8	7	5	5	4
3635	충북 보은군	친환경축산시설장비보급	130,000	9	6	7	8	7	1	1	3
3636	충북 보은군	기업정주여건개선사업	121,800	9	6	7	8	7	1	1	3
3637	충북 보은군	귀농귀촌희망동지만들기지원	120,000	9	4	7	8	7	5	1	3

시군	사업명	2024년예산 (단위: 천원/백만)	신청대상 근거	계획의 적정성	기대효과	예산집행 계획	성과목표 설정	성과목표 달성
충북 보은군	버드나무 산림병해충 방제	114,804	2	7	8	7	2	5	4
충북 보은군	소나무재선충병 방제사업	112,000	2	7	8	7	1	1	3
충북 보은군	산림병해충 방제사업	105,000	2	7	8	7	3	1	1
충북 보은군	지역특화숲가꾸기사업	100,000	1	7	8	7	5	5	4
충북 보은군	숲가꾸기(솔껍질깍지벌레사업)	86,240	2	2	2	1	1	1	3
충북 보은군	송산리 생활림 조성	80,000	2	7	8	7	1	1	3
충북 보은군	산림병해충 긴급방제대비 예비비 확보	80,000	2	7	8	7	5	5	4
충북 보은군	도로변 가로수 식재	78,000	4	7	8	7	1	1	4
충북 보은군	산림훼손지 복원사업	75,673	2	7	8	7	1	1	1
충북 보은군	지속가능한 산림경영을 위한 산림시업	72,000	1	7	8	7	1	1	4
충북 보은군	기후변화 대응 산림자원 육성	72,000	4	7	8	7	1	1	3
충북 보은군	소나무재선충병 피해목 외부유출 방지	70,000	6	7	8	7	5	5	3
충북 보은군	인공지능(AI)기반 산림병해충 예찰 및 방제	70,000	1	7	8	7	5	5	4
충북 보은군	산림병해충 공동방제지원 사업	62,333	4	7	8	7	3	1	4
충북 보은군	생활권 안전 숲 사업	57,600	6	7	8	7	5	5	4
충북 보은군	이동식 산림병해충 방제차량 도입	56,000	1	7	8	7	5	5	4
충북 보은군	편백나무 조림	54,600	2	7	8	7	5	5	4
충북 보은군	이용편의 예방사업	52,852	2	7	8	7	1	1	4
충북 보은군	사방댐 이물질 제거 기반사업	51,000	4	7	8	7	1	1	3
충북 보은군	산불관련 기계장비	50,000	6	7	8	7	1	1	4
충북 보은군	버섯배지가스처리장치(DPF)사업	49,050	1	7	8	7	5	5	4
충북 보은군	숲속 야외놀이터 대보수 설치사업	48,000	2	7	8	7	5	5	4
충북 보은군	휴양림 숲속공간 조성사업	44,100	4	7	8	7	1	1	3
충북 보은군	지역특화림 조성사업	40,000	6	7	8	7	5	5	4
충북 보은군	등산로 정비사업 기자재 구입	40,000	6	7	8	7	5	5	4
충북 보은군	병충해예방 친환경약품 관리시설 보강	40,000	1	7	8	7	5	5	4
충북 보은군	산림자원 매각지	36,800	1	7	8	7	1	1	4
충북 보은군	산림조림사업지 단지	36,000	6	7	8	7	1	1	1
충북 보은군	기반시설비용 절감 사업지	36,000	4	7	8	7	1	1	3
충북 보은군	산림경영구역 조림 사업	35,000	4	1	1	1	3	1	4
충북 보은군	산림4대유종예방 유해식물 방제	33,300	6	7	8	7	5	5	4
충북 보은군	산림병해충 방제	33,300	1	7	8	7	1	1	3
충북 보은군	지역특화숲 조성 및 기반시설	32,000	2	7	8	7	5	5	4
충북 보은군	이용활성화	30,000	5	7	8	7	3	1	1
충북 보은군	소나무재선충(기타지역피해)	30,000	1	7	8	7	1	1	4
충북 보은군	기후위기 대응	30,000	6	7	8	7	1	1	3
충북 보은군	기후위기대응조림	29,000	2	7	8	7	1	1	3
충북 보은군	친환경벌 이용림 활용가꾸기 사업	28,000	6	7	8	7	5	5	4
충북 보은군	친환경소나무 대체벌이력 사업	26,660	1	7	8	7	1	1	3
충북 보은군	친환경숲가꾸기사업	25,000	1	7	8	7	1	1	1

순번	시군구	지출명 (사업명)	2024년예산 (단위: 천원/1년간)	민간이전 분류	민간이전지출 근거	계약체결방법 (경쟁형태)	계약기간	낙찰자선정방법	운영예산 산정	정산방법	성과평가 실시여부
3678	충북 보은군	드론용비산저감AI노즐및분무장치신기술시범	25,000	9	1	7	8	7	5	5	4
3679	충북 보은군	축산농가태양광보급사업	24,000	9	6	7	8	7	1	1	1
3680	충북 보은군	저소득층LED조명교체사업	23,840	9	2	7	8	7	5	5	4
3681	충북 보은군	고품질쌀생산비절감종합기술시범	21,000	9	1	7	8	7	5	5	4
3682	충북 보은군	경주김씨판도판서공파족보목판복원	20,000	9	1	7	8	7	1	1	1
3683	충북 보은군	농업활동안전사고예방생활화	20,000	9	6	7	8	7	5	5	4
3684	충북 보은군	논온실가스감축을위한물관리와완효성비료복합기술시범	20,000	9	1	7	8	7	5	5	4
3685	충북 보은군	길탕1리마을회관리모델링	18,100	9	2	7	8	7	5	5	4
3686	충북 보은군	길탕2리체력단련장조성사업	18,100	9	2	7	8	7	5	5	4
3687	충북 보은군	자활활성화추진사업	18,000	9	1	7	8	6	5	1	1
3688	충북 보은군	건물형태양광설치사업	16,000	9	6	7	8	7	1	1	1
3689	충북 보은군	가축폐사체처리기지원	15,000	9	6	7	8	7	1	1	1
3690	충북 보은군	치유농장품질인증지원	14,000	9	6	7	8	7	5	5	4
3691	충북 보은군	흑염소분만사시설개선시범	14,000	9	1	7	8	7	5	5	4
3692	충북 보은군	노인여가시설기능보강	13,200	9	4	7	8	7	1	1	1
3693	충북 보은군	봉비리마을창고보수공사	11,000	9	2	7	8	7	5	5	4
3694	충북 보은군	야영장안전위생시설개보수지원	10,500	9	7	7	8	7	1	1	1
3695	충북 보은군	어린이통학차량LPG차전환지원	10,000	9	2	7	8	7	1	1	4
3696	충북 보은군	외국인고용기업지원사업	10,000	9	6	7	8	7	1	1	3
3697	충북 보은군	곤충사육가공시설장비지원	10,000	9	6	7	8	7	1	1	1
3698	충북 보은군	농촌여성농부증예방농작업장비지원	10,000	9	5	7	8	7	5	5	4
3699	충북 보은군	지능형교배시기탐지기지원	9,600	9	6	7	8	7	1	1	1
3700	충북 보은군	불목리마을회관보수공사	9,000	9	2	7	8	7	5	5	4
3701	충북 보은군	양봉기자재현대화	9,000	9	6	7	8	7	1	1	1
3702	충북 보은군	양어용배합사료및어류보관용저온저장고설치	9,000	9	6	7	8	7	1	1	1
3703	충북 보은군	기능성양잠산업기반조성	7,225	9	4	7	8	7	1	1	3
3704	충북 보은군	야영장화재안전성확보	7,000	9	7	7	8	7	1	1	1
3705	충북 보은군	캠핑카인프라구축	7,000	9	7	7	8	7	1	1	1
3706	충북 보은군	장기요양기관환기시설설치	5,728	9	4	7	8	7	1	1	1
3707	충북 보은군	내수면양식장지하수관정정비	5,400	9	6	7	8	7	1	1	1
3708	충북 보은군	청년전세보증금반환보증료지원사업	5,280	9	2	7	8	7	5	1	4
3709	충북 보은군	노후어선교체구입비지원	4,320	9	6	7	8	7	1	1	1
3710	충북 보은군	작은도서관도서구입비지원	3,600	9	7	7	8	7	1	1	4
3711	충북 보은군	말벌퇴치장비지원	2,400	9	6	7	8	7	1	1	1
3712	충북 보은군	이사비지원사업	2,000	9	2	7	8	7	1	1	1
3713	충북 보은군	오디생산비절감기자재보급	1,984	9	4	7	8	7	1	1	3
3714	충북 보은군	가정용저녹스보일러보급사업	1,200	9	1	7	8	7	5	5	4
3715	충북 보은군	만수리마을경관정비	1,100	9	2	7	8	7	5	5	4
3716	충북 보은군	보증기간경과장치성능유지관리	970	9	1	7	8	7	5	5	4
3717	충북 보은군	시각장애인가정가스자동차단기지원	200	9	6	7	8	7	5	1	1

순번	시군구	지출명 (사업명)	2024년예산 (단위: 천원/1년간)	민간이전 분류 (지방자치단체 세출예산 집행기준에 의거)	민간이전지출 근거 (지방보조금 관리기준 참고)	계약체결방법 (경쟁형태)	계약기간	낙찰자선정방법	운영예산 산정	정산방법	성과평가 실시여부
3718	충북 옥천군	스마트농업특화지구육성지원	3,000,000	9	6	7	8	7	5	1	1
3719	충북 옥천군	소규모주민지원사업비(옥천읍외7개면)	2,960,435	9	2	7	8	7	5	1	1
3720	충북 옥천군	유기질비료지원	1,872,000	9	2	7	8	7	5	5	2
3721	충북 옥천군	전기화물차구매지원	1,702,800	9	1	7	8	7	5	1	4
3722	충북 옥천군	농촌슬레이트지붕철거지원	1,455,960	9	2	2	1	3	1	1	1
3723	충북 옥천군	신재생에너지융복합지원사업지원	1,113,341	9	1	1	7	6	3	2	2
3724	충북 옥천군	대단위주민지원사업비(옥천읍외7개면)	841,671	9	2	7	8	7	5	1	1
3725	충북 옥천군	전기자동차구매지원	640,000	9	1	7	8	7	5	1	4
3726	충북 옥천군	농업필수영농자재지원	457,533	9	6	7	8	7	5	5	2
3727	충북 옥천군	시설원예스마트생산기반지원	370,000	9	2	7	8	7	5	1	1
3728	충북 옥천군	건설기계엔진교체지원	297,000	9	1	7	8	7	5	1	4
3729	충북 옥천군	기업정주여건개선사업	269,000	9	4	7	8	7	5	5	4
3730	충북 옥천군	옥천가산사요사채증개축지원	240,000	9	1	7	8	7	1	1	4
3731	충북 옥천군	토양개량제보조지원	236,116	9	2	7	8	7	5	5	2
3732	충북 옥천군	고품질벼육묘장설치보완지원	210,000	9	6	7	8	7	5	5	2
3733	충북 옥천군	과수고품질시설현대화사업지원	192,500	9	2	7	8	7	5	1	1
3734	충북 옥천군	과수노력절감생산장비지원	191,765	9	6	7	8	7	5	1	1
3735	충북 옥천군	친환경축산시설장비보급(133호)	170,000	9	6	7	8	7	5	1	1
3736	충북 옥천군	미래형복숭아스마트과원조성시범지원	160,000	9	6	7	8	7	5	5	4
3737	충북 옥천군	민감채소수급안정생산기술시범	150,000	9	2	7	8	7	5	5	4
3738	충북 옥천군	산단건물태양광보급사업지원(35Kw)	140,000	9	1	1	7	1	3	1	2
3739	충북 옥천군	시설채소맞춤형스마트팜조성시범지원	140,000	9	6	7	8	7	5	5	4
3740	충북 옥천군	영농기계화장비공급지원	138,600	9	6	7	8	7	5	1	2
3741	충북 옥천군	친환경농산물생산유통지원	135,667	9	6	7	8	7	5	5	2
3742	충북 옥천군	로컬푸드연중생산비닐하우스지원	132,000	9	6	7	8	7	1	1	4
3743	충북 옥천군	소규모사업장방지시설설치지원	126,000	9	2	7	8	7	1	1	4
3744	충북 옥천군	축산농가ICT융복합현대화지원	123,500	9	2	7	8	7	5	1	1
3745	충북 옥천군	양봉산업경쟁력강화(양봉화분)(32,2kg)	120,750	9	6	7	8	7	5	1	1
3746	충북 옥천군	야생동물피해예방시설설치지원	113,319	9	2	7	8	7	1	1	2
3747	충북 옥천군	매연배출가스저감장치(DPF)설치지원	101,370	9	1	7	8	7	5	1	4
3748	충북 옥천군	가축분뇨퇴비화발효시스템기술보급시범	100,000	9	2	7	8	7	5	5	4
3749	충북 옥천군	산림작물생산단지조성지원(11개소)	82,400	9	2	7	8	7	5	1	1
3750	충북 옥천군	과수무병묘수포기반조성지원	80,000	9	2	4	8	7	5	5	4
3751	충북 옥천군	방역인프라설치지원	71,868	9	2	7	8	7	5	1	1
3752	충북 옥천군	원격근무형농촌공간조성기술시범사업	70,000	9	2	7	8	7	5	5	4
3753	충북 옥천군	태양광주택보급사업지원(44가구)	66,000	9	1	1	7	1	3	1	2
3754	충북 옥천군	가축면역력및사료효율증진제지원	64,000	9	6	7	8	7	5	1	1
3755	충북 옥천군	구제역백신구입지원(전업농)	61,305	9	2	7	8	7	5	1	1
3756	충북 옥천군	해충기피등지원	55,000	9	2	7	8	7	5	5	4
3757	충북 옥천군	토종붕어대량생산지원	54,000	9	6	7	8	7	1	1	4

순번	시군구	지출명 (사업명)	2024년예산 (단위 : 천원 /1년간)	민간이전 분류 (지방자치단체 세출예산 집행기준에 의거) 1. 민간경상사업보조(307-02) 2. 민간단체 법정운영비보조(307-03) 3. 민간행사사업보조(307-04) 4. 민간위탁금(307-05) 5. 사회복지시설 법정운영비보조(307-10) 6. 민간위위탁교육비(307-12) 7. 민간균등에대한경상적위탁사업비(308-13) 8. 민간자본사업보조,자체재원(402-01) 9. 민간자본사업보조,이전재원(402-02) 10. 민간위탁사업비(402-03) 11. 공기관등에 대한 자본적 위탁사업비(403-02)	민간이전지출 근거 (지방보조금 관리기준 참고) 1. 법률에 규정 2. 국고보조 재원(국가지정) 3. 용도 지정 기부금 4. 조례에 직접규정 5. 지자체가 권장하는 사업을 하는 공공기관 6. 시, 도 정책 및 재정사정 7. 기타 8. 해당없음	입찰방식			운영예산 산정		성과평가 실시여부
						계약체결방법 (경쟁형태) 1. 일반경쟁 2. 제한경쟁 3. 지명경쟁 4. 수의계약 5. 법정위탁 6. 기타 ( ) 7. 없음	계약기간 1. 1년 2. 2년 3. 3년 4. 4년 5. 5년 6. 기타 ( )년 7. 단기계약 (1년미만) 8. 없음	낙찰자선정방법 1. 적격심사 2. 협상에의한계약 3. 최저가낙찰제 4. 규격가격분리 5. 2단계 경쟁입찰 6. 기타 ( ) 7. 없음	운영예산 산정 1. 내부산정 (지자체 자체적으로 산정) 2. 외부산정 (외부전문기관위탁 산정) 3. 내·외부 모두 산정 4. 산정 無 5. 없음	정산방법 1. 내부정산 (지자체 내부적으로 정산) 2. 외부정산 (외부전문기관위탁 정산) 3. 내·외부 모두 정산 4. 정산 無 5. 없음	1. 실시 2. 미실시 3. 향후 추진 4. 해당없음
3758	충북 옥천군	김치산업육성지원	50,000	9	6	7	8	7	5	1	1
3759	충북 옥천군	곤포사일리지제조장비지원	50,000	9	6	7	8	7	5	1	1
3760	충북 옥천군	농촌어르신복지실천시범지원(1개소)	50,000	9	6	7	8	7	5	5	4
3761	충북 옥천군	복숭아선별장미세먼지저감기술시범	50,000	9	2	7	8	7	5	5	4
3762	충북 옥천군	파속채소신품종안전생산기술시범	50,000	9	2	7	8	7	5	5	4
3763	충북 옥천군	임산물포장상자지원(38개소)	47,517	9	2	7	8	7	1	1	4
3764	충북 옥천군	공동살포비지원	46,400	9	2	7	8	7	5	5	2
3765	충북 옥천군	친환경우렁이종패지원	42,933	9	6	7	8	7	5	5	1
3766	충북 옥천군	로컬푸드직매장활성화지원(포장재제작)	38,000	9	6	7	8	7	1	1	4
3767	충북 옥천군	전기이륜차구매지원	36,800	9	1	7	8	7	1	1	4
3768	충북 옥천군	캠핑카인프라구축	35,000	9	2	7	8	7	1	1	4
3769	충북 옥천군	양봉산업경쟁력강화(양봉벌통)	34,300	9	6	7	8	7	5	1	1
3770	충북 옥천군	어린이집기능보강(옥천어린이집)	30,000	9	1	7	8	7	1	1	4
3771	충북 옥천군	지게차전동화지원	30,000	9	1	7	8	7	5	1	4
3772	충북 옥천군	축분비료처리장비지원	30,000	9	6	7	8	7	5	1	1
3773	충북 옥천군	노동력절감드문모심기재배단지조성시범	30,000	9	2	7	8	7	5	1	1
3774	충북 옥천군	정서곤충체험프로그램소득화모델구축시범사업	30,000	9	2	7	8	7	5	5	4
3775	충북 옥천군	토양병해충방제용토양소독기신기술시범	30,000	9	2	7	8	7	5	5	4
3776	충북 옥천군	친환경미꾸라지양어장종자구입비지원	28,000	9	6	7	8	7	1	1	4
3777	충북 옥천군	벼소식재배기술보급시범지원	28,000	9	7	7	8	7	5	1	1
3778	충북 옥천군	유기농업자재지원	26,076	9	2	7	8	7	5	5	2
3779	충북 옥천군	노후어선교체구입비지원	25,920	9	6	7	8	7	1	1	4
3780	충북 옥천군	축산농가태양광보급사업지원(6Kw)	24,000	9	1	1	7	1	3	5	2
3781	충북 옥천군	농업활동안전사고예방활화시범사업지원(1개소)	24,000	9	6	7	8	7	5	5	4
3782	충북 옥천군	돼지써코바이러스백신지원	23,040	9	2	7	8	7	5	1	1
3783	충북 옥천군	버섯생산시설현대화사업지원	22,680	9	2	7	8	7	5	1	1
3784	충북 옥천군	고품질쌀생력재배친환경자재공급지원	21,700	9	6	7	8	7	5	5	2
3785	충북 옥천군	첨단농기계공급지원	21,000	9	6	7	8	7	5	5	2
3786	충북 옥천군	충북도육성밭작물명품화단지조성시범지원	21,000	9	7	7	8	7	5	1	1
3787	충북 옥천군	특화작목부가가치향상지원	21,000	9	1	7	8	7	1	1	1
3788	충북 옥천군	영농4H활력화기반구축지원	21,000	9	1	7	8	7	1	1	1
3789	충북 옥천군	스마트팜ICT융복합확산(시설보급)지원	20,191	9	2	7	8	7	5	1	1
3790	충북 옥천군	외국인기숙사환경개선지원(2개소)	20,000	9	4	7	8	7	5	5	4
3791	충북 옥천군	낚시터안전시설개선지원	20,000	9	6	7	8	7	1	1	4
3792	충북 옥천군	우수여왕벌보급사업	19,200	9	2	7	8	7	5	1	1
3793	충북 옥천군	퇴비발효촉진제지원	18,614	9	6	7	8	7	5	1	1
3794	충북 옥천군	인삼지력증진공급지원	18,500	9	4	7	8	7	5	1	1
3795	충북 옥천군	수출농식품포장재제작지원(33,매)	18,336	9	6	7	8	7	1	1	1
3796	충북 옥천군	중소가축기후변화대응시설지원	18,000	9	6	7	8	7	1	1	1
3797	충북 옥천군	볏짚곤포사일리지비닐지원(369롤)	15,710	9	6	7	8	7	5	1	1

연번	사업구분	사업명 (시설명)	2024예산액 (단위: 백만원/개소)	사업성격 (사업비의 세부내역이 있는 경우 기재) 1. 민간자본보조금(307-02) 2. 민간경상보조금(307-03) 3. 사회단체보조금(307-05) 4. 출연금 종류 기재 5. 시설비와 부대비 세부내역(308-13) 6. 공기관등에 대한 경상이전(307-10) 7. 자산및물품취득비 세부항목(308-01) 8. 민간위탁금(402-01) 9. 민간행사보조금(402-02) 10. 민간단체법정운영비보조(402-03) 11. 공기관등에 대한 자본적 대행사업비(403-02)	계획의 수립시기 (해당항목 공란) 1. 법령에 의거 2. 자치법규에 의거(기준,절차 등) 3. 자치법규에 의거(기준,절차 없음) 4. 기초계획 5. 실시계획 6. 시행 중 예산편성 7. 기타 8. 해당없음	계획의 공개 1. 법령 2. 조례 3. 계획수립 4. 수시계획 5. 행정지원 6. 기타 ( ) 7. 기타 ( ) 8. 없음	사업대상자선정 1. 법령 2. 조례 3. 공모 4. 수의계약 5. 공개수의 6. 기타 ( ) 7. 기타 ( ) 8. 없음	결과의평가공개 1. 법령 2. 조례 3. 계획수립 4. 결과공개 5. 결과공개 (실질내용 세부내역 포함) 6. 기타 7. 없음	결과의 사후관리 1. 법령 2. 조례 3. 결과평가 4. 사후관리 (실질내용 세부내역 포함) 5. 기타	성과의 평가 1. 예정 2. 이행 중 3. 완료 후 4. 성과 유지
3798	충북 청주시	친환경농업지구사업지원(6개소)	15,000	9	2	7	8	7	1	4
3799	충북 청주시	농산물ASF예방사업지원	15,000	9	6	7	8	7	2	1
3800	충북 청주시	친환경농산물학교급식지원	14,620	9	2	7	8	7	2	1
3801	충북 청주시	농업용난방기지원사업	14,300	9	6	7	8	7	2	1
3802	충북 청주시	친환경농업경영비지원	14,130	9	6	7	8	7	2	2
3803	충북 청주시	친환경가공시설지원(5개소)	14,086	9	2	7	8	7	1	4
3804	충북 청주시	산지유통활성화조직체육성지원	14,000	9	6	7	8	7	2	4
3805	충북 청주시	식량작물공동경영체육성지원	14,000	9	6	7	8	7	2	4
3806	충북 청주시	시설원예현대화지원사업	14,000	9	6	7	8	7	2	4
3807	충북 청주시	과수경영안정지원	13,100	9	6	7	8	7	1	1
3808	충북 청주시	친환경농자재지원사업	13,600	9	1	7	8	7	2	4
3809	충북 청주시	고품질쌀생산단지지원(1ha)	12,500	9	1	7	8	7	1	1
3810	충북 청주시	스마트팜ICT융복합확산(시설원예에너지절감)	12,022	9	2	7	8	7	2	1
3811	충북 청주시	친환경농업육성및전문단지지원(3km)	12,000	9	1	1	7	3	1	2
3812	충북 청주시	친환경농업환경조성수수료지원	12,000	9	6	7	8	7	2	1
3813	충북 청주시	쌀생산장려금(추곡수매)	10,920	9	2	7	8	7	1	4
3814	충북 청주시	친환경농자재구매지원사업	10,500	9	2	7	8	7	1	4
3815	충북 청주시	TMR사료품질지원	10,350	9	6	7	8	7	2	1
3816	충북 청주시	축산악취저감예방장기지원(1개소)	10,000	9	6	7	8	7	2	4
3817	충북 청주시	스마트팜ICT융복합확산(원예시설)지원	9,916	9	2	7	8	7	2	1
3818	충북 청주시	친환경농산물직거래장려금지원	9,600	9	6	7	8	7	2	2
3819	충북 청주시	시설교체비기자재지원	9,600	9	6	7	8	7	2	1
3820	충북 청주시	친환경우수농산물유통지원	8,325	9	6	7	8	7	2	1
3821	충북 청주시	국내산친환경과일지원사업	8,100	9	6	7	8	7	1	4
3822	충북 청주시	친환경농산가공장지원사업	7,500	9	6	7	8	7	1	1
3823	충북 청주시	농기계시설장비지원사업	7,333	9	4	7	8	7	2	2
3824	충북 청주시	도시농업인수유산물장비지원사업	7,002	9	6	7	8	7	1	4
3825	충북 청주시	아람처방제지원사업	7,000	9	2	7	8	7	1	4
3826	충북 청주시	농산기자재지원사업	6,000	9	6	7	8	7	2	1
3827	충북 청주시	축산수장분뇨시설장비지원	5,850	9	6	7	8	7	2	1
3828	충북 청주시	친환경영농조합기자재지원사업(3개소)	5,728	9	1	7	8	7	1	4
3829	충북 청주시	친환경기자재지원(2,714호)	5,428	9	2	7	8	7	1	4
3830	충북 청주시	농산물수급조절지원	5,000	9	1	7	8	7	1	4
3831	충북 청주시	친환경농업기반조성지원(2개소)	4,430	9	2	7	8	7	1	4
3832	충북 청주시	축산RPC(DSC)시설장비지원	4,250	9	6	7	8	7	2	1
3833	충북 청주시	친환경농자재시험포지원	3,600	9	1	7	8	7	1	1
3834	충북 청주시	친환경축산농가악취저감지원(6개소)	3,600	9	1	7	8	7	1	4
3835	충북 청주시	에너지절감축열설비장비지원	3,600	9	6	7	8	7	2	1
3836	충북 청주시	발효용이엔친환경장비지원사업	3,000	9	1	7	8	7	2	2	4
3837	충북 청주시	농축농가기후변화대응시설지원	2,400	9	2	7	8	7	2	1	1

순번	시군구	지출명 (사업명)	2024년예산 (단위: 천원/1년간)	민간이전 분류	민간이전지출 근거	계약체결방법	계약기간	낙찰자선정방법	운영예산 산정	정산방법	성과평가 실시여부
3838	충북 옥천군	양어용배합사료및어류보관용저온저장고설치지원	1,800	9	6	7	8	7	1	1	4
3839	충북 옥천군	시각장애인가정가스차동차단기지원	200	9	6	7	8	7	1	1	4
3840	충북 영동군	등록야영장지원사업	17,500	9	2	7	8	7	5	5	4
3841	충북 영동군	전기차구매지원	4,660,400	9	2	7	8	7	5	5	4
3842	충북 영동군	수소차보급사업	2,654,500	9	2	7	8	7	5	5	4
3843	충북 영동군	스마트농업특화지구육성	2,000,000	9	1	7	8	7	1	1	1
3844	충북 영동군	농산물제조가공유통시설지원사업	700,000	9	6	7	8	7	5	5	4
3845	충북 영동군	특별지원사업(친환경연료보급사업)	650,500	9	1	7	2	7	1	1	1
3846	충북 영동군	임산물생산단지조성(소액)	545,250	9	2	7	8	7	5	5	4
3847	충북 영동군	임산물가공지원장비(박피기등)보조사업	525,500	9	2	7	8	7	5	5	4
3848	충북 영동군	금강수계주민지원사업	486,295	9	1	1,4	1	3	1	1	1
3849	충북 영동군	임산물저장건조시설	348,933	9	2	7	8	7	5	5	4
3850	충북 영동군	백두대간주민소득지원사업	344,411	9	2	7	8	7	5	5	4
3851	충북 영동군	과수신품종소득화지원시범	300,000	9	1	7	8	7	5	5	4
3852	충북 영동군	임산물산지종합유통센터조성사업	280,000	9	2	7	8	7	5	5	4
3853	충북 영동군	과수고품질시설현대화사업	250,000	9	1	7	8	7	1	1	1
3854	충북 영동군	대체품종활용과수우리품종특화단지조성시범	200,000	9	1	7	8	7	5	5	4
3855	충북 영동군	축산ICT융복합사업	200,000	9	2	7	8	7	5	1	2
3856	충북 영동군	한국형로봇착유기보급시범	180,000	9	2	7	8	7	5	5	4
3857	충북 영동군	과수노력절감생산장비지원	172,285	9	4	7	8	7	1	1	1
3858	충북 영동군	임산물생산기반조성	155,805	9	2	7	8	7	5	5	4
3859	충북 영동군	논농업필수영농자재지원	140,493	9	6	7	8	7	5	1	1
3860	충북 영동군	임산물유통기반지원	137,000	9	2	7	8	7	5	5	4
3861	충북 영동군	장애인직업재활시설기능보장	123,510	9	5	7	8	7	5	5	4
3862	충북 영동군	영농기계화장비공급	108,120	9	4	7	8	7	5	1	2
3863	충북 영동군	방역인프라설치지원	98,100	9	2	7	8	7	1	1	1
3864	충북 영동군	어린이집기능보강사업	93,000	9	2	7	8	7	1	1	4
3865	충북 영동군	소규모사업장방지시설지원사업	90,000	9	2	7	8	7	5	5	4
3866	충북 영동군	전기이륜차보급사업	73,600	9	2	7	8	7	5	5	4
3867	충북 영동군	로컬푸드연중생산비닐하우스지원	73,500	9	6	7	8	7	5	5	4
3868	충북 영동군	농가보급형특용작물수직다단양액재배기술시범	60,000	9	2	7	8	7	5	5	4
3869	충북 영동군	무가당와인제조기술시범	60,000	9	2	7	8	7	5	5	4
3870	충북 영동군	친환경농산물생산유통지원사업	57,666	9	4	7	8	7	1	1	1
3871	충북 영동군	간이비가림시설활용핵과류안정생산기술보급	56,000	9	1	7	8	7	5	5	4
3872	충북 영동군	버섯생산시설현대화	53,280	9	2	7	8	7	5	5	4
3873	충북 영동군	정밀농업구현과수스마트팜기반조성시범	50,000	9	1	7	8	7	5	5	4
3874	충북 영동군	기후변화대응저온성필름을이용한스마트노지환경조절기술	50,000	9	2	7	8	7	5	5	4
3875	충북 영동군	친환경축산시설장비보급	50,000	9	6	7	8	7	5	1	2
3876	충북 영동군	시설원예스마트생산기반지원사업	46,000	9	4	7	8	7	1	1	1
3877	충북 영동군	수출농식품포장재제작지원	39,730	9	6	7	8	7	5	5	4

순번	소관	사업명	2024예산액 (단위: 백만원/억원)	사업의 성격 (사업이 해당되는 항목 모두 선택) 1. 민간자본보조(307-02) 2. 민간경상보조(307-03) 3. 민간단체보조(307-05) 4. 국고보조금(307-10) 5. 민간위탁사업비(307-12) 6. 출연기관등출연(308-13) 7. 민간자본사업보조(402-01) 8. 민간위탁사업보조(402-02) 9. 민간대행사업비(402-03) 10. 민간행사보조(402-01) 11. 공공기관등에 대한 경상보조금(403-02)	지원방식 (택일) 1. 직접지원 (정부→수혜자) 2. 간접지원 3. 혼합형 4. 기타	재원의 성격 (택일) 1. 국고보조 2. 지방이전 3. 기타()	지원유형 1. 사업비 2. 운영비 3. 기타()	근거법령 1. 법률 2. 시행령 3. 시행규칙 4. 자치법규 5. 훈령 등 6. 기타(법령없음) 7. 없음 8. 법령	평가여부 1. 법률상 평가 2. 자율평가 3. 평가없음 4. 기타 5. 없음	성과관리 여부 1. 법률상 성과관리 2. 자율성과관리 3. 성과관리없음 4. 기타 5. 없음	일몰여부 1. 일몰제 2. 지속 3. 일몰예정 4. 없음
3878	중소벤처기업부	지역혁신선도기업육성	30,400	2	7	8	7	1	1	1	4
3879	중소벤처기업부	기술혁신형창업기업	30,000	9	7	8	7	5	1	1	2
3880	중소벤처기업부	여성창업활동지원기반구축(지사업비포함)	30,000	2	7	8	7	5	5	5	4
3881	중소벤처기업부	모태펀드개인투자조합출자활성화지원	25,000	2	7	8	7	5	5	5	4
3882	중소벤처기업부	규제자유특구기업지원	21,000	1	7	8	7	5	5	5	4
3883	중소벤처기업부	중소벤처기업생태계기반구축	21,000	1	7	8	7	5	5	5	4
3884	중소벤처기업부	표준화혁신지원기반구축지원	21,000	6	7	8	7	5	5	5	4
3885	중소벤처기업부	혁신형생활경제지원사업	18,200	2	7	8	7	5	5	5	4
3886	중소벤처기업부	지방벤처지원기반구축	17,200	2	7	8	7	1	1	1	1
3887	중소벤처기업부	창업교육지원기반구축(창업교육)	15,400	9	7	8	7	5	1	1	2
3888	중소벤처기업부	가정형로봇기기지원	15,000	9	7	8	7	5	1	1	2
3889	중소벤처기업부	기업공제활성화지원사업	14,000	9	7	8	7	4	5	5	4
3890	중소벤처기업부	중소기업대외신용조사지원경비보조	14,000	9	7	8	7	5	5	5	4
3891	중소벤처기업부	지속성장지원기반(지속경영)	14,000	9	7	8	7	5	5	5	4
3892	중소벤처기업부	발자국경영지원사업	13,330	4	7	8	7	1	1	1	1
3893	중소벤처기업부	중소기업기업생활상담	10,800	9	7	8	7	5	1	2
3894	중소벤처기업부	글로벌기업벤처캠퍼스구축및운영지원사업	10,780	9	7	8	7	5	5	5	4
3895	중소벤처기업부	사업재활영위지원활성화기반지원사업	10,500	9	7	8	7	5	5	5	4
3896	중소벤처기업부	2024지역사업고도화지원사업	10,000	9	6	9	8	7	1	1	1
3897	중소벤처기업부	신기술경영지원	9,900	4	7	8	7	1	1	1
3898	중소벤처기업부	가공분야유통기업지원사업	9,600	9	7	8	7	5	1	5	2
3899	중소벤처기업부	기술기업지식재산지원사업	9,000	9	7	8	7	1	1	1	2
3900	중소벤처기업부	공공기관중점자원사업	7,333	4	7	8	7	1	1	1
3901	중소벤처기업부	글로벌해외창업기업지원사업	6,300	4	7	8	7	5	1	1
3902	중소벤처기업부	이동식벤처기업LPG공급시설지원사업	5,000	2	7	8	7	5	5	5	4
3903	중소벤처기업부	창업패키지지원	3,900	5	7	8	7	5	1	1	2
3904	중소벤처기업부	장애인기업수출상담지원사업	2,802	9	7	8	7	5	1	5	2
3905	중소벤처기업부	외국인투자유치지원사업	2,500	9	7	8	7	1	1	1	1
3906	중소벤처기업부	기업공제유치국내지원사업	1,800	2	7	8	7	5	5	5	4
3907	중소벤처기업부	지방창업후속우수발굴지원사업	1,020	4	7	8	7	1	1	1	2
3908	중소벤처기업부	글로벌기업신규진출기업지원사업	894	2	5	1	7	1	1	2	4
3909	중소벤처기업부	지역경제인이자상환비지원사업	400	7	7	8	7	1	1	1	4
3910	중소벤처기업부	법무등록지원	1,358,800	2	7	8	7	5	5	5	4
3911	중소벤처기업부	법무등록지원	1,266,000	2	7	8	7	5	5	5	4
3912	중소벤처기업부	모체등록지경비(세종)	432,900	2	7	8	7	5	5	5	4
3913	중소벤처기업부	법무등록지원사업	402,000	2	7	8	7	5	5	5	4
3914	중소벤처기업부	소소지상공인환경개선	150,000	1	7	8	7	1	1	1	4
3915	중소벤처기업부	상공인지원사업	150,000	2	7	8	7	5	5	4
3916	중소벤처기업부	소상공지역상공인복합연결지원사업	104,400	2	7	8	7	5	5	4
3917	중소벤처기업부	지역상공소상공인공통상담사업(법인설립)	100,000	1	7	8	7	5	5	4

순번	시군구	지출명 (사업명)	2024년예산 (단위 : 천원 /1년간)	민간이전 분류 (지방자치단체 세출예산 집행기준에 의거) 1. 민간경상사업보조(307-02) 2. 민간단체 법정운영비보조(307-03) 3. 민간행사사업보조(307-04) 4. 민간위탁금(307-05) 5. 사회복지시설 법정운영비보조(307-10) 6. 민간위탁교육비(307-12) 7. 공기관등에대한경상적위탁사업비(308-13) 8. 민간자본사업보조,자체재원(402-01) 9. 민간자본사업보조,이전재원(402-02) 10. 민간위탁사업비(402-03) 11. 공기관등에 대한 자본적 위탁사업비(403-02)	민간이전지출 근거 (지방보조금 관리기준 참고) 1. 법률에 규정 2. 국고보조 재원(국가지정) 3. 용도 지정 기부금 4. 조례에 직접규정 5. 지자체가 권장하는 사업을 하는 공공기관 6. 시,도 정책 및 재정사정 7. 기타 8. 해당없음	입찰방식			운영예산 산정		성과평가 실시여부
						계약체결방법 (경쟁형태) 1. 일반경쟁 2. 제한경쟁 3. 지명경쟁 4. 수의계약 5. 법정위탁 6. 기타 ( ) 7. 없음	계약기간 1. 1년 2. 2년 3. 3년 4. 4년 5. 5년 6. 기타 ( )년 7. 단가계약 (1년미만) 8. 없음	낙찰자선정방법 1. 적격심사 2. 협상에의한계약 3. 최저가낙찰제 4. 규격가격분리 5. 2단계 경쟁입찰 6. 기타 ( ) 7. 없음	운영예산 산정 1. 내부산정 (지자체 자체적으로 산정) 2. 외부산정 (외부전문기관위탁 산정) 3. 내·외부 모두 산정 4. 산정 無 5. 없음	정산방법 1. 내부정산 (지자체 내부적으로 정산) 2. 외부정산 (외부전문기관위탁 정산) 3. 내·외부 모두 산정 4. 정산 無 5. 없음	1. 실시 2. 미실시 3. 향후 추진 4. 해당없음
3918	충북 증평군	친환경축산시설장비보급	84,000	9	1	7	8	7	1	1	4
3919	충북 증평군	가축분뇨고속발효건조기지원	77,000	9	1	7	8	7	1	1	4
3920	충북 증평군	운행차조기폐차(5등급)	76,800	9	2	7	8	7	5	5	4
3921	충북 증평군	농업신기술시범	70,000	9	2	7	8	7	5	5	4
3922	충북 증평군	농업신기술시범	60,000	9	2	7	8	7	5	5	4
3923	충북 증평군	새기술보급사업확산	56,000	9	1	7	8	7	5	5	4
3924	충북 증평군	농업신기술시범	50,000	9	2	7	8	7	5	5	4
3925	충북 증평군	작목별맞춤형안전관리실천시범	50,000	9	2	7	8	7	5	5	4
3926	충북 증평군	운행차DPF부착지원	49,500	9	2	7	8	7	5	5	4
3927	충북 증평군	전기이륜차보급사업	48,000	9	2	7	8	7	5	5	4
3928	충북 증평군	로컬푸드연중생산비닐하우스지원사업	44,100	9	6	7	8	7	5	5	4
3929	충북 증평군	친환경지역특화작목육성	42,000	9	6	7	8	7	5	5	4
3930	충북 증평군	농촌어르신복지실천시범(전환사업)	40,000	9	6	7	8	7	5	5	4
3931	충북 증평군	친환경맞춤형원예생산시설보급	36,500	9	6	7	8	7	5	5	4
3932	충북 증평군	어린이집기능보강	33,000	9	2	7	8	7	5	1	4
3933	충북 증평군	행복마을사업	30,000	9	7	7	8	7	5	5	4
3934	충북 증평군	건설기계저공해조치사업	30,000	9	2	7	8	7	5	5	4
3935	충북 증평군	향토음식거리지원	30,000	9	6	7	8	7	5	5	4
3936	충북 증평군	농업신기술시범	30,000	9	2	7	8	7	5	5	4
3937	충북 증평군	농업활동안전사고예방생활화(전환사업)	30,000	9	2	7	8	7	5	5	4
3938	충북 증평군	친환경농산물생산유통지원	29,000	9	6	7	8	7	5	1	2
3939	충북 증평군	영농기계화장비공급	28,800	9	6	7	8	7	5	5	2
3940	충북 증평군	새기술보급사업확산	28,000	9	1	7	8	7	5	5	4
3941	충북 증평군	새기술보급사업확산	28,000	9	1	7	8	7	5	5	4
3942	충북 증평군	태양광주택보급사업	26,400	9	6	7	8	7	1	1	4
3943	충북 증평군	농촌지도사업활력화지원(인력육성팀)	21,000	9	6	7	8	7	5	5	4
3944	충북 증평군	향토음식거리지원	20,000	9	6	7	8	7	5	5	4
3945	충북 증평군	농업신기술시범	20,000	9	2	7	8	7	5	5	4
3946	충북 증평군	농업신기술시범	20,000	9	2	7	8	7	5	5	4
3947	충북 증평군	야생동물피해예방사업	19,556	9	2	7	8	7	5	5	4
3948	충북 증평군	임산물생산단지조성	18,174	9	2	7	8	7	5	1	4
3949	충북 증평군	CCTV등방역인프라지원	16,980	9	2	7	8	7	1	1	4
3950	충북 증평군	과수노력절감생산장비지원	15,357	9	6	7	8	7	5	5	4
3951	충북 증평군	가축폐사체처리기지원	15,000	9	1	7	8	7	1	1	4
3952	충북 증평군	가축분뇨처리장비보급	15,000	9	1	7	8	7	1	1	4
3953	충북 증평군	새기술보급사업확산	14,000	9	1	7	8	7	5	5	4
3954	충북 증평군	새기술보급사업확산	14,000	9	1	7	8	7	5	5	4
3955	충북 증평군	고추비가림재배시설지원	13,500	9	6	7	8	7	5	5	4
3956	충북 증평군	화훼농가친환경하우스필름지원	12,500	9	6	7	8	7	5	5	4
3957	충북 증평군	목재펠릿보일러	10,920	9	2	7	8	7	5	1	4

연번	기구	사업명	2024예산액 (백만원)	사업의 성격	계획의 구체성	계획타당성	집행가능성	성과관리	성과성	효율성	총점
3958	총괄 집행점	내수면생명자원 수조관리	10,800	9	1	7	8	7	1	1	4
3959	총괄 집행점	민간단체 가정용 난방비지원	10,000	9	1	7	8	7	1	1	4
3960	총괄 집행점	농어촌지역 활성화지역 농업소득증대	10,000	9	6	7	8	7	5	5	4
3961	총괄 집행점	어종별 갱내기업가치자원	9,600	9	1	7	8	7	1	1	4
3962	총괄 집행점	가축분뇨 자원화시설	9,000	9	1	7	8	7	1	1	4
3963	총괄 집행점	내수면양식자 판로지원	8,100	9	1	7	8	7	1	1	4
3964	총괄 집행점	최신공소면화시설 사업(구입자 포함)	7,500	9	1	7	8	7	2	1	4
3965	총괄 집행점	농기계 외양사업	6,800	9	2	7	8	7	5	5	4
3966	총괄 집행점	양산군 농어업사 경영지원	5,728	9	1	7	8	7	1	1	4
3967	총괄 집행점	양돈농가시설 기초화 설치점점	5,680	9	6	7	8	7	5	5	4
3968	총괄 집행점	어선용 이동형LPG 보급점점	5,000	9	2	7	8	7	5	5	4
3969	총괄 집행점	어선기관수리 지원시설	4,500	9	2	7	8	7	5	1	2
3970	총괄 집행점	농작물비료시비자원	4,500	9	1	7	8	7	1	1	4
3971	총괄 집행점	내수면양시 체험대	4,300	9	2	7	8	7	5	5	4
3972	총괄 집행점	축농기초지리 양돈관리작	3,988	9	2	7	8	7	5	5	4
3973	총괄 집행점	가축농기유 보급지원 시설점	3,600	9	2	7	8	7	5	5	4
3974	총괄 집행점	경조선화 자시성장(기초성장점)	3,000	9	1	7	8	7	1	5	4
3975	총괄 집행점	수소이용 온실사업용배압용지기도	1,402	9	1	7	8	7	1	1	4
3976	총괄 집행점	사지선합자가농사추장부자가지선식시	400	9	6	7	8	7	5	5	4
3977	집행집행	국립경비시점점	300	9	1	7	8	7	1	1	4
3978	총괄 집행점	석탄부기성방전문점	3,200,000	9	4	7	8	7	5	3	4
3979	총괄 집행점	지자점법점점점점	2,390,800	9	2	7	8	7	5	5	4
3980	총괄 집행점	감자점법점점점점	2,208,000	9	2	7	8	7	5	5	1
3981	총괄 집행점	가지점점점시점점	1,765,000	9	2	7	8	7	5	5	4
3982	총괄 집행점	가공법지배지점점점	1,340,000	9	2	7	8	7	5	5	1
3983	총괄 집행점	보지시점법지점점점	1,201,000	9	2	7	8	7	5	5	4
3984	총괄 집행점	조치된해수업어자지	985,376	9	2	7	8	7	5	1	4
3985	총괄 집행점	아자간자시점점점지점점점	468,000	9	2	7	8	7	5	5	4
3986	총괄 집행점	한자기점법지점점점지	462,000	9	2	7	8	7	5	5	4
3987	총괄 집행점	지점점업지지점자지점지점자점(지자점자점지자점)	320,000	9	2	7	8	7	5	5	4
3988	총괄 집행점	기장지자지점점기점시점	309,800	9	4	7	8	7	5	3	4
3989	총괄 집행점	지자지점지지지점점지자지점지점지	260,000	9	2	7	8	7	5	5	4
3990	총괄 집행점	지자지RPC(DSC)지자지점자점	257,500	9	6	7	8	7	5	5	4
3991	총괄 집행점	배양지점지지자지시점	226,004	9	2	7	8	7	1	1	4
3992	총괄 집행점	데이지점자지지지자지지	200,000	9	2	7	8	7	5	5	4
3993	총괄 집행점	자지지자지점자지지자지지점지점지지	150,000	9	2	7	8	7	5	5	4
3994	총괄 집행점	자지지기시지자지지지자지지자(지점)	150,000	9	2	7	8	7	5	5	4
3995	총괄 집행점	지지지의지지지자지지지지(지점자지)	140,109	9	2	7	8	7	1	1	3
3996	총괄 집행점	지지지의지지지자자자지지자지(자자지)	135,000	9	2	7	8	7	5	5	4
3997	총괄 집행점	지지지의지자지지자지(자지지점자지)	111,518	9	2	7	8	7	1	1	3

순번	시군구	지출명 (사업명)	2024년예산 (단위: 천원/1년간)	민간이전 분류 (지방자치단체 세출예산 집행기준에 의거) 1. 민간경상사업보조(307-02) 2. 민간단체 법정운영비보조(307-03) 3. 민간행사사업보조(307-04) 4. 민간위탁금(307-05) 5. 사회복지시설 법정운영비보조(307-10) 6. 민간위탁교육비(307-12) 7. 공기관에대한경상적위탁사업비(308-13) 8. 민간자본사업보조,자체재원(402-01) 9. 민간자본사업보조,이전재원(402-02) 10. 민간위탁사업비(402-03) 11. 공기관에 대한 자본적 위탁사업비(403-02)	민간이전지출 근거 (지방보조금 관리기준 참고) 1. 법률에 규정 2. 국고보조 재원(국가지정) 3. 용도 지정 기부금 4. 조례에 직접규정 5. 지자체가 권장하는 사업 하는 공공기관 6. 시,도 정책 및 재정사정 7. 기타 8. 해당없음	입찰방식			운영예산 산정		성과평가 실시여부 1. 실시 2. 미실시 3. 향후 추진 4. 해당없음
						계약체결방법 (경쟁위탁) 1. 일반경쟁 2. 제한경쟁 3. 지명경쟁 4. 수의계약 5. 법정위탁 6. 기타 () 7. 없음	계약기간 1. 1년 2. 2년 3. 3년 4. 4년 5. 5년 6. 기타 ()년 7. 단기계약 (1년미만) 8. 없음	낙찰자선정방법 1. 적격심사 2. 협상에의한계약 3. 최저가낙찰제 4. 규격가격분리 5. 2단계 경쟁입찰 6. 기타 () 7. 없음	운영예산 산정 1. 내부산정 (지자체 자체적으로 산정) 2. 외부산정 (외부전문기관위탁 산정) 3. 내·외부 모두 산정 4. 산정 無 5. 없음	정산방법 1. 내부정산 (지자체 내부적으로 정산) 2. 외부정산 (외부전문기관위탁 정산) 3. 내·외부 모두 산정 4. 정산 無 5. 없음	
3998	충북 진천군	친환경축산시설장비보급)	108,000	9	8	7	8	7	5	5	4
3999	충북 진천군	친환경농산물생산유통지원)	104,333	9	6	7	8	7	5	1	3
4000	충북 진천군	기후적응형벼안정생산재배단지조성시범(2년차))	100,000	9	2	7	8	7	5	5	4
4001	충북 진천군	이상고온대응시설채소안정생산시범)	100,000	9	2	7	8	7	5	5	4
4002	충북 진천군	지역특화중소형수박우수품종보급사업(전환))	100,000	9	2	7	8	7	5	5	4
4003	충북 진천군	가축분뇨퇴비화발효시스템기술보급시범)	100,000	9	2	7	8	7	5	5	4
4004	충북 진천군	육계스마트환경관리기술보급시범)	100,000	9	2	7	8	7	5	5	4
4005	충북 진천군	지역특화작목육성사업)	83,500	9	6	7	8	7	1	1	3
4006	충북 진천군	복지시설LED조명교체)	78,000	9	2	7	8	7	5	5	4
4007	충북 진천군	축산ICT융복합사업)	75,500	9	8	7	8	7	5	5	4
4008	충북 진천군	시설원예스마트생산기반지원)	75,000	9	6	7	8	7	1	1	3
4009	충북 진천군	고온기화훼류고품질안정생산을위한온도저감기술시범)	70,000	9	2	7	8	7	5	5	4
4010	충북 진천군	어린이집기능보강(개보수))	65,000	9	2	7	8	7	5	1	4
4011	충북 진천군	귀농귀촌희망동지만들기사업)	60,000	9	2	7	8	7	5	5	4
4012	충북 진천군	주택용목재펠릿보일러)	58,240	9	2	7	8	7	5	5	4
4013	충북 진천군	영농기계화장비공급)	57,600	9	6	7	8	7	5	1	3
4014	충북 진천군	이상기상대응안전농산물생산기술시범)	56,000	9	7	7	8	7	5	5	4
4015	충북 진천군	혁신도시단독주택도시가스공급사업설치지원)	55,000	9	1	6	6	7	2	3	4
4016	충북 진천군	태양광주택보급사업)	54,000	9	2	7	8	7	5	1	3
4017	충북 진천군	농가형가공상품화창업기술지원)	52,500	9	2	7	8	7	5	5	4
4018	충북 진천군	콩전용농기계지원)	50,000	9	6	7	8	7	5	1	3
4019	충북 진천군	농업인가공사업장시설장비개선(전환))	50,000	9	2	7	8	7	5	5	4
4020	충북 진천군	노후경유차배출가스저감장치설치사업)	49,500	9	2	7	8	7	5	5	4
4021	충북 진천군	전기이륜차보급사업)	48,000	9	2	7	8	7	5	5	1
4022	충북 진천군	화훼농가친환경하우스필름지원)	45,000	9	6	7	8	7	1	1	3
4023	충북 진천군	농촌어르신복지실천시범(전환))	40,000	9	6	7	8	7	5	5	4
4024	충북 진천군	발전소주변지역지원사업)	39,300	9	1	7	8	7	5	1	3
4025	충북 진천군	어린이집기능보강(증개축))	39,100	9	2	7	8	7	5	1	4
4026	충북 진천군	고품질벼육묘장설치보완)	35,000	9	6	7	8	7	5	1	3
4027	충북 진천군	밀가루대체가공용쌀원료곡생산단지육성시범)	35,000	9	6	7	8	7	5	5	4
4028	충북 진천군	건설기계전동화지원사업)	30,000	9	2	7	8	7	5	5	4
4029	충북 진천군	화분매개용디지털벌통기술시범)	30,000	9	2	7	8	7	5	5	4
4030	충북 진천군	가축기후변화대응시설지원)	27,000	9	6	7	8	7	5	5	4
4031	충북 진천군	양어용배합사료보관용저온저장고설치)	27,000	9	8	7	8	7	5	5	4
4032	충북 진천군	농업활동안전사고예방활동화(전환))	24,000	9	2	7	8	7	5	5	4
4033	충북 진천군	과수노력절감생산장비지원)	21,315	9	6	7	8	7	1	1	3
4034	충북 진천군	야생동물피해예방시설설치사업)	21,016	9	2	7	8	7	5	5	1
4035	충북 진천군	첨단농기계공급지원)	21,000	9	6	7	8	7	5	1	4
4036	충북 진천군	문백구산동리경로당)	20,000	9	1	7	8	7	1	1	1
4037	충북 진천군	산단건물태양광보급사업)	20,000	9	2	7	8	7	5	1	3

연번	구분	시책명	2024예산액(백만원/개소)	지원사업 점검(지원기준대응 중점)	인건비관련 평가(지원기준대응 중점)	계획수립	사업집행	명확한 성과	성과목표	사업의 효과성
4038	중점 전략	주요시가지 가로등 정비사업(동북권)	20,000	2	7	8	7	5	5	4
4039	중점 전략	고효율 가로등교체사업	16,500	2	7	8	7	1	1	3
4040	중점 전략	동부지역 하수도관로 정비사업(동부권)	16,102	8	7	8	7	5	5	4
4041	중점 전략	생활폐기물 수집운반 등	15,600	2	7	8	7	5	5	4
4042	중점 전략	어린이통학차량 LPG 전환지원	15,000	2	7	8	7	5	5	4
4043	중점 전략	가로변보도경관 정비	15,000	6	7	8	7	5	5	4
4044	중점 전략	가로휘감 정비사업 등	15,000	6	7	8	7	5	5	4
4045	중점 전략	공중화장실 A/S편의사업	15,000	6	7	8	7	1	1	4
4046	중점 전략	다중이용 시설물 환경개선 및 특수	14,000	7	7	8	7	5	5	4
4047	중점 전략	창작교류용 기반시설 설치	12,888	1	4	8	7	1	1	1
4048	중점 전략	창작교류용 공공시설 설치사업	11,500	6	7	8	7	1	1	4
4049	중점 전략	등산로 공원 등 조성 사업	11,400	2	7	8	7	5	5	4
4050	중점 전략	간선도로 연결방안 사업	10,800	2	7	8	7	5	5	4
4051	중점 전략	대중교통 시스템 구축공급사업	10,800	8	7	8	7	5	5	4
4052	중점 전략	물관리 설치 시스템사업	10,500	4	1	6	2	2	2	4
4053	중점 전략	시설물 안전점검 및 유지관리사업	10,500	2	7	8	7	5	5	4
4054	중점 전략	광역통신관로 구축사업	10,000	2	7	8	7	5	1	3
4055	중점 전략	관광정보화 시스템사업(CCTV 등)	10,000	4	7	8	7	5	5	3
4056	중점 전략	대중교통 환경개선 시설 정비	10,000	6	7	8	7	5	5	4
4057	중점 전략	공공시설물(1개)	8,500	2	7	8	7	5	5	4
4058	중점 전략	스쿨존(어린이)통학로 안전시설	8,400	4	7	8	7	1	1	1
4059	중점 전략	횡단보도 조명 시설	8,000	2	7	8	7	5	5	3
4060	중점 전략	공공시설 경관조명정비	7,500	6	7	8	7	5	5	4
4061	중점 전략	안전업무 조성	7,000	1	7	8	7	1	1	1
4062	중점 전략	기술융합 LED조명 교체	6,000	2	7	8	7	5	5	4
4063	중점 전략	자전거 시설물(2개소)	5,466	2	7	8	7	5	5	4
4064	중점 전략	가로등(3개소)	5,044	2	7	8	7	5	5	4
4065	중점 전략	대중교통 시설정보 정비사업	4,860	8	7	8	7	5	5	4
4066	중점 전략	신재생에너지 시설화	4,816	2	7	8	7	1	1	3
4067	중점 전략	노후아파트 부대시설	4,320	8	7	8	7	5	5	4
4068	중점 전략	공공시설 경관조명 정비	4,100	6	7	8	7	5	1	3
4069	중점 전략	공공주차장 확보 및 부분 정비	3,000	6	9	8	7	1	1	1
4070	중점 전략	가로환경시설 정비(17개)	2,964	2	7	8	7	5	5	4
4071	중점 전략	가로명매너(1개)	1,460	1	7	8	7	5	5	4
4072	중점 홍보관	시각정보장기 개선사업	4,426,800	1	7	8	7	5	1	4
4073	중점 홍보관	공공재산연구정보시스템 재보강정비(2차)	2,600,000	1,2	7	8	7	5	5	4
4074	중점 홍보관	시재산업 환경시스템사업	2,234,671	2	7	8	7	5	5	4
4075	중점 홍보관	관광소수거 신용지역 관광관리활동(공익보수기금)	1,582,460	1	7	8	7	5	5	4
4076	중점 홍보관	수상태시(교통)분야기업	1,400,000	1	7	8	7	2	1	3
4077	중점 홍보관	기술공간사용환경종합	1,333,000	4	7	8	7	1	1	4

순번	시군구	지출명 (사업명)	2024년예산 (단위 : 천원 /1년간)	민간이전 분류 (지방자치단체 세출예산 집행기준에 의거) 1. 민간경상사업보조(307-02) 2. 민간단체 법정운영비보조(307-03) 3. 민간행사사업보조(307-04) 4. 민간위탁금(307-05) 5. 사회복지시설 법정운영비보조(307-10) 6. 민간위탁교육비(307-12) 7. 공기관에대한경상적위탁사업비(308-13) 8. 민간자본사업보조,자체재원(402-01) 9. 민간자본사업보조,이전재원(402-02) 10. 민간위탁사업비(402-03) 11. 공기관에 대한 자본적 위탁사업비(403-02)	민간이전지출 근거 (지방보조금 관리기준 참고) 1. 법률에 규정 2. 국고보조 재원(국가지정) 3. 용도 지정 기부금 4. 조례에 직접규정 5. 지자체가 권장하는 사업을 하는 공공기관 6. 시,도 정책 및 재정사정 7. 기타 8. 해당없음	입찰방식			운영예산 산정		성과평가 실시여부 1. 실시 2. 미실시 3. 향후 추진 4. 해당없음
						계약체결방법 (경쟁형태) 1. 일반경쟁 2. 제한경쟁 3. 지명경쟁 4. 수의계약 5. 법정위탁 6. 기타 ( ) 7. 없음	계약기간 1. 1년 2. 2년 3. 3년 4. 4년 5. 5년 6. 기타 ( )년 7. 단가계약 (1년미만) 8. 없음	낙찰자선정방법 1. 적격심사 2. 협상에의한계약 3. 최저가낙찰제 4. 규격가격분리 5. 2단계 경쟁입찰 6. 기타 ( ) 7. 없음	운영예산 산정 1. 내부산정 (지자체 자체적으로 산정) 2. 외부산정 (외부전문기관위탁 산정) 3. 내·외부 모두 산정 4. 산정 無 5. 없음	정산방법 1. 내부정산 (지자체 내부적으로 정산) 2. 외부정산 (외부전문기관위탁 정산) 3. 내·외부 모두 정산 4. 정산 無 5. 없음	
4078	충북 음성군	수소저상농어촌버스도입보조	1,280,000	9	2	7	8	7	5	5	4
4079	충북 음성군	농산물산지유통센터지원사업	1,176,000	9	2	7	8	7	1	1	4
4080	충북 음성군	수요맞춤형전기다목적자동차기반구축지원	1,000,000	9	5	7	8	7	1	1	4
4081	충북 음성군	수소자동차구매지원	851,000	9	1	7	8	7	5	1	4
4082	충북 음성군	수소저상농어촌버스도입보조	840,000	9	2	7	8	7	5	5	4
4083	충북 음성군	발전소주변지역마을특별지원(음성에코파크)	735,450	9	1	7	8	7	5	5	4
4084	충북 음성군	기업정주여건개선보조사업	664,600	9	4	7	8	7	5	5	1
4085	충북 음성군	전기저상농어촌버스도입보조	576,000	9	2	7	8	7	5	5	4
4086	충북 음성군	소규모사업장방지시설설치지원사업	540,000	9	1	7	8	7	5	5	4
4087	충북 음성군	액화수소검사지원센터건립지원	500,000	9	5	7	8	7	5	5	4
4088	충북 음성군	축산악취개선사업	460,000	9	1	7	8	7	5	5	4
4089	충북 음성군	도시재생집수리지원사업및주민공모사업	408,610	9	7	6	8	7	1	1	3
4090	충북 음성군	바이오스트림설비투자보조금(2차)	400,000	9	1,2	7	8	7	5	5	4
4091	충북 음성군	농산물수출단지육성	390,110	9	1	7	8	7	1	1	4
4092	충북 음성군	과수고품질시설현대화사업	350,000	9	2	7	8	7	1	1	4
4093	충북 음성군	지역활력화작목기반조성	350,000	9	4	7	8	7	1	1	3
4094	충북 음성군	국전약품설비투자보조금(2차)	300,000	9	1,2	7	8	7	5	5	4
4095	충북 음성군	시설원예에너지이용효율화(절감시설)	291,535	9	2	7	8	7	1	1	4
4096	충북 음성군	발전소주변지역마을기본지원(음성천연가스)	273,800	9	1	7	8	7	5	5	4
4097	충북 음성군	노후RPC(DSC)시설장비지원	263,250	9	6	7	8	7	1	1	4
4098	충북 음성군	정신보건시설기능보강	209,000	9	1	7	8	7	5	5	4
4099	충북 음성군	밥쌀용고품질신품종생산및확대보급시범(1년차)	200,000	9	2	7	8	7	1	1	3
4100	충북 음성군	국내육성신품종채종기술보급시범	200,000	9	2	7	8	7	1	1	3
4101	충북 음성군	노숙인시설지원(기능보강)	196,000	9	1	7	8	7	3	3	4
4102	충북 음성군	주택태양광설치지원사업	163,500	9	2	7	8	7	5	5	4
4103	충북 음성군	조사료수확장비	150,000	9	1	7	8	7	5	5	4
4104	충북 음성군	벼육묘이앙자동화단지조성	150,000	9	2	7	8	7	1	1	3
4105	충북 음성군	운행경유차배출가스저감사업(건설기계엔진교체)	148,500	9	2	6	8	6	3	3	4
4106	충북 음성군	친환경지역특화작목육성사업	147,000	9	6	7	8	7	1	1	4
4107	충북 음성군	친환경축산시설장비보급	138,000	9	1	7	8	7	5	5	4
4108	충북 음성군	시설원예스마트생산기반지원사업	131,000	9	6	7	8	7	1	1	4
4109	충북 음성군	방역인프라설치지원	121,100	9	2	7	8	7	5	5	4
4110	충북 음성군	산업단지건물태양광설치지원사업	120,000	9	2	7	8	7	5	5	4
4111	충북 음성군	시설원예현대화(일반)	108,636	9	2	7	8	7	1	1	4
4112	충북 음성군	저탄소벼논물관리기술보급농기자재지원	100,000	9	4	7	8	7	1	1	4
4113	충북 음성군	기후변화선제적대응을위한아열대과수도입시범	100,000	9	2	7	8	7	1	1	3
4114	충북 음성군	한우스마트팜번식관리시스템시범	100,000	9	2	7	8	7	1	1	4
4115	충북 음성군	산림작물생산단지조성	98,306	9	2	7	8	7	1	1	4
4116	충북 음성군	화훼농가친환경하우스필름지원	95,500	9	6	7	8	7	1	1	4
4117	충북 음성군	과수노력절감생산장비지원	90,410	9	6	7	8	7	1	1	4

분야	사업코드	사업명	대상액 (단위: 천원/1인당) 2024여도	선정이유 및 배점 산정 근거 (사업의 성격 및 목적 등의 근거) 1. 건강증진사업계획(307-02) 2. 보건의료 예방관리사업(307-03) 3. 건강생활지원(307-05) 4. 정신보건사업(307-04) 5. 사업복지시설 운영 및 지원(308-13) 6. 운영기관 관리감독(307-12) 7. 사업 공공서비스 8. 감염병예방관리 기획사업(402-01) 9. 감염병진료비보조 기획사업(402-02) 10. 인수공통감염병(402-03) 11. 공공보건의료 지원 신청 전부지원(403-02)	재정자립 (운영비) 1.1급 2.2급 3.3급 4.4급 5.5급	재정지원 산정근거 1.시설기준 2.법정기준 3.인력기준 4.서비스내용 5.운영성과 6.기타( ) 7.없음	사업수행 재정 1.법정사업 2.재정자립 (실적대비 이용자) 3.시설관계법 4.공익성 5.효율성 6.기타 ( ) 7.기타 8.없음	보조금 반환 사유 1.시설기준 2.법정기준 3.인력기준 4.서비스내용 5.운영성과 6.기타 ( ) 7.없음	재정수행관계 2.운영재정 (실적대비 운영비 대비) 3.운영자리기준 4.원이수 출입 5.없음 7.없음	사업성과 1.내부평가 2.외부평가 (실적대비 출입 등) 3.이용자 없음 4.없음 7.없음 5.없음	성과 배점 1.내부 2.이외 평가 3.외부 평가 4.예산 배정
충북 음성군	4118	음성군 취약계층지원	86,400	9	6	7	8	7	7	2	5	5	4
충북 음성군	4119	쌍샷노인 대상 경로당	81,000	9	1	7	8	7	7	2	5	5	4
충북 음성군	4120	장애인종합복지관 부사장 장애인 다니장장복지사업	80,000	9	2	7	8	7	7	1	1	1	3
충북 음성군	4121	그룹홈 운영비지원사업	77,500	9	2	7	8	7	7	1	1	1	4
충북 음성군	4122	가정폭력보호쉼터지원	77,000	9	1	7	8	7	7	2	5	5	4
충북 음성군	4123	송강고지원사업	75,000	9	1	7	8	7	7	1	5	5	4
충북 음성군	4124	장애인통합지원바우처사업	70,000	9	4	7	8	7	7	1	1	1	3
충북 음성군	4125	방문건강지원	67,611	9	2	7	8	7	7	1	1	1	4
충북 음성군	4126	가정소아과정돌봄지원	60,000	9	1	7	8	7	7	5	5	5	4
충북 음성군	4127	가정봉사원파견사업	58,680	9	5	7	8	7	7	1	1	1	4
충북 음성군	4128	가정봉사관리사업	56,400	9	2	7	8	7	7	1	1	1	4
충북 음성군	4129	여성이주민통합센터 지원운영지원사업	56,000	9	4	7	8	7	7	1	1	1	3
충북 음성군	4130	다문화가정지원센터소규모지원사업	55,140	9	6	7	8	7	7	2	5	5	4
충북 음성군	4131	음성군건강지원사 사업 등 운영지원사업	55,000	9	6	7	8	7	7	2	5	5	4
충북 음성군	4132	주간보호운영	50,000	9	2	7	8	7	7	1	1	1	3
충북 음성군	4133	지역보건지원사업	49,667	9	4	7	8	7	7	1	1	1	4
충북 음성군	4134	가정폭력상담소운영지원	48,400	9	6	7	8	7	7	1	1	1	4
충북 음성군	4135	장애인활동지원사업	40,000	9	4	7	8	7	7	1	1	1	3
충북 음성군	4136	주민건강지원사 예방관리지원사업	40,000	9	2	7	8	7	7	1	1	1	3
충북 음성군	4137	자활공동체사업	38,331	9	4	7	8	7	7	1	1	1	4
충북 음성군	4138	장애인운영지원사업	36,600	9	4	7	8	7	7	2	5	5	4
충북 음성군	4139	가정폭력방지네트워크사업	36,000	9	5	7	8	7	7	2	5	5	4
충북 음성군	4140	이주민복지지원사업	35,319	9	2	7	8	7	7	1	1	1	4
충북 음성군	4141	어린이집협회운영 지원	32,000	9	4	7	8	7	7	1	1	1	4
충북 음성군	4142	아이돌봄지원	32,000	9	1	7	8	7	7	1	1	1	4
충북 음성군	4143	종일공동육아이동돌봄지원(음성아이프리)	30,000	9	1	7	8	7	7	2	5	5	4
충북 음성군	4144	가족센터지지사업	30,000	9	1	7	8	7	7	2	5	5	4
충북 음성군	4145	근로자지원사업	30,000	9	1	7	8	7	7	2	5	5	4
충북 음성군	4146	지역아동청소년복지아동서비스사업	30,000	9	2	7	8	7	7	1	1	1	3
충북 음성군	4147	바우처사업지원보조서비스대상자지원사업	30,000	9	2	7	8	7	7	1	1	1	3
충북 음성군	4148	찾아가는지원활동사업 지원	29,122	9	2	7	8	7	7	1	5	5	1
충북 음성군	4149	농촌출생협력지원	29,120	9	6	7	8	7	7	5	5	5	4
충북 음성군	4150	특별지원기관운영	28,000	9	6	7	8	7	7	5	5	5	4
충북 음성군	4151	음성군소아과예방기본지원	28,000	9	4	7	8	7	7	1	1	1	4
충북 음성군	4152	장기요양시설운영지원	25,367	9	4	7	8	7	7	1	1	1	4
충북 음성군	4153	음성군포괄지원돌봄지원사	25,000	9	6	7	8	7	7	2	5	5	4
충북 음성군	4154	노인맞춤돌봄서비스품질관리비지원사업	25,000	9	2	7	8	7	7	1	1	1	3
충북 음성군	4155	노인양로원사업지원	24,000	9	1	7	8	7	7	5	1	1	4
충북 음성군	4156	가정폭력피해자가족의례지원사	22,000	9	4	7	8	7	7	1	1	1	3
충북 음성군	4157	가정위탁아동심리치료지원사	20,000	9	2	4	1	7	7	3	3	1

| 순번 | 시군구 | 지출명
(사업명) | 2024년예산
(단위 : 천원 /1년간) | 민간이전 분류
(지방자치단체 세출예산 집행기준에 의거)

1. 민간경상사업보조(307-02)
2. 민간단체 법정운영비보조(307-03)
3. 민간행사사업보조(307-04)
4. 민간위탁금(307-05)
5. 사회복지시설 법정운영비보조(307-10)
6. 민간위탁교육비(307-12)
7. 공기관등에대한경상적위탁사업비(308-13)
8. 민간자본사업보조,자체재원(402-01)
9. 민간자본사업보조,이전재원(402-02)
10. 민간위탁사업비(402-03)
11. 공기관등에 대한 자본적 위탁사업비(403-02) | 민간이전지출 근거
(지방보조금 관리기준 참고)

1. 법률에 규정
2. 국고보조 재원(국가지정)
3. 용도 지정 기부금
4. 조례에 직접규정
5. 지자체가 권장하는 사업을 하는 공공기관
6. 시,도 정책 및 재정사정
7. 기타
8. 해당없음 | 입찰방식 | | | 운영예산 산정 | | 성과평가 실시여부

1. 실시
2. 미실시
3. 향후 추진
4. 해당없음 |
						계약체결방법 (경쟁형태) 1. 일반경쟁 2. 제한경쟁 3. 지명경쟁 4. 수의계약 5. 법정위탁 6. 기타 ( ) 7. 없음	계약기간 1. 1년 2. 2년 3. 3년 4. 4년 5. 5년 6. 기타 ( )년 7. 단가계약 (1년미만) 8. 없음	낙찰자선정방법 1. 적격심사 2. 협상에의한계약 3. 최저가낙찰제 4. 규격가격분리 5. 2단계 경쟁입찰 6. 기타 ( ) 7. 없음	운영예산 산정 1. 내부산정 (지자체 자체적으로 산정) 2. 외부산정 (외부전문기관위탁 산정) 3. 내·외부 모두 산정 4. 산정 無 5. 없음	정산방법 1. 내부정산 (지자체 내부적으로 정산) 2. 외부정산 (외부전문기관위탁 정산) 3. 내·외부 모두 정산 4. 정산 無 5. 없음	
4158	충북 음성군	국공립어린이집확충기자재구입	20,000	9	1	7	8	7	1	1	4
4159	충북 음성군	낚시터안전시설개선	20,000	9	1	7	8	7	5	5	4
4160	충북 음성군	토종붕어대량생산지원	18,000	9	1	7	8	7	5	5	4
4161	충북 음성군	인삼생산시설현대화사업	17,200	9	2	7	8	7	1	1	4
4162	충북 음성군	양돈농가ASF방역관리지원	15,000	9	6	7	8	7	5	5	4
4163	충북 음성군	가정용저녹스보일러보급사업	15,000	9	1	7	8	7	5	1	4
4164	충북 음성군	로컬푸드연중생산비닐하우스지원	14,700	9	4	7	8	7	5	5	4
4165	충북 음성군	재해예방인삼안정생산시범	14,000	9	4	7	8	7	1	1	3
4166	충북 음성군	자생화분화생산기술시범	14,000	9	4	7	8	7	1	1	3
4167	충북 음성군	흑염소분만사시설개선시범	14,000	9	4	7	8	7	1	1	3
4168	충북 음성군	발전소주변지역마을기본지원(삼익악기)	13,700	9	1	7	8	7	5	5	4
4169	충북 음성군	장기요양기관환기시설설치사업	12,888	9	2	4	2	7	5	1	4
4170	충북 음성군	작업로시설	12,500	9	2	7	8	7	1	1	4
4171	충북 음성군	양봉기자재현대화지원	10,500	9	1	7	8	7	5	5	4
4172	충북 음성군	시설채소안정생산을위한시설환경개선시범	10,500	9	4	7	8	7	1	1	3
4173	충북 음성군	사회복지용펠릿보일러	10,400	9	6	7	8	7	5	5	4
4174	충북 음성군	곤충사육가공시설장비지원	10,000	9	4	7	8	7	5	5	4
4175	충북 음성군	농촌여성농부증예방농작업장비지원	10,000	9	4	7	8	7	1	1	3
4176	충북 음성군	지능형교배시기탐지기지원	9,600	9	1	7	8	7	5	5	4
4177	충북 음성군	친환경임산물재배관리(유기질비료)	9,093	9	2	7	8	7	1	1	4
4178	충북 음성군	건물형태양광설치지원사업	8,000	9	2	7	8	7	5	5	4
4179	충북 음성군	축산농가태양광설치지원사업	8,000	9	2	7	8	7	5	5	4
4180	충북 음성군	발전소주변지역마을기본지원(소수수상)	8,000	9	1	7	8	7	5	5	4
4181	충북 음성군	야영장안전위생시설개보수지원	7,000	9	7	7	8	7	1	1	4
4182	충북 음성군	캠핑카인프라구축	7,000	9	7	7	8	7	1	1	4
4183	충북 음성군	야영장화재안전성확보	5,250	9	7	7	8	7	1	1	4
4184	충북 음성군	임산물상품화지원	4,780	9	2	7	8	7	1	1	4
4185	충북 음성군	노후어선교체구입비지원	4,320	9	1	7	8	7	5	5	4
4186	충북 음성군	산림버섯재해예방시설(보완)	3,650	9	2	7	8	7	1	1	4
4187	충북 음성군	발전소주변지역마을기본지원(에스디해바라기)	2,500	9	1	7	8	7	5	5	4
4188	충북 음성군	말벌퇴치장비지원사업	2,400	9	1	7	8	7	5	5	4
4189	충북 음성군	발전소주변지역마을기본지원(화산저수지)	2,200	9	1	7	8	7	5	5	4
4190	충북 음성군	양식어업인수산약품및양식장비공급	2,102	9	1	7	8	7	5	5	4
4191	충북 음성군	발전소주변지역마을기본지원(사담리제1호)	800	9	1	7	8	7	5	5	4
4192	충북 음성군	발전소주변지역마을기본지원(사담리제2호)	800	9	1	7	8	7	5	5	4
4193	충북 음성군	친환경임산물재배관리(토양개량제)	755	9	2	7	8	7	1	1	4
4194	충북 단양군	전기자동차구매지원	1,904,000	9	1	7	8	7	5	5	4
4195	충북 단양군	단양방곡사파법묘연화경권7유물수장시설건립(1차)	1,000,000	9	2	7	8	7	5	5	4
4196	충북 단양군	유수율제고사업	1,000,000	9	1	6	6	6	3	3	1
4197	충북 단양군	운행경유차배출가스저감사업(조기폐차지원)	689,680	9	1	7	8	7	5	5	4

구분	부처명	사업코드	사업명	2024예산 (단위: 백만원)	지원형태 분류 (※지원형태분류 등 기타 참고) 1. 민간경상보조(사업코드307-02) 2. 민간자본보조(사업코드307-03) 3. 민간행사보조(사업코드307-04) 4. 사회복지시설보조(사업코드307-05) 5. 자본형자산취득비보조(307-10) 6. 민간위탁사업비보조(307-13) 7. 민간위탁금(사업코드308-13) 8. 출연금(사업코드308-13) 9. 민간자본사업비보조(402-02) 10. 민간대행사업비(402-02) 11. 공기업등에 대한 자본적지원사업비(403-02)	사업목적 1. 환경보호 2. 보건의료 3. 교육·문화 4. 사회복지(장애인, 아동 등) 5. 과학기술 6. 기타 () 7. 기타	계속기간 1. 5년 2. 3년 3. 1년 4. 수시 5. 기타 () 6. 기타 7. 없음 (7.없음)	사업의 성격 1. 보조사업 2. 지자체사업 3. 국가위임사업 4. 수탁사업 5. 기타	지원형태 1. 보조금 2. 지자체 3. 융자 4. 출연금 (자본금 포함) 5. 기타 6. 기타 7. 기타	평가방식 1. 서면평가 2. 실적평가 3. 현장평가 4. 기타 5. 기타	성과측정 1. 목표달성 2. 성과지표 3. 만족도 4. 예산집행률 (재무성과 포함) 5. 기타
	환경부	4198	수소차보급사업	335,000	9	1	7	8	7	5	5	4
	환경부	4199	전기자동차보급사업(환경부담급지원금포함)	332,332	9	2	6	8	7	3	1	4
	환경부	4200	어린이통학용친환경차전환지원	231,000	9	1	7	8	7	5	5	4
	환경부	4201	전기화물차중소상공인및소상공인지원	200,000	9	2	7	8	7	5	5	4
	환경부	4202	가정용보일러	163,800	9	2	7	8	7	5	1	4
	환경부	4203	가스냉매설비설치지원	148,500	9	1	7	8	7	5	5	4
	환경부	4204	가축분뇨처리시설설치지원	135,000	9	2	7	8	7	5	5	4
	환경부	4205	슬레이트철거지원	131,770	9	2	7	8	7	5	1	4
	환경부	4206	지하수관리강화사업	96,000	9	6	7	8	7	1	1	3
	환경부	4207	영세사업자에너지저감시설	80,000	9	2	7	8	7	5	5	4
	환경부	4208	열회수형환기장치설치사업, 환경친화기기지원사업	70,000	9	1	7	8	7	5	5	4
	환경부	4209	사후환경관리용역지원사업	60,000	9	6	7	8	7	5	5	4
	환경부	4210	이동식세차폐액처리사업	59,838	9	2	7	8	7	5	1	1
	환경부	4211	자수질오염원관리사업	56,715	9	6	7	8	7	1	1	3
	환경부	4212	사업장재활용품분리수거지원	56,000	9	6	7	8	7	1	1	3
	환경부	4213	가정용가스보일러설치지원사업	50,000	9	1	7	8	7	5	5	4
	환경부	4214	환경이슈대응지원사업	50,000	9	1	7	8	7	5	5	4
	환경부	4215	사회적경제환경지원사업	48,366	9	2	7	8	7	1	5	4
	환경부	4216	기업환경안전관리지원사업	37,000	9	4	7	8	7	1	1	4
	환경부	4217	친환경농업관리지원사업	32,000	9	6	7	8	7	1	1	3
	환경부	4218	일체형전기자동차(전기용에너지)	30,000	9	1	7	8	7	5	5	4
	환경부	4219	미세먼지저감지원사업(DPF)지원사업	29,700	9	1	7	8	7	5	5	4
	환경부	4220	배출권거래지원사업	28,701	9	2	7	8	7	5	5	4
	환경부	4221	친환경보조금지원(친환경자동차구입보조지원)	28,000	9	2	6	8	7	3	1	4
	환경부	4222	설치관리보조사업	24,000	9	1	7	8	7	1	5	4
	환경부	4223	생태보호지구기초사업보조사업	21,000	9	6	7	8	7	1	1	1
	환경부	4224	공공야생동물보호관리사업	19,000	9	1	7	8	7	1	1	1
	환경부	4225	친환경보조금지원(친환경자동차구입보조지원)	16,000	9	2	6	8	7	3	1	4
	환경부	4226	GAP보호관리사업	15,000	9	2	7	8	7	1	1	3
	환경부	4227	통합대기질관리사업	12,400	9	6	7	8	7	5	5	4
	환경부	4228	친환경보조금지원(친환경자동차구입보조지원)	12,000	9	2	6	8	7	3	1	4
	환경부	4229	가축분뇨배설및방지시설	11,000	9	6	7	8	7	1	1	3
	환경부	4230	산단고효율설비지원사업	10,000	9	6	7	8	7	5	5	4
	환경부	4231	농어촌영농폐기물및부산물처리사업	10,000	9	6	7	8	7	1	1	1
	환경부	4232	가축분뇨액비화지원사업	9,000	9	6	7	8	7	1	1	3
	환경부	4233	가축분뇨공공처리시설지원	9,000	9	6	7	8	7	1	1	3
	환경부	4234	영세사업장지원사업	5,596	9	2	7	8	7	5	1	4
	환경부	4235	어린이통학용LPG차량전환사업	5,000	9	1	7	8	7	5	5	4
	환경부	4236	악취기술지원사업	4,500	9	6	7	8	7	1	1	3
	환경부	4237	누수저감관리지원사업	4,320	9	6	7	8	7	1	1	3

순번	시군구	지출명 (사업명)	2024년예산 (단위: 천원/1년간)	민간이전 분류 (지방자치단체 세출예산 집행기준에 의거) 1. 민간경상사업보조(307-02) 2. 민간단체 법정운영비보조(307-03) 3. 민간행사사업보조(307-04) 4. 민간위탁금(307-05) 5. 사회복지시설 법정운영비보조(307-10) 6. 민간위탁교육비(307-12) 7. 공기관등에대한경상적위탁사업비(308-13) 8. 민간자본사업보조,자체재원(402-01) 9. 민간자본보조,이전재원(402-02) 10. 민간대행사업비(402-03) 11. 공기관등에 대한 자본적 위탁사업비(403-02)	민간이전지출 근거 (지방보조금 관리기준 참고) 1. 법률에 규정 2. 국고보조 재원(국가지정) 3. 용도 지정 기부금 4. 조례에 직접규정 5. 지자체가 권장하는 사업을 하는 공공기관 6. 시,도 정책 및 재정사정 7. 기타 8. 해당없음	입찰방식			운영예산 산정		성과평가 실시여부 1. 실시 2. 미실시 3. 향후 추진 4. 해당없음
						계약체결방법 (경쟁형태) 1. 일반경쟁 2. 제한경쟁 3. 지명경쟁 4. 수의계약 5. 법정위탁 6. 기타 ( ) 7. 없음	계약기간 1. 1년 2. 2년 3. 3년 4. 4년 5. 5년 6. 기타( )년 7. 단기계약 (1년미만) 8. 없음	낙찰자선정방법 1. 적격심사 2. 협상에의한계약 3. 최저가낙찰제 4. 규격가격분리 5. 2단계 경쟁입찰 6. 기타( ) 7. 없음	운영예산 산정 1. 내부산정 (지자체 자체적으로 산정) 2. 외부산정 (외부전문기관위탁 산정) 3. 내.외부 모두 산정 4. 산정 無 5. 없음	정산방법 1. 내부정산 (지자체 내부적으로 정산) 2. 외부정산 (외부전문기관 정산) 3. 내.외부 모두 산정 4. 정산無 5. 없음	
4238	충북 단양군	농촌여성지도자능력개발지원	4,000	9	6	7	8	7	1	1	1
4239	충북 단양군	임산물생산기반조성	2,912	9	2	7	8	7	5	1	4
4240	충북 단양군	등록야영장지원사업(화재안전성확보지원)	2,500	9	8	7	8	7	5	5	4
4241	충북 단양군	가정용저녹스보일러구매지원(저소득층/4대)	2,400	9	1	7	8	7	5	5	4
4242	충북 단양군	등록야영장지원사업(안전위생시설개보수)	2,000	9	8	7	8	7	5	5	4
4243	충북 단양군	장기요양기관환기시설설치	1,432	9	1	7	8	7	5	1	1
4244	충북 단양군	보증기간경과장치성능유지관리사업	1,232	9	1	7	8	7	5	5	4
4245	충북 단양군	등록야영장지원사업(야영장활성화프로그램)	1,000	9	8	7	8	7	5	5	4
4246	충청남도	충남권역재활병원건립	15,000,000	9	2	7	8	7	1	1	3
4247	충청남도	농어촌통신망고도화구축	926,400	9	2	6	6	6	5	5	4
4248	충청남도	충청남도보조기기센터사례관리지원(자본)	36,000	9	2	7	8	7	1	1	3
4249	충청남도	아동학대방지인프라기능보강(아동보호전문기관)	27,780	9	1	7	8	7	1	1	4
4250	충청남도	여성긴급전화1366센터기능보강	25,000	9	2	7	8	7	5	5	4
4251	충청남도	충남야생동물구조센터설치비지원	881,800	9	2	7	8	7	1	3	1
4252	충남 천안시	스마트팜생육환경관리기술확산(도)	1,400,000	9	1	4	7	7	5	5	1
4253	충남 천안시	정신건강증진시설기능보강(확충)사업	1,372,002	9	2	7	8	7	1	1	2
4254	충남 천안시	최고품질예작물생산기술보급(경제작물채소특작팀)	359,000	9	6	7	8	7	5	5	4
4255	충남 천안시	축산물질고급화와안전성향상기술보급(도)	350,000	9	1	7	8	7	5	5	4
4256	충남 천안시	시설원예농가지원	200,000	9	4	7	7	7	5	5	4
4257	충남 천안시	신기술보급사업(지역특화형신선농산물수출단지조성)(국)	200,000	9	1	7	8	7	5	5	4
4258	충남 천안시	고품질식량작물생산보급	172,000	9	2	7	8	7	5	5	4
4259	충남 천안시	최고품질원예작물생산기술보급(경제작물과수팀)(도)	171,000	9	1	7	8	7	5	5	4
4260	충남 천안시	농업인학습단체육성(도)청년농업인영농정착기술지원사업	145,000	9	1,4	7	8	7	1	1	1
4261	충남 천안시	농작업재해예방(작목별맞춤형안전관리실천시범)	50,000	9	2	7	8	7	1	1	4
4262	충남 천안시	2024년의료기관스프링클러설치지원사업	34,800	9	2	7	8	7	5	5	4
4263	충남 천안시	작은도서관운영지원	30,000	9	4	7	8	7	5	5	4
4264	충남 천안시	경로당기능보강	30,000	9	1	7	8	7	5	5	4
4265	충남 천안시	경로당기능보강	30,000	9	6	4	1	7	1	1	4
4266	충남 공주시	운행경유차배출가스저감	3,213,246	9	2	7	8	7	5	5	4
4267	충남 공주시	전기승용차보급사업	3,036,000	9	2	7	8	7	5	5	4
4268	충남 공주시	전기화물차보급사업	2,220,000	9	2	7	8	7	5	5	4
4269	충남 공주시	전기버스보급사업	1,230,000	9	2	7	8	7	5	5	4
4270	충남 공주시	고도이미지찾기사업	1,104,000	9	2	7	8	7	5	5	4
4271	충남 공주시	동혈사법당신축및주변정비	1,066,000	9	7	7	8	7	5	5	4
4272	충남 공주시	공주마곡사대웅보전주변정비(금어원건립)	807,000	9	2	7	8	7	5	5	4
4273	충남 공주시	공주갑사대웅전주변정비(공양간건립)	470,000	9	2	7	8	7	5	5	4
4274	충남 공주시	원예농산물저온유통체계구축사업	316,980	9	2	7	8	7	1	1	3
4275	충남 공주시	공주갑사대웅전주변정비(배면기단,배수로및석축정비)	313,000	9	2	7	8	7	5	5	4
4276	충남 공주시	동학사삼성각주변정비	300,000	9	7	7	8	7	5	5	4
4277	충남 공주시	수소연료전지차보급사업	292,500	9	2	7	8	7	5	5	4

순번	시군구	지출명 (사업명)	2024년예산 (단위 : 천원 /1년간)	민간이전 분류 (지방자치단체 세출예산 집행기준에 의거) 1. 민간경상사업보조(307-02) 2. 민간단체 법정운영비보조(307-03) 3. 민간행사사업보조(307-04) 4. 민간위탁금(307-05) 5. 사회복지시설 법정운영비보조(307-10) 6. 민간인위탁교육비(307-12) 7. 공기관등에대한경상적위탁사업비(308-13) 8. 민간자본사업보조,자체재원(402-01) 9. 민간자본사업보조,이전재원(402-02) 10. 민간위탁사업비(402-03) 11. 공기관등에 대한 자본적 위탁사업비(403-02)	민간이전지출 근거 (지방보조금 관리기준 참고) 1. 법률에 규정 2. 국고보조 재원(국가지정) 3. 용도 지정 기부금 4. 조례에 직접규정 5. 지자체가 권장하는 사업을 하는 공공기관 6. 시,도 정책 및 재정사정 7. 기타 8. 해당없음	입찰방식			운영예산 산정		성과평가 실시여부
						계약체결방법 (경쟁형태) 1. 일반경쟁 2. 제한경쟁 3. 지명경쟁 4. 수의계약 5. 법정위탁 6. 기타 ( ) 7. 없음	계약기간 1. 1년 2. 2년 3. 3년 4. 4년 5. 5년 6. 기타 ( )년 7. 단기계약 (1년미만) 8. 없음	낙찰자선정방법 1. 적격심사 2. 협상에의한계약 3. 최저가낙찰제 4. 규격가격분리 5. 2단계 경쟁입찰 6. 기타 ( ) 7. 없음	운영예산 산정 1. 내부산정 (지자체 자체적으로 산정) 2. 외부산정 (외부전문기관위탁 산정) 3. 내·외부 모두 산정 4. 산정 無	정산방법 1. 내부정산 (지자체 내부적으로 정산) 2. 외부정산 (외부전문기관위탁 정산) 3. 내·외부 모두 산정 4. 정산 無 5. 없음	1. 실시 2. 미실시 3. 향후 추진 4. 해당없음
4278	충남 공주시	공주마곡사영산전주변정비(홍성루단청공사)	290,000	9	2	7	8	7	5	5	4
4279	충남 공주시	마곡사대광보전주변정비(대향각개축)	290,000	9	2	7	8	7	5	5	4
4280	충남 공주시	농산물유통시설현대화	275,000	9	6	7	8	7	1	1	3
4281	충남 공주시	마곡사영은암보수정비	240,000	9	2	7	8	7	5	5	4
4282	충남 공주시	공주중동성당스테인트글라스교체	200,000	9	7	7	8	7	5	5	4
4283	충남 공주시	노후경유차배출가스저감장치부착	165,000	9	2	7	8	7	5	5	4
4284	충남 공주시	건설기계엔진교체	165,000	9	2	7	8	7	5	5	4
4285	충남 공주시	마곡사은적암보수정비	160,000	9	2	7	8	7	5	5	4
4286	충남 공주시	영은사요사채보수정비	160,000	9	7	7	8	7	5	5	4
4287	충남 공주시	전기이륜차보급사업	121,600	9	2	7	8	7	5	5	4
4288	충남 공주시	자율방범대(이인반포연합대)차량구입	120,000	9	1	7	8	7	1	1	4
4289	충남 공주시	동학사향적실보수정비	91,600	9	7	7	8	7	5	5	4
4290	충남 공주시	소규모사업장방지시설설치지원	90,000	9	2	7	8	7	5	5	4
4291	충남 공주시	LPG화물차신차구입지원	60,000	9	2	7	8	7	5	5	4
4292	충남 공주시	자율방범대초소물품구입및기능보강	40,000	9	1	7	8	7	1	1	4
4293	충남 공주시	공주갑사대웅전주변정비(적묵당해체보수설계)	40,000	9	2	7	8	7	5	5	4
4294	충남 공주시	자율방재단기능보강	30,000	9	1	7	8	7	1	1	4
4295	충남 공주시	충남오감품목별주관농협지원사업	28,908	9	4	7	8	7	1	1	3
4296	충남 공주시	야생동물피해예방시설설치	25,200	9	2	7	7	7	1	1	4
4297	충남 공주시	학교급식지원센터시설보강	25,200	9	2	7	8	7	5	5	3
4298	충남 공주시	신원사주변정비(경내보도환경개선)	24,000	9	7	7	8	7	5	5	4
4299	충남 공주시	사회적기업시설장비지원	18,000	9	2	7	8	7	5	5	4
4300	충남 공주시	어린이통학차량LPG전환지원사업	15,000	9	2	7	8	7	5	5	4
4301	충남 공주시	마을기업지원	14,000	9	2	7	8	7	5	5	4
4302	충남 공주시	건설기계배출가스저감장치부착	11,000	9	2	7	8	7	5	5	4
4303	충남 공주시	농촌자원복합산업화지원사업	6,800	9	4	7	8	7	1	1	3
4304	충남 공주시	가정용저녹스보일러보급사업	6,600	9	2	7	8	7	5	5	4
4305	충남 보령시	유통단계위생안전체계구축(저온친환경위판장건립)	2,565,000	9	7	7	8	7	5	5	4
4306	충남 보령시	수산물산지가공시설지원	1,500,000	9	7	7	8	7	5	5	4
4307	충남 보령시	대천항수산시장해수청정위생개보수	1,100,000	9	7	7	8	7	5	5	4
4308	충남 보령시	수산식품저온물류창고지원	800,000	9	7	7	8	7	5	5	4
4309	충남 보령시	친환경생분해성어구보급사업	316,857	9	2	7	8	7	5	5	4
4310	충남 보령시	친환경에너지절감장비보급사업	266,667	9	2	7	8	7	5	5	4
4311	충남 보령시	양식어장정화	216,880	9	6	7	8	7	5	5	4
4312	충남 보령시	해삼서식환경조성	185,240	9	6	7	8	7	5	5	4
4313	충남 보령시	자율관리어업육성사업	170,000	9	2	7	8	7	5	5	4
4314	충남 보령시	지역특산멸치자동화선별기지원	162,000	9	7	7	8	7	5	5	4
4315	충남 보령시	수산식품포장재지원	120,000	9	7	7	8	7	5	5	4
4316	충남 보령시	종자배양육성지원	95,000	9	6	7	8	7	5	5	4
4317	충남 보령시	패류어장자원조성	78,120	9	6	7	8	7	5	5	4

순번	시군구	지출명 (사업명)	2024년예산 (단위 : 천원 /1년간)	민간이전 분류 (지방자치단체 세출예산 집행기준에 의거) 1. 민간경상사업보조(307-02) 2. 민간단체 법정운영비보조(307-03) 3. 민간행사사업보조(307-04) 4. 민간위탁금(307-05) 5. 사회복지시설 법정운영비보조(307-10) 6. 민간위원회육비(307-12) 7. 민간자본사업보조,자체재원(308-13) 8. 민간자본사업보조,자체재원(402-01) 9. 민간자본사업보조,이전재원(402-02) 10. 민간위탁사업비(402-03) 11. 공기관등에 대한 자본적 위탁사업비(403-02)	민간이전지출 근거 (지방보조금 관리기준 참고) 1. 법률에 규정 2. 국고보조 재원(국가지정) 3. 용도 지정 기부금 4. 조례에 직접규정 5. 지자체가 권장하는 사업을 하는 공공기관 6. 시,도 정책 및 재정사정 7. 기타 8. 해당없음	입찰방식 계약체결방법 (경쟁형태) 1. 일반경쟁 2. 제한경쟁 3. 지명경쟁 4. 수의계약 5. 법정위탁 6. 기타 ( ) 7. 없음	계약기간 1. 1년 2. 2년 3. 3년 4. 4년 5. 5년 6. 기타 ( )년 7. 단기계약 (1년미만) 8. 없음	낙찰자선정방법 1. 적격심사 2. 협상에의한계약 3. 최저가낙찰제 4. 규격가격분리 5. 2단계 경쟁입찰 6. 기타 ( ) 7. 없음	운영예산 산정 1. 내부산정 (지자체 자체적으로 산정) 2. 외부산정 (외부전문기관위탁 산정) 3. 내·외부 모두 산정 4. 산정 無 5. 없음	정산방법 1. 내부정산 (지자체 내부적으로 정산) 2. 외부정산 (외부전문기관위탁 정산) 3. 내·외부 모두 정산 4. 정산 無 5. 없음	성과평가 실시여부 1. 실시 2. 미실시 3. 향후 추진 4. 해당없음
4318	충남 보령시	우량김생산지원	77,200	9	6	7	8	7	5	5	4
4319	충남 보령시	양식어장저질개선장비	76,000	9	6	7	8	7	5	5	4
4320	충남 보령시	적조피해예방(가두리시설현대화)사업	70,000	9	6	7	8	7	5	5	4
4321	충남 보령시	굴친환경시설지원	65,610	9	6	7	8	7	5	5	4
4322	충남 보령시	스마트축제식양식장조성지원	64,000	9	6	7	8	7	5	5	4
4323	충남 보령시	이상수온대응지원사업	60,000	9	2	7	8	7	5	5	4
4324	충남 보령시	수산물가공유통저장고지원(중형)	57,600	9	7	7	8	7	5	5	4
4325	충남 보령시	내수면양식장수질개선지원	55,626	9	6	7	8	7	5	5	4
4326	충남 보령시	어선사고예방시스템구축지원사업	49,333	9	2	7	8	7	5	5	4
4327	충남 보령시	육상양식어장기반시설지원	40,000	9	6	7	8	7	5	5	4
4328	충남 보령시	인증부표보급지원	28,000	9	2	7	8	7	5	5	4
4329	충남 보령시	어장환경개선	27,000	9	6	7	8	7	5	5	4
4330	충남 보령시	내수면양식장기반시설	23,760	9	6	7	8	7	5	5	4
4331	충남 보령시	수산물품질향상지원	12,500	9	7	7	8	7	5	5	4
4332	충남 보령시	전기자동차(화물)보급사업	3,700,000	9	2	7	8	7	5	5	4
4333	충남 보령시	전기자동차(승용)보급사업	2,167,000	9	2	7	8	7	5	5	4
4334	충남 보령시	수소연료전지차보급(버스)	1,650,000	9	7	7	8	7	5	5	4
4335	충남 보령시	수소연료전지차보급사업	1,625,000	9	7	7	8	7	5	5	4
4336	충남 보령시	청년농맞춤형스마트팜보급지원	1,575,000	9	4	7	8	7	5	5	4
4337	충남 보령시	전기버스보급사업	1,230,000	9	2	7	8	7	5	5	4
4338	충남 보령시	공기열냉난방시설지원	1,077,790	9	2	7	8	7	5	5	4
4339	충남 보령시	가축분뇨처리시설	575,000	9	6	7	8	7	5	5	4
4340	충남 보령시	임산물소득지원사업	558,000	9	2	6	7	7	1	1	4
4341	충남 보령시	건설기계저공해조치사업	492,500	9	2	7	8	7	5	5	4
4342	충남 보령시	농산가공부산물활용축산사료화기술지원촉진사업	400,000	9	6	7	8	7	5	5	4
4343	충남 보령시	중소원예농가(가족농)스마트팜보급지원	400,000	9	4	7	8	7	5	5	4
4344	충남 보령시	축산악취개선시설지원	350,000	9	6	7	8	7	5	5	4
4345	충남 보령시	대천31통경로당신축	300,000	9	4	7	8	7	5	5	4
4346	충남 보령시	요암1통경로당신축	300,000	9	4	7	8	7	5	5	4
4347	충남 보령시	신흑1통경로당신축	300,000	9	4	7	8	7	5	5	4
4348	충남 보령시	국산양질조사료생산열풍건조시스템보급시범	270,000	9	2	7	8	7	5	5	4
4349	충남 보령시	벼직파재배확대기술지원사업	252,000	9	4	7	8	7	5	5	4
4350	충남 보령시	학성2리마을만들기자율개발사업	207,809	9	7	4	1	6	1	1	3
4351	충남 보령시	양돈농가육성	194,500	9	6	7	8	7	5	5	4
4352	충남 보령시	동물사체처리시설지원	187,500	9	6	7	8	7	5	5	4
4353	충남 보령시	석재산업환경피해저감사업	182,000	9	2	6	7	7	1	1	4
4354	충남 보령시	벼육묘이양자동화단지조성	150,000	9	2	7	8	7	5	5	4
4355	충남 보령시	지역활력화작목기반조성(오이스마트팜정밀농업구축)	150,000	9	4	7	8	7	5	5	4
4356	충남 보령시	지역활력화작목기반조성(아열대과수)	150,000	9	4	7	8	7	5	5	4
4357	충남 보령시	운행차DPF부착지원	141,900	9	2	7	8	7	5	5	4

번호	사업구분	사업명	2024예산액 (단위: 백만원/신규)	평가항목별 배점 사업의 적정성 (사업목적의 명확성 등 보기) 1. 사업필요성 적정여부 평가항목(307-02) 2. 사업내용 적정여부 평가항목(307-03) 3. 사업규모 적정여부 평가항목(307-04) 4. 추진체계 적정여부 평가항목(307-05) 5. 사업대상자 선정 적정여부 평가항목(308-13) 6. 운영기관 선정 적정여부 평가항목(307-12) 7. 중기재정 지출계획 적정여부 평가항목(308-13) 8. 민간경상보조사업 적정여부 평가항목(402-01) 9. 민간자본보조사업 적정여부 평가항목(402-02) 10. 민간행사보조사업 적정여부 평가항목(402-03) 11. 공기관대행사업비 적정여부 평가항목(403-10)	재원선정 1. 필요성 2. 소요예산 (지자체 자체재원 포함) 3. 지원체계 4. 추진 일정 5. 운영방식 6. 기타 7. 연관성 8. 연계성	사업성과 1.1. 2. 정성평가 3. 지원대상 4. 수행계획 5.5.원 6. 기타 ( ) 7. 연관성	사업추진체계 1.1. 2. 지원체계 3. 추진체제 4. 운영체계 5. 운영체제 6. 기타 ( ) 7. 연관성 8. 연관성(1개)	성과목표 1.1. 2.2. 3. 목표설정 4. 성과평가 5. 6. 기타 () 7. 연관성	평가내용 설정 1. 필요성 2. 적정성 (실적, 사업내용 적정) 3. 적정성 4. 사업 효과	의견사항 1. 필요 2. 참여 3. 적정성 여부 4. 사업 효과
4358	국비보조사업	CCTV통합관제센터	138,000	4	7	8	7	5	5	4
4359	국비보조사업	노후공동주택 관리비지원 및 노인일자리사업	135,965	7	4	1	6	1	1	3
4360	국비보조사업	지역자원시설세 전환지원사업	120,000	5	7	8	7	5	5	4
4361	국비보조사업	지역사회보장사업	105,000	9	5	7	8	7	5	5	4
4362	국비보조사업	장애인일자리지원사업운영지원사업	100,000	9	6	7	8	7	5	5	4
4363	국비보조사업	2024년 의료급여기관 종합평가지원	100,000	9	6	7	8	7	5	5	4
4364	국비보조사업	소상공인시장진흥공단 운영지원	100,000	9	5	7	8	7	5	5	4
4365	국비보조사업	직업훈련생계비융자사업지원	100,000	9	4	7	8	7	5	5	4
4366	국비보조사업	청년일자리도약	97,600	9	5	7	8	7	5	5	4
4367	국비보조사업	지역공동체일자리사업지원	90,000	9	5	7	8	7	5	5	4
4368	국비보조사업	시설유지관리비	89,500	9	6	7	8	7	5	5	4
4369	국비보조사업	농수축산경영안정자금지원사업	88,200	9	5	7	8	7	5	5	4
4370	국비보조사업	ICT기반자동화시설지원사업	80,000	9	5	7	8	7	5	5	4
4371	국비보조사업	도서관및자료실기능강화사업	80,000	9	4	7	8	7	5	5	4
4372	국비보조사업	자원순환지원시설처리지원사업	80,000	9	4	7	8	7	5	5	4
4373	국비보조사업	장애인일자리지원사업지원사업	79,871	9	7	4	1	6	1	1	3
4374	국비보조사업	청년주거지원사업	77,200	9	6	7	8	7	5	5	4
4375	국비보조사업	지역사회복지관운영지원사업	67,900	9	6	7	8	7	5	5	4
4376	국비보조사업	민간사회복지시설물품지원	66,000	9	5	7	8	7	5	5	4
4377	국비보조사업	자활사업참여지원	63,500	9	6	7	8	7	5	5	4
4378	국비보조사업	행복주택시설유지관리비	59,500	9	3	7	8	7	5	5	4
4379	국비보조사업	자활사업참여지원(자활사업)	59,400	9	5	7	8	7	5	5	4
4380	국비보조사업	청년내일채움공제사업(취업소상공인자활사업활성화지원사업)	50,000	9	4	7	8	7	5	5	4
4381	국비보조사업	자활사업지원사업	50,000	9	4	7	8	7	5	5	4
4382	국비보조사업	청년구직활동지원사업	50,000	9	4	7	8	7	5	5	4
4383	국비보조사업	농어민경영지원사업지원지원사업	49,000	9	4	7	8	7	5	5	4
4384	국비보조사업	자활사업참여자지원사업	48,000	9	5	7	8	7	5	5	4
4385	국비보조사업	농어민경영안정자금지원사업	40,000	9	5	7	8	7	5	5	4
4386	국비보조사업	청년구직활동지원사업	40,000	9	5	7	8	7	5	5	4
4387	국비보조사업	자활사업참여자지원금등지원사업	40,000	9	5	7	8	7	5	5	4
4388	국비보조사업	행복도시지원사업지원지원사업(행복주택관리비지원사업)	40,000	9	4	7	8	7	5	5	4
4389	국비보조사업	지역공동체운영지원	40,000	9	4	7	8	7	5	5	4
4390	국비보조사업	지역사회사업지원	37,400	9	5	7	8	7	5	5	4
4391	국비보조사업	취약계층지원사업지원지원사업	35,000	9	6	7	8	7	5	5	4
4392	국비보조사업	지역사회보장지원지원사업	35,000	9	4	7	8	7	5	5	4
4393	국비보조사업	지역사회보조지원사업	35,000	9	4	7	8	7	5	5	4
4394	국비보조사업	지역사회보장기관 운영지원사업	30,000	9	2	7	8	7	5	5	4
4395	국비보조사업	청년근로계층 지원사업(근로계층지원)	28,000	9	1	7	8	7	5	5	4
4396	국비보조사업	지역사회보장지원사업	25,000	9	4	7	8	7	5	5	4
4397	국비보조사업	수급자54,55등급포함지원	25,000	9	4	7	8	7	5	5	4

순번	시군구	지출명 (사업명)	2024년예산 (단위:천원/1년간)	민간이전 분류 (지방자치단체 세출예산 집행기준에 의거) 1. 민간경상사업보조(307-02) 2. 민간단체 법정운영비보조(307-03) 3. 민간행사사업보조(307-04) 4. 민간위탁금(307-05) 5. 사회복지시설 법정운영비보조(307-10) 6. 민간위탁교육비(307-12) 7. 공기관등에대한경상적위탁사업비(308-13) 8. 민간자본사업보조,자체재원(402-01) 9. 민간자본보조,이전재원(402-02) 10. 민간위탁사업비(402-03) 11. 공기관등에 대한 자본적 위탁사업비(403-02)	민간이전지출 근거 (지방보조금 관리기준 참고) 1. 법률에 규정 2. 국고보조 재원(국가지정) 3. 용도 지정 기부금 4. 조례에 직접규정 5. 지자체가 권장하는 사업을 하는 공공기관 6. 시,도 정책 및 재정사정 7. 기타 8. 해당없음	계약체결방법 (경쟁형태) 1. 일반경쟁 2. 제한경쟁 3. 지명경쟁 4. 수의계약 5. 법정위탁 6. 기타 () 7. 없음	계약기간 1. 1년 2. 2년 3. 3년 4. 4년 5. 5년 6. 기타 ()년 7. 단가계약(1년미만) 8. 없음	낙찰자선정방법 1. 적격심사 2. 협상에의한계약 3. 최저가낙찰제 4. 규격가격분리 5. 2단계 경쟁입찰 6. 기타 () 7. 없음	운영예산 산정 1. 내부산정 (지자체 자체적으로 산정) 2. 외부산정 (외부전문기관위탁 산정) 3. 내·외부 모두 산정 4. 산정 無 5. 없음	정산방법 1. 내부정산 (지자체 내부적으로 정산) 2. 외부정산 (외부전문기관위탁 정산) 3. 내·외부 모두 정산 4. 정산 無 5. 없음	성과평가 실시여부 1. 실시 2. 미실시 3. 향후 추진 4. 해당없음
4398	충남 보령시	목재펠릿보일러보급	21,840	9	2	6	7	7	1	1	4
4399	충남 보령시	이상기상대응과수안정생산기술지원	21,000	9	4	7	8	7	5	5	4
4400	충남 보령시	사슴농가육성	20,000	9	6	7	8	7	5	5	4
4401	충남 보령시	고추비가림재배시설지원	20,000	9	2	7	8	7	5	5	4
4402	충남 보령시	원예작물신소재신농법영농지원사업	20,000	9	4	7	8	7	5	5	4
4403	충남 보령시	장기요양기관환기시설설치지원사업	17,184	9	2	7	8	7	5	5	4
4404	충남 보령시	화훼생산기반경쟁력강화	16,050	9	4	7	8	7	5	5	4
4405	충남 보령시	농촌지도자회신기종지원촉진사업	15,000	9	6	7	8	7	5	5	4
4406	충남 보령시	노인요양시설확충(기능보강)사업	15,000	9	1	7	8	7	5	5	4
4407	충남 보령시	신규HACCP농가시설장비지원	10,000	9	2	7	8	7	5	5	4
4408	충남 보령시	원예특용작물생산시설보완사업	10,000	9	4	7	8	7	5	5	4
4409	충남 보령시	원예작물생력화장비지원	10,000	9	4	7	8	7	5	5	4
4410	충남 보령시	어린이통학차량의LPG차전환지원사업	10,000	9	2	7	8	7	5	5	4
4411	충남 보령시	신흑6통경로당개보수	10,000	9	4	7	8	7	5	5	4
4412	충남 보령시	청년농업인인큐베이팅지원	9,800	9	6	7	8	7	5	5	4
4413	충남 보령시	가정용저녹스보일러보급사업	9,600	9	2	7	8	7	5	5	4
4414	충남 보령시	가금농가방역환경개선지원	5,000	9	6	7	8	7	5	5	4
4415	충남 보령시	보증기간경과장치성능유지관리	3,432	9	2	7	8	7	5	5	4
4416	충남 아산시	장애인활동지원급여지원	19,591,775	9	1	7	8	7	5	5	4
4417	충남 아산시	전기자동차보급(승용,화물,버스,이륜)	10,498,000	9	2	7	8	7	5	5	4
4418	충남 아산시	노후경유차조기폐차지원	2,989,600	9	2	7	8	7	5	5	4
4419	충남 아산시	장애인활동지원도추가지원사업(바우처)	2,299,531	9	1	7	8	7	5	5	4
4420	충남 아산시	청소년발달장애학생방과후활동서비스지원	1,271,851	9	1	7	8	7	1	1	2
4421	충남 아산시	발달장애인주간활동서비스지원	1,156,047	9	1	7	8	7	5	5	4
4422	충남 아산시	경로당개보수	980,000	9	6	4	8	7	1	1	2
4423	충남 아산시	발달재활서비스(바우처)	814,692	9	1	7	8	7	5	5	4
4424	충남 아산시	노후경유차조기폐차지원	680,000	9	2	7	8	7	5	5	4
4425	충남 아산시	지역특화작목종자은행운영	680,000	9	4	7	8	7	5	5	4
4426	충남 아산시	건설기계저공해조치및전동화보급사업	660,000	9	2	7	8	7	5	5	4
4427	충남 아산시	시각장애인안마서비스(바우처)	606,907	9	1	7	8	7	5	5	4
4428	충남 아산시	양곡가공업체저온저장시설지원	600,000	9	6	7	8	7	1	1	1
4429	충남 아산시	경로당출입로손잡이설치지원	530,000	9	6	4	8	7	1	1	2
4430	충남 아산시	경로당테이블의자세트보급	529,000	9	6	4	8	7	1	1	2
4431	충남 아산시	아산향교유림회관개선사업	500,000	9	6	7	8	7	5	5	4
4432	충남 아산시	경로당누수보수지원	500,000	9	6	4	8	7	1	1	2
4433	충남 아산시	RPC시설장비지원사업	450,000	9	6	7	8	7	1	1	1
4434	충남 아산시	어린이집환경개선	380,000	9	1	7	8	7	5	1	2
4435	충남 아산시	음봉면산정2리경로당신축	360,000	9	1,4	7	8	7	5	5	4
4436	충남 아산시	인주면관암2리경로당신축	360,000	9	1,4	7	8	7	5	5	4
4437	충남 아산시	청년농맞춤형스마트팜지원	315,000	9	6	7	8	7	5	5	4

순번	시군구	지출명 (사업명)	2024년예산 (단위 : 천원 /1년간)	민간이전 분류 (지방자치단체 세출예산 집행기준에 의거) 1. 민간경상사업보조(307-02) 2. 민간단체 법정운영비보조(307-03) 3. 민간행사사업보조(307-04) 4. 민간위탁금(307-05) 5. 사회복지시설 법정운영비보조(307-10) 6. 민간위탁교육비(307-12) 7. 공기관등에대한경상적위탁사업비(308-13) 8. 민간자본사업보조,자체재원(402-01) 9. 민간자본사업보조,이전재원(402-02) 10. 민간위탁사업비(402-03) 11. 공기관등에 대한 자본적 위탁사업비(403-02)	민간이전지출 근거 (지방보조금 관리기준 참고) 1. 법률에 규정 2. 국고보조 재원(국가지정) 3. 용도 지정 기부금 4. 조례에 직접규정 5. 지자체가 권장하는 사업을 하는 공공기관 6. 시,도 정책 및 재정사정 7. 기타 8. 해당없음	입찰방식			운영예산 산정		성과평가 실시여부 1. 실시 2. 미실시 3. 향후 추진 4. 해당없음
						계약체결방법 (경쟁형태) 1. 일반경쟁 2. 제한경쟁 3. 지명경쟁 4. 수의계약 5. 법정위탁 6. 기타 ( ) 7. 없음	계약기간 1. 1년 2. 2년 3. 3년 4. 4년 5. 5년 6. 기타 ( )년 7. 단기계약 (1년미만) 8. 없음	낙찰자선정방법 1. 적격심사 2. 협상에의한계약 3. 최저가낙찰제 4. 규격가격분리 5. 2단계 경쟁입찰 6. 기타 ( ) 7. 없음	운영예산 산정 1. 내부산정 (지자체 자체적으로 산정) 2. 외부산정 (외부전문기관위탁 산정) 3. 내·외부 모두 산정 4. 산정 無	정산방법 1. 내부정산 (지자체 내부적으로 정산) 2. 외부정산 (외부전문기관위탁 정산) 3. 내·외부 모두 산정 4. 정산 無 5. 없음	
4438	충남 아산시	벼직파재배확대기술지원사업	252,000	9	4	7	8	7	5	5	4
4439	충남 아산시	악취저감시스템지원	250,000	9	1	7	8	7	5	5	4
4440	충남 아산시	활동보조가산급여	243,453	9	1	7	8	7	5	5	4
4441	충남 아산시	축분고속발효기(교반기)지원	240,000	9	1	7	8	7	5	5	4
4442	충남 아산시	장애인의료비지원	226,788	9	1	7	8	7	1	1	2
4443	충남 아산시	장애인직업재활시설기능보강	210,000	9	1	7	8	7	5	5	4
4444	충남 아산시	노후경유차조기폐차지원	208,880	9	2	7	8	7	5	5	4
4445	충남 아산시	운행차저공해조치및전동화사업	204,600	9	2	7	8	7	5	5	4
4446	충남 아산시	장애인직업재활시설기능보강(현안사업)	200,000	9	1	7	8	7	5	1	4
4447	충남 아산시	식량산업지역맞춤형도정시설개선지원	200,000	9	6	7	8	7	1	1	1
4448	충남 아산시	GAP위생시설보완지원사업	200,000	9	1	7	8	7	5	5	4
4449	충남 아산시	미래지향형사과과원다축재배생산시설조성시범	200,000	9	6	7	8	7	5	5	4
4450	충남 아산시	과수원예용생력화기계지원사업	200,000	9	6	7	8	7	5	5	4
4451	충남 아산시	여성농업인농작업편이장비지원	188,000	9	6	7	8	7	1	1	3
4452	충남 아산시	저탄소식량작물재배기술현장확산모델시범	170,000	9	2	7	8	7	5	5	4
4453	충남 아산시	스키드로더지원	165,000	9	1	7	8	7	5	5	4
4454	충남 아산시	어장관리선건조지원	160,000	9	1	7	8	7	5	5	4
4455	충남 아산시	신재생에너지주택지원사업	159,700	9	2	7	8	7	5	5	4
4456	충남 아산시	지역특성화공모기술지원	147,000	9	4	7	8	7	5	5	4
4457	충남 아산시	동물사체처리시설지원사업	125,000	9	1	7	8	7	5	5	4
4458	충남 아산시	개보수비지원	120,000	9	2	7	8	7	5	1	2
4459	충남 아산시	내수면양식장현대화	120,000	9	1	7	8	7	5	5	4
4460	충남 아산시	양돈농가육성사업	108,650	9	6	7	8	7	5	5	4
4461	충남 아산시	양봉농가육성지원사업(	106,500	9	4	7	8	7	5	5	4
4462	충남 아산시	인주일반산업단지근로자공동식당설치	100,000	9	4	6	8	7	1	1	4
4463	충남 아산시	송악면동화3리백학동경로당증축및리모델링	100,000	9	1,4	7	8	7	5	5	4
4464	충남 아산시	식량작물생산비절감지원(육묘장)	100,000	9	6	7	8	7	1	1	1
4465	충남 아산시	작목농가벼육묘장지원	100,000	9	6	7	8	7	1	1	1
4466	충남 아산시	공동자원화시설개보수	100,000	9	1	7	8	7	5	5	4
4467	충남 아산시	수요자참여식량작물특성화시범(2년차)	100,000	9	2	7	8	7	5	5	4
4468	충남 아산시	기후변화선제적대응을위한아열대과수도입시범	100,000	9	2	7	8	7	5	5	4
4469	충남 아산시	지역활력화작목기반조성(전환사업)	100,000	9	6	7	8	7	5	5	4
4470	충남 아산시	농산물운반기지원	90,900	9	6	7	8	7	1	1	1
4471	충남 아산시	양계농가육성지원(8종)	90,500	9	6	7	8	7	5	5	4
4472	충남 아산시	과수고품질시설현대화	90,000	9	2	7	8	7	5	5	4
4473	충남 아산시	식량작물생산비절감지원(생산장비자율)	87,500	9	6	7	8	7	1	1	1
4474	충남 아산시	농업용드론(무인항공기)지원	80,000	9	6	7	8	7	1	1	1
4475	충남 아산시	축산용기계유류보관탱크사업	80,000	9	4	7	8	7	5	5	4
4476	충남 아산시	블루베리육성수질개선관비시스템적용시범	80,000	9	6	7	8	7	5	5	4
4477	충남 아산시	원예작물생력화장비지원	75,000	9	6	7	8	7	5	5	4

순번	시군구	지출명 (사업명)	2024년예산 (단위 : 천원 /1년간)	민간이전 분류 (지방자치단체 세출예산 집행기준에 의거) 1. 민간경상사업보조(307-02) 2. 민간단체 법정운영비보조(307-03) 3. 민간행사사업보조(307-04) 4. 민간장학금(307-05) 5. 사회복지시설 법정운영비보조(307-10) 6. 민간위탁교육비(307-12) 7. 공기관등에대한경상적위탁사업비(308-13) 8. 민간자본사업보조,자체재원(402-01) 9. 민간자본사업보조,이전재원(402-02) 10. 민간위탁사업비(402-03) 11. 공기관등에 대한 자본적 위탁사업비(403-02)	민간이전지출 근거 (지방보조금 관리기준 참고) 1. 법률에 규정 2. 국고보조 재원(국가지정) 3. 용도 지정 기부금 4. 조례에 직접규정 5. 지자체가 권장하는 사업을 하는 공공기관 6. 시.도 정책 및 재정사정 7. 기타 8. 해당없음	입찰방식			운영예산 산정		성과평가 실시여부 1. 실시 2. 미실시 3. 향후 추진 4. 해당없음
						계약체결방법 (경쟁형태) 1. 일반경쟁 2. 제한경쟁 3. 지명경쟁 4. 수의계약 5. 법정위탁 6. 기타 ( ) 7. 없음	계약기간 1. 1년 2. 2년 3. 3년 4. 4년 5. 5년 6. 기타 ( )년 7. 단기계약 (1년미만) 8. 없음	낙찰자선정방법 1. 적격심사 2. 협상에의한계약 3. 최저가낙찰제 4. 규격가격분리 5. 2단계 경쟁입찰 6. 기타 ( ) 7. 없음	운영예산 산정 1. 내부산정 (지자체 자체적으로 산정) 2. 외부산정 (외부전문기관위탁 산정) 3. 내.외부 모두 산정 4. 산정 無 5. 없음	정산방법 1. 내부정산 (지자체 내부적으로 정산) 2. 외부정산 (외부전문기관위탁 정산) 3. 내.외부 모두 산정 4. 정산 無 5. 없음	
4478	충남 아산시	젖소농가무주유진공펌프지원	70,000	9	4	7	8	7	5	5	4
4479	충남 아산시	조사료생산부속장비지원	70,000	9	6	7	8	7	5	5	4
4480	충남 아산시	송악농협떡가공공장시설보수사업	70,000	9	1	7	8	7	5	5	4
4481	충남 아산시	밭작물안정생산단지육성기술지원사업	70,000	9	4	7	8	7	5	5	4
4482	충남 아산시	논타작물이모작작부체계안정생산기술지원	70,000	9	4	7	8	7	5	5	4
4483	충남 아산시	시설원예에너지이용효율화사업	68,476	9	2	7	8	7	5	5	4
4484	충남 아산시	노후어선교체지원	68,000	9	1	7	8	7	5	1	3
4485	충남 아산시	벼수매통지원사업	60,000	9	6	7	8	7	1	1	1
4486	충남 아산시	희망마을선행사업(2개마을)	60,000	9	7	7	8	7	1	1	1
4487	충남 아산시	양돈농가모돈갱신사업	58,500	9	4	7	8	7	5	5	4
4488	충남 아산시	최고품질원예작물생산기술보급(채소)	56,000	9	6	7	8	7	5	5	4
4489	충남 아산시	축산농가차단방역시설지원사업(4종)	51,200	9	4	7	8	7	5	5	4
4490	충남 아산시	젖소사육농가환경개선지원	51,000	9	4	7	8	7	5	5	4
4491	충남 아산시	원유냉각기지원사업	50,000	9	4	7	8	7	5	5	4
4492	충남 아산시	젖소농가급이기지원	50,000	9	4	7	8	7	5	5	4
4493	충남 아산시	사료배합기등지원사업	50,000	9	1	7	8	7	5	5	4
4494	충남 아산시	액비순환시스템지원	50,000	9	1	7	8	7	5	5	4
4495	충남 아산시	조사료기계장비보관시설	50,000	9	6	7	8	7	5	5	4
4496	충남 아산시	포도과수원용맞춤형다목적스마트방제기보급시범	50,000	9	2	7	8	7	5	5	4
4497	충남 아산시	충남미래형다축사과원조성기술지원사업	49,000	9	6	7	8	7	5	5	4
4498	충남 아산시	원예작물소형저온저장고설치사업	47,500	9	6	7	8	7	5	5	4
4499	충남 아산시	원예특용작물생산시설보완사업	46,666	9	6	7	8	7	5	5	4
4500	충남 아산시	내수면양식기반조성	44,000	9	1	7	8	7	5	1	3
4501	충남 아산시	착유장비현대화지원	44,000	9	4	7	8	7	5	5	4
4502	충남 아산시	경로당태양광설치사업	42,660	9	2	7	8	7	5	5	4
4503	충남 아산시	과수화상병폐원농가대체작목기술지원	42,000	9	6	7	8	7	5	5	4
4504	충남 아산시	성인장애인을위한신체재활서비스	40,000	9	1	7	8	7	5	5	4
4505	충남 아산시	내수면해적생물피해방지시설지원	40,000	9	1	7	8	7	5	5	4
4506	충남 아산시	이상기후등재해대응능력강화지원	40,000	9	6	7	8	7	5	5	4
4507	충남 아산시	양봉농가경영안정지원	37,800	9	4	7	8	7	5	5	4
4508	충남 아산시	온양민속박물관구정아트센터보수보강	35,000	9	1	7	8	7	1	1	4
4509	충남 아산시	버섯배지지원사업	35,000	9	4	7	8	7	5	5	4
4510	충남 아산시	최고품질원예작물생산기술보급(채소)	35,000	9	6	7	8	7	5	5	4
4511	충남 아산시	가정용저녹스보일러보급	33,600	9	2	7	8	7	5	5	4
4512	충남 아산시	화훼생산기반경쟁력강화사업	33,333	9	6	7	8	7	5	5	4
4513	충남 아산시	고추비가림재배시설	32,500	9	2	7	8	7	5	5	4
4514	충남 아산시	내수면양식장수질개선지원	32,000	9	1	7	8	7	5	5	4
4515	충남 아산시	장애인직업재활시설기능보강	31,550	9	1	7	8	7	5	5	4
4516	충남 아산시	시설원예에너지이용효율화사업	30,800	9	2	7	8	7	5	5	4
4517	충남 아산시	다함께돌봄센터기자재비지원	30,000	9	2	1	5	1	5	1	1

순번	시군구	지출명 (사업명)	2024년예산 (단위: 천원/1년간)	민간이전 분류 (지방자치단체 세출예산 집행기준에 의거)	민간이전지출 근거 (지방보조금 관리기준 참고)	계약체결방법 (경쟁형태)	계약기간	낙찰자선정법	운영예산 산정	정산방법	성과평가 실시여부
4518	충남 아산시	대한노인회아산시지회음향시설교체	30,000	9	1	7	8	7	5	5	4
4519	충남 아산시	어린이통학차량의LPG신차전환지원	30,000	9	2	7	8	7	5	5	4
4520	충남 아산시	건설기계저공해조치및전동화보급사업	30,000	9	2	7	8	7	5	5	4
4521	충남 아산시	건설기계저공해조치및전동화보급사업	30,000	9	2	7	8	7	5	5	4
4522	충남 아산시	지역사회서비스원맞춤형치유시설및프로그램시범(신규)	30,000	9	2	7	8	7	5	5	4
4523	충남 아산시	대단위벼직파단지시비제초장비지원	30,000	9	4	7	8	7	5	5	4
4524	충남 아산시	농기계등화장치부착지원사업	27,435	9	1	7	8	7	1	1	1
4525	충남 아산시	장애인보조기기렌탈서비스(바우처)	27,279	9	1	7	8	7	5	5	4
4526	충남 아산시	드론용비산저감AI노즐및분무장치신기술시범	25,000	9	2	7	8	7	5	5	4
4527	충남 아산시	학교급식센터시설보강지원사업	24,500	9	4	5	1	3	1	1	1
4528	충남 아산시	아산시리틀야구단지원	24,000	9	1	7	8	7	5	5	4
4529	충남 아산시	이상기상대응과수안정생산환경개선시범	21,000	9	6	7	8	7	5	5	4
4530	충남 아산시	지역브랜드쌀신품종종자채종단지시설장비지원	20,000	9	4	7	8	7	5	5	4
4531	충남 아산시	남방제성비야간경관조명개선	19,200	9	6	7	8	7	5	5	4
4532	충남 아산시	발달장애인부모상담지원사업	19,196	9	1	7	8	7	5	5	4
4533	충남 아산시	특용작물시선현대화지원(버섯,약용)	18,000	9	6	7	8	7	5	5	4
4534	충남 아산시	장기요양기관환기시설설치지원	17,184	9	1	7	8	7	1	1	4
4535	충남 아산시	젖소농가냉방기지원	16,000	9	4	7	8	7	5	5	4
4536	충남 아산시	운행차저공해조치및전동화사업	15,000	9	2	7	8	7	5	5	4
4537	충남 아산시	운행차저공해조치및전동화사업	15,000	9	2	7	8	7	5	5	4
4538	충남 아산시	대가축번식관리효율향상기술지원	14,000	9	6	7	8	7	5	5	4
4539	충남 아산시	양봉사양관리병해충방제기술보급시범	14,000	9	6	7	8	7	5	5	4
4540	충남 아산시	축산농가방역인프라지원사업	13,800	9	4	7	8	7	5	5	4
4541	충남 아산시	장애인주간보호시설기능보강	12,720	9	1	7	8	7	5	1	4
4542	충남 아산시	차열페인트지원	12,500	9	4	7	8	7	5	5	4
4543	충남 아산시	건설기계저공해조치및전동화보급사업	11,000	9	2	7	8	7	5	5	4
4544	충남 아산시	어린이집장비비지원	10,000	9	2	7	8	7	5	1	2
4545	충남 아산시	한우농가사료자동급이시설지원	10,000	9	1	7	8	7	5	5	4
4546	충남 아산시	소사육농가퇴비살포기지원	10,000	9	1	7	8	7	5	5	4
4547	충남 아산시	돼지생산성향상사업(위생매트지원)	9,680	9	6	7	8	7	5	5	4
4548	충남 아산시	한우농가환기순환팬지원	9,000	9	1	7	8	7	5	5	4
4549	충남 아산시	기후변화대응인삼약초생산자재지원사업	7,500	9	6	7	8	7	5	5	4
4550	충남 아산시	시.청각장애부모언어발달지원사업(바우처)	6,480	9	1	7	8	7	5	5	4
4551	충남 아산시	기능성음용수생산시설지원	5,000	9	1	7	8	7	5	5	4
4552	충남 아산시	IOT기반자동관리시스템지원	5,000	9	1	7	8	7	5	5	4
4553	충남 아산시	신규HACCP농가등시설장비지원	5,000	9	6	7	8	7	5	5	4
4554	충남 아산시	장애아장비비지원	4,000	9	2	7	8	7	5	1	2
4555	충남 아산시	안전농산물생산PLS현장실철시범사업	4,000	9	4	7	8	7	5	5	4
4556	충남 아산시	사료부패방지장치지원	3,500	9	1	7	8	7	5	5	4
4557	충남 아산시	한우농가카우브러쉬지원	2,000	9	1	7	8	7	5	5	4

순번	시군구	지출명 (사업명)	2024년예산 (단위: 천원/1년간)	민간이전 분류	민간이전지출 근거	계약체결방법	계약기간	낙찰자선정방법	운영예산 산정	정산방법	성과평가 실시여부
4558	충남 아산시	양봉산물품질검사비지원	2,000	9	4	7	8	7	5	5	4
4559	충남 아산시	말벌퇴치장비지원	360	9	4	7	8	7	5	5	4
4560	충남 서산시	가족농육성스마트팜지원사업	600,000	9	6	4	7	7	1	1	1
4561	충남 서산시	청년농맞춤형스마트팜보급지원사업	315,000	9	6	4	7	7	1	1	1
4562	충남 서산시	특용작물시설현대화지원(인삼)	280,000	9	2	4	7	7	1	1	1
4563	충남 서산시	화훼생산기반경쟁력강화사업	266,667	9	6	4	7	7	1	1	1
4564	충남 서산시	마늘부직포지원사업	195,000	9	4	4	7	7	1	1	1
4565	충남 서산시	원예작물생력화장비지원사업	177,500	9	6	4	7	7	1	1	1
4566	충남 서산시	원예작물소형저온저장고설치사업	147,500	9	6	4	7	7	1	1	1
4567	충남 서산시	고추비가림재배시설지원	126,250	9	4	4	7	7	1	1	1
4568	충남 서산시	원예특용작물생산시설보완사업	100,000	9	6	4	7	7	1	1	1
4569	충남 서산시	블루베리상품성향상기반조성사업	100,000	9	4	4	7	7	1	1	1
4570	충남 서산시	체리생산시설지원	100,000	9	4	4	7	7	1	1	1
4571	충남 서산시	채소류출하조절시설지원	80,000	9	2	4	7	7	1	1	1
4572	충남 서산시	신소득유망작물발굴육성지원	76,667	9	4	4	7	7	1	1	1
4573	충남 서산시	과수원예용생력화기계지원사업	70,000	9	6	4	7	7	1	1	1
4574	충남 서산시	과수명품화육성사업	55,000	9	6	4	7	7	1	1	1
4575	충남 서산시	원예작물신소재신농법영농지원사업	38,000	9	6	4	7	7	1	1	1
4576	충남 서산시	시설원예현대화품질개선사업	28,600	9	2	4	7	7	1	1	1
4577	충남 서산시	화훼류신수출전략품목육성사업	27,225	9	2	4	7	7	1	1	1
4578	충남 서산시	스마트팜ICT융복합확산사업	18,700	9	2	4	7	7	1	1	1
4579	충남 서산시	인삼약초작물소형저온저장고설치	16,500	9	4	4	7	7	1	1	1
4580	충남 서산시	시설원예에너지절감시설사업	15,400	9	2	4	7	7	1	1	1
4581	충남 서산시	이상기후등재해대응능력강화사업	15,000	9	6	4	7	7	1	1	1
4582	충남 서산시	호우피해우심지역토양개량지원	5,250	9	4	4	7	7	1	1	1
4583	충남 서산시	신재생에너지용복합지원사업	2,578,241	9	2	7	1	7	3	1	4
4584	충남 서산시	소외지역도시가스공급특별특별자원사업	2,040,000	9	6	7	1	7	3	1	4
4585	충남 서산시	도시가스공급시설설치비지원	1,461,000	9	4	7	1	7	3	1	4
4586	충남 서산시	농산물유통시설현대화지원	750,000	9	6	4	7	7	1	1	1
4587	충남 서산시	어린이집확충(국공립어린이집리모델링)	420,000	9	1	7	8	7	1	1	4
4588	충남 서산시	가축분뇨처리시설지원	330,000	9	1,4	7	8	7	5	5	4
4589	충남 서산시	도축가공역량강화지원	250,000	9	4	7	8	7	5	5	4
4590	충남 서산시	어린이집환경개선(기능보강)	248,404	9	1	7	8	7	1	1	4
4591	충남 서산시	신재생에너지주택지원사업	239,550	9	2	7	1	7	3	1	4
4592	충남 서산시	구제역예방백신전업농가지원	225,250	9	4	7	8	7	5	5	4
4593	충남 서산시	장애인직업재활시설기능보강	221,522	9	1	7	8	7	1	1	1
4594	충남 서산시	청년창업후계농육성지원	135,800	9	1,4	7	8	7	5	5	4
4595	충남 서산시	경로당태양광설치사업	106,650	9	6	7	1	7	3	1	4
4596	충남 서산시	과채류부산물한우사료화비용절감기술시범	100,000	9	1,2,4	7	8	7	5	5	4
4597	충남 서산시	스마트축사환경조절젖소열스트레스저감기술시범	100,000	9	1,2,4	7	8	7	5	5	4

구분	사업코드	사업명	2024예산액 (단위: 백만원/년)	정책적 필요성 (사업관련 계획 및 기본적 근거) 1. 법령상 권장사항(정부의 경제적 고려사항)(307-02) 2. 국가정책적 사업(법령 제정 및 국책 사업 등)(307-03) 3. 통상문제 및 기여도 4. 사회적 이슈 및 시의성(307-05) 5. 정부지원 필요성(307-10) 6. 중요정책 관련성(307-12) 7. 연구기반 구축(308-13) 8. 미래 발전 가능성(402-01) 9. 인력양성 기여도(402-02) 10. 연구개발 기여도(402-03) 11. 공공정책 기여 및 경제적 파급효과(403-02)	시급성 1. 사업의 긴급성 (정책개혁시 등) 2. 사회적 요구도 3. 국제환경 변화대응 4. 수요계층 5. 사회적 파급효과 6. 기타 () 7. 검토 8. 검토	사업효과 1. 경제성 2.2 경제 3.3 효과 4.4 효과 5.5 효과 6. 기타 () 7. 검토	지역개발 1. 지역별 2. 지역별관리 (지역지원사업 등) 3. 기금지원필요 4. 기타투자 5. 면접계수 6. 기타 7. 검토 8. 검토	민간부분 1. 관계법 2. 관련기관 (지역지원기업 등) 3. 기타 4. 관계자금 5. 검토	사업여파 1. 관계법 2. 평가자료 (실적관리 종합 등) 3. 시장처분 상황 4. 수익현 5. 소득현
총괄 사업비	4598	축산물위생관리지원	100,000	9	1,4	7	8	7	5	5	4
총괄 사업비	4599	식품안전관리인증지원(수출)	78,772	9	1,2	7	8	7	5	5	4
총괄 사업비	4600	식품안전관리안전기반지원	70,000	9	1,4	7	8	7	5	5	4
총괄 사업비	4601	이상반응관리지원(이상반응 감시)	48,000	9	1	7	8	7	1	1	4
총괄 사업비	4602	식품안전관리지원	47,500	9	1,4	7	8	7	5	5	4
총괄 사업비	4603	식품안전관리강화(위생)지원	45,000	9	1,4	7	8	7	5	5	4
총괄 사업비	4604	식품품질관리	40,000	9	6	7	7	7	1	1	4
총괄 사업비	4605	식품안전관리지원(식품안전관리인증원지원)	40,000	9	1	7	8	7	3	1	1
총괄 사업비	4606	식품안전관리지원	39,071	9	1,2	7	8	7	5	5	4
총괄 사업비	4607	가축위생관리지원	31,000	9	1,4	7	8	7	5	5	4
총괄 사업비	4608	식품수거검사	30,000	9	1,4	7	7	7	1	1	3
총괄 사업비	4609	식품안전관리인증지원	27,650	9	4	7	8	7	5	5	4
총괄 사업비	4610	식품안전관리지원	25,000	9	1,4	7	8	7	5	5	4
총괄 사업비	4611	식품안전관리지원	22,777	9	1,2	7	8	7	5	5	4
총괄 사업비	4612	식품안전관리인증지원	19,800	9	4	7	8	7	5	5	4
총괄 사업비	4613	정보운영지원 및 관리운영	19,600	9	1	7	8	7	5	1	1
총괄 사업비	4614	식품안전관리위해요소분석지원	18,000	9	6	7	1	7	3	1	4
총괄 사업비	4615	식품안전관리지원	18,000	9	4	7	8	7	5	5	4
총괄 사업비	4616	식품안전관리위해요소분석지원	17,500	9	1,4	7	8	7	5	5	4
총괄 사업비	4617	식품위생관리지원	17,184	9	2	7	8	7	3	1	4
총괄 사업비	4618	식품안전관리지원	15,900	9	1,4	7	8	7	5	5	4
총괄 사업비	4619	식품관리지원	14,900	9	1,2	7	8	7	5	5	4
총괄 사업비	4620	식품관리지원	14,560	9	1,2	7	8	7	5	5	4
총괄 사업비	4621	식품안전관리위해요소분석지원	14,000	9	1,4	7	8	7	5	5	4
총괄 사업비	4622	식품안전관리지원	12,500	9	4	7	8	7	5	5	4
총괄 사업비	4623	식품관리지원	12,400	9	1,2	7	8	7	5	5	4
총괄 사업비	4624	식품관리지원	10,500	9	1,4	7	8	7	5	5	4
총괄 사업비	4625	식품관리지원	10,000	9	1,4	7	8	7	5	5	4
총괄 사업비	4626	식품안전관리지원	10,000	9	1,4	7	8	7	5	5	4
총괄 사업비	4627	식품관리지원	10,000	9	1,4	7	8	7	5	5	4
총괄 사업비	4628	식품안전관리지원	10,000	9	1,4	7	8	7	5	5	4
총괄 사업비	4629	축산물안전관리지원	9,000	9	6	7	8	7	1	1	2
총괄 사업비	4630	이상반응관리지원(감시)	8,750	9	2	7	8	7	1	1	4
총괄 사업비	4631	식품관리지원	8,000	9	1,4	7	8	7	5	5	4
총괄 사업비	4632	식품관리지원	6,000	9	1,4	7	8	7	5	5	4
총괄 사업비	4633	가축위생관리지원	5,000	9	1,4	7	8	7	5	5	4
총괄 사업비	4634	식품검역지원	5,000	9	1,4	7	8	7	5	5	4
총괄 사업비	4635	식품HACCP지원	5,000	9	4	7	8	7	5	5	4
총괄 사업비	4636	식품안전관리지원	3,750	9	1,4	7	8	7	5	5	4
총괄 사업비	4637	식품안전관리지원	3,500	9	1,4	7	8	7	5	5	4

순번	시군구	지출명 (사업명)	2024년예산 (단위: 천원/1년간)	민간이전 분류	민간이전지출 근거	계약체결방법 (경쟁형태)	계약기간	낙찰자선정방법	운영예산 산정	정산방법	성과평가 실시여부
4638	충남 서산시	염소농가운반용전동카지원	3,500	9	1,4	7	8	7	5	5	4
4639	충남 서산시	사슴농가전동차량지원	3,000	9	1,4	7	8	7	5	5	4
4640	충남 서산시	염소농가자동보온급수기지원	1,250	9	1,4	7	8	7	5	5	4
4641	충남 논산시	강경도시가스보급사업	9,800,000	9	4	7	8	7	1	1	4
4642	충남 논산시	도시가스공급시설설치비지원사업	556,670	9	4	7	8	7	1	1	4
4643	충남 논산시	논산관축사공양간보수	280,000	9	2	7	8	7	5	5	4
4644	충남 논산시	전통사찰보수정비사업	160,000	9	2	7	8	7	5	5	4
4645	충남 논산시	어린이집기능보강	102,000	9	2	4	1	1	3	1	4
4646	충남 논산시	학교급식지원센터설립및시설보강지원사업(전환사업)	100,000	9	2	7	8	7	5	1	1
4647	충남 논산시	어르신복지시설기능보강사업	50,762	9	2	7	8	7	4	1	4
4648	충남 논산시	장기요양기관휠시설설치지원	34,368	9	2	7	8	7	4	1	4
4649	충남 논산시	장기요양기관입소자목욕휠체어지원	30,000	9	6	7	8	7	4	1	4
4650	충남 논산시	청소년복지시설기능보강지원	8,676	9	2	7	8	7	5	1	4
4651	충남 계룡시	도시가스확대공급사업	220,000	9	1	7	8	7	1	1	4
4652	충남 계룡시	어린이집환경개선지원	200,000	9	6	7	8	7	1	1	4
4653	충남 계룡시	신재생에너지주택지원사업(국비직접지급사업)	60,840	9	2	7	8	7	1	1	4
4654	충남 계룡시	경로당기능보강사업	50,000	9	6	7	8	7	1	1	4
4655	충남 계룡시	어린이집기능보강	36,000	9	1	7	8	7	1	1	4
4656	충남 계룡시	자율방범대초소기능보강	30,000	9	1,4	7	8	7	1	1	1
4657	충남 당진시	솔뫼성지김대건신부성상건립	1,100,000	9	4	7	7	7	1	1	1
4658	충남 당진시	공자립형융복합단지조성	1,000,000	9	2	7	8	7	5	5	4
4659	충남 당진시	도시가스공급시설설치비지원사업(자원)	900,000	9	4	7	8	7	5	5	4
4660	충남 당진시	국공립어린이집확충1개소	630,000	9	2	2	1	7	1	1	4
4661	충남 당진시	당진영탑사금동비로자나불삼존좌상보호각건립공사	500,000	9	4	7	7	7	1	1	1
4662	충남 당진시	악취저감시스템지원(축산악취개선시설)	400,000	9	6	7	8	7	5	5	4
4663	충남 당진시	신재생에너지주택지원사업(자원)	319,400	9	2	7	8	7	1	1	4
4664	충남 당진시	스키드로더지원(가축분뇨처리시설)	315,000	9	6	7	8	7	5	5	4
4665	충남 당진시	벼직파재배확대기술지원사업	315,000	9	6	7	8	7	5	5	4
4666	충남 당진시	소규모사업장방지시설설치지원사업	270,000	9	2	7	8	7	5	5	4
4667	충남 당진시	적조피해예방(가두리시설현대화)사업	252,000	9	1	7	8	7	1	1	4
4668	충남 당진시	친환경순환여과식(RAS)양식시스템조성	240,000	9	1	7	8	7	1	1	4
4669	충남 당진시	양돈농가육성지원(양돈농가육성지원)	226,500	9	6	7	8	7	5	5	4
4670	충남 당진시	양식장친환경에너지보급	200,000	9	2	7	8	7	1	1	4
4671	충남 당진시	내수면양식장현대화	200,000	9	1	7	8	7	1	1	4
4672	충남 당진시	가축분뇨처리및탈취시설개보수지원(가축분뇨처리시설)	200,000	9	6	7	8	7	5	5	4
4673	충남 당진시	쌈채수경재배기반조성시범	200,000	9	6	7	8	7	5	5	4
4674	충남 당진시	ICT융합양질조사료생산단지조성시범	200,000	9	2	7	8	7	5	5	4
4675	충남 당진시	꿀벌자원육성품종증식보급시범	200,000	9	2	7	8	7	5	5	4
4676	충남 당진시	퇴비화기계장비지원(가축분뇨처리시설)	180,000	9	6	7	8	7	5	5	4
4677	충남 당진시	조사료경영체장비지원	180,000	9	1	7	8	7	5	5	4

연번	품목명(규격)	2024년단가(단위: 원/1인당)							
4678	장애인자립생활지원및권익증진지원사	180,000	9	5	7	7	7	1	1	1
4679	시설인프라운영지원지원사업	170,000	9	6	7	8	7	5	5	4
4680	장애물없는생활환경조성지원	167,500	9	4	7	8	7	1	1	4
4681	기타발달장애인평생교육지원사업지원	160,000	9	5	7	8	7	5	5	4
4682	주거및자립생활기반조성지원사업	150,000	9	5	7	8	7	5	5	4
4683	경사로설치사업	147,000	9	6	7	8	7	5	5	4
4684	수어통역센터운영지원지원사업	139,200	9	6	4	6	7	1	1	4
4685	장애인자립지원사업	135,800	9	6	7	8	7	5	5	4
4686	장애인의날행사	121,692	9	5	4	7	7	1	1	4
4687	(주52시간)이동통신지원사업	118,800	9	7	7	8	7	5	5	4
4688	이동편의지원사업	106,191	9	7	7	8	7	5	5	4
4689	(주52시간)발달장애인평생교육지원사업	105,400	9	7	7	8	7	5	5	4
4690	장애물없는생활환경조성	101,914	9	5	7	8	7	5	5	4
4691	예비창업자지원(중소기업체지원사업)	100,000	9	6	7	8	7	5	5	4
4692	장애인시설사업지원	100,000	9	1	7	8	7	5	5	4
4693	비정규직및발달장애인지역사회사업	100,000	9	5	7	8	7	5	5	4
4694	(월25일)이동통신지원사업	94,900	9	7	7	8	7	5	5	4
4695	(월25일)이동통신지원사업	92,900	9	7	7	8	7	5	5	4
4696	(주52시간)발달장애인평생교육지원사	88,800	9	7	7	8	7	5	5	4
4697	저소득취약계층지원사업(중소기업체지원)	88,000	9	1	7	8	7	5	5	4
4698	장애인수어통역사지원사업	84,200	9	1	7	8	7	5	5	4
4699	이동통신지원사업(월25일)	82,100	9	7	7	8	7	5	5	4
4700	이동통신지원사업(월25일)	80,800	9	7	7	8	7	5	5	4
4701	장애인등복지기반강화지원사업	80,000	9	5	7	8	7	5	5	4
4702	이동통신지원사업(주25일)	77,600	9	7	7	8	7	5	5	4
4703	이동통신지원사업(주25일)	76,400	9	7	7	8	7	5	5	4
4704	이동통신지원사업(주25일)	75,900	9	7	7	8	7	5	5	4
4705	이동통신지원사업(월25일)	73,300	9	7	7	8	7	5	5	4
4706	장애인자립지원사업	70,000	9	1	7	8	7	1	1	4
4707	저소득취약계층지원사업(중소기업체지원)	70,000	9	1	7	8	7	5	5	4
4708	주거와취약계층자립지원및장애인지원사업	70,000	9	5	7	8	7	5	5	4
4709	시민참여와장애인자립지원및장애인지원사업	68,670	9	6	7	8	7	5	5	4
4710	장애인시설지원사업	63,270	9	1	7	8	7	1	1	4
4711	복지및취약계층사회적응지원사업	63,000	9	6	7	8	7	5	5	4
4712	가정위문및장애인자립지원사업	63,000	9	5	7	8	7	5	5	4
4713	이동통신지원사업(주25일)	61,900	9	7	7	8	7	5	5	4
4714	이동통신지원사업(주25일)	60,000	9	7	7	8	7	5	5	4
4715	저소득취약계층지원사업(중소기업체지원)	60,000	9	7	7	8	7	5	5	4
4716	복지및이동통신지원사업	59,500	9	7	7	8	7	5	5	4
4717	장애인지원사업	58,109	9	1	7	8	7	1	1	4

순번	시군구	지출명 (사업명)	2024년예산 (단위 : 천원 /1년간)	민간이전 분류 (지방자치단체 세출예산 집행기준에 의거) 1. 민간경상사업보조(307-02) 2. 민간단체 법정운영비보조(307-03) 3. 민간행사사업보조(307-04) 4. 민간위탁금(307-05) 5. 사회복지시설 법정운영비보조(307-10) 6. 민간인위탁교육비(307-12) 7. 공기관등에대한경상적위탁사업비(308-13) 8. 민간자본사업보조,자체재원(402-01) 9. 민간자본사업보조,이전재원(402-02) 10. 민간위탁사업비(402-03) 11. 공기관등에 대한 자본적 위탁사업비(403-02)	민간이전지출 근거 (지방보조금 관리기준 참고) 1. 법률에 규정 2. 국고보조 재원(국가지정) 3. 용도 지정 기부금 4. 조례에 직접규정 5. 지자체가 권장하는 사업을 하는 공공기관 6. 시,도 정책 및 재정사정 7. 기타 8. 해당없음	입찰방식 계약체결방법 (경쟁형태) 1. 일반경쟁 2. 제한경쟁 3. 지명경쟁 4. 수의계약 5. 법정위탁 6. 기타( ) 7. 없음	계약기간 1. 1년 2. 2년 3. 3년 4. 4년 5. 5년 6. 기타( )년 7. 단기계약 (1년미만) 8. 없음	낙찰자선정방법 1. 적격심사 2. 협상에의한계약 3. 최저가낙찰제 4. 규격가격분리 5. 2단계 경쟁입찰 6. 기타( ) 7. 없음	운영예산 산정 1. 내부산정 (지자체 자체적으로 산정) 2. 외부산정 (외부전문기관위탁 산정) 3. 내·외부 모두 산정 4. 산정 無 5. 없음	정산방법 1. 내부정산 (지자체 내부적으로 정산) 2. 외부정산 (외부전문기관위탁 정산) 3. 내·외부 모두 산정 4. 정산 無 5. 없음	성과평가 실시여부 1. 실시 2. 미실시 3. 향후 추진 4. 해당없음
4718	충남 당진시	경로당태양광설치지원사업	56,880	9	7	1	1	6	2	1	4
4719	충남 당진시	내수면노후어선및기관대체	56,000	9	1	7	8	7	1	1	4
4720	충남 당진시	시설채소양액재배확대기술지원사업	56,000	9	6	7	8	7	5	5	4
4721	충남 당진시	내수면양식장기반시설	51,600	9	1	7	8	7	1	1	4
4722	충남 당진시	패류어장자원조성	50,000	9	1	7	8	7	1	1	4
4723	충남 당진시	사료배합기등지원	50,000	9	1	7	8	7	5	5	4
4724	충남 당진시	송악읍도계장악취저감사업	50,000	9	6	7	8	7	5	5	4
4725	충남 당진시	(통정2리)마을공동농지매입	49,800	9	7	7	8	7	5	5	4
4726	충남 당진시	충남미래형다축사과원조성기술지원	49,000	9	1	7	8	7	5	5	4
4727	충남 당진시	(초락도1리)마을공동농지매입	44,500	9	7	7	8	7	5	5	4
4728	충남 당진시	축산농가CCTV등방역인프라지원	42,000	9	2	7	8	7	5	5	4
4729	충남 당진시	(장고항1리)마을공동농재매입	41,900	9	7	7	8	7	5	5	4
4730	충남 당진시	(장고항3리)마을 민박리모델링공사	41,875	9	7	7	8	7	5	5	4
4731	충남 당진시	(한진1리)마을공공시설개보수공사	40,500	9	7	7	8	7	5	5	4
4732	충남 당진시	해삼서식환경조성	40,000	9	1	7	8	7	1	1	4
4733	충남 당진시	충남오감통합구매지원	40,000	9	4	7	8	7	1	1	4
4734	충남 당진시	퇴비살포기지원(가축분뇨처리시설)	40,000	9	6	7	8	7	5	5	4
4735	충남 당진시	(한진2리)마을공공시설조성	35,200	9	7	7	8	7	5	5	4
4736	충남 당진시	(중흥리)마을회관비품구입	34,600	9	7	7	8	7	5	5	4
4737	충남 당진시	(부곡2리)마을회관개보수공사	34,000	9	7	7	8	7	5	5	4
4738	충남 당진시	가두리양식장시설기자재및약품지원	30,910	9	1	7	8	7	1	1	4
4739	충남 당진시	(복운1리)태양광가로등설치	30,700	9	7	7	8	7	5	5	4
4740	충남 당진시	어장환경개선	30,000	9	1	7	8	7	1	1	4
4741	충남 당진시	무주유진공펌프지원(낙농시설현대화)	30,000	9	1	7	8	7	5	5	4
4742	충남 당진시	(장고항1리)마을공동농재매입	29,318	9	7	7	8	7	5	5	4
4743	충남 당진시	인증부표보급지원	28,000	9	2	7	8	7	1	1	4
4744	충남 당진시	과수화상병폐원농가대체작목기술지원	28,000	9	6	7	8	7	5	5	4
4745	충남 당진시	(고대1리)마을공공시설조성	26,800	9	7	7	8	7	5	5	4
4746	충남 당진시	(복운3리)마을회관비품구입	26,800	9	7	7	8	7	5	5	4
4747	충남 당진시	(장고항3리)마을민박리모델링공사	23,300	9	7	7	8	7	5	5	4
4748	충남 당진시	(고대2리)마을공공시설조성	22,000	9	7	7	8	7	5	5	4
4749	충남 당진시	양돈농가제빙기지원(양돈농가육성지원)	22,000	9	1	7	8	7	5	5	4
4750	충남 당진시	굴친환경시설지원	21,500	9	1	7	8	7	1	1	4
4751	충남 당진시	양념채소차압식건조장치기술지원사업	21,000	9	6	7	8	7	5	5	4
4752	충남 당진시	이상기상대응과수안정생산환경개선기술지원사업	21,000	9	6	7	8	7	5	5	4
4753	충남 당진시	친환경에너지절감장비보급	20,000	9	2	7	8	7	1	1	4
4754	충남 당진시	민간정원지원사업	20,000	9	6	7	8	7	5	5	4
4755	충남 당진시	원유냉각기지원(낙농시설현대화)	20,000	9	1	7	8	7	5	5	4
4756	충남 당진시	시설토경관개자동제어시스템보급시범	20,000	9	2	7	8	7	5	5	4
4757	충남 당진시	축종별맞춤형미네랄블록가축생산성향상시범	20,000	9	2	7	8	7	5	5	4

연번	시설구분	시설명	정원(명) 2024년예산 (천원/1년분)	평가지표 별 등급							평가등 급
				법인의 책무 및 안정성 (사업계획 관련 법령의 적합 여부 등)	시설 및 환경 (화재안전 1.간편조사기준(307-02) 2.건축물의 구조 내력(307-03) 3.승강기안전관리(307-04) 4.소방시설(도로접근성등)(307-05) 5.시설의안전성(307-10) 6.안전설비(307-12) 7.종사자안전교육및안전관리(308-13) 8.관리자의안전교육실시(402-01) 9.관리자의화재교육실시(402-02) 10.관리자의성교육(402-03) 11.장기요양기관대응재난대비교육실시(403-02)	재정 및 운영 1.법인운영 (운영규정 등) 2.세입관리 3.지출관리 4.수입비관리 5.결산관리 6.기타 ( ) 7.정원	인력관리 1.인사 2.급여 3.복리후생 4.직원교육 5.직원훈련 6.기타 ( ) 7.정원 8.결원 (대체인력)	이용자의 권리 1.생활관리 2.상담지원 3.행사참여 4.서비스 5.이용자의 6.기타 ( ) 7.정원 8.결원	지역사회 연계 1.법인과의 연계 2.지역자원의 연계 3.비수급자 연계 4.결원 5.정원	운영 및 성과 1.법인운영 2.사업성과 (실적에 의한 증감) 3.이용자만족도 4.결원	
4758	장애인 장기	사설장애인수급지원시설	20,000	9	4	7	8	7	1	1	4
4759	장애인 장기	(가지2종)사설장애인시설	18,443	9	7	7	8	7	5	5	4
4760	장애인 장기	지지회사장애인주간보호시설	18,000	9`	4	7	8	7	1	1	4
4761	장애인 장기	장애인형태이주거복지치매요양서비스산업	17,500	9	6	7	8	시장	5	5	4
4762	장애인 장기	(개인1종)사설장애인시설주간	17,200	9	7	7	8	7	5	5	4
4763	장애인 장기	지지시설장애인주간시설	16,078	9	7	7	8	이사자	5	5	4
4764	장애인 장기	(고지2종)사설장애인시설주간	15,900	9	7	7	8	7	5	5	4
4765	장애인 장기	시설장애인시설주간서지스	15,600	9	7	7	8	7	5	5	4
4766	장애인 장기	대성시설장애인주간서비스	15,600	9	7	7	8	시장	5	5	4
4767	장애인 장기	장애인주간수형시설	15,367	9	7	7	8	7	5	5	4
4768	장애인 장기	(굿지2시)사설장애인주거생활재여자서비스	15,000	9	7	7	8	시장	5	5	4
4769	장애인 장기	이코시장(유수시설원)	15,000	9	1	7	8	이지시장	5	5	4
4770	장애인 장기	(유수1지)지역장애인시설	14,800	9	7	7	8	7	5	5	4
4771	장애인 장기	사설장애인수급지원	14,300	9	7	7	8	7	5	5	4
4772	장애인 장기	지지시설장애인주간서지스	14,300	9	7	7	8	7	5	5	4
4773	장애인 장기	지지시설장애인시설재여자서비스	14,300	9	7	7	8	7	5	5	4
4774	장애인 장기	시지장애인재여자가여서시지사설	14,000	9	4	7	8	7	5	5	4
4775	장애인 장기	장애인시설조성장애인재여자가여시지사시설	14,000	9	6	7	8	7	5	5	4
4776	장애인 장기	사설장애인시설주간	12,400	9	7	7	8	7	5	5	4
4777	장애인 장기	사성시장애인수급지원	11,300	9	7	7	8	7	5	5	4
4778	장애인 장기	시지장애인CCTV설치수준	10,900	9	7	7	8	CCTV설치	5	5	4
4779	장애인 장기	(가지1시)사설장애인주거생활복지생활	10,900	9	7	7	8	7	5	5	4
4780	장애인 장기	(가지2시)사설장애인시설주간	10,900	9	7	7	8	7	5	5	4
4781	장애인 장기	(유수1종)사설장애인시설주간	10,900	9	7	7	8	7	5	5	4
4782	장애인 장기	(유수2종)사설장애인시설주간	10,900	9	7	7	8	7	5	5	4
4783	장애인 장기	사설장애인시설주간가수성	10,900	9	7	7	8	7	5	5	4
4784	장애인 장기	사설장애인시설주간	10,900	9	7	7	8	7	5	5	4
4785	장애인 장기	수도비시장애인시설주간	10,900	9	7	7	8	7	5	5	4
4786	장애인 장기	(가지1종)이사설장애인주간시설	10,716	9	1	7	8	7	5	5	4
4787	장애인 장기	이사장애인시설사성사설	10,000	9	1	7	8	7	5	5	4
4788	장애인 장기	사설HACCP운송기장애인시설주간	10,000	9	1	7	8	7	5	5	4
4789	장애인 장기	(도유2시)사설시설장애인주간지원지시설	9,600	9	7	7	8	7	5	5	4
4790	장애인 장기	지지시설장애인주간개호	9,600	9	1	7	8	7	1	1	4
4791	장애인 장기	(유수시)사설장애인주간연합	9,444	9	7	7	8	7	5	5	4
4792	장애인 장기	(유수1시)사설장애인시설주간	9,400	9	7	7	8	7	5	5	4
4793	장애인 장기	성기관장인장애인지원	7,280	9	2	7	8	7	5	5	3
4794	장애인 장기	사설장애인시설주간수성사설	6,900	9	7	7	8	7	5	5	4
4795	장애인 장기	이사설장애인수급지원원지원	6,400	9	2	7	8	7	1	1	4
4796	장애인 장기	이사설장애인시설주간	6,300	9	7	7	8	7	5	5	4
4797	장애인 장기	(고지1시)이사설장애인시설주간	6,100	9	7	7	8	7	5	5	4

순번	시군구	지출명 (사업명)	2024년예산 (단위 : 천원 /1년간)	민간이전 분류 (지방자치단체 세출예산 집행기준에 의거) 1. 민간경상사업보조(307-02) 2. 민간단체 법정운영비보조(307-03) 3. 민간행사사업보조(307-04) 4. 민간위탁금(307-05) 5. 사회복지시설 법정운영비보조(307-10) 6. 민간인위탁교육비(307-12) 7. 공기관등에대한경상적위탁사업비(308-13) 8. 민간자본사업보조,자체재원(402-01) 9. 민간자본사업보조,이전재원(402-02) 10. 민간위탁사업비(402-03) 11. 공기관등에 대한 자본적 위탁사업비(403-02)	민간이전지출 근거 (지방보조금 관리기준 참고) 1. 법률에 규정 2. 국고보조 재원(국가지정) 3. 용도 지정 기부금 4. 조례에 직접규정 5. 지자체가 권장하는 사업을 하는 공공기관 6. 시,도 정책 및 재정사정 7. 기타 8. 해당없음	입찰방식 계약체결방법 (경쟁형태) 1. 일반경쟁 2. 제한경쟁 3. 지명경쟁 4. 수의계약 5. 법정위탁 6. 기타 ( ) 7. 없음	계약기간 1. 1년 2. 2년 3. 3년 4. 4년 5. 5년 6. 기타 ( )년 7. 단기계약 (1년미만) 8. 없음	낙찰자선정방법 1. 적격심사 2. 협상에의한계약 3. 최저가낙찰제 4. 규격가격분리 5. 2단계 경쟁입찰 6. 기타 ( ) 7. 없음	운영예산 산정 1. 내부산정 (지자체 자체적으로 산정) 2. 외부산정 (외부전문기관위탁 산정) 3. 내·외부 모두 산정 4. 산정 無 5. 없음	정산방법 1. 내부정산 (지자체 내부적으로 정산) 2. 외부정산 (외부전문기관위탁 정산) 3. 내·외부 모두 산정 4. 정산 無 5. 없음	성과평가 실시여부 1. 실시 2. 미실시 3. 향후 추진 4. 해당없음
4798	충남 당진시	수출용포장재지원	6,000	9	4	7	8	7	1	1	4
4799	충남 당진시	농산물비관세장벽해소지원	6,000	9	4	7	8	7	1	1	4
4800	충남 당진시	사료부패방지장치지원	6,000	9	1	7	8	7	5	5	4
4801	충남 당진시	(한진2리)마을공공시설조성	5,800	9	7	7	8	7	5	5	4
4802	충남 당진시	한우농가기능성음용수생산시설지원(한우생산성향상)	5,000	9	1	7	8	7	5	5	4
4803	충남 당진시	IOT기반자동관리시스템지원(한우생산성향상)	5,000	9	1	7	8	7	5	5	4
4804	충남 당진시	냉방기지원(낙농시설현대화)	4,000	9	1	7	8	7	5	5	4
4805	충남 당진시	(전대1리)마을공공시설조성	3,700	9	7	7	8	7	5	5	4
4806	충남 당진시	한우농가환기순환팬지원(한우생산성향상)	3,500	9	1	7	8	7	5	5	4
4807	충남 당진시	(삼화1리)마을회관집기구입	3,283	9	7	7	8	7	5	5	4
4808	충남 당진시	(장고항1리)마을공동농자재매입	2,498	9	7	7	8	7	5	5	4
4809	충남 당진시	임산물유통기반조성	2,431	9	2	7	8	7	5	5	4
4810	충남 당진시	(매산1리)마을회관개보수공사	2,200	9	7	7	8	7	5	5	4
4811	충남 당진시	친환경임산물재배관리	1,441	9	2	7	8	7	5	5	4
4812	충남 당진시	말벌퇴치장비지원사업	300	9	1	7	8	7	5	5	4
4813	충남 금산군	잎들깨양액재배기술고도화지원사업	1,000,000	9	6	7	8	7	5	5	4
4814	충남 금산군	LPG소형저장탱크보급사업	360,000	9	6	7	8	7	5	5	4
4815	충남 금산군	경로당입식생활지원사업	300,000	9	6	7	8	7	1	1	4
4816	충남 금산군	경로당기능보강사업(리모델링,개보수)	280,000	9	6	7	8	7	1	1	4
4817	충남 금산군	신재생에너지주택지원사업	255,520	9	6	7	8	7	5	5	4
4818	충남 금산군	도시가스공급시설설치비	200,000	9	6	7	8	7	5	5	4
4819	충남 금산군	품목별데이터기반생산모델보급	200,000	9	6	7	8	7	5	5	4
4820	충남 금산군	임산물생산단지규모화	110,713	9	2	7	8	7	5	5	4
4821	충남 금산군	지황국내육성품종보급시범	100,000	9	2	7	8	7	5	5	4
4822	충남 금산군	기후변화대응다목적햇빛차단망보급시범	100,000	9	2	7	8	7	5	5	4
4823	충남 금산군	소상공인경영환경개선지원사업	80,000	9	6	7	8	7	5	5	4
4824	충남 금산군	경로당태양광설치지원사업	71,100	9	6	7	8	7	5	5	4
4825	충남 금산군	농식품체험키트상품화기술시범	70,000	9	2	7	8	7	5	5	4
4826	충남 금산군	지역축산기술활성화공모기술지원사업	70,000	9	6	7	8	7	5	5	4
4827	충남 금산군	석재산업환경피해저감사업	56,000	9	2	7	8	7	5	5	4
4828	충남 금산군	기계화를통한통한발작물작부체계안정화및생산성향상	50,000	9	5	7	8	7	5	5	4
4829	충남 금산군	스마트팜을활용한연중프리미엄약초쌈채소생산	50,000	9	5	7	8	7	5	5	4
4830	충남 금산군	작목별맞춤형안전관리실천시범	50,000	9	2	7	8	7	5	5	4
4831	충남 금산군	농촌어르신복지생활실천시범사업	50,000	9	6	7	8	7	5	5	4
4832	충남 금산군	충남미래형다축사과원조성기술지원사업	49,000	9	2	7	8	7	5	5	4
4833	충남 금산군	딸기농업기술명인기술보급시범사업	49,000	9	6	7	8	7	5	5	4
4834	충남 금산군	경로당농약취제거시범사업	45,000	9	6	7	8	7	1	1	4
4835	충남 금산군	스마트딸기와딸기체험농장의만남	45,000	9	5	7	8	7	5	5	4
4836	충남 금산군	벼직파재배확대기술지원	42,000	9	6	7	8	7	5	5	4
4837	충남 금산군	친환경목재생산	35,200	9	6	7	8	7	5	5	4

| 순번 | 시군구 | 지출명
(사업명) | 2024년예산
(단위 : 천원 /1년간) | 민간이전 분류
(지방자치단체 세출예산 집행기준에 의거)

1. 민간경상사업보조(307-02)
2. 민간단체 법정운영비보조(307-03)
3. 민간행사사업보조(307-04)
4. 민간위탁금(307-05)
5. 사회복지시설 법정운영비보조(307-10)
6. 민간위탁교육비(307-12)
7. 공기관등에대한경상적위탁사업비(308-13)
8. 민간자본사업보조,자체재원(402-01)
9. 민간자본사업보조,이전재원(402-02)
10. 민간위탁사업비(402-03)
11. 공기관에 대한 자본적 위탁사업비(403-02) | 민간이전지출 근거
(지방보조금 관리기준 참고)

1. 법률에 규정
2. 국고보조 재원(국가지정)
3. 용도 지정 기부금
4. 조례에 직접규정
5. 지자체가 권장하는 사업을
하는 공공기관
6. 시,도 정책 및 재정사정
7. 기타
8. 해당없음 | 입찰방식 | | | 운영예산 산정 | | 성과평가
실시여부 |
						계약체결방법 (경쟁형태) 1. 일반경쟁 2. 제한경쟁 3. 지명경쟁 4. 수의계약 5. 법정위탁 6. 기타 ( ) 7. 없음	계약기간 1. 1년 2. 2년 3. 3년 4. 4년 5. 5년 6. 기타 ( )년 7. 단기계약 (1년미만) 8. 없음	낙찰자선정방법 1. 적격심사 2. 협상에의한계약 3. 최저가낙찰제 4. 규격가격분리 5. 2단계 경쟁입찰 6. 기타 ( ) 7. 없음	운영예산 산정 1. 내부산정 (지자체 자체적으로 산정) 2. 외부산정 (외부전문기관위탁 산정) 3. 내·외부 모두 산정 4. 산정 無 5. 없음	정산방법 1. 내부정산 (지자체 내부적으로 정산) 2. 외부정산 (외부전문기관위탁 정산) 3. 내·외부 모두 산정 4. 정산 無 5. 없음	1. 실시 3. 미실시 3. 향후 추진 4. 해당없음
4838	충남 금산군	농업,농촌자원활용치유농장육성지원	35,000	9	6	7	8	7	5	5	4
4839	충남 금산군	어린이집기능보강사업(균특)	30,000	9	2	7	8	7	1	1	1
4840	충남 금산군	농업활동안전사고예방생활화시범사업	30,000	9	6	7	8	7	5	5	4
4841	충남 금산군	드론용비산저감AI노즐및분무장치신기술시범	25,000	9	2	7	8	7	5	5	4
4842	충남 금산군	이상기상대응과수안정생산환경개선기술지원	21,000	9	6	7	8	7	5	5	4
4843	충남 금산군	논온실가스감축을위한물관리와완효성비료복합기술시범	20,000	9	2	7	8	7	5	5	4
4844	충남 금산군	축사깔짚개선및퇴비부숙도향상기술보급시범	17,500	9	6	7	8	7	5	5	4
4845	충남 금산군	장기요양기관환기시설설치비	17,184	9	2	7	8	7	1	1	4
4846	충남 금산군	발전소주변지역지원사업	14,800	9	2	7	8	7	5	5	4
4847	충남 금산군	청년농업인인큐베이팅기술지원사업	14,000	9	5	7	8	7	5	5	4
4848	충남 금산군	대가축번식관리효율향상기술지원사업	14,000	9	6	7	8	7	5	5	4
4849	충남 금산군	농촌관광서비스유형별농가육성	14,000	9	5	7	8	7	5	5	4
4850	충남 금산군	주택용펠릿보일러지원사업	7,280	9	2	7	8	7	1	1	4
4851	충남 금산군	주민편의및사회복지용펠릿보일러(난방기)지원사업	5,200	9	2	7	8	7	1	1	4
4852	충남 금산군	임산물생산기반조성	2,845	9	2	7	8	7	1	1	4
4853	충남 금산군	친환경임산물재배관리	1,300	9	2	7	8	7	1	1	4
4854	충남 부여군	전기자동차보급사업(화물)	3,560,000	9	2	7	8	7	5	5	4
4855	충남 부여군	임산물생산기반조성	2,907,431	9	2	7	8	7	1	1	2
4856	충남 부여군	산림작물생산단지조성(소액)	1,499,949	9	2	7	8	7	1	1	2
4857	충남 부여군	전기자동차보급사업(승용)	1,353,000	9	2	7	8	7	5	5	4
4858	충남 부여군	임산물유통기반조성지원사업	1,153,604	9	2	7	8	7	1	1	2
4859	충남 부여군	조림지풀베기민간위탁사업	1,120,978	9	1	5	1	7	1	3	1
4860	충남 부여군	쌀가루지역자립형생산소비모델	900,000	9	6	7	8	7	5	5	4
4861	충남 부여군	남면분회경로당신축공사	800,000	9	6	7	8	7	5	5	4
4862	충남 부여군	장암면분회경로당신축공사	800,000	9	6	7	8	7	5	5	4
4863	충남 부여군	은산면분회경로당신축공사	700,000	9	6	7	8	7	5	5	4
4864	충남 부여군	주요임산물경쟁력강화및육성지원(지역밀착현안)	700,000	9	4	7	8	7	1	1	2
4865	충남 부여군	밤부산물활용한한우사료화기술지원촉진사업	600,000	9	6	7	8	7	5	5	4
4866	충남 부여군	도시가스확대공급사업	559,720	9	1	6	1	6	1	3	4
4867	충남 부여군	임산물상품화사업	508,550	9	2	7	8	7	1	1	2
4868	충남 부여군	꿀벌및화분매개별스마트사육시설기술시범	400,000	9	2	7	8	7	5	5	4
4869	충남 부여군	건설기계엔진교체	396,000	9	2	7	8	7	5	5	4
4870	충남 부여군	조림지풀베기사업민간자본보조(이전재원)	385,848	9	1	7	8	7	1	1	2
4871	충남 부여군	농산물유통시설현대화지원	372,092	9	6	7	8	7	5	5	4
4872	충남 부여군	경로당기능보강사업	300,000	9	6	7	8	7	5	5	4
4873	충남 부여군	악취저감시스템지원	300,000	9	1	7	8	7	1	1	1
4874	충남 부여군	친환경밤생산육성지원	280,000	9	4	7	8	7	1	1	2
4875	충남 부여군	스키드로더지원	270,000	9	1	7	8	7	1	1	1
4876	충남 부여군	임산물산지종합유통센터지원사업(공모)	250,600	9	2	7	8	7	1	1	2
4877	충남 부여군	악취저감시설지원(도민참여)	250,000	9	1	7	8	7	1	1	1

순번	시군구	지출명 (사업명)	2024년예산 (단위 : 천원 /1년간)	민간이전 분류 (지방자치단체 세출예산 집행기준에 의거) 1. 민간경상사업보조(307-02) 2. 민간단체 법정운영비보조(307-03) 3. 민간행사사업보조금(307-04) 4. 민간위탁금(307-05) 5. 사회복지시설 법정운영비보조(307-10) 6. 민간위탁교육비(307-12) 7. 공기관등에대한경상적위탁사업비(308-13) 8. 민간자본사업보조,자체재원(402-01) 9. 민간자본사업보조,이전재원(402-02) 10. 민간위탁사업비(402-03) 11. 공기관등에 대한 자본적 위탁사업비(403-02)	민간이전지출 근거 (지방보조금 관리기준 참고) 1. 법률에 규정 2. 국고보조 재원(국가지정) 3. 용도 지정 기부금 4. 조례에 직접규정 5. 지자체가 권장하는 사업을 하는 공공기관 6. 시,도 정책 및 재정사정 7. 기타 8. 해당없음	입찰방식 계약체결방법 (경쟁형태) 1. 일반경쟁 2. 제한경쟁 3. 지명경쟁 4. 수의계약 5. 법정위탁 6. 기타 ( ) 7. 없음	계약기간 1. 1년 2. 2년 3. 3년 4. 4년 5. 5년 6. 기타 ( )년 7. 단기계약 (1년미만) 8. 없음	낙찰자선정방법 1. 적격심사 2. 협상에의한계약 3. 최저가낙찰제 4. 규격가격분리 5. 2단계 경쟁입찰 6. 기타 ( ) 7. 없음	운영예산 산정 1. 내부산정 (지자체 자체적으로 산정) 2. 외부산정 (외부전문기관위탁 산정) 3. 내·외부 모두 산정 4. 산정 無 5. 없음	정산방법 1. 내부정산 (지자체 내부적으로 정산) 2. 외부정산 (외부전문기관위탁 정산) 3. 내·외부 모두 산정 4. 정산 無 5. 없음	성과평가 실시여부 1. 실시 2. 미실시 3. 향후 추진 4. 해당없음
4878	충남 부여군	산양유가공설비설치지원	250,000	9	1	7	8	7	1	1	4
4879	충남 부여군	시설채소순수수경스마트팜단지조성시범	250,000	9	6	7	8	7	5	5	4
4880	충남 부여군	경제수조림민간자본사업보조(이전재원)	244,100	9	1	7	8	7	1	1	2
4881	충남 부여군	내수면양식장현대화	240,000	9	4	7	8	7	1	1	4
4882	충남 부여군	염소품질고급화생산기반조성기술지원시범	220,400	9	6	7	8	7	5	5	4
4883	충남 부여군	조사료생산장비지원	220,000	9	1	7	8	7	1	1	2
4884	충남 부여군	친환경임산물생산단지조성지원사업	219,990	9	4	7	8	7	1	1	2
4885	충남 부여군	한우송아지설사예방제,면역강화제(현안)	217,000	9	6	7	8	7	1	1	1
4886	충남 부여군	그린홈보급사업	207,610	9	1	7	8	7	2	3	1
4887	충남 부여군	전기자동차보급사업(버스)	205,000	9	2	7	8	7	5	5	4
4888	충남 부여군	토양개량제지원사업	204,573	9	1	7	8	7	1	1	2
4889	충남 부여군	보령댐상류지역친환경밤나무생산단지조성지원사업	203,616	9	4	7	8	7	1	1	2
4890	충남 부여군	수경재배적합잎들깨국내육성품종보급시범	200,000	9	2	7	8	7	5	5	4
4891	충남 부여군	축산악취저감지원	195,000	9	1	7	8	7	1	1	1
4892	충남 부여군	돼지써코바이러스백신지원	186,000	9	1	7	8	7	1	1	2
4893	충남 부여군	가금농가육성	181,500	9	1	7	8	7	1	1	1
4894	충남 부여군	밤수확망지원사업	170,000	9	4	7	8	7	1	1	2
4895	충남 부여군	양봉농가육성지원	162,900	9	1	7	8	7	1	1	2
4896	충남 부여군	유기질비료지원사업	156,717	9	2	7	8	7	1	1	2
4897	충남 부여군	산림작물생산단지조성(공모신규)	156,000	9	2	7	8	7	1	1	2
4898	충남 부여군	한우농가카우브러쉬지원(현안)	150,000	9	6	7	8	7	1	1	1
4899	충남 부여군	벼직파재배확대기술지원	150,000	9	6	7	8	7	5	5	4
4900	충남 부여군	뒤영벌생산고효율화스마트사육시설기술시범	150,000	9	2	7	8	7	5	5	4
4901	충남 부여군	가축분뇨수거비지원	137,880	9	1	7	8	7	1	1	1
4902	충남 부여군	여객자동차버스터미널환경개선사업	135,000	9	1	7	8	7	1	1	2
4903	충남 부여군	배출가스저감장치부착사업	125,400	9	2	7	8	7	5	5	4
4904	충남 부여군	동물사체처리시설지원	125,000	9	1	7	8	7	1	1	1
4905	충남 부여군	퇴비화기계장비지원	120,000	9	1	7	8	7	1	1	1
4906	충남 부여군	신재생에너지보급사업	106,650	9	1	7	8	7	2	3	1
4907	충남 부여군	어린이집기능보강	106,000	9	1	7	8	7	1	1	4
4908	충남 부여군	친환경왕대추지원사업	105,000	9	4	7	8	7	1	1	2
4909	충남 부여군	수출용임산물표준규격출하사업	102,375	9	2	7	8	7	1	1	2
4910	충남 부여군	임천면군사1리경로당리모델링	100,000	9	6	7	8	7	5	5	4
4911	충남 부여군	청년농업인4H회창농기반조성사업	100,000	9	6	4	7	1	1	1	1
4912	충남 부여군	논타작물이모작작부체계안정생산기술지원	100,000	9	2	7	8	7	5	5	4
4913	충남 부여군	자두비가림설치기술지원촉진시범	100,000	9	6	7	8	7	5	5	4
4914	충남 부여군	복숭아우수품종연속생산단지조성기술지원촉진시범	100,000	9	6	7	8	7	5	5	4
4915	충남 부여군	육계사재배환경개선기술지원촉진사업	100,000	9	6	7	8	7	5	5	4
4916	충남 부여군	양돈농가육성지원	92,000	9	1	7	8	7	1	1	1
4917	충남 부여군	내수면양식장기반시설	80,000	9	4	7	8	7	1	1	4

순번	시군구	지출명 (사업명)	2024년예산 (단위 : 천원 /1년간)	민간이전 분류	민간이전지출 근거	입찰방식			운영예산 산정		성과평가 실시여부
						계약체결방법 (경쟁형태)	계약기간	낙찰자선정방법	운영예산 산정	정산방법	
4918	충남 부여군	화훼류생산및체험복합문화공간조성	80,000	9	6	7	8	7	5	5	4
4919	충남 부여군	고온기수경재배용양액냉각기신기술시범	80,000	9	2	7	8	7	5	5	4
4920	충남 부여군	동물사체처리시설지원(지역현안)	75,000	9	1	7	8	7	1	1	1
4921	충남 부여군	전기이륜차보급사업	73,600	9	2	7	8	7	5	5	4
4922	충남 부여군	원격근무형농촌공간조성기술시범사업	70,000	9	2	7	8	7	5	5	4
4923	충남 부여군	조림지사후관리민간위탁사업	69,430	9	1	5	1	7	1	3	1
4924	충남 부여군	청년창업후계농육성지원	67,900	9	1	7	8	7	1	1	2
4925	충남 부여군	가금농가생산성향상사업	66,000	9	1	7	8	7	1	1	2
4926	충남 부여군	돼지개량지원	65,250	9	1	7	8	7	1	1	1
4927	충남 부여군	조사료생산시설및장비지원	60,000	9	1	1	1	3	1	1	2
4928	충남 부여군	전기굴착기보급지원	60,000	9	2	7	8	7	5	5	4
4929	충남 부여군	고품질과수생산을위한교미교란제활용기술지원촉진시범	60,000	9	6	7	8	7	5	5	4
4930	충남 부여군	아열대과수경쟁력강화기술지원시범	60,000	9	6	7	8	7	5	5	4
4931	충남 부여군	기후변화대응시설채소저탄소실증기술지원촉진시범	60,000	9	6	7	8	7	5	5	4
4932	충남 부여군	퇴액비살포비지원	58,000	9	1	7	8	7	1	1	1
4933	충남 부여군	임업인산림경영지원	57,800	9	1	7	8	7	1	1	2
4934	충남 부여군	은산면내지2리경로당리모델링	50,000	9	6	7	8	7	5	5	4
4935	충남 부여군	액비순환시스템지원	50,000	9	1	7	8	7	1	1	1
4936	충남 부여군	사료배합기등지원	50,000	9	1	7	8	7	1	1	2
4937	충남 부여군	선도청년농업인정예화성장지원	50,000	9	6	4	7	7	1	1	1
4938	충남 부여군	구기자간이비가림시설재배기술지원	50,000	9	6	7	8	7	5	5	4
4939	충남 부여군	내수면해적생물피해방지시설지원	48,000	9	4	7	8	7	5	5	4
4940	충남 부여군	축사환경개선	45,000	9	1	7	8	7	1	1	1
4941	충남 부여군	양봉농가경영안정지원	45,000	9	1	7	8	7	1	1	2
4942	충남 부여군	착유장비현대화지원	44,000	9	1	7	8	7	1	1	1
4943	충남 부여군	친환경목재생산지원사업	36,000	9	1	7	8	7	1	1	1
4944	충남 부여군	축산물HACCP컨설팅	33,600	9	2	7	8	7	1	1	4
4945	충남 부여군	냉방기지원	32,000	9	1	7	8	7	1	1	1
4946	충남 부여군	8대방역시설	30,000	9	1	7	8	7	1	1	2
4947	충남 부여군	중소가축우량축종개량기반구축시범	30,000	9	2	7	8	7	5	5	4
4948	충남 부여군	이상기상대응과수안정생산환경개선기술지원시범	30,000	9	6	7	8	7	5	5	4
4949	충남 부여군	바이오차및천적활용시설재배지온실가스감축기술시범	30,000	9	2	7	8	7	5	5	4
4950	충남 부여군	주택용목재펠릿보일러보급지원사업	29,952	9	2	7	8	7	1	1	2
4951	충남 부여군	송아지설사예방제지원	27,000	9	6	7	8	7	1	1	1
4952	충남 부여군	임산물택배비지원사업	25,200	9	4	7	8	7	1	1	2
4953	충남 부여군	젖소유질개선제지원	25,000	9	1	7	8	7	1	1	1
4954	충남 부여군	낙농가축분교반기지원(도민참여)	25,000	9	1	7	8	7	1	1	1
4955	충남 부여군	드론용비산저감AI노즐및분무장치신기술시범	25,000	9	6	7	8	7	5	5	4
4956	충남 부여군	축사깔짚개선및퇴비부숙도향상기술보급시범	25,000	9	6	7	8	7	5	5	4
4957	충남 부여군	축산농가방역인프라지원	24,000	9	1	7	8	7	1	1	2

순번	시군구	지출명 (사업명)	2024년예산 (단위 : 천원 /1년간)	민간이전 분류 (지방자치단체 세출예산 집행기준에 의거) 1. 민간경상사업보조(307-02) 2. 민간단체 법정운영비보조(307-03) 3. 민간행사사업보조(307-04) 4. 민간위탁금(307-05) 5. 사회복지시설 법정운영비보조(307-10) 6. 민간위탁교육비(307-12) 7. 공기관등에대한경상적위탁사업비(308-13) 8. 민간자본사업보조,자체재원(402-01) 9. 민간자본사업보조,이전재원(402-02) 10. 민간위탁사업비(402-03) 11. 공기관등에 대한 자본적 위탁사업비(403-02)	민간이전지출 근거 (지방보조금 관리기준 참고) 1. 법률에 규정 2. 국고보조 재원(국가지정) 3. 용도 지정 기부금 4. 조례에 직접규정 5. 지자체가 권장하는 사업 6. 시,도 정책 및 재정사정 7. 기타 8. 해당없음	입찰방식			운영예산 산정		성과평가 실시여부 1. 실시 2. 미실시 3. 향후 추진 4. 해당없음
						계약체결방법 (경쟁형태) 1. 일반경쟁 2. 제한경쟁 3. 지명경쟁 4. 수의계약 5. 법정위탁 6. 기타 ( ) 7. 없음	계약기간 1. 1년 2. 2년 3. 3년 4. 4년 5. 5년 6. 기타 ( )년 7. 단가계약 (1년미만) 8. 없음	낙찰자선정방법 1. 적격심사 2. 협상에의한계약 3. 최저가낙찰제 4. 규격가격분리 5. 2단계 경쟁입찰 6. 기타 ( ) 7. 없음	운영예산 산정 1. 내부산정 (지자체 자체적으로 산정) 2. 외부산정 (외부전문기관위탁 산정) 3. 내.외부 모두 산정 4. 산정 無 5. 없음	정산방법 1. 내부정산 (지자체 내부적으로 정산) 2. 외부정산 (외부전문기관위탁 정산) 3. 내.외부 모두 산정 4. 정산 無 5. 없음	
4958	충남 부여군	야생동물로인한농업피해예방시설설치사업	21,000	9	2	7	8	7	5	5	4
4959	충남 부여군	장기요양기관기시설설치지원사업	20,048	9	2	7	8	7	5	1	1
4960	충남 부여군	급이기지원	20,000	9	1	7	8	7	1	1	1
4961	충남 부여군	무주유진공펌프	20,000	9	1	7	8	7	1	1	1
4962	충남 부여군	퇴비살포기지원	20,000	9	1	7	8	7	1	1	1
4963	충남 부여군	신규HACCP농가등시설장비지원사업	20,000	9	1	7	8	7	1	1	4
4964	충남 부여군	스마트양봉사양관리기술시범	20,000	9	6	7	8	7	5	5	4
4965	충남 부여군	육성율향상기능성블럭지원	18,720	9	6	7	8	7	1	1	1
4966	충남 부여군	한우농가환기순환팬지원	18,000	9	6	7	8	7	1	1	1
4967	충남 부여군	내수면호후어선및기관대체	16,000	9	6	7	8	7	5	5	4
4968	충남 부여군	노인복지시설기능보강사업(화재안전창)	15,000	9	2	7	8	7	1	1	1
4969	충남 부여군	젖소번식우생산성향상지원	15,000	9	4	7	8	7	1	1	1
4970	충남 부여군	농촌지도자회신기종지원촉진사업	15,000	9	6	4	7	7	1	1	1
4971	충남 부여군	내수면어장환경개선	14,400	9	4	7	8	7	1	1	4
4972	충남 부여군	위생매트지원	12,800	9	1	7	8	7	1	1	1
4973	충남 부여군	젖소고온면역증강제지원	12,500	9	1	7	8	7	1	1	1
4974	충남 부여군	한우면역강화및고온스트레스예방제지원	12,210	9	6	7	8	7	1	1	1
4975	충남 부여군	청년어촌정착지원	10,800	9	4	7	8	7	1	1	4
4976	충남 부여군	새일센터기업환경개선사업	10,000	9	2	7	8	1	1	1	1
4977	충남 부여군	IOT기반자동관리시스템	10,000	9	6	7	8	7	1	1	1
4978	충남 부여군	원유냉각기지원	10,000	9	1	7	8	7	1	1	1
4979	충남 부여군	한우농가사료자동급이시설지원	10,000	9	6	7	8	7	1	1	2
4980	충남 부여군	어린이통학차량LPG차전환지원사업	10,000	9	2	7	8	7	5	5	4
4981	충남 부여군	옥상출입문자동개폐기설치	10,000	9	1,4	2	1	1	1	1	1
4982	충남 부여군	벼우량품종종자생산자율교환시범	10,000	9	6	7	8	7	5	5	4
4983	충남 부여군	청년농업인인큐베이팅지원	9,800	9	6	4	7	7	1	1	1
4984	충남 부여군	출입구소독시설	9,000	9	1	7	8	7	1	1	2
4985	충남 부여군	젖소위생원유생산지원	8,000	9	1	7	8	7	1	1	1
4986	충남 부여군	제빙기사업지원	8,000	9	1	7	8	7	1	1	1
4987	충남 부여군	염소산업육성지원	6,625	9	4	7	8	7	1	1	4
4988	충남 부여군	한우농가동결정액보관고	6,000	9	6	7	8	7	1	1	1
4989	충남 부여군	농작물병해충친환경방제기술시범	6,000	9	6	7	8	7	5	5	4
4990	충남 부여군	기능성음용수생산지원시설	5,000	9	6	7	8	7	1	1	1
4991	충남 부여군	국산젖소보증씨수소정액지원	5,000	9	1	7	8	7	1	1	1
4992	충남 부여군	폭염피해예방지원	5,000	9	1	7	8	7	1	1	1
4993	충남 부여군	가축개량기자재지원	4,500	9	6	7	8	7	1	1	1
4994	충남 부여군	사료부패방지장치지원	4,500	9	1	7	8	7	1	1	2
4995	충남 부여군	한우농가카우브러쉬지원	4,250	9	6	7	8	7	1	1	1
4996	충남 부여군	보증기간경과장치성능유지관리사업	3,230	9	2	7	8	7	5	5	4
4997	충남 부여군	사슴농가육성지원	3,000	9	4	7	8	7	1	1	4

순번	유형	사업명	2024예산액 (단위: 백만원/개소)	사업의 목적	계획대상	예산편성	집행실적	성과달성	평가결과
4998	중앙부처연계	자살시도자사후관리사업	2,375	2	7	8	7	1	1	2
4999	중앙부처연계	정신건강증진시설지원사업	2,000	1	7	8	7	1	1	2
5000	중앙부처연계	가정폭력피해자보호시설운영지원(지자체경상)	1,800	2	7	8	7	5	5	4
5001	중앙부처연계	발달재활서비스사업	1,140	1	7	8	7	1	1	2
5002	중앙부처연계	다함께돌봄사업수행기관	1,125	1	7	8	7	1	1	2
5003	중앙부처연계	지역사회재활협의체운영	760	2	7	8	7	1	1	2
5004	중앙부처연계	취약계층의료비	525	1	7	8	7	1	1	2
5005	중앙부처연계	만성질환관리	375	4	7	8	7	1	1	4
5006	중앙사업	노인맞춤돌봄서비스	1,322,000	1	7	8	7	5	5	4
5007	중앙사업	가족돌봄지원서비스	900,000	9	7	8	7	5	5	4
5008	중앙사업	노인장기요양보험지원사업	840,000	9	7	8	7	5	5	4
5009	중앙사업	노인돌봄기본서비스지원	636,000	9	7	8	7	5	5	4
5010	중앙사업	발달장애인지원사업	600,000	2	7	8	7	1	1	1
5011	중앙사업	사회복지시설지원사업	555,000	9	7	8	7	1	1	1
5012	중앙사업	농어촌의료서비스(가정형) 등 운영비지원	400,000	9	7	8	7	5	5	4
5013	중앙사업	가정폭력피해자보호시설	378,000	2	7	8	7	1	1	1
5014	중앙사업	가족지원기본사업	324,000	2	7	8	7	5	5	4
5015	중앙사업	장애인돌봄지원사업 등	315,000	9	7	8	7	5	5	4
5016	중앙사업	청소년복지증진지원사업	300,000	9	7	8	7	5	5	4
5017	중앙사업	장애인거주시설지원사업(지자체경상)	300,000	4	7	8	7	5	5	4
5018	중앙사업	지역사회건강지원사업	270,900	2	7	8	7	1	1	1
5019	중앙사업	보건지역책임의료기관지원사업	252,000	9	7	8	7	5	5	4
5020	중앙사업	취약계층공공건강관리사업	231,000	9	7	8	7	5	5	4
5021	중앙사업	지역사회건강지원사업	215,276	9	7	8	7	1	1	1
5022	중앙사업	지역사회보건의료지원사업	200,000	4	7	8	7	5	5	4
5023	중앙사업	가족문화지원사업	180,000	1	7	8	7	5	5	4
5024	중앙사업	취약계층의료지원사업	171,000	9	7	8	7	1	1	1
5025	중앙사업	가족돌봄지원(소규모돌봄)	165,000	1	7	8	7	5	5	4
5026	중앙사업	취약계층사회복지증진(보건사회증진)	150,000	1	7	8	7	5	5	4
5027	중앙사업	노사협력증진사업	138,000	9	7	7	7	1	1	4
5028	중앙사업	고령자여가활동증진사업(경로당)	133,000	9	7	8	7	1	1	1
5029	중앙사업	가족문화증진사업(돌봄공동체지원)	120,000	1	7	8	7	5	5	4
5030	중앙사업	지역복지관기반조성	114,000	1	7	8	7	1	1	1
5031	중앙사업	농어촌돌봄지원	105,000	7	7	8	7	5	5	4
5032	중앙사업	사회복합돌봄의료지원사업	100,000	6	7	8	7	5	5	4
5033	중앙사업	소규모어린이놀이시설운영지원사업	100,000	2	7	8	7	5	5	4
5034	중앙사업	지지자원연계지역자원지원사업지원	100,000	2	7	8	7	5	5	4
5035	중앙사업	이민자조기적응지원사업지원사업	100,000	2	7	8	7	5	5	4
5036	중앙사업	아동청소년정신건강증진기업사업	90,000	6	7	8	7	5	5	4
5037	중앙사업	건강보험료지원사업	84,000	1	7	8	7	5	5	4

순번	시군구	지출명 (사업명)	2024년예산 (단위:천원/1년간)	민간이전 분류 (지방자치단체 세출예산 집행기준에 의거) 1. 민간경상사업보조(307-02) 2. 민간단체 법정운영비보조(307-03) 3. 민간행사사업보조(307-04) 4. 민간위탁금(307-05) 5. 사회복지시설 법정운영비보조(307-10) 6. 민간인위탁교육비(307-12) 7. 공기관등에대한경상적위탁사업비(308-13) 8. 민간자본사업보조,자체재원(402-01) 9. 민간자본사업보조,이전재원(402-02) 10. 민간위탁사업비(402-03) 11. 공기관등에 대한 자본적 위탁사업비(403-02)	민간이전지출 근거 (지방보조금 관리기준 참고) 1. 법률에 규정 2. 국고보조 재원(국가지정) 3. 용도 지정 기부금 4. 조례에 직접규정 5. 지자체가 권장하는 사업 하는 공공기관 6. 시,도 정책 및 재정사정 7. 기타 8. 해당없음	입찰방식 계약체결방법 (경쟁형태) 1. 일반경쟁 2. 제한경쟁 3. 지명경쟁 4. 수의계약 5. 법정위탁 6. 기타 () 7. 없음	계약기간 1. 1년 2. 2년 3. 3년 4. 4년 5. 5년 6. 기타 ()년 7. 단가계약 (1년미만) 8. 없음	낙찰자선정방법 1. 적격심사 2. 협상에의한계약 3. 최저가낙찰제 4. 규격가격분리 5. 2단계 경쟁입찰 6. 기타 () 7. 없음	운영예산 산정 1. 내부산정 (지자체 자체적으로 산정) 2. 외부산정 (외부전문기관위탁 산정) 3. 내·외부 모두 산정 4. 산정 無 5. 없음	정산방법 1. 내부정산 (지자체 내부적으로 정산) 2. 외부정산 (외부전문기관위탁 정산) 3. 내·외부 모두 산정 4. 정산 無 5. 없음	성과평가 실시여부 1. 실시 2. 미실시 3. 향후 추진 4. 해당없음
5038	충남 서천군	친환경농업인력육성	80,000	9	6	7	8	7	1	1	1
5039	충남 서천군	조사료생산시설및장비지원	80,000	9	1	7	8	7	5	5	4
5040	충남 서천군	맥문동원료전처리가공시설지원사업	70,000	9	7	7	8	7	5	5	4
5041	충남 서천군	밭작물안정생산단지육성기술지원시범	70,000	9	6	7	8	7	5	5	4
5042	충남 서천군	고온기훼류고품질안정생산을위한온도저감기술시범	70,000	9	2	7	8	7	5	5	4
5043	충남 서천군	양념채소우량종구생산단지조성기술지원사업	70,000	9	4	7	8	7	5	5	4
5044	충남 서천군	청년창업후계농육성지원	67,900	9	1	7	8	7	5	5	4
5045	충남 서천군	노후기관장비설비설치교체지원	66,000	9	1	7	8	7	1	1	1
5046	충남 서천군	농가보급형특용작물수직다단양액재배기술시범	60,000	9	2	7	8	7	5	5	4
5047	충남 서천군	조사료생산장비지원(조사료생산부속장비지원)	60,000	9	1	7	8	7	5	5	4
5048	충남 서천군	우사에어제트팬및측벽배기팬설치시범	60,000	9	1	7	8	7	5	5	4
5049	충남 서천군	충남오감품목별주관농협지원	56,760	9	6	1	1	1	1	1	4
5050	충남 서천군	시설채소양액재배확대기술지원사업	56,000	9	4	7	8	7	5	5	4
5051	충남 서천군	내수면양식장기반시설지원	55,440	9	1	7	8	7	5	5	4
5052	충남 서천군	기능기육성지원	51,700	9	1	7	8	7	5	5	4
5053	충남 서천군	작목별맞춤형안전관리실천시범	50,000	9	6	7	8	7	5	5	4
5054	충남 서천군	난지형마늘수집형수확기이용신기술보급	50,000	9	2	7	8	7	5	5	4
5055	충남 서천군	동물사체처리시설지원(지역현안)	50,000	9	1	7	8	7	5	5	4
5056	충남 서천군	사료배합기등지원(한우농가사료배합기)	50,000	9	1	7	8	7	5	5	4
5057	충남 서천군	종자배양육성지원	47,500	9	1	7	8	7	5	5	4
5058	충남 서천군	낙농시설현대화(착유장비현대화)	44,000	9	1	7	8	7	5	5	4
5059	충남 서천군	해삼서식환경조성지원	43,330	9	1	7	8	7	5	5	4
5060	충남 서천군	원예작물경쟁력강화	40,000	9	6	7	8	7	1	1	1
5061	충남 서천군	농촌어르신복지생활실천시범(자본)	40,000	9	6	7	8	7	5	5	4
5062	충남 서천군	마을농장(미나리재배)운영	40,000	9	6	7	8	7	5	5	4
5063	충남 서천군	개방화대응과수원예농가지원	39,833	9	6	7	8	7	1	1	1
5064	충남 서천군	시설채소고품질생산시설확충	36,667	9	6	7	8	7	1	1	1
5065	충남 서천군	양식어장자동화시설설치	30,000	9	1	7	8	7	5	5	4
5066	충남 서천군	고추비가림재배시설지원	30,000	9	2	7	8	7	1	1	1
5067	충남 서천군	희망마을선행사업	30,000	9	7	7	8	7	5	1	4
5068	충남 서천군	농촌체험농장교육시설개선지원	30,000	9	6	7	8	7	5	5	4
5069	충남 서천군	국내산밀,쌀가루를이용한가공상품화시범	30,000	9	6	7	8	7	5	5	4
5070	충남 서천군	양돈농가육성지원	30,000	9	1	7	8	7	5	5	4
5071	충남 서천군	양식어장정화	29,900	9	1	7	8	7	5	5	4
5072	충남 서천군	동물사체처리시설지원	25,000	9	1	7	8	7	5	5	4
5073	충남 서천군	농업분야에너지절감시설지원	24,200	9	2	7	8	7	1	1	1
5074	충남 서천군	어선사고예방시스템구축	20,000	9	2	7	8	7	1	1	1
5075	충남 서천군	청년농업인인큐베이팅지원사업	20,000	9	6	7	8	7	5	5	4
5076	충남 서천군	대가축번식관리효율향상기술지원사업	20,000	9	1	7	8	7	5	5	4
5077	충남 서천군	양봉농가현대화지원(채밀차)	18,750	9	1	7	8	7	5	5	4

순번	시군구	지출명 (사업명)	2024년예산 (단위 : 천원 /1년간)	민간이전 분류 (지방자치단체 세출예산 집행기준에 의거) 1. 민간경상사업보조(307-02) 2. 민간단체 법정운영비보조(307-03) 3. 민간행사사업보조(307-04) 4. 민간위탁금(307-05) 5. 사회복지시설 법정운영비보조(307-10) 6. 민간인위탁교육비(307-12) 7. 공기관등에대한경상적위탁사업비(308-13) 8. 민간자본사업보조,자체재원(402-01) 9. 민간자본사업보조,이전재원(402-02) 10. 민간위탁사업비(402-03) 11. 공기관등에 대한 자본적 위탁사업비(403-02)	민간이전지출 근거 (지방보조금 관리기준 참고) 1. 법률에 규정 2. 국고보조 재원(국가지정) 3. 용도 지정 기부금 4. 조례에 직접규정 5. 지자체가 권장하는 사업을 하는 공공기관 6. 시,도 정책 및 재정사정 7. 기타 8. 해당없음	입찰방식			운영예산 산정		성과평가 실시여부 1. 실시 2. 미실시 3. 향후 추진 4. 해당없음
						계약체결방법 (경쟁형태) 1. 일반경쟁 2. 제한경쟁 3. 지명경쟁 4. 수의계약 5. 법정위탁 6. 기타 ( ) 7. 없음	계약기간 1. 1년 2. 2년 3. 3년 4. 4년 5. 5년 6. 기타 ( )년 7. 단기계약 (1년미만) 8. 없음	낙찰자선정방법 1. 적격심사 2. 협상에의한계약 3. 최저가낙찰 4. 규격가격분리 5. 2단계 경쟁입찰 6. 기타 ( ) 7. 없음	운영예산 산정 1. 내부산정 (지자체 자체적으로 산정) 2. 외부산정 (외부전문기관위탁 산정) 3. 내·외부 모두 산정 4. 산정 無	정산방법 1. 내부정산 (지자체 내부적으로 정산) 2. 외부정산 (외부전문기관위탁 정산) 3. 내·외부 모두 산정 4. 정산 無 5. 없음	
5078	충남 서천군	생분해성어구보급	18,286	9	1	2	7	3	1	1	1
5079	충남 서천군	친환경농업인프라구축	18,000	9	6	7	8	7	1	1	1
5080	충남 서천군	양봉농가현대화지원(저온저장고)	17,500	9	1	7	8	7	5	5	4
5081	충남 서천군	농약안전보관함보급	16,500	9	6	7	8	7	1	1	1
5082	충남 서천군	농기계등화장치부착지원	16,461	9	6	7	8	7	1	1	1
5083	충남 서천군	농촌지도자회신기종지원촉진사업	15,000	9	6	7	8	7	5	5	4
5084	충남 서천군	낙농시설현대화(축사환경개선)	13,500	9	1	7	8	7	5	5	4
5085	충남 서천군	사료배합기등지원(한우농가사료자동급이시설지원)	10,000	9	1	7	8	7	5	5	4
5086	충남 서천군	가축분뇨처리시설지원(퇴비살포기)	10,000	9	1	7	8	7	5	5	4
5087	충남 서천군	제빙기사업지원	10,000	9	1	7	8	7	5	5	4
5088	충남 서천군	낙농시설현대화(무주유진공펌프)	10,000	9	1	7	8	7	5	5	4
5089	충남 서천군	내수면양식장수질개선지원	9,600	9	1	7	8	7	5	5	4
5090	충남 서천군	고품질화훼생산및수출시설지원	8,250	9	6	7	8	7	1	1	1
5091	충남 서천군	농업분야신재생에너지시설지원	8,166	9	2	7	8	7	1	1	1
5092	충남 서천군	한우생산성향상지원(한우농가환기순환팬지원)	6,900	9	1	7	8	7	5	5	4
5093	충남 서천군	한우생산성향상지원(기능성용용수생산시설지원)	5,000	9	1	7	8	7	5	5	4
5094	충남 서천군	한우생산성향상지원(IoT기반자동관리시스템)	5,000	9	1	7	8	7	5	5	4
5095	충남 서천군	곤충농가기자재지원(저온저장고)	5,000	9	1	7	8	7	5	5	4
5096	충남 서천군	낙농시설현대화(급이기)	5,000	9	1	7	8	7	5	5	4
5097	충남 서천군	낙농시설현대화(냉방기)	4,000	9	1	7	8	7	5	5	4
5098	충남 서천군	사슴농가육성지원(급속냉동고또는전동차량)	3,000	9	1	7	8	7	5	5	4
5099	충남 서천군	한우생산성향상지원(한우농가동결액보관고)	3,000	9	1	7	8	7	5	5	4
5100	충남 서천군	가축개량기자재지원	2,700	9	1	7	8	7	5	5	4
5101	충남 서천군	염소산업육성지원(미네랄블럭)	2,500	9	1	7	8	7	5	5	4
5102	충남 서천군	한우생산성향상지원(한우농가카우브러쉬지원)	1,500	9	1	7	8	7	5	5	4
5103	충남 서천군	사료배합기등지원(사료부패방지장치지원)	1,500	9	1	7	8	7	5	5	4
5104	충남 서천군	곤충농가기자재지원(레이저건조기)	1,500	9	1	7	8	7	5	5	4
5105	충남 서천군	염소산업육성지원(자동보온급수기)	1,250	9	1	7	8	7	5	5	4
5106	충남 서천군	말벌퇴치장비지원(방역인프라)	300	9	1	7	8	7	5	5	4
5107	충남 청양군	전기화물차보급사업	1,480,000	9	2	7	8	7	5	1	1
5108	충남 청양군	전기자동차보급사업	759,000	9	2	7	8	7	5	1	1
5109	충남 청양군	소규모사업장방지시설설치지원	72,000	9	2	7	8	7	5	1	1
5110	충남 청양군	수소연료전지차보급사업	65,000	9	2	7	8	7	1	1	1
5111	충남 청양군	전기이륜차보급사업	60,800	9	2	7	8	7	5	1	1
5112	충남 청양군	가정용저녹스보일러보급사업	4,200	9	2	7	8	7	5	1	1
5113	충남 청양군	남천리마을회관개축공사	500,000	9	4	7	8	7	5	5	4
5114	충남 청양군	안심1리분회경로당개축공사	500,000	9	4	7	8	7	5	5	4
5115	충남 청양군	광금리마을회관개축공사	500,000	9	4	7	8	7	5	5	4
5116	충남 청양군	내수면양식장현대화사업	480,000	9	6	7	8	7	5	5	4
5117	충남 청양군	청년농맞춤형스마트팜보급	420,000	9	6	7	8	7	1	1	3

순번	시군구	지출명 (사업명)	2024년예산 (단위 : 천원 /1년간)	민간이전 분류 (지방자치단체 세출예산 집행기준에 의거) 1. 민간경상사업보조(307-02) 2. 민간단체 법정운영비보조(307-03) 3. 민간행사사업보조(307-04) 4. 민간위탁금(307-05) 5. 사회복지시설 법정운영비보조(307-10) 6. 민간위원교육비(307-12) 7. 공기관등에대한경상적위탁사업비(308-13) 8. 민간자본사업보조,자체재원(402-01) 9. 민간자본사업보조,이전재원(402-02) 10. 민간위탁사업비(402-03) 11. 공기관등에 대한 자본적 위탁사업비(403-02)	민간이전지출 근거 (지방보조금 관리기준 참고) 1. 법률에 규정 2. 국고보조 재원(국가지정) 3. 용도 지정 기부금 4. 조례에 직접규정 5. 지자체가 권장하는 사업을 하는 공공기관 6. 시,도 정책 및 재정사정 7. 기타 8. 해당없음	입찰방식 계약체결방법 (경쟁형태) 1. 일반경쟁 2. 제한경쟁 3. 지명경쟁 4. 수의계약 5. 법정위탁 6. 기타 () 7. 없음	계약기간 1. 1년 2. 2년 3. 3년 4. 4년 5. 5년 6. 기타 ()년 7. 단가계약 (1년미만) 8. 없음	낙찰자선정방법 1. 적격심사 2. 협상에의한계약 3. 최저가낙찰제 4. 규격가격분리 5. 2단계 경쟁입찰 6. 기타 () 7. 없음	운영예산 산정 1. 내부산정 (지자체 자체적으로 산정) 2. 외부산정 (외부전문기관위탁 산정) 3. 내·외부 모두 산정 4. 산정 無 5. 없음	정산방법 1. 내부정산 (지자체 내부적으로 정산) 2. 외부정산 (외부전문기관위탁 정산) 3. 내·외부 모두 정산 4. 정산 無 5. 없음	성과평가 실시여부 1. 실시 2. 미실시 3. 향후 추진 4. 해당없음
5118	충남 청양군	꿀벌및화분매개벌스마트사육시설지원시범	320,000	9	2	7	8	7	5	5	4
5119	충남 청양군	중소원예농가(가족농)스마트팜보급지원	300,000	9	6	7	8	7	1	1	3
5120	충남 청양군	중소원예농가(가족농)스마트팜보급지원	300,000	9	1	7	8	7	5	5	4
5121	충남 청양군	경로당편익시설개선	274,000	9	6	4	7	7	1	1	1
5122	충남 청양군	스키드로더지원	180,000	9	6	7	8	7	5	5	4
5123	충남 청양군	원예특작지역맞춤형사업	150,000	9	6	7	8	7	1	1	3
5124	충남 청양군	동물사체처리시설지원(양돈)	150,000	9	6	7	8	7	5	5	4
5125	충남 청양군	악취저감시스템지원	150,000	9	6	7	8	7	5	5	4
5126	충남 청양군	장곡사하대웅전단청기록화사업	150,000	9	2	7	8	7	3	3	1
5127	충남 청양군	장곡사하대웅전단청기록화사업	150,000	9	2	7	8	7	3	3	1
5128	충남 청양군	맥문동재배환경개선및복합기반구축	150,000	9	6	7	8	7	5	5	4
5129	충남 청양군	신소득유망작물발굴육성지원	133,333	9	6	7	8	7	1	1	3
5130	충남 청양군	청양운장암요사채신축	130,000	9	2	7	8	7	3	3	1
5131	충남 청양군	청양운장암요사채신축	130,000	9	2	7	8	7	3	3	1
5132	충남 청양군	퇴비화기계장비지원	120,000	9	6	7	8	7	5	5	4
5133	충남 청양군	호우피해우심지역토양개량지원	119,700	9	6	7	8	7	1	1	3
5134	충남 청양군	고추비가림재배시설지원	110,000	9	2	7	8	7	1	1	3
5135	충남 청양군	벼직파재배확대기술지원사업	105,000	9	1	7	8	7	5	5	4
5136	충남 청양군	한우생산성향상지원(한우농가카우브러쉬지원)	103,750	9	6	7	8	7	5	5	4
5137	충남 청양군	액비순환시스템지원	100,000	9	6	7	8	7	5	5	4
5138	충남 청양군	공동자원화개보수지원	100,000	9	6	7	8	7	5	5	4
5139	충남 청양군	지역활력화작목기반조성(맥문동우량조경묘생산업화기반구축)	100,000	9	7	7	8	7	5	5	4
5140	충남 청양군	원예특용작물생산시설보완사업	93,333	9	6	7	8	7	1	1	3
5141	충남 청양군	장곡사철조비로자나불좌상및석조대좌정밀진단및기록화사업	90,000	9	2	7	8	7	3	3	1
5142	충남 청양군	장곡사철조약사여래좌상및석조대좌정밀진단및기록화사업	90,000	9	2	7	8	7	3	3	1
5143	충남 청양군	장곡사철조비로자나불좌상및석조대좌정밀진단및기록화사업	90,000	9	2	7	8	7	3	3	1
5144	충남 청양군	장곡사철조약사여래좌상및석조대좌정밀진단및기록화사업	90,000	9	2	7	8	7	3	3	1
5145	충남 청양군	수출용임산물표준규격출하사업	90,000	9	1,4,6	7	8	7	5	5	4
5146	충남 청양군	자율방범대순찰차량교체지원	90,000	9	6	7	8	7	1	1	1
5147	충남 청양군	식량산업지역맞춤형지원	87,500	9	6	7	8	7	5	5	4
5148	충남 청양군	품목별연구회생력재배및신기술실천지원촉진사업	84,000	9	4	7	8	7	5	5	4
5149	충남 청양군	친환경청년농부시설지원	80,000	9	6	7	8	7	5	5	4
5150	충남 청양군	시설원예에너지절감시설사업	77,000	9	2	7	8	7	1	1	3
5151	충남 청양군	원예작물생력화장비지원사업	76,250	9	6	7	8	7	1	1	3
5152	충남 청양군	위해요인제어전통장제조발효관리기술시범	70,000	9	2	7	8	7	5	5	4
5153	충남 청양군	우리도육성벼브랜드화기술지원촉진사업	70,000	9	1	7	8	7	5	5	4
5154	충남 청양군	논타작물이모작작부체계안정생산기술지원	70,000	9	1	7	8	7	5	5	4
5155	충남 청양군	농식품부산물활용한우경산우비육품질고급화시범	70,000	9	2	7	8	7	5	5	4
5156	충남 청양군	청년창업후계농육성지원	67,900	9	6	7	8	7	5	5	4
5157	충남 청양군	신재생에너지주택지원사업	65,963	9	2	7	8	7	2	1	1

순번	시군구	지출명 (사업명)	2024년예산 (단위: 천원 /1년간)	민간이전 분류 (지방자치단체 세출예산 집행기준에 의거)	민간이전지출 근거 (지방보조금 관리기준 참고)	입찰방식			운영예산 산정		성과평가 실시여부
						계약체결방법 (경쟁형태)	계약기간	낙찰자선정방법	운영예산 산정	정산방법	
5158	충남 청양군	동물사체처리시설지원	62,500	9	6	7	8	7	5	5	4
5159	충남 청양군	바이오차활용토양개량사업	60,200	9	6	7	8	7	1	1	3
5160	충남 청양군	식량작물생산비절감지원(시설장비)	60,000	9	6	7	8	7	5	5	4
5161	충남 청양군	거세한우근내지방섬도향상기술시범사업	60,000	9	2	7	8	7	5	5	4
5162	충남 청양군	임산물산림경영지원	57,800	9	1,4,6	7	8	7	5	5	4
5163	충남 청양군	과수명품화육성사업	55,000	9	6	7	8	7	1	1	3
5164	충남 청양군	친환경농업자재지원	50,000	9	6	7	8	7	5	5	4
5165	충남 청양군	농업용드론지원	50,000	9	6	7	8	7	5	5	4
5166	충남 청양군	마늘재배농가부직포지원	50,000	9	6	7	8	7	1	1	3
5167	충남 청양군	인삼약초산업지역맞춤형(구기자GAP육성)	50,000	9	6	7	8	7	1	1	3
5168	충남 청양군	한우농가사료배합기	50,000	9	6	7	8	7	5	5	4
5169	충남 청양군	청년농업인영농정착지원시범	50,000	9	4	7	8	7	5	5	4
5170	충남 청양군	농촌어르신복지생활실천시범	50,000	9	6	7	8	7	5	5	4
5171	충남 청양군	기후변화대응저온성필름을이용한스마트노지환경조절기술시범	50,000	9	2	7	8	7	5	5	4
5172	충남 청양군	충남미래형다축사과원조성기술지원	49,000	9	7	7	8	7	5	5	4
5173	충남 청양군	농약안전보관함보급	48,000	9	6	7	8	7	5	5	4
5174	충남 청양군	원예작물소형저온저장고설치사업	45,000	9	6	7	8	7	1	1	3
5175	충남 청양군	농산물운반기지원	43,632	9	6	7	8	7	5	5	4
5176	충남 청양군	자율방범대기능보강	40,000	9	6	7	8	7	1	1	1
5177	충남 청양군	과수고품질시설현대화	37,500	9	2	7	8	7	1	1	3
5178	충남 청양군	시설원예현대화품질개선	37,400	9	6	7	8	7	1	1	3
5179	충남 청양군	과수원예용생력화기계지원사업	35,000	9	6	7	8	7	1	1	3
5180	충남 청양군	양돈농가육성지원(양돈농가육성지원사업)	35,000	9	6	7	8	7	5	5	4
5181	충남 청양군	구기자간이비가림시설재배기술지원	35,000	9	7	7	8	7	5	5	4
5182	충남 청양군	길항균이용인삼친환경방제기술보급시범	35,000	9	7	7	8	7	5	5	4
5183	충남 청양군	시설재배지바이오차보급시범사업	35,000	9	1	7	8	7	5	5	4
5184	충남 청양군	밭식량작물특화단지육성(생산자재)	34,500	9	6	7	8	7	5	5	4
5185	충남 청양군	화훼생산기반경쟁력강화	33,333	9	6	7	8	7	1	1	3
5186	충남 청양군	원예작물신소재신농법영농지원	33,000	9	6	7	8	7	1	1	3
5187	충남 청양군	인삼약초작물소형저온저장고설치사업	33,000	9	6	7	8	7	1	1	3
5188	충남 청양군	축산농가방역시설(8대방역)지원	30,000	9	6	7	8	7	5	5	4
5189	충남 청양군	어린이집기능보강(국도비)	30,000	9	4	7	8	7	1	1	1
5190	충남 청양군	장곡사범종루정밀안전진단	30,000	9	2	7	8	7	3	3	1
5191	충남 청양군	장곡사범종루정밀안전진단	30,000	9	2	7	8	7	3	3	1
5192	충남 청양군	농업활동안전사고예방생활화시범	30,000	9	6	7	8	7	5	5	4
5193	충남 청양군	한우농가사양관리시스템지원	27,000	9	6	7	8	7	5	5	4
5194	충남 청양군	윤남석가옥초가이엉잇기	25,440	9	4	7	8	7	3	3	1
5195	충남 청양군	윤남석가옥초가이엉잇기	25,440	9	4	7	8	7	3	3	1
5196	충남 청양군	축사깔짚개선및퇴비부숙도향상기술보급시범	25,000	9	2	7	8	7	5	5	4
5197	충남 청양군	축산농가방역인프라지원	24,000	9	2	7	8	7	5	5	4

순번	시군구	지출명 (사업명)	2024년예산 (단위: 천원/1년간)	민간이전 분류 (지방자치단체 세출예산 집행기준에 의거)	민간이전지출 근거 (지방보조금 관리기준 참고)	입찰방식 계약체결방법 (경쟁형태)	계약기간	낙찰자선정방법	운영예산 산정	정산방법	성과평가 실시여부
5198	충남 청양군	내수면양식장기반시설지원	23,760	9	6	7	8	7	5	5	4
5199	충남 청양군	친환경목재생산	23,200	9	2	7	8	7	5	5	4
5200	충남 청양군	농기계등화장치부착지원	21,949	9	6	7	8	7	5	5	4
5201	충남 청양군	밭작물농작업안전관리및작업환경개선시범	21,000	9	6	7	8	7	5	5	4
5202	충남 청양군	농촌체험농장교육시설개선지원	21,000	9	6	7	8	7	5	5	4
5203	충남 청양군	지역농산물업사이클링상품화시범	21,000	9	6	7	8	7	5	5	4
5204	충남 청양군	퇴비살포기지원	20,000	9	6	7	8	7	5	5	4
5205	충남 청양군	사회적경제기업시설장비지원사업	20,000	9	2	7	8	7	1	1	2
5206	충남 청양군	온실가스감축을위한물관리와완효성비료복합기술시범	20,000	9	2	7	8	7	5	5	4
5207	충남 청양군	양봉사양관리병해충방제기술지원시범	20,000	9	6	7	8	7	5	5	4
5208	충남 청양군	폐사체수거함지원	19,200	9	2	7	8	7	5	5	4
5209	충남 청양군	한우생산성향상지원(한우농가순환펜지원)	15,300	9	6	7	8	7	5	5	4
5210	충남 청양군	농촌지도자회신기종지원촉진시범사업	15,000	9	4	7	8	7	5	5	4
5211	충남 청양군	청년농업인인큐베이팅지원	14,000	9	4	7	8	7	5	5	4
5212	충남 청양군	한우농가사료이시시설지원	10,000	9	6	7	8	7	5	5	4
5213	충남 청양군	친환경농업시설보강	9,600	9	6	7	8	7	5	5	4
5214	충남 청양군	한우생산성향상지원(한우농가동결정액보관고)	6,000	9	6	7	8	7	5	5	4
5215	충남 청양군	양돈농가육성지원(제빙기지원)	6,000	9	6	7	8	7	5	5	4
5216	충남 청양군	축산농가소독시설(도)지원	6,000	9	6	7	8	7	5	5	4
5217	충남 청양군	한우생산성향상지원(기능성음용수생산시설지원)	5,000	9	6	7	8	7	5	5	4
5218	충남 청양군	한우생산성향상지원(IoT기반자동관리시스템)	5,000	9	6	7	8	7	5	5	4
5219	충남 청양군	신규HACCP농가등시설장비지원	5,000	9	6	7	8	7	5	5	4
5220	충남 청양군	농업용급유기지원	3,770	9	6	7	8	7	5	5	4
5221	충남 청양군	가축개량기자재지원	3,000	9	6	7	8	7	5	5	4
5222	충남 청양군	기후변화대응인삼약초생산자재지원	2,000	9	6	7	8	7	1	1	3
5223	충남 청양군	축산농가발판소독기지원	1,650	9	6	7	8	7	5	5	4
5224	충남 청양군	유기농업자재지원	1,500	9	6	7	8	7	5	5	4
5225	충남 청양군	사료부패방지장치지원	1,500	9	6	7	8	7	5	5	4
5226	충남 청양군	장기요양기관환기시설설치	1,432	9	1	7	8	7	1	1	3
5227	충남 청양군	말벌퇴치장비지원	600	9	6	7	8	7	5	5	4
5228	충남 홍성군	자율방범대차량구입지원	120,000	9	4	7	8	7	1	1	4
5229	충남 홍성군	갈산신기마을리모델링	70,000	9	4	7	8	7	1	1	1
5230	충남 홍성군	마을회관기능보강	70,000	9	4	7	8	7	1	1	1
5231	충남 홍성군	한국자유총연맹기능보강	24,000	9	4	7	8	7	1	1	1
5232	충남 홍성군	자율방범대기능보강	10,000	9	4	7	8	7	1	1	1
5233	충남 예산군	전기자동차보급(화물)	3,340,000	9	2	7	8	7	5	5	4
5234	충남 예산군	종교문화시설건립(수덕사복합문화센터건립)	1,800,000	9	2	7	8	7	2	1	3
5235	충남 예산군	전기자동차보급(승용)	1,617,000	9	2	7	8	7	5	5	4
5236	충남 예산군	청년농맞춤형스마트팜보급	1,575,000	9	4	1	8	3	5	1	1
5237	충남 예산군	수덕사대웅전황히정루시설개선사업	1,271,420	9	2	7	8	7	2	1	4

순번	시군구	지출명 (사업명)	2024년예산 (단위 : 천원 /1년간)	민간이전 분류 (지방자치단체 세출예산 집행기준에 의거) 1. 민간경상사업보조(307-02) 2. 민간단체 법정운영비보조(307-03) 3. 민간행사사업보조(307-04) 4. 민간위탁금(307-05) 5. 사회복지시설 법정운영비보조(307-10) 6. 민간인위탁교육비(307-12) 7. 민간경상에대한경상적위탁사업비(308-13) 8. 민간자본사업보조,자체재원(402-01) 9. 민간자본사업보조,이전재원(402-02) 10. 민간위탁사업비(402-03) 11. 공기관등에 대한 자본적 위탁사업비(403-02)	민간이전지출 근거 (지방보조금 관리기준 참고) 1. 법률에 규정 2. 국고보조 재원(국가지정) 3. 용도 지정 기부금 4. 조례에 직접규정 5. 지자체가 권장하는 사업을 하는 공공기관 6. 시,도 정책 및 재정사정 7. 기타 8. 해당없음	입찰방식			운영예산 산정		성과평가 실시여부 1. 실시 3. 향후 추진 4. 해당없음
						계약체결방법 (경쟁형태) 1. 일반경쟁 2. 제한경쟁 3. 지명경쟁 4. 수의계약 5. 법정위탁 6. 기타 ( ) 7. 없음	계약기간 1. 1년 2. 2년 3. 3년 4. 4년 5. 5년 6. 기타 ( )년 7. 단기계약 (1년미만) 8. 없음	낙찰자선정방법 1. 적격심사 2. 협상에의한계약 3. 최저가낙찰제 4. 규격가격분리 5. 2단계 경쟁입찰 6. 기타 ( ) 7. 없음	운영예산 산정 1. 내부산정 (지자체 자체적으로 산정) 2. 외부산정 (외부전문기관위탁 산정) 3. 내·외부 모두 산정 4. 산정 無	정산방법 1. 내부정산 (지자체 내부적으로 정산) 2. 외부정산 (외부전문기관위탁 정산) 3. 내·외부 모두 산정 4. 정산 無 5. 없음	
5238	충남 예산군	노후경유차조기폐차사업(4등급경유차)	1,221,000	9	2	7	8	7	5	5	4
5239	충남 예산군	신소득유망작물발굴육성지원	966,667	9	4	4	8	7	5	1	1
5240	충남 예산군	수덕사대웅전백운당개축	900,000	9	2	7	8	7	2	1	4
5241	충남 예산군	축산악취개선지원	840,000	9	2	7	8	7	1	1	4
5242	충남 예산군	가축분뇨처리시설지원	825,000	9	6	7	8	7	1	1	4
5243	충남 예산군	과수원용생력화기계지원사업	610,000	9	4	4	8	7	5	1	1
5244	충남 예산군	중소원예농가(가족농)스마트팜보급지원	600,000	9	4	4	8	7	5	1	1
5245	충남 예산군	노후경유차조기폐차사업(5등급경유차)	545,600	9	2	7	8	7	5	5	4
5246	충남 예산군	법륜사대웅전건립	519,284	9	2	7	8	7	2	1	4
5247	충남 예산군	도시가스공급사업보조금지원	445,000	9	4	7	8	7	5	5	4
5248	충남 예산군	수소차연료전지차보급(민간)	422,500	9	2	7	8	7	5	5	4
5249	충남 예산군	화암사심검당(선원)보수	400,000	9	2	7	8	7	2	1	4
5250	충남 예산군	축산악취개선시설지원	400,000	9	6	7	8	7	1	1	4
5251	충남 예산군	건설기계엔진교체사업	330,000	9	2	7	8	7	5	5	4
5252	충남 예산군	문화유산야행(내포에찾아온개화의물결)	319,000	9	2	7	8	7	1	1	3
5253	충남 예산군	과수명품화육성사업	314,150	9	4	4	8	7	5	1	1
5254	충남 예산군	원예특용작물생산시설보완사업	278,334	9	4	4	8	7	5	1	1
5255	충남 예산군	벼직파재배기술지원	252,000	9	6	7	8	7	5	5	4
5256	충남 예산군	통합및노후RPC시설장비지원	250,000	9	6	7	8	7	1	1	1
5257	충남 예산군	식량작물생산비절감지원사업(수매편의시설)	250,000	9	6	7	8	7	1	1	1
5258	충남 예산군	도축가공역량강화사업	250,000	9	6	7	8	7	1	1	4
5259	충남 예산군	원예작물소형저온저장고지원사업	213,650	9	4	4	8	7	5	1	1
5260	충남 예산군	신규국공립어린이집리모델링	200,000	9	1	7	8	7	5	1	4
5261	충남 예산군	수덕사경내정비	200,000	9	2	7	8	7	2	1	4
5262	충남 예산군	병해충민간방제단모델구축시범사업	194,950	9	6	7	8	7	5	5	4
5263	충남 예산군	방지시설설치지원	189,000	9	2	7	8	7	5	5	4
5264	충남 예산군	화훼생산기반경쟁력강화사업	188,500	9	4	4	8	7	5	1	1
5265	충남 예산군	여성농업인농작업편이장비지원	188,000	9	6	2	8	1	3	3	4
5266	충남 예산군	바이오차활용토양개량사업	176,400	9	4	4	8	7	5	1	1
5267	충남 예산군	양돈농가육성지원	170,000	9	6	7	8	7	1	1	4
5268	충남 예산군	축산농가방역인프라지원	164,400	9	2	7	8	7	1	1	4
5269	충남 예산군	신재생에너지주택지원사업	159,700	9	2	7	8	7	5	5	4
5270	충남 예산군	원예작물생력화장비지원사업	155,000	9	4	4	8	7	5	1	1
5271	충남 예산군	내수면양식장현대화	152,000	9	6	7	8	7	1	1	4
5272	충남 예산군	지역활력화작목기반조성(소비자맞춤형소형수박2기작생산체계확립)	150,000	9	6	7	8	7	5	5	4
5273	충남 예산군	다축과원기반조성	150,000	9	6	7	8	7	5	5	4
5274	충남 예산군	과수고품질시설현대화사업	130,000	9	2	4	8	7	5	1	1
5275	충남 예산군	DPF부착사업	122,100	9	2	7	8	7	5	5	4
5276	충남 예산군	친환경청년농부	120,000	9	6	7	8	7	1	1	1
5277	충남 예산군	농산물유통시설지원	120,000	9	6	7	8	7	4	1	2

순번	시군구	지출명 (사업명)	2024년예산 (단위 : 천원 /1년간)	민간이전 분류 (지방자치단체 세출예산 집행기준에 의거) 1. 민간경상사업보조(307-02) 2. 민간단체 법정운영비보조(307-03) 3. 민간행사사업보조(307-04) 4. 민간위탁금(307-05) 5. 사회복지시설 법정운영비보조(307-10) 6. 민간인위탁교육비(307-12) 7. 공기관등에대한경상적위탁사업비(308-13) 8. 민간자본사업보조,자체재원(402-01) 9. 민간자본사업보조,이전재원(402-02) 10. 민간위탁사업비(402-03) 11. 공기관등에 대한 자본적 위탁사업비(403-02)	민간이전지출 근거 (지방보조금 관리기준 참고) 1. 법률에 규정 2. 국고보조 재원(국가지정) 3. 용도 지정 기부금 4. 조례에 직접규정 5. 지자체가 권장하는 사업을 하는 공공기관 6. 시,도 정책 및 재정사정 7. 기타 8. 해당없음	입찰방식			운영예산 산정		성과평가 실시여부 1. 실시 2. 미실시 3. 향후 추진 4. 해당없음
						계약체결방법 (경쟁형태) 1. 일반경쟁 2. 제한경쟁 3. 지명경쟁 4. 수의계약 5. 법정위탁 6. 기타 ( ) 7. 없음	계약기간 1. 1년 2. 2년 3. 3년 4. 4년 5. 5년 6. 기타 ( )년 7. 단가계약 (1년미만) 8. 없음	낙찰자선정방법 1. 적격심사 2. 협상에의한계약 3. 최저가낙찰제 4. 규격가격분리 5. 2단계 경쟁입찰 6. 기타 ( ) 7. 없음	운영예산 산정 1. 내부산정 (지자체 자체적으로 산정) 2. 외부산정 (외부전문기관위탁 산정) 3. 내·외부 모두 산정 4. 산정 無 5. 없음	정산방법 1. 내부정산 (지자체 내부적으로 정산) 2. 외부정산 (외부전문기관위탁 정산) 3. 내·외부 모두 산정 4. 정산 無 5. 없음	
5278	충남 예산군	산림작물생산단지조성(공모신규)	120,000	9	2	7	8	7	5	5	4
5279	충남 예산군	가금농가육성사업	113,000	9	6	7	8	7	1	1	4
5280	충남 예산군	식량작물생산비절감지원사업(시설장비)	105,000	9	6	7	8	7	1	1	1
5281	충남 예산군	조사료생산부속장비지원	105,000	9	6	7	8	7	1	1	4
5282	충남 예산군	건설기계조기폐차사업	104,440	9	2	7	8	7	5	5	4
5283	충남 예산군	대련사공양간개축설계	100,000	9	2	7	8	7	2	1	4
5284	충남 예산군	식량작물생산비절감지원사업(시군자율)	100,000	9	6	7	8	7	1	1	1
5285	충남 예산군	배수불량논콩생산단지왕겨진형땅속배수기술시범	100,000	9	2	7	8	7	5	5	4
5286	충남 예산군	충남미래형다축산과원조성기술지원	98,000	9	6	7	8	7	5	5	4
5287	충남 예산군	농산물운반기지원사업	87,264	9	4	7	8	7	1	1	1
5288	충남 예산군	IoT설치지원	81,000	9	2	7	8	7	5	5	4
5289	충남 예산군	농업용드론(무인항공기)지원사업	80,000	9	4	7	8	7	1	1	4
5290	충남 예산군	시설과채류순환식수경재배양액재활용기술보급시범	80,000	9	2	7	8	7	5	5	4
5291	충남 예산군	소상공인영업장시설개선사업	80,000	9	6	7	8	7	1	1	1
5292	충남 예산군	한우농가사료배합기지원	75,000	9	6	7	8	7	1	1	4
5293	충남 예산군	동물사체처리시설지원	75,000	9	6	7	8	7	1	1	4
5294	충남 예산군	버섯재배시설	71,837	9	2	7	8	7	5	5	4
5295	충남 예산군	축산농가차단방역시설지원	71,200	9	6	7	8	7	1	1	4
5296	충남 예산군	고추비가림재배시설지원	70,000	9	2	4	8	7	5	1	1
5297	충남 예산군	밭작물안정생산단지육성기술지원시범사업	70,000	9	2	7	8	7	5	5	4
5298	충남 예산군	논타작물이모작작부체계안정생산기술지원시범사업	70,000	9	6	7	8	7	5	5	4
5299	충남 예산군	축사고온스트레스저감및퇴비화향상시범	70,000	9	6	7	8	7	5	5	4
5300	충남 예산군	위해요인제어전통장제조발효관리기술시범	70,000	9	2	7	8	7	5	5	4
5301	충남 예산군	현장중심형시설원예스마트농업기술지원사업	63,140	9	6	7	8	7	5	5	4
5302	충남 예산군	어린이집기능보강	60,000	9	1	7	8	7	5	1	4
5303	충남 예산군	밭식량작물특화단지육성지원	60,000	9	6	7	8	7	1	1	1
5304	충남 예산군	희망마을선행사업	60,000	9	4	6	1	7	1	1	1
5305	충남 예산군	조사료생산시설및장비지원	60,000	9	2	7	8	7	1	1	4
5306	충남 예산군	시설채소양액재배확대기술지원사업	56,000	9	6	7	8	7	5	5	4
5307	충남 예산군	사슴농가육성지원	53,000	9	6	7	8	7	1	1	4
5308	충남 예산군	산림작물생산단지조성(소액)	51,674	9	2	7	8	7	5	5	4
5309	충남 예산군	원유냉각기지원	50,000	9	6	7	8	7	1	1	4
5310	충남 예산군	청년농업인영농정착지원사업	50,000	9	6	7	8	7	5	5	4
5311	충남 예산군	선도청년농업인정예화성장지원사업	50,000	9	6	7	8	7	5	5	4
5312	충남 예산군	딸기삽목묘대량증식기술시범	50,000	9	6	7	8	7	5	5	4
5313	충남 예산군	개선형및보급형햇빛차단망기반조성	50,000	9	6	7	8	7	5	5	4
5314	충남 예산군	표고톱밥배지구입	49,951	9	2	7	8	7	5	5	4
5315	충남 예산군	원예작물신소재신농법영농가사업	48,000	9	4	4	8	7	5	1	1
5316	충남 예산군	수요자맞춤형치유농장대표모델육성	48,000	9	2	7	8	7	5	5	4
5317	충남 예산군	시설원예에너지절감시설지원	46,200	9	2	4	8	7	5	1	1

품명	내용년수	자산명	2024년 기준 (단위: 원/kg원)	1. 설치면적 등 (사업장폐기물배출시설기준(307-02)) 2. 오염물질배출량 (대기오염물질배출시설기준(307-03)) 3. 오염물질배출량(307-05) 4. 사업장배출 기준 5. 사업장배출 대기오염물질(307-10) 6. 오염물질배출 종별(307-12) 7. 오염물질배출 종별(308-13) 8. 오염물질배출 유해정도(402-01) 9. 오염물질배출 유해정도(402-02) 10. 대기오염물질(402-03) 11. 폐기물처리 대상 폐기물처리 대상사업(403-02)	계산기준 (배출량기준) 1. 배출량 2. 오염물질 배출 규모 3. 사업장 기준 4. 대기오염물질 5. 배출량 6. 기타 ( ) 7. 감지 8. 없음	위해성관리 (위해도) 1. 유해성 2. 위해도 3. 처리성 4. 처리기술 수준 5. 환경영향 6. 기타 ( ) 7. 해당없음	내수자산등급 1. 내부성 2. 사내영향 3. 사외영향 4. 시설가지 유지 5. 노후도 6. 기타 ( ) 7. 없음	경영자산 관리 1. 내부성 2. 사외영향 (사외적 영향력 등) 3. 시설가지 유지 4. 노후도 5. 기타 ( ) 6. 기타 ( ) 7. 없음	경영자산 관리 1. 내부성 2. 사외영향 (사외적 영향력 등) 3. 시설가지 유지 4. 노후도 5. 기타 ( ) 6. 기타 ( ) 7. 없음	예비조사 1. 필요 2. 이력재 3. 감지 4. 해당없음
5318	총괄 예비조사	가압펌프 시설(지수)	45,730	2	7	8	7	2	2	4
5319	총괄 예비조사	물탱크 청소기 시설	44,784	2	7	8	7	2	2	4
5320	총괄 예비조사	하수처리장 시설	44,000	6	7	8	7	1	1	4
5321	총괄 예비조사	정수처리 시설	43,200	2	7	8	7	2	2	4
5322	총괄 예비조사	이산가스 충전대설비 등 충전설비 시설	43,000	4	4	8	7	2	1	1
5323	총괄 예비조사	대형차 청소대설비 등 청소대설비 시설	40,000	2	7	8	7	2	2	4
5324	총괄 예비조사	환풍기가 시설	39,598	2	7	8	7	2	2	4
5325	총괄 예비조사	가정용 예비대설비 시설	37,400	2	4	8	7	2	1	1
5326	총괄 예비조사	소각장비	36,051	2	7	8	7	2	2	4
5327	총괄 예비조사	승부분배 시스템 시설 등	35,880	4	4	8	7	2	1	1
5328	총괄 예비조사	배수가 청소기 설비 등 배수가청소설비 시설	35,000	6	4	8	7	2	2	4
5329	총괄 예비조사	버스정류장소 등 정류장소설비 시설	35,000	6	4	8	7	2	2	4
5330	총괄 예비조사	다른 감정장치 장비 시설	30,900	4	7	8	7	1	1	1
5331	총괄 예비조사	승부물질설비 시 교환액설비 시설	30,000	6	7	8	7	2	2	4
5332	총괄 예비조사	대기오염 측정 건강설비 자료비	28,000	6	7	8	7	1	1	4
5333	총괄 예비조사	축구장 설비 등 축구설비	25,500	6	7	8	7	2	2	4
5334	총괄 예비조사	설비측정	25,010	2	7	8	7	2	2	4
5335	총괄 예비조사	RPC(시설) 설비 시설	25,000	6	7	8	7	1	1	1
5336	총괄 예비조사	경영종합정비 측정 설비 시설	25,000	2	7	8	7	2	2	4
5337	총괄 예비조사	내수설비 측정 자비시설	24,000	6	7	8	7	1	1	4
5338	총괄 예비조사	산림산림별 산림대성비지설(비시.신용)	22,500	2	4	8	7	2	1	1
5339	총괄 예비조사	이동가정설비 소수설비설비 측정 시설	21,000	6	7	8	7	2	2	4
5340	총괄 예비조사	승용품정비 도요설비 시설 시설	21,000	6	7	8	7	2	2	4
5341	총괄 예비조사	확보설비 설치 시설설비 측정 청소설치 기설 시설	21,000	6	6	8	7	2	2	4
5342	총괄 예비조사	바큐티기(경비) 내 급유 자비설비 총설비 설치설비 자비	20,000	1,4	7	8	7	1	1	2
5343	총괄 예비조사	승후 설립장 측정 시설	20,000	6	7	8	7	1	1	4
5344	총괄 예비조사	독특설비 이 측정설비 측정기 측정 측정장 측정 설치 기 시설	20,000	2	7	8	7	2	2	4
5345	총괄 예비조사	축구설비 사설 시설	19,500	6	7	8	7	1	1	4
5346	총괄 예비조사	(연기) 가스발전소(GHP) 대설비 측정 측정	18,900	2	7	8	7	2	2	4
5347	총괄 예비조사	측정장비 시설	17,570	2	7	8	7	2	2	4
5348	총괄 예비조사	승시 설립측정설비 시설 소요 측정 기설 시설	17,500	2	7	8	7	2	2	4
5349	총괄 예비조사	수송가정장비	16,362	2	7	8	7	2	2	4
5350	총괄 예비조사	자료설비측정시설	16,000	2	7	8	7	2	2	4
5351	총괄 예비조사	승기 측정시설 기가 설비 측정	15,752	1,2	7	8	7	1	1	3
5352	총괄 예비조사	측정 물정비 승 측정 측정 기가 측정	15,000	1,2	7	8	7	1	1	4
5353	총괄 예비조사	1 평면 측정 측정 경정 기정 측정	15,000	2	7	8	7	2	2	4
5354	총괄 예비조사	승 설비 측정 측정 측정 경정 기정 측정	15,000	6	7	8	7	2	2	4
5355	총괄 예비조사	세정 측정 측정(측정비)	14,560	2	7	8	7	2	2	4
5356	총괄 예비조사	내측정 측정 측정 측정비 측정 측정	14,000	4	7	8	7	2	2	4
5357	총괄 예비조사	내기측정 측정 측정 측정 측정 측정 측정 측정	14,000	6	7	8	7	2	2	4

순번	시군구	지출명 (사업명)	2024년예산 (단위: 천원/1년간)	민간이전 분류 (지방자치단체 세출예산 집행기준에 의거) 1. 민간경상사업보조(307-02) 2. 민간단체 법정운영비보조(307-03) 3. 민간행사업보조(307-04) 4. 민간위탁금(307-05) 5. 사회복지시설 법정운영비보조(307-10) 6. 민간인위탁교육비(307-12) 7. 공기관등에대한경상적위탁사업비(308-13) 8. 민간자본사업보조,자체재원(402-01) 9. 민간자본사업보조,이전재원(402-02) 10. 민간위탁사업비(402-03) 11. 공기관등에 대한 자본적 위탁사업비(403-02)	민간이전지출 근거 (지방보조금 관리기준 참고) 1. 법률에 규정 2. 국고보조 재원(국가지정) 3. 용도 지정 기부금 4. 조례에 직접규정 5. 지자체가 권장하는 사업을 하는 공공기관 6. 시,도 정책 및 재정사정 7. 기타 8. 해당없음	입찰방식 계약체결방법 (경쟁형태) 1. 일반경쟁 2. 제한경쟁 3. 지명경쟁 4. 수의계약 5. 법정위탁 6. 기타 ( ) 7. 없음	계약기간 1. 1년 2. 2년 3. 3년 4. 4년 5. 5년 6. 기타 ( )년 7. 단기계약 (1년미만) 8. 없음	낙찰자선정방법 1. 적격심사 2. 협상에의한계약 3. 최저가낙찰제 4. 규격가격분리 5. 2단계 경쟁입찰 6. 기타 ( ) 7. 없음	운영예산 산정 1. 내부산정 (지자체 자체적으로 산정) 2. 외부산정 (외부전문기관위탁 산정) 3. 내·외부 모두 산정 4. 산정 無 5. 없음	정산방법 1. 내부정산 (지자체 내부적으로 정산) 2. 외부정산 (외부전문기관위탁 정산) 3. 내·외부 모두 산정 4. 정산 無 5. 없음	성과평가 실시여부 1. 실시 2. 미실시 3. 향후 추진 4. 해당없음
5358	충남 예산군	스마트양봉사양관리기술지원	14,000	9	6	7	8	7	5	5	4
5359	충남 예산군	표고자목구입	13,780	9	2	7	8	7	5	5	4
5360	충남 예산군	주민수익형마을발전소설치지원	13,680	9	6	7	8	7	5	5	4
5361	충남 예산군	대추비가림시설	13,230	9	2	7	8	7	5	5	4
5362	충남 예산군	저장건조시설	12,011	9	2	7	8	7	5	5	4
5363	충남 예산군	야생동물피해예방사업	12,000	9	2	7	8	7	5	5	4
5364	충남 예산군	한우농가동결액보관고지원	12,000	9	6	7	8	7	1	1	4
5365	충남 예산군	공동주택옥상출입문자동개폐기설치사업	12,000	9	4	7	8	7	5	5	4
5366	충남 예산군	농업용급유기지원	11,310	9	4	7	8	7	1	1	1
5367	충남 예산군	신규국공립어린이집기자재비	10,000	9	1	7	8	7	5	5	4
5368	충남 예산군	어린이통학차량LPG차전환지원사업	10,000	9	2	7	8	7	5	5	4
5369	충남 예산군	IOT기반자동관리시스템	10,000	9	6	7	8	7	5	5	4
5370	충남 예산군	한우농가사료자동급이시설지원	10,000	9	6	7	8	7	5	5	4
5371	충남 예산군	밭작물매립형대면적스마트관수시스템기술시범	10,000	9	2	7	8	7	5	5	4
5372	충남 예산군	장애인주간보호센터기능보강사업	9,318	9	1	7	8	7	1	1	4
5373	충남 예산군	농작물병해충친환경방제기술시범사업	8,000	9	6	7	8	7	5	5	4
5374	충남 예산군	가정용저녹스보일러설치지원사업(저소득층)	7,200	9	2	7	8	7	5	5	4
5375	충남 예산군	한우농가카우브러쉬지원	6,250	9	6	7	8	7	5	5	4
5376	충남 예산군	농산물안전성PLS현장실천시범	6,000	9	6	7	8	7	5	5	4
5377	충남 예산군	급이기지원	5,000	9	6	7	8	7	1	1	4
5378	충남 예산군	신규HACCP등농가시설장비지원사업	5,000	9	2	7	8	7	1	1	4
5379	충남 예산군	기능성음용수생산시설지원	5,000	9	6	7	8	7	1	1	4
5380	충남 예산군	친환경임산물재배관리(유기질비료)	4,789	9	2	7	8	7	5	5	4
5381	충남 예산군	가축개량기자재지원	4,500	9	6	7	8	7	5	5	4
5382	충남 예산군	곤충농가기자재지원	4,000	9	6	7	8	7	1	1	4
5383	충남 예산군	염소산업육성지원	3,000	9	6	7	8	7	1	1	4
5384	충남 예산군	친환경임산물재배관리(토양개량제)	2,924	9	2	7	8	7	5	5	4
5385	충남 예산군	장애인거주시설공기청정기렌탈지원	2,840	9	2	7	8	7	1	1	4
5386	충남 예산군	보증기간경과장치성능유지관리사업	2,828	9	2	7	8	7	5	5	4
5387	충남 예산군	사료부패방지장치지원	2,500	9	6	7	8	7	1	1	4
5388	충남 예산군	밤노령목관리	2,084	9	2	7	8	7	5	5	4
5389	충남 예산군	말벌퇴치장비지원	600	9	2	7	8	7	1	1	4
5390	경상북도	배수개선(직접)	18,037,000	9	2	7	8	7	1	1	4
5391	경상북도	포항의료원기능특성화사업	10,880,000	9	2	5	1	7	3	3	1
5392	경상북도	포항의료원기능보강사업	9,124,000	9	2	5	1	7	3	3	1
5393	경상북도	김천의료원기능보강사업	3,660,000	9	2	5	1	7	3	3	1
5394	경상북도	김천의료원기능특성화사업	436,000	9	2	5	1	7	3	3	1
5395	경상북도	폭력피해여성주거지원임대보증금	200,000	9	2	7	8	7	5	1	4
5396	경상북도	과학기술활용주민공감지역문제해결사업민간자본보조(지특중앙)	112,500	9	1	7	8	7	5	3	1
5397	경상북도	청소년쉼터기능보강(도)	80,000	9	1	7	8	7	5	5	1

번호	사업구분	사업명	2024년예산 (단위: 백만원)	사업의 성격 (단위사업 목록 등)	계획서의 적절성	계획내용 타당성	계획의 실행성	성과지표 적절성	성과목표 적절성	종합평가
5398	정보화	경찰청공공언어 개선 시스템 구축	35,000		2	6	1	1	1	3	4
5399	정보화	경찰청정보시스템 운영유지관리	30,000		1	7	8	7	5	5	4
5400	정보화	경찰청정보시스템 운영유지관리	30,000		1	7	8	7	5	5	4
5401	정보화	경찰청정보시스템 운영유지관리	30,000		1	7	8	7	5	5	4
5402	정보화	지방경찰청기관경비	25,000		2	7	8	7	2	3	1
5403	정보화	이지드림365 유지관리	20,000		2	7	8	7	2	5	4
5404	정보화	행정업무시스템 기능고도화	18,000		2	7	8	7	2	1	4
5405	정보화	정보화기본경비	5,000		2	7	8	7	2	3	1
5406	정보화	기동경찰시스템 정보화장비임대사업(BTL)	12,809,000		4	1	7	6	1	3	1
5407	정보화	증거기록전자화등	11,466,777		4	7	7	7	1	2	4
5408	정보화	기동경찰시스템 정보화장비임대사업(BTL)	7,209,000		2	1	6	4	3	3	8
5409	정보화	기동경찰시스템 운영유지관리	7,200,000		1	6	4	7	3	3	4
5410	정보화	9가지업무시스템 운영유지관리사업(BTL)	6,644,000		2	1	6	7	3	3	1
5411	정보화	13가지업무시스템 운영유지관리사업(BTL)	5,055,000		2	1	6	7	3	3	1
5412	정보화	기동경찰시스템 운영 등	3,146,000		1	2	7	7	3	3	4
5413	정보화	운영유지관리체계 운영유지관리사업	1,667,000		6	7	8	7	5	5	4
5414	정보화	위성시스템기기관리사업	1,500,000		6	7	8	7	5	5	4
5415	정보화	경찰청정보시스템 운영유지관리	1,300,000		2	7	8	7	5	5	4
5416	정보화	사이버공안위원회지원	1,224,000		1	7	7	7	1	2	4
5417	정보화	경찰청정보시스템 운영지원사업	1,000,000		2	7	8	7	5	5	4
5418	정보화	수사지원시스템지원사업	900,000		1	7	8	7	5	5	4
5419	정보화	데이터센터운영관리사업	832,000		1	7	8	7	5	5	4
5420	정보화	선진경찰정보시스템중기기관관리사업	800,000		6	7	8	7	5	5	4
5421	정보화	정보시스템대외지원사업	609,000		4	6	6	6	5	2	4
5422	정보화	경찰청대통령경호지원사업	511,133		1	7	8	7	5	5	4
5423	정보화	종합안전관리지원사업	500,000		1	7	8	7	5	5	4
5424	정보화	이지드림기능활용지원사업	468,000		2	7	7	7	3	3	4
5425	정보화	경찰청정보통신운영관리사업	400,000		2	7	8	7	5	5	4
5426	정보화	경찰청정보통신기기관리사업	400,000		2	7	8	7	5	5	4
5427	정보화	종합보안관리센터	400,000		2	7	8	7	5	5	4
5428	정보화	경찰청사무용품관리대여기기	350,000		8	7	8	7	5	5	4
5429	정보화	경찰청청사등	311,906		2	6	1	1	1	1	1
5430	정보화	경찰청청사등관리CCTV관리	300,000		2	7	8	7	5	5	4
5431	정보화	정보교류관리사업	285,500		2	7	8	7	3	3	4
5432	정보화	경찰청정보시스템교환운영지원관리	276,000		2	7	8	7	3	3	4
5433	정보화	이지드림운영관리사업	240,000		1	7	8	7	5	5	4
5434	정보화	수사지원시스템운영사업	240,000		1	7	8	7	5	5	4
5435	정보화	정보통신인프라관련용역사업 <백본>	216,334		2	1	1	3	2	1	4
5436	정보화	종합상황실운영관리지원기관사업	200,000		2	7	8	7	2	5	4
5437	정보화	대체법인운영지원기기관리운영지원사업	200,000		2	7	8	7	5	5	4

순번	시군구	지출명 (사업명)	2024년예산 (단위: 천원/1년간)	민간이전 분류 (지방자치단체 세출예산 집행기준에 의거) 1. 민간경상사업보조(307-02) 2. 민간단체 법정운영비보조(307-03) 3. 민간행사사업보조(307-04) 4. 민간위탁금(307-05) 5. 사회복지시설 법정운영비보조(307-10) 6. 민간인위탁교육비(307-12) 7. 공기관등에대한경상적위탁사업비(308-13) 8. 민간자본사업보조,자체재원(402-01) 9. 민간자본사업보조,이전재원(402-02) 10. 민간위탁사업비(402-03) 11. 공기관등에 대한 자본적 위탁사업비(403-02)	민간이전지출 근거 (지방보조금 관리기준 참고) 1. 법률에 규정 2. 국고보조 재원(국가지정) 3. 용도 지정 기부금 4. 조례에 직접규정 5. 지자체가 권장하는 사업을 하는 공공기관 6. 시,도 정책 및 재정사정 7. 기타 8. 해당없음	입찰방식 계약체결방법 (경쟁형태) 1. 일반경쟁 2. 제한경쟁 3. 지명경쟁 4. 수의계약 5. 법정위탁 6. 기타 ( ) 7. 없음	계약기간 1. 1년 2. 2년 3. 3년 4. 4년 5. 5년 6. 기타 ( )년 7. 단가계약 (1년미만) 8. 없음	낙찰자선정방법 1. 적격심사 2. 협상에의한계약 3. 최저가낙찰제 4. 규격가격분리 5. 2단계 경쟁입찰 6. 기타 ( ) 7. 없음	운영예산 산정 1. 내부산정 (지자체 자체적으로 산정) 2. 외부산정 (외부전문기관위탁 산정) 3. 내·외부 모두 산정 4. 산정 無 5. 없음	정산방법 1. 내부정산 (지자체 내부적으로 정산) 2. 외부정산 (외부전문기관위탁 정산) 3. 내·외부 모두 정산 4. 정산 無 5. 없음	성과평가 실시여부 1. 실시 2. 미실시 3. 향후 추진 4. 해당없음
5438	경북 포항시	유망아열대작목품질고급화시범	200,000	9	6	7	8	7	5	5	4
5439	경북 포항시	수산물처리저장시설지원	198,906	9	1	7	8	7	5	5	4
5440	경북 포항시	노후기관장비설비교체지원<보조>	178,920	9	2	7	8	7	5	1	4
5441	경북 포항시	화재안전성능보강지원사업	178,000	9	1	7	8	7	1	1	4
5442	경북 포항시	산딸기생산기간연장기반조성시범	147,000	9	4	7	8	7	5	5	4
5443	경북 포항시	고석사방재시스템구축	144,000	9	2	7	8	7	5	5	4
5444	경북 포항시	양식장첨단기자재공급	133,333	9	1	7	8	7	3	3	4
5445	경북 포항시	어선장비지원사업<보조>	120,500	9	1	7	8	7	5	1	4
5446	경북 포항시	밀폐형수직농장활용딸기순수경재배시범	120,000	9	1	7	8	7	5	5	4
5447	경북 포항시	수산동물예방백신공급	103,000	9	2	7	8	7	5	5	4
5448	경북 포항시	포항보경사원진국사비석축정비	100,000	9	2	7	8	7	3	3	4
5449	경북 포항시	보경사서운암부도군보존처리	100,000	9	2	7	8	7	5	5	4
5450	경북 포항시	기후적응형내안정생산재배단지조성시범	100,000	9	1	7	8	7	5	5	4
5451	경북 포항시	배수불량논콩생산단지왕겨충진형땅속배수기술시범	100,000	9	1	7	8	7	5	5	4
5452	경북 포항시	정밀농업기반밀콩작부체계보급시범	100,000	9	1	7	8	7	5	5	4
5453	경북 포항시	마을어장관리사업	99,000	9	1	7	7	7	3	3	4
5454	경북 포항시	어구보증금제회수관리<보조>	89,000	9	2	7	8	7	5	1	4
5455	경북 포항시	토양개량제공급	84,809	9	2	7	8	7	5	5	4
5456	경북 포항시	중명리정사도유허비보수정비	80,000	9	2	7	8	7	5	5	4
5457	경북 포항시	시설과채류순환식수경재배양액재활용기술시범	80,000	9	1,2	7	8	7	5	5	4
5458	경북 포항시	경북육성신품종벼재배및저탄소단지육성	70,000	9	1	7	8	7	5	5	4
5459	경북 포항시	농가보급형특용작물수직다단양액재배기술시범	60,000	9	1,2	7	8	7	5	5	4
5460	경북 포항시	농업기술원육성겹질째먹는포도신품종보급시범	60,000	9	6	7	8	7	5	5	4
5461	경북 포항시	정밀농업구현과수스마트팜기반조성시범	50,000	9	2	7	8	7	5	5	4
5462	경북 포항시	장애인주택개조지원사업	49,000	9	1	7	8	7	5	5	4
5463	경북 포항시	어선부력판설치<보조>	46,833	9	1	7	8	7	5	1	4
5464	경북 포항시	활어위판장냉각해수공급시설설치지원	45,000	9	1	7	8	7	5	5	4
5465	경북 포항시	미헌리부운재보수정비(추가)	43,000	9	2	7	8	7	5	5	4
5466	경북 포항시	딸기수직재배기술보급시범	42,000	9	1	7	8	7	5	5	4
5467	경북 포항시	2024년시외버스터미널환경개선사업	40,000	9	1	4	7	7	3	3	4
5468	경북 포항시	대형육묘장상토지원사업	35,000	9	6	6	1	1	1	1	2
5469	경북 포항시	어선사고예방시스템구축<보조>	33,400	9	2	7	8	7	5	1	4
5470	경북 포항시	음식점미세먼지개선지원사업	33,300	9	6	7	8	7	5	5	4
5471	경북 포항시	한센간이양로주택기능보강<보조>	22,000	9	1	7	8	7	5	1	1
5472	경북 포항시	딸기육묘환경개선신기술보급시범	21,000	9	1	7	8	7	5	5	4
5473	경북 포항시	논온실가스감축을위한물관리와완효성비료복합기술시범	20,000	9	1	7	8	7	5	5	4
5474	경북 포항시	양송이의안정적인배지생산을위한살균후발효표준화기술보급시범	20,000	9	1,2	7	8	7	5	5	4
5475	경북 포항시	축종별맞춤형미네랄블록가축생산성향상시범	20,000	9	1,2	7	8	7	5	5	4
5476	경북 포항시	힐링원예프로그램운영	18,000	9	1	7	8	7	5	5	4
5477	경북 포항시	2024년고속버스터미널환경개선사업	12,000	9	1	4	7	7	3	3	4

순번	시군구	지출명 (사업명)	2024년예산 (단위 : 천원 /1년간)	민간이전 분류 (지방자치단체 세출예산 집행기준에 의거)	민간이전지출 근거 (지방보조금 관리기준 참고)	입찰방식 계약체결방법 (경쟁형태)	입찰방식 계약기간	입찰방식 낙찰자선정방법	운영예산 산정 운영예산 산정	운영예산 산정 정산방법	성과평가 실시여부
5478	경북 포항시	육묘상처리제지원사업	11,250	9	6	6	1	1	1	1	2
5479	경북 포항시	대형육묘장상토지원사업	10,000	9	6	7	8	7	5	5	4
5480	경북 포항시	육묘상처리제지원사업	3,750	9	6	7	8	7	5	5	4
5481	경북 경주시	전기자동차보급(승용)	4,939,000	9	1	7	8	7	5	5	3
5482	경북 경주시	도시가스배관망구축사업지원	4,889,508	9	4	5	1	7	5	1	1
5483	경북 경주시	전기자동차보급(화물)	3,024,000	9	1	7	8	7	5	5	3
5484	경북 경주시	수소자동차보급사업(청소차)	2,700,000	9	1	7	8	7	5	5	3
5485	경북 경주시	한옥수선등지원	2,214,000	9	2	7	8	7	1	1	4
5486	경북 경주시	유기질비료지원	2,073,902	9	6	7	8	7	5	5	4
5487	경북 경주시	기후변화대응신모델(경주형)연동하우스보급	1,600,000	9	1	7	8	7	5	5	4
5488	경북 경주시	수소자동차보급사업(승용)	1,430,000	9	1	7	8	7	5	5	3
5489	경북 경주시	수소자동차보급사업(화물)	1,350,000	9	1	7	8	7	5	5	3
5490	경북 경주시	중소형농기계공급	1,230,000	9	6	7	8	7	5	5	4
5491	경북 경주시	교통약자를위한저상버스구입지원	1,104,000	9	1	7	8	7	1	2	4
5492	경북 경주시	LPG소형저장탱크보급사업(야척마을)	969,024	9	4	7	1	7	2	1	3
5493	경북 경주시	토양개량제공급	897,067	9	6	7	8	7	5	5	4
5494	경북 경주시	건설기계엔진교체사업	825,000	9	1	7	8	7	5	5	3
5495	경북 경주시	농업대전환들녘특구조성	824,000	9	1	7	8	7	5	5	4
5496	경북 경주시	운행경유차매연저감장치(DPF)부착사업	759,000	9	1	7	8	7	5	5	3
5497	경북 경주시	원예소득작목육성지원	726,667	9	1	7	8	7	5	5	4
5498	경북 경주시	수소자동차보급사업(시내버스)	600,000	9	1	7	8	7	5	5	3
5499	경북 경주시	전기자동차보급(버스)	588,000	9	1	7	8	7	5	5	3
5500	경북 경주시	경주개동경이위탁관리	530,000	9	2	7	7	7	1	1	3
5501	경북 경주시	조사료경영체기계장비구입지원	504,000	9	2	7	7	7	1	1	3
5502	경북 경주시	신재생에너지건물지원사업	377,284	9	1	7	8	7	1	1	4
5503	경북 경주시	수소자동차보급사업(광역버스)	350,000	9	1	7	8	7	5	5	3
5504	경북 경주시	구제역예방구입비지원(전업농)	332,990	9	2	7	7	7	1	1	3
5505	경북 경주시	시내버스대폐차지원	285,000	9	1	7	8	7	1	2	4
5506	경북 경주시	꿀벌및화분매개벌스마트사육시설지원	280,000	9	1	7	8	7	5	5	4
5507	경북 경주시	국산양질조사료생산열풍건조시스템보급시범	270,000	9	1	7	8	7	5	5	4
5508	경북 경주시	면역강화용사료첨가제지원	264,000	9	6	7	7	7	1	1	3
5509	경북 경주시	과수고품질시설현대화사업	242,500	9	2	7	8	7	5	5	4
5510	경북 경주시	대규모벼재배농가대형농기계지원	220,000	9	6	7	8	7	5	5	4
5511	경북 경주시	방역인프라설치지원	215,975	9	2	7	7	7	1	1	3
5512	경북 경주시	명품쌀재배단지조성	189,980	9	6	7	8	7	5	5	4
5513	경북 경주시	경주개동경이사료비및방역비	189,650	9	2	7	7	7	1	1	3
5514	경북 경주시	신재생에너지주택지원사업	162,670	9	1	7	8	7	1	1	4
5515	경북 경주시	전국으뜸체리경쟁력향상시범	160,000	9	1	7	8	7	5	5	4
5516	경북 경주시	가뭄대응사료작물안전재배단지육성시범	160,000	9	1	7	8	7	5	5	4
5517	경북 경주시	폐사축처리기지원	150,000	9	6	7	7	7	1	1	3

순번	시군구	지출명 (사업명)	2024년예산 (단위 : 천원 /1년간)	민간이전 분류 (지방자치단체 세출예산 집행기준에 의거) 1. 민간경상사업보조(307-02) 2. 민간단체 법정운영비보조(307-03) 3. 민간행사사업보조(307-04) 4. 민간장학금(307-05) 5. 사회복지시설 법정운영비보조(307-10) 6. 민간위탁교육비(307-12) 7. 공기관등에대한경상적위탁사업비(308-13) 8. 민간자본사업보조,자체재원(402-01) 9. 민간자본사업보조,이전재원(402-02) 10. 민간위탁사업비(402-03) 11. 공기관등에 대한 자본적 위탁사업비(403-02)	민간이전지출 근거 (지방보조금 관리기준 참고) 1. 법률에 규정 2. 국고보조 재원(국가지정) 3. 용도 지정 기부금 4. 조례에 직접규정 5. 지자체가 권장하는 사업을 하는 공공기관 6. 시,도 정책 및 재정사정 7. 기타 8. 해당없음	입찰방식			운영예산 산정		성과평가 실시여부 1. 실시 2. 미실시 3. 향후 추진 4. 해당없음
						계약체결방법 (경쟁형태) 1. 일반경쟁 2. 제한경쟁 3. 지명경쟁 4. 수의계약 5. 법정위탁 6. 기타 ( ) 7. 없음	계약기간 1. 1년 2. 2년 3. 3년 4. 4년 5. 5년 6. 기타 ( )년 7. 단가계약 (1년미만) 8. 없음	낙찰자선정방법 1. 적격심사 2. 협상에의한계약 3. 최저가낙찰제 4. 규격가격분리 5. 2단계 경쟁입찰 6. 기타 ( ) 7. 없음	운영예산 산정 1. 내부산정 (지자체 자체적으로 산정) 2. 외부산정 (외부전문기관위탁 산정) 3. 내·외부 모두 산정 4. 산정 無 5. 없음	정산방법 1. 내부정산 (지자체 내부적으로 정산) 2. 외부정산 (외부전문기관위탁 정산) 3. 내·외부 모두 정산 4. 정산無 5. 없음	
5518	경북 경주시	경주개동경이혈통보존관리	150,000	9	2	7	7	7	1	1	3
5519	경북 경주시	한우등록비지원	138,000	9	6	7	7	7	1	1	3
5520	경북 경주시	산림작물생산단지소액	138,000	9	2	7	7	7	1	1	4
5521	경북 경주시	꿀벌화분지원	124,800	9	6	7	7	7	1	1	3
5522	경북 경주시	축산농가환경개선장비지원	120,000	9	6	7	7	7	1	1	3
5523	경북 경주시	지진안전시설물인증제지원사업	118,000	9	7	7	8	7	5	5	4
5524	경북 경주시	젖소더위방지용대형선풍기지원	117,000	9	6	7	7	7	1	1	3
5525	경북 경주시	대체과수품목육성지원사업	110,000	9	1	7	8	7	5	5	4
5526	경북 경주시	시설원예에너지절감시설보급지원	110,000	9	2	7	8	7	5	5	4
5527	경북 경주시	한우사료자동급이기지원	110,000	9	6	7	7	7	1	1	3
5528	경북 경주시	말산업전문인력양성기관지원	103,526	9	2	7	7	7	1	1	3
5529	경북 경주시	고품질퇴액비생산시설지원	102,000	9	6	7	7	7	1	1	3
5530	경북 경주시	전기굴착기보급	100,000	9	1	7	8	7	5	5	3
5531	경북 경주시	청년농부창농기반구축	100,000	9	6	7	8	7	5	5	4
5532	경북 경주시	수출용딸기품질고급화생산기술시범	100,000	9	1	7	8	7	5	5	4
5533	경북 경주시	생체정보연계환경관리토탈스마트팜기술시범	100,000	9	1	7	8	7	5	5	4
5534	경북 경주시	신선농산물예비수출단지육성	96,000	9	1	7	8	7	1	1	3
5535	경북 경주시	가스열펌프(GHP)저감장치부착지원	94,500	9	2	7	8	7	5	5	4
5536	경북 경주시	야생동물피해예방시설	90,000	9	2	7	8	7	5	1	3
5537	경북 경주시	경유향타발전동화	90,000	9	1	7	8	7	5	5	3
5538	경북 경주시	축산농가비상발전기지원	90,000	9	6	7	7	7	1	1	3
5539	경북 경주시	전기자동차보급(이륜)	88,000	9	1	7	8	7	5	5	3
5540	경북 경주시	혹서기재해예방냉방시설지원	87,500	9	6	7	7	7	1	1	3
5541	경북 경주시	원예작물생산성향상을위한생태적종합관리시범	80,000	9	1	7	8	7	5	5	4
5542	경북 경주시	ICT기반한우동물복지사양기술보급시범	80,000	9	1	7	8	7	5	5	4
5543	경북 경주시	양남면읍천1리마을회관개보수공사	75,000	9	1	7	8	7	5	5	4
5544	경북 경주시	양남면읍천2리마을회관증축공사	75,000	9	1	7	8	7	5	5	4
5545	경북 경주시	원유냉각기지원	75,000	9	6	7	7	7	1	1	3
5546	경북 경주시	축사환기시설지원	74,250	9	6	7	7	7	1	1	3
5547	경북 경주시	말산업전문인력양성기관지원	72,608	9	2	7	7	7	1	1	3
5548	경북 경주시	경북미래형사과원조성사업	72,000	9	1	7	8	7	5	5	4
5549	경북 경주시	벼육묘장(대형)지원	70,000	9	6	7	8	7	5	5	4
5550	경북 경주시	특용작물(버섯약용작물)생산시설현대화지원	70,000	9	2	7	8	7	5	5	4
5551	경북 경주시	청년농업인자립기반구축지원	70,000	9	1	7	8	7	5	5	4
5552	경북 경주시	과수봉철이상기상대응미온수살수시스템구축	70,000	9	1	7	8	7	5	5	4
5553	경북 경주시	축사악취감시설지원	68,000	9	6	7	7	7	1	1	3
5554	경북 경주시	중규모소독시설지원	65,000	9	6	7	7	7	1	1	3
5555	경북 경주시	문무대왕면어일1리상수도공사	62,884	9	1	7	8	7	5	5	4
5556	경북 경주시	가정용저녹스보일러보급사업	60,000	9	1	7	8	7	5	5	3
5557	경북 경주시	경유지게차전동화(리튬인산철배터리)	60,000	9	1	7	8	7	5	5	3

순번	시군구	지출명 (사업명)	2024년예산 (단위 : 천원 /1년간)	민간이전 분류 (지방자치단체 세출예산 집행기준에 의거) 1. 민간경상사업보조(307-02) 2. 민간단체 법정운영비보조(307-03) 3. 민간행사사업보조(307-04) 4. 민간위탁금(307-05) 5. 사회복지시설 법정운영비보조(307-10) 6. 민간인위탁교육비(307-12) 7. 공기관등에대한경상적위탁사업비(308-13) 8. 민간자본사업보조,자체재원(402-01) 9. 민간자본사업보조,이전재원(402-02) 10. 민간위탁사업비(402-03) 11. 공기관에 대한 자본적 위탁사업비(403-02)	민간이전지출 근거 (지방보조금 관리기준 참고) 1. 법률에 규정 2. 국고보조 재원(국가지정) 3. 용도 지정 기부금 4. 조례에 직접규정 5. 지자체가 권장하는 사업을 하는 공공기관 6. 시,도 정책 및 재정사정 7. 기타 8. 해당없음	계약체결방법 (경쟁형태) 1. 일반경쟁 2. 제한경쟁 3. 지명경쟁 4. 수의계약 5. 법정위탁 6. 기타 ( ) 7. 없음	계약기간 1. 1년 2. 2년 3. 3년 4. 4년 5. 5년 6. 기타 ( )년 7. 단기계약 (1년미만) 8. 없음	낙찰자선정방법 1. 적격심사 2. 협상에의한계약 3. 최저가낙찰제 4. 규격가격분리 5. 2단계 경쟁입찰 6. 기타 ( ) 7. 없음	운영예산 산정 (지자체 자체적으로 산정) 1. 내부산정 (지자체 내부적으로 산정) 2. 외부산정 (외부전문기관위탁 산정) 3. 내·외부 모두 산정 4. 산정 無 5. 없음	정산방법 1. 내부정산 (지자체 내부적으로 정산) 2. 외부정산 (외부전문기관위탁 정산) 3. 내·외부 모두 산정 4. 정산 無 5. 없음	성과평가 실시여부 1. 실시 2. 미실시 3. 향후 추진 4. 해당없음
5558	경북 경주시	경유지게차전동화(수소연료전지)	60,000	9	1	7	8	7	5	5	3
5559	경북 경주시	신선농산물수출경쟁력제고	60,000	9	1	7	8	7	1	1	3
5560	경북 경주시	어린이집환경개선비지원	60,000	9	4	7	8	7	1	1	2
5561	경북 경주시	무가당와인제조기술시범	60,000	9	2	7	8	7	5	5	4
5562	경북 경주시	한센간이양로주택기능보강	58,770	9	2	7	8	7	5	5	4
5563	경북 경주시	기업에너지고효율설비개선지원사업	57,960	9	1	7	8	7	5	5	4
5564	경북 경주시	비육용암소시장육성사업	57,600	9	6	7	8	7	1	1	3
5565	경북 경주시	문무대왕면용동2리폐교보수	53,559	9	1	7	8	7	5	5	4
5566	경북 경주시	문무대왕면입천리마을회관및경로당운동기구구입	53,029	9	1	7	8	7	5	5	4
5567	경북 경주시	노지체리개폐형간이비가림시설보급시범	52,500	9	1	7	8	7	5	5	4
5568	경북 경주시	감포읍대본3리마을상수도정비	50,600	9	1	7	8	7	5	5	4
5569	경북 경주시	감포읍대본1리마을상수도노후관로정비및유지보수	50,300	9	1	7	8	7	5	5	4
5570	경북 경주시	양남면하서1리광역상수도설치	50,000	9	1	7	8	7	5	5	4
5571	경북 경주시	청년농부육성지원	50,000	9	6	7	8	7	5	5	4
5572	경북 경주시	딸기신품종확대보급기술시범	50,000	9	1	7	8	7	5	5	4
5573	경북 경주시	국내육성트리티케일이용촉진을위한채종기술보급	50,000	9	1	7	8	7	5	5	4
5574	경북 경주시	복지시설고효율냉난방기교체사업	48,400	9	1	7	8	7	5	5	4
5575	경북 경주시	감포읍대본2리마을회관정비및소규모주민편익사업	48,000	9	1	7	8	7	5	5	4
5576	경북 경주시	수요자맞춤형치유농장대표모델육성	48,000	9	1	7	8	7	5	5	4
5577	경북 경주시	양봉벌통지원	46,500	9	6	7	7	7	1	1	3
5578	경북 경주시	젖소사료자동급이기지원	45,500	9	6	7	7	7	1	1	3
5579	경북 경주시	양남면하서3리상수도인입공사	45,000	9	1	7	8	7	5	5	4
5580	경북 경주시	벼재배생력화지원	45,000	9	6	7	8	7	5	5	4
5581	경북 경주시	노인복지시설열회수형환기장치설치지원사업	44,640	9	1	7	8	7	5	5	4
5582	경북 경주시	밭작물폭염(가뭄)피해예방사업	44,000	9	2	7	8	7	5	5	4
5583	경북 경주시	시설원예현대화지원	44,000	9	2	7	8	7	5	5	4
5584	경북 경주시	임산물생산기반조성(소액)	43,000	9	2	7	7	7	1	1	4
5585	경북 경주시	벼육묘장(소형)지원	42,000	9	6	7	8	7	5	5	4
5586	경북 경주시	딸기수직재배기술보급	42,000	9	1	7	8	7	5	5	4
5587	경북 경주시	문무대왕면송전2리버섯재배사내부시설공사	41,681	9	1	7	8	7	5	5	4
5588	경북 경주시	감포읍감포2리마을안길정비및마을회관보수	40,700	9	1	7	8	7	5	5	4
5589	경북 경주시	양남면하서2리상수도인입공사	40,000	9	1	7	8	7	5	5	4
5590	경북 경주시	양남면환서1리간이마을상수도인입공사	40,000	9	1	7	8	7	5	5	4
5591	경북 경주시	양남면기구리상수도인입공사	40,000	9	1	7	8	7	5	5	4
5592	경북 경주시	어린이통학차량LPG차전환지원	40,000	9	1	7	8	7	5	5	3
5593	경북 경주시	꿀벌면역증강제지원	40,000	9	6	7	7	7	1	1	3
5594	경북 경주시	한우친자확인사업	40,000	9	6	7	7	7	1	1	3
5595	경북 경주시	여객자동차터미널환경개선사업	40,000	9	4	7	8	7	1	1	2
5596	경북 경주시	양남면석촌리상수도인입공사	36,000	9	1	7	8	7	5	5	4
5597	경북 경주시	계란난좌지원	32,400	9	6	7	7	7	1	1	3

순번	시군구	지출명 (사업명)	2024년예산 (단위 : 천원 /1년간)	민간이전 분류	민간이전지출 근거	입찰방식			운영예산 산정		성과평가 실시여부
						계약체결방법 (경쟁형태)	계약기간	낙찰자선정방법	운영예산 산정	정산방법	
5598	경북 경주시	안개분무시설지원	32,000	9	6	7	7	7	1	1	3
5599	경북 경주시	자돈폐사율감소지원사업	31,680	9	6	7	7	7	1	1	3
5600	경북 경주시	고추비가림재배시설지원	30,500	9	2	7	8	7	5	5	4
5601	경북 경주시	PMNOx동시저감장치부착사업	30,000	9	1	7	8	7	5	5	3
5602	경북 경주시	학교급식지원센터수송차량지원	30,000	9	4	7	8	7	1	1	4
5603	경북 경주시	승마장환경개선사업	30,000	9	6	7	7	7	1	1	3
5604	경북 경주시	내병충성벼품종재배단지조성	30,000	9	1	7	8	7	5	5	4
5605	경북 경주시	감포읍전동리마을방송장비설치	29,400	9	1	7	8	7	5	5	4
5606	경북 경주시	감포읍팔조리마을건물태양광설치	29,000	9	1	7	8	7	5	5	4
5607	경북 경주시	감포읍오류4리모곡마을상수도급수공사	28,800	9	1	7	8	7	5	5	4
5608	경북 경주시	채밀카지원	28,000	9	6	7	7	7	1	1	3
5609	경북 경주시	시설원예광합성증대기술시범	28,000	9	1	7	8	7	5	5	4
5610	경북 경주시	감포읍오류2리마을방송장비설치및쉼터조성	26,700	9	1	7	8	7	5	5	4
5611	경북 경주시	감포읍오류3리마을회관정비	26,500	9	1	7	8	7	5	5	4
5612	경북 경주시	감포읍오류3리마을회관건물보수및당수나무주변정비	26,400	9	1	7	8	7	5	5	4
5613	경북 경주시	민간건축물내진보강비용지원사업	26,400	9	7	7	8	7	5	5	4
5614	경북 경주시	주택용펠릿보일러지원	25,480	9	2	7	7	7	1	1	4
5615	경북 경주시	축사단열처리지원	25,000	9	6	7	7	7	1	1	3
5616	경북 경주시	드론용비산저감AI노즐및분무장치신기술시범	25,000	9	1	7	8	7	5	5	4
5617	경북 경주시	과수생력화장비지원	24,500	9	1	7	8	7	5	5	4
5618	경북 경주시	한우암소유전체분석지원	24,300	9	1	7	7	7	1	1	3
5619	경북 경주시	우수여왕벌보급지원	24,000	9	2	7	7	7	1	1	3
5620	경북 경주시	양봉산물저온저장고지원	24,000	9	6	7	7	7	1	1	3
5621	경북 경주시	감포읍호동리마을환경미화사업	23,300	9	1	7	8	7	5	5	4
5622	경북 경주시	감포읍감포3리마을회관보수및집기구입	22,500	9	1	7	8	7	5	5	4
5623	경북 경주시	식량자급률제고지원	21,000	9	2	7	8	7	5	5	4
5624	경북 경주시	한우우군선형심사비지원	21,000	9	6	7	7	7	1	1	3
5625	경북 경주시	전세버스사각지대충돌예방장치설치지원	21,000	9	7	7	8	7	1	1	4
5626	경북 경주시	딸기육묘환경개선신기술보급시범	21,000	9	1	7	8	7	5	5	4
5627	경북 경주시	친환경악취감제지원	20,460	9	6	7	7	7	1	1	3
5628	경북 경주시	육절기지원사업	20,020	9	6	7	7	7	1	1	3
5629	경북 경주시	문무대왕면장항1리경로당화장실보수공사	20,000	9	1	7	8	7	5	5	4
5630	경북 경주시	문무대왕면안동1리공동창고마당포장공사	20,000	9	1	7	8	7	5	5	4
5631	경북 경주시	스마트농업현장컨설팅모델시범	20,000	9	1	7	8	7	5	5	4
5632	경북 경주시	토종벌종보전지원	19,200	9	6	7	7	7	1	1	3
5633	경북 경주시	감포읍감포1리마을회관보수(리모델링)및물품구입	18,400	9	1	7	8	7	5	5	4
5634	경북 경주시	문무대왕면장항2리마을회관보수	18,000	9	1	7	8	7	5	5	4
5635	경북 경주시	완속충전기설치지원사업	18,000	9	1	7	8	7	5	5	3
5636	경북 경주시	문무대왕면구길리마을상수도보수공사	17,238	9	1	7	8	7	5	5	4
5637	경북 경주시	문무대왕면구길리마을회관보수공사	16,390	9	1	7	8	7	5	5	4

순번	시군구	지출명 (사업명)	2024년예산 (단위 : 천원 /1년간)	민간이전 분류 (지방자치단체 세출예산 집행기준에 의거) 1. 민간경상사업보조(307-02) 2. 민간단체 법정운영비보조(307-03) 3. 민간행사사업보조(307-04) 4. 민간위탁금(307-05) 5. 사회복지시설 법정운영비보조(307-10) 6. 민간인위탁교육비(307-12) 7. 공기관등에대한경상적위탁사업비(308-13) 8. 민간자본사업보조,자체재원(402-01) 9. 민간자본사업보조,이전재원(402-02) 10. 민간위탁사업비(402-03) 11. 공기관에 대한 자본적 위탁사업비(403-02)	민간이전지출 근거 (지방보조금 관리기준 참고) 1. 법률에 규정 2. 국고보조 재원(국가지정) 3. 용도 지정 기부금 4. 조례에 직접규정 5. 지자체가 권장하는 사업을 하는 공공기관 6. 시,도 정책 및 재정사정 7. 기타 8. 해당없음	입찰방식			운영예산 산정		성과평가 실시여부 1. 실시 2. 미실시 3. 향후 추진 4. 해당없음
						계약체결방법 (경쟁형태) 1. 일반경쟁 2. 제한경쟁 3. 지명경쟁 4. 수의계약 5. 법정위탁 6. 기타 ( ) 7. 없음	계약기간 1. 1년 2. 2년 3. 3년 4. 4년 5. 5년 6. 기타 ( )년 7. 단기계약 (1년미만) 8. 없음	낙찰자선정방법 1. 적격심사 2. 협상에의한계약 3. 최저가낙찰제 4. 규격가격분리 5. 2단계 경쟁입찰 6. 기타 ( ) 7. 없음	운영예산 산정 1. 내부산정 (지자체 자체적으로 산정) 2. 외부산정 (외부전문기관위탁 산정) 3. 내·외부 모두 산정 4. 산정 無	정산방법 1. 내부정산 (지자체 내부적으로 정산) 2. 외부정산 (외부전문기관위탁 정산) 3. 내·외부 모두 정산 4. 정산 無 5. 없음	
5638	경북 경주시	문무대왕면구길리경로당보수공사	16,390	9	1	7	8	7	5	5	4
5639	경북 경주시	감포읍전촌1리마을회관및경로당유지보수	16,000	9	1	7	8	7	5	5	4
5640	경북 경주시	계란선별장냉방장치	16,000	9	6	7	7	7	1	1	3
5641	경북 경주시	샤인머스켓고품질장기저장기술시범	16,000	9	1	7	8	7	5	5	4
5642	경북 경주시	버섯재배사스마트팜환경관리기술시범	16,000	9	1	7	8	7	5	5	4
5643	경북 경주시	감포읍오류1리마을제당및건물보수	15,000	9	1	7	8	7	5	5	4
5644	경북 경주시	1톤화물차전동화개조	15,000	9	1	7	8	7	5	5	3
5645	경북 경주시	감포읍감포5리마을회관건물보수및마을안길정비	14,500	9	1	7	8	7	5	5	4
5646	경북 경주시	문무대왕면죽전리마을공동창고주변공사	14,349	9	1	7	8	7	5	5	4
5647	경북 경주시	자동사양기지원	14,000	9	6	7	7	7	1	1	3
5648	경북 경주시	바이오숯활용저탄소토양개량기술보급시범	14,000	9	6	7	8	7	5	5	4
5649	경북 경주시	감포읍전촌2리해수욕장주변정비	13,800	9	1	7	8	7	5	5	4
5650	경북 경주시	문무대왕면안동1리공동창고축대보강공사	13,785	9	1	7	8	7	5	5	4
5651	경북 경주시	감포읍나정2리마을회관및재실정비	13,400	9	1	7	8	7	5	5	4
5652	경북 경주시	감포읍나정1리당수나무주변정비	13,200	9	1	7	8	7	5	5	4
5653	경북 경주시	애누에공동사육비지원	13,200	9	1	7	8	7	5	5	4
5654	경북 경주시	문무대왕면용당리원당마을마을회관보수공사	13,000	9	1	7	8	7	5	5	4
5655	경북 경주시	축사관리용CCTV지원	13,000	9	6	7	7	7	1	1	3
5656	경북 경주시	문무대왕면용당리탑마을마을회관보수공사	12,663	9	1	7	8	7	5	5	4
5657	경북 경주시	양돈분만위생개선지원	12,480	9	1	7	7	7	1	1	3
5658	경북 경주시	축사환경개선용LED램프지원	12,000	9	6	7	7	7	1	1	3
5659	경북 경주시	대규모소독시설지원	12,000	9	6	7	7	7	1	1	3
5660	경북 경주시	다공질필름활용과수품질향상시범	12,000	9	1	7	8	7	5	5	4
5661	경북 경주시	유기농업자재지원	11,700	9	2	7	8	7	5	5	4
5662	경북 경주시	민속채소양채류육성지원	11,667	9	1	7	8	7	5	5	4
5663	경북 경주시	건설기계매연저감장치(DPF)부착사업	11,000	9	1	7	8	7	5	5	3
5664	경북 경주시	양잠산업육성지원	11,000	9	1	7	8	7	5	5	4
5665	경북 경주시	천북면화산2리마을회관창호교체공사(천북풍력기본)	10,635	9	4	7	8	7	5	5	4
5666	경북 경주시	문무대왕면장항1리경로당보수공사	10,000	9	1	7	8	7	5	5	4
5667	경북 경주시	양남면환서2리쉼터운동기구설치	10,000	9	1	7	8	7	5	5	4
5668	경북 경주시	농업계고졸업생창업비용지원	10,000	9	1	7	8	7	1	1	4
5669	경북 경주시	경북우수농산물브랜드화	10,000	9	1	7	8	7	5	5	3
5670	경북 경주시	임산물포장디자인개발및제작	10,000	9	6	7	7	7	1	1	4
5671	경북 경주시	토종벌통지원	9,600	9	1	7	8	7	5	5	3
5672	경북 경주시	문무대왕면장항1리경로당물품구입및내부리모델링공사	9,499	9	1	7	8	7	5	5	4
5673	경북 경주시	친환경농법종합지원	9,367	9	1	7	8	7	5	5	4
5674	경북 경주시	여성농업인농작업편의장비지원	8,750	9	2	7	8	7	5	5	4
5675	경북 경주시	문무대왕면호암리마을회관물품구입	8,105	9	1	7	8	7	5	5	4
5676	경북 경주시	벼육묘장개보수(소형)지원	8,000	9	6	7	8	7	5	5	4
5677	경북 경주시	우수여왕벌인공왕대지원	7,500	9	6	7	7	7	1	1	3

순번	시군구	지출명 (사업명)	2024년예산 (단위: 천원/1년간)	민간이전 분류 (지방자치단체 세출예산 집행기준에 의거) 1. 민간경상사업보조(307-02) 2. 민간단체 법정운영비보조(307-03) 3. 민간행사사업보조(307-04) 4. 민간위탁금(307-05) 5. 사회복지시설 법정운영비보조(307-10) 6. 민간인위탁교육비(307-12) 7. 공기관등에대한경상적위탁사업비(308-13) 8. 민간자본사업보조,자체재원(402-01) 9. 민간자본사업보조,이전재원(402-02) 10. 민간위탁사업비(402-03) 11. 공기관등에 대한 자본적 위탁사업비(403-02)	민간이전지출 근거 (지방보조금 관리기준 참고) 1. 법률에 규정 2. 국고보조 재원(국가지정) 3. 용도 지정 기부금 4. 조례에 직접규정 5. 지자체가 권장하는 사업을 하는 공공기관 6. 시,도 정책 및 재정사정 7. 기타 8. 해당없음	입찰방식 계약체결방법 (경쟁형태) 1. 일반경쟁 2. 제한경쟁 3. 지명경쟁 4. 수의계약 5. 법정위탁 6. 기타 ( ) 7. 없음	계약기간 1. 1년 2. 2년 3. 3년 4. 4년 5. 5년 6. 기타 ( )년 7. 단기계약 (1년미만) 8. 없음	낙찰자선정방법 1. 적격심사 2. 협상에의한계약 3. 최저가낙찰제 4. 규격가격분리 5. 2단계 경쟁입찰 6. 기타 ( ) 7. 없음	운영예산 산정 1. 내부산정 (지자체 자체적으로 산정) 2. 외부산정 (외부전문기관위탁 산정) 3. 내·외부 모두 산정 4. 산정 無 5. 없음	정산방법 1. 내부정산 (지자체 내부적으로 정산) 2. 외부정산 (외부전문기관위탁 정산) 3. 내·외부 모두 산정 4. 정산 無 5. 없음	성과평가 실시여부 1. 실시 2. 미실시 3. 향후 추진 4. 해당없음
5678	경북 경주시	감포읍오류4리보릿골배수로정비공사및모곡마을회관보수(희승풍력기본)	7,400	9	4	7	8	7	5	5	4
5679	경북 경주시	문무대왕면장항2리마을회관물품구입	7,000	9	1	7	8	7	5	5	4
5680	경북 경주시	과실생산비절감및품질제고지원	6,600	9	1	7	8	7	5	5	4
5681	경북 경주시	우량한우암소송아지생산장려금지원	6,400	9	6	7	7	7	1	1	3
5682	경북 경주시	인삼생약산업육성지원사업	5,000	9	1	7	8	7	5	5	4
5683	경북 경주시	골절기지원사업	4,928	9	6	7	7	7	1	1	3
5684	경북 경주시	말벌퇴치장비지원	4,800	9	2	7	7	7	1	1	3
5685	경북 경주시	보증기간경과장치성능유지관리	4,760	9	1	6	8	7	5	5	4
5686	경북 경주시	지역미술관장애인편의시설조성지원	4,500	9	1	7	8	7	1	1	4
5687	경북 경주시	안강읍산대1리경로당비품구입(두류발전소기본)	4,350	9	4	7	8	7	5	5	4
5688	경북 경주시	안강읍산대2리경로당비품구입(두류발전소기본)	4,350	9	4	7	8	7	5	5	4
5689	경북 경주시	안강읍산대3리경로당비품구입(두류발전소기본)	4,350	9	4	7	8	7	5	5	4
5690	경북 경주시	안강읍산대7리경로당비품구입(ESG발전소기본)	4,350	9	4	7	8	7	5	5	4
5691	경북 경주시	안강읍산대8리경로당비품구입(ESG발전소기본)	4,350	9	4	7	8	7	5	5	4
5692	경북 경주시	안강읍신대9리경로당비품구입(ESG발전소기본)	4,350	9	4	7	8	7	5	5	4
5693	경북 경주시	안강읍산대1리경로당비품구입(ESG발전소기본)	4,350	9	4	7	8	7	5	5	4
5694	경북 경주시	안강읍산대4리경로당비품구입(두류발전소기본)	4,250	9	4	7	8	7	5	5	4
5695	경북 경주시	감포읍대본2리마을운동기구구입(월성태양광기본)	4,020	9	4	7	8	7	5	5	4
5696	경북 경주시	불국동중리경로당비품구입(경주풍력기본)	3,625	9	4	7	8	7	5	5	4
5697	경북 경주시	천북면화산1리마을회관창호교체공사(호림풍력기본)	2,231	9	4	7	8	7	5	5	4
5698	경북 경주시	육계사깔짚지원	1,750	9	2	7	7	7	1	1	3
5699	경북 경주시	천북면화산1리마을회관창호교체공사(강동풍력기본)	1,450	9	4	7	8	7	5	5	4
5700	경북 경주시	현곡면래태1리마을회관비품구입(두류발전소기본)	1,300	9	4	7	8	7	5	5	4
5701	경북 경주시	현곡면래태1리마을회관비품구입(ESG발전소기본)	1,100	9	4	7	8	7	5	5	4
5702	경북 경주시	안강읍산대4리경로당비품구입(ESG발전소기본)	100	9	4	7	8	7	5	5	4
5703	경북 경주시	친환경임산물재배관리	100	9	2	7	7	7	1	1	4
5704	경북 영천시	유기질비료지원사업	3,089,880	9	1	7	8	7	1	1	4
5705	경북 영천시	중소형농업기계공급지원	710,000	9	1	7	8	7	5	5	4
5706	경북 영천시	꿀벌및화분매개벌스마트사육시설지원	400,000	9	2	7	8	7	5	5	4
5707	경북 영천시	방역인프라설치지원	299,975	9	2	6	1	6	4	1	1
5708	경북 영천시	도)청년농부창농기반구축	200,000	9	6	7	8	7	5	5	4
5709	경북 영천시	말산업특구지원	160,000	9	2	6	1	6	4	1	1
5710	경북 영천시	지역농업CEO발전기반구축지원사업	108,000	9	6	7	8	7	5	5	4
5711	경북 영천시	대규모벼재배농가대형농기계지원	100,000	9	1	7	8	7	5	5	4
5712	경북 영천시	대규모벼재배농가대형농기계지원	100,000	9	1	7	8	7	5	5	4
5713	경북 영천시	동계작물후작지역맞춤형단기성벼생산단지조성시범	100,000	9	2	7	8	7	5	5	4
5714	경북 영천시	지역특화시험사업(고품질국산조생종사과재배단지육성)	88,000	9	1	7	8	7	5	5	4
5715	경북 영천시	전문인력양성사업	82,608	9	2	6	1	6	4	1	1
5716	경북 영천시	도)청년농업인드론활용병해충방제단운영	70,000	9	6	7	8	7	5	5	4
5717	경북 영천시	경북도육성신품종포도수출시범단지조성	70,000	9	1	7	8	7	5	5	4

순번	시군구	지출명 (사업명)	2024년예산 (단위 : 천원 /1년간)	민간이전 분류 (지방자치단체 세출예산 집행기준에 의거)	민간이전지출 근거 (지방보조금 관리기준 참고)	입찰방식			운영예산 산정		성과평가 실시여부
						계약체결방법 (경쟁형태)	계약기간	낙찰자선정방법	운영예산 산정	정산방법	
5718	경북 영천시	양잠산업육성지원	68,000	9	6	7	8	7	5	5	4
5719	경북 영천시	우사에어제트팬및측벽배기팬설치시범	60,000	9	2	7	8	7	5	5	4
5720	경북 영천시	(국)작목별맞춤형안전관리실천시범	50,000	9	2	7	8	7	5	5	4
5721	경북 영천시	신기술시범사업(복숭아선별장미세먼지저감기술시범)	50,000	9	2	7	8	7	5	5	4
5722	경북 영천시	파속채소신품종안정생산기술시범	50,000	9	2	7	8	7	5	5	4
5723	경북 영천시	난지형마늘수집형수확기신기술시범	50,000	9	2	7	8	7	5	5	4
5724	경북 영천시	스마트팜작업자추종운반로봇시범보급	50,000	9	2	7	8	7	5	5	4
5725	경북 영천시	식량자급률제고지원사업	42,000	9	4	7	8	7	5	5	4
5726	경북 영천시	방역시설설치지원(중규모소독시설)	37,000	9	6	6	1	6	4	1	1
5727	경북 영천시	경북미래형2축형사과원조성시범	35,000	9	1	7	8	7	5	5	4
5728	경북 영천시	승마장환경개선사업	30,000	9	6	6	1	6	4	1	1
5729	경북 영천시	밭작물폭염(가뭄)피해예방사업	25,200	9	4	7	8	7	5	5	4
5730	경북 영천시	6차산업경영체경쟁력강화지원	25,000	9	6	7	8	7	5	1	4
5731	경북 영천시	드론용비산저감AI노즐및분무장치신기술시범	25,000	9	2	7	8	7	5	5	4
5732	경북 영천시	축산물유통안전성제고사업	24,948	9	6	6	1	6	4	1	1
5733	경북 영천시	전통식품브랜드경쟁력제고사업	21,000	9	6	7	8	7	5	1	4
5734	경북 영천시	채밀카지원	21,000	9	6	6	1	6	4	1	1
5735	경북 영천시	딸기육묘환경개선장치설치	21,000	9	1	7	8	7	5	5	4
5736	경북 영천시	벼재배생력화지원사업	17,250	9	4	7	8	7	5	5	4
5737	경북 영천시	샤인머스캣고품질장기저장기술시범	16,000	9	1	7	8	7	5	5	4
5738	경북 영천시	양봉산물저온저장고지원	15,000	9	6	6	1	6	4	1	1
5739	경북 영천시	축산물유통차량지원	15,000	9	6	6	1	6	4	1	1
5740	경북 영천시	누에사육환경개선기술시범	15,000	9	2	7	8	7	5	5	4
5741	경북 영천시	벼육묘농자재지원	14,100	9	4	7	8	7	5	5	4
5742	경북 영천시	교미교란제활용과수해충방제시범	14,000	9	1	7	8	7	5	5	4
5743	경북 영천시	토종벌종보전지원	12,800	9	6	6	1	6	4	1	1
5744	경북 영천시	노후스마트팜A/S및컨설팅지원	10,000	9	1	7	8	7	5	5	4
5745	경북 영천시	스마트HACCP구축보급지원	9,000	9	1	7	8	7	5	5	4
5746	경북 영천시	결혼이민자농가소득증진지원	8,000	9	1	7	8	7	5	5	4
5747	경북 영천시	여성농업인농작업편의장비지원	7,500	9	4	7	8	7	5	5	4
5748	경북 영천시	염소농가기자재지원	7,500	9	6	6	1	6	4	1	1
5749	경북 영천시	농산물가공활성화지원	5,000	9	7	7	8	7	5	5	4
5750	경북 영천시	농업기술원육성복숭아신품종농가조기보급시범	4,000	9	1	7	8	7	5	5	4
5751	경북 영천시	시설원예신재생에너지시설보급지원	2,800,000	9	2	7	8	7	5	5	4
5752	경북 영천시	FTA기금과수고품질시설현대화사업	2,625,000	9	1	7	8	7	1	1	2
5753	경북 영천시	농산물생산유통기반구축지원	700,000	9	4	7	8	7	5	1	4
5754	경북 영천시	원예소득작목육성지원	334,333	9	6	7	8	7	1	1	1
5755	경북 영천시	농산물저온유통센터구축지원	240,000	9	4	7	8	7	5	1	4
5756	경북 영천시	농가형저온저장고설치	224,000	9	4	7	8	7	5	1	2
5757	경북 영천시	깨끗한축산환경지원	183,000	9	4	6	1	6	4	1	1

순번	시군구	지출명 (사업명)	2024년예산 (단위 : 천원/1년간)	민간이전 분류 (지방자치단체 세출예산 집행기준에 의거) 1. 민간경상사업보조(307-02) 2. 민간단체 법정운영비보조(307-03) 3. 민간행사사업보조(307-04) 4. 민간위탁금(307-05) 5. 사회복지시설 법정운영비보조(307-10) 6. 민간위탁교육비(307-12) 7. 공기관등에대한경상적위탁사업비(308-13) 8. 민간자본사업보조,자체재원(402-01) 9. 민간자본사업보조,이전재원(402-02) 10. 민간위탁사업비(402-03) 11. 공기관등에 대한 자본적 위탁사업비(403-02)	민간이전지출 근거 (지방보조금 관리기준 참고) 1. 법률에 규정 2. 국고보조 재원(국가지정) 3. 용도 지정 기부금 4. 조례에 직접규정 5. 지자체가 권장하는 사업을 하는 공공기관 6. 시,도 정책 및 재정사정 7. 기타 8. 해당없음	계약체결방법 (경쟁형태) 1. 일반경쟁 2. 제한경쟁 3. 지명경쟁 4. 수의계약 5. 법정위탁 6. 기타 ( ) 7. 없음	계약기간 1. 1년 2. 2년 3. 3년 4. 4년 5. 5년 6. 기타 ( )년 7. 단기계약 (1년미만) 8. 없음	낙찰자선정방법 1. 적격심사 2. 협상에의한계약 3. 최저가낙찰제 4. 규격가격분리 5. 2단계 경쟁입찰 6. 기타 ( ) 7. 없음	운영예산 산정 1. 내부산정 (지자체 자체적으로 산정) 2. 외부산정 (외부전문기관위탁 산정) 3. 내·외부 모두 산정 4. 산정 無 5. 없음	정산방법 1. 내부정산 (지자체 내부적으로 정산) 2. 외부정산 (외부전문기관위탁 정산) 3. 내·외부 모두 정산 4. 정산 無 5. 없음	성과평가 실시여부 1. 실시 2. 미실시 3. 향후 추진 4. 해당없음
5758	경북 영천시	폐사축처리기	150,000	9	6	6	1	6	4	1	1
5759	경북 영천시	돈사환기구악취저감시설지원	150,000	9	4	6	1	6	4	1	1
5760	경북 영천시	밭작물공동경영체육성지원사업(포도)	135,000	9	2	7	8	7	5	5	4
5761	경북 영천시	특용작물시설현대화지원	113,000	9	2	7	8	7	1	1	1
5762	경북 영천시	대체과수품목육성지원	110,000	9	4	7	8	7	1	1	2
5763	경북 영천시	과수생력화장비지원사업	88,000	9	4	7	8	7	1	1	2
5764	경북 영천시	축산농가환경개선장비지원	80,000	9	6	6	1	6	4	1	1
5765	경북 영천시	경북미래형사과원조성사업	72,000	9	4	7	8	7	5	5	4
5766	경북 영천시	국)무가당와인제조기술시범사업	60,000	9	2	7	8	7	1	1	4
5767	경북 영천시	가축음용수처리기지원	60,000	9	6	6	1	6	4	1	1
5768	경북 영천시	퇴비부숙기지원	55,000	9	4	6	1	6	4	1	1
5769	경북 영천시	인삼생약산업육성지원	53,333	9	6	7	8	7	1	1	1
5770	경북 영천시	한우사료자동이기지원	50,000	9	6	6	1	6	4	1	1
5771	경북 영천시	비상발전기지원	45,000	9	6	6	1	6	4	1	1
5772	경북 영천시	미세폭기지원	35,000	9	4	6	1	6	4	1	1
5773	경북 영천시	축산환경개선사업	30,000	9	4	6	1	6	4	1	1
5774	경북 영천시	민속채소양채류육성지원	26,667	9	6	7	8	7	1	1	1
5775	경북 영천시	과수분야스마트팜확산사업	23,350	9	4	7	8	7	5	5	4
5776	경북 영천시	비육암소시자육성지원	18,000	9	4	6	1	6	4	1	1
5777	경북 영천시	축사관리용CCTV지원	14,000	9	6	6	1	6	4	1	1
5778	경북 영천시	젖소대형선풍기지원	12,000	9	6	6	1	6	4	1	1
5779	경북 영천시	젖소유전체분석사업	9,900	9	4	6	1	6	4	1	1
5780	경북 영천시	원유냉각기지원	7,500	9	6	6	1	6	4	1	1
5781	경북 영천시	젖소사료자동이기	6,500	9	4	6	1	6	4	1	1
5782	경북 영천시	화훼생산시설경쟁력제고지원	6,000	9	6	7	8	7	1	1	1
5783	경북 영천시	국)전기자동차보급	5,262,600	9	2	7	8	7	5	5	4
5784	경북 영천시	은해사요사채및문화유산관리자지원시설	2,363,000	9	1	7	8	7	5	5	4
5785	경북 영천시	국)운행경유차배출저감사업	1,605,900	9	2	7	8	7	5	5	4
5786	경북 영천시	LPG소형저장탱크보급사업(화북자천1리2리)	1,583,109	9	1	7	8	7	5	5	4
5787	경북 영천시	도시가스미공급지역지원사업	1,141,680	9	1	7	8	7	5	5	4
5788	경북 영천시	도)신재생에너지건물지원사업	926,000	9	1	7	8	7	5	5	4
5789	경북 영천시	영천은해사청동북및북걸이기암요사채개축	775,000	9	1	7	8	7	5	5	4
5790	경북 영천시	국)운행경유차배출저감사업(자본)	764,000	9	2	7	8	7	5	5	4
5791	경북 영천시	영천거조사영산전종무소해체보수	480,000	9	1	7	8	7	5	5	4
5792	경북 영천시	국공립어린이집확충(장기임차)	200,000	9	2	7	8	7	1	1	1
5793	경북 영천시	도)신재생에너지주택지원사업	164,100	9	1	7	8	7	5	5	4
5794	경북 영천시	야생동물피해예방사업	142,900	9	1,2	7	7	7	1	1	1
5795	경북 영천시	은해사운부암조실채진입로포장	135,000	9	1	7	8	7	5	5	4
5796	경북 영천시	은해사대웅전학예동내부보수공사	134,600	9	1	7	8	7	5	5	4
5797	경북 영천시	영천거조사영산전방범시설개선	126,000	9	1	7	8	7	5	5	4

순번	시군구	지출명 (사업명)	2024년예산 (단위 : 천원 /1년간)	민간이전 분류 (지방자치단체 세출예산 집행기준에 의거) 1. 민간경상사업보조(307-02) 2. 민간단체 법정운영비보조(307-03) 3. 민간행사업보조(307-04) 4. 민간위탁금(307-05) 5. 사회복지시설 법정운영비보조(307-10) 6. 민간위탁교육비(307-12) 7. 공기관등에대한경상적위탁사업비(308-13) 8. 민간자본사업보조,자체재원(402-01) 9. 민간자본사업보조,이전재원(402-02) 10. 민간위탁사업비(402-03) 11. 공기관등에 대한 자본적 위탁사업비(403-02)	민간이전지출 근거 (지방보조금 관리기준 참고) 1. 법률에 규정 2. 국고보조 재원(국가지정) 3. 용도 지정 기부금 4. 조례에 직접규정 5. 지자체가 권장하는 사업으로 하는 공공기관 6. 시,도 정책 및 재정사정 7. 기타 8. 해당없음	입찰방식			운영예산 산정		성과평가 실시여부 1. 실시 2. 미실시 3. 향후 추진 4. 해당없음
						계약체결방법 (경쟁형태) 1. 일반경쟁 2. 제한경쟁 3. 지명경쟁 4. 수의계약 5. 법정위탁 6. 기타 ( ) 7. 없음	계약기간 1. 1년 2. 2년 3. 3년 4. 4년 5. 5년 6. 기타 ( )년 7. 단기계약 (1년미만) 8. 없음	낙찰자선정방법 1. 적격심사 2. 협상에의한계약 3. 최저가낙찰제 4. 규격가격분리 5. 2단계 경쟁입찰 6. 기타 ( ) 7. 없음	운영예산 산정 1. 내부산정 (지자체 자체적으로 산정) 2. 외부산정 (외부전문기관위탁 산정) 3. 내·외부 모두 산정 4. 산정 無 5. 없음	정산방법 1. 내부정산 (지자체 내부적으로 정산) 2. 외부정산 (외부전문기관위탁 정산) 3. 내·외부 모두 산정 4. 정산 無 5. 없음	
5798	경북 영천시	국)전기굴착기보급사업	100,000	9	2	7	8	7	5	5	4
5799	경북 영천시	영천진불암석축보수	98,300	9	1	7	8	7	5	5	4
5800	경북 영천시	국)가정용저녹스보일러보급사업	60,000	9	2	7	8	7	5	5	4
5801	경북 영천시	영천거조사영산전누마루보수	50,000	9	1	7	8	7	5	5	4
5802	경북 영천시	영천은해사운부암금동보살좌상소방시설구축실시설계용역	30,000	9	1	7	8	7	5	5	4
5803	경북 영천시	국)어린이통학차량LPG전환지원사업	20,000	9	2	7	8	7	5	5	4
5804	경북 영천시	국공립어린이집확충(기자재구입비)	20,000	9	2	7	8	7	1	1	4
5805	경북 영천시	국)가스열펌프(GHP)저감장치부착지원사업	18,900	9	2	7	8	7	5	5	4
5806	경북 영천시	도)복지시설에너지절약사업	15,625	9	7	7	8	7	5	5	4
5807	경북 영천시	민간건축물내진보강비용지원사업	12,000	9	2	7	8	7	5	5	4
5808	경북 영천시	도)전기자동차완속충전기설치지원사업	8,000	9	6	7	8	7	5	5	4
5809	경북 영천시	도)민간분야노인일자리사업개발지원(자본)	8,000	9	4	7	8	7	5	5	4
5810	경북 영천시	국)운행경유차보증기간경과장치성능유지관리	6,568	9	2	5	8	7	5	5	4
5811	경북 김천시	전기자동차보급(민간부문)	11,082,000	9	2	7	8	7	5	5	4
5812	경북 김천시	지방투자촉진보조금지원사업	5,270,201	9	1	7	8	7	5	3	4
5813	경북 김천시	직지사유물수장고신축(3차)	3,805,000	9	2	7	8	7	5	5	4
5814	경북 김천시	과수고품질시설현대화사업(FTA기금사업)	2,450,000	9	2	7	8	7	5	1	1
5815	경북 김천시	수소자동차보급(민간부문)	1,160,000	9	2	7	8	7	5	5	4
5816	경북 김천시	경로당신축사업	970,000	9	4	7	8	7	1	1	1
5817	경북 김천시	중소형농기계공급	943,000	9	1	7	8	7	5	1	1
5818	경북 김천시	밭작물공동경영체육성지원	900,000	9	2	7	8	7	5	1	1
5819	경북 김천시	직지사소방시설구축(1차)	600,000	9	2	7	8	7	5	5	4
5820	경북 김천시	백두대간주민소득지원사업	540,000	9	2	7	8	7	5	5	4
5821	경북 김천시	다수동이로리경로당신축사업	500,000	9	4	7	8	7	1	1	1
5822	경북 김천시	노후경유차매연저감장치(DPF)부착지원	495,000	9	2	7	8	7	5	5	4
5823	경북 김천시	노후건설기계엔진교체지원	495,000	9	2	7	8	7	5	5	4
5824	경북 김천시	남면운남1리경로당신축사업	470,000	9	4	7	8	7	1	1	1
5825	경북 김천시	용화사요사채증축	400,000	9	2	7	8	7	5	5	4
5826	경북 김천시	청암사수도암선원보수	385,000	9	2	7	8	7	5	5	4
5827	경북 김천시	신재생에너지건물지원사업	359,900	9	2	7	8	7	1	1	4
5828	경북 김천시	계림사대웅전앞석축및담장정비	320,000	9	2	7	8	7	5	5	4
5829	경북 김천시	남산지구도시재생노후주택환경정비(집수리지원)35가구	289,020	9	2	2	1	1	1	1	1
5830	경북 김천시	원예소득작목육성지원	239,333	9	1	7	8	7	5	1	1
5831	경북 김천시	신흥사요사채개축공사(2차)	234,000	9	2	7	8	7	5	5	4
5832	경북 김천시	석재산업진흥기반구축및산업활성화	217,000	9	2	7	8	7	5	5	4
5833	경북 김천시	청년농부창업기반구축	200,000	9	1	7	8	7	5	1	1
5834	경북 김천시	직지사명적암월산명가내부보수	180,000	9	1	7	8	7	5	5	4
5835	경북 김천시	야생동물피해예방사업	180,000	9	2	7	8	7	1	1	2
5836	경북 김천시	깨끗한축산환경지원(고속건조발효기)	180,000	9	1	7	8	7	3	1	1
5837	경북 김천시	도시가스미공급지역지원사업	172,400	9	6	7	8	7	1	1	4

- 310 -

순번	시군구	지출명 (사업명)	2024년예산 (단위 : 천원 /1년간)	민간이전 분류 (지방자치단체 세출예산 집행기준에 의거) 1. 민간경상사업보조(307-02) 2. 민간단체 법정운영비보조(307-03) 3. 민간행사사업보조(307-04) 4. 민간위탁금(307-05) 5. 사회복지시설 법정운영비보조(307-10) 6. 민간인위탁교육비(307-12) 7. 공기관등에대한경상적위탁사업비(308-13) 8. 민간자본사업보조,자체재원(402-01) 9. 민간자본사업보조,이전재원(402-02) 10. 민간위탁사업비(402-03) 11. 공기관등에 대한 자본적 위탁사업비(403-02)	민간이전지출 근거 (지방보조금 관리기준 참고) 1. 법률에 규정 2. 국고보조 재원(국가지정) 3. 용도 지정 기부금 4. 조례에 직접규정 5. 지자체가 권장하는 사업을 하는 공공기관 6. 시,도 정책 및 재정사정 7. 기타 8. 해당없음	입찰방식 계약체결방법 (경쟁형태) 1. 일반경쟁 2. 제한경쟁 3. 지명경쟁 4. 수의계약 5. 법정위탁 6. 기타 ( ) 7. 없음	계약기간 1. 1년 2. 2년 3. 3년 4. 4년 5. 5년 6. 기타 ( )년 7. 단기계약 (1년미만) 8. 없음	낙찰자선정방법 1. 적격심사 2. 협상에의한계약 3. 최저가낙찰제 4. 규격가격분리 5. 2단계 경쟁입찰 6. 기타 ( ) 7. 없음	운영예산 산정 1. 내부산정 (지자체 자체적으로 산정) 2. 외부산정 (외부전문기관위탁 산정) 3. 내·외부 모두 산정 4. 산정 無 5. 없음	정산방법 1. 내부정산 (지자체 내부적으로 정산) 2. 외부정산 (외부전문기관위탁 정산) 3. 내·외부 모두 산정 4. 정산 無 5. 없음	성과평가 실시여부 1. 실시 2. 미실시 3. 향후 추진 4. 해당없음
5838	경북 김천시	농가형저온저장고설치	168,000	9	1	7	8	7	5	1	1
5839	경북 김천시	청암사교량보수(2차)	160,000	9	2	7	8	7	5	5	4
5840	경북 김천시	개운사대웅전지붕보수및주변정비	150,000	9	4	7	8	7	5	5	4
5841	경북 김천시	리모델링비지원	150,000	9	5	7	5	7	5	5	4
5842	경북 김천시	비파괴당도계구입비지원	150,000	9	4	7	8	7	5	1	1
5843	경북 김천시	스마트가축시장플랫폼구축	150,000	9	1	7	8	7	3	1	1
5844	경북 김천시	신재생에너지주택지원사업	143,920	9	2	7	8	7	1	1	4
5845	경북 김천시	특용작물(버섯,약용작물)생산시설현대화지원	135,000	9	2	7	8	7	5	1	1
5846	경북 김천시	청암사수도암교량보수설계	132,000	9	2	7	8	7	5	5	4
5847	경북 김천시	지역농업CEO발전기전기반구축지원	120,000	9	1	7	8	7	5	1	4
5848	경북 김천시	CCTV등방역인프라설치지원	119,975	9	2	7	8	7	1	1	1
5849	경북 김천시	직지사경내포장및배수로정비설계	108,000	9	2	7	8	7	5	5	4
5850	경북 김천시	농식품반가공및간편식상품화시범	105,000	9	6	7	8	7	5	5	4
5851	경북 김천시	근저당설정비지원	100,000	9	5	7	5	7	5	5	4
5852	경북 김천시	전기굴착기보급	100,000	9	2	7	8	7	5	5	4
5853	경북 김천시	가스열펌프(GHP)냉난방기개조지원사업	94,500	9	1	7	8	7	5	5	4
5854	경북 김천시	재해예방냉방시설지원	87,500	9	1	7	8	7	3	1	1
5855	경북 김천시	대규모벼재배농가대형농기계지원	80,000	9	1	7	8	7	5	1	1
5856	경북 김천시	과수무병묘수포조성	80,000	9	2	7	8	7	5	1	1
5857	경북 김천시	과수생력화장비보급(동력제초기,농용고소작업차)	72,000	9	1	7	8	7	5	1	1
5858	경북 김천시	경북미래형사과원조성	72,000	9	1	7	8	7	5	1	1
5859	경북 김천시	직지사수목정비및석축설계	70,000	9	2	7	8	7	5	5	4
5860	경북 김천시	벼육묘장설치(대규모)	70,000	9	1	7	8	7	5	1	1
5861	경북 김천시	청년농업인자립기반구축지원	70,000	9	6	7	8	7	5	5	4
5862	경북 김천시	친환경퇴비사설치지원	69,986	9	1	7	8	7	5	1	1
5863	경북 김천시	남산지구도시재생노후주택환경정비(빈집철거지원)7가구	63,000	9	2	2	1	1	1	1	1
5864	경북 김천시	벼육묘장설치(소규모)	63,000	9	1	7	8	7	5	1	1
5865	경북 김천시	축산농가환경개선장비지원	60,000	9	1	7	8	7	3	1	1
5866	경북 김천시	발전소주변지역지원사업	52,000	9	2	7	8	7	1	1	4
5867	경북 김천시	논타작물생력화장비지원	50,000	9	1	7	8	7	5	1	1
5868	경북 김천시	과수생력화장비보급(승용SS기,전동무인방제기)	50,000	9	1	7	8	7	5	1	1
5869	경북 김천시	중규모소독시설	50,000	9	1	7	8	7	5	1	1
5870	경북 김천시	축산농가자가사료제조및급이지원	50,000	9	1	7	8	7	3	1	1
5871	경북 김천시	지진안전시설물인증지원	40,000	9	2	7	8	7	5	5	4
5872	경북 김천시	농업용전동운반차지원	40,000	9	1	7	8	7	5	1	1
5873	경북 김천시	한우사료자동이기지원	40,000	9	1	7	8	7	3	1	1
5874	경북 김천시	발작물폭염(가뭄)피해예방	39,900	9	1	7	8	7	5	1	1
5875	경북 김천시	지역대표임산물경쟁력제고사업	37,500	9	1	7	8	7	5	5	4
5876	경북 김천시	노인복지시설기능보강사업	37,200	9	2	1	1	3	3	1	4
5877	경북 김천시	육질기지원	35,035	9	1	7	8	7	1	1	1

순번	시군구	지출명 (사업명)	2024년예산 (단위:천원/1년간)	민간이전 분류 (지방자치단체 세출예산 집행기준에 의거)	민간이전지출 근거 (지방보조금 관리기준 참고)	입찰방식 계약체결방법 (경쟁형태)	계약기간	낙찰자선정방법	운영예산 산정 운영예산 산정	정산방법	성과평가 실시여부
5878	경북 김천시	어린이집기능보강사업	35,000	9	5	7	5	7	5	5	4
5879	경북 김천시	임산물유통기반조성	35,000	9	2	7	8	7	5	5	4
5880	경북 김천시	농촌교육농장육성	35,000	9	6	7	8	7	5	5	4
5881	경북 김천시	특용자원조림(현금보조)(5ha)	32,400	9	2	5	1	2	1	2	3
5882	경북 김천시	복지시설에너지절약사업	31,725	9	6	7	8	7	1	1	4
5883	경북 김천시	젖소대형선풍기지원	31,500	9	1	7	8	7	3	1	1
5884	경북 김천시	직지사전기시설구축	30,000	9	2	7	8	7	5	5	4
5885	경북 김천시	어린이집장애아개보수지원	30,000	9	5	7	5	7	5	5	4
5886	경북 김천시	2024년가정용저녹스보일러보급사업	30,000	9	6	7	8	7	5	5	4
5887	경북 김천시	학교급식지원센터수송차량지원	30,000	9	1	1	1	1	1	1	2
5888	경북 김천시	산림작물생산단지(소액)	25,500	9	2	7	8	7	5	5	4
5889	경북 김천시	조사료생산장비지원	25,000	9	1	7	8	7	3	1	1
5890	경북 김천시	과수생력화장비보급(주행형동력분무기,보행SS기)	24,000	9	1	7	8	7	5	1	1
5891	경북 김천시	방역시설지원사업(울타리)	24,000	9	1	7	8	7	1	1	1
5892	경북 김천시	화훼생산시설경쟁력제고지원	23,000	9	1	7	8	7	5	1	1
5893	경북 김천시	시설원예현대화지원	22,000	9	2	7	8	7	5	1	1
5894	경북 김천시	콩맥류,토종곡물재배단지장비지원	21,000	9	1	7	8	7	5	1	1
5895	경북 김천시	고방사보광명전주변석축정비설계	20,000	9	4	7	8	7	5	5	4
5896	경북 김천시	민간분야노인일자리사업개발비지원(자본)	20,000	9	1	5	1	1	1	1	4
5897	경북 김천시	경로당보수사업	20,000	9	1	7	8	7	1	1	1
5898	경북 김천시	지례면고령경로당보수사업	20,000	9	4	7	8	7	1	1	1
5899	경북 김천시	기자재비지원	20,000	9	5	7	5	7	5	5	4
5900	경북 김천시	축사관리용CCTV지원	20,000	9	1	7	8	7	3	1	1
5901	경북 김천시	주택용목재펠릿보일러지원	18,200	9	2	7	8	7	5	5	4
5902	경북 김천시	양봉채밀카지원	17,500	9	1	7	8	7	3	1	1
5903	경북 김천시	농업에너지이용효율화사업	16,060	9	2	7	8	7	5	1	1
5904	경북 김천시	계란선별장냉방치지원	16,000	9	1	7	8	7	3	1	1
5905	경북 김천시	안개분무시설지원	16,000	9	1	7	8	7	3	1	1
5906	경북 김천시	1톤화물차전동화개조	15,000	9	2	7	8	7	5	5	4
5907	경북 김천시	임산물생산기반조성	15,000	9	2	7	8	7	5	5	4
5908	경북 김천시	양봉산물저온저장고지원	15,000	9	1	7	8	7	3	1	1
5909	경북 김천시	축사단열처리지원	15,000	9	1	7	8	7	3	1	1
5910	경북 김천시	승마장환경개선장비구입비지원	15,000	9	1	7	8	7	5	1	1
5911	경북 김천시	신재생에너지모니터링시스템설치및정비	14,000	9	6	7	8	7	1	1	4
5912	경북 김천시	바이오숯활용저탄소토양개량기술보급시범	14,000	9	6	7	8	7	5	5	4
5913	경북 김천시	민간건축물내진보강비용지원	12,000	9	7	7	8	7	5	5	4
5914	경북 김천시	비상발전기지원	12,000	9	1	7	8	7	3	1	1
5915	경북 김천시	시설원예분야ICT융복합확산지원	11,858	9	2	7	8	7	5	1	1
5916	경북 김천시	어린이통학차량LPG차전환지원	10,000	9	2	7	8	7	5	5	4
5917	경북 김천시	곡물건조기지원	10,000	9	1	7	8	7	5	1	1

순번	시군구	지출명 (사업명)	2024년예산 (단위: 천원/1년간)	민간이전 분류 (지방자치단체 세출예산 집행기준에 의거) 1. 민간경상사업보조(307-02) 2. 민간단체 법정운영비보조(307-03) 3. 민간행사사업보조(307-04) 4. 민간위탁금(307-05) 5. 사회복지시설 법정운영비보조(307-10) 6. 민간인위탁교육비(307-12) 7. 공기관등에대한경상적위탁사업비(308-13) 8. 민간자본사업보조,자체재원(402-01) 9. 민간자본사업보조,이전재원(402-02) 10. 민간위탁사업비(402-03) 11. 공기관에 대한 자본적 위탁사업비(403-02)	민간이전지출 근거 (지방보조금 관리기준 참고) 1. 법률에 규정 2. 국고보조 재원(국가지정) 3. 용도 지정 기부금 4. 조례에 직접규정 5. 지자체가 권장하는 사업을 하는 공공기관 6. 시,도 정책 및 재정사정 7. 기타 8. 해당없음	입찰방식			운영예산 산정		성과평가 실시여부 1. 실시 2. 미실시 3. 향후 추진 4. 해당없음
						계약체결방법 (경쟁형태) 1. 일반경쟁 2. 제한경쟁 3. 지명경쟁 4. 수의계약 5. 법정위탁 6. 기타( ) 7. 없음	계약기간 1. 1년 2. 2년 3. 3년 4. 4년 5. 5년 6. 기타( )년 7. 단기계약 (1년미만) 8. 없음	낙찰자선정방법 1. 적격심사 2. 협상에의한계약 3. 최저가낙찰제 4. 규격가격분리 5. 2단계 경쟁입찰 6. 기타( ) 7. 없음	운영예산 산정 1. 내부산정 (지자체 자체적으로 산정) 2. 외부산정 (외부전문기관위탁 산정) 3. 내·외부 모두 산정 4. 산정 無 5. 없음	정산방법 1. 내부정산 (지자체 내부적으로 정산) 2. 외부정산 (외부전문기관위탁 정산) 3. 내·외부 모두 산정 4. 정산無 5. 없음	
5918	경북 김천시	굴뚝자동측정기기설치및정도관리비용지원	9,000	9	1	7	8	7	5	5	4
5919	경북 김천시	골절기지원	8,624	9	1	7	8	7	1	1	1
5920	경북 김천시	결혼이민자농가소득증진지원	8,000	9	6	7	8	7	5	1	1
5921	경북 김천시	벼육묘장개보수(소규모)	8,000	9	1	7	8	7	5	1	1
5922	경북 김천시	원유냉각기지원	7,500	9	1	7	8	7	3	1	1
5923	경북 김천시	미세폭기시설지원	7,500	9	1	7	8	7	3	1	1
5924	경북 김천시	친환경임산물재배관리	6,886	9	2	7	8	7	5	5	4
5925	경북 김천시	젖소사료자동급이기지원	6,500	9	1	7	8	7	3	1	1
5926	경북 김천시	농업용무인보트	4,500	9	1	7	8	7	5	1	1
5927	경북 김천시	전기자동차완속충전기설치지원사업	4,000	9	6	7	8	7	5	5	4
5928	경북 김천시	대체과수품목육성지원	4,000	9	1	7	8	7	5	5	4
5929	경북 김천시	산양삼생산과정확인제도	3,040	9	2	7	8	7	5	5	4
5930	경북 김천시	어린이집장애아장비비지원	3,000	9	5	7	5	7	5	5	4
5931	경북 김천시	육묘용파종기지원	3,000	9	1	7	8	7	5	1	1
5932	경북 김천시	어린이집장비비지원	2,000	9	5	7	5	7	5	5	4
5933	경북 김천시	벼종자소독기	1,500	9	1	7	8	7	5	1	1
5934	경북 김천시	염소농가기자재지원	1,000	9	1	7	8	7	3	1	1
5935	경북 안동시	백신전문인력육성지원센터구축	4,386,000	9	2	7	5	7	5	3	1
5936	경북 안동시	새싹재배시설신축공사	2,600,000	9	2	1	7	1	2	1	1
5937	경북 안동시	스마트농산물유통저장기술개발사업	1,994,000	9	4,6	7	5	7	3	3	3
5938	경북 안동시	농산물산지유통센터설치지원	1,740,000	9	2	7	8	7	5	5	4
5939	경북 안동시	과수고품질시설현대화사업	987,500	9	1	7	8	7	5	5	4
5940	경북 안동시	밭작물공동경영체육성지원	900,000	9	6	7	8	7	5	5	4
5941	경북 안동시	식품소재및반가공산업육성	900,000	9	2	7	8	7	5	5	4
5942	경북 안동시	안동하회마을초가이엉잇기	800,000	9	8	7	8	7	5	5	4
5943	경북 안동시	원예소득작목육성사업지원	738,983	9	6	7	8	7	5	5	4
5944	경북 안동시	농산물제조가공지원제조가공시설설치	700,000	9	1	7	8	7	5	5	4
5945	경북 안동시	농산물제조가공지원가공시설현대화	700,000	9	1	7	8	7	5	5	4
5946	경북 안동시	산업혁신대학기업공동과제개발	500,000	9	6	7	8	7	5	5	4
5947	경북 안동시	스마트산지유통기반구축지원	500,000	9	4	7	8	7	5	5	4
5948	경북 안동시	경북미래형사과조성지원	432,000	9	1	7	8	7	5	5	4
5949	경북 안동시	화장실리모델링공사	423,620	9	2	1	7	1	2	1	1
5950	경북 안동시	식량작물공동경영체육성(시설장비)	408,600	9	2	1	1	3	2	2	1
5951	경북 안동시	용수사수월루단청보수공사	400,000	9	8	1	6	1	3	3	3
5952	경북 안동시	특산자원융복합기술지원사업	400,000	9	4	7	8	7	5	5	4
5953	경북 안동시	농작업대행지원	350,000	9	6	7	8	7	5	5	4
5954	경북 안동시	안동세심사목조여래좌상및복장유물심료및공양간건립	300,000	9	8	7	8	7	5	5	4
5955	경북 안동시	안동봉정사극락전및대웅전단청기록화	300,000	9	8	7	8	7	5	5	4
5956	경북 안동시	약용산업육성지원	266,667	9	4	7	8	7	1	1	1
5957	경북 안동시	임상시험검체분석기관인프라구축사업	250,000	9	6	7	3	7	5	3	1

순번	시군구	지출명 (사업명)	2024년예산 (단위 : 천원 /1년간)	민간이전 분류 (지방자치단체 세출예산 집행기준에 의거) 1. 민간경상사업보조(307-02) 2. 민간단체 법정운영비보조(307-03) 3. 민간행사사업보조(307-04) 4. 민간위탁금(307-05) 5. 사회복지시설 법정운영비보조(307-10) 6. 민간인위탁교육비(307-12) 7. 공기관등에대한경상적위탁사업비(308-13) 8. 민간자본사업보조,자체재원(402-01) 9. 민간자본사업보조,이전재원(402-02) 10. 민간위탁사업비(402-03) 11. 공기관에 대한 자본적 위탁사업비(403-02)	민간이전지출 근거 (지방보조금 관리기준 참고) 1. 법률에 규정 2. 국고보조 재원(국가지정) 3. 용도 지정 기부금 4. 조례에 직접규정 5. 지자체가 권장하는 사업을 하는 공공기관 6. 시,도 정책 및 재정사정 7. 기타 8. 해당없음	입찰방식 계약체결방법 (경쟁형태) 1. 일반경쟁 2. 제한경쟁 3. 지명경쟁 4. 수의계약 5. 법정위탁 6. 기타 ( ) 7. 없음	계약기간 1. 1년 2. 2년 3. 3년 4. 4년 5. 5년 6. 기타 ( )년 7. 단가계약 (1년미만) 8. 없음	낙찰자선정방법 1. 적격심사 2. 협상에의한계약 3. 최저가낙찰제 4. 규격가격분리 5. 2단계 경쟁입찰 6. 기타 ( ) 7. 없음	운영예산 산정 운영예산 산정 1. 내부산정 (지자체 자체적으로 산정) 2. 외부산정 (외부전문기관위탁 산정) 3. 내·외부 모두 산정 4. 산정 無	정산방법 1. 내부정산 (지자체 내부적으로 정산) 2. 외부정산 (외부전문기관위탁 정산) 3. 내·외부 모두 산정 4. 정산 無 5. 없음	성과평가 실시여부 1. 실시 2. 미실시 3. 향후 추진 4. 해당없음
5958	경북 안동시	안동애명체육관개보수	224,000	9	4	7	8	7	5	5	4
5959	경북 안동시	농산물상품화및위생시설지원	210,000	9	4	7	8	7	5	5	4
5960	경북 안동시	밥쌀용고품질신품종생산및확대보급시범	200,000	9	2	7	8	7	5	5	4
5961	경북 안동시	발전소주변지역지원사업(특별회계)	194,040	9	1	7	8	7	5	5	4
5962	경북 안동시	옥산사공양간단청보수공사	180,000	9	8	7	8	7	5	5	4
5963	경북 안동시	신재생에너지주택지원사업	164,880	9	1	7	8	7	5	5	4
5964	경북 안동시	신재생에너지건물지원사업	154,711	9	1	7	8	7	5	5	4
5965	경북 안동시	농가형저온저장고설치	140,000	9	1	7	8	7	5	5	4
5966	경북 안동시	대체과수품목육성지원	133,000	9	1	7	8	7	5	5	4
5967	경북 안동시	농산물저온유통센터구축지원	132,000	9	4	7	8	7	5	5	4
5968	경북 안동시	[국]산림작물생산단지	115,000	9	2	7	8	7	5	5	4
5969	경북 안동시	농촌체험휴양마을운영활성화기반구축지원	113,400	9	1	7	8	7	5	1	4
5970	경북 안동시	골판지박스배송차량구입	113,394	9	2	7	8	7	1	1	1
5971	경북 안동시	시설원예에너지절감시설보급지원	110,000	9	6	7	8	7	5	5	4
5972	경북 안동시	[지]노인요양시설확충(기능보강)사업	101,396	9	1	7	8	7	1	1	1
5973	경북 안동시	수산물유통가공업활성화지원	96,000	9	1	7	8	7	5	5	4
5974	경북 안동시	도시가스미공급지역지원사업	85,200	9	4	7	8	7	2	3	1
5975	경북 안동시	화훼생산시설경쟁력제고지원	72,750	9	1	7	8	7	5	5	4
5976	경북 안동시	청년농업인자립기반구축지원	70,000	9	1	7	8	7	5	5	4
5977	경북 안동시	승용제초기,농용고소작업차	63,000	9	1	7	8	7	5	5	4
5978	경북 안동시	농업용수처리기지원	63,000	9	1	7	8	7	5	5	4
5979	경북 안동시	탄소중립에너지자립마을탄소중립실천사업	50,000	9	1	7	8	7	5	5	4
5980	경북 안동시	헴프산업전문인력양성인프라구축사업	50,000	9	6	7	8	7	2	2	1
5981	경북 안동시	6차산업경영체경쟁력강화지원	50,000	9	4	7	8	7	5	1	4
5982	경북 안동시	고추비가림시설지원	50,000	9	6	7	8	7	5	5	4
5983	경북 안동시	작목별맞춤형안전관리실천시범	50,000	9	4	7	8	7	5	5	4
5984	경북 안동시	[국]딸기삽목묘대량증식기술시범	50,000	9	2	7	8	7	5	5	4
5985	경북 안동시	노인복지시설열회수형환기장치설치지원사업	49,600	9	1	7	8	7	5	5	4
5986	경북 안동시	[국]임산물유통기반조성	47,500	9	2	7	8	7	5	5	4
5987	경북 안동시	과수전용방제기(승용SS기)	45,000	9	1	7	8	7	5	5	4
5988	경북 안동시	복지시설교효율냉난방기교체사업	44,750	9	1	7	8	7	5	5	4
5989	경북 안동시	[도]딸기수직재배기술보급	42,000	9	6	7	8	7	5	5	4
5990	경북 안동시	실내공기질개선을위한식물활용시범	40,000	9	2	7	8	7	5	5	4
5991	경북 안동시	[국]수입유박대체발효기술및자가퇴비생산기술시범	40,000	9	2	7	8	7	5	5	4
5992	경북 안동시	[도]국내육성과수중소과전문생산체계구축시범	40,000	9	4	7	8	7	5	5	4
5993	경북 안동시	시설원예현대화지원	38,500	9	6	7	8	7	5	5	4
5994	경북 안동시	식량자급률제고지원	30,100	9	4	7	8	7	5	1	4
5995	경북 안동시	[국]바이오차및천적활용시설재배지온실가스감축기술시범	30,000	9	2	7	8	7	5	5	4
5996	경북 안동시	중소형수박생력화수직재배시범	28,000	9	6	7	8	7	5	5	4
5997	경북 안동시	노후차량교체	27,050	9	2	7	8	7	1	1	1

순번	시군구	지출명 (사업명)	2024년예산 (단위: 천원/1년간)	민간이전 분류 (지방자치단체 세출예산 집행기준에 의거) 1. 민간경상사업보조(307-02) 2. 민간단체 법정운영비보조(307-03) 3. 민간행사사업보조(307-04) 4. 민간위탁금(307-05) 5. 사회복지시설 법정운영비보조(307-10) 6. 민간위탁교육비(307-12) 7. 공기관등에대한경상적위탁사업비(308-13) 8. 민간자본사업보조,자체재원(402-01) 9. 민간자본사업보조,이전재원(402-02) 10. 민간대행사업비(402-03) 11. 공기관등에 대한 자본적 위탁사업비(403-02)	민간이전지출 근거 (지방보조금 관리기준 참고) 1. 법률에 규정 2. 국고보조 재원(국가지정) 3. 용도 지정 기부금 4. 조례에 직접규정 5. 지자체가 권장하는 사업을 하는 공공기관 6. 시,도 정책 및 재정사정 7. 기타 8. 해당없음	입찰방식			운영예산 산정		성과평가 실시여부
						계약체결방법 (경쟁형태) 1. 일반경쟁 2. 제한경쟁 3. 지명경쟁 4. 수의계약 5. 법정위탁 6. 기타 ( ) 7. 없음	계약기간 1. 1년 2. 2년 3. 3년 4. 4년 5. 5년 6. 기타 ( )년 7. 단가계약 (1년미만) 8. 없음	낙찰자선정방법 1. 적격심사 2. 협상에의한계약 3. 최저가낙찰제 4. 규격가격분리 5. 2단계 경쟁입찰 6. 기타 ( ) 7. 없음	운영예산 산정 1. 내부산정 (지자체 자체적으로 산정) 2. 외부산정 (외부전문기관위탁 산정) 3. 내·외부 모두 산정 4. 산정 無 5. 없음	정산방법 1. 내부정산 (지자체 내부적으로 정산) 2. 외부정산 (외부전문기관위탁 정산) 3. 내·외부 모두 산정 4. 정산 無 5. 없음	1. 실시 2. 미실시 3. 향후 추진 4. 해당없음
5998	경북 안동시	내수면어선장비지원사업	27,000	9	1	7	8	7	5	5	4
5999	경북 안동시	[국]알락하늘소방제를위한대량유인포획기술시범	26,000	9	4	7	8	7	5	5	4
6000	경북 안동시	수산물처리저장시설지원	22,500	9	1	7	8	7	5	5	4
6001	경북 안동시	[도]딸기육묘환경개선신기술보급시범	21,000	9	6	7	8	7	5	5	4
6002	경북 안동시	다함께돌봄기자재구입	20,000	9	5	7	8	7	1	1	1
6003	경북 안동시	[도]임산물경쟁력제고사업(국내산표고버섯톱밥재비구입비지원)	20,000	9	6	7	8	7	5	5	4
6004	경북 안동시	귀농인정착지원	20,000	9	1	7	8	7	5	1	4
6005	경북 안동시	[국]시설토경관개자동제어시스템보급시범	20,000	9	2	7	8	7	5	5	4
6006	경북 안동시	양식장첨단기자재공급	16,000	9	1	7	8	7	5	5	4
6007	경북 안동시	정보화마을활성화지원	15,000	9	6	7	8	7	1	1	4
6008	경북 안동시	양식수산물폐사체처리지원	15,000	9	1	7	8	7	5	5	4
6009	경북 안동시	청년농업인품목중심신기술과제현장적용시범	14,000	9	1	7	8	7	5	5	4
6010	경북 안동시	[도]시설원예광합성증대기술시범	14,000	9	6	7	8	7	5	5	4
6011	경북 안동시	신선도유지기지원	12,500	9	1	7	8	7	5	5	4
6012	경북 안동시	[국]민간건축물내진보강비용지원사업	12,000	9	2	7	8	7	5	5	4
6013	경북 안동시	과수전용방제기(동력분무기,보행SS기)	12,000	9	1	7	8	7	5	5	4
6014	경북 안동시	[도]다공질필름활용과수품질향상시범	12,000	9	4	7	8	7	5	5	4
6015	경북 안동시	비파괴당도측정기지원	11,550	9	1	7	8	7	5	5	4
6016	경북 안동시	[국]목재펠릿보일러보급	10,920	9	2	7	8	7	5	5	4
6017	경북 안동시	[도]중소기업지원홍보	10,000	9	1	7	8	7	5	5	4
6018	경북 안동시	[도]스마트농업현장컨설팅모델시범	10,000	9	6	7	8	7	5	5	4
6019	경북 안동시	노후장비교체및구입	8,310	9	2	7	8	7	1	1	1
6020	경북 안동시	노후장비교체및구입	7,608	9	2	7	8	7	1	1	1
6021	경북 안동시	[국]임산물상품화지원	6,500	9	2	7	8	7	5	5	4
6022	경북 안동시	신재생에너지모니터링시스템설치사업	5,000	9	1	7	8	7	5	5	4
6023	경북 안동시	화훼류신수출전략품목육성	4,267	9	1	7	8	7	5	5	4
6024	경북 안동시	태양광충전식농업기계배터리커버보급	4,000	9	6	7	8	7	5	5	4
6025	경북 안동시	참외담배가루이스마트포획기술시범	3,500	9	6	7	8	7	5	5	4
6026	경북 안동시	[국]친환경임산물재배관리	3,000	9	2	7	8	7	5	5	4
6027	경북 안동시	[도]임산물경쟁력제고사업(임산물포장재지원)	2,500	9	6	7	8	7	5	5	4
6028	경북 안동시	석재채취가공업환경피해저감사업	56,000	9	1	7	8	7	4	1	4
6029	경북 구미시	전기자동차보급및충전인프라구축	15,415,000	9	2	7	8	7	5	5	4
6030	경북 구미시	배터리활용성증대를위한BaaS실증기반구축사업	7,300,000	9	2	7	8	7	5	2	3
6031	경북 구미시	지방투자촉진보조사업	7,008,840	9	2	7	8	7	1	3	4
6032	경북 구미시	관내기업투자인센티브	5,350,000	9	4	7	8	7	1	1	4
6033	경북 구미시	신재생에너지용복합지원사업	1,686,882	9	2	7	7	7	2	3	4
6034	경북 구미시	밀산업밸리화시범단지조성	1,500,000	9	2	7	8	7	5	5	4
6035	경북 구미시	운행경유차배출가스저감사업(자본)	1,174,900	9	2	7	8	7	5	5	4
6036	경북 구미시	구미수다사영산회상도주변정비사업	1,000,000	9	2	7	8	7	5	5	4
6037	경북 구미시	과일종합유통시설및저온저장고신축	981,962	9	6	7	8	7	5	5	4

순번	시군구	지출명 (사업명)	2024년예산 (단위: 천원/1년간)	민간이전 분류 (지방자치단체 세출예산 집행기준에 의거)	민간이전지출 근거 (지방보조금 관리기준 참고)	입찰방식			운영예산 산정		성과평가 실시여부
						계약체결방법 (경쟁형태)	계약기간	낙찰자선정방법	운영예산 산정	정산방법	
6038	경북 구미시	농어촌마을단위LPG소형저장탱크보급사업	920,630	9	6	5	1	7	2	3	1
6039	경북 구미시	유기질비료지원	912,561	9	2	7	8	7	5	1	4
6040	경북 구미시	농업대전환들녘특구시범운영	752,000	9	6	7	8	7	5	5	4
6041	경북 구미시	토양개량제지원(규산,석회,패화석)	677,161	9	2	7	8	7	5	1	1
6042	경북 구미시	중소형농업기계구입지원	667,000	9	6	7	8	7	5	1	4
6043	경북 구미시	원예소득작목육성지원사업	567,417	9	4	7	8	7	5	5	4
6044	경북 구미시	국공립어린이집공동주택리모델링	525,000	9	2	7	8	7	5	1	4
6045	경북 구미시	도시가스미공급지역지원	424,466	9	1	7	1	7	2	3	4
6046	경북 구미시	음식점시설개선지원	400,000	9	4	7	8	7	5	5	4
6047	경북 구미시	원예작물스마트기계화적용시범	320,000	9	2	7	8	7	5	5	4
6048	경북 구미시	식량대전환논이용이모작생산시범	300,000	9	6	7	8	7	5	5	4
6049	경북 구미시	장애인직업재활시설기능보강사업	290,000	9	2	7	8	7	1	1	3
6050	경북 구미시	구미대둔사대웅전주변정비사업	261,000	9	2	7	8	7	5	5	4
6051	경북 구미시	구미재송엄상좌귀남서주변정비	170,000	9	1	7	8	7	5	5	4
6052	경북 구미시	신재생에너지주택지원사업	164,880	9	2	7	7	7	2	3	4
6053	경북 구미시	노인요양시설확충(기능보강)	155,509	9	2	7	8	7	1	1	3
6054	경북 구미시	RPC시설장비지원	140,000	9	6	7	8	7	5	1	3
6055	경북 구미시	대형농기계지원	140,000	9	6	7	8	7	5	1	4
6056	경북 구미시	우리밀활용소규모주류가공창업시범	140,000	9	7	7	8	7	5	5	4
6057	경북 구미시	여객자동차터미널환경개선사업	104,000	9	1	7	8	7	1	1	4
6058	경북 구미시	수요자참여식량작물특성화사범	100,000	9	2	7	8	7	5	5	4
6059	경북 구미시	연동온실상하촌들식무인방제시스템보급시범	100,000	9	2	7	8	7	5	5	4
6060	경북 구미시	청년농부창농기반구축사업	86,433	9	6	7	8	7	5	5	4
6061	경북 구미시	지역특화시범사업	80,000	9	1	7	8	7	5	5	4
6062	경북 구미시	복지시설고효율냉난방기교체사업	72,500	9	6	7	8	7	5	5	1
6063	경북 구미시	경북미래형사과원조성사업	72,000	9	4	7	8	7	5	5	4
6064	경북 구미시	경북도육성신품종포도수출시범단지육성	70,000	9	1	7	8	7	5	5	4
6065	경북 구미시	청년농업인자립기반구축지원	70,000	9	4	7	8	7	3	3	4
6066	경북 구미시	청년농업인드론활용병해충방제단운영	70,000	9	4	7	8	7	3	3	4
6067	경북 구미시	장기요양기관환기시설설치	68,736	9	2	7	8	7	5	5	4
6068	경북 구미시	종목별경기장개보수(대학교)	60,000	9	4	7	8	7	5	5	4
6069	경북 구미시	가정용저녹스보일러보급사업	60,000	9	2	7	8	7	5	5	4
6070	경북 구미시	야생동물피해예방사업	60,000	9	2	7	8	7	5	5	4
6071	경북 구미시	친환경감자생산단지조성을위한종합관리기술시범	60,000	9	2	7	8	7	5	5	4
6072	경북 구미시	산림작물생산단지조성	58,500	9	2	6	7	7	5	1	4
6073	경북 구미시	신재생에너지건물지원사업	55,300	9	2	7	7	7	2	3	4
6074	경북 구미시	논타작물생력화장비지원	50,000	9	2	7	8	7	5	1	4
6075	경북 구미시	작목별맞춤형안전관리실천시범	50,000	9	2	7	8	7	5	5	4
6076	경북 구미시	산악사고구조및구급활동지원	48,000	9	4	7	8	7	5	5	4
6077	경북 구미시	전세버스사각지대충돌예방장치설치지원	44,100	9	1	7	8	7	5	5	4

순번	시군구	지출명 (사업명)	2024년예산 (단위: 천원/1년간)	민간이전 분류	민간이전지출 근거	계약체결방법 (경쟁형태)	계약기간	낙찰자선정방법	운영예산 산정	정산방법	성과평가 실시여부
6078	경북 구미시	임산물생산기반조성	42,500	9	2	6	7	7	5	1	4
6079	경북 구미시	딸기수직재배기술보급	42,000	9	1	7	8	7	5	5	4
6080	경북 구미시	장애인주택개조사업	41,800	9	2	7	8	7	1	1	2
6081	경북 구미시	벼생력화장비지원	41,750	9	6	7	8	7	5	1	4
6082	경북 구미시	어린이통학차량LPG차전환지원	40,000	9	2	7	8	7	5	5	4
6083	경북 구미시	브랜드콜택시사업지원	40,000	9	7	4	7	7	1	1	4
6084	경북 구미시	경북미래형2축형사과원조성시범	35,000	9	1	7	8	7	5	5	4
6085	경북 구미시	농촌교육농장육성	35,000	9	7	7	8	7	5	5	4
6086	경북 구미시	표고버섯톱밥배지지원	34,000	9	2	6	7	7	5	1	4
6087	경북 구미시	에너지절감시설보급지원사업	32,615	9	4	7	8	7	5	5	4
6088	경북 구미시	과실생산비절감품질제고지원사업	30,065	9	4	7	8	7	5	5	4
6089	경북 구미시	마을기업육성사업	30,000	9	2	7	8	7	5	1	4
6090	경북 구미시	(국비)어린이집환경개선(기능보강사업)	30,000	9	2	7	8	7	1	1	4
6091	경북 구미시	일선정품브랜드쌀포장재제작지원	30,000	9	4	7	8	7	1	1	4
6092	경북 구미시	학교급식지원센터수송차량지원	30,000	9	4	7	8	7	5	5	4
6093	경북 구미시	화분매개용디지털벌통기술시범	30,000	9	2	7	8	7	5	5	4
6094	경북 구미시	농가형저온저정고설치	28,000	9	4	7	8	7	5	5	4
6095	경북 구미시	시설원예분야ICT융복합확산사업	26,602	9	4	7	8	7	5	5	4
6096	경북 구미시	과수생력화장비지원사업	25,000	9	4	7	8	7	5	5	4
6097	경북 구미시	임산물소포장재지원	25,000	9	2	6	7	7	5	1	4
6098	경북 구미시	밭작물가뭄피해예방사업	24,640	9	4	7	8	7	5	5	4
6099	경북 구미시	시설원예현대화사업	22,000	9	4	7	8	7	5	5	4
6100	경북 구미시	벼육묘공장설치	21,000	9	2	7	8	7	5	5	4
6101	경북 구미시	식량자급율제고지원	21,000	9	2	7	8	7	5	5	4
6102	경북 구미시	딸기육묘환경개선신기술보급시범	21,000	9	1	7	8	7	5	5	4
6103	경북 구미시	경북우수농산물브랜드화	20,000	9	4	7	8	7	5	5	4
6104	경북 구미시	임산물택배비지원	20,000	9	2	6	7	7	5	1	4
6105	경북 구미시	노인복지시설열회수형환기장치설치지원사업	18,400	9	6	7	8	7	5	5	1
6106	경북 구미시	임산물유통기반조성	17,500	9	2	6	7	7	5	1	4
6107	경북 구미시	벼육묘공장상토지원(대형)	16,000	9	2	7	8	7	5	1	4
6108	경북 구미시	중학교자유학기제대응학교텃밭활용프로그램시범	16,000	9	2	7	8	7	5	5	4
6109	경북 구미시	인삼생약산업육성지원	15,000	9	4	7	8	7	5	5	4
6110	경북 구미시	시설원예광합성증대기술시범	14,000	9	1	7	8	7	5	5	4
6111	경북 구미시	시설채소총채벌레방제시범	14,000	9	1	7	8	7	5	5	4
6112	경북 구미시	바이오숯활용저탄소토양개량기술보급	14,000	9	4	7	8	7	3	3	4
6113	경북 구미시	민간건축물내진보강비용지원사업	12,000	9	2	7	8	7	5	5	4
6114	경북 구미시	목재펠릿보일러보급	11,200	9	2	7	8	7	5	5	1
6115	경북 구미시	향토뿌리기업환경정비지원	10,900	9	6	7	8	7	5	5	4
6116	경북 구미시	민속채소양채류육성지원	10,000	9	4	7	8	7	5	5	4
6117	경북 구미시	대체과수품목육성지원사업	10,000	9	4	7	8	7	5	5	4

순번	시군구	지출명 (사업명)	2024년예산 (단위: 천원/1년간)	민간이전 분류	민간이전지출 근거	계약체결방법 (경쟁형태)	계약기간	낙찰자선정방법	운영예산 산정	정산방법	성과평가 실시여부
6118	경북 구미시	과수분야스마트팜확산사업	10,000	9	4	7	8	7	5	5	4
6119	경북 구미시	임산물상품화지원	10,000	9	2	6	7	7	5	1	4
6120	경북 구미시	여성농업인농작업편의장비지원	8,750	9	1	7	8	7	5	1	4
6121	경북 구미시	한부모가족복지시설기능보강	7,200	9	2	7	8	7	1	1	4
6122	경북 구미시	폭력피해이주여성시설기능보강	6,791	9	2	7	8	7	1	1	2
6123	경북 구미시	민간분야노인일자리사업개발비지원(자본)	6,500	9	4	7	1	7	1	1	4
6124	경북 구미시	친환경농법종합지원	6,400	9	6	7	8	7	5	1	4
6125	경북 구미시	벼육묘상처리제지원	5,250	9	6	7	8	7	5	1	4
6126	경북 구미시	양잠산업육성	5,000	9	2	7	8	7	5	1	4
6127	경북 구미시	농업계고졸업생창업비용지원	5,000	9	4	7	8	7	5	5	4
6128	경북 구미시	화훼생산시설경쟁력제고사업	5,000	9	4	7	8	7	5	5	4
6129	경북 구미시	유기농업자재지원	4,644	9	6	7	8	7	5	1	4
6130	경북 구미시	스마트HACCP구축보급지원	4,500	9	6	7	8	7	5	5	4
6131	경북 구미시	스마트HACCP구축보급지원	4,500	9	6	7	8	7	5	5	4
6132	경북 구미시	보증기간경과장치성능유지관리	4,234	9	2	7	8	7	5	5	4
6133	경북 구미시	전기자동차완속충전기설치지원사업	4,000	9	2	7	8	7	5	5	4
6134	경북 구미시	벼육묘공장(소형)개보수사업	4,000	9	2	7	8	7	5	1	4
6135	경북 구미시	폐농약용기류잔류농약세척기지원	1,120	9	6	7	8	7	5	5	4
6136	경북 구미시	친환경임산물재배관리	1,000	9	2	6	7	7	5	1	4
6137	경북 구미시	산양산삼생산과정확인제도	760	9	2	7	8	7	5	1	4
6138	경북 상주시	전기자동차구매지원	6,550,000	9	2	7	8	7	5	5	4
6139	경북 상주시	FTA기금과수고품질시설현대화사업지원	4,937,500	9	2	7	8	7	5	5	4
6140	경북 상주시	유기질비료지원(전환)	2,962,239	9	2	7	8	7	5	5	4
6141	경북 상주시	스마트팜온실신축지원	2,148,500	9	2	7	8	7	5	5	4
6142	경북 상주시	상주보육원기능보강(자립체험숙사증축)지원	2,073,820	9	2	7	8	7	1	1	4
6143	경북 상주시	농산물산지유통센터(APC)설치지원	1,764,000	9	2	7	8	7	5	5	4
6144	경북 상주시	RPC건조저장시설지원	1,747,000	9	4	7	8	7	5	5	4
6145	경북 상주시	지방투자촉진보조금지원	1,347,500	9	2	7	8	7	1	2	1
6146	경북 상주시	소형농기계공급지원	1,240,000	9	4	7	8	7	5	5	4
6147	경북 상주시	신선농산물수출경쟁력제고지원	1,182,000	9	6	7	8	7	5	5	4
6148	경북 상주시	시군전략프로젝트지원	1,000,000	9	6	7	8	7	5	5	4
6149	경북 상주시	시설원예신재생에너지시설보급지원	920,000	9	2	7	8	7	5	5	4
6150	경북 상주시	밭작물공동경영체육성지원	900,000	9	2	7	8	7	5	5	4
6151	경북 상주시	RPC시설장비지원	869,167	9	4	7	8	7	5	5	4
6152	경북 상주시	농산물유통경쟁력강화지원	775,000	9	6	7	8	7	5	5	4
6153	경북 상주시	원예소득작목육성지원	741,667	9	6	7	8	7	5	5	4
6154	경북 상주시	상주증촌리석조여래좌상보호각건립지원	700,000	9	2	7	8	7	1	1	4
6155	경북 상주시	백두대간주민지원	640,669	9	1	7	8	7	5	5	4
6156	경북 상주시	상주남장사보광전목각아미타여래설법상영승당개축공사지원	612,000	9	2	7	8	7	1	1	4
6157	경북 상주시	LPG소형저장탱크보급지원	609,538	9	1	5	8	7	5	3	2

순번	시군구	지출명 (사업명)	2024년예산 (단위 : 천원 /1년간)	민간이전 분류 (지방자치단체 세출예산 집행기준에 의거) 1. 민간경상사업보조(307-02) 2. 민간단체 법정운영비보조(307-03) 3. 민간행사사업보조(307-04) 4. 민간위탁금(307-05) 5. 사회복지시설 법정운영비보조(307-10) 6. 민간위탁교육비(307-12) 7. 공기관등에대한경상적위탁사업비(308-13) 8. 민간자본사업보조,자체재원(402-01) 9. 민간자본사업보조,이전재원(402-02) 10. 민간위탁사업비(402-03) 11. 공기관에 대한 자본적 위탁사업비(403-02)	민간이전지출 근거 (지방보조금 관리기준 참고) 1. 법률에 규정 2. 국고보조 재원(국가지정) 3. 용도 지정 기부금 4. 조례에 직접규정 5. 지자체가 권장하는 사업을 하는 공공기관 6. 시,도 정책 및 재정사정 7. 기타 8. 해당없음	입찰방식			운영예산 산정		성과평가 실시여부 1. 실시 2. 미실시 3. 향후 추진 4. 해당없음
						계약체결방법 (경쟁형태) 1. 일반경쟁 2. 제한경쟁 3. 지명경쟁 4. 수의계약 5. 법정위탁 6. 기타 ( ) 7. 없음	계약기간 1. 1년 2. 2년 3. 3년 4. 4년 5. 5년 6. 기타 ( )년 7. 단가계약 (1년미만) 8. 없음	낙찰자선정방법 1. 적격심사 2. 협상에의한계약 3. 최저가낙찰제 4. 규격가격분리 5. 2단계 경쟁입찰 6. 기타 ( ) 7. 없음	운영예산 산정 1. 내부산정 (지자체 자체적으로 산정) 2. 외부산정 (외부전문기관위탁 산정) 3. 내·외부 모두 산정 4. 산정 無 5. 없음	정산방법 1. 내부정산 (지자체 내부적으로 정산) 2. 외부정산 (외부전문기관위탁 정산) 3. 내·외부 모두 산정 4. 정산 無 5. 없음	
6158	경북 상주시	교통약자를위한저상버스구입지원	552,000	9	1	1	1	1	5	5	4
6159	경북 상주시	가축분뇨공공처리시설설치지원	551,000	9	1	1	5	2	2	3	3
6160	경북 상주시	RPC가공시설현대화지원	445,000	9	4	7	8	7	5	5	4
6161	경북 상주시	곤충산업화지원	420,000	9	2	7	8	7	5	5	4
6162	경북 상주시	식품소재및반가공산업육성지원	420,000	9	2	7	8	7	5	5	4
6163	경북 상주시	시설토양염류장해개선을위한실증시범사업(전환)	420,000	9	2	7	8	7	5	5	4
6164	경북 상주시	신재생에너지건물지원사업	405,826	9	1	7	8	7	1	1	2
6165	경북 상주시	임산물유통기반조성(가공장비)지원	388,898	9	2	7	8	7	5	5	4
6166	경북 상주시	공영버스구입비지원	360,000	9	1	1	1	1	5	5	4
6167	경북 상주시	농가형저온저장고설치지원	350,000	9	6	7	8	7	5	5	4
6168	경북 상주시	임산물생산기반조성지원	350,000	9	2	7	8	7	5	5	4
6169	경북 상주시	임산물유통기반조성(저장건조시설)지원	337,000	9	2	7	8	7	5	5	4
6170	경북 상주시	북장사극락보전목조아미타여래삼존좌상(대세지보살좌상)개금공사지원	290,000	9	7	7	8	7	1	1	4
6171	경북 상주시	꿀벌및화분매개벌스마트사육시설지원	280,000	9	2	7	8	7	5	5	4
6172	경북 상주시	원예농산물저온유통체계구축사업지원	273,000	9	2	7	8	7	5	5	4
6173	경북 상주시	가루쌀생산단지조성사업(시설장비)지원	261,000	9	4	7	8	7	5	5	4
6174	경북 상주시	전기자동차구입지원	252,000	9	1	1	1	1	5	5	4
6175	경북 상주시	장애인거주시설기능보강지원	241,786	9	2	7	8	7	5	5	4
6176	경북 상주시	대규모벼재배농가대형농기계지원	240,000	9	4	7	8	7	5	5	4
6177	경북 상주시	황령사요사채개축공사지원	232,000	9	2	7	8	7	1	1	1
6178	경북 상주시	수소자동차보급지원	227,500	9	1	6	7	7	5	5	4
6179	경북 상주시	지역농업CEO발전기반구축지원	216,000	9	6	7	8	7	5	5	4
6180	경북 상주시	친환경농법종합지원	214,467	9	6	7	8	7	5	5	4
6181	경북 상주시	유기농업자재지원	210,900	9	2	7	8	7	5	5	4
6182	경북 상주시	화서지산리마을회관철거및개축지원	210,000	9	4	1	7	3	1	1	1
6183	경북 상주시	농경문화자원소득화모델구축지원(1년차)	210,000	9	1	7	8	7	5	5	4
6184	경북 상주시	시설원예스마트환경제어기술지원(전환)	210,000	9	2	7	8	7	5	5	4
6185	경북 상주시	동문외답12통마을회관신축(이전)지원	200,000	9	4	1	7	3	1	1	1
6186	경북 상주시	청년농부창농기반구축지원	200,000	9	6	7	8	7	5	5	4
6187	경북 상주시	중형농기계공급지원	200,000	9	4	7	8	7	5	5	4
6188	경북 상주시	농식품가공산업육성지원	200,000	9	6	7	8	7	5	5	4
6189	경북 상주시	품목별데이터기반생산모델보급지원	200,000	9	2	7	8	7	5	5	4
6190	경북 상주시	꿀벌자원육성품종증식보급시범사업	200,000	9	2	7	8	7	5	5	4
6191	경북 상주시	도시가스미공급지역지원	195,759	9	4	7	8	7	5	5	4
6192	경북 상주시	과수스마트팜확산지원	185,375	9	2	7	8	7	5	5	4
6193	경북 상주시	동해사대웅전주변정비지원	180,000	9	6	7	8	7	1	1	1
6194	경북 상주시	깨끗한축산환경(콤포스트)지원	180,000	9	1	7	8	7	1	1	3
6195	경북 상주시	유통시설현대화사업지원	180,000	9	2	7	8	7	5	5	4
6196	경북 상주시	방역인프라설치지원	179,975	9	1	7	8	7	1	1	3
6197	경북 상주시	전기이륜차구매지원	176,000	9	2	7	8	7	5	5	4

순번	시군구	지출명 (사업명)	2024년예산 (단위 : 천원 /1년간)	민간이전 분류 (지방자치단체 세출예산 집행기준에 의거)	민간이전지출 근거 (지방보조금 관리기준 참고)	계약체결방법 (경쟁형태)	계약기간	낙찰자선정방법	운영예산 산정	정산방법	성과평가 실시여부
6198	경북 상주시	야생동물피해예방사업지원	170,000	9	1	7	8	7	1	1	2
6199	경북 상주시	퇴비부숙기지원	165,000	9	1	7	8	7	1	1	3
6200	경북 상주시	신재생에너지주택지원사업	163,660	9	1	7	8	7	1	1	2
6201	경북 상주시	함창신흥1리마을회관철거및개축지원	162,000	9	4	1	7	3	1	1	1
6202	경북 상주시	축산농가환경개선장비지원	160,000	9	1	7	8	7	1	1	3
6203	경북 상주시	조생종복숭아조기수확모델구축시범사업	160,000	9	4	7	8	7	5	5	4
6204	경북 상주시	식량작물신품종종자생산기반단지조성시범사업	150,000	9	2	7	8	7	5	5	4
6205	경북 상주시	임산물유통기반조성(유통기자재)지원	145,675	9	2	7	8	7	5	5	4
6206	경북 상주시	화재취약시설전기재해예방사업지원	144,276	9	1	7	8	7	5	5	4
6207	경북 상주시	특용작물(버섯,약용작물)생산시설현대화지원	135,500	9	2	7	8	7	5	5	4
6208	경북 상주시	스마트팜ICT융복합화산사업지원	135,272	9	2	7	8	7	5	5	4
6209	경북 상주시	청룡사외부화장실개축공사지원	135,000	9	6	7	8	7	1	1	1
6210	경북 상주시	과수생력화장비지원	130,000	9	6	7	8	7	5	5	4
6211	경북 상주시	축산악취개선사업지원	120,000	9	1	7	8	7	1	1	3
6212	경북 상주시	용흥사공양간주변정비지원	119,000	9	6	7	8	7	1	1	1
6213	경북 상주시	농가형농산물가공창업시범사업	105,000	9	1	7	8	7	5	5	4
6214	경북 상주시	마을기업육성지원	100,000	9	2	7	8	7	5	5	4
6215	경북 상주시	복장사영산회괘불탱정밀진단및기록화(보존처리계획수립)지원	100,000	9	2	7	8	7	1	1	4
6216	경북 상주시	무인방제활용과수종합관리기술구축시범사업	100,000	9	2	7	8	7	5	5	4
6217	경북 상주시	신선농산물예비수출단지육성지원	96,000	9	6	7	8	7	5	5	4
6218	경북 상주시	산림작물생산단지(소액)조성지원	96,000	9	2	7	8	7	5	5	4
6219	경북 상주시	한우사료자동급이기지원	90,000	9	1	7	8	7	1	1	3
6220	경북 상주시	시설원예에너지절감시설보급지원	88,000	9	2	7	8	7	5	5	4
6221	경북 상주시	FTA대응과수명품화사업지원	84,800	9	6	7	8	7	5	5	4
6222	경북 상주시	딸기수직재배기술보급지원	84,000	9	2	7	8	7	5	5	4
6223	경북 상주시	원예작물생산성향상을위한생태적종합관리시범사업	80,000	9	2	7	8	7	5	5	4
6224	경북 상주시	농촌체험휴양마을운영활성화기반구축지원	79,300	9	6	7	8	7	5	5	4
6225	경북 상주시	밭작물폭염(가뭄)피해예방기자재지원	77,350	9	4	7	8	7	5	5	4
6226	경북 상주시	논타작물생력화장비지원	75,000	9	4	7	8	7	5	5	4
6227	경북 상주시	축산농가자가사료제조및급이지원	75,000	9	1	7	8	7	1	1	3
6228	경북 상주시	경북미래형사과원조성지원	72,000	9	6	7	8	7	5	5	4
6229	경북 상주시	벼육묘공장설치지원(대형)	70,000	9	4	7	8	7	5	5	4
6230	경북 상주시	청년농업인자립기반구축지원	70,000	9	4	7	8	7	5	5	4
6231	경북 상주시	경북도육성신품종포도수출시범단지육성시범사업	70,000	9	4	7	8	7	5	5	4
6232	경북 상주시	당도측정기지원	67,650	9	6	7	8	7	5	5	4
6233	경북 상주시	동력제초기,농용고소작업차지원	67,500	9	6	7	8	7	5	5	4
6234	경북 상주시	승용SS기,전동무인방제기지원	65,000	9	6	7	8	7	5	5	4
6235	경북 상주시	벼육묘공장설치지원(소형)	63,000	9	4	7	8	7	5	5	4
6236	경북 상주시	황령사아미타후불탱탱보존처리지원	60,000	9	7	7	8	7	1	1	4
6237	경북 상주시	가축음용수처리기지원	60,000	9	1	7	8	7	1	1	3

순번	시군구	지출명 (사업명)	2024년예산 (단위 : 천원 /1년간)	민간이전 분류 (지방자치단체 세출예산 집행기준에 의거) 1. 민간경상사업보조(307-02) 2. 민간단체 법정운영비보조(307-03) 3. 민간행사사업보조(307-04) 4. 민간위탁금(307-05) 5. 사회복지시설 법정운영보조(307-10) 6. 민간위탁교육비(307-12) 7. 공기관등에대한경상적위탁사업비(308-13) 8. 민간자본사업보조,자체재원(402-01) 9. 민간자본사업보조,이전재원(402-02) 10. 민간위탁사업비(402-03) 11. 공기관등에 대한 자본적 위탁사업비(403-02)	민간이전지출 근거 (지방보조금 관리기준 참고) 1. 법률에 규정 2. 국고보조 재원(국가지정) 3. 용도 지정 기부금 4. 조례에 직접규정 5. 지자체가 권장하는 사업을 하는 공공기관 6. 시,도 정책 및 재정사정 7. 기타 8. 해당없음	입찰방식			운영예산 산정		성과평가 실시여부 1. 실시 2. 미실시 3. 향후 추진 4. 해당없음
						계약체결방법 (경쟁형태) 1. 일반경쟁 2. 제한경쟁 3. 지명경쟁 4. 수의계약 5. 법정위탁 6. 기타 ( ) 7. 없음	계약기간 1. 1년 2. 2년 3. 3년 4. 4년 5. 5년 6. 기타 ( )년 7. 단가계약 (1년미만) 8. 없음	낙찰자선정방법 1. 적격심사 2. 협상에의한계약 3. 최저가낙찰제 4. 규격가격분리 5. 2단계 경쟁입찰 6. 기타 ( ) 7. 없음	운영예산 산정 1. 내부산정 (지자체 자체적으로 산정) 2. 외부산정 (외부전문기관위탁 산정) 3. 내·외부 모두 산정 4. 산정 無 5. 없음	정산방법 1. 내부정산 (지자체 내부적으로 정산) 2. 외부정산 (외부전문기관위탁 정산) 3. 내·외부 모두 정산 4. 정산 無 5. 없음	
6238	경북 상주시	가금농가질병관리지원	60,000	9	1	7	8	7	1	1	3
6239	경북 상주시	무가당와인제조기술시범사업	60,000	9	1	7	8	7	5	5	4
6240	경북 상주시	주택용목재펠릿보일러지원	58,240	9	2	7	8	7	5	5	4
6241	경북 상주시	시설원예현대화지원	55,000	9	2	7	8	7	5	5	4
6242	경북 상주시	양잠산업육성지원	51,500	9	6	7	8	7	5	5	4
6243	경북 상주시	재해예방냉방시설지원	50,000	9	1	7	8	7	1	1	3
6244	경북 상주시	포도과수원용맞춤형다목적스마트방제기보급시범사업	50,000	9	2	7	8	7	5	5	4
6245	경북 상주시	고추비가림재배시설지원	46,350	9	1	7	8	7	5	5	4
6246	경북 상주시	비상발전기지원	45,000	9	1	7	8	7	1	1	3
6247	경북 상주시	학교급식지원센터수송차량지원	45,000	9	6	7	8	7	5	5	4
6248	경북 상주시	안개분무시설지원	40,000	9	1	7	8	7	1	1	3
6249	경북 상주시	마을만들기소액사업지원	40,000	9	2	7	8	7	5	5	4
6250	경북 상주시	신재생에너지모니터링시스템설치및정비지원	40,000	9	4	7	8	7	1	1	2
6251	경북 상주시	화훼생산시설경쟁력제고지원	39,000	9	6	7	8	7	5	5	4
6252	경북 상주시	채밀카지원	38,500	9	1	7	8	7	1	1	3
6253	경북 상주시	벼육묘공장상토지원(대형)	36,000	9	4	7	8	7	5	5	4
6254	경북 상주시	축사단열처리지원	35,000	9	1	7	8	7	1	1	3
6255	경북 상주시	가스열펌프(GHP)저감장치설치지원	31,500	9	2	7	8	7	5	5	4
6256	경북 상주시	벼육묘공장개보수지원(대형)	30,000	9	4	7	8	7	5	5	4
6257	경북 상주시	곡물건조기지원	30,000	9	4	7	8	7	5	5	4
6258	경북 상주시	폐사축처리기지원	30,000	9	1	7	8	7	1	1	3
6259	경북 상주시	방역시설(울타리)지원	30,000	9	1	7	8	7	1	1	3
6260	경북 상주시	임산물유통기반조성(유통차량)지원	30,000	9	2	7	8	7	5	5	4
6261	경북 상주시	화분매개용디지털벌통기술시범사업	30,000	9	2	7	8	7	5	5	4
6262	경북 상주시	저면매트활용분화류양액재배기술시범사업	30,000	9	2	7	8	7	5	5	4
6263	경북 상주시	장기요양기관환기시설설치지원	28,640	9	2	7	8	7	5	5	4
6264	경북 상주시	육묘용파종기지원	27,000	9	4	7	8	7	5	5	4
6265	경북 상주시	양봉산물저온저장고지원	27,000	9	1	7	8	7	1	1	3
6266	경북 상주시	조사료생산장비지원	25,000	9	1	7	8	7	1	1	3
6267	경북 상주시	소독시설(중규모)지원	25,000	9	1	7	8	7	1	1	3
6268	경북 상주시	귀농인정착지원	24,000	9	1	7	8	7	5	5	4
6269	경북 상주시	결혼이민자농가소득증진지원	24,000	9	6	7	8	7	5	5	4
6270	경북 상주시	터미널환경개선사업지원	24,000	9	1	4	8	7	5	5	4
6271	경북 상주시	복지시설고효율냉난방기지원	23,500	9	1	7	8	7	5	5	2
6272	경북 상주시	젖소더위방지용대형선풍기지원	22,500	9	1	7	8	7	5	5	4
6273	경북 상주시	정신재활시설기능보강지원	21,450	9	2	7	8	7	5	5	4
6274	경북 상주시	콩,맥류재배단지장비지원	21,000	9	4	7	8	7	5	5	4
6275	경북 상주시	벼육묘공장상토지원(소형)	20,500	9	4	7	8	7	5	5	4
6276	경북 상주시	상주남장사재난방지시설(소방)구축설계지원	20,000	9	2	7	8	7	1	1	4
6277	경북 상주시	농업계고졸업생창업비용지원	20,000	9	6	7	8	7	5	5	4

순번	시군구	지출명 (사업명)	2024년예산 (단위: 천원 /1년간)	민간이전 분류 (지방자치단체 세출예산 집행기준에 의거)	민간이전지출 근거 (지방보조금 관리기준 참고)	입찰방식			운영예산 산정		성과평가 실시여부
						계약체결방법 (경쟁형태)	계약기간	낙찰자선정방법	운영예산 산정	정산방법	
6278	경북 상주시	벼육묘공장개보수지원(소형)	20,000	9	4	7	8	7	5	5	4
6279	경북 상주시	인삼생약산업육성지원	20,000	9	6	7	8	7	5	5	4
6280	경북 상주시	오태2태양광발전소주변지역지원사업	20,000	9	1	7	8	7	5	5	4
6281	경북 상주시	지평2태양광발전소주변지역지원사업	20,000	9	1	7	8	7	5	5	4
6282	경북 상주시	농업용무인보트지원	19,500	9	4	7	8	7	5	5	4
6283	경북 상주시	이웃사촌복지지원센터차량구입지원	19,000	9	1	7	8	7	5	1	4
6284	경북 상주시	신선도유지기지원	18,750	9	6	7	8	7	5	5	4
6285	경북 상주시	가정용저녹스보일러보급지원	18,000	9	1	6	8	7	5	5	4
6286	경북 상주시	주행형동력분무기,보행SS기지원	18,000	9	6	7	8	7	5	5	4
6287	경북 상주시	축사관리용CCTV지원	18,000	9	1	7	8	7	1	1	3
6288	경북 상주시	축사환기시설(송풍기)지원	17,400	9	1	7	8	7	1	1	3
6289	경북 상주시	전세버스사각지대충돌예방장치설치지원	17,220	9	1	7	8	7	5	5	4
6290	경북 상주시	양봉농가질병관리지원	16,800	9	1	7	8	7	1	1	3
6291	경북 상주시	민간분야노인일자리사업개발비지원	16,000	9	4	7	8	7	5	5	4
6292	경북 상주시	사인머스켓고품질장기저장기술시범사업	16,000	9	4	7	8	7	5	5	4
6293	경북 상주시	버섯재배사스마트팜환경관리기술시범사업	16,000	9	2	7	8	7	5	5	4
6294	경북 상주시	축산물유통안전성제고사업지원(육절기)	15,015	9	1	7	8	7	1	1	3
6295	경북 상주시	축산물유통차량지원	15,000	9	1	7	8	7	1	1	3
6296	경북 상주시	내수면양식기자재지원	15,000	9	1	7	8	7	1	1	3
6297	경북 상주시	산림버섯톱밥배지지원	15,000	9	1	7	8	7	5	5	4
6298	경북 상주시	토양개량지원	14,150	9	1	7	8	7	5	5	4
6299	경북 상주시	바이오숯활용저탄소토양개량기술보급시범사업	14,000	9	1	7	8	7	5	5	4
6300	경북 상주시	시설원예광합성증대기술시범사업	14,000	9	2	7	8	7	5	5	4
6301	경북 상주시	민간건축물내진보강사업비용지원	12,000	9	2	7	8	7	1	1	4
6302	경북 상주시	지역서점리모델링정비지원	12,000	9	8	7	8	7	5	5	4
6303	경북 상주시	소독시설(대규모)지원	12,000	9	1	7	8	7	1	1	3
6304	경북 상주시	축산물유통안전성제고사업지원(골절기)	11,088	9	1	7	8	7	1	1	3
6305	경북 상주시	토종곡물재배단지생산비지원	10,800	9	4	7	8	7	5	5	4
6306	경북 상주시	농업용수처리기지원	10,500	9	6	7	8	7	5	5	4
6307	경북 상주시	진양15호태양광발전소주변지역지원사업	10,400	9	1	7	8	7	5	5	4
6308	경북 상주시	방역시설(원격차량통제기)지원	10,000	9	1	7	8	7	1	1	3
6309	경북 상주시	경북우수농산물브랜드화지원	10,000	9	1	7	8	7	5	5	4
6310	경북 상주시	과실장기저장제지원	8,910	9	6	7	8	7	5	5	4
6311	경북 상주시	깨끗한축산환경(축사환경개선용램프)지원	8,880	9	1	7	8	7	1	1	3
6312	경북 상주시	여성농업인농작업편의장비지원	7,500	9	6	7	8	7	5	5	4
6313	경북 상주시	원유냉각기지원	7,500	9	1	7	8	7	1	1	3
6314	경북 상주시	젖소사료자동급이기지원	6,500	9	1	7	8	7	1	1	3
6315	경북 상주시	전기자동차완속충전기설치지원	6,000	9	2	7	8	7	5	5	4
6316	경북 상주시	벼종자소독기지원	6,000	9	4	7	8	7	5	5	4
6317	경북 상주시	돼지소모성질환지도지원	6,000	9	1	7	8	7	1	1	3

순번	시군구	지출명 (사업명)	2024년예산 (단위:천원/1년간)	민간이전 분류	민간이전지출 근거	입찰방식 계약체결방법	계약기간	낙찰자선정방법	운영예산 산정	정산방법	성과평가 실시여부
6318	경북 상주시	벼육묘공장녹화장설치지원(소형)	5,500	9	4	7	8	7	5	5	4
6319	경북 상주시	염소농가기자재지원	4,000	9	1	7	8	7	1	1	3
6320	경북 상주시	태양광충전식농업기계용배터리커버보급지원	4,000	9	1	7	8	7	5	5	4
6321	경북 상주시	가정폭력피해자보호시설기능보강지원	3,260	9	1	5	8	7	5	1	1
6322	경북 상주시	산양삼생산과정확인지원	3,040	9	2	7	8	7	5	5	4
6323	경북 상주시	친환경임산물재배관리(유기질비료)지원	3,000	9	2	7	8	7	5	5	4
6324	경북 상주시	육묘상자적기세척지원	2,500	9	4	7	8	7	5	5	4
6325	경북 상주시	어린이집환경개선(장비비)지원	2,000	9	2	7	8	7	1	1	4
6326	경북 상주시	안다미로제일발전소주변지역지원사업	2,000	9	1	7	8	7	5	5	4
6327	경북 상주시	안다미로제이발전소주변지역지원사업	2,000	9	1	7	8	7	5	5	4
6328	경북 상주시	친환경사과적화제지원	700	9	6	7	8	7	5	5	4
6329	경북 상주시	문경도시재생형1단계연료전지발전소주변지역지원사업	200	9	1	7	8	7	5	5	4
6330	경북 문경시	전기자동차보급사업	4,848,000	9	2	7	8	7	5	5	4
6331	경북 문경시	전기자동차완속충전기	7,000	9	2	7	8	7	5	5	4
6332	경북 문경시	슬레이트처리지원	1,709,240	9	2	6	2	6	5	5	4
6333	경북 문경시	유기질비료지원	1,145,310	9	6	7	8	7	1	1	4
6334	경북 문경시	문경봉암사정진대사탑비(유물수장고건립)	1,000,000	9	2	7	8	7	5	5	4
6335	경북 문경시	과수생력화장비지원사업	808,000	9	4	7	8	7	1	1	4
6336	경북 문경시	중소형농기계지원	730,000	9	4	7	8	7	1	1	4
6337	경북 문경시	건설기계엔진교체지원사업	660,000	9	2	7	8	7	5	5	4
6338	경북 문경시	토양개량제지원	637,643	9	2	7	8	7	5	5	4
6339	경북 문경시	FTA기금과수고품질시설현대화사업	590,000	9	2	7	8	7	5	5	4
6340	경북 문경시	문경봉암사지증대사탑(하천위험구간석축정비)	540,000	9	2	7	8	7	5	5	4
6341	경북 문경시	점촌4동2통임촌경로당신축	500,000	9	4	1	8	1	1	1	2
6342	경북 문경시	경유차저감장치(DPF)부착지원사업	495,000	9	2	7	8	7	5	5	4
6343	경북 문경시	교통약자를위한저상버스구입지원	460,000	9	1	4	7	7	5	1	4
6344	경북 문경시	문경대승사양진암고월당보수	432,000	9	2	7	8	7	5	5	4
6345	경북 문경시	문경봉암사삼층석탑(태고선원요사보수)	400,000	9	2	7	8	7	5	5	4
6346	경북 문경시	[도비]지역농촌지도사업활성화지원	350,000	9	1	7	8	7	5	5	4
6347	경북 문경시	벼육묘상처리제지원	327,750	9	6	7	8	7	1	1	4
6348	경북 문경시	RPC시설장비지원	325,000	9	6	1	8	3	1	1	4
6349	경북 문경시	벼육묘장지원	307,000	9	4	7	8	7	1	1	4
6350	경북 문경시	산양면송죽리못골경로당신축	300,000	9	4	1	8	1	1	1	2
6351	경북 문경시	문경김룡사영산회괘불도(명부전해체보수공사)	300,000	9	2	7	8	7	5	5	4
6352	경북 문경시	폭염피해예방지원	297,500	9	2	7	8	7	5	5	4
6353	경북 문경시	야생동물피해예방사업	295,000	9	8	7	8	7	5	5	4
6354	경북 문경시	과실장기저장제지원	280,500	9	4	7	8	7	1	1	4
6355	경북 문경시	문경대승사윤필암목조아미타여래좌상및지감주변정비(육화당보수)	280,000	9	4	7	8	7	5	5	4
6356	경북 문경시	농가형저온저장고설치	252,000	9	4	7	8	7	1	1	4
6357	경북 문경시	문경봉암사극락전주변전기시설개선사업	200,000	9	2	7	8	7	1	1	1

순번	시군구	지출명 (사업명)	2024년예산 (단위 : 천원 /1년간)	민간이전 분류 (지방자치단체 세출예산 집행기준에 의거) 1. 민간경상사업보조(307-02) 2. 민간단체 법정운영비보조(307-03) 3. 민간행사사업보조(307-04) 4. 민간위탁금(307-05) 5. 사회복지시설 법정운영비보조(307-10) 6. 민간인위탁교육비(307-12) 7. 민간경상사업복지적위탁사업비(308-13) 8. 민간자본사업보조,자체재원(402-01) 9. 민간자본사업보조,이전재원(402-02) 10. 민간위탁사업비(402-03) 11. 공기관에 대한 자본적 위탁사업비(403-02)	민간이전지출 근거 (지방보조금 관리기준 참고) 1. 법률에 규정 2. 국고보조 재원(국가지정) 3. 용도 지정 기부금 4. 조례에 직접규정 5. 지자체가 권장하는 사업을 하는 공공기관 6. 시,도 정책 및 재정사정 7. 기타 8. 해당없음	입찰방식			운영예산 산정		성과평가 실시여부 1. 실시 2. 미실시 3. 향후 추진 4. 해당없음
						계약체결방법 (경쟁형태) 1. 일반경쟁 2. 제한경쟁 3. 지명경쟁 4. 수의계약 5. 법정위탁 6. 기타 ( ) 7. 없음	계약기간 1. 1년 2. 2년 3. 3년 4. 4년 5. 5년 6. 기타 ( )년 7. 단기계약 (1년미만) 8. 없음	낙찰자선정방법 1. 적격심사 2. 협상에의한계약 3. 최저가낙찰제 4. 규격가격분리 5. 2단계 경쟁입찰 6. 기타 ( ) 7. 없음	운영예산 산정 1. 내부산정 (지자체 자체적으로 산정) 2. 외부산정 (외부전문기관위탁 산정) 3. 내·외부 모두 산정 4. 산정 無	정산방법 1. 내부정산 (지자체 내부적으로 정산) 2. 외부정산 (외부전문기관위탁 정산) 3. 내·외부 모두 정산 4. 정산 無 5. 없음	
6358	경북 문경시	문경김룡사양진암목조관세음보살좌상및보장유물일괄주변정비(석축정비)	200,000	9	4	7	8	7	5	5	4
6359	경북 문경시	공영버스구입비지원	180,000	9	1	4	7	7	5	1	4
6360	경북 문경시	시군전략프로젝트지원	180,000	9	6	7	8	7	1	1	1
6361	경북 문경시	김룡사화장암선방보수(1식)	160,000	9	1	7	8	7	5	5	4
6362	경북 문경시	치유농장육성지원사업	150,000	9	1	7	8	7	5	1	4
6363	경북 문경시	시설하우스현대화사업	150,000	9	6	7	8	7	1	1	1
6364	경북 문경시	이동식저온저장고지원	150,000	9	6	7	8	7	1	1	1
6365	경북 문경시	경북미래형사과원조성사업	144,000	9	4	7	8	7	1	1	4
6366	경북 문경시	문경혜국사대웅전목조삼존불좌상주변정비(산신각보수)	140,000	9	4	7	8	7	5	5	4
6367	경북 문경시	지역특화시범사업(새재칠상품화재배시범)	120,000	9	1	7	8	7	5	1	4
6368	경북 문경시	[국비]순두부용원료곡생산단지조성	100,000	9	1	7	8	7	5	1	4
6369	경북 문경시	[국비]벼전과정디지털영농기술고도화시범	100,000	9	1	7	8	7	5	1	4
6370	경북 문경시	농촌체험휴양마을운영활성화기반구축지원	90,000	9	1	7	8	7	5	5	4
6371	경북 문경시	[국비]원예작물생산성향상을위한생태적종합관리시범	80,000	9	1	7	8	7	5	5	4
6372	경북 문경시	노인요양시설확충(기능보강)	74,530	9	2	7	8	7	1	1	2
6373	경북 문경시	친환경사과적화제지원	70,000	9	4	7	8	7	1	1	4
6374	경북 문경시	대체과수품목육성지원	70,000	9	4	7	8	7	1	1	4
6375	경북 문경시	음식점미세먼지개선지원사업	66,600	9	2	7	8	7	5	5	4
6376	경북 문경시	원예소득작목생력화장비지원	60,000	9	6	7	8	7	1	1	1
6377	경북 문경시	시설원예현대화지원	55,000	9	2	7	8	7	1	1	4
6378	경북 문경시	노지체리개폐형간이비가림시설보급시범	52,500	9	1	7	8	7	5	5	4
6379	경북 문경시	장기요양기관한기시설설치	51,552	9	2	7	8	7	1	1	2
6380	경북 문경시	벼재배생력화장비지원	51,250	9	4	7	8	7	1	1	4
6381	경북 문경시	문경봉암사정진대사탑보존처리	50,000	9	2	7	8	7	5	5	4
6382	경북 문경시	기후변화대응저온성필름을이용한스마트노지환경조절기술시범	50,000	9	1	7	8	7	5	5	4
6383	경북 문경시	주방환경개선	40,000	9	4,6	7	8	7	5	5	4
6384	경북 문경시	[도비]시설원예고온대비환경개선시범	40,000	9	1	7	8	7	5	5	4
6385	경북 문경시	노지채소농기계지원	40,000	9	6	7	8	7	1	1	1
6386	경북 문경시	비파괴당도측정기지원	37,950	9	4	7	8	7	1	1	4
6387	경북 문경시	가스열펌프(GHP)냉난방기개조지원사업	31,500	9	2	7	8	7	5	5	4
6388	경북 문경시	시내농어촌버스대폐차지원	30,000	9	1	4	7	7	5	1	4
6389	경북 문경시	경로당안전건강증진	29,490	9	4	4	7	7	1	1	4
6390	경북 문경시	규산,비료등지원	28,347	9	6	7	8	7	1	1	4
6391	경북 문경시	특용작물(버섯,약용작물)생산시설현대화지원	24,500	9	2	7	8	7	1	1	1
6392	경북 문경시	식량자급률제고지원	21,000	9	4	7	8	7	1	1	4
6393	경북 문경시	[국비]시설토경관개자동제어시스템보급시범	20,000	9	1	7	8	7	5	5	4
6394	경북 문경시	[국비]축종별맞춤형미네랄블록가축생산성향상시범	20,000	9	1	7	8	7	5	5	4
6395	경북 문경시	[국비]소접이식간이보정틀장치보급시범	20,000	9	1	7	8	7	5	5	4
6396	경북 문경시	[국비]논온실가스감축을위한물관리와완효성비료복합기술시범	20,000	9	1	7	8	7	5	1	4
6397	경북 문경시	가정용저녹스보일러보급(저소득층)	18,000	9	2	7	8	7	5	5	4

순번	시군구	지출명 (사업명)	2024년예산 (단위: 천원 /1년간)	민간이전 분류 (지방자치단체 세출예산 집행기준에 의거) 1. 민간경상사업보조(307-02) 2. 민간단체 법정운영비보조(307-03) 3. 민간행사사업보조(307-04) 4. 민간위탁금(307-05) 5. 사회복지시설 법정운영비보조(307-10) 6. 민간인위탁교육비(307-12) 7. 공기관등에대한경상적위탁사업비(308-13) 8. 민간자본사업보조,자체재원(402-01) 9. 민간자본사업보조,이전재원(402-02) 10. 민간위탁사업비(402-03) 11. 공기관등에 대한 자본적 위탁사업비(403-02)	민간이전지출 근거 (지방보조금 관리기준 참고) 1. 법률에 규정 2. 국고보조 재원(국가지정) 3. 용도 지정 기부금 4. 조례에 직접규정 5. 지자체가 권장하는 사업을 하는 공공기관 6. 시,도 정책 및 재정사정 7. 기타 8. 해당없음	입찰방식			운영예산 산정		성과평가 실시여부
						계약체결방법 (경쟁형태) 1. 일반경쟁 2. 제한경쟁 3. 지명경쟁 4. 수의계약 5. 법정위탁 6. 기타 ( ) 7. 없음	계약기간 1. 1년 2. 2년 3. 3년 4. 4년 5. 5년 6. 기타 ( )년 7. 단가계약 (1년미만) 8. 없음	낙찰자선정방법 1. 적격심사 2. 협상에의한계약 3. 최저가낙찰제 4. 규격가격분리 5. 2단계 경쟁입찰 6. 기타 ( ) 7. 없음	운영예산 산정 1. 내부산정 (지자체 자체적으로 산정) 2. 외부산정 (외부전문기관위탁 산정) 3. 내·외부 모두 산정 4. 산정 無 5. 없음	정산방법 1. 내부정산 (지자체 내부적으로 정산) 2. 외부정산 (외부전문기관위탁 정산) 3. 내·외부 모두 산정 4. 정산 無 5. 없음	1. 실시 2. 미실시 3. 향후 추진 4. 해당없음
6398	경북 문경시	결혼이민자농가소득증진지원	16,000	9	6	7	8	7	5	1	4
6399	경북 문경시	대승사윤필암목조아미타여래좌상및지감전기시설구축	15,000	9	2	7	8	7	2	1	1
6400	경북 문경시	1톤화물차전동화개조사업	15,000	9	2	7	8	7	5	5	4
6401	경북 문경시	[도비]시설원예광합성증대기술시범	14,000	9	1	7	8	7	5	5	4
6402	경북 문경시	교미교란제활용과수해충방제시범	14,000	9	1	7	8	7	5	5	4
6403	경북 문경시	고추비가림재배시설지원	12,500	9	2	7	8	7	1	1	1
6404	경북 문경시	다공질필름활용과수품질향상시범	12,000	9	1	7	8	7	5	5	4
6405	경북 문경시	녹비작물,농자재구입	10,900	9	4	7	8	7	1	1	1
6406	경북 문경시	6차산업경영체활성화지원	10,400	9	4	7	8	7	1	1	4
6407	경북 문경시	문경운암사극락전소방시설구축	10,000	9	2	7	8	7	5	5	4
6408	경북 문경시	청년농부육성지원	10,000	9	1	7	8	7	5	5	4
6409	경북 문경시	인삼생약산업육성지원	10,000	9	6	7	8	7	1	1	1
6410	경북 문경시	전세버스사각지대충돌예방장치설치지원	7,560	9	1	7	8	7	5	5	4
6411	경북 문경시	여성농업인편의장비지원	7,500	9	6	7	8	7	5	1	4
6412	경북 문경시	대승사윤필암목조아미타여래좌상및지감소방시설구축	5,000	9	2	7	8	7	5	5	4
6413	경북 문경시	신선도유지기지원	5,000	9	4	7	8	7	1	1	4
6414	경북 문경시	양액비료지원	3,500	9	6	7	8	7	1	1	1
6415	경북 문경시	운행경유차보증기간경과장치성능유지관리사업	1,818	9	2	4	3	6	5	5	4
6416	경북 경산시	민속채소,양채류육성지원	14,000,000	9	6	7	8	7	5	5	1
6417	경북 경산시	시설원예광합성증대기술시범	14,000,000	9	6	7	8	7	5	5	1
6418	경북 경산시	화훼생산시설경쟁력제고지원	10,000,000	9	2	7	8	7	5	5	1
6419	경북 경산시	전기승용차보급	6,000,000	9	2	7	8	7			
6420	경북 경산시	전기화물차보급	5,100,000	9	2	7	8	7	5	5	4
6421	경북 경산시	도시가스미공급지역사업	2,820,000	9	6	7	8	7	3	3	4
6422	경북 경산시	관봉석조여래좌상주변공양간개축공사	2,000,000	9	2	7	8	7	5	5	4
6423	경북 경산시	불굴사석조입불상주변정비	2,000,000	9	1	7	8	7	5	5	4
6424	경북 경산시	전기버스보급	1,344,000	9	2	7	8	7	5	5	4
6425	경북 경산시	유기질비료지원	1,116,543	9	6	7	8	7	5	5	1
6426	경북 경산시	농산물산지유통센터지원	1,038,000	9	2	7	8	7	1	1	4
6427	경북 경산시	건설기계엔진교체지원	858,000	9	2	7	8	7	5	5	4
6428	경북 경산시	경유차저감장치(DPF)부착지원	825,000	9	2	7	8	7	5	5	4
6429	경북 경산시	과수고품질시설현대화사업	750,000	9	2	7	8	7	5	5	1
6430	경북 경산시	밭작물공동경영체품질개선	724,500	9	2	7	8	7	5	5	1
6431	경북 경산시	불굴사삼층석탑주변정비(요사채개축및석축정비)	700,000	9	1	7	8	7	5	5	4
6432	경북 경산시	과일블랜딩TEA제조가공시설구축	700,000	9	6	7	8	7	1	1	4
6433	경북 경산시	농산물유통경쟁력강화지원	700,000	9	6	7	8	7	1	1	4
6434	경북 경산시	중소형농업기계공급	697,000	9	6	7	8	7	1	1	4
6435	경북 경산시	수소자동차보급	650,000	9	2	7	8	7	5	5	4
6436	경북 경산시	종묘산업특구우량묘목생산기반구축지원	624,000	9	6	7	8	7	5	5	4
6437	경북 경산시	농산물저온유통센터구축지원	600,000	9	6	7	8	7	1	1	4

연번	사업구분	사업명 (세부사업)	지원인원 총계 (2024예산액) (단위: 명원, 천원)	지원인정 범위 (지원사업 세부사업번호 기재) 1. 인건비성 경비지원(307-02) 2. 인건비성 경비지원 예산조치비(307-03) 3. 운영비 지원(307-04) 4. 보조 지원 지원(307-05) 5. 사업지비 지원 예산조치비(308-13) 6. 민간기관자본이전(307-12) 7. 민간기관자본이전 예산조치비(308-13) 8. 민간이전이전(402-01) 9. 민간이전이전 예산조치비(402-02) 10. 민간지출이전(403-02) 11. 민간지출이전 예산조치비(403-03)	지원대상 1. 법인 2. 민간단체 (비영리,영리단체 포함) 3. 개인 4. 시설보조 5. 지자체보조 6. 기타 7. 기금 8. 없음	대상지역 1. 전국 2. 광역시도 3. 시군구 () 4. 읍면동 5. 개별시설 6. 기타 ( ) 7. 해당없음 8. 없음 (개별)	사업수행자 1. 법인 2. 시설기관 3. 시민단체 4. 수혜자단체 5. 지자체 6. 기타 ( ) 7. 해당없음	신청절차 난이도 1. 매우쉬움 2. 쉬움 3. 보통 4. 어려움 5. 매우어려움	수행단계 역량요구 1. 매우낮음 2. 낮음 3. 보통 4. 높음 5. 매우높음	사후관리 4. 예비비 4. 이행점검 (결과보고서 수령 등) 3. 보통 2. 낮음 (결과보고서 수령 등) 1. 매우낮음
6438	일반 경상사업	농촌융복합산업지구조성지원	540,000	9	2	7	8	7	1	1	4
6439	일반 경상사업	농촌마을기반기초조성	418,042	9	1	7	8	7	1	1	4
6440	일반 경상사업	지원농기관 수출물류지원	408,000	9	6	7	8	7	1	1	4
6441	일반 경상사업	지방공사지부 수출부담금출연처리비	360,297	9	2	7	8	7	5	1	4
6442	일반 경상사업	도시지역공무원봉급교적지원지지원기	350,000	9	6	7	8	7	5	5	1
6443	일반 경상사업	지원사업관련감사비지원	300,000	9	2	7	8	7	5	5	4
6444	일반 경상사업	수출사업경과수수	240,000	9	2	7	8	7	5	5	4
6445	일반 경상사업	월간소식잡지제지원	200,750	9	6	7	8	7	5	5	1
6446	일반 경상사업	수출외국인관광발굴및스튜디오시설비	200,000	9	2	7	8	7	5	5	1
6447	일반 경상사업	지원지원경치출제지원	200,000	9	4	7	8	7	5	5	4
6448	일반 경상사업	지원지원발달장애(혈액장애운제,대자본)	180,000	9	1	7	8	7	5	5	4
6449	일반 경상사업	외아기호금부	160,000	9	2	7	8	7	5	5	4
6450	일반 경상사업	원외유산금교수환외소의출발지발지원사업	150,000	9	2	7	8	7	5	5	2
6451	일반 경상사업	수출물품송지자지원치지원치기방침사업	150,000	9	2	7	8	7	5	5	1
6452	일반 경상사업	지원지원환기경지정건점방식사업	144,000	9	1	7	8	7	5	5	4
6453	일반 경상사업	민외이지지원지원지원	140,466	9	2	7	8	7	5	5	4
6454	일반 경상사업	내의의수출경치지원	120,000	9	1	7	8	7	5	5	1
6455	일반 경상사업	지원지원CEO과정지원과정지지원	108,000	9	9	7	8	7	1	1	4
6456	일반 경상사업	지원지원지지원지기지원지원(중요지식지원지원지원지원)	100,000	9	1	7	8	7	5	5	4
6457	일반 경상사업	지원지원선정지지지원	100,000	9	1	7	8	7	5	5	1
6458	일반 경상사업	지원지지원건강고출시	98,000	9	1	7	8	7	5	5	1
6459	일반 경상사업	지원지고자사기지원	90,000	9	4	7	8	7	5	5	4
6460	일반 경상사업	지원지원소치지사기지원	90,000	9	2	7	8	7	1	1	4
6461	일반 경상사업	아이의지원지정지기지원	84,013	9	4	7	8	7	5	3	4
6462	일반 경상사업	지원지지지지지원지시지원	80,000	9	9	7	8	7	5	5	4
6463	일반 경상사업	지원지내이지지지지원	78,400	9	2	7	8	7	5	5	1
6464	일반 경상사업	지원지지지기지지지지원 및 크기지지지원	75,000	9	9	7	8	7	5	5	4
6465	일반 경상사업	지원지지지내의이지내지의지지지 (이지체)	72,000	9	9	7	8	7	5	5	4
6466	일반 경상사업	은지기지지지원	70,904	9	2	7	8	7	5	5	1
6467	일반 경상사업	지원지지지지지지기지지지지원지	70,000	9	1	7	8	7	5	5	4
6468	일반 경상사업	지원지지지지기지지치지지	70,010	9	1	7	8	7	5	5	4
6469	일반 경상사업	지원지지지지지지	69,010	9	4	7	8	7	5	5	4
6470	일반 경상사업	지원지지지지지지지지지지지지지	66,600	9	9	7	8	7	5	5	4
6471	일반 경상사업	지원지지지지지지지지지	65,872	9	2	7	8	7	1	1	4
6472	일반 경상사업	지원지지지지지지지지	60,000	9	2	7	8	7	1	1	4
6473	일반 경상사업	지원지지지지지지지지	60,000	9	1	7	8	7	5	5	4
6474	일반 경상사업	지원지지지지지지지지지	60,000	9	1	7	8	7	5	5	4
6475	일반 경상사업	지원지지지지지지지지	60,000	9	2	7	8	7	5	3	4
6476	일반 경상사업	지원지지지지지지	60,000	9	9	7	8	7	5	5	4
6477	일반 경상사업	지원지지지지지지지지지지지	60,000	9	2	7	8	7	5	5	4

순번	시군구	지출명 (사업명)	2024년예산 (단위 : 천원 /1년간)	민간이전 분류 (지방자치단체 세출예산 집행기준에 의거) 1. 민간경상사업보조(307-02) 2. 민간단체 법정운영비보조(307-03) 3. 민간행사사업보조(307-04) 4. 민간위탁금(307-05) 5. 사회복지시설 법정운영비보조(307-10) 6. 민간위탁교육비(307-12) 7. 공기관등에대한경상적위탁사업비(308-13) 8. 민간자본사업보조,자체재원(402-01) 9. 민간자본사업보조,이전재원(402-02) 10. 민간위탁사업비(402-03) 11. 공기관등에 대한 자본적 위탁사업비(403-02)	민간이전지출 근거 (지방보조금 관리기준 참고) 1. 법률에 규정 2. 국고보조 재원(국가지정) 3. 용도 지정 기부금 4. 조례에 직접규정 5. 지자체가 권장하는 사업을 하는 공공기관 6. 시,도 정책 및 재정사정 7. 기타 8. 해당없음	입찰방식			운영예산 산정		성과평가 실시여부
						계약체결방법 (경쟁형태) 1. 일반경쟁 2. 제한경쟁 3. 지명경쟁 4. 수의계약 5. 법정위탁 6. 기타 ( ) 7. 없음	계약기간 1. 1년 2. 2년 3. 3년 4. 4년 5. 5년 6. 기타 ( )년 7. 단가계약 (1년미만) 8. 없음	낙찰자선정방법 1. 적격심사 2. 협상에의한계약 3. 최저가낙찰제 4. 규격가격분리 5. 2단계 경쟁입찰 6. 기타 ( ) 7. 없음	운영예산 산정 1. 내부산정 (지자체 자체적으로 산정) 2. 외부산정 (외부전문기관위탁 산정) 3. 내·외부 모두 산정 4. 산정 無 5. 없음	정산방법 1. 내부정산 (지자체 내부적으로 정산) 2. 외부정산 (외부전문기관위탁 정산) 3. 내·외부 모두 정산 4. 정산 無 5. 없음	1. 실시 2. 미실시 3. 향후 추진 4. 해당없음
6478	경북 경산시	꿀벌화분지원	56,800	9	6	7	8	7	5	5	4
6479	경북 경산시	퇴비부숙기지원	55,000	9	6	7	8	7	5	5	4
6480	경북 경산시	지역산업연계형대학특성화학과혁신지원사업(로봇공학과)	50,000	9	7	7	5	6	1	3	1
6481	경북 경산시	임산물유통기반조성지원	50,000	9	2	7	8	1	1	1	1
6482	경북 경산시	한우사료자동급이기지원	50,000	9	6	7	8	7	5	5	4
6483	경북 경산시	재해예방냉방시설지원	50,000	9	6	7	8	7	5	5	4
6484	경북 경산시	과수산업의지역특화육성	46,000	9	1	7	8	7	5	5	1
6485	경북 경산시	불량모돈갱신	45,000	9	6	7	8	7	5	5	4
6486	경북 경산시	비상발전기지원	45,000	9	6	7	8	7	5	5	4
6487	경북 경산시	사회복지시설고효율냉난방기교체	40,000	9	2	7	8	7	5	1	4
6488	경북 경산시	민간분야노인일자리사업개발비지원	40,000	9	1	5	5	6	5	5	1
6489	경북 경산시	실버세대맞춤형치유농장공간조성및컨텐츠적용시범사업	40,000	9	2	7	8	7	5	5	4
6490	경북 경산시	대형농기계지원	40,000	9	6	7	8	7	5	5	1
6491	경북 경산시	벽병해충방제농약지원	40,000	9	6	7	8	7	5	5	1
6492	경북 경산시	가축음용수처리기지원	36,000	9	6	7	8	7	5	5	4
6493	경북 경산시	사료작물종자구입비지원	35,700	9	6	7	8	7	5	5	4
6494	경북 경산시	청년농업인4H회원영농정착기반조성	35,000	9	1	7	8	7	5	5	4
6495	경북 경산시	우수종돈농가보급	32,400	9	2	7	8	7	5	5	4
6496	경북 경산시	조사료생산용종자구입비지원	31,080	9	2	7	8	7	5	5	4
6497	경북 경산시	지역산업연계형대학특성화학과혁신지원(K뷰티비즈니스학과)	30,000	9	7	7	5	6	1	3	1
6498	경북 경산시	행복한보금자리만들기사업	30,000	9	1	7	8	7	1	1	2
6499	경북 경산시	마을기업운영기자재구입	30,000	9	1	7	8	7	5	5	4
6500	경북 경산시	양봉(개량)벌통지원	30,000	9	6	7	8	7	5	5	4
6501	경북 경산시	학교급식지원센터수송차량지원	30,000	9	6	7	8	7	5	5	4
6502	경북 경산시	과실생산비절감및품질제고지원	27,650	9	1	7	8	7	5	5	1
6503	경북 경산시	어린이통학차량LPG차전환지원	25,000	9	2	7	8	7	5	5	4
6504	경북 경산시	장애인직업재활시설기능보강	25,000	9	1	7	8	7	1	1	1
6505	경북 경산시	조사료생산장비지원	25,000	9	6	7	8	7	5	5	4
6506	경북 경산시	소독시설지원(중규모)	25,000	9	6	7	8	7	5	5	4
6507	경북 경산시	방역시설설치지원(울타리)	24,000	9	6	7	8	7	5	5	4
6508	경북 경산시	퇴비부숙제지원	22,000	9	6	7	8	7	5	5	4
6509	경북 경산시	신재생에너지모니터링시스템설치및정비	20,000	9	6	7	8	7	5	1	4
6510	경북 경산시	미세폭기시설지원	20,000	9	6	7	8	7	5	5	4
6511	경북 경산시	농식품가공산업육성지원	20,000	9	6	7	8	7	5	5	4
6512	경북 경산시	채밀카지원	17,500	9	6	7	8	7	5	5	4
6513	경북 경산시	우수여왕별보급지원	16,800	9	2	7	8	7	5	5	4
6514	경북 경산시	돼지액상정액지원	16,110	9	6	7	8	7	5	5	4
6515	경북 경산시	안개분무시설지원	16,000	9	6	7	8	7	5	5	4
6516	경북 경산시	꿀벌면역증강제지원	16,000	9	6	7	8	7	5	5	4
6517	경북 경산시	1톤화물차전동화개조지원	15,000	9	2	7	8	7	5	5	4

순번	시군구	지출명 (사업명)	2024년예산 (단위 : 천원 /1년간)	민간이전 분류 (지방자치단체 세출예산 집행기준에 의거)	민간이전지출 근거 (지방보조금 관리기준 참고)	입찰방식 계약체결방법 (경쟁형태)	계약기간	낙찰자선정방법	운영예산 산정 운영예산 산정	정산방법	성과평가 실시여부
6518	경북 경산시	노인요양시설확충(기능보강)	15,000	9	2	7	8	7	5	1	4
6519	경북 경산시	원유냉각기지원	15,000	9	6	7	8	7	5	5	4
6520	경북 경산시	바이오숯활용저탄소토양개량기술보급	14,000	9	1	7	8	7	5	5	4
6521	경북 경산시	청년농업인품목중심신기술과제현장적용시범	14,000	9	1	7	8	7	5	5	4
6522	경북 경산시	축사환경개선용램프지원	13,200	9	6	7	8	7	5	5	4
6523	경북 경산시	귀농인정착지원	12,000	9	6	7	8	7	1	1	4
6524	경북 경산시	양봉산물저온저장고지원	12,000	9	6	7	8	7	5	5	4
6525	경북 경산시	전기자동차완속충전기설치지원사업	10,000	9	6	7	8	7	5	5	4
6526	경북 경산시	청년농부육성지원	10,000	9	6	7	8	7	1	1	4
6527	경북 경산시	축사단열처리지원	10,000	9	6	7	8	7	5	5	4
6528	경북 경산시	친환경악취저감제지원	10,000	9	6	7	8	7	5	5	4
6529	경북 경산시	방역시설설치지원(원격차량통제기)	10,000	9	6	7	8	7	5	5	4
6530	경북 경산시	토종벌종보전지원	9,600	9	6	7	8	7	5	5	4
6531	경북 경산시	자동사양기지원	9,100	9	6	7	8	7	5	5	4
6532	경북 경산시	밭작물폭염(가뭄)피해예방사업	9,100	9	6	7	8	7	5	5	1
6533	경북 경산시	결혼이민자농가소득증진지원	8,000	9	6	7	8	7	1	1	4
6534	경북 경산시	젖소더위방지용대형선풍기지원	7,500	9	6	7	8	7	5	5	4
6535	경북 경산시	댐주변지역주민지원사업	7,056	9	7	7	8	7	5	5	4
6536	경북 경산시	축사환기시설(송풍기)지원	7,050	9	6	7	8	7	5	5	4
6537	경북 경산시	농업기계등화장치구입	7,000	9	6	7	8	7	1	1	4
6538	경북 경산시	자돈폐사율감소지원	6,930	9	6	7	8	7	5	5	4
6539	경북 경산시	축사관리용CCTV지원	6,000	9	6	7	8	7	5	5	4
6540	경북 경산시	양돈분만위생개선지원	5,850	9	6	7	8	7	5	5	4
6541	경북 경산시	육절기구입비지원	5,004	9	6	7	8	7	5	5	4
6542	경북 경산시	여성농업인농작업편의장비지원	5,000	9	6	7	8	7	1	1	4
6543	경북 경산시	곡물건조기	5,000	9	6	7	8	7	5	5	1
6544	경북 경산시	유기농업자재지원	4,300	9	6	7	8	7	5	5	1
6545	경북 경산시	태양광충전식농업기계용배터리커버보급	4,000	9	6	7	8	7	1	1	4
6546	경북 경산시	우수여왕벌인공왕대지원	4,000	9	6	7	8	7	5	5	4
6547	경북 경산시	벼육묘장(소규모)개보수	4,000	9	6	7	8	7	5	5	1
6548	경북 경산시	벼육묘상처리제	3,750	9	6	7	8	7	5	5	1
6549	경북 경산시	운행경유차보증기간경과장치성능유지관리	3,120	9	2	7	8	7	5	5	4
6550	경북 경산시	향토뿌리기업환경정비지원	3,000	9	6	6	7	6	1	1	2
6551	경북 경산시	치매보듬마을환경개선	3,000	9	2	4	8	7	5	5	4
6552	경북 경산시	벼육묘매트	2,640	9	6	7	8	7	5	5	4
6553	경북 경산시	골절기구입비지원	2,465	9	6	7	8	7	5	5	4
6554	경북 경산시	계란난좌지원	2,400	9	6	7	8	7	5	5	4
6555	경북 경산시	벼육묘장상토(대규모)	2,000	9	6	7	8	7	5	5	1
6556	경북 경산시	벼육묘장상토(소규모)	1,500	9	6	7	8	7	5	5	1
6557	경북 경산시	육묘용파종기	1,500	9	6	7	8	7	5	5	1

- 328 -

순번	시군구	지출명 (사업명)	2024년예산 (단위 : 천원 /1년간)	민간이전 분류	민간이전지출 근거	입찰방식			운영예산 산정		성과평가 실시여부
						계약체결방법 (경쟁형태)	계약기간	낙찰자선정방법	운영예산 산정	정산방법	
6558	경북 경산시	벼종자소독기	1,500	9	6	7	8	7	5	5	1
6559	경북 경산시	농업용무인보트	1,500	9	6	7	8	7	5	5	1
6560	경북 경산시	육계사깔짚지원	1,250	9	6	7	8	7	5	5	4
6561	경북 의성군	전기자동차보급(국비)	2,440,000	9	2	7	8	7	5	1	4
6562	경북 의성군	과수고품질시설현대화	1,087,500	9	2	7	8	7	1	1	4
6563	경북 의성군	중소형농업기계공급	1,073,000	9	4	7	8	7	1	1	3
6564	경북 의성군	RPC집진시설개보수사업	938,000	9	2	1	1	3	1	1	3
6565	경북 의성군	농산물제조가공지원	700,000	9	6	7	8	7	1	1	4
6566	경북 의성군	LPG소형저장탱크보급사업	665,325	9	1	5	8	7	3	3	4
6567	경북 의성군	국가지정문화유산보수(국비)	500,000	9	2	4	7	6	5	3	4
6568	경북 의성군	식량대전환논이용이모작생산시범	500,000	9	1,2,4	7	8	7	5	5	1
6569	경북 의성군	원예소득작목육성지원	387,667	9	6	7	8	7	1	1	4
6570	경북 의성군	깨끗한축산환경지원(펠릿성형기)	360,000	9	4	7	8	7	1	1	3
6571	경북 의성군	도지정문화유산보수	354,000	9	2	4	7	6	5	1	4
6572	경북 의성군	산림작물생산단지(공모)	299,700	9	1	7	7	7	1	1	2
6573	경북 의성군	경북미래형사과원조성	288,000	9	6	7	8	7	1	1	4
6574	경북 의성군	운행경유차배출가스저감사업(자본)(국비)	247,500	9	2	7	8	7	5	1	4
6575	경북 의성군	데이터기반생산모델보급	200,000	9	1,2,4	1	8	3	1	1	1
6576	경북 의성군	대규모벼재배농가대형농기계지원	180,000	9	4	7	8	7	1	1	3
6577	경북 의성군	깨끗한축산환경지원(고속건조발효기)	180,000	9	4	7	8	7	1	1	3
6578	경북 의성군	야생동물피해예방지원(울타리)	165,000	9	2	7	8	7	1	1	4
6579	경북 의성군	전통사찰보수지원	160,000	9	2	4	7	6	5	1	4
6580	경북 의성군	홉재배특화단지조성	160,000	9	1,2,4	7	8	7	1	1	4
6581	경북 의성군	과수생력화장비지원	125,500	9	6	7	8	7	1	1	4
6582	경북 의성군	농가형저온저장고설치	112,000	9	6	7	8	7	1	1	1
6583	경북 의성군	새싹삼스마트팜조성	112,000	9	1,2,4	7	8	7	5	5	4
6584	경북 의성군	농가형농산물가공창업시범	105,000	9	1,4	7	8	7	1	1	4
6585	경북 의성군	가공농식품수출경쟁력제고	102,000	9	6	7	8	7	5	5	4
6586	경북 의성군	신선농산물예비수출단지육성	96,000	9	6	7	8	7	1	1	1
6587	경북 의성군	농촌체험휴양마을운영활성화기반구축	90,000	9	4	4	8	7	1	1	4
6588	경북 의성군	청년농부육성지원	90,000	9	6	7	8	7	1	1	4
6589	경북 의성군	도시가스미공급지역지원사업	82,500	9	1	5	8	7	3	3	4
6590	경북 의성군	신재생에너지보급(국가직접지원)	80,680	9	2	7	8	7	5	5	4
6591	경북 의성군	축산농가환경개선장비지원	80,000	9	4	7	8	7	1	1	3
6592	경북 의성군	산림작물생산단지	70,000	9	1	7	7	7	1	1	2
6593	경북 의성군	청년농업인자립기반구축지원	70,000	9	1,4	7	8	7	1	1	4
6594	경북 의성군	청년농업인드론활용병해충방제단운영	70,000	9	1,4	7	8	7	1	1	1
6595	경북 의성군	벼재배생력화지원	64,500	9	4	7	8	7	1	1	3
6596	경북 의성군	FTA대응대체과수명품화	60,000	9	6	7	8	7	1	1	4
6597	경북 의성군	조사료시설및기계장비지원	60,000	9	4	7	8	7	1	1	3

순번	기술분류	기술명 (시술명)	2024년도 상대가치점수 (점수 : 점수 / 대응점)	위험도 (치료재료 및 부대비용 포함 관리) 1. 침습치료 관리료 등(307-02) 2. 전신마취 관리료 등(307-03) 3. 부위마취 관리료 등(307-04) 4. 감시마취 관리료 등(307-05) 5. 인공심폐 관리료 등(307-10) 6. 인공호흡기 관리료 등(308-13) 7. 중환자실 관리료 등(402-02) 8. 인공신장투석 관리료 등(402-02) 9. 인공혈액투석 관리료 등(402-03) 10. 인공호흡기 관리료 등(403-03) 11. 인공신장투석 관리료 등(인공혈액투석 관리료 등)(403-02)	업무량 1. 시행 2. 집중력 등 3. 고도 4. 정신력 5. 시간 6. 기간 () 7. 기타 8. 위험도	진료재료 1. 예방 2. 치료 3. 기타 4. 수술재료 5. 기타 6. 기타 () 7. 기타	관리재료 1. 수술 2. 치료 3. 기타 4. 수술재료 (치료재료 및 부대비용 포함 관리) 5. 관리재료 6. 기타 () 7. 기타	위험도 관리 1. 수술 2. 치료 3. 기타 4. 수술재료 5. 관리재료	시설비 1. 수술 2. 치료 3. 기타 4. 수술재료 5. 관리재료	기술료 1. 수술 2. 치료 3. 기타 (치료재료 및 부대비용 포함 관리) 4. 수술재료 5. 관리재료
6598	전문 의료행위	동맥기관내 삽입 시행된 특수기구 삽입 시술	60,000	9	1,4	7	8	3	1	1	1
6599	전문 의료행위	시행의에의한 삽입 및 혈관 시술	55,000	9	2	7	8	7	1	1	4
6600	전문 의료행위	기계혈관 시술 시술	54,000	9	4	7	8	7	1	1	3
6601	전문 의료행위	흉벽혈관 등(근막) 피하혈관 시술	52,920	9	4	7	8	7	1	1	3
6602	전문 의료행위	복부혈관내에 삽입 시술	50,000	9	6	7	8	7	2	2	4
6603	전문 의료행위	외래혈관 삽입 시술	50,000	9	4	7	8	7	1	1	3
6604	전문 의료행위	심혈관 삽입 등 이 시술	50,000	9	4	7	8	7	1	1	3
6605	전문 의료행위	혈관기관 삽입 시술 삽입 시술	50,000	9	4	7	8	3	1	1	3
6606	전문 의료행위	시설의료기관 산업재 시술 시술	50,000	9	1,4	7	8	3	1	1	1
6607	전문 의료행위	복부기관 등 삽입 등 시술시술 혈관 시술	50,000	9	1,4	7	8	3	1	1	1
6608	전문 의료행위	기타혈관조영 삽입 시술	50,000	9	1,2	7	8	7	1	1	4
6609	전문 의료행위	시설혈관 시술 시술	45,000	9	4	7	8	7	1	1	3
6610	전문 의료행위	삽입혈관 시술 시술	45,000	9	4	7	8	7	1	1	3
6611	전문 의료행위	복부시술혈관 시술(심혈관삽입 시술)	43,750	9	1	7	8	7	3	1	4
6612	전문 의료행위	삽입혈관 삽입 시술	43,175	9	2	7	8	7	1	1	3
6613	전문 의료행위	흉벽삽입 기삽 시술	42,000	9	6	7	8	7	1	1	4
6614	전문 의료행위	흉벽삽입 시술	40,000	9	4	7	8	7	1	1	3
6615	전문 의료행위	시설혈관 시술 시술	40,000	9	1	7	8	7	1	1	2
6616	전문 의료행위	심혈관삽입 기삽입 시술 시술 시술 삽입	40,000	9	2	7	8	7	2	2	4
6617	전문 의료행위	기삽입 시술 시술	38,220	9	4	7	8	7	1	1	3
6618	전문 의료행위	기시혈관 시술 시술 시술	36,000	9	6	7	8	7	2	2	4
6619	전문 의료행위	복부 시술 시술 시술	35,000	9	1,4	7	8	7	1	1	4
6620	전문 의료행위	심혈관 시술 시술	30,000	9	1,2	7	8	7	2	2	4
6621	전문 의료행위	복부혈관 시술 시술	25,000	9	4	7	8	7	1	1	4
6622	전문 의료행위	혈관혈관 삽입 시술	25,000	9	4	7	8	7	1	1	3
6623	전문 의료행위	삽입혈관 삽입 등 시술	24,000	9	1	7	8	7	3	1	2
6624	전문 의료행위	복부혈관 시술 시술 등 시술	23,000	9	1,2,4	7	8	7	2	2	1
6625	전문 의료행위	시설혈관 시술(근막 등)	21,000	9	4	7	8	7	1	1	3
6626	전문 의료행위	복부 시술 시술	20,000	9	4	7	8	7	1	1	3
6627	전문 의료행위	흉벽 시술 시술	20,000	9	4	7	8	7	1	1	3
6628	전문 의료행위	삽입혈관 시술 시술	20,000	9	7	7	8	7	1	1	4
6629	전문 의료행위	시설혈관복부혈관삽입 시술 시술 시술 등 시술 시술	20,000	9	1,2,4	7	8	7	2	2	1
6630	전문 의료행위	복부 시술시술 등 시술 시술	19,600	9	1	7	7	7	1	1	2
6631	전문 의료행위	시혈관 삽입 시술	19,000	9	1	7	7	7	1	1	2
6632	전문 의료행위	복부혈관시술 삽입 시술	18,000	9	4	7	8	7	1	1	3
6633	전문 의료행위	혈관 시술 시술	18,800	9	4	7	8	7	1	1	3
6634	전문 의료행위	시설혈관혈관 시술	16,500	9	2	7	8	7	1	1	4
6635	전문 의료행위	삽입혈관 시술 시술	16,000	9	4	7	8	7	1	1	3
6636	전문 의료행위	복부혈관 시술(근막)	15,000	9	4	7	8	7	1	1	3
6637	전문 의료행위	기타 시술혈관 시술	14,850	9	6	7	8	7	1	1	4

순번	시군구	지출명 (사업명)	2024년예산 (단위: 천원/1년간)	민간이전 분류	민간이전지출 근거	계약체결방법	계약기간	낙찰자선정방법	운영예산 산정	정산방법	성과평가 실시여부
6638	경북 의성군	양식장첨단기자재공급	14,000	9	4	7	8	7	1	1	3
6639	경북 의성군	바이오숯활용저탄소토양개량기술보급시범	14,000	9	1,4	7	8	7	1	1	1
6640	경북 의성군	시설채소총채벌레방제시범	14,000	9	4	7	8	7	5	5	4
6641	경북 의성군	축산물유통안전성제고사업	12,474	9	4	7	8	7	1	1	3
6642	경북 의성군	축사환기시설(송풍기)지원	10,200	9	4	7	8	7	1	1	3
6643	경북 의성군	벼녹화장설치(대규모)	10,000	9	4	7	8	7	1	1	3
6644	경북 의성군	농업계고졸업생창업비용지원	10,000	9	6	7	8	7	1	1	4
6645	경북 의성군	귀농창업활성화지원	10,000	9	2	7	8	7	1	1	4
6646	경북 의성군	시설원예ICT융복합확산지원	9,577	9	4	7	8	7	1	1	3
6647	경북 의성군	벼육묘공장개보수(소규모)	8,000	9	4	7	8	7	1	1	3
6648	경북 의성군	전기자동차완속충전기설치지원	8,000	9	2	7	8	7	5	1	4
6649	경북 의성군	축사관리용CCTV지원	8,000	9	4	7	8	7	1	1	3
6650	경북 의성군	어린이집환경개선비지원	7,690	9	6	7	8	7	1	1	4
6651	경북 의성군	노후택시교체지원	7,500	9	1	7	8	7	1	1	1
6652	경북 의성군	가정용저녹스보일러보급사업(국비)	6,000	9	2	7	8	7	5	1	4
6653	경북 의성군	내수면어선장비지원	6,000	9	4	7	8	7	1	1	3
6654	경북 의성군	깨끗한축산환경지원(축사환경개선용램프)	6,000	9	4	7	8	7	1	1	3
6655	경북 의성군	벼녹화장설치(소규모)	5,500	9	4	7	8	7	1	1	3
6656	경북 의성군	가공용벼계약재배단지조성	5,400	9	4	7	8	7	1	1	3
6657	경북 의성군	어린이통학차량의LPG차전환지원사업(국비)	5,000	9	2	7	8	7	5	1	4
6658	경북 의성군	전세버스사각지대충돌예방장치	4,200	9	1	7	8	7	1	1	1
6659	경북 의성군	태양광충전식농업기계용배터리커버보급	4,000	9	1,4	7	8	7	5	5	4
6660	경북 의성군	과일신선도유지기지원	3,750	9	6	7	8	7	1	1	4
6661	경북 의성군	말벌퇴치장비지원	3,300	9	4	7	8	7	1	1	3
6662	경북 의성군	임업단체육성	2,400	9	1	7	7	7	1	1	2
6663	경북 의성군	염소농가자재지원	1,250	9	4	7	8	7	1	1	3
6664	경북 의성군	산양삼생산과정확인제도	760	9	1	7	7	7	1	1	2
6665	경북 의성군	친환경임산물재배관리	360	9	1	7	7	7	1	1	2
6666	경북 의성군	결혼이민자농가소득증진지원	24,000	9	4	7	8	7	1	1	3
6667	경북 의성군	여성농업인농작업편의장비	8,750	9	4	7	8	7	1	1	3
6668	경북 청송군	과수고품질시설현대화사업(융자30%,자부담20%)	4,125,000	9	2	7	8	7	1	1	4
6669	경북 청송군	과원미세살수장치지원(자부담20%)	3,400,000	9	6	7	8	7	1	1	4
6670	경북 청송군	청송사과미래형과원조성묘목지원	2,000,000	9	6	7	8	7	1	1	4
6671	경북 청송군	유기질비료지원사업(이전재원)	1,828,811	9	2	7	8	7	1	1	1
6672	경북 청송군	과실전문생산단지기반조성사업(중기지구,2년차)	1,415,000	9	2	7	8	7	1	1	4
6673	경북 청송군	전기화물차보급	1,190,000	9	2	7	8	7	5	5	4
6674	경북 청송군	과실전문생산단지기반조성사업(송강이촌지구,2년차)	987,500	9	2	7	8	7	1	1	4
6675	경북 청송군	농산물유통구조개선지원	653,330	9	6	7	8	7	5	5	4
6676	경북 청송군	중소형농업기계공급지원	580,000	9	6	7	8	7	1	1	1
6677	경북 청송군	경북미래형사과원조성사업	549,333	9	6	7	8	7	1	1	4

순번	시군구	지출명 (사업명)	2024년예산 (단위 : 천원 /1년간)	민간이전 분류 (지방자치단체 세출예산 집행기준에 의거)	민간이전지출 근거 (지방보조금 관리기준 참고)	입찰방식 계약체결방법 (경쟁형태)	계약기간	낙찰자선정방법	운영예산 산정 운영예산 산정	정산방법	성과평가 실시여부
6678	경북 청송군	산림작물생산단지(소액,융자306,000천원,자부담204,000천원)	510,000	9	2	7	8	7	1	1	2
6679	경북 청송군	청송대전사보광전회연당보수	480,000	9	2	7	8	7	5	1	4
6680	경북 청송군	농산물산지유통센터(APC)설치지원(남청송농협)	360,000	9	2	7	8	7	5	5	4
6681	경북 청송군	보광사극락전석조아미타삼존불좌상보존처리	354,000	9	4	7	8	7	5	1	4
6682	경북 청송군	전기승용차보급	350,000	9	2	7	8	7	5	5	4
6683	경북 청송군	농가형저온저장고설치지원(자부담50%)	336,000	9	6	7	8	7	1	1	4
6684	경북 청송군	토양개량제공급	311,670	9	2	7	8	7	1	1	1
6685	경북 청송군	청송대전사보광전범종각및수선당단청	300,000	9	2	7	8	7	5	1	4
6686	경북 청송군	전기버스보급	252,000	9	2	7	8	7	5	5	4
6687	경북 청송군	전통사찰보수정비사업	240,000	9	6	7	8	7	1	1	4
6688	경북 청송군	낙동강수계주민지원사업	204,740	9	2	7	8	7	5	1	1
6689	경북 청송군	임산물생산기반조성	200,000	9	2	7	8	7	1	1	2
6690	경북 청송군	임산물유통기반조성	175,000	9	2	7	8	7	1	1	2
6691	경북 청송군	건설기계엔진교체	165,000	9	7	7	8	7	1	1	4
6692	경북 청송군	과실장기저장제(자부담50%)	159,340	9	6	7	8	7	1	1	4
6693	경북 청송군	뒤영벌생산고효율화스마트사육시설기술시범	150,000	9	6	7	8	7	5	5	4
6694	경북 청송군	동력제초기,농업용고소작업차(자부담50%)	144,000	9	6	7	8	7	1	1	4
6695	경북 청송군	조사료생산용사일리지제조지원(자부담10%)	141,750	9	2	7	8	7	5	5	4
6696	경북 청송군	대전사명부전지장삼존상및시왕상보수	122,000	9	4	7	8	7	5	1	4
6697	경북 청송군	청송보광사극락전설법전단청	120,000	9	2	7	8	7	5	1	4
6698	경북 청송군	야생동물피해예방시설설치사업	120,000	9	2	7	8	7	1	1	4
6699	경북 청송군	사과디지털농업거점과원조성시범	120,000	9	6	7	8	7	5	5	4
6700	경북 청송군	지역농업CEO발전기반구축지원	108,000	9	6	7	8	7	1	1	4
6701	경북 청송군	농가형농산물가공창업시범사업	105,000	9	6	7	8	7	5	5	4
6702	경북 청송군	원예소득작목육성지원(자부담50%)	100,150	9	6	7	8	7	1	1	1
6703	경북 청송군	수출농식품안전성제고	90,000	9	6	7	8	7	1	1	4
6704	경북 청송군	경유차저감장치(DPF)부착	82,500	9	7	7	8	7	1	1	4
6705	경북 청송군	승용SS기,전동무인방제기(자부담75%)	80,000	9	6	7	8	7	1	1	4
6706	경북 청송군	산림작물생산단지(공모)	74,700	9	2	7	8	7	1	1	2
6707	경북 청송군	농산물산지유통기능활성화지원(자부담30%)	71,400	9	6	7	8	7	5	5	4
6708	경북 청송군	청년농업인자립기반구축지원	70,000	9	6	7	8	7	1	1	3
6709	경북 청송군	농촌치유카페조성시범사업	70,000	9	6	7	8	7	5	5	4
6710	경북 청송군	과수봄철이상기상대응미온수살수시스템구축시범	70,000	9	6	7	8	7	5	5	4
6711	경북 청송군	신선농산물수출경쟁력제고지원(자부담40%)	66,000	9	6	7	8	7	1	1	4
6712	경북 청송군	수소승용차보급	65,000	9	2	7	8	7	5	5	4
6713	경북 청송군	과실브랜드육성지원(자부담30%)	62,300	9	6	7	8	7	5	5	4
6714	경북 청송군	농업용수처리기(자부담50%)	56,000	9	6	7	8	7	1	1	4
6715	경북 청송군	작목별맞춤형안전관리실천시범사업	50,000	9	2	7	8	7	5	5	4
6716	경북 청송군	신선농산물예비수출단지육성(자부담40%)	48,000	9	6	7	8	7	1	1	4
6717	경북 청송군	농업기술원육성껍질째먹는포도신품종보급시범	48,000	9	6	7	8	7	5	5	4

순번	시군구	지출명 (사업명)	2024년예산 (단위 : 천원 /1년간)	민간이전 분류 (지방자치단체 세출예산 집행기준에 의거)	민간이전지출 근거 (지방보조금 관리기준 참고)	계약체결방법 (경쟁형태)	계약기간	낙찰자선정방법	운영예산 산정	정산방법	성과평가 실시여부
6718	경북 청송군	돼지써코바이러스	47,581	9	2	7	8	7	5	5	4
6719	경북 청송군	파천면옹점리마을공동농기계구입	45,460	9	1	7	8	7	5	3	4
6720	경북 청송군	파천면관1리마을공동농기계구입	45,460	9	1	7	8	7	5	3	4
6721	경북 청송군	파천면황목리마을공동농기계구입	45,458	9	1	7	8	7	5	3	4
6722	경북 청송군	신재생에너지주택지원사업	41,220	9	2	7	8	7	2	5	4
6723	경북 청송군	대규모벼재배농가대형농기계지원사업	40,000	9	6	7	8	7	1	1	1
6724	경북 청송군	전기이륜차보급	40,000	9	2	7	8	7	5	5	4
6725	경북 청송군	밭작물폭염(가뭄)피해예방사업	36,400	9	6	7	8	7	1	1	1
6726	경북 청송군	면역강화용사료첨가제지원(자부담50%)	30,900	9	6	7	8	7	5	5	4
6727	경북 청송군	청송대전사보광전화장실증축설계	30,000	9	2	7	8	7	1	1	4
6728	경북 청송군	벼육묘장설치지원	28,500	9	6	7	8	7	1	1	4
6729	경북 청송군	유기농업자재지원(보조50%)	27,490	9	2	7	8	7	1	1	1
6730	경북 청송군	조사료생산장비지원(자부담50%)	25,000	9	6	7	8	7	5	5	4
6731	경북 청송군	동력분무기,보행SS기(자부담50%)	24,000	9	6	7	8	7	1	1	4
6732	경북 청송군	LPG용기사용가구시설개선사업	22,500	9	2	6	1	7	2	2	4
6733	경북 청송군	진보면고현리마을공동농기계구입	22,360	9	1	7	8	7	5	3	4
6734	경북 청송군	진보면신촌1리마을공동농기계구입	22,360	9	1	7	8	7	5	3	4
6735	경북 청송군	진보면추현리유기질비료구입	22,360	9	1	7	8	7	5	3	4
6736	경북 청송군	진보면진안4리마을공동농기계구입	22,360	9	1	7	8	7	5	3	4
6737	경북 청송군	진보면진안1리유기질비료구입	22,360	9	1	7	8	7	5	3	4
6738	경북 청송군	진보면괴정1리유기질비료구입	22,360	9	1	7	8	7	5	3	4
6739	경북 청송군	진보면이촌1리마을공동농기계구입	22,360	9	1	7	8	7	5	3	4
6740	경북 청송군	진보면합강리마을공동농기계구입	22,360	9	1	7	8	7	5	3	4
6741	경북 청송군	진보면월전2리마을공동농기계구입	22,360	9	1	7	8	7	5	3	4
6742	경북 청송군	진보면진안3리마을공동농기계구입	22,360	9	1	7	8	7	5	3	4
6743	경북 청송군	퇴비부숙기지원	22,000	9	6	7	8	7	5	5	4
6744	경북 청송군	전통식품브랜드경쟁력제고(자부담30%)	21,000	9	6	7	8	7	1	1	4
6745	경북 청송군	우수모돈갱신사업(자부담50%)	21,000	9	6	7	8	7	5	5	4
6746	경북 청송군	현서면갈천리마을공동재배시설설치	20,046	9	1	7	8	7	5	3	4
6747	경북 청송군	농식품국외판촉지원	20,000	9	6	7	8	7	1	1	4
6748	경북 청송군	축산농가환경개선장비지원(자부담50%)	20,000	9	6	7	8	7	5	5	4
6749	경북 청송군	전기굴착기보급지원	20,000	9	2	7	8	7	5	5	4
6750	경북 청송군	귀농인정착지원(자부담20%)	20,000	9	6	7	8	7	4	1	4
6751	경북 청송군	농산물공동선별비지원(자부담19,000천원)	19,000	9	6	7	8	7	5	5	4
6752	경북 청송군	사료작물종자구입비지원(자부담30%)	18,900	9	6	7	8	7	5	5	4
6753	경북 청송군	안덕면문거1리유기질비료구입	18,682	9	1	7	8	7	5	3	4
6754	경북 청송군	안덕면장전2리유기질비료구입	18,682	9	1	7	8	7	5	3	4
6755	경북 청송군	노인복지시설기능보강사업	18,414	9	1	7	8	7	5	5	4
6756	경북 청송군	안덕면신성2리농자재구입	18,150	9	1	7	8	7	5	3	4
6757	경북 청송군	꿀벌화분지원(자부담50%)	18,000	9	6	7	8	7	5	5	4

순번	시군구	지출명 (사업명)	2024년예산 (단위 : 천원 /1년간)	민간이전 분류 (지방자치단체 세출예산 집행기준에 의거) 1. 민간경상사업보조(307-02) 2. 민간단체 법정운영비보조(307-03) 3. 민간행사사업보조(307-04) 4. 민간위탁금(307-05) 5. 사회복지시설 법정운영비보조(307-10) 6. 민간인위탁교육비(307-12) 7. 공기관등에대한경상적위탁사업비(308-13) 8. 민간자본사업보조,자체재원(402-01) 9. 민간자본사업보조,이전재원(402-02) 10. 민간위탁사업비(402-03) 11. 공기관에 대한 자본적 위탁사업비(403-02)	민간이전지출 근거 (지방보조금 관리기준 참고) 1. 법률에 규정 2. 국고보조 재원(국가지정) 3. 용도 지정 기부금 4. 조례에 직접규정 5. 지자체가 권장하는 사업을 하는 공공기관 6. 시,도 정책 및 재정사정 7. 기타 8. 해당없음	입찰방식			운영예산 산정		성과평가 실시여부 1. 실시 2. 미실시 3. 향후 추진 4. 해당없음
						계약체결방법 (경쟁형태) 1. 일반경쟁 2. 제한경쟁 3. 지명경쟁 4. 수의계약 5. 법정위탁 6. 기타 ( ) 7. 없음	계약기간 1. 1년 2. 2년 3. 3년 4. 4년 5. 5년 6. 기타 ( )년 7. 단기계약 (1년미만) 8. 없음	낙찰자선정방법 1. 적격심사 2. 협상에의한계약 3. 최저가낙찰제 4. 규격가격분리 5. 2단계 경쟁입찰 6. 기타 ( ) 7. 없음	운영예산 산정 1. 내부산정 (지자체 자체적으로 산정) 2. 외부산정 (외부전문기관위탁 산정) 3. 내·외부 모두 산정 4. 산정 無	정산방법 1. 내부정산 (지자체 내부적으로 정산) 2. 외부정산 (외부전문기관위탁 정산) 3. 내·외부 모두 정산 4. 정산 無 5. 없음	
6758	경북 청송군	조사료생산장려금지원	17,000	9	6	7	8	7	5	5	4
6759	경북 청송군	우수여왕벌보급사업	16,800	9	2	7	8	7	5	5	4
6760	경북 청송군	인삼생약산업육성지원	16,667	9	6	7	8	7	1	1	1
6761	경북 청송군	휴대용비파괴당도측정기(자부담50%)	16,500	9	6	7	8	7	1	1	4
6762	경북 청송군	닭진드기공동방제지원사업(자부담20%)	16,000	9	2	7	8	7	5	5	4
6763	경북 청송군	결혼이민자농가소득증진지원(자부담20%)	16,000	9	4	7	8	7	1	1	4
6764	경북 청송군	사인머스캣고품질장기저장기술시범	16,000	9	6	7	8	7	1	1	3
6765	경북 청송군	조사료생산용종자구입지원(자부담30%)	15,960	9	2	7	8	7	5	5	4
6766	경북 청송군	현서면무계2리유기질비료구입	15,620	9	1	7	8	7	5	3	4
6767	경북 청송군	현서면백자리마을공동농기계구입	15,590	9	1	7	8	7	5	3	4
6768	경북 청송군	현서면수락리유기질비료구입	15,590	9	1	7	8	7	5	3	4
6769	경북 청송군	현서면무계1리마을공동저온저장고구입	15,590	9	1	7	8	7	5	3	4
6770	경북 청송군	현서면갈천리마을공동재배시설설치	15,590	9	1	7	8	7	5	3	4
6771	경북 청송군	현서면사촌리유기질비료구입	15,590	9	1	7	8	7	5	3	4
6772	경북 청송군	현서면월정리유기질비료구입	15,590	9	1	7	8	7	5	3	4
6773	경북 청송군	현서면도리유기질비료구입	15,590	9	1	7	8	7	5	3	4
6774	경북 청송군	현서면모계1리유기질비료구입	15,590	9	1	7	8	7	5	3	4
6775	경북 청송군	현서면모계2리유기질비료구입	15,590	9	1	7	8	7	5	3	4
6776	경북 청송군	현서면천천1리유기질비료구입	15,590	9	1	7	8	7	5	3	4
6777	경북 청송군	현서면천천2리유기질비료구입	15,590	9	1	7	8	7	5	3	4
6778	경북 청송군	현서면두현2리유기질비료구입	15,590	9	1	7	8	7	5	3	4
6779	경북 청송군	청송읍월막2리마을공동농기계구입	15,576	9	1	7	8	7	5	3	4
6780	경북 청송군	청송읍덕리마을공동농기계구입	15,576	9	1	7	8	7	5	3	4
6781	경북 청송군	청송읍금곡1리마을회관비품구입	15,576	9	1	7	8	7	5	3	4
6782	경북 청송군	재해예방냉방시설지원(자부담50%)	15,000	9	6	7	8	7	5	5	4
6783	경북 청송군	청송읍부곡1리마을공동농기계구입	14,958	9	1	7	8	7	5	3	4
6784	경북 청송군	청송읍월막2리경로당물품구입	14,958	9	1	7	8	7	5	3	4
6785	경북 청송군	수산물처리저장시설지원(자부담40%)	14,400	9	6	7	8	7	5	5	4
6786	경북 청송군	장기요양기관환기시설설치	14,320	9	1	7	8	7	5	5	4
6787	경북 청송군	벼육묘농자재지원	14,110	9	6	7	8	7	1	1	1
6788	경북 청송군	계란난좌지원	14,000	9	6	7	8	7	5	5	4
6789	경북 청송군	폐농약용기류잔류농약세척기지원사업비	14,000	9	6	7	8	7	5	5	4
6790	경북 청송군	바이오숯활용저탄소토양개량기술보급지원	14,000	9	6	7	8	7	1	1	3
6791	경북 청송군	벼재배생력화지원사업(자부담50%)	13,750	9	6	7	8	7	1	1	1
6792	경북 청송군	사과적화제(자부담50%)	13,020	9	6	7	8	7	1	1	4
6793	경북 청송군	안덕면장전1리농자재구입	12,895	9	1	7	8	7	5	3	4
6794	경북 청송군	안덕면문거2리농자재구입	12,895	9	1	7	8	7	5	3	4
6795	경북 청송군	안덕면문거3리농자재구입	12,895	9	1	7	8	7	5	3	4
6796	경북 청송군	안덕면신성1리농자재구입	12,895	9	1	7	8	7	5	3	4
6797	경북 청송군	파천면덕천3리농자재구입	12,840	9	1	7	8	7	5	3	4

순번	시군구	지출명 (사업명)	2024년예산 (단위: 천원/1년간)	민간이전 분류	민간이전지출 근거	계약체결방법 (경쟁형태)	계약기간	낙찰자선정방법	운영예산 산정	정산방법	성과평가 실시여부
6798	경북 청송군	민간건축물내진보강비용지원사업	12,000	9	2	7	8	7	5	5	4
6799	경북 청송군	퇴비부숙제지원	12,000	9	6	7	8	7	5	5	4
6800	경북 청송군	양봉산물저온저장고지원(자부담50%)	12,000	9	6	7	8	7	5	5	4
6801	경북 청송군	양봉(개량)벌통지원(자부담50%)	12,000	9	6	7	8	7	5	5	4
6802	경북 청송군	내수면어선장비지원사업(자부담40%)	12,000	9	6	7	8	7	5	5	4
6803	경북 청송군	청송읍월막1리마을회관비품구입	10,576	9	1	7	8	7	5	3	4
6804	경북 청송군	채밀카지원(자부담50%)	10,500	9	6	7	8	7	5	5	4
6805	경북 청송군	경북우수농산물브랜드화지원사업(자부담50%)	10,000	9	4	7	8	7	1	1	4
6806	경북 청송군	한우사료자동급이기(자부담50%)	10,000	9	6	7	8	7	5	5	4
6807	경북 청송군	친환경약취저감제지원	10,000	9	6	7	8	7	5	5	4
6808	경북 청송군	어족자원관리센터운영비	10,000	9	1	7	8	7	5	5	4
6809	경북 청송군	소자본창업실행비	10,000	9	6	7	8	7	1	1	3
6810	경북 청송군	전문단지조성용사일리지제조지원(자부담10%)	9,072	9	2	7	8	7	5	5	4
6811	경북 청송군	신선도유지기(자부담50%)	8,750	9	6	7	8	7	1	1	4
6812	경북 청송군	방역인프라설치지원사업(융자30%,자부담10.2%)	8,375	9	2	7	8	7	5	5	4
6813	경북 청송군	전문단지조성용퇴액비지원	8,000	9	2	7	8	7	5	5	4
6814	경북 청송군	돼지액상정액지원(자부담40%)	7,560	9	6	7	8	7	5	5	4
6815	경북 청송군	승마장환경개선사업(자부담50%)	7,500	9	6	7	8	7	5	5	4
6816	경북 청송군	화훼생산시설경쟁력제고지원(자부담50%)	7,000	9	6	7	8	7	1	1	4
6817	경북 청송군	대체과수품목육성지원(자부담50%)	7,000	9	6	7	8	7	1	1	4
6818	경북 청송군	토종벌종보전(자부담20%)	6,400	9	6	7	8	7	5	5	4
6819	경북 청송군	돼지소모성질환지도사업(자부담40%)	6,000	9	2	7	8	7	5	5	4
6820	경북 청송군	가금농가질병관리지원(자부담40%)	6,000	9	2	7	8	7	5	5	4
6821	경북 청송군	육절기(자부담30%)	5,005	9	4	7	8	7	5	5	4
6822	경북 청송군	농식품국내판촉지원	5,000	9	6	7	8	7	1	1	4
6823	경북 청송군	축사단열처리지원(자부담50%)	5,000	9	6	7	8	7	5	5	4
6824	경북 청송군	어린이통학차량LPG전환	5,000	9	7	7	8	7	1	1	4
6825	경북 청송군	여성농업인농작업편의장비지원	5,000	9	4	7	8	7	1	1	4
6826	경북 청송군	안덕면덕성1리유기질비료구입	4,884	9	1	7	8	7	5	3	4
6827	경북 청송군	안덕면성재리유기질비료구입	4,884	9	1	7	8	7	5	3	4
6828	경북 청송군	안덕면복1리유기질비료구입	4,884	9	1	7	8	7	5	3	4
6829	경북 청송군	안덕면복2리유기질비료구입	4,884	9	1	7	8	7	5	3	4
6830	경북 청송군	수출농식품브랜드경쟁력제고(자부담20%)	4,000	9	6	7	8	7	1	1	4
6831	경북 청송군	전기자동차완속충전기설치지원사업	4,000	9	6	7	8	7	5	5	4
6832	경북 청송군	양돈분만위생개선(자부담40%)	3,900	9	6	7	8	7	5	5	4
6833	경북 청송군	토종벌벌통지원(자부담50%)	3,600	9	6	7	8	7	5	5	4
6834	경북 청송군	전문단지조성용종자구입비지원(자부담20%)	2,656	9	2	7	8	7	5	5	4
6835	경북 청송군	골절기(자부담30%)	2,464	9	4	7	8	7	5	5	4
6836	경북 청송군	조사료전문단지육성	2,400	9	6	7	8	7	5	5	4
6837	경북 청송군	육계사깔짚지원	2,250	9	6	7	8	7	5	5	4

연번	시군구	사업명	지원액 2024예산 (단위: 백만원/개소)	선정기준 (사업시행 공모, 제안서평가 등기타) 1. 공모 2. 공모제외 제안서평가(307-02) 3. 지원법에 따른 공모(307-03) 4. 지정방식(307-05) 5. 보조금 관리법 대상사업(307-10) 6. 공모전환 중장기계속사업(307-12) 7. 공모후 중장기계속사업으로전환(308-13) 8. 법정사업(402-01) 9. 인건비사업등 이월불가사업(402-02) 10. 민간경상사업보조(402-03) 11. 공모절차에 따른 대상자 선정사업(403-02)	교부방식 1. 일괄교부 2. 분할교부 중 3. 집행실적 등 고려 4. 수시집행 5. 분할교부 6. 예방급부 7. 기타 8. 정률	지원방식 1. 정률 2. 정액 3. 차등지원 4. 사업비지원 5. 운영비보조 6. 기타( ) 7. 기타	정산방식 1. 정액 2. 정률 3. 실적 4. 기타 5. 정산생략 6. 기타( ) 7. 기타	평가방법 1. 내부평가 2. 외부평가(지역개발 해당) 3. 자체평가 포함 4. 성과평가 5. 정책성과 6. 기타 7. 정률	평가방법 자율성 1. 내부평가 2. 외부평가 해당 3. 자체평가 포함 4. 성과평가 5. 정책성과	사업수행 자율성 1. 예산 2. 인사 3. 부서 업무 분장 4. 사업방식
6838	경북 영주시	정신재활시설 운영지원사업	2,000	9	7	8	7	2	1	2
6839	경북 영주시	농어촌 환경 CCTV지원(자부담 50%)	2,000	9	7	8	7	5	5	4
6840	경북 영주시	정신요양시설 운영지원사업	1,900	9	2	7	8	7	1	1	2
6841	경북 영주시	어린이집 시설기능보강(정부방식기준)	1,800	9	6	7	8	7	5	5	4
6842	경북 영주시	장사시설지원사업(자부담30%)	1,680	9	6	7	8	7	5	5	4
6843	경북 영주시	지방재정지원사업(도자부담30%,자부담10%)	1,500	9	2	7	8	7	5	5	4
6844	경북 영주시	농어촌 가사돕기 지원(자부담 50%)	1,500	9	6	7	8	7	5	5	4
6845	경북 영주시	농부장수급자임금보조사업	1,450	9	1	7	8	7	5	5	4
6846	경북 영주시	지역사회 다기능 우도 지원사업	1,440	9	1	7	8	7	5	5	4
6847	경북 영주시	지역사회 다기능 공도 다듬 지원	1,430	9	1	7	8	7	5	5	4
6848	경북 영주시	지역사회 다기능 지원 다기능	1,430	9	1	7	8	7	5	5	4
6849	경북 영주시	지역사회 다기능 기수 다기능	1,430	9	1	7	8	7	5	3	4
6850	경북 영주시	지역사회 다기능 기수 기능	1,430	9	1	7	8	7	5	3	4
6851	경북 영주시	지역사회 다기능 기공 지원 다기능	1,380	9	1	7	8	7	5	3	4
6852	경북 영주시	지역사회 다기능 기공 지원 다기능	1,380	9	1	7	8	7	5	3	4
6853	경북 영주시	지역사회 다기능 기공 지원 다기능	1,370	9	1	7	8	7	5	3	4
6854	경북 영주시	지역사회 다기능 기공 지원 다기능	1,370	9	1	7	8	7	5	3	4
6855	경북 영주시	분만취약지	1,000	9	2	7	8	7	1	1	2
6856	경북 영주시	분만취약지 (공모)	800	9	2	7	8	7	1	1	2
6857	경북 영주시	분만취약지 지원사업(공모)	1,600,000	9	4	7	8	7	5	5	4
6858	경북 영주시	지역사회 다기능 지원사업	423,000	9	1	7	8	7	5	5	4
6859	경북 영주시	공공주택 지기능	417,000	9	4	7	8	7	5	5	4
6860	경북 영주시	정신요양시설운영	344,000	9	2	7	8	7	1	1	1
6861	경북 영주시	노인일자리사업	296,091	9	4	7	8	7	5	5	4
6862	경북 영주시	장애인 활동보조지원사업	268,334	9	4	7	8	7	5	5	4
6863	경북 영주시	한부모가정 자녀 양육비지원	258,478	9	1	7	8	7	5	5	4
6864	경북 영주시	영유아보육료 지원 및 누리과정 지원	231,000	9	4	7	8	7	5	5	4
6865	경북 영주시	지역아동센터 지원사업	168,000	9	6	7	8	7	5	5	4
6866	경북 영주시	장애인생활보장 기초급여 지원사업	150,000	9	2	7	8	7	5	5	4
6867	경북 영주시	가정보육수당 지급 지원사업	150,000	9	4	7	8	7	5	5	4
6868	경북 영주시	장애인복지시설 운영사업	144,000	9	4	7	8	7	5	5	4
6869	경북 영주시	노인복지관(경로당)운영및 노인여가지원사업	140,000	9	6	7	8	7	5	5	4
6870	경북 영주시	노인시설 우수 프로그램사용지원사업	112,000	9	6	7	8	7	5	5	4
6871	경북 영주시	행복출산지원(기본형) 관리예방사업	76,230	9	4	7	8	7	5	5	4
6872	경북 영주시	저소득 위기발굴 가정보육 지원사업	75,000	9	2	7	8	7	5	5	4
6873	경북 영주시	정신건강사업 운영비 지원사업	70,000	9	1	7	8	7	5	5	4
6874	경북 영주시	농가인건비지원사업	70,000	9	4	7	8	7	5	5	4
6875	경북 영주시	농가인건비지원사업	61,550	9	4	7	8	7	5	5	4
6876	경북 영주시	농가인건비지원및농지원	56,000	9	4	7	8	7	5	5	4
6877	경북 영주시	농가인건비지원및농지원	50,000	9	4	7	8	7	5	5	4

순번	시군구	지출명 (사업명)	2024년예산 (단위 : 천원 /1년간)	민간이전 분류 (지방자치단체 세출예산 집행기준에 의거) 1. 민간경상사업보조(307-02) 2. 민간단체 법정운영비보조(307-03) 3. 민간행사업보조(307-04) 4. 민간위탁금(307-05) 5. 사회복지시설 법정운영비보조(307-10) 6. 민간인위탁교육비(307-12) 7. 공기관등에대한경상적위탁사업비(308-13) 8. 민간자본사업보조,자체재원(402-01) 9. 민간자본사업보조,이전재원(402-02) 10. 민간위탁사업비(402-03) 11. 공기관등에 대한 자본적 위탁사업비(403-02)	민간이전지출 근거 (지방보조금 관리기준 참고) 1. 법률에 규정 2. 국고보조 재원(국가지정) 3. 용도 지정 기부금 4. 조례에 직접규정 5. 지자체가 권장하는 사업을 하는 공공기관 6. 시,도 정책 및 재정사정 7. 기타 8. 해당없음	입찰방식			운영예산 산정		성과평가 실시여부
						계약체결방법 (경쟁형태) 1. 일반경쟁 2. 제한경쟁 3. 지명경쟁 4. 수의계약 5. 법정위탁 6. 기타 ( ) 7. 없음	계약기간 1. 1년 2. 2년 3. 3년 4. 4년 5. 5년 6. 기타 ( )년 7. 단기계약 (1년미만) 8. 없음	낙찰자선정방법 1. 적격심사 2. 협상에의한계약 3. 최저가낙찰제 4. 규격가격분리 5. 2단계 경쟁입찰 6. 기타 ( ) 7. 없음	운영예산 산정 1. 내부산정 (지자체 자체적으로 산정) 2. 외부산정 (외부전문기관위탁 산정) 3. 내·외부 모두 산정 4. 산정 無 5. 없음	정산방법 1. 내부정산 (지자체 내부적으로 정산) 2. 외부정산 (외부전문기관위탁 정산) 3. 내·외부 모두 산정 4. 정산 無 5. 없음	1. 실시 2. 미실시 3. 향후 추진 4. 해당없음
6878	경북 영양군	한우축산물공판장수송비용지원	50,000	9	4	7	8	7	1	1	1
6879	경북 영양군	한우고급육생산장려금지원	45,000	9	4	7	8	7	1	1	1
6880	경북 영양군	쌈채유통환경개선시범	42,000	9	6	7	8	7	5	5	4
6881	경북 영양군	어린이집기능보강	32,000	9	2	7	8	7	1	1	1
6882	경북 영양군	과수생력화장비지원(동력제초기,농업용고소작업차)	31,500	9	4	7	8	7	5	5	4
6883	경북 영양군	과실장기저장제지원	28,710	9	4	7	8	7	5	5	4
6884	경북 영양군	조사료생산장비지원	25,000	9	6	7	8	7	5	5	4
6885	경북 영양군	꿀벌화분지원	22,000	9	6	7	8	7	5	5	4
6886	경북 영양군	식량자급률제고지원	21,000	9	4	7	8	7	5	5	4
6887	경북 영양군	벼육묘장설치지원	21,000	9	4	7	8	7	5	5	4
6888	경북 영양군	민속채소양채류육성지원	20,000	9	4	7	8	7	5	5	4
6889	경북 영양군	FTA대응대체과수명품화사업	15,000	9	4	7	8	7	5	5	4
6890	경북 영양군	면역강화용사료첨가제지원	14,700	9	6	7	8	7	5	5	4
6891	경북 영양군	바이옷숯활용저탁손토양개량기술보급시범	14,000	9	1	7	8	7	5	5	4
6892	경북 영양군	시설채소총채벌레방제시범	14,000	9	6	7	8	7	5	5	4
6893	경북 영양군	양봉(개량)벌통지원	13,500	9	6	7	8	7	5	5	4
6894	경북 영양군	축사악취저감시설지원	12,000	9	6	7	8	7	1	1	1
6895	경북 영양군	친환경농법종합지원	10,934	9	4	7	8	7	5	5	4
6896	경북 영양군	청년농부육성지원	10,000	9	7	7	8	7	5	5	4
6897	경북 영양군	과수생력화장비지원(승용SS기)	10,000	9	4	7	8	7	5	5	4
6898	경북 영양군	한우사료자동급이기지원	10,000	9	6	7	8	7	5	5	4
6899	경북 영양군	토종별종보전지원	9,600	9	6	7	8	7	5	5	4
6900	경북 영양군	우수여왕벌보급사업	9,600	9	6	7	8	7	5	5	4
6901	경북 영양군	벼육묘농자재지원	9,000	9	4	7	8	7	5	5	4
6902	경북 영양군	복지시설고효율냉난방기교체	8,750	9	1	7	8	7	5	5	4
6903	경북 영양군	결혼이민자농가소득증진지원	8,000	9	2	7	8	7	5	5	4
6904	경북 영양군	방역인프라설치지원	7,775	9	2	7	8	7	1	1	1
6905	경북 영양군	면역증강제지원	7,600	9	6	7	8	7	5	5	4
6906	경북 영양군	채밀카지원	7,000	9	6	7	8	7	5	5	4
6907	경북 영양군	벼재배생력화지원사업	6,500	9	4	7	8	7	5	5	4
6908	경북 영양군	과수생력화장비지원(주행형동력분무기,보행SS기)	6,000	9	4	7	8	7	5	5	4
6909	경북 영양군	양봉산물저온저장고지원	6,000	9	6	7	8	7	5	5	4
6910	경북 영양군	축사관리용CCTV지원	6,000	9	6	7	8	7	5	5	4
6911	경북 영양군	토종별통지원	5,200	9	6	7	8	7	5	5	4
6912	경북 영양군	방역시설설치지원(중규모소독시설)	5,000	9	6	7	8	7	1	1	1
6913	경북 영양군	식량자급률제고지원	4,200	9	4	7	8	7	5	5	4
6914	경북 영양군	축산물HACCP컨설팅사업	4,200	9	2	7	8	7	1	1	1
6915	경북 영양군	농업용수처리지원	3,500	9	4	7	8	7	5	5	4
6916	경북 영양군	특용작물(인삼)생산시설현대화지원	3,150	9	4	7	8	7	5	5	4
6917	경북 영양군	여성농업인농작업편의장비지원	2,500	9	4	7	8	7	5	5	4

번호	구분	사업명	2024예산 (단위: 백만원/1천원)	법적근거	지원기관	추진체계	평가지표	성과관리	성과관리	평가사이클
6918	일반회계	비영리법인지원사업	2,400	9	2	7	8	7	5	5	4
6919	일반회계	전력산업기반조성사업	2,100	9	4	7	8	7	5	5	4
6920	일반회계	도시재생사업	2,000	9	1	7	8	7	5	5	4
6921	일반회계	농촌마을만들기지원사업	1,650	9	4	7	8	7	5	5	4
6922	일반회계	지역의료기술인력양성(공공의료인력양성)	1,562	9	2	7	8	7	1	1	1
6923	일반회계	기후행동변화사업	1,500	9	6	7	8	7	5	5	4
6924	일반회계	창조관광기업지원	1,250	9	6	7	8	7	5	5	4
6925	일반회계	개인정보보호사업	1,200	9	6	7	8	7	5	5	4
6926	일반회계	단말기보조금	1,460,000	9	2	7	8	7	1	1	4
6927	일반회계	공공시설물리모델링사업	900,000	9	1	6	1	2	3	3	4
6928	일반회계	친환경축산업지원사업	490,000	9	6	7	8	7	5	5	4
6929	일반회계	비영리농업지원공단사업기반지원	490,000	9	6	7	8	7	5	5	4
6930	일반회계	보건의료인력양성사업지원	350,000	9	1	7	8	7	3	3	4
6931	일반회계	해외활동기관에체류지원	300,000	9	6	7	8	7	1	1	4
6932	일반회계	건강보험가입자에지원사업	165,710	9	6	7	8	7	3	3	4
6933	일반회계	이주민간교류에협력사업	165,000	9	2	7	8	7	1	1	4
6934	일반회계	소상공인시설지원및기반사업	108,000	9	2	7	8	7	2	2	4
6935	일반회계	농산물안전및품질관리지원사업	100,000	9	6	7	8	7	2	1	4
6936	일반회계	청소년안전지원사업	100,000	9	6	7	8	7	5	5	4
6937	일반회계	2024 디지털인재양성지원사업	67,000	9	2	7	8	7	5	5	4
6938	일반회계	방사능오염대응안전망사업	50,000	9	1	7	8	7	3	3	4
6939	일반회계	청년내일채움공제	50,000	9	2	7	8	7	1	1	4
6940	일반회계	보조공공요금지원사업	40,000	9	2	7	8	7	5	5	4
6941	일반회계	보조자시스템디지털전환지원사업	40,000	9	6	7	8	7	5	5	4
6942	일반회계	자원순환지원사업	38,880	9	2	1	1	2	1	1	1
6943	일반회계	행정정보공동이용사업(수요)	38,000	9	1	7	8	7	1	1	4
6944	일반회계	육묘관리인증	35,000	9	6	7	8	7	5	5	4
6945	일반회계	가축분뇨공공(GHP)처리시설기초조사지원사업	31,500	9	2	7	8	7	5	5	4
6946	일반회계	고품질농산물수출물류비지원사업	30,000	9	2	7	8	7	5	5	4
6947	일반회계	수산물수출지원	28,500	9	1	7	8	7	1	1	4
6948	일반회계	취식지식재산인지도향상지원사업	16,250	9	6	7	8	7	3	1	4
6949	일반회계	2024정보통신방송기술개발지원사업	12,000	9	2	7	8	7	5	5	4
6950	일반회계	바이오의약품생산및공급지원사업	12,000	9	6	7	8	7	5	5	4
6951	일반회계	해외생산정보기반생산시설지원사업	11,200	9	6	7	8	7	5	5	4
6952	일반회계	전기자동차보급사업	10,000	9	1	7	8	7	1	1	4
6953	일반회계	장기요양기관이용지원금	10,000	9	6	7	8	7	5	5	4
6954	일반회계	신재생에너지지원사업	7,500	9	1	7	8	7	1	1	4
6955	일반회계	수소연료차량보급지원	7,280	9	1	7	8	7	1	1	4
6956	일반회계	국가철도시설물자산관리사업(예비타당성)	4,000	9	1	7	8	7	1	1	4
6957	일반회계	농식품유통정보분석지원기반조성지원사업	4,000	9	6	7	8	7	2	2	4

| 순번 | 시군구 | 지출명
(사업명) | 2024년예산
(단위 : 천원 /1년간) | 민간이전 분류
(지방자치단체 세출예산 집행기준에 의거)
1. 민간경상사업보조(307-02)
2. 민간단체 법정운영비보조(307-03)
3. 민간행사사업보조(307-04)
4. 민간위탁금(307-05)
5. 사회복지시설 법정운영비보조(307-10)
6. 민간인위탁교육비(307-12)
7. 공기관등에대한경상적위탁사업비(308-13)
8. 민간자본사업보조,자체재원(402-01)
9. 민간자본사업보조,이전재원(402-02)
10. 민간위탁사업비(402-03)
11. 공기관등에 대한 자본적 위탁사업비(403-02) | 민간이전지출 근거
(지방보조금 관리기준 참고)
1. 법률에 규정
2. 국고보조 재원(국가지정)
3. 용도 지정 기부금
4. 조례에 직접규정
5. 지자체가 권장하는 사업을 하는 공공기관
6. 시,도 정책 및 재정사정
7. 기타
8. 해당없음 | 입찰방식 ||| 운영예산 산정 || 성과평가
실시여부 |
						계약체결방법 (경쟁형태) 1. 일반경쟁 2. 제한경쟁 3. 지명경쟁 4. 수의계약 5. 법정위탁 6. 기타 ( ) 7. 없음	계약기간 1. 1년 2. 2년 3. 3년 4. 4년 5. 5년 6. 기타 ( )년 7. 단기계약 (1년미만) 8. 없음	낙찰자선정방법 1. 적격심사 2. 협상에의한계약 3. 최저가낙찰제 4. 규격가격분리 5. 2단계 경쟁입찰 6. 기타 ( ) 7. 없음	운영예산 산정 1. 내부산정 (지자체 자체적으로 산정) 2. 외부산정 (외부전문기관위탁 산정) 3. 내·외부 모두 산정 4. 산정 無 5. 없음	정산방법 1. 내부정산 (지자체 내부적으로 정산) 2. 외부정산 (외부전문기관위탁 정산) 3. 내·외부 모두 산정 4. 정산 無 5. 없음	1. 실시 2. 미실시 3. 향후 추진 4. 해당없음
6958	경북 영덕군	전기자동차완속충전기설치지원	2,000	9	6	7	8	7	1	5	4
6959	경북 영덕군	전세버스사각지대충돌예방장치설치지원	1,260	9	1	7	8	7	1	1	4
6960	경북 청도군	전기자동차보급	2,539,000	9	2	7	8	7	5	5	4
6961	경북 청도군	산지종합유통센터	952,000	9	2	7	8	7	1	1	4
6962	경북 청도군	임산물생산기반조성	759,250	9	2	7	8	7	1	1	4
6963	경북 청도군	고품질쌀유통활성화사업	752,000	9	2	7	8	7	1	1	1
6964	경북 청도군	중소형농업기계공급지원	544,000	9	1	7	8	7	1	1	1
6965	경북 청도군	저온유통체계구축사업	516,000	9	2	7	8	7	1	1	1
6966	경북 청도군	과수고품질시설현대화사업	462,500	9	1	7	8	7	1	1	1
6967	경북 청도군	지역활력화작목기반조성(스마트팜)(전환)	420,000	9	1	7	8	7	1	1	1
6968	경북 청도군	곡물자급률향상조사료전문생산단지조성시범	400,000	9	1	7	8	7	1	1	1
6969	경북 청도군	원예소득목육성지원	365,000	9	2	7	8	7	1	1	1
6970	경북 청도군	지역활력화작목기반조성(신선농산물)(전환)	350,000	9	6	7	8	7	5	5	3
6971	경북 청도군	지역활력화작목기반조성(청도복숭아명품화단지조성)(전환)	350,000	9	1	7	8	7	1	1	1
6972	경북 청도군	임산물유통기반조성	340,000	9	2	7	8	7	1	1	4
6973	경북 청도군	원예특작운영	316,000	9	1	7	8	7	1	1	1
6974	경북 청도군	농어촌버스대폐차지원	300,000	9	1	7	8	7	5	5	4
6975	경북 청도군	건설기계엔진교체사업	165,000	9	2	7	8	7	5	5	4
6976	경북 청도군	시설원예분야ICT융복합확산지원	144,714	9	2	7	8	7	1	1	1
6977	경북 청도군	재해예방냉방시설지원	142,500	9	6	7	8	7	1	1	1
6978	경북 청도군	폐사축처리기지원사업	135,000	9	2	7	8	7	1	1	1
6979	경북 청도군	원예특작시범사업	125,000	9	1	7	8	7	1	1	1
6980	경북 청도군	농촌체험휴양마을운영활성화기반구축	108,000	9	4	7	8	7	1	1	3
6981	경북 청도군	야생동물피해예방사업	105,000	9	2	7	8	7	5	5	4
6982	경북 청도군	농가형농산물가공창업시범	105,000	9	1	7	8	7	5	5	3
6983	경북 청도군	산림작물생산단지(소액)	90,000	9	2	7	8	7	1	1	4
6984	경북 청도군	청년농업인자립기반구축지원	70,000	9	6	7	8	7	1	1	1
6985	경북 청도군	축산농가환경개선장비지원	60,000	9	6	7	8	7	1	1	1
6986	경북 청도군	대규모벼재배농가대형농기계지원	60,000	9	1	7	8	7	1	1	1
6987	경북 청도군	과수생력화장비지원	50,500	9	1	7	8	7	1	1	1
6988	경북 청도군	민속채소,양채류생산기반지원	50,000	9	2	7	8	7	1	1	1
6989	경북 청도군	대체과수품목육성지원	50,000	9	1	7	8	7	1	1	1
6990	경북 청도군	시설원예에너지절감시설보급지원	49,896	9	2	7	8	7	1	1	1
6991	경북 청도군	친환경퇴비사설치지원	49,378	9	1	7	8	7	1	1	1
6992	경북 청도군	경북미래형2축형사과원조성시범	35,000	9	2	7	8	7	1	1	1
6993	경북 청도군	임산물상품화지원	34,000	9	2	7	8	7	1	1	4
6994	경북 청도군	자동차DPF매연저감장치부착사업	33,000	9	2	7	8	7	5	5	4
6995	경북 청도군	가축폭염피해방지지원	31,550	9	6	7	8	7	1	1	1
6996	경북 청도군	한우사료자동급이기지원	30,000	9	6	7	8	7	1	1	1
6997	경북 청도군	양봉경쟁력강화(자본)	26,000	9	6	7	8	7	1	1	1

실과목★ 결과평가	구분	사업명	2024예산액 (단위: 백만원/천원)	신정에 따른 사업 (신청한 사업에 한정하여 평가) 1. 신정사업계정세보조기초(307-02) 2. 신정공공자계정조기초(307-03) 3. 신정공공기반조기초(307-04) 4. 신정공공기반조기초(307-05) 5. 지방재정사업 행정위탁사업조기초(307-10) 6. 추가지방재정사업(308-13) 7. 민간자본사업보조금(조정)(402-01) 8. 민간자본사업보조(조정)(402-02) 9. 민간경상사업보조(조정)(402-02) 10. 민간자본사업보조(402-03) 11. 공기업자본비용 대한 자본사업보조(403-02)	사업집행 1. 원활 2. 지지 제3집 재원 3. 환경 개선 대책 4. 주요 사업 재원 5. 지지 대책 사업 대책 6. 기타 7. 집행률 8. 적정성	사업집행 1. 원활 2. 주차 3. 방법전환 4. 수지관리 5. 제의관리 6. 기타 ( ) 7. 집행률 8. 응답률	사업집행결과 1. 원활 2. 주차자격 3. 사업집행 4. 수지관리 5. 제의관리 6. 기타 ( ) 7. 집행률	성과지표 설정 (성과목표 달성 여부) 1. 매우우수 2. 우수 3. 보통 4. 미흡 5. 매우 미흡	성과지표 달성도 1. 매우우수 2. 우수 3. 보통 4. 미흡 5. 매우 미흡	사업성과 1. 원활 2. 주차 ( ) 3. 관리적용 4. 수지관리 ( ) 5. 매우
6998	일반 없음	공사용설치사업	25,000	9	6	7	8	7	1	1	1	1
6999	일반 없음	주차장시설정비조명시설	25,000	9	6	7	8	7	1	1	1	1
7000	일반 없음	주차시설정비	22,000	9	1	1	1	7	1	1	1	1
7001	일반 없음	공사장연립주택정비비보조사업	21,000	9	1	4	7	8	7	1	1	1
7002	일반 없음	주차장설치사업	20,000	9	1	4	7	8	7	1	1	1
7003	일반 없음	공원부사업기능보조사업	18,000	9	1	7	8	7	5	5	4
7004	일반 없음	관광홍보(기념)비보조사업	16,310	9	1	7	8	7	1	1	1
7005	일반 없음	관광홍보사업(지원)	16,000	9	6	7	8	7	1	1	1
7006	일반 없음	문화의시설관리사업보조	15,000	9	6	7	8	7	1	1	4
7007	일반 없음	지원설치사업	15,000	9	6	7	8	7	1	1	1
7008	일반 없음	공사장보수공사	14,000	9	1	7	8	7	1	1	1
7009	일반 없음	공사장기지설치(재설)	10,500	9	6	7	8	7	1	1	1
7010	일반 없음	공사비보상지설치지업	10,500	9	1	7	8	7	1	1	1
7011	일반 없음	신규설치사업	9,500	9	1	7	8	7	1	1	1
7012	일반 없음	지반환경가필보완사업	9,100	9	1	7	8	7	1	1	1
7013	일반 없음	공원시설설치가공보조사업	8,000	9	1	7	8	7	1	1	1
7014	일반 없음	사용시설관리	7,500	9	1	7	8	7	5	5	4
7015	일반 없음	우수관성설비설치	7,280	9	2	7	8	7	1	1	4
7016	일반 없음	공원공적설치설치	7,150	9	4	7	8	7	1	1	1
7017	일반 없음	관리시설비가기관효율설치사업	6,720	9	1	7	8	7	5	5	4
7018	일반 없음	사이공원설치사업공설치설	5,000	9	1	7	8	7	1	1	1
7019	일반 없음	공공기반조경관리	4,000	9	1	7	8	7	1	1	1
7020	일반 없음	환경기관운영공사공가관환경설치사업	4,000	9	1	7	8	7	1	1	1
7021	일반 없음	관광지원사업	1,500	9	6	7	8	7	1	1	1
7022	일반 없음	공사사업관환경공고공	810	9	2	7	8	7	1	1	4
7023	일반 없음	사람없음친환경공기관설치	4,500	9	4	7	8	7	5	5	4
7024	일반 없음	LPG소액수설치사업공설치	1,223,287	9	1	7	8	7	5	5	4
7025	일반 없음	공사장수경관환경설치	339,000	9	2	7	8	7	2	3	4
7026	일반 없음	공사환경설치자설치	164,490	9	4	7	8	7	1	1	4
7027	일반 없음	공가사공가설치공설치사업	145,711	9	4	7	8	7	5	5	4
7028	일반 없음	관광관사공공과환경공사업	144,276	9	4	7	8	7	5	5	4
7029	일반 없음	관광환경공공관설치공설치	137,380	9	4	7	8	7	1	1	4
7030	일반 없음	신규사업설치공설치	52,950	9	4	7	8	7	5	5	4
7031	일반 없음	공사설치사이비건설인공관공공사업	24,800	9	4	7	8	7	1	1	4
7032	일반 없음	서울용수복설치공공관공지설치사업	19,440	9	1	7	8	7	5	5	4
7033	일반 없음	관사진설치공공	2,908,000	9	1	7	8	7	5	5	4
7034	일반 없음	공사관사기시설설치설치설	2,145,203	9	7	7	8	7	5	5	4
7035	일반 없음	공사관사기시설설치설치설	2,145,203	9	1	7	8	7	5	5	4
7036	일반 없음	공공관사용가공공관공관설치설치설	1,000,000	9	6	7	8	7	5	5	3
7037	일반 없음	LPG소액수설치공공설치설	833,368	9	7	7	1	7	5	5	4

순번	시군구	지출명 (사업명)	2024년예산 (단위 : 천원 /1년간)	민간이전 분류 (지방자치단체 세출예산 집행기준에 의거) 1. 민간경상사업보조(307-02) 2. 민간단체 법정운영비보조(307-03) 3. 민간행사사업보조(307-04) 4. 민간위탁금(307-05) 5. 사회복지시설 법정운영비보조(307-10) 6. 민간인위탁교육비(307-12) 7. 공기관등에대한경상적위탁사업비(308-13) 8. 민간자본사업보조,자체재원(402-01) 9. 민간자본사업보조,이전재원(402-02) 10. 민간위탁사업비(402-03) 11. 공기관등에 대한 자본적 위탁사업비(403-02)	민간이전지출 근거 (지방보조금 관리기준 참고) 1. 법률에 규정 2. 국고보조 재원 (국가지정) 3. 용도 지정 기부금 4. 조례에 직접규정 5. 지자체가 권장하는 사업을 하는 공공기관 6. 시,도 정책 및 재정사정 7. 기타 8. 해당없음	입찰방식 계약체결방법 (경쟁형태) 1. 일반경쟁 2. 제한경쟁 3. 지명경쟁 4. 수의계약 5. 법정위탁 6. 기타 ( ) 7. 없음	계약기간 1. 1년 2. 2년 3. 3년 4. 4년 5. 5년 6. 기타 ( )년 7. 없음 (1년미만) 8. 없음	낙찰자선정방법 1. 적격심사 2. 협상에의한계약 3. 최저가낙찰제 4. 규격가격분리 5. 2단계 경쟁입찰 6. 기타 ( ) 7. 없음	운영예산 산정 1. 내부산정 (지자체 자체적으로 산정) 2. 외부산정 (외부전문기관위탁 산정) 3. 내·외부 모두 산정 4. 산정 無 5. 없음	정산방법 1. 내부정산 (지자체 내부적으로 정산) 2. 외부정산 (외부전문기관위탁 정산) 3. 내·외부 모두 산정 4. 정산 無 5. 없음	성과평가 실시여부 1. 실시 2. 미실시 3. 향후 추진 4. 해당없음
7038	경북 고령군	도시가스미공급지역지원	490,000	9	7	7	1	7	5	5	4
7039	경북 고령군	수출용고설딸기재배시설환경개선지원사업	382,000	9	6	7	8	7	5	5	3
7040	경북 고령군	딸기품종다양화확대보급사업	260,000	9	6	7	8	7	5	5	3
7041	경북 고령군	전통사찰보수정비사업	128,000	9	1	7	8	7	1	1	1
7042	경북 고령군	돈사환기구악취저감비	125,000	9	1	7	8	7	5	5	4
7043	경북 고령군	면역강화용사료첨가제지원	117,990	9	6	7	8	7	5	5	1
7044	경북 고령군	재해예방냉방시설지원	107,500	9	4	4	8	6	1	1	1
7045	경북 고령군	전통시장노후시설개보수	100,000	9	6	7	8	7	5	5	4
7046	경북 고령군	탄소중립에너지전환시범마을사업	100,000	9	7	7	8	7	5	5	4
7047	경북 고령군	수소자동차보급	97,500	9	1	7	8	7	5	5	4
7048	경북 고령군	신재생에너지주택지원사업	94,380	9	1	7	8	7	5	5	4
7049	경북 고령군	딸기수직재배기술보급시범	84,000	9	6	7	8	7	5	5	3
7050	경북 고령군	야생동물피해예방시설치	60,000	9	1	7	8	7	5	5	4
7051	경북 고령군	노지체리개폐형간이비가림시설보급시범	52,500	9	6	7	8	7	5	5	3
7052	경북 고령군	딸기신품종확대보급기술시범	50,000	9	2	7	8	7	5	5	3
7053	경북 고령군	신재생에너지건물지원사업	45,160	9	1	7	8	7	5	5	4
7054	경북 고령군	폐사축처리기지원	45,000	9	4	4	8	6	1	1	1
7055	경북 고령군	가축음용수처리기	42,000	9	1	7	8	7	5	5	4
7056	경북 고령군	축산농가환경개선장비지원	40,000	9	1	7	8	7	5	5	4
7057	경북 고령군	잡곡신품종조기확산시범단지조성	40,000	9	2	7	8	7	5	5	4
7058	경북 고령군	시설원예고온대환경개선시범	40,000	9	6	7	8	7	5	5	3
7059	경북 고령군	방역시설지원사업	37,500	9	1	7	8	7	1	1	1
7060	경북 고령군	품목농업인연구회고품질생산기반조성	35,000	9	1	7	8	7	5	5	4
7061	경북 고령군	미세폭기지원	32,500	9	1	7	8	7	5	5	4
7062	경북 고령군	어린이집환경개선(개보수)	30,000	9	1	7	8	7	5	5	4
7063	경북 고령군	토양병해충방제용토양소독기신기술시범	30,000	9	2	7	8	7	5	5	4
7064	경북 고령군	퇴비부숙기지원	22,000	9	1	7	8	7	5	5	4
7065	경북 고령군	양봉벌통지원	21,750	9	1	7	8	7	5	5	4
7066	경북 고령군	친환경약취저감제지원	21,000	9	1	7	8	7	5	5	4
7067	경북 고령군	딸기육묘환경개선신기술보급시범	21,000	9	6	7	8	7	5	5	3
7068	경북 고령군	한우사료자동급이기	20,000	9	6	7	8	7	5	5	1
7069	경북 고령군	행복한보금자리만들기사업	19,300	9	1	7	8	7	1	1	3
7070	경북 고령군	퇴비부숙제지원	16,000	9	1	7	8	7	5	5	4
7071	경북 고령군	사인머스캣고품질장기저장기술시범	16,000	9	6	7	8	7	5	5	3
7072	경북 고령군	굴뚝자동측정기기설치및운영관리비지원	15,900	9	1	7	8	7	5	5	4
7073	경북 고령군	축산물유통안전성제고사업	15,015	9	1	7	8	7	5	5	4
7074	경북 고령군	양봉산물저온저장고	12,000	9	1	7	8	7	1	1	4
7075	경북 고령군	방역인프라설치지원사업	10,409	9	1	7	8	7	1	1	1
7076	경북 고령군	악성고형슬러지제거	10,000	9	1	7	8	7	5	5	4
7077	경북 고령군	산림작물생산단지(소액)	10,000	9	2	7	8	7	5	5	4

- 342 -

번호	구분	사업명	2024년도 예산(단위: 천원/ha)	선정기준	사업의 효과성	사업계획 적절성	재원조달 적정성	자부담 능력	종합평가
7078	경북 경주시	농가형 보안등 CCTV	8,000	9	6	7	8	7	7	5	5	1
7079	경북 경주시	가축사양기자재	7,000	9	1	7	8	7	7	5	5	4
7080	경북 경주시	양봉농가 현대화 및 아이스팩 활용기기 지원	7,000	9	6	7	8	7	7	5	5	3
7081	경북 경주시	친환경농산물 유통 및 홍보지원	4,000	9	4	7	8	7	7	5	5	4
7082	경북 경주시	친환경농산물 생산체계 구축 및 재배시설 지원	4,000	9	6	7	8	7	7	5	5	4
7083	경북 경주시	농산물가공(소용량) 지원	3,750	9	6	7	8	7	7	5	5	1
7084	경북 경주시	친환경농산물 학교 급식비 지원	1,900	9	2	7	8	7	7	5	5	4
7085	경북 경주시	친환경농업 육성사업	6,014,000	9	1	7	8	7	7	5	5	4
7086	경북 경주시	지역농업 인프라 지원사업(공동이용 농기계 지원)	3,000,000	9	2	7	8	7	7	5	5	4
7087	경북 경주시	친환경 LPG설비 시범 보급사업	2,016,000	9	7	7	2	7	7	2	2	3
7088	경북 경주시	친환경농산물 생산단지 지원사업	1,342,000	9	2	7	8	7	7	1	1	3
7089	경북 경주시	친환경농업 기반조성 사업	1,178,758	9	4	6	6	7	7	1	1	1
7090	경북 경주시	기능성양잠산물 생산 및 유통지원	836,000	9	2	7	8	7	7	1	1	1
7091	경북 경주시	농림축산물 수출지원사업	765,000	9	2	7	8	7	7	1	1	1
7092	경북 경주시	농촌융복합 지원사업	580,000	9	4	7	8	7	7	1	1	3
7093	경북 경주시	스마트팜 설치 시범 지원사업	550,000	9	6	7	8	7	7	1	1	3
7094	경북 경주시	원예·특용작물 생산성 향상 지원	534,333	9	6	7	8	7	7	1	1	3
7095	경북 경주시	농업기계 임대사업(드론 지원 포함)	500,000	9	4	7	8	7	7	1	1	3
7096	경북 경주시	노후관정 폐공처리(DPF) 지원	330,000	9	1	7	8	7	7	5	5	4
7097	경북 경주시	과실기계화 지원사업	330,000	9	1	7	8	7	7	2	2	4
7098	경북 경주시	친환경농업경영체 육성지원	269,000	9	2	7	8	7	7	2	2	4
7099	경북 경주시	농산물 가공산업 지원사업	256,500	9	2	7	8	7	7	1	1	1
7100	경북 경주시	농산물 유통활성화 지원사업	250,000	9	6	7	8	7	7	1	1	3
7101	경북 경주시	스마트 원예·특용작물 생산유통지원	225,000	9	1	7	8	7	7	1	1	4
7102	경북 경주시	고품질 유기농산물 생산기반 지원사업	220,000	9	2	7	8	7	7	5	5	2
7103	경북 경주시	농촌진흥 연구과제 운영	200,000	9	1	4	7	7	7	1	1	4
7104	경북 경주시	스마트 농업 시범단지 조성 지원	200,000	9	1	7	8	7	7	1	1	4
7105	경북 경주시	친환경농업 수질개선 지원	156,000	9	6	7	8	7	7	1	1	1
7106	경북 경주시	농산물 산지유통지원(조직육성지원)	150,000	9	4	7	8	7	7	1	1	1
7107	경북 경주시	농산물 가공산업 지원사업	150,000	9	6	1	7	7	7	1	1	3
7108	경북 경주시	병해충 공동방제지원	133,175	9	1	7	8	7	7	5	5	1
7109	경북 경주시	이동식	115,200	9	1	7	8	7	7	5	5	4
7110	경북 경주시	친환경농자재 지원사업	112,132	9	2	7	8	7	7	5	5	2
7111	경북 경주시	농산물가공시설장비 지원	105,000	9	1	7	8	7	7	1	1	4
7112	경북 경주시	친환경농산물 생산자 지원사업	100,000	9	6	7	8	7	7	1	1	1
7113	경북 경주시	농산물우수관리(GAP)인증 확대 지원	100,000	9	2	1	1	7	7	1	1	3
7114	경북 경주시	고품질 농산물 인증지원(농산물 우수 관리 등)	100,000	9	1	1	8	7	5	1	1	1
7115	경북 경주시	농기계 수리지원	97,500	9	6	1	7	8	7	5	5	4
7116	경북 경주시	친환경농업CEO 양성지원사업	90,000	9	6	6	8	7	7	1	1	1
7117	경북 경주시	농산물공동브랜드 지원사업	87,500	9	2	7	8	7	7	1	1	1

순번	시군구	지출명 (사업명)	2024년예산 (단위 : 천원 /1년간)	민간이전 분류 (지방자치단체 세출예산 집행기준에 의거) 1. 민간경상사업보조(307-02) 2. 민간단체 법정운영비보조(307-03) 3. 민간행사사업보조(307-04) 4. 민간위탁금(307-05) 5. 사회복지시설 법정운영비보조(307-10) 6. 민간인위탁교육비(307-12) 7. 공기관등에대한경상적위탁사업비(308-13) 8. 민간자본사업보조,자체재원(402-01) 9. 민간자본사업보조,이전재원(402-02) 10. 민간위탁사업비(402-03) 11. 공기관등에 대한 자본적 사업보조비(403-02)	민간이전지출 근거 (지방보조금 관리기준 참고) 1. 법률에 규정 2. 국고보조 재원(국가지정) 3. 용도 지정 기부금 4. 조례에 직접규정 5. 지자체가 권장하는 사업을 하는 공공기관 6. 시,도 정책 및 재정사정 7. 기타 8. 해당없음	입찰방식 계약체결방법 (경쟁형태) 1. 일반경쟁 2. 제한경쟁 3. 지명경쟁 4. 수의계약 5. 법정위탁 6. 기타 ( ) 7. 없음	계약기간 1. 1년 2. 2년 3. 3년 4. 4년 5. 5년 6. 기타 ( )년 7. 단가계약 (1년미만) 8. 없음	낙찰자선정방법 1. 적격심사 2. 협상에의한계약 3. 최저가낙찰제 4. 규격가격분리 5. 2단계 경쟁입찰 6. 기타 ( ) 7. 없음	운영예산 산정 1. 내부산정 (지자체 자체적으로 산정) 2. 외부산정 (외부전문기관위탁 산정) 3. 내·외부 모두 산정 4. 산정 無 5. 없음	정산방법 1. 내부정산 (지자체 내부적으로 정산) 2. 외부정산 (외부전문기관위탁 정산) 3. 내·외부 모두 산정 4. 정산無 5. 없음	성과평가 실시여부 1. 실시 2. 미실시 3. 향후 추진 4. 해당없음
7118	경북 성주군	가스열펌프(GHP)냉난방기개조지원	75,600	9	1	7	8	7	5	5	4
7119	경북 성주군	야생동물피해예방사업	75,000	9	1	7	8	7	5	5	4
7120	경북 성주군	청년농업인자립기반구축지원	70,000	9	1	7	8	7	1	1	4
7121	경북 성주군	농식품체험키트상품화기술시범	70,000	9	1	7	8	7	1	1	4
7122	경북 성주군	신재생에너지주택지원사업	68,700	9	2	7	8	7	5	5	4
7123	경북 성주군	농산물유통경쟁력강화지원	68,000	9	6	7	8	7	1	1	3
7124	경북 성주군	전기굴착기보급지원	60,000	9	1	7	8	7	5	5	4
7125	경북 성주군	대규모벼재배농가대형농기계지원	60,000	9	4	7	8	7	1	1	3
7126	경북 성주군	성주읍도시가스공급지원사업	56,381	9	1	7	1	7	2	2	2
7127	경북 성주군	깨끗한축산환경지원(펠릿성형기)	54,000	9	1	7	8	7	5	5	1
7128	경북 성주군	재해예방냉방시설지원	50,000	9	1	7	8	7	5	1	1
7129	경북 성주군	축산농가자가사료제조및급이지원	50,000	9	1	7	8	7	5	1	1
7130	경북 성주군	정밀농업구현과수스마트팜기반조성시범	50,000	9	1	7	8	7	1	1	4
7131	경북 성주군	축사악취저감시설지원(가축용수처리기)	48,000	9	1	7	8	7	5	1	1
7132	경북 성주군	농가형저온저장고설치	42,000	9	6	7	8	7	1	1	1
7133	경북 성주군	과실생산비절감및품질제고지원	41,550	9	6	7	8	7	1	1	1
7134	경북 성주군	민속채소,양채류육성지원	40,000	9	6	7	8	7	1	1	3
7135	경북 성주군	축산농가환경개선장비지원	40,000	9	1	7	8	7	5	1	1
7136	경북 성주군	한우사료자동급이기지원	40,000	9	1	7	8	7	5	1	1
7137	경북 성주군	시설원예고온대비환경개선시범	40,000	9	1	7	8	7	1	1	4
7138	경북 성주군	음식점미세먼지개선지원사업	33,300	9	1	7	8	7	5	5	4
7139	경북 성주군	양봉산물저온저장고지원	33,000	9	1	7	8	7	5	1	1
7140	경북 성주군	깨끗한축산환경지원(축사환경개선용램프)	30,000	9	1	7	8	7	5	1	1
7141	경북 성주군	깨끗한축산환경지원(고속건조발효기)	27,000	9	1	7	8	7	5	1	1
7142	경북 성주군	발작물폭염(가뭄)피해예방사업	25,270	9	4	7	8	7	1	1	3
7143	경북 성주군	조사료생산장비지원	25,000	9	1	7	8	7	5	1	1
7144	경북 성주군	양봉채밀카지원	24,500	9	1	7	8	7	5	1	1
7145	경북 성주군	결혼이민자농가소득증진지원	24,000	9	6	7	8	7	1	1	1
7146	경북 성주군	수산물처리저장시설지원	24,000	9	1	7	8	7	5	1	1
7147	경북 성주군	화훼생산시설경쟁력제고지원	21,000	9	6	7	8	7	1	1	1
7148	경북 성주군	아동복지시설기능보강(아동양육시설)	20,000	9	1	7	8	7	1	3	4
7149	경북 성주군	과수생력화장비지원	20,000	9	4	7	8	7	1	1	1
7150	경북 성주군	경북우수농산물브랜드화	20,000	9	4	7	8	7	1	1	1
7151	경북 성주군	임산물생산기반조성(소액)	20,000	9	1	7	8	7	1	1	1
7152	경북 성주군	축사악취저감시설지원(미세폭기시설)	20,000	9	1	7	8	7	5	1	1
7153	경북 성주군	신재생에너지모니터링시스템구축	20,000	9	2	7	8	7	2	2	2
7154	경북 성주군	마을기업육성사업(고도화)	20,000	9	4	7	7	7	5	3	4
7155	경북 성주군	행복한보금자리만들기사업	19,300	9	1	7	8	7	1	1	1
7156	경북 성주군	축사환기시설(송풍기)지원	18,750	9	1	7	8	7	5	1	1
7157	경북 성주군	양잠산업육성지원	17,500	9	4	7	8	7	1	1	3

순번	시군구	지출명 (사업명)	2024년예산 (단위: 천원 /1년간)	민간이전 분류 (지방자치단체 세출예산 집행기준에 의거)	민간이전지출 근거 (지방보조금 관리기준 참고)	계약체결방법 (경쟁형태)	계약기간	낙찰자선정방법	운영예산 산정	정산방법	성과평가 실시여부
7158	경북 성주군	참외담배가루이스마트포획기술시범	17,500	9	1	7	8	7	1	1	4
7159	경북 성주군	귀농정착지원	16,000	9	6	7	8	7	1	1	4
7160	경북 성주군	버섯재배사스마트팜환경관리기술시범	16,000	9	1	7	8	7	1	1	4
7161	경북 성주군	샤인머스켓고품질장기저장기술시범	16,000	9	1	7	8	7	1	1	4
7162	경북 성주군	비상발전기지원사업	15,000	9	1	7	8	7	5	1	1
7163	경북 성주군	가정용저녹스보일러보급사업	12,000	9	1	7	8	7	5	5	4
7164	경북 성주군	민간건축물내진보강비용지원사업	12,000	9	2	7	8	7	5	1	1
7165	경북 성주군	양봉자동사양기지원사업	11,900	9	1	7	8	7	5	1	1
7166	경북 성주군	고품질퇴액비생산시설지원(퇴비부숙기지원)	11,000	9	1	7	8	7	5	1	1
7167	경북 성주군	FTA대응대체과수명품화	10,800	9	6	7	8	7	1	1	4
7168	경북 성주군	국공립어린이집장기임차기자재비	10,000	9	2	7	8	7	5	1	4
7169	경북 성주군	축사악취저감시설지원(악성고형슬러지제거)	10,000	9	1	7	8	7	5	1	1
7170	경북 성주군	축사단열처리지원	10,000	9	1	7	8	7	5	1	1
7171	경북 성주군	귀농창업활성화지원	10,000	9	6	7	8	7	1	1	4
7172	경북 성주군	축사관리용CCTV지원	9,000	9	1	7	8	7	5	1	1
7173	경북 성주군	전기자동차완속충전기설치지원	8,000	9	1	7	8	7	5	5	4
7174	경북 성주군	안개분무시설지원	8,000	9	1	7	8	7	5	1	1
7175	경북 성주군	승마장환경개선사업	7,500	9	1	7	8	7	5	1	1
7176	경북 성주군	젖소사료자동급이지원	6,500	9	1	7	8	7	5	1	1
7177	경북 성주군	내수면어선장비지원사업	6,000	9	1	7	8	7	5	1	1
7178	경북 성주군	어린이통합차량LPG전환지원사업	5,000	9	1	7	8	7	5	1	4
7179	경북 성주군	곡물건조기지원	5,000	9	4	7	8	7	1	1	3
7180	경북 성주군	염소농가기자재지원	5,000	9	1	7	8	7	5	1	1
7181	경북 성주군	노후택시교체지원	4,500	9	6	7	8	7	5	1	2
7182	경북 성주군	벼육묘장(소형)개보수지원	4,000	9	4	7	8	7	1	1	3
7183	경북 성주군	태양광충전식농업기계용배터리커버보급	4,000	9	2	7	8	7	1	1	4
7184	경북 성주군	육묘용파종기지원	3,000	9	4	7	8	7	1	1	3
7185	경북 성주군	젖소더위방지용대형선풍기	3,000	9	1	7	8	7	5	1	1
7186	경북 성주군	장기요양기관환기시설설치지원	1,432	9	1	7	8	7	5	5	4
7187	경북 성주군	육묘상적재기세척기	1,250	9	4	7	8	7	1	1	3
7188	경북 칠곡군	노인복지시설기능보강사업	680,000	9	1	7	8	7	1	1	3
7189	경북 칠곡군	곡물자급률향상조사료전문생산단지조성시범	400,000	9	6	7	8	7	5	5	4
7190	경북 칠곡군	꿀벌및화분매개별스마트사육시설지원	280,000	9	2	7	8	7	5	5	4
7191	경북 칠곡군	새소득과수단지조성	210,000	9	6	7	8	7	5	5	4
7192	경북 칠곡군	현금보조조림대리경영	129,161	9	2	7	8	7	5	5	4
7193	경북 칠곡군	신재생에너지주택지원사업	105,140	9	8	7	8	7	5	5	4
7194	경북 칠곡군	이상고온대응시설채소안정생산시범	100,000	9	2	7	8	7	5	5	4
7195	경북 칠곡군	기후변화대응다목적햇빛차단망보급시범	100,000	9	2	7	8	7	5	5	4
7196	경북 칠곡군	과채류부산물한우사료화비율절감기술시범	100,000	9	2	7	8	7	5	5	4
7197	경북 칠곡군	원예작물생산성향상을위한생태적종합관리시범	80,000	9	2	7	8	7	5	5	4

순번	시군구	지출명 (사업명)	2024년예산 (단위 : 천원 /1년간)	민간이전 분류 (지방자치단체 세출예산 집행기준에 의거) 1. 민간경상사업보조(307-02) 2. 민간단체 법정운영비보조(307-03) 3. 민간행사사업보조(307-04) 4. 민간위탁금(307-05) 5. 사회복지시설 법정운영비보조(307-10) 6. 민간위탁교육비(307-12) 7. 공기관동에대한경상적위탁사업비(308-13) 8. 민간자본사업보조,자체재원(402-01) 9. 민간자본사업보조,이전재원(402-02) 10. 민간위탁사업비(402-03) 11. 공기관등에 대한 자본적 위탁사업비(403-02)	민간이전지출 근거 (지방보조금 관리기준 참고) 1. 법률에 규정 2. 국고보조 재원(국가지정) 3. 용도 지정 기부금 4. 조례에 직접규정 5. 지자체가 권장하는 사업을 하는 공공기관 6. 시,도 정책 및 재정사정 7. 기타 8. 해당없음	입찰방식 계약체결방법 (경쟁형태) 1. 일반경쟁 2. 제한경쟁 3. 지명경쟁 4. 수의계약 5. 법정위탁 6. 기타 ( ) 7. 없음	계약기간 1. 1년 2. 2년 3. 3년 4. 4년 5. 5년 6. 기타 ( )년 7. 단가계약 (1년미만) 8. 없음	낙찰자선정방법 1. 적격심사 2. 협상에의한계약 3. 최저가낙찰제 4. 규격가격분리 5. 2단계 경쟁입찰 6. 기타 ( ) 7. 없음	운영예산 산정 1. 내부산정 (지자체 자체적으로 산정) 2. 외부산정 (외부전문기관위탁 산정) 3. 내·외부 모두 산정 4. 산정 無 5. 없음	정산방법 1. 내부정산 (지자체 내부적으로 정산) 2. 외부정산 (외부전문기관위탁 정산) 3. 내·외부 모두 산정 4. 정산 無 5. 없음	성과평가 실시여부 1. 실시 2. 미실시 3. 향후 추진 4. 해당없음
7198	경북 칠곡군	시설원예국산장기성농업용피복재활용재배기술보급	80,000	9	2	7	8	7	5	5	4
7199	경북 칠곡군	칠곡하이엔드참외브랜드육성	80,000	9	6	7	8	7	5	5	4
7200	경북 칠곡군	브랜드콜택시사업지원	64,000	9	1	7	8	7	1	1	4
7201	경북 칠곡군	작목별맞춤형안전관리실천시범	50,000	9	2	7	8	7	5	5	4
7202	경북 칠곡군	버섯국내육성품종보급시범	50,000	9	2	7	8	7	5	5	4
7203	경북 칠곡군	어린이집환경개선비지원	46,690	9	1	7	8	7	1	1	4
7204	경북 칠곡군	복시시설에너지절약사업	34,375	9	8	7	8	7	5	5	4
7205	경북 칠곡군	어린이집환경개선	30,000	9	1	7	8	7	1	1	4
7206	경북 칠곡군	바이오차및천적활용시설재배지온실가스감축기술시범	30,000	9	2	7	8	7	5	5	4
7207	경북 칠곡군	화분매개용디지털벌통기술시범	30,000	9	2	7	8	7	5	5	4
7208	경북 칠곡군	화재걱정없는가축원적외발연선보온등보급시범	30,000	9	2	7	8	7	5	5	4
7209	경북 칠곡군	신재생에너지모니터링시스템설치및정비	28,820	9	8	7	8	7	5	5	4
7210	경북 칠곡군	귀농창업활성화지원	20,000	9	6	7	8	7	1	1	4
7211	경북 칠곡군	노후택시교체지원사업	19,500	9	1	7	8	7	1	1	4
7212	경북 칠곡군	전세버스사각지대충돌예방장치설치지원	18,900	9	1	7	8	7	5	5	4
7213	경북 칠곡군	버섯재배사스마트팜환경관리기술시범	16,000	9	6	7	8	7	5	5	4
7214	경북 칠곡군	신재생에너지(태양광)건물지원사업	14,975	9	8	7	8	7	5	5	4
7215	경북 칠곡군	바이오숯활용저탄소토양개량기술보급시범	14,000	9	6	7	8	7	1	1	4
7216	경북 칠곡군	청년농업인품목중심신기술과제현장적용시범	14,000	9	6	7	8	7	1	1	4
7217	경북 칠곡군	시설원예광합성증대기술시범	14,000	9	6	7	8	7	5	5	4
7218	경북 칠곡군	교미교란제활용과수해충방제시범	14,000	9	6	7	8	7	5	5	4
7219	경북 칠곡군	다공질필름활용과수품질향상시범	12,000	9	6	7	8	7	5	5	4
7220	경북 칠곡군	스마트농업현장컨설팅모델시범	10,000	9	6	7	8	7	5	5	4
7221	경북 칠곡군	참외담배가루이스마트포획기술시범	7,000	9	6	7	8	7	5	5	4
7222	경북 칠곡군	칠곡시니어클럽운영	4,000	9	6	7	8	7	5	5	4
7223	경북 칠곡군	태양광충전식농업기계용배터리커버보급	4,000	9	6	4	7	6	5	5	4
7224	경북 예천군	식량작물공동경영체사업다각화지원	3,336,000	9	2	7	8	7	3	3	4
7225	경북 예천군	전기자동차민간보급사업(전기화물차보급지원)	2,550,000	9	2	7	8	7	5	5	4
7226	경북 예천군	전기자동차민간보급사업(전기승용차보급지원)	1,740,000	9	2	7	8	7	5	5	4
7227	경북 예천군	LPG소형저장탱크보급사업	1,730,529	9	2	7	8	7	2	2	4
7228	경북 예천군	토양개량제공급	1,452,217	9	2	7	8	7	1	1	4
7229	경북 예천군	유기질비료지원	1,232,605	9	2	7	8	7	1	1	4
7230	경북 예천군	소형농업기계지원	945,000	9	6	7	8	7	1	1	4
7231	경북 예천군	신기술적용스마트팜풋고추수출재배단지조성	700,000	9	4	7	8	7	1	1	3
7232	경북 예천군	예천명봉청경청선원자적선사능운탑비공양간개축	643,000	9	2	6	7	6	2	1	4
7233	경북 예천군	예천생강제조가공시설신축	497,000	9	6	1	7	1	2	3	1
7234	경북 예천군	신재생에너지건물지원사업	434,809	9	2	4	8	7	3	3	4
7235	경북 예천군	경북미래형사과원조성지원	432,000	9	6	7	8	7	1	1	4
7236	경북 예천군	소득작목육성지원(관수시설,저온저장고등)	421,800	9	6	7	8	7	1	1	4
7237	경북 예천군	과수고품질생산시설현대화지원	362,500	9	2	7	8	7	1	1	4

순번	시군구	지출명 (사업명)	2024년예산 (단위 : 천원 /1년간)	민간이전 분류 (지방자치단체 세출예산 집행기준에 의거)	민간이전지출 근거 (지방보조금 관리기준 참고)	입찰방식			운영예산 산정		성과평가 실시여부
				1. 민간경상사업보조(307-02) 2. 민간단체 법정운영비보조(307-03) 3. 민간행사사업보조(307-04) 4. 민간위탁금(307-05) 5. 사회복지시설 법정운영비보조(307-10) 6. 민간인위탁교육비(307-12) 7. 공기관등에대한경상적위탁사업비(308-13) 8. 민간자본사업보조,자체재원(402-01) 9. 민간자본사업보조,이전재원(402-02) 10. 민간위탁사업비(402-03) 11. 공기관에 대한 자본적 위탁사업비(403-02)	1. 법률에 규정 2. 국고보조 재원(국가지정) 3. 용도 지정 기부금 4. 조례에 직접규정 5. 지자체가 권장하는 사업을 하는 공공기관 6. 시,도 정책 및 재정사정 7. 기타 8. 해당없음	계약체결방법 (경쟁형태) 1. 일반경쟁 2. 제한경쟁 3. 지명경쟁 4. 수의계약 5. 법정위탁 6. 기타 ( ) 7. 없음	계약기간 1. 1년 2. 2년 3. 3년 4. 4년 5. 5년 6. 기타 ( )년 7. 단기계약 (1년미만) 8.없음	낙찰자선정방법 1. 적격심사 2. 협상에의한계약 3. 최저가낙찰제 4. 규격가격분리 5. 2단계 경쟁입찰 6. 기타 ( ) 7. 없음	운영예산 산정 1. 내부산정 (지자체 자체적으로 산정) 2. 외부산정 (외부전문기관위탁 산정) 3. 내·외부 모두 산정 4. 산정 無	정산방법 1. 내부정산 (지자체 내부적으로 정산) 2. 외부정산 (외부전문기관위탁 정산) 3. 내·외부 모두 산정 4. 정산 無 5. 없음	1. 실시 2. 미실시 3. 향후 추진 4. 해당없음
7238	경북 예천군	명봉사내원암법당지붕보수	360,000	9	6	6	8	6	2	1	1
7239	경북 예천군	산림작물생산단지조성(소액)	342,674	9	1	7	8	7	5	5	4
7240	경북 예천군	소득작목육성지원(내재해형하우스등)	337,440	9	6	7	8	7	1	1	4
7241	경북 예천군	벼육묘상자처리약제지원	300,000	9	6	7	8	7	1	1	4
7242	경북 예천군	건설기계엔진교체	247,500	9	2	7	8	7	5	5	4
7243	경북 예천군	백두대간주민지원사업	225,000	9	1	7	8	7	5	5	4
7244	경북 예천군	예천청룡사석조여래좌상석축정비	200,000	9	2	6	8	6	2	1	1
7245	경북 예천군	동악사석조비로자나불좌상보광명전보수	200,000	9	2	6	8	6	2	1	1
7246	경북 예천군	밥쌀용고품질식품종생산및확대보급시범	200,000	9	4	7	8	7	1	1	3
7247	경북 예천군	국내육성원예작물채종기술보급시범	200,000	9	4	7	8	7	1	1	3
7248	경북 예천군	꿀벌자원육성품종증식보급시범	200,000	9	2	4	7	2	1	1	4
7249	경북 예천군	전업농구제역백신구입비지원(212,4두)	194,620	9	2	7	8	7	5	5	4
7250	경북 예천군	한천사주변배수로정비	180,000	9	6	6	8	6	2	1	1
7251	경북 예천군	대규모벼재배농가대형농기계지원	180,000	9	6	7	8	7	1	1	4
7252	경북 예천군	조사료생산장비지원	175,000	9	6	7	8	7	5	5	4
7253	경북 예천군	전기자동차민간보급사업(전기버스보급지원)	168,000	9	2	7	8	7	5	5	4
7254	경북 예천군	배출가스저감장치(DPF)부착	165,000	9	2	7	8	7	5	5	4
7255	경북 예천군	신재생에너지주택지원사업	159,650	9	2	4	8	7	3	3	4
7256	경북 예천군	장애인거주시설기능보강사업	150,806	9	2	7	8	7	2	1	1
7257	경북 예천군	명봉사문종대왕태실비주변배수로정비	140,000	9	6	6	8	6	2	1	1
7258	경북 예천군	중형농업기계지원	130,000	9	6	7	8	7	1	1	4
7259	경북 예천군	가스열펌프(GHP)냉난방기개조지원	126,000	9	2	7	8	7	5	5	4
7260	경북 예천군	야생동물피해예방시설설치지원	120,000	9	2	7	8	7	1	1	1
7261	경북 예천군	RPC시설장비지원	117,500	9	6	7	8	7	1	1	4
7262	경북 예천군	용문사수해복구지원	117,471	9	7	6	8	6	2	1	1
7263	경북 예천군	지역농업CEO발전기반구축사업	102,000	9	6	1	7	1	2	1	1
7264	경북 예천군	나물콩이모작작부체계시범사업	100,000	9	4	7	8	7	1	1	3
7265	경북 예천군	가축분뇨퇴비화발효시스템기술보급시범	100,000	9	2	4	7	2	1	1	4
7266	경북 예천군	돼지써코바이러스백신지원(75,421두)	90,995	9	2	7	8	7	5	5	4
7267	경북 예천군	친환경농법종합지원(우렁이등)(126ha)	90,000	9	6	7	8	7	1	1	4
7268	경북 예천군	축산물생산시설현대화지원	90,000	9	6	7	8	7	5	5	4
7269	경북 예천군	깨끗한축산환경지원(콤포스터)	90,000	9	6	4	7	7	5	5	4
7270	경북 예천군	임산물생산기반조성	82,500	9	2	7	8	7	5	5	4
7271	경북 예천군	유기농업자재지원(162ha)	80,000	9	6	7	8	7	1	1	4
7272	경북 예천군	축산농가환경개선장비지원	80,000	9	6	7	8	7	5	5	4
7273	경북 예천군	방역시설설치지원	76,775	9	2	7	8	7	5	5	4
7274	경북 예천군	고부가기술농육성지원	75,000	9	6	1	7	1	2	1	1
7275	경북 예천군	고추비가림재배시설지원	75,000	9	2	7	8	7	1	1	4
7276	경북 예천군	임산물상품화지원	75,000	9	2	7	8	7	5	5	4
7277	경북 예천군	임산물유통기반조성	75,000	9	2	7	8	7	5	5	4

순번	시군구	지출명 (사업명)	2024년예산 (단위:천원/1년간)	민간이전 분류	민간이전지출 근거	계약체결방법	계약기간	낙찰자선정방법	운영예산 산정	정산방법	성과평가 실시여부
7278	경북 예천군	축산농가자가사료급이장비지원	75,000	9	6	7	8	7	5	5	4
7279	경북 예천군	화훼생산시설경쟁력제고지원	71,500	9	6	7	8	7	1	1	4
7280	경북 예천군	다목적농가형저온저장고설치(33㎡)	70,000	9	6	7	8	7	1	1	4
7281	경북 예천군	FTA대응대체과수명품화사업	69,900	9	6	7	8	7	1	1	4
7282	경북 예천군	밭작물폭염(가뭄)피해예방지원	66,220	9	6	7	8	7	1	1	4
7283	경북 예천군	주택용목재펠릿보일러지원	65,520	9	1	7	8	7	5	1	4
7284	경북 예천군	벼육묘장(소형)설치지원	63,000	9	6	7	8	7	1	1	4
7285	경북 예천군	음식점주방환경개선사업	60,000	9	6	7	8	7	5	5	4
7286	경북 예천군	한우농가사료자동급이기지원	60,000	9	6	7	8	7	5	5	4
7287	경북 예천군	재해예방냉방시설(에어컨)지원	57,500	9	6	7	8	7	5	5	4
7288	경북 예천군	경로당안전건강증진사업	56,950	9	4	7	8	7	5	5	4
7289	경북 예천군	양잠산업육성지원	54,500	9	6	7	8	7	1	1	4
7290	경북 예천군	복지시설에너지절약사업	53,775	9	2	4	8	7	3	3	4
7291	경북 예천군	노지체리개폐형간이비가림시설보급시범	52,500	9	4	7	8	7	1	1	3
7292	경북 예천군	논타작물생력화장비지원	50,000	9	6	7	8	7	1	1	4
7293	경북 예천군	파속채소신품종안정생산기술시범	50,000	9	4	7	8	7	1	1	3
7294	경북 예천군	농촌체험휴양마을활성화기반구축지원	49,500	9	6	7	8	7	2	1	1
7295	경북 예천군	농업기술원육성껍질팩먹는포도신품종보급시범	48,000	9	4	7	8	7	1	1	3
7296	경북 예천군	애누에공동사육비지원	46,200	9	6	7	8	7	1	1	4
7297	경북 예천군	농업계고졸업생창업비용지원	45,000	9	6	7	8	7	2	1	1
7298	경북 예천군	비상발전기지원	45,000	9	6	7	8	7	5	5	4
7299	경북 예천군	예천용문사대장전과윤장대동향각해체보수설계	42,000	9	2	6	8	6	2	1	1
7300	경북 예천군	축사환경전용램프지원	42,000	9	6	7	8	7	1	1	4
7301	경북 예천군	가축용용수처리기지원	42,000	9	6	7	8	7	5	5	4
7302	경북 예천군	예천보문사극락전방범시설개선	40,000	9	2	6	8	6	2	1	1
7303	경북 예천군	잡곡신품종조기확산시범단지조성	40,000	9	4	7	8	7	1	1	3
7304	경북 예천군	국내육성과수중소과전문생산체계구축시범	40,000	9	4	7	8	7	1	1	3
7305	경북 예천군	시설원예고온대비환경개선시범	40,000	9	4	7	8	7	1	1	3
7306	경북 예천군	국내개발케토시스회복및예방기술시범	40,000	9	2	4	7	2	1	1	4
7307	경북 예천군	도시가스미공급지역지원	38,900	9	6	7	8	7	2	1	4
7308	경북 예천군	중규모소독시설지원	37,500	9	6	7	8	7	5	5	4
7309	경북 예천군	농촌교육농장육성	35,000	9	6	7	8	7	1	1	3
7310	경북 예천군	특용작물(인삼)생산시설현대화지원	34,810	9	2	7	8	7	1	1	4
7311	경북 예천군	신재생에너지모니터링시스템설치및정비	34,800	9	2	4	8	7	3	3	4
7312	경북 예천군	퇴비부숙제지원	32,000	9	6	7	8	7	5	5	4
7313	경북 예천군	육묘용파종기지원	31,500	9	6	7	8	7	1	1	4
7314	경북 예천군	승용예초기,다목적리프트기	31,500	9	6	7	8	7	1	1	4
7315	경북 예천군	벼육묘장(대형)개보수지원	30,000	9	6	7	8	7	1	1	4
7316	경북 예천군	곡물건조기지원(대형)	30,000	9	6	7	8	7	1	1	4
7317	경북 예천군	폐사축처리기지원	30,000	9	6	7	8	7	5	5	4

순번	시군구	지출명 (사업명)	2024년예산 (단위 : 천원 /1년간)	민간이전 분류 (지방자치단체 세출예산 집행기준에 의거) 1. 민간경상사업보조(307-02) 2. 민간단체 법정운영비보조(307-03) 3. 민간행사사업보조(307-04) 4. 민간위탁금(307-05) 5. 사회복지시설 법정운영비보조(307-10) 6. 민간위탁교육비(307-12) 7. 공기관등에대한경상적위탁사업비(308-13) 8. 민간자본보조,자체재원(402-01) 9. 민간자본사업보조,이전재원(402-02) 10. 민간위탁사업비(402-03) 11. 공기관등에 대한 자본적 위탁사업비(403-02)	민간이전지출 근거 (지방보조금 관리기준 참고) 1. 법률에 규정 2. 국고보조 재원(국가지정) 3. 용도 지정 기부금 4. 조례에 직접규정 5. 지자체가 권장하는 사업을 하는 공공기관 6. 시,도 정책 및 재정상사 7. 기타 8. 해당없음	입찰방식			운영예산 산정		성과평가 실시여부
						계약체결방법 (경쟁형태) 1. 일반경쟁 2. 제한경쟁 3. 지명경쟁 4. 수의계약 5. 법정위탁 6. 기타 ( ) 7. 없음	계약기간 1. 1년 2. 2년 3. 3년 4. 4년 5. 5년 6. 기타 ( )년 7. 단기계약 (1년미만) 8. 없음	낙찰자선정방법 1. 적격심사 2. 협상에의한계약 3. 최저가낙찰제 4. 규격가격분리 5. 2단계 경쟁입찰 6. 기타 ( ) 7. 없음	운영예산 산정 1. 내부산정 (지자체 자체적으로 산정) 2. 외부산정 (외부전문기관위탁 산정) 3. 내·외부 모두 산정 4. 산정 無 5. 없음	정산방법 1. 내부정산 (지자체 내부적으로 정산) 2. 외부정산 (외부전문기관위탁 정산) 3. 내·외부 모두 산정 4. 정산 無 5. 없음	1. 실시 2. 미실시 3. 향후 추진 4. 해당없음
7318	경북 예천군	화분매개용디지털벌통기술시범	30,000	9	4	7	8	7	1	1	3
7319	경북 예천군	정서곤충체험프로그램소득화모델구축시범	30,000	9	2	7	8	7	5	5	4
7320	경북 예천군	과실장기저장제지원	28,050	9	6	7	8	7	1	1	4
7321	경북 예천군	청룡사석조여래좌상소방시설정비	28,000	9	6	6	8	6	2	1	1
7322	경북 예천군	퇴비교반기지원	27,500	9	4	7	8	7	5	5	1
7323	경북 예천군	농업용무인보트지원	25,500	9	6	7	8	7	1	1	4
7324	경북 예천군	어린이집환경개선(기능보강)지원	25,000	9	2	7	8	7	5	1	4
7325	경북 예천군	드론용비산저감AI노즐및분무장치신기술시범	25,000	9	4	7	8	7	1	1	3
7326	경북 예천군	가정용저녹스보일러보급사업(저소득층)	24,000	9	2	7	8	7	1	1	4
7327	경북 예천군	결혼이민자농가소득증진지원	24,000	9	6	7	8	7	2	1	1
7328	경북 예천군	귀농정착지원	24,000	9	4	7	8	7	2	1	1
7329	경북 예천군	안개분무시설지원	24,000	9	6	7	8	7	5	5	4
7330	경북 예천군	인삼생약산업육성지원(해가림시설,안개분무기등)	23,333	9	6	7	8	7	1	1	4
7331	경북 예천군	어린이집환경개선비지원	22,690	9	2	7	8	7	5	1	4
7332	경북 예천군	시설원예현대화지원(원예시설환경관리등)	22,000	9	2	7	8	7	1	1	4
7333	경북 예천군	딸기육묘환경개선신기술보급시범	21,000	9	4	7	8	7	1	1	3
7334	경북 예천군	경북우수농산물브랜드화지원	20,000	9	6	7	8	7	1	1	4
7335	경북 예천군	과수전용방제기(승용SS기),무인전동방제기	20,000	9	6	7	8	7	1	1	4
7336	경북 예천군	축사단열처리지원	20,000	9	6	7	8	7	5	5	4
7337	경북 예천군	에너지절감시설치(보온덮개,다겹보온커튼등)	19,965	9	2	7	8	7	1	1	4
7338	경북 예천군	전기자동차민간보급사업(전기이륜차보급지원)	19,200	9	2	7	8	7	5	5	4
7339	경북 예천군	효자면용두리유기질비료구입	19,040	9	1	7	8	7	5	5	4
7340	경북 예천군	악취저감제지원	18,000	9	6	7	8	7	5	5	4
7341	경북 예천군	울타리방역시설지원	18,000	9	6	7	8	7	5	5	4
7342	경북 예천군	민간분야노인일자리사업개발비등지원(자본)	16,000	9	1	7	1	7	1	1	2
7343	경북 예천군	벼육묘장(소형)개보수지원	16,000	9	6	7	8	7	1	1	4
7344	경북 예천군	여객자동차터미널및정류장환경개선	16,000	9	1	7	8	7	5	5	4
7345	경북 예천군	사인머스캣고품질장기저장기술시범	16,000	9	4	7	8	7	1	1	3
7346	경북 예천군	버섯재배사스마트팜환경관리기술시범	16,000	9	4	7	8	7	1	1	3
7347	경북 예천군	정보화마을정보센터환경정비지원	15,000	9	4	7	8	7	5	5	4
7348	경북 예천군	양봉산물저온저장고지원	15,000	9	6	7	8	7	5	5	4
7349	경북 예천군	장기요양기관환기시설설치지원	14,320	9	2	6	8	6	3	3	1
7350	경북 예천군	청년농업인품목중심신기술과제현장적용시범	14,000	9	6	7	8	7	1	1	3
7351	경북 예천군	축사관리용CCTV지원	13,000	9	6	7	8	7	5	5	4
7352	경북 예천군	민간건축물내진보강비용지원사업	12,000	9	2	7	8	7	5	5	4
7353	경북 예천군	벼육묘상자세척기및적재기지원	11,250	9	6	7	8	7	1	1	4
7354	경북 예천군	폐농약용기류잔류농약세척기지원사업	11,200	9	6	7	8	7	5	5	4
7355	경북 예천군	축사환기시설(송풍기)지원	10,800	9	6	7	8	7	5	5	4
7356	경북 예천군	육절기지원	10,010	9	6	7	8	7	5	5	4
7357	경북 예천군	어린이통학차량LPG차전환지원	10,000	9	2	7	8	7	5	5	4

순번	시군구	지출명 (사업명)	2024년예산 (단위: 천원/1년간)	민간이전 분류	민간이전지출 근거	계약체결방법 (경쟁형태)	계약기간	낙찰자선정방법	운영예산 산정	정산방법	성과평가 실시여부
7358	경북 예천군	민속채소양채류생산기반확충지원(시설하우스,관수관비시설등)	10,000	9	6	7	8	7	1	1	4
7359	경북 예천군	친환경임산물재배관리(유기질비료)	10,000	9	2	7	8	7	5	5	4
7360	경북 예천군	표고버섯톱밥배지지원	10,000	9	1	7	8	7	5	5	4
7361	경북 예천군	임산물택배비지원	10,000	9	1	7	8	7	5	5	4
7362	경북 예천군	창업실행비지원	10,000	9	1	7	8	7	1	1	3
7363	경북 예천군	효자면명봉리마을환경정비용장비구입지원	9,520	9	1	7	8	7	5	5	4
7364	경북 예천군	효자면도촌리농산물운송용박스제작구입	9,520	9	1	7	8	7	5	5	4
7365	경북 예천군	효자면사곡리다용도농산물선별기구입	9,520	9	1	7	8	7	5	5	4
7366	경북 예천군	효자면백석리농사용유박구입	9,520	9	1	7	8	7	5	5	4
7367	경북 예천군	효자면고항리농사용비료구입	9,520	9	1	7	8	7	5	5	4
7368	경북 예천군	토종곡물재배단지지원	9,100	9	6	7	8	7	1	1	4
7369	경북 예천군	용문면선1리상수도공사지원	9,000	9	1	7	8	7	5	5	4
7370	경북 예천군	비파괴당도측정기	8,250	9	6	7	8	7	1	1	4
7371	경북 예천군	신선도유지기	7,500	9	6	7	8	7	1	1	4
7372	경북 예천군	원유냉각기지원	7,500	9	6	7	8	7	5	5	4
7373	경북 예천군	친환경사과적화제지원	7,000	9	6	7	8	7	1	1	4
7374	경북 예천군	양식장첨단기자재공급	7,000	9	6	7	8	7	5	5	4
7375	경북 예천군	으뜸음식점주방용품등지원(6개소)	6,400	9	6	7	8	7	5	5	4
7376	경북 예천군	내수면어선장비지원	6,000	9	6	7	8	7	5	5	4
7377	경북 예천군	벼육묘장(소형)녹화장설치지원	5,500	9	6	7	8	7	1	1	4
7378	경북 예천군	전세버스사각지대충돌예방장치설치지원	5,040	9	1	7	8	7	5	5	4
7379	경북 예천군	여성농업인농작업편의장비지원	5,000	9	6	7	8	7	2	2	1
7380	경북 예천군	스마트HACCP구축보급지원	4,500	9	6	7	8	7	5	5	4
7381	경북 예천군	지역미술관편의시설조성지원	4,500	9	4	7	8	7	5	5	1
7382	경북 예천군	벼종자소독기지원	4,500	9	6	7	8	7	1	1	4
7383	경북 예천군	완속충전기설치지원	4,000	9	6	7	8	7	5	5	4
7384	경북 예천군	염소농가기자재지원	4,000	9	6	7	8	7	5	5	4
7385	경북 예천군	태양광충전식농업기계용배터리커버보급	4,000	9	6	4	1	2	1	1	3
7386	경북 예천군	산양삼생산과정확인제도	3,040	9	2	7	8	7	5	5	4
7387	경북 예천군	과수전용방제기(보행SS기)	3,000	9	6	7	8	7	1	1	4
7388	경북 예천군	임산물포장재지원	2,500	9	1	7	8	7	5	5	4
7389	경북 예천군	골절기지원	2,464	9	6	7	8	7	5	5	4
7390	경북 예천군	지보면대죽리마을환경개선장비구입지원	1,085	9	1	7	8	7	5	5	4
7391	경북 예천군	지보면암천리마을환경개선장비구입지원	1,085	9	1	7	8	7	5	5	4
7392	경북 봉화군	전기자동차보급및충전인프라구축	1,003,000	9	1	7	8	7	3	2	3
7393	경북 봉화군	원예소득작목육성지원	834,133	9	4	7	8	7	5	5	3
7394	경북 봉화군	미래형사과다축과원조성시범사업	831,600	9	4	7	8	7	5	5	4
7395	경북 봉화군	중소형농기계공급지원	610,000	9	1	7	8	7	5	5	4
7396	경북 봉화군	과수생력화장비지원사업	469,000	9	4	7	8	7	5	5	4
7397	경북 봉화군	과수고품질시설현대화사업(FTA기금)	425,000	9	2	7	8	7	5	5	3

번호	사업자	사업명	2024예산액 (단위: 백만원/1천달러)	정책사업 관련성	성과지표 관련성	사업목적 적정성	추진체계 적정성	성과관리 체계	종합평가
7398	정책 중점관리	기후변화대응 환경기술 개발사업	367,985	4	7	8	7	5	5	4
7399	정책 중점관리	통합환경허가제도 운영 및 관리	228,000	6	7	8	7	5	5	4
7400	정책 중점관리	화학안전 관리체계 구축	216,000	4	7	8	7	5	5	4
7401	정책 중점관리	잔류성유기오염물질 관리사업	210,000	4	7	8	7	5	5	4
7402	정책 중점관리	기후변화 대응 기반구축사업	165,360	1	7	8	7	5	5	4
7403	정책 중점관리	대기오염 측정망 설치 및 운영사업	163,500	4	7	8	7	5	5	4
7404	정책 중점관리	아프리카개발은행 신탁기금	150,000	1,4	7	1	7	5	5	4
7405	정책 중점관리	아시아개발은행 신탁기금	150,000	1,4	7	1	7	5	5	4
7406	정책 중점관리	화학물질안전관리사업	140,000	4	7	8	7	5	5	3
7407	정책 중점관리	국가지질자원조사사업	130,286	2	7	8	7	3	3	3
7408	정책 중점관리	화학사고 대응 기반구축사업	112,832	1	7	8	7	5	5	4
7409	정책 중점관리	녹색 국제협력 기반구축사업	105,000	1	7	8	7	5	5	4
7410	정책 중점관리	해외환경협력사업(공적개발)	90,000	1	7	8	7	5	5	4
7411	정책 중점관리	지역환경개선 기반구축사업	89,100	2	7	8	7	5	5	3
7412	정책 중점관리	비점오염 관리사업	81,000	1	7	8	7	5	5	4
7413	정책 중점관리	화학물질 조사사업	68,975	1	7	8	7	5	5	4
7414	정책 중점관리	기후변화 적응 관리사업	64,003	2	7	8	7	5	5	3
7415	정책 중점관리	대기오염 측정기반 운영사업	60,000	1	7	8	7	5	5	4
7416	정책 중점관리	화학안전 관리사업(중앙)	52,500	1	7	8	7	5	5	4
7417	정책 중점관리	환경자원 조사사업	48,333	4	7	8	7	3	3	3
7418	정책 중점관리	기후변화 기반구축	40,000	2	7	8	7	3	2	3
7419	정책 중점관리	화학물질 기반구축사업	40,000	1	7	8	7	5	5	4
7420	정책 중점관리	환경인력(기업) 관리사업	35,000	1	7	8	7	5	5	4
7421	정책 중점관리	환경안전 관리사업	34,180	5	7	8	7	1	1	1
7422	정책 중점관리	기후자원(GHP) 관리조사	31,500	2	7	8	7	5	5	4
7423	정책 중점관리	기후자원 관리사업	30,000	1	7	8	7	5	5	4
7424	정책 중점관리	환경자원 관리	30,000	1	7	8	7	5	5	4
7425	정책 중점관리	환경안전 관리사업	26,667	4	7	8	7	5	5	3
7426	정책 중점관리	생태자원 관리사업	25,480	1	7	8	7	5	5	4
7427	정책 중점관리	환경자원 관리사업	25,000	1	7	8	7	5	5	4
7428	정책 중점관리	환경자원조사 관리사업	25,000	1	7	8	7	5	5	4
7429	정책 중점관리	환경안전 관리 기반사업	22,480	1	7	8	7	5	5	4
7430	정책 중점관리	기후변화 대응사업	22,000	2	7	8	7	5	5	3
7431	정책 중점관리	환경자원 관리사업	21,700	4	7	8	7	1	1	1
7432	정책 중점관리	환경자원 기반관리사업	20,840	2	7	8	7	5	5	4
7433	정책 중점관리	환경자원 관리사업(중앙)	18,000	1	7	8	7	5	5	4
7434	정책 중점관리	환경자원 관리기반	15,000	1	7	8	7	5	5	4
7435	정책 중점관리	환경자원 관리사업	15,000	1	7	8	7	5	5	4
7436	정책 중점관리	환경자원 기반조사사업	14,000	4	7	7	1	1	1	4
7437	정책 중점관리	환경자원 기반조사관리사업	14,000	7	7	8	7	5	5	4

순번	시군구	지출명 (사업명)	2024년예산 (단위 : 천원 /1년간)	민간이전 분류	민간이전지출 근거	계약체결방법 (경쟁형태)	계약기간	낙찰자선정방법	운영예산 산정	정산방법	성과평가 실시여부
7438	경북 봉화군	토종벌종보전	12,800	9	1	7	8	7	5	5	4
7439	경북 봉화군	축사관리용CCTV지원사업	11,000	9	1	7	8	7	5	5	4
7440	경북 봉화군	채밀카지원	10,500	9	1	7	8	7	5	5	4
7441	경북 봉화군	가축폭염피해방지(축사단열처리)	10,000	9	1	7	8	7	5	5	4
7442	경북 봉화군	양봉산물저온저장고	9,000	9	1	7	8	7	5	5	4
7443	경북 봉화군	임산물유통시설지원	8,000	9	1	7	8	7	5	5	4
7444	경북 봉화군	결혼이민자농가소득증진지원	8,000	9	1	7	8	7	5	5	4
7445	경북 봉화군	가축폭염피해방지(안개분무)	8,000	9	1	7	8	7	5	5	4
7446	경북 봉화군	방역시설지원사업(장화세척)	7,500	9	1	7	8	7	5	5	4
7447	경북 봉화군	가정용저녹스보일러보급사업	6,000	9	2	7	8	7	5	5	4
7448	경북 봉화군	관창1리공동물품구입	5,913	9	1	7	8	7	5	5	4
7449	경북 봉화군	관창2리공동물품구입	5,913	9	1	7	8	7	5	1	4
7450	경북 봉화군	가축폭염피해방지(송풍기)	5,850	9	1	7	8	7	5	5	4
7451	경북 봉화군	북곡리공동물품구입	5,667	9	1	7	8	7	5	1	4
7452	경북 봉화군	자동사양기지원	5,152	9	1	7	8	7	5	5	4
7453	경북 봉화군	어린이통학차량LPG차전환지원사업	5,000	9	2	7	8	7	1	1	3
7454	경북 봉화군	전기자동차완속충전기설치지원사업	5,000	9	1	7	8	7	3	2	3
7455	경북 봉화군	곡물건조기지원	5,000	9	1	7	8	7	5	5	4
7456	경북 봉화군	전세버스사각지대충돌예방장치설치지원	4,620	9	6	7	8	7	5	5	4
7457	경북 봉화군	농촌마을공동급식시설지원	4,000	9	1	7	8	7	5	5	4
7458	경북 봉화군	소형벼육묘공장개보수	4,000	9	1	7	8	7	5	5	4
7459	경북 봉화군	여성농업인농작업편의장비지원	3,750	9	7	7	8	7	5	5	4
7460	경북 봉화군	신재생에너지융복합지원사업	3,639	9	2	6	1	6	2	2	1
7461	경북 봉화군	임산물생산기반지원	3,000	9	1	7	8	7	5	5	4
7462	경북 봉화군	육묘용파종기지원	3,000	9	1	7	8	7	5	5	4
7463	경북 봉화군	양식장첨단기자재공급	2,640	9	1	7	8	7	5	5	4
7464	경북 봉화군	유기질비료지원사업	2,000	9	1	7	8	7	5	5	4
7465	경북 봉화군	염소농가기자재지원	2,000	9	1	7	8	7	5	5	4
7466	경북 봉화군	말벌퇴치장비지원사업	1,500	9	1	7	8	7	5	5	4
7467	경북 봉화군	토양개량제지원사업	1,000	9	1	7	8	7	5	5	4
7468	경북 봉화군	낙농헬퍼지원사업	720	9	1	7	8	7	5	5	4
7469	경북 울진군	농업대전환들녘특구시범운영	792,000	9	6	7	8	7	1	1	1
7470	경북 울진군	농가맞집육성	105,000	9	6	7	8	7	1	1	1
7471	경북 울진군	수요자참여식량작물특성화시범	100,000	9	6	7	8	7	1	1	1
7472	경북 울진군	노지체리개폐형간이비가림시설보급시범	52,500	9	6	7	8	7	1	1	1
7473	경북 울진군	경북미래형2축형사과원조성시범	35,000	9	6	7	8	7	1	1	1
7474	경북 울진군	기존건축물화재안전성능보강지원	26,000	9	1	7	8	7	5	1	4
7475	경북 울진군	드론용비산저감AI노즐및분무장치신기술시범	25,000	9	2	7	8	7	1	1	1
7476	경북 울진군	딸기육묘환경개선신기술보급시범	21,000	9	6	7	8	7	1	1	1
7477	경북 울진군	바이오숯활용저탄소토양개량기술보급	14,000	9	6	7	8	7	1	1	1

순번	시군구	지출명 (사업명)	2024년예산 (단위 : 천원 /1년간)	민간이전 분류 (지방자치단체 세출예산 집행기준에 의거)	민간이전지출 근거 (지방보조금 관리기준 참고)	계약체결방법 (경쟁형태)	계약기간	낙찰자선정방법	운영예산 산정	정산방법	성과평가 실시여부
7478	경북 울진군	행복한농촌가정육성프로젝트시범	10,000	9	6	7	8	7	1	1	1
7479	경북 울진군	태양광충전식농업기계용배터리커버보급사업	4,000	9	6	7	8	7	1	1	1
7480	경북 울릉군	울릉군재향군인회관리모델링	500,000	9	1	6	6	6	5	5	4
7481	경북 울릉군	농어촌버스구입비지원	120,000	9	1	7	8	7	5	5	4
7482	경북 울릉군	노후택시교체지원	4,500	9	6	7	8	7	5	5	4
7483	경상남도	찾아가는빨래방서비스사업차량구입등지원(신규)	204,000	9	5	7	8	7	1	2	1
7484	경상남도	장애인직업재활시설기능보강	64,740	9	2	7	8	7	5	5	4
7485	경남 창원시	노후경유차및건설기계조기폐차지원	15,853,000	9	2	7	8	7	5	5	4
7486	경남 창원시	신재생에너지융복합지원사업(의창구)	1,601,188	9	2	7	8	7	5	5	4
7487	경남 창원시	성주사가야불교문화교육관건립	1,528,800	9	1	7	8	7	5	5	4
7488	경남 창원시	택시요금카드결제수수료지원	1,478,442	9	6	7	8	7	5	5	4
7489	경남 창원시	신재생에너지융복합지원사업(진해구)	1,441,700	9	2	7	8	7	5	5	4
7490	경남 창원시	건설기계엔진교체	1,320,000	9	2	7	8	7	5	5	4
7491	경남 창원시	차량저감장치부착사업	1,023,000	9	2	7	8	7	5	5	4
7492	경남 창원시	인증부표보급지원사업	650,000	9	2	7	8	7	5	5	4
7493	경남 창원시	노인요양시설확충(기능보강)사업	623,639	9	1	7	8	7	1	1	4
7494	경남 창원시	친환경에너지절감장비(어업용기자재)구입비지원	611,400	9	2	6	8	7	1	1	2
7495	경남 창원시	맞춤형중소형농기계지원	568,750	9	1	7	8	7	1	1	4
7496	경남 창원시	수산물산지가공시설사업	484,900	9	6	7	8	7	5	5	4
7497	경남 창원시	스마트팜ICT융복합확산(절감시설)	440,220	9	2	7	8	7	5	5	4
7498	경남 창원시	농업에너지이용효율화(신재생에너지)	403,900	9	2	1	7	1	2	2	4
7499	경남 창원시	광산사회랑처증개축공사	400,000	9	1	7	8	7	5	5	4
7500	경남 창원시	우곡사대웅전등단청공사	320,000	9	1	7	8	7	5	5	4
7501	경남 창원시	양식어장자동화시설장비지원	276,800	9	6	7	8	7	5	5	4
7502	경남 창원시	스마트팜ICT융복합확산(시설원예현대화)	275,000	9	2	7	8	7	5	5	4
7503	경남 창원시	민간어린이집장기임차전환	250,000	9	2	5	8	1	3	1	4
7504	경남 창원시	저탄소농업기술적용고품질파프리카단지육성	200,000	9	6	7	8	7	5	5	4
7505	경남 창원시	과수고품질시설현대화사업	200,000	9	6	7	8	7	5	5	4
7506	경남 창원시	2024년어린이집기능보강사업	199,044	9	2	7	8	7	5	5	4
7507	경남 창원시	가정용저녹스보일러보급사업	198,000	9	2	7	8	7	5	5	4
7508	경남 창원시	도시가스공급보조금지원	150,000	9	4	7	8	7	5	5	4
7509	경남 창원시	공동주택관리동전환	150,000	9	2	5	8	1	3	1	4
7510	경남 창원시	원예작물하우스생산시설현대화지원사업	135,000	9	6	7	8	7	5	5	4
7511	경남 창원시	양정시설지원사업	130,000	9	4	7	8	7	1	1	1
7512	경남 창원시	화훼시설현대화사업	125,000	9	6	7	8	7	5	5	4
7513	경남 창원시	축산물판매업소위생시설개선지원	120,000	9	1	7	8	7	1	1	4
7514	경남 창원시	밭작물공동경영체육성지원	112,500	9	2	7	8	7	5	5	4
7515	경남 창원시	산림작물생산단지	111,477	9	2	7	8	7	5	5	4
7516	경남 창원시	창원불곡사석조비로자나불좌상관람편의시설건립및부지조성설계	110,000	9	1	7	8	7	5	5	4
7517	경남 창원시	수산시장시설개선	110,000	9	6	7	8	7	5	5	4

순번	시군구	지출명 (사업명)	2024년예산 (단위: 천원/1년간)	민간이전 분류 (지방자치단체 세출예산 집행기준에 의거) 1. 민간경상사업보조(307-02) 2. 민간단체 법정운영비보조(307-03) 3. 민간행사사업보조(307-04) 4. 민간위탁금(307-05) 5. 사회복지시설 법정운영비보조(307-10) 6. 민간위원교육비(307-12) 7. 공기관등에대한경상적위탁사업비(308-13) 8. 민간자본사업보조,자체재원(402-01) 9. 민간자본사업보조,이전재원(402-02) 10. 민간위탁사업비(402-03) 11. 공기관에 대한 자본적 위탁사업비(403-02)	민간이전지출 근거 (지방보조금 관리기준 참고) 1. 법률에 규정 2. 국고보조 재원(국가지정) 3. 용도 지정 기부금 4. 조례에 직접규정 5. 지자체가 권장하는 사업을 하는 공공기관 6. 시,도 정책 및 재정사정 7. 기타 8. 해당없음	입찰방식 계약체결방법 (경쟁형태) 1. 일반경쟁 2. 제한경쟁 3. 지명경쟁 4. 수의계약 5. 법정위탁 6. 기타 ( ) 7. 없음	계약기간 1. 1년 2. 2년 3. 3년 4. 4년 5. 5년 6. 기타 ( )년 7. 단가계약 (1년미만) 8. 없음	낙찰자선정방법 1. 적격심사 2. 협상에의한계약 3. 최저가낙찰제 4. 규격가격분리 5. 2단계 경쟁입찰 6. 기타 ( ) 7. 없음	운영예산 산정 1. 내부산정 (지자체 자체적으로 산정) 2. 외부산정 (외부전문기관위탁 산정) 3. 내,외부 모두 산정 4. 산정 無 5. 없음	정산방법 1. 내부정산 (지자체 내부적으로 정산) 2. 외부정산 (외부전문기관위탁 정산) 3. 내,외부 모두 산정 4. 정산 無 5. 없음	성과평가 실시여부 1. 실시 2. 미실시 3. 향후 추진 4. 해당없음
7518	경남 창원시	지역자활센터활성화지원	100,000	9	2	7	8	7	5	1	1
7519	경남 창원시	경로당냉난방기지원	100,000	9	4	7	8	7	1	1	4
7520	경남 창원시	패류양식자동화장비지원	97,600	9	6	7	8	7	5	5	4
7521	경남 창원시	어선사고예방시스템구축사업	93,120	9	2	7	8	7	5	5	4
7522	경남 창원시	한부모가족복지시설기능보강사업	92,059	9	1	7	8	7	5	5	4
7523	경남 창원시	성매매피해자지원기관기능보강사업	88,684	9	1	7	8	7	5	1	1
7524	경남 창원시	내수면노후어선선체기관교체지원	87,000	9	6	7	8	7	5	5	4
7525	경남 창원시	지역자활센터종사자수당	83,200	9	6	7	8	7	5	1	1
7526	경남 창원시	어린이집운영기자재구입	80,000	9	2	7	8	1	3	1	1
7527	경남 창원시	다목적해상공동작업대설치지원	80,000	9	6	7	8	7	5	5	4
7528	경남 창원시	미더덕자동화장비지원	80,000	9	6	7	8	7	5	5	4
7529	경남 창원시	어린이통학차LPG차전환사업	80,000	9	2	7	8	7	5	5	4
7530	경남 창원시	디지털농업기술드론직파벼재배단지조성시범	80,000	9	2	7	8	7	5	5	4
7531	경남 창원시	시설과채류순환식수경재배양액재활용기술보급시범	80,000	9	2	7	8	7	5	5	4
7532	경남 창원시	진동자이용안개무인자동방제기도입시범	80,000	9	6	7	8	7	5	5	4
7533	경남 창원시	양봉산업구조개선사업	77,225	9	1	7	8	7	1	1	1
7534	경남 창원시	장애인직업재활시설기능보강(행복주식회사장애인근로사업장)	74,520	9	1	7	8	7	1	1	1
7535	경남 창원시	생태농업단지조성	70,000	9	6	7	8	7	5	5	4
7536	경남 창원시	장애인직업재활시설기능보강(사랑의집보호작업장)	69,800	9	1	7	8	7	1	1	1
7537	경남 창원시	지역자활센터기능보강	60,000	9	6	7	8	7	5	1	1
7538	경남 창원시	장애인거주시설기능보강(풀잎마을)	60,000	9	1	7	8	7	1	1	1
7539	경남 창원시	화훼국내육성품종고품질생산기술보급시범	60,000	9	2	7	8	7	5	5	4
7540	경남 창원시	야생동물피해예방시설설치지원	56,411	9	6	7	8	7	1	1	1
7541	경남 창원시	수산물가공공장스마트화지원사업	56,153	9	6	7	8	7	5	5	4
7542	경남 창원시	유기농업선도농가가공유통지원	56,000	9	6	7	8	7	5	5	4
7543	경남 창원시	저소득층전기시설개선사업	54,000	9	5	7	8	7	5	5	4
7544	경남 창원시	승강기회생제동장치설치지원	53,600	9	2	7	8	7	5	5	4
7545	경남 창원시	농업인농작업편의장비지원사업	52,500	9	6	7	8	7	5	1	4
7546	경남 창원시	장애인직업재활시설기능보강(창원시직업재활센터)	50,000	9	1	7	8	7	1	1	1
7547	경남 창원시	어촌에서살아보기(귀어인의집)	50,000	9	2	7	8	7	1	1	4
7548	경남 창원시	스마트팜작업자추종운반로봇시범보급	50,000	9	2	7	8	7	5	5	4
7549	경남 창원시	장애인거주시설기능보강(아름다운학원)	45,000	9	1	7	8	7	1	1	1
7550	경남 창원시	장애인거주시설기능보강(진해재활원)	44,800	9	1	7	8	7	1	1	1
7551	경남 창원시	사회적기업시설장비비지원	40,000	9	1	7	8	7	5	1	1
7552	경남 창원시	차세대농업인성공모델육성사업	40,000	9	1	7	8	7	5	1	4
7553	경남 창원시	시설원예환경변화대응기술시범	40,000	9	6	7	8	7	5	5	4
7554	경남 창원시	블루베리다수확용기재배과원모델시범	40,000	9	6	7	8	7	5	5	4
7555	경남 창원시	소비자트랜드맞춤소득과수도입시범	40,000	9	6	7	8	7	5	5	4
7556	경남 창원시	저탄소친환경농업전략품목생산단지조성	39,000	9	6	7	8	7	5	5	4
7557	경남 창원시	작목별맞춤형안전관리실천시범	37,500	9	2	7	8	7	5	5	4

순번	시군구	지출명 (사업명)	2024년예산 (단위: 천원/1년간)	민간이전 분류 (지방자치단체 세출예산 집행기준에 의거)	민간이전지출 근거 (지방보조금 관리기준 참고)	계약체결방법 (경쟁형태)	계약기간	낙찰자선정방법	운영예산 산정	정산방법	성과평가 실시여부
7558	경남 창원시	장애인직업재활시설기능보강(밀알희망작업장)	35,000	9	1	7	8	7	1	1	1
7559	경남 창원시	장애인직업재활시설기능보강(창원시보호작업센터)	35,000	9	1	7	8	7	1	1	1
7560	경남 창원시	마을앞바다소득원조성사업	33,333	9	6	7	8	7	5	5	4
7561	경남 창원시	가정폭력피해자보호시설기능보강사업	33,100	9	1	7	8	7	5	1	1
7562	경남 창원시	성폭력피해자보호시설기능보강사업	31,912	9	1	7	8	7	5	1	1
7563	경남 창원시	PMNox동시저감장치	30,000	9	2	7	8	7	5	5	4
7564	경남 창원시	장애인직업재활시설기능보강(디딤돌보호사업장)	28,840	9	1	7	8	7	1	1	1
7565	경남 창원시	장기요양기관공기순환기설치	25,344	9	1	7	8	7	1	1	4
7566	경남 창원시	신소득과실생산시설현대화사업	25,000	9	6	7	8	7	5	5	4
7567	경남 창원시	친환경개체굴전환지원	24,000	9	6	7	8	7	5	5	4
7568	경남 창원시	정치성어업자동화지원	22,800	9	6	7	8	7	5	5	4
7569	경남 창원시	건설기계저감장치부착사업	22,000	9	2	7	8	7	5	5	4
7570	경남 창원시	장애인거주시설기능보강(초록나무)	21,000	9	1	7	8	7	1	1	1
7571	경남 창원시	신재생에너지건물지원사업비	20,000	9	2	7	8	7	5	5	4
7572	경남 창원시	시설토경관개자동제어시스템보급시범	20,000	9	2	7	8	7	5	5	4
7573	경남 창원시	시설원예연질강화필름지원	20,000	9	6	7	8	7	5	5	4
7574	경남 창원시	안전관리인증기준축산농가및영업장지원사업	18,000	9	1	7	8	7	1	1	4
7575	경남 창원시	장애인직업재활시설기능보강(함께나눔일터)	17,460	9	1	7	8	7	1	1	1
7576	경남 창원시	대구수정란방류사업	16,666	9	6	7	8	7	5	5	4
7577	경남 창원시	수경재배배지함수율관리기술적용시범	16,000	9	6	7	8	7	5	5	4
7578	경남 창원시	수소차민간보급지원	14,342	9	6	7	8	7	5	5	4
7579	경남 창원시	전기난방기설치지원사업	14,000	9	6	7	8	7	5	5	4
7580	경남 창원시	보증기간경과장치성능유지관리	10,050	9	2	7	8	7	5	5	4
7581	경남 창원시	그린홈보급(주택지원)사업비보조	10,000	9	2	7	8	7	5	5	4
7582	경남 창원시	농자재살포기구입지원	10,000	9	6	7	8	7	5	5	4
7583	경남 창원시	고추비가림재배시설지원사업	10,000	9	2	7	8	7	5	5	4
7584	경남 창원시	위생적인식육기자재지원	9,000	9	1	7	8	7	1	1	4
7585	경남 창원시	어선스크류보호장비지원	6,000	9	6	7	8	7	5	5	4
7586	경남 창원시	화훼유통시설및장비확충사업	5,000	9	6	7	8	7	5	5	4
7587	경남 창원시	장애인거주시설기능보강(요셉의집)	4,794	9	1	7	8	7	1	1	1
7588	경남 창원시	폭력피해여성주거지원임대보증금	3,000	9	1	7	8	7	5	1	1
7589	경남 창원시	폭력피해이주여성보호시설기능보강	2,489	9	1	7	8	7	5	1	1
7590	경남 창원시	친환경임산물재배관리	1,458	9	2	7	8	7	5	5	4
7591	경남 진주시	전기화물차구입보조금	7,200,000	9	1,2	7	8	7	5	1	1
7592	경남 진주시	전기차자동차구입보조금	2,406,000	9	1,2	7	8	7	5	1	1
7593	경남 진주시	노후경유차조기폐차사업	2,226,500	9	1,2	7	8	7	5	1	1
7594	경남 진주시	전기버스구입보조금	1,680,000	9	1,2	7	8	7	5	1	1
7595	경남 진주시	수소자동차구매지원	993,000	9	1,2	7	8	7	5	1	1
7596	경남 진주시	소규모사업장방지시설설치사업	908,600	9	2	7	8	7	1	1	4
7597	경남 진주시	건설기계엔진교체사업	792,000	9	1,2	7	8	7	5	1	1

순번	시군구	지출명 (사업명)	2024년예산 (단위: 천원/1년간)	민간이전 분류	민간이전지출 근거	입찰방식 계약체결방법	계약기간	낙찰자선정방법	운영예산 산정	정산방법	성과평가 실시여부
7598	경남 진주시	시설원예K농산물생산농가현대화지원사업	300,000	9	4	7	8	7	1	1	1
7599	경남 진주시	지역작목기반조성(전환사업)	300,000	9	6	7	8	7	1	1	4
7600	경남 진주시	폭염및혹한기대비경로당냉난방지원	204,000	9	8	5	1	7	1	1	4
7601	경남 진주시	저감장치(DPF)부착사업	198,000	9	1,2	7	8	7	5	1	1
7602	경남 진주시	조사료생산용기계장비구입지원	180,000	9	2	7	8	7	1	1	4
7603	경남 진주시	가정용저녹스보일러보급	132,000	9	1,2	7	8	7	5	1	1
7604	경남 진주시	양봉구조개선사업	125,935	9	6	7	8	7	1	1	4
7605	경남 진주시	선박수출확대CA컨테이너수출기술시범	100,000	9	4	7	8	7	1	1	1
7606	경남 진주시	K농산물선별장기자재구입지원	100,000	9	4	7	8	7	1	1	1
7607	경남 진주시	시설원예K농산물생산농가연질강화필름지원사업	99,000	9	4	7	8	7	1	1	1
7608	경남 진주시	전기이륜차구입보조금	80,000	9	1,2	7	8	7	5	1	1
7609	경남 진주시	신선농산물글로컬인센티브지원	66,000	9	4	7	8	7	1	1	1
7610	경남 진주시	공공급식농산물수급전문조직육성	35,000	9	4	7	8	7	1	1	1
7611	경남 진주시	가정폭력피해자보호시설운영지원(기능보강)	32,523	9	2	7	8	7	5	1	4
7612	경남 진주시	K딸기클레임경감을위한수확상자및예냉방법개선시범	32,000	9	4	7	8	7	1	1	1
7613	경남 진주시	K농산물품목별자조금조성지원사업	30,000	9	4	7	8	7	1	1	1
7614	경남 진주시	다함께돌봄센터설치비지원	30,000	9	1	7	8	7	5	1	4
7615	경남 진주시	어린이통학차량의LPG차전환지원	30,000	9	1,2	7	8	7	5	1	1
7616	경남 진주시	쿨루프지원사업	22,500	9	1,2	7	8	7	5	1	1
7617	경남 진주시	신선농산물글로컬육성지원사업	20,000	9	4	7	8	7	1	1	1
7618	경남 진주시	가축분뇨악취저감시설장비지원사업	15,000	9	6	7	8	7	1	1	4
7619	경남 진주시	자활사업기능보강	15,000	9	2	7	8	7	5	1	4
7620	경남 진주시	PM,NOX동시저감장치부착사업	15,000	9	1,2	7	8	7	5	1	1
7621	경남 진주시	장기요양기관환기시설설치지원	12,888	9	2	7	8	7	1	1	4
7622	경남 진주시	축산물HACCP컨설팅지원	11,200	9	2	7	8	7	1	1	4
7623	경남 진주시	현장노동자휴게시설개산사업	10,000	9	4	7	8	7	1	1	3
7624	경남 진주시	보증기간경과장치성능유지관리	8,970	9	1,2	7	8	7	5	1	1
7625	경남 진주시	축사시설환경개선사업	6,300	9	6	7	8	7	1	1	4
7626	경남 진주시	닭진드기공동방제지원사업	32,000	9	2	7	8	7	1	1	4
7627	경남 진주시	CCTV등방역인프라설치지원	30,000	9	2	7	8	7	1	1	4
7628	경남 진주시	가금생산성향상지원	25,000	9	6	7	8	7	1	1	4
7629	경남 진주시	축산물판매업소위생시설개선지원사업	24,000	9	6	7	8	7	1	1	4
7630	경남 진주시	소독시설설치	20,000	9	6	7	8	7	1	1	4
7631	경남 진주시	꿀벌농가방역장비지원	13,200	9	6	7	8	7	1	1	4
7632	경남 진주시	안전관리인증축산농가및영업장지원사업	9,000	9	6	7	8	7	1	1	4
7633	경남 진주시	단독주택등도시가스공급배관설치비지원사업	1,800,000	9	6	6	1	7	1	3	4
7634	경남 진주시	신재생에너지주택사업	300,000	9	6	6	1	6	1	1	1
7635	경남 진주시	농작업편의장비지원	52,500	9	4	7	8	7	5	1	4
7636	경남 진주시	신재생에너지건물지원사업	10,000	9	6	6	1	6	1	1	1
7637	경남 통영시	지상버스도입지원사업	2,378,000	9	2	7	8	7	1	1	2

순번	시군구	지출명 (사업명)	2024년예산 (단위 : 천원 /1년간)	민간이전 분류 (지방자치단체 세출예산 집행기준에 의거)	민간이전지출 근거 (지방보조금 관리기준 참고)	입찰방식 계약체결방법 (경쟁형태)	입찰방식 계약기간	입찰방식 낙찰자선정방법	운영예산 산정	정산방법	성과평가 실시여부
7638	경남 통영시	어린이집환경개선	64,000	9	1	7	8	7	1	1	1
7639	경남 통영시	수출주력품종위생안전관리	39,600	9	4	7	8	7	5	5	4
7640	경남 통영시	지역자활센터기능보강	15,000	9	1	7	8	7	5	1	4
7641	경남 통영시	임산물생산단지규모화	12,870	9	2	7	8	7	5	1	4
7642	경남 통영시	경남추천상품(QC)활성화지원	10,800	9	4	7	8	7	5	5	4
7643	경남 통영시	주택용목재펠릿보일러보급	7,280	9	2	7	8	7	5	1	4
7644	경남 통영시	친환경목재생산	6,000	9	2	7	8	7	5	5	4
7645	경남 통영시	전기자동차보급및충전인프라구축	4,334,000	9	2	7	8	7	1	1	1
7646	경남 통영시	수소전기자동차보급사업	4,065,500	9	2	7	8	7	1	1	1
7647	경남 통영시	수산물산지가공시설건립	1,320,000	9	1	1	1	1	1	1	2
7648	경남 통영시	운행경유차배출가스저감사업	1,054,880	9	2	7	8	7	1	1	1
7649	경남 통영시	수산물처리저장시설개보수사업	534,000	9	1	1	7	1	1	1	2
7650	경남 통영시	친환경에너지절감장비보급사업	483,000	9	2	7	8	7	5	1	1
7651	경남 통영시	소규모사업장방지시설설치지원	413,724	9	2	7	8	7	5	5	4
7652	경남 통영시	도시가스확대공급	400,000	9	2	7	8	7	1	1	4
7653	경남 통영시	생분해성어구보급사업	300,000	9	2	1	7	3	5	1	2
7654	경남 통영시	소형어선유류보관창고지원시설	266,666	9	6	7	8	7	5	5	4
7655	경남 통영시	소상공인경영환경개선사업	200,000	9	6	7	8	7	5	5	4
7656	경남 통영시	신재생에너지지방보급사업	118,000	9	2	7	8	7	1	1	1
7657	경남 통영시	수산시장시설개선사업	110,000	9	1	1	1	1	1	1	2
7658	경남 통영시	수산식품가공설비지원사업	98,200	9	1	1	7	1	1	1	2
7659	경남 통영시	수산물가공공장스마트화지원사업	55,000	9	1	1	1	1	1	1	2
7660	경남 통영시	가정용녹스보일러보급사업	44,500	9	2	7	8	7	5	5	4
7661	경남 통영시	가스열펌프(GHP)냉난방기개조지원사업	44,500	9	2	7	8	7	5	5	4
7662	경남 통영시	어린이통학차량의LPG차전환지원	25,000	9	2	7	8	7	1	1	2
7663	경남 통영시	소상공인디지털인프라구축지원사업	20,000	9	6	7	8	7	5	5	4
7664	경남 통영시	쿨루프지원사업	18,000	9	1	7	8	7	1	1	4
7665	경남 통영시	(예비)사회적기업시설장비비지원	12,000	9	6	7	8	7	3	3	4
7666	경남 통영시	보증기간경과장치성능유지관리	1,248	9	2	7	8	7	1	1	2
7667	경남 김해시	전기자동차보급사업	16,468,000	9	2	7	8	7	5	5	4
7668	경남 김해시	운행차배출가스저감사업	6,503,500	9	2	7	8	7	5	5	4
7669	경남 김해시	수소자동차보급사업	4,210,000	9	2	7	8	7	5	5	4
7670	경남 김해시	지방투자촉진보조금	2,543,000	9	1	7	8	7	5	3	1
7671	경남 김해시	저상버스도입보조	2,484,000	9	2	7	8	7	5	5	4
7672	경남 김해시	신재생에너지용복합지원사업	1,270,584	9	4	6	1	6	3	3	1
7673	경남 김해시	아동양육시설기능보강지원	1,073,820	9	2	7	8	7	5	5	4
7674	경남 김해시	국내복귀투자보조금	1,001,700	9	1	7	8	7	5	3	1
7675	경남 김해시	묘법연화경<권4~7>주변정비(보호각개축)공사	951,000	9	2	7	8	7	5	5	4
7676	경남 김해시	소규모사업장방지시설설치지원	828,400	9	2	7	8	7	5	5	4
7677	경남 김해시	은하사전통문화전수관단청사업	500,000	9	2	7	8	7	5	5	4

순번	시군구	지출명 (사업명)	2024년예산 (단위 : 천원 /1년간)	민간이전 분류	민간이전지출 근거	계약체결방법	계약기간	낙찰자선정방법	운영예산 산정	정산방법	성과평가 실시여부
7678	경남 김해시	공동주택내신규어린이집리모델링지원	300,000	9	2	7	8	7	5	5	4
7679	경남 김해시	맞춤형농기계지원사업	300,000	9	6	7	8	7	5	5	2
7680	경남 김해시	신재생에너지주택지원사업	286,200	9	4	7	8	7	1	1	1
7681	경남 김해시	가축분뇨악취개선지원사업	270,000	9	2	7	8	7	5	5	3
7682	경남 김해시	가스열펌프저감장치부착지원	245,700	9	2	7	8	7	5	5	4
7683	경남 김해시	화훼생산시설현대화사업	203,300	9	6	7	8	7	1	1	1
7684	경남 김해시	대체품종활용과수우리품종특화단지조성	200,000	9	2	7	8	7	5	5	1
7685	경남 김해시	전기이륜차보급사업	180,000	9	2	7	8	7	5	5	4
7686	경남 김해시	석면없는어린이집	152,835	9	2	7	8	7	5	5	4
7687	경남 김해시	미곡종합처리장노후시설교체	150,000	9	6	7	8	7	5	1	1
7688	경남 김해시	김해월봉서당관리사개축	150,000	9	2	7	8	7	5	5	4
7689	경남 김해시	축산악취개선사업	144,000	9	2	2	1	2	5	1	1
7690	경남 김해시	저탄소친환경농업전략품목생산단지조성	136,000	9	6	7	8	7	5	1	4
7691	경남 김해시	가정용저녹스보일러보급사업	132,000	9	2	7	8	7	5	5	4
7692	경남 김해시	장애인직업재활시설기능보강	123,728	9	4	7	8	7	1	1	1
7693	경남 김해시	경로당냉난방지원	120,000	9	6	7	8	7	5	5	4
7694	경남 김해시	선지사영산전기단공사	120,000	9	2	7	8	7	5	5	4
7695	경남 김해시	농업분야에너지절감시설지원사업	119,400	9	2	7	8	7	1	1	1
7696	경남 김해시	공동주택내기존어린이집리모델링지원	100,000	9	2	7	8	7	5	5	4
7697	경남 김해시	블루베리조기수확양액단지조성	100,000	9	6	7	8	7	5	5	1
7698	경남 김해시	과수생산시설현대화지원	85,000	9	2	7	8	7	1	1	1
7699	경남 김해시	양봉산업구조개선사업	80,000	9	1	7	8	7	5	5	3
7700	경남 김해시	단감노동력절감을위한드론방제시범	80,000	9	6	7	8	7	5	1	1
7701	경남 김해시	유기농업선도농가공유통지원	77,700	9	1	7	8	7	5	5	4
7702	경남 김해시	가축분퇴비처리기계장비지원	75,000	9	6	7	7	7	5	1	1
7703	경남 김해시	방역인프라설치지원	74,400	9	1	7	8	7	5	5	1
7704	경남 김해시	정부지원어린이집개보수비등	72,000	9	2	7	8	7	5	5	4
7705	경남 김해시	시설원예현대화지원사업	66,000	9	2	7	8	7	1	1	1
7706	경남 김해시	야생동물피해예방시설치지원	62,000	9	2	7	8	7	5	5	4
7707	경남 김해시	지역아동센터환경개선비지원	60,000	9	2	7	8	7	5	1	4
7708	경남 김해시	농업인농작업편의장비지원	56,000	9	6	7	8	7	5	1	4
7709	경남 김해시	우수치유농업시설육성시범	56,000	9	4	7	8	7	5	5	4
7710	경남 김해시	신소득과실생산시설현대화	50,000	9	6	7	8	7	1	1	1
7711	경남 김해시	작목별맞춤형안전관리실천시범	50,000	9	2	7	8	7	5	5	4
7712	경남 김해시	기자재구입비지원	40,000	9	2	7	8	7	5	1	4
7713	경남 김해시	어린이통학차량LPG차전환지원사업	40,000	9	2	7	8	7	5	5	4
7714	경남 김해시	김해사충단명의재보수공사	38,000	9	2	7	8	7	5	5	4
7715	경남 김해시	내수면노후어선(기관)교체지원	31,680	9	6	7	8	7	5	5	1
7716	경남 김해시	사회적기업시설장비비지원	30,000	9	6	7	7	7	5	5	4
7717	경남 김해시	한부모가족복지시설기능보강비	30,000	9	2	7	8	7	1	1	4

순번	시군구	지출명 (사업명)	2024년예산 (단위 : 천원 /1년간)	민간이전 분류 (지방자치단체 세출예산 집행기준에 의거)	민간이전지출 근거 (지방보조금 관리기준 참고)	입찰방식			운영예산 산정		성과평가 실시여부
						계약체결방법 (경쟁형태)	계약기간	낙찰자선정방법	운영예산 산정	정산방법	
7718	경남 김해시	신선농산물생산단지글로컬육성지원	30,000	9	6	7	8	7	5	1	4
7719	경남 김해시	축산농가소독시설설치지원	30,000	9	1	7	8	7	5	5	1
7720	경남 김해시	김해향교배수로정비공사	30,000	9	2	7	8	7	5	5	4
7721	경남 김해시	스마트팜시설보급컨설팅지원사업	24,750	9	2	7	8	7	1	1	1
7722	경남 김해시	특용작물시설현대화지원	22,500	9	2	7	8	7	1	1	1
7723	경남 김해시	조사료용기계장비(개별농가)지원사업	20,000	9	6	1	7	3	5	1	4
7724	경남 김해시	축산농가비상발전기설치지원사업	18,500	9	6	7	8	7	5	1	4
7725	경남 김해시	신재생에너지건물지원사업	18,000	9	4	7	8	7	1	1	4
7726	경남 김해시	농촌돌봄서비스활성화지원사업	16,500	9	2	7	8	7	1	1	1
7727	경남 김해시	시설하우스난방기설치지원사업	16,000	9	6	7	8	7	1	1	4
7728	경남 김해시	지역자활센터기능보강	15,000	9	6	7	8	7	1	1	4
7729	경남 김해시	화훼유통시설및장비확충사업	15,000	9	6	7	8	7	1	1	1
7730	경남 김해시	가축분뇨악취저감시설장비지원	15,000	9	6	7	7	7	5	1	1
7731	경남 김해시	축산물판매업소위생시설개선지원사업	12,000	9	6	7	8	7	5	5	1
7732	경남 김해시	농자재살포기지원사업	10,000	9	6	7	8	7	5	1	4
7733	경남 김해시	HACCP축산농가및영업장지원사업	6,000	9	6	7	8	7	5	5	1
7734	경남 김해시	2024년농림축산식품사업(목재팰릿보일러보급)	5,200	9	2	7	8	7	5	5	4
7735	경남 김해시	장군차다원육성	5,000	9	4	7	8	7	5	5	1
7736	경남 김해시	신선농산물수출인센티브지원	4,000	9	6	7	8	7	5	1	4
7737	경남 김해시	2024년농림축산식품사업(임산물상품화지원)	3,808	9	2	7	8	7	5	5	4
7738	경남 김해시	꿀벌농가방역장비지원	2,200	9	1	7	8	7	5	5	1
7739	경남 김해시	폭력피해여성주거지원추가지원(임대보증금)	1,900	9	2	7	8	7	5	5	2
7740	경남 김해시	2024년농림축산식품사업(산양삼품질검사수수료지원)	380	9	2	7	8	7	5	5	4
7741	경남 거제시	전기자동차(화물)민간보급	5,882,000	9	2	7	8	7	5	5	4
7742	경남 거제시	전기자동차(승합)민간보급(시내버스)	2,380,000	9	2	7	8	7	5	5	4
7743	경남 거제시	전기자동차(승용)민간보급	2,352,000	9	2	7	8	7	5	5	4
7744	경남 거제시	수소전기자동차민간보급	1,621,900	9	2	7	8	7	5	5	4
7745	경남 거제시	단독주택도시가스공급배관설치비지원	1,500,000	9	4	7	8	7	5	5	4
7746	경남 거제시	자율관리어업육성	1,152,000	9	2	7	8	7	5	5	4
7747	경남 거제시	친환경에너지보급(해수열히트펌프)	768,000	9	1	7	8	7	5	5	4
7748	경남 거제시	공동생산시설위생개선(명계공동생산시설)	576,000	9	1	7	8	7	5	5	4
7749	경남 거제시	친환경융복합적조기동방제시스템지원	420,000	9	1	7	8	7	5	5	4
7750	경남 거제시	전기자동차(승합)민간보급	420,000	9	2	7	8	7	5	5	4
7751	경남 거제시	소상공인소규모경영환경개선	400,000	9	1	7	8	7	5	5	4
7752	경남 거제시	굴껍데기전처리시설지원	360,500	9	2	7	8	7	5	5	4
7753	경남 거제시	해삼씨뿌림사업	356,250	9	1	7	8	7	5	5	4
7754	경남 거제시	친환경에너지절감장비보급	338,280	9	2	7	8	7	5	5	4
7755	경남 거제시	수산물산지가공시설지원	300,000	9	2	7	8	7	5	5	4
7756	경남 거제시	적조피해예방지원(가두리시설현대화)	294,000	9	1	7	8	7	5	5	4
7757	경남 거제시	소규모영세사업장방지시설지원	288,000	9	1	7	8	7	5	5	4

순번	시군구	지출명 (사업명)	2024년예산 (단위: 천원/1년간)	민간이전 분류 (지방자치단체 세출예산 집행기준에 의거) 1. 민간경상사업보조(307-02) 2. 민간단체 법정운영비보조(307-03) 3. 민간행사사업보조(307-04) 4. 민간위탁금(307-05) 5. 사회복지시설 법정운영비보조(307-10) 6. 민간위탁교육비(307-12) 7. 공기관등에대한경상적위탁사업비(308-13) 8. 민간자본사업보조,자체재원(402-01) 9. 민간자본사업보조,이전재원(402-02) 10. 민간위탁사업비(402-03) 11. 공기관등에 대한 자본적 위탁사업비(403-02)	민간이전지출 근거 (지방보조금 관리기준 참고) 1. 법률에 규정 2. 국고보조 재원(국가지정) 3. 용도 지정 기부금 4. 조례에 직접규정 5. 지자체가 권장하는 사업을 하는 공공기관 6. 시,도 정책 및 재정사정 7. 기타 8. 해당없음	입찰방식			운영예산 산정		성과평가 실시여부
						계약체결방법 (경쟁형태) 1. 일반경쟁 2. 제한경쟁 3. 지명경쟁 4. 수의계약 5. 법정위탁 6. 기타 ( ) 7. 없음	계약기간 1. 1년 2. 2년 3. 3년 4. 4년 5. 5년 6. 기타 ( )년 7. 단가계약 (1년미만) 8. 없음	낙찰자선정방법 1. 적격심사 2. 협상에의한계약 3. 최저가낙찰제 4. 규격가격분리 5. 2단계 경쟁입찰 6. 기타 ( ) 7. 없음	운영예산 산정 1. 내부정산 (지자체 자체적으로 산정) 2. 외부정산 (외부전문기관위탁 산정) 3. 내·외부 모두 산정 4. 산정 無 5. 없음	정산방법 1. 내부정산 (지자체 내부적으로 정산) 2. 외부정산 (외부전문기관위탁 정산) 3. 내·외부 모두 정산 4. 정산 無 5. 없음	1. 실시 2. 미실시 3. 향후 추진 4. 해당없음
7758	경남 거제시	맞춤형중소형농기계구입지원	280,000	9	1	7	8	7	5	5	4
7759	경남 거제시	양식어장자동화시설장비지원	232,000	9	1	7	8	7	5	5	4
7760	경남 거제시	신재생에너지주택지원사업	200,000	9	1	7	8	7	5	5	4
7761	경남 거제시	로컬푸드직매장개설	200,000	9	6	7	8	7	5	5	4
7762	경남 거제시	신소득아열대원예생산시설현대화	184,000	9	6	7	8	7	5	5	4
7763	경남 거제시	건설기계엔진교체사업	165,000	9	2	7	8	7	5	5	4
7764	경남 거제시	수산시장시설개선	150,000	9	2	7	8	7	5	5	4
7765	경남 거제시	경상남도소규모공동주택관리지원사업	122,000	9	1,4	7	8	7	5	5	4
7766	경남 거제시	친환경개체굴전환지원	100,000	9	1	7	8	7	5	5	4
7767	경남 거제시	수요자참여식량작물특성화시범(2년차)	100,000	9	2	7	8	7	5	5	4
7768	경남 거제시	거제사랑의집지붕방수공사	88,000	9	6	7	8	7	5	5	4
7769	경남 거제시	친환경농자재(비료우렁이육묘)지원	86,000	9	1	7	8	7	5	5	4
7770	경남 거제시	경로당냉난방기지원	80,000	9	1	7	8	7	5	5	4
7771	경남 거제시	포도안전생산을위한포그식무인방제시범	80,000	9	6	7	8	7	5	5	4
7772	경남 거제시	간편가공상품화시범	80,000	9	6	7	8	7	5	5	4
7773	경남 거제시	유해야생동물피해예방시설설치지원	72,000	9	1,2,4	7	8	7	5	5	4
7774	경남 거제시	공공급식농수산물수급전문조직육성	70,000	9	4	7	8	7	5	5	4
7775	경남 거제시	산림작물생산단지	68,590	9	2	7	8	7	5	5	4
7776	경남 거제시	어선사고예방시스템구축	66,000	9	2	7	8	7	5	5	4
7777	경남 거제시	농기계구입지원	65,000	9	1	7	8	7	5	5	4
7778	경남 거제시	수산식품가공설비지원	63,600	9	1	7	8	7	5	5	4
7779	경남 거제시	건강증진기기및가전제품구입	60,000	9	1	7	8	7	5	5	4
7780	경남 거제시	치유농업육성기술시범	56,000	9	6	7	8	7	5	5	4
7781	경남 거제시	가스열펌프(GHP)저감장치설치지원	50,400	9	1	7	8	7	5	5	4
7782	경남 거제시	포도과수원용맞춤형다목적스마트방제기보급시범	50,000	9	2	7	8	7	5	5	4
7783	경남 거제시	차세대농업인성공모델육성	40,000	9	6	7	8	7	5	5	4
7784	경남 거제시	베리류다수확용기개배과원모델시범	40,000	9	6	7	8	7	5	5	4
7785	경남 거제시	작목별맞춤형안전관리실천시범	40,000	9	2	7	8	7	5	5	4
7786	경남 거제시	농업인가공사업장시설장비개선지원	40,000	9	6	7	8	7	5	5	4
7787	경남 거제시	전기이륜차민간보급	36,800	9	2	7	8	7	5	5	4
7788	경남 거제시	수산물수출가공HACCP시설지원	36,000	9	6	7	8	7	5	5	4
7789	경남 거제시	농업인농작업편의장비지원사업	35,000	9	6	7	8	7	5	5	4
7790	경남 거제시	거점농장교육장조성및기자재구입	35,000	9	2	7	8	7	5	5	4
7791	경남 거제시	명계양식산업화시설지원	33,000	9	1	7	8	7	5	5	4
7792	경남 거제시	소상공인디지털인프라지원	30,000	9	1	7	8	7	5	5	4
7793	경남 거제시	신재생에너지건물지원사업	30,000	9	4	7	8	7	5	5	4
7794	경남 거제시	수산물가공공장스마트화지원	30,000	9	6	7	8	7	5	5	4
7795	경남 거제시	가축분뇨처리기계장비지원	30,000	9	1	7	8	7	5	5	4
7796	경남 거제시	농자재살포기구입지원	30,000	9	6	7	8	7	5	5	4
7797	경남 거제시	내병충성벼종재배단지조성시범	30,000	9	2	7	8	7	5	5	4

순번	시군구	지출명 (사업명)	2024년예산 (단위 : 천원 /1년간)	민간이전 분류 (지방자치단체 세출예산 집행기준에 의거)	민간이전지출 근거 (지방보조금 관리기준 참고)	입찰방식			운영예산 산정		성과평가 실시여부
						계약체결방법 (경쟁형태)	계약기간	낙찰자선정방법	운영예산 산정	정산방법	
7798	경남 거제시	어린이통학차량LPG차전환지원	30,000	9	2	7	8	7	5	5	4
7799	경남 거제시	양봉산업구조개선(자본)	26,100	9	6	7	8	7	5	5	4
7800	경남 거제시	과수고품질시설현대화사업	25,000	9	2	7	8	7	5	5	4
7801	경남 거제시	임산물생산기반조성	23,863	9	2	7	8	7	5	5	4
7802	경남 거제시	(예비)사회적기업시설장비비지원	20,000	9	4	7	8	7	5	5	4
7803	경남 거제시	마을기업육성	20,000	9	2	7	8	7	5	5	4
7804	경남 거제시	현장노동자휴게시설설치및개선지원	20,000	9	4,6	7	8	7	5	5	4
7805	경남 거제시	정치성어업자동화장비지원	19,800	9	1	7	8	7	5	5	4
7806	경남 거제시	장기요양기관환기시설설치	18,616	9	2	7	8	7	5	5	4
7807	경남 거제시	친환경부표크레인지원	18,000	9	1	7	8	7	5	5	4
7808	경남 거제시	수산물브랜드및수출상품화지원	18,000	9	6	7	8	7	5	5	4
7809	경남 거제시	경남추천상품(QC)수산물활성화지원	18,000	9	6	7	8	7	5	5	4
7810	경남 거제시	농촌교육농장육성시범	16,000	9	6	7	8	7	5	5	4
7811	경남 거제시	그늘막설치지원	16,000	9	6	7	8	7	5	5	4
7812	경남 거제시	신기술작업보조구지원	16,000	9	6	7	8	7	5	5	4
7813	경남 거제시	시설하우스연질강화필름지원	15,064	9	6	7	8	7	5	5	4
7814	경남 거제시	지역자활센터기능보강	15,000	9	6	7	8	7	5	5	4
7815	경남 거제시	농촌돌봄농장체험시설조성및보수	15,000	9	2	7	8	7	5	5	4
7816	경남 거제시	공동체단위농촌돌봄농장기반조성및기자재구입	15,000	9	2	7	8	7	5	5	4
7817	경남 거제시	마을앞바다소득원조성	14,000	9	6	7	8	7	5	5	4
7818	경남 거제시	가정폭력피해자보호시설기능보강	13,160	9	1	7	8	7	5	5	4
7819	경남 거제시	축산물판매업소위생시설개선지원	12,000	9	8	7	8	7	5	5	4
7820	경남 거제시	원예작물하우스생산시설현대화지원	11,660	9	6	7	8	7	5	5	4
7821	경남 거제시	화훼생산시설현대화	8,059	9	6	7	8	7	5	5	4
7822	경남 거제시	임산물유통기반조성	7,413	9	2	7	8	7	5	5	4
7823	경남 거제시	축사시설환경개선사업	6,050	9	6	7	8	7	5	5	4
7824	경남 거제시	어선스크류보호장비지원	5,333	9	1	7	8	7	5	5	4
7825	경남 거제시	펠릿보일러보급사업	3,640	9	2	7	8	7	5	5	4
7826	경남 거제시	농어촌빈집정비	3,000	9	2	7	8	7	5	5	4
7827	경남 거제시	가축방역용자동목걸이설치지원	3,000	9	6	7	8	7	5	5	4
7828	경남 거제시	임산물상품화지원	2,597	9	2	7	8	7	5	5	4
7829	경남 거제시	축산농가소독시설설치지원	2,500	9	6	7	8	7	5	5	4
7830	경남 거제시	꿀벌농가방역장비지원	2,200	9	6	7	8	7	5	5	4
7831	경남 거제시	산양삼생산과정확인	380	9	1	7	8	7	5	5	4
7832	경남 양산시	천연물안전관리원구축	7,219,000	9	2	7	5	7	3	3	3
7833	경남 양산시	전기화물차구매지원	3,839,000	9	2	7	8	7	5	5	4
7834	경남 양산시	지방투자촉진(신증설)	2,549,085	9	1	7	8	7	1	3	4
7835	경남 양산시	전기자동차구매지원	2,368,000	9	2	7	8	7	5	5	4
7836	경남 양산시	수소연료전지차보급사업	2,362,500	9	2	7	8	7	5	5	4
7837	경남 양산시	전기버스보급사업	2,030,000	9	2	7	8	7	5	5	4

순번	시군구	지출명 (사업명)	2024년예산 (단위 : 천원 /1년간)	민간이전 분류	민간이전지출 근거	입찰방식 계약체결방법(경쟁형태)	계약기간	낙찰자선정방법	운영예산 산정	정산방법	성과평가 실시여부
7838	경남 양산시	국가지정문화재및등록문화재보수정비지원(문수사리보살최상승무생계경주변통도사수장고건립)	1,523,000	9	2	7	8	7	5	5	4
7839	경남 양산시	국가지정문화재및등록문화재보수정비지원(양산신흥사대광전보수공사)	1,382,600	9	2	7	8	7	5	5	4
7840	경남 양산시	운행경유차배출가스저감사업	1,146,500	9	2	7	8	7	5	5	4
7841	경남 양산시	양산시(중앙동,양주동,삼성동,강서동,원동면)에너지자립도시구축사업	1,097,580	9	2	6	1	7	1	2	2
7842	경남 양산시	소규모사업장방지시설설치지원사업	827,000	9	2	5	8	7	5	5	4
7843	경남 양산시	국가지정문화재및등록문화재보수정비지원(문수사리보살최상승무생계경주변통도사수장고주변정비공사)	799,000	9	2	7	8	7	5	5	4
7844	경남 양산시	저상버스도입보조	644,000	9	2	7	8	7	5	5	4
7845	경남 양산시	전통사찰보수정비(통도사무풍한송로주변석축정비)	450,000	9	2	7	8	7	5	5	4
7846	경남 양산시	세계유산보존관리지원(양산통도사금강계단주변및통도사외곽담장보수정비사업)	321,521	9	2	7	8	7	5	5	4
7847	경남 양산시	소상공인소규모경영환경개선지원	300,000	9	1	7	8	7	5	5	4
7848	경남 양산시	국가지정문화재및등록문화재보수정비지원(양산신흥사화엄전단청보수)	295,000	9	2	7	8	7	5	5	4
7849	경남 양산시	어린이통학차량LPG차전환지원사업	222,000	9	2	7	8	7	5	5	4
7850	경남 양산시	세계유산보존관리지원(양산통도사삼층석탑주변사자목5층석탑기단석및계단,배수로정비)	201,000	9	2	7	8	7	5	5	4
7851	경남 양산시	세계유산보존관리지원(양산통도사성보박물관시설개선설계)	200,000	9	2	7	8	7	5	5	4
7852	경남 양산시	신재생에너지주택지원사업	170,940	9	1	7	8	7	1	1	4
7853	경남 양산시	도지정문화재보수사업(통도사부도및승탑보존처리)	160,000	9	6	7	8	7	5	5	4
7854	경남 양산시	가스열펌프(GHP)저감장치설치지원사업	154,350	9	2	7	8	7	5	5	4
7855	경남 양산시	세계유산보존관리지원(양산통도사흰개미방제사업)	100,000	9	2	7	8	7	5	5	4
7856	경남 양산시	국가지정문화재및등록문화재보수정비지원(양산신흥사국사당단청및기단정비)	95,000	9	2	7	8	7	5	5	4
7857	경남 양산시	도지정문화재보수사업(통도사용진전면해체보수설계)	90,000	9	6	7	8	7	5	5	4
7858	경남 양산시	노인요양시설확충(기능보강)사업	85,976	9	2	7	8	1	1	1	4
7859	경남 양산시	국가지정문화재및등록문화재보수정비지원(양산신흥사안전관리소단청공사)	80,000	9	2	7	8	7	5	5	4
7860	경남 양산시	인공지능(AI)기반모돈분만관리시스템기술보급	70,000	9	2	7	8	7	5	5	4
7861	경남 양산시	도지정문화재보수사업(통도사용진전해체보수설계)	70,000	9	6	7	8	7	5	5	4
7862	경남 양산시	세계유산보존관리지원(양산통도사대몽각보수설계)	62,000	9	2	7	8	7	5	5	4
7863	경남 양산시	돼지농가음대방역시설설치지원	60,000	9	6	7	8	7	5	5	4
7864	경남 양산시	소상공인디지털인프라지원사업	60,000	9	1	7	8	7	5	5	4
7865	경남 양산시	세계유산보존관리지원(양산통도사문수전단청정비설계)	56,000	9	2	7	8	7	5	5	4
7866	경남 양산시	전기굴착기구매지원	50,000	9	2	7	8	7	5	5	4
7867	경남 양산시	도지정문화재보수사업(통도사극락암아미타후불탱보존처리)	50,000	9	6	7	8	7	5	5	4
7868	경남 양산시	도지정문화재보수사업(법천사목조살상좌상및복장물보존처리)	50,000	9	6	7	8	7	5	5	4
7869	경남 양산시	도지정문화재보수사업(양산원각사석축정비)	50,000	9	6	7	8	7	5	5	4
7870	경남 양산시	축산물판매업소위생시설개선지원사업	48,000	9	1	7	8	7	5	5	4
7871	경남 양산시	승강기회생제동장치지원사업	44,000	9	4	7	8	7	1	1	4
7872	경남 양산시	도지정문화재보수사업(불광사예념미타도량참법주변정비)	40,000	9	6	7	8	7	5	5	4
7873	경남 양산시	CCTV등방역인프라설치지원	37,200	9	6	7	8	7	5	5	4
7874	경남 양산시	가금생산성향상지원사업	35,000	9	6	7	8	7	5	5	4
7875	경남 양산시	전기이륜차보급사업	30,400	9	2	7	8	7	5	5	4
7876	경남 양산시	가축폐사축처리기설치지원사업	30,000	9	1	7	8	7	5	5	4
7877	경남 양산시	안전관리인증축산농가및영업장지원사업	30,000	9	1	7	8	7	5	5	4

순번	시군구	지출명 (사업명)	2024년예산 (단위: 천원/1년간)	민간이전 분류 (지방자치단체 세출예산 집행기준에 의거)	민간이전지출 근거 (지방보조금 관리기준 참고)	입찰방식			운영예산 산정		성과평가 실시여부
						계약체결방법 (경쟁형태)	계약기간	낙찰자선정방법	운영예산 산정	정산방법	
7878	경남 양산시	도지정문화재보수사업(양산지산리부부상사당정비)	30,000	9	6	7	8	7	5	5	4
7879	경남 양산시	2024년주민지원사업(간접지원)추진	29,500	9	2	7	8	7	3	3	1
7880	경남 양산시	경로당냉난방기지원	22,000	9	4	7	8	7	1	1	4
7881	경남 양산시	장기요양기관환기시설설치사업	21,480	9	1	7	8	7	1	1	4
7882	경남 양산시	신재생에너지건물지원사업	18,000	9	1	7	8	7	1	1	4
7883	경남 양산시	축산농가소독시설설치지원	15,000	9	6	7	8	7	5	5	4
7884	경남 양산시	돼지경제능력검정경상지원사업	10,800	9	1	7	8	7	5	5	4
7885	경남 양산시	문화재안내판정비	7,000	6	6	6	6	5	1	2	4
7886	경남 양산시	유용곤충사육시설지원사업	5,000	9	6	7	8	7	5	5	4
7887	경남 양산시	축사시설환경개선사업	3,000	9	1	7	8	7	5	5	4
7888	경남 양산시	양봉산업구조개선사업(자동탈봉기)	1,000	9	6	7	8	7	5	5	4
7889	경남 양산시	가정용저녹스보일러보급사업	132,000	9	2	7	8	7	5	5	4
7890	경남 양산시	농촌빈집정비	4,200	9	1	7	8	7	1	1	4
7891	경남 의령군	전기화물차구매지원	1,037,000	9	2	7	7	7	5	5	4
7892	경남 의령군	노후경유차조기폐차지원사업	826,360	9	2	7	7	7	5	5	4
7893	경남 의령군	전기승용차구매지원	690,000	9	2	7	7	7	5	5	4
7894	경남 의령군	농촌자원복합산업화지원사업	560,000	9	4	7	8	7	5	5	4
7895	경남 의령군	가루쌀생산단지조성사업(시설장비)	423,000	9	2	7	8	7	5	5	4
7896	경남 의령군	운암사인법당보수정비및지장전이축	270,000	9	2	7	8	7	5	5	4
7897	경남 의령군	고추비가림재배시설지원	245,000	9	2	7	8	7	5	5	4
7898	경남 의령군	조사료생산용기계장비구입지원(경영체)	229,600	9	2	7	8	7	5	5	4
7899	경남 의령군	수도사석축보수	180,000	9	2	7	8	7	5	5	4
7900	경남 의령군	농자재살포기구입지원	120,000	9	6	7	8	7	5	5	4
7901	경남 의령군	CCTV등방역인프라설치지원	114,000	9	2	7	8	7	5	5	4
7902	경남 의령군	양봉산업구조개선사업	109,525	9	1	7	8	7	5	5	4
7903	경남 의령군	벼전과정디지털영농기술고도화시범	100,000	9	2	7	8	7	5	5	4
7904	경남 의령군	노후경유차매연저감장치(DPF)부착지원사업	99,000	9	2	7	7	7	5	5	4
7905	경남 의령군	소규모사업장지시설설치지원사업	98,500	9	2	7	7	7	5	5	4
7906	경남 의령군	축산농가소독시설설치지원	75,000	9	6	7	8	7	5	5	4
7907	경남 의령군	스마트팜시설보급	73,100	9	7	7	8	7	5	5	4
7908	경남 의령군	건설기계엔진교체	66,000	9	2	7	7	7	5	5	4
7909	경남 의령군	특용작물시설현대화지원	60,000	9	2	7	8	7	5	5	4
7910	경남 의령군	야생동물피해예방시설설치지원	55,553	9	2	7	8	7	5	5	4
7911	경남 의령군	농업인가공사업장시설장비개선지원(전환)	50,000	9	1	7	8	7	5	5	4
7912	경남 의령군	작목별맞춤형안전관리실천시범	50,000	9	1	7	8	7	5	5	4
7913	경남 의령군	조사료생산용기계장비구입지원(개별)	46,000	9	1	7	8	7	5	5	4
7914	경남 의령군	특수목적대상지유농업서비스확산시범	40,000	9	1	7	8	7	5	5	4
7915	경남 의령군	경남형지역사회통합돌봄시범사업(돌봄대상자주거환경개선사업)	39,000	9	6	7	8	7	5	5	4
7916	경남 의령군	축사시설환경개선지원	38,000	9	1	7	8	7	5	5	4
7917	경남 의령군	수소연료전지차구매지원	33,100	9	2	7	7	7	5	5	4

- 362 -

순번	시군구	지출명 (사업명)	2024년예산 (단위: 천원/1년간)	민간이전 분류	민간이전지출 근거	계약체결방법	계약기간	낙찰자선정방법	운영예산 산정	정산방법	성과평가 실시여부
7918	경남 의령군	양정시설지원사업	30,000	9	6	7	8	7	5	5	4
7919	경남 의령군	가축분뇨처리기계장비지원	30,000	9	1	7	8	7	5	5	4
7920	경남 의령군	시설원예현대화사업(일반원예)	28,751	9	2	7	8	7	5	5	4
7921	경남 의령군	가금생산성향상지원	25,000	9	1	7	8	7	5	5	4
7922	경남 의령군	저소득층저녹스보일러설치지원	24,000	9	1	7	7	7	5	5	4
7923	경남 의령군	전기이륜차구매지원(민간)	24,000	9	2	7	7	7	5	5	4
7924	경남 의령군	농업·농촌우수진로체험농장육성시범	24,000	9	1	7	8	7	5	5	4
7925	경남 의령군	신선농산물생산단지글로컬육성지원	20,000	9	4	7	8	7	5	5	4
7926	경남 의령군	사회적농업활성화지원(시설비)	16,500	9	2	7	8	7	5	5	4
7927	경남 의령군	전기난방기설치지원	12,000	9	6	7	8	7	5	5	4
7928	경남 의령군	가금농가차단방역시설설치지원사업	12,000	9	6	7	8	7	5	5	4
7929	경남 의령군	축산물판매업소위생개선지원사업	12,000	9	6	7	8	7	5	5	4
7930	경남 의령군	상동지구집수리사업	10,000	9	2	7	8	7	1	1	4
7931	경남 의령군	꿀벌농가방역장비지원	8,800	9	6	7	8	7	5	5	4
7932	경남 의령군	내수면노후어선선체기관지원	8,400	9	1	7	8	7	5	5	4
7933	경남 의령군	톤백수매확대사업(창고문개보수)	8,000	9	6	7	8	7	5	5	4
7934	경남 의령군	고품질잡곡재배단지조성	5,600	9	6	7	8	7	5	5	4
7935	경남 의령군	약용작물안전생산지원사업	5,000	9	6	7	8	7	5	5	4
7936	경남 의령군	가축방역용자동목걸이설치지원	3,000	9	6	7	8	7	5	5	4
7937	경남 의령군	톤백수매확대사업(톤백저울구입)	2,000	9	6	7	8	7	5	5	4
7938	경남 의령군	딸기무병우량모주(원묘)보급지원	1,338	9	1	7	8	7	5	5	4
7939	경남 의령군	보증기간경과장치성능유지관리	604	9	2	7	7	7	5	5	4
7940	경남 함안군	농경문화소득화모델구축	175,000	9	6	7	8	7	5	5	4
7941	경남 함안군	경남지역특화	90,000	9	6	7	8	7	5	5	4
7942	경남 함안군	농업인농작업편의장비지원	52,500	9	7	7	8	7	1	1	1
7943	경남 함안군	농촌어르신복지실천시범(전환사업)	50,000	9	6	7	8	7	5	5	4
7944	경남 함안군	기업투자촉진보조	4,533,720	9	4	7	8	7	1	2	1
7945	경남 함안군	국내복귀투자보조	2,347,800	9	2	7	8	7	1	2	1
7946	경남 함안군	신재생에너지융복합지원사업	2,157,000	9	2	7	8	7	5	5	4
7947	경남 함안군	고품질쌀유통활성화	915,000	9	2	7	8	7	5	1	4
7948	경남 함안군	벼공동육묘장시설현대화지원	472,800	9	6	7	8	7	5	1	4
7949	경남 함안군	단독주택도시가스보급사업	240,000	9	2	7	8	7	5	5	4
7950	경남 함안군	밥쌀용고품질신품종생산및확대보급시범	200,000	9	2	7	8	7	5	1	4
7951	경남 함안군	특수미생산가공단지조성시범	200,000	9	2	7	8	7	5	1	4
7952	경남 함안군	신재생에너지주택지원사업	120,000	9	2	7	8	7	5	5	2
7953	경남 함안군	CCTV등방역인프라설치지원	105,000	9	2	7	8	7	5	1	4
7954	경남 함안군	고품질벼(아람)생산단지조성시범	50,000	9	6	7	8	7	5	1	4
7955	경남 함안군	축산농가소독시설설치지원	25,000	9	6	7	8	7	5	1	4
7956	경남 함안군	축산물판매업소위생시설개선지원	24,000	9	6	7	8	7	5	1	4
7957	경남 함안군	돼지농가8대방역시설설치지원	13,500	9	6	7	8	7	5	1	4

순번	시군구	지출명 (사업명)	2024년예산 (단위: 천원/1년간)	민간이전 분류 (지방자치단체 세출예산 집행기준에 의거)	민간이전지출 근거 (지방보조금 관리기준 참고)	입찰방식 계약체결방법 (경쟁형태)	계약기간	낙찰자선정방법	운영예산 산정 운영예산 산정	정산방법	성과평가 실시여부
7958	경남 함안군	가축방역용자동목걸이설치지원	8,400	9	6	7	8	7	5	1	4
7959	경남 함안군	안전관리인증축산농가및영업장지원	6,000	9	6	7	8	7	5	1	4
7960	경남 함안군	꿀벌농가방역장비지원	4,400	9	6	7	8	7	5	1	4
7961	경남 창녕군	전기자동차보급사업	2,117,400	9	2	7	8	7	5	5	4
7962	경남 창녕군	조기폐차지원사업	1,677,760	9	2	7	8	7	5	5	4
7963	경남 창녕군	매연저감장치지원사업	198,000	9	2	7	8	7	5	5	4
7964	경남 창녕군	건설기계엔진교체지원사업	99,000	9	2	7	8	7	5	5	4
7965	경남 창녕군	야생동물피해예방시설설치지원	52,000	9	2	7	8	7	5	5	4
7966	경남 창녕군	수질TMS운영관리사업	30,983	9	1	7	8	7	5	5	4
7967	경남 창녕군	빈집정비	24,000	9	1	7	8	7	5	5	4
7968	경남 창녕군	기후변화대응쿨루프지원사업	16,000	9	6	7	8	7	5	5	4
7969	경남 창녕군	나눔주택사업	15,000	9	4	7	8	7	5	5	4
7970	경남 창녕군	어린이통학차량LPG차전환지원사업	5,000	9	2	7	8	7	5	5	4
7971	경남 창녕군	보증기간경과장치유지관리사업	1,228	9	2	7	8	7	5	5	4
7972	경남 창녕군	저녹스보일러보급사업	1,200	9	2	7	8	7	5	5	4
7973	경남 고성군	아동복지시설기능보강	1,000,000	9	1	7	8	7	5	5	4
7974	경남 고성군	쌀가루지역자립형생산소비모델시범사업	900,000	9	2	7	8	7	5	5	4
7975	경남 고성군	스마트팜ICT융복합확산(에너지절감시설)	377,250	9	2	7	8	7	5	5	4
7976	경남 고성군	저탄소호접난우량종묘생산시설현대화(전환사업)	300,000	9	4	7	8	7	5	5	4
7977	경남 고성군	파프리카스마트팜환경관리기술시범	300,000	9	2	7	8	7	5	5	4
7978	경남 고성군	온도저감기술을접목한고온기딸기삽목묘생산	300,000	9	2	7	8	7	5	5	4
7979	경남 고성군	악취저감미생물생산시설지원사업(전환사업)	300,000	9	1	7	8	7	5	5	4
7980	경남 고성군	백도라지수확후안정적관리시스템구축시범	250,000	9	6	7	8	7	5	5	4
7981	경남 고성군	스마트팜ICT융복합확산(시설원예현대화)	233,200	9	2	7	8	7	5	5	4
7982	경남 고성군	조사료생산용기계장비구입지원	200,440	9	2	7	8	7	5	5	4
7983	경남 고성군	축산분야ICT융복합확산	200,000	9	1	7	8	7	5	5	4
7984	경남 고성군	치유농업팜핑장조성시범	200,000	9	1	7	8	7	5	5	4
7985	경남 고성군	주민참여예산(당동별빛달빛프로젝트)	175,000	9	6	7	8	7	5	5	4
7986	경남 고성군	도시재생뉴딜사업(성내지구)	172,000	9	8	7	8	7	5	5	4
7987	경남 고성군	저탄소식량작물재배기술현장확산모델시범	170,000	9	2	7	8	7	5	5	4
7988	경남 고성군	스마트팜ICT융복합확산사업(시설보급)	154,000	9	2	7	8	7	5	5	4
7989	경남 고성군	소규모공동주택관리지원사업	150,000	9	6	7	8	7	5	5	4
7990	경남 고성군	경남육성품종진다미보급일관체계화구축시범	150,000	9	6	7	8	7	5	5	4
7991	경남 고성군	CCTV등방역인프라지원	144,000	9	1	7	8	7	5	5	4
7992	경남 고성군	산란계ICT활용복지농장인증시범(전환사업)	120,000	9	1	7	8	7	5	5	4
7993	경남 고성군	교육환경개선사업	100,000	9	6	6	8	7	3	3	4
7994	경남 고성군	이상고온대응시설채소안정생산시범	100,000	9	2	7	8	7	5	5	4
7995	경남 고성군	고추비가림재배시설지원	100,000	9	2	7	8	7	5	5	4
7996	경남 고성군	육계스마트환경관리기술보급시범사업	100,000	9	2	7	8	7	5	5	4
7997	경남 고성군	양정분야지원	100,000	9	1	7	8	7	5	5	4

순번	시군구	지출명 (사업명)	2024년예산 (단위 : 천원 /1년간)	민간이전 분류 (지방자치단체 세출예산 집행기준에 의거) 1. 민간경상사업보조(307-02) 2. 민간단체 법정운영비보조(307-03) 3. 민간단체사업보조(307-04) 4. 민간위탁금(307-05) 5. 사회복지시설 법정운영비보조(307-10) 6. 민간위탁교육비(307-12) 7. 공기관등에대한경상적위탁사업비(308-13) 8. 민간자본사업보조,자체재원(402-01) 9. 민간자본사업보조,이전재원(402-02) 10. 민간위탁사업비(402-03) 11. 공기관등에 대한 자본적 위탁사업비(403-02)	민간이전지출 근거 (지방보조금 관리기준 참고) 1. 법률에 규정 2. 국고보조 재원(국가지정) 3. 용도 지정 기부금 4. 조례에 직접규정 5. 지자체가 권장하는 사업을 하는 공공기관 6. 시도 정책 및 재정사정 7. 기타 8. 해당없음	입찰방식			운영예산 산정		성과평가 실시여부 1. 실시 2. 미실시 3. 향후 추진 4. 해당없음
						계약체결방법 (경쟁형태) 1. 일반경쟁 2. 제한경쟁 3. 지명경쟁 4. 수의계약 5. 법정위탁 6. 기타() 7. 없음	계약기간 1. 1년 2. 2년 3. 3년 4. 4년 5. 5년 6. 기타()년 7. 단가계약 (1년미만) 8. 없음	낙찰자선정방법 1. 적격심사 2. 협상에의한계약 3. 최저가낙찰제 4. 규격가격분리 5. 2단계 경쟁입찰 6. 기타() 7. 없음	운영예산 산정 1. 내부산정 (지자체 자체적으로 산정) 2. 외부산정 (외부전문기관위탁 산정) 3. 내·외부 모두 산정 4. 산정 無 5. 없음	정산방법 1. 내부정산 (지자체 내부적으로 정산) 2. 외부정산 (외부전문기관위탁 정산) 3. 내·외부 모두 산정 4. 정산 無 5. 없음	
7998	경남 고성군	소규모농산물유통시설설치	84,944	9	1	7	8	7	5	5	4
7999	경남 고성군	청년농업인드론공동방제단운영시범	80,000	9	6	7	8	7	5	5	4
8000	경남 고성군	소상공인소규모경영환경개선사업	54,000	9	4	7	8	7	5	5	3
8001	경남 고성군	농업인가공사업장시설장비개선지원	50,000	9	1	7	8	7	5	5	4
8002	경남 고성군	작목별맞춤형안전관리실천시범	50,000	9	1	7	8	7	5	5	4
8003	경남 고성군	가축분뇨처리기계장비지원	45,000	9	1	7	8	7	5	5	4
8004	경남 고성군	차세대농업인성공모델육성	40,000	9	6	7	8	7	5	5	4
8005	경남 고성군	고품질논콩생산을위한기계화신품종및건조기술보급	40,000	9	2	7	8	7	5	5	4
8006	경남 고성군	논범용화를위한땅속배수제어시스템시범	40,000	9	6	7	8	7	5	5	4
8007	경남 고성군	베리류다수확용기재배과원모델시범	40,000	9	6	7	8	7	5	5	4
8008	경남 고성군	산림작물생산단지(임산물생산단지규모화)	34,906	9	2	7	8	7	5	5	4
8009	경남 고성군	양봉산업구조개선사업	33,000	9	1	7	8	7	5	5	4
8010	경남 고성군	생산비절감벼드문모심기시범	32,000	9	6	7	8	7	5	5	4
8011	경남 고성군	어린이집기능보강	30,000	9	2	1	1	7	1	1	1
8012	경남 고성군	축산농가소독장비지원	30,000	9	1	7	8	7	5	5	4
8013	경남 고성군	돼지농가8대방역시설설치지원	30,000	9	1	7	8	7	5	5	4
8014	경남 고성군	임산물유통기반조성	27,784	9	2	7	8	7	5	5	4
8015	경남 고성군	특용작물(버섯)시설현대화지원	26,750	9	2	7	8	7	5	5	4
8016	경남 고성군	화훼생산시설현대화사업	25,000	9	6	7	8	7	5	5	4
8017	경남 고성군	우수여왕벌보급사업	24,000	9	1	7	8	7	5	5	4
8018	경남 고성군	경로당냉난방기지원	22,000	9	4	7	8	7	1	1	4
8019	경남 고성군	빈집정비사업	19,200	9	6	7	8	7	5	5	4
8020	경남 고성군	경남육성예작물신품종보급시범	16,000	9	6	7	8	7	5	5	4
8021	경남 고성군	수경재배배지함수율관리기술적용시범	16,000	9	6	7	8	7	5	5	4
8022	경남 고성군	생체정보이용가축질병및분만조기진단시범	16,000	9	6	7	8	7	5	5	4
8023	경남 고성군	지역자활센터기능보강	15,000	9	2	7	7	7	1	3	4
8024	경남 고성군	과수고품질시설현대화사업(FTA기금)	15,000	9	2	7	8	7	5	5	4
8025	경남 고성군	가축폐사축처리기지원	15,000	9	1	7	8	7	5	5	4
8026	경남 고성군	장기요양기관환기시설설치	14,320	9	2	7	8	7	1	1	3
8027	경남 고성군	야영장안전위생시설개보수지원사업	14,000	9	2	7	8	7	1	1	1
8028	경남 고성군	임산물생산기반조성	13,000	9	2	7	8	7	5	5	4
8029	경남 고성군	전기난방기설치지원	12,000	9	6	7	8	7	5	5	4
8030	경남 고성군	공공급식농산물수급전문조직육성	10,500	9	6	7	8	7	5	5	4
8031	경남 고성군	가축방역용자동목걸이설치지원	9,000	9	1	7	8	7	5	5	4
8032	경남 고성군	축산시설환경개선사업	7,200	9	1	7	8	7	5	5	4
8033	경남 고성군	소상공인디지털,온라인인프라지원	6,000	9	6	7	8	7	5	5	3
8034	경남 고성군	가금농가야생조류퇴치장비지원	6,000	9	1	7	8	7	5	5	4
8035	경남 고성군	축산물판매업소위생시설개선지원	6,000	9	1	7	8	7	5	5	4
8036	경남 고성군	야영장화재안전시설지원사업	3,500	9	2	7	8	7	1	1	1
8037	경남 고성군	꿀벌농가방역장비지원	3,300	9	1	7	8	7	5	5	4

순번	시군구	지출명 (사업명)	2024년예산 (단위: 천원 /1년간)	민간이전 분류 (지방자치단체 세출예산 집행기준에 의거) 1. 민간경상사업보조(307-02) 2. 민간단체 법정운영비보조(307-03) 3. 민간행사사업보조(307-04) 4. 민간위탁금(307-05) 5. 사회복지시설 법정운영비보조(307-10) 6. 민간인위탁교육비(307-12) 7. 공기관등에대한경상적위탁사업비(308-13) 8. 민간자본사업보조,자체재원(402-01) 9. 민간자본사업보조,이전재원(402-02) 10. 민간위탁사업비(402-03) 11. 공기관에 대한 자본적 위탁사업비(403-02)	민간이전지출 근거 (지방보조금 관리기준 참고) 1. 법률에 규정 2. 국고보조 재원(국가지정) 3. 용도 지정 기부금 4. 조례에 직접규정 5. 지자체가 권장하는 사업을 하는 공공기관 6. 시,도 정책 및 재정사정 7. 기타 8. 해당없음	입찰방식 계약체결방법 (경쟁형태) 1. 일반경쟁 2. 제한경쟁 3. 지명경쟁 4. 수의계약 5. 법정위탁 6. 기타 ( ) 7. 없음	계약기간 1. 1년 2. 2년 3. 3년 4. 4년 5. 5년 6. 기타 ( )년 7. 단가계약 (1년미만) 8. 없음	낙찰자선정방법 1. 적격심사 2. 협상에의한계약 3. 최저가낙찰제 4. 규격가격분리 5. 2단계 경쟁입찰 6. 기타 ( ) 7. 없음	운영예산 산정 운영예산 산정 1. 내부산정 (지자체 자체적으로 산정) 2. 외부산정 (외부전문기관위탁 산정) 3. 내·외부 모두 산정 4. 산정 無 5. 없음	정산방법 1. 내부정산 (지자체 내부적으로 정산) 2. 외부정산 (외부전문기관위탁 정산) 3. 내·외부 모두 정산 4. 정산 無 5. 없음	성과평가 실시여부 1. 실시 2. 미실시 3. 향후 추진 4. 해당없음
8038	경남 고성군	공예품개발장려	2,400	9	6	7	8	7	5	5	3
8039	경남 고성군	말벌퇴치장비지원	600	9	1	7	8	7	5	5	4
8040	경남 남해군	전기자동차구매지원	2,224,000	9	2	7	8	7	5	5	4
8041	경남 남해군	지역선순환도정자동화시설구축(전환사업)	1,393,000	9	2	7	8	7	5	5	4
8042	경남 남해군	친환경융복합적조기동방제시스템지원사업(전환사업)	1,022,000	9	2	1	7	1	1	1	4
8043	경남 남해군	수산물처리저장시설지원(전환사업)	780,000	9	1	7	8	7	5	3	4
8044	경남 남해군	수산물산지가공시설건립(전환사업)	600,000	9	1	7	8	7	5	1	4
8045	경남 남해군	소형어선인양기설치(전환사업)	600,000	9	6	1	7	1	1	1	4
8046	경남 남해군	양식어장자동화시설장비지원(전환사업)	520,000	9	1	7	8	7	1	1	4
8047	경남 남해군	남해용문사탐진당및종각주변석축및계단보수공사	496,000	9	7	7	1	7	5	1	1
8048	경남 남해군	소규모바다목장조성사업	400,000	9	1	7	8	7	1	1	4
8049	경남 남해군	수소자동차구입지원	397,200	9	2	7	8	7	5	5	4
8050	경남 남해군	자율관리어업육성사업비지원	360,000	9	1	7	8	7	1	1	4
8051	경남 남해군	농기계공급확대(맞춤형농기계)	359,700	9	1	7	8	7	5	5	4
8052	경남 남해군	수산종자관리(해삼씨뿌림)(전환)	356,250	9	1	7	8	7	1	1	4
8053	경남 남해군	마을공동체태양광발전사업지원	336,000	9	4,6	7	8	7	5	5	4
8054	경남 남해군	축산분야ICT융복합화사업	323,850	9	2	7	8	7	5	5	4
8055	경남 남해군	소규모공동주택관리지원	301,000	9	6	4	7	7	5	1	4
8056	경남 남해군	신재생에너지보급주택지원사업	300,000	9	4,6	7	8	7	5	5	4
8057	경남 남해군	소규모농산물유통시설설치사업	300,000	9	6	7	8	7	5	1	4
8058	경남 남해군	미니단호박노지스마트팜시범(전환사업)	300,000	9	1	7	8	7	5	1	4
8059	경남 남해군	친환경에너지절감장비보급사업	288,000	9	2	7	8	7	1	1	4
8060	경남 남해군	수산물직매장시설개선사업(전환사업)	280,000	9	1	7	8	7	5	3	4
8061	경남 남해군	가두리시설현대화(전환사업)	220,000	9	6	7	8	7	5	1	4
8062	경남 남해군	굴껍데기자원화전처리시설사업	216,300	9	1	7	8	7	5	3	4
8063	경남 남해군	양식어장고도화시설지원사업(전환사업)	200,000	9	6	7	7	1	5	1	4
8064	경남 남해군	이상수온대응지원사업	200,000	9	6	7	8	7	5	1	4
8065	경남 남해군	남해망운암석조보살좌상주변정비사업(단청)	165,000	9	7	7	1	7	5	1	4
8066	경남 남해군	벼육묘장시설현대화지원(지원)	159,000	9	6	7	8	7	5	5	4
8067	경남 남해군	소상공인경영환경개선지원	100,000	9	1	7	8	7	1	1	1
8068	경남 남해군	경유차저감장치(DPF)부착지원	98,100	9	2	7	8	7	5	5	4
8069	경남 남해군	농어촌빈집정비	92,500	9	1	7	8	7	5	5	4
8070	경남 남해군	남해용문사괘불대보수	88,000	9	7	7	1	7	5	1	1
8071	경남 남해군	어선사고예방시스템구축	84,000	9	2	7	8	7	5	5	4
8072	경남 남해군	패류지역특화품종육성	78,000	9	6	7	8	7	5	1	4
8073	경남 남해군	조사료관련시설및기계장비	69,760	9	2	7	8	7	5	5	4
8074	경남 남해군	산림작물생산단지조성사업(소액)	67,964	9	2	7	8	7	1	1	1
8075	경남 남해군	소형어선유류보관시설설치지원사업	66,666	9	6	7	8	7	5	1	4
8076	경남 남해군	저온유통체계구축사업	66,000	9	2	7	8	7	5	5	4
8077	경남 남해군	야생동물피해예방사업	55,554	9	4	7	8	7	5	1	2

순번	시군구	지출명 (사업명)	2024년예산 (단위 : 천원 /1년간)	민간이전 분류 (지방자치단체 세출예산 집행기준에 의거) 1. 민간경상사업보조(307-02) 2. 민간단체 법정운영비보조(307-03) 3. 민간행사사업보조(307-04) 4. 민간위탁금(307-05) 5. 사회복지시설 법정운영비보조(307-10) 6. 민간위탁교육비(307-12) 7. 공기관등에대한경상적위탁사업비(308-13) 8. 민간자본사업보조,자체재원(402-01) 9. 민간자본사업보조,이전재원(402-02) 10. 민간위탁사업비(402-03) 11. 공기관등에 대한 자본적 위탁사업비(403-02)	민간이전지출 근거 (지방보조금 관리기준 참고) 1. 법률에 규정 2. 국고보조 재원(국가지정) 3. 용도 지정 기부금 4. 조례에 직접규정 5. 지자체가 권장하는 사업을 하는 공공기관 6. 시,도 정책 및 재정사정 7. 기타 8. 해당없음	입찰방식			운영예산 산정		성과평가 실시여부 1. 실시 2. 미실시 3. 향후 추진 4. 해당없음
						계약체결방법 (경쟁형태) 1. 일반경쟁 2. 제한경쟁 3. 지명경쟁 4. 수의계약 5. 법정위탁 6. 기타 ( ) 7. 없음	계약기간 1. 1년 2. 2년 3. 3년 4. 4년 5. 5년 6. 기타 ( )년 7. 단가계약 (1년미만) 8. 없음	낙찰자선정방법 1. 적격심사 2. 협상에의한계약 3. 최저가낙찰제 4. 규격가격분리 5. 2단계 경쟁입찰 6. 기타 ( ) 7. 없음	운영예산 산정 1. 내부산정 (지자체 자체적으로 산정) 2. 외부산정 (외부전문기관위탁 산정) 3. 내·외부 모두 산정 4. 산정 無 5. 없음	정산방법 1. 내부정산 (지자체 내부적으로 정산) 2. 외부정산 (외부전문기관위탁 정산) 3. 내·외 정산 모두 산정 4. 정산 無 5. 없음	
8078	경남 남해군	귀농인의집조성사업	50,000	9	2	7	8	7	5	5	4
8079	경남 남해군	남해보리암예성당보수정비실시설계	50,000	9	7	7	1	7	5	1	1
8080	경남 남해군	남해용문사백련암요사채해체보수실시설계	50,000	9	7	7	1	7	5	1	1
8081	경남 남해군	남해용문사향적당단청보수실시설계	50,000	9	7	7	1	7	5	1	1
8082	경남 남해군	건설기계엔진교체지원	49,500	9	2	7	8	7	5	5	4
8083	경남 남해군	친환경개체굴전환지원사업	48,000	9	6	7	8	7	5	5	4
8084	경남 남해군	소규모사업장방지시설설치지원	42,400	9	2	7	8	7	5	5	4
8085	경남 남해군	수산식품가공설비지원	42,200	9	1	7	8	7	5	3	4
8086	경남 남해군	농업인농작업편의장비지원	42,000	9	1	4	1	7	1	1	1
8087	경남 남해군	워케이션농촌체험휴양마을조성사업	40,000	9	1,6	7	8	7	5	5	4
8088	경남 남해군	영농활용우수과제지역맞춤형신기술보급	40,000	9	6	7	8	7	5	5	4
8089	경남 남해군	전기이륜차보급사업	32,000	9	2	7	8	7	5	5	4
8090	경남 남해군	공공급식농산물수급전문조직육성	24,500	9	1	7	8	7	1	1	1
8091	경남 남해군	신재생에너지보급건물지원사업	20,000	9	4,6	7	8	7	5	5	4
8092	경남 남해군	남해용문사건양2년명독성탱보존처리	20,000	9	7	7	1	7	5	1	4
8093	경남 남해군	남해용문사독성탱보존처리	20,000	9	7	7	1	7	5	1	4
8094	경남 남해군	남해용문사현왕탱보존처리	20,000	9	7	7	1	7	5	1	4
8095	경남 남해군	양봉산업구조개선	19,995	9	1	7	8	7	5	5	4
8096	경남 남해군	정치성어업자동화장비지원	19,800	9	6	7	8	7	1	1	1
8097	경남 남해군	스마트팜ICT융복합확산	19,250	9	2	7	8	7	5	5	4
8098	경남 남해군	경로당냉난방기지원	18,000	9	6	7	8	7	1	1	1
8099	경남 남해군	경남형여성친화기업환경개선사업	18,000	9	4	7	8	7	5	5	4
8100	경남 남해군	고추비가림재배시설지원	16,500	9	2	7	8	7	5	5	4
8101	경남 남해군	지역자활센터기능보강	15,000	9	6	7	8	7	1	1	1
8102	경남 남해군	마을앞바다소득원조성	14,000	9	1	7	8	7	1	1	1
8103	경남 남해군	소상공인디지털온라인인프라지원	12,000	9	1	7	8	7	1	1	1
8104	경남 남해군	목재펠릿보일러보급	10,920	9	2	7	8	7	1	1	1
8105	경남 남해군	원예작물하우스생산시설현대화지원	10,435	9	1	7	8	7	5	5	4
8106	경남 남해군	현장노동자휴게시설개선사업	10,000	9	6	7	8	7	5	1	2
8107	경남 남해군	지역아동센터환경개선비	10,000	9	1	7	8	7	1	1	1
8108	경남 남해군	야영장안전위생시설개보수지원사업(금산오토캠핑장cctv설치)	10,000	9	2	7	8	7	5	5	4
8109	경남 남해군	발전소주변지역지원사업(광양복합화력)	9,360	9	1	7	8	7	5	5	4
8110	경남 남해군	어린이통학차량LPG차전환지원	5,000	9	1	7	8	7	5	5	4
8111	경남 남해군	여성친화도시활성화지원사업	3,000	9	4	7	8	7	5	5	4
8112	경남 남해군	축사시설환경개선	2,700	9	1	7	8	7	5	5	4
8113	경남 남해군	특용작물시설현대화지원	2,500	9	2	7	8	7	5	5	4
8114	경남 남해군	공공비축미톤백수매확대	1,650	9	6	7	8	7	5	5	4
8115	경남 남해군	친환경임산물재배관리	617	9	2	7	8	7	1	1	1
8116	경남 남해군	보증기간경과절치성능유지관리	556	9	2	7	8	7	5	5	4
8117	경남 남해군	가축분뇨처리지원사업(공동자원화개보수)	294,000	9	2	7	8	7	5	5	4

순번	시군구	지출명 (사업명)	2024년예산 (단위:천원/1년간)	민간이전 분류 (지방자치단체 세출예산 집행기준에 의거)	민간이전지출 근거 (지방보조금 관리기준 참고)	계약체결방법 (경쟁형태)	계약기간	낙찰자선정방법	운영예산 산정	정산방법	성과평가 실시여부
8118	경남 남해군	폐사축처리기지원사업	15,000	9	6	7	8	7	5	1	4
8119	경남 남해군	가축분뇨처리기계장비지원	15,000	9	6	7	8	7	5	1	1
8120	경남 남해군	소독시설설치지원	12,500	9	6	7	8	7	5	1	4
8121	경남 남해군	가축방역용자동목걸이설치지원	5,700	9	6	7	8	7	5	1	4
8122	경남 남해군	꿀벌농가방역장비지원	1,100	9	6	7	8	7	5	1	4
8123	경남 하동군	운행차배출가스저감사업	1,669,680	9	2	7	8	7	5	5	4
8124	경남 하동군	전기화물차구매지원	1,520,000	9	2	7	8	7	5	5	4
8125	경남 하동군	하동군도시가스공급사업	1,029,478	9	1,4	7	8	7	1	1	4
8126	경남 하동군	야생동물피해예방사업	994,511	9	1,4	7	8	7	1	1	4
8127	경남 하동군	국가지정문화유산보수정비(쌍계사대웅전주변관리사)	800,000	9	4	7	8	7	1	1	3
8128	경남 하동군	조사료생산용사일리지제조지원	750,046	9	2	7	8	7	5	5	4
8129	경남 하동군	전력산업기반기금	640,054	9	2	7	8	7	1	1	4
8130	경남 하동군	전기자동차구매지원	552,000	9	2	7	8	7	5	5	4
8131	경남 하동군	국가지정문화유산보수정비(진감선사탑비주변육화료보수)	500,000	9	4	7	8	7	1	1	3
8132	경남 하동군	맞춤형중소형농기계지원	480,000	9	6	7	8	7	1	1	1
8133	경남 하동군	토양개량제지원	453,127	9	2	7	8	7	1	1	1
8134	경남 하동군	노인요양시설기능보강사업	444,874	9	2	7	8	7	1	1	4
8135	경남 하동군	시설원예현대화지원사업	412,500	9	2	7	8	7	1	1	4
8136	경남 하동군	국가지정문화유산보수정비(진감선사탑비주변방장실보수)	400,000	9	4	7	8	7	1	1	3
8137	경남 하동군	백두대간소득지원사업	380,130	9	2	7	8	7	5	5	4
8138	경남 하동군	수산물가공산업육성(산지가공시설)(전환사업)	328,000	9	1	7	8	7	1	1	4
8139	경남 하동군	국내육성고구마가공상품화시범사업(전환사업)	300,000	9	1	7	8	7	5	5	4
8140	경남 하동군	지역활력화작목기반조성(전환사업)	300,000	9	6	7	8	7	1	1	1
8141	경남 하동군	국가지정문화유산보수정비(쌍계사대웅전벽화보존처리)	230,000	9	4	7	8	7	1	1	3
8142	경남 하동군	연근해어선감척사업(연안어선)	225,000	9	1	7	8	7	1	1	4
8143	경남 하동군	유기질비료지원	220,500	9	6	7	8	7	1	1	1
8144	경남 하동군	양봉산업구조개선사업	203,025	9	6	7	8	7	5	5	4
8145	경남 하동군	농산물가공산업지원	200,000	9	1	7	8	7	5	5	4
8146	경남 하동군	스마트공동선별,이동시스템보급지원사업	200,000	9	1	7	8	7	1	1	4
8147	경남 하동군	농업에너지이용효율화사업	195,800	9	2	7	8	7	1	1	4
8148	경남 하동군	인증부표보급지원사업	193,600	9	1	7	8	7	1	1	4
8149	경남 하동군	치유농업팜핑장조성시범	180,000	9	6	7	8	7	1	1	4
8150	경남 하동군	장애인시설기능보강	178,200	9	2	1	8	3	1	1	4
8151	경남 하동군	이상수온대응지원사업	160,000	9	1	7	8	7	1	1	4
8152	경남 하동군	조사료생산용기계장비구입지원	138,640	9	2	7	8	7	5	5	4
8153	경남 하동군	유기농업자재지원	137,500	9	2	7	8	7	1	1	1
8154	경남 하동군	산림작물생산단지조성	136,180	9	2	7	8	7	5	5	4
8155	경남 하동군	산림복합경영단지	135,505	9	2	7	8	7	5	5	4
8156	경남 하동군	축산농가악취방지개선	134,525	9	6	7	8	7	5	5	4
8157	경남 하동군	신소득아열대원예생산시설현대화사업	127,500	9	6	7	8	7	1	1	1

순번	시군구	지출명 (사업명)	2024년예산 (단위: 천원/1년간)	민간이전 분류	민간이전지출 근거	계약체결방법	계약기간	낙찰자선정방법	운영예산 산정	정산방법	성과평가 실시여부
8158	경남 하동군	소상공인소규모경영환경개선사업(도보조)	120,000	9	4	7	8	7	2	1	2
8159	경남 하동군	신재생에너지주택지원사업	104,000	9	1	7	8	7	1	1	4
8160	경남 하동군	양식어장자동화시설장비지원사업(전환사업)	102,400	9	1	7	8	7	1	1	4
8161	경남 하동군	소규모사업장방지시설설치지원사업	101,700	9	1	7	8	7	5	5	4
8162	경남 하동군	순두부용원료곡생산단지조성	100,000	9	2	7	8	7	1	1	1
8163	경남 하동군	수출용딸기품질고급화생산기술시범사업	100,000	9	2	7	8	7	1	1	1
8164	경남 하동군	패각친환경처리지원사업	96,000	9	1	7	8	7	1	1	4
8165	경남 하동군	빈집정비	91,000	9	1	7	8	7	3	3	4
8166	경남 하동군	특용작물시설현대화지원사업	90,750	9	2	7	8	7	5	5	4
8167	경남 하동군	폭염및혹한기대비경로당냉난방기지원	90,000	9	6	7	8	7	1	1	1
8168	경남 하동군	도지정국가유산보수정비사업	90,000	9	4	7	8	7	1	1	3
8169	경남 하동군	과수생산시설현대화지원(FTA기금사업)	90,000	9	2	7	8	7	1	1	1
8170	경남 하동군	조사료생산용종자구입지원	84,000	9	2	7	8	7	5	1	4
8171	경남 하동군	친환경에너지절감장비보급사업	83,126	9	1	7	8	7	1	1	4
8172	경남 하동군	K농산물전략품목통합지원	82,000	9	6	7	8	7	5	5	4
8173	경남 하동군	수변구역주민일반지원사업	81,183	9	1	7	8	7	5	5	4
8174	경남 하동군	영농활용우수과제지역맞춤형신기술보급	80,000	9	6	7	8	7	1	1	1
8175	경남 하동군	CCTV등방역인프라지원사업	79,200	9	1,2	7	8	7	5	1	4
8176	경남 하동군	가두리시설현대화사업(전환사업)	70,000	9	1	7	8	7	1	1	4
8177	경남 하동군	어린이집환경개선	66,000	9	2	7	8	7	1	1	1
8178	경남 하동군	임산물유통기반조성	64,473	9	2	7	8	7	5	5	4
8179	경남 하동군	양묘시설현대화사업(공모)	63,000	9	2	7	8	7	1	1	1
8180	경남 하동군	조업중인양쓰레기수매사업(전환사업)	60,000	9	1	7	8	7	1	1	4
8181	경남 하동군	가축분뇨수분조절제지원	57,000	9	6	7	8	7	5	1	4
8182	경남 하동군	고품질잡곡재배단지조성	55,000	9	6	7	8	7	1	1	1
8183	경남 하동군	고추비가림재배시설지원사업	55,000	9	2	7	8	7	1	1	1
8184	경남 하동군	돼지농가8대방역시설설치지원	54,000	9	1	7	8	7	5	1	4
8185	경남 하동군	국가지정문화유산보수정비(진감선사탑비정비)	50,000	9	4	7	8	7	1	1	3
8186	경남 하동군	작목별맞춤형안전관리실천시범	50,000	9	2	7	8	7	3	1	1
8187	경남 하동군	농촌어르신복지생활실천시범(전환사업)	50,000	9	1	4	7	7	1	1	1
8188	경남 하동군	신선농산물생산단지글로컬육성지원	50,000	9	6	7	8	7	5	5	4
8189	경남 하동군	고령토고구마재배단지조성	50,000	9	2	7	8	7	1	1	1
8190	경남 하동군	시설하우스난방기설치지원사업	50,000	9	1	7	8	7	1	1	1
8191	경남 하동군	시설하우스연질강화필름지원사업	50,000	9	6	7	8	7	1	1	1
8192	경남 하동군	딸기신품종확대보급기술시범사업	50,000	9	2	7	8	7	1	1	1
8193	경남 하동군	수정용꽃가루지원	50,000	9	6	7	8	7	1	1	1
8194	경남 하동군	고품질한우산업육성	49,000	9	6	7	8	7	5	5	4
8195	경남 하동군	임산물생산기반조성	46,900	9	2	7	8	7	5	5	4
8196	경남 하동군	수산식품가공설비지원사업	45,600	9	1	7	8	7	1	1	4
8197	경남 하동군	해삼씨뿌림사업(전환사업)	45,000	9	1	7	8	7	1	1	4

순번	시군구	지출명 (사업명)	2024년예산 (단위 : 천원 /1년간)	민간이전 분류 (지방자치단체 세출예산 집행기준에 의거) 1. 민간경상사업보조(307-02) 2. 민간단체 법정운영비보조(307-03) 3. 민간행사사업보조(307-04) 4. 민간위탁금(307-05) 5. 사회복지시설 법정운영비보조(307-10) 6. 민간위탁교육비(307-12) 7. 공기관등에대한경상적위탁사업비(308-13) 8. 민간자본사업보조,자체재원(402-01) 9. 민간자본사업보조,이전재원(402-02) 10. 민간위탁사업비(402-03) 11. 공기관에 대한 자본적 위탁사업비(403-02)	민간이전지출 근거 (지방보조금 관리기준 참고) 1. 법률에 규정 2. 국고보조 재원(국가지정) 3. 용도 지정 기부금 4. 조례에 직접규정 5. 지자체가 권장하는 사업을 하는 공공기관 6. 시,도 정책 및 재정사정 7. 기타 8. 해당없음	입찰방식			운영예산 산정		성과평가 실시여부 1. 실시 2. 미실시 3. 향후 추진 4. 해당없음
						계약체결방법 (경쟁형태) 1. 일반경쟁 2. 제한경쟁 3. 지명경쟁 4. 수의계약 5. 법정위탁 6. 기타 ( ) 7. 없음	계약기간 1. 1년 2. 2년 3. 3년 4. 4년 5. 5년 6. 기타 ( )년 7. 단기계약 (1년미만) 8. 없음	낙찰자선정방법 1. 적격심사 2. 협상에의한계약 3. 최저가낙찰제 4. 규격가격분리 5. 2단계 경쟁입찰 6. 기타 ( ) 7. 없음	운영예산 산정 1. 내부산정 (지자체 자체적으로 산정) 2. 외부산정 (외부전문기관위탁 산정) 3. 내·외부 모두 산정 4. 산정 無	정산방법 1. 내부정산 (지자체 내부적으로 정산) 2. 외부정산 (외부전문기관위탁 정산) 3. 내·외부 모두 산정 4. 정산 無 5. 없음	
8198	경남 하동군	시설원예ICT융복합확산사업	44,000	9	2	7	8	7	1	1	1
8199	경남 하동군	친환경임산물재배관리	43,219	9	2	7	8	7	5	5	4
8200	경남 하동군	안전문화확산지원	40,000	9	6	7	8	7	1	1	4
8201	경남 하동군	화훼생산시설현대화	40,000	9	6	7	8	7	1	1	1
8202	경남 하동군	전기굴착기지원사업	40,000	9	2	7	8	7	5	5	4
8203	경남 하동군	장애인직업재활시설기능보강	38,900	9	2	7	8	7	1	1	4
8204	경남 하동군	소규모농산물유통시설설치지원	38,497	9	7	7	8	7	1	1	4
8205	경남 하동군	어선사고예방시스템구축사업	37,440	9	1	7	8	7	1	1	4
8206	경남 하동군	전기이륜차보급사업	36,800	9	2	7	8	7	1	1	1
8207	경남 하동군	농촌융복합산업선도경영체지원사업	30,000	9	1	7	8	7	5	5	4
8208	경남 하동군	임산물상품화지원	29,776	9	2	7	8	7	5	5	4
8209	경남 하동군	내수면노후어선선체기관교체지원사업	26,100	9	1	7	8	7	1	1	4
8210	경남 하동군	소독시설설치	25,000	9	1	7	8	7	5	5	4
8211	경남 하동군	시설원예수정벌지원사업	25,000	9	6	7	8	7	1	1	1
8212	경남 하동군	가정용저녹스보일러설치지원보조	24,000	9	2	7	8	7	5	5	4
8213	경남 하동군	주민참여형마을공동체발전소조성사업	24,000	9	1	7	8	7	1	1	4
8214	경남 하동군	농자재살포기구입지원	20,000	9	6	7	8	7	1	1	1
8215	경남 하동군	화훼유통시설및장비확충	20,000	9	6	7	8	7	1	1	4
8216	경남 하동군	축산물판매업소위생시설개선지원	18,000	9	1	7	8	7	5	1	1
8217	경남 하동군	시설원예연작장해경감제지원	18,000	9	6	7	8	7	1	1	1
8218	경남 하동군	수산물가공공장스마트화지원	18,000	9	1	7	8	7	1	1	4
8219	경남 하동군	수산동물질병예방백신공급사업	18,000	9	1	7	8	7	1	1	4
8220	경남 하동군	묘목생산	17,994	9	2	7	8	7	5	5	4
8221	경남 하동군	친환경농업유통활성화지원사업	16,800	9	6	7	8	7	1	1	1
8222	경남 하동군	농작업안전관리신기술보급시범	16,000	9	1	7	8	7	5	5	4
8223	경남 하동군	신재생에너지건물지원사업	16,000	9	1	7	8	7	1	1	4
8224	경남 하동군	자활사업생산적일자리플랫폼구축지원사업	15,000	9	1	7	8	7	5	3	4
8225	경남 하동군	가축폐사축처리기설치지원	15,000	9	6	7	8	7	5	5	4
8226	경남 하동군	가축분뇨처리시설지원사업	15,000	9	6	7	8	7	5	5	4
8227	경남 하동군	딸기우량모주(원묘)지원사업	15,000	9	6	7	8	7	1	1	1
8228	경남 하동군	면역증강제공급사업	15,000	9	1	7	8	7	1	1	4
8229	경남 하동군	펠릿보일러보급(주택용)	14,560	9	2	7	8	7	5	5	4
8230	경남 하동군	친환경축산물인증지원	14,000	9	6	7	8	7	1	1	4
8231	경남 하동군	마을앞바다소득원조성사업	13,670	9	1	7	8	7	1	1	4
8232	경남 하동군	소상공인디지털인프라지원	12,000	9	4	7	8	7	2	1	2
8233	경남 하동군	수산물브랜드(청경해)및수출상품화지원	11,666	9	1	7	8	7	1	1	4
8234	경남 하동군	친환경목재생산	11,200	9	2	7	8	7	5	5	4
8235	경남 하동군	지역아동센터환경개선비지원	10,000	9	5	7	1	7	5	1	1
8236	경남 하동군	어린이통학차량LPG차전환지원사업	10,000	9	2	7	8	7	5	5	4
8237	경남 하동군	신선농산물수출인센티브지원	10,000	9	6	7	8	7	5	5	4

순번	시군구	지출명 (사업명)	2024년예산 (단위: 천원/1년간)	민간이전 분류	민간이전지출 근거	계약체결방법 (경쟁형태)	계약기간	낙찰자선정방법	운영예산 산정	정산방법	성과평가 실시여부
8238	경남 하동군	송아지생산성향상지원	9,100	9	6	7	8	7	5	5	4
8239	경남 하동군	축산농가사료첨가제지원	9,000	9	6	7	8	7	5	5	4
8240	경남 하동군	가축사체처리지원(자본보조)	8,640	9	1,2	7	8	7	5	1	4
8241	경남 하동군	양봉농가밀원수조성사업	8,050	9	6	7	8	7	5	5	4
8242	경남 하동군	젖소능력개량사업	7,488	9	6	7	8	7	5	5	4
8243	경남 하동군	양파마늘생산생분해성농자재지원	7,000	9	6	7	8	7	1	1	1
8244	경남 하동군	경남추천상품(QC)수산물활성화지원	5,400	9	1	7	8	7	1	1	4
8245	경남 하동군	말벌퇴치장비지원	5,220	9	2	7	8	7	5	5	4
8246	경남 하동군	보증기간경과장치성능유지관리	4,272	9	2	7	8	7	5	5	4
8247	경남 하동군	축사시설환경개선	3,600	9	2	7	8	7	5	5	4
8248	경남 하동군	공예품개발지원	2,400	9	1	7	8	7	2	1	2
8249	경남 하동군	장애인복지시설공기정화장치렌탈지원사업	1,490	9	2	7	8	7	1	1	4
8250	경남 산청군	유기질비료지원사업(전환사업)	2,300,000	9	6	7	8	7	3	1	1
8251	경남 산청군	전기화물자동차구매지원	2,295,000	9	2	7	8	7	5	5	4
8252	경남 산청군	임산물유통기반조성	1,144,524	9	2	7	8	7	5	5	4
8253	경남 산청군	채소특작사업지원	1,039,703	9	4	7	8	7	5	5	3
8254	경남 산청군	쌀가루지역자립형생산소비모델	900,000	9	2	4	8	7	1	1	1
8255	경남 산청군	전기자동차구매지원	776,000	9	2	7	8	7	5	5	4
8256	경남 산청군	무기질비료가격보조및수급안정사업	532,551	9	2	7	8	7	3	1	1
8257	경남 산청군	토양개량제지원사업(1,3톤)	489,240	9	2	7	8	7	3	1	1
8258	경남 산청군	조기폐차지원(4등급)	462,500	9	2	7	8	7	5	5	4
8259	경남 산청군	야생동물피해예방시설지원	435,000	9	2	7	8	7	5	5	4
8260	경남 산청군	소규모농산물유통시설설치사업	419,307	9	2	7	8	7	5	5	4
8261	경남 산청군	양정시설지원사업	419,307	9	6	7	8	7	5	5	4
8262	경남 산청군	발전소주변지역지원사업	410,000	9	1	7	8	7	3	1	1
8263	경남 산청군	산림작물생산단지조성	400,150	9	2	7	8	7	5	5	4
8264	경남 산청군	건설기계엔진교체지원	363,000	9	2	7	8	7	5	5	4
8265	경남 산청군	농기계공급확대사업	320,660	9	1	7	8	7	5	5	4
8266	경남 산청군	딸기삽목육묘기반조성	300,000	9	3	7	8	7	1	1	3
8267	경남 산청군	산청율곡사대웅전누각복원	285,714	9	2	7	8	7	5	5	4
8268	경남 산청군	정취암주변정비사업	280,000	9	2	7	8	7	5	5	4
8269	경남 산청군	꿀벌및화분매개벌스마트사육시설지원사업	280,000	9	2	7	8	7	5	1	1
8270	경남 산청군	유기농업자재지원사업	274,000	9	2	7	8	7	3	1	1
8271	경남 산청군	조기폐차지원(5등급)	256,000	9	2	7	8	7	5	5	4
8272	경남 산청군	양봉산업구조개선사업	250,000	9	2	7	8	7	5	1	1
8273	경남 산청군	친환경농업유통활성화지원사업	219,788	9	6	7	8	7	3	1	1
8274	경남 산청군	꿀벌자원육성품종증식보급	200,000	9	2	7	8	7	1	1	1
8275	경남 산청군	임산물상품화지원	182,456	9	2	7	8	7	5	5	4
8276	경남 산청군	조사료생산용기계장비구입지원	180,000	9	2	7	8	7	5	1	1
8277	경남 산청군	덕산사요사채지붕보수사업	176,000	9	2	7	8	7	5	5	4

순번	시군구	지출명 (사업명)	2024년예산 (단위 : 천원 /1년간)	민간이전 분류 (지방자치단체 세출예산 집행기준에 의거) 1. 민간경상사업보조(307-02) 2. 민간단체 법정운영비보조(307-03) 3. 민간행사사업보조(307-04) 4. 민간위탁금(307-05) 5. 사회복지시설 법정운영비보조(307-10) 6. 민간인위탁교육비(307-12) 7. 공기관등에대한경상적위탁사업비(308-13) 8. 민간자본사업보조,자체재원(402-01) 9. 민간자본사업보조,이전재원(402-02) 10. 민간위탁사업비(402-03) 11. 공기관등에 대한 자본적 위탁사업비(403-02)	민간이전지출 근거 (지방보조금 관리기준 참고) 1. 법률에 규정 2. 국고보조 재원(국가지정) 3. 용도 지정 기부금 4. 조례에 직접규정 5. 지자체가 권장하는 사업을 하는 공공기관 6. 시,도 정책 및 재정사정 7. 기타 8. 해당없음	입찰방식			운영예산 산정		성과평가 실시여부 1. 실시 2. 미실시 3. 향후 추진 4. 해당없음
						계약체결방법 (경쟁형태) 1. 일반경쟁 2. 제한경쟁 3. 지명경쟁 4. 수의계약 5. 법정위탁 6. 기타 ( ) 7. 없음	계약기간 1. 1년 2. 2년 3. 3년 4. 4년 5. 5년 6. 기타 ( )년 7. 단기계약 (1년미만) 8. 없음	낙찰자선정방법 1. 적격심사 2. 협상에의한계약 3. 최저가낙찰제 4. 규격가격분리 5. 2단계 경쟁입찰 6. 기타 ( ) 7. 없음	운영예산 산정 1. 내부산정 (지자체 자체적으로 산정) 2. 외부산정 (외부전문기관위탁 산정) 3. 내·외부 모두 산정 4. 산정 無 5. 없음	정산방법 1. 내부정산 (지자체 내부적으로 정산) 2. 외부정산 (외부전문기관위탁 정산) 3. 내·외부 모두 정산 4. 정산 無 5. 없음	
8278	경남 산청군	신재생에너지주택지원사업	168,000	9	6	7	8	7	1	1	1
8279	경남 산청군	산림복합경영단지조성	148,299	9	2	7	8	7	5	5	4
8280	경남 산청군	고품질잡곡재배단지조성	140,000	9	6	7	8	7	3	1	1
8281	경남 산청군	2024한방약초안정생산지원사업	134,000	9	4	7	8	7	5	5	4
8282	경남 산청군	배출가스저감장치부착지원	132,000	9	2	7	8	7	5	5	4
8283	경남 산청군	유기농업선도농가가공유통지원	116,081	9	6	7	8	7	3	1	1
8284	경남 산청군	농자재살포기구입지원	100,000	9	6	7	8	7	3	1	1
8285	경남 산청군	스마트축사환경조절젖소열스트레스저감기술시범사업	100,000	9	2	7	8	7	1	1	1
8286	경남 산청군	기후변화대응다목적햇빛차단망보급시범	100,000	9	6	4	8	7	1	1	1
8287	경남 산청군	시설원예현대화사업	99,000	9	4	7	8	7	5	5	3
8288	경남 산청군	축분퇴비유통센터퇴비포장재구입지원	92,600	9	6	7	8	7	1	1	1
8289	경남 산청군	공영버스노후차량구입	92,000	9	2	7	8	7	5	5	4
8290	경남 산청군	CCTV등방역인프라설치지원	90,000	9	2	7	8	7	1	1	1
8291	경남 산청군	에너지절감시설지원	75,120	9	4	7	8	7	5	5	3
8292	경남 산청군	축분퇴비유통센터악취저감탈취탑운영지원	74,000	9	6	7	8	7	1	1	1
8293	경남 산청군	소상공인소규모경영환경개선사업	66,000	9	6	7	8	7	3	1	4
8294	경남 산청군	축분퇴비유통센터수분조절재구입지원	63,000	9	6	7	8	7	1	1	1
8295	경남 산청군	친환경임산물재배관리	62,269	9	2	7	8	7	5	5	4
8296	경남 산청군	축산분야ICT융복합화사업	60,000	9	2	7	8	7	5	5	4
8297	경남 산청군	우량암소수정란이식지원사업	57,000	9	6	7	8	7	1	1	1
8298	경남 산청군	축사시설환경개선지원	56,400	9	2	7	8	7	1	1	1
8299	경남 산청군	쌀생산소비다양화단지조성	50,960	9	6	7	8	7	3	1	1
8300	경남 산청군	고추비가림재배시설지원	50,000	9	4	7	8	7	5	5	3
8301	경남 산청군	딸기삽목묘대량증식기술시범	50,000	9	2	7	8	7	1	1	3
8302	경남 산청군	과수고품질시설현대화	50,000	9	2	4	8	7	1	1	1
8303	경남 산청군	빈집정비사업	45,000	9	2	7	8	7	5	5	4
8304	경남 산청군	건설기계폐차지원	44,760	9	2	7	8	7	5	5	4
8305	경남 산청군	차세대농업인성공모델육성	40,000	9	6	7	8	7	1	1	1
8306	경남 산청군	베리류다수확용기재배과원모델시범	40,000	9	6	4	8	7	1	1	1
8307	경남 산청군	이상기상대응과원피해예방기술확산시범	40,000	9	6	4	8	7	1	1	1
8308	경남 산청군	일반음식점대상주방위생환경개선사업	35,000	9	2	7	8	7	5	5	4
8309	경남 산청군	딸기클레임경감수확후관리기술시범	32,000	9	6	7	8	7	1	1	3
8310	경남 산청군	산나물확대보급사업	30,000	9	7	7	8	7	5	5	4
8311	경남 산청군	가정용저녹스보일러보급사업	30,000	9	2	7	8	7	5	5	4
8312	경남 산청군	가축분뇨처리지원	30,000	9	6	7	8	7	1	1	1
8313	경남 산청군	우수여왕벌보급지원사업	29,760	9	2	7	8	7	5	1	1
8314	경남 산청군	농기계동화장치부착지원사업	29,000	9	1	7	8	7	5	5	4
8315	경남 산청군	경로당운영지원	22,000	9	1	7	8	7	5	5	4
8316	경남 산청군	신선농산물생산단지글로컬육성지원사업	20,000	9	6	7	8	7	5	5	4
8317	경남 산청군	장애인직업재활시설기능보강사업	17,500	9	2	7	8	7	1	1	2

순번	시군구	지출명 (사업명)	2024년예산 (단위: 천원/1년간)	민간이전 분류 (지방자치단체 세출예산 집행기준에 의거) 1. 민간경상사업보조(307-02) 2. 민간단체 법정운영비보조(307-03) 3. 민간행사사업보조(307-04) 4. 민간위탁금(307-05) 5. 사회복지시설 법정운영비보조(307-10) 6. 민간위탁교육비(307-12) 7. 공기관등에대한경상적위탁사업비(308-13) 8. 민간자본사업보조,자체재원(402-01) 9. 민간자본사업보조,이전재원(402-02) 10. 민간위탁사업비(402-03) 11. 공기관에 대한 자본적 위탁사업비(403-02)	민간이전지출 근거 (지방보조금 관리기준 참고) 1. 법률에 규정 2. 국고보조 재원(국가지정) 3. 용도 지정 기부금 4. 조례에 직접규정 5. 지자체가 권장하는 사업을 하는 공공기관 6. 시,도 정책 및 재정사정 7. 기타 8. 해당없음	입찰방식 계약체결방법 (경쟁형태) 1. 일반경쟁 2. 제한경쟁 3. 지명경쟁 4. 수의계약 5. 법정위탁 6. 기타 ( ) 7. 없음	계약기간 1. 1년 2. 2년 3. 3년 4. 4년 5. 5년 6. 기타 ( )년 7. 단기계약 (1년미만) 8. 없음	낙찰자선정방법 1. 적격심사 2. 협상에의한계약 3. 최저가낙찰제 4. 규격가격분리 5. 2단계 경쟁입찰 6. 기타 ( ) 7. 없음	운영예산 산정 1. 내부산정 (지자체 자체적으로 산정) 2. 외부산정 (외부전문기관위탁 산정) 3. 내·외부 모두 산정 4. 산정 無 5. 없음	정산방법 1. 내부정산 (지자체 내부적으로 정산) 2. 외부정산 (외부전문기관위탁 정산) 3. 내·외부 모두 산정 4. 정산 無 5. 없음	성과평가 실시여부 1. 실시 2. 미실시 3. 향후 추진 4. 해당없음
8318	경남 산청군	전기이륜차구매지원	16,000	9	2	7	8	7	5	5	4
8319	경남 산청군	생체정보이용가축질병및분만조기진단시범사업	16,000	9	6	7	8	7	5	1	1
8320	경남 산청군	수경재배지함수율관리기술적용시범	16,000	9	6	7	8	7	1	1	3
8321	경남 산청군	과수자연재해경감지원	16,000	9	6	4	8	7	1	1	1
8322	경남 산청군	살처분가축처리시설장비(폐사체거거함)지원	15,840	9	2	7	8	7	1	1	1
8323	경남 산청군	지역자활센터기능보강	15,000	9	6	5	8	7	1	1	1
8324	경남 산청군	가축폐사축처리기지원사업	15,000	9	6	7	8	7	5	1	1
8325	경남 산청군	축산농가사료첨가제지원사업	13,500	9	6	7	8	7	5	1	1
8326	경남 산청군	농장출입구소독기설치사업비지원	12,500	9	6	7	8	7	1	1	1
8327	경남 산청군	과실장기저장제지원	10,500	9	6	4	8	7	1	1	1
8328	경남 산청군	축분퇴비유통센터약취탈취제(미생물제)구입지원	10,440	9	6	7	8	7	1	1	1
8329	경남 산청군	꿀벌농가방역장비지원	8,800	9	6	7	8	7	1	1	1
8330	경남 산청군	장기요양기관환기시설설치사업	8,592	9	2	7	8	7	5	5	4
8331	경남 산청군	어린이집기능보강사업	8,000	9	2	7	8	7	1	1	4
8332	경남 산청군	소유전체정보분석지원사업	7,560	9	6	7	8	7	5	1	1
8333	경남 산청군	송아지생산성향상사업	7,000	9	6	7	8	7	5	1	1
8334	경남 산청군	소상공인디지털온라인인프라지원사업	6,000	9	6	7	8	7	3	1	4
8335	경남 산청군	신재생에너지건물지원사업	6,000	9	6	7	8	7	1	1	1
8336	경남 산청군	축산물판매장시설개보수(저울,냉장시설등)지원	6,000	9	6	7	8	7	1	1	1
8337	경남 산청군	소규모공동주택관리지원사업	5,000	9	2	7	8	7	5	5	4
8338	경남 산청군	축사시설전기안전점검지원사업	4,500	9	6	7	8	7	1	1	1
8339	경남 산청군	과수수정용꽃가루지원	4,350	9	6	4	8	7	1	1	1
8340	경남 산청군	우리밀생산지원사업	4,200	9	6	7	8	7	3	1	1
8341	경남 산청군	석면피해구해	3,152	9	2	7	8	7	5	1	4
8342	경남 산청군	쿨루프지원사업	3,000	9	2	7	8	7	5	5	4
8343	경남 산청군	가축방역용자동목걸이설치지원	3,000	9	6	7	8	7	1	1	1
8344	경남 산청군	가축방역용자동목걸이설치지원	3,000	9	6	7	8	7	1	1	1
8345	경남 산청군	아름마을만들기	2,500	9	4	7	7	7	5	5	4
8346	경남 산청군	임산물생산기반조성	2,445	9	2	7	8	7	5	5	4
8347	경남 산청군	보증기간경과장치성능유지사업	556	9	2	7	8	7	5	5	4
8348	경남 함양군	밭작물공동경영체육성지원사업	1,665,000	9	2	2	8	1	1	1	1
8349	경남 함양군	산지유통센터지원사업	937,000	9	2	7	8	7	5	5	4
8350	경남 함양군	등구사미륵원명청동북보호각건립공사	700,000	9	2	7	8	7	5	1	1
8351	경남 함양군	도시가스공급관로설치사업	630,000	9	2	5	1	7	3	2	4
8352	경남 함양군	농기계도비지원사업	630,000	9	7	7	8	7	5	5	4
8353	경남 함양군	축산악취개선사업	600,000	9	2	7	8	7	1	1	1
8354	경남 함양군	장애인거주시설기능보강사업	440,000	9	2	7	8	7	5	1	4
8355	경남 함양군	용추사공양간축	400,000	9	2	7	8	7	5	1	1
8356	경남 함양군	산림작물생산단지조성(소액)	391,378	9	1,2,4	2,4	1	6	1	1	1
8357	경남 함양군	산림작물생산단지조성(공모)	390,240	9	1,2,4	2,4	1	6	1	3	1

순번	시군구	지출명 (사업명)	2024년예산 (단위 : 천원 /1년간)	민간이전 분류 (지방자치단체 세출예산 집행기준에 의거)	민간이전지출 근거 (지방보조금 관리기준 참고)	입찰방식			운영예산 산정		성과평가 실시여부
				1. 민간경상사업보조(307-02) 2. 민간단체 법정운영비보조(307-03) 3. 민간행사사업보조(307-04) 4. 민간위탁금(307-05) 5. 사회복지시설 법정운영비보조(307-10) 6. 민간위탁교육비(307-12) 7. 공기관등에대한경상적위탁사업비(308-13) 8. 민간자본사업보조,자체재원(402-01) 9. 민간자본사업보조,이전재원(402-02) 10. 민간위탁사업비(402-03) 11. 공기관에 대한 자본적 위탁사업비(403-02)	1. 법률에 규정 2. 국고보조 재원(국가지정) 3. 용도 지정 기부금 4. 조례에 직접규정 5. 지자체가 권장하는 사업을 하는 공공기관 6. 시,도 정책 및 재정사정 7. 기타 8. 해당없음	계약체결방법 (경쟁형태) 1. 일반경쟁 2. 제한경쟁 3. 지명경쟁 4. 수의계약 5. 법정위탁 6. 기타 ( ) 7. 없음	계약기간 1. 1년 2. 2년 3. 3년 4. 4년 5. 5년 6. 기타 ( )년 7. 단기계약 (1년미만) 8. 없음	낙찰자선정방법 1. 적격심사 2. 협상에의한계약 3. 최저가낙찰제 4. 규격가격분리 5. 2단계 경쟁입찰 6. 기타 ( ) 7. 없음	운영예산 산정 1. 내부산정 (지자체 자체적으로 산정) 2. 외부산정 (외부전문기관위탁 산정) 3. 내·외부 모두 산정 4. 산정 無 5. 없음	정산방법 1. 내부정산 (지자체 내부적으로 정산) 2. 외부정산 (외부전문기관위탁 정산) 3. 내·외부 모두 산정 4. 정산 無 5. 없음	1. 실시 2. 미실시 3. 향후 추진 4. 해당없음
8358	경남 함양군	양파기계화기반시설지원	330,000	9	2	7	8	7	1	1	1
8359	경남 함양군	원예작물스마트기계화지원시범	320,000	9	2	7	8	7	1	1	1
8360	경남 함양군	가공장비및시설	313,200	9	2	7	8	7	1	1	4
8361	경남 함양군	가축분뇨처리기계장비지원	295,000	9	6	7	8	7	1	1	4
8362	경남 함양군	주민참여형마을공동체발전소조성사업	244,800	9	2	7	1	7	5	5	4
8363	경남 함양군	산림복합경영단지조성(공모2022)	229,182	9	1,2,4	2,4	1	6	1	3	1
8364	경남 함양군	유기농업자재지원	217,422	9	2	7	8	7	5	5	4
8365	경남 함양군	산림복합경영단지조성(공모2023)	199,900	9	1,2,4	2,4	1	6	1	3	1
8366	경남 함양군	곶감건조및저장시설	195,750	9	2	7	8	7	1	1	1
8367	경남 함양군	금대암공양간개축	160,000	9	2	7	8	7	5	1	1
8368	경남 함양군	영각사요사채증개축	160,000	9	2	7	8	7	5	1	1
8369	경남 함양군	양봉산업도비지원	160,000	9	6	7	8	7	1	1	4
8370	경남 함양군	임산물상품화지원	144,556	9	1,2,4	2,4	1	6	1	1	1
8371	경남 함양군	임산물상품화지원	119,226	9	1,2,4	1	1	3	1	1	4
8372	경남 함양군	FTA과수현대화사업	115,000	9	2	7	8	7	1	1	4
8373	경남 함양군	농업에너지이용효율화(에너지절감시설)	110,000	9	2	7	8	7	1	1	1
8374	경남 함양군	전기난방기지원	110,000	9	6	7	8	7	1	1	1
8375	경남 함양군	벼병해충공동방제대행료지원	108,000	9	6	7	8	7	2	1	4
8376	경남 함양군	기후적응형벼안정생산재배단지조성	100,000	9	2	1	1	3	1	1	1
8377	경남 함양군	이상기상대응과원피해예방기술확산시범	100,000	9	2	7	8	7	1	1	4
8378	경남 함양군	임산물생산기반조성	95,310	9	1,2,4	2,4	1	6	1	1	1
8379	경남 함양군	ICT기반한우동물복지사양기술보급시범	80,000	9	2	7	8	7	1	1	4
8380	경남 함양군	양파기계육묘생산시범	80,000	9	6	7	8	7	1	1	1
8381	경남 함양군	임산물저장및건조시설	64,702	9	1,2,4	2,4	1	6	1	1	1
8382	경남 함양군	CCTV등방역인프라설치지원	60,000	9	2	7	8	7	1	1	4
8383	경남 함양군	소독시설,가축방역용자동목걸이,돼지농가8대방역시설설치지원	59,000	9	6	7	8	7	1	1	4
8384	경남 함양군	귀농인의집조성	50,000	9	4	7	8	7	1	1	4
8385	경남 함양군	승용형농기계용자동조향장치시범	50,000	9	2	7	8	7	1	1	1
8386	경남 함양군	주택지원사업(태양광등)	45,000	9	2	7	1	7	5	5	4
8387	경남 함양군	고추비가림재배시설지원	45,000	9	2	7	8	7	1	1	1
8388	경남 함양군	어린이집기능보강사업	40,000	9	1	7	8	5	5	1	4
8389	경남 함양군	119희망의집건축보급사업	40,000	9	6	7	8	7	5	5	4
8390	경남 함양군	고품질잡곡재배단지조성(생분해성필름)	37,500	9	2	7	8	7	1	1	4
8391	경남 함양군	딸기무병우량모주지급	36,800	9	6	7	8	7	1	1	1
8392	경남 함양군	농어촌빈집정비	36,000	9	7	7	8	7	5	5	4
8393	경남 함양군	약용작물안정생산지원	35,000	9	6	7	8	7	1	1	4
8394	경남 함양군	화훼생산시설현대화	31,000	9	6	7	8	7	1	1	4
8395	경남 함양군	화재걱정없는가축원적외발열선보온등보급시범	30,000	9	2	7	8	7	1	1	4
8396	경남 함양군	수정용꽃가루이용사업	30,000	9	4	7	8	7	1	1	4
8397	경남 함양군	바이오차및천적활용시설재배지온실가스감축기술시범	30,000	9	2	7	8	7	1	1	1

순번	시군구	지출명 (사업명)	2024년예산 (단위: 천원/1년간)	민간이전 분류	민간이전지출 근거	입찰방식 계약체결방법	계약기간	낙찰자선정방법	운영예산 산정	정산방법	성과평가 실시여부
8398	경남 함양군	특용작물생산시설현대화	30,000	9	2	7	8	7	1	1	4
8399	경남 함양군	양파·마늘생산생분해성농자재지원	26,638	9	6	7	8	7	1	1	1
8400	경남 함양군	신소득과실생산시설현대화사업	25,000	9	4	7	8	7	1	1	4
8401	경남 함양군	과실장기저장제지원	25,000	9	4	7	8	7	1	1	4
8402	경남 함양군	과수자연재해피해경감제지원	25,000	9	4	7	8	7	1	1	4
8403	경남 함양군	시설원예데이터기반과학영농실현단지조성시범	24,000	9	6	7	8	7	1	1	1
8404	경남 함양군	가축분뇨퇴액비살포비지원	20,100	9	2	7	8	7	1	1	4
8405	경남 함양군	가금생산성향상지원	20,000	9	6	7	8	7	1	1	1
8406	경남 함양군	말벌퇴치장비지원	16,000	9	2	7	8	7	1	1	4
8407	경남 함양군	시설원예연작장해경감지원	11,000	9	6	7	8	7	1	1	1
8408	경남 함양군	임산물가공지원	5,629	9	1,2,4	2,4	1	6	1	1	4
8409	경남 함양군	유용곤충사육시설지원	5,000	9	6	7	8	7	1	1	4
8410	경남 함양군	시설원예현대화사업	4,840	9	2	7	8	7	1	1	1
8411	경남 함양군	친환경농산물유통활성화지원	3,500	9	6	7	8	7	5	5	4
8412	경남 함양군	우리밀생산지원	2,500	9	6	7	8	7	1	1	4
8413	경남 함양군	유기질비료지원	2,130	9	1,2,4	4	1	7	1	1	1
8414	경남 합천군	홍제암인법당보수	1,500,000	9	2	7	8	7	5	5	4
8415	경남 합천군	해인사용탑선원설법전건립(2차)	1,400,000	9	2	7	8	7	5	5	4
8416	경남 합천군	해인사국일암인법당해체보수	1,000,000	9	2	7	8	7	5	5	4
8417	경남 합천군	해인사장경판전ICT사업	855,000	9	2	7	8	7	5	5	4
8418	경남 합천군	홍제암요사채보수	600,000	9	2	7	8	7	5	5	4
8419	경남 합천군	마을단위LPG소형탱크보급사업	560,000	9	4	1	1	1	1	1	4
8420	경남 합천군	해인사선림원불이문단청	400,000	9	2	7	8	7	5	5	4
8421	경남 합천군	원당암목조아미타여래삼존불보존처리	400,000	9	2	7	8	7	5	5	4
8422	경남 합천군	해인사선림원방재시스템구축	304,000	9	2	7	8	7	5	5	4
8423	경남 합천군	백련암장서각수장시설정비	300,000	9	2	7	8	7	5	5	4
8424	경남 합천군	임산물생산단지규모화	298,441	9	1	7	8	7	5	5	4
8425	경남 합천군	청량사설영루단청	295,000	9	2	7	8	7	5	5	4
8426	경남 합천군	해인사성보박물관방범시설개선	280,000	9	2	7	8	7	5	5	4
8427	경남 합천군	그린홈1만호주택지원사업	220,000	9	4	7	8	7	1	1	1
8428	경남 합천군	해인사관음암보관동단청	220,000	9	2	7	8	7	5	5	4
8429	경남 합천군	해인사장경판전소방시설개선	170,000	9	2	7	8	7	5	5	4
8430	경남 합천군	해인사흰개미방제사업	97,000	9	2	7	8	7	5	5	4
8431	경남 합천군	임산물생산기반조성	80,321	9	1	7	8	7	5	5	4
8432	경남 합천군	소상공인소규모경영환경개선사업	80,000	9	6	7	8	7	5	5	4
8433	경남 합천군	해인사대장경판친환경관리시스템구축사업	70,000	9	2	7	8	7	5	5	4
8434	경남 합천군	친환경임산물재배관리	57,445	9	1	7	8	7	5	5	4
8435	경남 합천군	소규모공동주택관리사업	50,000	9	1	7	8	7	5	5	4
8436	경남 합천군	빈집정비사업	40,000	9	1	7	8	7	5	5	4
8437	경남 합천군	해인사관음암흰개미방제	30,000	9	2	7	8	7	5	5	4

순번	시군구	지출명 (사업명)	2024년예산 (단위 : 천원 /1년간)	민간이전 분류 (지방자치단체 세출예산 집행기준에 의거)	민간이전지출 근거 (지방보조금 관리기준 참고)	입찰방식			운영예산 산정		성과평가 실시여부
				1. 민간경상사업보조(307-02) 2. 민간단체 법정운영비보조(307-03) 3. 민간행사사업보조(307-04) 4. 민간위탁금(307-05) 5. 사회복지시설 법정운영비보조(307-10) 6. 민간위탁교육비(307-12) 7. 공기관등에대한경상적위탁사업비(308-13) 8. 민간자본사업보조,자체재원(402-01) 9. 민간자본사업보조,이전재원(402-02) 10. 민간위탁사업비(402-03) 11. 공기관등에 대한 자본적 위탁사업비(403-02)	1. 법률에 규정 2. 국고보조 재원(국가지정) 3. 용도 지정 기부금 4. 조례에 직접규정 5. 지자체가 권장하는 사업을 하는 공공기관 6. 시,도 정책 및 재정사정 7. 기타 8. 해당없음	계약체결방법 (경쟁형태) 1. 일반경쟁 2. 제한경쟁 3. 지명경쟁 4. 수의계약 5. 법정위탁 6. 기타 ( ) 7. 없음	계약기간 1. 1년 2. 2년 3. 3년 4. 4년 5. 5년 6. 기타 ( )년 7. 단기계약 (1년미만) 8. 없음	낙찰자선정방법 1. 적격심사 2. 협상에의한계약 3. 최저가낙찰제 4. 규격가격분리 5. 2단계 경쟁입찰 6. 기타 ( ) 7. 없음	운영예산 산정 1. 내부산정 (지자체 자체적으로 산정) 2. 외부산정 (외부전문기관위탁 산정) 3. 내·외부 모두 산정 4. 산정 無 5. 없음	정산방법 1. 내부정산 (지자체 내부적으로 정산) 2. 외부정산 (외부전문기관위탁 정산) 3. 내·외부 모두 산정 4. 정산 無 5. 없음	1. 실시 2. 미실시 3. 향후 추진 4. 해당없음
8438	경남 합천군	해인사홍제암방범시설개선설계	20,000	9	2	7	8	7	5	5	4
8439	경남 합천군	해인사장경판전전기설비개선설계	20,000	9	2	7	8	7	5	5	4
8440	경남 합천군	해인사홍제암환개미방제	20,000	9	2	7	8	7	5	5	4
8441	경남 합천군	안전취약계층전기화재예방안전시설지원	18,841	9	4	4	1	1	1	1	4
8442	경남 합천군	임산물유통기반조성	11,920	9	1	7	8	7	5	5	4
8443	경남 합천군	주택용목재펠릿보일러보급	10,920	9	1	7	8	7	5	5	4
8444	경남 합천군	소상공인디지털인프라지원사업	10,000	9	6	7	8	7	1	1	4
8445	경남 합천군	여성친화기업환경개선사업	9,000	9	6	1	7	7	5	1	4
8446	경남 합천군	축사등건물신재생에너지보급사업	8,000	9	4	7	8	7	1	1	1
8447	전라북도	지방의료원시설장비현대화	3,516,000	9	1	7	8	7	1	1	3
8448	전라북도	지방의료원시설장비현대화	2,692,000	9	1	7	8	7	1	1	3
8449	전라북도	지방의료원파견의료인력인건비지원	950,000	9	1	7	8	7	1	1	3
8450	전라북도	농어촌통신망고도화사업	661,500	9	7	7	7	7	5	2	4
8451	전라북도	지방의료원파견의료인력인건비지원	600,000	9	1	7	8	7	1	1	3
8452	전라북도	전북권역정신응급의료센터운영(자본보조)	35,000	9	2	6	8	7	1	2	4
8453	전라북도	공공보건의료협력체계구축지원(자본)	5,000	9	1	7	8	7	1	1	3
8454	전라북도	공공보건의료협력체계구축지원(자본)	5,000	9	1	7	8	7	1	1	3
8455	전라북도	공공보건의료협력체계구축지원(자본)	5,000	9	1	7	8	7	1	1	3
8456	전북 전주시	전기승용차구매지원(민간)	19,713,500	9	2	7	8	7	1	1	1
8457	전북 전주시	전기화물차구매지원(민간)	13,644,000	9	2	7	8	7	1	1	1
8458	전북 전주시	수소고상버스도입보조	10,200,000	9	1,2	7	8	7	1	1	4
8459	전북 전주시	저상버스도입보조	6,072,000	9	2	7	8	7	5	1	4
8460	전북 전주시	수소자동차구매지원(민간)	5,928,000	9	1,2	7	8	7	1	1	4
8461	전북 전주시	운행경유차배출가스저감사업	4,743,470	9	2	6	8	7	1	1	1
8462	전북 전주시	노후공동주택관리지원	2,959,800	9	1	7	8	7	1	1	4
8463	전북 전주시	정신요양시설기능보강	2,141,848	9	1	7	8	7	1	1	4
8464	전북 전주시	신재생에너지시설지원	1,044,366	9	2	5	7	7	5	5	4
8465	전북 전주시	단독주택도시가스보급	508,829	9	1	7	8	7	2	1	4
8466	전북 전주시	장애인직업재활시설기능보강	450,000	9	1	7	8	7	1	1	4
8467	전북 전주시	농촌자원복합산업화지원(지역특화품목비닐하우스지원)(전환사업)	427,600	9	6	7	8	7	5	5	4
8468	전북 전주시	주민참여형경로당시설지원(도참여예산)	395,604	9	1	6	8	7	1	1	4
8469	전북 전주시	사회복지관기능보강	329,400	9	1	6	5	7	1	1	1
8470	전북 전주시	지역활력화작목기반조성(기술보급)(전환사업)	290,000	9	6	7	8	7	1	1	4
8471	전북 전주시	가정용저녹스보일러설치지원사업	276,000	9	1	7	8	7	5	5	4
8472	전북 전주시	농촌자원복합산업화지원(전북쌀품질고급화시설개선사업)(전환사업)	260,000	9	6	7	8	7	5	5	4
8473	전북 전주시	화재안전성능보강지원사업	253,334	9	2	7	8	7	5	5	4
8474	전북 전주시	전기이륜차구매지원(민간)	242,000	9	2	7	8	7	1	1	1
8475	전북 전주시	원예농산물시설장비지원사업(전환사업)	218,400	9	6	7	8	7	5	5	4
8476	전북 전주시	전통사찰보수정비(동고사)	200,000	9	2	7	8	7	5	5	4
8477	전북 전주시	여객자동차터미널정비사업	192,117	9	7	7	8	7	5	5	4

순번	시군구	지출명 (사업명)	2024년예산 (단위: 천원/1년간)	민간이전 분류 (지방자치단체 세출예산 집행기준에 의거) 1. 민간경상사업보조(307-02) 2. 민간단체 법정운영비보조(307-03) 3. 민간행사사업보조(307-04) 4. 민간위탁금(307-05) 5. 사회복지시설 법정운영비보조(307-10) 6. 민간위탁교육비(307-12) 7. 공기관동에대한경상적위탁사업비(308-13) 8. 민간자본사업보조,자체재원(402-01) 9. 민간자본사업보조,이전재원(402-02) 10. 민간위탁사업비(402-03) 11. 공기관동에 대한 자본적 위탁사업비(403-02)	민간이전지출 근거 (지방보조금 관리기준 참고) 1. 법률에 규정 2. 국고보조 재원(국가지정) 3. 용도 지정 기부금 4. 조례에 직접규정 5. 지자체가 권장하는 사업을 하는 공공기관 6. 시,도 정책 및 재정사정 7. 기타 8. 해당없음	계약체결방법 (경쟁형태) 1. 일반경쟁 2. 제한경쟁 3. 지명경쟁 4. 수의계약 5. 법정위탁 6. 기타 ( ) 7. 없음	계약기간 1. 1년 2. 2년 3. 3년 4. 4년 5. 5년 6. 기타 ( )년 7. 단기계약 (1년미만) 8. 없음	낙찰자선정방법 1. 적격심사 2. 협상에의한계약 3. 최저가낙찰제 4. 규격가격분리 5. 2단계 경쟁입찰 6. 기타 ( ) 7. 없음	운영예산 산정 1. 내부산정 (지자체 자체적으로 산정) 2. 외부산정 (외부전문기관위탁 산정) 3. 내·외부 모두 산정 4. 산정 無 5. 없음	정산방법 1. 내부정산 (지자체 내부적으로 정산) 2. 외부정산 (외부전문기관위탁 정산) 3. 내·외부 모두 정산 4. 정산 無 5. 없음	성과평가 실시여부 1. 실시 2. 미실시 3. 향후 추진 4. 해당없음
8478	전북 전주시	임산물생산단지규모화(산림작물생산단지)	180,000	9	2	7	8	7	5	5	4
8479	전북 전주시	노인요양시설확충사업	178,196	9	1	7	8	7	5	1	1
8480	전북 전주시	지역활력화작목기반조성(농촌지원)(전환사업)	168,000	9	6	7	8	7	1	1	1
8481	전북 전주시	자율방범대기능보강사업	157,000	9	4	7	8	7	5	1	1
8482	전북 전주시	주민참여형경로당시설지원(도참여예산)	150,000	9	6	7	8	7	1	1	4
8483	전북 전주시	소규모6차산업화지원(전환사업)	140,000	9	6	7	8	7	1	1	1
8484	전북 전주시	전통사찰방재시스템구축(정혜사)	140,000	9	2	7	8	7	5	5	4
8485	전북 전주시	작은도서관기능보강	140,000	9	4	7	8	7	1	1	3
8486	전북 전주시	원예분야ICT융복합지원	133,519	9	2	7	8	7	5	5	4
8487	전북 전주시	자율방범대기능보강사업(도참여예산)	128,000	9	1	7	8	7	5	1	1
8488	전북 전주시	민간동물보호시설환경개선지원	126,000	9	2	7	8	7	5	5	4
8489	전북 전주시	공립작은도서관운영	125,000	9	4	7	8	7	1	1	1
8490	전북 전주시	농산물우수관리(GAP)인증확대	124,480	9	6	7	8	7	5	5	4
8491	전북 전주시	소규모영세사업장대기오염방지시설지원사업	124,200	9	2	7	8	7	1	1	4
8492	전북 전주시	쌀경쟁력제고사업	123,000	9	4	7	8	7	5	5	4
8493	전북 전주시	중소기업환경개선	122,600	9	6	7	8	7	5	1	1
8494	전북 전주시	도지정문화재보수정비(천고사요사채보수정비)	114,000	9	7	7	8	7	5	5	4
8495	전북 전주시	어린이집기능보강	113,000	9	2	6	8	7	1	1	4
8496	전북 전주시	음식점등시설개선지원	112,000	9	6	1	7	1	1	1	4
8497	전북 전주시	어린이집기능보강	111,000	9	2	7	8	7	5	5	4
8498	전북 전주시	가스열펌프저감장치설치지원사업	110,250	9	2	7	8	7	1	1	4
8499	전북 전주시	어린이통학차량LPG차전환지원	110,000	9	1	7	8	7	5	5	4
8500	전북 전주시	발작물공동경영체육성사업	108,000	9	2	7	8	7	5	5	4
8501	전북 전주시	사립작은도서관도서구입비지원	102,400	9	4	7	8	7	1	1	1
8502	전북 전주시	이상고온대응시설채소안정생산시범	100,000	9	2	7	8	7	1	1	1
8503	전북 전주시	주민참여형마을환경개선(도참여예산)	100,000	9	2	7	8	7	5	5	4
8504	전북 전주시	작은도서관기능보강(도참여예산)	100,000	9	4	7	8	7	1	1	3
8505	전북 전주시	농촌자원복합산업화지원(농산물물류효율화지원)(전환사업)	95,863	9	6	1	1	3	1	1	1
8506	전북 전주시	지역아동센터환경개선지원	90,000	9	1	7	8	7	1	1	4
8507	전북 전주시	연탄은행시설기능보강사업(도참여예산)	90,000	9	7	7	8	7	5	5	4
8508	전북 전주시	원예작물생산비절감지원	88,000	9	6	7	8	7	1	1	1
8509	전북 전주시	도지정문화재보수정비(서고사요사채이축)	80,000	9	7	6	2	6	1	1	2
8510	전북 전주시	한부모가족복지시설기능보강지원	75,352	9	1	7	8	7	5	5	4
8511	전북 전주시	깨끗하고소득있는축산물판매장만들기사업(전환사업)	70,000	9	1	7	8	7	5	5	4
8512	전북 전주시	숙박시설개선지원사업	67,200	9	4	7	8	7	5	5	4
8513	전북 전주시	시니어클럽기능보강(도참여예산)	66,000	9	6	7	8	7	5	5	4
8514	전북 전주시	건강취약계층이용시설석면철거지원사업	62,522	9	4	7	8	7	1	1	4
8515	전북 전주시	조사료경영체기계장비지원	60,000	9	2	7	8	7	5	5	4
8516	전북 전주시	장애인주택개조사업	53,200	9	2	7	8	7	5	1	4
8517	전북 전주시	무형문화재전수시설개선지원사업	53,055	9	6	4	1	7	4	1	4

순번	시군구	지출명 (사업명)	2024년예산 (단위 : 천원 /1년간)	민간이전 분류 (지방자치단체 세출예산 집행기준에 의거)	민간이전지출 근거 (지방보조금 관리기준 참고)	계약체결방법 (경쟁형태)	계약기간	낙찰자선정방법	운영예산 산정	정산방법	성과평가 실시여부
8518	전북 전주시	과수고품질시설현대화	51,500	9	2	7	8	7	5	5	4
8519	전북 전주시	작목별맞춤형안전관리실천	50,000	9	2	7	8	7	1	1	1
8520	전북 전주시	고품질양봉기자재지원	49,000	9	1	7	8	7	5	5	4
8521	전북 전주시	지역아동센터기능보강(도참여예산)	48,950	9	1	7	8	7	1	1	1
8522	전북 전주시	보증기간경과장치성능유지관리	45,236	9	2	6	8	7	1	1	1
8523	전북 전주시	잡곡신품종조기획산시범단지조성	40,000	9	2	7	8	7	1	1	1
8524	전북 전주시	채소일사강우센서기반스마트관수시스템시범	40,000	9	2	7	8	7	1	1	1
8525	전북 전주시	소규모세탁소휘발성유기화합물저감사업	40,000	9	1	7	8	7	5	5	4
8526	전북 전주시	시설하우스온풍난방기지원사업	34,701	9	6	7	8	7	5	5	4
8527	전북 전주시	친환경농산물품목다양화육성지원(전환사업)	34,320	9	8	7	8	7	1	1	1
8528	전북 전주시	저온기시설채소재배환경개선시범	30,000	9	2	7	8	7	1	1	1
8529	전북 전주시	지역활력화작목기반조성(자원경영)(전환사업)	30,000	9	6	7	8	7	1	1	1
8530	전북 전주시	전주체력인증센터기능보강(도참여예산)	30,000	9	1	7	8	7	1	1	4
8531	전북 전주시	전통사찰편의시설지원(학소암)	25,000	9	7	6	7	6	1	1	2
8532	전북 전주시	고품질우량딸기묘생산시범	24,000	9	2	7	8	7	1	1	1
8533	전북 전주시	원예작물생산성향상지원(하이베드)(전환사업)	23,400	9	6	7	8	7	5	5	4
8534	전북 전주시	창업식품기업지원(전환사업)	21,000	9	6	7	8	7	1	1	1
8535	전북 전주시	라엘장애인복지센터기능보강(도참여예산)	20,000	9	6	7	8	7	1	1	4
8536	전북 전주시	논온실가스감축물관리와완효성비료복합기술시범	20,000	9	2	7	8	7	1	1	1
8537	전북 전주시	소규모사업장안전시설물보강지원사업	20,000	9	1	7	8	7	5	1	1
8538	전북 전주시	노인취업지원센터기능보강(도참여예산)	20,000	9	6	7	8	7	5	5	4
8539	전북 전주시	여성장애인교육장환경개선(도참여예산)	19,500	9	6	7	8	7	1	1	4
8540	전북 전주시	양식수산물폐사체처리지원	16,000	9	2	7	8	7	5	5	4
8541	전북 전주시	조사료종자구입지원	15,768	9	2	7	8	7	5	5	4
8542	전북 전주시	전통사찰방재시스템구축(서고사)	15,750	9	2	6	7	6	1	1	2
8543	전북 전주시	사회복지용목재펠릿보일러보급	15,600	9	2	7	8	7	5	5	4
8544	전북 전주시	구제역AI차단방역시설(동물사체처리기)지원	15,000	9	6	7	8	7	5	5	4
8545	전북 전주시	야생동물피해예방사업	14,000	9	1	7	8	7	1	1	4
8546	전북 전주시	여성농업인편의장비지원	14,000	9	4	7	8	7	5	5	4
8547	전북 전주시	전라북도수어통역센터지역본부기능보강(도참여예산)	12,000	9	1	7	8	7	1	1	4
8548	전북 전주시	양식장소독제지원	12,000	9	1	7	8	7	5	5	4
8549	전북 전주시	내수면양식장친환경정화시설지원	12,000	9	1	7	8	7	5	5	4
8550	전북 전주시	우수여왕별보급지원	11,280	9	1	7	8	7	5	5	4
8551	전북 전주시	폭력피해이주여성보호시설안전보강	11,183	9	1	7	8	7	1	1	4
8552	전북 전주시	성폭력피해자보호시설운영지원(기능보강)	10,734	9	1	7	8	7	1	1	2
8553	전북 전주시	공공형어린이집교육환경개선비지원	10,500	9	6	7	8	7	1	1	4
8554	전북 전주시	환경친화형농자재지원사업	9,711	9	6	7	8	7	5	5	4
8555	전북 전주시	공동주택적재난지원사업	5,500	9	1,6	7	8	7	5	5	4
8556	전북 전주시	가정폭력피해자보호시설운영지원(기능보강)	5,320	9	1	7	8	7	5	1	2
8557	전북 전주시	GAP위생시설보완사업	5,000	9	2	7	8	7	5	5	4

- 378 -

순번	시군구	지출명 (사업명)	2024년예산 (단위 : 천원 /1년간)	민간이전 분류 (지방자치단체 세출예산 집행기준에 의거) 1. 민간경상사업보조(307-02) 2. 민간단체 법정운영비보조(307-03) 3. 민간행사사업보조(307-04) 4. 민간장학금(307-05) 5. 사회복지시설 법정운영비보조(307-10) 6. 민간위탁금(307-12) 7. 공기관대행사업경상적위탁사업비(308-13) 8. 민간자본사업보조,자체재원(402-01) 9. 민간자본사업보조,이전재원(402-02) 10. 민간위탁사업비(402-03) 11. 공기관등에 대한 자본적 위탁사업비(403-02)	민간이전지출 근거 (지방보조금 관리기준 참고) 1. 법률에 규정 2. 국고보조 재원(국가지정) 3. 용도 지정 기부금 4. 조례에 직접규정 5. 지자체가 권장하는 사업을 하는 공공기관 6. 시,도 정책 및 재정사정 7. 기타 8. 해당없음	입찰방식			운영예산 산정		성과평가 실시여부 1. 실시 2. 미실시 3. 향후 추진 4. 해당없음
						계약체결방법 (경쟁형태) 1. 일반경쟁 2. 제한경쟁 3. 지명경쟁 4. 수의계약 5. 법정위탁 6. 기타 ( ) 7. 없음	계약기간 1. 1년 2. 2년 3. 3년 4. 4년 5. 5년 6. 기타 ( )년 7. 단가계약 (1년미만) 8. 없음	낙찰자선정방법 1. 적격심사 2. 협상에의한계약 3. 최저가낙찰제 4. 규격가격분리 5. 2단계 경쟁입찰 6. 기타 ( ) 7. 없음	운영예산 산정 1. 내부산정 (지자체 자체적으로 산정) 2. 외부산정 (외부전문기관위탁 산정) 3. 내·외부 모두 산정 4. 산정 無 5. 없음	정산방법 1. 내부정산 (지자체 내부적으로 정산) 2. 외부정산 (외부전문기관위탁 정산) 3. 내·외부 모두 산정 4. 정산 無 5. 없음	
8558	전북 전주시	양식장고수온폭염대응지원	4,404	9	2	7	8	7	5	5	4
8559	전북 전주시	농기계등화장치부착지원	4,200	9	2	7	8	7	5	5	4
8560	전북 전주시	인삼생산시설현대화지원	4,000	9	2	7	8	7	5	5	4
8561	전북 전주시	주택용목재펠릿보일러보급	3,640	9	2	7	8	7	5	5	4
8562	전북 전주시	양식장경쟁력강화사업	3,557	9	1	7	8	7	5	5	4
8563	전북 전주시	농촌사업복합산업화지원(축사화재안전시스템지원)(전환사업)	3,200	9	1	7	8	7	5	5	4
8564	전북 전주시	양봉농가꿀생산장비지원	3,000	9	1	7	8	7	5	5	4
8565	전북 전주시	공공형어린이집교육환경개선비지원	2,500	9	6	7	8	7	1	1	4
8566	전북 전주시	양식장스마트관리시스템구축	2,160	9	2	7	8	7	5	5	4
8567	전북 전주시	폭염스트레스완화제지원	2,000	9	1	7	8	7	5	5	4
8568	전북 전주시	자동심장충격기보급지원	2,000	9	2	7	8	7	1	1	4
8569	전북 전주시	자동심장충격기보급지원	2,000	9	2	7	8	7	1	1	4
8570	전북 전주시	폭염대비사육환경개선	1,800	9	1	7	8	7	5	5	4
8571	전북 익산시	수소버스보급사업	23,360,000	9	2	7	8	7	1	1	4
8572	전북 익산시	전기화물차구매지원(민간)	8,100,000	9	2	7	8	7	1	2	3
8573	전북 익산시	전기승용차구매지원(민간)	5,158,400	9	2	7	8	7	1	2	3
8574	전북 익산시	수소차보급사업(민간)	4,140,000	9	2	7	8	7	1	1	4
8575	전북 익산시	정신재활시설기능보강사업	1,371,531	9	2	7	8	7	1	3	4
8576	전북 익산시	익산정각사소장육경합부증축	900,000	9	2	7	8	7	5	5	4
8577	전북 익산시	익산심곡사칠충석탑출토금동불감및금동아미타여래칠존좌상심곡사보제루개축	820,000	9	2	7	8	7	5	5	4
8578	전북 익산시	밭작물공동경영체육성지원사업	765,000	9	2	7	8	7	1	1	1
8579	전북 익산시	청년창업스마트팜패키지지원사업	704,000	9	2	7	8	7	1	1	4
8580	전북 익산시	전기버스구매지원	700,000	9	2	7	8	7	1	1	4
8581	전북 익산시	특산자원융복합기술지원	600,000	9	2	7	8	7	1	1	4
8582	전북 익산시	사회복지시설확충및기능보강	527,000	9	6	7	8	7	1	1	1
8583	전북 익산시	고도지구주거환경및가로경관개선지원	510,000	9	2	7	8	7	1	1	4
8584	전북 익산시	시군특화품목육성(아열대과수포함)	435,600	9	6	7	8	7	5	5	4
8585	전북 익산시	소규모영세사업장방지시설설치지원	420,880	9	2	7	8	7	5	1	4
8586	전북 익산시	농업분야에너지절감시설지원	377,679	9	2	7	8	7	5	5	4
8587	전북 익산시	활성탄소섬유기술지원기반구축사업	315,000	9	1	7	8	7	1	1	2
8588	전북 익산시	학교급식지원센터시설장비지원사업	299,000	9	6	7	8	7	1	1	1
8589	전북 익산시	전기이륜차구매지원	296,000	9	2	7	8	7	1	2	3
8590	전북 익산시	석재산업(가공업)환경피해저감사업	280,000	9	1	7	8	7	1	1	1
8591	전북 익산시	전통사찰(남원사)보수정비	280,000	9	2	7	8	7	5	5	4
8592	전북 익산시	중소기업환경개선사업	279,600	9	2	4	1	1	1	1	4
8593	전북 익산시	생산유통합조직연계비닐하우스지원	260,400	9	6	7	8	7	5	5	4
8594	전북 익산시	전북쌀품질고급화시설개선사업	230,100	9	2	7	8	7	1	1	4
8595	전북 익산시	희망하우스빈집재생사업	225,000	9	4	6	8	7	1	1	4
8596	전북 익산시	농경문화소득화모델구축	210,000	9	2	7	8	7	1	1	4
8597	전북 익산시	농작업대행장비지원	186,667	9	1	7	8	7	1	1	4

순번	시군구	지출명 (사업명)	2024년예산 (단위: 천원/1년간)	민간이전 분류 (지방자치단체 세출예산 집행기준에 의거)	민간이전지출 근거 (지방보조금 관리기준 참고)	입찰방식			운영예산 산정		성과평가 실시여부
						계약체결방법 (경쟁형태)	계약기간	낙찰자선정방법	운영예산 산정	정산방법	
8598	전북 익산시	시설원예현대화지원	165,000	9	2	7	8	7	5	5	4
8599	전북 익산시	어린이집기능보강사업(도)	151,000	9	4	4	8	7	1	1	4
8600	전북 익산시	가스열펌프저감장치설치지원사업	143,570	9	2	7	8	7	5	5	4
8601	전북 익산시	지역밀착형주민참여예산	130,500	9	1	7	8	7	1	1	3
8602	전북 익산시	과수고품질시설현대화	125,287	9	2	7	8	7	5	5	4
8603	전북 익산시	가정용저녹스보일러지원사업	120,000	9	2	7	8	7	1	2	3
8604	전북 익산시	어린이집기능보강사업	119,200	9	1	4	8	7	1	1	4
8605	전북 익산시	농촌자원활용치유농장육성사업	100,000	9	6	7	8	7	1	1	4
8606	전북 익산시	건강취약계층시설석면철거지원사업	92,828	9	6	6	8	6	1	1	4
8607	전북 익산시	특용작물생산시설현대화	87,500	9	2	7	8	7	5	5	4
8608	전북 익산시	ICT시설보급지원	72,600	9	2	7	8	7	5	5	4
8609	전북 익산시	농식품체험키트상품화기술시범	70,000	9	2	7	8	7	1	1	4
8610	전북 익산시	청년희망(간편형)스마트팜지원	68,670	9	6	7	8	7	5	5	4
8611	전북 익산시	농식품가공사업장품질향상지원	64,000	9	6	7	8	7	1	1	4
8612	전북 익산시	신기술접목차세대영농인육성지원	50,000	9	1	7	8	7	1	1	1
8613	전북 익산시	농업인재해안전마을육성	50,000	9	6	7	8	7	1	1	4
8614	전북 익산시	고추비가림재배시설지원	49,500	9	2	7	8	7	5	5	4
8615	전북 익산시	사업장사고예방을위한안전시설물보강지원사업	40,000	9	4	1	1	1	1	1	1
8616	전북 익산시	소규모세탁소휘발성유기화합물저감사업	40,000	9	2	7	8	7	5	5	4
8617	전북 익산시	지역특색농업발굴소득화사업	40,000	9	1	7	8	7	1	1	4
8618	전북 익산시	보증기간경과장치성능유지관리	38,346	9	2	7	8	7	1	1	4
8619	전북 익산시	원예작물생산성향상지원사업	35,400	9	6	7	8	7	5	5	4
8620	전북 익산시	특용작물(인삼)생산시설현대화지원	32,950	9	2	7	8	7	5	5	4
8621	전북 익산시	농촌체험서비스품질향상지원	30,000	9	6	7	8	7	1	1	4
8622	전북 익산시	선도농업경영체우수모델화사업	28,000	9	1	7	8	7	1	1	1
8623	전북 익산시	소규모비닐하우스지원사업	26,400	9	4	7	8	7	1	1	1
8624	전북 익산시	작은도서관도서구입비(공립21개소)	25,200	9	1	7	8	7	5	1	4
8625	전북 익산시	공동주택경비근로자등휴게시설환경개선지원사업	25,000	9	6	7	8	7	1	1	3
8626	전북 익산시	농산물물류설비효율화지원사업	24,010	9	6	7	8	7	1	1	1
8627	전북 익산시	사립작은도서관도서구입및독서환경개선(사립2개소)	24,000	9	1	7	8	7	5	1	4
8628	전북 익산시	농업기계등화장치부착지원	16,000	9	2	7	8	7	1	1	4
8629	전북 익산시	창업식품기업지원사업(전환사업)	14,000	9	1	7	8	7	1	1	3
8630	전북 익산시	지역특화신소득원발굴시범포운영	10,000	9	1	7	8	7	1	1	4
8631	전북 익산시	시설하우스난방기지원	8,043	9	6	7	8	7	5	5	4
8632	전북 익산시	야생동물피해예방사업	8,000	9	1	7	8	7	5	1	4
8633	전북 익산시	소규모공동주택생활환경개선사업	5,000	9	4	4	7	7	1	1	3
8634	전북 익산시	유해야생동물기피제지원사업	1,050	9	6	7	8	7	5	1	4
8635	전북 정읍시	전기자동차보급(전기화물차구매지원민간)	6,660,000	9	2	7	8	7	5	5	4
8636	전북 정읍시	제약산업미래인력양성센터구축사업	6,450,000	9	2	7	8	7	5	5	4
8637	전북 정읍시	농축산용미생물공유인프라구축	6,240,000	9	1,2	7	8	7	5	5	4

순번	시군구	지출명 (사업명)	2024년예산 (단위 : 천원 /1년간)	민간이전 분류	민간이전지출 근거	계약체결방법 (경쟁형태)	계약기간	낙찰자선정방법	운영예산 산정	정산방법	성과평가 실시여부
8638	전북 정읍시	GMP기반농축산용미생물산업화지원시설구축	4,500,000	9	1,2	7	8	7	5	5	4
8639	전북 정읍시	전기자동차보급(전기승용차구매지원민간)	3,596,800	9	2	7	8	7	5	5	4
8640	전북 정읍시	도시가스미공급지역공급배관설치	3,072,300	9	1	6	8	7	1	1	4
8641	전북 정읍시	식량작물공동(들녘)경영체시설장비지원	1,798,200	9	2	7	8	7	1	1	4
8642	전북 정읍시	토양개량제지원	1,448,171	9	1	7	8	7	1	1	4
8643	전북 정읍시	국산밀생산단지건조저장시설지원	1,080,000	9	2	7	8	7	1	1	4
8644	전북 정읍시	가루쌀생산단지조성시설장비지원	819,000	9	2	7	8	7	1	1	4
8645	전북 정읍시	공동자원화시설개보수지원	802,000	9	2	7	8	7	1	1	4
8646	전북 정읍시	CCTV등방역인프라지원사업	787,122	9	2	7	8	7	1	1	4
8647	전북 정읍시	운행경유차배출가스저감사업(건설기계저공해조치)	740,000	9	2	7	8	7	5	5	4
8648	전북 정읍시	전기자동차보급(전기승합차구매지원민간)	700,000	9	2	7	8	7	5	5	4
8649	전북 정읍시	쌀경쟁력제고사업	673,350	9	4	7	8	7	1	1	4
8650	전북 정읍시	돈사분뇨처리관리지원사업	672,000	9	6	7	8	7	1	1	4
8651	전북 정읍시	지역특화품목비닐하우스지원사업	667,200	9	6	7	8	7	1	1	1
8652	전북 정읍시	축산악취개선사업	560,000	9	2	7	8	7	1	1	4
8653	전북 정읍시	신재생에너지시설지원사업	528,747	9	2	7	8	7	1	1	1
8654	전북 정읍시	정신재활시설기능보강	508,090	9	2	7	8	7	5	5	4
8655	전북 정읍시	돼지써코바이러스예방약품지원사업	478,560	9	2	7	8	7	1	1	4
8656	전북 정읍시	임산물생산기반시설지원	460,000	9	2	7	8	7	5	5	4
8657	전북 정읍시	조사료경영체기계장비	456,100	9	2	7	8	7	1	1	4
8658	전북 정읍시	한센간이양로주택기능보강	427,000	9	2	7	8	7	5	5	4
8659	전북 정읍시	축산분야ICT융복합확산사업	378,333	9	1	7	8	7	1	1	4
8660	전북 정읍시	밭식량작물(논타작물)시설장비지원	354,000	9	6	7	8	7	1	1	4
8661	전북 정읍시	시군거점축산물산지가공유통시설구축사업	350,000	9	1	7	7	7	5	1	4
8662	전북 정읍시	양식장친환경에너지보급사업	324,476	9	2	7	8	7	5	5	3
8663	전북 정읍시	기초생활인프라(농촌빈집정비)(전환사업)	291,000	9	6	7	8	7	1	1	4
8664	전북 정읍시	만복원외벽개보수	280,000	9	1	7	8	7	5	5	3
8665	전북 정읍시	전기저상버스도입	276,000	9	1	7	8	7	5	5	4
8666	전북 정읍시	악취배출원악취저감사업	253,460	9	6	1	1	2	1	1	4
8667	전북 정읍시	시설원예에너지절감시설지원사업	243,393	9	2	7	8	7	1	1	1
8668	전북 정읍시	국산밀생산단지경영체육성시설장비지원	218,700	9	2	7	8	7	1	1	4
8669	전북 정읍시	시설원예현대화지원사업	209,044	9	2	7	8	7	1	1	1
8670	전북 정읍시	마을만들기(자율개발감곡순촌마을)	200,000	9	6	7	8	7	1	1	3
8671	전북 정읍시	마을만들기(자율개발덕천가정마을)	200,000	9	6	7	8	7	1	1	3
8672	전북 정읍시	수소연료전지차보급사업	172,500	9	2	7	8	7	5	5	4
8673	전북 정읍시	야생동물피해예방사업	170,000	9	1,4	1	1	7	1	1	4
8674	전북 정읍시	운행경유차배출가스저감사업(DPFpDPF)	165,000	9	2	7	8	7	5	5	4
8675	전북 정읍시	친환경농산물품목다양화성시지원(전환)	158,160	9	6	7	8	7	1	1	4
8676	전북 정읍시	청년아이디어상품과모델육성	150,000	9	1	7	8	7	1	1	1
8677	전북 정읍시	유기농업자재지원	146,958	9	6	7	8	7	1	1	4

순번	시군구	지출명 (사업명)	2024년예산 (단위 : 천원 /1년간)	민간이전 분류 (지방자치단체 세출예산 집행기준에 의거)	민간이전지출 근거 (지방보조금 관리기준 참고)	계약체결방법 (경쟁형태)	계약기간	낙찰자선정방법	운영예산 산정	정산방법	성과평가 실시여부
8678	전북 정읍시	음식점등시설개선지원	140,000	9	6	1	8	1	1	1	2
8679	전북 정읍시	농식품기업맞춤형지원사업	138,500	9	6	7	8	7	1	1	4
8680	전북 정읍시	액비저장조고착슬러지제거지원	136,500	9	6	7	8	7	1	1	4
8681	전북 정읍시	친환경우유생산기반구축지원사업	135,000	9	6	7	8	7	1	1	4
8682	전북 정읍시	과수고품질시설현대화사업	129,700	9	2	7	8	7	1	1	1
8683	전북 정읍시	희망하우스빈집재생사업	125,000	9	6	7	8	7	1	1	4
8684	전북 정읍시	고추비가림재배시설하우스지원사업	123,750	9	2	7	8	7	1	1	1
8685	전북 정읍시	농촌공동아이돌봄센터시설비지원	123,000	9	6	7	8	7	1	1	4
8686	전북 정읍시	깨끗하고소득있는축산물판매장만들기사업	120,000	9	1	7	7	7	5	1	4
8687	전북 정읍시	축분고속발효시설지원	108,000	9	6	7	8	7	1	1	4
8688	전북 정읍시	음식점시설개선사업	102,000	9	4	7	8	7	5	5	4
8689	전북 정읍시	축사화재안전시스템지원사업	99,200	9	6	7	8	7	1	1	4
8690	전북 정읍시	소규모영세사업장방지시설설치지원	97,000	9	8	7	8	7	1	1	1
8691	전북 정읍시	폭염대비가축사육환경개선사업	96,000	9	1	7	8	7	1	1	4
8692	전북 정읍시	섬진강댐주변지역지원사업	91,553	9	1	7	7	7	2	1	4
8693	전북 정읍시	악취저감안개분무시설지원사업	84,000	9	6	7	8	7	1	1	4
8694	전북 정읍시	환경친화형농자재지원사업	83,334	9	6	7	8	7	1	1	4
8695	전북 정읍시	가스열펌프저감장치설치지원사업	81,900	9	8	7	8	7	1	1	1
8696	전북 정읍시	마을만들기(자율개발소성신천마을)	80,000	9	2	7	8	7	1	1	3
8697	전북 정읍시	마을만들기(자율개발정우대서마을)	80,000	9	2	7	8	7	1	1	3
8698	전북 정읍시	비주거용빈집정비사업	80,000	9	6	7	8	7	1	1	4
8699	전북 정읍시	오리농가동절기난방비지원사업	79,360	9	6	7	8	7	1	1	4
8700	전북 정읍시	평화(정읍천사마을)에너지효율개선및지붕교체(빗물포집공사)	78,276	9	1	7	8	7	5	5	3
8701	전북 정읍시	GAP농산물포장재비지원	76,100	9	1	7	8	7	1	1	4
8702	전북 정읍시	유기질비료및토양개량제지원	75,664	9	2	7	8	7	5	5	4
8703	전북 정읍시	동물사체처리기지원사업	75,000	9	6	7	8	7	1	1	4
8704	전북 정읍시	전기자동차보급(전기이륜차보급)	73,600	9	2	7	8	7	5	5	4
8705	전북 정읍시	신재생에너지주택지원사업	73,553	9	1	7	8	7	1	1	4
8706	전북 정읍시	노후공동주택지역밀착형주민참여예산	72,000	9	6	7	8	7	5	1	4
8707	전북 정읍시	축산농가자율방역시설지원사업	70,000	9	6	7	8	7	1	1	4
8708	전북 정읍시	퇴비발효촉진지원사업	69,000	9	6	7	8	7	1	1	4
8709	전북 정읍시	사료자가배합장비	67,500	9	6	7	8	7	1	1	4
8710	전북 정읍시	농식품가공사업장품질향상지원	64,000	9	1	7	8	7	1	1	1
8711	전북 정읍시	젖소대사성병예방약품지원사업	61,200	9	6	7	8	7	1	1	4
8712	전북 정읍시	주민쉼터지역밀착형주민참여예산	60,000	9	6	7	8	7	5	1	4
8713	전북 정읍시	돼지소모성질환지도지원사업	60,000	9	2	7	8	7	1	1	4
8714	전북 정읍시	가금농가질병관리지원사업	60,000	9	2	7	8	7	1	1	4
8715	전북 정읍시	축산기자재지원사업	56,000	9	6	7	8	7	1	1	4
8716	전북 정읍시	여성농업인농작업편의장비지원	54,000	9	4	7	8	7	5	5	4
8717	전북 정읍시	고품질양봉기자재지원사업	54,000	9	6	7	8	7	5	1	1

순번	시군구	지출명 (사업명)	2024년예산 (단위: 천원/1년간)	민간이전 분류 (지방자치단체 세출예산 집행기준에 의거) 1. 민간경상사업보조(307-02) 2. 민간단체 법정운영비보조(307-03) 3. 민간단체사업보조(307-04) 4. 민간위탁금(307-05) 5. 사회복지시설 법정운영비보조(307-10) 6. 민간위원교육비(307-12) 7. 공기관에대한경상적위탁사업비(308-13) 8. 민간자본사업보조,자체재원(402-01) 9. 민간자본사업보조,이전재원(402-02) 10. 민간위탁사업비(402-03) 11. 공기관에 대한 자본적 위탁사업비(403-02)	민간이전지출 근거 (지방보조금 관리기준 참고) 1. 법률에 규정 2. 국고조 재원(국가지정) 3. 용도 지정 기부금 4. 조례에 직접규정 5. 지자체가 권장하는 사업을 하는 공공기관 6. 시, 도 정책 및 재정사정 7. 기타 8. 해당없음	입찰방식			운영예산 산정		성과평가 실시여부 1. 실시 2. 미실시 3. 향후 추진 4. 해당없음
						계약체결방법 (경쟁형태) 1. 일반경쟁 2. 제한경쟁 3. 지명경쟁 4. 수의계약 5. 법정위탁 6. 기타 ( ) 7. 없음	계약기간 1. 1년 2. 2년 3. 3년 4. 4년 5. 5년 6. 기타 ( )년 7. 단기계약 (1년미만) 8. 없음	낙찰자선정방법 1. 적격심사 2. 협상에의한계약 3. 최저가낙찰제 4. 규격가격분리 5. 2단계 경쟁입찰 6. 기타 ( ) 7. 없음	운영예산 산정 1. 내부산정 (지자체 자체적으로 산정) 2. 외부산정 (외부전문기관위탁 산정) 3. 내·외부 모두 산정 4. 산정 無 5. 없음	정산방법 1. 내부정산 (지자체 내부적으로 정산) 2. 외부정산 (외부전문기관위탁 정산) 3. 내·외부 모두 정산 4. 정산無 5. 없음	
8718	전북 정읍시	축산환경개선사업	52,000	9	6	7	8	7	1	1	4
8719	전북 정읍시	한옥건축지원시범사업	50,000	9	5	7	8	7	1	1	4
8720	전북 정읍시	신기술접목차세대영농인육성	50,000	9	1	7	8	7	1	1	1
8721	전북 정읍시	농업인재해안전마을육성	50,000	9	1	7	8	7	1	1	1
8722	전북 정읍시	작목별맞춤형안전관리실천시범사업	50,000	9	1	7	8	7	1	1	1
8723	전북 정읍시	발효식품제조시설개선지원	50,000	9	1	7	8	7	1	1	1
8724	전북 정읍시	폭염스트레스완화제지원사업	46,000	9	1	7	8	7	1	1	4
8725	전북 정읍시	폭염취약계층쿨루프보급사업	40,000	9	2	7	8	7	1	1	4
8726	전북 정읍시	지역특색농업발굴소득화사업	40,000	9	1	7	8	7	5	5	1
8727	전북 정읍시	양식장소독제지원	39,332	9	6	7	8	7	5	5	3
8728	전북 정읍시	전북쌀품질고급화시설개선사업	39,000	9	1	7	8	7	1	1	1
8729	전북 정읍시	착유세정수정화처리지원사업	38,440	9	6	7	8	7	1	1	4
8730	전북 정읍시	자애자립장장비보강(유개트럭구입)	35,000	9	1	7	8	7	5	5	3
8731	전북 정읍시	공동주택휴게시설환경개선	35,000	9	6	7	8	7	1	1	4
8732	전북 정읍시	원격근무형농촌공간조성기술시범사업	35,000	9	1	7	8	7	1	1	1
8733	전북 정읍시	가축분뇨운송처리비지원사업	33,000	9	6	7	8	7	1	1	4
8734	전북 정읍시	마을기업육성사업	30,000	9	2	7	8	7	1	1	4
8735	전북 정읍시	수성어린이집개보수	30,000	9	1	7	8	7	1	1	3
8736	전북 정읍시	이화어린이집개보수	30,000	9	1	7	8	7	1	1	3
8737	전북 정읍시	신태인원광어린이집개보수	30,000	9	1	7	8	7	1	1	3
8738	전북 정읍시	소규모공동주택생활환경개선지원	30,000	9	6	7	8	7	1	1	4
8739	전북 정읍시	농어촌민박시설현대화지원사업	30,000	9	6	4	7	7	1	1	4
8740	전북 정읍시	한센정착촌환경개선사업	29,900	9	6	7	8	7	5	5	4
8741	전북 정읍시	임산물생산장비지원	28,750	9	2	7	8	7	1	1	4
8742	전북 정읍시	창업식품기업지원사업	28,000	9	6	7	8	7	1	1	4
8743	전북 정읍시	선도농업경영체우수모델화사업	28,000	9	1	7	8	7	1	1	1
8744	전북 정읍시	임산물포장재지원	27,390	9	2	7	8	7	5	5	4
8745	전북 정읍시	꿀벌면역증강제지원사업	26,400	9	6	7	8	7	1	1	4
8746	전북 정읍시	야영장안전위생시설개보수사업	26,250	9	2	7	8	7	5	5	4
8747	전북 정읍시	특용작물생산시설현대화사업	25,000	9	2	7	8	7	1	1	1
8748	전북 정읍시	유용곤충사육지원사업(이전)	25,000	9	6	7	8	7	5	1	1
8749	전북 정읍시	임산물생산기반시설및유통장비지원	24,500	9	2	7	8	7	5	5	4
8750	전북 정읍시	음용수질개선장비지원사업	24,000	9	6	7	8	7	1	1	4
8751	전북 정읍시	원예작물하이베드지원사업	23,400	9	6	7	8	7	1	1	1
8752	전북 정읍시	과수분야스마트팜확산사업	23,217	9	6	7	8	7	1	1	1
8753	전북 정읍시	청년희망스마트팜지원사업	22,890	9	6	7	8	7	1	1	1
8754	전북 정읍시	말산업시설개선지원사업(이전)	22,000	9	6	7	8	7	5	1	1
8755	전북 정읍시	유해야생동물기피제지원사업	21,000	9	1,4	1	1	7	1	1	4
8756	전북 정읍시	가정용저녹스보일러보급사업	21,000	9	2	7	8	7	5	5	4
8757	전북 정읍시	특용작물(인삼)생산시설현대화사업	20,250	9	2	7	8	7	1	1	1

번호	기관구분	과제명	2024년예산(백만원/1천원)	정책연구용역 심의기준	계획의 적절성	과업내용 검토	중복성 검토	예시답변
8758	정책 용역시	수수료 종류별 원가산정 정책연구 용역사업	20,000	9	1	7	8	7	1	1	1
8759	정책 용역시	용산공원 기본계획 용역사업	18,257	9	9	7	8	7	5	5	3
8760	정책 용역시	수수료 등 정책연구 용역사업	18,000	9	5	7	8	7	1	1	4
8761	정책 용역시	해외통신망 상시교류협력체계 구축 용역	17,640	9	5	3	1	3	1	1	1
8762	정책 용역시	정보통신 성과분석 기반평가체계 개선	17,184	9	5	1	1	3	1	1	1
8763	정책 용역시	검사관리 자격제도개선 방안 마련	16,000	9	5	3	8	3	5	5	3
8764	정책 용역시	통신 정보통신설비 설치기준 재산정 용역	15,000	9	5	3	1	3	1	1	1
8765	정책 용역시	이륜자동차용 LPG 연료사용 허용사업	15,000	9	5	7	8	7	5	5	4
8766	정책 용역시	수수료 개선 제도 개선 정책연구 용역사업	14,000	9	6	7	8	7	1	1	4
8767	정책 용역시	성과관리 운영평가	14,000	9	5	4	1	7	5	5	1
8768	정책 용역시	해상교통정책 발전방안 정책연구시	13,600	9	6	8	7	5	5	3
8769	정책 용역시	기상청 정보통신 정책연구 용역사업	13,200	9	1	7	7	5	1	4
8770	정책 용역시	수수료단가 선정제도 개선 정책연구	11,000	9	4	7	8	7	2	1	3
8771	정책 용역시	실적공사비 적용제고 정책연구 용역사업	10,800	9	6	7	8	7	1	1	4
8772	정책 용역시	통신분야 기준정비 개선 정책연구사업	10,500	9	6	7	8	7	1	1	4
8773	정책 용역시	공공시설 정보화공사 사업	10,000	9	6	7	8	7	1	1	4
8774	정책 용역시	지역개발사업 등 정책연구 정책용역	10,000	9	1	7	8	1	1	1	1
8775	정책 용역시	축수산물 HACCP 운용	9,800	9	2	7	7	7	5	1	4
8776	정책 용역시	통신분야 기준정비 정책연구 용역사업	9,600	9	6	7	8	7	1	1	4
8777	정책 용역시	용역규정 교육용 정책연구 용역사업	9,600	9	6	7	8	7	5	1	1
8778	정책 용역시	자동판매기 정책연구사업	8,256	9	6	7	8	7	1	1	4
8779	정책 용역시	이동수단 관련 용역사업	8,018	9	2	7	8	7	5	5	3
8780	정책 용역시	기상청 관련용역 규정용역 중장기 발전계획	8,000	9	6	7	8	7	1	1	4
8781	정책 용역시	기상청 재산, 장비 등 내용연수 산정 용역사업	7,800	9	2	7	8	7	5	5	3
8782	정책 용역시	내수산업 자립기반 정책용역	7,790	9	6	7	8	7	1	1	1
8783	정책 용역시	지자체 수수료 기준 정책연구사업	7,680	9	6	7	8	1	1	1	1
8784	정책 용역시	중장기공간관련 정책연구	6,818	9	2	7	8	7	5	5	4
8785	정책 용역시	공로자 포용연구 조합	5,200	9	2	7	8	7	5	5	4
8786	정책 용역시	공공행정의 언어 표준화방안 강화사	4,000	9	5	7	8	7	1	1	3
8787	정책 용역시	해당 기관정보 공개방식 개선방안	4,000	9	1	7	8	7	1	1	3
8788	정책 용역시	본조정책관련 정책용역	3,500	9	6	7	8	7	5	5	3
8789	정책 용역시	송수관공학부내 정책연구 소형용역사업	3,180	9	6	7	8	7	5	5	3
8790	정책 용역시	건축공사가허용 사업	1,200	9	6	7	8	7	1	1	4
8791	정책 용역시	가스와 정책관련 사용품 등 수수료 용역사업	1,008	9	6	7	8	7	1	1	4
8792	정책 용역시	유역관리 정책연구사업	900	9	7	8	7	5	1	4
8793	정책 용역시	용역등록자 정책연구 정책용역	4,863,200	9	1	7	8	7	1	1	4
8794	정책 용역시	해외공관해지 정책연구사업	1,754,133	9	5	7	8	7	5	5	4
8795	정책 용역시	용역운영시기 각종 기준제공 정책연구사업	1,252,800	9	5	1	1	5	5	5	4
8796	정책 용역시	공공용역 수수료 정책연구정책사업	994,100	9	5	8	7	5	5	5	4
8797	정책 용역시	행정기관 이전관련 용역사업	972,463	9	5	7	8	7	5	1	1

순번	시군구	지출명 (사업명)	2024년예산 (단위 : 천원 /1년간)	민간이전 분류	민간이전지출 근거	계약체결방법 (경쟁형태)	계약기간	낙찰자선정방법	운영예산 산정	정산방법	성과평가 실시여부
8798	전북 남원시	지역특화품목비닐하우스지원사업	789,600	9	6	7	8	3	5	1	4
8799	전북 남원시	청년창업스마트팜패키지지원사업	616,000	9	6	1	8	3	5	1	4
8800	전북 남원시	산림작물생산단지조성	537,500	9	2	7	8	7	1	1	4
8801	전북 남원시	농산물상품화기반구축사업	480,000	9	6	1	7	1,2	5	1	4
8802	전북 남원시	덕음암원주당지붕보수,석축및배수로정비	400,000	9	2	1	1	1	5	1	1
8803	전북 남원시	원예작물스마트기계화적용시범	320,000	9	1,2	7	8	7	5	5	4
8804	전북 남원시	남원선원사철조여래좌상용화전증축및담장정비	308,000	9	2	1	1	1	5	1	1
8805	전북 남원시	친환경농산물품목다양화지원사업	264,480	9	6	7	8	7	5	1	4
8806	전북 남원시	미륵암석불입상종각건립	245,000	9	1	1	1	1	5	1	1
8807	전북 남원시	특산자원융복합가공상품생산기반조성	240,000	9	1	7	8	7	5	5	4
8808	전북 남원시	농경문화소득화모델구축	210,000	9	1,2	7	8	7	5	5	4
8809	전북 남원시	농식품기업맞춤형지원사업	210,000	9	1	7	8	7	5	5	4
8810	전북 남원시	파프리카국내육성산단지육성시범	200,000	9	1	7	8	7	5	5	4
8811	전북 남원시	임산물유통기반조성	185,000	9	2	7	8	7	1	1	4
8812	전북 남원시	수출용복숭아선도유지신기술적용시범	150,000	9	1	7	8	7	5	5	4
8813	전북 남원시	임산물생산기반조성	149,726	9	2	7	8	7	1	1	4
8814	전북 남원시	특용수및유휴토지조림	129,600	9	2	7	8	7	1	1	4
8815	전북 남원시	특산자원용복합제품홍보기반조성	125,000	9	1	7	8	7	5	5	4
8816	전북 남원시	희망하우스빈집재생사업	125,000	9	6	7	8	7	5	5	4
8817	전북 남원시	원예작물생산향상(하이베드)지원사업	120,600	9	6	7	8	7	5	5	1
8818	전북 남원시	FTA과수고품질시설현대화사업	120,000	9	1	7	8	7	5	5	4
8819	전북 남원시	백두대간주민지원	109,125	9	6	7	8	7	1	1	4
8820	전북 남원시	밭작공동경영체육성지원사업	108,000	9	2	1	7	3	5	1	4
8821	전북 남원시	농산물류효율화사업	102,865	9	6	1	7	3	5	1	4
8822	전북 남원시	전통사찰극락전의시설지원	100,000	9	2	1	1	1	5	1	1
8823	전북 남원시	농식품부산물활용상품화기술시범	100,000	9	1	7	8	7	5	5	4
8824	전북 남원시	이상고온대응시설채소안정생산시범	100,000	9	1	7	8	7	5	5	4
8825	전북 남원시	감자가을재배안정생산을위한통씨감자활용기술시범	100,000	9	1	7	8	7	5	5	4
8826	전북 남원시	공동주택경비근로자등휴게시설환경개선지원사업	95,000	9	4	7	8	7	5	5	4
8827	전북 남원시	농촌빈집정비사업	88,000	9	6	7	8	7	5	5	4
8828	전북 남원시	어린이집기능보강	84,000	9	2	7	8	7	5	5	4
8829	전북 남원시	쌀콩달콩스트레스저감용치유농업프로그램보급	80,000	9	1	7	8	7	5	5	4
8830	전북 남원시	원예작물생산성향상을위한생태적종합관리시범	80,000	9	1,2	7	8	7	5	5	4
8831	전북 남원시	열대과일및소핵과가공기술상품화시범	70,000	9	1	7	8	7	5	5	4
8832	전북 남원시	시설하우스난방기지원	69,527	9	2	7	8	7	1	1	1
8833	전북 남원시	특용작물(버섯등)생산시설현대화사업	68,000	9	1	7	8	7	5	5	4
8834	전북 남원시	기후변화대응아열대과수안정생산시범	60,000	9	1	7	8	7	5	5	4
8835	전북 남원시	화훼국내육성품종공품질생산기술보급시범	60,000	9	1,2	7	8	7	5	5	4
8836	전북 남원시	우리원연구개발기술현장적용확대시범	60,000	9	1	7	8	7	5	5	4
8837	전북 남원시	남원실상사횐개미방재	50,000	9	2	1	1	1	5	1	1

순번	시군구	지출명 (사업명)	2024년예산 (단위: 천원/1년간)	민간이전 분류 (지방자치단체 세출예산 집행기준에 의거)	민간이전지출 근거 (지방보조금 관리기준 참고)	계약체결방법 (경쟁형태)	계약기간	낙찰자선정방법	운영예산 산정	정산방법	성과평가 실시여부
8838	전북 남원시	승용형농기계용자동조향장치시범보급	50,000	9	1	7	8	7	5	5	4
8839	전북 남원시	작목별맞춤형안전관리실천시범	50,000	9	1	7	8	7	5	5	4
8840	전북 남원시	신기술접목차세대영농인육성	50,000	9	1	7	8	7	5	5	4
8841	전북 남원시	청년농업인특화작목성공모델육성	50,000	9	1	7	8	7	5	5	4
8842	전북 남원시	딸기신품종확대보급기술시범	50,000	9	1,2	7	8	7	5	5	4
8843	전북 남원시	최고품질상추생산단지조성사업	50,000	9	1	7	8	7	5	5	4
8844	전북 남원시	지역특색농업발굴소득화사업	40,000	9	1	7	8	7	5	5	4
8845	전북 남원시	패션프루트병해충종합방제기술시범	40,000	9	1	7	8	7	5	5	4
8846	전북 남원시	비주거용빈집정비사업	38,000	9	6	7	8	7	5	5	4
8847	전북 남원시	창업식품기업지원사업	34,230	9	1	7	8	7	5	5	4
8848	전북 남원시	남원실상사백장암삼층석탑화장실신축설계	32,000	9	2	1	1	1	5	1	1
8849	전북 남원시	바이오차및천적활용시설재배지온실가스감축기술시범	30,000	9	1,2	7	8	7	5	5	4
8850	전북 남원시	원예특작분야경쟁력향상을위한맞춤형신기술보급시범	30,000	9	1	7	8	7	5	5	4
8851	전북 남원시	학대피해아동쉼터기능보강	28,000	9	2	7	8	7	5	5	4
8852	전북 남원시	선도농업경영체우수모델화사업	28,000	9	1	7	8	7	5	5	4
8853	전북 남원시	환경친화형농자재지원	27,026	9	6	7	8	7	5	1	4
8854	전북 남원시	가정폭력피해자보호시설기능보강	26,234	9	2	7	8	7	5	5	4
8855	전북 남원시	친환경임산물재배관리	26,120	9	2	7	8	7	1	1	4
8856	전북 남원시	도심주민공간조성사업	25,500	9	6	7	8	7	5	5	4
8857	전북 남원시	향교동마을회관홍보게시판설치사업	25,000	9	4	7	8	7	1	1	1
8858	전북 남원시	전통사찰승련사간이수도시설설치	25,000	9	1	1	1	1	5	1	1
8859	전북 남원시	드론용비산저감AI노즐및분무장치시범	25,000	9	1	7	8	7	5	5	4
8860	전북 남원시	남원실상사시굴조사	24,000	9	2	1	1	1	5	1	1
8861	전북 남원시	고품질우량딸기묘생산시범	24,000	9	1	7	8	7	5	5	4
8862	전북 남원시	이백면마을회관보용게시판설치	21,000	9	4	7	8	7	1	1	1
8863	전북 남원시	원예작물천적투입효과증진기술보급시범	20,000	9	1	7	8	7	5	5	4
8864	전북 남원시	축종별맞춤형미네랄블록가축생산성향상시범사업	20,000	9	1	7	8	7	5	5	4
8865	전북 남원시	노암주공아파트모정샷시설치공사(주민참여예산)	20,000	9	4	7	8	7	5	5	4
8866	전북 남원시	향교동시영2차아파트정비사업(주민참여예산)	18,000	9	4	7	8	7	5	5	4
8867	전북 남원시	유기농업자재지원사업	16,050	9	2	7	8	7	5	1	4
8868	전북 남원시	로컬푸드소규모비닐하우스지원사업	13,200	9	4	7	8	7	1	1	1
8869	전북 남원시	남원실상사문화재안내판정비	12,000	9	2	1	1	1	5	1	1
8870	전북 남원시	향교동시영2차아파트정비사업(CCTV)(주민참여예산)	12,000	9	4	7	8	7	5	5	4
8871	전북 남원시	산동면월산마을공동창고정비공사	10,000	9	4	7	8	7	5	5	4
8872	전북 남원시	산동면등구모정비가림시설설치및데크도색	10,000	9	4	7	8	7	1	1	1
8873	전북 남원시	산동면중절마을회관2층개보수사업	10,000	9	4	7	8	7	1	1	1
8874	전북 남원시	향교아파트정비사업(주민참여예산)	10,000	9	4	7	8	7	5	5	4
8875	전북 남원시	산동면촌부락모정광장공사	5,000	9	4	7	8	7	1	1	1
8876	전북 남원시	명지3단지아파트모정도정및누수공사(주민참여예산)	5,000	9	4	7	8	7	5	5	4
8877	전북 남원시	특용작물(인삼)생산시설현대화사업	4,000	9	1	7	8	7	5	5	4

순번	시군구	지출명 (사업명)	2024년예산 (단위 : 천원 /1년간)	민간이전 분류	민간이전지출 근거	입찰방식 계약체결방법	계약기간	낙찰자선정방법	운영예산 산정	정산방법	성과평가 실시여부
8878	전북 남원시	저녹스보일러	2,400	9	2	7	8	7	5	5	4
8879	전북 김제시	전기화물차구매지원	3,780,000	9	2	7	8	7	5	5	4
8880	전북 김제시	전기승용차구매지원	2,406,400	9	2	7	8	7	5	5	4
8881	전북 김제시	국가지정문화재보수정비(금산사전시시설설치)	2,000,000	9	2	1	8	6	5	5	2
8882	전북 김제시	논타작물단지화시설장비지원사업	1,800,000	9	1	7	8	7	5	5	4
8883	전북 김제시	토양개량제지원사업	1,756,391	9	1	7	8	7	5	5	4
8884	전북 김제시	수소승용차보급사업	1,725,000	9	2	7	8	7	5	5	4
8885	전북 김제시	귀농청년로컬재생복합문화거점공간조성사업	1,250,000	9	6	7	8	7	1	1	4
8886	전북 김제시	들녘경영체시설장비지원사업	900,000	9	1	7	8	7	5	5	4
8887	전북 김제시	원예농산물시설장비지원사업	838,600	9	1	7	8	7	1	1	3
8888	전북 김제시	지역특화품목비닐하우스지원사업	812,400	9	6	7	8	7	5	5	4
8889	전북 김제시	토하양식장조성지원	800,000	9	6	7	8	7	5	5	4
8890	전북 김제시	건설기계엔진교체지원	660,000	9	2	7	8	7	5	5	4
8891	전북 김제시	에너지절감시설	542,490	9	2	7	8	7	5	5	4
8892	전북 김제시	쌀경쟁력제고사업	518,400	9	1	7	8	7	5	5	4
8893	전북 김제시	농산물상품화기반구축사업	432,000	9	1	7	8	7	1	1	4
8894	전북 김제시	밭식량작물(논타작물)경쟁력제고사업	423,600	9	1	7	8	7	5	5	4
8895	전북 김제시	꿀벌스마트사육시설지원	400,000	9	2	7	8	7	5	5	4
8896	전북 김제시	벼건조저장시설개보수사업	377,000	9	1	7	8	7	5	5	4
8897	전북 김제시	가루쌀생산단지시설장비지원사업	360,000	9	1	7	8	7	5	5	4
8898	전북 김제시	중소기업환경개선사업	345,300	9	2	7	8	7	1	1	2
8899	전북 김제시	장애인보호작업장기능보강	310,500	9	4	7	7	7	1	1	2
8900	전북 김제시	청년창업스마트팜패키지지원사업	308,000	9	6	7	8	7	5	5	4
8901	전북 김제시	벼안전생산방제지원(전환사업)	300,000	9	6	7	8	7	5	5	4
8902	전북 김제시	전북쌀품질고급화시설개선사업	299,000	9	1	7	8	7	5	5	4
8903	전북 김제시	소규모영세사업장방지시설설치	297,000	9	2	7	8	7	5	5	4
8904	전북 김제시	밭작물공동경영체육성사업	270,000	9	2	7	8	7	5	5	4
8905	전북 김제시	국산양질조사료생산열풍건조시스템보급시범	270,000	9	2	7	8	7	5	5	4
8906	전북 김제시	농촌빈집정비	269,000	9	4	7	8	7	1	1	4
8907	전북 김제시	국가지정문화재보수정비(금산사보현당단청)	250,000	9	2	1	8	6	5	5	2
8908	전북 김제시	국공립어린이집확충사업	245,000	9	2	7	8	7	5	5	4
8909	전북 김제시	농산물공동작업지원체계확충사업	240,000	9	1	7	8	7	1	1	3
8910	전북 김제시	국산밀생산단지경영체육성시설장비지원사업	214,200	9	1	7	8	7	5	5	4
8911	전북 김제시	농산물물류효율화지원사업	206,038	9	1	7	8	7	1	1	4
8912	전북 김제시	청년희망(간편형)스마트팜확산사업	206,005	9	6	7	8	7	5	5	4
8913	전북 김제시	전통사찰보수정비(원각사담장정비)	200,000	9	2	1	8	6	5	5	2
8914	전북 김제시	국가지정문화재보수정비(금산사미륵전보수)	200,000	9	2	1	8	6	5	5	2
8915	전북 김제시	대체품종활용과수우리품종특화단지조성시범	200,000	9	2	7	8	7	5	5	4
8916	전북 김제시	노후경유차DPF지원	198,000	9	2	7	8	7	5	5	4
8917	전북 김제시	GAP위생시설보완지원사업	190,000	9	1	7	8	7	1	1	4

순번	시군구	지출명 (사업명)	2024년예산 (단위: 천원/1년간)	민간이전 분류 (지방자치단체 세출예산 집행기준에 의거)	민간이전지출 근거 (지방보조금 관리기준 참고)	계약체결방법 (경쟁형태)	계약기간	낙찰자선정방법	운영예산 산정	정산방법	성과평가 실시여부
8918	전북 김제시	시설원예현대화	187,000	9	2	7	8	7	5	5	4
8919	전북 김제시	저탄소식량작물재배기술현장확산모델시범	170,000	9	2	7	8	7	5	5	4
8920	전북 김제시	GAP포장재비지원사업	158,600	9	1	7	8	7	1	1	2
8921	전북 김제시	벼안전생산방제지원	158,000	9	2	7	8	7	5	5	4
8922	전북 김제시	과수고품질시설현대화사업	157,500	9	2	7	8	7	5	5	4
8923	전북 김제시	전통사찰보수정비(문수사산신각개축)	144,000	9	2	1	8	6	5	5	2
8924	전북 김제시	전기버스구매지원	140,000	9	2	7	8	7	5	5	4
8925	전북 김제시	전기굴착기구매지원	140,000	9	2	7	8	7	5	5	4
8926	전북 김제시	원예작물하이베드개선사업	126,600	9	6	7	8	7	5	5	4
8927	전북 김제시	농어촌장애인주택개조	114,000	9	2	4	8	7	5	5	4
8928	전북 김제시	환경친화형농자재지원	109,332	9	1	7	8	7	5	5	4
8929	전북 김제시	신재생에너지주택지원	105,869	9	2	7	8	7	5	5	2
8930	전북 김제시	지역공동체기반앵커센터운영(HW)	100,000	9	7	7	8	7	5	5	4
8931	전북 김제시	귀농귀촌정착지원	100,000	9	6	7	8	7	1	1	4
8932	전북 김제시	치유자원을활용한농촌체류관광활성화시범	100,000	9	1	7	8	7	5	5	4
8933	전북 김제시	농촌자원활용치유농장육성	100,000	9	1	7	8	7	5	5	4
8934	전북 김제시	식량자급률향상을위한나물콩이모작작부체계시범	100,000	9	2	7	8	7	5	5	4
8935	전북 김제시	논범용화를위한지하수위제어시스템	100,000	9	2	7	8	7	5	5	4
8936	전북 김제시	정밀농업기반밀콩작부체계보급(1년차)	100,000	9	2	7	8	7	5	5	4
8937	전북 김제시	정밀농업기반밀콩작부체계보급(2년차)	100,000	9	2	7	8	7	5	5	4
8938	전북 김제시	벼육묘이앙노동력절감기술시범	100,000	9	2	7	8	7	5	5	4
8939	전북 김제시	2기작용가을감자신품종현장보급	100,000	9	2	7	8	7	5	5	4
8940	전북 김제시	경유항타항발기전동화지원	90,000	9	2	7	8	7	5	5	4
8941	전북 김제시	원예특작분야경쟁력향상위한맞춤형신기술보급시범	90,000	9	6	7	8	7	5	5	4
8942	전북 김제시	사회복지관기능보강	86,525	9	1	1	5	6	1	3	1
8943	전북 김제시	지하전기차충전시설지상이전지원	85,000	9	2	7	8	7	5	5	4
8944	전북 김제시	전통사찰보수정비(학선암석축정비)	80,000	9	2	1	8	6	5	5	2
8945	전북 김제시	국가지정문화재보수정비(귀신사대적광전주변정비)	80,000	9	2	1	8	6	5	5	2
8946	전북 김제시	농촌비주거용빈집정비	80,000	9	4	7	8	7	1	1	1
8947	전북 김제시	국산종균을이용한맞춤형기능성식초상품화시범	80,000	9	1	7	8	7	5	5	4
8948	전북 김제시	희망하우스빈집재생사업	75,000	9	2	4	8	7	5	5	4
8949	전북 김제시	국가지정문화재보수정비(청룡사목조관음보살좌상보호각단청설계)	74,900	9	2	1	8	6	5	5	2
8950	전북 김제시	시설하우스온풍난방기지원사업	73,443	9	2	7	8	7	5	5	4
8951	전북 김제시	팥방미인잡곡활용체험콘텐츠확산	70,000	9	1	7	8	7	5	5	4
8952	전북 김제시	버섯시설현대화지원사업	66,000	9	2	7	8	7	5	5	4
8953	전북 김제시	벼신품종조기확산및브랜드육성재배단지조성시범	64,000	9	6	7	8	7	5	5	4
8954	전북 김제시	인삼생산시설현대화사업	63,000	9	2	7	8	7	5	5	4
8955	전북 김제시	양식장기자재지원	60,257	9	1	7	8	7	5	5	4
8956	전북 김제시	어린이집기능보강	60,000	9	2	7	8	7	5	5	4
8957	전북 김제시	양식장친환경정화시설지원	60,000	9	1	7	8	7	5	5	4

순번	시군구	지출명 (사업명)	2024년예산 (단위 : 천원 /1년간)	민간이전 분류 (지방자치단체 세출예산 집행기준에 의거) 1. 민간경상사업보조(307-02) 2. 민간단체 법정운영비보조(307-03) 3. 민간행사사업보조(307-04) 4. 민간위탁금(307-05) 5. 사회복지시설 법정운영비보조(307-10) 6. 민간위탁교육비(307-12) 7. 공기관등에대한경상적위탁사업비(308-13) 8. 민간자본사업보조,자체재원(402-01) 9. 민간자본사업보조,이전재원(402-02) 10. 민간위탁사업비(402-03) 11. 공기관등에 대한 자본적 위탁사업비(403-02)	민간이전지출 근거 (지방보조금 관리기준 참고) 1. 법률에 규정 2. 국고보조 재원(국가지정) 3. 용도 지정 기부금 4. 조례에 직접규정 5. 지자체가 권장하는 사업 하는 공공기관 6. 시,도 정책 및 재정사정 7. 기타 8. 해당없음	입찰방식 계약체결방법 (경쟁형태) 1. 일반경쟁 2. 제한경쟁 3. 지명경쟁 4. 수의계약 5. 법정위탁 6. 기타 ( ) 7. 없음	계약기간 1. 1년 2. 2년 3. 3년 4. 4년 5. 5년 6. 기타 ( )년 7. 단기계약 (1년미만) 8. 없음	낙찰자선정방법 1. 적격심사 2. 협상에의한계약 3. 최저가낙찰제 4. 규격가격분리 5. 2단계 경쟁입찰 6. 기타 ( ) 7. 없음	운영예산 산정 1. 내부산정 (지자체 자체적으로 산정) 2. 외부산정 (외부전문기관위탁 산정) 3. 내·외부 모두 산정 4. 산정 無 5. 없음	정산방법 1. 내부정산 (지자체 내부적으로 정산) 2. 외부정산 (외부전문기관위탁 정산) 3. 내·외부 모두 정산 4. 정산 無 5. 없음	성과평가 실시여부 1. 실시 2. 미실시 3. 향후 추진 4. 해당없음
8958	전북 김제시	노지밭작물국산지중점적자동관개시스템	60,000	9	2	7	8	7	5	5	4
8959	전북 김제시	농작업환경개선수경재배전환시범	60,000	9	6	7	8	7	5	5	4
8960	전북 김제시	여성농업인농작업편의장비지원사업	58,000	9	6	7	8	7	5	5	4
8961	전북 김제시	스마트팜시설보급컨설팅	50,333	9	2	7	8	7	5	5	4
8962	전북 김제시	국가지정문화재보수정비(금산사혜덕왕사탑비보호각개선)	50,000	9	2	1	8	6	5	5	2
8963	전북 김제시	신기술접목차세대영농인육성	50,000	9	1	7	8	7	5	5	4
8964	전북 김제시	버섯국내육성품종보급시범	50,000	9	2	7	8	7	5	5	4
8965	전북 김제시	지중점적활용시설재배과원계획관수시범	50,000	9	1	7	8	7	5	5	4
8966	전북 김제시	도심빈집정비주민공간조성	49,000	9	4	7	8	7	1	1	4
8967	전북 김제시	가스열펌프(GHP)배출가스저감장치부착지원	47,250	9	2	7	8	7	5	5	4
8968	전북 김제시	농업인재해안전마을육성사업	45,000	9	1	7	8	7	5	5	4
8969	전북 김제시	양식장소독제지원	43,453	9	1	7	8	7	5	5	4
8970	전북 김제시	작목별맞춤형선관리실천	42,500	9	1	7	8	7	5	5	4
8971	전북 김제시	국가지정문화재보수정비(금산사금강계단수목정비)	40,000	9	2	1	8	6	5	5	2
8972	전북 김제시	사회복지관노후음향시설교체	40,000	9	1	1	5	6	1	3	1
8973	전북 김제시	친환경세탁시설설치지원	40,000	9	2	7	8	7	5	5	4
8974	전북 김제시	야생동물피해예방시설설치지원	40,000	9	2	7	8	7	5	5	4
8975	전북 김제시	농식품가공사업장품질향상지원사업	40,000	9	1	7	8	7	5	5	4
8976	전북 김제시	지역특색농업발굴소득화사업	40,000	9	6	7	8	7	5	5	4
8977	전북 김제시	탄소발생저감시설과수재배환경개선시범	40,000	9	6	7	8	7	5	5	4
8978	전북 김제시	유기농업자재지원사업	38,895	9	1	7	8	7	5	5	4
8979	전북 김제시	양식장폭염한파대비지하수개발지원	34,200	9	1	7	8	7	5	5	4
8980	전북 김제시	양식장고수온폭염대응지원	33,430	9	1	7	8	7	5	5	4
8981	전북 김제시	장기요양기관환기설비설치지원	32,936	9	2	7	7	7	1	1	4
8982	전북 김제시	어린이집석면철거지원	32,619	9	6	7	8	7	5	5	4
8983	전북 김제시	농촌자원활용기술시범	32,000	9	1	7	8	7	5	5	4
8984	전북 김제시	재향군인회노후화시설개선사업	30,000	9	4	7	8	7	5	1	1
8985	전북 김제시	진봉면갈전경로당개보수사업	30,000	9	4	1,4,6	7	6	1	1	3
8986	전북 김제시	만경읍공동주택내외부전면도색및옥상방수공사(영광아파트)	30,000	9	4	7	8	7	5	5	4
8987	전북 김제시	만경읍아파트방수지붕설치및기능보강공사(상원아파트)	30,000	9	4	7	8	7	5	5	4
8988	전북 김제시	요촌동공동주택(궁전연립)환경개선사업	30,000	9	4	7	8	7	5	5	4
8989	전북 김제시	요촌동공동주택(동양연립)보수공사사업	30,000	9	4	7	8	7	5	5	4
8990	전북 김제시	요촌동공동주택(동원맨션)환경정비사업	30,000	9	4	7	8	7	5	5	4
8991	전북 김제시	요촌동공동주택(두일주택)보강사업	30,000	9	4	7	8	7	5	5	4
8992	전북 김제시	교월동공동주택(옥산아파트)시설보강	30,000	9	4	7	8	7	5	5	4
8993	전북 김제시	한센정착촌환경개선사업	30,000	9	6	7	8	7	1	1	4
8994	전북 김제시	친환경농산물품목다양화육성지원사업	30,000	9	1	7	8	7	5	5	4
8995	전북 김제시	저탄소벼논물관리시범사업	30,000	9	1	7	8	7	5	5	4
8996	전북 김제시	농촌체험서비스품질향상지원	30,000	9	1	7	8	7	5	5	4
8997	전북 김제시	고품질우량딸기묘생산시범	30,000	9	6	7	8	7	5	5	4

순번	시군구	지출명 (사업명)	2024년예산 (단위: 천원/1년간)	민간이전 분류 (지방자치단체 세출예산 집행기준에 의거)	민간이전지출 근거 (지방보조금 관리기준 참고)	입찰방식 계약체결방법 (경쟁형태)	입찰방식 계약기간	입찰방식 낙찰자선정방법	운영예산 산정	정산방법	성과평가 실시여부
8998	전북 김제시	전기이륜차구매지원	28,800	9	2	7	8	7	5	5	4
8999	전북 김제시	선도농업격영체우수모델화사업	28,000	9	1	7	8	7	5	5	4
9000	전북 김제시	신풍덕조경로당개보수사업	25,000	9	4	1,4,6	7	6	1	1	3
9001	전북 김제시	신풍동비사별아파트보강사업	25,000	9	4	7	8	7	5	5	4
9002	전북 김제시	공동주택경비근로자등휴게시설환경개선지원	25,000	9	4	7	8	7	5	5	4
9003	전북 김제시	드론용비산저감AI노즐및분무장치신기술시범	25,000	9	2	7	8	7	5	5	4
9004	전북 김제시	이석정선생생가초가이엉	24,000	9	2	7	8	7	1	1	2
9005	전북 김제시	오영순가옥초가이엉	24,000	9	2	7	8	7	1	1	2
9006	전북 김제시	양식어장자동화시설장비지원	24,000	9	1	7	8	7	5	5	4
9007	전북 김제시	양식수산물폐사체처리지원	24,000	9	1	7	8	7	5	5	4
9008	전북 김제시	소규모사업장안전시설물보강지원사업	20,000	9	7	7	8	7	1	1	2
9009	전북 김제시	신풍동금성연립누수방지및페인트작업	20,000	9	4	7	8	7	5	5	4
9010	전북 김제시	논온실가스감축을위한물관리와완효성비료복합기술시범	20,000	9	2	7	8	7	5	5	4
9011	전북 김제시	축종별맞춤형미네랄블록가축생산성향상시범	20,000	9	2	7	8	7	5	5	4
9012	전북 김제시	고추비가림재배시설지원사업	19,800	9	2	7	8	7	5	5	4
9013	전북 김제시	로컬푸드소규모비닐하우스지원사업	19,800	9	1	7	8	7	1	1	2
9014	전북 김제시	생생마을만들기(기초단계)	15,000	9	6	7	8	7	5	5	4
9015	전북 김제시	수산물유통시설지원	13,300	9	1	7	8	7	5	5	4
9016	전북 김제시	내수면양식장시설현대화	12,000	9	1	7	8	7	5	5	4
9017	전북 김제시	여성친화기업환경개선사업	10,000	9	1	7	8	7	5	5	4
9018	전북 김제시	어린이통학차량LPG차전환지원	10,000	9	2	7	8	7	5	5	4
9019	전북 김제시	저녹스보일러구매지원(취약계층)	9,600	9	2	7	8	7	5	5	4
9020	전북 김제시	농업기계등화장치부착지원사업	8,500	9	1	7	8	7	5	5	4
9021	전북 김제시	소형어선안전장비지원	8,400	9	6	7	8	7	5	5	4
9022	전북 김제시	작은도서관자료구입	8,400	9	1	7	8	7	5	1	4
9023	전북 김제시	보증기간경과배출가스저감장치성능유지지원	6,874	9	2	7	8	7	5	5	4
9024	전북 김제시	사립작은도서관도서구입비및독서환경개선사업비지원(5개소)	6,000	9	1	7	8	7	5	1	4
9025	전북 김제시	양식장스마트관리시스템구축	5,220	9	1	7	8	7	5	5	4
9026	전북 김제시	노지채소생산기반구축지원사업	4,800	9	6	7	8	7	5	5	4
9027	전북 김제시	가력발전소주변지역지원사업(진봉)	1,500	9	2	4	7	2	2	2	2
9028	전북 완주군	전기자동차구매지원	2,710,000	9	2	7	8	7	1	1	4
9029	전북 완주군	유기질비료지원(전환사업)	1,848,851	9	2	7	8	7	5	5	4
9030	전북 완주군	비료가격안정지원사업	823,796	9	2	7	8	7	5	5	4
9031	전북 완주군	밭작물공동경영체육성(생산비절감,품질개선)	823,500	9	1	1	1	3	3	1	1
9032	전북 완주군	농촌자원복합산업화지원(지역특화품목비닐하우스지원사업)(전환사업)	602,400	9	6	7	8	7	5	5	4
9033	전북 완주군	토양개량제지원	529,547	9	2	7	8	7	5	5	4
9034	전북 완주군	거점소독시설설치지원사업	288,000	9	2	1	7	2	2	2	4
9035	전북 완주군	친환경농산물품목다양화육성지원사업	173,040	9	6	7	8	7	5	5	4
9036	전북 완주군	CCTV방역인프라지원사업	142,500	9	2	7	8	7	5	5	4
9037	전북 완주군	시설원예현대화지원사업	132,000	9	2	7	8	7	5	5	4

순번	시군구	지출명 (사업명)	2024년예산 (단위: 천원/1년간)	민간이전 분류 (지방자치단체 세출예산 집행기준에 의거) 1. 민간경상사업보조(307-02) 2. 민간단체 법정운영비보조(307-03) 3. 민간행사사업보조(307-04) 4. 민간위탁금(307-05) 5. 사회복지시설 법정운영비보조(307-10) 6. 민간인위탁교육비(307-12) 7. 공기관등에대한경상적위탁사업비(308-13) 8. 민간자본사업보조,자체재원(402-01) 9. 민간자본사업보조,이전재원(402-02) 10. 민간위탁사업비(402-03) 11. 공기관등에 대한 자본적 위탁사업비(403-02)	민간이전지출 근거 (지방보조금 관리기준 참고) 1. 법률에 규정 2. 국고보조 재원(국가지정) 3. 용도 지정 기부금 4. 조례에 직접규정 5. 지자체가 권장하는 사업을 하는 공공기관 6. 시,도 정책 및 재정사정 7. 기타 8. 해당없음	입찰방식 계약체결방법 (경쟁형태) 1. 일반경쟁 2. 제한경쟁 3. 지명경쟁 4. 수의계약 5. 법정위탁 6. 기타 ( ) 7. 없음	계약기간 1. 1년 2. 2년 3. 3년 4. 4년 5. 5년 6. 기타 ( )년 7. 단기계약 (1년미만) 8. 없음	낙찰자선정방법 1. 적격심사 2. 협상에의한계약 3. 최저가낙찰제 4. 규격가격분리 5. 2단계 경쟁입찰 6. 기타 ( ) 7. 없음	운영예산 산정 1. 내부산정 (지자체 자체로 산정) 2. 외부산정 (외부전문기관위탁 산정) 3. 내·외부 모두 산정 4. 산정 無 5. 없음	정산방법 1. 내부정산 (지자체 내부적으로 정산) 2. 외부정산 (외부전문기관위탁 정산) 3. 내·외부 모두 산정 4. 정산 無 5. 없음	성과평가 실시여부 1. 실시 2. 미실시 3. 향후 추진 4. 해당없음
9038	전북 완주군	공동주택관리지원사업(도지역밀착형주민참여예산)	130,000	9	4	7	8	7	5	5	4
9039	전북 완주군	용담댐주변지역지원사업	119,574	9	1	7	8	7	5	5	4
9040	전북 완주군	농산물물류효율화사업	114,941	9	4	1	1	3	3	1	1
9041	전북 완주군	돼지써코백신지원사업	110,400	9	2	7	8	7	5	5	4
9042	전북 완주군	수요자참여식량작물특성화시범	100,000	9	2	7	8	7	5	5	4
9043	전북 완주군	이상고온대응시설채소안정생산시범	100,000	9	2	7	8	7	5	5	4
9044	전북 완주군	수출용딸기품질고급화생산기술시범	100,000	9	2	7	8	7	5	5	4
9045	전북 완주군	지역활력화작목기반조성(기후변화대응아열대과수소득화시범)(전환사업)	100,000	9	2	7	8	7	5	5	4
9046	전북 완주군	기후변화선제적대응을위한아열대과수도입시범	100,000	9	2	7	8	7	5	5	4
9047	전북 완주군	섬진강댐주변지역지원사업	98,108	9	1	7	8	7	5	5	4
9048	전북 완주군	환경친화형농자재지원사업	90,000	9	2	7	8	7	5	5	4
9049	전북 완주군	시설원예국산장기성농업용피복재활용재배기술보급	80,000	9	2	7	8	7	5	5	4
9050	전북 완주군	고추비가림재배시설지원사업	79,200	9	2	7	8	7	5	5	4
9051	전북 완주군	과수고품질시설현대화	78,500	9	1	7	8	7	5	5	4
9052	전북 완주군	GAP농산물포장재비지원사업	70,000	9	4	1	1	3	3	1	1
9053	전북 완주군	야생동물피해예방사업	63,940	9	2	7	8	7	5	5	4
9054	전북 완주군	농촌자원복합산업화지원(원예작물하이베드개선사업)(전환사업)	61,218	9	6	7	8	7	5	5	4
9055	전북 완주군	농촌자원복합산업화지원(노지채소생산기반구축사업)	60,000	9	6	7	8	7	5	5	4
9056	전북 완주군	여객자동차터미널정비사업	56,800	9	1	6	1	3	1	1	3
9057	전북 완주군	인삼생산시설현대화지원사업	56,000	9	6	7	8	7	5	5	4
9058	전북 완주군	원예농산물시설장비지원사업	56,000	9	6	7	8	7	3	1	1
9059	전북 완주군	여성농업인편의장비지원사업	52,000	9	4	7	1	7	1	1	2
9060	전북 완주군	버섯생산시설현대화지원사업	51,000	9	6	7	8	7	5	5	4
9061	전북 완주군	농작업대행장비지원사업	50,400	9	6	7	8	7	5	5	4
9062	전북 완주군	딸기삽목묘대량증식기술시범	50,000	9	2	7	8	7	5	5	4
9063	전북 완주군	시설과채류결로모니터링및경보시스템시범	50,000	9	2	7	8	7	5	5	4
9064	전북 완주군	고온기여름상추안정재배시범	50,000	9	2	7	8	7	5	5	4
9065	전북 완주군	지역활력화작목기반조성(신기술접목차세대영농인육성)	50,000	9	6	7	8	7	5	5	4
9066	전북 완주군	청년농업인특화작목공모델육성	50,000	9	6	7	8	7	5	5	4
9067	전북 완주군	청년희망스마트팜확산사업	45,780	9	6	7	8	7	5	5	4
9068	전북 완주군	농업인재해안전마을육성시범(민간자본)	42,500	9	6	7	8	7	5	5	4
9069	전북 완주군	재해예방사육환경개선사업	42,000	9	1	7	8	7	5	5	4
9070	전북 완주군	농어촌장애인주택개조사업	41,800	9	2	7	7	7	5	5	4
9071	전북 완주군	잡곡신품종조기확산시범단지조성	40,000	9	2	7	8	7	5	5	4
9072	전북 완주군	채소일사강우센서기반스마트관수시스템시범	40,000	9	2	7	8	7	5	5	4
9073	전북 완주군	지역특색농업발굴소득화사업	40,000	9	2	7	8	7	5	5	4
9074	전북 완주군	깨끗하고소득있는축산물판매장만들기사업	35,000	9	2	7	8	7	5	5	4
9075	전북 완주군	어린이통학차량LPG차전환지원사업	35,000	9	2	7	8	7	1	1	4
9076	전북 완주군	실버세대맞춤형친수유농장공간조성	34,000	9	2	7	8	7	5	5	4
9077	전북 완주군	쌀경쟁력제고	33,600	9	6	7	8	7	5	5	4

순번	시군구	지출명 (사업명)	2024년예산 (단위 : 천원 /1년간)	민간이전 분류 (지방자치단체 세출예산 집행기준에 의거) 1. 민간경상사업보조(307-02) 2. 민간단체 법정운영비보조(307-03) 3. 민간행사사업보조(307-04) 4. 민간위탁금(307-05) 5. 사회복지시설 법정운영비보조(307-10) 6. 민간인위탁교육비(307-12) 7. 공기관등에대한경상적위탁사업비(308-13) 8. 민간자본사업보조,자체재원(402-01) 9. 민간자본사업보조,이전재원(402-02) 10. 민간위탁사업비(402-03) 11. 공기관에 대한 자본적 위탁사업비(403-02)	민간이전지출 근거 (지방보조금 관리기준 참고) 1. 법률에 규정 2. 국고보조 재원(국가지정) 3. 용도 지정 기부금 4. 조례에 직접규정 5. 지자체가 권장하는 사업을 하는 공공기관 6. 시,도 정책 및 재정사정 7. 기타 8. 해당없음	입찰방식			운영예산 산정		성과평가 실시여부 1. 실시 2. 미실시 3. 향후 추진 4. 해당없음
						계약체결방법 (경쟁형태) 1. 일반경쟁 2. 제한경쟁 3. 지명경쟁 4. 수의계약 5. 법정위탁 6. 기타 ( ) 7. 없음	계약기간 1. 1년 2. 2년 3. 3년 4. 4년 5. 5년 6. 기타 ( )년 7. 단기계약 (1년미만) 8. 없음	낙찰자선정방법 1. 적격심사 2. 협상에의한계약 3. 최저가낙찰제 4. 규격가격분리 5. 2단계 경쟁입찰 6. 기타 ( ) 7. 없음	운영예산 산정 1. 내부산정 (지자체 자체적으로 산정) 2. 외부산정 (외부전문기관위탁 산정) 3. 내·외부 모두 산정 4. 산정 無 5. 없음	정산방법 1. 내부정산 (지자체 내부적으로 정산) 2. 외부정산 (외부전문기관위탁 정산) 3. 내·외부 모두 산정 4. 정산 無 5. 없음	
9078	전북 완주군	꿀벌사육농가면역증강제지원	30,400	9	6	7	8	7	5	5	4
9079	전북 완주군	어린이집기능보강사업	30,000	9	1	7	8	7	5	1	4
9080	전북 완주군	내병충성벼품종재배단지조성	30,000	9	2	7	8	7	5	5	4
9081	전북 완주군	중소가축우량축종개량기반구축시범	30,000	9	2	7	8	7	5	5	4
9082	전북 완주군	토양병해충방제용토양소독기신기술시범	30,000	9	2	7	8	7	5	5	4
9083	전북 완주군	신소화종스프레이라넌큘러스.부라르디아시범재배	30,000	9	2	7	8	7	5	5	4
9084	전북 완주군	저온기시설채소재배환경개선시범	30,000	9	2	7	8	7	5	5	4
9085	전북 완주군	동물사체처리시설지원사업	30,000	9	2	7	8	7	5	5	4
9086	전북 완주군	농촌체험관광품질관리를위한환경개선	30,000	9	6	7	8	7	5	5	4
9087	전북 완주군	젖소대사질병예방약지원	28,560	9	6	7	8	7	5	5	4
9088	전북 완주군	선도농업경영체우수모델화사업	28,000	9	6	7	8	7	5	5	4
9089	전북 완주군	농어촌빈집정비사업(비주거용)	26,000	9	6	7	7	7	5	5	4
9090	전북 완주군	희망하우스빈집재생사업	25,000	9	6	7	7	7	5	5	4
9091	전북 완주군	고온기딸기삽목묘안정생산기술시범	25,000	9	2	7	8	7	5	5	4
9092	전북 완주군	고수온폭염대응지원사업	24,977	9	1	7	8	7	5	5	4
9093	전북 완주군	쌀경쟁력제고(농업용방제드론)	24,000	9	6	7	8	7	5	5	4
9094	전북 완주군	원예분야ICT융복합지원사업	21,890	9	2	7	8	7	5	5	4
9095	전북 완주군	공동주택경비근로자등휴게시설환경개선지원사업	20,000	9	1	7	8	7	5	5	4
9096	전북 완주군	원예작물천적투입효과증진기술보급시범	20,000	9	2	7	8	7	5	5	4
9097	전북 완주군	유기농업자재지원	19,820	9	1	7	8	7	5	5	4
9098	전북 완주군	내수면양식자재지원	18,257	9	1	7	8	7	5	5	4
9099	전북 완주군	폭염스트레스완화제지원	17,000	9	1	7	8	7	5	5	4
9100	전북 완주군	고품질축산물생산지원사업(2종)	16,000	9	1	7	8	7	5	5	4
9101	전북 완주군	대파생해비닐피복생력재배시범	15,000	9	2	7	8	7	5	5	4
9102	전북 완주군	축산ICT융복합지원	15,000	9	1	7	8	7	5	5	4
9103	전북 완주군	시설하우스온풍난방기지원사업	14,040	9	6	7	8	7	5	5	4
9104	전북 완주군	양식장소독제지원	12,453	9	1	7	8	7	5	5	4
9105	전북 완주군	흑염소경쟁력강화사업	12,000	9	1	7	8	7	5	5	4
9106	전북 완주군	농업농촌자원복합산업화지원(축사화재안전시스템지원)==전환	9,600	9	1	7	8	7	5	5	4
9107	전북 완주군	전기이륜차보급사업	8,000	9	2	7	8	7	1	1	4
9108	전북 완주군	전북쌀품질고급화시설개선사업	7,800	9	6	7	8	7	5	5	4
9109	전북 완주군	양식장청정지하수개발지원사업	7,800	9	1	7	8	7	5	5	4
9110	전북 완주군	젖소유방염백신지원	6,960	9	1	7	8	7	5	5	4
9111	전북 완주군	농장출입구자동소독기설치지원	6,300	9	6	7	8	7	5	5	4
9112	전북 완주군	산란계농장난좌구입지원사업	2,880	9	2	7	8	7	5	5	4
9113	전북 완주군	자돈폐사율감소환경개선사업	2,112	9	6	7	8	7	5	5	4
9114	전북 완주군	사슴농가인공수정지원	2,100	9	1	7	8	7	5	5	4
9115	전북 장수군	전기자동차구매지원(민간)	1,206,400	9	2	7	8	7	5	1	4
9116	전북 장수군	농업에너지이용효율화사업(신재생에너지)	826,020	9	2	7	8	7	5	5	1
9117	전북 장수군	지역특화품목비닐하우스지원사업	541,200	9	6	7	8	7	5	5	1

순번	시군구	지출명 (사업명)	2024년예산 (단위 : 천원/1년간)	민간이전 분류 (지방자치단체 세출예산 집행기준에 의거) 1. 민간경상사업보조(307-02) 2. 민간단체 법정운영비보조(307-03) 3. 민간행사사업보조(307-04) 4. 민간장학금(307-05) 5. 사회복지시설 법정운영비보조(307-10) 6. 민간인위탁교육비(307-12) 7. 공기관등에대한경상적위탁사업비(308-13) 8. 민간자본사업보조,자체재원(402-01) 9. 민간자본사업보조,이전재원(402-02) 10. 민간위탁사업비(402-03) 11. 공기관등에 대한 자본적 위탁사업비(403-02)	민간이전지출 근거 (지방보조금 관리기준 참고) 1. 법률에 규정 2. 국고보조 재원(국가지정) 3. 용도 지정 기부금 4. 조례에 직접규정 5. 지자체가 권장하는 사업을 하는 공공기관 6. 시,도 정책 및 재정사정 7. 기타 8. 해당없음	입찰방식			운영예산 산정		성과평가 실시여부 1. 실시 2. 미실시 3. 향후 추진 4. 해당없음
						계약체결방법 (경쟁형태) 1. 일반경쟁 2. 제한경쟁 3. 지명경쟁 4. 수의계약 5. 법정위탁 6. 기타 ( ) 7. 없음	계약기간 1. 1년 2. 2년 3. 3년 4. 4년 5. 5년 6. 기타 ( )년 7. 단기계약 (1년미만) 8. 없음	낙찰자선정방법 1. 적격심사 2. 협상에의한계약 3. 최저가낙찰제 4. 규격가격분리 5. 2단계 경쟁입찰 6. 기타 ( ) 7. 없음	운영예산 산정 1. 내부산정 (지자체 자체적으로 산정) 2. 외부산정 (외부전문기관위탁 산정) 3. 내·외부 모두 산정 4. 산정 無 5. 없음	정산방법 1. 내부정산 (지자체 내부적으로 정산) 2. 외부정산 (외부전문기관위탁 정산) 3. 내·외부 모두 산정 4. 정산 無 5. 없음	
9118	전북 장수군	시설원예ICT융복합확산사업	535,604	9	2	7	8	7	5	5	1
9119	전북 장수군	청년창업스마트팜패키지지원사업	352,000	9	6	7	8	7	5	5	1
9120	전북 장수군	전북쌀품질고급화시설개선사업	286,000	9	6	7	8	7	5	5	1
9121	전북 장수군	친환경농산물품목다양화육성지(전환사업)	188,240	9	6	7	8	7	5	5	1
9122	전북 장수군	조사료생산용기계장비구입지원	180,000	9	2	7	8	7	5	1	4
9123	전북 장수군	건설기계엔진교체	152,000	9	2	7	8	7	5	1	4
9124	전북 장수군	노지채소생산기반구축	124,810	9	6	7	8	7	5	5	1
9125	전북 장수군	원예작물하이베드개선지원	122,400	9	6	7	8	7	5	5	1
9126	전북 장수군	야생동물피해예방사업	120,000	9	2	7	8	7	5	1	4
9127	전북 장수군	청년희망(간편형)스마트팜확산사업	100,855	9	6	7	8	7	5	5	1
9128	전북 장수군	농촌자원복합산업화지원(농산물류효율화지원사업)(전환사업)	96,200	9	4	7	8	7	3	1	1
9129	전북 장수군	축산농가방역인프라설치지원	93,000	9	2	7	8	7	5	5	1
9130	전북 장수군	쌀경쟁력제고사업(시군재량사업)	73,440	9	6	7	8	7	5	5	1
9131	전북 장수군	한우보정잠금장치지원사업	63,000	9	4	7	8	7	5	1	1
9132	전북 장수군	가축방역사업(예방,구제약품지원)	57,600	9	2	7	8	7	5	5	4
9133	전북 장수군	마을회관및모정보수보강사업	55,000	9	6	7	8	7	5	5	4
9134	전북 장수군	희망하우스빈집재생사업	50,000	9	6	7	8	7	1	1	1
9135	전북 장수군	유용곤충사육지원사업	50,000	9	1	7	8	7	5	1	4
9136	전북 장수군	농촌자원복합산업화지원(농산물상품화기반구축)(전환사업)	49,000	9	4	7	8	7	3	1	1
9137	전북 장수군	풀사료배합급여지원	45,000	9	2	7	8	7	5	1	4
9138	전북 장수군	축산분야ICT융복합확산사업	44,700	9	2	7	8	7	5	1	4
9139	전북 장수군	유해야생동물기피제지원사업	42,000	9	2	7	8	7	5	1	4
9140	전북 장수군	고추비가림재배시설지원사업	40,568	9	2	7	8	7	5	5	1
9141	전북 장수군	농어촌민박시설현대화지원사업	37,500	9	6	7	8	7	5	5	1
9142	전북 장수군	폭염및정전대비사육환경개선사업	36,000	9	1	7	8	7	5	1	4
9143	전북 장수군	신재생에너지주택지원사업	35,438	9	1	7	8	7	5	1	4
9144	전북 장수군	경로당기능보강사업	30,000	9	1	7	8	7	1	1	4
9145	전북 장수군	어린이집기능보강사업	30,000	9	2	7	8	7	5	1	4
9146	전북 장수군	ASFAI차단방역체계구축(동물사체처리기지원)	30,000	9	6	7	8	7	5	5	4
9147	전북 장수군	고품질양봉기자재지원	28,000	9	1	7	8	7	1	1	4
9148	전북 장수군	악취저감안개분무시설지원사업	27,590	9	1	7	8	7	5	1	4
9149	전북 장수군	시설하우스난방지원사업	27,102	9	6	7	8	7	5	5	1
9150	전북 장수군	소규모영세사업장방지시설설치지원사업	27,000	9	2	7	8	7	5	5	4
9151	전북 장수군	깨끗하고소득있는축산물판매장만들기사업	21,000	9	6	7	8	7	5	5	4
9152	전북 장수군	전기굴착기구매지원	20,000	9	2	7	8	7	5	1	4
9153	전북 장수군	전북형농촌관광거점마을운영활성화	20,000	9	6	7	8	7	5	5	1
9154	전북 장수군	주민참여예산사업(도비지원)	20,000	9	4	7	8	7	5	1	1
9155	전북 장수군	악취저감사업(미생물제등지원)	12,802	9	6	7	8	7	5	5	4
9156	전북 장수군	지역아동센터환경개선지원	10,000	9	2	7	8	7	5	1	4
9157	전북 장수군	어린이통학차량LPG차전환지원	10,000	9	2	7	8	7	5	1	4

번호	사업구분	사업명	2024예산 (단위: 천원/비율)	국정과제	계획체계	성과관리	성별영향평가	협업	재원구성
9158	지역 안전관리	재난기금수납대비훈련	8,000	2	7	8	7	2	1	4
9159	지역 안전관리	승강기안전관리	8,000	1	7	8	7	2	1	4
9160	지역 안전관리	풍수해보험가입촉진및운영지원	7,800	6	7	8	7	2	1	4
9161	지역 안전관리	풍수해보험관리지원	6,258	1	7	8	7	2	1	4
9162	지역 안전관리	풍수해보험가입지원	6,000	1	7	8	7	2	1	4
9163	지역 안전관리	이상수온대응지원사업	5,526	1	7	8	7	2	1	4
9164	지역 안전관리	풍수해보험가입지원사업	5,000	1	7	8	7	2	1	4
9165	지역 안전관리	기후변화대응생활안전	4,504	6	7	8	7	2	1	4
9166	지역 안전관리	풍수해보험가입지원사업	4,200	6	7	8	7	2	1	4
9167	지역 안전관리	풍수해보험가입지원	3,000	1	7	8	7	1	1	4
9168	지역 안전관리	풍수해보험가입지원사업	3,000	1	7	8	7	1	1	4
9169	지역 안전관리	풍수해보험가입지원	2,750	1	7	8	7	1	1	1
9170	지역 안전관리	풍수해보험가입지원(농작물,가축,수산업)	2,500	2	7	8	7	1	1	1
9171	지역 안전관리	풍수해보험가입지원	2,500	1	7	8	7	2	1	4
9172	지역 안전관리	풍수해보험가입지원	1,920	6	7	8	7	2	2	4
9173	지역 안전관리	풍수해보험가입지원사업	1,400	6	7	8	7	2	2	4
9174	지역 안전관리	풍수해보험관리	1,200	4	7	8	7	2	1	4
9175	지역 안전관리	풍수해보험관리	1,200	4	7	8	7	2	1	4
9176	지역 안전관리	풍수해보험가입지원	540	2	7	8	7	1	1	4
9177	지역 안전관리	풍수해보험가입지원사업	88,465	6	7	8	7	1	1	1
9178	지역 안전관리	풍수해보험가입지원사업	53,300	6	1	1	7	1	1	1
9179	지역 안전관리	풍수해보험가입지원사업	898,200	2	7	8	7	1	1	1
9180	지역 안전관리	재난위험지구이주지원사업	396,000	9	6	7	8	7	1	1	4
9181	지역 안전관리	재난대응안전대피소확충	390,000	9	6	7	8	7	1	1	3
9182	지역 안전관리	풍수해대응재난피해지원사업	308,000	9	6	4	8	7	1	1	4
9183	지역 안전관리	풍수해재난안전사업	270,000	9	6	2	8	7	2	2	4
9184	지역 안전관리	풍수해보험가입	268,000	9	4	4	1	7	1	1	1
9185	지역 안전관리	풍수해보험관리체계	210,000	9	2	7	8	7	1	1	4
9186	지역 안전관리	예비지원금지원사업	181,148	9	4	6	8	7	1	1	4
9187	지역 안전관리	자율조사원대응지원사업	175,561	9	4	6	8	7	1	1	4
9188	지역 안전관리	풍수해위험관리구역조성	157,840	9	6	6	8	7	1	1	1
9189	지역 안전관리	풍수해대응 통합관리체계 운영	150,000	9	1	7	8	7	2	1	1
9190	지역 안전관리	다수해대응시설관리(장비,장비이동)	146,000	9	4	4	8	7	2	2	4
9191	지역 안전관리	풍수해보험관리지원	144,000	9	4	4	7	7	1	1	1
9192	지역 안전관리	풍수해보험관리	124,256	9	2	7	8	7	1	1	4
9193	지역 안전관리	풍수해보험관리사업	124,000	9	2	7	8	7	1	1	4
9194	지역 안전관리	풍수해보험관리사업	119,698	9	1	7	8	7	2	1	4
9195	지역 안전관리	풍수해보험관리사업	115,200	9	6	7	8	7	1	1	1
9196	지역 안전관리	풍수해보험가입관리사업	103,000	9	1	7	8	7	1	1	4
9197	지역 안전관리	풍수해보험관리(수해)	103,000	9	2	7	8	7	1	1	4

순번	시군구	지출명 (사업명)	2024예산 (단위 : 천원 /1년간)	민간이전 분류 (지방자치단체 세출예산 집행기준에 의거) 1. 민간경상사업보조(307-02) 2. 민간단체 법정운영비보조(307-03) 3. 민간단체사업보조(307-04) 4. 민간인학금(307-05) 5. 사회복지시설 법정운영비보조(307-10) 6. 민간인위탁교육비(307-12) 7. 공기관등에대한경상적위탁사업비(308-13) 8. 민간자본사업보조,자체재원(402-01) 9. 민간자본사업보조,이전재원(402-02) 10. 민간위탁사업비(402-03) 11. 공기관등에 대한 자본적 위탁사업비(403-02)	민간이전지출 근거 (지방보조금 관리기준 참고) 1. 법률에 규정 2. 국고보조 재원(국가지정) 3. 용도 지정 기부금 4. 조례에 직접규정 5. 지자체가 권장하는 사업을 하는 공공기관 6. 시,도 정책 및 재정사정 7. 기타 8. 해당없음	입찰방식			운영예산 산정		성과평가 실시여부 1. 실시 2. 미실시 3. 향후 추진 4. 해당없음
						계약체결방법 (경쟁형태) 1. 일반경쟁 2. 제한경쟁 3. 지명경쟁 4. 수의계약 5. 법정위탁 6. 기타 ( ) 7. 없음	계약기간 1. 1년 2. 2년 3. 3년 4. 4년 5. 5년 6. 기타 ( )년 7. 단기계약 (1년미만) 8. 없음	낙찰자선정방법 1. 적격심사 2. 협상에의한계약 3. 최저가낙찰제 4. 규격가격분리 5. 2단계 경쟁입찰 6. 기타 ( ) 7. 없음	운영예산 산정 1. 내부산정 (지자체 자체적으로 산정) 2. 외부산정 (외부전문기관위탁 산정) 3. 내·외부 모두 산정 4. 산정 無 5. 없음	정산방법 1. 내부정산 (지자체 내부적으로 정산) 2. 외부정산 (외부전문기관위탁 정산) 3. 내·외부 모두 정산 4. 정산 無 5. 없음	
9198	전북 순창군	배수불량논콩생산단지왕겨충진형땅속배수기술시범	100,000	9	4	7	8	7	2	1	1
9199	전북 순창군	가축분뇨퇴비화발효시스템기술보급시범	100,000	9	2	7	8	7	1	1	1
9200	전북 순창군	농업용방제드론지원	96,000	9	6	7	8	7	1	1	1
9201	전북 순창군	공동육묘장지원사업	90,000	9	6	7	8	7	1	1	1
9202	전북 순창군	원예특작분야경쟁력향상을위한맞춤형신기술보급시범	90,000	9	4	7	8	7	1	1	1
9203	전북 순창군	농어촌비주거용빈집정비사업(일반,슬레이트)	88,000	9	1	7	8	7	5	5	4
9204	전북 순창군	광역방제기지원사업	84,000	9	6	7	8	7	1	1	1
9205	전북 순창군	임산물유통기반조성	83,500	9	2	7	8	7	5	5	4
9206	전북 순창군	고온기수경재배용양액냉각기신기술보급	80,000	9	2	7	8	7	1	1	1
9207	전북 순창군	고품질양봉기자재지원사업	65,000	9	6	7	8	7	1	1	4
9208	전북 순창군	폭염대비가축사육환경개선	64,200	9	6	7	8	7	1	1	1
9209	전북 순창군	ICT융복합축사지원사업	55,800	9	2	7	8	7	1	1	1
9210	전북 순창군	시설원예현대화지원사업	55,000	9	6	4	8	7	1	1	4
9211	전북 순창군	구암사부도전주변정비사업	50,000	9	4	4	1	7	1	1	1
9212	전북 순창군	마을기업고도화사업	50,000	9	6	7	8	7	1	1	4
9213	전북 순창군	찜질방설치사업(인계소마마을)	50,000	9	4	2	7	7	5	1	2
9214	전북 순창군	신기술접목차세대영농인육성지원사업	50,000	9	1	7	8	7	2	1	1
9215	전북 순창군	친환경임산물재배관리	48,980	9	2	7	8	7	1	1	1
9216	전북 순창군	축사화재안전시스템지원	48,000	9	6	7	8	7	1	1	4
9217	전북 순창군	수요자맞춤형치유농장대표모델육성	48,000	9	1	7	8	7	1	1	2
9218	전북 순창군	중소기업환경개선사업(복지편익,근무환경)	43,000	9	1	7	8	7	1	1	1
9219	전북 순창군	농촌체험농장육성	40,000	9	1	7	8	7	1	1	4
9220	전북 순창군	여성농업인편의장비지원	36,000	9	1	7	8	7	1	1	3
9221	전북 순창군	농촌체험관광품질관리를위한환경개선	30,000	9	1	7	8	7	1	1	2
9222	전북 순창군	선도농업경영체우수모델화사업	28,000	9	1	7	8	7	2	1	1
9223	전북 순창군	농산물물류효율화사업	27,550	9	6	7	8	7	1	1	3
9224	전북 순창군	흑염소경쟁력강화사업	27,000	9	6	7	8	7	1	1	4
9225	전북 순창군	농기계안전등화장치지원사업	23,500	9	6	4	8	7	1	1	4
9226	전북 순창군	청년희망스마트팜확산사업	22,890	9	6	4	8	7	1	1	4
9227	전북 순창군	사료자가배합장비지원	22,500	9	6	7	8	7	1	1	4
9228	전북 순창군	인삼시설현대화사업	21,650	9	6	4	8	7	1	1	4
9229	전북 순창군	우수깨끗한축산농장지원사업	21,000	9	6	7	8	7	1	1	4
9230	전북 순창군	구림면분회경로당법면정비	20,000	9	4	1	1	3	1	1	1
9231	전북 순창군	축산기자재지원사업	20,000	9	6	7	8	7	1	1	4
9232	전북 순창군	음용수질개선장비지원사업	18,000	9	6	7	8	7	1	1	4
9233	전북 순창군	곡물건조지지원	18,000	9	6	7	8	7	1	1	4
9234	전북 순창군	농촌민박시설현대화사업	15,000	9	4	4	8	7	1	1	1
9235	전북 순창군	동물사체처리기	15,000	9	6	7	8	7	5	1	4
9236	전북 순창군	음식점등시설개선지원	14,000	9	1	7	8	7	5	5	4
9237	전북 순창군	우수여왕벌보급사업	13,680	9	2	7	8	7	1	1	4

순번	시군구	지출명 (사업명)	2024년예산 (단위: 천원/1년간)	민간이전 분류 (지방자치단체 세출예산 집행기준에 의거)	민간이전지출 근거 (지방보조금 관리기준 참고)	계약체결방법 (경쟁형태)	계약기간	낙찰자선정방법	운영예산 산정	정산방법	성과평가 실시여부
9238	전북 순창군	내수면양식장친환경정화시설지원	12,000	9	6	7	8	7	1	1	4
9239	전북 순창군	원예작물생산성향상(하이베드개선)지원사업	11,400	9	6	4	8	7	1	1	4
9240	전북 순창군	ICT시설보급지원사업	11,000	9	6	4	8	7	1	1	4
9241	전북 순창군	양봉농가꿀생산장비지원사업	9,000	9	6	7	8	7	1	1	4
9242	전북 순창군	시설하우스온풍난방기지원사업	8,865	9	6	4	8	7	1	1	4
9243	전북 순창군	양식장폭염한파대비지하수개발지원	7,800	9	6	7	8	7	1	1	4
9244	전북 순창군	양식장경쟁력강화지원사업(기자재)	7,758	9	6	7	8	7	1	1	4
9245	전북 순창군	공동주택경비근로자휴게시설환경개선지원	5,000	9	6	7	8	7	5	5	3
9246	전북 순창군	수산물유통시설장비지원사업	4,900	9	6	7	8	7	1	1	4
9247	전북 순창군	곡물건조기집진기	3,960	9	6	7	8	7	1	1	1
9248	전북 순창군	전통시장화재공제지원사업	3,400	9	4	7	8	7	1	5	4
9249	전북 순창군	수산식품가공설비지원사업	3,000	9	2	7	8	7	1	1	4
9250	전북 순창군	말벌퇴치장비지원	1,890	9	2	7	8	7	1	1	4
9251	전북 순창군	젖소유방염예방백신지원	1,200	9	6	7	8	7	5	1	4
9252	전북 순창군	양식장스마트관리시스템구축	1,140	9	6	7	8	7	1	1	4
9253	전북 고창군	이전증설업체지원(지방투자촉진보조금)	4,500,000	9	6	7	8	7	1	1	4
9254	전북 고창군	구시포항수산물위판장건립사업	4,010,000	9	4	7	8	7	5	5	4
9255	전북 고창군	전기자동차구매지원(민간)	3,543,200	9	2	7	8	7	5	5	4
9256	전북 고창군	유기질비료지원사업	2,368,011	9	2	7	8	7	5	5	4
9257	전북 고창군	토양개량제지원	1,456,079	9	2	7	8	7	5	5	4
9258	전북 고창군	지역특화품목비닐하우스지원사업	1,256,400	9	6	7	8	7	5	5	4
9259	전북 고창군	축산악취개선사업	840,000	9	2	7	8	7	1	1	3
9260	전북 고창군	고추비가림하우스지원사업	664,850	9	2	7	8	7	5	5	4
9261	전북 고창군	스마트팜ICT융복합화산사업	487,005	9	2	7	8	7	5	5	4
9262	전북 고창군	들녘경영체시설장비지원	450,000	9	2	7	8	7	5	5	4
9263	전북 고창군	조사료경영체기계장비지원	450,000	9	2	7	8	7	1	1	3
9264	전북 고창군	산업체연계원료공급비즈니스모델화	400,000	9	2	7	8	7	5	5	4
9265	전북 고창군	청년창업스마트팜패키지지원사업	308,000	9	6	7	8	7	5	5	4
9266	전북 고창군	폭염대비가축환경개선지원	300,000	9	6	7	8	7	1	1	3
9267	전북 고창군	전북쌀품질고급화시설개선사업	288,600	9	6	7	8	7	5	5	4
9268	전북 고창군	꿀벌및화분매개벌스마트사육시설지원	280,000	9	2	7	8	7	5	5	4
9269	전북 고창군	인삼생산시설현대화사업	250,000	9	2	7	8	7	5	5	4
9270	전북 고창군	유기농업자재지원	242,949	9	1	7	8	7	5	5	4
9271	전북 고창군	친환경유생산기반구축	225,000	9	2	7	8	7	1	1	3
9272	전북 고창군	과수고품질시설현대화사업	218,200	9	2	7	8	7	5	5	4
9273	전북 고창군	밥쌀용고품질신품종생산및확대보급시범	200,000	9	2	7	8	7	5	5	4
9274	전북 고창군	특수미생산가공단지조성시범	200,000	9	2	7	8	7	5	5	4
9275	전북 고창군	벼우량종자저탄소안정생산기반조성	200,000	9	2	7	8	7	5	5	4
9276	전북 고창군	벼안전생산사전방제지원사업	200,000	9	2	7	8	7	5	5	4
9277	전북 고창군	친환경농산물품목다양화육성사업	177,920	9	6	7	8	7	5	5	4

순번	시군구	지출명 (사업명)	2024년예산 (단위: 천원/1년간)	민간이전 분류 (지방자치단체 세출예산 집행기준에 의거) 1. 민간경상사업보조(307-02) 2. 민간단체 법정운영비보조(307-03) 3. 민간행사사업보조(307-04) 4. 민간위탁금(307-05) 5. 사회복지시설 법정운영비보조(307-10) 6. 민간위원회운영비(307-12) 7. 공기관등에대한경상적위탁사업비(308-13) 8. 민간자본사업보조,자체재원(402-01) 9. 민간자본사업보조,이전재원(402-02) 10. 민간위탁사업비(402-03) 11. 공기관등에 대한 자본적 위탁사업비(403-02)	민간이전지출 근거 (지방보조금 관리기준 참고) 1. 법률에 규정 2. 국고보조 재원(국가지정) 3. 용도 지정 기부금 4. 조례에 직접규정 5. 지자체가 권장하는 사업을 하는 공공기관 6. 시,도 정책 및 재정사정 7. 기타 8. 해당없음	계약체결방법 (경쟁형태) 1. 일반경쟁 2. 제한경쟁 3. 지명경쟁 4. 수의계약 5. 법정위탁 6. 기타 () 7. 없음	계약기간 1. 1년 2. 2년 3. 3년 4. 4년 5. 5년 6. 기타 ()년 7. 단기계약 (1년미만) 8. 없음	낙찰자선정방법 1. 적격심사 2. 협상에의한계약 3. 최저가낙찰제 4. 규격가격분리 5. 2단계 경쟁입찰 6. 기타 () 7. 없음	운영예산 산정 1. 내부산정 (지자체 자체적으로 산정) 2. 외부산정 (외부전문기관위탁 산정) 3. 내·외부 모두 산정 4. 산정 無 5. 없음	정산방법 1. 내부정산 (지자체 내부적으로 정산) 2. 외부정산 (외부전문기관위탁 정산) 3. 내·외부 모두 산정 4. 정산 無 5. 없음	성과평가 실시여부 1. 실시 2. 미실시 3. 향후 추진 4. 해당없음
9278	전북 고창군	소규모영세사업장방지시설지원	165,600	9	2	7	8	7	5	5	4
9279	전북 고창군	색채선별기를이용한백립계밀원료곡의품질향상기술시범	150,000	9	2	7	8	7	5	5	4
9280	전북 고창군	축산ICT융복합지원	147,300	9	2	7	8	7	1	1	3
9281	전북 고창군	노지채소생산기반구축사업	136,166	9	6	7	8	7	5	5	4
9282	전북 고창군	농식품가공사업장품질향상지원	128,000	9	2	7	8	7	5	5	4
9283	전북 고창군	ICT이동식베드이용무농약인삼생산기술시범	120,000	9	2	7	8	7	5	5	4
9284	전북 고창군	청년희망스마트팜지원사업	114,440	9	6	7	8	7	5	5	4
9285	전북 고창군	고품질양봉기자재지원	112,000	9	6	7	8	7	1	1	3
9286	전북 고창군	축분고속발효시설지원	108,000	9	6	7	8	7	1	1	3
9287	전북 고창군	가축분뇨퇴비화발효시스템기술보급시범	100,000	9	2	7	8	7	5	5	4
9288	전북 고창군	기후변화선제적대응을위한아열대과수도입시범	100,000	9	2	7	8	7	5	5	4
9289	전북 고창군	신기술접목차세대영농인육성	100,000	9	2	7	8	7	5	5	4
9290	전북 고창군	농식품부산물활용상품화기술시범	100,000	9	2	7	8	7	5	5	4
9291	전북 고창군	고품질축산물생산지원	96,000	9	6	7	8	7	1	1	3
9292	전북 고창군	사료자가배합장비지원	90,000	9	6	7	8	7	1	1	3
9293	전북 고창군	원예특작분야경쟁력향상을위한맞춤형신기술보급시범	90,000	9	2	7	8	7	5	5	4
9294	전북 고창군	임산물생산기반조성	86,673	9	2	7	8	7	5	5	4
9295	전북 고창군	깨끗하고소득있는축산물판매장만들기	82,600	9	8	7	8	7	5	5	4
9296	전북 고창군	산림작물생산단지	80,500	9	2	7	8	7	5	5	4
9297	전북 고창군	원예작물생산성향상을위한생태적종합관리시범	80,000	9	2	7	8	7	5	5	4
9298	전북 고창군	국산종균을이용한맞춤형기능성식초상품화시범	80,000	9	2	7	8	7	5	5	4
9299	전북 고창군	맥류생산단지와소득화모델개발시범	80,000	9	2	7	8	7	5	5	4
9300	전북 고창군	중소기업환경개선사업	78,300	9	6	7	8	7	1	1	4
9301	전북 고창군	친환경어구보급	77,140	9	2	7	8	7	5	5	4
9302	전북 고창군	산란계농장칼슘첨가제지원	70,800	9	6	7	8	7	1	1	3
9303	전북 고창군	위해요인제어전통장제조발효관리기술보급	70,000	9	2	7	8	7	5	5	4
9304	전북 고창군	열대과일및소핵과가공기술상품화시범	70,000	9	2	7	8	7	5	5	4
9305	전북 고창군	원예작물하이베드지원사업	65,400	9	6	7	8	7	5	5	4
9306	전북 고창군	장애인거주시설기능보강	64,644	9	1	7	8	7	1	1	4
9307	전북 고창군	축사화재안전시스템지원	64,000	9	6	7	8	7	1	1	3
9308	전북 고창군	전기굴착기보급사업	60,000	9	2	7	8	7	5	5	4
9309	전북 고창군	밭식량작물(논타작물)시설장비지원사업	60,000	9	6	7	8	7	5	5	4
9310	전북 고창군	친환경감자생산단지조성을위한종합관리기술시범	60,000	9	2	7	8	7	5	5	4
9311	전북 고창군	거세한우근내지방섬세도향상기술시범	60,000	9	2	7	8	7	5	5	4
9312	전북 고창군	원예작물노동력절감기술현장적용시범	60,000	9	2	7	8	7	5	5	4
9313	전북 고창군	농기계등화장치부착지원	54,000	9	2	7	8	7	5	5	4
9314	전북 고창군	신재생에너지주택지원사업	50,876	9	2	7	8	7	5	5	4
9315	전북 고창군	청년맞춤형디지털농업기술보급	50,000	9	2	7	8	7	5	5	4
9316	전북 고창군	농업인재해안전마을육성	50,000	9	2	7	8	7	5	5	4
9317	전북 고창군	작목별맞춤형안전관리실천시범	50,000	9	2	7	8	7	5	5	4

연번	사고구분	사건명	2024년예산 (단위 : 천원/1천원)	예산성립근거 1. 인권침해사건조사비지(307-02) 2. 인권침해사건재발방지조치권고(307-03) 3. 통합운영(307-05) 4. 조사관조사비지(307-04) 5. 사이버인권침해시정조치(307-10) 6. 인권침해사건(307-13) 7. 통합사건처리경비(308-13) 8. 인권침해조사비지,시정조치사업비(402-01) 9. 인권침해조사비지,시정조치(402-02) 10. 인권침해사건비지(402-03) 11. 통합사건처리 사업비,조사비지(403-02)	사건처리 수당(기타) (수당기타)	사건처리지원 1. 예산 2. 집행 (개별사건) 3. 관리 4. 수당지급 5. 현황파악 6. 기타	진행관리 1. 사건 2. 관리 3. 처리 (조사처리 포함) 4. 조사기일관리 5. 조사기일	사건처리지원 1. 사건 2. 관리 3. 처리 (개별사건처리 포함) 4. 수시관리 5. 기타	조직관리 (운영 포함) 5. 기타 6. 기타 ()	조직관리 (운영 포함) 5. 기타 6. 기타 ()	조직관리 (운영 포함) 4. 수당 3. 기타 예산 (개별사업관리 포함)	사업관리 1. 기타 2. 예산관리 3. 수당 예산 (개별사업관리 포함)
9318	권고조정	고용상 성차별 인권침해 사건	47,400		9	2	7	8	7	5	5	4
9319	권고조정	성소수자 가족권 관련 인권침해사건	45,960		9	8	7	8	7	5	5	4
9320	권고조정	가정폭력 성폭력 사건	44,000		9	6	7	8	7	1	1	3
9321	권고조정	수형자 처우지원 관련 사건	43,820		9	1	7	8	7	5	5	4
9322	권고조정	장애인 차별사건 등 관련사건	40,131		9	6	7	8	7	5	5	4
9323	권고조정	주요 수사기관 관련 사건	40,000		9	6	7	8	7	1	1	3
9324	권고조정	기업의 인권침해 정황 관련 사건	40,000		9	2	7	8	7	5	5	4
9325	권고조정	장애인 평등권 등 관련 사건	36,000		9	1	4	1	6	1	1	4
9326	권고조정	인터넷 정황 사건	35,200		9	4	7	8	7	1	1	1
9327	권고조정	여성차별 등 관련 사건	35,000		9	4	7	1	1	1	1	4
9328	권고조정	장애인 등 차별 관련사건	35,000		9	8	7	8	7	5	5	4
9329	권고조정	수도권 조정 사건	32,000		9	5	7	8	7	1	1	3
9330	권고조정	사건처리 중점 사건	32,000		9	2	7	8	7	5	5	4
9331	권고조정	내부갈등 해결관련 등 처리사건	30,000		9	2	7	8	7	5	5	4
9332	권고조정	지자체사업 관련조사사건 등 처리사건	30,000		9	2	7	8	7	5	5	4
9333	권고조정	장애인사건 등 관련 처리사건	30,000		9	2	7	8	7	5	5	4
9334	권고조정	기타교사 행정불복사건 등	30,000		9	2	7	8	7	5	5	4
9335	권고조정	사이버 수사업무 관련 처리사건	28,918		9	6	7	8	7	5	5	4
9336	권고조정	장기시설 처리사건	28,800		9	2	7	8	7	5	5	4
9337	권고조정	인권침해시설 관련 등 처리사건	28,748		9	2	7	8	7	5	5	4
9338	권고조정	수사기관 처우개선 사건	28,000		9	6	7	8	7	1	1	3
9339	권고조정	장애인 모욕시정조치 등 사건	28,000		9	6	7	8	7	1	1	3
9340	권고조정	인권침해사건 구속수형자 사건	28,000		9	2	7	8	7	5	5	3
9341	권고조정	법원사건조사 사건	25,000		9	2	7	8	7	5	5	4
9342	권고조정	교통사고조사 등 업무관련 조사기기 사건	25,000		9	2	7	8	7	5	5	4
9343	권고조정	방문진찰 등 담당 수당 사건	24,000		9	1	4	1	6	1	1	4
9344	권고조정	수행업무 관련 조사 수당사건	24,000		9	1	4	1	6	1	1	4
9345	권고조정	사이버 수사기기 수당기조사기기 사건	24,000		9	1	4	1	6	1	1	4
9346	권고조정	고용기업 방문중 기조사관 사건	24,000		9	2	7	8	7	5	5	4
9347	권고조정	인권침해조사 사건	23,370		9	2	7	8	7	5	5	4
9348	권고조정	수당 사직기시기 처리사건	22,500		9	8	7	8	7	5	5	4
9349	권고조정	인종차별중심 등 기관시 인권침해 사건	21,000		9	4	7	8	7	5	5	4
9350	권고조정	차별시정수 요원시시기 처리사건	20,000		9	6	7	8	7	1	1	3
9351	권고조정	성소수 가족권 관련	20,000		9	6	7	8	7	1	1	3
9352	권고조정	사업자 등 조사기 수당	20,000		9	2	7	8	7	5	5	4
9353	권고조정	권고기업 방문중 등 조사기 수당기 사건	20,000		9	2	7	8	7	5	5	4
9354	권고조정	권고조정 인권침해조사 사건	16,800		9	6	7	8	7	1	1	3
9355	권고조정	사업자 인권침해 사건	16,000		9	1	4	1	6	1	1	4
9356	권고조정	사이버풍속 예배 인권침해 사건	14,000		9	2	7	8	7	5	5	4
9357	권고조정	수형사 처우지원 사건	14,000		9	6	7	8	7	5	5	4

순번	시군구	지출명 (사업명)	2024년예산 (단위 : 천원 /1년간)	민간이전 분류 (지방자치단체 세출예산 집행기준에 의거) 1. 민간경상사업보조(307-02) 2. 민간단체 법정운영비보조(307-03) 3. 민간행사사업보조(307-04) 4. 민간장학금(307-05) 5. 사회복지시설 법정운영비보조(307-10) 6. 민간위탁교육비(307-12) 7. 공기관에대한경상적위탁사업비(308-13) 8. 민간자본사업보조,자체재원(402-01) 9. 민간자본사업보조,이전재원(402-02) 10. 민간위탁사업비(402-03) 11. 공기관에 대한 자본적 위탁사업비(403-02)	민간이전지출 근거 (지방보조금 관리기준 참고) 1. 법률에 규정 2. 국고보조 재원(국가지정) 3. 용도 지정 기부금 4. 조례에 직접규정 5. 지자체가 권장하는 사업을 하는 공공기관 6. 시,도 정책 및 재정사정 7. 기타 8. 해당없음	입찰방식 계약체결방법 (경쟁형태) 1. 일반경쟁 2. 제한경쟁 3. 지명경쟁 4. 수의계약 5. 법정위탁 6. 기타 ( ) 7. 없음	계약기간 1. 1년 2. 2년 3. 3년 4. 4년 5. 5년 6. 기타 ( )년 7. 단가계약 (1년미만) 8. 없음	낙찰자선정방법 1. 적격심사 2. 협상에의한계약 3. 최저가낙찰제 4. 규격가격분리 5. 2단계 경쟁입찰 6. 기타 ( ) 7. 없음	운영예산 산정 1. 내부산정 (지자체 자체적으로 산정) 2. 외부산정 (외부전문기관위탁 산정) 3. 내,외부 모두 산정 4. 산정 無 5. 없음	정산방법 1. 내부정산 (지자체 내부적으로 정산) 2. 외부정산 (외부전문기관위탁 정산) 3. 내,외부 모두 산정 4. 정산 無 5. 없음	성과평가 실시여부 1. 실시 2. 미실시 3. 향후 추진 4. 해당없음
9358	전북 고창군	양봉농가꿀생산장비지원	12,000	9	6	7	8	7	1	1	3
9359	전북 고창군	판정마을모정정비공사	12,000	9	1	4	1	6	1	1	4
9360	전북 고창군	회정마을공용컨테이너설치	12,000	9	1	4	1	6	1	1	4
9361	전북 고창군	명동마을회관정비공사	12,000	9	1	4	1	6	1	1	4
9362	전북 고창군	섬포마을회관리모델링공사	12,000	9	1	4	1	6	1	1	4
9363	전북 고창군	자룡마을건조기보관창고정비	12,000	9	1	4	1	6	1	1	4
9364	전북 고창군	월곡마을트랙터용예초기구입	12,000	9	1	4	1	6	1	1	4
9365	전북 고창군	갈산마을고추건조기구입	12,000	9	1	4	1	6	1	1	4
9366	전북 고창군	과수분야스마트팜확산사업	10,750	9	2	7	8	7	5	5	4
9367	전북 고창군	88장어먹는날행사지원	10,000	9	1	7	8	7	5	5	4
9368	전북 고창군	주민자치센터운영지원	10,000	9	1	7	8	7	1	1	4
9369	전북 고창군	무장면송현마을모정보수공사	10,000	9	4	7	8	7	5	5	4
9370	전북 고창군	가축전염병백신무통증접종장비지원	8,504	9	8	7	8	7	5	5	4
9371	전북 고창군	농장출입구자동소독기설치지원	8,400	9	8	7	8	7	5	5	4
9372	전북 고창군	친환경임산물재배관리	8,000	9	2	7	8	7	5	5	4
9373	전북 고창군	우수여왕벌보급	7,600	9	2	7	8	7	1	1	3
9374	전북 고창군	송라마을모정정비공사	6,000	9	1	4	1	6	1	1	4
9375	전북 고창군	하장마을회관창호교체공사	6,000	9	1	4	1	6	1	1	4
9376	전북 고창군	송라마을건조기집진시설설치	6,000	9	1	4	1	6	1	1	4
9377	전북 고창군	어선사고예방시스템구축사업	5,060	9	2	7	8	7	5	5	4
9378	전북 고창군	가정용저녹스보일러보급사업	3,000	9	2	7	8	7	5	5	4
9379	전북 고창군	말벌퇴치장비지원	2,300	9	2	7	8	7	1	1	3
9380	전남 완도군	신재생에너지보급주택지원사업	156,624	9	2	7	8	7	5	5	4
9381	전남 완도군	디지털소상공인1만양성지원	24,000	9	1	7	8	7	5	5	4
9382	전남 완도군	음식점입식테이블및경사로설치지원사업	20,400	9	6	7	8	7	5	5	3
9383	전남 완도군	수산물산지가공시설사업	1,200,000	9	6	1	7	7	1	3	3
9384	전남 완도군	수산물(전복)유통상자단일화보급지원사업	748,334	9	6	7	8	7	5	5	4
9385	전남 완도군	수산물공동저온저장시설사업	720,000	9	6	1	7	7	1	3	3
9386	전남 완도군	수산물중형저온저장시설사업	320,000	9	6	1	7	7	1	1	3
9387	전남 완도군	마른김가공체시설개선사업	240,000	9	6	1	7	7	1	1	3
9388	전남 완도군	국산밀생산단지및지역특화가공활성	200,000	9	2	7	8	7	5	5	4
9389	전남 완도군	우리도육성품종최고품질쌀생산단지조성	200,000	9	1	7	8	7	5	5	4
9390	전남 완도군	가뭄대응사료작물안전재배단지육성시범	160,000	9	2	7	8	7	5	5	4
9391	전남 완도군	수산물소형저온저장시설사업	149,500	9	6	4	1	7	1	1	3
9392	전남 완도군	양식장관리기설치지원	144,000	9	6	7	8	7	5	5	4
9393	전남 완도군	수요자참여식량작물특성화시범(1년차)	100,000	9	2	7	8	7	5	5	4
9394	전남 완도군	식량작물원료곡가공수출단지육성시범	100,000	9	2	7	8	7	5	5	4
9395	전남 완도군	이상고온대응시설채소안정생산시범	100,000	9	2	7	8	7	5	5	4
9396	전남 완도군	원격근무형농촌공간조성기술시범	70,000	9	2	7	8	7	5	5	4
9397	전남 완도군	무가당와인제조기술시범	60,000	9	2	7	8	7	5	5	4

순번	시군구	지출명(사업명)	2024년예산(단위: 천원/1년간)	민간이전 분류 (지방자치단체 세출예산 집행기준에 의거)	민간이전지출 근거 (지방보조금 관리기준 참고)	입찰방식			운영예산 산정		성과평가 실시여부
						계약체결방법 (경쟁형태)	계약기간	낙찰자선정방법	운영예산 산정	정산방법	
9398	전남 완도군	우사에어제트팬및측벽배기팬설치시범	60,000	9	2	7	8	7	5	5	4
9399	전남 완도군	수요자맞춤형치유농장대표모델육성	60,000	9	2	7	8	7	5	5	4
9400	전남 완도군	파속채소신품종안정생산기술시범	50,000	9	2	7	8	7	5	5	4
9401	전남 완도군	기후변화대응저온성필름을이용한스마트노지환경조절기술	50,000	9	2	7	8	7	5	5	4
9402	전남 완도군	수출용수산가공식품포장재지원	48,000	9	6	4	1	7	1	1	3
9403	전남 완도군	기후변화대응폭염피해예방기술보급시범	48,000	9	1	7	8	7	5	5	4
9404	전남 완도군	향토음식및전통식문화계승활동지원	40,000	9	1	7	8	7	5	5	4
9405	전남 완도군	수산물소포장재지원사업	37,790	9	6	4	1	7	1	1	3
9406	전남 완도군	수산식품가공지원사업	37,400	9	6	4	1	7	1	1	3
9407	전남 완도군	지역특화작목어깨동무컨설팅확산지원사업	30,000	9	1	7	8	7	5	5	4
9408	전남 완도군	환경데이터기반스마트정밀관수시스템보급	15,000	9	1	7	8	7	5	5	4
9409	전남 완도군	유망양식품종종자공급사업(가리비)	14,157	9	6	7	8	7	5	5	4
9410	전남 완도군	친환경에너지절감장비보급사업	198,320	9	2	7	8	7	5	5	4
9411	전남 완도군	어선사고예방시스템구축사업	118,600	9	2	7	8	7	5	5	4
9412	전남 목포시	전라남도공공산후조리원설치지원(지방소멸대응광역기금)	4,000,000	9	6	7	8	7	5	5	4
9413	전남 목포시	전기자동차보급및충전인프라구축사업	1,200,000	9	2	7	8	7	3	3	2
9414	전남 목포시	전기버스보급사업	980,000	9	2	7	8	7	3	3	2
9415	전남 목포시	운행경유차배출가스저감사업	933,394	9	2	7	8	7	3	3	2
9416	전남 목포시	수소차보급및수소충전소설치사업	565,000	9	2	7	8	7	3	3	2
9417	전남 목포시	죽교동샘골마을새뜰마을사업	436,300	9	2	7	8	7	5	5	4
9418	전남 목포시	사회적경제기업시설장비지원사업	202,000	9	1	7	8	7	1	1	1
9419	전남 목포시	소규모사업장방지시설설치지원사업	175,950	9	2	7	8	7	5	5	4
9420	전남 목포시	가스열펌프배출가스저감장치부착지원사업	135,600	9	2	7	8	7	5	5	4
9421	전남 목포시	초소형전기차산업및서비스육성실증지원사업(국가직접지원)	100,000	9	2	5	7	6	2	2	3
9422	전남 목포시	음식점입식테이블및경사로설치지원사업	46,620	9	6	7	8	7	5	1	4
9423	전남 목포시	전남에너지산업융복합단지활성화지원사업(국가직접지원)	42,000	9	2	5	4	6	2	2	3
9424	전남 목포시	단동하우스보급형스마트팜단지조성	30,000	9	6	7	8	7	1	1	4
9425	전남 목포시	가정용저녹스보일러보급사업	30,000	9	2	7	8	7	3	3	2
9426	전남 목포시	어린이통학차량의LPG차전환지원사업	30,000	9	2	7	8	7	3	3	2
9427	전남 목포시	다목적소형농기계구입지원	26,250	9	6	7	8	7	1	1	4
9428	전남 목포시	농산물소형저온저장고지원사업	18,900	9	1	7	8	7	1	1	4
9429	전남 목포시	중소농원예특용작물생산기반구축	16,500	9	6	7	8	7	1	1	4
9430	전남 목포시	여성친화형다목적소형전기운반차지원	15,400	9	6	7	8	7	1	1	4
9431	전남 목포시	친환경보일러보급사업	8,000	9	2	7	8	7	3	3	2
9432	전남 여수시	탄소포집활용(CCU)실증지원센터구축사업	5,300,000	9	1	7	8	7	1	3	1
9433	전남 여수시	초임계CO2발전산업화지원센터구축사업	3,180,000	9	1	7	8	7	1	3	1
9434	전남 여수시	생분해성플라스틱표준개발및평가기반구축	2,000,000	9	2	7	8	7	1	3	1
9435	전남 여수시	마을회관정비	910,000	9	4	7	8	7	5	5	4
9436	전남 여수시	석유화학산업고도화를위한실증규모촉매제조테스트베드구축사업	611,000	9	1	7	8	7	1	3	1
9437	전남 여수시	소규모사업장방지시설설치지원사업	504,000	9	1	7	8	7	1	1	4

| 순번 | 시군구 | 지출명
(사업명) | 2024년예산
(단위 : 천원/1년간) | 민간이전 분류
(지방자치단체 세출예산 집행기준에 의거)
1. 민간경상사업보조(307-02)
2. 민간단체 법정운영비보조(307-03)
3. 민간행사사업보조(307-04)
4. 민간위탁금(307-05)
5. 사회복지시설 법정운영비보조(307-10)
6. 민간위탁교육비(307-12)
7. 공기관에대한경상적위탁사업비(308-13)
8. 민간자본사업보조,자체재원(402-01)
9. 민간자본사업보조,이전재원(402-02)
10. 민간위탁사업비(402-03)
11. 공기관에 대한 자본적 위탁사업비(403-02) | 민간이전지출 근거
(지방보조금 관리기준 참고)
1. 법률에 규정
2. 국고보조 재원(국가지정)
3. 용도 지정 기부금
4. 조례에 직접규정
5. 지자체가 권장하는 사업을 하는 공공기관
6. 시,도 정책 및 재정사정
7. 기타
8. 해당없음 | 입찰방식 | | | 운영예산 산정 | | 성과평가 실시여부 |
						계약체결방법 (경쟁형태) 1. 일반경쟁 2. 제한경쟁 3. 지명경쟁 4. 수의계약 5. 법정위탁 6. 기타 ( ) 7. 없음	계약기간 1. 1년 2. 2년 3. 3년 4. 4년 5. 5년 6. 기타 ( )년 7. 단가계약 (1년미만) 8. 없음	낙찰자선정방법 1. 적격심사 2. 협상에의한계약 3. 최저가낙찰제 4. 규격가격분리 5. 2단계 경쟁입찰 6. 기타 ( ) 7. 없음	운영예산 산정 1. 내부산정 (지자체 자체적으로 산정) 2. 외부산정 (외부전문기관위탁 산정) 3. 내.외부 모두 산정 4. 산정 無 5. 없음	정산방법 1. 내부정산 (지자체 내부적으로 정산) 2. 외부정산 (외부전문기관위탁 정산) 3. 내.외부 모두 산정 4. 정산無 5. 없음	1. 실시 2. 미실시 3. 향후 추진 4. 해당없음
9438	전남 여수시	친환경HDPE소형어선규제자유특구사업	427,000	9	1	7	8	7	5	5	4
9439	전남 여수시	자율관리어업육성사업	360,000	9	1	7	8	7	5	5	4
9440	전남 여수시	양식어장자동화시설장비지원사업	360,000	9	1	7	8	7	5	5	4
9441	전남 여수시	해상가두리시설현대화지원사업	210,000	9	1	1	7	3	1	1	2
9442	전남 여수시	유휴수면활용유망양식품종창업어장개발	140,000	9	6	7	8	7	5	5	4
9443	전남 여수시	유망양식품종종자공급사업	103,874	9	1	7	8	7	5	5	4
9444	전남 여수시	농산물소형저온저장고설치지원	94,500	9	4	7	8	7	1	1	4
9445	전남 여수시	행안부형마을기업육성	80,000	9	2	6	1	7	3	3	1
9446	전남 여수시	친환경감자생산단지조성을위한종합관리기술시범	60,000	9	1,2,4	7	8	7	5	5	4
9447	전남 여수시	들깨품질고급화를위한안전저장및재배기술보급	50,000	9	1,2,4	7	8	7	5	5	4
9448	전남 여수시	버섯국내육성품종보급시범	50,000	9	1,2,4	7	8	7	5	5	4
9449	전남 여수시	농촌어르신복지생활실천시범	50,000	9	1,4	7	8	7	1	1	4
9450	전남 여수시	노후도선안전수리비지원	47,800	9	1	7	8	7	1	1	4
9451	전남 여수시	입식테이블설치지원사업	36,000	9	2	7	8	7	5	5	2
9452	전남 여수시	의료기관스프링클러설치지원	34,800	9	1	6	7	7	2	1	4
9453	전남 여수시	농업활동안전사고예방생활화시범	30,000	9	1,4	7	8	7	1	1	1
9454	전남 여수시	양식장관리기설치지원사업	18,000	9	1	7	8	7	5	5	4
9455	전남 여수시	국내육성품종을활용한양봉산물생산시범	14,000	9	1,4	7	8	7	5	5	4
9456	전남 여수시	2024년임산물생산단지규모화	9,500	9	2	7	8	7	5	5	4
9457	전남 여수시	음식점경사로설치지원사업	6,400	9	2	7	8	7	5	5	2
9458	전남 여수시	사회적경제기업시설장비지원사업	2,020	9	6	6	1	7	3	3	1
9459	전남 여수시	공공비축미곡톤백수매기반구축지원사업	1,600	9	4	7	8	7	1	1	4
9460	전남 순천시	전기자동차보급사업	5,862,500	9	1	7	8	7	5	5	1
9461	전남 순천시	전기화물차보급사업	5,057,500	9	1	7	8	7	5	5	1
9462	전남 순천시	수소버스보급사업	4,600,000	9	1	7	8	7	5	5	4
9463	전남 순천시	수소연료전지차구입보조	3,450,000	9	1	7	8	7	5	5	1
9464	전남 순천시	국가지정(등록)문화재보수정비	3,407,000	9	2	7	8	7	5	5	4
9465	전남 순천시	노후경유차조기폐차지원사업	2,896,500	9	1	7	8	7	5	5	4
9466	전남 순천시	조사료생산지원	2,294,652	9	2	7	8	7	5	1	4
9467	전남 순천시	전기버스보급사업	1,210,000	9	1	7	8	7	5	5	1
9468	전남 순천시	수산물산지가공시설건립사업	900,000	9	6	7	8	7	5	5	4
9469	전남 순천시	도지정문화재보수관리사업	800,000	9	6	7	8	7	5	5	4
9470	전남 순천시	전통문화유산보수정비사업	800,000	9	6	7	8	7	5	5	4
9471	전남 순천시	세계유산보존관리사업	622,000	9	2	7	8	7	5	5	4
9472	전남 순천시	건설기계엔진교체지원사업	577,500	9	1	7	8	7	5	5	4
9473	전남 순천시	자율관리어업육성사업	522,000	9	1	7	8	7	5	5	4
9474	전남 순천시	교통약자저상버스구입	483,000	9	2	7	8	7	5	5	4
9475	전남 순천시	노인여가복지시설설치등지원	453,000	9	4	7	8	7	1	1	4
9476	전남 순천시	인증부표보급지원사업	420,000	9	1	7	8	7	5	5	4
9477	전남 순천시	신재생에너지융복합지원사업	380,408	9	7	7	8	7	5	5	4

관리번호	분류	지정명(품명)	2024예산액 (단위: 천원/1식당)	산정기준 표준 (지시사항 표준등 포함) 1. 견적단가적용 근거 2. 일반관리비 등 (표준307-02) 3. 이윤 (307-04) 4. 부가세 등 적용 5. 관리감사항목(307-05) 6. 시험검사기준 등(307-10) 7. 교육훈련비 등(308-13) 8. 운용지원 등(도입지원 등)(402-01) 9. 성능검증 등,이전검토(402-02) 10. 성능검사비용(402-03) 11. 장기운영에 대한 정기 점검시비용(403-02)	개발기간 (해당년도 표준과 중기 표시) 1. 해당년도 2. 중기표시(해당 전시) 8. 해당없음	개발방식 1. 단독 2. 공동 3. 공모/위탁 4. 실적 5. 수입 6. 기타 ( ) 7. 연구개발 8. 없음	물량관리 1. 단독 2. 공동 3. 공모/위탁 4. 실적 5. 수입 6. 기타 ( ) 7. 연구개발 8. 없음	계약방식 1. 단독 2. 공동 3. 공모/위탁 4. 실적(신설보완기준 포함) 5. 기타 6. 없음 7. 해당없음	수의계약 조건 1. 단독 2. 공동 3. 공모/위탁 (신설보완기준 포함) 4. 수입자 5. 없음	예비조달 1. 실시 2. 미실시 3. 해당없음 4. 해당없음
9478	전력지원체계	다기능관측장비	375,500	9	1	1	8	3	1	4
9479	전력지원체계	야간주행보조장치 일반지원	318,000	9	2	7	8	7	1	4
9480	전력지원체계	전장정보통신운용훈련용장비	300,000	9	2	7	8	7	2	4
9481	전력지원체계	종합영상처리시현장치	297,500	9	9	7	8	7	1	4
9482	전력지원체계	DPF(매연저감장치)자동차진단장비	280,500	9	1	7	8	7	2	1
9483	전력지원체계	도시철도자동운전장치휴대용진단장비	260,000	9	2	7	8	7	2	4
9484	전력지원체계	다기능산업용자가진단장비	260,000	9	1	7	8	7	1	4
9485	전력지원체계	통신기반통신검측장비	229,950	9	2	7	8	7	2	4
9486	전력지원체계	가변축진단장비(주진단)	229,336	9	2	7	8	7	1	4
9487	전력지원체계	차량용충전기진단장비	218,910	9	1	7	8	7	2	4
9488	전력지원체계	이송용모듈반조립점검장비조립품	210,000	9	9	7	8	7	2	4
9489	전력지원체계	진단종합시험장비	200,000	9	1	7	8	7	2	4
9490	전력지원체계	비파괴검사시간측정장치양방조립품	200,000	9	2	7	8	7	2	4
9491	전력지원체계	2024년진단장비종합점검시스템(가평기초)	194,050	9	1	7	8	7	2	1	2
9492	전력지원체계	장시운용시한도압시험장비	180,000	9	1	7	8	7	2	2	4
9493	전력지원체계	전시물자운송기상보조장비	180,000	9	2	7	8	7	2	1	4
9494	전력지원체계	필터교체경신기상보조장비공동조립장비	176,000	9	1	7	8	7	1	1	4
9495	전력지원체계	종합진단시험장비조립품	170,100	9	1	7	8	7	1	1	4
9496	전력지원체계	이송자동차소음진동시험장비조립품	169,400	9	1	7	8	7	1	1	4
9497	전력지원체계	차량용음향소음진동시험점검장비(주진)	162,148	9	1	7	1	7	1	2	4
9498	전력지원체계	종합진단예비유종자동검사점검장비	161,500	9	1	7	8	7	1	1	4
9499	전력지원체계	진단검사기상확대자동검사장비	152,200	9	1	7	8	7	1	1	4
9500	전력지원체계	저소음돌발검사(비인쇄자)시험장비	145,600	9	1	7	8	7	1	1	4
9501	전력지원체계	기이용검사장비	144,000	9	8	7	8	7	2	2	1
9502	전력지원체계	종이개신자기기후긴축검사장비	131,250	9	2	7	8	7	2	2	4
9503	전력지원체계	종기용합격검사장비	120,705	9	1	7	8	7	1	1	4
9504	전력지원체계	이상을예비예약검사장비	94,769	9	2	7	8	7	2	1	4
9505	전력지원체계	가속사예비용역검사장비	93,600	9	2	7	8	7	2	1	4
9506	전력지원체계	일반검사자발접검사장비(접접진단검사)	87,500	9	1	7	8	7	1	1	4
9507	전력지원체계	검사진단검사장비	87,500	9	6	7	8	7	2	2	4
9508	전력지원체계	개소출검사장반접검사상태발검사	87,500	9	6	7	8	7	2	2	4
9509	전력지원체계	주소진단관할이용발사검사발상검사장비	83,000	9	4	7	7	7	2	2	4
9510	전력지원체계	다목적발접예가시상검사장비	81,000	9	6	7	8	7	2	2	4
9511	전력지원체계	자발앵예기고저발검사장비	80,000	9	7	7	8	7	2	2	4
9512	전력지원체계	예사안접기고저발검사장비	80,000	9	1	7	8	7	1	1	4
9513	전력지원체계	작사발검육발성고검사발검사(정원)	69,490	9	1	7	1	7	2	1	4
9514	전력지원체계	친기상검발검사용발접장비	66,300	9	1	7	8	2	2	2	1
9515	전력지원체계	차로가시접상예기시상접장비검사장비	64,800	9	7	7	8	7	2	1	4
9516	전력지원체계	비결검사차검상예산사장	60,120	9	1	7	8	7	2	1	4
9517	전력지원체계	수소용검발검사기교발상수검검사	60,000	9	4	7	8	7	1	1	3

순번	시군구	지출명 (사업명)	2024년예산 (단위 : 천원 /1년간)	민간이전 분류 (지방자치단체 세출예산 집행기준에 의거) 1. 민간경상사업보조(307-02) 2. 민간단체 법정운영비보조(307-03) 3. 민간행사사업보조(307-04) 4. 민간위탁금(307-05) 5. 사회복지시설 법정운영비보조(307-10) 6. 민간위탁교육비(307-12) 7. 공기관에대한경상적위탁사업비(308-13) 8. 민간자본사업보조,자체재원(402-01) 9. 민간자본사업보조,이전재원(402-02) 10. 민간위탁사업비(402-03) 11. 공기관등에 대한 자본적 위탁사업비(403-02)	민간이전지출 근거 (지방보조금 관리기준 참고) 1. 법률에 규정 2. 국고보조 재원(국가지정) 3. 용도 지원 기부금 4. 조례에 직접규정 5. 지자체가 권장하는 사업을 하는 공공기관 6. 시,도 정책 및 재정사정 7. 기타 8. 해당없음	입찰방식			운영예산 산정		성과평가 실시여부 1. 실시 2. 미실시 3. 향후 추진 4. 해당없음
						계약체결방법 (경쟁형태) 1. 일반경쟁 2. 제한경쟁 3. 지명경쟁 4. 수의계약 5. 법정위탁 6. 기타 ( ) 7. 없음	계약기간 1. 1년 2. 2년 3. 3년 4. 4년 5. 5년 6. 기타 ( )년 7. 단가계약 (1년미만) 8. 없음	낙찰자선정방법 1. 적격심사 2. 협상에의한계약 3. 최저가낙찰제 4. 규격가격분리 5. 2단계 경쟁입찰 6. 기타 ( ) 7. 없음	운영예산 산정 1. 내부산정 (지자체 자체적으로 산정) 2. 외부산정 (외부전문기관위탁 산정) 3. 내·외부 모두 산정 4. 산정 無 5. 없음	정산방법 1. 내부정산 (지자체 내부적으로 정산) 2. 외부정산 (외부전문기관위탁 정산) 3. 내·외부 모두 산정 4. 정산 無 5. 없음	
9518	전남 순천시	강소농식품기업경쟁력강화사업(전환사업)	60,000	9	7	7	8	7	1	1	2
9519	전남 순천시	장애인거주시설기능보강	57,955	9	1	7	8	7	1	1	1
9520	전남 순천시	발전소주변지역공공사회복지(기본지원)	57,000	9	7	7	8	7	5	5	4
9521	전남 순천시	이동식다용도작업대지원	53,760	9	1	7	8	7	1	1	4
9522	전남 순천시	시설원예에너지이용효율화	53,079	9	1	7	8	7	1	1	4
9523	전남 순천시	시설원예현대화지원사업	52,191	9	1	7	8	7	1	1	4
9524	전남 순천시	공동선별비지원사업	51,200	9	2	7	8	7	1	1	4
9525	전남 순천시	농촌어르신복지실천시범(농촌어르신복지실천시범사업)	50,000	9	1	7	8	7	1	1	4
9526	전남 순천시	친환경에너지절감경비보급사업	50,000	9	1	7	8	7	5	5	4
9527	전남 순천시	양돈생산성향상지원	49,000	9	1	7	8	7	1	1	4
9528	전남 순천시	가축분뇨퇴비부숙축진사업	48,000	9	6	7	8	7	1	1	4
9529	전남 순천시	딸기생산시설현대화지원사업	44,000	9	1	7	8	7	1	1	4
9530	전남 순천시	동물복지형녹색축산농장육성지원	42,000	9	6	7	8	7	5	1	4
9531	전남 순천시	원예분야재해예방시설지원	36,420	9	1	7	8	7	1	1	4
9532	전남 순천시	한우ICT융복합확산사업	36,000	9	2	7	8	7	5	1	4
9533	전남 순천시	어린이통학차량의LPG차전환지원사업	30,000	9	1	7	8	7	5	5	4
9534	전남 순천시	순천시조례동전통문화유산시설개선사업	30,000	9	6	7	8	7	5	5	4
9535	전남 순천시	농촌체험휴양마을활성화사업(농촌체험휴양마을활성화지원사업)	30,000	9	1	7	8	7	1	1	4
9536	전남 순천시	해룡친환경농업단지시설지원	30,000	9	1	7	8	7	1	1	4
9537	전남 순천시	친환경자재(부직포,약제)지원	30,000	9	1	7	8	7	1	1	4
9538	전남 순천시	단동하우스스마트팜단지조성시범	30,000	9	6	7	8	7	5	5	4
9539	전남 순천시	새우양식장유용미생물공급지원사업	30,000	9	1	7	8	7	5	5	4
9540	전남 순천시	가정폭력보호보호시설기능보강지원	29,180	9	1	7	8	7	1	1	1
9541	전남 순천시	가스열펌프저감장치부착지원사업	28,440	9	7	7	8	7	1	1	4
9542	전남 순천시	친환경천적이용해충구제지원	28,424	9	6	7	8	7	5	1	4
9543	전남 순천시	한우광역브랜드유통활성화지원	28,000	9	6	7	8	7	5	5	4
9544	전남 순천시	시설원예생산비절감지원사업	24,785	9	1	7	8	7	1	1	4
9545	전남 순천시	정신재활요양시설기능보강사업(사랑샘장비보강)	24,430	9	2	7	8	7	1	1	4
9546	전남 순천시	가금류사료칼슘첨가제지원	24,000	9	6	7	8	7	5	1	4
9547	전남 순천시	도자사품질인증제품디자인제작지원	20,000	9	7	7	8	7	1	1	2
9548	전남 순천시	성매매피해자지원기관기능보강	19,852	9	1	7	8	7	1	1	1
9549	전남 순천시	사회적농업활성화지원(사회적농업활성화시설개선비지원)	18,000	9	2	7	8	7	1	1	1
9550	전남 순천시	청년창업농장조성	17,500	9	6	7	8	7	1	1	3
9551	전남 순천시	농산물수출물류비대체사업	16,000	9	6	7	8	7	1	1	4
9552	전남 순천시	이상수온대응지원사업	16,000	9	2	7	8	7	5	5	4
9553	전남 순천시	중소규모축산농가맞춤형장비지원	15,000	9	6	7	8	7	5	1	4
9554	전남 순천시	한봉산업육성지원	15,000	9	6	7	8	7	5	1	4
9555	전남 순천시	송광이읍마을부녀회사무실리모델링공사	15,000	9	1	7	1	7	5	1	4
9556	전남 순천시	송광이읍마을부녀회사무실공동물품구입	15,000	9	1	7	1	7	5	1	4
9557	전남 순천시	식품제조업체가동률제고지원사업	14,000	9	7	7	8	7	1	1	2

순번	시군구	지출명 (사업명)	2024년예산 (단위: 천원/1년간)	민간이전 분류	민간이전지출 근거	계약체결방법 (경쟁형태)	계약기간	낙찰자선정방법	운영예산 산정	정산방법	성과평가 실시여부
9558	전남 순천시	승주유서마을경로당리모델링및보수	13,190	9	1	7	1	7	5	1	4
9559	전남 순천시	2024년경로당입식테이블지원	12,000	9	4	7	8	7	1	1	4
9560	전남 순천시	건설기계DPF부착지원사업	11,000	9	1	7	8	7	5	5	1
9561	전남 순천시	고추비가림재배시설	10,500	9	1	7	8	7	1	1	4
9562	전남 순천시	축사지붕열차단재도포시범사업	10,500	9	6	7	8	7	5	1	4
9563	전남 순천시	어깨동무컨설팅농가경영개선사업	9,600	9	6	7	8	7	5	1	4
9564	전남 순천시	가정용저녹스보일러설치지원사업	9,000	9	1	7	8	7	5	1	4
9565	전남 순천시	송광장동마을무선방송장치구매설치사업	8,780	9	1	7	1	7	5	1	4
9566	전남 순천시	시설원예연작장해경감제지원	7,020	9	1	7	8	7	1	1	4
9567	전남 순천시	농기계등화장치부착지원	6,500	9	1	7	8	7	1	1	4
9568	전남 순천시	돼지소모성질환지도지원사업	6,000	9	2	7	8	7	5	1	4
9569	전남 순천시	어선사고예방시스템구축사업	6,000	9	1	7	8	7	5	5	4
9570	전남 순천시	축산물HACCP컨설팅지원	5,600	9	2	7	8	7	5	1	4
9571	전남 순천시	승주봉곡마을건강관리기구구입	4,470	9	1	7	1	7	5	1	4
9572	전남 순천시	승주효동마을경로당물품구입	4,260	9	1	7	1	7	5	1	4
9573	전남 순천시	사회적취약계층친환경보일러교체지원사업	4,000	9	1	7	8	7	5	5	4
9574	전남 순천시	승주유평마을건강관리기구구입	3,800	9	1	7	1	7	5	1	4
9575	전남 순천시	송광구표마을회관보수공사	3,800	9	1	7	1	7	5	1	4
9576	전남 순천시	ICT융복합확산사업(스마트팜)	3,564	9	1	7	8	7	1	1	4
9577	전남 순천시	승주등계마을CCTV정비	3,500	9	1	7	1	7	5	1	4
9578	전남 순천시	조사료스팀가공장비지원	3,300	9	2	7	8	7	5	1	4
9579	전남 순천시	농축산물덤프운반장비지원	3,200	9	1	7	8	7	5	1	4
9580	전남 순천시	유기가공식품인증비용지원	3,200	9	7	7	8	7	1	1	2
9581	전남 순천시	곤충사료첨가제지원	2,800	9	6	7	8	7	5	1	4
9582	전남 순천시	친환경해충퇴치지원	2,700	9	6	7	8	7	5	1	4
9583	전남 순천시	승주학구마을경로당물품구입	1,500	9	1	7	1	7	5	1	4
9584	전남 순천시	송광죽산마을CCTV개선공사	1,480	9	1	7	1	7	5	1	4
9585	전남 순천시	말벌퇴치장비지원	900	9	2	7	8	7	5	1	4
9586	전남 순천시	승주평지마을CCTV정비	700	9	1	7	1	7	5	1	4
9587	전남 나주시	cctv등방역인프라설치지원	1,597,200	9	2	7	8	7	1	1	4
9588	전남 나주시	노후경유차조기폐차지원사업	1,251,500	9	2	7	8	7	5	5	4
9589	전남 나주시	나주불회사대웅전주변정비사업(선원건립)	1,100,000	9	2	6	7	6	5	3	2
9590	전남 나주시	나주순교역사기념관건립	900,000	9	6	6	7	3	5	3	2
9591	전남 나주시	나주철천리석조여래입상주변정비사업(보호각단청)	776,000	9	2	6	7	6	5	3	2
9592	전남 나주시	축산악취개선지원	720,000	9	2	7	8	7	1	1	4
9593	전남 나주시	나주운흥사불조삼경주변정비사업(침계루건립)	600,000	9	2	6	7	6	5	3	2
9594	전남 나주시	살처분축처리시설장비지원사업	600,000	9	2	7	8	7	1	1	4
9595	전남 나주시	나주불회사건칠비로자나불좌상주변정비사업(사운당및공양간보수)	579,000	9	2	6	7	6	5	3	2
9596	전남 나주시	다목적소형농기계구입지원사업	497,500	9	6	7	8	7	5	5	4
9597	전남 나주시	건설기계엔진교체지원사업	495,000	9	2	7	8	7	5	5	4

순번	시군구	지출명 (사업명)	2024년예산 (단위:천원/1년간)	민간이전 분류	민간이전지출 근거	계약체결방법	계약기간	낙찰자선정방법	운영예산 산정	정산방법	성과평가 실시여부
9598	전남 나주시	소규모방지시설설치지원사업	471,000	9	2	7	8	7	5	5	4
9599	전남 나주시	축산분야ICT융복합사업	435,114	9	2	7	8	7	1	1	4
9600	전남 나주시	빈집정비사업	363,000	9	6	7	8	7	5	5	4
9601	전남 나주시	아동복지시설기능보강	321,904	9	2	1	7	1	5	5	4
9602	전남 나주시	조사료생산용기계장비구입지원	288,000	9	2	7	8	7	1	1	4
9603	전남 나주시	DPF(매연저감장치)부착지원사업	280,500	9	2	7	8	7	5	5	4
9604	전남 나주시	여성친화형다목적소형전기운반차지원	204,050	9	6	7	8	7	5	5	4
9605	전남 나주시	산림소득사업	156,543	9	1	7	8	7	5	5	4
9606	전남 나주시	축산농장악취저감시설지원사업	144,000	9	1	7	8	7	1	1	4
9607	전남 나주시	민간동물보호시설환경개선지원사업	126,000	9	1	7	8	7	1	1	4
9608	전남 나주시	청년농업인창업스케일업지원사업	112,500	9	6	7	8	7	5	5	4
9609	전남 나주시	나주불회사대웅전방재시설개선공사	100,000	9	2	6	7	6	5	3	2
9610	전남 나주시	가스열펌프저감장치부착지원사업(신규사업)	97,740	9	2	7	8	7	5	5	4
9611	전남 나주시	계란껍데기표시기지원사업	95,000	9	6	7	8	7	1	1	4
9612	전남 나주시	가금농가방역시설지원사업	90,000	9	1	7	8	7	1	1	4
9613	전남 나주시	청년4H회원우수과제창업농육성사업	90,000	9	1	7	8	7	5	5	4
9614	전남 나주시	낙농가축사환기시스템지원사업	66,000	9	1	7	8	7	5	5	4
9615	전남 나주시	퇴비부숙촉진지원사업	60,000	9	1	7	8	7	1	1	4
9616	전남 나주시	꿀벌산업육성(양봉)	60,000	9	1	7	8	7	1	1	4
9617	전남 나주시	동물복지형녹색축산농장육성지원	54,000	9	1	7	8	7	1	1	4
9618	전남 나주시	한우광역브랜드유통활성화지원	52,000	9	1	7	8	7	1	1	4
9619	전남 나주시	농촌어르신복지실천시범	50,000	9	1	7	8	7	5	5	4
9620	전남 나주시	조사료품질향상장비(건조용반전기)지원사업	40,000	9	1	7	8	7	5	5	4
9621	전남 나주시	지역특화작목어깨동무컨설팅확산지원사업	40,000	9	6	7	8	7	5	5	4
9622	전남 나주시	한우자동목걸림장치설치지원사업	34,020	9	1	7	8	7	1	1	4
9623	전남 나주시	이동식다용도작업대지원사업	31,360	9	6	7	8	7	5	5	4
9624	전남 나주시	경로당태양광발전시설설치	30,000	9	2	7	8	7	5	5	4
9625	전남 나주시	나주남파고택초가이엉잇기	27,000	9	2	7	7	7	5	1	2
9626	전남 나주시	맞춤형축산장비지원사업	27,000	9	1	7	8	7	1	1	4
9627	전남 나주시	농업용유류저장탱크(급유기)지원	26,400	9	6	7	8	7	5	5	4
9628	전남 나주시	돼지모돈분만율향상지원사업	25,000	9	6	7	8	7	1	1	4
9629	전남 나주시	계란냉장차량지원사업	25,000	9	6	7	8	7	1	1	4
9630	전남 나주시	꿀벌산업육성(한봉)	25,000	9	1	7	8	7	1	1	4
9631	전남 나주시	어린이통학차량LPG차전환지원사업	25,000	9	2	7	8	7	5	5	4
9632	전남 나주시	야영장안전및활성화지원	24,500	9	6	7	8	7	5	5	4
9633	전남 나주시	마을회관보수(도비지원)	17,980	9	2	7	8	7	5	5	4
9634	전남 나주시	여성농업인농작업효율향상장비지원	17,500	9	6	7	8	7	5	5	4
9635	전남 나주시	청년창업농장조성사업	17,500	9	6	7	8	7	5	5	4
9636	전남 나주시	조사료(볏짚)스팀가공장비지원	16,500	9	1	7	8	7	1	1	4
9637	전남 나주시	구제역예방접종원거리자동연속주사기지원	13,300	9	6	7	8	7	1	1	4

순번	시군구	지출명 (사업명)	2024년예산 (단위 : 천원 /1년간)	민간이전 분류 (지방자치단체 세출예산 집행기준에 의거) 1. 민간경상사업보조(307-02) 2. 민간단체 법정운영비보조(307-03) 3. 민간행사사업보조(307-04) 4. 민간위탁금(307-05) 5. 사회복지시설 법정운영비보조(307-10) 6. 민간인위탁교육비(307-12) 7. 공기관등에대한경상적위탁사업비(308-13) 8. 민간자본사업보조,자체재원(402-01) 9. 민간자본사업보조,이전재원(402-02) 10. 민간위탁사업비(402-03) 11. 공기관등에 대한 자본적 위탁사업비(403-02)	민간이전지출 근거 (지방보조금 관리기준 참고) 1. 법률에 규정 2. 국고보조 재원(국가지정) 3. 용도 지정 기부금 4. 조례에 직접규정 5. 지자체가 권장하는 사업을 하는 공공기관 6. 시,도 정책 및 재정사정 7. 기타 8. 해당없음	입찰방식			운영예산 산정		성과평가 실시여부
						계약체결방법 (경쟁형태) 1. 일반경쟁 2. 제한경쟁 3. 지명경쟁 4. 수의계약 5. 법정위탁 6. 기타 ( ) 7. 없음	계약기간 1. 1년 2. 2년 3. 3년 4. 4년 5. 5년 6. 기타 ( )년 7. 단기계약 (1년미만) 8. 없음	낙찰자선정방법 1. 적격심사 2. 협상에의한계약 3. 최저가낙찰제 4. 규격가격분리 5. 2단계 경쟁입찰 6. 기타 ( ) 7. 없음	운영예산 산정 1. 내부산정 (지자체 자체적으로 산정) 2. 외부산정 (외부전문기관위탁 산정) 3. 내·외부 모두 산정 4. 산정 無 5. 없음	정산방법 1. 내부정산 (지자체 내부적으로 정산) 2. 외부정산 (외부전문기관위탁 정산) 3. 내·외부 모두 산정 4. 정산 無 5. 없음	1. 실시 2. 미실시 3. 향후 추진 4. 해당없음
9638	전남 나주시	수산물소형저온저장고시설지원	12,000	9	7	7	8	7	1	1	4
9639	전남 나주시	가정용저녹스보일러설치지원사업	9,000	9	2	7	8	7	5	5	4
9640	전남 나주시	친환경해충퇴치장비지원	6,300	9	1	7	8	7	1	1	4
9641	전남 나주시	농업기계등장치부착지원사업	5,500	9	6	7	8	7	5	5	4
9642	전남 나주시	사회적취약계층등친환경보일러보급사업	4,000	9	2	7	8	7	5	5	4
9643	전남 나주시	야생동물피해예방시설설치사업	1,200	9	2	7	8	7	5	5	4
9644	전남 나주시	보증기간경과장치성능유지관리	1,136	9	2	7	8	7	5	5	4
9645	전남 나주시	말벌퇴치장비지원사업	900	9	2	7	8	7	1	1	4
9646	전남 광양시	수소버스보급지원	1,110,000	9	2	7	8	7	5	5	4
9647	전남 광양시	마을단위LPG배관망구축사업	297,000	9	1	5	1	7	2	2	1
9648	전남 광양시	수소전기차보급지원	296,000	9	2	7	8	7	5	5	4
9649	전남 광양시	임산물저장및건조시설지원	277,903	9	2	7	8	7	5	5	3
9650	전남 광양시	임산물생산단지조성	167,849	9	2	7	8	7	5	5	3
9651	전남 광양시	주택가도시가스공급관보조사업	153,500	9	1	5	1	7	2	2	1
9652	전남 광양시	임산물가공지원	145,382	9	2	7	8	7	5	5	3
9653	전남 광양시	시설과채류순환식수경재배양액재활용기술보급시범	80,000	9	2	7	8	7	5	5	4
9654	전남 광양시	임산물상품화지원	74,750	9	2	7	8	7	5	5	3
9655	전남 광양시	양봉산업육성지원	67,500	9	6	7	8	7	1	1	4
9656	전남 광양시	야생동물피해예방사업	46,000	9	2	7	8	7	5	5	4
9657	전남 광양시	지역아동센터환경개선지원	45,000	9	2	7	8	7	1	1	3
9658	전남 광양시	친환경농산물계약재배청년농가육성(생산농가)	35,200	9	1	7	8	7	5	5	4
9659	전남 광양시	장기요양기관환기시설설치지원	32,936	9	2	7	8	7	5	5	4
9660	전남 광양시	음식점입식테이블설치지원	30,000	9	4	7	8	7	1	1	1
9661	전남 광양시	O친환경에너지절감장치보급사업	29,000	9	1	7	8	7	5	5	4
9662	전남 광양시	경영기록장기장농가경영개선사업	24,000	9	2	7	8	7	5	5	4
9663	전남 광양시	O어선사고예방시스템구축사업	24,000	9	1	7	8	7	5	5	4
9664	전남 광양시	농어촌통신망고도화구축	22,500	9	2	5	1	7	5	5	4
9665	전남 광양시	논온실가스감축물관리완효성비료복합기술시범	20,000	9	2	7	8	7	5	5	4
9666	전남 광양시	임산물생산기반	18,851	9	2	7	8	7	5	5	3
9667	전남 광양시	O수산물소포장재등지원사업	18,000	9	1	7	8	7	5	5	4
9668	전남 광양시	청년창업농장조성사업	17,500	9	1	7	8	7	1	1	4
9669	전남 광양시	친환경임산물재배관리	16,929	9	2	7	8	7	5	5	3
9670	전남 광양시	임산물유통차량	15,000	9	2	7	8	7	5	5	3
9671	전남 광양시	파렛트등유통기자재	12,124	9	2	7	8	7	5	5	3
9672	전남 광양시	O수산물소형저온저장시설지원사업	10,800	9	8	7	8	7	5	5	4
9673	전남 광양시	환경데이터기반스마트정밀관수시스템보급	10,500	9	2	7	8	7	5	5	4
9674	전남 광양시	한우ICT용복합화산사업	9,000	9	2	7	8	7	1	1	4
9675	전남 광양시	우수여왕벌보급지원	7,680	9	2	7	8	7	1	1	4
9676	전남 광양시	O수산물직거래택배비지원사업	7,500	9	1	7	8	7	5	5	4
9677	전남 광양시	한우자동목걸림장치지원	7,140	9	6	7	8	7	1	1	4

순번	시군구	지출명 (사업명)	2024년예산 (단위 : 천원 /1년간)	민간이전 분류 (지방자치단체 세출예산 집행기준에 의거) 1. 민간경상사업보조(307-02) 2. 민간단체 법정운영보조(307-03) 3. 민간행사사업보조(307-04) 4. 민간위탁금(307-05) 5. 사회복지시설 법정운영비보조(307-10) 6. 민간위원교육비(307-12) 7. 공기관등에대한경상적위탁사업비(308-13) 8. 민간자본사업보조,자체재원(402-01) 9. 민간자본사업보조,이전재원(402-02) 10. 민간위탁사업비(402-03) 11. 공기관등에 대한 자본적 위탁사업비(403-02)	민간이전지출 근거 (지방보조금 관리기준 참고) 1. 법률에 규정 2. 국고보조 재원(국가지정) 3. 용도 지정 기부금 4. 조례에 직접규정 5. 지자체가 권장하는 사업을 하는 공공기관 6. 시,도 정책 및 재정사정 7. 기타 8. 해당없음	입찰방식			운영예산 산정		성과평가 실시여부 1. 실시 2. 미실시 3. 향후 추진 4. 해당없음
						계약체결방법 (경쟁형태) 1. 일반경쟁 2. 제한경쟁 3. 지명경쟁 4. 수의계약 5. 법정위탁 6. 기타 ( ) 7. 없음	계약기간 1. 1년 2. 2년 3. 3년 4. 4년 5. 5년 6. 기타 ( )년 7. 단기계약 (1년미만) 8. 없음	낙찰자선정방법 1. 적격심사 2. 협상에의한계약 3. 최저가낙찰제 4. 규격가격분리 5. 2단계 경쟁입찰 6. 기타 ( ) 7. 없음	운영예산 산정 1. 내부산정 (지자체 자체적으로 산정) 2. 외부산정 (외부전문기관위탁 산정) 3. 내·외부 모두 산정 4. 산정 無 5. 없음	정산방법 1. 내부정산 (지자체 내부적으로 정산) 2. 외부정산 (외부전문기관위탁 정산) 3. 내·외부 모두 산정 4. 정산 無 5. 없음	
9678	전남 광양시	한봉산업육성지원	6,000	9	6	7	8	7	1	1	4
9679	전남 광양시	채용기업사후관리(기업환경개선)지원사업	5,000	9	7	1	7	1	1	1	4
9680	전남 광양시	경로당공동작업장운영	3,500	9	1	7	8	7	1	1	4
9681	전남 광양시	말벌퇴치장비지원	1,020	9	6	7	8	7	1	1	4
9682	전남 광양시	친환경충해퇴치장비지원	900	9	6	7	8	7	1	1	4
9683	전남 광양시	산양삼생산과정확인지원	380	9	2	7	8	7	5	5	3
9684	전남 담양군	가축분뇨공동자원화사업	6,174,000	9	2	7	8	7	5	5	4
9685	전남 담양군	전기화물차보급사업(민간)	3,552,000	9	2	7	8	7	5	5	4
9686	전남 담양군	신재생에너지융복합지원사업	2,844,346	9	8	7	8	7	5	5	4
9687	전남 담양군	전기승용차보급사업(민간)	2,530,000	9	2	7	8	7	5	5	4
9688	전남 담양군	담양군국제명상센터건립사업	807,500	9	2	7	8	7	5	5	4
9689	전남 담양군	담양창평향교대성전배면사면정비	700,000	9	2	7	8	7	5	5	4
9690	전남 담양군	시설과수생산시설현대화사업	540,000	9	6	7	8	7	5	5	4
9691	전남 담양군	다목적소형농기계구입지원	473,750	9	6	7	8	7	5	5	4
9692	전남 담양군	담양용흥사요사채증개축	400,000	9	2	7	8	7	5	5	4
9693	전남 담양군	농업분야에너지절감시설지원	374,190	9	2	7	8	7	5	5	4
9694	전남 담양군	수소자동차보급사업	345,000	9	2	7	8	7	5	5	4
9695	전남 담양군	건설기계엔진교체지원	330,000	9	2	7	8	7	5	5	4
9696	전남 담양군	산림작물생산단지	325,550	9	2	7	8	7	5	5	4
9697	전남 담양군	여성친화형다목적소형전기운반차지원	304,150	9	6	7	8	7	5	5	4
9698	전남 담양군	벼육묘장지원	288,000	9	4	7	8	7	5	5	4
9699	전남 담양군	중소농원예특용작물생산기반구축사업	250,000	9	6	7	8	7	5	5	4
9700	전남 담양군	딸기생산시설현대화사업	250,000	9	6	7	8	7	5	5	4
9701	전남 담양군	시설원예현대화지원	243,150	9	2	7	8	7	5	5	4
9702	전남 담양군	벼육묘장지원	240,000	9	6	7	8	7	5	5	4
9703	전남 담양군	담양창평향교명륜당동재보수정비	230,000	9	2	7	8	7	5	5	4
9704	전남 담양군	일반단지기계장비구입지원(4.2set)	222,000	9	2	7	8	7	5	5	4
9705	전남 담양군	DPF(매연저감치)부착지원	214,500	9	2	7	8	7	5	5	4
9706	전남 담양군	산림복합경영단지조성(공모)	210,000	9	2	7	8	7	5	5	4
9707	전남 담양군	시도지정문화재보수	200,000	9	1	7	8	7	5	5	4
9708	전남 담양군	농업용지게차구입지원	198,000	9	4	7	8	7	5	5	4
9709	전남 담양군	벼육묘장지원자체사업(군비추가분)	192,000	9	4	7	8	7	5	5	4
9710	전남 담양군	농업용지게차구입지원	165,000	9	6	7	8	7	5	5	4
9711	전남 담양군	친환경과수농가비가림하우스시설지원사업	154,440	9	6	7	8	7	5	5	4
9712	전남 담양군	담양창평향교대성전정밀실측기록화사업	150,000	9	2	7	8	7	5	5	4
9713	전남 담양군	원예분야살균수공급장치지원사업	150,000	9	6	7	8	7	5	5	4
9714	전남 담양군	농산물소형저온저장고지원	144,900	9	6	7	8	7	5	5	4
9715	전남 담양군	시설원예생산비절감지원사업	125,000	9	6	7	8	7	5	5	4
9716	전남 담양군	담양창평향교명륜당재난방지시설(전기)구축사업	124,000	9	2	7	8	7	5	5	4
9717	전남 담양군	집수리지원사업	108,000	9	2	7	8	7	5	5	4

순번	시군구	지출명 (사업명)	2024년예산 (단위: 천원 /1년간)	민간이전 분류 (지방자치단체 세출예산 집행기준에 의거)	민간이전지출 근거 (지방보조금 관리기준 참고)	입찰방식 계약체결방법 (경쟁형태)	입찰방식 계약기간	입찰방식 낙찰자선정방법	운영예산 산정 운영예산 산정	운영예산 산정 정산방법	성과평가 실시여부
9718	전남 담양군	담양창평향교명륜당정밀실측기록화사업	100,000	9	2	7	8	7	5	5	4
9719	전남 담양군	영농자재판매장시설개선사업	100,000	9	4	7	8	7	5	5	4
9720	전남 담양군	수출용딸기품질고급화생산기술시범	100,000	9	1	7	8	7	5	5	4
9721	전남 담양군	임산물생산기반조성(9개소)	96,605	9	2	7	8	7	5	5	4
9722	전남 담양군	농업용지게차구입지원자체사업(군비추가분)	90,000	9	4	7	8	7	5	5	4
9723	전남 담양군	담양창평향교명륜당재난방지시설(방범)구축사업	80,000	9	2	7	8	7	5	5	4
9724	전남 담양군	원예작물생산성향상을위한생태적종합관리시범	80,000	9	1	7	8	7	5	5	4
9725	전남 담양군	농어촌통신망고도화구축(15개소)	78,750	9	2	6	1	7	1	1	1
9726	전남 담양군	담양용흥사동종주변정비(미륵불이전및석축정비)설계비지원	72,000	9	2	7	8	7	5	5	4
9727	전남 담양군	농업용드론구입지원	72,000	9	4	7	8	7	5	5	4
9728	전남 담양군	축산농장악취저감시설지원	72,000	9	6	7	8	7	5	5	4
9729	전남 담양군	야영장화재안전성확보	70,000	9	2	7	8	7	5	5	4
9730	전남 담양군	이상기상대응시설예작물안정생산시범	70,000	9	8	7	8	7	5	5	4
9731	전남 담양군	아열대작목품질향상소득화기술보급	70,000	9	8	7	8	7	5	5	4
9732	전남 담양군	방역시설및장비지원	67,200	9	2	7	8	7	5	5	4
9733	전남 담양군	농산물소형저온저장고지원(군비추가분)	63,000	9	6	7	8	7	5	5	4
9734	전남 담양군	전기이륜차보급사업	60,800	9	2	7	8	7	5	5	4
9735	전남 담양군	농업용드론구입지원	60,000	9	6	7	8	7	5	5	4
9736	전남 담양군	가축분뇨퇴비부숙촉진지원	60,000	9	6	7	8	7	5	5	4
9737	전남 담양군	시설원예에너지절감종합관리기술시범	56,000	9	1	7	8	7	5	5	4
9738	전남 담양군	축사자동화ICT종합제어시스템구축시범	56,000	9	1	7	8	7	5	5	4
9739	전남 담양군	딸기신품종확대보급기술시범	50,000	9	1	7	8	7	5	5	4
9740	전남 담양군	장애인거주시설기능보강사업(혜림생활원)	48,700	9	1	1	1	5	1	1	1
9741	전남 담양군	벼육묘장지원(군비추가분)	48,000	9	4	7	8	7	5	5	4
9742	전남 담양군	과수생산기반구축사업	48,000	9	6	7	8	7	5	5	4
9743	전남 담양군	입식테이블지원사업	44,800	9	6	7	8	7	5	5	4
9744	전남 담양군	고추비가림재배시설지원	44,380	9	2	7	8	7	5	5	4
9745	전남 담양군	전기자동차충전시설구축지원사업	42,000	9	2	7	8	7	5	5	4
9746	전남 담양군	시설과원스마트관리종합기술투입시범	42,000	9	1	7	8	7	5	5	4
9747	전남 담양군	이상기상대응스마트양봉안전생산기술보급	42,000	9	1	7	8	7	5	5	4
9748	전남 담양군	경로당공동생활의집설치지원	40,000	9	6	1	7	2	1	1	4
9749	전남 담양군	시설원예ICT융복합지원	37,556	9	2	7	8	7	5	5	4
9750	전남 담양군	사회적기업육성(시설장비)	36,000	9	1	7	8	7	1	1	4
9751	전남 담양군	농어촌장애인주택개조	34,200	9	2	7	8	7	5	5	4
9752	전남 담양군	임산물유통기반조성	33,150	9	2	7	8	7	5	5	4
9753	전남 담양군	농업용지게차구입지원(군비추가분)	33,000	9	4	7	8	7	5	5	4
9754	전남 담양군	곡물건조기구입지원자체사업(군비추가분)	31,200	9	4	7	8	7	5	5	4
9755	전남 담양군	경로당태양광발전시설설치지원	30,000	9	6	1	7	2	1	1	4
9756	전남 담양군	창평어린이집방수공사	30,000	9	4	7	8	7	5	5	4
9757	전남 담양군	원예분야재해예방시설지원사업	30,000	9	6	7	8	7	5	5	4

순번	시군구	지출명 (사업명)	2024년예산 (단위 : 천원 /1년간)	민간이전 분류	민간이전지출 근거	입찰방식 계약체결방법 (경쟁형태)	계약기간	낙찰자선정방법	운영예산 산정	정산방법	성과평가 실시여부
9758	전남 담양군	노동력절감드문모심기재배단지조성	30,000	9	1	7	8	7	5	5	4
9759	전남 담양군	단동하우스보급형스마트팜단지조성	30,000	9	1	7	8	7	5	5	4
9760	전남 담양군	축사내한우자동목걸림장치설치비지원	27,300	9	6	7	8	7	5	5	4
9761	전남 담양군	한우ICT융복합지원사업	27,000	9	6	7	8	7	5	5	4
9762	전남 담양군	청년창업농장조성사업지원	25,000	9	6	7	8	7	5	5	4
9763	전남 담양군	경사로지원사업	24,000	9	6	7	8	7	5	5	4
9764	전남 담양군	곡물건조기구입지원	23,430	9	4	7	8	7	5	5	4
9765	전남 담양군	이동식다용도작업대지원	21,200	9	6	7	8	7	5	5	4
9766	전남 담양군	전남형예비마을기업육성사업	20,000	9	6	7	8	7	1	1	4
9767	전남 담양군	야생동물피해예방사업(4개소)	20,000	9	2	7	8	7	5	5	4
9768	전남 담양군	곡물건조기구입지원	19,500	9	6	7	8	7	5	5	4
9769	전남 담양군	양돈증체율향상지원사업	18,000	9	6	7	8	7	5	5	4
9770	전남 담양군	가축분뇨퇴비부숙촉진지원(군비추가분)	15,000	9	4	7	8	7	5	5	4
9771	전남 담양군	낙농가축사환기시스템지원2024신규)	15,000	9	7	7	8	7	5	5	4
9772	전남 담양군	과채류스마트양액관리기술시범	14,000	9	8	7	8	7	5	5	4
9773	전남 담양군	유해야생동물포획시설지원	13,200	9	2	7	8	7	5	5	4
9774	전남 담양군	농업용드론구입지원(군비추가분)	12,000	9	4	7	8	7	5	5	4
9775	전남 담양군	농업용드론구입지원자체사업(군비추가분)	12,000	9	4	7	8	7	5	5	4
9776	전남 담양군	중소규모축산농가맞춤형장비지원사업	12,000	9	7	7	8	7	5	5	4
9777	전남 담양군	전기이륜차보급사업(도내생산)	12,000	9	2	7	8	7	5	5	4
9778	전남 담양군	경영기록장기장농가경영개선사업	12,000	9	6	7	8	7	5	5	4
9779	전남 담양군	도내생산전기승용차보급사업(민간)	11,200	9	2	7	8	7	5	5	4
9780	전남 담양군	농업기계등화장치부착사업	6,000	9	6	7	8	7	5	5	4
9781	전남 담양군	동물복지형녹색축산농장육성지원	6,000	9	6	7	8	7	1	1	4
9782	전남 담양군	노인성인용보행기지원사업	5,000	9	4	7	8	7	5	5	1
9783	전남 담양군	흡입식마늘건조기지원	4,500	9	6	7	8	7	5	5	4
9784	전남 담양군	곡물건조기구입지원(군비추가분)	3,930	9	4	7	8	7	5	5	4
9785	전남 담양군	보증기간경과장치성능유지관리지원(57대)	2,998	9	2	7	8	7	5	5	4
9786	전남 담양군	친환경과수농가해충방제기지원	2,200	9	6	7	8	7	5	5	4
9787	전남 담양군	원광어린이집전기보일러교체	2,000	9	4	7	8	7	5	5	4
9788	전남 담양군	친환경해충퇴치장비지원	1,800	9	6	7	8	7	5	5	4
9789	전남 담양군	친환경임산물재배관리(5개소)	1,340	9	2	7	8	7	5	5	4
9790	전남 담양군	말벌퇴치장비지원사업	1,260	9	2	7	8	7	5	5	4
9791	전남 곡성군	전기화물차(소형)보급	1,373,500	9	2	7	8	7	5	5	4
9792	전남 곡성군	전기자동차구매지원	1,120,300	9	2	7	8	7	5	5	4
9793	전남 곡성군	곡성태안사적인선사탑요사채개축	700,000	9	1	7	8	7	2	1	4
9794	전남 곡성군	친환경농업기반구축시설장비지원	640,000	9	2	7	8	7	1	1	4
9795	전남 곡성군	저온유통체계구축사업	509,550	9	2	7	8	7	5	5	4
9796	전남 곡성군	들녘경영체지원사업육성	446,600	9	2	7	8	7	1	1	4
9797	전남 곡성군	새끼우렁이공급지원사업	317,895	9	6	3	7	1	1	1	4

순번	시군구	지출명 (사업명)	2024년예산 (단위: 천원/1년간)	민간이전 분류 (지방자치단체 세출예산 집행기준에 의거)	민간이전지출 근거 (지방보조금 관리기준 참고)	입찰방식			운영예산 산정		성과평가 실시여부
						계약체결방법 (경쟁형태)	계약기간	낙찰자선정방법	운영예산 산정	정산방법	
9798	전남 곡성군	전기버스구매지원	242,000	9	2	7	8	7	5	5	4
9799	전남 곡성군	특수미가공산가공단지조성시범	200,000	9	2	7	8	7	5	5	4
9800	전남 곡성군	수경재배적합잎들깨국내육성품종보급시범	200,000	9	2	7	8	7	5	5	4
9801	전남 곡성군	건설기계엔진교체지원	165,000	9	2	7	8	7	5	5	4
9802	전남 곡성군	벼육묘장지원사업(자동화)	160,000	9	6	7	8	7	1	1	4
9803	전남 곡성군	공영버스구입지원사업	150,000	9	1	7	8	7	5	5	4
9804	전남 곡성군	석곡면도시재생집수리지원사업	135,000	9	2	7	7	7	5	3	4
9805	전남 곡성군	여성친화형다목적소형전기운반차지원	127,050	9	6	7	8	7	1	1	4
9806	전남 곡성군	일반단지기계장비구입지원	120,000	9	2	7	8	7	1	1	4
9807	전남 곡성군	소규모사업장방지시설설치지원	117,000	9	2	7	8	7	5	5	4
9808	전남 곡성군	중소농원예특용작물생산기반구축사업	105,000	9	6	7	8	7	5	5	4
9809	전남 곡성군	과수고품질시설현대화사업	100,000	9	2	7	8	7	5	5	4
9810	전남 곡성군	수출용딸기품질고급화생산기술시범	100,000	9	2	7	8	7	5	5	4
9811	전남 곡성군	DPF부착지원	99,000	9	2	7	8	7	5	5	4
9812	전남 곡성군	귀농어귀촌인우수창업활성화지원사업	96,000	9	6	7	8	7	5	5	4
9813	전남 곡성군	방역인프라설치지원사업	90,000	9	2	7	8	7	1	1	1
9814	전남 곡성군	꿀벌산업육성(양봉)	75,000	9	6	7	8	7	1	1	4
9815	전남 곡성군	이동식다용도작업대지원	64,960	9	6	7	8	7	1	1	4
9816	전남 곡성군	에너지절감시설(다겹보온커튼)지원사업	63,831	9	2	7	8	7	5	5	4
9817	전남 곡성군	농업용지계차지원	60,000	9	6	7	8	7	1	1	4
9818	전남 곡성군	꿀벌산업육성(한봉)	60,000	9	6	7	8	7	1	1	4
9819	전남 곡성군	시설원예현대화사업	56,830	9	2	7	8	7	5	5	4
9820	전남 곡성군	축산농장악취저감시설지원	54,000	9	6	7	8	7	1	1	4
9821	전남 곡성군	신재생에너지보급사업(주택지원사업)	49,814	9	2	7	8	7	3	1	4
9822	전남 곡성군	밭작물유해물질발생저감실천시범단지조성	40,000	9	2	7	8	7	5	5	4
9823	전남 곡성군	과수농가비가림하우스시설지원	39,000	9	6	7	8	7	1	1	4
9824	전남 곡성군	한우ICT융복합확산	36,000	9	2	7	8	7	1	1	4
9825	전남 곡성군	작목별맞춤형안전관리실천시범(장비구입)	32,500	9	2	7	8	7	5	5	4
9826	전남 곡성군	농촌체험휴양마을활성화지원사업(시설개선)	30,000	9	6	7	8	7	5	5	4
9827	전남 곡성군	한우자동목걸림장치지원	25,200	9	6	7	8	7	1	1	4
9828	전남 곡성군	농업용유류저장탱크지원	25,080	9	6	7	8	7	1	1	4
9829	전남 곡성군	동물복지형녹색축산농장지원	24,000	9	6	7	8	7	1	1	4
9830	전남 곡성군	퇴비부숙촉진지원	24,000	9	6	7	8	7	1	1	4
9831	전남 곡성군	전기이륜차보급	21,200	9	2	7	8	7	5	5	4
9832	전남 곡성군	식품제조업체가동률제고지원	21,000	9	6	7	8	7	1	1	4
9833	전남 곡성군	사회적경제기업시설장비지원	20,000	9	4	7	8	7	5	5	4
9834	전남 곡성군	농업용드론지원	20,000	9	6	7	8	7	1	1	4
9835	전남 곡성군	곡물건조기지원	19,500	9	6	7	8	7	1	1	4
9836	전남 곡성군	청년창업농장조성사업	17,500	9	6	7	8	1	1	1	4
9837	전남 곡성군	장기요양기관환기시설설치사업	17,184	9	2	7	8	7	5	5	4

- 410 -

순번	시군구	지출명 (사업명)	2024년예산 (단위:천원/1년간)	민간이전 분류 (지방자치단체 세출예산 집행기준에 의거) 1. 민간경상사업보조(307-02) 2. 민간단체 법정운영비보조(307-03) 3. 민간행사사업보조(307-04) 4. 민간위탁금(307-05) 5. 사회복지시설 법정운영비보조(307-10) 6. 민간인위탁교육비(307-12) 7. 공기관등에대한경상적위탁사업비(308-13) 8. 민간자본사업보조,자체재원(402-01) 9. 민간자본사업보조,이전재원(402-02) 10. 민간위탁사업비(402-03) 11. 공기관등에 대한 자본적 위탁사업비(403-02)	민간이전지출 근거 (지방보조금 관리기준 참고) 1. 법률에 규정 2. 국고보조 재원(국가지정) 3. 용도 지정 기부금 4. 조례에 직접규정 5. 지자체가 권장하는 사업을 하는 공공기관 6. 시,도 정책 및 재정사정 7. 기타 8. 해당없음	입찰방식			운영예산 산정		성과평가 실시여부 1. 실시 2. 미실시 3. 향후 추진 4. 해당없음
						계약체결방법 (경쟁형태) 1. 일반경쟁 2. 제한경쟁 3. 지명경쟁 4. 수의계약 5. 법정위탁 6. 기타 7. 없음	계약기간 1. 1년 2. 2년 3. 3년 4. 4년 5. 5년 6. 기타( )년 7. 단가계약 (1년미만) 8. 없음	낙찰자선정방법 1. 적격심사 2. 협상에의한계약 3. 최저가낙찰제 4. 규격가격분리 5. 2단계 경쟁입찰 6. 기타( ) 7. 없음	운영예산 산정 1. 내부산정 (지자체 자체적으로 산정) 2. 외부산정 (외부전문기관위탁 산정) 3. 내·외부 모두 산정 4. 산정 無 5. 없음	정산방법 1. 내부정산 (지자체 내부적으로 정산) 2. 외부정산 (외부전문기관위탁 정산) 3. 내·외부 모두 정산 4. 정산 無 5. 없음	
9838	전남 곡성군	중소규모축산농가맞춤형장비지원	15,000	9	6	7	8	7	1	1	4
9839	전남 곡성군	로컬푸드출하농가포장재지원	14,000	9	6	7	8	7	1	1	4
9840	전남 곡성군	고령운전자차선이탈경보장치지원	12,500	9	2	7	8	7	5	5	4
9841	전남 곡성군	구제역백신접종원거리자동연속주사기지원	11,480	9	6	7	8	7	1	1	1
9842	전남 곡성군	LPG화물차신차구입지원	10,000	9	2	7	8	7	5	5	4
9843	전남 곡성군	농축산물덤프운반차지원	8,000	9	6	7	8	7	1	1	4
9844	전남 곡성군	GAP인증농가농약안전보관함지원	7,650	9	6	7	8	7	1	1	4
9845	전남 곡성군	친환경해충퇴치장비지원	7,470	9	6	7	8	7	1	1	4
9846	전남 곡성군	유해야생동물포획시설지원	7,200	9	2	7	8	7	1	1	4
9847	전남 곡성군	농어촌민박소방안전시설지원	7,000	9	6	7	8	7	1	1	4
9848	전남 곡성군	공공비축미곡톤백수매기반구축사업(창고문개보수)	6,400	9	6	7	8	7	1	1	1
9849	전남 곡성군	개량물꼬지원	5,400	9	6	7	8	7	1	1	4
9850	전남 곡성군	모돈분만율향상지원	5,000	9	6	7	8	7	5	5	4
9851	전남 곡성군	가정용저녹스보일러보급사업	1,800	9	2	7	8	7	5	5	4
9852	전남 곡성군	취약계층친환경보일러보급사업	1,600	9	1	7	8	7	5	5	4
9853	전남 곡성군	공공비축미곡톤백수매구축사업	800	9	6	7	8	7	1	1	1
9854	전남 구례군	전기화물차민간보급사업	880,500	9	2	7	8	7	1	1	4
9855	전남 구례군	전기자동차민간보급사업	873,500	9	2	7	8	7	1	1	4
9856	전남 구례군	백두대간주민소득지원사업	319,225	9	2	7	8	7	5	5	4
9857	전남 구례군	청년농업인스마트팜자립기반구축지원	280,000	9	7	7	8	7	5	5	4
9858	전남 구례군	운행경유차배출가스저감사업	235,400	9	2	7	8	7	1	1	4
9859	전남 구례군	농산물산지유통센터(APC)지원사업	223,000	9	6	7	8	7	5	5	4
9860	전남 구례군	다목적소형농기계지원	200,000	9	6	7	8	7	5	1	4
9861	전남 구례군	소비트렌드맞춤형단감생산단지조성	188,000	9	7	7	8	7	5	5	4
9862	전남 구례군	농산물생산비절감지원	160,000	9	6	7	8	7	5	1	4
9863	전남 구례군	과수생산기반구축지원사업	150,000	9	6	7	8	7	5	5	4
9864	전남 구례군	조사료용생산장비지원	150,000	9	2	1	8	3	5	1	4
9865	전남 구례군	방역인프라설치지원	150,000	9	2	7	8	7	5	3	4
9866	전남 구례군	농산물저온저장고지원	138,600	9	6	7	8	7	5	3	4
9867	전남 구례군	농업에너지이용효율화사업	124,510	9	2	7	8	7	5	5	4
9868	전남 구례군	전기버스보급사업	121,000	9	2	7	8	7	1	1	4
9869	전남 구례군	원예분야재해예방시설지원	108,600	9	6	7	8	7	5	5	4
9870	전남 구례군	시설원예현대화지원	100,770	9	2	7	8	7	5	5	4
9871	전남 구례군	이상고온대응시설채소안정생산시범	100,000	9	2	7	8	7	5	5	4
9872	전남 구례군	기후변화대응다목적햇빛차단망보급시범	100,000	9	2	7	8	7	5	5	4
9873	전남 구례군	과수생산시설현대화사업	91,550	9	2	7	8	7	5	5	4
9874	전남 구례군	원예작물생산성향상을위한생태종합관리시범	80,000	9	2	7	8	7	5	5	4
9875	전남 구례군	국산종균을이용한맞춤형기능성식초상품화시범	80,000	9	2	7	8	7	5	5	4
9876	전남 구례군	중소농원예특용작물생산기반구축(전환사업)	78,258	9	1	7	8	7	5	5	4
9877	전남 구례군	이동식다용도작업대지원	76,608	9	6	7	8	7	5	1	4

순번	시군구	지출명 (사업명)	2024년예산 (단위 : 천원/1년간)	민간이전 분류 (지방자치단체 세출예산 집행기준에 의거)	민간이전지출 근거 (지방보조금 관리기준 참고)	입찰방식			운영예산 산정		성과평가 실시여부
						계약체결방법 (경쟁형태)	계약기간	낙찰자선정방법	운영예산 산정	정산방법	
9878	전남 구례군	전기이륜차민간보급사업	72,800	9	2	7	8	7	1	1	4
9879	전남 구례군	축산농장악취저감시설사업	72,000	9	6	7	8	7	5	1	4
9880	전남 구례군	우량씨마늘보급증식기반조성시범	70,000	9	7	7	8	7	5	5	4
9881	전남 구례군	꿀벌산업육성사업	68,000	9	6	7	8	7	5	1	4
9882	전남 구례군	임산물상품화지원	65,000	9	2	7	8	7	5	5	4
9883	전남 구례군	저탄소농업활성화(바이오차)지원사업	61,000	9	4	7	8	7	5	5	4
9884	전남 구례군	가축분뇨퇴비부숙촉진사업	60,000	9	6	7	8	7	5	1	4
9885	전남 구례군	단동하우스보급형스마트팜단지화시범	60,000	9	7	7	8	7	5	5	4
9886	전남 구례군	우사에어제트팬및측벽배기팬설치시범	60,000	9	6	7	8	7	5	5	4
9887	전남 구례군	축산농장악취저감시설지원사업	54,000	9	6	7	8	7	5	1	4
9888	전남 구례군	여성친화형다목적소형전기운반차지원사업	50,050	9	6	7	8	7	5	1	4
9889	전남 구례군	산림작물생산기반조성	46,343	9	2	7	8	7	5	5	4
9890	전남 구례군	가금농가방역시설지원	37,500	9	2	7	8	7	5	3	4
9891	전남 구례군	원예작물연작장해경감제지원	36,720	9	1	7	8	7	5	5	4
9892	전남 구례군	어린이집기능보강사업	32,000	9	2	7	8	7	5	1	4
9893	전남 구례군	환경친화녹색축산농장육성지원	30,000	9	6	7	8	7	5	1	4
9894	전남 구례군	일반음식점입식테이블지원	28,000	9	6	7	8	7	1	1	1
9895	전남 구례군	야생동물피해예방시설지원사업	26,660	9	2	7	8	7	5	1	4
9896	전남 구례군	조사료(볏짚)스팀가공장비지원	23,100	9	2	7	8	7	5	1	4
9897	전남 구례군	시설원예생산비절감지원사업	21,000	9	4	7	8	7	5	5	4
9898	전남 구례군	조사료품질향상지원	20,000	9	2	7	8	7	5	5	4
9899	전남 구례군	친환경중경제초기지원	19,000	9	6	7	8	7	5	1	4
9900	전남 구례군	원예분야살균수공급장치지원사업	18,750	9	4	7	8	7	5	5	4
9901	전남 구례군	농어촌민박서비스안전교육지원	17,500	9	6	7	8	7	1	1	4
9902	전남 구례군	고추비가림재배시설지원	16,548	9	2	7	8	7	5	5	4
9903	전남 구례군	임산물저장및건조시설	16,050	9	2	7	8	7	5	5	4
9904	전남 구례군	특용작물(버섯등)시설현대화사업	15,500	9	2	7	8	7	5	5	4
9905	전남 구례군	임산물생산장비	15,000	9	2	7	8	7	5	5	4
9906	전남 구례군	전기자동차완속충전기설치지원사업	15,000	9	6	7	8	7	1	1	4
9907	전남 구례군	한우자동목걸림장치설치지원사업	13,860	9	6	7	8	7	5	1	4
9908	전남 구례군	농업기계등화장치부착지원	12,700	9	2	7	8	7	5	1	4
9909	전남 구례군	유기질비료	10,700	9	2	7	8	7	5	1	4
9910	전남 구례군	농산물전문생산(수출)단지육성지원사업	9,600	9	6	7	8	7	5	5	4
9911	전남 구례군	펠릿보일러보급	7,294	9	2	7	8	7	5	5	4
9912	전남 구례군	흡입식마늘건조기지원	6,000	9	1	7	8	7	5	5	4
9913	전남 구례군	임산물유통장비및기자재	5,000	9	2	7	8	7	5	5	4
9914	전남 구례군	취약계층친환경보일러보급사업	4,000	9	6	7	8	7	1	1	4
9915	전남 구례군	가정용저녹스보일러보급사업	3,000	9	2	7	8	7	5	5	4
9916	전남 구례군	공공비축미곡톤백매입기반구축	1,600	9	6	7	8	7	5	3	4
9917	전남 구례군	산양삼품질검사수수료	380	9	2	7	8	7	5	5	4

				민간이전 분류 (지방자치단체 세출예산 집행기준에 의거)	민간이전지출 근거 (지방보조금 관리기준 참고)	입찰방식			운영예산 산정		성과평가 실시여부
						계약체결방법 (경쟁형태)	계약기간	낙찰자선정방법	운영예산 산정	정산방법	
순번	시군구	지출명 (사업명)	2024년예산 (단위:천원/1년간)	1. 민간경상사업보조(307-02) 2. 민간단체 법정운영비보조(307-03) 3. 민간행사사업보조(307-04) 4. 민간위탁금(307-05) 5. 사회복지시설 법정운영비보조(307-10) 6. 민간위탁교육비(307-12) 7. 공기관등에대한경상적위탁사업비(308-13) 8. 민간자본사업보조,자체재원(402-01) 9. 민간자본사업보조,이전재원(402-02) 10. 민간위탁사업비(402-03) 11. 공기관등에 대한 자본적 위탁사업비(403-02)	1. 법률에 규정 2. 국고보조 재원(국가지정) 3. 용도 지정 기부금 4. 조례에 직접규정 5. 지자체가 권장하는 사업을 하는 공공기관 6. 시,도 정책 및 재정사정 7. 기타 8. 해당없음	1. 일반경쟁 2. 제한경쟁 3. 지명경쟁 4. 수의계약 5. 법정위탁 6. 기타 ( ) 7. 없음	1. 1년 2. 2년 3. 3년 4. 4년 5. 5년 6. 기타 ( )년 7. 단기계약 (1년미만) 8. 없음	1. 적격심사 2. 협상에의한계약 3. 최저가낙찰제 4. 규격가격분리 5. 2단계 경쟁입찰 6. 기타 ( ) 7. 없음	1. 내부산정 (지자체 자체적으로 산정) 2. 외부산정 (외부전문기관위탁 산정) 3. 내·외부 모두 산정 4. 산정 無 5. 없음	1. 내부정산 (지자체 내부적으로 정산) 2. 외부정산 (외부전문기관위탁 정산) 3. 내·외부 모두 정산 4. 정산 無 5. 없음	1. 실시 2. 미실시 3. 향후 추진 4. 해당없음
9918	전남 고흥군	친환경부표보급지원	7,700,000	9	2	7	8	7	5	5	4
9919	전남 고흥군	전기화물차보급	2,484,000	9	2	7	8	7	5	5	4
9920	전남 고흥군	전기자동차보급	1,393,000	9	2	7	8	7	5	5	4
9921	전남 고흥군	운행차배출가스저감	1,114,150	9	1	7	8	7	5	5	4
9922	전남 고흥군	축산기자재종합물류센터지원(전환사업)	1,040,000	9	6	7	8	7	5	5	4
9923	전남 고흥군	소형어선인양기설치(다목적인양기)	976,000	9	6	7	8	7	5	5	4
9924	전남 고흥군	농업분야신재생에너지시설지원	844,767	9	2	7	8	7	5	5	4
9925	전남 고흥군	자율관리어업육성	558,000	9	1	7	8	7	5	5	4
9926	전남 고흥군	농산물생산비절감지원	545,000	9	2	7	8	7	5	5	4
9927	전남 고흥군	밭작물기계화우수모델육성지원사업	495,000	9	2	7	8	7	5	5	4
9928	전남 고흥군	농업신기술시범(축산)	490,000	9	2	7	8	7	5	5	4
9929	전남 고흥군	들녘별쌀경영체육성(시설장비)	450,000	9	1	7	8	7	5	5	4
9930	전남 고흥군	소형농기계지원	437,500	9	1	7	8	7	5	5	4
9931	전남 고흥군	원예특작자체사업기술보급	397,500	9	4	7	8	7	5	5	4
9932	전남 고흥군	해양쓰레기선상집하장설치(전환사업)	390,000	9	1	7	8	7	5	5	4
9933	전남 고흥군	해조류부산물재활용(미활용해조류부산물수거)(전환사업)	360,000	9	6	7	8	7	5	5	4
9934	전남 고흥군	양식어장자동화시설장비지원(전환사업)	320,000	9	6	7	8	7	5	5	4
9935	전남 고흥군	작물환경안전생산기술보급	305,125	9	4	7	8	7	5	5	4
9936	전남 고흥군	미곡종합처리장소규모시설개선	300,000	9	6	7	8	7	5	5	4
9937	전남 고흥군	친환경에너지절감장비보급(노후기관,장비대체,LED등)	300,000	9	2	7	8	7	5	5	4
9938	전남 고흥군	농업에너지이용효율화지원(에너지절감시설)	285,202	9	2	7	8	7	5	5	4
9939	전남 고흥군	원예분야재해예방시설지원	279,960	9	2	7	8	7	5	5	4
9940	전남 고흥군	농산물소형저온저장고설치지원	245,700	9	6	7	8	7	5	5	4
9941	전남 고흥군	여성친화형다목적소형전기운반차지원	231,000	9	6	7	8	7	5	5	4
9942	전남 고흥군	임산물생산단지규모화(산림작물생산단지조성)(공모)	225,600	9	2	7	8	7	5	5	4
9943	전남 고흥군	일반인섬여객선반값운임지원	213,000	9	6	7	8	7	5	5	4
9944	전남 고흥군	시설과수생산시설현대화	210,000	9	6	7	8	7	5	5	4
9945	전남 고흥군	오지도서공영버스지원	210,000	9	1	7	8	7	5	5	4
9946	전남 고흥군	청년창업농육성지원	210,000	9	4	7	8	7	5	5	4
9947	전남 고흥군	농촌자원소득화지원	210,000	9	2	7	8	7	5	5	4
9948	전남 고흥군	고추비가림재배시설지원	202,851	9	2	7	8	7	5	5	4
9949	전남 고흥군	과수고품질시설현대화지원(FTA기금지방자율화)	188,850	9	2	7	8	7	5	5	4
9950	전남 고흥군	저탄소농업활성화(바이오차)지원	180,000	9	2	7	8	7	5	5	4
9951	전남 고흥군	전문단지조성용기계장비지원	180,000	9	2	7	8	7	5	5	4
9952	전남 고흥군	수산물소형저온저장시설	180,000	9	6	7	8	7	5	5	4
9953	전남 고흥군	양식장관리기설치지원	180,000	9	6	7	8	7	5	5	4
9954	전남 고흥군	수소연료전지차보급	175,000	9	2	7	8	7	5	5	4
9955	전남 고흥군	이상수온대응지원	160,000	9	6	7	8	7	5	5	4
9956	전남 고흥군	과수생산기반구축지원	159,000	9	6	7	8	7	5	5	4
9957	전남 고흥군	고흥도시가스공급	150,000	9	4	7	8	7	5	1	4

순번	시군구	지출명 (사업명)	2024년예산 (단위: 천원/1년간)	민간이전 분류 (지방자치단체 세출예산 집행기준에 의거)	민간이전지출 근거 (지방보조금 관리기준 참고)	계약체결방법 (경쟁형태)	계약기간	낙찰자선정방법	운영예산 산정	정산방법	성과평가 실시여부
9958	전남 고흥군	스티로폼부표처리지원	150,000	9	2	7	8	7	5	5	4
9959	전남 고흥군	시설원예현대화지원	145,360	9	6	7	8	7	5	5	4
9960	전남 고흥군	소규모사업장방지시설설치지원	144,000	9	2	7	8	7	5	5	4
9961	전남 고흥군	신재생에너지보급주택지원	136,404	9	2	7	8	7	5	5	4
9962	전남 고흥군	김활성처리제공급	132,071	9	6	7	8	7	5	5	4
9963	전남 고흥군	농업신기술시범	130,000	9	2	7	8	7	5	5	4
9964	전남 고흥군	어업인기자재보관창고지원(어업인편익시설)(전환사업)	125,000	9	6	7	8	7	5	5	4
9965	전남 고흥군	전기자동차(버스)보급	121,000	9	2	7	8	7	5	5	4
9966	전남 고흥군	수산동물질병예방백신공급	120,000	9	2	7	8	7	5	5	4
9967	전남 고흥군	양식수산물폐사체처리지원	120,000	9	6	7	8	7	5	5	4
9968	전남 고흥군	전기이륜차보급	115,200	9	2	7	8	7	5	5	4
9969	전남 고흥군	농어촌초고속인터넷망구축	112,500	9	6	5	8	7	3	3	1
9970	전남 고흥군	어린이집반별운영비지원	106,800	9	1,4	7	8	7	5	5	4
9971	전남 고흥군	친환경농산물계약재배청년농가육성지원	96,800	9	1	7	8	7	5	5	4
9972	전남 고흥군	임산물생산단지규모화(산림작물생산단지조성)	92,543	9	2	7	8	7	5	5	4
9973	전남 고흥군	수산물소포장재등지원	90,600	9	6	7	8	7	5	5	4
9974	전남 고흥군	이동식다용도작업대지원	89,600	9	1	7	8	7	5	5	4
9975	전남 고흥군	원예작물연작장해경감제지원	88,840	9	6	7	8	7	5	5	4
9976	전남 고흥군	농산업경영기술지원	80,000	9	4	7	8	7	5	5	4
9977	전남 고흥군	시설원예생산비절감지원	78,500	9	6	7	8	7	5	5	4
9978	전남 고흥군	임산물생산단지규모화(산림복합경영단지)(공모)	69,480	9	2	7	8	7	5	5	4
9979	전남 고흥군	전기자동차충전기보급	65,000	9	2	7	8	7	5	5	4
9980	전남 고흥군	중소농원예특용작물생산기반구축지원(전환사업)	62,970	9	6	7	8	7	5	5	4
9981	전남 고흥군	퇴비부숙촉진지원	60,000	9	6	7	8	7	5	5	4
9982	전남 고흥군	동물복지형녹색축산농장육성지원	54,000	9	2	7	8	7	5	5	4
9983	전남 고흥군	어선사고예방시스템구축지원사업	52,400	9	2	7	8	7	5	5	4
9984	전남 고흥군	농작업재해예방	50,000	9	4	7	8	7	5	5	4
9985	전남 고흥군	양돈농가설치의무방역시설지원	48,000	9	2	7	8	7	5	5	4
9986	전남 고흥군	원예분야노동절감형농자재(생분해성멸칭필름)지원	47,940	9	6	7	8	7	5	5	4
9987	전남 고흥군	불가사리구제	45,000	9	1	7	8	7	5	5	4
9988	전남 고흥군	친환경포트육묘이양기공급	40,800	9	1	7	8	7	5	5	4
9989	전남 고흥군	전기굴착기보급	40,000	9	2	7	8	7	5	5	4
9990	전남 고흥군	농촌자원신기술보급	40,000	9	4	7	8	7	5	5	4
9991	전남 고흥군	전복출하용기규격화지원	37,000	9	6	7	8	7	5	5	4
9992	전남 고흥군	친환경중경제초기지원	36,000	9	1	7	8	7	5	5	4
9993	전남 고흥군	야생동물피해예방	35,588	9	2	7	8	7	5	5	4
9994	전남 고흥군	농촌체험휴양마을활성화지원	35,000	9	1	7	8	7	5	5	4
9995	전남 고흥군	농어촌건강증진센터운영	35,000	9	4	7	8	2	1	1	4
9996	전남 고흥군	유망양식품종종자공급	35,000	9	2	7	8	7	5	5	4
9997	전남 고흥군	수산물직거래택배비지원	32,500	9	6	7	8	7	5	5	4

순번	시군구	지출명 (사업명)	2024년예산 (단위: 천원/1년간)	민간이전 분류 (지방자치단체 세출예산 집행기준에 의거) 1. 민간경상사업보조(307-02) 2. 민간단체 법정운영비보조(307-03) 3. 민간행사사업보조(307-04) 4. 민간위탁금(307-05) 5. 사회복지시설 법정운영비보조(307-10) 6. 민간인위탁교육비(307-12) 7. 공기관등에대한경상적위탁사업비(308-13) 8. 민간자본사업보조,자체재원(402-01) 9. 민간자본사업보조,이전재원(402-02) 10. 민간위탁사업비(402-03) 11. 공기관등에 대한 자본적 위탁사업비(403-02)	민간이전지출 근거 (지방보조금 관리기준 참고) 1. 법률에 규정 2. 국고보조 재원(국가지정) 3. 용도 지정 기부금 4. 조례에 직접규정 5. 지자체가 권장하는 사업을 하는 공공기관 6. 시, 도 정책 및 재정사정 7. 기타 8. 해당없음	입찰방식			운영예산 산정		성과평가 실시여부
						계약체결방법 (경쟁형태) 1. 일반경쟁 2. 제한경쟁 3. 지명경쟁 4. 수의계약 5. 법정위탁 6. 기타 ( ) 7. 없음	계약기간 1. 1년 2. 2년 3. 3년 4. 4년 5. 5년 6. 기타 ( )년 7. 단가계약 (1년미만) 8. 없음	낙찰자선정방법 1. 적격심사 2. 협상에의한계약 3. 최저가낙찰제 4. 규격가격분리 5. 2단계 경쟁입찰 6. 기타 ( ) 7. 없음	운영예산 산정 1. 내부산정 (지자체 자체적으로 산정) 2. 외부산정 (외부전문기관위탁 산정) 3. 내·외부 모두 산정 4. 산정 無	정산방법 1. 내부정산 (지자체 내부적으로 정산) 2. 외부정산 (외부전문기관위탁 정산) 3. 내·외부 모두 정산 4. 정산 無 5. 없음	1. 실시 2. 미실시 3. 향후 추진 4. 해당없음
9998	전남 고흥군	과수농가비가림하우스시설지원	32,175	9	6	7	8	7	5	5	4
9999	전남 고흥군	농어촌장애인주택개조지원	30,400	9	8	7	8	7	5	5	4
10000	전남 고흥군	조사료품질향상장비(건조용반전기)지원	30,000	9	6	7	8	7	5	5	4
10001	전남 고흥군	신소득원확대기술	30,000	9	2	7	8	7	5	5	4
10002	전남 고흥군	딸기생산시설현대화지원(전환사업)	26,840	9	6	7	8	7	5	5	4
10003	전남 고흥군	공공비축미곡톤백수매기반구축	26,400	9	6	7	8	7	5	5	4
10004	전남 고흥군	특용작물시설현대화(버섯,녹차,약용등)	22,000	9	6	7	8	7	5	5	4
10005	전남 고흥군	임산물상품화지원	20,000	9	2	7	8	7	5	5	4
10006	전남 고흥군	원예분야살균수공급장치지원	18,750	9	6	7	8	7	5	5	4
10007	전남 고흥군	스마트팜ICT용복합확산(원예분야ICT용복합지원)	18,700	9	2	7	8	7	5	5	4
10008	전남 고흥군	청년창업농장조성	17,500	9	6	7	8	7	5	5	4
10009	전남 고흥군	경로당입식테이블지원	16,000	9	4	7	8	7	1	1	4
10010	전남 고흥군	유해생물(쑥)구제	16,000	9	1	7	8	7	5	5	4
10011	전남 고흥군	농촌관광주체육성지원(농어촌민박소방안전시설)	14,000	9	6	7	8	7	5	5	4
10012	전남 고흥군	노후택시교체지원	10,000	9	6	7	8	7	5	5	4
10013	전남 고흥군	우수여왕벌보급	6,720	9	2	7	8	7	5	5	4
10014	전남 고흥군	중소규모축산농가맞춤형장비지원	6,000	9	6	7	8	7	5	5	4
10015	전남 고흥군	가축질병예방해충퇴치제지원	6,000	9	2	7	8	7	5	5	4
10016	전남 고흥군	임산물생산기반조성	5,000	9	2	7	8	7	5	5	4
10017	전남 고흥군	어린이통학차량LPG차전환지원	5,000	9	1	7	8	7	5	5	4
10018	전남 고흥군	돼지모돈분만율향상지원	5,000	9	2	7	8	7	5	5	4
10019	전남 고흥군	유해야생동물포획시설설치지원	4,320	9	6	7	8	7	5	5	4
10020	전남 고흥군	가정용저녹스버너보급	4,200	9	1	7	8	7	5	5	4
10021	전남 고흥군	조사료(볏짚)스팀가공장비지원	3,300	9	6	7	8	7	5	5	4
10022	전남 고흥군	친환경임산물재배관리(토양개량제)	3,000	9	2	7	8	7	5	5	4
10023	전남 고흥군	흡입식마늘건조기지원	3,000	9	6	7	8	7	5	5	4
10024	전남 고흥군	보증기간경과장치성능유지관리	2,890	9	1	7	3	7	1	1	4
10025	전남 고흥군	전라남도탄소포인트제인센티브확대지원	2,500	9	4	7	8	7	5	5	4
10026	전남 고흥군	서민배려시책시범	2,400	9	1	7	8	7	5	5	4
10027	전남 고흥군	친환경과수농가해충방제기지원	2,000	9	6	7	8	7	5	5	4
10028	전남 고흥군	어린이집기능보강	2,000	9	1,4	7	8	7	5	5	4
10029	전남 고흥군	친환경임산물재배관리(유기질비료)	1,391	9	2	7	8	7	5	5	4
10030	전남 보성군	농어촌마을초고속인터넷기반구축사업	33,600	9	6	7	8	7	5	5	4
10031	전남 화순군	기능성HMR실증실용화지원센터구축	3,490,000	9	4	7	8	7	5	2	3
10032	전남 화순군	글로벌바이오캠퍼스교육장및실습시설리모델링	3,000,000	9	4	7	8	7	5	2	3
10033	전남 화순군	식량작물공동경영체사업다각화지원	2,800,000	9	2	6	8	7	1	1	3
10034	전남 화순군	미생물기반백신전문인력양성(국가직접지원)	1,809,000	9	4	7	8	7	5	2	3
10035	전남 화순군	국가면역치료플랫폼구축사업(국가직접지원)	1,700,000	9	4	7	8	7	5	2	3
10036	전남 화순군	mRNA백신실증지원기반구축사업(국가직접지원)	1,620,000	9	4	7	8	7	5	2	3
10037	전남 화순군	치료백신임상시험연계지원사업(국가직접지원)	860,000	9	4	7	8	7	5	2	3

순번	시군구	지출명 (사업명)	2024년예산 (단위 : 천원 /1년간)	민간이전 분류 (지방자치단체 세출예산 집행기준에 의거) 1. 민간경상사업보조(307-02) 2. 민간단체 법정운영비보조(307-03) 3. 민간행사사업보조(307-04) 4. 민간위탁금(307-05) 5. 사회복지시설 법정운영비보조(307-10) 6. 민간위탁교육비(307-12) 7. 공기관등에대한경상적위탁사업비(308-13) 8. 민간자본사업보조,자체재원(402-01) 9. 민간자본사업보조,이전재원(402-02) 10. 민간위탁사업비(402-03) 11. 공기관등에 대한 자본적 위탁사업비(403-02)	민간이전지출 근거 (지방보조금 관리기준 참고) 1. 법률에 규정 2. 국고보조 재원(국가지정) 3. 용도 지정 기부금 4. 조례에 직접규정 5. 지자체가 권장하는 사업을 하는 공공기관 6. 시,도 정책 및 재정사정 7. 기타 8. 해당없음	입찰방식			운영예산 산정		성과평가 실시여부
						계약체결방법 (경쟁형태) 1. 일반경쟁 2. 제한경쟁 3. 지명경쟁 4. 수의계약 5. 법정위탁 6. 기타 ( ) 7. 없음	계약기간 1. 1년 2. 2년 3. 3년 4. 4년 5. 5년 6. 기타 ( )년 7. 단기계약 (1년미만) 8. 없음	낙찰자선정방법 1. 적격심사 2. 협상에의한계약 3. 최저가낙찰제 4. 규격가격분리 5. 2단계 경쟁입찰 6. 기타 ( ) 7. 없음	운영예산 산정 1. 내부산정 (지자체 자체적으로 산정) 2. 외부산정 (외부전문기관위탁 산정) 3. 내·외부 모두 산정 4. 산정 無 5. 없음	정산방법 1. 내부정산 (지자체 내부적으로 정산) 2. 외부정산 (외부전문기관위탁 정산) 3. 내·외부 모두 산정 4. 정산 無 5. 없음	1. 실시 2. 미실시 3. 향후 추진 4. 해당없음
10038	전남 화순군	스마트팜ICT융복합확산사업	767,000	9	4	7	8	7	1	1	4
10039	전남 화순군	밭작물공동경영체육성지원	765,000	9	2	7	8	7	1	1	4
10040	전남 화순군	전기화물차보급사업	598,750	9	2	7	8	7	5	5	4
10041	전남 화순군	전기승용차보급사업	427,750	9	2	7	8	7	5	5	4
10042	전남 화순군	친환경농업기반구축사업	400,000	9	2	6	8	7	1	1	4
10043	전남 화순군	다목적소형농기계지원	375,000	9	6	6	8	7	1	1	4
10044	전남 화순군	화순운주사지탐방로정비	350,000	9	2	7	8	7	5	5	4
10045	전남 화순군	중소농원예특용작물생산기반구축사업	350,000	9	4	7	8	7	1	1	4
10046	전남 화순군	국가백신안전기술지원센터기능확대(국가직접지원)	300,000	9	4	7	8	7	5	2	3
10047	전남 화순군	간접지원사업(5개면)	270,440	9	7	7	8	7	5	5	1
10048	전남 화순군	화순쌍봉사종무소이축	240,000	9	2	7	8	7	5	5	4
10049	전남 화순군	농산물생산비절감지원	231,500	9	6	6	8	7	1	1	4
10050	전남 화순군	건설기계엔진교체지원사업	165,000	9	2	7	8	7	5	5	4
10051	전남 화순군	방역인프라설치지원(CCTV)	162,000	9	1	7	8	7	1	1	4
10052	전남 화순군	화순쌍봉사목조지장보살삼존상보존처리	150,000	9	2	7	8	7	5	5	4
10053	전남 화순군	농어촌취약지역생활여건개조사업(쌍봉마을)	122,000	9	4	7	8	7	5	5	4
10054	전남 화순군	여성친화형소형전기운반차지원	115,500	9	6	6	8	7	1	1	4
10055	전남 화순군	딸기생산시설현대화지원사업	94,830	9	4	7	8	7	1	1	4
10056	전남 화순군	이동식다용도작업대	89,040	9	6	6	8	7	1	1	4
10057	전남 화순군	야생동물피해예방시설지원사업	84,480	9	2	7	8	7	5	5	4
10058	전남 화순군	2023년농산물선별시설지원사업	70,000	9	1	7	8	7	5	5	4
10059	전남 화순군	과수생산시설현대화지원	63,300	9	4	7	8	7	1	1	4
10060	전남 화순군	무등산규봉주상절리와지공너덜석축및계단정비실시설계	60,000	9	2	7	8	7	5	5	4
10061	전남 화순군	매연저감장치부착지원사업	59,400	9	2	7	8	7	5	5	4
10062	전남 화순군	화순개천사비자나무숲탐방로보수및잡목제거	50,000	9	2	7	8	7	5	5	4
10063	전남 화순군	과수생산기반구축사업	50,000	9	4	7	8	7	1	1	4
10064	전남 화순군	전통사찰방재시스템유지보수	45,000	9	2	7	8	7	5	5	4
10065	전남 화순군	농업용유류저장탱크(급유기)지원	39,600	9	6	6	8	7	1	1	4
10066	전남 화순군	농어촌취약지역생활여건개조사업(복림마을)	38,000	9	4	7	8	7	5	5	4
10067	전남 화순군	어린이집기능보강	32,000	9	1	7	8	7	1	1	4
10068	전남 화순군	친환경과수비가림하우스시설	29,250	9	6	6	8	7	1	1	4
10069	전남 화순군	시설원예생산비절감지원	28,360	9	4	7	8	7	1	1	4
10070	전남 화순군	원예분야재해예방시설지원	26,040	9	4	7	8	7	1	1	4
10071	전남 화순군	디지털소상공인1만양성사업	24,000	9	2	7	8	7	1	1	4
10072	전남 화순군	전기이륜차보급사업	22,000	9	2	7	8	7	5	5	4
10073	전남 화순군	시설과수생산시설현대화사업	13,440	9	4	7	8	7	1	1	4
10074	전남 화순군	덤프운반장비지원	9,600	9	6	6	8	7	1	1	4
10075	전남 화순군	원예분야살균수공급장치지원	7,500	9	4	7	8	7	1	1	4
10076	전남 화순군	멸종위기종공존문화조성사업	6,000	9	2	7	8	7	5	5	4
10077	전남 화순군	특용작물시설현대화사업	4,700	9	2	7	8	7	1	1	4

순번	시군구	지출명 (사업명)	2024년예산 (단위 : 천원 /1년간)	민간이전 분류 (지방자치단체 세출예산 집행기준에 의거) 1. 민간경상사업보조(307-02) 2. 민간단체 법정운영비보조(307-03) 3. 민간행사사업보조(307-04) 4. 민간위탁금(307-05) 5. 사회복지시설 법정운영비보조(307-10) 6. 민간인위탁교육비(307-12) 7. 공기관동에대한경상적위탁사업비(308-13) 8. 민간자본사업보조,자체재원(402-01) 9. 민간자본사업보조,이전재원(402-02) 10. 민간위탁사업비(402-03) 11. 공기관동에 대한 자본적 위탁사업비(403-02)	민간이전지출 근거 (지방보조금 관리기준 참고) 1. 법률에 규정 2. 국고보조 재원(국가지정) 3. 용도 지정 기부금 4. 조례에 직접규정 5. 지자체가 권장하는 사업을 하는 공공기관 6. 시,도 정책 및 재정사정 7. 기타 8. 해당없음	입찰방식			운영예산 산정		성과평가 실시여부 1. 실시 2. 미실시 3. 향후 추진 4. 해당없음
						계약체결방법 (경쟁형태) 1. 일반경쟁 2. 제한경쟁 3. 지명경쟁 4. 수의계약 5. 법정위탁 6. 기타 ( ) 7. 없음	계약기간 1. 1년 2. 2년 3. 3년 4. 4년 5. 5년 6. 기타 ( )년 7. 단가계약 (1년미만) 8. 없음	낙찰자선정방법 1. 적격심사 2. 협상에의한계약 3. 최저가낙찰제 4. 규격가격분리 5. 2단계 경쟁입찰 6. 기타 ( ) 7. 없음	운영예산 산정 1. 내부산정 (지자체 자체적으로 산정) 2. 외부산정 (외부전문기관위탁 산정) 3. 내·외부 모두 산정 4. 산정 無 5. 없음	정산방법 1. 내부정산 (지자체 내부적으로 정산) 2. 외부정산 (외부전문기관위탁 정산) 3. 내·외부 모두 정산 4. 정산 無 5. 없음	
10078	전남 장흥군	축산기자재종합물류센터지원	1,040,000	9	2	7	8	7	1	1	4
10079	전남 장흥군	전기화물차보급사업(국비)	937,500	9	2	7	8	7	5	1	4
10080	전남 장흥군	전기자동차보급사업(국비)	742,400	9	2	7	8	7	5	1	4
10081	전남 장흥군	산림작물생산단지(국비)	605,000	9	2	7	8	7	1	1	4
10082	전남 장흥군	도투자기업인센티브	420,000	9	6	7	8	7	1	1	1
10083	전남 장흥군	조사료유통센터지원	375,000	9	2	7	8	7	5	5	4
10084	전남 장흥군	조사료생산용기계장비구입지원	300,000	9	2	7	8	7	5	5	4
10085	전남 장흥군	소규모사업장방지시설설치지원사업	270,000	9	2	7	8	7	5	1	4
10086	전남 장흥군	건설기계엔진교체지원사업	165,000	9	2	7	8	7	5	1	4
10087	전남 장흥군	전문단지조성용조사료기계장비지원	140,000	9	2	7	8	7	5	1	4
10088	전남 장흥군	방역인프라설치지원(CCTV)	108,000	9	1	7	8	7	5	5	4
10089	전남 장흥군	임산물생산기반조성(국비)	94,257	9	2	7	8	7	1	1	4
10090	전남 장흥군	민간숲속야영장조성	80,000	9	6	7	8	7	5	5	4
10091	전남 장흥군	임산물유통기반조성(국비)	72,477	9	2	7	8	7	1	1	4
10092	전남 장흥군	축산악취저감시설사업	72,000	9	7	7	8	7	5	5	4
10093	전남 장흥군	농어촌초고속인터넷망구축사업	60,000	9	2	2	7	7	3	2	1
10094	전남 장흥군	산림복합경영단지(국비)	60,000	9	2	7	8	7	1	1	4
10095	전남 장흥군	매연저감장치(DPF)부착지원사업	59,400	9	2	7	8	7	5	1	4
10096	전남 장흥군	음식점입식테이블및경사로설치지원	51,000	9	4	7	8	7	1	4	3
10097	전남 장흥군	조사료품질향상장비지원	50,000	9	2	7	8	7	5	5	4
10098	전남 장흥군	가축분뇨퇴비화발효시스템기술보급시범	50,000	9	2	7	8	7	1	1	4
10099	전남 장흥군	사회적경제기업시설장비지원사업	47,000	9	6	7	8	7	5	5	4
10100	전남 장흥군	오리농가겨울철사육환경개선지원사업	45,000	9	6	7	8	7	5	5	4
10101	전남 장흥군	가금농가방역시설등지원사업	37,500	9	6	7	8	7	5	5	4
10102	전남 장흥군	가축분뇨비부숙촉진시범사업	36,000	9	7	7	8	7	5	5	4
10103	전남 장흥군	환경친화녹색축산농장육성지원사업	30,000	9	6	7	8	7	5	5	4
10104	전남 장흥군	장흥한우농촌융복합산업지구조성사업	30,000	9	6	7	8	7	1	1	4
10105	전남 장흥군	중소규모축산농가맞춤형장비지원	24,000	9	4	7	8	7	5	5	4
10106	전남 장흥군	조사료(볏짚)스팀가공장비지원	23,100	9	6	7	8	7	5	5	4
10107	전남 장흥군	한우자동목걸림장치설치비지원	21,000	9	6	7	8	7	1	1	4
10108	전남 장흥군	친환경해충구제지원사업	17,730	9	4	7	8	7	5	5	4
10109	전남 장흥군	지역아동센터환경개선비지원	10,000	9	6	7	8	7	5	5	4
10110	전남 장흥군	전기이륜차보급사업(국비)	7,360	9	2	7	8	7	5	1	4
10111	전남 장흥군	가정용저녹스보일러설치지원사업	4,200	9	2	7	8	7	5	1	1
10112	전남 장흥군	사회적취약계층친환경보일러보급사업	2,400	9	2	7	8	7	5	1	4
10113	전남 장흥군	보증기간경과장치성능유지	1,674	9	2	7	8	7	5	3	4
10114	전남 장흥군	말벌퇴치장비지원사업	780	9	2	7	8	7	1	1	4
10115	전남 강진군	가루쌀전문생산단지육성사업시설장비지원	1,350,000	9	2	7	8	7	5	5	4
10116	전남 강진군	운행차배출가스저감사업	1,348,200	9	2	7	8	7	5	5	4
10117	전남 강진군	민간전기자동차보급사업	1,276,500	9	2	7	8	7	5	5	4

순번	시군구	지출명 (사업명)	2024년예산 (단위: 천원/1년간)	민간이전 분류 (지방자치단체 세출예산 집행기준에 의거)	민간이전지출 근거 (지방보조금 관리기준 참고)	입찰방식			운영예산 산정		성과평가 실시여부
						계약체결방법 (경쟁형태)	계약기간	낙찰자선정방법	운영예산 산정	정산방법	
10118	전남 강진군	월남사지삼층석탑주변정보센터건립2차	1,170,000	9	2	7	8	7	1	1	4
10119	전남 강진군	전기화물차보급사업	1,073,000	9	2	7	8	7	5	5	4
10120	전남 강진군	벼건조저장시설	899,000	9	2	6	2	7	1	1	4
10121	전남 강진군	정수사석가여래삼불좌상(공양간건립)	810,000	9	2	7	8	7	1	1	4
10122	전남 강진군	무위사극락보전신법당단청설계	800,000	9	2	7	8	7	1	1	4
10123	전남 강진군	강진금곡사삼층석탑석탑보수	775,000	9	2	7	8	7	1	1	4
10124	전남 강진군	친환경자동차보급사업	715,000	9	1	7	8	7	5	5	4
10125	전남 강진군	전기화물차(소형)보급	585,000	9	1	7	8	7	5	5	4
10126	전남 강진군	월남사지삼층석탑주변요사채건립2치	500,000	9	2	7	8	7	1	1	4
10127	전남 강진군	무위사극락보전석축정비	500,000	9	2	7	8	7	1	1	4
10128	전남 강진군	들녘경영체(시설장비)지원사업	438,300	9	2	1	7	1	5	5	3
10129	전남 강진군	건설기계엔진교체지원사업	412,500	9	1	7	8	7	5	5	4
10130	전남 강진군	다목적소형농기계지원사업1	298,750	9	4	6	7	7	1	1	1
10131	전남 강진군	정수사석가여래삼불좌상(세심당보수)	265,000	9	2	7	8	7	1	1	4
10132	전남 강진군	백운동원림안채건립및석축정비	250,000	9	2	7	8	7	1	1	4
10133	전남 강진군	강진쌀귀리농촌융복합산업지구조성사업	250,000	9	4	6	7	7	1	1	3
10134	전남 강진군	월남사지삼층석탑민가해체및수목정비	240,000	9	2	7	8	7	1	1	4
10135	전남 강진군	에너지절감시설지원(다겹보온커튼)	220,000	9	2	7	8	7	1	1	4
10136	전남 강진군	밥쌀용고품질신품종생산및확대보급시범	200,000	9	2	7	7	7	1	1	4
10137	전남 강진군	자율관리어업공동체육성	180,000	9	2	7	8	7	5	5	4
10138	전남 강진군	시설원예현대화사업	165,000	9	2	7	8	7	1	1	4
10139	전남 강진군	DPF부착지원사업	165,000	9	2	7	8	7	5	5	4
10140	전남 강진군	농산물소형저온저장고설치	151,200	9	4	6	5	7	1	1	3
10141	전남 강진군	강진백련사사적비화승당지봉보수	150,000	9	2	7	8	7	1	1	4
10142	전남 강진군	식량작물신품종종자생산기반단지조성	150,000	9	2	7	7	7	5	5	1
10143	전남 강진군	산림작물생산단지조성	142,500	9	2	7	8	7	5	5	4
10144	전남 강진군	농업용지게차지원	137,500	9	4	6	7	7	1	1	1
10145	전남 강진군	여성친화형다목적소형전기운반차지원사업1	115,500	9	4	6	7	7	1	1	1
10146	전남 강진군	선박수출확대CA컨테이너수출기술시범	100,000	9	1	7	8	7	1	1	4
10147	전남 강진군	한우스마트팜번식관리시스템보급시범	100,000	9	2	7	8	7	1	1	4
10148	전남 강진군	이동식다용도작업대지원사업1	90,944	9	4	6	7	7	1	1	1
10149	전남 강진군	원예특용작물생산기반구축사업	87,500	9	6	7	8	7	1	1	4
10150	전남 강진군	해남윤씨추원당방범설비	80,000	9	2	7	8	7	1	1	4
10151	전남 강진군	해남윤씨영모당방범설비	80,000	9	2	7	8	7	1	1	4
10152	전남 강진군	시설과채류순환식수경재배양액재활용기술보급시범	80,000	9	1	7	8	7	1	1	4
10153	전남 강진군	농식품부산물활용한우경산우비육품질고급화시범	70,000	9	2	7	8	7	1	1	4
10154	전남 강진군	농어촌장애인주택개조사업지원	57,000	9	2	7	8	7	1	1	1
10155	전남 강진군	정수사석가여래삼불좌상(흰개미방제)	50,000	9	2	7	8	7	1	1	4
10156	전남 강진군	강진백련사사적비흰개미방제	50,000	9	2	7	8	7	1	1	4
10157	전남 강진군	농업용드론지원	50,000	9	4	6	7	7	1	1	1

순번	시군구	지출명 (사업명)	2024년예산 (단위 : 천원 /1년간)	민간이전 분류 (지방자치단체 세출예산 집행기준에 의거) 1. 민간경상사업보조(307-02) 2. 민간단체 법정운영비보조(307-03) 3. 민간행사사업보조(307-04) 4. 민간위탁금(307-05) 5. 사회복지시설 법정운영비보조(307-10) 6. 민간인위탁교육비(307-12) 7. 공기관등에대한경상적위탁사업비(308-13) 8. 민간자본사업보조,자체재원(402-01) 9. 민간자본사업보조,이전재원(402-02) 10. 민간위탁사업비(402-03) 11. 공기관등에 대한 자본적 위탁사업비(403-02)	민간이전지출 근거 (지방보조금 관리기준 참고) 1. 법률에 규정 2. 국고보조 재원(국가지정) 3. 용도 지정 기부금 4. 조례에 직접규정 5. 지자체가 권장하는 사업을 하는 공공기관 6. 시,도 정책 및 재정사정 7. 기타 8. 해당없음	입찰방식			운영예산 산정		성과평가 실시여부 1. 실시 2. 미실시 3. 향후 추진 4. 해당없음
						계약체결방법 (경쟁형태) 1. 일반경쟁 2. 제한경쟁 3. 지명경쟁 4. 수의계약 5. 법정위탁 6. 기타 7. 없음	계약기간 1. 1년 2. 2년 3. 3년 4. 4년 5. 5년 6. 기타 ( )년 7. 단가계약 (1년미만) 8. 없음	낙찰자선정방법 1. 적격심사 2. 협상에의한계약 3. 최저가낙찰제 4. 규격가격분리 5. 2단계 경쟁입찰 6. 기타 ( ) 7. 없음	운영예산 산정 1. 내부산정 (지자체 자체적으로 산정) 2. 외부산정 (외부전문기관위탁 산정) 3. 내·외부 모두 산정 4. 산정 無 5. 없음	정산방법 1. 내부정산 (지자체 내부적으로 정산) 2. 외부정산 (외부전문기관위탁 정산) 3. 내·외부 모두 정산 4. 정산 無 5. 없음	
10158	전남 강진군	딸기신품종확대보급기술시범	50,000	9	1	7	8	7	1	1	4
10159	전남 강진군	지역특화흑염소전용발효사료급여생산성향상시범	50,000	9	2	7	8	7	1	1	4
10160	전남 강진군	곡물건조기지원	45,500	9	4	6	7	7	1	1	1
10161	전남 강진군	벼육묘장지원사업(반자동화녹화장)	45,000	9	6	1	1	1	5	5	3
10162	전남 강진군	특용작물(인삼)생산시설현대화사업	41,495	9	2	7	8	7	1	1	4
10163	전남 강진군	백련사동백나무숲식생정비	40,000	9	2	7	8	7	1	1	4
10164	전남 강진군	작목별맞춤형안전관리실천시범	40,000	9	1	7	7	7	1	1	4
10165	전남 강진군	채소일사,강우센서기반스마트관수시스템시범	40,000	9	1	7	8	7	1	1	4
10166	전남 강진군	전기이륜차보급사업	32,000	9	1	7	8	7	5	5	4
10167	전남 강진군	해남윤씨추원당소방설비	30,000	9	2	7	8	7	1	1	4
10168	전남 강진군	해남윤씨영모당소방설비	30,000	9	2	7	8	7	1	1	4
10169	전남 강진군	농촌체험휴양마을활성화지원사업	30,000	9	4	7	8	7	5	5	4
10170	전남 강진군	내병충성벼품종재배단지조성시범	30,000	9	2	7	7	7	5	5	1
10171	전남 강진군	중소가축우량종개량기반구축시범	30,000	9	2	7	8	7	1	1	4
10172	전남 강진군	전기이륜차보급사업	28,800	9	2	7	8	7	5	5	4
10173	전남 강진군	개량물꼬지원사업1	25,794	9	6	6	7	7	5	5	3
10174	전남 강진군	드론용비산저감AI노즐및분무장치신기술시범	25,000	9	2	4	7	7	5	5	1
10175	전남 강진군	야생동물피해예방시설지원사업	24,400	9	2	7	8	7	1	1	4
10176	전남 강진군	경로당태양광발전시설설치	22,500	9	4	1	7	3	1	1	4
10177	전남 강진군	강진백련사사적비소방설비	20,000	9	2	7	8	7	1	1	4
10178	전남 강진군	수산물소형저온저장	18,000	9	2	7	8	7	5	5	4
10179	전남 강진군	친환경에너지절감장비지원	17,836	9	2	7	8	7	1	1	4
10180	전남 강진군	농어촌민박소방안전시설지원사업	12,600	9	4	7	8	7	5	5	4
10181	전남 강진군	경로당태양광발전시설설치	12,000	9	4	1	7	3	1	1	4
10182	전남 강진군	지역아동센터환경개선비지원	10,000	9	1	5	8	7	5	1	4
10183	전남 강진군	국내육성품종을활용한양봉산물생산시범	10,000	9	2	7	8	7	1	1	4
10184	전남 강진군	원거리자동연속주사기지원	9,800	9	6	7	8	7	1	1	4
10185	전남 강진군	덤프운반장비지원사업1	8,000	9	4	6	7	7	1	1	1
10186	전남 강진군	농업용유류저장탱크지원1	6,600	9	4	6	7	7	1	1	1
10187	전남 강진군	어선사고예방시스템	6,000	9	2	7	8	7	5	5	4
10188	전남 강진군	임산물유기질비료지원사업	5,350	9	2	7	8	7	5	5	4
10189	전남 강진군	보증기간경과장치성능유지관리사업	5,250	9	1	7	8	7	5	5	4
10190	전남 강진군	민간전기자동차보급사업(도내생산추가지원)	4,000	9	1	7	8	7	5	5	4
10191	전남 강진군	친환경보일러보급사업	4,000	9	1	7	8	7	5	5	4
10192	전남 강진군	전기이륜차보급사업(도내생산추가지원)	2,400	9	1	7	8	7	5	5	4
10193	전남 강진군	GAP인증농가농약안전보관함지원사업	1,500	9	1	6	5	7	1	1	3
10194	전남 강진군	저녹스보일러보급	1,000	9	1	7	8	7	5	5	4
10195	전남 해남군	다목적소형농기계구입지원(농기계)	2,322,500	9	6	7	8	7	1	1	3
10196	전남 해남군	전기화물차보급	2,127,500	9	1	7	8	7	5	1	3
10197	전남 해남군	가루쌀생산단지시설장비지원	1,705,000	9	2	1	1	1	1	1	3

순번	시군구	지출명 (사업명)	2024년예산 (단위 : 천원 /1년간)	민간이전 분류 (지방자치단체 세출예산 집행기준에 의거)	민간이전지출 근거 (지방보조금 관리기준 참고)	입찰방식 계약체결방법 (경쟁형태)	계약기간	낙찰자선정방법	운영예산 산정 운영예산 산정	정산방법	성과평가 실시여부
10198	전남 해남군	농산물생산비절감지원	1,500,000	9	6	7	8	7	1	1	3
10199	전남 해남군	식량작물공동경영체시설장비지원	1,380,000	9	2	1	1	1	1	1	3
10200	전남 해남군	전기승용차보급	1,291,400	9	1	7	8	7	5	1	3
10201	전남 해남군	국산밀건조저장시설지원	1,285,000	9	2	1	1	1	1	1	3
10202	전남 해남군	채소류출하조절시설선별,저장인프라지원	1,200,000	9	2	1	1	1	1	1	3
10203	전남 해남군	해남미황사대웅전보수정비(5차)	1,010,000	9	2	7	8	7	5	5	4
10204	전남 해남군	친환경농업기반구축사업	800,000	9	2	1	1	1	1	1	3
10205	전남 해남군	해남대흥사호국대전주변정비	800,000	9	2	7	8	7	5	5	4
10206	전남 해남군	두륜산대흥사일원남암양간개축및주변정비	780,000	9	2	7	8	7	5	5	4
10207	전남 해남군	미황사괘불탱수장고건립	720,000	9	2	7	8	7	5	5	4
10208	전남 해남군	해남서동사목조석가여래삼불좌상서승당이축및주변정비공사	720,000	9	2	7	8	7	5	5	4
10209	전남 해남군	해남미황사대웅전화장실철거이전공사	600,000	9	2	7	8	7	5	5	4
10210	전남 해남군	해남미황사대웅전세심담보수공사	600,000	9	2	7	8	7	5	5	4
10211	전남 해남군	친환경과수채소전문단지조성사업(전환)	560,000	9	2	1	1	1	1	1	3
10212	전남 해남군	국산밀생산단지시설장비지원	526,000	9	2	1	1	1	1	1	3
10213	전남 해남군	저온유통체계구축(저온저장고)지원	424,600	9	2	1	1	1	1	1	3
10214	전남 해남군	은적사주변정비	400,000	9	2	7	8	7	5	5	4
10215	전남 해남군	해남대흥사석축보수	360,000	9	2	7	8	7	5	5	4
10216	전남 해남군	여성친화형다목적소형전기운반차지원	335,500	9	6	7	8	7	1	1	3
10217	전남 해남군	전략작물(콩)전문생산단지조성사업	300,000	9	6	1	1	1	1	1	3
10218	전남 해남군	건설기계엔진교체지원	297,000	9	1	7	8	7	1	1	3
10219	전남 해남군	조사료경영체생산장비지원사업	288,000	9	7	7	8	7	1	1	3
10220	전남 해남군	중소농원예특용작물생산기반구축(전환)	280,000	9	6	7	8	7	1	1	3
10221	전남 해남군	해남대흥사북미륵암마애여래좌상요사채개축	260,000	9	2	7	8	7	5	5	4
10222	전남 해남군	이동식다용도작업대지원	201,600	9	6	7	8	7	1	1	3
10223	전남 해남군	해남달마산미황사일원보현암지발굴조사	200,000	9	2	7	8	7	5	5	4
10224	전남 해남군	두륜산대흥사일원만일암지복원	200,000	9	2	7	8	7	5	5	4
10225	전남 해남군	해남달마산미황사일원소방시설개선사업(2차)	197,000	9	2	7	8	7	5	5	4
10226	전남 해남군	산림작물생산단지(소액)	184,943	9	2	7	8	7	5	5	4
10227	전남 해남군	친환경농산물계약재배청년농가육성(시설)	182,720	9	6	7	8	7	1	1	3
10228	전남 해남군	저탄소식량작물재배기술현장확산모델시범	170,000	9	2	7	8	7	5	5	4
10229	전남 해남군	소규모방지시설치지원사업	166,500	9	2	7	8	7	3	3	4
10230	전남 해남군	농경문화소득화모델기반구축	160,000	9	2	7	8	7	5	5	4
10231	전남 해남군	원예작물스마트기계화적용시범	160,000	9	2	7	8	7	5	5	4
10232	전남 해남군	소비자선호형고구마국내육성품종보급시범	150,000	9	2	7	8	7	5	5	4
10233	전남 해남군	농업용유류저장탱크지원사업(지자체협력사업)	138,100	9	6	7	8	7	1	1	3
10234	전남 해남군	해남윤씨가전고화첩일괄윤씨가보존처리	130,000	9	2	7	8	7	5	5	4
10235	전남 해남군	한우ICT융복합지원사업	127,200	9	7	7	8	7	1	1	4
10236	전남 해남군	친환경포트육묘이앙기공급지원	122,400	9	6	1	1	1	1	1	3
10237	전남 해남군	한우자동목걸림장치지원사업	122,220	9	7	7	8	7	1	1	4

순번	시군구	지출명(사업명)	2024년예산(단위:천원/1년간)	민간이전 분류	민간이전지출 근거	입찰방식 계약체결방법	계약기간	낙찰자선정방법	운영예산 산정	정산방법	성과평가 실시여부
10238	전남 해남군	시설과수생산시설현대화사업	114,600	9	6	7	8	7	1	1	3
10239	전남 해남군	해남윤씨녹우당일원방부방충	100,000	9	2	7	8	7	5	5	4
10240	전남 해남군	두륜산대흥사일원여의주봉석탑복원및주변정비사전설계	100,000	9	2	7	8	7	5	5	4
10241	전남 해남군	기후적응형벼안정생산재배단지조성시범	100,000	9	2	7	8	7	5	5	4
10242	전남 해남군	벼전과정디지털영농기술고도화시범	100,000	9	2	7	8	7	5	5	4
10243	전남 해남군	감자가을재배안정생산통씨감자활용기술시범	100,000	9	2	7	8	7	5	5	4
10244	전남 해남군	기후변화선제적대응아열대과수도입시범	100,000	9	2	7	8	7	5	5	4
10245	전남 해남군	가축분뇨퇴비화발효시스템기술보급시범	100,000	9	2	7	8	7	5	5	4
10246	전남 해남군	축산농장악취저감시설지원사업	90,000	9	7	7	8	7	1	1	4
10247	전남 해남군	고추비가림재배시설	83,588	9	2	7	8	7	1	1	3
10248	전남 해남군	청년4H우수과제창업농육성사업	80,000	9	6	7	8	7	5	5	4
10249	전남 해남군	청년농업인창업스케일업지원	80,000	9	6	7	8	7	5	5	4
10250	전남 해남군	농축산업전남Top경영모델실용화사업	80,000	9	6	7	8	7	5	5	4
10251	전남 해남군	전기이륜차보급	72,800	9	1	7	8	7	5	1	3
10252	전남 해남군	시설원예현대화사업	72,380	9	2	7	8	7	1	1	3
10253	전남 해남군	인공지능기반모돈분만관리시스템기술보급시범	70,000	9	2	7	8	7	5	5	4
10254	전남 해남군	농어촌장애인주택개조지원사업	64,600	9	1	7	7	7	5	1	4
10255	전남 해남군	인삼생산시설현대화사업	63,700	9	2	7	8	7	1	1	3
10256	전남 해남군	시설원예에너지이용효율화사업(절감시설)	60,499	9	2	7	8	7	1	1	3
10257	전남 해남군	어린이집기능보강사업	60,000	9	1	7	8	7	1	1	4
10258	전남 해남군	매연저감장치(DPF)부착지원	59,400	9	1	7	8	7	5	1	3
10259	전남 해남군	원예분야재해예방시설지원사업	51,840	9	6	7	8	7	1	1	3
10260	전남 해남군	임산물생산기반조성소액	51,179	9	2	7	8	7	5	5	4
10261	전남 해남군	딸기생산시설현대화지원사업(전환)	50,800	9	6	7	8	7	1	1	3
10262	전남 해남군	해남대흥사북미륵암마애여래좌상보호각단청사전설계	50,000	9	2	7	8	7	5	5	4
10263	전남 해남군	청년창업농장조성사업	50,000	9	6	7	8	7	5	5	4
10264	전남 해남군	퇴비부숙촉진지원사업	48,000	9	7	7	8	7	1	1	4
10265	전남 해남군	야생동물피해예방시설지원	46,000	9	1	7	8	7	1	1	3
10266	전남 해남군	환경친화녹색축산농장육성지원사업	42,000	9	7	7	8	7	1	1	4
10267	전남 해남군	시설원예생산비절감지원사업	35,200	9	6	7	8	7	1	1	3
10268	전남 해남군	농축산물덤프운반장치지원	32,000	9	6	7	8	7	1	1	3
10269	전남 해남군	과수농가비가림하우스시설지원	31,200	9	6	7	8	7	1	1	3
10270	전남 해남군	낙농가축사환기시스템지원사업	30,000	9	6	7	8	7	1	1	4
10271	전남 해남군	일반음식점입식테이블설치지원	28,800	9	4	7	8	7	1	1	4
10272	전남 해남군	드론용비산저감AI노즐및분무장치신기술시범	25,000	9	2	7	8	7	5	5	4
10273	전남 해남군	파속채소신품종안정생산기술보급	25,000	9	2	7	8	7	5	5	4
10274	전남 해남군	친환경충퇴비장비지원사업	23,850	9	7	7	8	7	1	1	4
10275	전남 해남군	특용작물(버섯,녹차등)생산시설현대화사업	22,400	9	2	7	8	7	1	1	3
10276	전남 해남군	과수생산기반구축지원	21,120	9	6	7	8	7	1	1	3
10277	전남 해남군	어린이통학차량LPG차전환지원사업	21,000	9	1	7	8	7	5	1	3

순번	시군구	지출명 (사업명)	2024년예산 (단위: 천원 /1년간)	민간이전 분류 (지방자치단체 세출예산 집행기준에 의거)	민간이전지출 근거 (지방보조금 관리기준 참고)	계약체결방법 (경쟁형태)	계약기간	낙찰자선정방법	운영예산 산정	정산방법	성과평가 실시여부
10278	전남 해남군	해남미황사대웅전달마전방부방충	20,000	9	2	7	8	7	5	5	4
10279	전남 해남군	조사료품질향상장비(건조용반전기)지원사업	20,000	9	7	7	8	7	1	1	4
10280	전남 해남군	전기자동차충전기구축지원사업	19,500	9	1,4	7	8	7	5	1	3
10281	전남 해남군	임산물유통차량(화물차량)	18,000	9	2	7	8	7	5	5	4
10282	전남 해남군	토양병해충방제용토양소독기신기술시범	15,000	9	2	7	8	7	5	5	4
10283	전남 해남군	돼지모돈분만율향상지원사업	15,000	9	7	7	8	7	1	1	4
10284	전남 해남군	장기요양기관환기시설설치지원	12,600	9	2	7	8	7	1	1	4
10285	전남 해남군	유해야생동물포획시설설치지원	12,600	9	2	7	8	7	1	1	3
10286	전남 해남군	중소규모축산농가맞춤형축산장비지원사업	12,000	9	7	7	8	7	1	1	4
10287	전남 해남군	축산ICT융복합지원사업	9,936	9	7	7	8	7	1	1	4
10288	전남 해남군	친환경중경제초기지원	9,750	9	6	7	8	7	1	1	3
10289	전남 해남군	해남윤씨녹우당일원초가이엉잇기	8,500	9	2	7	8	7	5	5	4
10290	전남 해남군	조사료(볏짚)스팀가공장비지원사업	6,600	9	7	7	8	7	1	1	4
10291	전남 해남군	두륜산대흥사일원일지암초가이엉잇기	5,000	9	2	7	8	7	5	5	4
10292	전남 해남군	사회적취약계층친환경보일러교체지원	4,000	9	1	7	8	7	5	1	3
10293	전남 해남군	저장건조시설	3,450	9	2	7	8	7	5	5	4
10294	전남 해남군	가정용저녹스보일러보급사업	3,000	9	1	7	8	7	5	1	3
10295	전남 해남군	경로당입식테이블지원	2,000	9	6	7	1	7	5	1	4
10296	전남 해남군	말벌퇴치장비지원사업	1,200	9	7	7	8	7	1	1	4
10297	전남 영암군	전기화물차(소형)민간보급사업	2,612,500	9	2	7	8	7	1	1	4
10298	전남 영암군	친환경농업기반구축사업	1,680,000	9	1	7	8	7	5	5	4
10299	전남 영암군	전기승용자동차민간보급사업	1,226,000	9	2	7	8	7	5	1	4
10300	전남 영암군	임산물생산기반조성	1,066,754	9	1	7	8	7	5	5	4
10301	전남 영암군	환경친화형으뜸한우생산육성시설지원	1,000,000	9	1	7	8	7	5	5	4
10302	전남 영암군	방역시설및장비지원	771,000	9	2	7	8	7	5	5	4
10303	전남 영암군	공양간주변정비	476,000	9	2	7	8	7	5	5	4
10304	전남 영암군	식량작물공동경영체시설장비지원	448,200	9	2	7	8	7	5	5	4
10305	전남 영암군	친환경과수채소전문단지조성	420,000	9	1	7	8	7	5	5	4
10306	전남 영암군	시설과수생산시설현대화지원사업	405,000	9	1	7	8	7	5	5	4
10307	전남 영암군	다목적소형농기계지원	342,500	9	6	7	8	7	5	5	4
10308	전남 영암군	지역아동센터기본운영비지원	324,000	9	2	7	8	7	1	1	3
10309	전남 영암군	수산물유통시설건립지원사업	300,000	9	1	7	8	7	5	5	4
10310	전남 영암군	원예특용작물생산기반구축사업	297,400	9	1	7	8	7	5	5	4
10311	전남 영암군	건설기계엔진교체지원사업	297,000	9	2	7	8	7	1	1	4
10312	전남 영암군	일반단지조사료기계장비지원	288,000	9	1	7	8	7	5	5	4
10313	전남 영암군	축산ICT융복합확산사업	256,155	9	1	7	8	7	5	5	4
10314	전남 영암군	멜론촉성재배를위한시설환경개선시범	250,000	9	6	7	8	7	5	5	4
10315	전남 영암군	농산물생산비절감지원	248,000	9	6	7	8	7	5	5	4
10316	전남 영암군	급속충전기보급	233,500	9	2	7	8	7	1	1	4
10317	전남 영암군	DPF부착지원사업	221,100	9	2	7	8	7	1	1	4

순번	시군구	지출명 (사업명)	2024년예산 (단위: 천원/1년간)	민간이전 분류	민간이전지출 근거	계약체결방법 (경쟁형태)	계약기간	낙찰자선정방법	운영예산 산정	정산방법	성과평가 실시여부
10318	전남 영암군	주민지원사업(간접지원)	204,803	9	8	7	8	7	1	1	4
10319	전남 영암군	농산물소형저온저장고설치지원	173,250	9	6	7	8	7	5	5	4
10320	전남 영암군	양봉산업지원	170,000	9	1	7	8	7	5	5	4
10321	전남 영암군	산림복합경영단지(공모)	165,192	9	2	7	8	7	5	5	4
10322	전남 영암군	시설원예에너지이용효율화사업	146,511	9	1	7	8	7	5	5	4
10323	전남 영암군	파렛트등유통기자재	140,737	9	2	7	8	7	5	5	4
10324	전남 영암군	고품질생산시설현대화사업	129,805	9	1	7	8	7	5	5	4
10325	전남 영암군	산림작물생산단지(공모)	120,000	9	2	7	8	7	5	5	4
10326	전남 영암군	멜론재배용스마트시스템보급	120,000	9	6	7	8	7	5	5	4
10327	전남 영암군	농산물중형저온저장고설치지원	105,000	9	6	7	8	7	5	5	4
10328	전남 영암군	기후적응형벼안정생산재배단지조성시범	100,000	9	2	7	8	7	5	5	4
10329	전남 영암군	가축분뇨비회발효시스템기술보급시범	100,000	9	2	7	8	7	5	5	4
10330	전남 영암군	임산물가공장비	89,346	9	2	7	8	7	5	5	4
10331	전남 영암군	시설원예국산장기성농업용피복재활용재배기술보급	80,000	9	2	7	8	7	5	5	4
10332	전남 영암군	고추비가림하우스설치사업	79,250	9	1	7	8	7	5	5	4
10333	전남 영암군	산림작물생산단지조성(소액)	76,505	9	2	7	8	7	5	5	4
10334	전남 영암군	특용작물(버섯등)시설현대화사업	74,500	9	1	7	8	7	5	5	4
10335	전남 영암군	양돈농가설치의무방역시설지원	72,000	9	6	7	8	7	5	5	4
10336	전남 영암군	축산농가악취감시설지원	72,000	9	1,6	7	8	7	5	5	4
10337	전남 영암군	친환경농업혁신시범재배단지조성	70,000	9	6	7	8	7	5	5	4
10338	전남 영암군	한우ICT융복합확산사업	63,000	9	1	7	8	7	5	5	4
10339	전남 영암군	여성농업인농작업효율향상장비지원	59,500	9	6	7	8	7	5	5	4
10340	전남 영암군	시설원예현대화(일반원예시설)	58,363	9	1	7	8	7	5	5	4
10341	전남 영암군	청년농업인창업스케일업지원	56,250	9	6	7	8	7	5	5	4
10342	전남 영암군	임산물저장및건조시설	55,059	9	2	7	8	7	5	5	4
10343	전남 영암군	한우자동목걸림장치지원	53,760	9	1	7	8	7	5	5	4
10344	전남 영암군	농촌어르신복지생활실천시범	50,000	9	6	7	8	7	5	5	4
10345	전남 영암군	농업인가공사업장시설장비개선	50,000	9	6	7	8	7	5	5	4
10346	전남 영암군	가축분뇨퇴비부숙촉진지원	48,000	9	1,6	7	8	7	5	5	4
10347	전남 영암군	완속충전기보급	45,000	9	2	7	8	7	1	1	4
10348	전남 영암군	전기이륜차민간보급사업	44,000	9	2	7	8	7	1	1	4
10349	전남 영암군	영암삼성당고택초가이엉잇기사업	43,500	9	2	7	8	7	5	5	4
10350	전남 영암군	시설원예생산비절감지원사업	42,500	9	1	7	8	7	5	5	4
10351	전남 영암군	낙농가축사환기시스템지원사업	42,000	9	1	7	8	7	5	5	4
10352	전남 영암군	기후변화대응폭염피해예방기술보급시범	42,000	9	6	7	8	7	5	5	4
10353	전남 영암군	시설과원스마트관리종합기술투입시범	42,000	9	6	7	8	7	5	5	4
10354	전남 영암군	국내개발케토시스회복및예방기술시범	40,000	9	2	7	8	7	5	5	4
10355	전남 영암군	친환경과수비가림하우스시설지원	39,000	9	1	7	8	7	5	5	4
10356	전남 영암군	경로당태양광발전시설설치지원	37,500	9	6	7	8	7	5	5	4
10357	전남 영암군	유기농생태마을활성화	34,000	9	6	7	8	7	5	5	4

순번	시군구	지출명 (사업명)	2024년예산 (단위 : 천원 /1년간)	민간이전 분류 (지방자치단체 세출예산 집행기준에 의거)	민간이전지출 근거 (지방보조금 관리기준 참고)	입찰방식			운영예산 산정		성과평가 실시여부
						계약체결방법 (경쟁형태)	계약기간	낙찰자선정방법	운영예산 산정	정산방법	
10358	전남 영암군	소규모사업장방지시설설치지원사업	32,400	9	2	7	8	7	1	1	4
10359	전남 영암군	중소조선기업신규채용근로자4대보험료지원	30,000	9	4	7	8	7	5	1	3
10360	전남 영암군	딸기생산시설현대화사업	30,000	9	1	7	8	7	5	5	4
10361	전남 영암군	수산물소형저온저장시설지원사업	30,000	9	1	7	8	7	5	5	4
10362	전남 영암군	축산농가맞춤형장비지원	30,000	9	1	7	8	7	5	5	4
10363	전남 영암군	지역특화작목어깨동무컨설팅확산지원사업	30,000	9	6	7	8	7	5	5	4
10364	전남 영암군	단동하우스보급형스마트팜단지조성	30,000	9	6	7	8	7	5	5	4
10365	전남 영암군	드론용비산저감AI노즐및분무장치신기술시범	25,000	9	2	7	8	7	5	5	4
10366	전남 영암군	친환경천적이용해충구제지원	24,000	9	6	7	8	7	5	5	4
10367	전남 영암군	동물복지형녹색축산농장육성지원	24,000	9	6	7	8	7	5	5	4
10368	전남 영암군	농촌교육농장육성	24,000	9	6	7	8	7	5	5	4
10369	전남 영암군	밭작물정밀파종및시비기술시범	23,000	9	2	7	8	7	5	5	4
10370	전남 영암군	장애인주택개조지원사업	22,800	9	2	7	8	7	5	5	4
10371	전남 영암군	보육시설인프라구축지원	20,000	9	6	7	8	7	5	5	4
10372	전남 영암군	모돈분만율향상지원사업	20,000	9	1	7	8	7	5	5	4
10373	전남 영암군	조사료질향상장비(건조용반전기)지원	20,000	9	1	7	8	7	5	5	4
10374	전남 영암군	화재안전창문설치(소로전문요양원)	15,000	9	2	7	8	7	1	1	3
10375	전남 영암군	영암어린이날큰잔치	15,000	9	2	7	8	7	1	1	3
10376	전남 영암군	옥상방수공사(소로전문요양원)	13,663	9	2	7	8	7	1	1	3
10377	전남 영암군	우수여왕벌보급사업	10,560	9	2	7	8	7	5	5	4
10378	전남 영암군	조사료(볏짚)스팀가공장비지원	9,900	9	1	7	8	7	5	5	4
10379	전남 영암군	한봉산업지원	9,000	9	1	7	8	7	5	5	4
10380	전남 영암군	특용작물(인삼)시설현대화사업	8,270	9	1	7	8	7	5	5	4
10381	전남 영암군	관용전기승용자동차지원	8,000	9	2	7	8	7	1	1	4
10382	전남 영암군	친환경해충퇴치장비지원	7,200	9	6	7	8	7	5	5	4
10383	전남 영암군	구제역예방접종원거리자동연속주사기공수의지원	5,600	9	6	7	8	7	5	5	4
10384	전남 영암군	어린이통학차량LPG차전환지원	5,000	9	2	7	8	7	1	1	4
10385	전남 영암군	구제역예방접종원거리자동연속주사기농가지원	4,900	9	6	7	8	7	5	5	4
10386	전남 영암군	가정용저녹스보일러지원사업(저소득층)	4,200	9	2	7	8	7	1	1	4
10387	전남 영암군	취약계층친환경보일러지원사업	2,400	9	6	7	8	7	1	1	4
10388	전남 영암군	말벌퇴치장비지원	900	9	1	7	8	7	5	5	4
10389	전남 무안군	해수열히트펌프지원	576,000	9	2	7	8	7	1	1	4
10390	전남 무안군	수산물중형저온저장시설지원	320,000	9	1	7	8	7	5	5	4
10391	전남 무안군	노후기관,장비,설비대체	180,000	9	1	7	8	7	1	1	4
10392	전남 무안군	채염자동화기계지원	36,000	9	1	7	8	7	5	5	4
10393	전남 무안군	가두리양식장관리사현대화	30,000	9	6	4	7	7	1	1	4
10394	전남 무안군	수산물소형저온저장시설지원	16,000	9	1	7	8	7	5	5	4
10395	전남 무안군	전동대파기지원	3,600	9	1	7	8	7	5	5	4
10396	전남 무안군	농산물산지유통센터(APC)지원사업	1,914,000	9	2	7	8	7	5	5	4
10397	전남 무안군	스마트농산물유통저장기술개발사업	800,000	9	6	7	8	7	5	5	4

- 424 -

순번	시군구	지출명 (사업명)	2024년예산 (단위:천원/1년간)	민간이전 분류	민간이전지출 근거	계약체결방법 (경쟁형태)	계약기간	낙찰자선정방법	운영예산 산정	정산방법	성과평가 실시여부
10398	전남 무안군	사회적경제기업시설장비구입지원사업	62,000	9	6	7	8	7	5	5	4
10399	전남 무안군	지식정보문화기업유치보조금지원사업	33,600	9	4	7	8	7	5	5	4
10400	전남 함평군	콩자립형융복합단지조성	1,000,000	9	2	7	8	7	1	1	1
10401	전남 함평군	친환경농업기반구축사업	800,000	9	2	7	8	7	5	5	4
10402	전남 함평군	청년농업인스마트팜자립기반구축	590,400	9	6	7	8	7	1	1	1
10403	전남 함평군	다목적소형농기계지원사업	522,000	9	4	7	8	7	5	5	4
10404	전남 함평군	CCTV등방역인프라설치지원	405,600	9	2	7	8	7	5	5	4
10405	전남 함평군	양파기계화기반시설지원(비가림하우스)	300,000	9	2	7	8	7	1	1	1
10406	전남 함평군	원예특용작물생산기반구축사업	295,200	9	4	7	8	7	5	5	4
10407	전남 함평군	축산악취개선지원사업	280,000	9	2	7	8	7	5	5	4
10408	전남 함평군	친환경과수농가비가림하우스시설지원	273,000	9	6	7	8	7	5	5	4
10409	전남 함평군	농산물생산비절감지원사업	250,000	9	4	7	8	7	5	5	4
10410	전남 함평군	조사료용기계장비지원(일반단지)	222,000	9	2	7	8	7	5	5	4
10411	전남 함평군	품목별데이터기반생산모델보급(시설)	200,000	9	2	7	8	7	1	1	1
10412	전남 함평군	양파기계화기반시설지원(공정육묘)	200,000	9	2	7	8	7	1	1	1
10413	전남 함평군	조사료용기계장비지원(전문단지)	180,000	9	2	7	8	7	5	5	4
10414	전남 함평군	고추비가림재배시설지원사업	151,657	9	2	7	8	7	5	5	4
10415	전남 함평군	여성친화형다목적소형전기운반차지원사업	127,050	9	4	7	8	7	5	5	4
10416	전남 함평군	양파기계화기반시설지원(수확후관리)	120,000	9	2	7	8	7	1	1	1
10417	전남 함평군	ICT융복합확산지원사업(스마트팜)	106,781	9	2	7	8	7	5	5	4
10418	전남 함평군	이동식다용도작업대지원사업	103,488	9	4	7	8	7	5	5	4
10419	전남 함평군	배수불량논콩생산단지왕겨충진형땅속배수기술시범	100,000	9	2	7	8	7	1	1	1
10420	전남 함평군	이상고온대응시설채소안정생산시범	100,000	9	2	7	8	7	1	1	1
10421	전남 함평군	시설원예현대화지원사업	96,198	9	2	7	8	7	5	5	4
10422	전남 함평군	단동하우스보급형스마트팜단지조성	90,000	9	6	7	8	7	1	1	1
10423	전남 함평군	축산농장악취감시설지원사업	90,000	9	6	7	8	7	5	5	4
10424	전남 함평군	시설원예에너지이용효율화(보온커튼)지원사업	84,977	9	2	7	8	7	5	5	4
10425	전남 함평군	가축분뇨퇴비부숙촉진지원사업	84,000	9	6	7	8	7	5	5	4
10426	전남 함평군	원예작물생산성향상을위한생태적종합관리시범	80,000	9	2	7	8	7	1	1	1
10427	전남 함평군	고온기수경재배용양액냉각기신기술보급	80,000	9	2	7	8	7	1	1	1
10428	전남 함평군	과수생산기반구축지원사업	75,900	9	4	7	8	7	5	5	4
10429	전남 함평군	동물복지형녹색축산농장육성지원사업	72,000	9	7	7	8	7	5	5	4
10430	전남 함평군	딸기우량묘보급체계개선시범	70,000	9	2	7	8	7	1	1	1
10431	전남 함평군	꿀벌산업육성지원(양봉)	67,500	9	6	7	8	7	5	5	4
10432	전남 함평군	농촌공동아이돌봄센터지원(시설비)	60,000	9	6	7	8	7	5	5	4
10433	전남 함평군	딸기생산시설현대화지원사업	54,500	9	4	7	8	7	5	5	4
10434	전남 함평군	원예분야재해예방시설지원사업	54,000	9	4	7	8	7	5	5	4
10435	전남 함평군	작목별맞춤형안전관리실천시범	50,000	9	2	7	8	7	1	1	1
10436	전남 함평군	시설원예생산비절감지원사업	49,000	9	4	7	8	7	5	5	4
10437	전남 함평군	양돈농가방역시설설치지원	48,000	9	6	7	8	7	5	5	4

번호	기관구분	지침명	2024년예산(단위: 천원/개소)	선정심사 (지침서코드 307-02) 1. 사업참여경험 및 사업운영전략 2. 인건비집행계획(307-03) 3. 종료 4. 조달청계약 표준모델(307-05) 5. 사업이행계획(307-10) 6. 위원별 평가 가중치(308-13) 7. 인건비책정시준(402-01) 8. 인건비집행준수(402-02) 9. 인건비사용집행(402-02) 10. 인건비사후관리(402-03) 11. 경상운영비 대응 지출표 산정기준(403-02)	계약심사 (청렴이행지침서 등기) 1. 청렴서약 2. 경영자료 등 요청 가능 (청렴지침서 등기) 3. 자격 4. 수의계약 5. 기타 6. 가격 () 7. 평가	계약체결 1. 계약 2. 계약서 3. 개별계약 4. 수의계약 5. 체결 (체결가격) 6. 기타 7. 평가 8. 검사	보증보험 1. 계약보증 2. 선급금보증 3. 지체상금 4. 하자보수보증 5. 기타 6. 기타 () 7. 평가	검사점검 1. 내부결재 2. 검사자의 권한 3. 지급의 4. 합의의 검사 (검사결재 후 지급) 5. 기타 6. 점검 7. 평가	원가관리 1. 내부결재 2. 정산처리 3. 자금배정 4. 지급결재 (증빙자료 첨부) 5. 평가 6. 기타 7. 평가	결산정산 1. 내부결재 2. 정산서 3. 증빙자료 4. 확인서 5. 평가 6. 기타 () 7. 평가 8. 기타 (원장)
10438	진흥원경리	출판경영회의운영기금운영사업	40,800	9	6	7	8	7	5	5	4
10439	진흥원경리	출판지원중앙기록관리진흥지원	40,000	9	2	7	8	7	1	1	1
10440	진흥원경리	아시아출판기기체험지원사업	40,000	9	2	7	8	7	5	5	4
10441	진흥원경리	기관출판수출지원책임지원사업	38,571	9	4	7	8	7	5	5	4
10442	진흥원경리	중국출판위원회지역별지원사업	32,000	9	4	7	8	7	5	5	4
10443	진흥원경리	출판경영위원회기본운영책임사업	30,000	9	6	7	8	7	1	1	1
10444	진흥원경리	경상정보조선기록관리진흥지원사업	30,000	9	2	7	8	7	1	1	1
10445	진흥원경리	출판규정조선기록관리지원사업	28,800	9	6	7	8	7	2	2	4
10446	진흥원경리	출판계약위원회지원사업(전담)	27,000	9	6	7	8	7	5	5	4
10447	진흥원경리	출판계약지원위원회지원사업	27,000	9	2	7	8	7	5	5	4
10449	진흥원경리	출판경영정보조선기기지원사업	25,000	9	4	7	7	7	1	1	1
10450	진흥원경리	중앙출판위원회책임지원사업	17,600	9	4	7	8	7	5	5	4
10451	진흥원경리	출판경영위원회지원지원사업	13,500	9	4	7	8	7	5	5	4
10452	진흥원경리	출판위원회지식지원책임지원지원	12,800	9	6	7	8	7	1	1	1
10453	진흥원경리	출판중앙조선기기경영위원회지원	12,000	9	6	7	8	7	5	5	4
10454	진흥원경리	출판경영지원기기경영지원지원	11,600	9	6	7	8	7	5	5	4
10455	진흥원경리	출판경영지기지원경영지원지원	9,600	9	6	7	8	7	1	1	1
10456	진흥원경리	지역내출판경영의력기기지원지원	7,200	9	2	7	8	7	5	5	4
10457	진흥원경리	중앙출판지시정보지기기출판운영	690,978	9	8	7	8	7	5	5	4
10458	진흥원경리	2023지시장중앙지지기정보지출판지원경영지원(지시)	675,900	9	8	7	8	7	5	5	4
10459	진흥원경리	중앙지지지원경영지원체(정보장지시지원정보중앙지원	550,000	9	8	7	8	7	5	5	4
10460	진흥원경리	출판지지경영정보지체중앙지출판지원경영	540,000	9	8	7	8	7	5	5	4
10461	진흥원경리	출판지출판지원경영체(1지)지정보지출판지원경영	480,370	9	8	7	8	7	5	5	4
10462	진흥원경리	출판지지경영지원체중앙지체정보지원지원정보(1지중앙)	479,920	9	8	7	8	7	5	5	4
10463	진흥원경리	중앙지시중앙지정보지(정보체지원정보지시지원정보지	463,430	9	8	7	8	7	5	5	4
10464	진흥원경리	2023지지경영정보지지체중앙지시지원경영지원(1지)	459,932	9	8	7	8	7	5	5	4
10465	진흥원경리	종합정보지시지원경영지원경영(지정지정체)지원경영지	458,000	9	8	7	8	7	5	5	4
10466	진흥원경리	2022지체용중앙지지경영정보지시지원정보지원체(지시)	420,000	9	8	7	8	7	5	5	4
10467	진흥원경리	2023지시정보중앙지지정보지원정보지원지원	405,696	9	8	7	8	7	5	5	4
10468	진흥원경리	2023정보정보지체중앙정보정보지시(정보지)지원경영지원	404,248	9	8	7	8	7	5	5	4
10469	진흥원경리	중앙지시체지원(정보지정보지체경영정보지원경영)정보지원정보	400,000	9	8	7	8	7	5	5	4
10470	진흥원경리	2023지체정보체지정보정보지원정보지원경영정보지	384,000	9	8	7	8	7	5	5	4
10471	진흥원경리	2023지원정보체중앙정보지정보지정보지원지지원	380,070	9	8	7	8	7	5	5	4
10472	진흥원경리	2023지시정보정보지1지시정보정보정보지시지원정보지(지정체)	327,522	9	8	7	8	7	5	5	4
10473	진흥원경리	2023지시기본정보지정지정보체정보지원정보지정보(2지)	312,760	9	8	7	8	7	5	5	4
10474	진흥원경리	2023지시정보지지경영체중앙정보정보지원경영지원	300,000	9	8	7	8	7	5	5	4
10475	진흥원경리	2023지지기정보지시기본정보지원정보지원경영(8지)	270,510	9	8	7	8	7	5	5	4
10476	진흥원경리	출판지정보정보체지원(정보지체)중앙지정보정보지원경영체	270,000	9	8	7	8	7	5	5	4
10477	진흥원경리	2023지정보지시지지지원경영(1지)	254,000	9	8	7	8	7	5	5	4

순번	시군구	지출명 (사업명)	2024년예산 (단위 : 천원 /1년간)	민간이전 분류 (지방자치단체 세출예산 집행기준에 의거) 1. 민간경상사업보조(307-02) 2. 민간단체 법정운영비보조(307-03) 3. 민간행사사업보조(307-04) 4. 민간위탁금(307-05) 5. 사회복지시설 법정운영비보조(307-10) 6. 민간인위탁교육비(307-12) 7. 공기관등에대한경상적위탁사업비(308-13) 8. 민간자본사업보조,자체재원(402-01) 9. 민간자본사업보조,이전재원(402-02) 10. 민간위탁사업비(402-03) 11. 공기관등에 대한 자본적 위탁사업비(403-02)	민간이전지출 근거 (지방보조금 관리기준 참고) 1. 법률에 규정 2. 국고보조 재원(국가지정) 3. 용도 지정 기부금 4. 조례에 직접규정 5. 지자체가 권장하는 사업을 하는 공공기관 6. 시,도 정책 및 재정사정 7. 기타 8. 해당없음	입찰방식 계약체결방법 (경쟁형태) 1. 일반경쟁 2. 제한경쟁 3. 지명경쟁 4. 수의계약 5. 법정위탁 6. 기타 ( ) 7. 없음	계약기간 1. 1년 2. 2년 3. 3년 4. 4년 5. 5년 6. 기타 ( )년 7. 단기계약 (1년미만) 8. 없음	낙찰자선정방법 1. 적격심사 2. 협상에의한계약 3. 최저가낙찰제 4. 규격가격분리 5. 2단계 경쟁입찰 6. 기타 ( ) 7. 없음	운영예산 산정 1. 내부산정 (지자체 자체적으로 산정) 2. 외부산정 (외부전문기관위탁 산정) 3. 내·외부 모두 산정 4. 산정 無 5. 없음	정산방법 1. 내부정산 (지자체 내부적으로 정산) 2. 외부정산 (외부전문기관위탁 정산) 3. 내·외부 모두 산정 4. 정산 無 5. 없음	성과평가 실시여부 1. 실시 2. 미실시 3. 향후 추진 4. 해당없음
10478	전남 영광군	2023년전기저상버스구입비지급(2차)	254,000	9	8	7	8	7	5	5	4
10479	전남 영광군	2023년전기버스민간보급사업대상자보조금지급	242,000	9	8	7	8	7	5	5	4
10480	전남 영광군	2023년식량작물공동경영체육성사업(시설장비)보조금지급(3차)	239,513	9	8	7	8	7	5	5	4
10481	전남 영광군	2023년전기버스민간보급사업대상자보조금지급(2차)	232,480	9	8	7	8	7	5	5	4
10482	전남 영광군	2023년전기버스민간보급사업대상자보조금지급(3차)	232,480	9	8	7	8	7	5	5	4
10483	전남 영광군	불갑사목조석가여래삼불좌상보수정비(불단및닫지보수)보조금교부결정및송금통보	230,000	9	8	7	8	7	5	5	4
10484	전남 영광군	2022년전기저상버스구입비지급	225,600	9	8	7	8	7	5	5	4
10485	전남 영광군	2023년전략작물(콩)전문생산단지조성사업보조금지급	210,000	9	8	7	8	7	5	5	4
10486	전남 영광군	2023년생분해성어구보급사업보조금지급	206,892	9	8	7	8	7	5	5	4
10487	전남 영광군	2023년전기자동차민간보급사업대상자보조금지급(9차)	195,150	9	8	7	8	7	5	5	4
10488	전남 영광군	2023년전기화물차민간보급사업대상자보조금지급(5차)	193,500	9	8	7	8	7	5	5	4
10489	전남 영광군	2023년전기자동차민간보급사업대상자보조금지급(3차)	182,490	9	8	7	8	7	5	5	4
10490	전남 영광군	2023년사회적농업활성화(거점농장)지원사업보조금교부결정및지급(신속집행)	170,000	9	8	7	8	7	5	5	4
10491	전남 영광군	2023년전기화물차민간보급사업대상자보조금지급(6차)	163,200	9	8	7	8	7	5	5	4
10492	전남 영광군	불갑사대웅전주변정비(영화실보수정비)보조금교부결정및송금통보	150,000	9	8	7	8	7	5	5	4
10493	전남 영광군	2023년농업분야신재생에너지시설(공기열냉난방)지원사업보조금지급	148,071	9	8	7	8	7	5	5	4
10494	전남 영광군	2022년가축분뇨공동자원화시설개보수사업보조금지급(2차)	147,000	9	8	7	8	7	5	5	4
10495	전남 영광군	2023년축산악취개선사업보조금지급(1차)	144,000	9	8	7	8	7	5	5	4
10496	전남 영광군	2023년다목적소형농기계지원사업보조금지급(5차)	140,630	9	8	7	8	7	5	5	4
10497	전남 영광군	2023년축산악취개선사업선금급지급(오OO)	140,000	9	8	7	8	7	5	5	4
10498	전남 영광군	2023년가축분뇨처리지원사업보조금지급	140,000	9	8	7	8	7	5	5	4
10499	전남 영광군	식량자급률제고밀공재배규모화시범단지조성사업보조금지급	140,000	9	8	7	8	7	5	5	4
10500	전남 영광군	2023년농산물생산비절감지원사업(광역방제기,드론,지게차)보조금지급(1차)	139,091	9	8	7	8	7	5	5	4
10501	전남 영광군	2023년전기자동차민간보급사업대상자보조금지급(5차)	137,300	9	8	7	8	7	5	5	4
10502	전남 영광군	2023년지역아동센터실외놀이터지원보조금교부결정및송금	135,000	9	8	7	8	7	5	5	4
10503	전남 영광군	2022년GAP시설보완지원사업보조금지급(이월)	133,656	9	8	7	8	7	5	5	4
10504	전남 영광군	2023년식량작물공동경영체육성사업(시설장비)보조금지급(2차)	131,400	9	8	7	8	7	5	5	4
10505	전남 영광군	2023년염전바닥재선사업보조금지급(2차)	126,156	9	8	7	8	7	5	5	4
10506	전남 영광군	2023년조사료생산기계장비지원사업보조금지급(2차)	120,000	9	8	7	8	7	5	5	4
10507	전남 영광군	2022년CCTV등방역인프라지원사업보조금지급(사고이월)	115,320	9	8	7	8	7	5	5	4
10508	전남 영광군	2023년농산물생산비절감지원사업(광역방제기,지게차)보조금지급(2차)	115,000	9	8	7	8	7	5	5	4
10509	전남 영광군	2023년「노인여가복지시설설치등지원사업」보조금송금	105,000	9	8	7	8	7	5	5	4
10510	전남 영광군	2023년다목적소형농기계지원사업보조금지급(3차)	102,825	9	8	7	8	7	5	5	4
10511	전남 영광군	2023년다목적소형농기계구입지원사업보조금지급(2차)	102,218	9	8	7	8	7	5	5	4
10512	전남 영광군	2023년친환경에너지절감장비보급사업보조금지급	100,612	9	8	7	8	7	5	5	4
10513	전남 영광군	2023년기능성쌀귀리품종조기보급및생산단지육성사업보조금지급	100,000	9	8	7	8	7	5	5	4
10514	전남 영광군	2023년한국난재배온실지원사업보조금지급	99,707	9	8	7	8	7	5	5	4
10515	전남 영광군	2022년전남형농산물전문생산단지육성사업보조금지급(딸기1차)	94,325	9	8	7	8	7	5	5	4
10516	전남 영광군	2023년축산악취개선사업보조금지급(5차)	92,000	9	8	7	8	7	5	5	4
10517	전남 영광군	2023년축산분야(한우)ICT융복합확산사업보조금지급(완료)	90,000	9	8	7	8	7	5	5	4

순번	시군구	지출명 (사업명)	2024년예산 (단위 : 천원 /1년간)	민간이전 분류 (지방자치단체 세출예산 집행기준에 의거) 1. 민간경상사업보조(307-02) 2. 민간단체 법정운영비보조(307-03) 3. 민간행사사업보조(307-04) 4. 민간위탁금(307-05) 5. 사회복지시설 법정운영비보조(307-10) 6. 민간인위탁교육비(307-12) 7. 공기관등에대한경상적위탁사업비(308-13) 8. 민간자본사업보조,자체재원(402-01) 9. 민간자본보조,이전재원(402-02) 10. 민간위탁사업비(402-03) 11. 공기관등에 대한 자본적 위탁사업비(403-02)	민간이전지출 근거 (지방보조금 관리기준 참고) 1. 법률에 규정 2. 국고보조 재원(국가지정) 3. 용도 지정 기부금 4. 조례에 직접규정 5. 지자체가 권장하는 사업을 하는 공공기관 6. 시,도 정책 및 재정사정 7. 기타 8. 해당없음	입찰방식 계약체결방법 (경쟁형태) 1. 일반경쟁 2. 제한경쟁 3. 지명경쟁 4. 수의계약 5. 법정위탁 6. 기타 ( ) 7. 없음	계약기간 1. 1년 2. 2년 3. 3년 4. 4년 5. 5년 6. 기타 ( )년 7. 단기계약 (1년미만) 8. 없음	낙찰자선정방법 1. 적격심사 2. 협상에의한계약 3. 최저가낙찰제 4. 규격가격분리 5. 2단계 경쟁입찰 6. 기타 ( ) 7. 없음	운영예산 산정 운영예산 산정 1. 내부산정 (지자체 자체적으로 산정) 2. 외부산정 (외부전문기관위탁 산정) 3. 내·외부 모두 산정 4. 산정 無	정산방법 1. 내부정산 (지자체 내부적으로 정산) 2. 외부정산 (외부전문기관위탁 정산) 3. 내·외부 모두 산정 4. 정산 無 5. 없음	성과평가 실시여부 1. 실시 2. 미실시 3. 향후 추진 4. 해당없음
10518	전남 영광군	2023년스마트팜ICT융복합확산지원(스마트팜시설보급)사업보조금지급	89,867	9	8	7	8	7	5	5	4
10519	전남 영광군	2022년축산분야ICT융복합지원사업보조금지급(이월,완료)	88,989	9	8	7	8	7	5	5	4
10520	전남 영광군	2023년농산물생산비절감지원사업(범용콤바인,곡물건조기)보조금지급(1차)	88,000	9	8	7	8	7	5	5	4
10521	전남 영광군	2023년친환경과수비가림하우스시설지원사업보조금지급(2차)	86,034	9	8	7	8	7	5	5	4
10522	전남 영광군	2023년전기화물차민간보급사업대상자보조금지급(3차)	84,050	9	8	7	8	7	5	5	4
10523	전남 영광군	2023년다목적소형농기계지원사업보조금지급(4차)	80,897	9	8	7	8	7	5	5	4
10524	전남 영광군	2023년염전바닥재개선사업보조금지급(4차)	79,500	9	8	7	8	7	5	5	4
10525	전남 영광군	2023년다목적소형농기계지원사업보조금지급(9차)	76,835	9	8	7	8	7	5	5	4
10526	전남 영광군	2023년중소농원예특용작물생산기반구축사업보조금집행(7차)	76,831	9	8	7	8	7	5	5	4
10527	전남 영광군	2023년중소농원예특용작물생산기반구축사업보조금집행(1차)	76,377	9	8	7	8	7	5	5	4
10528	전남 영광군	2023년농산물생산비절감(범용콤바인)지원사업보조금지급(최종)	75,000	9	8	7	8	7	5	5	4
10529	전남 영광군	2023년친환경과수비가림하우스시설지원사업보조금지급(최종)	74,516	9	8	7	8	7	5	5	4
10530	전남 영광군	2023년전기자동차민간보급사업대상자보조금지급(4차)	72,800	9	8	7	8	7	5	5	4
10531	전남 영광군	2023년시설과수생산시설현대화지원사업보조금지급(4차)	71,710	9	8	7	8	7	5	5	4
10532	전남 영광군	2023년수소전기차보급사업대상자보조금교부	70,000	9	8	7	8	8	5	5	4
10533	전남 영광군	2023년우리도육성품종최고품질쌀생산단지조성사업보조금지급	70,000	9	8	7	8	7	5	5	4
10534	전남 영광군	2023년조사료생산기계장비지원사업보조금지급(3차)	68,400	9	8	7	8	7	5	5	4
10535	전남 영광군	2023년다목적소형농기계지원사업보조금지급(11차)	68,328	9	8	7	8	7	5	5	4
10536	전남 영광군	「2022년정신건강증진시설확충사업(이월)」교부결정및송금(2차)	67,566	9	8	7	8	7	5	5	4
10537	전남 영광군	2023년노인요양시설기능보강사업보조금교부결정및송금	66,500	9	8	7	8	7	5	5	4
10538	전남 영광군	2023년가축분뇨공동자원화시설개보수사업보조금지급(최종)	63,000	9	8	7	8	7	5	5	4
10539	전남 영광군	2023년전기화물차민간보급사업대상자보조금지급(4차)	62,100	9	8	7	8	7	5	5	4
10540	전남 영광군	2023년축산악취개선사업보조금지급(3차)	62,000	9	8	7	8	7	5	5	4
10541	전남 영광군	2023년임산물생산단지규모화공모사업보조금지급	61,395	9	8	7	8	7	5	5	4
10542	전남 영광군	불갑사대웅전주변정비(흰개미방제사업)보조금교부결정및송금통보	60,000	9	8	7	8	7	5	5	4
10543	전남 영광군	2023년조사료생산기계장비지원사업보조금지급(1차)	60,000	9	8	7	8	7	5	5	4
10544	전남 영광군	2023년조사료생산기계장비지원사업보조금지급(4차)	60,000	9	8	7	8	7	5	5	4
10545	전남 영광군	2023년여성친화형다목적소형전기운반차지원사업보조금지급(1차)	58,200	9	8	7	8	7	5	5	4
10546	전남 영광군	2022년가축분뇨처리지원사업(액비저장조)보조금지급(최종)명시이월	55,300	9	8	7	8	7	5	5	4
10547	전남 영광군	2023년사회적경제기업시설장비지원사업보조금교부결정및송금(2차)	52,098	9	8	7	8	7	5	5	4
10548	전남 영광군	2023년다목적소형농기계지원사업보조금지급(7차)	51,604	9	8	7	8	7	5	5	4
10549	전남 영광군	전통사찰보수정비(불갑사해불암연화당증개축)보조금교부결장및송금통지(2차)	50,000	9	8	7	8	7	5	5	4
10550	전남 영광군	영광연흥사목조삼세여래좌상주변정비사업(보제루주변석축설치등)보조금교부결정	50,000	9	8	7	8	7	5	5	4
10551	전남 영광군	2023년조사료별질향상장비(건조용반전기)지원사업보조금지급	50,000	9	8	7	8	7	5	5	4
10552	전남 영광군	2023년작물별맞춤형안전관리실천사업보조금지급(신속집행)	50,000	9	8	7	8	7	5	5	4
10553	전남 영광군	2023년딸기삽목묘대량증식기술시범사업보조금지급	50,000	9	8	7	8	7	5	5	4
10554	전남 영광군	2022년꿀벌피해농가지원사업(명시이월)보조금지급(1차)	48,400	9	8	7	8	7	5	5	4
10555	전남 영광군	2023년다목적소형농기계지원사업보조금지급(8차)	46,466	9	8	7	8	7	5	5	4
10556	전남 영광군	인명구조활동원장비구입비지원보조금교부결정및송금	45,000	9	8	7	8	7	5	5	4
10557	전남 영광군	2023년양돈농가설치의무방역시설지원사업보조금지급	45,000	9	8	7	8	7	5	5	4

- 428 -

순번	시군구	지출명 (사업명)	2024년예산 (단위 : 천원 /1년간)	민간이전 분류 (지방자치단체 세출예산 집행기준에 의거) 1. 민간경상사업보조(307-02) 2. 민간단체 법정운영비보조(307-03) 3. 민간행사사업보조(307-04) 4. 민간위탁금(307-05) 5. 사회복지시설 법정운영비보조(307-10) 6. 민간인위탁교육비(307-12) 7. 민간에대한경상적위탁사업비(308-13) 8. 민간자본사업보조,자체재원(402-01) 9. 민간자본보조,이전재원(402-02) 10. 민간위탁사업비(402-03) 11. 공기관등에 대한 자본적 위탁사업비(403-02)	민간이전지출 근거 (지방보조금 관리기준 참고) 1. 법률에 규정 2. 국고보조 재원(국가지정) 3. 용도 지정 기부금 4. 조례에 직접규정 5. 지자체가 권장하는 사업을 하는 공공기관 6. 시,도 정책 및 재정사정 7. 기타 8. 해당없음	입찰방식			운영예산 산정		성과평가 실시여부 1. 실시 2. 미실시 3. 향후 추진 4. 해당없음
						계약체결방법 (경쟁형태) 1. 일반경쟁 2. 제한경쟁 3. 지명경쟁 4. 수의계약 5. 법정위탁 6. 기타 ( ) 7. 없음	계약기간 1. 1년 2. 2년 3. 3년 4. 4년 5. 5년 6. 기타 ( )년 7. 단기계약 (1년미만) 8. 없음	낙찰자선정방법 1. 적격심사 2. 협상에의한계약 3. 최저가낙찰제 4. 규격가격분리 5. 2단계 경쟁입찰 6. 기타 ( ) 7. 없음	운영예산 산정 1. 내부산정 (지자체 자체적으로 산정) 2. 외부산정 (외부전문기관위탁 산정) 3. 내·외부 모두 산정 4. 산정 無 5. 없음	정산방법 1. 내부정산 (지자체 내부적으로 정산) 2. 외부정산 (외부전문기관 정산) 3. 내·외부 모두 산정 4. 정산無 5. 없음	
10558	전남 영광군	2023년청년4H회원우수과제창업농육성사업보조금지급(신속집행)	45,000	9	8	7	8	7	5	5	4
10559	전남 영광군	2023년건설기계엔진교체사업보조금교부결정및지급(1차)	42,229	9	8	7	8	7	5	5	4
10560	전남 영광군	2023년중소농원예특용작물생산기반구축사업보조금집행(5차)	42,194	9	8	7	8	7	5	5	4
10561	전남 영광군	2023년친환경포트육묘이앙기지원사업보조금지급	40,800	9	8	7	8	7	5	5	4
10562	전남 영광군	2023년다목적소형농기계구입지원사업보조금지급(1차)	40,483	9	8	7	8	7	5	5	4
10563	전남 영광군	2023년경로당공동생활의집설치지원사업보조금송금	40,000	9	8	7	8	7	5	5	4
10564	전남 영광군	2023년사회적경제기업시설장비지원사업보조금교부결정및송금(1차)	39,920	9	8	7	8	7	5	5	4
10565	전남 영광군	2023년지자체농협협력사업(벼모판관주처리시범지원)보조금지급	39,825	9	8	7	8	7	5	5	4
10566	전남 영광군	2023년여성친화형다목적소형전기운반차보조지급(2차)	39,300	9	8	7	8	7	5	5	4
10567	전남 영광군	맞춤형미래전략소득작목육성시범사업보조금여입(박완진)	38,560	9	8	7	8	7	5	5	4
10568	전남 영광군	맞춤형미래전략소득작목육성시범사업보조금여입(강동석)	38,560	9	8	7	8	7	5	5	4
10569	전남 영광군	2022년전남형농산물전문생산단지육성사업보조금지급(2차)	36,930	9	8	7	8	7	5	5	4
10570	전남 영광군	2023년배출가스저감장치(DPF)부착사업보조금교부결정및지급(4차)	36,710	9	8	7	8	7	5	5	4
10571	전남 영광군	2023년농산물생산비절감지원사업(드론)보조금지급(2차)	36,360	9	8	7	8	7	5	5	4
10572	전남 영광군	2023년채염자동화기계지원사업보조금지급	36,000	9	8	7	8	7	5	5	4
10573	전남 영광군	2023년이동식다용도작업대보조금지급(1차)	35,840	9	8	7	8	7	5	5	4
10574	전남 영광군	2023년여성친화형다목적소형전기운반차지원사업보조금지급(3차)	35,000	9	8	7	8	7	5	5	4
10575	전남 영광군	2022년농산물중형저온저장고설치지원사업보조금지급(이월1차)	35,000	9	8	7	8	7	5	5	4
10576	전남 영광군	2022년농산물중형저온저장고지원사업(이월2차)보조금지급	35,000	9	8	7	8	7	5	5	4
10577	전남 영광군	2022년꿀벌피해농가회생지원사업(명시이월)보조금지급(7차)	35,000	9	8	7	8	7	5	5	4
10578	전남 영광군	2022년양돈농가설치의무방역시설지원사업보조금지급(4차사고이월)	34,395	9	8	7	8	7	5	5	4
10579	전남 영광군	2023년농업용유류저장탱크(급유기)지원사업보조금교부결정및지급	34,320	9	8	7	8	7	5	5	4
10580	전남 영광군	2023년전기이륜차민간보급사업대상자보조금지급(1차)	34,130	9	8	7	8	7	5	5	4
10581	전남 영광군	2023년시설과수생산시설현대화지원사업보조금지급(6차)	33,265	9	8	7	8	7	5	5	4
10582	전남 영광군	2023년시설원예현대화지원사업보조금지급(2차)	32,649	9	8	7	8	7	5	5	4
10583	전남 영광군	2023년전기자동차민간보급사업대상자보조금지급(6차)	32,320	9	8	7	8	7	5	5	4
10584	전남 영광군	2023년장기요양기관CCTV설치지원사업보조금교부결정및송금	32,120	9	8	7	8	7	5	5	4
10585	전남 영광군	2023년축산ICT융복합확산사업보조금지급(1차)	32,100	9	8	7	8	7	5	5	4
10586	전남 영광군	2023년배출가스저감장치(DPF)부착사업보조금교부결정및지급(2차)변경	31,753	9	8	7	8	7	5	5	4
10587	전남 영광군	2023년건설기계엔진교체사업보조금교부결정및지급(5차)	31,566	9	8	7	8	7	5	5	4
10588	전남 영광군	2023년농산물소형저온저장고지원사업보조금지급(도비1차)	31,493	9	8	7	8	7	5	5	4
10589	전남 영광군	2023년농산물소형저온저장고지원사업보조금지급(도비2차)	31,493	9	8	7	8	7	5	5	4
10590	전남 영광군	영광원불교신흥교당대각전해체보수설계보조금교부결정및송금통보	30,000	9	8	7	8	7	5	5	4
10591	전남 영광군	보육(어린이집)시설기능보강사업보조금교부결정및송금알림	30,000	9	8	7	8	7	5	5	4
10592	전남 영광군	2023년농산물생산비절감지원사업(광역방제기탑재차량)보조금지급(최종)	30,000	9	8	7	8	7	5	5	4
10593	전남 영광군	2023년농산물생산비절감지원사업(지게차)보조금지급(4차)	30,000	9	8	7	8	7	5	5	4
10594	전남 영광군	2023년수산물소형저온저장시설지원사업보조금지급의뢰(1차)	30,000	9	8	7	8	7	5	5	4
10595	전남 영광군	노동력절감문모심기재배단지조성시범사업보조금지급	30,000	9	8	7	8	7	5	5	4
10596	전남 영광군	2023년다목적소형농기계지원사업보조금지급(1차)	29,228	9	8	7	8	7	5	5	4
10597	전남 영광군	2023년건설기계엔진교체사업보조금교부결정및지급(4차)	28,884	9	8	7	8	7	5	5	4

순번	시군구	지출명 (사업명)	2024년예산 (단위 : 천원 /1년간)	민간이전 분류 (지방자치단체 세출예산 집행기준에 의거) 1. 민간경상사업보조(307-02) 2. 민간단체 법정운영비보조(307-03) 3. 민간행사사업보조(307-04) 4. 민간위탁금(307-05) 5. 사회복지시설 법정운영비보조(307-10) 6. 민간인위탁교육비(307-12) 7. 공기관등에대한경상적위탁사업비(308-13) 8. 민간자본사업보조,자체재원(402-01) 9. 민간자본보조,이전재원(402-02) 10. 민간위탁사업비(402-03) 11. 공기관에 대한 자본적 위탁사업비(403-02)	민간이전지출 근거 (지방보조금 관리기준 참고) 1. 법률에 규정 2. 국고보조 관련(국가지정) 3. 용도 지정 기부금 4. 조례에 직접규정 5. 지자체가 권장하는 사업을 하는 공공기관 6. 시,도 정책 및 재정사정 7. 기타 8. 해당없음	입찰방식 계약체결방법 (경쟁형태) 1. 일반경쟁 2. 제한경쟁 3. 지명경쟁 4. 수의계약 5. 법정위탁 6. 기타 ( ) 7. 없음	계약기간 1. 1년 2. 2년 3. 3년 4. 4년 5. 5년 6. 기타 ( )년 7. 단기계약 (1년미만) 8. 없음	낙찰자선정방법 1. 적격심사 2. 협상에의한계약 3. 최저가낙찰제 4. 규격가격분리 5. 2단계 경쟁입찰 6. 기타 ( ) 7. 없음	운영예산 산정 1. 내부산정 (지자체 자체적으로 산정) 2. 외부산정 (외부전문기관위탁 산정) 3. 내·외부 모두 산정 4. 산정 無	정산방법 1. 내부정산 (지자체 내부적으로 정산) 2. 외부정산 (외부전문기관위탁 정산) 3. 내·외부 모두 정산 4. 정산 無 5. 없음	성과평가 실시여부 1. 실시 2. 미실시 3. 향후 추진 4. 해당없음
10598	전남 영광군	2023년CCTV등방역인프라지원사업보조금지급(11차)	28,616	9	8	7	8	7	5	5	4
10599	전남 영광군	2023년친환경농산물계약재배청년농가육성사업보조금지급(최종)	27,641	9	8	7	8	7	5	5	4
10600	전남 영광군	2023년여성친화형다목적소형전기운반차지원사업보조금지급(6차)	27,200	9	8	7	8	7	5	5	4
10601	전남 영광군	2023년전기이륜차민간보급사업대상자보조금지급(2차)	27,040	9	8	7	8	7	5	5	4
10602	전남 영광군	2022년민간동물보호시설환경개선지원사업보조금지급(5차)	26,998	9	8	7	8	7	5	5	4
10603	전남 영광군	2023년시설원예생산비절감지원사업보조금지급(2차)	26,774	9	8	7	8	7	5	5	4
10604	전남 영광군	화재안전성능보강지원사업보조금교부및지급	26,666	9	8	7	8	7	5	5	4
10605	전남 영광군	화재안전성능보강지원사업보조금교부및지급	26,666	9	8	7	8	7	5	5	4
10606	전남 영광군	2023년시설과수생산시설현대화지원사업보조금지급(2차)	26,519	9	8	7	8	7	5	5	4
10607	전남 영광군	2023년친환경과수비가림하우스시설지원사업보조금지급(1차)	26,161	9	8	7	8	7	5	5	4
10608	전남 영광군	2022년민간동물보호시설환경개선지원사업보조금지급(6차)	26,152	9	8	7	8	7	5	5	4
10609	전남 영광군	2022년다목적소형농기계구입지원사업보조금지급(이월2차)	25,987	9	8	7	8	7	5	5	4
10610	전남 영광군	2023년야생동물피해예방시설설치지원사업보조금지급(1차)	24,080	9	8	7	8	7	5	5	4
10611	전남 영광군	2022년양돈농가설치의무방역시설지원사업보조금지급(6차)	24,000	9	8	7	8	7	5	5	4
10612	전남 영광군	2022년양돈농가설치의무방역시설지원사업보조금지급(사고이월)	24,000	9	8	7	8	7	5	5	4
10613	전남 영광군	2023년채엽자동화기계지원사업보조금지급	24,000	9	8	7	8	7	5	5	4
10614	전남 영광군	2023년시설원예빅데이터기반제어장치보급및컨설팅지원사업보조금지급	24,000	9	8	7	8	7	5	5	4
10615	전남 영광군	2023년친환경농산물계약재배청년농가육성사업보조금지급(3차)	23,977	9	8	7	8	7	5	5	4
10616	전남 영광군	2023년조사료생산기계장비지원사업보조금지급(5차)	23,800	9	8	7	8	7	5	5	4
10617	전남 영광군	2023년과수생산기반구축지원사업보조금집행(1차)	23,157	9	8	7	8	7	5	5	4
10618	전남 영광군	2023년딸기생산시설현대화지원사업보조금지급(3차)	23,111	9	8	7	8	7	5	5	4
10619	전남 영광군	2023년개량물꼬지원사업보조금교부결정및지급(신속집행)	23,040	9	8	7	8	7	5	5	4
10620	전남 영광군	2023년농산물소형저온저장고설치지원사업보조금지급(도비5차)	22,904	9	8	7	8	7	5	5	4
10621	전남 영광군	지역맞춤형1시군1특화작목육성사업보조금지급(2차)	22,470	9	8	7	8	7	5	5	4
10622	전남 영광군	2023년시설과수생산시설현대화지원사업보조금지급(3차)	22,125	9	8	7	8	7	5	5	4
10623	전남 영광군	2023년CCTV등방역인프라지원사업보조금지급(송여주1차)	22,080	9	8	7	8	7	5	5	4
10624	전남 영광군	2023년CCTV등방역인프라지원사업보조금지급(8차)	21,946	9	8	7	8	7	5	5	4
10625	전남 영광군	2023년배출가스저감장치(DPF)부착사업보조금교부결정및지급(5차)	21,874	9	8	7	8	7	5	5	4
10626	전남 영광군	2022년민간동물보호시설환경개선지원사업보조금지급(7차)	21,500	9	8	7	8	7	5	5	4
10627	전남 영광군	2022년꿀벌피해농가지원사업(명시이월)보조금지급(2차)	21,400	9	8	7	8	7	5	5	4
10628	전남 영광군	2023년친환경농산물계약재배청년농가육성사업보조금지급	21,025	9	8	7	8	7	5	5	4
10629	전남 영광군	2023년시설과수생산시설현대화지원사업보조금지급(8차)	20,959	9	8	7	8	7	5	5	4
10630	전남 영광군	2023년CCTV등방역인프라지원사업보조금지급(4차)	20,712	9	8	7	8	7	5	5	4
10631	전남 영광군	2023년에너지절감시설지원사업보조금지급내역(4차)	20,275	9	8	7	8	7	5	5	4
10632	전남 영광군	2022년꿀벌피해농가회생지원사업(명시이월)보조금지급(9차)	20,200	9	8	7	8	7	5	5	4
10633	전남 영광군	2023년농산물생산비절감지원사업(드론)보조금지급(4차)	20,000	9	8	7	8	7	5	5	4
10634	전남 영광군	2023년악취측정ICT기계장비지원사업보조금지급(1차)	20,000	9	8	7	8	7	5	5	4
10635	전남 영광군	2023년악취측정ICT기계장비지원사업보조금지급(최종)	20,000	9	8	7	8	7	5	5	4
10636	전남 영광군	2023년일사.강우센서기반스마트관수장치기술보급시범사업보조금지급(신속집행)	20,000	9	8	7	8	7	5	5	4
10637	전남 영광군	2023년킬레이트제용해장치및활용기술보급시범사업보조금지급	20,000	9	8	7	8	7	5	5	4

순번	시군구	지출명 (사업명)	2024년예산 (단위 : 천원/1년간)	민간이전 분류 (지방자치단체 세출예산 집행기준에 의거) 1. 민간경상사업보조(307-02) 2. 민간단체 법정운영비보조(307-03) 3. 민간행사사업보조(307-04) 4. 민간위탁금(307-05) 5. 사회복지시설 법정운영비보조(307-10) 6. 민간인위탁교육비(307-12) 7. 공기관등에대한경상적위탁사업비(308-13) 8. 민간자본사업보조,자체재원(402-01) 9. 민간자본사업보조,이전재원(402-02) 10. 민간위탁사업비(402-03) 11. 공기관등에 대한 자본적 위탁사업비(403-02)	민간이전지출 근거 (지방보조금 관리기준 참고) 1. 법률에 규정 2. 국고보조 재원(국가지정) 3. 용도 지정 기부금 4. 조례에 직접규정 5. 지자체가 권장하는 사업을 하는 공공기관 6. 시,도 정책 및 재정사정 7. 기타 8. 해당없음	입찰방식			운영예산 산정		성과평가 실시여부
						계약체결방법 (경쟁형태) 1. 일반경쟁 2. 제한경쟁 3. 지명경쟁 4. 수의계약 5. 법정위탁 6. 기타 ( ) 7. 없음	계약기간 1. 1년 2. 2년 3. 3년 4. 4년 5. 5년 6. 기타 ( )년 7. 단기계약 (1년미만) 8. 없음	낙찰자선정방법 1. 적격심사 2. 협상에의한계약 3. 최저가낙찰제 4. 규격가격분리 5. 2단계 경쟁입찰 6. 기타 ( ) 7. 없음	운영예산 산정 1. 내부산정 (지자체 자체적으로 산정) 2. 외부산정 (외부전문기관위탁 산정) 3. 내·외부 모두 산정 4. 산정 無 5. 없음	정산방법 1. 내부정산 (지자체 내부적으로 정산) 2. 외부정산 (외부전문기관위탁 정산) 3. 내·외부 모두 정산 4. 정산 無 5. 없음	1. 실시 2. 미실시 3. 향후 추진 4. 해당없음
10638	전남 영광군	2022년민간동물보호시설환경개선지원사업보조금지급(8차)	19,965	9	8	7	8	7	5	5	4
10639	전남 영광군	염산야월1리이리마을경로당시설개선보조금지급	19,877	9	8	7	8	7	5	5	4
10640	전남 영광군	2023년일반음식점설치지원사업완료에따른보조금지급	19,831	9	8	7	8	7	5	5	4
10641	전남 영광군	2023년여성친화형다목적소형전기운반차지원사업보조금지급(5차)	19,800	9	8	7	8	7	5	5	4
10642	전남 영광군	2023년시설원예현대화지원사업보조금지급(1차)	19,415	9	8	7	8	7	5	5	4
10643	전남 영광군	2023년건설기계엔진교체사업보조금교부결정및지급(2차)	19,256	9	8	7	8	7	5	5	4
10644	전남 영광군	2022년전남형농산물전문생산단지육성사업보조금지급(딸기작목반3차)	19,080	9	8	7	8	7	5	5	4
10645	전남 영광군	2023년딸기생산시설현대화지원사업보조금지급(4차)	18,465	9	8	7	8	7	5	5	4
10646	전남 영광군	2023년고수온대응장비긴급지원사업보조금지급	18,300	9	8	7	8	7	5	5	4
10647	전남 영광군	2023년딸기생산시설현대화지원사업보조금집행(1차)	18,259	9	8	7	8	7	5	5	4
10648	전남 영광군	2023년친환경과수비가림하우스시설지원사업보조금지급(3차)	18,132	9	8	7	8	7	5	5	4
10649	전남 영광군	2023년배출가스저감장치(DPF)부착사업보조금교부결정및지급(7차)	18,109	9	8	7	8	7	5	5	4
10650	전남 영광군	2023년친환경농산물계약재배청년농가육성사업보조금지급(2차)	17,880	9	8	7	8	7	5	5	4
10651	전남 영광군	2023년청년창업농장조성사업보조금지급(신속집행)	17,500	9	8	7	8	7	5	5	4
10652	전남 영광군	2023년농산물소형저온저장고설치지원사업보조금지급(도비4차)	17,178	9	8	7	8	7	5	5	4
10653	전남 영광군	2022년꿀벌피해농가회생지원사업(명시이월)보조금지급(4차)	17,000	9	8	7	8	7	5	5	4
10654	전남 영광군	2023년사회적기업시설장비지원사업보조금교부결정및송금(3차)	16,500	9	8	7	8	7	5	5	4
10655	전남 영광군	2023년에너지절감시설지원사업보조금지급(3차)	16,033	9	8	7	8	7	5	5	4
10656	전남 영광군	2023년에너지절감시설지원사업보조금지급(3차)	15,958	9	8	7	8	7	5	5	4
10657	전남 영광군	2023년장기요양기관환기시설설치지원사업보조금교부결정및송금	15,752	9	8	7	8	7	5	5	4
10658	전남 영광군	2023년여성친화형다목적소형전기운반차지원사업보조금지급(4차)	15,600	9	8	7	8	7	5	5	4
10659	전남 영광군	2023년건설기계엔진교체사업보조금교부결정및지급(3차)	15,582	9	8	7	8	7	5	5	4
10660	전남 영광군	2023년건설기계엔진교체사업보조금교부결정및지급(8차)	15,582	9	8	7	8	7	5	5	4
10661	전남 영광군	2023년시설과수생산시설현대화지원사업보조금지급(7차)	15,435	9	8	7	8	7	5	5	4
10662	전남 영광군	2023년지역아동센터환경개선지원사업보조금교부결정및송금	15,370	9	8	7	8	7	5	5	4
10663	전남 영광군	2022년다목적소형농기계구입지원사업보조금지급(이월1차)	15,314	9	8	7	8	7	5	5	4
10664	전남 영광군	2023년노인요양시설기능보강사업보조금교부결정및송금통지	15,000	9	8	7	8	7	5	5	4
10665	전남 영광군	2023년농산물생산비절감지원사업(지게차)보조금지급(3차)	15,000	9	8	7	8	7	5	5	4
10666	전남 영광군	2023년농산물생산비절감지원사업(지게차)보조금지급(최종)	15,000	9	8	7	8	7	5	5	4
10667	전남 영광군	2023년지역특화작목어깨동무컨설팅확산지원시범사업보조금지급(장세원)	15,000	9	8	7	8	7	5	5	4
10668	전남 영광군	2023년지역특화작목어깨동무컨설팅확산지원시범사업보조금지급(김은주)	15,000	9	8	7	8	7	5	5	4
10669	전남 영광군	2023년딸기생산시설현대화지원사업보조금지급(5차)	14,725	9	8	7	8	7	5	5	4
10670	전남 영광군	2023년전동대파기지원사업보조금지급	14,400	9	8	7	8	7	5	5	4
10671	전남 영광군	2023년원예분야재해예방시설지원사업보조금집행(1차)	14,317	9	8	7	8	7	5	5	4
10672	전남 영광군	2023년어린이통학차량LPG차전환지원사업보조금교부결정및지급(2차)	14,000	9	8	7	8	7	5	5	4
10673	전남 영광군	과채류스마트양액관리기술시범사업보조금집행(신속집행)	14,000	9	8	7	8	7	5	5	4
10674	전남 영광군	2023년배출가스저감장치(DPF)부착사업보조금교부결정및지급(9차)	13,797	9	8	7	8	7	5	5	4
10675	전남 영광군	2022년전남형농산물전문생산단지육성사업보조금지급(1차)	13,659	9	8	7	8	7	5	5	4
10676	전남 영광군	2022년가금농가안개분무소독장비지원사업보조금지급(사고이월)	13,636	9	8	7	8	7	5	5	4
10677	전남 영광군	2023년배출가스저감장치(DPF)부착사업보조금교부결정및지급(1차)	13,439	9	8	7	8	7	5	5	4

순번	시군구	지출명 (사업명)	2024년예산 (단위 : 천원 /1년간)	민간이전 분류 (지방자치단체 세출예산 집행기준에 의거) 1. 민간경상사업보조(307-02) 2. 민간단체 법정운영비보조(307-03) 3. 민간행사사업보조(307-04) 4. 민간위탁금(307-05) 5. 사회복지시설 법정운영비보조(307-10) 6. 민간인위탁교육비(307-12) 7. 공기관등에대한경상적위탁사업비(308-13) 8. 민간자본보조,자체재원(402-01) 9. 민간자본보조,이전재원(402-02) 10. 민간위탁사업비(402-03) 11. 공기관등에 대한 자본적 위탁사업비(403-02)]	민간이전지출 근거 (지방보조금 관리기준 참고) 1. 법률에 규정 2. 국고보조 재원(국가지정) 3. 용도 지정 기부금 4. 조례에 직접규정 5. 지자체가 권장하는 사업을 하는 공공기관 6. 시,도 정책 및 재정사정 7. 기타 8. 해당없음	입찰방식			운영예산 산정		성과평가 실시여부
						계약체결방법 (경쟁형태) 1. 일반경쟁 2. 제한경쟁 3. 지명경쟁 4. 수의계약 5. 법정위탁 6. 기타 ( ) 7. 없음	계약기간 1. 1년 2. 2년 3. 3년 4. 4년 5. 5년 6. 기타 ( )년 7. 단기계약 (1년미만) 8. 없음	낙찰자선정방법 1. 적격심사 2. 협상에의한계약 3. 최저가낙찰제 4. 규격가격분리 5. 2단계 경쟁입찰 6. 기타 ( ) 7. 없음	운영예산 산정 1. 내부산정 (지자체 자체적으로 산정) 2. 외부산정 (외부전문기관위탁 산정) 3. 내·외부 모두 산정 4. 산정 無	정산방법 1. 내부정산 (지자체 내부적으로 정산) 2. 외부정산 (외부전문기관위탁 정산) 3. 내·외부 모두 산정 4. 정산 無 5. 없음	1. 실시 2. 미실시 3. 향후 추진 4. 해당없음
10678	전남 영광군	2023년전기이륜차민간보급사업대상자보조금지급(4차)	13,190	9	8	7	8	7	5	5	4
10679	전남 영광군	2023년농산물생산비절감지원(곡물건조기)보조금지급(2차)	13,000	9	8	7	8	7	5	5	4
10680	전남 영광군	2023년염전바닥재개선사업보조금지급(3차)	12,648	9	8	7	8	7	5	5	4
10681	전남 영광군	2023년원예분야재해예방시설지원사업보조금지급(3차)	12,540	9	8	7	8	7	5	5	4
10682	전남 영광군	2023년건설기계엔진교체사업보조금교부결정및지급(6차)	12,310	9	8	7	8	7	5	5	4
10683	전남 영광군	2023년한우자동목걸림장치설치지원사업보조금지급(6차)	12,306	9	8	7	8	7	5	5	4
10684	전남 영광군	2023년배출가스저감장치(DPF)부착사업보조금교부결정및지급(1차)	12,192	9	8	7	8	7	5	5	4
10685	전남 영광군	2023년배출가스저감장치(DPF)부착사업보조금교부결정및지급(6차)	12,121	9	8	7	8	7	5	5	4
10686	전남 영광군	2023년CCTV등방역인프라지원사업보조금지급(2차)	12,060	9	8	7	8	7	5	5	4
10687	전남 영광군	2023년한우자동목걸림장치설치지원사업보조금지급(3차)	12,054	9	8	7	8	7	5	5	4
10688	전남 영광군	2022년양돈농가설치의무방역시설지원사업보조금지급(5차)	12,000	9	8	7	8	7	5	5	4
10689	전남 영광군	2023년축산악취개선사업보조금지급(4차)	12,000	9	8	7	8	7	5	5	4
10690	전남 영광군	2023년가축분뇨퇴비부숙촉진지원사업보조금지급(1차)	12,000	9	8	7	8	7	5	5	4
10691	전남 영광군	2023년가축분뇨퇴비부숙촉진지원사업보조금지급(최종)	12,000	9	8	7	8	7	5	5	4
10692	전남 영광군	2023년고수온대응지원사업보조금지급	12,000	9	8	7	8	7	5	5	4
10693	전남 영광군	2023년중소농원예특용작물생산기반구축사업보조금집행(3차)	11,981	9	8	7	8	7	5	5	4
10694	전남 영광군	2022년가축분뇨퇴비부숙촉진지원사업보조금지급(최종)	11,920	9	8	7	8	7	5	5	4
10695	전남 영광군	2023년임산물생산단지규모화지원사업보조금지급(1차)	11,875	9	8	7	8	7	5	5	4
10696	전남 영광군	2023년여성친화형다목적소형전기운반차지원사업보조금지급(7차)	11,800	9	8	7	8	7	5	5	4
10697	전남 영광군	2023년배출가스저감장치(DPF)부착사업보조금교부결정및지급(3차)	11,763	9	8	7	8	7	5	5	4
10698	전남 영광군	2023년인삼생산시설현대화사업보조금집행(1차)	11,756	9	8	7	8	7	5	5	4
10699	전남 영광군	2022년민간동물보호시설환경개선지원사업보조금지급(3차)	11,700	9	8	7	8	7	5	5	4
10700	전남 영광군	2023년여성친화형다목적소형전기운반차지원사업보조금지급(8차)	11,600	9	8	7	8	7	5	5	4
10701	전남 영광군	2022년양돈농가설치의무방역시설지원사업보조금지급(이월양동근)	11,368	9	8	7	8	7	5	5	4
10702	전남 영광군	2023년농어촌초고속인터넷망구축사업잔금지급	11,180	9	8	7	8	7	5	5	4
10703	전남 영광군	2023년CCTV등방역인프라지원사업보조금지급(3차)	11,040	9	8	7	8	7	5	5	4
10704	전남 영광군	2023년일반음식점입식테이블설치지원사업완료에따른보조금지급	10,460	9	8	7	8	7	5	5	4
10705	전남 영광군	2023년딸기생산시설현대화지원사업보조금지급(2차)	10,350	9	8	7	8	7	5	5	4
10706	전남 영광군	2023년인삼생산시설현대화사업보조금집행(1차)	10,266	9	8	7	8	7	5	5	4
10707	전남 영광군	2023년고추비가림재배시설지원사업보조금지급	10,065	9	8	7	8	7	5	5	4
10708	전남 영광군	2023년경로당입식테이블설치지원(시범)사업보조금송금[도비사업]	10,000	9	8	7	8	7	5	5	4
10709	전남 영광군	2023년과수생산기반구축지원사업보조금집행(5차)	10,000	9	8	7	8	7	5	5	4
10710	전남 영광군	2023년임산물생산단지규모화지원사업보조금지급(3차)_김*춘	9,946	9	8	7	8	7	5	5	4
10711	전남 영광군	2023년조사료(볏짚)스팀가공장비지원사업보조금지급(1차)	9,900	9	8	7	8	7	5	5	4
10712	전남 영광군	2023년에너지절감시설지원사업보조금지급(2차)	9,828	9	8	7	8	7	5	5	4
10713	전남 영광군	2023년건설기계엔진교체사업보조금교부결정및지급(7차)	9,628	9	8	7	8	7	5	5	4
10714	전남 영광군	2022년꿀벌피해농가회생지원사업(명시이월)보조금지급(5차)(재품의)	9,600	9	8	7	8	7	5	5	4
10715	전남 영광군	2023년에너지절감시설지원사업보조금지급내역(4차)	9,385	9	8	7	8	7	5	5	4
10716	전남 영광군	2023년어선사고예방시스템구축지원사업보조금지급	9,270	9	8	7	8	7	5	5	4
10717	전남 영광군	2023년전기자동차민간보급사업대상자보조금지급(7차)	9,150	9	8	7	8	7	5	5	4

순번	시군구	지출명 (사업명)	2024년예산 (단위: 천원/1년간)	민간이전 분류 (지방자치단체 세출예산 집행기준에 의거) 1. 민간경상사업보조(307-02) 2. 민간단체 법정운영비보조(307-03) 3. 민간행사사업보조(307-04) 4. 민간위탁금(307-05) 5. 사회복지시설 법정운영비보조(307-10) 6. 민간인위탁교육비(307-12) 7. 공기관등에대한경상적위탁사업비(308-13) 8. 민간자본사업보조,자체재원(402-01) 9. 민간자본사업보조,이전재원(402-02) 10. 민간위탁사업비(402-03) 11. 공기관등에 대한 자본적 위탁사업비(403-02)	민간이전지출 근거 (지방보조금 관리기준 참고) 1. 법률에 규정 2. 국고보조 재원(국가지정) 3. 용도 지정 기부금 4. 조례에 직접규정 5. 지자체가 권장하는 사업을 하는 공공기관 6. 시,도 정책 및 재정사정 7. 기타 8. 해당없음	입찰방식			운영예산 산정		성과평가 실시여부
						계약체결방법 (경쟁형태) 1. 일반경쟁 2. 제한경쟁 3. 지명경쟁 4. 수의계약 5. 법정위탁 6. 기타 ( ) 7. 없음	계약기간 1. 1년 2. 2년 3. 3년 4. 4년 5. 5년 6. 기타 ( )년 7. 단가계약 (1년미만) 8. 없음	낙찰자선정방법 1. 적격심사 2. 협상에의한계약 3. 최저가낙찰제 4. 규격가격분리 5. 2단계 경쟁입찰 6. 기타 ( ) 7. 없음	운영예산 산정 1. 내부산정 (지자체 자체적으로 산정) 2. 외부산정 (외부전문기관위탁 산정) 3. 내·외부 모두 산정 4. 산정 無 5. 없음	정산방법 1. 내부정산 (지자체 내부적으로 정산) 2. 외부정산 (외부전문기관위탁 정산) 3. 내·외부 모두 정산 4. 정산 無 5. 없음	1. 실시 2. 미실시 3. 향후 추진 4. 해당없음
10718	전남 영광군	2023년농산물생산비절감지원사업(드론)보조금지급(3차)	9,090	9	8	7	8	7	5	5	4
10719	전남 영광군	2023년농산물생산비절감지원사업(드론)보조금지급(최종)	9,090	9	8	7	8	7	5	5	4
10720	전남 영광군	2023년한우자동목걸림장치설치지원사업보조금지급(5차)	9,072	9	8	7	8	7	5	5	4
10721	전남 영광군	2023년축산농가방역장비(축사안개분무기)지원사업보조금지급(3차)	9,000	9	8	7	8	7	5	5	4
10722	전남 영광군	2023년임산물상품화지원사업보조금지급내역(4차)	9,000	9	8	7	8	7	5	5	4
10723	전남 영광군	「도시재생맞춤형주거환경개선사업」보조금지급(박O금)	9,000	9	8	7	8	7	5	5	4
10724	전남 영광군	「도시재생맞춤형주거환경개선사업」보조금지급(박O일)	9,000	9	8	7	8	7	5	5	4
10725	전남 영광군	「도시재생맞춤형주거환경개선사업」보조금지급(김O구)	9,000	9	8	7	8	7	5	5	4
10726	전남 영광군	「도시재생맞춤형주거환경개선사업」보조금지급(전O화)	9,000	9	8	7	8	7	5	5	4
10727	전남 영광군	「도시재생맞춤형주거환경개선사업」보조금지급(김O석)	9,000	9	8	7	8	7	5	5	4
10728	전남 영광군	「도시재생맞춤형주거환경개선사업」보조금지급(최O희)	9,000	9	8	7	8	7	5	5	4
10729	전남 영광군	「도시재생맞춤형주거환경개선사업」보조금지급(이O주)	9,000	9	8	7	8	7	5	5	4
10730	전남 영광군	「도시재생맞춤형주거환경개선사업」보조금지급(서O순)	9,000	9	8	7	8	7	5	5	4
10731	전남 영광군	「도시재생맞춤형주거환경개선사업」보조금지급(박O례)	9,000	9	8	7	8	7	5	5	4
10732	전남 영광군	「도시재생맞춤형주거환경개선사업」보조금지급(배O경)	9,000	9	8	7	8	7	5	5	4
10733	전남 영광군	「도시재생맞춤형주거환경개선사업」보조금지급(이O자)	9,000	9	8	7	8	7	5	5	4
10734	전남 영광군	2023년귀농인주거공간리모델링지원사업보조금지급(구*우)	9,000	9	8	7	8	7	5	5	4
10735	전남 영광군	2023년귀농인주거공간리모델링지원사업보조금지급(이*숙)	9,000	9	8	7	8	7	5	5	4
10736	전남 영광군	2023년귀농인주거공간리모델링지원사업보조금지급(김*관)	9,000	9	8	7	8	7	5	5	4
10737	전남 영광군	2023년귀농인주거공간리모델링지원사업보조금지급(이*임)	9,000	9	8	7	8	7	5	5	4
10738	전남 영광군	2023년귀농인주거공간리모델링지원사업보조금지급(정*호)	9,000	9	8	7	8	7	5	5	4
10739	전남 영광군	2023년귀농인주거공간리모델링지원사업보조금지급(최*철)	9,000	9	8	7	8	7	5	5	4
10740	전남 영광군	「도시재생맞춤형주거환경개선사업」보조금지급(조O준)	8,996	9	8	7	8	7	5	5	4
10741	전남 영광군	「도시재생맞춤형주거환경개선사업」보조금지급(박O상)	8,994	9	8	7	8	7	5	5	4
10742	전남 영광군	「도시재생맞춤형주거환경개선사업」보조금지급(황O선)	8,994	9	8	7	8	7	5	5	4
10743	전남 영광군	「도시재생맞춤형주거환경개선사업」보조금지급(정O선)	8,990	9	8	7	8	7	5	5	4
10744	전남 영광군	「도시재생맞춤형주거환경개선사업」보조금지급(봉O수)	8,987	9	8	7	8	7	5	5	4
10745	전남 영광군	「도시재생맞춤형주거환경개선사업」보조금지급(원O덕)	8,983	9	8	7	8	7	5	5	4
10746	전남 영광군	2023년배출가스저감장치(DPF)부착사업보조금교부결정및지급(8차)변경	8,982	9	8	7	8	7	5	5	4
10747	전남 영광군	「도시재생맞춤형주거환경개선사업」보조금지급(김O영)	8,965	9	8	7	8	7	5	5	4
10748	전남 영광군	2022년민간동물보호시설지원사업보조금지급(4차)	8,947	9	8	7	8	7	5	5	4
10749	전남 영광군	2023년한우자동목걸림장치설치지원사업보조금지급(4차)	8,946	9	8	7	8	7	5	5	4
10750	전남 영광군	2023년에너지절감시설지원사업보조금지급(1차)	8,853	9	8	7	8	7	5	5	4
10751	전남 영광군	2023년한우자동목걸림장치설치지원사업보조금지급(1차)	8,820	9	8	7	8	7	5	5	4
10752	전남 영광군	"도시재생맞춤형주거환경개선사업"보조금지급(정O아)	8,766	9	8	7	8	7	5	5	4
10753	전남 영광군	2022년CCTV등방역인프라지원사업보조금지급(사고이월김지훈)	8,734	9	8	7	8	7	5	5	4
10754	전남 영광군	2022년전남형농산물전문생산단지육성사업보조금지급(딸기작목반2차)	8,700	9	8	7	8	7	5	5	4
10755	전남 영광군	2023년다목적소형농기계지원사업보조금지급(6차)	8,665	9	8	7	8	7	5	5	4
10756	전남 영광군	「도시재생맞춤형주거환경개선사업」보조금지급(조O기)	8,643	9	8	7	8	7	5	5	4
10757	전남 영광군	2023년신재생에너지주택지원사업보조금지급	8,269	9	8	7	8	7	5	5	4

순번	시군구	지출명 (사업명)	2024년예산 (단위 : 천원 /1년간)	민간이전 분류 (지방자치단체 세출예산 집행기준에 의거)	민간이전지출 근거 (지방보조금 관리기준 참고)	계약체결방법 (경쟁형태)	계약기간	낙찰자선정방법	운영예산 산정	정산방법	성과평가 실시여부
10758	전남 영광군	2023년임산물상품화지원사업보조금지급내역(3차)	8,220	9	8	7	8	7	5	5	4
10759	전남 영광군	식량자급률제고밀공재배규모화시범단지조성사업보조금집행잔액반납	8,205	9	8	7	8	7	5	5	4
10760	전남 영광군	2023년중소농원예특용작물생산기반구축사업보조금집행(6차)	7,790	9	8	7	8	7	5	5	4
10761	전남 영광군	2023년가금농가방역시설지원사업보조금지급(3차)	7,500	9	8	7	8	7	5	5	4
10762	전남 영광군	2023년수산물소형저온저장시설지원사업보조금지급의뢰(2차)	7,500	9	8	7	8	7	5	5	4
10763	전남 영광군	2023년과수생산기반구축지원사업보조금집행(3차)	7,325	9	8	7	8	7	5	5	4
10764	전남 영광군	2023년임산물생산단지규모화지원사업지급(제7차)	7,103	9	8	7	8	7	5	5	4
10765	전남 영광군	2023년인삼생산시설현대화사업보조금집행(1차)	7,033	9	8	7	8	7	5	5	4
10766	전남 영광군	2022년어린이통학차량LPG차전환지원사업보조금교부결정및지급품의등록(사고이월)	7,000	9	8	7	8	7	5	5	4
10767	전남 영광군	2023년어린이통학차량LPG차전환지원사업보조금교부결정및지급(1차)	7,000	9	8	7	8	7	5	5	4
10768	전남 영광군	2023년임산물생산단지규모화지원사업보조금지급(2차)	6,900	9	8	7	8	7	5	5	4
10769	전남 영광군	2023년농산물생산비절감지원사업(곡물건조기)보조금지급(최종)	6,500	9	8	7	8	7	5	5	4
10770	전남 영광군	2023년에너지절감시설지원사업보조금지급(1차)	6,230	9	8	7	8	7	5	5	4
10771	전남 영광군	2023년CCTV등방역인프라지원사업보조금지급(9차)	6,138	9	8	7	8	7	5	5	4
10772	전남 영광군	2023년한우자동목걸림장치설치지원사업보조금지급(2차)	6,090	9	8	7	8	7	5	5	4
10773	전남 영광군	2023년야생조류퇴치장비지원사업보조금지급	6,050	9	8	7	8	7	5	5	4
10774	전남 영광군	2023년중소규모축산농가맞춤형장비지원사업보조금지급(최종)	6,000	9	8	7	8	7	5	5	4
10775	전남 영광군	2022년꿀벌피해농가회생지원사업(명시이월)보조금지급(8차)	6,000	9	8	7	8	7	5	5	4
10776	전남 영광군	2022년CCTV등방역인프라지원사업보조금지급(이월남궁대기1차)	5,820	9	8	7	8	7	5	5	4
10777	전남 영광군	2023년원예분야자해예방시설지원사업보조금집행(2차)	5,645	9	8	7	8	7	5	5	4
10778	전남 영광군	2023년CCTV등방역인프라지원사업보조금지급(1차)	5,610	9	8	7	8	7	5	5	4
10779	전남 영광군	2022년전남형농산물전문생산단지육성사업보조금지급(4차최종)	5,584	9	8	7	8	7	5	5	4
10780	전남 영광군	2023년CCTV등방역인프라지원사업보조금지급(11차)	5,555	9	8	7	8	7	5	5	4
10781	전남 영광군	2023년임산물상품화지원사업보조금지급(2차)	5,309	9	8	7	8	7	5	5	4
10782	전남 영광군	2023년임산물상품화지원사업보조금지급(2차)	5,309	9	8	7	8	7	5	5	4
10783	전남 영광군	2022년한우자동목걸림장치설치지원사업보조금지급(명시이월4차)	5,292	9	8	7	8	7	5	5	4
10784	전남 영광군	2022년CCTV등방역인프라지원사업보조금지급(이월3차)	5,247	9	8	7	8	7	5	5	4
10785	전남 영광군	2023년임산물상품화지원사업보조금지급(1차)	5,182	9	8	7	8	7	5	5	4
10786	전남 영광군	2023년과수생산기반구축지원사업보조금집행(2차)	5,177	9	8	7	8	7	5	5	4
10787	전남 영광군	2023년과수생산기반구축지원사업보조금집행(2차)	5,177	9	8	7	8	7	5	5	4
10788	전남 영광군	2023년과수생산기반구축지원사업보조금집행(2차)	5,177	9	8	7	8	7	5	5	4
10789	전남 영광군	2022년전남형농산물전문생산단지육성사업보조금지급(3차)	5,110	9	8	7	8	7	5	5	4
10790	전남 영광군	2023년다목적소형농기계지원사업보조금지급(최종)	5,024	9	8	7	8	7	5	5	4
10791	전남 영광군	2023년지역아동센터환경개선지원사업보조금교부결정및송금	5,000	9	8	7	8	7	5	5	4
10792	전남 영광군	2023년화재적정없는원적외발열선보온등보급시범사업보조금지급(임O석)	5,000	9	8	7	8	7	5	5	4
10793	전남 영광군	2023년화재적정없는원적외발열선보온등보급시범사업보조금지급(장O영)	5,000	9	8	7	8	7	5	5	4
10794	전남 영광군	2023년화재적정없는원적외발열선보온등보급시범사업보조금지급(황O승)	5,000	9	8	7	8	7	5	5	4
10795	전남 영광군	2023년화재적정없는원적외발열선보온등보급시범사업보조금지급(유O환)	5,000	9	8	7	8	7	5	5	4
10796	전남 영광군	2023년화재적정없는원적외발열선보온등보급시범사업보조금지급(이O언)	5,000	9	8	7	8	7	5	5	4
10797	전남 영광군	2023년화재적정없는원적외발열선보온등보급시범사업보조금지급(이O학)	5,000	9	8	7	8	7	5	5	4

순번	시군구	지출명 (사업명)	2024년예산 (단위: 천원/1년간)	민간이전 분류 (지방자치단체 세출예산 집행기준에 의거) 1. 민간경상사업보조(307-02) 2. 민간단체 법정운영비보조(307-03) 3. 민간행사사업보조(307-04) 4. 민간위탁금(307-05) 5. 사회복지시설 법정운영비보조(307-10) 6. 민간위탁교육비(307-12) 7. 공기관등에대한경상적위탁사업비(308-13) 8. 민간자본사업보조,자체재원(402-01) 9. 민간자본사업보조,이전재원(402-02) 10. 민간위탁사업비(402-03) 11. 공기관등에 대한 자본적 위탁사업비(403-02)	민간이전지출 근거 (지방보조금 관리기준 참고) 1. 법률에 규정 2. 국고보조 재원(국가지정) 3. 용도 지정 기부금 4. 조례에 직접규정 5. 지자체가 권장하는 사업 또는 공공기관 6. 시,도 정책 및 재정사정 7. 기타 8. 해당없음	입찰방식			운영예산 산정		성과평가 실시여부
						계약체결방법 (경쟁형태) 1. 일반경쟁 2. 제한경쟁 3. 지명경쟁 4. 수의계약 5. 법정위탁 6. 기타 ( ) 7. 없음	계약기간 1. 1년 2. 2년 3. 3년 4. 4년 5. 5년 6. 기타 ( )년 7. 단기계약 (1년미만) 8. 없음	낙찰자선정방법 1. 적격심사 2. 협상에의한계약 3. 최저가낙찰제 4. 규격가격분리 5. 2단계 경쟁입찰 6. 기타 ( ) 7. 없음	운영예산 산정 1. 내부산정 (지자체 자체적으로 산정) 2. 외부산정 (외부전문기관위탁 산정) 3. 내·외부 모두 산정 4. 산정 無 5. 없음	정산방법 1. 내부정산 (지자체 내부적으로 정산) 2. 외부정산 (외부전문기관위탁 정산) 3. 내·외부 모두 산정 4. 정산 無 5. 없음	1. 실시 2. 미실시 3. 향후 추진 4. 해당없음
10798	전남 영광군	2022년한우동목걸림장치지원사업(명시이월)보조금지급	4,956	9	8	7	8	7	5	5	4
10799	전남 영광군	2022년신재생에너지주택지원사업보조금지급(2차)	4,865	9	8	7	8	7	5	5	4
10800	전남 영광군	2023년농축산물덤프운반장비지원사업보조금교부결정및지급(신속집행)	4,800	9	8	7	8	7	5	5	4
10801	전남 영광군	2023년임산물생산단지규모화지원사업보조금지급(6차)	4,700	9	8	7	8	7	5	5	4
10802	전남 영광군	2023임산물생산단지규모화지원사업보조금지급(8차)	4,700	9	8	7	8	7	5	5	4
10803	전남 영광군	2023년방역인프라설치지원사업보조금지급(5차)	4,680	9	8	7	8	7	5	5	4
10804	전남 영광군	2023년임산물생산기반지원사업보조금지급(4차)	4,580	9	8	7	8	7	5	5	4
10805	전남 영광군	2023년인삼생산시설현대화사업보조금집행(1차)	4,568	9	8	7	8	7	5	5	4
10806	전남 영광군	2023년가금농가방역시설지원사업보조금지급(2차)	4,546	9	8	7	8	7	5	5	4
10807	전남 영광군	2023년가금농가방역시설지원사업보조금지급(1차)	4,546	9	8	7	8	7	5	5	4
10808	전남 영광군	2023년가금농가방역시설지원사업보조금지급(1차)	4,545	9	8	7	8	7	5	5	4
10809	전남 영광군	2023년가금농가방역시설지원사업보조금지급(2차)	4,545	9	8	7	8	7	5	5	4
10810	전남 영광군	2023년농업기계등화장치부착지원사업보조금지급	4,512	9	8	7	8	7	5	5	4
10811	전남 영광군	2023년시설원예생산비절감지원사업보조금지급(4차)	4,400	9	8	7	8	7	5	5	4
10812	전남 영광군	2023년임산물생산기반지원사업보조금지급(4차)	4,350	9	8	7	8	7	5	5	4
10813	전남 영광군	2023년임산물생산기반지원사업보조금지급(4차)	4,350	9	8	7	8	7	5	5	4
10814	전남 영광군	2023년임산물생산기반지원사업보조금지급(4차)	4,350	9	8	7	8	7	5	5	4
10815	전남 영광군	2023년임산물생산기반지원사업보조금지급(4차)	4,350	9	8	7	8	7	5	5	4
10816	전남 영광군	2022년전남형농산물전문생산단지육성사업보조금잔액반납	4,186	9	8	7	8	7	5	5	4
10817	전남 영광군	2023년시설원예생산비절감지원사업보조금집행(1차)	4,130	9	8	7	8	7	5	5	4
10818	전남 영광군	2023년임산물생산단지규모화지원사업보조금지급(3차)_김*진	4,102	9	8	7	8	7	5	5	4
10819	전남 영광군	2023년인삼생산시설현대화사업보조금집행(1차)	4,059	9	8	7	8	7	5	5	4
10820	전남 영광군	2023년에너지절감시설지원사업보조금지급	4,035	9	8	7	8	7	5	5	4
10821	전남 영광군	2023년여성친화형다목적소형전기운반차지원사업보조금지급(최종)	4,000	9	8	7	8	7	5	5	4
10822	전남 영광군	2023년임산물상품화지원사업보조금지급내역(5차)	4,000	9	8	7	8	7	5	5	4
10823	전남 영광군	2023년임산물생산기반지원사업보조금지급내역(2차)_정*복	3,918	9	8	7	8	7	5	5	4
10824	전남 영광군	2023년전기이륜차 민간보급사업대상자보조금지급(5차)	3,800	9	8	7	8	7	5	5	4
10825	전남 영광군	2022년한우동목걸림장치지원사업(명시이월)보조금지급1차	3,780	9	8	7	8	7	5	5	4
10826	전남 영광군	2023년시설원예생산비절감지원사업보조금지급(3차)	3,750	9	8	7	8	7	5	5	4
10827	전남 영광군	2023년과수생산기반구축지원사업보조금집행(4차)	3,750	9	8	7	8	7	5	5	4
10828	전남 영광군	2023년방역인프라설치지원사업보조금지급(7차)	3,666	9	8	7	8	7	5	5	4
10829	전남 영광군	2023년전동대파기지원사업보조금지급(2차)	3,600	9	8	7	8	7	5	5	4
10830	전남 영광군	2023년한우동목걸림장치설치지원사업보조금지급(7차)	3,528	9	8	7	8	7	5	5	4
10831	전남 영광군	2023년장기요양기관CCTV설치지원사업보조금송금(계좌오류정정)	3,465	9	8	7	8	7	5	5	4
10832	전남 영광군	2023년장기요양기관CCTV설치지원사업보조금송금(2차계좌오류정정)	3,465	9	8	7	8	7	5	5	4
10833	전남 영광군	2023년장기요양기관CCTV설치지원사업보조금교부결정및지급	3,465	9	8	7	8	7	5	5	4
10834	전남 영광군	2023년장기요양기관CCTV설치지원사업보조금송금(계좌오류정정)	3,465	9	8	7	8	7	5	5	4
10835	전남 영광군	2023년시설과수생산시설현대화지원사업보조금집행(1차)	3,328	9	8	7	8	7	5	5	4
10836	전남 영광군	2023년친환경중경제초기지원사업보조금지급(1차)	3,300	9	8	7	8	7	5	5	4
10837	전남 영광군	2023년조사료(볏짚)스팀가공장비지원사업보조금지급(2차)	3,300	9	8	7	8	7	5	5	4

연번	사업구분	사업명 (사업비)	총사업비 (국비/지방비) 2024년까지	사업의 적절성 1. 관련계획 부합성 (사업자지원사업 근거(307-02) 2. 관련법령 및 제도와의 부합 3. 추진체계의 적정성 4. 추진방법의 적정성 5. 사업추진체계의 적정성(307-05) 6. 연관사업과의 연계성(308-13) 7. 대상지역시설여건(402-01) 8. 연관사업 연계성(402-02) 9. 민간전문가검토 10. 민간전문가검토(402-03) 11. 추진방법의 검토 자원 활용 가능성(403-02)	재원조달 1. 예산의 확보 2. 재정자립도 등 지방비확보 가능성	기대효과 1. 파급 1.1 2. 관광홍보 3. 교류방문 4. 수요가치 5. 지역경제 6. 기타 () 7. 기타 8. 집행율	사업실행력 1. 집행실적 2. 관광기반시설 3. 사업실행계획 4. 추진계획 5. 집행	사업의 타당성 1. 파급효과 2. 경제파급 3. 재정실적 4. 집행실적 5. 타당성 6. 기타 () 7. 기타 8. 집행율	재정운영 1. 파급실적 2. 회계감사 (관광회계감사 사항) 3. 지출실적 4. 확보실적 5. 집행	예산확보 1. 재원 2. 내부 3. 내부실적 (회계기준이 동일) 4. 확보실적 5. 예산확보
10838	일반 농림축산	2023년 농수산물 산지유통센터 농촌중심지활성화 지원(5차)	3,222	9	8	7	8	7	5	5	4
10839	일반 농림축산	2023년 농수산물 산지유통센터 농촌중심지활성화 지원(4차)	3,136	9	8	7	8	7	5	5	4
10840	일반 농림축산	2023년 농수산물 산지유통센터 지자체업무추진 지원(4차)	3,096	9	8	7	8	7	5	5	4
10841	일반 농림축산	2023년 관광 수소충전 급속 실시간 시설보급 지원(1차)	3,000	9	8	7	8	7	5	5	4
10842	일반 농림축산	2023년 산업단지 배후단지 어린이집 지원설치 시설설비 지원(6차)	3,000	9	8	7	8	7	5	5	4
10843	일반 농림축산	2023년 농수산물 산지유통센터 지원(3차)	2,864	9	8	7	8	7	5	5	4
10844	일반 농림축산	2023년 농수산물 산지유통센터 지원(3차)	2,864	9	8	7	8	7	5	5	4
10845	일반 농림축산	2023년 농수산물 산지유통센터 지원(3차)	2,863	9	8	7	8	7	5	5	4
10846	일반 농림축산	2023년 농수산물 산지유통센터 지원(6차)	2,863	9	8	7	8	7	5	5	4
10847	일반 농림축산	2023년 농수산물 산지유통센터 지원(7차)	2,863	9	8	7	8	7	5	5	4
10848	일반 농림축산	2023년 GAP 농수산물 산지유통센터 지원(3차)	2,850	9	8	7	8	7	5	5	4
10849	일반 농림축산	2023년 농수산물 산지유통센터 지원(1차)	2,636	9	8	7	8	7	5	5	4
10850	일반 농림축산	2023년 농수산물 산지유통센터 지원(1차)	2,605	9	8	7	8	7	5	5	4
10851	일반 농림축산	2023년 농수산물 산지유통센터 지원(1차)	2,500	9	8	7	8	7	5	5	4
10852	일반 농림축산	2023년 농수산물 산지유통센터 지원	2,475	9	8	7	8	7	5	5	4
10853	일반 농림축산	2023년 농수산물 산지유통센터 지원(1차)-잔액	2,400	9	8	7	8	7	5	5	4
10854	일반 농림축산	2023년 농수산물 산지유통센터 지원(5차)	2,400	9	8	7	8	7	5	5	4
10855	일반 농림축산	2023년 농수산물 산지유통센터 지원(3차)	2,400	9	8	7	8	7	5	5	4
10856	일반 농림축산	2023년 농수산물 산지유통센터 지원(4차)	2,400	9	8	7	8	7	5	5	4
10857	일반 농림축산	2023년 농수산물 산지유통센터 지원(1차)	2,375	9	8	7	8	7	5	5	4
10858	일반 농림축산	2023년 농수산물 산지유통센터 지원	2,370	9	8	7	8	7	5	5	4
10859	일반 농림축산	2023년 농수산물 산지유통센터 지원(3차)	2,210	9	8	7	8	7	5	5	4
10860	일반 농림축산	2023년 농수산물 산지유통센터 지원(3차)·잔액	2,125	9	8	7	8	7	5	5	4
10861	일반 농림축산	2023년 농수산물 산지유통센터 지원(4차)·잔액	2,080	9	8	7	8	7	5	5	4
10862	일반 농림축산	지역(어린이)시설기기산지기반 농수산물 산지유통	2,000	9	8	7	8	7	5	5	4
10863	일반 농림축산	2023년 농수산물 산지유통센터 지원(3차)	2,000	9	8	7	8	7	5	5	4
10864	일반 농림축산	2025년LPG수소차시설기기산지유통센터 농수산물 지원(시군기관)	2,000	9	8	7	8	7	5	5	4
10865	일반 농림축산	2023년아동복지시설 농수산물 산지유통센터 지원(6차)	1,969	9	8	7	8	7	5	5	4
10866	일반 농림축산	2023년 농수산물 산지유통센터 지원	1,850	9	8	7	8	7	5	5	4
10867	일반 농림축산	2023년 농수산물 산지유통센터 지원(5차)	1,830	9	8	7	8	7	5	5	4
10868	일반 농림축산	2023년 농수산물 산지유통센터 지원(5차)	1,771	9	8	7	8	7	5	5	4
10869	일반 농림축산	2023년 농수산물 산지유통센터 지원	1,760	9	8	7	8	7	5	5	4
10870	일반 농림축산	2023년 농수산물 산지유통센터 지원(3차)	1,743	9	8	7	8	7	5	5	4
10871	일반 농림축산	2023년 농수산물 산지유통센터 지원(3차)	1,722	9	8	7	8	7	5	5	4
10872	일반 농림축산	2023년 농수산물 산지유통센터 지원(3차)	1,700	9	8	7	8	7	5	5	4
10873	일반 농림축산	2023년 농수산물 산지유통센터 지원(3차)	1,671	9	8	7	8	7	5	5	4
10874	일반 농림축산	2023년 농수산물 산지유통센터 지원(내수시장)	1,600	9	8	7	8	7	5	5	4
10875	일반 농림축산	2023년 농수산물 산지유통센터 지원(5차)	1,572	9	8	7	8	7	5	5	4
10876	일반 농림축산	2023년 농수산물 산지유통센터 지원(5차)	1,456	9	8	7	8	7	5	5	4
10877	일반 농림축산	2022년 농수산물 산지유통센터 지원	1,446	9	8	7	8	7	5	5	4

순번	시군구	지출명 (사업명)	2024년예산 (단위:천원/1년간)	민간이전 분류 (지방자치단체 세출예산 집행기준에 의거) 1. 민간경상사업보조(307-02) 2. 민간단체 법정운영비보조(307-03) 3. 민간행사사업보조(307-04) 4. 민간위탁금(307-05) 5. 사회복지시설 법정운영비보조(307-10) 6. 민간위탁교육비(307-12) 7. 공기관등에대한경상적위탁사업비(308-10) 8. 민간자본사업보조,자체재원(402-01) 9. 민간자본사업보조,이전재원(402-02) 10. 민간위탁사업비(402-03) 11. 공기관등에 대한 자본적 위탁사업비(403-02)	민간이전지출 근거 (지방보조금 관리기준 참고) 1. 법률에 규정 2. 국고보조 재원(국가지정) 3. 용도 지정 기부금 4. 조례에 직접규정 5. 지자체가 권장하는 사업을 하는 공공기관 6. 시,도 정책 및 재정사정 7. 기타 8. 해당없음	입찰방식 계약체결방법 (경쟁형태) 1. 일반경쟁 2. 제한경쟁 3. 지명경쟁 4. 수의계약 5. 법정위탁 6. 기타 ( ) 7. 없음	계약기간 1. 1년 2. 2년 3. 3년 4. 4년 5. 5년 6. 기타 ( )년 7. 단기계약 (1년미만) 8. 없음	낙찰자선정방법 1. 적격심사 2. 협상에의한계약 3. 최저가낙찰제 4. 규격가격분리 5. 2단계 경쟁입찰 6. 기타 ( ) 7. 없음	운영예산 산정 1. 내부산정 (지자체 자체적으로 산정) 2. 외부산정 (외부전문기관위탁 산정) 3. 내·외부 모두 산정 4. 산정 無 5. 없음	정산방법 1. 내부정산 (지자체 내부적으로 정산) 2. 외부정산 (외부전문기관위탁 정산) 3. 내·외부 모두 정산 4. 정산 無 5. 없음	성과평가 실시여부 1. 실시 2. 미실시 3. 향후 추진 4. 해당없음
10878	전남 영광군	2022년전남형농산물전문생산단지육성사업보조금지급(딸기작목반4차최종)	1,441	9	8	7	8	7	5	5	4
10879	전남 영광군	2023년임산물유통기반조성사업보조금지급(1차)_이*섭	1,440	9	8	7	8	7	5	5	4
10880	전남 영광군	2023년임산물생산기반지원사업보조금지급내역(3차)	1,419	9	8	7	8	7	5	5	4
10881	전남 영광군	2023년GAP인증농가농약안전보관함지원사업보조금지급	1,350	9	8	7	8	7	5	5	4
10882	전남 영광군	2023년인삼생산시설현대화사업보조금집행(1차)	1,289	9	8	7	8	7	5	5	4
10883	전남 영광군	2023임산물유통기반조성사업지급(5차)	1,200	9	8	7	8	7	5	5	4
10884	전남 영광군	2023년친환경임산물재배관리지원사업보조금지급(제1차)	1,152	9	8	7	8	7	5	5	4
10885	전남 영광군	2023년우리도육성품종고품질쌀생산단지조성사업집행잔액여입	1,149	9	8	7	8	7	5	5	4
10886	전남 영광군	2023년친환경과수총채충방제기지원사업보조금지급(최종)	1,140	9	8	7	8	7	5	5	4
10887	전남 영광군	2023년임산물생산기반지원사업보조금지급내역(3차)	1,087	9	8	7	8	7	5	5	4
10888	전남 영광군	2023년임산물생산단지규모화지원사업보조금지급(4차)_이*곤	1,080	9	8	7	8	7	5	5	4
10889	전남 영광군	2023년임산물생산단지규모화지원사업보조금지급(제5차)	1,080	9	8	7	8	7	5	5	4
10890	전남 영광군	2023년LPG화물차신차구입지원사업보조금교부결정및지급(1차)	1,000	9	8	7	8	7	5	5	4
10891	전남 영광군	2023일반음식점입식테이블설치지원사업보조금지급(도비보조3차)	909	9	8	7	8	7	5	5	4
10892	전남 영광군	2023년GAP인증농가농약안전보관함지원사업보조금지급(2차)	900	9	8	7	8	7	5	5	4
10893	전남 영광군	2023친환경임산물재배관리지원사업보조금지급(제3차)	864	9	8	7	8	7	5	5	4
10894	전남 영광군	2023년임산물생산기반조성사업보조금지급(제5차)	825	9	8	7	8	7	5	5	4
10895	전남 영광군	2023친환경임산물재배관리지원사업보조금지급(제3차)	800	9	8	7	8	7	5	5	4
10896	전남 영광군	2023년사회적취약계층등친환경보일러보급사업보조금지급(2차)	800	9	8	7	8	7	5	5	4
10897	전남 영광군	2023년사회적취약계층등친환경보일러보급사업보조금지급(3차)	800	9	8	7	8	7	5	5	4
10898	전남 영광군	2023년식량작물공동경영체육성사업(시설장비)보조금지급(4차_최종)	788	9	8	7	8	7	5	5	4
10899	전남 영광군	2023년공공비축미곡톤백수매기반구축지원사업보조금지급	780	9	8	7	8	7	5	5	4
10900	전남 영광군	2023보증기간경과장치성능유지관리사업보조금교부결정및송금	762	9	8	7	8	7	5	5	4
10901	전남 영광군	2023식량작물공동경영체육성사업(시설장비)보조금지급(3차)	752	9	8	7	8	7	5	5	4
10902	전남 영광군	2023친환경중제초기지원사업보조금지급(최종)	750	9	8	7	8	7	5	5	4
10903	전남 영광군	2023임산물유통기반조성사업지급(4차)	720	9	8	7	8	7	5	5	4
10904	전남 영광군	2023중소농원예특용작물생산기반구축사업보조금집행(4차)	715	9	8	7	8	7	5	5	4
10905	전남 영광군	2023년가정용저녹스보일러설치지원사업보조금교부결정및지급(2차)	700	9	8	7	8	7	5	5	4
10906	전남 영광군	2023년가정용저녹스보일러설치지원사업보조금교부결정및지급(1차)	600	9	8	7	8	7	5	5	4
10907	전남 영광군	2023년가정용저녹스보일러설치지원사업보조금교부결정및지급(4차)	400	9	8	7	8	7	5	5	4
10908	전남 영광군	2023년다목적소형농기계지원사업보조금지급(1차)	330	9	8	7	8	7	5	5	4
10909	전남 영광군	2023년GAP인증농가농약안전보관함지원사업보조금지급(4차)	300	9	8	7	8	7	5	5	4
10910	전남 영광군	2023년임산물유통기반조성사업지급6차	290	9	8	7	8	7	5	5	4
10911	전남 영광군	2023년친환경임산물재배관리지원사업보조금지급품의등록(제2차)	288	9	8	7	8	7	5	5	4
10912	전남 영광군	배출가스저감장치성능유지확인검사수수료집행(1월)	277	9	8	7	8	7	5	5	4
10913	전남 영광군	2023개량뫼지원사업보조금교부결정및지급(신속집행)	252	9	8	7	8	7	5	5	4
10914	전남 영광군	2023년임산물생산기반조성사업보조금지급내역(6차)	250	9	8	7	8	7	5	5	4
10915	전남 영광군	2023친환경임산물재배관리지원사업보조금지급품의등록(제2차)	200	9	8	7	8	7	5	5	4
10916	전남 영광군	2023가정용저녹스보일러설치지원사업보조금교부결정및지급(3차)	200	9	8	7	8	7	5	5	4
10917	전남 영광군	2023년가정용저녹스보일러설치지원사업보조금교부결정및지급(5차)	200	9	8	7	8	7	5	5	4

순번	시군구	지출명 (사업명)	2024년예산 (단위 : 천원 /1년간)	민간이전 분류 (지방자치단체 세출예산 집행기준에 의거)	민간이전지출 근거 (지방보조금 관리기준 참고)	입찰방식			운영예산 산정		성과평가 실시여부
						계약체결방법 (경쟁형태)	계약기간	낙찰자선정방법	운영예산 산정	정산방법	
10918	전남 영광군	2023년가정용저녹스보일러설치지원사업보조금교부결정및지급(7차)	200	9	8	7	8	7	5	5	4
10919	전남 영광군	2023년가정용저녹스보일러설치지원사업보조금교부결정및지급(1차)	200	9	8	7	8	7	5	5	4
10920	전남 영광군	배출가스저감장치성능유지확인검사수수료집행	185	9	8	7	8	7	5	5	4
10921	전남 영광군	2023년시설원예빅데이터기반제어장치보급및컨설팅지원사업부가세환급금발생에따른보조금잔액반납	175	9	8	7	8	7	5	5	4
10922	전남 영광군	2023년임산물생산기반지원사업보조금지급내역(3차)	150	9	8	7	8	7	5	5	4
10923	전남 영광군	2023년친환경임산물재배관리지원사업보조금지급품의등록(제2차)	120	9	8	7	8	7	5	5	4
10924	전남 영광군	2023년가정용저녹스보일러설치지원사업보조금교부결정및지급(6차)	100	9	8	7	8	7	5	5	4
10925	전남 영광군	2023년가정용저녹스보일러설치지원사업보조금교부결정및지급(8차)	100	9	8	7	8	7	5	5	4
10926	전남 영광군	2023년가정용저녹스보일러설치지원사업보조금교부결정및지급(9차)	100	9	8	7	8	7	5	5	4
10927	전남 영광군	2023년가정용저녹스보일러설치지원사업보조금교부결정및지급(11차)	100	9	8	7	8	7	5	5	4
10928	전남 영광군	2023년가정용저녹스보일러설치지원사업보조금교부결정및지급(12차)	100	9	8	7	8	7	5	5	4
10929	전남 장성군	신재생에너지보급융복합지원사업	3,360,469	9	1	7	8	7	5	5	4
10930	전남 장성군	초임계원료의약품생산플랫폼구축사업(전환사업)	2,000,000	9	5	7	8	7	1	1	4
10931	전남 장성군	전기화물차(소형)보급사업	1,347,500	9	2	7	8	7	5	5	4
10932	전남 장성군	전기자동차보급및충전인프라구축사업	1,012,000	9	2	7	8	7	5	5	4
10933	전남 장성군	마을단위LPG배관망구축사업	1,000,000	9	1	7	8	7	5	5	4
10934	전남 장성군	국가지정문화재및등록문화재보수정비지원(백양사소요대사탑주변오백나한전설계및건립)	774,000	9	2	6	1	6	5	1	4
10935	전남 장성군	축산악취개선사업	600,000	9	2	7	8	7	5	5	4
10936	전남 장성군	국가지정문화재및등록문화재보수정비지원(백양사목조아미타여래좌상주변조사전건립)	578,000	9	2	6	1	6	5	1	4
10937	전남 장성군	가축분뇨공동자원화시설개보수지원	502,600	9	2	7	8	7	5	5	4
10938	전남 장성군	전통사찰보수정비사업(백양사지장암개보수)	400,000	9	2	6	1	6	5	1	4
10939	전남 장성군	다목적소형농기계지원	331,250	9	6	7	8	7	1	1	4
10940	전남 장성군	임산물생산기반조성	249,450	9	2	7	6	7	5	5	4
10941	전남 장성군	전기버스보급사업	242,000	9	2	7	8	7	5	5	4
10942	전남 장성군	농산물생산비절감지원	238,000	9	6	7	8	7	1	1	4
10943	전남 장성군	소규모들녁경영체지원사업	210,000	9	2	7	8	7	1	1	4
10944	전남 장성군	전략작물(콩)전문생산단지조성사업	210,000	9	2	7	8	7	1	1	4
10945	전남 장성군	농업에너지이용효율화사업(에너지절감시설)	202,577	9	2	4	7	7	1	1	4
10946	전남 장성군	꿀벌자원육성품종증식보급시범	200,000	9	2	7	8	7	5	5	4
10947	전남 장성군	백양사청류암관음전주변정비사업	196,500	9	2	6	1	6	5	1	4
10948	전남 장성군	중소농스마트팜기반조성사업	180,000	9	6	7	8	7	5	5	4
10949	전남 장성군	여성친화형다목적소형전기운반차지원사업	165,550	9	6	7	8	7	5	5	4
10950	전남 장성군	운행차배출가스저감사업(건설기계엔진교체지원사업)	165,000	9	2	7	8	7	5	5	4
10951	전남 장성군	딸기생산시설현대화지원(전환사업)	151,500	9	2	4	7	7	1	1	4
10952	전남 장성군	조사료생산용기계장비구입지원	150,000	9	2	7	8	7	5	5	4
10953	전남 장성군	신소득아열대작물레몬재배단지육성(전환사업)	144,000	9	1	7	8	7	5	5	4
10954	전남 장성군	중소농원예특용작물생산기반구축(전환사업)	143,000	9	6	4	7	7	1	1	4
10955	전남 장성군	국가지정문화재및등록문화재보수정비지원(백양사소요대사탑주변하천석축정비설계)	140,000	9	2	6	1	6	5	1	4
10956	전남 장성군	수소자동차보급사업	140,000	9	2	7	8	7	5	5	4
10957	전남 장성군	시설과수생산시설현대화사업	106,800	9	6	4	7	7	1	1	4

순번	시군구	지출명 (사업명)	2024년예산 (단위: 천원/1년간)	민간이전 분류 (지방자치단체 세출예산 집행기준에 의거) 1. 민간경상사업보조(307-02) 2. 민간단체 법정운영비보조(307-03) 3. 민간행사사업보조(307-04) 4. 민간위탁금(307-05) 5. 사회복지시설 법정운영비보조(307-10) 6. 민간인위탁교육비(307-12) 7. 공기관등에대한경상적위탁사업비(308-13) 8. 민간자본사업보조,자체재원(402-01) 9. 민간자본사업보조,이전재원(402-02) 10. 민간위탁사업비(402-03) 11. 공기관등에 대한 자본적 위탁사업비(403-02)	민간이전지출 근거 (지방보조금 관리기준 참고) 1. 법률에 규정 2. 국고보조 재원(국가지정) 3. 용도 지정 기부금 4. 조례에 직접규정 5. 지자체가 권장하는 사업을 하는 공공기관 6. 시,도 정책 및 재정사정 7. 기타 8. 해당없음	입찰방식 계약체결방법 (경쟁형태) 1. 일반경쟁 2. 제한경쟁 3. 지명경쟁 4. 수의계약 5. 법정위탁 6. 기타 ( ) 7. 없음	계약기간 1. 1년 2. 2년 3. 3년 4. 4년 5. 5년 6. 기타 ( )년 7. 단기계약 (1년미만) 8. 없음	낙찰자선정방법 1. 적격심사 2. 협상에의한계약 3. 최저가낙찰제 4. 규격가격분리 5. 2단계 경쟁입찰 6. 기타 ( ) 7. 없음	운영예산 산정 1. 내부산정 (지자체 자체적으로 산정) 2. 외부산정 (외부전문기관위탁 산정) 3. 내,외부 모두 산정 4. 산정 無 5. 없음	정산방법 1. 내부정산 (지자체 내부적으로 정산) 2. 외부정산 (외부전문기관위탁 정산) 3. 내,외부 모두 산정 4. 정산 無 5. 없음	성과평가 실시여부 1. 실시 2. 미실시 3. 향후 추진 4. 해당없음
10958	전남 장성군	과수생산기반구축지원	100,000	9	6	4	7	7	1	1	4
10959	전남 장성군	수요자참여식량작물특성화시범	100,000	9	2	7	8	7	5	5	4
10960	전남 장성군	기후변화선제적대응을위한아열대과수도입시범	100,000	9	2	7	8	7	5	5	4
10961	전남 장성군	지황국내육성품종보급시범	100,000	9	2	7	8	7	5	5	4
10962	전남 장성군	과채류부산물한우사료화비용절감기술시범	100,000	9	2	7	8	7	5	5	4
10963	전남 장성군	축산ICT융복합지원사업	80,000	9	2	7	8	7	5	5	4
10964	전남 장성군	신소득아열대작물레몬재배단지육성(전환사업)	80,000	9	1	7	8	7	5	5	4
10965	전남 장성군	친환경과수농가비가림하우스시설지원	78,000	9	6	7	8	7	5	5	4
10966	전남 장성군	친환경임산물재배관리	76,738	9	2	7	8	7	5	5	4
10967	전남 장성군	신재생에너지보급주택지원	76,154	9	1	7	8	7	5	5	4
10968	전남 장성군	친환경임산물재배관리	70,000	9	2	7	6	7	5	5	4
10969	전남 장성군	열대과일및소핵과가공기술상품화시범	70,000	9	2	7	8	7	5	5	4
10970	전남 장성군	농식품체험키트상품화기술시범	70,000	9	2	7	8	7	5	5	4
10971	전남 장성군	시설원예현대화지원	65,457	9	2	4	7	7	1	1	4
10972	전남 장성군	친환경농산물계약재배청년농가육성사업	64,000	9	6	7	8	7	5	5	4
10973	전남 장성군	운행차배출가스저감사업(매연저감장치부착지원사업)	59,400	9	2	7	8	7	5	5	4
10974	전남 장성군	사회적기업시설장비지원	54,000	9	2	7	7	7	5	3	4
10975	전남 장성군	농산물생산비절감지원	53,760	9	6	7	8	7	1	1	4
10976	전남 장성군	농산물저온저장고설치	53,550	9	6	4	7	7	1	1	1
10977	전남 장성군	백양사시설개선사업	50,000	9	1	1	6	7	1	1	4
10978	전남 장성군	승용형농기계용자동조향장치시범보급	50,000	9	2	7	8	7	5	5	4
10979	전남 장성군	원예분야재해예방시설지원	48,180	9	6	4	7	7	1	1	4
10980	전남 장성군	귀농인우수창업활성화지원사업	48,000	9	2	7	8	7	5	5	4
10981	전남 장성군	청년4H우수과제창업농육성사업	45,000	9	6	7	8	7	5	5	4
10982	전남 장성군	소규모방지시설설치지원사업	40,500	9	2	7	8	7	5	1	4
10983	전남 장성군	임산물유통기반조성	38,000	9	2	7	6	7	5	5	4
10984	전남 장성군	신소득아열대작물레몬재배단지육성(전환사업)	36,000	9	1	7	8	7	5	5	4
10985	전남 장성군	농산물저온저장고설치	35,000	9	6	4	7	7	1	1	1
10986	전남 장성군	시설원예ICT융복합화산사업	30,430	9	6	7	8	7	5	5	4
10987	전남 장성군	전기자동차충전기구축지원사업(도자체사업)	30,000	9	6	7	8	7	5	5	4
10988	전남 장성군	단동하우스보급형스마트팜단지조성	30,000	9	6	7	8	7	5	5	4
10989	전남 장성군	화재걱정없는가축원적외발열선보온등보급시범	30,000	9	2	7	8	7	5	5	4
10990	전남 장성군	한우ICT융복합지원사업	27,000	9	2	7	8	7	5	5	4
10991	전남 장성군	산림작물생산단지	25,000	9	2	7	6	7	5	5	4
10992	전남 장성군	드론용비산저감AI노즐및분무장치신기술시범	25,000	9	2	7	8	7	5	5	4
10993	전남 장성군	경영기록장기장농가경영개선지원	24,000	9	6	7	8	7	5	5	4
10994	전남 장성군	야생동물피해예방사업	20,032	9	2	7	8	7	5	5	4
10995	전남 장성군	신소득아열대작물레몬재배단지육성(전환사업)	20,000	9	1	7	8	7	5	5	4
10996	전남 장성군	농어촌장애인주택개조사업	19,000	9	2	7	8	7	1	1	4
10997	전남 장성군	음식점입식테이블및경사로설치지원사업	18,000	9	4	7	8	7	1	1	4

순번	시군구	지출명 (사업명)	2024년예산 (단위 : 천원 /1년간)	민간이전 분류 (지방자치단체 세출예산 집행기준에 의거)	민간이전지출 근거 (지방보조금 관리기준 참고)	입찰방식			운영예산 산정		성과평가 실시여부
						계약체결방법 (경쟁형태)	계약기간	낙찰자선정방법	운영예산 산정	정산방법	
10998	전남 장성군	고령자차선이탈경보장치설치지원사업	17,500	9	1	7	8	7	1	1	4
10999	전남 장성군	경로당태양광발전시설설치사업	15,000	9	4	7	8	7	1	1	1
11000	전남 장성군	새일센터운영및사업관리	10,000	9	8	7	8	7	5	5	4
11001	전남 장성군	경로당시설개선사업	10,000	9	4	7	8	7	1	1	1
11002	전남 장성군	경로당시설개선사업	10,000	9	4	7	8	7	1	1	1
11003	전남 장성군	경로당시설개선사업	10,000	9	4	7	8	7	1	1	1
11004	전남 장성군	전기자동차보급및충전인프라구축사업	7,800	9	6	7	8	7	5	5	4
11005	전남 장성군	원예분야살균수공급장치지원	7,500	9	6	4	7	7	1	1	4
11006	전남 장성군	국내육성품종을활용한양봉산물생산시범	7,000	9	2	7	8	7	5	5	4
11007	전남 장성군	전기이륜차보급사업	6,400	9	2	7	8	7	5	5	4
11008	전남 장성군	GAP인증농가농약안전보관함지원	5,850	9	6	4	7	7	1	1	1
11009	전남 장성군	어린이통학차량LPG차전환지원사업	5,000	9	2	7	8	7	5	5	4
11010	전남 장성군	농기계등화장치부착지원	4,700	9	6	7	8	7	1	1	4
11011	전남 장성군	친환경보일러보급사업	4,000	9	2	7	8	7	5	5	4
11012	전남 장성군	유해야생동물포획시설설치지원사업	3,960	9	6	7	8	7	1	1	4
11013	전남 장성군	가정용저녹스보일러보급사업	3,000	9	2	7	8	7	5	5	4
11014	전남 장성군	전기이륜차보급사업	1,200	9	6	7	8	7	5	5	4
11015	전남 장성군	말벌퇴치장치지원사업	600	9	2	7	8	7	5	5	4
11016	전남 진도군	농산물생산비절감지원	1,273,000	9	4	7	8	7	1	1	1
11017	전남 진도군	다목적소형농기계지원	604,500	9	4	7	8	7	1	1	1
11018	전남 진도군	전기화물차구입지원	444,000	9	2	7	8	7	5	5	4
11019	전남 진도군	전기자동차(승용)구입지원	417,900	9	2	7	8	7	5	5	4
11020	전남 진도군	농산물소형저온저장고지원사업	359,100	9	4	7	8	7	1	1	1
11021	전남 진도군	고품질아열대과수재배단지육성	350,000	9	6	7	8	7	5	5	4
11022	전남 진도군	어린이집화충사업	300,000	9	2	7	8	7	3	1	4
11023	전남 진도군	벼가공·건조·저장시설기반구축사업	300,000	9	4	7	8	7	1	1	1
11024	전남 진도군	건설기계엔진교체지원	247,500	9	2	7	8	7	5	5	4
11025	전남 진도군	소규모들녘경영체육성사업	210,000	9	4	7	8	7	1	1	1
11026	전남 진도군	양묘시설현대화공모사업	205,800	9	2	6	6	6	5	5	4
11027	전남 진도군	친환경포트육묘이앙기지원사업	204,000	9	7	7	8	7	5	5	4
11028	전남 진도군	여성친화형다목적소형전기차지원	161,700	9	4	7	8	7	1	1	1
11029	전남 진도군	양식어장자동화시설장비지원사업	160,000	9	8	7	8	7	5	5	3
11030	전남 진도군	중소농원예특용작물생산기반구축사업	135,000	9	4	7	8	7	1	1	1
11031	전남 진도군	질소비량경감을통한고품질벼안정생산생력화농기계지원	105,000	9	2	7	8	7	5	5	4
11032	전남 진도군	우수어촌계지원사업(신기어촌계)('23년국비지원)	100,000	9	8	7	8	7	5	5	3
11033	전남 진도군	양식장관리기설치지원	90,000	9	6	7	8	7	1	1	1
11034	전남 진도군	용도별국내육성보리품종생산가공연계보급활성화가공장비및농기계지원	90,000	9	2	7	8	7	5	5	4
11035	전남 진도군	소득과수체리안정생산시설재배시범사업	84,000	9	6	7	8	7	5	5	4
11036	전남 진도군	장애인주택개조사업지원	76,000	9	2	7	8	7	1	1	1
11037	전남 진도군	야생동물피해예방시설설치지원	72,000	9	2	7	8	7	5	5	4

순번	시군구	지출명 (사업명)	2024년예산 (단위 : 천원 /1년간)	민간이전 분류 (지방자치단체 세출예산 집행기준에 의거) 1. 민간경상사업보조(307-02) 2. 민간단체 법정운영비보조(307-03) 3. 민간행사사업보조(307-04) 4. 민간위탁금(307-05) 5. 사회복지시설 법정운영비보조(307-10) 6. 민간위탁교육비(307-12) 7. 공기관등에대한경상적위탁사업비(308-13) 8. 민간자본사업보조,자체재원(402-01) 9. 민간자본사업보조,이전재원(402-02) 10. 민간위탁사업비(402-03) 11. 공기관등에 대한 자본적 위탁사업비(403-02)	민간이전지출 근거 (지방보조금 관리기준 참고) 1. 법률에 규정 2. 국고보조 재원(국가지정) 3. 용도 지정 기부금 4. 조례에 직접규정 5. 지자체가 권장하는 사업을 하는 공공기관 6. 시.도 정책 및 재정사정 7. 기타 8. 해당없음	입찰방식			운영예산 산정		성과평가 실시여부 1. 실시 2. 미실시 3. 향후 추진 4. 해당없음
						계약체결방법 (경쟁형태) 1. 일반경쟁 2. 제한경쟁 3. 지명경쟁 4. 수의계약 5. 법정위탁 6. 기타 ( ) 7. 없음	계약기간 1. 1년 2. 2년 3. 3년 4. 4년 5. 5년 6. 기타 ( )년 7. 단가계약 (1년미만) 8. 없음	낙찰자선정방법 1. 적격심사 2. 협상에의한계약 3. 최저가낙찰제 4. 규격가격분리 5. 2단계 경쟁입찰 6. 기타 ( ) 7. 없음	운영예산 산정 1. 내부산정 (지자체 자체적으로 산정) 2. 외부산정 (외부전문기관위탁 산정) 3. 내.외부 모두 산정 4. 산정 無 5. 없음	정산방법 1. 내부정산 (지자체 내부적으로 정산) 2. 외부정산 (외부전문기관위탁 정산) 3. 내.외부 모두 정산 4. 정산 無 5. 없음	
11038	전남 진도군	수산물소포장재등지원사업	69,000	9	1,4	7	8	7	1	1	1
11039	전남 진도군	수산물소형저온저장지시설지원	65,000	9	8	7	8	7	5	5	3
11040	전남 진도군	벼생산비절감종합기술모델시범생력화농기계지원	49,000	9	6	7	8	7	5	5	4
11041	전남 진도군	농업용유류저장탱크(급유기)지원사업	44,880	9	4	7	8	7	1	1	1
11042	전남 진도군	농축산물덤프운반장비지원	38,400	9	4	7	8	7	1	1	1
11043	전남 진도군	농산물중형저온저장고지원사업	35,000	9	4	7	8	7	1	1	1
11044	전남 진도군	이동식다용도작업대지원	33,920	9	4	7	8	7	1	1	1
11045	전남 진도군	전기이륜차구입지원	32,800	9	2	7	8	7	5	5	4
11046	전남 진도군	소규모사업장방지시설설치지원	31,500	9	2	7	8	7	5	5	4
11047	전남 진도군	어린이집기능보강	30,000	9	2	7	8	7	3	1	1
11048	전남 진도군	단동하우스보급형스마트팜단지조성	30,000	9	2	7	8	7	5	5	4
11049	전남 진도군	토양병해충방제용토양소독장비지원	30,000	9	2	7	8	7	5	5	4
11050	전남 진도군	매연저감장치부착지원	23,100	9	2	7	8	7	5	5	4
11051	전남 진도군	청년창업농장조성비지원	17,500	9	6	7	8	7	5	5	4
11052	전남 진도군	환경데이터기반스마트정밀관수시스템보급	10,500	9	6	7	8	7	5	5	4
11053	전남 진도군	유해야생동물포획지원사업	9,240	9	2	7	8	7	1	1	1
11054	전남 진도군	방재시스템유지보수(쌍계사)	9,000	9	8	7	8	7	5	5	4
11055	전남 진도군	친환경중경제초기지원사업	7,750	9	7	7	8	7	5	5	4
11056	전남 진도군	공공비축미곡톤백매입기반구축사업(창고문개·보수)	6,400	9	4	7	8	7	1	1	1
11057	전남 진도군	공공비축미곡톤백매입기반구축사업(톤백저울)	6,400	9	4	7	8	7	1	1	1
11058	전남 진도군	원예분야재해예방시설지원사업	4,200	9	4	7	8	7	1	1	1
11059	전남 진도군	친환경보일러보급	4,000	9	2	7	8	7	5	5	4
11060	전남 진도군	보증기간경과장치성능유지관리	450	9	2	7	8	7	5	5	4
11061	전남 신안군	수산물산지가공시설사업	1,400,000	9	2	1	7	1	3	3	3
11062	전남 신안군	무공해차(화물)보급	780,000	9	2	7	8	7	5	5	4
11063	전남 신안군	수산물공동저온저장시설사업	720,000	9	2	1	7	1	3	3	3
11064	전남 신안군	노후경유차조기폐차	581,826	9	2	7	8	7	5	5	4
11065	전남 신안군	신안참깨가공단지구축	500,000	9	2	7	8	7	5	5	4
11066	전남 신안군	무공해차(승용)보급	408,700	9	2	7	8	7	5	5	4
11067	전남 신안군	자동채염지원사업	326,000	9	2	7	8	7	5	5	4
11068	전남 신안군	수산유통시설건립(수산물직매장)	300,000	9	6	7	7	7	5	1	3
11069	전남 신안군	이동수레자동화장비지원사업	300,000	9	2	7	8	7	5	5	4
11070	전남 신안군	건설기계엔진교체	247,500	9	2	7	8	7	5	5	4
11071	전남 신안군	매연저감장치(DPF)부착	221,100	9	2	7	8	7	5	5	4
11072	전남 신안군	품목별데이터기반생산모델보급	200,000	9	2	7	8	7	5	5	4
11073	전남 신안군	수산물소형저온저장시설사업	187,500	9	6	7	7	7	5	1	3
11074	전남 신안군	천일염장기저장시설설치사업	165,000	9	2	7	8	7	5	5	4
11075	전남 신안군	민감채소수급안정생산기술시범	150,000	9	2	7	8	7	5	5	4
11076	전남 신안군	전동대파기지원사업	108,400	9	2	7	8	7	5	5	4
11077	전남 신안군	수산물가공공장위해요소관리시설(HACCP)지원	102,000	9	6	1	7	2	3	3	3

순번	시군구	지출명 (사업명)	2024년예산 (단위: 천원/1년간)	민간이전 분류 (지방자치단체 세출예산 집행기준에 의거)	민간이전지출 근거 (지방보조금 관리기준 참고)	계약체결방법 (경쟁형태)	계약기간	낙찰자선정방법	운영예산 산정	정산방법	성과평가 실시여부
11078	전남 신안군	기후적응형벼안정생산재배단지조성	100,000	9	2	7	8	7	5	5	4
11079	전남 신안군	생분해성어구보급	98,571	9	2	7	8	7	5	5	4
11080	전남 신안군	마른김가공체시설개선	90,000	9	7	4	7	7	5	1	3
11081	전남 신안군	무공해차(전기이륜)보급	73,400	9	2	7	8	7	5	5	4
11082	전남 신안군	벼병해충생력방제모판관주처리지원	63,000	9	2	7	8	7	5	5	4
11083	전남 신안군	국가문화재보수정비(신안흑산성당재난방지시설구축(방범))	60,000	9	2	7	8	7	5	5	4
11084	전남 신안군	양파생력재배양분관리시범	60,000	9	2	7	8	7	5	5	4
11085	전남 신안군	한국난재배온실	50,000	9	2	7	8	7	5	5	4
11086	전남 신안군	잡곡신품종조기확산시범단지조성	40,000	9	2	7	8	7	5	5	4
11087	전남 신안군	채소일사강우센서기반수분관수시스템시범	40,000	9	2	7	8	7	5	5	4
11088	전남 신안군	청년농업인스마트팜자립기반구축지원	30,560	9	2	7	8	7	5	5	4
11089	전남 신안군	단동하우스보급형스마트팜단지화시범	30,000	9	2	7	8	7	5	5	4
11090	전남 신안군	유해야생동물피해예방시설설치지원	24,000	9	2	7	8	7	5	5	4
11091	전남 신안군	무공해차(전기굴착기)보급	20,000	9	2	7	8	7	5	5	4
11092	전남 신안군	축종별맞춤별미네랄블록가축생산성향상시범	20,000	9	2	7	8	7	5	5	4
11093	전남 신안군	축매연소탄산시비이용시설예생산성향상시범	14,000	9	2	7	8	7	5	5	4
11094	전남 신안군	고품질원예작물생산기반시범	12,000	9	2	7	8	7	5	5	4
11095	전남 신안군	환경데이터기반스마트정밀관스시스템보급	10,500	9	2	7	8	7	5	5	4
11096	전남 신안군	어린이통학차량LPG차전환	5,000	9	2	7	8	7	5	5	4
11097	전남 신안군	사회적취약계층등친환경보일러보급	4,000	9	2	7	8	7	5	5	4
11098	제주 제주시	야생동물피해예방시설지원(노루망,조류퇴치기등)	467,000	9	1	7	8	7	5	5	2
11099	제주 제주시	무지개마을증축공사	4,446,510	9	1	7	8	7	1	1	1
11100	제주 제주시	제주한림해상풍력특별지원사업	1,232,700	9	1	7	8	7	5	5	4
11101	제주 제주시	공공형통합바이오에너지화시설설치사업	1,050,000	9	1	7	8	7	1	1	3
11102	제주 제주시	가축분뇨공동자원화(에너지화)시설설치사업	1,050,000	9	1	7	8	7	1	1	3
11103	제주 제주시	축산분야ICT융복합확산지원	1,035,000	9	2	7	8	7	5	5	4
11104	제주 제주시	가축분뇨처리시설	820,000	9	4	7	8	7	5	5	4
11105	제주 제주시	제주어음풍력발전소특별지원사업	440,600	9	1	7	8	7	5	5	4
11106	제주 제주시	장애인직업재활시설기능보강사업	298,096	9	2	7	8	7	1	1	1
11107	제주 제주시	민간동물보호시설환경개선지원	252,000	9	2	7	8	7	5	5	4
11108	제주 제주시	어린이집기능보강사업(개보수,장비비)	240,000	9	1	7	8	7	1	1	4
11109	제주 제주시	노인복지시설확충(기능보강)	227,190	9	2	7	8	7	5	5	4
11110	제주 제주시	장애인거주시설기능보강사업	155,958	9	1	7	8	7	1	1	1
11111	제주 제주시	조사료경영체장비	140,000	9	1	7	8	7	5	5	4
11112	제주 제주시	장애인주간보호시설기능보강사업	112,194	9	2	7	8	7	1	1	1
11113	제주 제주시	행원연안풍력실증단지특별지원사업	111,000	9	1	7	8	7	5	5	4
11114	제주 제주시	제주화력발전소기본지원사업	90,300	9	1	7	8	7	5	5	4
11115	제주 제주시	제주화력(LNG)복합기본지원사업	62,300	9	1	7	8	7	5	5	4
11116	제주 제주시	악취측정ICT기계장비	60,000	9	4	7	8	7	5	5	4
11117	제주 제주시	장기요양기관환기설비지원	44,640	9	2	7	8	7	5	5	4

순번	시군구	지출명 (사업명)	2024년예산 (단위: 천원/1년간)	민간이전 분류	민간이전지출 근거	계약체결방법 (경쟁형태)	계약기간	낙찰자선정방법	운영예산 산정	정산방법	성과평가 실시여부
11118	제주 제주시	성매매피해자지원시설기능보강	31,792	9	2	7	8	7	1	1	4
11119	제주 제주시	김녕풍력발전실증단지기본지원사업	30,000	9	1	7	8	7	5	5	4
11120	제주 제주시	동복북촌풍력발전기본지원사업	30,000	9	1	7	8	7	5	5	4
11121	제주 제주시	제주환경자원순환센터(소각시설)기본지원사업	30,000	9	1	7	8	7	5	5	4
11122	제주 제주시	한림복합발전소기본지원사업	27,000	9	1	7	8	7	5	5	4
11123	제주 제주시	한경풍력발전기본지원사업	24,000	9	1	7	8	7	5	5	4
11124	제주 제주시	탐라해상풍력발전소기본지원사업	24,000	9	1	7	8	7	5	5	4
11125	제주 제주시	김녕풍력발전기본지원사업	24,000	9	1	7	8	7	5	5	4
11126	제주 제주시	가정폭력피해자보호시설기능보강	21,680	9	2	7	8	7	1	1	4
11127	제주 제주시	제주한림해상풍력발전기본지원사업	21,000	9	1	7	8	7	5	5	4
11128	제주 제주시	제주어음풍력발전기본지원사업	21,000	9	1	7	8	7	5	5	4
11129	제주 제주시	행원풍력기본지원사업	20,000	9	1	7	8	7	5	5	4
11130	제주 제주시	연안지역산화풍력발전소기본지원사업	20,000	9	1	7	8	7	5	5	4
11131	제주 제주시	용권태양광발전소기본지원사업	20,000	9	1	7	8	7	5	5	4
11132	제주 제주시	행원연안풍력실증단지기본지원사업	20,000	9	1	7	8	7	5	5	4
11133	제주 제주시	상명풍력발전기본지원사업	19,586	9	1	7	8	7	5	5	4
11134	제주 제주시	성폭력피해자보호시설기능보강	19,236	9	2	7	8	7	1	1	4
11135	제주 제주시	월정풍력발전기본지원사업	16,000	9	1	7	8	7	5	5	4
11136	제주 제주시	복촌서모풍력발전소기본지원사업	14,000	9	1	7	8	7	5	5	4
11137	제주 제주시	폭력피해이주여성보호시설기능보강	2,091	9	2	7	8	7	1	1	4
11138	제주 제주시	가축폐사체수거함지원	1,728	9	1	7	8	7	5	5	4
11139	제주 제주시	남제주화력(성산풍력)기본지원사업	1,040	9	1	7	8	7	5	5	4
11140	제주 제주시	FTA기금고품질감귤생산시설현대화사업	8,535,918	9	2	7	8	7	5	5	4
11141	제주 제주시	노후경유차조기폐차지원	7,450,040	9	2	5	1	7	1	1	3
11142	제주 제주시	제주시농협농산물산지유통센터(APC)지원사업(보조6%)	2,400,000	9	2	7	8	7	5	5	4
11143	제주 제주시	하귀농협농산물산지유통센터(APC)지원사업(보조6%)	2,400,000	9	2	7	8	7	5	5	4
11144	제주 제주시	감귤농협농산물산지유통센터(APC)지원사업(보조6%)	472,000	9	2	7	8	7	5	5	4
11145	제주 제주시	식량작물공동(들녘)경영체시설장비지원	450,000	9	2	7	8	7	5	5	4
11146	제주 제주시	용담1동지구집수리지원사업	250,000	9	2	7	8	7	5	5	4
11147	제주 제주시	임산물생산기반지원	231,530	9	1	7	8	7	1	1	4
11148	제주 제주시	국산밀생산단지경영체육성시설장비지원	191,700	9	2	7	8	7	5	5	4
11149	제주 제주시	특용작물생산시설현대화사업	155,000	9	1	7	8	7	5	5	4
11150	제주 제주시	신재생에너지시설지원사업	129,500	9	1	7	8	7	5	5	4
11151	제주 제주시	임산물유통기반조성	108,856	9	1	7	8	7	1	1	4
11152	제주 제주시	알맹상점활성화지원사업	60,000	9	2	6	8	7	5	5	4
11153	제주 제주시	용담1동담장허물기사업	50,000	9	2	7	8	7	5	5	4
11154	제주 제주시	에너지절감시설지원사업	48,152	9	1	7	8	7	5	5	4
11155	제주 제주시	가정용저녹스보일러보급사업	30,000	9	2	7	8	7	1	1	3
11156	제주 제주시	임산물생산기반조성	29,490	9	1	7	8	7	1	1	4
11157	제주 제주시	시설원예현대화사업	19,192	9	1	7	8	7	5	5	4

순번	시군구	지출명 (사업명)	2024년예산 (단위 : 천원 /1년간)	민간이전 분류 (지방자치단체 세출예산 집행기준에 의거) 1. 민간경상사업보조(307-02) 2. 민간단체 법정운영비보조(307-03) 3. 민간행사사업보조(307-04) 4. 민간위탁금(307-05) 5. 사회복지시설 법정운영비보조(307-10) 6. 민간인위탁교육비(307-12) 7. 공기관등에대한경상적위탁사업비(308-13) 8. 민간자본사업보조,자체재원(402-01) 9. 민간자본보조,이전재원(402-02) 10. 민간위탁사업비(402-03) 11. 공기관등에 대한 자본적 위탁사업비(403-02)	민간이전지출 근거 (지방보조금 관리기준 참고) 1. 법률에 규정 2. 국고보조 재원(국가지정) 3. 용도 지정 기부금 4. 조례에 직접규정 5. 지자체가 권장하는 사업을 하는 공공기관 6. 시,도 정책 및 재정사정 7. 기타 8. 해당없음	입찰방식			운영예산 산정		성과평가 실시여부
						계약체결방법 (경쟁형태) 1. 일반경쟁 2. 제한경쟁 3. 지명경쟁 4. 수의계약 5. 법정위탁 6. 기타 ( ) 7. 없음	계약기간 1. 1년 2. 2년 3. 3년 4. 4년 5. 5년 6. 기타 ( )년 7. 단기계약 (1년미만) 8. 없음	낙찰자선정방법 1. 적격심사 2. 협상에의한계약 3. 최저가낙찰제 4. 규격가격분리 5. 2단계 경쟁입찰 6. 기타 ( ) 7. 없음	운영예산 산정 1. 내부산정 (지자체 자체적으로 산정) 2. 외부산정 (외부전문기관위탁 산정) 3. 내·외부 모두 산정 4. 산정 無	정산방법 1. 내부정산 (지자체 내부적으로 정산) 2. 외부정산 (외부전문기관위탁 정산) 3. 내·외부 모두 산정 4. 정산 無 5. 없음	1. 실시 2. 미실시 3. 향후 추진 4. 해당없음
11158	제주 제주시	생분해성어구보급	470,000	9	2	7	8	7	5	5	4
11159	제주 제주시	친환경에너지절감장비보급사업	242,536	9	2	7	8	7	5	5	4
11160	제주 제주시	마을기업육성사업	65,000	9	2	7	8	7	5	5	4
11161	제주 제주시	어선사고예방시스템구축	50,000	9	2	7	8	7	5	5	4
11162	제주 제주시	야영장화재안전성확보	42,000	9	2	7	8	7	5	5	4
11163	제주 제주시	야영장안전,위생시설개보수지원	35,000	9	2	7	8	7	5	5	4
11164	제주 제주시	캠핑카관련인프라구축	21,000	9	2	7	8	7	5	5	4
11165	제주 서귀포시	노후경유차조기폐차지원	4,162,760	9	1	7	8	7	5	5	4
11166	제주 서귀포시	평화의마을장애인작업장증개축(정액)	850,000	9	1	7	8	7	5	5	4
11167	제주 서귀포시	발전소주변지역공공사회복지등(기본서귀)	351,374	9	1	7	8	7	3	3	3
11168	제주 서귀포시	시민건강체험승마장조성지원	300,000	9	2	7	8	7	5	5	4
11169	제주 서귀포시	축산분야ICT융복합화산지원	291,000	9	2	7	8	7	5	5	4
11170	제주 서귀포시	야생동물에의한농작물피해예방시설지원사업	200,000	9	1	7	8	7	5	5	4
11171	제주 서귀포시	기후변화취약시설녹색공간조성사업	196,000	9	2	7	8	7	5	5	4
11172	제주 서귀포시	에코소랑장비보강	170,500	9	1	7	8	7	5	5	4
11173	제주 서귀포시	어린이집기능보강	130,000	9	2	7	8	7	1	1	4
11174	제주 서귀포시	노인요양시설확충(기능보강)사업	92,152	9	1	7	8	7	5	5	4
11175	제주 서귀포시	마을기업육성사업	80,000	9	2	7	8	7	5	5	4
11176	제주 서귀포시	소규모사업장방지시설설치지원사업	77,400	9	2	7	8	7	5	5	4
11177	제주 서귀포시	야영장안전·위생시설개보수지원	70,000	9	7	7	8	7	5	5	4
11178	제주 서귀포시	CCTV등방역인프라구축지원	64,800	9	2	7	8	7	5	5	4
11179	제주 서귀포시	어선사고예방시스템구축지원	50,000	9	2	7	8	7	1	1	1
11180	제주 서귀포시	어울림터소방시설개보수(정액)	49,060	9	1	7	8	7	5	5	4
11181	제주 서귀포시	기후변화취약시설차열페인트도장사업	44,000	9	2	7	8	7	5	5	4
11182	제주 서귀포시	야영장화재안전성확보	42,000	9	7	7	8	7	5	5	4
11183	제주 서귀포시	지역아동센터환경개선및기능보강사업	40,000	9	5	7	8	7	1	1	1
11184	제주 서귀포시	폭염대응쉼터조성사업	40,000	9	2	7	8	7	5	5	4
11185	제주 서귀포시	자광원개보수	28,062	9	1	7	8	7	5	5	4
11186	제주 서귀포시	노인요양기관환기시설설치사업	8,640	9	1	7	8	7	5	5	4
11187	제주 서귀포시	청소년쉼터기능보강	7,800	9	1	7	8	7	1	1	4
11188	제주 서귀포시	청소년쉼터기능보강	1,200	9	1	7	8	7	1	1	4
11189	제주 서귀포시	가축폐사체수거함지원	1,152	9	2	7	8	7	5	5	4

chapter 3

민간위탁사업비 (402-03)

목 차

Chapter3. 민간위탁사업비(402-03) ········ 445

서울

- 서울특별시 ········ 445
- 성동구 ········ 446
- 광진구 ········ 446
- 동대문구 ········ 446
- 중랑구 ········ 446
- 성북구 ········ 446
- 강북구 ········ 446
- 도봉구 ········ 446
- 노원구 ········ 447
- 은평구 ········ 447
- 서대문구 ········ 447
- 양천구 ········ 447
- 강서구 ········ 448
- 구로구 ········ 448
- 금천구 ········ 448
- 영등포구 ········ 448
- 동작구 ········ 448
- 서초구 ········ 448
- 강남구 ········ 449
- 송파구 ········ 449
- 강동구 ········ 449

경기

- 수원시 ········ 449
- 성남시 ········ 449
- 의정부시 ········ 450
- 안양시 ········ 450
- 부천시 ········ 450
- 광명시 ········ 450
- 평택시 ········ 451
- 동두천시 ········ 451
- 안산시 ········ 451
- 고양시 ········ 451
- 과천시 ········ 451
- 구리시 ········ 451
- 남양주시 ········ 451
- 군포시 ········ 451
- 용인시 ········ 451
- 파주시 ········ 452
- 이천시 ········ 452
- 안성시 ········ 452
- 여주시 ········ 452
- 화성시 ········ 452
- 광주시 ········ 452
- 양주시 ········ 452
- 연천군 ········ 452
- 가평군 ········ 452
- 양평군 ········ 452

인천

- 중구 ········ 453
- 연수구 ········ 453
- 남동구 ········ 453
- 부평구 ········ 453
- 서구 ········ 453
- 강화군 ········ 453

목 차

광주
- 광주광역시 ········ 453
- 서구 ········ 454
- 남구 ········ 454
- 북구 ········ 454
- 광산구 ········ 454

대구
- 대구광역시 ········ 454
- 중구 ········ 454
- 동구 ········ 454
- 서구 ········ 454
- 남구 ········ 454
- 북구 ········ 454
- 수성구 ········ 454
- 달서구 ········ 455
- 달성군 ········ 455
- 군위군 ········ 455

대전
- 대전광역시 ········ 455
- 동구 ········ 455
- 중구 ········ 455
- 서구 ········ 455
- 유성구 ········ 455
- 대덕구 ········ 456

부산
- 영도구 ········ 456
- 동래구 ········ 456
- 해운대구 ········ 456
- 강서구 ········ 456
- 수영구 ········ 456
- 사상구 ········ 456
- 기장군 ········ 456

울산
- 중구 ········ 456
- 남구 ········ 456
- 동구 ········ 456
- 북구 ········ 456
- 울주군 ········ 456

세종
- 세종특별자치시 ········ 456

강원
- 강원특별자치도 ········ 456
- 춘천시 ········ 456
- 강릉시 ········ 457
- 동해시 ········ 458
- 태백시 ········ 458
- 속초시 ········ 459
- 삼척시 ········ 459
- 홍성군 ········ 461
- 영월군 ········ 461
- 평창군 ········ 462
- 정선군 ········ 462
- 화천군 ········ 462
- 양구군 ········ 462
- 인제군 ········ 463
- 고성군 ········ 464

목차

충북
- 청주시 ····· 464
- 충주시 ····· 465
- 제천시 ····· 465
- 보은군 ····· 465
- 옥천군 ····· 466
- 영동군 ····· 466
- 증평군 ····· 466
- 진천군 ····· 466
- 괴산군 ····· 466
- 음성군 ····· 467
- 단양군 ····· 467

충남
- 공주시 ····· 467
- 보령시 ····· 467
- 아산시 ····· 467
- 서산시 ····· 467
- 논산시 ····· 467
- 당진시 ····· 467
- 금산군 ····· 468
- 부여군 ····· 468
- 서천군 ····· 469
- 청양군 ····· 469
- 예산군 ····· 469

경북
- 경상북도 ····· 470
- 포항시 ····· 470
- 경주시 ····· 470
- 영천시 ····· 471
- 김천시 ····· 471
- 안동시 ····· 471
- 구미시 ····· 471
- 상주시 ····· 472
- 문경시 ····· 472
- 경산시 ····· 472
- 의성군 ····· 472
- 청송군 ····· 472
- 영양군 ····· 473
- 영덕군 ····· 473
- 청도군 ····· 473
- 고령군 ····· 473
- 성주군 ····· 473
- 칠곡군 ····· 474
- 예천군 ····· 474
- 봉화군 ····· 474
- 울진군 ····· 475
- 울릉군 ····· 475

경남
- 경상남도 ····· 475
- 창원시 ····· 475
- 진주시 ····· 475
- 통영시 ····· 475
- 사천시 ····· 475
- 김해시 ····· 475
- 거제시 ····· 475
- 양산시 ····· 475
- 의령군 ····· 476
- 함안군 ····· 476
- 창녕군 ····· 476
- 고성군 ····· 476
- 남해군 ····· 476
- 하동군 ····· 476

목 차

산청군	477
함양군	477
합천군	477

전북

전라북도	477
전주시	477
익산시	477
정읍시	477
남원시	477
김제시	478
완주군	478
장수군	478
임실군	478
순창군	478
고창군	479
부안군	479

전남

목포시	480
여수시	480
순천시	480
나주시	480
광양시	480
담양군	480
곡성군	480
구례군	480
고흥군	481
화순군	482
장흥군	482
강진군	482
해남군	482
영암군	483
함평군	483
영광군	483
장성군	483
진도군	484
신안군	484

제주

제주시	484
서귀포시	484

2024년 전국 지방자치단체 민간위탁사업비(402-03) 운영현황

순번	시군구	지출명 (사업명)	2024년예산 (단위: 천원/1년간)	민간이전 분류 (지방자치단체 세출예산 집행기준에 의거) 1. 민간경상사업보조(307-02) 2. 민간단체 법정운영비보조(307-03) 3. 민간행사사업보조(307-04) 4. 민간위탁금(307-05) 5. 사회복지시설 법정운영비보조(307-10) 6. 민간인위탁교육비(307-12) 7. 공기관등에대한경상적위탁사업비(308-13) 8. 민간자본사업보조,자체재원(402-01) 9. 민간자본사업보조,이전재원(402-02) 10. 민간위탁사업비(402-03) 11. 공기관등에 대한 자본적 위탁사업비(403-02)	민간이전지출 근거 (지방보조금 관리기준 참고) 1. 법률에 규정 2. 국고보조 재원(국가지정) 3. 용도 지정 기부금 4. 조례에 직접규정 5. 지자체가 권장하는 사업을 하는 공공기관 6. 시, 도 정책 및 재정사정 7. 기타 8. 해당없음	입찰방식 계약체결방법 (경쟁형태) 1. 일반경쟁 2. 제한경쟁 3. 지명경쟁 4. 수의계약 5. 법정위탁 6. 기타 ( ) 7. 없음	계약기간 1. 1년 2. 2년 3. 3년 4. 4년 5. 5년 6. 기타 ( )년 7. 단기계약 (1년미만) 8. 없음	낙찰자선정방법 1. 적격심사 2. 협상에의한계약 3. 최저가낙찰제 4. 규격가격분리 5. 2단계 경쟁입찰 6. 기타 ( ) 7. 없음	운영예산 산정 1. 내부산정 (지자체 자체적으로 산정) 2. 외부산정 (외부전문기관위탁 산정) 3. 내·외부 모두 산정 4. 산정 無 5. 없음	정산방법 1. 내부정산 (지자체 내부적으로 정산) 2. 외부정산 (외부전문기관위탁 정산) 3. 내·외부 모두 산정 4. 정산 無 5. 없음	성과평가 실시여부 1. 실시 2. 미실시 3. 향후 추진 4. 해당없음
1	서울특별시	서울특별시보라매병원위탁운영	4,500,400	10	4	2	5	1	1	2	1
2	서울특별시	서울특별시기술교육원운영지원	3,223,830	10	1	2	3	1	1	1	1
3	서울특별시	서울특별시서남병원위탁운영	2,564,098	10	4	1	5	1	1	1	1
4	서울특별시	노인복지관시설관리및확충	1,679,078	10	4	7	1	1	3	3	1
5	서울특별시	여성발전센터운영	1,586,621	10	4	1	3	2	1	1	1
6	서울특별시	장애인복지관기능보강	1,328,813	10	1	7	8	7	1	1	1
7	서울특별시	어르신복지시설기능보강	1,184,412	10	2	7	1	1	3	3	1
8	서울특별시	서울특별시북부병원위탁운영	1,064,817	10	4	2	5	1	1	2	1
9	서울특별시	장애인체육시설기능보강	1,016,370	10	1	1	5	1	1	1	1
10	서울특별시	자원회수시설주민편익시설개선	877,186	10	4	2	3	1,2	3	2	1
11	서울특별시	시립정신병원기능보강	735,000	10	4	2	5	1	1	2	1
12	서울특별시	노숙인복지시설기능보강(국비)	582,826	10	1	7	8	7	3	1	4
13	서울특별시	서울특별시장애인치과병원위탁운영	537,360	10	4	2	5	1	1	2	1
14	서울특별시	서울창업허브창동운영	500,000	10	4	1	3	1	1	1	1
15	서울특별시	여성능력개발원운영	469,000	10	4	1	3	2	1	1	1
16	서울특별시	서울시보조기기센터운영	440,000	10	4	5	3	1	1	1	1
17	서울특별시	서울특별시동부병원위탁운영	418,193	10	4	2	5	1	1	2	1
18	서울특별시	서울새활용플라자시설관리및운영	345,760	10	4	1	3	1,2	1	1	1
19	서울특별시	서울풍물시장활성화	300,000	10	1	1	3	1	1	1	1
20	서울특별시	서울창업허브공덕운영	300,000	10	4	4	3	7	1	2	1
21	서울특별시	어르신의료복지시설운영(요양)	273,000	10	4	7	1	1	3	3	1
22	서울특별시	거점형키움센터운영(자체)	244,000	10	2	1	5	1	1	1	3
23	서울특별시	한강공원전망카페유지관리	226,500	10	1	1	3	2	1	1	3
24	서울특별시	쪽방거주자생활안정지원(쪽방상담소운영지원)	223,813	10	1	5	5	6	1	1	1
25	서울특별시	불법성산업감시	198,603	10	4	7	8	5	5	5	4
26	서울특별시	서울남산국악당운영	195,565	10	4	2	3	2	1	3	1
27	서울특별시	서울시지역상생교류사업운영	183,216	10	6	1	3	2	3	3	1
28	서울특별시	거점형키움센터기자재비지원	180,670	10	2	1	5	1	1	1	1
29	서울특별시	시청직장어린이집운영	177,000	10	4	1	6	2	1	1	1
30	서울특별시	시립서울형키즈카페운영	166,548	10	6	7	8	7	5	5	4
31	서울특별시	서울상상나라운영	150,000	10	4	1	3	1	1	1	1
32	서울특별시	돈의문박물관마을운영	130,000	10	4	2	3	1	1	3	3
33	서울특별시	서울특별시제대혈은행운영	127,400	10	4	2	5	1	1	2	1
34	서울특별시	관악복합평생교육센터운영	120,000	10	1	7	8	7	5	5	4
35	서울특별시	서울아이발달지원센터운영	111,970	10	4	1	3	1	1	3	1
36	서울특별시	장애인거주시설기능보강	110,200	10	2	7	8	7	1	1	4
37	서울특별시	산업특정개발진흥지구운영	80,000	10	1	6	2	7	1	1	4

순번	시군구	지출명 (사업명)	2024년예산 (단위 : 천원 /1년간)	민간이전 분류 (지방자치단체 세출예산 집행기준에 의거)	민간이전지출 근거 (지방보조금 관리기준 참고)	입찰방식			운영예산 산정		성과평가 실시여부
						계약체결방법 (경쟁형태)	계약기간	낙찰자선정방법	운영예산 산정	정산방법	
38	서울특별시	장애인직업재활시설기능보강	72,272	10	2	7	8	7	5	5	1
39	서울특별시	노숙인복지시설기능보강	71,109	10	1	7	8	7	3	1	4
40	서울특별시	노인보호전문기관운영	70,000	10	2	7	1	1	3	3	1
41	서울특별시	여성노숙인시설기능보강	60,362	10	4	1	5	7	3	3	4
42	서울특별시	실감형온라인콘텐츠제작스튜디오조성및운영	52,000	10	4	2	2	2	1	3	1
43	서울특별시	시육아종합지원센터운영(전환사업)	50,000	10	1	1	3	1	1	1	1
44	서울특별시	시립청소년특화시설위탁운영지원	50,000	10	4	7	8	7	1	1	1
45	서울특별시	서울핀테크랩운영	48,400	10	4	1	2	1	1	1	1
46	서울특별시	전태일기념관운영	48,000	10	4	1	3	1	1	3	1
47	서울특별시	서울형독성물질중독관리센터설치운영	47,675	10	4	1	6	1	5	2	4
48	서울특별시	서울노동자복지관운영	46,000	10	4	1	2	1	1	3	1
49	서울특별시	직장맘지원센터운영	44,250	10	4	1	3	7	3	3	1
50	서울특별시	서울도시금속회수센터(SR센터)운영효율화	30,000	10	1	2	3	2	1	1	3
51	서울특별시	청소년복지시설기능보강지원	20,000	10	2	7	8	7	1	3	1
52	서울특별시	서울시강북노동자복지관운영	18,000	10	4	1	2	1	1	3	1
53	서울특별시	서울용산시제품제작소운영	15,000	10	4	1	3	2	1	1	1
54	서울특별시	시한부모가족지원센터운영	10,443	10	4	1	3	1	1	1	1
55	서울특별시	폭력피해이주여성보호시설안전보강	10,000	10	1,2	7	8	7	5	1	1
56	서울특별시	서울창업센터관악운영	10,000	10	4	1	6	2	1	1	3
57	서울특별시	청소년성문화센터운영	10,000	10	6	1	8	1	1	1	4
58	서울특별시	서울시가족센터운영	9,000	10	4	6	5	1	1	1	2
59	서울특별시	종합사회복지관기능보강	5,918	10	1	5	5	1	1	1	1
60	서울 성동구	구립어린이집환경개선	115,000	10	4	4	7	6	3	3	4
61	서울 광진구	서울청년센터광진오랑운영	4,000	10	4	6	2	1	1	1	1
62	서울 광진구	정신건강증진사업	3,000	10	1,4	1	5	1	1	1	1
63	서울 동대문구	구립어린이집확충	670,000	10	1	7	8	7	5	5	4
64	서울 동대문구	공동육아활성화사업	10,000	10	6	7	8	7	1	1	4
65	서울 중랑구	국공립어린이집기능보강	288,000	10	2	7	8	7	5	1	4
66	서울 중랑구	종합사회복지관기능보강사업	47,685	10	1	7	8	7	1	1	1
67	서울 중랑구	국공립어린이집확충	8,000	10	2	7	8	7	5	1	4
68	서울 성북구	어린이집유지보수	596,789	10	1	7	8	7	5	5	4
69	서울 성북구	종합사회복지관기능보강	78,650	10	1	7	8	7	1	1	1
70	서울 성북구	유휴지활용주차장조성	68,000	10	7	7	8	7	5	5	4
71	서울 성북구	성북청소년문화의집운영	27,188	10	1,4	6	3	7	1	1	3
72	서울 성북구	장애아통합보육활성화사업비지원	10,000	10	1	7	8	7	1	1	1
73	서울 강북구	종합사회복지관기능보강	186,657	10	1	6	5	6	1	1	1
74	서울 강북구	구립강북실버종합복지센터기능보강	182,445	10	1	5	5	1	1	1	1
75	서울 강북구	어린이집환경개선	116,000	10	1,2	7	8	7	5	1	4
76	서울 강북구	구립수유미아실버데이케어센터기능보강	66,846	10	1	5	5	1	1	1	1
77	서울 강북구	국공립어린이집확충	12,000	10	2	1	5	1	1	1	1

순번	시군구	지출명 (사업명)	2024년예산 (단위 : 천원 /1년간)	민간이전 분류 (지방자치단체 세출예산 집행기준에 의거) 1. 민간경상사업보조(307-02) 2. 민간단체 법정운영비보조(307-03) 3. 민간행사사업보조(307-04) 4. 민간위탁금(307-05) 5. 사회복지시설 법정운영비보조(307-10) 6. 민간인위탁교육비(307-12) 7. 공기관등에대한경상적위탁사업비(308-13) 8. 민간자본사업보조,자체재원(402-01) 9. 민간자본사업보조,이전재원(402-02) 10. 민간위탁사업비(402-03) 11. 공기관등에 대한 자본적 위탁사업비(403-02)	민간이전지출 근거 (지방보조금 관리기준 참고) 1. 법률에 규정 2. 국고보조 재원(국가지정) 3. 용도 지정 기부금 4. 조례에 직접규정 5. 지자체가 권장하는 사업을 하는 공공기관 6. 시,도 정책 및 재정사정 7. 기타 8. 해당없음	입찰방식			운영예산 산정		성과평가 실시여부 1. 실시 2. 미실시 3. 향후 추진 4. 해당없음
						계약체결방법 (경쟁형태) 1. 일반경쟁 2. 제한경쟁 3. 지명경쟁 4. 수의계약 5. 법정위탁 6. 기타 ( ) 7. 없음	계약기간 1. 1년 2. 2년 3. 3년 4. 4년 5. 5년 6. 기타 ( )년 7. 단가계약 (1년미만) 8. 없음	낙찰자선정방법 1. 적격심사 2. 협상에의한계약 3. 최저가낙찰제 4. 규격가격분리 5. 2단계 경쟁입찰 6. 기타 ( ) 7. 없음	운영예산 산정 1. 내부산정 (지자체 자체적으로 산정) 2. 외부산정 (외부전문기관위탁 산정) 3. 내·외부 모두 산정 4. 산정 無 5. 없음	정산방법 1. 내부정산 (지자체 내부적으로 정산) 2. 외부정산 (외부전문기관위탁 정산) 3. 내·외부 모두 정산 4. 정산 無 5. 없음	
78	서울 강북구	장애인시설및편의지원	10,000	10	5	7	8	7	1	1	4
79	서울 강북구	삼양동종합복지센터운영	10,000	10	4	1	5	7	1	1	1
80	서울 도봉구	창동어르신복지관신축	370,000	10	8	7	8	7	5	5	4
81	서울 도봉구	종합사회복지관기능보강사업	253,535	10	1	7	8	7	1	1	4
82	서울 도봉구	국공립어린이집환경개선	236,000	10	1	7	8	7	5	5	4
83	서울 도봉구	그린리모델링사업	148,550	10	1	7	8	7	5	5	4
84	서울 도봉구	노인복지시설유지보수	143,765	10	1	1	5	1	1	1	1
85	서울 도봉구	육아종합지원센터운영지원	55,000	10	1	7	8	7	5	5	4
86	서울 도봉구	도봉여성센터운영	12,000	10	4	1	5	1	1	1	3
87	서울 도봉구	장애인편의시설지원	5,000	10	1	5	5	6	3	3	1
88	서울 도봉구	장애아통합어린이집운영지원	4,800	10	1	7	8	7	5	5	4
89	서울 노원구	종합사회복지관기능보강사업	627,222	10	1,6	7	8	7	1	1	1
90	서울 노원구	담장허물기	42,000	10	4	7	8	7	1	1	2
91	서울 은평구	구립어린이집적정규모유지관리(신규설치)	462,000	10	1	7	8	7	1	1	4
92	서울 은평구	구립어린이집위탁관리	175,000	10	4	7	8	7	1	1	1
93	서울 은평구	노인복지관운영	136,703	10	1	5	5	1	1	1	1
94	서울 은평구	구립어린이집기능보강	50,000	10	2	7	8	7	1	1	4
95	서울 은평구	다함께돌봄센터설치비지원	12,000	10	1	7	8	7	1	1	4
96	서울 은평구	구립어린이집적정규모유지관리(전환설치)	10,000	10	1	7	8	7	1	1	4
97	서울 은평구	노인맞춤돌봄서비스	9,890	10	1	7	3	7	3	3	1
98	서울 은평구	장애아통합어린이집운영	4,800	10	1	7	8	7	1	1	4
99	서울 은평구	평생학습관및어린이영어도서관운영	4,000	10	4	2	3	1	1	1	1
100	서울 서대문구	종합사회복지관기능보강	378,608	10	1	7	8	7	1	1	1
101	서울 서대문구	서대문시니어클럽운영	70,000	10	1,4	6	5	1	1	1	3
102	서울 서대문구	홍은청소년문화의집운영지원	50,000	10	1	6	3	1	1	1	1
103	서울 서대문구	정담은푸드마켓(푸드뱅크)운영지원	46,030	10	6	1	3	1	1	1	1
104	서울 서대문구	노인여가복지시설운영	30,000	10	1,4	5	5	1	1	1	1
105	서울 서대문구	노인의료및재가노인복지시설지원	30,000	10	1,4	6	5	1	1	1	1
106	서울 서대문구	육아종합지원센터운영	20,000	10	4	6	5	1	1	1	1
107	서울 서대문구	정담은푸드마켓(푸드뱅크)운영지원	6,000	10	6	1	5	1	1	1	1
108	서울 서대문구	가족센터운영지원	3,000	10	4	5	5	1	3	3	1
109	서울 서대문구	구립청소년활동공간홍은누리운영지원	2,000	10	1	6	3	1	1	1	1
110	서울 서대문구	홍제동청소년활동공간꿈다락운영지원	2,000	10	1	6	3	1	1	1	1
111	서울 서대문구	청소년디지털미디어문화공간조성및운영	1,800	10	1	6	3	1	1	1	1
112	서울 양천구	종합사회복지관기능보강사업	723,587	10	4	1,6	8	6	1	1	1
113	서울 양천구	구립보육시설기능보강	75,000	10	1	7	8	7	5	5	1
114	서울 양천구	어린이집환경개선(국공립)	60,900	10	1	7	8	7	5	5	1
115	서울 양천구	양천해누리복지관시설관리(기능보강사업)	60,000	10	1	7	8	7	1	1	1
116	서울 양천구	어린이집확충	20,000	10	1	7	8	7	5	5	1
117	서울 양천구	청소년시설운영지원(신월청소년문화센터운영)	10,000	10	1	1	2	1	1	1	4

연번	사업자	사업명	2024년예산 (단위: 천원/백만원)	심의기준	계획성	적정성	효과성	효율성	참여도	예산내역
118	서울 강서구	구로공원 조성사업	246,000	4	5	5	1	1	1	1
119	서울 강서구	고궁권역이음 활성화사업	187,000	10	9	7	8	7	5	5	4
120	서울 강서구	어린이놀이시설 안전관리(재난지원)	115,000	10	1	6	1	7	2	1	1
121	서울 강서구	도로부대시설물 관리사업	100,000	10	1	6	1	7	2	1	1
122	서울 강서구	공원녹지 시설물운영 관리사업	64,000	10	4	5	5	1	1	1	1
123	서울 강서구	구로공원 경관사업	24,000	10	4	5	5	1	1	1	1
124	서울 강서구	구로공원 환경관리	16,000	10	4	5	5	1	1	1	1
125	서울 구로구	공원녹지 환경개선(공원녹지 이용시설 개선사업)	400,000	10	1,4	7	8	7	2	1	4
126	서울 구로구	어린이놀이시설 안전관리(이음놀이터 조성사업)	158,000	10	1,4	7	8	7	1	1	4
127	서울 구로구	공원녹지 시설물안전관리 강화사업(구조물안전진단시설 보수)	100,000	10	1	7	8	7	1	3	4
128	서울 구로구	공원녹지 환경개선(공원녹지 이용시설 개선사업)	90,000	10	7	1	1	7	1	3	3
129	서울 구로구	공원녹지 시설물안전관리 강화사업	40,000	10	1	5	7	1	1	1	4
130	서울 구로구	공원녹지 환경개선(공원녹지 이용시설)	30,000	10	1	7	8	7	1	3	4
131	서울 구로구	공원녹지 시설물안전관리 강화사업(구조물안전진단시설 보수)	17,764	10	4	1	5	6	1	1	1
132	서울 금천구	구립공원 이음관리	150,000	10	1	7	8	7	1	1	4
133	서울 금천구	공원녹지 경관사업	43,490	10	1	7	8	7	3	3	4
134	서울 금천구	공원녹지가 조성관 대여사업	15,040	10	4	7	8	7	1	1	2
135	서울 금천구	공원녹지 환경관리 시설물경관사업	344,000	10	1,4	7	8	7	1	1	1
136	서울 금천구	공원녹지 시설물환경 관리 이용시설사업	200,000	10	4	7	8	7	5	5	4
137	서울 금천구	대형공원녹지 이용시설	200,000	10	4	7	8	7	5	5	4
138	서울 금천구	어린이놀이시설 관리	102,060	10	4	7	8	7	3	3	4
139	서울 금천구	어린이놀이시설 관리(재난)	100,000	10	4	7	8	7	1	1	4
140	서울 금천구	구립공원 경관사업	84,700	10	1,2	5	7	1	2	1	3
141	서울 금천구	고궁권역 이용활성	34,500	10	2	5	8	7	1	1	4
142	서울 금천구	공원녹지시설물경관 시설사업	33,600	10	6	5	5	7	1	1	3
143	서울 금천구	공원녹지시설물관리 경관사업	32,400	10	4	7	3	1	1	1	1
144	서울 금천구	공원녹지시설물관 경관사업	22,400	10	1	1	3	1	1	1	1
145	서울 금천구	공원시설물관리 경관사업	15,590	10	1,4	1	8	7	1	1	1
146	서울 금천구	공원녹지시설물활성화사업	13,000	10	1	1	3	1	1	1	1
147	서울 영등포구	공원녹지녹음관리 이용시설	7,000	10	1	4	8	1	1	1	4
148	서울 영등포구	이음공원관리	730,000	10	2	7	8	7	5	5	4
149	서울 영등포구	공원녹지관리 시설물경관사업	227,884	10	1	5	7	7	1	1	1
150	서울 영등포구	고궁권역이용 활성화	210,000	10	4	7	8	7	5	5	4
151	서울 영등포구	공원녹지시설(구조공원녹지관리기능보강)	118,800	10	4	6	3	6	3	3	4
152	서울 영등포구	공원녹지시설(구조공원녹지관리기능보강)	56,100	10	1	5	5	7	3	1	1
153	서울 영등포구	공원녹지시설경관	15,000	10	1	5	5	9	3	3	1
154	서울 영등포구	공원녹지경관사업	5,000	10	4	6	3	9	3	3	3
155	서울 영등포구	공원녹지이음공원관리활성화사업	3,100	10	1	5	5	1	1	1	1
156	서울 영등포구	고궁권역이용활성	278,000	10	2	7	8	7	1	1	4
157	서울 영등포구	공원녹지이용시설(재난)	8,200	10	1	5	5	7	1	3	4

순번	시군구	지출명(사업명)	2024년예산(단위:천원/1년간)	민간이전 분류	민간이전지출 근거	계약체결방법(경쟁형태)	계약기간	낙찰자선정방법	운영예산 산정	정산방법	성과평가 실시여부
158	서울 강남구	강남구자원봉사센터	1,047,337	10	4	1	3	1	1	1	1
159	서울 강남구	논현요양센터	23,940	10	1	1	5	1	5	5	1
160	서울 강남구	강남논현데이케어센터	21,767	10	1	1	5	1	5	5	1
161	서울 강남구	세곡데이케어센터	21,620	10	1	1	5	1	5	5	1
162	서울 강남구	학수정데이케어센터	11,000	10	1	1	5	1	5	5	1
163	서울 강남구	압구정데이케어센터	6,700	10	1	1	5	1	5	5	1
164	서울 송파구	어린이집환경개선	636,600	10	2	7	8	7	1	1	4
165	서울 송파구	구립노인복지시설기능보강	175,000	10	1	7	8	7	1	1	4
166	서울 송파구	국공립문정동136번지어린이집(가칭)개원	130,000	10	1	7	8	7	1	1	4
167	서울 송파구	종합사회복지관기능보강	101,986	10	1	1	1	1	1	1	1
168	서울 송파구	송파노인종합복지관지하대강당환경개선(주민참여예산)	100,000	10	1	7	8	7	3	1	4
169	서울 송파구	국가건강검진사업의료급여일반검진	77,000	10	1	7	8	7	5	5	4
170	서울 송파구	여성사회복지시설내외부보수공사등(주민참여예산)	66,000	10	4	1	7	2	1	1	1
171	서울 송파구	송파어린이문화회관운영지원	50,000	10	4	5	3	1	1	1	1
172	서울 송파구	구립장애인복지시설기능보강	24,035	10	8	5	8	7	1	1	4
173	서울 송파구	국공립트리지움어린이집(가칭)개원	20,000	10	1	7	8	7	1	1	4
174	서울 송파구	송파노인종합복지관기능보강	16,662	10	1	1	5	1	1	1	4
175	서울 송파구	송파구가족센터남녀공용화장실분리공사(주민참여예산)	15,000	10	1	7	8	7	5	5	4
176	서울 송파구	공동육아방운영	9,000	10	6	5	3	1	1	1	1
177	서울 송파구	지역아동센터환경개선비지원(지자체법인,개인시설)	8,281	10	1	1	1	1	5	5	4
178	서울 송파구	민간노인요양시설냉난방비지원	7,600	10	1	1	1	1	1	1	4
179	서울 송파구	장애아통합보육시설설치지원	4,800	10	1	7	8	7	1	1	4
180	서울 송파구	국가건강검진사업영유아검진	4,700	10	1	7	8	7	5	5	4
181	서울 송파구	여성쉼터운영	4,000	10	4	4	7	2	1	1	1
182	서울 송파구	국공립아남어린이집(가칭)개원	3,000	10	1	7	8	7	1	1	4
183	서울 강동구	어린이집기능보강사업비	136,000	10	1,2,5	7	8	7	3	3	4
184	경기 수원시	수원선수촌운영	7,000	10	1	7	3	1	1	1	1
185	경기 성남시	판교주민편익시설및보통골주민의쉼터운영	3,075,450	10	4	4	3	1	1	1	1
186	경기 성남시	체육시설운영관리지원	1,558,994	10	8	7	8	7	1	1	4
187	경기 성남시	체육시설운영관리지원	441,262	10	8	7	8	7	1	1	4
188	경기 성남시	산학관연계중소기업지원혁신플랫폼구축	200,000	10	6	7	8	7	1	1	1
189	경기 성남시	특화거리활성화지원사업	200,000	10	6	5	1	1	1	1	1
190	경기 성남시	유아숲교육운영	171,996	10	1	7	8	7	5	5	4
191	경기 성남시	어린이집환경개선	120,000	10	1	7	8	7	5	5	4
192	경기 성남시	어린이집환경개선	95,000	10	1	7	8	7	5	5	4
193	경기 성남시	산림치유프로그램운영	90,000	10	1	7	8	7	5	5	4
194	경기 성남시	숲해설운영지원	57,332	10	1	7	8	7	5	5	4
195	경기 성남시	사회복지관기능보강비지원	49,500	10	1	6	8	4	1	1	4
196	경기 성남시	사회복지관기능보강비지원	36,366	10	1	6	8	4	1	1	4
197	경기 성남시	사회복지관기능보강비지원	24,790	10	1	6	8	4	1	1	4

순번	시군구	지출명 (사업명)	2024년예산 (단위: 천원/1년간)	민간이전 분류 (지방자치단체 세출예산 집행기준에 의거) 1. 민간경상사업보조(307-02) 2. 민간단체 법정운영비보조(307-03) 3. 민간행사사업보조(307-04) 4. 민간위탁금(307-05) 5. 사회복지시설 법정운영비보조(307-10) 6. 민간위탁교육비(307-12) 7. 공기관등에대한경상적위탁사업비(308-13) 8. 민간자본사업보조,자체재원(402-01) 9. 민간자본사업보조,이전재원(402-02) 10. 민간위탁사업비(402-03) 11. 공기관에 대한 자본적 위탁사업비(403-02)	민간이전지출 근거 (지방보조금 관리기준 참고) 1. 법률에 규정 2. 국고보조 재원(국가지정) 3. 용도 지정 기부금 4. 조례에 직접규정 5. 지자체가 권장하는 사업을 하는 공공기관 6. 시,도 정책 및 재정사정 7. 기타 8. 해당없음	입찰방식			운영예산 산정		성과평가 실시여부
						계약체결방법 (경쟁형태) 1. 일반경쟁 2. 제한경쟁 3. 지명경쟁 4. 수의계약 5. 법정위탁 6. 기타 ( ) 7. 없음	계약기간 1. 1년 2. 2년 3. 3년 4. 4년 5. 5년 6. 기타 ( )년 7. 단기계약 (1년미만) 8. 없음	낙찰자선정방법 1. 적격심사 2. 협상에의한계약 3. 최저가낙찰제 4. 규격가격분리 5. 2단계 경쟁입찰 6. 기타 ( ) 7. 없음	운영예산 산정 1. 내부산정 (지자체 자체적으로 산정) 2. 외부산정 (외부전문기관위탁 산정) 3. 내·외부 모두 산정 4. 산정 無	정산방법 1. 내부정산 (지자체 내부적으로 정산) 2. 외부정산 (외부전문기관위탁 정산) 3. 내·외부 모두 산정 4. 정산 無 5. 없음	1. 실시 2. 미실시 3. 향후 추진 4. 해당없음
198	경기 성남시	사회복지관기능보강비지원	19,646	10	1	6	8	4	1	1	4
199	경기 성남시	사회복지관기능보강비지원	19,500	10	1	6	8	4	1	1	4
200	경기 성남시	운행차배출가스저감대책	15,300	10	2	6	8	7	2	2	2
201	경기 성남시	사회복지관기능보강비지원	13,620	10	1	6	8	4	1	1	4
202	경기 성남시	야생동물구조치료	1,500	10	1	7	8	7	5	5	4
203	경기 성남시	야생동물부상치료위탁대행비	1,500	10	1	7	8	7	1	1	4
204	경기 의정부시	공립어린이집확충리모델링비(4개소)	320,000	10	1	7	8	7	1	1	4
205	경기 의정부시	경로당개보수비	65,000	10	4	7	8	7	1	1	4
206	경기 의정부시	장기요양기관환기시설설치사업	52,339	10	2	7	8	7	5	5	4
207	경기 의정부시	경로당물품지원	49,000	10	4	7	8	7	1	1	4
208	경기 의정부시	노인요양시설확충(기능보강)사업	32,750	10	2	7	8	7	1	1	1
209	경기 의정부시	장애인복지회관운영지원	31,800	10	4	5	3	1	1	1	1
210	경기 의정부시	공립어린이집환경개선사업	30,000	10	1,6	7	8	7	1	1	4
211	경기 의정부시	조기폐차업무대행비	12,000	10	1	7	8	7	2	2	4
212	경기 안양시	기초생활보장주거현물급여	180,000	10	8	7	8	7	5	5	4
213	경기 안양시	영구공공임대주택공동전기료지원	6,600	10	8	7	8	7	5	5	4
214	경기 부천시	공공청소년수련시설이용활성화사업	60,000	10	6	7	8	7	3	1	2
215	경기 부천시	국공립어린이집확충	35,000	10	2	7	8	7	5	1	4
216	경기 부천시	배출가스저감사업	32,969	10	6	7	8	7	5	5	4
217	경기 부천시	사회복지시설환경개선사업	30,000	10	1	7	8	7	5	5	4
218	경기 부천시	고리울청소년센터운영시설환경개선(주민지원사업)	25,073	10	6	7	8	7	3	1	2
219	경기 부천시	보훈회관환경개선사업	20,630	10	4	7	8	7	5	5	4
220	경기 부천시	공립(위탁)공립작은도서관도서구입비	5,905	10	4	7	8	7	1	1	1
221	경기 부천시	공립(위탁)공립작은도서관도서구입비	5,905	10	4	7	8	7	1	1	1
222	경기 부천시	공립(위탁)공립작은도서관도서구입비	5,905	10	4	7	8	7	1	1	1
223	경기 부천시	위탁공립작은도서관도서구입비	5,905	10	4	7	8	7	1	1	1
224	경기 부천시	위탁공립작은도서관도서구입비	5,905	10	4	7	8	7	1	1	1
225	경기 부천시	위탁공립작은도서관도서구입	5,905	10	4	7	5	7	1	1	1
226	경기 부천시	위탁공립작은도서관도서구입	5,905	10	4	7	5	7	1	1	1
227	경기 부천시	위탁공립작은도서관도서구입	5,905	10	4	7	5	7	1	1	1
228	경기 부천시	공립작은도서관냉난방기지원	5,073	10	4	7	5	7	1	1	1
229	경기 부천시	공립(위탁)공립작은도서관도서구입비	4,935	10	4	7	8	7	1	1	1
230	경기 부천시	공립(위탁)공립작은도서관도서구입비	4,935	10	4	7	8	7	1	1	1
231	경기 부천시	공립(위탁)공립작은도서관도서구입비	4,935	10	4	7	8	7	1	1	1
232	경기 부천시	위탁공립작은도서관도서구입비	4,935	10	4	7	8	7	1	1	1
233	경기 부천시	위탁공립작은도서관도서구입비	4,935	10	4	7	8	7	1	1	1
234	경기 부천시	위탁공립작은도서관도서구입	4,935	10	4	7	5	7	1	1	1
235	경기 부천시	공립작은도서관운영집기구입	1,000	10	4	7	8	7	1	1	4
236	경기 부천시	공립작은도서관냉난방기지원	618	10	4	7	5	7	1	1	1
237	경기 광명시	비정산비	4,451,407	10	6	2	3	2	2	1	1

- 450 -

순번	시군구	지출명 (사업명)	2024년예산 (단위: 천원/1년간)	민간이전 분류	민간이전지출 근거	계약체결방법 (경쟁형태)	계약기간	낙찰자선정방법	운영예산 산정	정산방법	성과평가 실시여부
238	경기 광명시	음식물쓰레기민간위탁처리비	2,369,607	10	1	2	2	1	2	4	4
239	경기 광명시	비정산비	1,886,520	10	6	2	3	2	2	1	1
240	경기 광명시	정산비	1,800,000	10	6	2	3	2	1	1	1
241	경기 광명시	정산비	1,500,000	10	6	2	3	2	1	1	1
242	경기 광명시	비정산비	791,700	10	6	2	3	2	2	1	1
243	경기 광명시	생활폐기물민간소각처리용역비	649,000	10	6	7	8	7	5	5	4
244	경기 광명시	방역소독민간대행사업	400,000	10	7	7	8	7	5	5	4
245	경기 광명시	노면진공청소차량폐토사처리비	72,000	10	6	1	1	1	1	1	1
246	경기 광명시	불연성생활폐기물민간위탁처리비	70,000	10	6	7	8	7	5	5	4
247	경기 광명시	동물사체민간위탁처리비	52,000	10	6	1	1	1	1	1	1
248	경기 광명시	철산건강생활지원센터신축공사	24,964	10	7	7	8	7	5	5	4
249	경기 광명시	조기폐차업무대행비	7,830	10	1	7	8	7	5	5	4
250	경기 광명시	긴급방역소독비	5,000	10	7	7	8	7	5	5	4
251	경기 평택시	수리시설정비(전환사업)	1,312,000	10	5	7	8	7	5	1	3
252	경기 평택시	공공폐수처리시설운영	240,000	10	1	7	8	7	5	5	4
253	경기 평택시	다함께돌봄센터설치비지원(국비)	210,000	10	2	5	5	1	3	1	1
254	경기 평택시	영농한해특별대책지원	96,000	10	5	7	8	7	5	1	3
255	경기 평택시	공공청소년수련시설이용활성화사업	44,100	10	7	7	8	7	1	1	1
256	경기 평택시	육아종합지원센터운영지원	24,250	10	1	2	5	1	1	1	1
257	경기 동두천시	자연발생유지유지관리	246,368	10	4	1	7	6	1	1	4
258	경기 안산시	민원콜센터민간위탁	1,267,187	10	6	3	2	1	1	1	1
259	경기 안산시	다함께돌봄센터설치비지원	100,000	10	1	5	5	1	1	1	3
260	경기 안산시	국공립전환어린이집기자재(2개소)구입	51,000	10	2	7	8	7	5	1	1
261	경기 안산시	조기폐차업무대행비용	34,200	10	1	5	8	7	5	3	3
262	경기 안산시	노후가스,전기시설무료개선사업	15,000	10	5	7	7	7	1	1	4
263	경기 안산시	노후보일러시설무료개선사업	6,400	10	4	4	7	7	1	1	1
264	경기 고양시	현수막가로등주현수기지정게시대운영관리사무위탁	400,000	10	8	1	3	1	1	1	1
265	경기 고양시	가정폭력피해자보호시설기능보강	6,000	10	1	5	3	1	1	1	1
266	경기 과천시	민간검침원운영	137,387	10	1	6	1	6	1	1	4
267	경기 구리시	보증기간경과장치성능유지관리(클리닝,콜모니터링등)	37,024	10	2	6	1	7	2	2	2
268	경기 남양주시	열린(이동)도서관위탁운영	4,800	10	1	4	3	1	1	1	3
269	경기 군포시	사업장방치폐기물처리위탁	12,000	10	8	4	7	7	5	4	2
270	경기 군포시	노후경유차조기폐차보조금지원업무대행비	9,120	10	5	5	8	7	2	3	4
271	경기 군포시	불법배출생활폐기물처리위탁	5,160	10	8	4	7	7	5	4	2
272	경기 용인시	어린이급식관리지원센터	1,886,000	10	2	7	8	7	5	3	1
273	경기 용인시	민관협력형숲가꾸기시범사업	1,332,000	10	2	7	7	7	1	1	4
274	경기 용인시	어린이집확충	955,000	10	2	7	8	7	1	1	4
275	경기 용인시	보증기간경과장치성능유지관리	206,602	10	1	7	8	7	5	5	4
276	경기 용인시	육아종합지원센터운영지원(사업비)	121,712	10	1	1	5	1	1	1	1
277	경기 용인시	사회복지급식관리지원센터	100,000	10	2	4	6	7	5	3	1

순번	시군구	지출명 (사업명)	2024년예산 (단위 : 천원 /1년간)	민간이전 분류 (지방자치단체 세출예산 집행기준에 의거) 1. 민간경상사업보조(307-02) 2. 민간단체 법정운영비보조(307-03) 3. 민간행사사업보조(307-04) 4. 민간위탁금(307-05) 5. 사회복지시설 법정운영비보조(307-10) 6. 민간인위탁교육비(307-12) 7. 공기관등에대한경상적위탁사업비(308-13) 8. 민간자본사업보조,자체재원(402-01) 9. 민간자본사업보조,이전재원(402-02) 10. 민간위탁사업비(402-03) 11. 공기관등에 대한 자본적 위탁사업비(403-02)	민간이전지출 근거 (지방보조금 관리기준 참고) 1. 법률에 규정 2. 국고보조 재원(국가지정) 3. 용도 지정 기부금 4. 조례에 직접규정 5. 지자체가 권장하는 사업을 하는 공공기관 6. 시,도 정책 및 재정사정 7. 기타 8. 해당없음	계약체결방법 (경쟁형태) 1. 일반경쟁 2. 제한경쟁 3. 지명경쟁 4. 수의계약 5. 법정위탁 6. 기타 ( ) 7. 없음	계약기간 1. 1년 2. 2년 3. 3년 4. 4년 5. 5년 6. 기타 ( )년 7. 단기계약 (1년미만) 8. 없음	낙찰자선정방법 1. 적격심사 2. 협상에의한계약 3. 최저가낙찰제 4. 규격가격분리 5. 2단계 경쟁입찰 6. 기타 ( ) 7. 없음	운영예산 산정 1. 내부산정 (지자체 자체적으로 산정) 2. 외부산정 (외부전문기관위탁 산정) 3. 내·외부 모두 산정 4. 산정 無 5. 없음	정산방법 1. 내부정산 (지자체 내부적으로 정산) 2. 외부정산 (외부전문기관위탁 정산) 3. 내·외부 모두 산정 4. 정산 無 5. 없음	성과평가 실시여부 1. 실시 2. 미실시 3. 향후 추진 4. 해당없음
278	경기 파주시	어린이집확충(자체)	1,081,300	10	7	4	8	2	1	1	1
279	경기 파주시	교하도서관민간투자시설운영	1,009,025	10	1	2	6	2	1	1	1
280	경기 파주시	환경관리센터시설개선	970,000	10	7	7	8	7	1	1	4
281	경기 파주시	교하도서관건립민간투자상환금	860,000	10	1	2	6	2	1	1	1
282	경기 파주시	정책숲가꾸기	645,162	10	2	7	8	7	1	1	3
283	경기 파주시	도시가스배관망설치	603,450	10	1	7	8	7	2	1	4
284	경기 파주시	기자재비	300,000	10	2	4	8	4	4	1	1
285	경기 파주시	공익숲가꾸기	222,384	10	2	7	8	7	1	1	3
286	경기 파주시	신규개원안착지원금	140,000	10	6	4	8	2	4	1	3
287	경기 파주시	장난감도서관운영	114,440	10	1	1	3	1	1	1	3
288	경기 파주시	도서구입	104,500	10	4	7	8	7	1	1	1
289	경기 파주시	경제림조성	89,400	10	2	7	8	7	1	1	3
290	경기 파주시	큰나무공익조림	85,675	10	2	7	8	7	1	1	3
291	경기 파주시	어린이집환경개선	60,500	10	1	7	8	7	1	1	4
292	경기 파주시	다함께돌봄센터기자재비	40,000	10	1	1	5	1	5	1	1
293	경기 파주시	육아종합지원센터운영	8,900	10	1	1	3	1	1	1	3
294	경기 파주시	금촌무지개공립작은도서관운영지원	5,450	10	6	7	8	7	5	5	4
295	경기 파주시	자원봉사센터운영집기	3,580	10	1,4	7	8	7	1	1	1
296	경기 이천시	임금님표이천브랜드관리본부홍보비및운영비	1,425,000	10	6	7	8	7	1	1	4
297	경기 이천시	노점상및노상적치물정비용역	250,000	10	8	1	1	3	1	1	4
298	경기 이천시	길고양이중성화수술비지원	80,000	10	1	1	8	3	5	1	1
299	경기 안성시	안성제1일반산업단지지중화사업	592,641	10	2	5	8	7	2	2	3
300	경기 안성시	아동보호전문기관기자재및차량구입	350,000	10	1	7	8	7	5	5	4
301	경기 여주시	여주시사편찬운영사무	195,640	10	6	4	5	6	1	1	3
302	경기 여주시	영농부산물안전처리지원	105,125	10	2	7	8	7	5	5	4
303	경기 화성시	유치원형유아전담공립어린이집권역별개설	600,000	10	1,4	7	8	7	1	1	4
304	경기 광주시	공립작은도서관민간위탁사업비	108,400	10	4	1	3	1	1	1	1
305	경기 광주시	다함께돌봄센터설치비지원외	150,000	10	8	7	8	7	5	5	4
306	경기 양주시	가축분뇨공공처리시설관리	2,136,840	10	1,4	2	5	2	1	1	4
307	경기 양주시	유아숲교육프로그램운영	234,672	10	2	7	8	7	5	5	4
308	경기 양주시	공립어린이집기자재구입비지원	143,000	10	1	7	8	7	1	1	1
309	경기 양주시	공영버스구입비지원(자체보조)	90,000	10	1	7	8	7	5	5	4
310	경기 양주시	숲해설프로그램운영	58,668	10	2	7	8	7	5	5	4
311	경기 양주시	공영버스구입비지원	33,750	10	1	7	8	7	5	5	4
312	경기 연천군	아미천청정계곡유지관리민간위탁	582,585	10	4	1	7	1	1	5	4
313	경기 연천군	말라리아등감염병예방방역소독민간용역	200,000	10	1	7	8	7	5	5	4
314	경기 가평군	기초정신건강복지센터지원(재산조성)	8,000	10	8	2	3	1	1	1	1
315	경기 양평군	정책숲가꾸기	2,231,666	10	2	5	7	3	1	1	1
316	경기 양평군	미세먼지저감공익숲가꾸기	677,360	10	2	5	7	3	1	1	1
317	경기 양평군	지역자율형사회서비스투자사업(산모신생아건강관리지원사업)(전환사업)	250,000	10	2	7	8	7	5	5	4

순번	시군구	지출명 (사업명)	2024년예산 (단위: 천원 /1년간)	민간이전 분류 (지방자치단체 세출예산 집행기준에 의거)	민간이전지출 근거 (지방보조금 관리기준 참고)	입찰방식 계약체결방법 (경쟁형태)	계약기간	낙찰자선정방법	운영예산 산정	정산방법	성과평가 실시여부
318	경기 양평군	저소득층기저귀조제분유지원사업	240,000	10	2	7	8	7	5	5	4
319	경기 양평군	치매치료관리비지원	217,094	10	1	7	8	7	5	5	4
320	경기 양평군	조림	154,788	10	2	5	7	3	1	1	1
321	경기 양평군	국가암관리(암검진사업)	128,600	10	2	7	8	7	5	5	4
322	경기 양평군	산림치유지도사위탁운영	96,000	10	1	7	8	7	5	5	4
323	경기 양평군	유아숲위탁운영	88,002	10	1	7	8	7	5	5	4
324	경기 양평군	희귀난치성질환자의료비지원사업	75,192	10	2	7	8	7	5	5	4
325	경기 양평군	숲해설위탁운영	58,668	10	1	7	8	7	5	5	4
326	경기 양평군	용문터미널관리위탁용역	45,000	10	8	6	3	2	1	1	4
327	경기 양평군	치매간병,치료비지원확대	36,000	10	1	2	2	1	1	1	1
328	경기 양평군	큰나무조림	30,522	10	2	5	7	3	1	1	1
329	경기 양평군	일반건강검진지원	16,100	10	2	5	1	7	5	5	4
330	경기 양평군	지역자율형사회서비스투자사업(산모신생아건강관리지원)(추가형)	9,000	10	5	7	8	7	5	5	4
331	경기 양평군	영유아건강검진지원	2,300	10	2	7	8	7	5	5	4
332	경기 양평군	청소년산모의료비지원	1,200	10	2	7	8	7	5	5	4
333	인천 중구	국공립어린이집추가기자재비	100,000	10	1,4	7	8	7	5	5	4
334	인천 중구	정부지원어린이집기능보강	35,200	10	4	7	8	7	5	5	4
335	인천 중구	국공립어린이집기자재비	20,000	10	2	7	8	7	5	5	4
336	인천 중구	자원봉사센터물품구입	6,170	10	1	7	8	7	1	1	1
337	인천 연수구	국공립어린이집기자재비	170,000	10	2	7	7	7	5	5	4
338	인천 연수구	주소정보시설일제조사위탁	33,000	10	5	1	1	7	1	1	2
339	인천 연수구	기자재비	15,000	10	2	7	8	7	1	1	2
340	인천 연수구	오수중계펌프장유지관리	520	10	5	5	8	7	1	1	4
341	인천 남동구	장애인특별운송차량교체	187,509	10	1	6	5	6	1	1	4
342	인천 남동구	장애인복지관개보수	135,751	10	1	6	5	6	1	1	4
343	인천 부평구	부평아트센터정부지급금(임대료)	3,022,000	10	7	5	2	2	2	5	4
344	인천 부평구	부평아트센터정부지급금(관리비)	21,000	10	7	5	2	2	2	5	4
345	인천 부평구	아이사랑꿈터기자재비	20,000	10	6	5	5	7	1	1	4
346	인천 서구	국공립어린이집기자재구입비	170,000	10	2	1	5	1	1	1	1
347	인천 강화군	강화군공공및소규모하수처리시설관리대행용역(온수,동막,교동,외포)	1,345,000	10	1	2	3	1	1	1	3
348	인천 강화군	가축분뇨공공처리시설운영비	1,100,000	10	4	7	8	7	5	5	4
349	인천 강화군	교동및석모대교교량위탁관리용역(5차분)	562,000	10	7	1	5	1	1	1	3
350	인천 강화군	LPG소형저장탱크보급사업	360,000	10	2	1	7	1	1	2	4
351	인천 강화군	온수공공하수처리시설수질TMS유지관리용역	80,000	10	1	1	1	7	2	1	4
352	광주광역시	진월국제테니스장시설개보수	3,200,000	10	2	7	8	7	5	5	4
353	광주광역시	염주종합체육관냉난방공조배관설비개보수	1,400,000	10	4	7	8	7	5	5	4
354	광주광역시	염주종합체육관재포장	770,000	10	2	7	8	7	5	5	4
355	광주광역시	검도장노후시설개보수	700,000	10	2	7	8	7	5	5	4
356	광주광역시	빛고을체육관중앙공조설비개보수	500,000	10	4	7	8	7	5	5	4
357	광주광역시	월드컵경기장급수설비개보수	300,000	10	2	7	8	7	5	5	4

번호	시구군	사업명	2024예산액(단위: 월급/천원)	심의기준별 점수							
				사업의 적정성 (사업목적 적합성 등) 1.법령사업 여부(307-02) 2.민간경상보조 대체수단 등 유무(307-03)	사업계획 타당성 (사업계획의 충실도 등) 1.사업 필요성 2.보조금 지원조건 3.추진 방법의 적정 4.성과 달성 가능성 5.사업관리체계의 적절성(307-10) 6.사업이행 가능성(307-12) 7.인건비 계상의 적정성(308-13) 8.일반관리비 계상의 적정성(402-01) 9.반대급부 여부 등(402-02) 10.회계처리 적정성(402-03) 11.경기감동의 대한 자체노력(403-02)	재정운용의 건전성 (보조금의 규모 적정 등) 1.재원 2.수혜자 범위 (포괄성) 3.지방비 부담여부 4.수익사업 유무 5.민간부문 유보 6.기부 () 7.기타 8.예상	민간보조 집행 효과성 1.사업의 효과성 2.사업비 책정의 적절 3.집행실적 4.예산집행의 투명성 5.가점 () 6.기타 7.계점 8.총점 (산정)	시민사업수행 역량 1.수행주체의 사업수행 능력 2.법인격 유무 3.전년도 집행실적 4.사업수행 이력 5.감점 6.기타 7.계점	사업성과 평가 1.성과지표 2.성과점검 3.성과 실적 4.성과점검 실적(설정공유도 포함) 5.감점	사업의 지속성 1.신규사업 여부 2.이대신 3.장기성 4.대체사업(유) (설정공유도 포함) 5.감점
358	경상남도	장애인시설수리	270,000	2	7	8	7	5	5	4
359	경상남도	경로당사회복지사배치 및 운영보조	150,000	2	7	8	7	5	5	4
360	경상남도	돌봄복지사업확대	130,000	2	7	8	7	5	5	4
361	경상남도	양육비이행지원	31,000	4	7	8	7	5	5	4
362	경상남도	전남복지재단운영	31,000	4	7	8	7	5	5	4
363	경상남도	전남복지재단이사활동비지원	26,000	4	7	8	7	5	5	4
364	경상남도	지역사회서비스기관지원	25,000	4	7	8	7	4	5	4
365	장수군	다문화가족자녀사회관계지원	38,580	4	7	8	7	4	4	1
366	진도군	진도군애향운동보조	1,954,770	7	5	8	7	5	5	2
367	진도군	LPG용기보급사업	731,460	2	5	8	7	2	1	1
368	군수산	진도군수산물수출지원	1,778,476	2	7	1	6	9	5	2
369	경상북도	경상북도지역예방검진	1,214,671	2	1	1	1	1	5	3
370	대구광역시	민간보조시업관리사업	3,840,000	1	7	8	7	5	5	4
371	대구광역시	보조사업지원	1,200,000	1	7	8	7	5	5	4
372	대구광역시	법규정의실종업의지원사업	600,000	2	7	8	7	5	5	4
373	대구광역시	경의관리계획수립	313,000	4	7	8	7	5	5	4
374	대구광역시	지역단위연구추진	128,000	2	7	8	7	5	5	4
375	대구광역시	경제단위연구추진	122,022	4	7	8	7	5	5	4
376	대구광역시	상가구역활력지원	110,000	4	7	8	7	5	5	4
377	대구광역시	일산리복지지원	100,000	2	7	8	7	5	5	4
378	대구광역시	이동복지활동기준활동권	15,000	2	7	8	7	5	5	4
379	대구광역시	청년 등 일자리사업관리운영	450	4	7	8	7	5	5	4
380	대구	재생풍력수소연료자기지원	4,468,348	1	1	2	2	2	1	1
381	대구	대구경제활성화기업지원	1,560,597	1	2	2	2	2	1	1
382	대구	대한축성기금지원기금	534,000	1	1	2	2	2	1	4
383	대구	이민이용촉진(중소기업지원가업)	90,000	1	7	8	7	3	1	4
384	대구	중소기업교육지원	32,792	1	7	8	7	5	5	4
385	대구	이민이용소비처보장지원(이민이용촉진시행업체)	201,000	6	7	8	7	3	3	2
386	대구	중소기업교육지원	191,236	1	5	3	7	5	5	4
387	대구	도시계획수영업(지자체지원,경영지원역량결화 지원)	130,000	1	3	1	1	1	2	2
388	대구	이민이용소비지원(초중등기업외부지원사업)	100,000	1	7	8	7	5	5	1
389	대구	중소기업지원지원	70,752	2	1	3	7	1	1	4
390	대구	충북이용지원지원기업지원	65,600	2	2	2	5	1	2	5
391	대구	중소업체지원가업	38,167	8	7	8	7	1	5	4
392	대구	범구법률지원용업경정지원 및 사업화지원지원이민이용	20,000	6	7	1	1	1	1	4
393	대구	고등학생이주지원업	176,172	1	2	3	1	5	2	4
394	대구	이민이용지원(법인지원체지원,중소업체이민이용외부지원)	173,000	6	7	8	7	5	5	4
395	대구	애견지도운동지원	158,730	1	7	8	1	1	1	4
396	대구 수원시	지속이민이용지원(인지검토,기자체지원)	550,000	1	5	5	8	7	5	1	4
397	대구 수원시	기초이민이용지원(시도업체지원)	197,000	1	7	8	7	5	5	4

순번	시군구	지출명 (사업명)	2024년예산 (단위 : 천원 /1년간)	민간이전 분류 (지방자치단체 세출예산 집행기준에 의거) 1. 민간경상사업보조(307-02) 2. 민간단체 법정운영비보조(307-03) 3. 민간행사사업보조(307-04) 4. 민간위탁금(307-05) 5. 사회복지시설 법정운영비보조(307-10) 6. 민간위탁교육비(307-12) 7. 공기관등에대한경상적위탁사업비(308-13) 8. 민간자본사업보조,자체재원(402-01) 9. 민간자본사업보조,이전재원(402-02) 10. 민간위탁사업비(402-03) 11. 공기관등에 대한 자본적 위탁사업비(403-02)	민간이전지출 근거 (지방보조금 관리기준 참고) 1. 법률에 규정 2. 국고보조 재원(국가지정) 3. 용도 지정 기부금 4. 조례에 직접규정 5. 지자체가 권장하는 사업을 하는 공공기관 6. 시,도 정책 및 재정사정 7. 기타 8. 해당없음	입찰방식			운영예산 산정		성과평가 실시여부
						계약체결방법 (경쟁형태) 1. 일반경쟁 2. 제한경쟁 3. 지명경쟁 4. 수의계약 5. 법정위탁 6. 기타 ( ) 7. 없음	계약기간 1. 1년 2. 2년 3. 3년 4. 4년 5. 5년 6. 기타 ( )년 7. 단기계약 (1년미만) 8. 없음	낙찰자선정방법 1. 적격심사 2. 협상에의한계약 3. 최저가낙찰제 4. 규격가격분리 5. 2단계 경쟁입찰 6. 기타 ( ) 7. 없음	운영예산 산정 1. 내부산정 (지자체 자체적으로 산정) 2. 외부산정 (외부전문기관위탁 산정) 3. 내·외부 모두 산정 4. 산정 無 5. 없음	정산방법 1. 내부정산 (지자체 내부적으로 정산) 2. 외부정산 (외부전문기관위탁 정산) 3. 내·외부 모두 산정 4. 정산 無 5. 없음	1. 실시 2. 미실시 3. 향후 추진 4. 해당없음
398	대구 수성구	슬레이트처리지원	70,976	10	2	1	3	1	1	2	3
399	대구 수성구	범물노인복지관어르신쉼터조성사업(동참여형)	21,000	10	1	7	8	7	5	5	4
400	대구 수성구	자활기업및자활근로사업단기계구입·시설보강사업지원	20,000	10	4	7	8	7	1	1	4
401	대구 수성구	고산노인복지관기능보강사업	9,680	10	1	7	8	7	5	5	4
402	대구 수성구	관광진흥사무및관광시설운영	500	10	6	7	8	7	1	1	1
403	대구 달서구	스마트빌리지보급및확산사업	1,428,600	10	7	7	8	7	5	5	4
404	대구 달서구	어린이집공동주택시설환경개선	194,792	10	2	7	8	7	5	1	2
405	대구 달서구	슬레이트처리지원	51,504	10	2	4	8	7	5	5	4
406	대구 달성군	국공립어린이집확충	320,000	10	1	7	8	1	1	1	4
407	대구 달성군	장애인주택개조사업	38,000	10	1	7	8	7	1	1	4
408	대구 달성군	청소년센터시설보수	30,000	10	5	5	8	7	1	1	1
409	대구 달성군	청소년문화의집시설보수	10,000	10	5	5	8	7	1	1	1
410	대구 달성군	2024년노점상노상적치물정비및사후관리	238,868	10	6	2	1	1	2	1	4
411	대구 군위군	도시가스공급사업	123,900	10	7	7	8	7	1	1	4
412	대구 군위군	경제림조성	115,200	10	1	7	8	7	5	5	4
413	대구 군위군	산불피해복구조림	75,000	10	1	7	8	7	5	5	4
414	대구 군위군	내화수림대조성	75,000	10	1	7	8	7	5	5	4
415	대구 군위군	큰나무조림(산림재해방지)	36,150	10	1	7	8	7	5	5	4
416	대구 군위군	한우종축등록비지원	30,000	10	1,4	7	8	7	1	1	4
417	대구 군위군	한우암소유전체분석사업2두	18,000	10	1,4	7	8	7	1	1	4
418	대구 군위군	가상방역훈련1식	15,000	10	1	7	8	7	1	1	4
419	대구 군위군	큰나무조림(공익)	12,050	10	1	7	8	7	5	5	4
420	대구 군위군	한우친자확인사업15두	3,000	10	1,4	7	8	7	1	1	4
421	대구 군위군	한우선형심사제고3두	3,000	10	1,4	7	8	7	1	1	4
422	대전광역시	월드컵경기장및덕암축구센터관리위탁사업비	432,000	10	1	7	8	7	1	1	1
423	대전광역시	대전시립제2노인전문병원기능보강사업(냉난방기교체)	190,000	10	1	7	8	7	3	3	3
424	대전광역시	야생동물구조관리센터설치지원	86,800	10	2	7	8	7	5	5	4
425	대전광역시	시립장애인복지관운영	45,000	10	4	4	5	7	1	1	1
426	대전광역시	대전온마음병원기능보강사업	42,000	10	1	7	8	7	3	3	3
427	대전 동구	국공립어린이집확충(국비)	800,000	10	1	7	5	1	1	1	2
428	대전 동구	국공립어린이집확충(국비)	80,000	10	1	7	5	1	1	1	2
429	대전 동구	다함께돌봄센터설치비지원(리모델링)(국비)	75,000	10	1	6	5	1	1	1	2
430	대전 동구	다함께돌봄센터설치비지원(기자재비)(국비)	30,000	10	1	6	5	1	1	1	2
431	대전 중구	국공립어린이집확충	415,000	10	2	7	8	7	5	5	2
432	대전 중구	다함께돌봄센터설치비지원	140,000	10	1	1	5	6	5	5	2
433	대전 서구	어린이집확충	520,000	10	2	7	8	7	1	1	1
434	대전 서구	정림로전선지중화사업	500,000	10	1	6	6	6	2	1	4
435	대전 서구	다함께돌봄센터설치비지원	60,000	10	1	1	5	1	1	1	3
436	대전 유성구	민간어린이집리모델링비	150,000	10	2	6	5	7	1	1	3
437	대전 유성구	민간어린이집기자재비	20,000	10	2	6	5	7	1	1	3

순번	시군구	지출명 (사업명)	2024년예산 (단위: 천원/1년간)	민간이전 분류	민간이전지출 근거	입찰방식			운영예산 산정		성과평가 실시여부
						계약체결방법 (경쟁형태)	계약기간	낙찰자선정방법	운영예산 산정	정산방법	
438	대전 대덕구	신재생에너지융복합지원사업	1,921,631	10	2	6	1	6	5	2	4
439	대전 대덕구	국공립어린이집확충	245,000	10	1	7	8	7	5	1	4
440	대전 대덕구	다함께돌봄센터조성(국비)	106,000	10	1	2	5	1	1	1	4
441	부산 영도구	침수방지시설(차수판)설치	45,000	10	4	7	8	7	5	5	4
442	부산 동래구	어린이집확충	120,000	10	2	7	8	7	5	5	4
443	부산 해운대구	지역자활센터운영지원	531,439	10	2	5	1	7	3	3	4
444	부산 해운대구	행복드림빨래터운영	30,000	10	7	5	1	7	3	3	4
445	부산 강서구	공립어린이집확충기자재비	30,000	10	2	7	8	7	1	1	4
446	부산 수영구	자활사업장환경개선비	20,000	10	4	5	1	7	5	1	1
447	부산 수영구	자활사업교육장임대료	3,960	10	4	5	1	7	5	1	1
448	부산 사상구	장애인복지관기능보강	3,780	10	1	7	8	7	1	1	1
449	부산 기장군	자활사업지원	30,000	10	1	5	8	6	1	1	1
450	부산 기장군	자활사업지원	30,000	10	1	5	8	6	1	1	1
451	부산 기장군	장애인주택개조사업	15,200	10	1	7	8	7	5	5	4
452	울산 중구	자활근로사업비	2,510,531	10	1	5	1	7	1	1	1
453	울산 중구	근로능력있는수급자의탈수급사업	1,041,227	10	1	5	1	7	1	1	4
454	울산 중구	가사간병방문지원사업	180,000	10	1	5	1	7	1	1	1
455	울산 중구	슬레이트처리지원	57,440	10	2	7	8	7	5	5	4
456	울산 중구	국공립어린이집기자재비	10,000	10	2	7	8	7	1	1	4
457	울산 남구	자활근로사업	2,906,929	10	1	5	1	7	1	1	1
458	울산 남구	가사간병방문지원사업	224,000	10	1	5	8	1	1	1	1
459	울산 남구	2024년슬레이트처리지원사업	73,520	10	5	1	1	6	5	1	4
460	울산 동구	슬레이트처리지원	67,240	10	2	7	6	1	1	1	4
461	울산 북구	자활근로사업비	2,510,531	10	1	5	8	7	5	1	1
462	울산 북구	자산형성지원사업	885,042	10	1	7	8	7	5	1	4
463	울산 북구	가사간병방문지원사업	336,000	10	1	7	1	7	5	1	4
464	울산 울주군	슬레이트처리비지원	1,319,040	10	2	1	2	1	1	1	4
465	울산 울주군	LPG소형저장탱크보급사업	360,000	10	1	5	1	7	3	3	1
466	울산 울주군	수리계운영비	56,740	10	4	7	8	7	1	1	1
467	울산 울주군	자원봉사센터운영	4,200	10	1	7	8	7	1	1	1
468	세종특별자치시	어린이집확충	1,100,000	10	2	7	8	7	5	5	4
469	세종특별자치시	어린이집확충(자체)	15,000	10	6	7	8	7	5	5	4
470	세종특별자치시	도시가스보급확대	440,000	10	7	6	6	6	2	2	4
471	강원특별자치도	미시령터널주민통행료감면손실보상	1,530,000	10	1	7	8	7	5	1	4
472	강원특별자치도	도단위청소년시설기관기능보강	80,000	10	1	7	1	7	1	1	1
473	강원 춘천시	반값농자재지원	4,333,000	10	6	7	8	7	5	1	4
474	강원 춘천시	숲가꾸기(정책숲가꾸기)	2,194,829	10	1	5	1	7	1	1	1
475	강원 춘천시	도시가스공급시설치비지원	834,366	10	4	7	8	7	1	1	4
476	강원 춘천시	선도산림경영단지조성	777,777	10	2	1	6	1	1	1	1
477	강원 춘천시	경제림조성	577,640	10	1	5	1	7	1	1	1

순번	시군구	지출명 (사업명)	2024년예산 (단위 : 천원 /1년간)	민간이전 분류 (지방자치단체 세출예산 집행기준에 의거) 1. 민간경상사업보조(307-02) 2. 민간단체 법정운영비보조(307-03) 3. 민간행사사업보조(307-04) 4. 민간위탁금(307-05) 5. 사회복지시설 법정운영비보조(307-10) 6. 민간인위탁교육비(307-12) 7. 공기관등에대한경상적위탁사업비(308-13) 8. 민간자본사업보조,자체재원(402-01) 9. 민간자본사업보조,이전재원(402-02) 10. 민간위탁사업비(402-03) 11. 공기관등에 대한 자본적 위탁사업비(403-02)	민간이전지출 근거 (지방보조금 관리기준 참고) 1. 법률에 규정 2. 국고보조 재원(국가지정) 3. 용도 지정 기부금 4. 조례에 직접규정 5. 지자체가 권장하는 사업을 하는 공공기관 6. 시,도 정책 및 재정사정 7. 기타 8. 해당없음	입찰방식			운영예산 산정		성과평가 실시여부 1. 실시 2. 미실시 3. 향후 추진 4. 해당없음
						계약체결방법 (경쟁형태) 1. 일반경쟁 2. 제한경쟁 3. 지명경쟁 4. 수의계약 5. 법정위탁 6. 기타 7. 없음	계약기간 1. 1년 2. 2년 3. 3년 4. 4년 5. 5년 6. 기타 ( )년 7. 단기계약 (1년미만) 8. 없음	낙찰자선정방법 1. 적격심사 2. 협상에의한계약 3. 최저가낙찰제 4. 규격가격분리 5. 2단계 경쟁입찰 6. 기타 ( ) 7. 없음	운영예산 산정 1. 내부산정 (지자체 자체적으로 산정) 2. 외부산정 (외부전문기관위탁 산정) 3. 내·외부 모두 산정 4. 산정 無 5. 없음	정산방법 1. 내부정산 (지자체 내부적으로 정산) 2. 외부정산 (외부전문기관위탁 정산) 3. 내·외부 모두 산정 4. 정산 無 5. 없음	
478	강원 춘천시	도시가스공급관설치지원	250,000	10	4	7	8	7	1	1	4
479	강원 춘천시	공익숲가꾸기	135,600	10	1	5	1	7	1	1	1
480	강원 춘천시	여성농업인대상포진예방접종지원	65,331	10	1	7	8	7	1	1	4
481	강원 춘천시	큰나무공익조림	52,255	10	1	5	1	7	1	1	1
482	강원 춘천시	춘천인형극장수선유지	50,000	10	4	7	3	7	1	1	3
483	강원 춘천시	지역특화림조성	35,443	10	1	5	1	7	1	1	1
484	강원 춘천시	축산물이력제(귀표부착비)지원	33,600	10	1	5	6	6	1	1	4
485	강원 춘천시	내화수림대조성	24,151	10	1	5	1	7	1	1	1
486	강원 춘천시	여성어업인복지바우처지원	2,000	10	1	7	8	7	5	5	4
487	강원 강릉시	정책숲가꾸기사업	3,985,843	10	2	5	8	7	5	5	4
488	강원 강릉시	유기질비료공급(전환사업)	2,287,738	10	2	5	8	7	5	5	4
489	강원 강릉시	반값농자재지원	1,933,000	10	6	7	8	7	5	5	4
490	강원 강릉시	생분해성멀칭필름지원	1,288,000	10	6	7	8	7	5	1	4
491	강원 강릉시	연작피해지역토양미생물제등지원	913,400	10	2	6	8	7	5	1	4
492	강원 강릉시	산불피해지복구조림사업	777,949	10	1	4	1	7	1	1	4
493	강원 강릉시	여성농업인복지바우처지원	553,600	10	6	7	8	7	1	1	4
494	강원 강릉시	벼병해충적기방제농약지원	529,920	10	6	7	1	7	3	3	4
495	강원 강릉시	토양개량제지원	347,022	10	2	5	8	7	5	1	4
496	강원 강릉시	채소병해충방제지원	325,036	10	6	6	8	7	5	1	4
497	강원 강릉시	한(육)유우사육농가사료구입비일부지원	250,000	10	1	6	1	6	5	1	4
498	강원 강릉시	벼재배상토등영농자재지원	206,950	10	6	7	8	7	5	1	4
499	강원 강릉시	벼병해충공항방제비지원(농협협력사업)	181,440	10	6	7	1	7	3	3	4
500	강원 강릉시	구제역예방백신지원(소,돼지)	174,960	10	1	4	1	6	1	1	4
501	강원 강릉시	TMR배합사료구입비일부지원	160,000	10	1	6	1	6	5	1	4
502	강원 강릉시	공동방제단운영	158,040	10	1	4	1	6	5	1	4
503	강원 강릉시	돼지구제역백신(전업농)	148,500	10	1	4	1	6	5	1	4
504	강원 강릉시	경제림조성사업	133,764	10	1	4	1	7	1	1	4
505	강원 강릉시	공익조림사업	104,512	10	1	4	1	7	1	1	4
506	강원 강릉시	감자광역브랜드계열화지원	96,000	10	6	7	8	7	5	1	4
507	강원 강릉시	밭작물멀칭용PE필름지원	75,000	10	4	7	8	7	5	1	4
508	강원 강릉시	고랭지밭흙탕물저감호밀식재사업	68,533	10	5	7	8	7	1	1	2
509	강원 강릉시	가축인공수정료지원	50,000	10	1	6	1	6	1	1	1
510	강원 강릉시	여성어업인복지바우처지원	49,200	10	1	7	8	7	1	1	4
511	강원 강릉시	사료작물종자구입비지원	33,264	10	1	6	1	6	5	1	4
512	강원 강릉시	유전체분석	29,400	10	1	6	1	6	1	1	1
513	강원 강릉시	인공수정료	25,000	10	1	6	1	6	1	1	1
514	강원 강릉시	장애인주택개조지원	22,800	10	8	4	7	7	1	1	4
515	강원 강릉시	조사료생산용종자구입비지원	18,489	10	2	6	1	6	5	1	4
516	강원 강릉시	소귀표부착비(이력관리)지원	17,280	10	2	5	1	6	5	1	4
517	강원 강릉시	유기농업자재지원	15,123	10	2	5	8	7	5	1	4

순번	시군구	지출명 (사업명)	2024년예산 (단위: 천원/1년간)	민간이전 분류 (지방자치단체 세출예산 집행기준에 의거)	민간이전지출 근거 (지방보조금 관리기준 참고)	입찰방식			운영예산 산정		성과평가 실시여부
						계약체결방법 (경쟁형태)	계약기간	낙찰자선정방법	운영예산 산정	정산방법	
518	강원 강릉시	강원형수선유지주거급여지원	12,000	10	8	4	7	7	1	1	4
519	강원 강릉시	강원감자자조금조성	11,900	10	6	7	8	7	5	1	4
520	강원 강릉시	한우혈통등록지원	10,000	10	1	6	1	6	1	1	1
521	강원 강릉시	소구제역백신(전업농)	9,500	10	1	4	1	6	5	1	4
522	강원 강릉시	우수정액공급	8,250	10	1	4	1	6	5	1	4
523	강원 강릉시	암소검정(선형심사+유전능력평가)	6,890	10	1	6	1	6	5	1	4
524	강원 강릉시	종축등록	5,600	10	1	6	1	6	5	1	4
525	강원 강릉시	축사시설전기안전점검	2,700	10	1	4	1	6	5	1	4
526	강원 강릉시	송아지생산안정제가입지원	1,500	10	1	6	1	6	1	1	1
527	강원 동해시	민관협력형산림경영	1,676,211	10	1	1	7	3	1	2	4
528	강원 동해시	슬레이트처리지원사업	446,400	10	2	5	3	6	5	1	4
529	강원 동해시	유기질비료지원	200,000	10	6	5	1	7	2	1	1
530	강원 동해시	지역농업발전사업	190,000	10	4	7	8	7	5	5	4
531	강원 동해시	고품질식량작물생산유통농자재지원	135,041	10	4	7	8	7	5	5	4
532	강원 동해시	비료가격안정지원	126,014	10	2	5	1	7	2	1	1
533	강원 동해시	한우번식농가사료지원	60,000	10	5	7	1	7	1	1	3
534	강원 동해시	공동방제단운영	50,240	10	2	7	1	7	5	1	3
535	강원 동해시	토양개량제지원	37,000	10	2	5	3	7	1	1	1
536	강원 동해시	농업정책보험지원	30,000	10	2	5	1	7	1	1	1
537	강원 동해시	가축재해보험지원	29,500	10	2	7	1	7	2	1	3
538	강원 동해시	한우개량사업	29,110	10	4	7	1	7	1	1	3
539	강원 동해시	강원한우통합브랜드가치	23,386	10	1	7	8	7	1	2	3
540	강원 동해시	축산물이력관리지원(자치단체)	4,320	10	2	7	1	7	1	1	3
541	강원 동해시	유기농업자재지원	360	10	2	7	8	7	5	1	4
542	강원 동해시	송아지생산안정사업	300	10	1	7	1	7	1	1	3
543	강원 태백시	노후슬레이트처리비지원	1,426,120	10	6	1	1	1	1	1	1
544	강원 태백시	유기질비료지원(전환사업)	464,737	10	1	7	8	7	1	1	1
545	강원 태백시	연작피해지역토양미생물제제등지원	438,100	10	4	7	8	7	5	1	4
546	강원 태백시	고랭지배추병해충방제약제지원	300,000	10	4	7	8	7	5	1	4
547	강원 태백시	농산물포장재지원	268,000	10	4	7	8	7	1	1	2
548	강원 태백시	반값농자재지원	233,000	10	4	7	8	7	5	5	4
549	강원 태백시	지역소득작목육성	155,000	10	4	7	8	7	5	5	4
550	강원 태백시	고랭지채소안정생산	83,200	10	4	7	8	7	5	1	4
551	강원 태백시	축산농가사료구입비지원	64,800	10	1	7	1	2	1	1	1
552	강원 태백시	토양개량제지원	60,510	10	1	7	8	7	1	1	1
553	강원 태백시	통합가족센터운영지원	60,000	10	1	7	8	7	1	1	1
554	강원 태백시	공동방제단운영	49,190	10	1	7	1	2	1	1	1
555	강원 태백시	생분해성멀칭필름지원	42,000	10	4	7	8	7	5	5	4
556	강원 태백시	공동선별비지원	34,880	10	1	7	8	7	1	1	2
557	강원 태백시	녹비작물종자지원	25,000	10	4	7	8	7	1	1	2

순번	시군구	지출명 (사업명)	2024년예산 (단위: 천원/1년간)	민간이전 분류 (지방자치단체 세출예산 집행기준에 의거) 1. 민간경상사업보조(307-02) 2. 민간단체 법정운영비보조(307-03) 3. 민간행사사업보조(307-04) 4. 민간위탁금(307-05) 5. 사회복지시설 법정운영비보조(307-10) 6. 민간위위탁교육비(307-12) 7. 공기관등에대한경상적위탁사업비(308-13) 8. 민간자본사업보조,자체재원(402-01) 9. 민간자본사업보조,이전재원(402-02) 10. 민간위탁사업비(402-03) 11. 공기관등에 대한 자본적 위탁사업비(403-02)	민간이전지출 근거 (지방보조금 관리기준 참고) 1. 법률에 규정 2. 국고보조 재원(국가지정) 3. 용도 지정 기부금 4. 조례에 직접규정 5. 지자체가 권장하는 사업을 하는 공공기관 6. 시,도 정책 및 재정사정 7. 기타 8. 해당없음	입찰방식			운영예산 산정		성과평가 실시여부
						계약체결방법 (경쟁형태) 1. 일반경쟁 2. 제한경쟁 3. 지명경쟁 4. 수의계약 5. 법정위탁 6. 기타 7. 없음	계약기간 1. 1년 2. 2년 3. 3년 4. 4년 5. 5년 6. 기타( )년 7. 단가계약 (1년미만) 8. 없음	낙찰자선정방법 1. 적격심사 2. 협상에의한계약 3. 최저가낙찰제 4. 규격가격분리 5. 2단계 경쟁입찰 6. 기타( ) 7. 없음	운영예산 산정 1. 내부산정 (지자체 자체적으로 산정) 2. 외부산정 (외부전문기관위탁 산정) 3. 내·외부 모두 산정 4. 산정 無 5. 없음	정산방법 1. 내부정산 (지자체 내부적으로 정산) 2. 외부정산 (외부전문기관위탁 정산) 3. 내·외부 모두 정산 4. 정산 無 5. 없음	1. 실시 2. 미실시 3. 향후 추진 4. 해당없음
558	강원 태백시	노후축사시설보완지원	20,000	10	1	7	1	2	1	1	1
559	강원 태백시	한우품질고급화사업	17,910	10	1	7	1	2	1	1	1
560	강원 태백시	꿀벌사육농가경영안정지원	10,000	10	1	7	1	2	1	1	1
561	강원 태백시	GAP안전성검사비지원	8,400	10	1	7	8	7	1	1	2
562	강원 태백시	축산물이력제	5,184	10	1	7	1	2	1	1	1
563	강원 태백시	유기농업자재지원	3,074	10	1	7	8	7	1	1	2
564	강원 태백시	택시운행정보관리시스템유지관리	3,061	10	1	7	8	7	1	5	4
565	강원 태백시	구제역방역지원	1,900	10	1	7	1	2	1	1	1
566	강원 태백시	농촌체험휴양마을보험가입	627	10	4	4	1	7	1	1	1
567	강원 태백시	송아지생산안정사업	300	10	1	7	1	2	1	1	1
568	강원 속초시	반값농자재지원	133,000	10	6	4	1	7	1	1	4
569	강원 속초시	노후경유차매연저감장치설치지원	112,200	10	2	4	3	7	1	2	1
570	강원 속초시	기후위기적응대책세부시행계획4차년도이행평가	13,000	10	2	4	3	7	1	2	1
571	강원 삼척시	정책숲가꾸기	4,337,133	10	1	5	7	7	1	1	1
572	강원 삼척시	환경기초시설민간위탁운영관리	2,880,000	10	8	1	5	2	2	1	3
573	강원 삼척시	읍면단위(중규모)LPG배관망구축사업	2,520,000	10	2	7	8	7	1	1	4
574	강원 삼척시	선도산림경영단지육성	1,447,000	10	1	5	6	6	5	3	1
575	강원 삼척시	유기질비료지원(도)(전환사업)	745,968	10	6	7	8	7	1	1	3
576	강원 삼척시	토양맞춤화학비료지원	700,000	10	4	7	8	7	1	1	3
577	강원 삼척시	노후슬레이트처리지원	659,640	10	1	7	1	7	1	5	4
578	강원 삼척시	사료구입및재배단지확대생산	576,000	10	1	6	1	7	1	1	4
579	강원 삼척시	어업용면세유지원(도)	519,413	10	6	5	1	7	1	1	4
580	강원 삼척시	하수도시설관리및운영	504,000	10	8	1	5	2	2	1	3
581	강원 삼척시	연작피해지역토양미생물제등지원시범사업	500,000	10	2	7	8	7	1	1	3
582	강원 삼척시	축산분뇨처리톱밥지원	462,000	10	1	6	1	7	1	1	4
583	강원 삼척시	식량작물병해충공동방제시범	350,000	10	4	7	8	7	5	5	4
584	강원 삼척시	꿀벌현대화지원	338,000	10	1	6	1	7	1	1	4
585	강원 삼척시	유기질비료지원	300,000	10	4	7	8	7	1	1	3
586	강원 삼척시	송아지인공유지원	270,000	10	1	6	1	7	1	1	4
587	강원 삼척시	농산물포장재지원	250,000	10	4	7	8	7	1	1	3
588	강원 삼척시	배수펌프장운영관리	240,000	10	8	1	5	2	2	1	3
589	강원 삼척시	사료구입및재배단지확대생산	226,380	10	1	6	1	7	1	1	4
590	강원 삼척시	토양개량제지원	216,910	10	2	7	8	7	1	1	3
591	강원 삼척시	고랭지채소안정생산지원	200,000	10	4	7	8	7	1	1	4
592	강원 삼척시	신소득전략작목육성지원	200,000	10	4	7	8	7	1	1	4
593	강원 삼척시	어선장비현대화지원	180,000	10	4	7	8	7	1	3	4
594	강원 삼척시	미세먼지저감공익숲가꾸기	162,720	10	1	7	8	7	1	1	4
595	강원 삼척시	한우품질고급화	159,600	10	1	6	1	7	1	1	4
596	강원 삼척시	생분해성어구보급	151,370	10	2	1	7	3	1	1	4
597	강원 삼척시	수산물포장재제작보급	135,000	10	4	4	8	7	1	1	4

순번	시군구	지출명 (사업명)	2024년예산 (단위: 천원/1년간)	민간이전 분류 (지방자치단체 세출예산 집행기준에 의거)	민간이전지출 근거 (지방보조금 관리기준 참고)	입찰방식 계약체결방법 (경쟁형태)	계약기간	낙찰자선정방법	운영예산 산정	정산방법	성과평가 실시여부
598	강원 삼척시	축사환경개선	126,300	10	1	6	1	7	1	1	4
599	강원 삼척시	벼재배용상토등영농자재지원	120,000	10	4	7	8	7	1	1	3
600	강원 삼척시	축산농가도우미지원	94,320	10	1	6	1	7	1	1	4
601	강원 삼척시	연안어선노후기관대체지원(도)	93,600	10	4	7	8	7	1	3	4
602	강원 삼척시	벼재배용상토등영농자재지원(도)	92,736	10	6	7	8	7	1	1	3
603	강원 삼척시	가축악취제거제(발효제)지원	90,000	10	1	6	1	7	1	1	4
604	강원 삼척시	공동방제단운영지원	87,486	10	1	6	1	7	5	1	4
605	강원 삼척시	공동방제단운영지원	73,120	10	1	6	1	7	5	1	4
606	강원 삼척시	한우품질고급화(도)	67,500	10	1	6	1	7	5	1	4
607	강원 삼척시	한우생산성향상	60,000	10	1	6	1	7	1	1	4
608	강원 삼척시	어로안전항해장비지원(도)	54,600	10	4	7	8	7	1	3	4
609	강원 삼척시	노후선외기대체지원(도)	52,500	10	4	7	8	7	1	3	4
610	강원 삼척시	한우품질고급화	52,000	10	1	6	1	7	1	1	4
611	강원 삼척시	고랭지경사지발호밀종자지원	50,000	10	4	7	8	7	1	1	3
612	강원 삼척시	대문어매입방류	50,000	10	1	7	8	7	1	1	4
613	강원 삼척시	수산물소비촉진판로개척지원(도)	50,000	10	8	7	8	7	1	1	4
614	강원 삼척시	조사료생산지원	49,900	10	1	6	1	7	5	1	4
615	강원 삼척시	친환경에너지절감장비보급	46,980	10	2	7	8	7	1	3	4
616	강원 삼척시	한우품질고급화	45,000	10	1	6	1	7	1	1	4
617	강원 삼척시	사료작물종자구입지원(도)	42,042	10	1	6	1	7	1	1	4
618	강원 삼척시	여성어업인복지바우처지원(도)	40,000	10	4	7	8	7	1	1	4
619	강원 삼척시	부숙축진악취저감제(발효제)(도)	37,500	10	1	6	1	7	1	1	4
620	강원 삼척시	축산물이력관리	37,440	10	1	6	1	7	5	1	4
621	강원 삼척시	한우품질고급화	36,000	10	1	6	1	7	1	1	4
622	강원 삼척시	비육용암소시장육성지원사업	30,000	10	1	6	1	7	5	1	4
623	강원 삼척시	외국인어선원고용안정지원(도)	30,000	10	4	7	8	7	1	1	4
624	강원 삼척시	광동마을하수도운영관리(한강수계기금)	28,800	10	8	1	5	2	2	1	3
625	강원 삼척시	토양개량제공동살포비지원	24,340	10	2	7	8	7	1	1	3
626	강원 삼척시	사료구입및재배단지확대생산	24,000	10	1	6	1	7	1	1	4
627	강원 삼척시	연승어업장비지원사업	24,000	10	4	7	8	7	1	1	4
628	강원 삼척시	강원양봉산업육성(도)	23,000	10	1	6	1	7	5	1	4
629	강원 삼척시	저인망어선기자재지원	21,000	10	4	7	8	7	1	1	4
630	강원 삼척시	조사료생산지원	20,790	10	1	6	1	7	1	1	4
631	강원 삼척시	대문어매입방류(도)	20,000	10	1	7	8	7	1	1	4
632	강원 삼척시	불가사리수매(도)	20,000	10	1	6	1	7	1	1	4
633	강원 삼척시	한우품질고급화	17,500	10	1	6	1	7	1	1	4
634	강원 삼척시	축산농가도우미지원(도)	15,720	10	1	6	1	7	5	1	4
635	강원 삼척시	토양개량제공동살포비지원	15,000	10	4	7	8	7	1	1	3
636	강원 삼척시	강원양봉산업육성(도)	14,400	10	1	6	1	7	5	1	4
637	강원 삼척시	축산물이력관리	14,400	10	1	6	1	7	1	1	4

순번	시군구	지출명 (사업명)	2024년예산 (단위 : 천원 /1년간)	민간이전 분류 (지방자치단체 세출예산 집행기준에 의거) 1. 민간경상사업보조(307-02) 2. 민간단체 법정운영비보조(307-03) 3. 민간행사사업보조(307-04) 4. 민간위탁금(307-05) 5. 사회복지시설 법정운영비보조(307-10) 6. 민간인위탁교육비(307-12) 7. 공기관등에대한경상적위탁사업비(308-13) 8. 민간자본사업보조,자체재원(402-01) 9. 민간자본사업보조,이전재원(402-02) 10. 민간위탁사업비(402-03) 11. 공기관등에 대한 자본적 위탁사업비(403-02)	민간이전지출 근거 (지방보조금 관리기준 참고) 1. 법률에 규정 2. 국고보조 재원(국가지정) 3. 용도 지정 기부금 4. 조례에 직접규정 5. 지자체가 권장하는 사업을 하는 공공기관 6. 시,도 정책 및 재정사정 7. 기타 8. 해당없음	계약체결방법 (경쟁형태) 1. 일반경쟁 2. 제한경쟁 3. 지명경쟁 4. 수의계약 5. 법정위탁 6. 기타 ( ) 7. 없음	계약기간 1. 1년 2. 2년 3. 3년 4. 4년 5. 5년 6. 기타 ( )년 7. 단가계약 (1년미만) 8. 없음	낙찰자선정방법 1. 적격심사 2. 협상에의한계약 3. 최저가낙찰제 4. 규격가격분리 5. 2단계 경쟁입찰 6. 기타 ( ) 7. 없음	운영예산 산정 1. 내부산정 (지자체 자체적으로 산정) 2. 외부산정 (외부전문기관위탁 산정) 3. 내·외부 모두 산정 4. 산정 無 5. 없음	정산방법 1. 내부정산 (지자체 내부적으로 정산) 2. 외부정산 (외부전문기관위탁 정산) 3. 내·외부 모두 산정 4. 정산 無 5. 없음	성과평가 실시여부 1. 실시 2. 미실시 3. 향후 추진 4. 해당없음
638	강원 삼척시	한우품질고급화(도)	13,780	10	1	6	1	7	5	1	4
639	강원 삼척시	강원토봉산업육성(도)	13,000	10	1	6	1	7	5	1	4
640	강원 삼척시	한우품질고급화(도)	10,500	10	1	6	1	7	5	1	4
641	강원 삼척시	어선사고예방시스템구축지원	9,600	10	2	7	8	7	1	3	4
642	강원 삼척시	한우품질고급화(도)	8,920	10	1	6	1	7	5	1	4
643	강원 삼척시	한우품질고급화	7,500	10	1	6	1	7	5	1	4
644	강원 삼척시	벼육묘상자지원	7,200	10	4	7	8	7	1	1	3
645	강원 삼척시	한우생산성향상	6,000	10	1	6	1	7	1	1	4
646	강원 삼척시	청정양돈경영선진화	6,000	10	1	6	1	7	5	1	4
647	강원 삼척시	축산분뇨처리톱밥지원	5,000	10	1	6	1	7	1	1	4
648	강원 삼척시	송아지생산안정(도)	4,000	10	1	6	1	7	5	1	4
649	강원 삼척시	친환경부표보급지원	3,920	10	1	7	8	7	1	1	4
650	강원 삼척시	임대주택운영및관리	2,000	10	4	2	2	1,3	1	1	4
651	강원 삼척시	해양사고예인어선조난구조비지원(도)	2,000	10	4	7	8	7	1	3	4
652	강원 삼척시	해난어업인위령제지원	1,000	10	4	7	8	7	1	3	4
653	강원 삼척시	청정양돈경영선진화(도)	900	10	1	6	1	7	5	1	4
654	강원 삼척시	청정양돈경영선진화(도)	750	10	1	6	1	7	5	1	4
655	강원 횡성군	주민참여형농업비점오염집중관리사업	360,000	10	4	1	2	2	1	2	4
656	강원 횡성군	정책숲가꾸기사업	3,928,113	10	1	1	1	1	1	3	1
657	강원 횡성군	횡성사랑상품권인센티브지급	1,500,000	10	1,4	7	8	7	1	1	1
658	강원 횡성군	슬레이트처리사업	1,109,760	10	1	1	2	2	1	2	1
659	강원 횡성군	선도산림경영단지	777,780	10	2	5	1	1	3	3	1
660	강원 횡성군	경제림조성사업	668,819	10	1	1	1	1	1	3	1
661	강원 횡성군	공익숲가꾸기사업	406,800	10	1	1	1	1	1	3	1
662	강원 횡성군	밀원수조성사업	177,213	10	1	1	1	1	1	3	1
663	강원 횡성군	재해방지조림사업	144,225	10	1	1	1	1	1	3	1
664	강원 횡성군	공익조림사업	104,512	10	1	1	1	1	1	3	1
665	강원 영월군	숲가꾸기사업	4,070,810	10	1	7	8	7	5	5	4
666	강원 영월군	영농자재구입비반값지원	1,750,000	10	6	7	8	7	1	1	1
667	강원 영월군	유기질비료지원사업(군비추가)	945,000	10	4	7	8	7	1	1	1
668	강원 영월군	유기질비료지원사업	876,425	10	2	7	8	7	1	1	1
669	강원 영월군	미세먼지저감등공익숲가꾸기	271,200	10	1	7	8	7	5	5	4
670	강원 영월군	임산물산업화지원	230,000	10	4	5	1	6	1	1	1
671	강원 영월군	토양개량제지원사업	174,635	10	2	7	8	7	1	1	1
672	강원 영월군	고랭지채소경쟁력강화	128,000	10	6	7	8	7	1	1	1
673	강원 영월군	고랭지채소경쟁력강화(군비추가)	102,400	10	4	7	8	7	1	1	1
674	강원 영월군	노지고추품질향상지원	97,500	10	4	7	8	7	1	1	4
675	강원 영월군	생분해성멀칭필름지원(군비추가)	84,000	10	4	7	8	7	1	1	4
676	강원 영월군	콩계약재배농가농자재지원	82,500	10	4	7	8	7	1	1	4
677	강원 영월군	벼맞춤형비료지원	70,200	10	4	7	8	7	1	1	4

순번	시군구	지출명 (사업명)	2024년예산 (단위 : 천원 /1년간)	민간이전 분류 (지방자치단체 세출예산 집행기준에 의거) 1. 민간경상사업보조(307-02) 2. 민간단체 법정운영비보조(307-03) 3. 민간행사사업보조(307-04) 4. 민간위탁금(307-05) 5. 사회복지시설 법정운영비보조(307-10) 6. 민간위탁교육비(307-12) 7. 공기관등에대한경상적위탁사업비(308-13) 8. 민간자본사업보조,자체재원(402-01) 9. 민간자본사업보조,이전재원(402-02) 10. 민간위탁사업비(402-03) 11. 공기관등에 대한 자본적 위탁사업비(403-02)	민간이전지출 근거 (지방보조금 관리기준 참고) 1. 법률에 규정 2. 국고보조 재원(국가지정) 3. 용도지정 기부금 4. 조례에 직접규정 5. 지자체가 권장하는 사업을 하는 공공기관 6. 시,도 정책 및 재정사정 7. 기타 8. 해당없음	입찰방식			운영예산 산정		성과평가 실시여부 1. 실시 2. 미실시 3. 향후 추진 4. 해당없음
						계약체결방법 (경쟁형태) 1. 일반경쟁 2. 제한경쟁 3. 지명경쟁 4. 수의계약 5. 법정위탁 6. 기타 ( ) 7. 없음	계약기간 1. 1년 2. 2년 3. 3년 4. 4년 5. 5년 6. 기타 ( )년 7. 단기계약 (1년미만) 8. 없음	낙찰자선정방법 1. 적격심사 2. 협상에의한계약 3. 최저가낙찰제 4. 규격가격분리 5. 2단계 경쟁입찰 6. 기타 ( ) 7. 없음	운영예산 산정 1. 내부산정 (지자체 자체적으로 산정) 2. 외부산정 (외부전문기관위탁 산정) 3. 내·외부 모두 산정 4. 산정 無	정산방법 1. 내부정산 (지자체 내부적으로 정산) 2. 외부정산 (외부전문기관위탁 정산) 3. 내·외부 모두 산정 4. 정산 無 5. 없음	
678	강원 영월군	생분해성멀칭필름지원	42,000	10	6	7	8	7	1	1	4
679	강원 영월군	배추뿌리혹병방제약품지원	40,000	10	6	7	8	7	1	1	4
680	강원 영월군	노지고추조기재배	20,000	10	4	7	8	7	1	1	4
681	강원 영월군	엽연초계약재배농가지원	20,000	10	4	7	8	7	1	1	1
682	강원 영월군	고랭지연작피해지역개량시범사업	19,500	10	2	7	8	7	1	1	4
683	강원 영월군	고품질인삼생산시설지원	7,665	10	6	7	8	7	1	1	4
684	강원 영월군	여성농업인예방접종지원	7,140	10	1	7	8	7	1	1	1
685	강원 영월군	슬레이트처리지원사업	831,400	10	1	5	3	1	1	1	4
686	강원 영월군	방치슬레이트처리지원	70,000	10	1	5	3	1	1	1	4
687	강원 평창군	정책숲가꾸기	3,635,047	10	1	2	1	1	1	2	4
688	강원 평창군	경제림조성	891,758	10	1	2	1	1	1	2	4
689	강원 평창군	큰나무조림	637,827	10	1	2	1	1	1	2	4
690	강원 평창군	지역특화조림	354,428	10	1	2	1	1	1	2	4
691	강원 평창군	공동방제단운영	204,740	10	2	7	8	7	1	1	1
692	강원 평창군	공익림가꾸기	54,240	10	1	2	1	1	1	2	4
693	강원 평창군	고랭지밭흙탕물저감호밀식재사업	18,667	10	1	7	1	7	1	1	2
694	강원 평창군	행복주택관리	10,000	10	7	7	8	7	5	5	4
695	강원 평창군	택시운행정보관리시스템구축	1,108	10	1	6	8	7	2	1	4
696	강원 정선군	반값농자재지원	4,000,000	10	6	7	8	7	5	5	4
697	강원 정선군	레일바이크사업장업그레이드사업	150,000	10	5	7	1	7	1	1	4
698	강원 정선군	지식재산활성화사업	44,458	10	1	7	8	7	3	3	1
699	강원 화천군	정책숲가꾸기(민관협력형산림경영시범사업)	2,288,762	10	1	7	8	7	1	1	4
700	강원 화천군	고급육생산요소사료지원	400,000	10	7	7	8	7	1	1	2
701	강원 화천군	소사육농가톱밥지원	300,000	10	7	7	8	7	1	1	2
702	강원 화천군	조사료지원	300,000	10	7	7	8	7	1	1	2
703	강원 화천군	산림재해방지조림(민관협력형산림경영시범사업)	252,392	10	1	7	8	7	5	5	4
704	강원 화천군	닭경쟁력제고	175,000	10	7	7	8	7	1	1	2
705	강원 화천군	지역특화조림사업(민관협력형산림경영시범사업)	165,103	10	1	7	8	7	5	5	4
706	강원 화천군	큰나무조림사업(민관협력형산림경영시범사업)	156,768	10	1	7	8	7	5	5	4
707	강원 화천군	공익숲가꾸기(민관협력형산림경영시범사업)	134,400	10	1	7	8	7	5	5	4
708	강원 화천군	내화수림대조성사업(민관협력형산림경영시범사업)	120,755	10	1	7	8	7	5	5	4
709	강원 화천군	경제림조림사업(민관협력형산림경영시범사업)	111,469	10	1	7	8	7	5	5	4
710	강원 화천군	강원한우통합브랜드가치제고	110,040	10	7	7	8	7	1	1	2
711	강원 화천군	소사육시설환경개선지원	105,000	10	7	7	8	7	1	1	2
712	강원 화천군	강원한우육성지원	100,000	10	7	7	8	7	1	1	2
713	강원 화천군	고수익임산물생산지원	80,000	10	1,4	7	8	7	5	5	4
714	강원 화천군	한우품질고급화사업	66,560	10	7	7	8	7	1	1	2
715	강원 화천군	군납축산물포장재지원	21,000	10	7	7	8	7	1	1	2
716	강원 화천군	조사료생산용종자구입지원	11,550	10	7	7	8	7	1	1	2
717	강원 양구군	정책숲가꾸기사업	2,305,711	10	2	7	8	7	2	2	4

순번	시군구	지출명 (사업명)	2024년예산 (단위 : 천원/1년간)	민간이전 분류	민간이전지출 근거	입찰방식 계약체결방법 (경쟁형태)	계약기간	낙찰자선정방법	운영예산 산정	정산방법	성과평가 실시여부
718	강원 양구군	지자체축협협력사업	1,069,004	10	5	7	8	7	5	1	4
719	강원 양구군	농특산물포장재지원사업	800,000	10	6	7	8	7	5	1	2
720	강원 양구군	유기질비료지원	590,613	10	6	7	8	7	5	5	4
721	강원 양구군	슬레이트처리지원	568,520	10	2	7	8	7	5	5	4
722	강원 양구군	토양개량제지원	398,878	10	2	7	8	7	5	5	4
723	강원 양구군	고품질쌀생산(벼재배용상토등영농자재지원)	126,000	10	6	6	1	7	1	1	4
724	강원 양구군	공동방제단운영지원	100,350	10	2	7	7	7	5	5	4
725	강원 양구군	강원한우통합브랜드가치제고	89,940	10	6	7	8	7	5	2	4
726	강원 양구군	(기금)탄소중립도시숲조성(공익숲가꾸기)	81,360	10	2	7	8	7	2	2	4
727	강원 양구군	슬레이트처리자부담금지원	70,000	10	2	7	8	7	5	5	4
728	강원 양구군	드론활용병해충방제시범	70,000	10	7	7	8	7	5	5	4
729	강원 양구군	토양환경개선및지력증진사업	50,000	10	7	6	1	7	1	1	4
730	강원 양구군	축산물이력관리지원(자치단체)	24,000	10	2	7	8	7	5	1	4
731	강원 양구군	조사료생산기반확충(조사료종자구입비)	21,812	10	2	7	8	7	5	1	4
732	강원 양구군	전업농가구제역백신지원	8,550	10	2	7	7	7	5	5	4
733	강원 양구군	여성어업인복지바우처지원	6,000	10	6	6	1	7	3	2	3
734	강원 양구군	농산물안전성검사지원	2,550	10	6	7	8	7	5	1	2
735	강원 인제군	면단위(천도리)LPG배관망구축	2,317,386	10	2	4	7	2	3	1	3
736	강원 인제군	농산물포장재지원	1,500,000	10	4	7	8	7	5	5	4
737	강원 인제군	조사료사일리지구입자금지원	1,200,000	10	1	7	8	7	1	1	4
738	강원 인제군	상남면LPG배관망구축	986,000	10	4	7	8	7	3	1	3
739	강원 인제군	양봉농가사료비(설탕)지원	800,000	10	1	7	8	7	1	1	4
740	강원 인제군	농산물출하운송료지원	775,000	10	4	7	8	7	5	5	4
741	강원 인제군	인제군LPG배관망시설관리	650,000	10	7	4	1	2	3	1	3
742	강원 인제군	축산농가톱밥지원	500,000	10	1	7	8	7	1	1	4
743	강원 인제군	농산물공동선별비지원	310,000	10	4	7	8	7	5	5	4
744	강원 인제군	양봉사육농가시설현대화지원	296,000	10	1	7	8	7	1	1	4
745	강원 인제군	조사료생산용사일리지제조지원	226,268	10	1,2	7	8	7	1	1	4
746	강원 인제군	한우우량혈통개량(수정료)	174,000	10	1	7	8	7	1	1	4
747	강원 인제군	양봉농가사료비(화분떡)지원	172,000	10	1	7	8	7	1	1	4
748	강원 인제군	고급육출하장려금	165,000	10	1	7	8	7	1	1	4
749	강원 인제군	한우출하운송료지원	150,000	10	1	7	8	7	1	1	4
750	강원 인제군	조사료생산용종자구입지원	127,000	10	1,2	7	8	7	1	1	4
751	강원 인제군	한우육성기양질조사료지원	100,000	10	1	7	8	7	1	1	4
752	강원 인제군	양축농가납박스지원	93,000	10	1	7	8	7	1	1	4
753	강원 인제군	강원양봉사료지원	84,000	10	1	7	8	7	1	1	4
754	강원 인제군	과채류고품질생산지원	60,500	10	4	7	8	7	5	5	4
755	강원 인제군	고급육생산사료첨가제지원	60,000	10	1	7	8	7	1	1	4
756	강원 인제군	사료작물종자구입지원	60,000	10	1	7	8	7	1	1	4
757	강원 인제군	가축시장거래활성화지원	54,000	10	1	7	8	7	1	1	4

번호	시도	지원대상 (단위: 백만원/1년간)	2024년예산	신청이력 점수 (지원이력 없음 최고점 5점) 1. 신청이력 없음 2. 신청이력 있음(307-03) 3. 융합예술프로젝트지원(307-05) 4. 국제예술교류지원(307-04) 5. 원로예술인공연지원(307-10) 6. 시각예술창작산실 시각예술지원 7. 공연예술창작산실 대본공모지원(308-13) 8. 원로예술인공연지원(402-01) 9. 원로예술인공연지원,장애예술(402-01) 10. 민간국제예술교류지원(402-03) 11. 공연예술창작산실 대본공모지원(403-02)	지원사업 내용 (지원이외에 추가 활동 등 기재) 1. 없음 2. 있음(세부내용 기재)	정산결과 1. 만족 2. 자금세탁 3. 보조금 부정 4. 수입정산 미반영 5. 기타 6. 기타 ( ) 7. 없음 8. 해당없음	완료보고서 1. 완료 2. 완료처리 3. 부실처리 4. 수정요청 5. 중지 6. 기타 ( ) 7. 없음	보조금수령 1. 완납 2. 환수처분 3. 환수진행 4. 체납보류 5. 환수진행 6. 기타 ( ) 7. 없음 8. 완료 (해당)	사업수행 1. 완납 2. 이행 3. 미이행 4. 기타 ( ) 5. 없음	사업수행 1. 완납 2. 이행 3. 미이행 4. 기타 ( ) 5. 없음	심의의견 1. 없음 2. 승인 유보 3. 내용수정 요청 (심의위원회 참고사항) 4. 비적합
758	경기 인천권	한국조경작가회	52,000	1	7	8	7	1	1	4
759	경기 인천권	플럭서스프로젝트	50,000	1	7	8	7	1	1	4
760	경기 인천권	국립오페라단창작지원	50,000	1	7	8	7	1	1	4
761	경기 인천권	한국지식산업기술진흥	45,000	1	7	8	7	1	1	4
762	경기 인천권	경기장소특화 경기프로젝트기획지원	40,000	4	7	8	7	5	5	4
763	경기 인천권	한국고고미술연구원	31,440	1	7	8	7	1	1	4
764	경기 인천권	인천콘텐츠 프로듀서양성	25,000	1	7	8	7	5	5	4
765	경기 인천권	장애공공문화예술진흥	24,440	2,4	7	8	7	5	5	4
766	경기 인천권	공연용창조촬영지원	20,000	1	7	8	7	1	1	4
767	경기 인천권	대중예술진흥센터	20,000	1,2	7	8	7	1	1	4
768	경기 인천권	정기연주지원	19,200	1,2	7	8	7	1	1	4
769	경기 인천권	부산광역사업기금(통섭)	18,000	1	7	8	7	1	1	4
770	경기 인천권	공연제작성공지원	15,500	1	7	8	7	1	1	4
771	경기 인천권	지역예술교류지원	14,000	1	7	8	7	1	1	4
772	경기 인천권	한국공연예술가협회(지원)	6,760	1	7	8	7	1	1	4
773	경기 인천권	장애인권익지원지원	4,682	1	7	8	7	5	5	4
774	경기 인천권	아이들희망사회지원	4,000	1	7	8	7	5	5	4
775	경기 경인권	장수공무원회(운영임금)	970,000	1	2	3	6	1	1	4
776	경기 경인권	한국예술문화위원회지원	604,800	4	7	8	7	1	1	3
777	경기 경인권	조선시설기획체계정비	530,000	4	5	7	1	5	1	3
778	경기 경인권	조선문화기관본사운영	352,452	4	5	7	1	5	1	3
779	경기 경인권	고촌합수소영조성공	315,000	1,4	5	1	7	1	1	4
780	경기 경인권	대한예술문화협회지원	279,600	4	7	8	7	1	1	4
781	경기 경인권	국토발전문화	167,890	6	5	1	7	1	1	4
782	경기 경인권	대한예술문화협회자원	123,000	4	5	7	1	5	1	3
783	경기 경인권	강동예술인문관지지원	106,360	1	8	7	1	1	1	1
784	경기 경인권	한국태권지원지원	103,000	1,4	5	1	7	1	1	4
785	경기 경인권	고촌민문화본영협정지가지	100,020	6	5	1	7	1	1	4
786	경기 경인권	고촌장소청영작기본경선	68,000	1,4	5	1	7	1	1	4
787	경기 경인권	한국지원청작성기본작업	58,400	4	5	1	7	1	5	3
788	경기 경인권	해외전설조성	45,000	1,4	5	1	7	1	1	4
789	경기 경인권	해외전설의설체영협진	45,000	4	5	1	7	1	5	3
790	경기 경인권	해외전실기예지지원	28,800	4	5	1	7	1	5	3
791	경기 경인권	한국사기예지원영	24,000	1,4	5	1	7	1	1	4
792	경기 경인권	시각지원창작기지원영	20,790	4	4	7	1	7	5	3
793	경기 경인권	대륙예술인사기영영	9,000	2	5	7	1	1	1	4
794	경기 경인권	고촌자조영창작지기체지원	6,400	6	8	7	1	1	1	4
795	경기 경인권	한국문예지영창작지창체사	6,800	6	5	7	1	1	1	4
796	경기 경인권	동기작사시작지원	1,050	2	8	7	1	1	1	4
797	충북 청주시	도서예지사기사(출판지+상품절지기)	2,775,087	10	1,2	7	8	7	5	5	4

순번	시군구	지출명 (사업명)	2024년예산 (단위 : 천원 /1년간)	민간이전 분류 (지방자치단체 세출예산 집행기준에 의거) 1. 민간경상사업보조(307-02) 2. 민간단체 법정운영비보조(307-03) 3. 민간행사사업보조(307-04) 4. 민간위탁금(307-05) 5. 사회복지시설 법정운영비보조(307-10) 6. 민간인위탁교육비(307-12) 7. 공기관등에대한경상적위탁사업비(308-13) 8. 민간자본사업보조,자체재원(402-01) 9. 민간자본사업보조,이전재원(402-02) 10. 민간위탁사업비(402-03) 11. 공기관등에 대한 자본적 위탁사업비(403-02)	민간이전지출 근거 (지방보조금 관리기준 참고) 1. 법률에 규정 2. 국고보조 재원(국가지정) 3. 용도 지정 기부금 4. 조례에 직접규정 5. 지자체가 권장하는 사업을 하는 공공기관 6. 시,도 정책 및 재정사정 7. 기타 8. 해당없음	입찰방식 계약체결방법 (경쟁형태) 1. 일반경쟁 2. 제한경쟁 3. 지명경쟁 4. 수의계약 5. 법정위탁 6. 기타 ( ) 7. 없음	계약기간 1. 1년 2. 2년 3. 3년 4. 4년 5. 5년 6. 기타 ( )년 7. 단가계약 (1년미만) 8. 없음	낙찰자선정방법 1. 적격심사 2. 협상에의한계약 3. 최저가낙찰제 4. 규격가낙찰분리 5. 2단계 경쟁입찰 6. 기타 ( ) 7. 없음	운영예산 산정 1. 내부산정 (지자체 자체적으로 산정) 2. 외부산정 (외부전문기관위탁 산정) 3. 내·외부 모두 산정 4. 산정 無 5. 없음	정산방법 1. 내부정산 (지자체 내부적으로 정산) 2. 외부정산 (외부전문기관위탁 정산) 3. 내·외부 모두 산정 4. 정산 無 5. 없음	성과평가 실시여부 1. 실시 2. 미실시 3. 향후 추진 4. 해당없음
798	충북 청주시	경제림조성	972,931	10	1,2	7	8	7	5	5	4
799	충북 청주시	청주시육아종합지원센터운영	604,370	10	1,4	1	5	1	1	1	1
800	충북 청주시	큰나무공익조림	240,812	10	1,2	7	8	7	5	5	4
801	충북 청주시	어린나무가꾸기	225,637	10	1,2	7	8	7	5	5	4
802	충북 청주시	산불예방숲가꾸기	170,863	10	1,2	7	8	7	5	5	4
803	충북 청주시	공익림가꾸기	108,480	10	1,2	7	8	7	5	5	4
804	충북 청주시	장애인주택개조사업	83,600	10	2	4	3	7	1	1	3
805	충북 청주시	지역특화조림	41,634	10	1,2	7	8	7	5	5	4
806	충북 청주시	산물수집	27,120	10	1,2	7	8	7	5	5	4
807	충북 청주시	큰나무가꾸기	26,040	10	1,2	7	8	7	5	5	4
808	충북 청주시	산림재해방지조림	24,090	10	1,2	7	8	7	5	5	4
809	충북 청주시	농촌지역광대역통신망사업	5,250	10	7	7	8	7	5	5	4
810	충북 충주시	노인복지관위탁운영	781,359	10	4	7	8	7	1	1	1
811	충북 충주시	장애인주택개조사업	30,400	10	2	7	8	7	1	1	4
812	충북 충주시	서충주청소년문화의집집기	8,100	10	8	6	6	6	1	1	4
813	충북 제천시	하수관거정비BTL사업(2단계)시설임대료	4,350,000	10	8	7	8	7	5	5	4
814	충북 제천시	조림지가꾸기	1,386,543	10	8	7	8	7	5	5	4
815	충북 제천시	하수관거정비BTL사업(1단계)시설운영비	1,260,000	10	8	7	8	7	5	5	4
816	충북 제천시	슬레이트처리개량지원사업	1,067,160	10	8	7	8	7	5	5	4
817	충북 제천시	하수관거정비BTL사업(2단계)시설운영비	1,060,000	10	8	7	8	7	5	5	4
818	충북 제천시	간선임도신설(3.km)	634,288	10	8	7	8	7	5	5	4
819	충북 제천시	경제림조성(73ha)	253,074	10	8	7	8	7	5	5	4
820	충북 제천시	큰나무공익조림(15ha)	180,608	10	8	7	8	7	5	5	4
821	충북 제천시	어린나무가꾸기(75ha)	130,175	10	8	7	8	7	5	5	4
822	충북 제천시	제천시생태자연습지관리위탁	120,000	10	8	7	8	7	5	5	4
823	충북 제천시	산불예방숲가꾸기(3ha)	113,909	10	8	7	8	7	5	5	4
824	충북 제천시	도시숲정원관리인운영사업	105,280	10	8	7	8	7	5	5	4
825	충북 제천시	조림사업자부담금	86,000	10	8	7	8	7	5	5	4
826	충북 제천시	숲가꾸기산물수집(3ha)	81,360	10	8	7	8	7	5	5	4
827	충북 제천시	제천시생태자연습지관리위탁	80,000	10	8	7	8	7	5	5	4
828	충북 제천시	산림재해방지조림	60,225	10	8	7	8	7	5	5	4
829	충북 제천시	큰나무가꾸기(3ha)	52,069	10	8	7	8	7	5	5	4
830	충북 제천시	공익림가꾸기(15ha)	40,680	10	8	7	8	7	5	5	4
831	충북 제천시	농촌지역광대역통합망구축	26,250	10	8	7	8	7	5	5	4
832	충북 보은군	조림지가꾸기	1,162,904	10	2	5	7	6	4	2	1
833	충북 보은군	경제림조성	507,311	10	2	5	7	6	4	2	1
834	충북 보은군	공익림가꾸기	230,520	10	2	5	7	6	4	2	1
835	충북 보은군	산불예방숲가꾸기	189,849	10	2	5	7	6	4	2	1
836	충북 보은군	어린나무가꾸기	104,140	10	2	5	7	6	4	2	1
837	충북 보은군	큰나무조림사업	48,164	10	2	5	7	6	4	2	1

순번	시군구	지출명 (사업명)	2024년예산 (단위: 천원/1년간)	민간이전 분류	민간이전지출 근거	계약체결방법 (경쟁형태)	계약기간	낙찰자선정방법	운영예산 산정	정산방법	성과평가 실시여부
838	충북 보은군	지역특화조림	41,634	10	2	5	7	6	4	2	1
839	충북 보은군	산물수집	27,120	10	2	5	7	6	4	2	1
840	충북 보은군	큰나무가꾸기	17,355	10	2	5	7	6	4	2	1
841	충북 보은군	농어촌장애인주택개조사업	15,200	10	1,2	5	1	7	5	1	4
842	충북 옥천군	옥천반다비체육센터운영	861,686	10	4	7	8	7	1	1	3
843	충북 옥천군	푸드트럭구입(1대)	55,000	10	8	6	4	7	1	1	4
844	충북 옥천군	장애인주택개조사업	38,000	10	2	6	7	6	5	1	1
845	충북 옥천군	농촌통신망고도화사업(1개소)	5,250	10	4	7	6	6	5	5	4
846	충북 영동군	자원순환센터운영	2,611,061	10	1	1	3	2	2	2	1
847	충북 영동군	생활폐기물수집운반위탁금	2,139,828	10	1	1	3	2	2	2	1
848	충북 영동군	슬레이트처리지원	1,357,880	10	2	6	3	1	3	3	1
849	충북 영동군	농가형와인컨설팅	50,000	10	4	7	8	7	5	5	4
850	충북 영동군	영동와인아카데미	40,000	10	4	7	8	7	5	5	4
851	충북 영동군	영동와인품평회	10,000	10	4	7	8	7	5	5	4
852	충북 증평군	슬레이트처리및개량사업	342,640	10	2	7	8	7	5	5	4
853	충북 증평군	도시가스공급시설설치비지원	70,000	10	7	7	8	7	5	2	4
854	충북 증평군	1회용기없는축제만들기	40,000	10	6	7	8	7	5	5	4
855	충북 증평군	영농폐기물수거처리지원	28,350	10	6	7	8	7	5	5	4
856	충북 증평군	농어촌장애인주택개조사업	19,000	10	2	6	7	7	4	1	2
857	충북 진천군	조림지가꾸기(풀베기+덩굴제거)(73ha)	1,267,045	10	2	7	1	7	3	2	1
858	충북 진천군	슬레이트철거및지붕개량지원사업	766,160	10	2	7	1	1,3	3	3	4
859	충북 진천군	경제림조성(125ha)	503,359	10	2	7	1	7	3	2	1
860	충북 진천군	큰나무공익조림(21ha)	252,852	10	2	7	1	7	3	2	1
861	충북 진천군	어린나무가꾸기(9ha)	156,209	10	2	7	1	7	3	2	1
862	충북 진천군	공익림가꾸기(45ha)	122,040	10	2	7	1	7	3	2	1
863	충북 진천군	경제림조성수익자부담금(125ha)	90,000	10	2	7	1	7	3	2	1
864	충북 진천군	산불예방숲가꾸기(2ha)	73,660	10	2	7	1	7	3	2	1
865	충북 진천군	지역특화조림(3ha)	62,452	10	2	7	1	7	3	2	1
866	충북 진천군	산림재해방지조림(5ha)	60,225	10	2	7	1	7	3	2	1
867	충북 진천군	산물수집(15ha)	38,960	10	2	7	1	7	3	2	1
868	충북 진천군	큰나무가꾸기(2ha)	34,712	10	2	7	1	7	3	2	1
869	충북 음성군	하수관거정비BTL임대료	4,041,000	10	1	4	6	2	1	1	1
870	충북 음성군	용산산업단지공공폐수처리시설설치사업	3,809,000	10	1	5	6	7	1	1	2
871	충북 음성군	숲가꾸기사업	1,806,278	10	1	5	1	6	3	2	4
872	충북 음성군	슬레이트처리및개량사업	933,280	10	2	1	7	7	1	1	4
873	충북 음성군	선도산림경영단지사업비	777,778	10	2	5	1	7	3	2	2
874	충북 음성군	경제림조림사업	359,083	10	1	5	1	6	3	2	4
875	충북 음성군	큰나무공익조림사업	301,016	10	1	5	1	6	3	2	4
876	충북 음성군	공익림가꾸기사업	122,040	10	1	5	1	6	3	2	4
877	충북 음성군	지역특화조림사업	62,450	10	1	5	1	6	3	2	4

순번	시군구	지출명 (사업명)	2024년예산 (단위 : 천원 /1년간)	민간이전 분류 (지방자치단체 세출예산 집행기준에 의거) 1. 민간경상사업보조(307-02) 2. 민간단체 법정운영비보조(307-03) 3. 민간행사사업보조(307-04) 4. 민간위탁금(307-05) 5. 사회복지시설 법정운영비보조(307-10) 6. 민간위탁교육비(307-12) 7. 공기관등에대한경상적위탁사업비(308-13) 8. 민간자본사업보조,자체재원(402-01) 9. 민간자본사업보조,이전재원(402-02) 10. 민간위탁사업비(402-03) 11. 공기관등에 대한 자본적 위탁사업비(403-02)	민간이전지출 근거 (지방보조금 관리기준 참고) 1. 법률에 규정 2. 국고보조 재원(국가지정) 3. 용도 지정 기부금 4. 조례에 직접규정 5. 지자체가 권장하는 사업을 하는 공공기관 6. 시,도 정책 및 재정사정 7. 기타 8. 해당없음	계약체결방법 (경쟁형태) 1. 일반경쟁 2. 제한경쟁 3. 지명경쟁 4. 수의계약 5. 법정위탁 6. 기타 ( ) 7. 없음	계약기간 1. 1년 2. 2년 3. 3년 4. 4년 5. 5년 6. 기타 ( )년 7. 단기계약 (1년미만) 8. 없음	낙찰자선정방법 1. 적격심사 2. 협상에의한계약 3. 최저가낙찰제 4. 규격가격분리 5. 2단계 경쟁입찰 6. 기타 ( ) 7. 없음	운영예산 산정 1. 내부산정 (지자체 자체적으로 산정) 2. 외부산정 (외부전문기관위탁 산정) 3. 내·외부 모두 산정 4. 산정 無 5. 없음	정산방법 1. 내부정산 (지자체 내부적으로 정산) 2. 외부정산 (외부전문기관위탁 정산) 3. 내·외부 모두 정산 4. 정산 無 5. 없음	성과평가 실시여부 1. 실시 2. 미실시 3. 향후 추진 4. 해당없음
878	충북 음성군	산림재해방지조림사업	48,180	10	1	5	1	6	3	2	4
879	충북 음성군	농촌통신망고도화	21,000	10	5	7	8	7	5	5	4
880	충북 음성군	GAP토양용수안전성분석	15,000	10	1	3	7	1	1	1	4
881	충북 음성군	경제림조림사업자부담	14,400	10	1	5	1	6	3	2	4
882	충북 단양군	슬레이트처리지원	862,280	10	2	2	1	1	1	3	1
883	충북 단양군	도시가스공급배관확대사업	99,000	10	6	7	8	7	5	3	2
884	충남 공주시	박동진판소리전수관위탁운영	45,000	10	4	7	3	7	1	1	1
885	충남 공주시	고령자주택개조사업	42,000	10	2	7	8	7	5	5	4
886	충남 공주시	장애인주택개조사업	30,400	10	2	7	8	7	5	5	4
887	충남 보령시	민관협력형산림경영시범사업	4,252,000	10	2	5	1	7	5	2	1
888	충남 보령시	공공하수처리시설운영관리	4,078,445	10	5	5	6	2	1	1	1
889	충남 보령시	보령BTL7(임대료,운영비)	2,642,000	10	1,2,4	6	6	7	2	1	1
890	충남 보령시	대천해수욕장하수처리장운영(BTO)	1,000,000	10	1,4	6	6	7	2	1	1
891	충남 보령시	구제역예방백신	948,000	10	2	5	1	1	1	1	1
892	충남 보령시	소규모공공하수처리시설관리대행	840,000	10	1,4	1	5	2	2	1	1
893	충남 보령시	슬레이트처리사업	704,000	10	4	5	3	6	1	1	1
894	충남 보령시	도시가스공급시설설치비지원	445,000	10	4	5	1	7	2	1	4
895	충남 보령시	공동방제단운영	297,214	10	2	5	1	1	1	1	1
896	충남 보령시	한우광역브랜드	228,548	10	6	3	1	1	1	1	1
897	충남 보령시	주포주교공공하수처리시설관리대행	150,000	10	1,4	1	1	2	2	1	3
898	충남 보령시	한우명품화지원	108,700	10	6	3	1	1	1	1	1
899	충남 보령시	축산물이력관리지원(귀표부착)	86,400	10	2	3	1	1	1	1	1
900	충남 보령시	한우생산성향상	81,680	10	6	3	1	1	1	1	1
901	충남 보령시	국도36호주변마을공공하수처리시설관리대행	70,000	10	1,4	4	3	1	2	1	3
902	충남 보령시	비주택슬레이트처리사업	54,000	10	4	5	3	6	1	1	1
903	충남 보령시	지붕개량사업	31,400	10	4	5	3	6	1	1	1
904	충남 보령시	학생승마체험지원	15,680	10	2	7	8	7	5	5	4
905	충남 아산시	상수도검침업무민간위탁	555,840	10	4	6	1	6	2	1	1
906	충남 아산시	도시가스공급시설설치비지원사업	220,000	10	4	7	8	7	1	1	4
907	충남 아산시	지하수요금운영	129,600	10	4	6	1	6	2	1	1
908	충남 아산시	노인종합복지관식당기자재교체(의자및주방기구)	60,000	10	1	7	8	7	5	5	4
909	충남 아산시	지하수요금운영	400	10	4	6	1	6	2	1	1
910	충남 서산시	야생동물재활교육센터운영민간위탁	230,000	10	6	5	3	1	1	1	3
911	충남 논산시	농어촌마을단위LPG소형저장탱크보급사업(국비)	360,000	10	2	7	8	7	1	1	4
912	충남 논산시	농어촌마을단위LPG소형저장탱크보급사업	360,000	10	2	7	8	7	1	1	4
913	충남 논산시	최중증발달장애인주간활동개별일대일지원	228,823	10	1	7	8	7	1	1	1
914	충남 당진시	하수관거정비BTL민간투자사업시설임대료	3,616,000	10	2	7	6	7	1	1	1
915	충남 당진시	정책숲가꾸기	1,644,554	10	2	7	8	7	5	5	4
916	충남 당진시	산불피해지복구조림	505,705	10	2	7	8	7	5	5	4
917	충남 당진시	산업단지민간환경감시사업	500,000	10	4	1	3	6	1	1	2

순번	시군구	지출명 (사업명)	2024년예산 (단위 : 천원 /1년간)	민간이전 분류	민간이전지출 근거	입찰방식			운영예산 산정		성과평가 실시여부
						계약체결방법 (경쟁형태)	계약기간	낙찰자선정방법	운영예산 산정	정산방법	
918	충남 당진시	조림(경제수)	223,143	10	2	7	8	7	5	5	4
919	충남 당진시	조림지사후관리	213,496	10	6	7	8	7	5	5	4
920	충남 당진시	미세먼지저감공익숲가꾸기	135,600	10	2	7	8	7	5	5	4
921	충남 당진시	큰나무조림	133,312	10	2	7	8	7	5	5	4
922	충남 당진시	지역특화조림	104,084	10	2	7	8	7	5	5	4
923	충남 당진시	당진발전본부민간환경감시사업	63,642	10	2	1	3	6	1	1	2
924	충남 당진시	임업인역량교육	7,142	10	6	7	8	7	5	5	4
925	충남 금산군	정책숲가꾸기	3,576,610	10	1	7	8	7	1	2	1
926	충남 금산군	조림(경제림조성)	1,101,000	10	1	7	8	7	1	2	1
927	충남 금산군	공익숲가꾸기	379,680	10	1	7	8	7	1	2	1
928	충남 금산군	조림(큰나무조림)	258,470	10	1	7	8	7	1	2	1
929	충남 금산군	조림(지역특화)	208,170	10	1	7	8	7	1	2	1
930	충남 금산군	조림지사후관리	52,072	10	1	7	8	7	1	2	1
931	충남 부여군	경제수조림사업민간위탁사업비	449,048	10	1	5	1	7	1	3	1
932	충남 부여군	덩굴제거사업민간위탁사업비	433,914	10	1	5	1	7	1	3	1
933	충남 부여군	큰나무조림민간위탁사업비	329,202	10	1	5	1	7	1	3	1
934	충남 부여군	공익숲가꾸기사업민간위탁사업비	271,200	10	1	5	1	7	1	3	1
935	충남 부여군	동물보호센터운영비지원	230,000	10	1	7	8	7	5	5	4
936	충남 부여군	지역특화조림민간위탁사업비	208,170	10	1	5	1	7	1	3	1
937	충남 부여군	토바우전용사료	160,000	10	6	7	8	7	1	1	1
938	충남 부여군	어린나무가꾸기사업민간위탁사업비	156,210	10	1	5	1	7	1	3	1
939	충남 부여군	산불피해복구조림민간위탁사업비	122,280	10	1	5	1	7	1	3	1
940	충남 부여군	내화수림대조성조림민간위탁사업비	120,000	10	1	5	1	7	1	3	1
941	충남 부여군	산불예방숲가꾸기사업민간위탁사업비	113,252	10	1	5	1	7	1	3	1
942	충남 부여군	한우등록비지원	112,080	10	6	7	8	7	1	1	1
943	충남 부여군	도태장려금(미경산우)	56,000	10	6	7	8	7	1	1	1
944	충남 부여군	고령자주택개조사업	42,000	10	1	4	1	1	1	1	1
945	충남 부여군	토바우품질고급화장려금	36,432	10	6	7	8	7	1	1	1
946	충남 부여군	토바우브랜드유통판매장려금	32,400	10	6	7	8	7	1	1	1
947	충남 부여군	장애인주택개조사업	26,600	10	1	4	1	1	1	1	1
948	충남 부여군	하눌소전용사료	24,400	10	6	7	8	7	1	1	1
949	충남 부여군	한우유전체분석(SNP)지원	20,800	10	6	7	8	7	1	1	1
950	충남 부여군	한우개량DNA친자감별검사지원	18,500	10	6	7	8	7	1	1	1
951	충남 부여군	도태장려금(경산우)	18,000	10	6	7	8	7	1	1	1
952	충남 부여군	큰나무가꾸기사업민간위탁사업비	17,356	10	1	5	1	7	1	3	1
953	충남 부여군	큰나무가꾸기사업산물수집민간위탁사업비	10,848	10	1	5	1	7	1	3	1
954	충남 부여군	토바우출하운송비	10,500	10	6	7	8	7	1	1	1
955	충남 부여군	토바우생산성향상지원	4,576	10	6	7	8	7	1	1	1
956	충남 부여군	하눌소고품질고급화장려금	3,840	10	6	7	8	7	1	1	1
957	충남 부여군	하눌소생산성향상지원	3,432	10	6	7	8	7	1	1	1

순번	시군구	지출명 (사업명)	2024년예산 (단위: 천원/1년간)	민간이전 분류 (지방자치단체 세출예산 집행기준에 의거) 1. 민간경상사업보조(307-02) 2. 민간단체 법정운영비보조(307-03) 3. 민간사업자보조(307-04) 4. 민간위탁금(307-05) 5. 사회복지시설 법정운영비보조(307-10) 6. 민간위탁교육비(307-12) 7. 공기관등에대한경상위탁사업비(308-13) 8. 민간자본사업보조,자체재원(402-01) 9. 민간자본사업보조,이전재원(402-02) 10. 민간위탁사업비(402-03) 11. 공기관등에 대한 자본적 위탁사업비(403-02)	민간이전지출 근거 (지보조금 관리기준 참고) 1. 법률에 규정 2. 국고보조 재원(국가지정) 3. 용도 지정 기부금 4. 조례에 직접규정 5. 지자체가 권장하는 사업을 하는 공공기관 6. 시,도 정책 및 재정사정 7. 기타 8. 해당없음	입찰방식			운영예산 산정		성과평가 실시여부 1. 실시 2. 미실시 3. 향후 추진 4. 해당없음
						계약체결방법 (경쟁형태) 1. 일반경쟁 2. 제한경쟁 3. 지명경쟁 4. 수의계약 5. 법정위탁 6. 기타 ( ) 7. 없음	계약기간 1. 1년 2. 2년 3. 3년 4. 4년 5. 5년 6. 기타 ( )년 7. 단가계약 (1년미만) 8. 없음	낙찰자선정방법 1. 적격심사 2. 협상에의한계약 3. 최저가낙찰제 4. 규격가격분리 5. 2단계 경쟁입찰 6. 기타 ( ) 7. 없음	운영예산 산정 1. 내부산정 (지자체 자체적으로 산정) 2. 외부산정 (외부전문기관위탁 산정) 3. 내·외부 모두 산정 4. 산정 無 5. 없음	정산방법 1. 내부정산 (지자체 내부적으로 정산) 2. 외부정산 (외부전문기관위탁 정산) 3. 내·외부 모두 정산 4. 정산 無 5. 없음	
958	충남 부여군	맞춤형우수정액지원	2,500	10	6	7	8	7	1	1	1
959	충남 서천군	고령자주택주거환경개선사업	42,000	10	6	4	1	1	1	1	4
960	충남 서천군	장애인주택개조지원사업	26,600	10	6	4	1	1	1	1	4
961	충남 서천군	장애인종합복지관기능보강	200,000	10	1	7	8	7	1	1	1
962	충남 청양군	신재생에너지융복합지원사업	2,594,508	10	2	7	1	7	2	2	1
963	충남 청양군	정책숲가꾸기사업	1,634,608	10	5	5	1	7	1	3	3
964	충남 청양군	선도산림경영	777,777	10	1	5	6	7	5	2	3
965	충남 청양군	도시가스공급시설설치비지원	556,660	10	6	7	8	7	2	1	4
966	충남 청양군	조림사업	486,856	10	5	5	1	7	1	3	3
967	충남 청양군	마을단위LPG소형저장탱크보급사업	360,000	10	6	7	8	7	2	1	4
968	충남 청양군	미이용산림바이오매스수집단	259,146	10	5	5	1	7	1	3	3
969	충남 청양군	공익숲가꾸기(기금)	189,840	10	5	5	1	7	1	3	3
970	충남 청양군	조림사업(자체)	175,937	10	5	5	1	7	1	3	3
971	충남 청양군	조림지사후관리(풀베기)	104,144	10	5	5	1	7	1	3	3
972	충남 청양군	내화수림대조성	75,000	10	5	5	1	7	1	3	3
973	충남 청양군	국가암조기검진	53,362	10	2	5	8	7	5	5	4
974	충남 청양군	사립수목원활성화사업	43,680	10	7	5	1	7	1	3	3
975	충남 청양군	수목원코디네이터운영	42,120	10	7	5	1	7	1	3	3
976	충남 청양군	큰나무공익조림	37,724	10	5	5	1	7	1	3	3
977	충남 청양군	숲생태관리인(전환사업)	27,777	10	7	5	1	7	1	3	3
978	충남 청양군	큰나무재해방지조림	25,032	10	5	5	1	7	1	3	3
979	충남 청양군	성인병질환검진	21,000	10	2	5	8	7	5	5	4
980	충남 청양군	한센병위탁관리사업	17,000	10	5	5	1	7	1	1	4
981	충남 청양군	의료급여수급권자일반건강검진	5,382	10	2	5	8	7	5	5	4
982	충남 청양군	전립선암검진	2,682	10	2	5	8	7	5	5	4
983	충남 청양군	결핵관리사업(결핵신환자발견사업이동검진)	2,570	10	5	5	1	7	3	1	4
984	충남 청양군	영유아건강검진	355	10	2	5	8	7	5	5	4
985	충남 예산군	조림지가꾸기(풀베기)	1,405,900	10	2	7	8	7	5	5	4
986	충남 예산군	LPG소형저장탱크보급사업	720,000	10	2	7	8	7	5	5	4
987	충남 예산군	음식물류폐기물처리비	626,456	10	1	1	2	7	1	1	4
988	충남 예산군	경제수일반	545,377	10	2	7	8	7	5	5	4
989	충남 예산군	숲가꾸기사업	400,739	10	2	7	8	7	5	5	4
990	충남 예산군	공익숲가꾸기	244,080	10	2	7	8	7	5	5	4
991	충남 예산군	조림지사후관리	216,967	10	2	7	8	7	5	5	4
992	충남 예산군	지역특화조림	208,170	10	2	7	8	7	5	5	4
993	충남 예산군	내화수림대조성	150,000	10	2	7	8	7	5	5	4
994	충남 예산군	산림재해방지조림	125,158	10	2	7	8	7	5	5	4
995	충남 예산군	경제수특용자원	76,933	10	2	7	8	7	5	5	4
996	충남 예산군	숲가꾸기패트롤(부대비)	64,444	10	2	7	8	7	5	5	4
997	충남 예산군	조림지가꾸기(덩굴제거)	60,748	10	2	7	8	7	5	5	4

번호	사업구분	사업명	2024예산액 (단위: 백만원/백만달러)	사업 내용							
998	종합예산조정	농림수산식품	47,154	10	2	7	8	7	5	5	4
999	종합예산조정	농림사수산	23,146	10	2	7	8	7	5	5	4
1000	종합예산조정	농가시설개선(융자)	6,000	10	2	7	8	7	5	5	4
1001	종합예산조정	관리비	5,000	10	2	7	8	7	5	5	4
1002	종합예산조정	농촌진흥개발지원사업	378,000	10	1	7	8	7	5	5	4
1003	종합예산조정	정보산업농작물재배시설지원사업	300,000	10	5	7	8	7	5	5	4
1004	종합예산조정	농업지원기반조성사업	2,000	10	6	1	8	7	5	3	4
1005	정책 조정시책	농림예산총괄기획	608,247	10	1	5	1	7	5	2	4
1006	정책 조정시책	정책수립	168,135	10	1	5	1	7	5	2	4
1007	정책 조정시책	농림예산총괄기획(농림수산기획)	138,506	10	1	5	1	7	5	2	4
1008	정책 조정시책	정책기획사업	98,871	10	1	5	1	7	5	2	2
1009	정책 조정시책	정책수립농정개발예측사업	82,366	10	1	5	1	7	5	2	4
1010	정책 조정시책	이행기획시행사업	12,150	10	1	5	1	7	5	2	4
1011	정책 조정시책	집행관리총괄기획수립사업	3,783,935	10	4	1	1	7	6	1	4
1012	정책 조정시책	정책수립정책농정효과증진지원기	1,700,000	10	5	7	8	7	1	1	4
1013	정책 조정시책	정책수립지원사업	1,408,400	10	4	6	7	6	5	5	4
1014	정책 조정시책	농업지원기구사업	1,055,680	10	1	7	7	7	1	1	4
1015	정책 조정시책	환경수립	1,003,517	10	1	5	7	7	1	1	4
1016	정책 조정시책	정책수립기구사업	857,426	10	1	5	7	7	1	1	4
1017	정책 조정시책	농가지원농정개발예측지원사업	828,000	10	5	1	7	7	1	2	1
1018	정책 조정시책	정책예산기구사업	778,344	10	1	5	7	7	7	1	4
1019	정책 조정시책	농가기구사업	468,627	10	1	7	7	7	1	1	4
1020	정책 조정시책	국가정보이전지원사업	220,000	10	5	7	7	7	1	1	2
1021	정책 조정시책	환경수립	153,360	10	1	5	8	7	7	1	4
1022	정책 조정시책	이행기구사업	86,784	10	1	5	7	7	1	1	4
1023	정책 조정시책	이행수립지원사업	75,000	10	1	5	7	7	1	1	4
1024	정책 조정시책	정책수립기구사업정책개발지원	60,000	10	1	7	8	7	5	5	4
1025	정책 조정시책	이행기구총괄사업	50,000	10	1	7	8	7	5	5	4
1026	정책 조정시책	정책수립지원사업사업농정지원(사업이행)	43,700	10	2	6	1	7	2	2	1
1027	정책 조정시책	농가기구사업	36,140	10	1	5	7	7	1	1	4
1028	정책 조정시책	이행관리기구사업	20,000	10	1	7	8	7	5	5	4
1029	정책 조정시책	정책수립지원기관	14,954	10	1	1	7	7	1	1	4
1030	정책 조정시책	농가이행기기지원사업	928,800	10	2	7	8	7	5	5	4
1031	정책 조정시책	농가정책수립사사업지원사업	468,000	10	2	7	8	7	5	5	4
1032	정책 조정시책	정책수립정책사시업지역사사업	60,000	10	2	3	1	7	5	5	4
1033	정책 조정시책	이행수립기관정책수립	50,000	10	1	4	1	5	1	1	4
1034	정책 조정시책	이행예산기지원사업(사업이행)	50,000	10	2	7	8	7	5	5	4
1035	정책 조정시책	정책기준사업정책사업지원사업(사업이행)	24,700	10	2	7	8	7	5	5	4
1036	정책 조정시책	농가정책수립집시사사업지원	22,000	10	7	4	1	7	1	1	4
1037	정책 조정시책	정책수립정책지원사업지원	20,000	10	1	6	1	6	1	1	1

순번	시군구	지출명 (사업명)	2024년예산 (단위 : 천원 /1년간)	민간이전 분류 (지방자치단체 세출예산 집행기준에 의거) 1. 민간경상사업보조(307-02) 2. 민간단체 법정운영비보조(307-03) 3. 민간행사사업보조(307-04) 4. 민간위탁금(307-05) 5. 사회복지시설 법정운영비보조(307-10) 6. 민간위탁교육비(307-12) 7. 공기관등에대한경상적위탁사업비(308-13) 8. 민간자본사업보조,자체재원(402-01) 9. 민간자본사업보조,이전재원(402-02) 10. 민간위탁사업비(402-03) 11. 공기관등에 대한 자본적 위탁사업비(403-02)	민간이전지출 근거 (지방보조금 관리기준 참고) 1. 법률에 규정 2. 국고보조 재원(국가지정) 3. 용도 지정 기부금 4. 조례에 직접규정 5. 지자체가 권장하는 사업을 하는 공공기관 6. 시,도 정책 및 재정사정 7. 기타 8. 해당없음	입찰방식			운영예산 산정		성과평가 실시여부 1. 실시 2. 미실시 3. 향후 추진 4. 해당없음
						계약체결방법 (경쟁형태) 1. 일반경쟁 2. 제한경쟁 3. 지명경쟁 4. 수의계약 5. 법정위탁 6. 기타 7. 없음	계약기간 1. 1년 2. 2년 3. 3년 4. 4년 5. 5년 6. 기타 ( )년 7. 단기계약 (1년미만) 8. 없음	낙찰자선정방법 1. 적격심사 2. 협상에의한계약 3. 최저가낙찰제 4. 규격가격분리 5. 2단계 경쟁입찰 6. 기타 ( ) 7. 없음	운영예산 산정 1. 내부산정 (지자체 자체적으로 산정) 2. 외부산정 (외부전문기관위탁 산정) 3. 내·외부 모두 산정 4. 산정 無 5. 없음	정산방법 1. 내부정산 (지자체 내부적으로 정산) 2. 외부정산 (외부전문기관위탁 정산) 3. 내·외부 모두 정산 4. 정산 無 5. 없음	
1038	경북 김천시	하수슬러지처리시설민간위탁운영비	2,657,844	10	1	6	6	6	3	1	1
1039	경북 김천시	소규모마을하수도민간위탁운영비	1,475,740	10	1	6	6	6	3	1	1
1040	경북 김천시	공공하수도운영관리대행민간위탁운영비	1,244,000	10	1	6	6	6	3	1	1
1041	경북 김천시	총인처리시설민간위탁운영비	1,202,040	10	1	6	6	6	3	1	1
1042	경북 김천시	조림지가꾸기(647ha)	1,122,985	10	2	5	1	2	1	2	3
1043	경북 김천시	아포하수처리장민간위탁운영비	1,068,480	10	1	1	5	3	3	1	1
1044	경북 김천시	산불예방숲가꾸기	759,360	10	2	5	1	2	1	2	3
1045	경북 김천시	공익림가꾸기	488,160	10	2	5	1	2	1	2	3
1046	경북 김천시	맨홀(중계)펌프장(22개소)민간위탁운영비	298,920	10	1	6	6	6	3	1	2
1047	경북 김천시	산물수집(14ha)	282,069	10	2	5	1	2	1	2	3
1048	경북 김천시	어린나무가꾸기사업(135ha)	234,316	10	2	5	1	2	1	2	3
1049	경북 김천시	큰나무가꾸기(13ha)	220,636	10	2	5	1	2	1	2	3
1050	경북 김천시	목재생산조림(5ha)	212,640	10	2	5	1	2	1	2	3
1051	경북 김천시	바이오순환조림(4ha)	169,260	10	2	5	1	2	1	2	3
1052	경북 김천시	큰나무공익조림(2ha)	158,750	10	2	5	1	2	1	2	3
1053	경북 김천시	공공하수처리장수질TMS위탁운영비(김천,아포)	144,000	10	1	1	1	3	1	4	2
1054	경북 김천시	혁신도시중계펌프장민간위탁운영비	139,920	10	1	6	6	6	3	1	2
1055	경북 김천시	산림재해방지조림(13ha)	93,250	10	2	5	1	2	1	2	3
1056	경북 김천시	큰나무공익조림(시군구입5ha)	58,650	10	2	5	1	2	1	2	3
1057	경북 김천시	하수슬러지처리시설장비긴급보수대행비	50,000	10	1	6	8	6	1	1	2
1058	경북 김천시	소규모마을하수도시설장비긴급보수대행비	50,000	10	1	6	7	6	1	1	2
1059	경북 김천시	경제림조성(시군구입)(5ha)	36,000	10	2	5	1	2	1	2	3
1060	경북 김천시	하수처리장및맨홀펌프장긴급보수대행비	30,000	10	1	4	7	6	1	1	2
1061	경북 김천시	총인처리시설장비긴급보수대행비	20,000	10	1	6	6	6	1	1	2
1062	경북 김천시	하수관거정비임대형민자사업(BTL)임대료	5,898	10	1	6	6	6	3	1	2
1063	경북 안동시	[국]정책숲가꾸기	3,372,425	10	6	4	7	7	1	2	4
1064	경북 안동시	[도]안동문화예술의전당시설(BTL)운영(전환사업)	3,301,000	10	1	7	6	7	2	1	1
1065	경북 안동시	안동문화예술의전당시설(BTL)운영비	2,161,000	10	1	7	6	7	2	1	1
1066	경북 안동시	그린뉴딜지중화사업[통신](자이아파트서측~서부초등학교서측교차로)	1,576,925	10	1	7	8	7	5	5	4
1067	경북 안동시	안동조탑리오층전탑해체보수	1,000,000	10	8	6	5	7	1	2	4
1068	경북 안동시	LPG소형저장탱크보급사업	817,560	10	1	5	8	7	2	3	1
1069	경북 안동시	셔틀버스운행대행사업비	400,000	10	6	7	1	2	1	1	4
1070	경북 안동시	소규모사업장방지시설설치지원사업	378,000	10	1	7	1	7	5	1	4
1071	경북 안동시	도심전선지중화사업[통신](서부초등학교차로~안동교회)	203,000	10	1	7	8	7	5	5	4
1072	경북 안동시	안동법흥사지칠층전탑종합정비계획수립	200,000	10	8	6	1	7	1	2	4
1073	경북 안동시	세계유산하회마을기반시설정비(3차)	200,000	10	8	6	1	7	1	2	4
1074	경북 안동시	안동형도시재생사업도시가스보급지원	100,000	10	7	7	8	7	5	5	4
1075	경북 안동시	소규모사업장방지시설설치지원[사업대행]	20,000	10	1	7	1	7	5	1	4
1076	경북 구미시	다함께돌봄센터설치	1,010,000	10	1	7	8	7	5	5	4
1077	경북 구미시	바우처택시통신단말기구입비	90,000	10	7	7	8	7	5	5	4

| 순번 | 시군구 | 지출명
(사업명) | 2024년예산
(단위 : 천원 /1년간) | 민간이전 분류
(지방자치단체 세출예산 집행기준에 의거)

1. 민간경상사업보조(307-02)
2. 민간단체 법정운영비보조(307-03)
3. 민간행사사업보조(307-04)
4. 민간위탁금(307-05)
5. 사회복지시설 법정운영비보조(307-10)
6. 민간인위탁교육비(307-12)
7. 공기관등에대한경상적위탁사업비(308-13)
8. 민간자본사업보조,자체재원(402-01)
9. 민간자본사업보조,이전재원(402-02)
10. 민간위탁사업비(402-03)
11. 공기관등에 대한 자본적 위탁사업비(403-02) | 민간이전지출 근거
(지방보조금 관리기준 참고)

1. 법률에 규정
2. 국고보조 재원(국가지정)
3. 용도 지정 기부금
4. 조례에 직접규정
5. 지자체가 권장하는 사업을
하는 공공기관
6. 시,도 정책 및 재정사정
7. 기타
8. 해당없음 | 입찰방식 | | | 운영예산 산정 | | 성과평가
실시여부 |
						계약체결방법 (경쟁형태) 1. 일반경쟁 2. 제한경쟁 3. 지명경쟁 4. 수의계약 5. 법정위탁 6. 기타 ( ) 7. 없음	계약기간 1. 1년 2. 2년 3. 3년 4. 4년 5. 5년 6. 기타 ( )년 7. 단기계약 (1년미만) 8. 없음	낙찰자선정방법 1. 적격심사 2. 협상에의한계약 3. 최저가낙찰제 4. 규격가격분리 5. 2단계 경쟁입찰 6. 기타 ( ) 7. 없음	운영예산 산정 1. 내부산정 (지자체 자체적으로 산정) 2. 외부산정 (외부전문기관위탁 산정) 3. 내·외부 모두 산정 4. 산정 無 5. 없음	정산방법 1. 내부정산 (지자체 내부적으로 정산) 2. 외부정산 (외부전문기관위탁 정산) 3. 내·외부 모두 산정 4. 정산 無 5. 없음	1. 실시 2. 미실시 3. 향후 추진 4. 해당없음
1078	경북 상주시	조림지가꾸기사업위탁	1,404,166	10	1	7	8	7	5	5	4
1079	경북 상주시	산불예방숲가꾸기위탁	759,360	10	1	7	8	7	5	5	4
1080	경북 상주시	공익림가꾸기사업위탁	678,000	10	1	7	8	7	5	5	4
1081	경북 상주시	지역특화림조성사업위탁	416,340	10	1	7	8	7	5	5	4
1082	경북 상주시	경제림조림사업위탁	349,119	10	1	7	8	7	5	5	4
1083	경북 상주시	산물수집위탁	257,660	10	1	7	8	7	5	5	4
1084	경북 상주시	내화수림대조성사업위탁	225,000	10	1	7	8	7	5	5	4
1085	경북 상주시	큰나무가꾸기사업위탁	173,566	10	1	7	8	7	5	5	4
1086	경북 상주시	큰나무조림사업위탁	126,014	10	1	7	8	7	5	5	4
1087	경북 상주시	소규모사업장방지시설설치위탁	108,000	10	2	7	8	7	5	5	4
1088	경북 상주시	조림지보완사업위탁	75,000	10	1	7	8	7	5	5	4
1089	경북 상주시	어린나무가꾸기사업위탁	60,748	10	1	7	8	7	5	5	4
1090	경북 상주시	경북행복키기업산업안전환경개선사업위탁	20,000	10	1,4	6	1	7	1	1	1
1091	경북 상주시	가축분뇨처리사용료징수교부금	8,000	10	4	6	6	6	1	4	4
1092	경북 상주시	소규모사업장방지시설설치위탁(사업대행)	5,700	10	2	7	8	7	5	5	4
1093	경북 문경시	소규모영세사업장방지시설지원	198,000	10	2	7	8	7	5	5	4
1094	경북 문경시	화학물질취급사업장시설개선사업지원	40,000	10	6	7	8	7	5	5	4
1095	경북 경산시	슬레이트처리지원사업	943,800	10	1	7	8	7	5	5	4
1096	경북 경산시	소규모사업장방지시설설치지원사업	558,000	10	1	7	1	7	5	5	4
1097	경북 경산시	비주택슬레이트처리지원사업(자체)	200,000	10	1	7	8	7	5	5	4
1098	경북 경산시	경산웹툰창작소운영	100,000	10	4	7	8	7	5	5	4
1099	경북 경산시	화학물질취급사업장안전진단및시설개선지원	60,000	10	1	7	8	7	5	5	1
1100	경북 경산시	소규모사업장방지시설설치지원사업운영지원	29,500	10	1	7	1	7	5	5	4
1101	경북 경산시	가축분뇨수거민간대행수수료	7,000	10	1,4	4	2	7	1	5	4
1102	경북 경산시	오수분뇨수거민간대행수수료	3,700	10	1,4	4	2	7	1	5	4
1103	경북 의성군	슬레이트처리지원	1,519,800	10	2	1	4	1	2	2	4
1104	경북 의성군	단촌후평리마을만들기(자율개발)역량강화	20,000	10	1	7	6	7	1	1	3
1105	경북 의성군	신평중율2리마을만들기(자율개발)역량강화	20,000	10	1	7	6	7	1	1	3
1106	경북 의성군	안평신안2리마을만들기(자율개발)역량강화	20,000	10	1	7	6	7	1	1	3
1107	경북 의성군	사곡화전2리마을만들기(자율개발)역량강화	10,000	10	1	7	6	7	1	1	3
1108	경북 의성군	구천모흥3리마을만들기(자율개발)역량강화	10,000	10	1	7	6	7	1	1	3
1109	경북 의성군	안평금곡2리마을만들기(자율개발)역량강화	10,000	10	1	7	6	7	1	1	3
1110	경북 청송군	진보면LPG배관망구축사업	3,375,900	10	2	6	3	7	2	2	4
1111	경북 청송군	신재생에너지융복합지원사업	2,185,203	10	2	6	1	7	2	3	4
1112	경북 청송군	슬레이트처리지원	838,200	10	7	7	8	1	1	1	4
1113	경북 청송군	청송군LPG배관망안전관리위탁	200,000	10	1	6	3	7	3	2	4
1114	경북 청송군	조사료생산재배단지임대사업(자부담50%)	90,000	10	4	7	8	7	5	5	4
1115	경북 청송군	2025청송아이스클라이밍월드컵경기장조성	80,000	10	4	7	8	7	1	1	4
1116	경북 청송군	구제역(돼지,전입농)(자부담50%)	73,980	10	2	7	8	7	5	5	4
1117	경북 청송군	고급육생산출하장려금및기초등록정액대(자부담30%)	63,000	10	4	7	8	7	5	5	4

순번	시군구	지출명 (사업명)	2024년예산 (단위 : 천원 /1년간)	민간이전 분류 (지방자치단체 세출예산 집행기준에 의거) 1. 민간경상사업보조(307-02) 2. 민간단체 법정운영비보조(307-03) 3. 민간행사사업보조(307-04) 4. 민간위탁금(307-05) 5. 사회복지시설 법정운영비보조(307-10) 6. 민간위탁교육비(307-12) 7. 공기관등에대한경상적위탁사업비(308-13) 8. 민간자본사업보조,자체재원(402-01) 9. 민간자본사업보조,이전재원(402-02) 10. 민간위탁사업비(402-03) 11. 공기관등에 대한 자본적 위탁사업비(403-02)	민간이전지출 근거 (지방보조금 관리기준 참고) 1. 법률에 규정 2. 국고보조 재원(국가지정) 3. 용도 지정 기부금 4. 조례에 직접규정 5. 지자체가 권장하는 사업을 하는 공공기관 6. 시,도 정책 및 재정사정 7. 기타 8. 해당없음	입찰방식 계약체결방법 (경쟁형태) 1. 일반경쟁 2. 제한경쟁 3. 지명경쟁 4. 수의계약 5. 법정위탁 6. 기타 7. 없음	계약기간 1. 1년 2. 2년 3. 3년 4. 4년 5. 5년 6. 기타 ( )년 7. 단기계약 (1년미만) 8. 없음	낙찰자선정방법 1. 적격심사 2. 협상에의한계약 3. 최저가낙찰제 4. 규격가격분리 5. 2단계 경쟁입찰 6. 기타 ( ) 7. 없음	운영예산 산정 1. 내부산정 (지자체 자체적으로 산정) 2. 외부산정 (외부전문기관위탁 산정) 3. 내·외부 모두 산정 4. 산정 無 5. 없음	정산방법 1. 내부정산 (지자체 내부적으로 정산) 2. 외부정산 (외부전문기관위탁 정산) 3. 내·외부 모두 정산 4. 정산 無 5. 없음	성과평가 실시여부 1. 실시 2. 미실시 3. 향후 추진 4. 해당없음
1118	경북 청송군	공동방제단운영지원(인건비)	59,780	10	2	7	8	7	5	5	4
1119	경북 청송군	공동방제단운영지원(운영비)	38,734	10	2	7	8	7	5	5	4
1120	경북 청송군	소규모사업장방지시설설치지원사업	36,000	10	2	6	6	6	5	3	2
1121	경북 청송군	미네랄블럭및면역증강제지원사업(자부담40%)	18,000	10	4	7	8	7	5	5	4
1122	경북 청송군	저능력미경산우비육지원	15,000	10	6	7	8	7	5	5	4
1123	경북 청송군	가축재해보험료지원(자부담75%)	13,000	10	2	7	8	7	5	5	4
1124	경북 청송군	퇴비유통전문조직육성지원금	12,564	10	4	7	8	7	5	5	4
1125	경북 청송군	구제역(소,전업농)(자부담50%)	6,080	10	2	7	8	7	5	5	4
1126	경북 영양군	읍면단위LPG배관망구축사업	1,051,200	10	1	7	8	7	5	5	4
1127	경북 영양군	LPG소형저장탱크보급사업	897,400	10	1	7	8	7	5	5	4
1128	경북 영양군	영양군LPG배관망안전관리위탁	240,300	10	1	7	8	7	5	5	4
1129	경북 영양군	마을단위LPG배관망안전관리위탁	82,000	10	1	7	8	7	5	5	4
1130	경북 영양군	퇴비유통전문조직육성지원금	12,564	10	4	7	8	7	1	1	1
1131	경북 영양군	조사료생산용종자구입지원	10,920	10	6	7	8	7	5	5	4
1132	경북 영양군	사료작물종자구입비지원	10,500	10	6	7	8	7	5	5	4
1133	경북 영덕군	공익림가꾸기	461,040	10	7	7	8	7	1	1	4
1134	경북 영덕군	LPG소형저장탱크설치지원사업	160,000	10	1	6	1	2	3	3	4
1135	경북 영덕군	현수막및게시대위탁관리운영	50,000	10	6	7	8	7	5	5	4
1136	경북 영덕군	경북행복기업산업안전환경개선	20,000	10	1	6	1	2	3	2	4
1137	경북 청도군	농공폐수처리운영	32,000	10	4	7	8	7	1	1	1
1138	경북 고령군	하수관거BTL사업시설임대료	2,479,000	10	1	7	8	7	3	3	1
1139	경북 고령군	산불예방숲가꾸기사업	1,936,368	10	2	7	8	7	5	5	4
1140	경북 고령군	BTL사업시설운영비	878,000	10	1	7	8	7	3	3	1
1141	경북 고령군	슬레이트처리지원	812,600	10	1	1	3	6	4	1	2
1142	경북 고령군	숲가꾸기사업산물수집	436,666	10	2	7	8	7	5	5	4
1143	경북 고령군	조림지가꾸기사업	288,122	10	2	7	8	7	5	5	4
1144	경북 고령군	소규모영세사업자방지시설설치지원	198,000	10	1	7	8	7	5	5	4
1145	경북 고령군	산림재해방지조림	42,015	10	2	7	8	7	5	5	4
1146	경북 고령군	바이오순환림조림	21,828	10	2	7	8	7	5	5	4
1147	경북 고령군	경북행복기업산업안전환경개선사업	20,000	10	6	7	8	7	1	1	4
1148	경북 고령군	목재생산조림	18,708	10	2	7	8	7	5	5	4
1149	경북 고령군	어린나무가꾸기	17,357	10	2	7	8	7	5	5	4
1150	경북 고령군	소규모영세사업장운영지원	10,450	10	1	7	8	7	5	5	4
1151	경북 성주군	인촌지생태공원조성사업	3,800,000	10	7	7	8	7	5	5	4
1152	경북 성주군	소규모영세사업장방지시설지원	648,000	10	7	7	8	7	5	5	4
1153	경북 성주군	소성지생태공원조성사업	600,000	10	7	7	8	7	5	5	4
1154	경북 성주군	주택슬레이트처리지원등	499,840	10	1	1	3	1	1	1	3
1155	경북 성주군	비주택슬레이트지원등	189,000	10	1	1	3	1	1	1	3
1156	경북 성주군	소규모영세사업장방지시설지원(사업대행비)	34,200	10	1	7	8	7	5	5	4
1157	경북 성주군	경북행복기업산업안전환경개선사업	20,000	10	6	7	8	7	2	2	3

순번	시군구	지출명 (사업명)	2024년예산 (단위: 천원/1년간)	민간이전 분류 (지방자치단체 세출예산 집행기준에 의거)	민간이전지출 근거 (지방보조금 관리기준 참고)	입찰방식			운영예산 산정		성과평가 실시여부
						계약체결방법 (경쟁형태)	계약기간	낙찰자선정방법	운영예산 산정	정산방법	
1158	경북 성주군	슬레이트처리지원사업(지붕개량지원사업)	12,560	10	1	1	3	1	1	1	3
1159	경북 칠곡군	칠곡사랑상품권포인트사용액보전비	789,600	10	4	7	8	7	1	1	4
1160	경북 칠곡군	슬레이트처리지원사업	628,400	10	7	1	2	1	5	1	2
1161	경북 칠곡군	화학물질취급사업장시설개선사업지원	60,000	10	7	7	8	7	5	5	4
1162	경북 칠곡군	행복기업산업안전환경개선사업	40,000	10	5	7	8	7	1	1	3
1163	경북 칠곡군	농어촌장애인주택개조지원사업	19,000	10	1	4	7	7	2	2	1
1164	경북 예천군	하수관거정비BTL사업임대료	2,825,000	10	2	2	6	4	2	5	1
1165	경북 예천군	주택슬레이트처리지원	1,443,200	10	2	2	3	1	5	5	2
1166	경북 예천군	조림지가꾸기(539ha)	867,840	10	2	7	8	7	5	5	4
1167	경북 예천군	산불예방숲가꾸기	759,360	10	2	7	8	7	5	5	4
1168	경북 예천군	BTL사업운영비	650,260	10	2	2	6	4	2	5	1
1169	경북 예천군	하수관거정비BTL사업임대료	615,000	10	2	2	6	4	2	5	1
1170	경북 예천군	산물수집(15ha)	276,646	10	2	7	8	7	5	5	4
1171	경북 예천군	비주택슬레이트처리지원	270,000	10	2	2	3	1	5	5	2
1172	경북 예천군	큰나무가꾸기(125ha)	216,958	10	2	7	8	7	5	5	4
1173	경북 예천군	공익림가꾸기(6ha)	157,920	10	2	7	8	7	5	5	4
1174	경북 예천군	취약계층지붕개량지원	131,880	10	2	2	3	1	5	5	2
1175	경북 예천군	산림재해방지조림(16ha)	116,011	10	1	4	7	2	5	3	4
1176	경북 예천군	경제림조성(자체수급15ha)	97,200	10	1	4	7	2	5	3	4
1177	경북 예천군	공익조림(자체수급8ha)	96,400	10	1	4	7	2	5	3	4
1178	경북 예천군	소규모사업장방지시설설치지원(방지시설설치)	90,000	10	2	7	8	7	5	5	4
1179	경북 예천군	목재생산조림(23ha)	86,505	10	1	4	7	2	5	3	4
1180	경북 예천군	조림사업(조림지보완)	75,000	10	1	4	7	2	5	3	4
1181	경북 예천군	바이오순환림조성(12ha)	39,069	10	1	4	7	2	5	3	4
1182	경북 예천군	소규모사업장방지시설설치지원(IOT설치)	18,000	10	2	7	8	7	5	5	4
1183	경북 예천군	특용수조림(5ha)	10,850	10	1	4	7	2	5	3	4
1184	경북 봉화군	석포면국공립어린이집신축	1,191,488	10	7	7	8	7	2	2	4
1185	경북 봉화군	조림지가꾸기	1,041,408	10	1	7	8	7	5	5	4
1186	경북 봉화군	산불예방숲가꾸기	759,360	10	1	7	8	7	5	5	4
1187	경북 봉화군	산물수집	290,206	10	1	7	8	7	5	5	4
1188	경북 봉화군	누리과정보육료예탁	286,042	10	4	7	8	7	5	5	4
1189	경북 봉화군	큰나무가꾸기	242,992	10	1	7	8	7	5	5	4
1190	경북 봉화군	목재생산조림	239,445	10	1	7	8	7	5	5	4
1191	경북 봉화군	공익림가꾸기	224,080	10	1	7	8	7	5	5	4
1192	경북 봉화군	지역특화조림	208,170	10	1	7	8	7	5	5	4
1193	경북 봉화군	어린나무가꾸기	121,498	10	1	7	8	7	5	5	4
1194	경북 봉화군	큰나무(산림재해방지)	44,964	10	1	7	8	7	5	5	4
1195	경북 봉화군	바이오순환림	32,820	10	1	7	8	7	5	5	4
1196	경북 봉화군	목재수확점검관리	25,370	10	1	7	8	7	5	5	4
1197	경북 봉화군	큰나무공익조림	24,600	10	1	7	8	7	5	5	4

순번	시군구	지출명 (사업명)	2024년예산 (단위 : 천원 /1년간)	민간이전 분류 (지방자치단체 세출예산 집행기준에 의거)	민간이전지출 근거 (지방보조금 관리기준 참고)	입찰방식 계약체결방법 (경쟁형태)	계약기간	낙찰자선정방법	운영예산 산정	정산방법	성과평가 실시여부
1198	경북 봉화군	시간제이용영유아보육료예탁	22,872	10	2	7	8	7	5	5	4
1199	경북 울진군	도민대학운영	60,000	10	6	2	7	1	3	3	1
1200	경북 울릉군	LPG용기사용가구시설개선사업	4,500	10	2	6	6	7	3	1	3
1201	경상남도	비정규직노동자지원센터운영	28,000	10	4	7	8	7	1	1	1
1202	경남 창원시	슬레이트처리지원사업	1,056,000	10	2	6	3	6	5	5	4
1203	경남 진주시	슬레이트처리지원	972,880	10	1,2	6	3	6	1	1	1
1204	경남 진주시	장애인주택개조사업	22,800	10	2	4	1	2	5	1	4
1205	경남 진주시	조림지실태조사대행사업	20,000	10	1	7	7	7	1	1	4
1206	경남 진주시	비봉산,선학산공원조성지유지관리사업	400,000	10	1	4	7	7	1	2	4
1207	경남 진주시	진양호가족공원숲가꾸기유지관리사업	200,000	10	7	7	8	7	5	5	4
1208	경남 진주시	진양호숲가꾸기및산림공원조성사업	200,000	10	7	7	8	7	5	5	4
1209	경남 진주시	임도유지보수대행사업	500,000	10	1	7	7	7	5	5	4
1210	경남 진주시	등산로훼손지정비	500,000	10	1	7	1	7	1	1	4
1211	경남 진주시	월아산시유림정비및유지관리	300,000	10	8	7	8	7	1	2	4
1212	경남 진주시	소나무재선충병책임방제	200,000	10	1	7	7	7	1	1	4
1213	경남 통영시	슬레이트철거및지붕개량지원사업	690,000	10	2	1	3	2	1	1	1
1214	경남 통영시	섬마을단위LPG시설구축(호두마을)	641,200	10	1	5	2	7	2	1	4
1215	경남 통영시	농어촌마을단위지원	400,000	10	2	5	8	7	1	1	4
1216	경남 통영시	어구부표보증금제	243,600	10	2	7	8	7	5	5	4
1217	경남 김해시	2024년산림사업의관리업무대행사업	4,387,763	10	1,2	7	8	7	5	5	3
1218	경남 김해시	슬레이트철거처리및개량지원	869,400	10	4	1	3	6	5	3	1
1219	경남 김해시	2024년임업기술교육및산림경영활동지원사업	7,054	10	2	4	1	7	1	1	4
1220	경남 김해시	보증기간경과장치성능유지관리사업	4,238	10	4	5	3	7	1	1	3
1221	경남 거제시	신재생에너지이용복합지원사업	1,960,000	10	2	7	8	7	1	1	4
1222	경남 거제시	유기질비료지원	788,448	10	2	7	7	7	1	1	4
1223	경남 거제시	슬레이트철거지원(주택)	658,240	10	1	5	3	7	1	1	1
1224	경남 거제시	시내버스교통비지원시스템구축	428,000	10	4	7	8	7	5	5	4
1225	경남 거제시	유기질비료지원	189,000	10	2	7	7	7	1	1	4
1226	경남 거제시	유기질비료지원	180,000	10	2	7	7	7	1	1	4
1227	경남 거제시	슬레이트철거지원(비주택)	162,000	10	1	5	3	7	1	1	1
1228	경남 거제시	토양개량제공급	143,684	10	2	7	7	7	1	1	4
1229	경남 거제시	지정해역오염감시선운영	66,000	10	6	6	1	6	1	1	3
1230	경남 거제시	지정해역분뇨수거선운영	37,000	10	6	6	1	6	1	1	3
1231	경남 거제시	장애인보장구수리	20,600	10	1	7	8	7	1	1	1
1232	경남 거제시	농어촌장애인주택개조사업	19,000	10	2	4,5	1	7	5	1	4
1233	경남 거제시	유기동물사체처리및소독	15,000	10	1	7	8	7	5	5	4
1234	경남 거제시	슬레이트지붕개량지원	6,280	10	1	5	3	7	1	1	1
1235	경남 거제시	쇠고기이력제귀표부착비	5,280	10	8	7	8	7	5	5	4
1236	경남 양산시	어린이집확충	805,000	10	2	1	7	3	1	1	2
1237	경남 양산시	슬레이트처리지원	437,680	10	2	7	8	7	5	5	4

순번	시군구	지출명 (사업명)	2024년예산 (단위: 천원/1년간)	민간이전 분류 (지방자치단체 세출예산 집행기준에 의거)	민간이전지출 근거 (지방보조금 관리기준 참고)	입찰방식 계약체결방법 (경쟁형태)	계약기간	낙찰자선정방법	운영예산 산정	정산방법	성과평가 실시여부
1238	경남 양산시	다함께돌봄센터기자재비	40,000	10	2	7	8	7	1	1	3
1239	경남 양산시	다함께돌봄센터리모델링비	10,000	10	2	7	8	7	1	1	3
1240	경남 양산시	하수도의설치및관리(8년하수관로정비BTL임대료및운영비)	3,886,000	10	2	7	6	2	1	1	1
1241	경남 양산시	공중화장실오수처리시설위탁관리	7,200	10	8	4	1	3	1	1	4
1242	경남 의령군	슬레이트처리및지붕개9량사업	1,342,000	10	2	2	2	7	3	3	1
1243	경남 의령군	공립요양병원확충BTL정부지급금	346,000	10	2	6	6	6	2	1	1
1244	경남 의령군	공립요양병원확충BTL정부지급금(자체)	300,000	10	7	6	6	6	2	1	1
1245	경남 의령군	어린이급식지원센터설치운영	118,600	10	2	5	5	1	2	2	1
1246	경남 의령군	농어촌장애인주택개조사업	19,000	10	2	7	8	7	1	1	4
1247	경남 함안군	함안일반산업단지공업용수도시설위탁관리	970,000	10	1	7	1	7	1	1	1
1248	경남 함안군	함안일반산업단지시설물위탁관리	440,000	10	1	7	1	7	1	1	1
1249	경남 함안군	칠서일반산업단지시설물위탁관리	400,000	10	1	7	1	7	1	1	1
1250	경남 함안군	지역사회건강조사	68,404	10	2	6	1	3	3	3	4
1251	경남 창녕군	생활폐기물수집운반민간대행	3,058,500	10	6	2	2	1	2	1	1
1252	경남 창녕군	슬레이트처리지원	1,156,000	10	4	7	8	7	5	5	4
1253	경남 창녕군	음식물류폐기물처리민간대행	717,500	10	6	4	2	7	2	4	2
1254	경남 창녕군	농어촌장애인주택개보수사업	19,000	10	2	4	1	1	5	5	4
1255	경남 고성군	정책숲가꾸기지원	3,501,076	10	1,2	7	8	7	5	5	4
1256	경남 고성군	유기질비료지원	1,608,100	10	2	7	1	7	5	1	3
1257	경남 고성군	미세먼지저감숲가꾸기	1,220,400	10	1,2	7	8	7	5	5	4
1258	경남 고성군	선도산림경영단지조성사업	780,000	10	1,2	7	8	7	5	5	4
1259	경남 고성군	지역특화조림	520,425	10	1,2	7	8	7	5	5	4
1260	경남 고성군	토양개량제지원	502,560	10	2	7	1	7	5	1	3
1261	경남 고성군	조림(경제림조성)	241,200	10	1,2	7	8	7	5	5	4
1262	경남 고성군	내화수림대조성	75,000	10	1,2	7	8	7	5	5	4
1263	경남 고성군	큰나무조림	42,055	10	1,2	7	8	7	5	5	4
1264	경남 고성군	산림병해충방제	40,000	10	1	7	8	7	5	5	4
1265	경남 고성군	장애인주택개조사업	26,600	10	6	7	8	7	5	5	4
1266	경남 고성군	목재수확점검관리	6,408	10	1,2	7	8	7	5	5	4
1267	경남 남해군	최중증발달장애인주간활동서비스	119,497	10	1	7	8	7	5	5	4
1268	경남 남해군	지식재산창출지원	50,000	10	6	7	8	7	5	1	4
1269	경남 남해군	장애인주택개조사업	19,000	10	1	7	8	7	5	5	4
1270	경남 남해군	분뇨수거징수대행수수료	1,300	10	4	7	8	7	1	1	2
1271	경남 하동군	정책숲가꾸기지원	3,220,432	10	1	7	8	7	5	5	4
1272	경남 하동군	지역사랑상품권발행지원	600,000	10	1	6	1	2	1	1	4
1273	경남 하동군	미세먼지저감숲가꾸기	406,800	10	1	7	8	7	5	5	4
1274	경남 하동군	진교면중심도로시가지정화	300,000	10	1	7	8	7	5	5	4
1275	경남 하동군	소나무재선충병자체방제사업	200,000	10	7	7	8	7	5	5	4
1276	경남 하동군	경제림조성	188,784	10	1	7	8	7	5	5	4
1277	경남 하동군	큰나무조림	150,609	10	1	7	8	7	5	5	4

순번	시군구	지출명 (사업명)	2024년예산 (단위: 천원/1년간)	민간이전 분류 (지방자치단체 세출예산 집행기준에 의거) 1. 민간경상사업보조(307-02) 2. 민간단체 법정운영비보조(307-03) 3. 민간행사사업보조(307-04) 4. 민간장학금(307-05) 5. 사회복지시설 법정운영비보조(307-10) 6. 민간위탁금(307-12) 7. 공기관등에대한경상적위탁사업(308-13) 8. 민간자본사업보조,자체재원(402-01) 9. 민간자본사업보조,이전재원(402-02) 10. 민간위탁사업비(402-03) 11. 공기관등에 대한 자본적 위탁사업비(403-02)	민간이전지출 근거 (지방보조금 관리기준 참고) 1. 법률에 규정 2. 국고보조 재원(국가지정) 3. 용도 지정 기부금 4. 조례에 직접규정 5. 지자체가 권장하는 사업을 하는 공공기관 6. 시,도 정책 및 재정사정 7. 기타 8. 해당없음	입찰방식 계약체결방법 (경쟁형태) 1. 일반경쟁 2. 제한경쟁 3. 지명경쟁 4. 수의계약 5. 법정위탁 6. 기타 7. 없음	계약기간 1. 1년 2. 2년 3. 3년 4. 4년 5. 5년 6. 기타( )년 7. 단기계약(1년미만) 8. 없음	낙찰자선정방법 1. 적격심사 2. 협상에의한계약 3. 최저가낙찰제 4. 규격가격분리 5. 2단계 경쟁입찰 6. 기타( ) 7. 없음	운영예산 산정 1. 내부산정(지자체 자체적으로 산정) 2. 외부산정(외부전문기관위탁 산정) 3. 내·외부 모두 산정 4. 산정 無 5. 없음	정산방법 1. 내부정산(지자체 내부적으로 정산) 2. 외부정산(외부전문기관위탁 정산) 3. 내·외부 모두 산정 4. 정산 無 5. 없음	성과평가 실시여부 1. 실시 2. 미실시 3. 향후 추진 4. 해당없음
1278	경남 하동군	밤나무항공방제	90,000	10	7	7	8	7	5	5	4
1279	경남 하동군	지역경제주요시책관리	80,000	10	1	7	8	7	2	2	2
1280	경남 하동군	농어촌장애인주택개조사업	49,400	10	5	5	1	7	1	1	1
1281	경남 하동군	경영컨설팅지원사업	10,000	10	4	7	8	7	1	1	2
1282	경남 산청군	면단위LPG배관망구축사업	1,971,000	10	2	5	8	7	2	1	1
1283	경남 산청군	주택슬레이트철거	929,280	10	2	6	3	6	5	1	2
1284	경남 산청군	비주택슬레이트철거	162,000	10	2	6	3	6	5	1	2
1285	경남 산청군	농어촌장애인개조사업	19,000	10	2	7	7	7	5	5	4
1286	경남 산청군	주택슬레이트지붕개량	6,720	10	2	6	7	6	5	1	2
1287	경남 함양군	민관협력형산림경영사업	3,687,588	10	1	7	7	7	1	2	4
1288	경남 함양군	신재생에너지융복합지원사업	2,676,798	10	2	7	1	7	5	5	4
1289	경남 함양군	가축분뇨공공처리시설운영	2,023,400	10	1	7	1	3	5	2	1
1290	경남 함양군	마을소형저장탱크LPG가스보급	720,000	10	2	5	1	7	3	2	4
1291	경남 합천군	신재생에너지융복합지원사업	764,627	10	2	6	1	6	1	1	1
1292	경남 합천군	장애인주택개조사업	11,400	10	2	5	7	7	2	1	1
1293	전라북도	전북특별자치도장학숙운영(서울,전주)	1,810,000	10	4	1	5	1	1	1	1
1294	전라북도	전북특별자치도장학숙운영(서울,전주)	1,766,000	10	4	1	1	6	1	1	1
1295	전북 전주시	마을단위LPG배관망지원사업	900,000	10	1	5	8	7	2	2	4
1296	전북 전주시	전주첨단벤처단지운영	776,000	10	4	1	3	1	1	1	1
1297	전북 전주시	탄소소재국방기술특화연구실구축지원(국도비직접지원)	90,000	10	4	7	8	7	5	5	4
1298	전북 전주시	취약계층에너지홈닥터사업	8,645	10	6	7	8	7	3	1	4
1299	전북 전주시	공동방제단운영	3,136	10	2	7	8	7	1	1	4
1300	전북 전주시	축산물이력관리지원	2,968	10	2	7	8	7	5	5	4
1301	전북 전주시	고능력암소축군조성	1,000	10	1	7	8	7	5	5	4
1302	전북 익산시	익산공공하폐수처리시설단순관리대행용역	3,517,000	10	1	1	6	1	3	1	1
1303	전북 익산시	저소득층그린리모델링사업	345,000	10	6	5	1	7	1	1	4
1304	전북 익산시	장애인주택개조사업	76,000	10	6	5	1	7	1	1	4
1305	전북 정읍시	신재생에너지융복합지원사업	1,771,848	10	1	1	1	1	3	2	4
1306	전북 정읍시	정책숲가꾸기	1,627,546	10	2	7	8	7	5	5	4
1307	전북 정읍시	구제역예방약품(전업농)지원사업	1,157,850	10	2	7	8	7	1	1	4
1308	전북 정읍시	LPG소형저장탱크보급도비사업	560,000	10	1	7	8	7	3	1	4
1309	전북 정읍시	공동방제단운영	387,222	10	2	7	8	7	1	1	4
1310	전북 정읍시	청소년수련관위탁운영	268,000	10	4	1	3	2	2	1	1
1311	전북 정읍시	축산물이력제(귀표부착비)지원	258,764	10	2	7	7	7	1	1	4
1312	전북 정읍시	정읍선비문화관운영및활성화사업위탁관리	220,500	10	4	4	3	7	2	1	1
1313	전북 정읍시	건축허가및건축신고사용승인에따른현장조사및확인대행수수료	142,164	10	1	7	8	7	5	5	4
1314	전북 정읍시	공익숲가꾸기	54,240	10	2	7	8	7	5	5	4
1315	전북 정읍시	임업기계용면세유가격안정지원사업민간위탁	14,967	10	2	7	8	7	5	5	4
1316	전북 정읍시	취약계층에너지홈닥터	8,645	10	6	7	8	7	3	1	4
1317	전북 남원시	저소득층그린리모델링사업	195,000	10	2	7	8	7	5	5	4

순번	시군구	지출명 (사업명)	2024년예산 (단위 : 천원 /1년간)	민간이전 분류 (지방자치단체 세출예산 집행기준에 의거)	민간이전지출 근거 (지방보조금 관리기준 참고)	입찰방식			운영예산 산정		성과평가 실시여부
				1. 민간경상사업보조(307-02) 2. 민간단체 법정운영비보조(307-03) 3. 민간행사사업보조(307-04) 4. 민간위탁금(307-05) 5. 사회복지시설 법정운영비보조(307-10) 6. 민간인위탁교육비(307-12) 7. 공기관등에대한경상적위탁사업비(308-13) 8. 민간자본사업보조,자체재원(402-01) 9. 민간자본사업보조,이전재원(402-02) 10. 민간위탁사업비(402-03) 11. 공기관등에 대한 자본적 위탁사업비(403-02)	1. 법률에 규정 2. 국고보조 재원(국가지정) 3. 용도 지정 기부금 4. 조례에 직접규정 5. 지자체가 권장하는 사업을 하는 공공기관 6. 시,도 정책 및 재정사정 7. 기타 8. 해당없음	계약체결방법 (경쟁형태) 1. 일반경쟁 2. 제한경쟁 3. 지명경쟁 4. 수의계약 5. 법정위탁 6. 기타 ( ) 7. 없음	계약기간 1. 1년 2. 2년 3. 3년 4. 4년 5. 5년 6. 기타 ( )년 7. 단기계약 (1년미만) 8. 없음	낙찰자선정방법 1. 적격심사 2. 협상에의한계약 3. 최저가낙찰제 4. 규격가격분리 5. 2단계 경쟁입찰 6. 기타 ( ) 7. 없음	운영예산 산정 1. 내부산정 (지자체 자체적으로 산정) 2. 외부산정 (외부전문기관위탁 산정) 3. 내·외부 모두 산정 4. 산정 無 5. 없음	정산방법 1. 내부정산 (지자체 내부적으로 정산) 2. 외부정산 (외부전문기관위탁 정산) 3. 내·외부 모두 산정 4. 정산 無 5. 없음	1. 실시 2. 미실시 3. 향후 추진 4. 해당없음
1318	전북 남원시	장애인주택개조사업	76,000	10	2	7	8	7	5	5	4
1319	전북 남원시	보증기간경과장치성능유지관리	4,840	10	2	7	8	7	5	5	4
1320	전북 김제시	신재생에너지용복합지원사업	2,936,885	10	2	6	1	7	3	3	2
1321	전북 김제시	슬레이트처리지원	2,814,360	10	2	1	1	1	1	1	4
1322	전북 김제시	6BTL시설임대료	2,677,800	10	2	6	6	2	1	1	1
1323	전북 김제시	도시가스미공급지역공급배관설치사업	1,073,002	10	5	5	5	2	3	1	1
1324	전북 김제시	저소득층그린리모델링사업	230,000	10	2	5	1	1	5	5	1
1325	전북 김제시	취약계층에너지홈닥터사업	6,650	10	7	4	1	2	3	1	1
1326	전북 완주군	여성농업인생애카드지원사업	497,900	10	1	7	1	7	1	1	2
1327	전북 완주군	구제역백신(전업농)지원	240,800	10	1	6	8	7	5	1	4
1328	전북 완주군	공동방제단운영(소독)	180,598	10	2	6	8	7	5	1	4
1329	전북 완주군	그린리모델링	170,000	10	2	1	3	1	3	5	4
1330	전북 완주군	탄소중립저탄소한우축군조성	120,000	10	1	7	8	7	5	5	4
1331	전북 완주군	한우우량정액공급사업	100,000	10	1	7	8	7	5	5	4
1332	전북 완주군	축산물이력관리지원	78,222	10	2	6	8	7	5	1	4
1333	전북 완주군	한우암소유전형질개량사업	50,000	10	1	7	8	7	5	5	4
1334	전북 완주군	한우암소도태장려사업	40,000	10	1	7	8	7	5	5	4
1335	전북 완주군	한우친자확인검사지원사업	36,000	10	1	7	8	7	5	5	4
1336	전북 완주군	영농도우미지원사업	33,750	10	1	7	1	7	1	1	2
1337	전북 완주군	암소난소결찰적출시술지원	30,000	10	1	7	8	7	5	5	4
1338	전북 완주군	고능력암소축군조성사업	15,000	10	1	7	8	7	5	5	4
1339	전북 완주군	GAP토양/용수안전성분석지원	12,910	10	1	1	1	3	3	1	1
1340	전북 장수군	도시가스미공급LPG배관망사업	1,287,883	10	1	6	1	6	1	1	1
1341	전북 장수군	신재생에너지용복합지원사업	979,790	10	1	7	8	7	5	5	4
1342	전북 장수군	마을단위LPG소형저장탱크사업	540,000	10	1	6	1	6	1	1	1
1343	전북 장수군	한우인공수정료지원사업	278,100	10	1	7	8	7	5	1	4
1344	전북 장수군	거점소독시설운영지원	222,914	10	6	4	3	6	1	1	4
1345	전북 장수군	저소득층그린리모델링지원사업	168,000	10	1	3	1	1	1	1	1
1346	전북 장수군	가축백신지원사업	137,300	10	6	4	3	6	1	1	4
1347	전북 장수군	장수한우고등록우지원사업	39,398	10	1	7	8	7	5	1	4
1348	전북 장수군	장애인주택개조사업	38,000	10	1	3	1	1	1	1	1
1349	전북 장수군	장수효사랑집수리지원사업	20,000	10	6	3	1	1	1	1	4
1350	전북 장수군	취약계층에너지홈닥터	8,645	10	1	6	1	6	1	1	4
1351	전북 장수군	보증기간경과장치성능유지관리	1,014	10	2	7	8	7	5	1	4
1352	전북 임실군	취약계층에너지홈닥터	3,325	10	6	7	8	7	1	1	4
1353	전북 순창군	신재생에너지용복합지원사업	3,381,385	10	2	7	8	7	1	1	4
1354	전북 순창군	도시가스미공급지역설치비지원(신기마을)	475,043	10	6	7	8	7	1	1	4
1355	전북 순창군	도시가스미공급지역설치비지원(남산마을)	381,984	10	6	7	8	7	1	1	4
1356	전북 순창군	저소득층그린리모델링지원사업	272,000	10	2	7	8	7	3	3	1
1357	전북 순창군	농가소독공동방제단운영비지원	172,414	10	1	7	8	7	5	1	4

순번	시군구	지출명 (사업명)	2024년예산 (단위 : 천원/1년간)	민간이전 분류 (지방자치단체 세출예산 집행기준에 의거) 1. 민간경상사업보조(307-02) 2. 민간단체 법정운영비보조(307-03) 3. 민간단체사업보조(307-04) 4. 민간위탁금(307-05) 5. 사회복지시설 법정운영비보조(307-10) 6. 민간위원교육비(307-12) 7. 공기관등에대한경상적위탁사업비(308-13) 8. 민간자본사업보조,자체재원(402-01) 9. 민간자본사업보조,이전재원(402-02) 10. 민간위탁사업비(402-03) 11. 공기관등에 대한 자본적 위탁사업비(403-02)	민간이전지출 근거 (지방보조금 관리기준 참고) 1. 법률에 규정 2. 국고보조 재원(국가지정) 3. 용도 지정 기부금 4. 조례에 직접규정 5. 지자체가 권장하는 사업을 하는 공공기관 6. 시,도 정책 및 재정사정 7. 기타 8. 해당없음	입찰방식 계약체결방법 (경쟁형태) 1. 일반경쟁 2. 제한경쟁 3. 지명경쟁 4. 수의계약 5. 법정위탁 6. 기타 ( ) 7. 없음	계약기간 1. 1년 2. 2년 3. 3년 4. 4년 5. 5년 6. 기타 ( )년 7. 단가계약 (1년미만) 8. 없음	낙찰자선정방법 1. 적격심사 2. 협상에의한계약 3. 최저가낙찰제 4. 규격가격분리 5. 2단계 경쟁입찰 6. 기타 ( ) 7. 없음	운영예산 산정 1. 내부산정 (지자체 자체적으로 산정) 2. 외부산정 (외부전문기관위탁 산정) 3. 내·외부 모두 산정 4. 산정 無 5. 없음	정산방법 1. 내부정산 (지자체 내부적으로 정산) 2. 외부정산 (외부전문기관위탁 정산) 3. 내·외부 모두 정산 4. 정산 無 5. 없음	성과평가 실시여부 1. 실시 2. 미실시 3. 향후 추진 4. 해당없음
1358	전북 순창군	학교우유급식(우유바우처)확대지원사업	78,000	10	6	7	8	7	1	1	4
1359	전북 순창군	구제역백신지원(돼지전업농)	75,600	10	2	7	8	7	5	1	4
1360	전북 순창군	귀표부착비지원사업(축산물이력제)	67,078	10	1	7	8	7	5	1	4
1361	전북 순창군	학교우유급식지원	48,495	10	2	7	8	7	1	1	4
1362	전북 순창군	농촌장애인주택개조사업	38,000	10	1	7	8	7	3	3	1
1363	전북 순창군	구제역백신지원(소전업농)	34,200	10	2	7	8	7	5	1	4
1364	전북 순창군	차량무선인식장치통신료	20,790	10	2	7	8	7	5	1	4
1365	전북 순창군	차량무선인식장치상시전원공급체계구축	8,400	10	2	7	8	7	5	1	4
1366	전북 순창군	취약계층에너지홈닥터사업	7,980	10	6	7	8	7	1	1	1
1367	전북 고창군	슬레이트처리지원	1,283,280	10	2	7	8	7	5	5	4
1368	전북 고창군	조사료종자구입지원	559,620	10	2	7	8	7	1	1	3
1369	전북 고창군	탄소중립저탄소한우축군조성	450,000	10	6	7	8	7	1	1	3
1370	전북 고창군	구제역예방약품(전업농)	400,860	10	8	7	8	7	5	5	4
1371	전북 고창군	건설기계엔진교체	330,000	10	2	7	8	7	5	5	4
1372	전북 고창군	학교우유급식(우유바우처)확대지원	225,000	10	2	7	8	7	1	1	3
1373	전북 고창군	한우우량정액지원	200,000	10	4	7	8	7	1	1	3
1374	전북 고창군	일제소독공동방제단운영비	167,054	10	8	7	8	7	5	5	4
1375	전북 고창군	노후경유차매연저감장치	148,500	10	2	7	8	7	5	5	4
1376	전북 고창군	축산농가미생물환경처리제지원	130,000	10	6	4	1	7	1	1	3
1377	전북 고창군	축산물이력제(귀표부착비)	118,824	10	2	7	8	7	1	1	3
1378	전북 고창군	학교우유급식	109,578	10	2	7	8	7	1	1	3
1379	전북 고창군	한우친자확인검사지원	96,000	10	2	7	8	7	1	1	3
1380	전북 고창군	암소유전형질개량사업	83,000	10	6	7	8	7	1	1	3
1381	전북 고창군	젖소산유능력검정지원	60,000	10	4	7	8	7	1	1	3
1382	전북 고창군	낙농헬퍼지원사업	53,400	10	6	7	8	7	1	1	3
1383	전북 고창군	고능력암소축군조성사업	46,000	10	6	7	8	7	1	1	3
1384	전북 고창군	한우등록비지원	30,000	10	4	7	8	7	1	1	3
1385	전북 고창군	차량무선인식장치통신료	29,700	10	8	7	8	7	5	5	4
1386	전북 고창군	한우헬퍼지원	25,000	10	4	7	8	7	1	1	3
1387	전북 고창군	비육용암소시장육성	20,000	10	2	7	8	7	1	1	3
1388	전북 고창군	차량무선인식장치상시전원공급체계구축	11,400	10	8	7	8	7	5	5	4
1389	전북 고창군	한우선형심사지원	10,000	10	4	7	8	7	1	1	3
1390	전북 고창군	취약계층에너지홈닥터사업	8,645	10	6	4	8	2	3	3	4
1391	전북 고창군	보증기간경과장치성능유지관리	6,882	10	2	7	8	7	5	5	4
1392	전북 고창군	송아지생산안정제	800	10	6	7	8	7	1	1	4
1393	전북 부안군	취약계층에너지홈닥터사업	8,645	10	6	4	1	6	5	5	4
1394	전북 부안군	새만금권역환경기초처리시설운영	3,606,001	10	1	6	8	6	2	1	1
1395	전북 부안군	부안군하수슬러지처리시설관리대행	1,895,257	10	1	1	5	1	2	1	1
1396	전북 부안군	도시가스보급사업	1,612,445	10	6	7	8	7	5	5	4
1397	전북 부안군	슬레이트처리지원사업	1,306,160	10	1	7	8	7	5	5	4

순번	시군구	지출명 (사업명)	2024년예산 (단위: 천원/1년간)	민간이전 분류 (지방자치단체 세출예산 집행기준에 의거)	민간이전지출 근거 (지방보조금 관리기준 참고)	입찰방식			운영예산 산정		성과평가 실시여부
						계약체결방법 (경쟁형태)	계약기간	낙찰자선정방법	운영예산 산정	정산방법	
1398	전북 부안군	부안군수질원격감시시스템관리대행	468,144	10	1	5	5	2	2	1	3
1399	전북 부안군	저소득층그린리모델링사업	175,000	10	1	4	5	7	5	1	3
1400	전북 부안군	부안군소규모하수처리시설슬러지이송처리	112,528	10	7	2	2	2	1	1	3
1401	전북 부안군	농어촌장애인주택개조사업	30,400	10	1	7	8	7	5	1	2
1402	전남 목포시	탄소중립지원센터운영지원	200,000	10	2	5	3	7	1	1	1
1403	전남 여수시	섬마을단위LPG시설구축	1,821,042	10	1,2	7	8	7	5	5	4
1404	전남 여수시	읍면단위LPG배관망구축	709,200	10	1,2	7	8	7	5	5	4
1405	전남 여수시	사이버외국어화상학습위탁운영비	335,700	10	7	1	2	2	1	1	1
1406	전남 여수시	저소득장애인주택개조사업	30,400	10	1,2	5	5	6	2	1	3
1407	전남 여수시	행복둥지사업	30,000	10	4,6	6	8	6	3	3	3
1408	전남 순천시	슬레이트철거및취약계층지붕개량지원	1,564,000	10	2	5	3	2	3	2	3
1409	전남 순천시	선도산림경영단지조성사업	1,500,000	10	1	4	8	6	2	2	3
1410	전남 순천시	암조기검진사업	574,216	10	1	7	8	7	3	3	2
1411	전남 순천시	희귀난치성질환자의료비지원	357,798	10	1	7	8	7	3	3	2
1412	전남 순천시	공동방제단운영(운영비)	142,782	10	2	7	8	7	5	1	4
1413	전남 순천시	축산물이력관리지원	79,867	10	2	7	8	7	5	1	4
1414	전남 순천시	지역사회건강조사	68,132	10	2	7	8	7	3	3	4
1415	전남 순천시	밤항공방제약제지원	61,200	10	1	7	8	7	5	5	3
1416	전남 순천시	의료급여수급권자일반건강검진	42,752	10	1	7	8	7	3	3	2
1417	전남 순천시	보증기간경과장치성능유지관리지원사업	2,690	10	2	7	8	7	1	1	4
1418	전남 나주시	공공산후조리원기능보강비지원	2,000,000	10	2	7	8	7	1	1	4
1419	전남 나주시	어린이급식관리지원센터운영	500,000	10	1	5	8	7	5	2	1
1420	전남 나주시	장애인주택개조사업	38,000	10	2	4	1	2	5	1	4
1421	전남 광양시	슬레이트지붕개량사업	848,000	10	2	7	1	2	5	5	4
1422	전남 광양시	민간위탁사업비(친환경밤나무해충항공방제)	30,000	10	2	4	7	7	1	1	4
1423	전남 광양시	목재수확지점검관리비	20,202	10	2	4	7	7	1	1	4
1424	전남 광양시	탄소배출권거래제상쇄사업지원	11,817	10	6	4	7	7	1	1	4
1425	전남 담양군	태양마을단위LPG배관망구축사업	573,000	10	1	7	8	7	5	5	4
1426	전남 담양군	행복둥지사업(주택개보수)	20,000	10	2	7	8	7	5	5	4
1427	전남 곡성군	슬레이트처리지원사업	1,030,000	10	2	7	8	7	5	5	4
1428	전남 곡성군	시니어클럽운영지원	346,710	10	2	5	5	7	1	1	4
1429	전남 곡성군	가축개량수정료(한우,젖소,돼지)	100,000	10	4	7	1	7	1	1	1
1430	전남 곡성군	한우친자확인지원(군비)	43,000	10	6	7	1	7	1	1	1
1431	전남 곡성군	장애인주택개조사업	41,800	10	2	1	7	1	1	1	4
1432	전남 곡성군	한우유전체분석사업	40,000	10	4	7	1	7	1	1	1
1433	전남 곡성군	한우등록지원	32,480	10	6	7	1	7	1	1	1
1434	전남 곡성군	새마을중앙회교육부담금	12,240	10	1	4	7	7	1	1	4
1435	전남 구례군	유기질비료지원(전환사업)	540,772	10	2	7	8	7	1	1	4
1436	전남 구례군	비료가격안정지원사업	260,105	10	2	7	8	7	5	1	4
1437	전남 구례군	토양개량제공급	243,513	10	2	7	8	7	5	1	4

순번	시군구	지출명 (사업명)	2024년예산 (단위: 천원/1년간)	민간이전 분류 (지방자치단체 세출예산 집행기준에 의거) 1. 민간경상사업보조(307-02) 2. 민간단체 법정운영비보조(307-03) 3. 민간행사사업보조(307-04) 4. 민간위탁금(307-05) 5. 사회복지시설 법정운영비보조(307-10) 6. 민간위탁교육비(307-12) 7. 공기관등에대한경상적위탁사업비(308-13) 8. 민간자본사업보조,자체재원(402-01) 9. 민간자본보조,이전재원(402-02) 10. 민간위탁사업비(402-03) 11. 공기관등에 대한 자본적 위탁사업비(403-02)	민간이전지출 근거 (지방보조금 관리기준 참고) 1. 법률에 규정 2. 국고보조 재원(국가지정) 3. 용도 지정 기부금 4. 조례에 직접규정 5. 지자체가 권장하는 사업을 하는 공공기관 6. 시,도 정책 및 재정사정 7. 기타 8. 해당없음	입찰방식			운영예산 산정		성과평가 실시여부 1. 실시 2. 미실시 3. 향후 추진 4. 해당없음
						계약체결방법 (경쟁형태) 1. 일반경쟁 2. 제한경쟁 3. 지명경쟁 4. 수의계약 5. 법정위탁 6. 기타 ( ) 7. 없음	계약기간 1. 1년 2. 2년 3. 3년 4. 4년 5. 5년 6. 기타 ( )년 7. 단기계약 (1년미만) 8. 없음	낙찰자선정방법 1. 적격심사 2. 협상에의한계약 3. 최저가낙찰제 4. 규격가격분리 5. 2단계 경쟁입찰 6. 기타 ( ) 7. 없음	운영예산 산정 1. 내부산정 (지자체 자체적으로 산정) 2. 외부산정 (외부전문기관위탁 산정) 3. 내·외부 모두 산정 4. 산정 無 5. 없음	정산방법 1. 내부정산 (지자체 내부적으로 정산) 2. 외부정산 (외부전문기관위탁 정산) 3. 내·외부 모두 정산 4. 정산 無 5. 없음	
1438	전남 구례군	토양개량제공급	192,624	10	2	7	8	7	5	1	4
1439	전남 구례군	유기농업자재지원사업	131,659	10	2	7	8	7	5	1	4
1440	전남 구례군	한우송아지브랜드육성사업(전환사업)	125,000	10	6	7	8	7	5	1	4
1441	전남 구례군	공동방제단운영비지원	87,486	10	6	7	8	7	5	3	4
1442	전남 구례군	공동방제단재료비지원	71,391	10	6	7	8	7	5	3	4
1443	전남 구례군	농어촌장애인주택개조사업	57,000	10	1	7	7	7	5	5	4
1444	전남 구례군	토양개량제공급	50,889	10	2	7	8	7	5	1	4
1445	전남 구례군	한우특성화계획배사업	40,000	10	4	7	8	7	5	1	4
1446	전남 구례군	귀표부착지원	28,330	10	6	7	8	7	5	1	4
1447	전남 구례군	공공비축미곡톤백수매기반구축자체사업	24,000	10	4	7	8	7	5	3	4
1448	전남 구례군	행복둥지사업	15,000	10	1	7	7	7	5	5	4
1449	전남 구례군	한우등록지원사업	13,300	10	6	7	8	7	5	1	4
1450	전남 구례군	수도권향우친환경농산물지원사업	12,500	10	6	7	8	7	5	1	4
1451	전남 구례군	조사료생산용종자구입지원	10,395	10	2	7	8	7	5	1	4
1452	전남 구례군	한센병환자관리보조	7,400	10	7	7	8	7	2	2	1
1453	전남 구례군	임산부친환경농산물지원시범사업	5,760	10	2	7	8	7	5	1	4
1454	전남 구례군	젖소개량지원사업	1,000	10	6	7	8	7	5	1	4
1455	전남 고흥군	유기질비료지원(전환사업)	3,017,704	10	1	7	8	7	5	5	4
1456	전남 고흥군	비료가격안정지원	2,451,958	10	1	7	8	7	5	5	4
1457	전남 고흥군	문화유산미디어아트운영	1,674,746	10	2	7	8	7	5	5	4
1458	전남 고흥군	슬레이트처리지원	1,302,000	10	1	6	1	2	3	3	4
1459	전남 고흥군	토양개량제지원	1,179,042	10	2	7	8	7	5	5	4
1460	전남 고흥군	벼생산시설지원	1,100,000	10	1	7	8	7	5	5	4
1461	전남 고흥군	어촌활력증진지원시범	1,050,000	10	2	5	4	6	1	1	3
1462	전남 고흥군	2023년어촌신활력증진	998,620	10	2	5	4	6	1	1	3
1463	전남 고흥군	축종별경쟁력육성	580,000	10	6	7	8	7	5	5	4
1464	전남 고흥군	슬레이트지붕개량	375,000	10	1	6	1	2	3	3	4
1465	전남 고흥군	관내유기질비료공급활성화지원	340,000	10	1	7	8	7	5	5	4
1466	전남 고흥군	공동방제단운영(인건비)	320,782	10	2	7	8	7	5	5	4
1467	전남 고흥군	유자골고흥한우파워브랜드육성지원	305,000	10	6	7	8	7	5	5	4
1468	전남 고흥군	공동방제단운영(운영비)	236,889	10	2	7	8	7	5	5	4
1469	전남 고흥군	고급육생산장려금지원	180,000	10	6	7	8	7	5	5	4
1470	전남 고흥군	우량한우육성지원	150,000	10	6	7	8	7	5	5	4
1471	전남 고흥군	농업용유류저장탱크지원	132,000	10	1	7	8	7	5	5	4
1472	전남 고흥군	원예특작안정생산	90,000	10	4	7	8	7	5	5	4
1473	전남 고흥군	농작업용편의자구입지원	81,000	10	1	7	8	7	5	5	4
1474	전남 고흥군	한우암소검정	80,000	10	5	7	8	7	5	5	4
1475	전남 고흥군	도축차량운송비지원	70,000	10	6	7	8	7	5	5	4
1476	전남 고흥군	개량물꼬지원	45,000	10	1	7	8	7	5	5	4
1477	전남 고흥군	수도권향우친환경농산물꾸러미지원	37,500	10	1	7	8	7	5	5	4

순번	시군구	지출명 (사업명)	2024년예산 (단위: 천원 /1년간)	민간이전 분류 (지방자치단체 세출예산 집행기준에 의거)	민간이전지출 근거 (지방보조금 관리기준 참고)	계약체결방법 (경쟁형태)	계약기간	낙찰자선정방법	운영예산 산정	정산방법	성과평가 실시여부
1478	전남 고흥군	유기농명인홍보지원	29,556	10	4	7	8	7	5	5	4
1479	전남 고흥군	임산부친환경농산물지원	23,040	10	1	7	8	7	5	5	4
1480	전남 고흥군	농업기계등화장치부착지원	20,000	10	1	7	8	7	5	5	4
1481	전남 고흥군	배출가스5등급자동차운행제한시스템(CCTV)운영	19,812	10	1	7	3	7	2	2	4
1482	전남 고흥군	축산물이력제귀표재장착부착비지원	19,200	10	2	7	8	7	5	5	4
1483	전남 고흥군	농축산물덤프운반장비지원	16,000	10	1	7	8	7	5	5	4
1484	전남 고흥군	한센인관리	6,800	10	1	5	1	7	2	2	1
1485	전남 고흥군	송아지생산안정지원	5,000	10	2	7	8	7	5	5	4
1486	전남 화순군	화순군립요양병원시설물관리운영비	670,000	10	1	5	6	7	5	5	1
1487	전남 화순군	공립요양병원(BTL)정부지급금	656,000	10	2	5	6	7	5	5	1
1488	전남 화순군	한약재유통지원시설시설임대료	609,600	10	7	5	6	7	5	5	4
1489	전남 화순군	시군역량강화(화순군)	375,000	10	4	6	8	7	5	5	4
1490	전남 화순군	한약재유통지원시설시설물관리운영비	154,000	10	7	5	6	7	5	5	1
1491	전남 화순군	시군역량강화(화순군)전담기관운영비(군비추가분)	50,000	10	4	6	8	7	5	5	4
1492	전남 화순군	발전소주변지역지원사업(특별)	26,029	10	4	7	8	7	1	1	4
1493	전남 화순군	발전소주변지역지원사업(기본)	736	10	4	7	8	7	1	1	4
1494	전남 장흥군	슬레이트처리지원사업	1,302,000	10	2	2	7	1	5	3	4
1495	전남 장흥군	취약계층마음건강치유센터운영지원	321,654	10	6	6	8	7	5	5	4
1496	전남 장흥군	통합지방재정재해복구시스템구축비자치단체분담금	70,878	10	7	6	6	3	3	2	4
1497	전남 장흥군	말산업전문인력양성기관지정	62,608	10	1	7	8	7	5	5	4
1498	전남 장흥군	한우등록사업	53,662	10	7	7	8	7	1	1	4
1499	전남 장흥군	행복둥지사업	50,000	10	2	5	1	7	1	1	1
1500	전남 장흥군	장애인주택개조사업	41,800	10	2	4	1	7	1	1	1
1501	전남 장흥군	한우등록우지원사업	30,000	10	7	7	8	7	1	1	4
1502	전남 장흥군	취약계층마음건강치유프로그램지원	19,352	10	6	6	8	7	5	5	4
1503	전남 강진군	슬레이트처리지원사업	1,414,920	10	2	7	8	7	5	5	4
1504	전남 강진군	2024년꽃묘(초화,국화)농가위탁생산사업	260,860	10	5	6	7	6	1	1	1
1505	전남 강진군	한우인공수정료지원사업	150,000	10	6	7	8	7	1	1	4
1506	전남 강진군	공동방제단인건비지원	145,810	10	2	7	1	7	1	1	4
1507	전남 강진군	공동방제단운영비지원	132,226	10	2	7	1	7	1	1	4
1508	전남 강진군	한우유전체검사(컨설팅)지원사업	81,000	10	6	7	8	7	1	1	4
1509	전남 강진군	행복둥지사업	50,000	10	5	7	8	7	1	1	1
1510	전남 강진군	(기본)교통안전시설확충(성인지)	48,254	10	7	6	7	7	1	1	4
1511	전남 강진군	한우암소검정(친자감별)지원사업	30,000	10	6	7	8	7	1	1	4
1512	전남 강진군	한우선형심사지원사업	20,000	10	6	7	8	7	1	1	4
1513	전남 강진군	우량송아지관내거래장려금지원사업	20,000	10	6	7	8	7	1	1	4
1514	전남 강진군	대기오염측정망운영관리비	18,000	10	1	4	8	7	1	1	4
1515	전남 강진군	한우등록지원사업	12,000	10	6	7	8	7	1	1	4
1516	전남 강진군	한센병관리사업	5,200	10	7	7	1	7	2	2	1
1517	전남 해남군	사료운송비지원사업	600,000	10	7	7	8	7	1	1	4

순번	시군구	지출명 (사업명)	2024년예산 (단위 : 천원 /1년간)	민간이전 분류 (지방자치단체 세출예산 집행기준에 의거) 1. 민간경상사업보조(307-02) 2. 민간단체 법정운영비보조(307-03) 3. 민간사회사업보조(307-04) 4. 민간위탁금(307-05) 5. 사회복지시설 법정운영비보조(307-10) 6. 민간인위탁교육비(307-12) 7. 공기관등에대한경상적위탁사업비(308-13) 8. 민간자본사업보조,자체재원(402-01) 9. 민간자본사업보조,이전재원(402-02) 10. 민간위탁사업비(402-03) 11. 공기관등에 대한 자본적 위탁사업비(403-02)	민간이전지출 근거 (지방보조금 관리기준 참고) 1. 법률에 규정 2. 국고보조 재원(국가지정) 3. 용도 지정 기부금 4. 조례에 직접규정 5. 지자체가 권장하는 사업을 하는 공공기관 6. 시,도 정책 및 재정사정 7. 기타 8. 해당없음	입찰방식			운영예산 산정		성과평가 실시여부 1. 실시 2. 미실시 3. 향후 추진 4. 해당없음
						계약체결방법 (경쟁형태) 1. 일반경쟁 2. 제한경쟁 3. 지명경쟁 4. 수의계약 5. 법정위탁 6. 기타 7. 없음	계약기간 1. 1년 2. 2년 3. 3년 4. 4년 5. 5년 6. 기타 ( )년 7. 단기계약 (1년미만) 8. 없음	낙찰자선정방법 1. 적격심사 2. 협상에의한계약 3. 최저가낙찰제 4. 규격가격분리 5. 2단계 경쟁입찰 6. 기타 ( ) 7. 없음	운영예산 산정 1. 내부산정 (지자체 자체적으로 산정) 2. 외부산정 (외부전문기관위탁 산정) 3. 내·외부 모두 산정 4. 산정 無 5. 없음	정산방법 1. 내부정산 (지자체 내부적으로 정산) 2. 외부정산 (외부전문기관위탁 정산) 3. 내·외부 모두 정산 4. 정산 無 5. 없음	
1518	전남 해남군	가축시장출하운송비지원사업	100,000	10	7	7	8	7	1	1	4
1519	전남 해남군	행복둥지사업	46,440	10	6	7	1	7	5	1	4
1520	전남 해남군	공공산후조리원기능보강비지원	20,000	10	6	7	8	7	5	1	4
1521	전남 해남군	소인공수정전산등록비지원사업	16,000	10	7	7	8	7	1	1	4
1522	전남 해남군	한우송아지브랜드육성사업(전환사업)	14,000	10	7	7	8	7	1	1	4
1523	전남 해남군	농어촌초고속인터넷망구축	10,500	10	1	7	1	7	1	1	4
1524	전남 해남군	한우농가도우미지원사업	9,000	10	7	7	8	7	1	1	4
1525	전남 영암군	정책숲가꾸기민관협력형산림경영	1,476,328	10	2	7	8	7	5	5	4
1526	전남 영암군	민관협력형산림경영	203,400	10	2	7	8	7	5	5	4
1527	전남 영암군	행복둥지사업	15,000	10	2	7	8	7	5	5	4
1528	전남 함평군	공립요양병원확충BTL사업	490,000	10	1	1	6	1	2	5	1
1529	전남 함평군	노인전문요양병원운영	320,000	10	1	1	6	1	2	5	1
1530	전남 함평군	어린이급식관리지원센터설치운영	120,000	10	4	2	3	7	1	1	4
1531	전남 함평군	장애인주택개조사업	98,800	10	2	2	1	1	3	3	4
1532	전남 함평군	행복둥지사업(구,주거약자주거환경개선사업)	30,000	10	4	5	1	6	3	3	4
1533	전남 함평군	에너지신산업육성기업지원	60,280	10	2	7	8	7	2	2	4
1534	전남 함평군	에너지산업융복합단지활성화사업	28,000	10	2	7	8	7	2	2	4
1535	전남 영광군	2023년신재생에너지보급융복합지원사업민간위탁사업비(선급금)지급	2,329,597	10	8	7	8	7	5	5	4
1536	전남 영광군	2022년신재생에너지보급융복합지원사업민간위탁사업비(잔여금)	1,123,406	10	8	7	8	7	5	5	4
1537	전남 영광군	2023년신재생에너지보급융복합지원사업민간위탁사업비지급	1,002,474	10	8	7	8	7	5	5	4
1538	전남 영광군	2023년주거급여수선유지급여사업보조금송금	800,000	10	8	7	8	7	5	5	4
1539	전남 영광군	2023년농어촌장애인주택개조지원보조금교부결정및송금통보	45,600	10	8	7	8	7	5	5	4
1540	전남 장성군	유기질비료지원(전환사업)	1,138,906	10	2	6	1	7	1	1	4
1541	전남 장성군	토양개량제지원	743,604	10	2	6	1	7	1	1	4
1542	전남 장성군	상수도급배수시설공사및관리	500,000	10	1	4	2	6	1	1	2
1543	전남 장성군	식량작물농자재지원사업	433,500	10	4	7	8	7	1	1	4
1544	전남 장성군	상수도급배수시설공사및관리	400,000	10	1	4	2	6	1	1	2
1545	전남 장성군	논벼재배농가왕우렁이공급	361,200	10	6	6	1	7	1	1	4
1546	전남 장성군	병해충적기공동방제지원	351,000	10	4	7	8	7	1	1	4
1547	전남 장성군	식량작물농자재지원사업	327,130	10	4	7	8	7	1	1	4
1548	전남 장성군	식량작물농자재지원사업	306,000	10	4	7	8	7	1	1	4
1549	전남 장성군	유기질비료지원(전환사업)	249,377	10	2	6	1	7	1	1	4
1550	전남 장성군	유기질비료지원(전환사업)	160,000	10	2	6	1	7	1	1	4
1551	전남 장성군	토양개량제지원	141,250	10	2	6	1	7	1	1	4
1552	전남 장성군	식량작물농자재지원사업	63,000	10	4	7	8	7	1	1	4
1553	전남 장성군	기상재해대응병해방제지원	54,000	10	6	7	8	7	5	5	4
1554	전남 장성군	식량작물농자재지원사업	52,650	10	4	7	8	7	1	1	4
1555	전남 장성군	유류저장탱크(급유기)구입지원	46,200	10	6	7	8	7	1	1	4
1556	전남 장성군	농업인월급제지원사업	46,000	10	6	7	8	7	3	3	4
1557	전남 장성군	논벼재배농가왕우렁이공급	45,768	10	6	6	1	7	1	1	4

번호	구분	사업명	2024예산액 (단위:백만원/1천불)	사업목적 (사업시행에 따른 기대효과 등 기재) 1.인건비성경비 2.민간경상보조금(307-03) 3.민간단체법정운영비보조(307-04) 4.민간행사보조(307-05) 5.시회복지시설 법정운영비보조(307-10) 6.민간자본보조(307-12) 7.민간위탁사업비(308-13) 8.민간행사보조금,이전경비(402-01) 9.민간경상사업보조,이전경비(402-02) 10.민간자본이전(402-03) 11.공기관등에 대한 자본적 위탁사업비(403-02)	계획성 (사업계획 수립의 적정성) 1.필요성 2.국고보조금 필요성 검토 3.추진 전략 4.추진계획 5.영향평가 6.기타 ( ) 7.합계 8.해당없음	적정성 1.기간 2.규모 3.방식 4.수혜자 5.협력체계 6.기타 ( ) 7.합계	지방비부담비율 1.대상 2.위험집단규모 3.지역간 형평성 4.수혜자 부담원칙 5.고용효과 6.기타 ( ) 7.합계	경비액 적정성 1.단위사업 2.소요명세 3.세부집행계획 4.가격 조사 비교 (동일사업 참조등) 5.합계	경제성 적정성 1.단위사업 2.소요명세 3.세부집행계획 4.가격 조사 비교 (동일사업 참조등) 5.합계	이의신청 1.필요성 2.효과성 3.측정방법 4.측정가능성
1558	정부 정책홍보	농수산물 생산수급 안정지원	44,000	1	4	2	5	6	1	1	2
1559	정부 정책홍보	농촌인력 중개 및 광역화 지원	34,000	4	4	7	8	7	5	5	4
1560	정부 정책홍보	청년 농업인 육성	30,000	9	6	7	8	7	5	5	4
1561	정부 정책홍보	맞춤형 친환경농업 육성지원	20,736	10	6	6	1	7	1	1	4
1562	정부 정책홍보	농업농촌 지원	20,000	10	5	6	1	7	1	1	4
1563	정부 정책홍보	농축산물 유통 및 수출 지원	19,200	10	9	1	8	7	1	1	4
1564	정부 정책홍보	수출경쟁력 강화 지원	17,500	10	9	9	1	7	1	1	4
1565	정부 정책홍보	농촌 돌봄 수행사업	10,000	10	1	4	5	9	1	1	2
1566	정부 정책홍보	기본형 공익직불	1,800	10	6	7	8	7	1	1	4
1567	정부 정책홍보	결손종자원 및 이용증진	35,000	10	1	5	1	7	3	3	4
1568	정부 정책홍보	산림보호사업	2,695	10	1	7	8	7	1	1	4
1569	정책 관리비	관광홍보사업비 (특별시도회수)	500,000	10	7	7	8	7	5	5	4
1570	정책 관리비	지역자원조사 기반지원	186,000	10	2	6	3	6	5	5	3
1571	정책 관리비	행사관광사업의 사업추진	5,600	10	1	5	1	7	2	1	1
1572	생산 지원	다문화동물 관리지원 기술지원관리	174,000	10	2	7	8	7	5	1	2
1573	생산 지원	가축방역기술관리 및 홍보지원추진	80,000	10	1	7	8	7	1	1	1
1574	생산 지원	다문화동물 지원 및 기반구축	70,000	10	2	7	8	7	5	1	2
1575	생산 지원	다문화동물개발 및 자원기반관리	56,000	10	4	7	8	7	5	5	4
1576	생산 지원	동물영농지원	1,000	10	7	7	8	7	5	5	4
1577	생산 지원	산업용품 등 친환경관리	280,000	10	4	1	3	2	3	1	1
1578	생산 지원	수출경쟁력 및 사업환경	160,000	10	1	5	1	9	1	1	4
1579	생산 지원	2023사이버 다문화동물산업관리지원(구 다문화관리)	150,000	10	2	7	8	7	5	5	4
1580	생산 지원	다문화동물 자원기반지원	30,000	10	2	8	7	2	1	1	1
1581	생산 지원	유기농업지원 자원기반관리	18,593	10	4	7	8	7	1	1	2
1582	생산 지원	지속가능 다문화동물자원기반 지원	16,000	10	1	7	8	7	5	5	4
1583	생산 지원	가축방역 자원기반	15,000	10	1	7	8	7	5	5	4

chapter 4

공기관등에대한자본적대행사업비 (403-02)

목 차

Chapter4. 공기관등에대한자문적대행사업비(403-02) ········· 485

서울
- 서울특별시 ········· 485
- 성동구 ········· 487
- 광진구 ········· 487
- 동대문구 ········· 487
- 성북구 ········· 487
- 도봉구 ········· 487
- 노원구 ········· 487
- 은평구 ········· 487
- 양천구 ········· 487
- 강서구 ········· 488
- 구로구 ········· 488
- 금천구 ········· 488
- 영등포구 ········· 488
- 동작구 ········· 488
- 관악구 ········· 488
- 서초구 ········· 488
- 강남구 ········· 488
- 송파구 ········· 488
- 강동구 ········· 488

경기
- 안산시 ········· 492
- 고양시 ········· 492
- 과천시 ········· 493
- 구리시 ········· 493
- 남양주시 ········· 493
- 군포시 ········· 494
- 의왕시 ········· 494
- 하남시 ········· 494
- 용인시 ········· 494
- 파주시 ········· 495
- 이천시 ········· 495
- 시흥시 ········· 496
- 안성시 ········· 497
- 여주시 ········· 497
- 화성시 ········· 497
- 광주시 ········· 498
- 양주시 ········· 498
- 연천군 ········· 499
- 가평군 ········· 499
- 양평군 ········· 500
- 수원시 ········· 488
- 성남시 ········· 489
- 의정부시 ········· 490
- 안양시 ········· 490
- 부천시 ········· 490
- 광명시 ········· 491
- 평택시 ········· 491
- 동두천시 ········· 491

인천
- 중구 ········· 500
- 동구 ········· 500
- 미추홀구 ········· 500
- 연수구 ········· 500
- 남동구 ········· 500
- 부평구 ········· 501
- 계양구 ········· 501
- 서구 ········· 501
- 강화군 ········· 502
- 옹진군 ········· 503

목차

광주
- 광주광역시 ·········504
- 동구 ·········504
- 서구 ·········504
- 남구 ·········504
- 북구 ·········504
- 광산구 ·········504

대구
- 대구광역시 ·········504
- 중구 ·········505
- 동구 ·········505
- 서구 ·········505
- 남구 ·········506
- 북구 ·········506
- 수성구 ·········506
- 달서구 ·········506
- 달성군 ·········506
- 군위군 ·········506

대전
- 대전광역시 ·········507
- 동구 ·········507
- 중구 ·········507
- 서구 ·········507
- 유성구 ·········507

부산
- 중구 ·········507
- 서구 ·········507
- 동구 ·········508
- 영도구 ·········508
- 부산진구 ·········508
- 동래구 ·········508
- 남구 ·········508
- 북구 ·········508
- 해운대구 ·········508
- 사하구 ·········508
- 강서구 ·········509
- 연제구 ·········509
- 수영구 ·········509
- 사상구 ·········509
- 기장군 ·········509

울산
- 중구 ·········510
- 남구 ·········510
- 동구 ·········510
- 북구 ·········510
- 울주군 ·········510

세종
- 세종특별자치시 ·········511

강원
- 강원특별자치도 ·········511
- 춘천시 ·········511
- 강릉시 ·········512
- 동해시 ·········512
- 태백시 ·········512
- 속초시 ·········513
- 삼척시 ·········513
- 횡성군 ·········514
- 영월군 ·········514
- 평창군 ·········514
- 정선군 ·········514
- 화천군 ·········515
- 양구군 ·········515
- 인제군 ·········515
- 고성군 ·········515

목 차

충북
청주시 ·········516
충주시 ·········516
제천시 ·········516
보은군 ·········517
옥천군 ·········518
영동군 ·········519
증평군 ·········519
진천군 ·········519
괴산군 ·········520
음성군 ·········520
단양군 ·········520

충남
충청남도 ·······521
천안시 ·········521
공주시 ·········521
보령시 ·········522
아산시 ·········523
서산시 ·········523
논산시 ·········523
계룡시 ·········523
당진시 ·········523
금산군 ·········523
부여군 ·········523
서천군 ·········524
청양군 ·········524
예산군 ·········524

경북
영천시 ·········526
김천시 ·········526
안동시 ·········526
구미시 ·········527
상주시 ·········527
문경시 ·········527
경산시 ·········528
의성군 ·········528
청송군 ·········528
영양군 ·········529
영덕군 ·········529
청도군 ·········530
고령군 ·········530
성주군 ·········530
칠곡군 ·········530
예천군 ·········531
봉화군 ·········531
울진군 ·········531
울릉군 ·········532

경남
경상남도 ·······532
창원시 ·········532
진주시 ·········533
통영시 ·········533
김해시 ·········533
거제시 ·········534
양산시 ·········534
의령군 ·········534
함안군 ·········535
창녕군 ·········536
고성군 ·········536
남해군 ·········537

경북
경상북도 ·······525
포항시 ·········525
경주시 ·········526

목 차

하동군 ·········537
산청군 ·········537
함양군 ·········538
합천군 ·········538

전북
전라북도 ·········538
전주시 ·········539
익산시 ·········539
정읍시 ·········539
남원시 ·········540
김제시 ·········540
완주군 ·········541
장수군 ·········541
임실군 ·········541
순창군 ·········541
고창군 ·········542
부안군 ·········542

전남
완도군 ·········542
목포시 ·········543
여수시 ·········543
순천시 ·········543
나주시 ·········543
광양시 ·········543
담양군 ·········544
곡성군 ·········544
구례군 ·········544
고흥군 ·········544
화순군 ·········544
장흥군 ·········545

강진군 ·········545
해남군 ·········545
영암군 ·········545
함평군 ·········546
영광군 ·········546
장성군 ·········547
진도군 ·········547
신안군 ·········547

제주
제주시 ·········547
서귀포시 ·········548

2024년 전국 지방자치단체 공기관등에 대한 자본적 위탁사업비(403-02) 운영현황

순번	시군구	지출명 (사업명)	2024년예산 (단위 : 천원 /1년간)	민간이전 분류 (지방자치단체 세출예산 집행기준에 의거) 1. 민간경상사업보조(307-02) 2. 민간단체 법정운영비보조(307-03) 3. 민간행사사업보조(307-04) 4. 민간위탁금(307-05) 5. 사회복지시설 법정운영비보조(307-10) 6. 민간인위탁교육비(307-12) 7. 공기관등에대한경상적위탁사업비(308-13) 8. 민간자본사업보조,자체재원(402-01) 9. 민간자본사업보조,이전재원(402-02) 10. 민간위탁사업비(402-03) 11. 공기관등에 대한 자본적 위탁사업비(403-02)	민간이전지출 근거 (지방보조금 관리기준 참고) 1. 법률에 규정 2. 국고보조 재원(국가지정) 3. 용도 지정 기부금 4. 조례에 직접규정 5. 지자체가 권장하는 사업을 하는 공공기관 6. 시,도 정책 및 재정사정 7. 기타 8. 해당없음	계약체결방법 (경쟁형태) 1. 일반경쟁 2. 제한경쟁 3. 지명경쟁 4. 수의계약 5. 법정위탁 6. 기타 ( ) 7. 없음	계약기간 1. 1년 2. 2년 3. 3년 4. 4년 5. 5년 6. 기타 ( )년 7. 단기계약(1년미만) 8. 없음	낙찰자선정방법 1. 적격심사 2. 협상에의한계약 3. 최저가낙찰제 4. 규격가격분리 5. 2단계 경쟁입찰 6. 기타 ( ) 7. 없음	운영예산 산정 1. 내부산정 (지자체 자체적으로 산정) 2. 외부산정 (외부전문기관위탁 산정) 3. 내·외부 모두 산정 4. 산정 無 5. 없음	정산방법 1. 내부정산 (지자체 내부적으로 정산) 2. 외부정산 (외부전문기관위탁 정산) 3. 내·외부 모두 산정 4. 정산 無 5. 없음	성과평가 실시여부 1. 실시 2. 미실시 3. 향후 추진 4. 해당없음
1	서울특별시	가락동농수산물도매시장시설현대화	17,000,000	11	1	7	8	7	1	1	4
2	서울특별시	자동차전용도로(토공)노후포장정비	15,620,082	11	7	7	8	7	1	1	4
3	서울특별시	서울물재생시설공단위탁사업비	15,140,128	11	4	6	3	6	1	1	1
4	서울특별시	전기차충전인프라구축	15,120,000	11	4	7	1	1	1	3	3
5	서울특별시	시설물안전점검및진단	12,624,746	11	7	7	8	7	1	1	1
6	서울특별시	공공주택건설(추가8만호,통합공공임대주택)	12,132,545	11	4	6	8	7	5	5	4
7	서울특별시	어울림플라자(가칭)건립및운영	10,630,000	11	1	7	6	7	5	5	2
8	서울특별시	시립장사시설화장로유지보수	7,060,000	11	2	7	8	7	1	1	1
9	서울특별시	청년안심주택위탁관리	6,900,604	11	4	5	1	2	3	2	1
10	서울특별시	서남물재생센터상용전력설비구축사업	6,810,000	11	4	7	8	7	5	5	4
11	서울특별시	청년취업사관학교조성및운영	6,234,886	11	5	7	3	7	1	2	1
12	서울특별시	창동차량기지송전선로지중화사업부담금	6,000,000	11	1	7	8	7	3	1	4
13	서울특별시	권역별예술교육센터조성및운영	5,889,510	11	1	4	2	7	1	3	3
14	서울특별시	안암동캠퍼스타운도시재생활성화사업	4,613,000	11	2	7	8	7	3	3	3
15	서울특별시	지하도상가개보수	4,410,000	11	7	7	8	7	1	1	4
16	서울특별시	노량교보수	4,127,767	11	7	7	8	7	1	1	4
17	서울특별시	서울혁신파크(구,국립보건원이전부지)고품격경제문화타운조성	3,949,000	11	4	6	2	7	1	1	1
18	서울특별시	도로시설물노후전력설비개량	3,705,000	11	7	7	8	7	1	1	4
19	서울특별시	어린이대공원운영및보수	3,288,000	11	4	5	5	6	1	1	1
20	서울특별시	북부간선고가교보수	3,102,638	11	7	7	8	7	1	1	4
21	서울특별시	정릉천고가교보수	3,031,681	11	7	7	8	7	1	1	4
22	서울특별시	홍릉일대도시재생뉴딜사업지원	2,850,128	11	2	6	6	2	3	3	3
23	서울특별시	시민아파트정리	2,765,278	11	6	6	1	7	3	1	4
24	서울특별시	도로터널노후방재시설개량	2,650,000	11	7	7	8	7	1	1	4
25	서울특별시	도시고속도로교통관리센터운영및관리시스템유지관리	2,516,500	11	7	5	5	6	1	1	2
26	서울특별시	장기사용배급수관(35mm이하)정비	2,487,264	11	4	7	8	7	1	1	1
27	서울특별시	DDP시설개보수및콘텐츠공간리뉴얼	2,415,968	11	1	4	1	7	1	1	4
28	서울특별시	장애인콜택시운영	2,048,710	11	2	7	5	2	1	1	4
29	서울특별시	공공자전거운영및확충	1,780,700	11	1,4	6	5	7	1	1	1
30	서울특별시	탄천1고가교외2개소보수	1,696,533	11	7	7	8	7	1	1	4
31	서울특별시	연극창작지원시설조성및운영	1,633,000	11	1	4	3	7	1	3	3
32	서울특별시	홍제천고가교보수	1,556,744	11	7	7	8	7	1	1	4
33	서울특별시	두모교보수	1,464,970	11	7	7	8	7	1	1	4
34	서울특별시	공공주택건설(추가8만호)	1,445,945	11	4	6	8	7	5	5	4
35	서울특별시	망원1교외1개소보수	1,400,000	11	7	7	8	7	1	1	4
36	서울특별시	자동차전용도로방음시설보수보강	1,320,000	11	7	7	8	7	1	1	4
37	서울특별시	버스공영차고지관리	1,292,970	11	1	7	8	7	1	1	4

순번	시군구	지출명 (사업명)	2024년예산 (단위 : 천원 /1년간)	민간이전 분류 (지방자치단체 세출예산 집행기준에 의거)	민간이전지출 근거 (지방보조금 관리기준 참고)	입찰방식 계약체결방법 (경쟁형태)	입찰방식 계약기간	입찰방식 낙찰자선정방법	운영예산 산정	정산방법	성과평가 실시여부
38	서울특별시	차집관로성능개선	1,280,000	11	4	7	8	7	5	5	4
39	서울특별시	자동차전용도로(토공)방호울타리및중앙분리대정비	1,155,000	11	7	7	8	7	1	1	4
40	서울특별시	장기사용송배수관(4mm이상)정비	1,137,263	11	4	7	5	7	1	1	1
41	서울특별시	도로시설물노후조명시설개선	1,110,000	11	7	7	8	7	1	1	4
42	서울특별시	서호교보수	1,044,579	11	7	7	8	7	1	1	4
43	서울특별시	자동차전용도로녹지정비	941,352	11	7	7	8	7	1	1	4
44	서울특별시	공영주차장관리위탁	826,000	11	4	6	5	6	1	1	4
45	서울특별시	자동차전용도로노면표시유지보수	761,313	11	7	7	8	7	1	1	4
46	서울특별시	급경사지비탈면보수보강	726,000	11	7	7	8	7	1	1	4
47	서울특별시	청담1교외2개소보수	721,000	11	7	7	8	7	1	1	4
48	서울특별시	시민접점시설물(아차산교외8개소)보수	653,141	11	7	7	8	7	1	1	4
49	서울특별시	독산동우시장일대도시재생뉴딜사업지원	650,000	11	7	6	6	7	1	3	3
50	서울특별시	돌곶이교보수	629,522	11	7	7	8	7	1	1	4
51	서울특별시	상수도블록시스템공급체계구축	623,724	11	4	7	5	7	1	1	1
52	서울특별시	서울시발레단연습실등조성	598,000	11	1	1	7	1	3	3	3
53	서울특별시	서울월드컵경기장운영	592,000	11	4	5	5	7	1	1	4
54	서울특별시	북부고가교보수	519,716	11	7	7	8	7	1	1	4
55	서울특별시	수서IC교외3개소보수	500,000	11	7	7	8	7	1	1	4
56	서울특별시	환경기초시설신재생에너지보급사업	487,700	11	2	7	8	7	5	5	4
57	서울특별시	지하차도노후배수시설개량	481,200	11	7	7	8	7	1	1	4
58	서울특별시	염창IC보수	469,681	11	7	7	8	7	1	1	4
59	서울특별시	송정교외2개소보수	431,900	11	7	7	8	7	1	1	4
60	서울특별시	자동차전용도로도로및교통안전표지정비	415,600	11	7	7	8	7	1	1	4
61	서울특별시	서울국제금융오피스운영	306,600	11	1,4	4	2	1	1	1	1
62	서울특별시	시립묘지유지관리(4개소)	300,000	11	5	7	8	7	1	1	1
63	서울특별시	시민접점시설물(청담대교,탄천2고가교)보수	300,000	11	7	7	8	7	1	1	4
64	서울특별시	지하차도진입차단설비설치	300,000	11	7	7	8	7	1	1	4
65	서울특별시	한국폴리텍서울강서캠퍼스지원	284,564	11	1	7	8	7	1	1	4
66	서울특별시	청계천준설공사	283,024	11	4	5	5	7	1	1	1
67	서울특별시	확장현실(XR)산업활성화	230,000	11	4	7	8	7	5	5	4
68	서울특별시	계획적소규모주택정비사업추진지원	220,000	11	7	6	6	6	1	1	4
69	서울특별시	자동차전용도로위험수목정비및교체식재	212,800	11	7	7	8	7	1	1	4
70	서울특별시	청계천산책로조명설비개선	200,000	11	7	7	5	7	1	1	4
71	서울특별시	정릉홍지문터널보수	187,726	11	7	7	8	7	1	1	4
72	서울특별시	고척스카이돔운영	175,920	11	4	5	5	7	1	1	4
73	서울특별시	도로터널방재시설개선	145,266	11	7	7	8	7	1	1	4
74	서울특별시	지방재정관리시스템운영	121,471	11	1	5	1	7	2	2	4
75	서울특별시	도로시설물(터널,복개,지하차도,세척)일상유지보수	100,000	11	7	7	8	7	1	1	4
76	서울특별시	상상비즈아카데미조성및운영	98,700	11	5	4	3	7	1	2	1
77	서울특별시	청계천다항목수질측정기교체	95,000	11	4	5	5	7	1	1	1

순번	시군구	지출명 (사업명)	2024년예산 (단위:천원/1년간)	민간이전 분류 (지방자치단체 세출예산 집행기준에 의거) 1. 민간경상사업보조(307-02) 2. 민간단체 법정운영비보조(307-03) 3. 민간행사사업보조(307-04) 4. 민간위탁금(307-05) 5. 사회복지시설 법정운영비보조(307-10) 6. 민간인위탁교육비(307-12) 7. 공기관등에대한경상적위탁사업비(308-13) 8. 민간자본사업보조,자체재원(402-01) 9. 민간자본사업보조,이전재원(402-02) 10. 민간위탁사업비(402-03) 11. 공기관등에 대한 자본적 위탁사업비(403-02)	민간이전지출 근거 (지방보조금 관리기준 참고) 1. 법률에 규정 2. 국고보조 재원(국가지정) 3. 용도 지정 기부금 4. 조례에 직접규정 5. 지자체가 권장하는 사업을 하는 공공기관 6. 시,도 정책 및 재정사정 7. 기타 8. 해당없음	입찰방식 계약체결방법 (경쟁형태) 1. 일반경쟁 2. 제한경쟁 3. 지명경쟁 4. 수의계약 5. 법정위탁 6. 기타 ( ) 7. 없음	계약기간 1. 1년 2. 2년 3. 3년 4. 4년 5. 5년 6. 기타 ( )년 7. 단기계약(1년미만) 8. 없음	낙찰자선정방법 1. 적격심사 2. 협상에의한계약 3. 최저가낙찰제 4. 규격가격분리 5. 2단계 경쟁입찰 6. 기타 ( ) 7. 없음	운영예산 산정 1. 내부산정(지자체 자체적으로 산정) 2. 외부산정(외부전문기관위탁 산정) 3. 내·외부 모두 산정 4. 산정 無 5. 없음	정산방법 1. 내부정산(지자체 내부적으로 정산) 2. 외부정산(외부전문기관위탁 정산) 3. 내·외부 모두 정산 4. 정산 無 5. 없음	성과평가 실시여부 1. 실시 2. 미실시 3. 향후 추진 4. 해당없음
78	서울특별시	마곡산업단지관리기관운영	60,000	11	4	5	1	7	1	3	1
79	서울특별시	도로시설물경관조명유지보수	60,000	11	7	7	8	7	1	1	4
80	서울특별시	여의상류IC샛감교외1개소보수	57,463	11	7	7	8	7	1	1	4
81	서울특별시	시유지활용공공주택공급(통합공임대주택)	34,650	11	4	6	8	7	5	5	4
82	서울특별시	디지털성범죄예방및피해자지원	7,221	11	1	1	3	1	1	1	3
83	서울특별시	장충체육관운영	7,000	11	4	5	5	7	1	1	4
84	서울 성동구	국가암관리지자체지원(국가암관리사업)	276,340	11	2	7	8	7	1	1	4
85	서울 성동구	희귀질환자의료비지원사업	153,900	11	1	7	8	7	5	5	4
86	서울 성동구	치매치료및관리비지원	105,000	11	2	6	8	6	3	3	1
87	서울 성동구	의료급여수급권자일반검진사업	49,000	11	2	7	8	7	1	1	4
88	서울 광진구	국공립어린이집기능보강및환경개선사업	185,000	11	1,4	7	8	7	5	5	4
89	서울 광진구	국민기초생활보장주거급여	99,500	11	2	5	1	6	1	1	4
90	서울 광진구	지역상권활성화및특화사업지원	91,800	11	7	7	7	7	1	2	1
91	서울 광진구	노인복지관운영및지원	30,000	11	1,4	1	5	1	1	1	4
92	서울 광진구	국공립어린이집확충	24,000	11	1,4	7	8	7	5	5	4
93	서울 광진구	우리동네키움센터운영지원	23,500	11	1,4	6	5	6	1	1	4
94	서울 광진구	고향사랑기부제운영	8,802	11	1	7	8	7	1	5	4
95	서울 광진구	국가보훈대상자예우및지원	5,000	11	1	7	8	7	1	5	4
96	서울 동대문구	수도권매립지,노원자원회수시설반입료	5,152,351	11	7	7	8	7	5	5	4
97	서울 동대문구	청백e(통합상시모니터링)시스템유지보수	14,880	11	1	7	8	7	2	2	2
98	서울 성북구	주거급여	116,145	11	2	7	1	7	1	1	4
99	서울 성북구	아동청소년전용도서관조성	104,650	11	5	7	8	7	1	1	4
100	서울 성북구	보문사내숲속도서관조성	78,000	11	5	7	8	7	1	1	4
101	서울 도봉구	방학역환경개선추진	1,550,000	11	7	7	8	7	5	5	4
102	서울 도봉구	행정정보시스템구축및성능보강	496,252	11	1	7	8	7	2	2	4
103	서울 도봉구	도로명주소관리및홍보	93,431	11	1	5	8	7	5	5	4
104	서울 도봉구	예산편성	80,996	11	1	5	3	7	2	2	4
105	서울 도봉구	고향사랑기부제운영	8,802	11	7	7	8	7	2	2	4
106	서울 도봉구	공문서우편발송	5,600	11	7	6	1	6	2	2	1
107	서울 노원구	구립공공도서관위탁운영(노원문화재단)	509,717	11	4	5	3	1	1	1	3
108	서울 은평구	예산회계시스템유지관리	91,107	11	1	5	8	7	5	5	4
109	서울 은평구	종합스포츠타운운영	34,321	11	4	5	3	1	1	1	4
110	서울 은평구	시설관리공단업무지원	21,820	11	5	7	8	7	1	1	1
111	서울 은평구	앵봉산가족캠핑장유지관리	3,800	11	7	5	3	7	1	1	4
112	서울 양천구	구립도서관및청소년독서실운영	623,480	11	4	4	3	6	1	1	1
113	서울 양천구	행정정보시스템통합운영관리	470,952	11	7	5	1	7	1	1	1
114	서울 양천구	양천문화회관운영	173,112	11	5	5	6	7	1	1	1
115	서울 양천구	통합지방재정재해복구시스템구축비자치구부담금	91,107	11	7	5	1	7	5	5	4
116	서울 양천구	2024년도주소정보관리시스템차세대구축및유지관리	55,377	11	1	5	1	7	4	1	4
117	서울 양천구	2024년입체주소구축및주소정보기본도유지관리	46,008	11	1	5	1	7	4	1	4

순번	시군구	지출명 (사업명)	2024년예산 (단위: 천원/1년간)	민간이전 분류 (지방자치단체 세출예산 집행기준에 의거)	민간이전지출 근거 (지방보조금 관리기준 참고)	입찰방식			운영예산 산정		성과평가 실시여부
						계약체결방법 (경쟁형태)	계약기간	낙찰자선정방법	운영예산 산정	정산방법	
118	서울 양천구	디지털지적(임야)도품질개선사업	12,505	11	1	5	1	7	1	1	4
119	서울 양천구	보건소결핵관리사업	8,000	11	1	7	8	7	5	5	4
120	서울 양천구	청년점포및청년기업육성	1,200	11	4	7	7	7	1	1	4
121	서울 강서구	지방재정시스템재해복구시스템구축	101,229	11	1	7	8	7	2	2	4
122	서울 구로구	주거급여(수선유지급여)	152,298	11	7	7	8	7	5	5	4
123	서울 구로구	성과중심의예산운용(차세대지방재정재해복구시스템구축)	80,996	11	5	7	7	7	5	5	4
124	서울 금천구	사업예산편성및운영	80,996	11	2	7	8	7	5	5	4
125	서울 영등포구	도로명주소운영및정확한주소정보제공	91,095	11	1	5	1	7	1	1	4
126	서울 영등포구	보유자금관리	80,996	11	1	5	2	7	2	2	4
127	서울 영등포구	행정감사실시(자체,외부기관)	15,671	11	7	5	1	7	2	2	2
128	서울 동작구	공영주차장복합화건물건립	7,057,000	11	8	7	8	7	5	5	4
129	서울 동작구	주거급여	90,000	11	1	5	8	7	5	1	2
130	서울 동작구	통합지방재정재해복구시스템구축비분담금	80,996	11	1	5	1	2	2	5	4
131	서울 관악구	생활폐기물공공처리시설공동이용	2,257,329	11	7	7	8	7	5	5	4
132	서울 관악구	생활폐기물공공처리시설공동이용	1,746,000	11	7	7	8	7	5	5	4
133	서울 관악구	자원봉사센터운영지원	842,347	11	1	5	7	7	1	2	2
134	서울 관악구	주거급여수선유지급여	200,000	11	1	5	1	7	3	2	4
135	서울 관악구	통합지방재정재해복구시스템구축비	91,107	11	1	6	1	6	1	1	4
136	서울 관악구	주소정보관리시스템유지관리	57,027	11	1	5	1	7	2	2	1
137	서울 관악구	주소정보기본도유지관리	56,383	11	1	5	1	7	2	2	4
138	서울 관악구	LPG용기사용가구시설개선	12,150	11	1	7	8	7	5	5	4
139	서울 서초구	지방재정시스템운영	80,996	11	1	7	7	7	1	1	4
140	서울 강남구	강남스포츠문화센터관리운영	5,737,782	11	4	3	6	1	1	3	
141	서울 강남구	일원스포츠문화센터관리운영	3,139,572	11	4	4	3	6	1	1	3
142	서울 강남구	강남구립체육시설관리운영(4개소)	2,699,910	11	4	4	5	6	1	1	3
143	서울 강남구	강남세곡체육공원체육시설	694,109	11	4	4	3	6	1	1	3
144	서울 강남구	매봉산실내배드민턴장	490,027	11	4	4	5	6	1	1	3
145	서울 강남구	강남구민회관체육교실	480,618	11	4	4	3	6	1	1	3
146	서울 송파구	온나라시스템구축	523,540	11	8	7	8	7	5	5	4
147	서울 송파구	공공도서관운영	300,550	11	1	5	3	1	1	1	1
148	서울 송파구	송파여성문화회관운영	128,347	11	4	5	3	1	1	1	4
149	서울 송파구	지방재정관리시스템유지관리	91,107	11	2	5	1	7	5	5	4
150	서울 송파구	주거급여	30,800	11	2	5	1	2	3	3	4
151	서울 송파구	청렴시책추진	15,674	11	8	7	1	7	2	2	4
152	서울 강동구	강동첨단복합청사(명일1동)건립비구분담금	3,500,000	11	6	2	6	2	2	2	2
153	서울 강동구	지방재정시스템재해복구시스템구축(1차)	91,107	11	7	6	1	7	3	4	2
154	서울 강동구	차세대지방재정관리시스템구축(4차년도)	43,633	11	7	6	1	7	3	4	2
155	서울 강동구	이용자검색용PC구매*6대	6,500	11	5	7	8	7	5	5	4
156	경기 수원시	장기요양지원센터관리	913,208	11	5	5	3	7	1	1	1
157	경기 수원시	거주자우선주차제관리	500,436	11	5	6	3	7	1	1	4

순번	시군구	지출명 (사업명)	2024년예산 (단위 : 천원 /1년간)	민간이전 분류 (지방자치단체 세출예산 집행기준 의거) 1. 민간경상사업보조(307-02) 2. 민간단체 법정운영비보조(307-03) 3. 민간행사사업보조(307-04) 4. 민간위탁금(307-05) 5. 사회복지시설 법정운영비보조(307-10) 6. 민간위탁교육비(307-12) 7. 공기관등에대한경상적위탁사업비(308-13) 8. 민간자본사업보조,자체재원(402-01) 9. 민간자본사업보조,이전재원(402-02) 10. 민간위탁사업비(402-03) 11. 공기관등에 대한 자본적 위탁사업비(403-02)	민간이전지출 근거 (지방보조금 관리기준 참고) 1. 법률에 규정 2. 국고보조 재원(국가지정) 3. 용도 지정 기부금 4. 조례에 직접규정 5. 지자체가 권장하는 사업을 하는 공공기관 6. 시,도 정책 및 재정사정 7. 기타 8. 해당없음	입찰방식			운영예산 산정		성과평가 실시여부 1. 실시 2. 미실시 3. 향후 추진 4. 해당없음
						계약체결방법 (경쟁형태) 1. 일반경쟁 2. 제한경쟁 3. 지명경쟁 4. 수의계약 5. 법정위탁 6. 기타 ( ) 7. 없음	계약기간 1. 1년 2. 2년 3. 3년 4. 4년 5. 5년 6. 기타 ( )년 7. 단기계약 (1년미만) 8. 없음	낙찰자선정방법 1. 적격심사 2. 협상에의한계약 3. 최저가낙찰제 4. 규격가격분리 5. 2단계 경쟁입찰 6. 기타 ( ) 7. 없음	운영예산 산정 1. 내부산정 (지자체 자체적으로 산정) 2. 외부산정 (외부전문기관위탁 산정) 5. 없음	정산방법 1. 내부정산 (지자체 내부적으로 정산) 2. 외부정산 (외부전문기관위탁 정산) 3. 내,외부 모두 산정 4. 산정 無 5. 없음	
158	경기 수원시	농업생산기반시설조성	440,000	11	5	7	8	7	1	1	1
159	경기 수원시	공영주차장운영	110,296	11	5	6	3	7	1	1	4
160	경기 수원시	환승센터관리	103,560	11	5	6	3	7	1	1	4
161	경기 수원시	주차장운영관리	2,200	11	4	4	8	7	2	3	4
162	경기 성남시	스마트시티인프라AIoT핵심기술개발사업	1,558,750	11	7	7	3	6	2	2	1
163	경기 성남시	4차산업진로체험관구축	1,200,000	11	5	7	8	7	5	5	4
164	경기 성남시	상대원2동복합청사신축	952,000	11	1	7	8	7	1	1	4
165	경기 성남시	여성임대아파트관리(공사위탁사업)	691,822	11	5	6	3	6	1	1	4
166	경기 성남시	성남글로벌융합센터운영	527,360	11	7	5	7	7	1	1	3
167	경기 성남시	야탑3동행정복지센터,주민자치센터신축	506,000	11	1	7	8	7	1	1	4
168	경기 성남시	탄천종합운동장운영관리사업(공사위탁사업)	337,932	11	8	7	8	7	1	1	4
169	경기 성남시	청소년동반자프로그램	320,148	11	2	5	8	7	5	1	4
170	경기 성남시	성남종합운동장운영관리사업(공사위탁사업)	297,507	11	8	7	8	7	1	1	4
171	경기 성남시	시군학교밖청소년프로그램운영지원	257,870	11	2	5	8	7	5	1	4
172	경기 성남시	표준기록관리시스템백업시스템구축	234,372	11	1	5	1	2	2	2	4
173	경기 성남시	시군학교밖청소년지원	226,103	11	2	5	8	7	5	1	4
174	경기 성남시	금곡공원국민체육센터운영관리사업(공사위탁사업)	220,700	11	8	7	8	7	1	1	4
175	경기 성남시	주거급여(수선유지급여)	220,000	11	1	5	1	7	1	1	1
176	경기 성남시	비전자기록물DB구축	150,000	11	1	5	1	2	2	2	4
177	경기 성남시	종량제봉투관리및유통사업	117,600	11	1	5	3	7	1	1	4
178	경기 성남시	청소년안전망구축	105,622	11	2	5	8	7	5	1	4
179	경기 성남시	탄천변체육시설운영관리사업(공사위탁사업)	100,000	11	8	7	8	7	1	1	4
180	경기 성남시	황새울국민체육센터운영관리사업(공사위탁사업)	94,550	11	8	7	8	7	1	1	4
181	경기 성남시	학교밖청소년문화활동지원	50,890	11	2	5	8	7	5	1	4
182	경기 성남시	성남중앙지하상가관리사업(공사위탁사업)	46,690	11	5	5	5	7	1	1	4
183	경기 성남시	폭염대비에너지복지지원사업	46,200	11	5	7	8	7	1	1	4
184	경기 성남시	지적재조사사업추진	40,317	11	1	7	2	7	5	1	4
185	경기 성남시	학교중단청소년사회안전망구축(학교밖청소년꿈지킴이사업)	40,000	11	6	5	8	7	5	1	4
186	경기 성남시	공동주택단지내도로교통안전실태점검	40,000	11	4	7	8	7	5	5	4
187	경기 성남시	학교중단청소년사회안전망구축(어린이창의교육프로그램)	30,000	11	6	5	8	7	5	1	4
188	경기 성남시	평생학습관스포츠센터사업(공사위탁사업)	28,930	11	1,5	4	3	7	1	1	4
189	경기 성남시	학교밖청소년학습지원	20,000	11	2	5	8	7	5	1	4
190	경기 성남시	자동차번호판교부대행(공사위탁사업)	18,780	11	5	5	1	7	1	1	4
191	경기 성남시	박물관체험동및희망대근린공원주차장관리경비(자산취득비)	18,450	11	4	5	3	7	1	1	4
192	경기 성남시	성남중앙공설시장관리사업(공사위탁사업)	16,600	11	7	7	8	7	1	1	4
193	경기 성남시	청백e통합상시모니터링시스템운영비	16,465	11	1	5	1	7	3	4	4
194	경기 성남시	학교밖청소년자립지원수당	14,250	11	2	5	8	7	5	1	4
195	경기 성남시	여성임대아파트관리(공사위탁사업)	13,000	11	5	6	3	6	1	1	4
196	경기 성남시	교통정보시스템운영관리(공사위탁사업)	10,550	11	7	7	8	7	5	5	1
197	경기 성남시	소규모체육시설운영관리사업(공사위탁사업)	7,980	11	8	7	8	7	1	1	4

순번	시군구	지출명 (사업명)	2024년예산 (단위: 천원/1년간)	민간이전 분류	민간이전지출 근거	입찰방식			운영예산 산정		성과평가 실시여부
						계약체결방법 (경쟁형태)	계약기간	낙찰자선정방법	운영예산 산정	정산방법	
198	경기 성남시	성남글로벌융합센터운영	7,449	11	5	7	5	7	1	1	3
199	경기 성남시	성남시의료원기숙사운영관리(공사위탁사업)	4,350	11	5	6	5	6	1	1	4
200	경기 성남시	내곡터널유지관리사업(공사위탁사업)	2,150	11	8	7	8	7	1	1	2
201	경기 성남시	주택전시관위탁관리	1,300	11	7	7	8	7	1	1	4
202	경기 성남시	성남중앙지하상가부설주차장관리사업(공사위탁사업)	1,080	11	5	5	5	7	1	1	4
203	경기 성남시	터널및지하차도유지관리비	968	11	5	7	8	7	1	1	2
204	경기 성남시	수정커뮤니티센터관리사업(공사위탁사업)	900	11	5	5	8	7	1	1	4
205	경기 성남시	견인사업(공사위탁사업)	460	11	4	7	8	7	1	1	4
206	경기 의정부시	변전소이전및송전선로지중화사업정산액(3회차)	1,500,000	11	5	7	8	7	5	5	4
207	경기 의정부시	수선유지급여	362,664	11	1	5	1	6	1	1	4
208	경기 의정부시	가사간병방문지원사업	146,175	11	1	5	8	7	3	3	4
209	경기 의정부시	통합지방재정시스템재해복구시스템구축분담금(1차)	91,107	11	6	6	6	6	2	2	2
210	경기 의정부시	슬레이트처리및개량지원	72,880	11	2	6	2	6	1	1	2
211	경기 의정부시	노후경유차운행제한시스템유지보수	45,000	11	2	2	1	7	2	2	2
212	경기 의정부시	소규모사업장방지시설설치지원사업	38,000	11	2	5	1	1	1	1	4
213	경기 의정부시	사업장대기오염방지시설유지관리지원사업	22,000	11	1	5	1	7	1	1	4
214	경기 안양시	소상공인경영환경개선사업지원	300,000	11	8	7	8	7	5	5	4
215	경기 안양시	소규모사업장방지시설설치지원사업	245,000	11	8	7	8	7	5	5	4
216	경기 안양시	통합지방재정재해복구시스템구축부담금	101,229	11	8	7	8	7	5	5	4
217	경기 안양시	폭염대비에너지복지지원사업	60,500	11	8	7	8	7	5	5	4
218	경기 안양시	표준기록관리시스템저장장치증설	60,000	11	8	7	8	7	5	5	4
219	경기 부천시	도시통합관제센터기반시설구축(2차사업)	10,525,000	11	5	7	8	7	1	1	4
220	경기 부천시	역곡다목적체육센터건립	8,000,000	11	1	7	8	7	1	1	4
221	경기 부천시	부천성골지구도시개발사업	2,000,000	11	6	5	8	7	1	1	4
222	경기 부천시	부천원일초지중화사업	1,360,000	11	1	7	8	7	5	5	4
223	경기 부천시	지하철7호선연장구간운영	484,931	11	7	6	5	7	1	2	4
224	경기 부천시	위탁체육시설자본적대행사업비(공사)	421,325	11	1	5	8	7	1	1	4
225	경기 부천시	주거급여	400,000	11	1	5	1	7	1	1	4
226	경기 부천시	주거복지센터운영	317,267	11	1	1	3	1	1	1	1
227	경기 부천시	중동사랑시장디지털전통시장육성	185,000	11	2	7	8	7	1	1	4
228	경기 부천시	부천성골지구도시개발사업	120,000	11	6	5	8	7	1	1	4
229	경기 부천시	공기관등에대한자본적위탁사업비	111,347	11	5	5	1	7	2	2	1
230	경기 부천시	주거취약계층주거상향지원사업	90,000	11	2	1	3	1	1	1	1
231	경기 부천시	부천역지하도상가자본적위탁사업비	82,320	11	7	6	8	7	1	1	4
232	경기 부천시	버스인프라시설개선사업	62,590	11	6	5	8	7	1	1	4
233	경기 부천시	교통약자이동지원센터자본적위탁사업비	45,750	11	1,4	4	8	7	1	1	4
234	경기 부천시	폭염대비에너지복지지원사업	35,200	11	6	5	1	7	3	3	1
235	경기 부천시	옥상방수공사	14,029	11	4	4	3	1	1	1	1
236	경기 부천시	공영차고지및가스충전소자본적위탁사업비	10,000	11	4	5	8	7	1	1	4
237	경기 부천시	지능형교통체계운영	9,600	11	4	5	8	7	1	1	4

순번	시군구	지출명(사업명)	2024년예산 (단위: 천원/1년간)	민간이전 분류	민간이전지출 근거	입찰방식 계약체결방법	계약기간	낙찰자선정방법	운영예산 산정	정산방법	성과평가 실시여부
238	경기 부천시	개인형이동장치민원견인업무자본적위탁사업비	8,930	11	1	7	8	7	5	5	4
239	경기 부천시	R&D종합센터(경기거점벤처센터)집기구입비	7,500	11	5	7	8	7	5	5	4
240	경기 부천시	전기설비법정점검장비구입	500	11	4	4	3	1	1	1	1
241	경기 광명시	광명~서울고속도로지하화건설비	11,000,000	11	7	7	8	7	5	5	4
242	경기 광명시	신규자원회수시설설치사업위탁사업비	10,783,000	11	6	7	8	7	2	1	3
243	경기 광명시	광명건강체육센터리모델링	6,500,000	11	1	7	8	7	5	5	4
244	경기 광명시	하안동철골주차장재건축	500,000	11	4	7	8	7	2	1	4
245	경기 광명시	공공폐수처리시설설치지원	300,000	11	8	7	8	7	5	5	4
246	경기 광명시	가스열펌프(GHP)저감장치설치지원사업	204,750	11	1	7	8	7	5	5	4
247	경기 광명시	수도권매립지반입수수료(생활폐기물)	147,000	11	1	7	8	7	5	4	2
248	경기 광명시	통합지방재정시스템재해복구시스템구축지방비분담금	91,107	11	8	7	8	7	5	5	4
249	경기 광명시	소규모사업장방지시설설치지원	49,590	11	8	7	8	7	5	5	4
250	경기 광명시	수선유지급여	48,255	11	2	5	1	7	4	1	4
251	경기 광명시	표준지방인사정보시스템유지관리비부담금	36,336	11	8	7	1	7	2	2	4
252	경기 광명시	사업장대기오염방지시설유지관리	15,500	11	8	7	8	7	5	5	4
253	경기 광명시	가스열펌프(GHP)저감장치설치자부담금지원	9,100	11	8	7	8	7	5	5	4
254	경기 평택시	평택시수소도시조성사업	12,000,000	11	5	7	8	7	5	5	4
255	경기 평택시	평택시수소도시조성사업	12,000,000	11	5	7	8	7	5	5	4
256	경기 평택시	안정리커뮤니티광장조성사업	3,000,000	11	1,2	5	4	7	2	2	4
257	경기 평택시	소규모사업장방지시설지원(국비)	1,418,310	11	2	5	8	7	1	1	4
258	경기 평택시	수제의류코워킹스페이스조성	300,000	11	1	7	8	7	3	3	4
259	경기 평택시	신장2동네정원,행복나눔센터조성사업	277,500	11	7	7	8	7	3	3	4
260	경기 평택시	통합지방재정시스템재해복구시스템구축지자체위탁사업비	101,229	11	1	7	2	7	1	1	4
261	경기 평택시	무봉산청소년수련원시설보강	43,958	11	6	7	8	7	1	1	1
262	경기 평택시	LPG용기사용가구시설개선사업	11,250	11	2	5	6	7	1	1	2
263	경기 동두천시	지방상수도현대화(동두천정수장개량)	2,042,000	11	1	7	8	7	1	1	3
264	경기 동두천시	주거급여	506,115	11	2	7	8	7	5	1	2
265	경기 동두천시	지역경제활성화	200,000	11	4	5	1	7	1	1	1
266	경기 동두천시	노후상수도관망정비	200,000	11	1	7	8	7	1	1	3
267	경기 동두천시	슬레이트처리및개량지원	191,720	11	2	2	7	1	1	1	4
268	경기 동두천시	소방용수시설(소화전)확대설치	126,000	11	6	7	8	7	5	5	4
269	경기 동두천시	THE경기패스	104,000	11	1	7	8	7	2	2	4
270	경기 동두천시	한미우호행사	90,000	11	5	7	8	7	1	1	1
271	경기 동두천시	경기도공공배달앱운영및관리	90,000	11	4	5	1	7	1	1	1
272	경기 동두천시	가스열펌프(GHP)냉난방기개조지원	80,500	11	1	7	8	7	5	5	4
273	경기 동두천시	예산의효율적운영	70,878	11	1	1	1	2	2	2	4
274	경기 동두천시	알뜰교통카드연계마일리지지원	62,000	11	1	7	8	7	2	2	4
275	경기 동두천시	폭염대비에너지복지지원	48,400	11	6	7	8	7	1	1	4
276	경기 동두천시	타이머콕보급	33,000	11	1	7	8	7	1	2	4
277	경기 동두천시	소규모영세사업장방지시설지원	9,000	11	2	2	1	7	1	3	1

| 순번 | 시군구 | 지출명
(사업명) | 2024년예산
(단위: 천원/1년간) | 민간이전 분류
(지방자치단체 세출예산 집행기준에 의거)
1. 민간경상사업보조(307-02)
2. 민간단체 법정운영비보조(307-03)
3. 민간행사사업보조(307-04)
4. 민간위탁금(307-05)
5. 사회복지시설 법정운영비보조(307-10)
6. 민간인위탁교육비(307-12)
7. 공기관등에대한경상적위탁사업비(308-13)
8. 민간자본사업보조,자체재원(402-01)
9. 민간자본사업보조,이전재원(402-02)
10. 민간위탁사업비(402-03)
11. 공기관등에 대한 자본적 위탁사업비(403-02) | 민간이전지출 근거
(지방보조금 관리기준 참고)
1. 법률에 규정
2. 국고보조 재원(국가지정)
3. 용도 지정 기부금
4. 조례에 직접규정
5. 지자체가 권장하는 사업을 하는 공공기관
6. 시,도 정책 및 재정사정
7. 기타
8. 해당없음 | 입찰방식 | | | 운영예산 산정 | | 성과평가 실시여부
1. 실시
2. 미실시
3. 향후 추진
4. 해당없음 |
						계약체결방법 (경쟁형태) 1. 일반경쟁 2. 제한경쟁 3. 지명경쟁 4. 수의계약 5. 법정위탁 6. 기타 ( ) 7. 없음	계약기간 1. 1년 2. 2년 3. 3년 4. 4년 5. 5년 6. 기타 ( )년 7. 단기계약 (1년미만) 8. 없음	낙찰자선정방법 1. 적격심사 2. 협상에의한계약 3. 최저가낙찰제 4. 규격가격분리 5. 2단계 경쟁입찰 6. 기타 ( ) 7. 없음	운영예산 산정 1. 내부산정 (지자체 자체적으로 산정) 2. 외부산정 (외부전문기관위탁 산정)	정산방법 1. 내부정산 (지자체 내부적으로 정산) 2. 외부정산 (외부전문기관위탁 정산) 3. 내·외부 모두 산정 4. 산정 無 5. 없음	
278	경기 동두천시	택시운행정보관리시스템운영	4,464	11	1	7	8	7	2	2	4
279	경기 안산시	안산도시공사대행사업비	15,832,882	11	1	5	8	7	1	1	1
280	경기 안산시	안산도시공사공공체육시설관리운영대행사업비	11,282,382	11	4	5	3	7	1	1	2
281	경기 안산시	안산도시공사위탁운영(생활폐기물중계처리시설)	8,382,407	11	4	6	3	7	1	3	4
282	경기 안산시	안산도시공사위탁운영(재활용선별센터)	7,150,278	11	4	6	3	7	1	3	4
283	경기 안산시	2022년어촌뉴딜3사업(선감,탄도,흘곶)	7,008,600	11	1	5	3	7	1	1	3
284	경기 안산시	교통약자이동지원센터(하모니콜센터)운영	4,965,731	11	1	7	8	7	1	1	1
285	경기 안산시	주차사업운영	4,688,248	11	5	7	5	7	1	1	4
286	경기 안산시	팔곡동화물공영차고지조성사업(전환사업)	2,418,212	11	5	7	8	7	2	2	3
287	경기 안산시	공원및시설물위수탁운영관리	1,223,461	11	4	5	3	7	1	1	2
288	경기 안산시	공동구유지관리비	1,069,215	11	1	5	3	7	1	1	4
289	경기 안산시	동주염전체험장운영관리	669,539	11	5	5	5	7	2	1	4
290	경기 안산시	수리시설정비사업(전환사업)	500,000	11	5	7	8	7	5	1	4
291	경기 안산시	자동차등록번호 발급대행	458,522	11	1	5	5	7	1	1	1
292	경기 안산시	안산화랑오토캠핑장대행사업비	440,676	11	5	5	5	7	1	1	4
293	경기 안산시	안산도시공사대행사업비	376,030	11	5	5	3	7	1	1	3
294	경기 안산시	주거급여(수선유지)	350,000	11	7	5	8	7	1	1	4
295	경기 안산시	(재)안산환경재단대행사업비(안산갈대습지운영관리)	337,409	11	7	7	3	7	5	1	3
296	경기 안산시	다회용기재사용촉진지원사업	270,000	11	4	6	1	7	1	1	3
297	경기 안산시	거주자우선주차사업운영	250,735	11	5	7	5	7	1	1	4
298	경기 안산시	안산시이동편의시설기술지원센터운영	213,515	11	1	7	8	7	1	1	1
299	경기 안산시	안산도시공사위탁운영(종량제봉투판매소)	144,832	11	4	6	3	7	1	3	4
300	경기 안산시	통합지방재정시스템재해복구시스템구축사업분담금	101,229	11	1	1	1	2	5	5	4
301	경기 안산시	중요기록물DB구축	100,000	11	5	6	1	7	1	1	2
302	경기 안산시	시청부설주차장운영대행사업	82,918	11	7	7	8	7	1	1	4
303	경기 안산시	슬레이트처리지원	64,840	11	5	5	2	7	5	1	2
304	경기 안산시	지적재조사사업측량비	58,207	11	2	6	7	7	5	5	1
305	경기 안산시	안산환경재단대행사업비(안산재활용가게)	55,000	11	4	6	3	7	1	3	4
306	경기 안산시	지적재조사사업측량비	43,076	11	2	6	7	7	5	5	1
307	경기 안산시	차량등록사업소 부설주차장대행	32,246	11	1	5	3	7	1	1	4
308	경기 안산시	안산도시공사대행사업비	17,143	11	4	6	2	7	1	1	4
309	경기 안산시	청소년예산학교및예산정책제안대회	8,000	11	4	4	7	7	1	1	1
310	경기 안산시	가스안전장치(타이머콕)보급사업	5,000	11	5	6	7	7	1	3	1
311	경기 안산시	청렴e시스템유지보수및운영지원	15,674	11	5	1	7	7	2	2	4
312	경기 고양시	공공시설물태양광발전시설설치	1,649,000	11	4	7	8	7	5	5	4
313	경기 고양시	국가지정문화재및등록문화재보수정비(북한산성행궁지발굴조사지정비공사(9차))	1,000,000	11	2	7	8	7	5	5	4
314	경기 고양시	온나라문서시스템2.전환구축	763,524	11	1	7	8	7	5	5	4
315	경기 고양시	소규모사업장방지시설설치지원	590,000	11	2	7	8	7	5	5	4
316	경기 고양시	수선유지급여	330,000	11	2	5	1	7	5	1	4
317	경기 고양시	공공체육시설대행사업	277,851	11	4	5	3	7	1	1	1

순번	시군구	지출명 (사업명)	2024년예산 (단위: 천원/1년간)	민간이전 분류	민간이전지출 근거	계약체결방법 (경쟁형태)	계약기간	낙찰자선정방법	운영예산 산정	정산방법	성과평가 실시여부
318	경기 고양시	기록관리시스템(RMS)백업장치도입	167,000	11	5	7	8	7	5	5	4
319	경기 고양시	슬레이트처리및개량지원	139,400	11	2	7	8	7	5	5	4
320	경기 고양시	평화누리길활성화	137,000	11	5	7	8	7	1	1	4
321	경기 고양시	고양도시관리공사공영주차장운영지원대행사업비(자본적위탁사업비)	51,800	11	1	5	8	7	1	1	1
322	경기 고양시	교통약자이동지원센터운영고양도시관리공사대행사업비(자본적위탁사업비)	46,348	11	1	7	3	7	1	1	1
323	경기 고양시	고양영상미디어센터물품	43,700	11	5	7	2	7	1	1	4
324	경기 고양시	폭염대비에너지복지지원사업	35,200	11	1	7	8	7	5	5	4
325	경기 고양시	고양시어린이박물관물품	17,400	11	5	7	2	7	1	1	4
326	경기 고양시	도시재생지원센터위탁운영물품구입비	13,080	11	1	5	3	7	1	1	4
327	경기 고양시	재난취약계층가스타이머콕보급사업	12,000	11	1	2	1	3	3	3	1
328	경기 고양시	고향사랑기부제종합정보시스템운영및유지관리	10,000	11	1	4	1	7	2	2	4
329	경기 고양시	고양문화의집물품	8,700	11	5	7	2	7	1	1	4
330	경기 고양시	LPG용기사용가구시설개선사업	4,500	11	1	2	1	3	3	3	1
331	경기 고양시	생활문화센터물품	3,600	11	5	7	2	7	1	1	4
332	경기 고양시	고양시문예회관물품	750	11	5	7	2	7	1	1	4
333	경기 과천시	공공하수처리시설현대화사업	1,220,000	11	6	6	6	6	1	1	1
334	경기 과천시	시민회관관리운영	899,732	11	4	7	8	7	1	1	1
335	경기 과천시	재해복구시스템구축분담금	60,749	11	7	6	1	6	2	2	2
336	경기 과천시	치매치료관리비지원	37,000	11	2	7	8	7	5	2	4
337	경기 과천시	인사랑인프라증설등	3,250	11	1	7	7	7	5	5	4
338	경기 구리시	별내선본선운영유형자산취득비(서울교통공사사무비품등)	1,800,000	11	1	5	5	7	1	2	3
339	경기 구리시	위탁개발에따른위탁관리비	720,000	11	1	5	3	7	3	3	3
340	경기 구리시	역무실유형자산취득비(구리도시공사사무비품등)	494,000	11	1	4	3	7	1	1	1
341	경기 구리시	갈매복합커뮤니티센터건립(생활SOC복합화생활체육시설지원사업)	400,000	11	1	5	6	7	3	3	1
342	경기 구리시	통합지방재정시스템재해복구시스템구축(1차)	70,878	11	1	7	8	7	5	5	4
343	경기 구리시	1/1,수치지형도갱신	67,500	11	1	5	1	7	2	2	4
344	경기 구리시	가스열펌프냉난방기배출가스저감장치설치지원	63,000	11	1	4	1	7	5	5	2
345	경기 구리시	주거급여(수선유지급여)	37,071	11	1	5	6	7	1	1	1
346	경기 구리시	소규모사업장방지시설유지관리지원사업	31,000	11	6	5	1	7	1	1	2
347	경기 구리시	청원철도건널목유지보수대행	9,000	11	8	5	8	7	1	2	4
348	경기 구리시	고향사랑기부제종합정보시스템운영비	8,802	11	1	5	1	7	2	2	4
349	경기 남양주시	퇴계원중학교운동장지하공주차장조성	5,500,000	11	4	6	6	6	1	1	2
350	경기 남양주시	남양주궁집주차장조성(전환사업)	5,000,000	11	5	5	4	7	1	1	4
351	경기 남양주시	남양주도시공사대행사업비	2,827,321	11	1	7	8	7	1	3	1
352	경기 남양주시	다산진건지구(주9)공영주차장조성	2,000,000	11	4	7	8	7	1	1	4
353	경기 남양주시	진접선복선전철운영	1,410,800	11	6	7	8	7	5	5	4
354	경기 남양주시	별내선복선전철운영	1,333,317	11	6	7	8	7	5	2	4
355	경기 남양주시	평내동물놀이장지하공영주차장조성	1,000,000	11	4	7	8	7	5	5	4
356	경기 남양주시	소규모사업장방지시설설치지원사업	904,000	11	2	7	8	7	5	5	4
357	경기 남양주시	호평체육문화센터수영장천장시설개선공사	672,400	11	1	7	8	7	1	3	1

순번	시군구	지출명 (사업명)	2024예산 (단위: 천원/1년간)	민간이전 분류 (지방자치단체 세출예산 집행기준에 의거)	민간이전지출 근거 (지방보조금 관리기준 참고)	계약체결방법 (경쟁형태)	계약기간	낙찰자선정방법	운영예산 산정	정산방법	성과평가 실시여부
358	경기 남양주시	남양주도시공사민간대행사업비	562,772	11	4	5	5	7	1	1	2
359	경기 남양주시	남양주체육문화센터테니스장노후시설개보수	450,000	11	1	7	8	7	1	3	1
360	경기 남양주시	소상공인지원	400,000	11	6	7	7	7	1	1	2
361	경기 남양주시	에코랜드(소각잔재매립장)운영및관리	382,101	11	4	5	5	7	1	2	4
362	경기 남양주시	호평체육문화센터수영장천장시설개선공사	243,000	11	1	7	8	7	1	3	1
363	경기 남양주시	1/1수치지형도수정제작	175,000	11	8	7	8	7	5	5	4
364	경기 남양주시	청소년시설위탁운영	149,200	11	5	5	5	2	1	1	1
365	경기 남양주시	사업장대기오염방지시설유지관리지원사업	134,500	11	2	7	8	7	5	5	4
366	경기 남양주시	지방재정정보화시스템구축	101,229	11	1	5	1	7	2	2	4
367	경기 남양주시	어린이비전센터등운영	23,000	11	5	7	5	7	1	1	4
368	경기 남양주시	한강시민공원유지관리	20,000	11	8	7	8	7	1	1	4
369	경기 남양주시	별내자동클린넷및클린센터운영	15,000	11	4	5	5	7	1	2	4
370	경기 남양주시	남양주시청년창업센터(이석영신흥상회)운영	12,000	11	4	6	5	6	1	1	4
371	경기 남양주시	청소년시설위탁운영	10,000	11	5	5	5	2	1	1	1
372	경기 남양주시	어린이비전센터등운영	1,500	11	5	7	5	7	1	1	4
373	경기 군포시	(재)산업진흥원위탁사업비	631,880	11	4	7	7	7	1	1	4
374	경기 군포시	장애인의료비지급	99,320	11	2	5	8	7	1	5	4
375	경기 군포시	통합지방재정재해복구시스템구축사업	80,996	11	6	5	2	7	2	2	4
376	경기 군포시	수선유지급여	67,000	11	2	7	8	7	2	2	4
377	경기 군포시	폭염대비에너지복지지원사업	49,500	11	6	6	1	7	1	1	4
378	경기 군포시	부곡체육시설자본적위탁사업비	9,900	11	7	7	8	7	5	5	4
379	경기 군포시	군포도시공사운영	6,000	11	1	5	8	7	1	1	4
380	경기 군포시	특별교통수단운영	4,000	11	1	5	8	7	1	1	2
381	경기 의왕시	가스열펌프저감장치설치지원사업	437,850	11	5	7	8	7	5	5	4
382	경기 의왕시	골목상권지원	300,000	11	1	4	1	7	1	1	1
383	경기 의왕시	소규모사업장방지시설설치지원사업	167,000	11	5	7	8	7	5	5	4
384	경기 의왕시	의왕도시공사대행사업비(시설운영관리)	92,377	11	1	7	8	7	1	1	1
385	경기 의왕시	슬레이트처리지원	38,800	11	2	7	8	7	5	5	4
386	경기 의왕시	사업장대기방지시설유지관리지원사업	22,000	11	5	7	8	7	5	5	4
387	경기 하남시	대극장디머시스템교체공사	499,285	11	7	5	8	7	2	1	1
388	경기 하남시	4채널파워앰프교체	150,000	11	7	5	8	7	1	1	1
389	경기 하남시	하남종합운동장및선동체육시설운영물품구입	138,000	11	7	5	5	7	3	3	2
390	경기 하남시	풍산멀티스포츠센터운영물품구입	16,230	11	7	5	5	7	3	3	2
391	경기 용인시	역복2근린공원조성[부담금사업]	10,000,000	11	8	7	8	7	1	1	4
392	경기 용인시	용인도시계획도로소1676읍호개설[동천동고기2통마을회관~관음사업구]	5,000,000	11	1	5	8	7	1	3	3
393	경기 용인시	용인도시계획도로소169호개설[동천동말구리고개입구~고기동식당가입구]	3,800,000	11	1	5	8	7	1	3	3
394	경기 용인시	용인평온의숲위탁운영	1,469,250	11	4	1	3	1	1	1	4
395	경기 용인시	용인도시계획도로소374호개설	1,400,000	11	1	5	8	7	1	3	3
396	경기 용인시	동부지역여성복지회관건립	750,000	11	1,4	6	6	6	3	1	4
397	경기 용인시	슬레이트처리및지붕개량지원	487,400	11	2	5	2	2	1	1	4

순번	시군구	지출명 (사업명)	2024년예산 (단위 : 천원/1년간)	민간이전 분류 (지방자치단체 세출예산 집행기준에 의거) 1. 민간경상사업보조(307-02) 2. 민간단체 법정운영비보조(307-03) 3. 민간사업사업보조(307-04) 4. 민간위탁금(307-05) 5. 사회복지시설 법정운영비보조(307-10) 6. 민간위임교육비(307-12) 7. 공기관등에대한경상적위탁사업비(308-13) 8. 민간자본사업보조,자체재원(402-01) 9. 민간자본사업보조,이전재원(402-02) 10. 민간위탁사업비(402-03) 11. 공기관등에 대한 자본적 위탁사업비(403-02)	민간이전지출 근거 (지방보조금 관리기준 참고) 1. 법률에 규정 2. 국고보조 재원(국가지정) 3. 용도 지정 기부금 4. 조례에 직접규정 5. 지자체가 권장하는 사업을 하는 공공기관 6. 시,도 정책 및 재정사정 7. 기타 8. 해당없음	입찰방식			운영예산 산정		성과평가 실시여부
						계약체결방법 (경쟁형태) 1. 일반경쟁 2. 제한경쟁 3. 지명경쟁 4. 수의계약 5. 법정위탁 6. 기타 () 7. 없음	계약기간 1. 1년 2. 2년 3. 3년 4. 4년 5. 5년 6. 기타 ( )년 7. 단기계약 (1년미만) 8. 없음	낙찰자선정방법 1. 적격심사 2. 협상에의한계약 3. 최저가낙찰제 4. 규격가격분리 5. 2단계 경쟁입찰 6. 기타 ( ) 7. 없음	운영예산 산정 1. 내부산정 (지자체 자체적으로 산정) 2. 외부산정 (외부전문기관위탁 산정) 3. 내·외부 모두 산정 4. 산정 無 5. 없음	정산방법 1. 내부정산 (지자체 내부적으로 정산) 2. 외부정산 (외부전문기관위탁 정산) 3. 내·외부 모두 정산 4. 정산無 5. 없음	1. 실시 2. 미실시 3. 향후 추진 4. 해당없음
398	경기 용인시	소규모사업장방지시설설치지원사업	342,000	11	8	5	1	2	1	1	4
399	경기 용인시	용인실내체육관운영(시설관리위탁사업시설비등)	150,000	11	1	5	3	7	1	1	1
400	경기 용인시	용인미르스타디움운영(시설관리위탁사업시설비등)	81,000	11	1	5	3	7	1	1	1
401	경기 용인시	공공청소년수련시설이용활성화지원	66,000	11	7	5	8	7	1	1	1
402	경기 용인시	신재생에너지보급(주택지원)사업	60,000	11	6	7	8	7	5	5	4
403	경기 용인시	공영주차장및건인보관소운영(자본적위탁비)	42,000	11	1	7	8	7	1	1	4
404	경기 용인시	모현다목적복지회관운영	30,000	11	4	1	3	1	1	1	4
405	경기 용인시	LPG용기사용가구시설개선	22,500	11	2	7	8	7	5	5	4
406	경기 용인시	동부지역여성복지회관건립(국공립어린이집)	18,334	11	1,4	6	6	6	3	1	4
407	경기 용인시	남사스포츠센터운영(시설관리위탁사업시설비등)	12,975	11	1	5	3	7	1	1	1
408	경기 용인시	교통약자이동지원센터운영(자본적위탁비)	6,300	11	1,4	7	8	7	1	1	4
409	경기 용인시	공중화장실시설물관리	4,150	11	4	7	8	7	1	1	4
410	경기 용인시	경찰대체육시설운영(시설관리위탁사업시설비등)	550	11	1	5	3	7	1	1	1
411	경기 파주시	파주환경순환센터현대화사업	2,920,000	11	2	7	8	7	1	1	4
412	경기 파주시	소규모영세사업장대기방지시설	2,864,000	11	1,4	7	8	7	5	5	4
413	경기 파주시	파주환경순환센터현대화사업	2,700,000	11	2	7	8	7	1	1	4
414	경기 파주시	애룡호수힐링명소조성	1,250,000	11	1	7	8	7	5	5	4
415	경기 파주시	연풍지구농업기반시설조성	1,050,000	11	2	7	8	7	5	5	4
416	경기 파주시	마정지구대구획경지정리	834,400	11	6	7	8	7	5	5	4
417	경기 파주시	공릉관광지순환산책로조성	670,000	11	1	5	3	7	1	1	4
418	경기 파주시	슬레이트처리및개량	638,120	11	1	7	8	7	1	1	1
419	경기 파주시	기초생활보장주거현물급여	502,809	11	1	5	8	7	2	3	4
420	경기 파주시	문산어린이물놀이장운영	500,000	11	5	6	7	6	1	1	4
421	경기 파주시	가월지구대구획경지정리	400,000	11	6	7	8	7	5	5	4
422	경기 파주시	운정어린이물놀이장운영	370,000	11	5	6	7	6	1	1	4
423	경기 파주시	가스열펌프(GHP)냉난방기개조	283,500	11	1,4	7	8	7	5	5	4
424	경기 파주시	평화누리길기반시설보강	170,000	11	5	5	2	2	1	1	4
425	경기 파주시	대기방지시설유지관리	159,000	11	1,4	7	8	7	5	5	4
426	경기 파주시	관정유지관리	126,260	11	6	7	8	7	5	5	4
427	경기 파주시	대성동농업용수공급	110,000	11	6	7	8	7	5	5	4
428	경기 파주시	통합지방재정시스템재해복구시스템구축	101,229	11	1	7	7	7	2	5	4
429	경기 파주시	평화누리길유지관리위탁	100,000	11	7	7	7	7	1	1	4
430	경기 파주시	중소기업수질방지시설개선	70,000	11	1,4	7	8	7	5	5	4
431	경기 파주시	영농한해특별대책지원	64,000	11	6	7	8	7	5	5	4
432	경기 파주시	폭염대비에너지복지지원	60,500	11	5	5	1	2	5	5	4
433	경기 파주시	공공청소년수련시설이용활성화지원	60,000	11	6	7	8	7	1	1	4
434	경기 이천시	미래인재육성센터조성	11,990,000	11	6	6	6	7	3	3	2
435	경기 이천시	동부권광역자원회수시설증설사업	6,816,000	11	1	5	8	7	5	5	4
436	경기 이천시	송계하수관로설치사업	6,619,320	11	1	6	6	7	5	1	2
437	경기 이천시	장호원읍농촌중심지활성화사업(농촌협약)	4,833,000	11	1	5	5	7	1	1	3

순번	시설구분	시설명	2024년예산(총액: 천원/1인당)	인정기준 항목 (시설유지비 세부종류 등 인정여부) 1. 인정기준 및 세부종류 조정신청 (시설설치비 307-02) 2. 인건비 및 운영경비 (시설관리비 307-03) 3. 시설장비유지비(307-04) 4. 시설운영위탁비(307-05) 5. 시설재산 관리비 위탁(307-10) 6. 시설사업 운영관리비 위탁(308-12) 7. 중기자산취득비 및 부대비용(308-13) 8. 민간자본사업보조(402-01) 9. 민간자본사업보조(402-02) 10. 민간위탁사업비(402-03) 11. 공기업등에 대한 자본적사업지원(403-02)	계상방식 (단체협약)	단체협약비 인정방식 1. 고용 2. 기본지급 3. 휴업시 지급 4. 유급휴가 5. 제복제 6. 기타() 7. 없음 8. 없음	시설유지비내역 1. 전기 2. 수도 3. 가스 4. 수선비 5. 유류비 6. 기타() 7. 없음 8. 없음	운영비내역 1. 사무용품 2. 인쇄비 3. 차량유지비 4. 수수료 5. 소모품 6. 기타() 7. 없음	용역비내역 1. 위탁용역 2. 청소 3. 경비 4. 시설관리 5. 기타 6. 없음 7. 없음	사업비내역 1. 설계 2. 감리 3. 공사 (건설기술 용역 포함) 4. 기타() 5. 없음
438	설치이전설	다중이용수소시설공사용	3,044,300	11	1	6	6	7	5	1	2
439	설치이전설	청학공공복합시설건축공사(SK청학시스템공원)	3,000,000	11	1	7	5	7	2	2	1
440	설치이전설	쓰레기수집처리시설	3,000,000	11	8	7	8	7	3	3	4
441	설치이전설	중기(돌봄부문기관포함)신축설계시설공사	2,500,000	11	1	5	3	7	1	1	3
442	설치이전설	청년시설구축설계시설	2,307,000	11	7	8	7	2	4	3
443	설치이전설	이천시 청소용시설처리시설	2,212,000	11	2	5	7	1	1	2
444	설치이전설	성동지역보건의료시설공사	1,800,000	11	7	8	7	3	3	4
445	설치이전설	중기(돌봄부문기관시설공사)(중증장애인)	1,452,000	11	1	5	5	7	1	1	3
446	설치이전설	중기(돌봄부문기관시설공사)(중증장애인)	1,100,000	11	1	5	5	7	1	1	3
447	설치이전설	동물응급진료시설	1,014,400	11	7	8	7	2	4	3
448	설치이전설	중앙노인종합복지관개보수	825,600	11	2	7	7	1	1	3
449	설치이전설	여성회관리모델링공사	713,878	11	7	8	7	5	3	4
450	설치이전설	체육시설물보완정비유지관리공사	709,000	11	7	1	7	2	3	2
451	설치이전설	주요체육시설유지보수(시설보수)	680,000	11	5	8	7	1	1	4
452	설치이전설	청소년종합복지관시설(1단계)	643,000	11	6	6	7	5	1	2
453	설치이전설	청소년종합복지관시설(2단계)	483,000	11	6	6	7	5	1	2
454	설치이전설	공유시설(공용시설유지보수시공가설 등)	480,000	11	5	4	7	1	1	3
455	설치이전설	생활체육시설물운영관리	377,456	11	7	8	7	2	4	3
456	설치이전설	동작구장애인복지관개보수	333,000	11	7	8	7	2	4	3
457	설치이전설	운동장결로방지시설공사	264,000	11	7	8	7	2	4	3
458	설치이전설	공공강당시설물유지보수및관리용역	228,410	11	1	6	7	6	1	1	2
459	설치이전설	청년창업지원시설유지관리	225,000	11	1	6	6	7	5	1	2
460	설치이전설	자전거보관소(도로27개소)도시재건설기반공사	200,000	11	7	8	7	5	5	4
461	설치이전설	자전거대여시설(도로27개소)대형공사	200,000	11	7	8	7	5	5	4
462	설치이전설	이동원룸기차(공공주거)	200,000	11	5	3	7	2	2	4
463	설치이전설	이동원룸기차(공유주기)	200,000	11	5	3	7	2	2	4
464	설치이전설	이동원룸기차(공유주기)	150,000	11	5	3	7	2	2	4
465	설치이전설	이동원룸기차(공유주기)	150,000	11	5	3	7	2	2	4
466	설치이전설	이동원룸기차(공유주기)	150,000	11	1	5	3	7	2	2	4
467	설치이전설	이천시설유지관리비	143,000	11	1	6	6	7	5	1	2
468	설치이전설	동업건설공유수사업시설공사	100,000	11	7	7	8	7	5	5	4
469	설치이전설	동업건설공유수사업시설공사	91,107	11	1	7	1	7	2	2	4
470	설치이전설	설비설비관리수설비유통관리수	56,000	11	1	7	1	7	2	2	4
471	설치이전설	설비설비관리수설비유통관리유지관리	50,000	11	1	7	1	7	2	2	4
472	설치이전설	LPG응급지급가스설비유통관리공사	33,750	11	2	5	7	1	1	1	2
473	설치이전설	용업다중이용시설점검개선공사	16,500	11	5	5	7	1	1	1	4
474	설치이전설	지역주민복지중시설고도화시설강화운영	5,250	11	5	5	7	2	3	3	4
475	설치이전설	설비지방수운영시설계획공사	2,500,000	11	5	7	8	5	5	4
476	설치이전설	생활시설기타설공유선설기설	800,000	11	1	7	8	5	5	2
477	설치이전설	생활시설용품구매지급종합시설	101,229	11	7	1	7	2	2	2	4

순번	시군구	지출명(사업명)	2024년예산 (단위: 천원/1년간)	민간이전 분류	민간이전지출 근거	계약체결방법 (경쟁형태)	계약기간	낙찰자선정방법	운영예산 산정	정산방법	성과평가 실시여부
478	경기 시흥시	일반주택태양광설치지원사업	25,000	11	8	7	8	7	1	1	3
479	경기 안성시	소각시설확충	4,536,000	11	5	6	8	7	1	1	1
480	경기 안성시	안성공공하수도시설하수처리수재이용사업	4,286,000	11	2	5	6	7	2	1	2
481	경기 안성시	축산냄새제로형스마트무창축사지원	2,200,000	11	5	6	1	7	3	3	3
482	경기 안성시	축산농촌중심지활성화	2,156,000	11	5	5	6	7	3	3	1
483	경기 안성시	강화된냄새저감시설기준지원	2,000,000	11	5	6	1	7	3	3	3
484	경기 안성시	일죽기초생활거점조성	1,768,571	11	5	5	6	7	3	3	1
485	경기 안성시	승두천생태하천복원사업	1,700,000	11	1	5	4	6	1	1	4
486	경기 안성시	금복정맥국가생태문화탐방로조성	1,500,000	11	1	5	5	6	1	1	4
487	경기 안성시	대구획경지정리사업	1,242,080	11	8	7	8	7	5	5	4
488	경기 안성시	양돈농가약취측정지원관리	1,200,000	11	5	2	1	2	3	3	3
489	경기 안성시	슬레이트처리및개량지원사업	1,090,040	11	5	6	2	7	1	1	3
490	경기 안성시	로컬푸드직매장및가공센터건립	1,000,000	11	5	5	4	7	3	3	1
491	경기 안성시	삼죽기초생활거점조성사업	1,000,000	11	5	5	4	7	3	3	1
492	경기 안성시	영농한해특별대책지원사업(위탁)	572,000	11	8	7	8	7	5	5	4
493	경기 안성시	마을만들기(자율개발)사업	500,000	11	5	5	5	7	3	3	1
494	경기 안성시	농촌다움복원사업	500,000	11	5	5	5	7	3	3	1
495	경기 안성시	소규모영세사업장방지시설지원	454,000	11	2	5	1	7	1	1	3
496	경기 안성시	마전2리취약지역생활여건개조사업	454,000	11	5	5	5	7	3	3	1
497	경기 안성시	공공폐수처리시설설치지원	298,500	11	2	6	5	7	1	1	4
498	경기 안성시	기초주거급여수선유지급여	251,061	11	1	5	7	7	2	2	4
499	경기 안성시	지적재조사측량위탁비	215,611	11	1	5	5	7	5	5	1
500	경기 안성시	마둔저수지둘레길유지관리	150,000	11	8	7	8	7	5	5	4
501	경기 안성시	차세대지방재정구축부담금	91,107	11	1	5	1	7	2	2	4
502	경기 안성시	사솔마을취약지역생활여건개조사업	89,000	11	5	5	5	7	3	3	1
503	경기 안성시	주택용태양광보급사업	88,000	11	5	5	7	7	5	1	4
504	경기 안성시	수리시설정비사업(위탁)	80,000	11	8	7	8	7	5	5	4
505	경기 안성시	LPG용기사용가구시설개선	78,750	11	2	5	6	7	4	1	4
506	경기 안성시	대기오염방지시설유지보수	16,000	11	1	5	7	7	2	1	4
507	경기 안성시	소각시설확충(원인자부담금)	6,000	11	5	6	8	7	1	1	1
508	경기 여주시	슬레이트처리및개량지원	813,240	11	1	5	8	7	5	5	4
509	경기 여주시	수선유지급여	700,000	11	1	7	8	7	5	5	4
510	경기 여주시	소규모영세사업장방지시설지원사업	180,000	11	2	5	5	7	5	5	4
511	경기 여주시	수도권매립지폐기물반입처리	100,000	11	1	5	8	7	5	5	4
512	경기 여주시	신재생에너지주택지원사업	100,000	11	6	7	8	7	1	1	4
513	경기 여주시	가스열펌프(GHP)저감장치설치지원사업	73,500	11	2	7	8	7	5	5	4
514	경기 여주시	LPG용기사용가구시설개선사업	63,000	11	2	7	8	7	1	1	4
515	경기 여주시	폭염대비에너지복지지원사업	13,200	11	6	7	8	7	1	1	4
516	경기 화성시	매송면지원	10,816,578	11	4	7	4	7	1	1	2
517	경기 화성시	지역자율형사회서비스투자(지역사회서비스투자사업)	1,840,000	11	2	7	8	7	5	5	4

| 순번 | 시군구 | 지출명
(사업명) | 2024년예산
(단위 : 천원 /1년간) | 민간이전 분류
(지방자치단체 세출예산 집행기준에 의거)

1. 민간경상사업보조(307-02)
2. 민간단체 법정운영비보조(307-03)
3. 민간행사사업보조(307-04)
4. 민간위탁금(307-05)
5. 사회복지시설 법정운영비보조(307-10)
6. 민간위탁교육비(307-12)
7. 공기관등에대한경상적위탁사업비(308-13)
8. 민간자본사업보조,자체재원(402-01)
9. 민간자본사업보조,이전재원(402-02)
10. 민간위탁사업비(402-03)
11. 공기관등에 대한 자본적 위탁사업비(403-02) | 민간이전지출 근거
(지방보조금 관리기준 참고)

1. 법률에 규정
2. 국고보조 재원(국가지정)
3. 용도 지정 기부금
4. 조례에 직접규정
5. 지자체가 권장하는 사업을 하는 공공기관
6. 시,도 정책 및 재정사정
7. 기타
8. 해당없음 | 입찰방식 | | | 운영예산 산정 | | 성과평가
실시여부 |
						계약체결방법 (경정형태) 1. 일반경쟁 2. 제한경쟁 3. 지명경쟁 4. 수의계약 5. 법정위탁 6. 기타 ( ) 7. 없음	계약기간 1. 1년 2. 2년 3. 3년 4. 4년 5. 5년 6. 기타 ( )년 7. 단기계약 (1년미만) 8. 없음	낙찰자선정방법 1. 적격심사 2. 협상에의한계약 3. 최저가낙찰제 4. 규격가격분리 5. 2단계 경쟁입찰 6. 기타 ( ) 7. 없음	운영예산 산정 1. 내부산정 (지자체 자체적으로 산정) 2. 외부산정 (외부전문기관위탁 산정) 3. 내·외부 모두 산정 4. 산정 無 5. 없음	정산방법 1. 내부정산 (지자체 내부적으로 정산) 2. 외부정산 (외부전문기관위탁 정산) 3. 내·외부 모두 산정 4. 정산 無 5. 없음	1. 실시 2. 미실시 3. 향후 추진 4. 해당없음
518	경기 화성시	소규모사업장방지시서설치지원	1,507,000	11	2	6	1	7	1	1	4
519	경기 화성시	주택지원사업	330,000	11	5	7	8	7	5	1	1
520	경기 화성시	청소년성문화센터운영(자체)	313,332	11	8	7	8	7	1	2	4
521	경기 화성시	청소년성문화센터운영	171,192	11	2	7	8	7	2	2	4
522	경기 화성시	화성함배산추모공원운영	132,160	11	4	7	3	7	1	2	2
523	경기 화성시	그린환경센터내주민편익시설위탁운영	81,085	11	4	1	3	2	1	1	1
524	경기 화성시	공공청소년수련시설이용활성화	78,000	11	6	7	7	7	1	1	4
525	경기 화성시	화성시버스공영제추진(자본적위탁사업비)	59,400	11	4	5	2	2	1	1	1
526	경기 화성시	공영주차장위탁운영	35,000	11	2	7	8	7	3	1	1
527	경기 화성시	지역자율형사회서비스투자(청년마음건강지원)	34,660	11	1	7	8	7	5	5	4
528	경기 화성시	축사전기안전진단	12,000	11	6	7	8	7	1	1	4
529	경기 광주시	소규모사업장방지시설지원사업	4,547,450	11	2	7	8	7	1	1	4
530	경기 광주시	기록관리시스템백업시스템구축및HW.SW교체	383,333	11	1	5	1	7	3	2	4
531	경기 광주시	공공도서관위탁운영(자본적위탁사업비)	90,000	11	4	7	6	7	1	1	3
532	경기 광주시	사업장대기방지시설유지관리지원사업	81,500	11	2	7	8	7	1	1	4
533	경기 양주시	소규모사업장방지시설설치지원사업	3,165,000	11	5	6	1	7	1	1	1
534	경기 양주시	장애인복지택시운영	2,893,186	11	6	5	8	7	1	1	1
535	경기 양주시	경기도공공버스운영지원	1,825,162	11	1	5	8	7	5	5	4
536	경기 양주시	마을단위LPG소형저장탱크보급사업	1,322,775	11	1	7	8	7	1	1	4
537	경기 양주시	은남일반산업단지조성사업	1,133,000	11	7	7	8	7	1	1	3
538	경기 양주시	대광위광역버스준공영제운영지원	974,517	11	1	5	8	7	5	5	4
539	경기 양주시	주거급여	631,010	11	2	7	8	7	5	5	4
540	경기 양주시	영농대비한해특별대책지원사업	565,000	11	6	5	1	7	1	1	4
541	경기 양주시	기산저수지개발사업	450,000	11	1,6	5	8	7	1	1	3
542	경기 양주시	양주은남일반산업단지진입도로조성사업	396,132	11	6	7	8	7	1	1	3
543	경기 양주시	양주은남일반산업단지폐수연계처리사업	344,000	11	2	7	8	7	2	1	3
544	경기 양주시	알뜰교통카드연계마일리지지원	335,220	11	1	5	8	7	5	5	4
545	경기 양주시	가스열펌프(GHP)저감장치설치지원사업	315,000	11	5	7	8	7	5	5	4
546	경기 양주시	소상공인경영환경개선사업	300,000	11	5	7	8	7	1	1	4
547	경기 양주시	교통약자이동지원운영비	275,500	11	2	5	8	7	1	1	1
548	경기 양주시	경기양주테크노밸리조성사업	212,760	11	7	7	8	7	1	1	3
549	경기 양주시	양주은남일반산업단지폐수연계처리사업	200,000	11	6	7	8	7	1	1	3
550	경기 양주시	중소대기배출사업장연료전환지원사업	180,000	11	5	6	1	7	1	1	4
551	경기 양주시	신재생에너지주택(건물)지원사업	179,000	11	5	6	1	7	1	1	1
552	경기 양주시	통합지방재정시스템운영관리	127,116	11	1	5	1	7	2	3	4
553	경기 양주시	경기도광역버스심야연장운행확대사업	107,237	11	1	5	8	7	5	5	4
554	경기 양주시	통합지방재정시스템재해복구시스템구축비자치단체부담금	91,107	11	1	5	1	7	2	3	4
555	경기 양주시	양주도시공사운영	84,751	11	5	7	8	7	5	5	4
556	경기 양주시	수요응답형버스(DRT)통합정산및CS센터운영	75,754	11	1	5	8	7	1	1	4
557	경기 양주시	전력시설물안전관리	60,000	11	2	7	8	7	2	1	4

순번	시군구	지출명 (사업명)	2024년예산 (단위: 천원/1년간)	민간이전 분류 (지방자치단체 세출예산 집행기준에 의거) 1. 민간경상사업보조(307-02) 2. 민간단체 법정운영비보조(307-03) 3. 민간행사사업보조(307-04) 4. 민간위탁금(307-05) 5. 사회복지시설 법정운영비보조(307-10) 6. 민간위탁교육비(307-12) 7. 공기관에대한경상적위탁사업비(308-13) 8. 민간자본사업보조,자체재원(402-01) 9. 민간자본사업보조,이전재원(402-02) 10. 민간위탁사업비(402-03) 11. 공기관에 대한 자본적 위탁사업비(403-02)	민간이전지출 근거 (지방보조금 관리기준 참고) 1. 법률에 규정 2. 국고보조 재원(국가지정) 3. 용도 지정 기부금 4. 조례에 직접규정 5. 지자체가 권장하는 사업을 하는 공공기관 6. 시,도 정책 및 재정사정 7. 기타 8. 해당없음	입찰방식			운영예산 산정		성과평가 실시여부
						계약체결방법 (경쟁형태) 1. 일반경쟁 2. 제한경쟁 3. 지명경쟁 4. 수의계약 5. 법정위탁 6. 기타 ( ) 7. 없음	계약기간 1. 1년 2. 2년 3. 3년 4. 4년 5. 5년 6. 기타( )년 7. 단가계약 (1년미만) 8. 없음	낙찰자선정방법 1. 적격심사 2. 협상에의한계약 3. 최저가낙찰제 4. 규격가격분리 5. 2단계 경쟁입찰 6. 기타 ( ) 7. 없음	운영예산 산정 1. 내부산정 (지자체 자체적으로 산정) 2. 외부산정 (외부전문기관위탁 산정) 3. 내·외부 모두 산정 4. 산정 無 5. 없음	정산방법 1. 내부정산 (지자체 내부적으로 정산) 2. 외부정산 (외부전문기관 정산) 3. 내·외부 모두 산정 4. 정산 無 5. 없음	1. 실시 2. 미실시 3. 향후 추진 4. 해당없음
558	경기 양주시	자연순환활성화지원사업	56,250	11	6	7	8	7	1	1	4
559	경기 양주시	청백e시스템유지보수비	14,092	11	4	7	8	7	5	5	4
560	경기 양주시	양주도시공사운영	13,296	11	4	7	5	7	3	1	4
561	경기 연천군	주거급여(국비)	2,951,250	11	2	7	8	7	5	5	4
562	경기 연천군	지표수보강개발(균특)	950,000	11	5	7	8	7	5	5	4
563	경기 연천군	용배수로정비사업(자체)	300,000	11	5	7	8	7	1	1	4
564	경기 연천군	평화누리길기반시설보강사업(자전거)	178,128	11	7	7	8	7	1	1	4
565	경기 연천군	아미양수장유지관리사업	140,000	11	5	7	8	7	1	1	4
566	경기 연천군	평화누리길기반시설보강사업(도보)	138,940	11	7	7	8	7	1	1	4
567	경기 연천군	소규모사업장방지시설지원(국비)	122,000	11	2	5	1	7	1	1	4
568	경기 연천군	영농대비한해특별대책지원사업(자체)	117,246	11	5	7	8	7	1	1	4
569	경기 연천군	관광마케팅및콘텐츠구축사업(연천군주요관광지PPL사업)	100,000	11	7	7	8	7	1	1	4
570	경기 연천군	영농대비한해특별대책지원사업	72,000	11	5	7	8	7	5	5	4
571	경기 연천군	경기북부중소기업환경개선지원사업	70,000	11	6	7	1	7	5	1	4
572	경기 연천군	중소기업기술및마케팅지원(도직집지원)	62,000	11	4	5	1	7	5	5	4
573	경기 연천군	뿌리기업경쟁력강화지원사업	60,000	11	4	5	1	7	5	5	4
574	경기 연천군	지식재산창출지원사업(국가직접지원)	50,000	11	4	5	1	7	5	5	4
575	경기 연천군	폭염대비에너지복지지원사업	38,500	11	6	5	1	7	3	3	4
576	경기 연천군	사업장대기방지시설유지관리지원사업	31,000	11	6	5	1	7	5	1	4
577	경기 연천군	연천군국내외조달등록지원사업	30,000	11	4	5	1	7	5	5	4
578	경기 연천군	청백e시스템유지보수비	12,510	11	6	1	6	1	2	2	1
579	경기 연천군	관광마케팅및콘텐츠구축사업(평화누리길관광홍보팸투어)	10,000	11	7	7	8	7	1	1	4
580	경기 연천군	해외시장개척지원	8,000	11	4	5	1	7	5	5	4
581	경기 연천군	아동급식지원플랫폼배달비지원(신규)	1,152	11	4	7	8	7	5	5	4
582	경기 연천군	농업기술센터광고료	550	11	8	7	8	7	5	5	4
583	경기 가평군	봉수소규모공공하수처리시설설치사업	7,357,660	11	2	5	8	2	3	1	1
584	경기 가평군	청평,설악하수관로정비사업	1,906,000	11	2	5	8	2	3	1	1
585	경기 가평군	현리,산유하수관로정비사업	1,854,000	11	2	5	8	2	3	1	1
586	경기 가평군	북면하수관로정비사업(2단계)	1,800,000	11	2	5	8	2	3	1	1
587	경기 가평군	설악면하수관로정비사업	833,000	11	2	5	8	2	3	1	1
588	경기 가평군	북면,설악면,상면노후관로정비사업	817,000	11	2	5	8	2	3	1	1
589	경기 가평군	운악,상판하수관로정비사업	694,000	11	2	5	8	2	3	1	1
590	경기 가평군	청평면노후하수관로정비사업	656,000	11	2	5	8	2	3	1	1
591	경기 가평군	조종면기초생활거점조성	617,000	11	1	5	4	7	2	2	3
592	경기 가평군	슬레이트처리및지붕개량지원사업	592,000	11	2	7	8	7	5	5	4
593	경기 가평군	가평읍하수관로정비사업	540,000	11	2	5	8	2	3	1	1
594	경기 가평군	가평읍중심지활성화사업	266,384	11	1	5	6	7	2	2	3
595	경기 가평군	마을만들기사업	200,000	11	1	5	3	7	2	2	3
596	경기 가평군	대형관정영향조사및사후관리	126,000	11	1	7	8	7	5	5	4
597	경기 가평군	중소기업노후생산시설현대화지원	120,000	11	6	5	1	7	3	3	4

순번	시군구	지출명 (사업명)	2024년예산 (단위: 천원 /1년간)	민간이전 분류 (지방자치단체 세출예산 집행기준에 의거)	민간이전지출 근거 (지방보조금 관리기준 참고)	입찰방식			운영예산 산정		성과평가 실시여부
				1. 민간경상사업보조(307-02) 2. 민간단체 법정운영비보조(307-03) 3. 민간행사사업보조(307-04) 4. 민간위탁금(307-05) 5. 사회복지시설 법정운영비보조(307-10) 6. 민간인위탁교육비(307-12) 7. 공기관등에대한경상적위탁사업금(308-13) 8. 민간자본사업보조,자체재원(402-01) 9. 민간자본사업보조,이전재원(402-02) 10. 민간위탁사업비(402-03) 11. 공기관등에 대한 자본적 위탁사업비(403-02)	1. 법률에 규정 2. 국고조 재원(국가지정) 3. 용도 지정 기부금 4. 조례에 직접규정 5. 지자체가 권장하는 사업을 하는 공공기관 6. 시,도 정책 및 재정사정 7. 기타 8. 해당없음	계약체결방법 (경쟁형태) 1. 일반경쟁 2. 제한경쟁 3. 지명경쟁 4. 수의계약 5. 법정위탁 6. 기타 ( ) 7. 없음	계약기간 1. 1년 2. 2년 3. 3년 4. 4년 5. 5년 6. 기타 ( )년 7. 단기계약 (1년미만) 8. 없음	낙찰자선정방법 1. 적격심사 2. 협상에의한계약 3. 최저가낙찰제 4. 규격가격분리 5. 2단계 경쟁입찰 6. 기타 ( ) 7. 없음	운영예산 산정 1. 내부산정 (지자체 자체적으로 산정) 2. 외부산정 (외부전문기관위탁 산정) 3. 내·외부 모두 산정 4. 산정 無 5. 없음	정산방법 1. 내부정산 (지자체 내부적으로 정산) 2. 외부정산 (외부전문기관위탁 정산) 3. 내·외부 모두 산정 4. 정산 無 5. 없음	1. 실시 2. 미실시 3. 향후 추진 4. 해당없음
598	경기 가평군	통합지방재정재해복구시스템구축분담금	70,878	11	1	7	1	7	2	5	4
599	경기 가평군	농업용공공관정관리기반구축및노후관정정비사업	50,000	11	1	7	8	7	5	5	4
600	경기 가평군	LPG용기사용가구시설개선사업	6,750	11	2	7	8	7	5	5	4
601	경기 양평군	지역자율형사회서비스투자사업	467,142	11	2	5	8	7	1	1	4
602	경기 양평군	농업용공공관정관리기반구축및노후관정정비사업	168,000	11	5	4	1	7	1	1	1
603	경기 양평군	소규모대기배출사업장방지시설설치지원사업	124,000	11	1	7	1	7	3	3	1
604	경기 양평군	지방재정관리시스템재해복구시스템구축	80,996	11	5	7	8	7	5	5	4
605	경기 양평군	가스열펌프냉난방기개조지원사업	44,100	11	1	7	8	7	5	5	4
606	경기 양평군	해외시장개척단	40,000	11	4	5	3	7	1	1	4
607	경기 양평군	청년마음건강지원사업	9,460	11	2	5	8	7	1	1	4
608	인천 중구	지적재조사측량수수료	23,958	11	2	5	1	7	5	5	1
609	인천 동구	수선유지급여	633,915	11	1	7	8	7	5	5	4
610	인천 동구	첫만남이용권지급	488,000	11	2	7	8	7	5	5	4
611	인천 동구	희귀질환자의료비지원	104,872	11	1	5	8	7	5	5	4
612	인천 동구	재해복구시스템구축비	60,749	11	1	7	8	7	2	2	4
613	인천 동구	장애인의료비지원	50,436	11	1	7	8	7	1	1	2
614	인천 동구	청백e시스템운영지원및유지보수	12,510	11	8	7	8	7	5	5	4
615	인천 미추홀구	미추홀구시설관리공단운영내실화	50,587	11	5	7	8	7	1	1	1
616	인천 미추홀구	시설관리공단자본적위탁사업비(구청사관리)	4,790	11	7	7	8	7	1	1	4
617	인천 연수구	국가암검진사업	510,136	11	2	7	8	7	5	5	4
618	인천 연수구	희귀질환자의료비지원	300,920	11	2	7	8	7	5	5	4
619	인천 연수구	재정관리시스템운영	80,996	11	8	7	8	7	5	5	4
620	인천 연수구	빈집실태조사	65,415	11	1	7	8	7	5	5	4
621	인천 연수구	데이터기반행정인프라구축	55,000	11	5	5	1	7	1	1	2
622	인천 연수구	의료급여수급권자일반건강검진사업	47,950	11	2	7	8	7	5	5	4
623	인천 연수구	시설안전관리공단운영경비	40,439	11	1	7	8	7	1	1	4
624	인천 연수구	지적재조사사업	32,670	11	2	5	1	6	5	1	4
625	인천 연수구	연수구시설안전관리공단공원·녹지대행사업비	16,855	11	5	5	8	7	1	1	1
626	인천 연수구	구청사시설물관리	9,080	11	5	7	8	7	1	1	4
627	인천 연수구	부랑인지원	4,400	11	4	7	8	7	1	1	4
628	인천 연수구	시설안전관리공단운영	3,280	11	5	7	8	7	1	1	4
629	인천 연수구	불법주정차건인보관소운영	2,046	11	1	7	8	7	1	1	4
630	인천 연수구	종량제봉투관리사업공단대행사업비	1,500	11	5	5	8	7	1	1	1
631	인천 연수구	공영주차장유지보수및관리	200	11	4	5	8	7	1	1	4
632	인천 남동구	수선유지급여	1,600,000	11	1	5	1	7	5	5	4
633	인천 남동구	도시관리공단위탁사업비(공영주차장)	112,020	11	4	7	8	7	1	1	4
634	인천 남동구	도시관리공단위탁사업비(서창어울마당)	98,530	11	1	5	2	7	1	1	4
635	인천 남동구	통합지방재정관리시스템재해복구시스템구축	91,107	11	5	7	8	7	2	2	4
636	인천 남동구	도시관리공단위탁사업비(공단본부)	89,693	11	4	7	8	7	1	1	4
637	인천 남동구	도시관리공단위탁사업비(남동국민체육센터)	50,550	11	1	5	2	7	1	1	4

순번	시군구	지출명 (사업명)	2024년예산 (단위 : 천원 /1년간)	민간이전 분류 (지방자치단체 세출예산 집행기준에 의거) 1. 민간경상사업보조(307-02) 2. 민간단체 법정운영비보조(307-03) 3. 민간행사사업보조(307-04) 4. 민간위탁금(307-05) 5. 사회복지시설 법정운영비보조(307-10) 6. 민간위탁교육비(307-12) 7. 공기관등에대한경상적위탁사업비(308-13) 8. 민간자본사업보조,자체재원(402-01) 9. 민간자본보조,이전재원(402-02) 10. 민간위탁사업비(402-03) 11. 공기관등에 대한 자본적 위탁사업비(403-02)	민간이전지출 근거 (지방보조금 관리기준 참고) 1. 법률에 규정 2. 국고보조 재원(국가지정) 3. 용도 지정 기부금 4. 조례에 직접규정 5. 지자체가 권장하는 사업을 하는 공공기관 6. 시,도 정책 및 재정사정 7. 기타 8. 해당없음	입찰방식 계약체결방법 (경쟁형태) 1. 일반경쟁 2. 제한경쟁 3. 지명경쟁 4. 수의계약 5. 법정위탁 6. 기타 ( ) 7. 없음	계약기간 1. 1년 2. 2년 3. 3년 4. 4년 5. 5년 6. 기타 ( )년 7. 단기계약 (1년미만) 8. 없음	낙찰자선정방법 1. 적격심사 2. 협상에의한계약 3. 최저가낙찰제 4. 규격가격분리 5. 2단계 경쟁입찰 6. 기타 ( ) 7. 없음	운영예산 산정 1. 내부산정 (지자체 자체적으로 산정) 2. 외부산정 (외부전문기관위탁 산정) 3. 내·외부 모두 산정 4. 산정 無 5. 없음	정산방법 1. 내부정산 (지자체 내부적으로 정산) 2. 외부정산 (외부전문기관위탁 정산) 3. 내·외부 모두 정산 4. 정산 無 5. 없음	성과평가 실시여부 1. 실시 2. 미실시 3. 향후 추진 4. 해당없음
638	인천 남동구	도시관리공단위탁사업비(현수막게시대운영)	36,000	11	4	5	3	7	1	1	3
639	인천 남동구	도시관리공단위탁사업비(해수공급시설)	25,580	11	4	5	8	7	1	1	1
640	인천 남동구	남동문화재단위탁사업비(남동소래아트홀)	16,500	11	1	4	5	7	1	1	1
641	인천 남동구	병의원접촉자검진사업위탁	5,000	11	1	7	8	7	5	1	4
642	인천 남동구	도시관리공단위탁사업비(공영자전거대여소)자본적위탁사업비	3,000	11	4	5	1	7	3	3	4
643	인천 남동구	도시관리공단위탁사업비(쓰레기봉투판매)	1,500	11	4	5	8	7	1	1	2
644	인천 남동구	도시관리공단위탁사업비(구청사등)	1,240	11	4	7	3	7	1	1	1
645	인천 남동구	도시관리공단위탁사업비(구청부설주차장)	600	11	4	5	8	7	1	1	1
646	인천 부평구	공공도서관자본적지급	295,058	11	1	5	5	7	1	1	4
647	인천 부평구	부평아트센터자본적지출	123,083	11	1	4	5	7	1	1	4
648	인천 부평구	청소년수련관시설비등	49,138	11	1,4	5	2	7	1	1	4
649	인천 부평구	공영주차장대행사업비자본적지출	29,590	11	4	5	8	7	1	1	4
650	인천 부평구	남부체육센터자본적지출	20,729	11	7	6	5	2	5	1	1
651	인천 부평구	공원관리대행사업자본적지출	18,916	11	4	5	8	7	1	1	4
652	인천 부평구	U도서관서비스자본적지출	15,000	11	1	5	5	7	1	1	4
653	인천 부평구	부평국민체육센터자본적지출	9,762	11	7	6	5	2	5	1	1
654	인천 부평구	다목적실내체육관자본적지출	4,500	11	7	6	5	2	5	1	1
655	인천 부평구	견인보관소대행사업자본적지출	2,850	11	4	5	8	7	1	1	4
656	인천 부평구	시설관리공단대행사업자본적지출	2,500	11	4	5	8	7	1	4	4
657	인천 부평구	청사관리자본적지출	708	11	4	5	8	7	1	1	4
658	인천 부평구	어울림센터자본적지출	604	11	4	5	8	7	1	1	4
659	인천 계양구	첫만남이용권	2,326,000	11	1	7	8	7	1	1	4
660	인천 계양구	구립도서관운영	100,000	11	5	7	8	7	1	1	4
661	인천 계양구	중소기업경쟁력강화	26,000	11	4	7	8	7	3	2	2
662	인천 계양구	해외전시회참가	25,000	11	4	7	8	7	3	2	2
663	인천 계양구	무역사절단개최	15,000	11	4	7	8	7	3	2	2
664	인천 계양구	LPG용기사용가구시설개선사업	11,250	11	1	5	1	2	2	1	2
665	인천 계양구	시설관리공단운영지원	5,523	11	4	7	8	7	1	1	4
666	인천 계양구	구청사관리운영위탁금	4,583	11	5	5	6	7	1	1	1
667	인천 계양구	청소년수련시설운영지원	1,653	11	7	7	8	7	1	1	1
668	인천 계양구	사회복지회관운영	1,127	11	7	7	8	7	5	5	4
669	인천 서구	주거급여(수선유지급여)	1,021,884	11	1	5	1	7	1	1	1
670	인천 서구	특수상황지역개발(세어도도선건조)	337,500	11	5	6	3	7	1	1	4
671	인천 서구	구립도서관위탁운영	293,472	11	4	5	8	7	1	1	1
672	인천 서구	시설관리공단위탁대행사업비(자본적경비)	121,023	11	1	7	8	7	1	1	4
673	인천 서구	시설관리공단위탁사업비(공단본부)	100,402	11	1	5	8	7	1	1	4
674	인천 서구	불로문화체육센터위탁관리	75,343	11	1,4	4	3	2	1	1	3
675	인천 서구	구립장애인직업재활시설위탁운영대행사업	44,272	11	1	5	8	7	1	1	1
676	인천 서구	검단복지회관위탁관리	41,526	11	6	5	8	7	1	1	4
677	인천 서구	공영주차장위탁대행사업	38,803	11	1	5	8	7	5	1	4

순번	시군구	지출명 (사업명)	2024년예산 (단위 : 천원 /1년간)	민간이전 분류 (지방자치단체 세출예산 집행기준에 의거)	민간이전지출 근거 (지방보조금 관리기준 참고)	입찰방식			운영예산 산정		성과평가 실시여부
						계약체결방법 (경쟁형태)	계약기간	낙찰자선정방법	운영예산 산정	정산방법	
678	인천 서구	문화시설위탁관리	34,056	11	1,4	7	8	7	1	1	1
679	인천 서구	검단공공하수처리장편익시설위탁관리	30,834	11	1,4	4	3	2	1	1	3
680	인천 서구	서구실내게이트볼장위탁관리	16,399	11	1,4	4	8	2	1	1	1
681	인천 서구	서구청소년센터운영	16,100	11	1	4	5	7	5	1	1
682	인천 서구	공원위탁관리	11,488	11	4	7	8	7	1	1	4
683	인천 서구	원당문화체육센터위탁관리	9,820	11	1,4	4	3	2	1	1	3
684	인천 서구	고향사랑기부종합정보시스템유지관리및운영	9,467	11	1	7	8	7	2	2	4
685	인천 서구	청라복합문화센터위탁관리	9,163	11	1,4	4	8	2	1	1	1
686	인천 서구	보건소청사관리	7,773	11	1	7	8	7	5	5	1
687	인천 서구	화물자동차공영차고지위탁운영	5,410	11	1	4	8	7	4	1	2
688	인천 서구	검단청소년센터운영	1,900	11	1	4	5	7	5	1	1
689	인천 서구	서구국민체육위탁관리	1,250	11	1,4	4	8	2	1	1	1
690	인천 서구	구립예술단위탁운영	1,000	11	1,4	7	8	7	1	1	1
691	인천 서구	연희청소년센터운영	1,000	11	1	4	5	7	5	1	1
692	인천 서구	가좌청소년센터운영	800	11	1	4	5	7	5	1	1
693	인천 강화군	면단위하수처리장설치(상방마을하수처리장정비사업)	8,239,823	11	1	7	8	7	5	5	4
694	인천 강화군	농어촌마을하수도정비(내가마을하수도정비사업)	5,936,323	11	1	7	8	7	5	5	4
695	인천 강화군	외포권역어촌뉴딜사업	5,498,760	11	2	5	3	7	5	1	1
696	인천 강화군	농어촌마을하수도정비(주문마을하수도정비사업)	3,531,168	11	1	7	8	7	5	5	4
697	인천 강화군	하수처리장확충사업(온수하수처리장증설사업)	1,635,000	11	1	7	8	7	5	5	4
698	인천 강화군	불음농어촌마을하수도정비공사	1,300,000	11	1	7	8	7	5	5	4
699	인천 강화군	장곶항어촌신활력증진사업	998,619	11	1	5	3	7	5	1	3
700	인천 강화군	주거급여	900,212	11	1	7	8	7	1	1	1
701	인천 강화군	주거급여	900,212	11	1	4	1	7	1	1	1
702	인천 강화군	농어촌마을하수도정비(석모마을하수도정비사업)	727,423	11	1	7	8	7	5	5	4
703	인천 강화군	유해해양생물(갯끈풀)제거및관리	714,286	11	2	5	7	7	5	1	1
704	인천 강화군	온수하수관로정비사업	667,000	11	1	7	8	7	5	5	4
705	인천 강화군	한해대책사업	600,000	11	1	7	8	7	1	1	1
706	인천 강화군	특수상황지역개발(교동지구농업용수공급)	500,000	11	1	7	8	7	1	1	1
707	인천 강화군	농어촌마을하수도정비(망월마을하수도정비사업)	494,500	11	1	7	8	7	5	5	4
708	인천 강화군	농어촌마을하수도정비(교동(증설)마을하수도정비사업)	441,000	11	1	7	8	7	5	5	4
709	인천 강화군	농어촌마을하수도정비(매음마을하수도정비사업)	410,000	11	1	7	8	7	5	5	4
710	인천 강화군	군청사환경관리위탁운영	260,467	11	1,4	7	8	7	1	1	3
711	인천 강화군	교동면난정리도서특성화사업주민역량강화교육	200,000	11	2	7	8	7	5	2	4
712	인천 강화군	노인문화센터운영지원	95,720	11	1	5	8	7	1	1	1
713	인천 강화군	덕산국민여가캠핑장관리	92,000	11	4	4	5	7	1	1	1
714	인천 강화군	강화해누리공원운영	86,600	11	1	4	8	7	1	1	1
715	인천 강화군	통합지방재정재해복구시스템구축	70,878	11	1	5	1	7	2	2	4
716	인천 강화군	석모도휴양림위탁운영	69,900	11	5	4	5	7	1	1	4
717	인천 강화군	평화빌리지운영및관리	58,320	11	4	4	5	7	1	1	4

순번	시군구	지출명 (사업명)	2024년예산 (단위 : 천원/1년간)	민간이전 분류 (지방자치단체 세출예산 집행기준에 의거) 1. 민간경상사업보조(307-02) 2. 민간단체 법정운영비보조(307-03) 3. 민간행사사업보조(307-04) 4. 민간위탁금(307-05) 5. 사회복지시설 법정운영비보조(307-10) 6. 민간위탁교육비(307-12) 7. 공기관등에대한경상적위탁사업비(308-13) 8. 민간자본사업보조,자체재원(402-01) 9. 민간자본사업보조,이전재원(402-02) 10. 민간위탁사업비(402-03) 11. 공기관등에 대한 자본적 위탁사업비(403-02)	민간이전지출 근거 (지방보조금 관리기준 참고) 1. 법률에 규정 2. 국고보조 재원(국가지정) 3. 용도 지정 기부금 4. 조례에 직접규정 5. 지자체가 권장하는 사업을 하는 공공기관 6. 시,도 정책 및 재정사정 7. 기타 8. 해당없음	입찰방식			운영예산 산정		성과평가 실시여부
						계약체결방법 (경쟁형태) 1. 일반경쟁 2. 제한경쟁 3. 지명경쟁 4. 수의계약 5. 법정위탁 6. 기타 ( ) 7. 없음	계약기간 1. 1년 2. 2년 3. 3년 4. 4년 5. 5년 6. 기타 ( )년 7. 단기계약 (1년미만) 8. 없음	낙찰자선정방법 1. 적격심사 2. 협상에의한계약 3. 최저가낙찰제 4. 규격가격분리 5. 2단계 경쟁입찰 6. 기타 ( ) 7. 없음	운영예산 산정 1. 내부산정 (지자체 자체적으로 산정) 2. 외부산정 (외부전문기관위탁 산정) 3. 내·외부 모두 산정 4. 산정 無 5. 없음	정산방법 1. 내부정산 (지자체 내부적으로 정산) 2. 외부정산 (외부전문기관위탁 정산) 3. 내·외부 모두 산정 4. 정산 無 5. 없음	1. 실시 2. 미실시 3. 향후 추진 4. 해당없음
718	인천 강화군	미네랄온천위탁운영	55,680	11	4	7	8	7	1	1	3
719	인천 강화군	강화문예회관운영	50,800	11	4	4	5	7	1	1	4
720	인천 강화군	박물관시설유지관리	42,950	11	1	5	5	7	1	1	1
721	인천 강화군	강화군함상공원운영관리	42,380	11	4	4	5	7	1	1	4
722	인천 강화군	마니산관광지관리	42,200	11	4	4	5	7	1	1	4
723	인천 강화군	평화전망대관리	35,000	11	4	4	5	7	1	1	4
724	인천 강화군	강화군행복센터운영	31,500	11	1	4	5	7	3	1	4
725	인천 강화군	화문석문화관위탁운영	30,500	11	4	5	8	7	1	1	4
726	인천 강화군	청소년수련시설운영	26,352	11	4	4	5	7	1	1	4
727	인천 강화군	전적지관리	24,310	11	4	4	5	7	1	1	4
728	인천 강화군	함허동천야영장관리	23,700	11	4	4	5	7	1	1	4
729	인천 강화군	해변안전관리	18,000	11	4	4	5	7	1	1	4
730	인천 강화군	군립키즈카페운영	15,000	11	4	5	1	7	1	1	4
731	인천 강화군	강화문화원주차장운영지원	11,000	11	4	4	5	7	1	1	4
732	인천 강화군	강화기독교역사기념관운영	1,300	11	4	4	5	7	1	1	4
733	인천 강화군	실감형문화콘텐츠체험관운영	1,050	11	4	4	5	7	1	1	4
734	인천 강화군	소창체험관운영	600	11	4	4	5	7	1	1	4
735	인천 강화군	강화전쟁박물관운영관리	300	11	1	5	5	7	1	1	1
736	인천 옹진군	접경지역생활기반시설(LPG)구축사업	15,400,000	11	2	7	8	7	1	2	4
737	인천 옹진군	하수도의설치및관리(농어촌마을하수도정비)(서내)	9,154,813	11	1	1	2	6	1	1	3
738	인천 옹진군	하수도의설치및관리(농어촌마을하수도정비)(승봉)	7,032,666	11	1	1	2	6	1	1	3
739	인천 옹진군	하수도의설치및관리(농어촌마을하수도정비)(시도)	6,709,077	11	1	1	2	6	1	1	3
740	인천 옹진군	하수도의설치및관리(농어촌마을하수도정비)(장봉2)	5,891,856	11	1	1	2	6	1	1	3
741	인천 옹진군	대연평하수관로정비	4,649,495	11	1	1	2	6	1	1	3
742	인천 옹진군	하수도의설치및관리(하수처리장확충)(대연평)	3,428,400	11	1	1	2	6	1	1	3
743	인천 옹진군	섬마을단위LPG배관망구축	3,100,000	11	5	7	8	7	1	2	4
744	인천 옹진군	LPG집단공급사업	2,160,000	11	5	7	8	7	1	2	4
745	인천 옹진군	스마트(드론활용)해양환경관리시스템구축	2,100,000	11	5	4	4	7	1	1	3
746	인천 옹진군	신도3지구지방관리방조제개보수사업	1,519,000	11	1	5	4	7	1	1	4
747	인천 옹진군	신도지구지방관리방조제개보수사업	1,200,000	11	1	5	4	7	1	1	4
748	인천 옹진군	영흥하수관로정비	1,032,000	11	1	1	2	6	1	1	3
749	인천 옹진군	하수도의설치및관리(하수관로정비)(남포)	795,000	11	1	1	2	6	1	1	3
750	인천 옹진군	하수도의설치및관리(농어촌마을하수도정비)(진리)	713,000	11	1	1	2	6	1	1	3
751	인천 옹진군	지역소득증대[소이작도바다생태마을(특성화4단계)](특수상황지역개발)	400,000	11	1	6	2	7	3	3	1
752	인천 옹진군	하수도의설치및관리(하수처리장확충)(소청)	364,000	11	1	1	2	6	1	1	3
753	인천 옹진군	지역소득증대[연평도새로이시작되는평화의섬(특성화3단계)](특수상황지역개발)	300,000	11	1	7	8	6	5	5	4
754	인천 옹진군	지역소득증대[덕적농산물의진리,진리단호박마을(특성화4단계)](특수상황지역개발)	300,000	11	1	7	8	7	5	5	4
755	인천 옹진군	주꾸미산란서식장조성	300,000	11	2	7	8	7	1	1	4
756	인천 옹진군	지역소득증대(문갑도시락특성화2단계)(특수상황지역개발)	275,000	11	1	7	8	7	5	5	4
757	인천 옹진군	지역역량강화[하늬바람도쉬어가는자색빛의섬자월도동촌마을(특성화1단계)](특수상황지역개발)	200,000	11	1	6	2	7	3	3	1

순번	시군구	지출명 (사업명)	2024년예산 (단위:천원/1년간)	민간이전 분류 (지방자치단체 세출예산 집행기준에 의거)	민간이전지출 근거 (지방보조금 관리기준 참고)	입찰방식			운영예산 산정		성과평가 실시여부
						계약체결방법 (경쟁형태)	계약기간	낙찰자선정방법	운영예산 산정	정산방법	
758	인천 옹진군	지역량강화[솔향기와노을이아름다운모래울동(특성화1단계)](특수상황지역개발)	200,000	11	1	6	2	7	3	3	1
759	인천 옹진군	지역량강화[서해청정섬소청마을(특성화2단계)](특수상황지역개발)	180,000	11	1	7	8	7	5	5	4
760	인천 옹진군	하수도의설치및관리(농어촌마을하수도정비)(소야)	167,000	11	1	1	2	6	1	1	3
761	인천 옹진군	하수도의설치및관리(농어촌마을하수도정비)(대이작)	167,000	11	1	1	2	6	1	1	3
762	인천 옹진군	지역소득증대[덕적도복1리으름실특화작물마을(특성화2단계)](특수상황지역개발)	90,000	11	1	6	3	7	3	3	1
763	인천 옹진군	지역소득증대[영흥십리포랜드(특성화2단계)](특수상황지역개발)	75,000	11	1	6	3	7	3	3	1
764	인천 옹진군	주거급여	74,000	11	1	7	8	7	5	5	4
765	인천 옹진군	효율적예산편성및재정지원	60,749	11	7	7	8	7	2	2	4
766	인천 옹진군	선재소규모공공하수처리시설운영관리	27,804	11	5	5	6	2	1	1	1
767	광주광역시	지능형가전지식산업센터구축	1,000,000	11	2	7	8	7	5	5	4
768	광주광역시	수치지형도(1/1,)수정갱진	500,000	11	2	7	8	7	5	5	4
769	광주광역시	염주실내수영장개보수	384,000	11	2	7	8	7	5	5	4
770	광주 동구	주거급여(수선유지급여)	600,000	11	1	5	1	7	5	1	1
771	광주 동구	기능분류모델시스템운영	42,500	11	7	7	8	7	1	5	1
772	광주 동구	고향사랑기부제종합정보시스템유지보수	15,381	11	1	5	1	7	1	4	4
773	광주 서구	차세대표준지방인사정보시스템등유지관리	8,270	11	5	5	1	7	5	5	2
774	광주 남구	재정관리강화	70,878	11	5	7	8	7	2	5	4
775	광주 남구	차세대주민등록시스템운영예산부담금	24,906	11	7	7	8	7	2	2	1
776	광주 남구	LPG용기사용가구시설개선	11,250	11	2	5	8	7	2	1	1
777	광주 북구	주거급여	1,200,000	11	5	1	6	6	3	3	1
778	광주 북구	통합지방재정관리시스템재해복구시스템구축	91,107	11	7	7	8	7	2	2	4
779	광주 북구	표준지방인사정보시스템인프라증설	10,162	11	5	5	1	2	2	2	2
780	광주 광산구	주거급여(수선유지급여)	700,000	11	3	7	1	7	3	3	1
781	광주 광산구	종량제봉투수거데이터수집장비구입	207,700	11	1	7	8	7	4	1	1
782	광주 광산구	통합지방재정재해복구시스템구축사업분담금	80,996	11	1	7	2	7	5	5	4
783	대구광역시	제3산단도로건설	12,411,000	11	1	7	8	7	5	5	4
784	대구광역시	제3산단스마트주차장인프라구축	11,150,000	11	1	7	8	7	5	5	4
785	대구광역시	대구의료원기능보강사업	9,576,000	11	1	7	8	7	5	5	4
786	대구광역시	대구산업선철도건설	9,521,000	11	1	7	8	7	5	5	4
787	대구광역시	제약스마트팩토리플랫폼구축	6,650,000	11	7	7	8	7	5	5	4
788	대구광역시	성서스마트그린산단통합관제구축사업	3,789,200	11	4	7	8	7	5	5	4
789	대구광역시	콘서트하우스위탁개발대행사업비	3,500,000	11	1,5,6	7	8	7	5	5	4
790	대구광역시	한마음어울림센터조성사업	2,487,000	11	1	7	8	7	5	5	4
791	대구광역시	대구권광역철도건설	2,272,000	11	1	7	8	7	5	5	4
792	대구광역시	도로재비산먼지제거장비확충	1,900,000	11	4	7	8	7	5	5	4
793	대구광역시	대구형MaaS플랫폼구축및운영	1,482,000	11	6	7	8	7	5	5	4
794	대구광역시	대구혁신도시복합혁신센터위탁운영비(자본)	1,458,900	11	6	7	8	7	5	5	4
795	대구광역시	대구명복공원화장로기능보강	1,100,000	11	1	7	8	7	5	5	4
796	대구광역시	대구미술관소장품구입	700,000	11	1,6	7	8	7	5	5	4
797	대구광역시	율하스마트그린국가시범산업단지조성지원	700,000	11	1,2	7	8	7	5	5	4

순번	시군구	지출명(사업명)	2024년예산 (단위: 천원/1년간)	민간이전 분류	민간이전지출 근거	계약체결방법	계약기간	낙찰자선정방법	운영예산 산정	정산방법	성과평가 실시여부
798	대구광역시	공공시설물내진보강공사	550,000	11	1	7	8	7	5	5	4
799	대구광역시	지역장애인보건의료센터운영	545,706	11	2	7	8	7	5	5	4
800	대구광역시	국립청소년진로직업체험수련원건립보상	500,000	11	1	7	8	7	5	5	4
801	대구광역시	수치지형도수정제작	500,000	11	2	7	8	7	5	5	4
802	대구광역시	국가산단(2단계)완충저류시설설치	414,000	11	7	7	8	7	5	5	4
803	대구광역시	대구권광역철도원대역신설	400,000	11	1	7	8	7	5	5	4
804	대구광역시	국가시설개선(달성산단)노후폐수관로정비사업(국가직접지원)	350,000	11	2	7	8	7	5	5	4
805	대구광역시	전통시장노후전기설비개선	300,000	11	1	7	8	7	5	5	4
806	대구광역시	두류워터파크시설물보수	200,000	11	5	7	8	7	5	5	4
807	대구광역시	디지털지방의정표준플랫폼구축	183,000	11	1	6	2	7	5	5	4
808	대구광역시	입체주소구축및주소정보기본도유지관리	139,485	11	8	7	8	7	5	5	4
809	대구광역시	통합지방재정재해복구시스템구축분담금	121,471	11	1	5	1	7	1	2	4
810	대구광역시	장기미집행공원조성사업보상위탁수수료(대구도시공사,한국감정원)	110,000	11	1	7	8	7	5	5	4
811	대구광역시	신천둔치노후놀이터보수	100,000	11	4	7	8	7	5	5	4
812	대구광역시	체육시설통합관리시스템설계용역비	100,000	11	5	7	8	7	5	5	4
813	대구광역시	의료산업활성화홍보물제작및광고	74,000	11	1	5	8	7	1	5	4
814	대구광역시	글로벌의료관광활성화홍보비	70,000	11	6	5	8	7	1	5	4
815	대구광역시	가스안전차단기보급	64,000	11	1	7	8	7	5	5	4
816	대구광역시	경북권감염병전문병원구축	50,000	11	2	7	8	7	5	5	4
817	대구광역시	박물관운영본부유물구입비등	30,000	11	5	7	8	7	5	5	4
818	대구광역시	대구국제사격장실내사격장동사격전자장비교체	27,000	11	5	7	8	7	5	5	4
819	대구광역시	신천둔치광장조명설치	20,000	11	4	7	8	7	5	5	4
820	대구광역시	공공보건의료협력체계구축사업	10,000	11	2	7	8	7	5	5	4
821	대구광역시	도시철도역자전거무료대여사업	10,000	11	5	7	8	7	5	5	4
822	대구 중구	주거급여	221,000	11	2	6	1	7	1	1	1
823	대구 중구	LPG용기사용가구시설개선	2,250	11	2	5	5	7	1	1	1
824	대구 동구	주거급여	875,000	11	1	7	8	7	5	1	4
825	대구 동구	신재생에너지융복합지원사업	519,967	11	6	7	8	7	5	5	4
826	대구 동구	부동산종합관리시스템(KRAS)자료정비	200,638	11	6	4	1	7	5	5	4
827	대구 동구	예산편성관리	80,996	11	1	7	7	7	2	1	4
828	대구 동구	주소정보기본도유지관리사업	62,314	11	5	1	8	7	5	5	4
829	대구 동구	금호강수류양수사업	40,000	11	7	7	8	7	5	1	4
830	대구 동구	LPG사용가구시설개선	36,000	11	5	7	8	7	5	5	4
831	대구 동구	주소정보관리시스템차세대구축인프라도입	20,689	11	1	5	1	7	5	5	4
832	대구 동구	주소정보관리시스템운영지원	16,155	11	1	5	1	7	5	5	4
833	대구 동구	주소정보관리시스템차세대구축데이터통합/전환	16,015	11	1	5	1	7	5	5	4
834	대구 동구	주소정보관리시스템GIS엔진S/W유지보수	2,518	11	1	5	1	7	5	5	4
835	대구 서구	주거급여(수선유지급여)	816,000	11	2	6	1	7	1	1	1
836	대구 서구	첫걸음과학기술인인큐베이팅센터조성및인재육성	720,000	11	6	7	5	7	5	2	3
837	대구 서구	예산편성및재정운영	70,878	11	1	5	1	7	2	2	1

순번	시군구	지출명 (사업명)	2024년예산 (단위: 천원/1년간)	민간이전 분류 (지방자치단체 세출예산 집행기준에 의거)	민간이전지출 근거 (지방보조금 관리기준 참고)	입찰방식			운영예산 산정		성과평가 실시여부
				1. 민간경상사업보조(307-02) 2. 민간단체 법정운영비보조(307-03) 3. 민간행사사업보조(307-04) 4. 민간위탁금(307-05) 5. 사회복지시설 법정운영비보조(307-10) 6. 민간위탁교육비(307-12) 7. 공기관등에대한경상적위탁사업비(308-13) 8. 민간자본보조,자체재원(402-01) 9. 민간자본사업보조,이전재원(402-02) 10. 민간위탁사업비(402-03) 11. 공기관등에 대한 자본적 위탁사업비(403-02)	1. 법률에 규정 2. 국고보조 재원(국가지정) 3. 용도 지정 기부금 4. 조례에 직접규정 5. 지자체가 권장하는 사업을 하는 공공기관 6. 시,도 정책 및 재정사정 7. 기타 8. 해당없음	계약체결방법 (경쟁형태) 1. 일반경쟁 2. 제한경쟁 3. 지명경쟁 4. 수의계약 5. 법정위탁 6. 기타 ( ) 7. 없음	계약기간 1. 1년 2. 2년 3. 3년 4. 4년 5. 5년 6. 기타 ( )년 7. 단기계약 (1년미만) 8. 없음	낙찰자선정방법 1. 적격심사 2. 협상에의한계약 3. 최저가낙찰제 4. 규격가격분리 5. 2단계 경쟁입찰 6. 기타 ( ) 7. 없음	운영예산 산정 1. 내부산정 (지자체 자체적으로 산정) 2. 외부산정 (외부전문기관위탁 산정) 3. 내·외부 모두 산정 4. 산정 無 5. 없음	정산방법 1. 내부정산 (지자체 내부적으로 정산) 2. 외부정산 (외부전문기관위탁 정산) 3. 내·외부 모두 산정 4. 정산 無 5. 없음	1. 실시 2. 미실시 3. 향후 추진 4. 해당없음
838	대구 서구	저소득주거취약계층집고쳐주기사업(에너지효율개선사업공동사업)	50,000	11	7	7	8	7	1	5	4
839	대구 서구	LPG용기사용가구시설개선	22,500	11	2	7	8	7	1	1	4
840	대구 서구	가스안전차단기(타이머콕)보급사업	11,000	11	1	7	8	7	1	1	4
841	대구 남구	수선유지급여	659,000	11	1	5	8	7	1	2	2
842	대구 남구	국가주소정보시스템차세대구축및유지관리(한국지역정보개발원)	53,727	11	1	5	1	7	5	5	4
843	대구 남구	입체주소구축및주소정보기본도유지관리(한국국토정보공사)	25,114	11	1	5	1	7	5	5	4
844	대구 남구	지적재조사측량비	22,110	11	1	5	1	7	5	5	1
845	대구 남구	LPG용기사용가구시설개선비	6,750	11	2	7	8	7	1	1	4
846	대구 북구	행복복구문화재단사업지원	1,271,520	11	1	7	8	7	3	2	1
847	대구 북구	수선유지급여	898,000	11	2	7	8	7	5	3	4
848	대구 북구	구수산도서관주차관제시스템설치(구참여형사업)	50,000	11	4	7	8	7	1	1	2
849	대구 북구	대현도서관경관개선사업(구참여형사업)	50,000	11	4	7	8	7	1	1	2
850	대구 수성구	도서관사업지원	1,397,665	11	4	7	8	7	1	1	1
851	대구 수성구	수성국제비엔날레	520,000	11	4	7	8	7	1	1	3
852	대구 수성구	주거급여(수선유지급여)	454,000	11	1	7	1	7	1	1	4
853	대구 수성구	수성아트피아사업지원	111,850	11	4	7	8	7	1	1	1
854	대구 수성구	효율적인예산편성및재정운용(통합지방재정재복구시스템구축비)	80,996	11	1	5	1	2	2	2	1
855	대구 수성구	용학도서관시청각실음향장비개선(구참여형)	80,000	11	1	7	8	7	1	1	1
856	대구 수성구	LPG용기사용가구시설개선	4,500	11	1	7	8	7	5	5	4
857	대구 달서구	달서아트센터운영	224,400	11	4	7	8	7	1	1	1
858	대구 달서구	안내데스크,빔프로젝트등구입	12,860	11	4	5	5	7	5	2	1
859	대구 달서구	수선유지급여집수리사업	565,000	11	1	5	1	7	5	5	4
860	대구 달성군	달성군립도서관운영	135,830	11	4	6	3	1	1	1	1
861	대구 달성군	LPG용기사용가구시설개선사업	6,750	11	2	7	8	7	5	5	4
862	대구 달성군	농업생산기반정비위탁사업	1,475,000	11	1	7	8	7	5	5	4
863	대구 달성군	농업용배수장위탁관리	350,000	11	1	7	8	7	5	5	4
864	대구 군위군	군위형희망주택조성	6,400,000	11	2	7	8	7	5	5	4
865	대구 군위군	군위읍농촌중심지활성화사업	3,242,000	11	1	7	8	7	1	1	1
866	대구 군위군	동산지재해위험저수지정비공사	2,226,000	11	1	5	4	7	1	2	2
867	대구 군위군	양지리농어촌취약지역생활여건개조사업	645,000	11	1	6	8	7	5	5	4
868	대구 군위군	이지2리농어촌취약지역생활여건개조사업	585,000	11	1	6	8	7	5	5	4
869	대구 군위군	화계1리농어촌취약지역생활여건개조사업	562,000	11	1	6	8	7	5	5	4
870	대구 군위군	낙전리농어촌취약지역생활여건개조사업	531,000	11	1	6	8	7	5	5	4
871	대구 군위군	수선유지사업	252,000	11	2	5	1	7	1	1	1
872	대구 군위군	사직2리농어촌취약지역생활여건개조사업	205,000	11	1	7	8	7	5	5	4
873	대구 군위군	수복1리농어촌취약지역생활여건개조사업	187,000	11	1	7	8	7	5	5	4
874	대구 군위군	통합지방재정재해복구시스템구축부담금	90,528	11	7	7	1	7	2	2	4
875	대구 군위군	통합지방재정시스템운영및유지관리분담금	84,758	11	7	7	1	7	2	2	4
876	대구 군위군	LPG용기사용가구시설개선사업	22,500	11	4	7	8	7	5	1	4
877	대구 군위군	청백e시스템유지보수	10,137	11	7	7	1	7	2	2	4

순번	시군구	지출명 (사업명)	2024년예산 (단위 : 천원 /1년간)	민간이전 분류 (지방자치단체 세출예산 집행기준에 의거) 1. 민간경상사업보조(307-02) 2. 민간단체 법정운영비보조(307-03) 3. 민간행사사업보조(307-04) 4. 민간위탁금(307-05) 5. 사회복지시설 법정운영비보조(307-10) 6. 민간위탁교육비(307-12) 7. 공기관등에대한경상적위탁사업비(308-13) 8. 민간자본사업보조,자체재원(402-01) 9. 민간자본사업보조,이전재원(402-02) 10. 민간위탁사업비(402-03) 11. 공기관등에 대한 자본적 위탁사업비(403-02)	민간이전지출 근거 (지방보조금 관리기준 참고) 1. 법률에 규정 2. 국고보조 재원(국가지정) 3. 용도 지정 기부금 4. 조례에 직접규정 5. 지자체가 권장하는 사업을 하는 공공기관 6. 시.도 정책 및 재정사정 7. 기타 8. 해당없음	입찰방식			운영예산 산정		성과평가 실시여부 1. 실시 2. 미실시 3. 향후 추진 4. 해당없음
						계약체결방법 (경쟁형태) 1. 일반경쟁 2. 제한경쟁 3. 지명경쟁 4. 수의계약 5. 법정위탁 6. 기타 ( ) 7. 없음	계약기간 1. 1년 2. 2년 3. 3년 4. 4년 5. 5년 6. 기타 ( )년 7. 단기계약 (1년미만) 8. 없음	낙찰자선정방법 1. 적격심사 2. 협상에의한계약 3. 최저가낙찰제 4. 규격가격분리 5. 2단계 경쟁입찰 6. 기타 ( ) 7. 없음	운영예산 산정 1. 내부산정 (지자체 자체적으로 산정) 2. 외부정산 (외부전문기관위탁 산정) 3. 내·외부 모두 산정 4. 산정 無 5. 없음	정산방법 1. 내부정산 (지자체 내부적으로 정산) 2. 외부정산 (외부전문기관위탁 정산) 3. 내·외부 모두 정산 4. 정산 無 5. 없음	
878	대구 군위군	기성제방및수문정비	4,000	11	8	6	1	7	1	1	1
879	대전광역시	시설관리공단위탁대행비(자본)	4,503,732	11	8	6	6	7	1	2	1
880	대전광역시	도심공실활용스마트팜조성사업	1,400,000	11	5	7	8	7	1	3	3
881	대전광역시	화장로개보수	1,100,000	11	5	7	8	7	5	5	4
882	대전광역시	마중물플라자조성	700,000	11	2	7	8	7	5	1	4
883	대전광역시	대청호오백리길보행안전기반조성	634,542	11	4	7	8	7	1	1	1
884	대전광역시	장사시설기능보강	339,518	11	5	7	8	7	5	5	4
885	대전광역시	무지개복지공장운영	167,699	11	4	7	8	7	1	1	1
886	대전광역시	야간관광특화도시조성사업(자본)	150,000	11	2	7	4	7	1	3	1
887	대전광역시	기성종합복지관기능보강	132,686	11	5	7	8	7	1	1	1
888	대전광역시	어린이집기능보강	129,000	11	1	7	5	7	1	3	1
889	대전광역시	시립산성주민복지관운영	63,801	11	4	4	8	7	1	1	4
890	대전광역시	전통의례관운영	51,870	11	1	5	5	6	1	1	3
891	대전광역시	한밭복합문화센터공동육아나눔터기자재구입	48,000	11	1	5	8	7	1	1	4
892	대전광역시	대청호오백리길편의시설조성	35,650	11	4	7	8	7	1	1	1
893	대전광역시	예술가의집무대조명LED설치	28,000	11	4	6	2	6	1	1	1
894	대전광역시	테마형스마트시티관리사무소물품및장비구입	2,300	11	8	7	7	7	1	1	1
895	대전광역시	무형문화재전수회관물품구입	700	11	4	7	8	7	1	1	4
896	대전 동구	차세대지방재정관리시스템구축비	80,996	11	1	7	1	7	4	5	4
897	대전 동구	2024년자치단체상시모니터링(청백e)시스템유지관리	13,301	11	1	5	1	7	2	2	1
898	대전 동구	고향사랑기부제종합정보시스템유지관리비	10,669	11	1	7	8	7	2	2	4
899	대전 동구	청소년지도육성및운영지원	8,400	11	1	7	8	7	1	5	4
900	대전 동구	LPG용기사용가구시설개선사업	2,700	11	2	7	8	7	5	1	4
901	대전 중구	수선유지급여사업	850,000	11	2	7	1	7	1	1	2
902	대전 중구	차세대지방재정관리시스템구축	70,878	11	1	5	1	7	2	2	4
903	대전 중구	LPG용기사용가구시설개선사업	2,700	11	2	7	8	7	5	1	4
904	대전 서구	주거급여	487,134	11	1	5	1	2	1	1	4
905	대전 서구	지적삼각보조점관리	200,000	11	1	5	3	6	3	3	3
906	대전 서구	통합지방재정재해복구시스템구축	80,996	11	1	7	8	7	5	5	4
907	대전 서구	정림로전선지중화사업	50,000	11	1	6	6	6	2	1	4
908	대전 서구	LPG용기사용가구시설개선	2,700	11	1	7	8	7	3	3	4
909	대전 유성구	통합지방재정시스템재해복구시스템구축	80,996	11	1	5	1	7	5	5	4
910	부산 중구	슬레이트처리지원	60,200	11	2	6	5	2	1	1	1
911	부산 중구	LPG용기사용가구시설개선사업	3,150	11	2	6	4	8	7	1	1
912	부산 서구	어촌뉴딜3사업(위탁)	3,313,560	11	2	7	8	7	1	1	1
913	부산 서구	주거급여지원(수선유지급여사업)	1,100,000	11	2	5	1	7	2	2	4
914	부산 서구	온나라2.문서시스템구축	433,472	11	1	6	1	7	2	2	4
915	부산 서구	슬레이트처리및지붕개량지원	301,840	11	4	7	5	7	5	5	4
916	부산 서구	통합지방재정시스템재해복구시스템구축	60,749	11	1	5	1	7	2	1	4
917	부산 서구	일반가구슬레이트지붕개량지원	30,000	11	4	7	5	7	5	5	4

순번	시군구	지출명 (사업명)	2024년예산 (단위 : 천원 /1년간)	민간이전 분류 (지방자치단체 세출예산 집행기준에 의거)	민간이전지출 근거 (지방보조금 관리기준 참고)	입찰방식			운영예산 산정		성과평가 실시여부
						계약체결방법 (경쟁형태)	계약기간	낙찰자선정방법	운영예산 산정	정산방법	
918	부산 서구	LPG용기사용가구시설개선	8,100	11	2	7	8	7	5	5	4
919	부산 동구	슬레이트처리사업	486,760	11	4	7	5	7	1	5	4
920	부산 동구	온나라문서2.전환구축	420,668	11	1	6	1	7	2	2	1
921	부산 동구	주소정보관리시스템위수탁	53,727	11	7	4	1	2	1	1	1
922	부산 동구	입체주소구축및주소정보기본도유지관리사업	19,497	11	7	4	1	2	1	1	1
923	부산 동구	청백e운영지원	7,298	11	1	7	1	7	2	2	1
924	부산 동구	청백e유지보수	1,944	11	1	7	1	7	2	2	1
925	부산 영도구	주거급여(수선유지급여)	1,145,000	11	1	5	1	7	2	1	4
926	부산 영도구	석면슬레이트지붕처리사업(석면슬레이트지붕처리사업)	366,320	11	1	5	4	7	1	1	2
927	부산 영도구	통합지방재정시스템재해복구시스템구축	60,749	11	1	5	7	7	2	2	1
928	부산 영도구	SafetyroofZone조성사업(SafetyroofZone조성사업)	40,000	11	1	7	8	7	5	5	4
929	부산 영도구	일반가구슬레이트지붕개량지원사업(일반가구슬레이트지붕개량지원사업)	30,000	11	1	7	8	7	5	5	4
930	부산 영도구	청백e시스템유지관리	12,510	11	1	5	1	7	2	2	1
931	부산 영도구	기록관환경및시설정비(지차제분담금(1구간))	3,250	11	8	6	1	1	2	2	1
932	부산 부산진구	통합지방재정시스템재해복구시스템구축	80,996	11	7	5	8	7	5	5	4
933	부산 부산진구	LPG용기사용가구시설개선사업	11,250	11	1	4	1	1	1	2	3
934	부산 부산진구	노인층가스안전밸브(타이머콕)보급사업	5,000	11	1	4	1	1	1	2	3
935	부산 동래구	2024년자치단체온나라2.전환구축	471,708	11	1	5	1	7	5	5	4
936	부산 동래구	주거급여(수선유지급여)	332,000	11	2	5	1	7	5	5	4
937	부산 동래구	LPG용기사용가구시설개선사업	4,500	11	1	5	1	1	3	3	1
938	부산 남구	구정정보화추진및기반구축	435,000	11	1	1	1	1	1	1	1
939	부산 남구	슬레이트처리지원사업	282,120	11	1	6	5	2	1	1	4
940	부산 남구	효율적예산편성운영	70,878	11	1	5	6	7	2	2	4
941	부산 남구	일반가구슬레이트지붕개량지원	30,000	11	1	7	8	7	5	5	4
942	부산 남구	LPG용기사용가구시설개선사업	3,375	11	2	7	8	7	5	5	4
943	부산 남구	기록물관리(표준기록관리시스템장비재설치)	3,300	11	5	5	1	2	2	2	4
944	부산 북구	주거급여(수선유지급여)	600,597	11	2	5	1	7	3	3	3
945	부산 북구	온나라문서시스템2.전환	458,668	11	1	5	8	7	5	5	4
946	부산 북구	지식재산도시조성사업	15,000	11	4	6	7	7	1	1	2
947	부산 북구	청백e(통합상시모니터링)시스템운영비	13,301	11	1	5	1	7	5	5	4
948	부산 해운대구	송정중앙로지중화사업	580,000	11	7	7	8	7	2	3	4
949	부산 해운대구	고향사랑기부제종합정보시스템유지관리비	9,467	11	1	5	8	7	2	2	4
950	부산 사하구	노후슬레이트설치지원	264,160	11	2	4	5	7	2	2	4
951	부산 사하구	일반가구슬레이트지붕개량지원	30,000	11	2	4	5	7	2	2	4
952	부산 사하구	주거급여	1,662,328	11	2	5	1	2	3	3	4
953	부산 사하구	온나라2.고도화추진	530,468	11	1	5	1	7	2	2	4
954	부산 사하구	음식물류폐기물공공시설처리	333,900	11	6	7	8	7	1	1	4
955	부산 사하구	승학2지구붕괴위험지역정비사업	142,000	11	2	6	6	7	2	3	1
956	부산 사하구	지방재정관리시스템재해복구시스템구축분담금(1차)	80,996	11	1,5	5	1	7	5	5	4
957	부산 사하구	미술창작전시공간활성화지원	80,000	11	5	7	8	7	5	5	4

순번	시군구	지출명 (사업명)	2024년예산 (단위:천원/1년간)	민간이전 분류 (지방자치단체 세출예산 집행기준에 의거) 1. 민간경상사업보조(307-02) 2. 민간단체 법정운영비보조(307-03) 3. 민간행사사업보조(307-04) 4. 민간위탁금(307-05) 5. 사회복지시설 법정운영비보조(307-10) 6. 민간위탁교육비(307-12) 7. 공기관등에대한경상적위탁사업비(308-13) 8. 민간자본사업보조,자체재원(402-01) 9. 민간자본사업보조,이전재원(402-02) 10. 민간위탁사업비(402-03) 11. 공기관등에 대한 자본적 위탁사업비(403-02)	민간이전지출 근거 (지방보조금 관리기준 참고) 1. 법률에 규정 2. 국고보조 재원(국가지정) 3. 용도 지정 기부금 4. 조례에 직접규정 5. 지자체가 권장하는 사업을 하는 공공기관 6. 시,도 정책 및 재정사정 7. 기타 8. 해당없음	입찰방식 계약체결방법 (경쟁형태) 1. 일반경쟁 2. 제한경쟁 3. 지명경쟁 4. 수의계약 5. 법정위탁 6. 기타 ( ) 7. 없음	계약기간 1. 1년 2. 2년 3. 3년 4. 4년 5. 5년 6. 기타 ( )년 7. 단가계약 (1년미만) 8. 없음	낙찰자선정방법 1. 적격심사 2. 협상에의한계약 3. 최저가낙찰제 4. 규격가격분리 5. 2단계 경쟁입찰 6. 기타 ( ) 7. 없음	운영예산 산정 1. 내부산정 (지자체 자체적으로 산정) 2. 외부산정 (외부전문기관위탁 산정) 3. 내·외부 모두 산정 4. 산정 無 5. 없음	정산방법 1. 내부정산 (지자체 내부적으로 정산) 2. 외부정산 (외부전문기관위탁 정산) 3. 내·외부 모두 산정 4. 정산 無 5. 없음	성과평가 실시여부 1. 실시 2. 미실시 3. 향후 추진 4. 해당없음
958	부산 사하구	우수공연및기획전시(기획전시광고)	60,000	11	5	7	8	7	5	5	4
959	부산 사하구	재활용품(페비닐)처리비	26,880	11	6	7	8	7	5	5	4
960	부산 사하구	기록관운영	3,300	11	1	7	1	7	2	2	4
961	부산 사하구	LPG용기사용가구시설개선	3,150	11	2	7	8	7	5	1	4
962	부산 강서구	둔치도마을농업생산기반시설정비	951,214	11	1	7	1	7	1	1	4
963	부산 강서구	U형구거농로등신설개보수	500,000	11	1	7	1	7	1	1	4
964	부산 강서구	온나라2.전환	296,192	11	1	5	1	7	5	5	4
965	부산 강서구	노후설비교체및시설개보수	220,000	11	1	7	1	7	1	1	4
966	부산 강서구	노후저수지개보수	200,000	11	1	7	1	7	1	1	4
967	부산 강서구	농업용수로개선(U형구거)사업	200,000	11	1	7	1	7	1	1	4
968	부산 강서구	재해위험지역기반시설정비	150,000	11	1	7	1	7	1	1	4
969	부산 강서구	주거급여(수선유지비)	92,976	11	1	7	8	7	1	1	4
970	부산 강서구	상습침수구역용배수로정비	80,000	11	1	7	1	7	1	1	4
971	부산 강서구	통합지방재정재해복구시스템구축	60,749	11	7	5	1	7	2	1	4
972	부산 강서구	차세대주소정보시스템구축	35,554	11	1	5	1	2	2	2	1
973	부산 강서구	수문설치등	30,000	11	1	7	1	7	1	1	4
974	부산 강서구	LPG용기사용가구시설개선	6,750	11	2	7	8	7	5	1	4
975	부산 강서구	표준기록관리시스템대용량송수신SW구입	3,300	11	7	5	1	7	5	5	4
976	부산 연제구	주거급여(수선유지급여)	389,000	11	1	7	1	7	5	1	4
977	부산 연제구	통합지방재정재해복구시스템구축사업	60,749	11	1	5	2	7	5	5	4
978	부산 연제구	지적재조사사업추진	45,738	11	1	7	1	7	4	4	4
979	부산 연제구	입체주소구축및주소정보기본도형행화사업	32,753	11	5	5	1	7	4	5	4
980	부산 수영구	문화관광형시장육성사업	176,000	11	2	7	1	7	5	5	4
981	부산 수영구	통합지방재정시스템재해복구시스템구축분담금	60,749	11	1	5	1	7	5	5	2
982	부산 수영구	온나라2.시스템구축	433,472	11	1	7	8	7	5	5	4
983	부산 사상구	온나라문서시스템2.전환구축	492,168	11	7	7	8	7	5	5	4
984	부산 사상구	주거급여(수선유지급여)	361,227	11	2	6	1	7	5	5	4
985	부산 사상구	슬레이트철거처리및취약계층개량지원	127,560	11	2,5	6	5	7	1	1	4
986	부산 사상구	통합지방재정재해복구시스템구축	70,878	11	7	6	7	7	2	2	4
987	부산 사상구	지식재산창출지원사업	50,000	11	2	7	1	7	1	1	3
988	부산 사상구	거점시설설계(LH위탁)수수료	26,000	11	7	6	4	7	3	3	4
989	부산 사상구	의료헬스케어제품고도화육성사업	20,000	11	2	7	1	7	1	1	3
990	부산 사상구	일반가구슬레이트지붕개량지원(3동)	9,000	11	5	7	8	7	5	5	4
991	부산 사상구	LPG용기사용가구시설개선	2,250	11	1	7	8	7	1	1	4
992	부산 기장군	기장군민건강증진지원사업	1,164,393	11	1,4	7	1	7	1	1	4
993	부산 기장군	노후저수지정비	800,000	11	8	1	2	7	1	1	4
994	부산 기장군	기장군수리시설개보수(전환사업)	667,500	11	8	1	2	7	1	1	4
995	부산 기장군	생활폐기물처리	540,000	11	8	7	8	7	5	5	4
996	부산 기장군	정보화운영환경개선	291,560	11	1	5	1	7	5	5	4
997	부산 기장군	슬레이트처리지원사업	253,440	11	7	4	5	7	5	5	1

순번	시군구	지출명 (사업명)	2024년예산 (단위: 천원/1년간)	민간이전 분류 (지방자치단체 세출예산 집행기준에 의거)	민간이전지출 근거 (지방보조금 관리기준 참고)	입찰방식			운영예산 산정		성과평가 실시여부
						계약체결방법 (경쟁형태)	계약기간	낙찰자선정방법	운영예산 산정	정산방법	
998	부산 기장군	주거급여	195,000	11	1	5	1	7	3	3	4
999	부산 기장군	농어촌빈집정비사업	186,800	11	1	7	8	7	5	5	4
1000	부산 기장군	정보화운영환경개선	150,365	11	1	5	1	7	5	5	4
1001	부산 기장군	슬레이트처리지원사업	145,800	11	7	4	5	7	5	5	1
1002	부산 기장군	정보화운영환경개선	108,343	11	1	5	1	7	5	5	4
1003	부산 기장군	슬레이트처리지원사업	81,640	11	7	4	5	7	5	5	1
1004	부산 기장군	저수지정밀안전진단	50,000	11	8	1	2	7	1	1	4
1005	부산 기장군	재해위험저수지정비공사실시설계용역	40,000	11	8	1	2	7	1	1	4
1006	부산 기장군	기록관운영	3,300	11	5	1	1	2	3	2	1
1007	울산 중구	온나라문서2.0전환구축	557,468	11	5	5	1	7	1	2	4
1008	울산 중구	주거급여(수선유지급여사업)	125,786	11	1	5	1	7	1	1	4
1009	울산 중구	태화종합시장문화관광형시장육성사업대행사업비	88,000	11	1	7	2	7	3	3	3
1010	울산 중구	통합지방재정재해복구시스템구축분담비	60,749	11	7	7	8	7	5	5	4
1011	울산 중구	주소정보관리시스템유지관리사업위탁운영	55,377	11	1	5	1	7	5	5	4
1012	울산 중구	빈집실태조사용역	55,000	11	6	7	8	7	5	5	4
1013	울산 중구	지적재조사사업	52,756	11	2	4	1	7	1	1	4
1014	울산 중구	공간을품은똑똑한중구만들기	49,500	11	7	6	1	7	1	1	4
1015	울산 중구	학성새벽시장디지털전통시장육성사업대행사업비	43,750	11	1	7	2	7	3	3	3
1016	울산 중구	입체주소구축및주소정보기본도현행화유지관리위탁운영	26,282	11	1	5	1	7	5	5	4
1017	울산 남구	2024온나라2.전환업무위탁	524,952	11	1	5	1	7	1	1	4
1018	울산 남구	주거수선유지급여사업	200,000	11	1	5	1	7	1	1	1
1019	울산 남구	장생포문화창고운영	158,000	11	4	7	8	7	1	3	1
1020	울산 남구	온산수질개선사업소분뇨처리비	45,600	11	4	7	8	7	1	5	2
1021	울산 남구	문화예술창작촌운영	8,100	11	4	7	8	7	1	3	1
1022	울산 동구	동부도서관도서구입비지원	70,000	11	5	7	8	7	1	1	2
1023	울산 동구	동부도서관문화학교운영지원	6,000	11	5	7	8	7	1	1	2
1024	울산 동구	통합지방재정재해복구시스템구축분담금	50,628	11	2	5	8	7	2	2	4
1025	울산 북구	수산자원산란서식장조성위탁비	500,000	11	1	5	1	7	1	1	4
1026	울산 북구	수선유지급여	210,000	11	1	7	1	7	5	1	4
1027	울산 북구	지적재조사측량비	62,436	11	1	5	1	7	5	5	4
1028	울산 북구	지적기준점위탁관리	15,992	11	1	5	1	7	5	5	4
1029	울산 울주군	송정항어촌뉴딜3사업	3,772,926	11	2	7	8	7	1	1	4
1030	울산 울주군	농업기반시설확충	2,493,580	11	1	5	1	7	2	2	2
1031	울산 울주군	선도산림경영단지조성사업	1,459,500	11	2	5	6	7	5	3	1
1032	울산 울주군	산불예방숲가꾸기사업	1,426,800	11	2	5	1	7	5	3	1
1033	울산 울주군	공익림가꾸기	963,560	11	2	5	1	7	5	3	1
1034	울산 울주군	정책숲가꾸기사업	848,496	11	2	5	1	7	5	3	1
1035	울산 울주군	공간정보활용스마트행정지원(공간다듬이)서비스사업	710,000	11	5	7	8	7	1	1	4
1036	울산 울주군	범죄예방도시디자인사업(서생)업무협약	400,000	11	1	7	8	7	5	5	4
1037	울산 울주군	지자체연계판촉홍보행사지원	200,000	11	5	7	8	7	5	1	4

순번	시군구	지출명 (사업명)	2024년예산 (단위 : 천원 /1년간)	민간이전 분류 (지방자치단체 세출예산 집행기준에 의거) 1. 민간경상사업보조(307-02) 2. 민간단체 법정운영비보조(307-03) 3. 민간행사사업보조(307-04) 4. 민간위탁금(307-05) 5. 사회복지시설 법정운영비보조(307-10) 6. 민간인위탁교육비(307-12) 7. 공기관등에대한경상적위탁사업비(308-13) 8. 민간자본사업보조,자체재원(402-01) 9. 민간자본사업보조,이전재원(402-02) 10. 민간위탁사업비(402-03) 11. 공기관등에 대한 자본적 위탁사업비(403-02)	민간이전지출 근거 (지방보조금 관리기준 참고) 1. 법률에 규정 2. 국고보조 재원(국가지정) 3. 용도 지정 기부금 4. 조례에 직접규정 5. 지자체가 권장하는 사업을 하는 공공기관 6. 시,도 정책 및 재정사정 7. 기타 8. 해당없음	입찰방식 계약체결방법 (경쟁형태) 1. 일반경쟁 2. 제한경쟁 3. 지명경쟁 4. 수의계약 5. 법정위탁 6. 기타 7. 없음	계약기간 1. 1년 2. 2년 3. 3년 4. 4년 5. 5년 6. 기타 ( )년 7. 단기계약 (1년미만) 8. 없음	낙찰자선정방법 1. 적격심사 2. 협상에의한계약 3. 최저가낙찰제 4. 규격가격분리 5. 2단계 경쟁입찰 6. 기타 ( ) 7. 없음	운영예산 산정 1. 내부산정 (지자체 자체적으로 산정) 2. 외부산정 (외부전문기관위탁 산정) 3. 내·외부 모두 산정 4. 산정 無 5. 없음	정산방법 1. 내부정산 (지자체 내부적으로 정산) 2. 외부정산 (외부전문기관위탁 정산) 3. 내·외부 모두 산정 4. 정산 無 5. 없음	성과평가 실시여부 1. 실시 2. 미실시 3. 향후 추진 4. 해당없음
1038	울산 울주군	조림사업	188,744	11	2	5	1	7	5	3	1
1039	울산 울주군	청소년상담복지센터운영	175,000	11	4	7	8	7	1	1	1
1040	울산 울주군	수치지역세계측지계변환사업	147,743	11	5	7	8	7	5	5	4
1041	울산 울주군	해저공간창출및기술개발사업(국가직접지원)	141,000	11	1	7	8	7	1	1	4
1042	울산 울주군	지적재조사측량비	116,875	11	1	7	8	7	5	5	4
1043	울산 울주군	주소정보시스템관리	111,387	11	1,4	7	8	7	5	5	4
1044	울산 울주군	차세대지방세정보시스템운영비분담금	91,884	11	1	5	1	7	2	2	1
1045	울산 울주군	스마트플러스맵구축	50,000	11	5	6	1	6	1	1	1
1046	울산 울주군	지적기준점표지조사및설치	46,996	11	5	5	7	7	1	1	4
1047	울산 울주군	조림지비료주기사업	12,800	11	2	5	1	7	5	3	1
1048	울산 울주군	고향사랑기부제종합정보시스템운영지방비분담금	8,344	11	1	5	1	7	2	2	1
1049	울산 울주군	상가거리및전통시장개선사업	2,200,000	11	2	5	1	7	2	3	4
1050	울산 울주군	취약지역개조(중동하목마을)	620,000	11	2	6	4	7	2	1	2
1051	울산 울주군	취약지역개조(신흥마을)	181,429	11	2	7	8	7	5	5	4
1052	세종특별자치시	LPG용기사용가구시설개선사업	45,000	11	2	7	1	7	5	1	4
1053	세종특별자치시	시설관리공단자본전출금	28,118	11	1	7	8	7	2	2	4
1054	세종특별자치시	서민층가스시설타이머콕설치	12,000	11	2	7	1	7	5	1	4
1055	강원특별자치도	테스트베드구축	9,000,000	11	7	2	4	1	5	5	3
1056	강원특별자치도	배후부지기반조성	6,000,000	11	7	2	4	1	5	5	3
1057	강원특별자치도	지방도로재구조화확포장	5,155,000	11	1	7	8	7	1	1	4
1058	강원특별자치도	산림바이오센터건립위탁사업비	3,860,000	11	1	7	8	7	1	1	4
1059	강원특별자치도	내수면연어산업화지원연구시설건립	2,862,000	11	1	5	1	7	3	3	1
1060	강원특별자치도	강원사회적경제혁신타운조성	2,860,000	11	2	5	4	7	2	2	3
1061	강원특별자치도	탄소중립융복합자원화단지조성	2,112,500	11	4	6	4	7	3	3	1
1062	강원특별자치도	기후변화대응복합센터건립	1,666,667	11	5,7	7	5	7	5	5	4
1063	강원특별자치도	미로~하장간도로확포장공사	1,516,000	11	1	5	8	7	1	1	4
1064	강원특별자치도	동막~개야간도로확포장공사	786,000	11	1	5	8	7	1	1	4
1065	강원특별자치도	어초어장보수보강(전환)	250,000	11	1	5	1	7	1	1	1
1066	강원특별자치도	농약빈병,봉지류수거사업분담금	173,850	11	2	7	8	7	5	5	4
1067	강원특별자치도	저소득층금연치료지원	113,230	11	2	5	8	7	5	5	4
1068	강원특별자치도	차세대지방재정관리시스템구축	111,347	11	1	7	8	7	5	5	4
1069	강원 춘천시	가정지구대구획경지정리사업	1,540,000	11	1	5	4	7	1	1	4
1070	강원 춘천시	주거급여(수선유지급여)	1,324,445	11	1	5	1	7	1	1	4
1071	강원 춘천시	지하도상가시설유지보수	677,000	11	1	4	5	7	1	1	4
1072	강원 춘천시	농어촌공사관리구역시설정비지원	400,000	11	1	5	1	7	1	1	4
1073	강원 춘천시	춘천원도심상권르네상스	370,000	11	2	7	8	7	5	5	4
1074	강원 춘천시	경지정리구역농업생산기반시설정비	272,000	11	1	5	4	7	1	1	4
1075	강원 춘천시	어도개보수지원	125,000	11	1	7	8	7	5	2	4
1076	강원 춘천시	우리집전기저금통사업설치운영비	30,800	11	6	7	8	7	1	1	2
1077	강원 춘천시	LPG용기사용가구시설개선사업	22,500	11	2	7	8	7	1	1	4

사업번호	분야	사업명	2024예산 (단위: 백만원/개소)	신청자격 요건 (지방자치단체 보조사업의 경우)	지원대상	선정기준	평가방법	평가내용	평가등급
1078	환경 중앙시	자동차검사정비사업	18,000		9	7	8	7	1	1	4
1079	환경 중앙시	자동차종합검사기자재지원사업	3,480		9	7	8	7	1	1	4
1080	환경 중앙시	자동차종합검사시설개선사업	887		9	7	8	7	1	1	2
1081	환경 중앙시	노후경유차조기폐차지원(미세먼지)	6,278,000		2	5	5	7	3	3	2
1082	환경 중앙시	운행경유차매연저감사업	4,140,500		1	5	3	7	3	3	3
1083	환경 중앙시	화물차등온실가스저감(LPG)개조	2,850,000		5		7	8	7	5	5	4
1084	환경 중앙시	어린이통학차량LPG차전환지원(신규)	2,250,000		5	7	8	7	1	3	4
1085	환경 중앙시	대기배출원통합관리체계구축	1,568,000		2	7	8	7	3	5	2
1086	환경 중앙시	환경오염시설허가지원사업	1,045,000		1	5	7	8	7	5	3	4
1087	환경 중앙시	가축분뇨처리지원	627,000		2	7	8	7	2	2	4
1088	환경 중앙시	가축분뇨이바이오가스화사업	620,000		2	7	8	7	3	3	2
1089	환경 중앙시	가축분뇨처리시설지원	470,000		5	5	3	6	1	3	3
1090	환경 중앙시	광역축산악취개선사업지원	443,619		1	5	8	7	5	5	4
1091	환경 중앙시	수처리(하수처리)시설지원사업	400,000		1	5	7	7	5	1	4
1092	환경 중앙시	수처리기자재등장비지원	400,000		4	7	8	7	1	1	4
1093	환경 중앙시	축산분뇨시설환경관리	360,000		2	7	8	7	2	2	4
1094	환경 중앙시	하수관망관리지원	300,000		1	4	8	1	1	1	1
1095	환경 중앙시	수처리수집개수보수사업(시설지)	300,000		6	7	8	7	1	1	4
1096	환경 중앙시	환경시설설치공사설계품질관리(사업)	220,000		5	7	8	7	1	3	4
1097	환경 중앙시	환경부예산집행	166,720		1	5	7	7	5	1	4
1098	환경 중앙시	공공·민간RE시설지원	128,000		2	7	8	7	2	2	4
1099	환경 중앙시	이산화탄소	125,000		1	5	7	7	5	1	4
1100	환경 중앙시	광역자원순환시설설치지원구축	101,229		8	5	1	7	2	2	1
1101	환경 중앙시	자원순환이용지원사업(지원)	100,000		5	7	8	1	1	3	4
1102	환경 중앙시	재활용환경관리지원사업	70,000		4	7	8	7	1	1	4
1103	환경 중앙시	LPG충전시설기자재개선사업	67,500		1	7	1	7	1	1	4
1104	환경 중앙시	자원순환OSW시설환경관리지원사업(시설)	20,000		5	7	8	7	1	1	4
1105	환경 중앙시	환경기업활성화지원(사업등)	11,000		1	5	1	7	1	1	5	4
1106	환경 중앙시	자원순환기자재지원사업기자재개선사업(기타시설)	10,260		1	1	1	7	1	1	4
1107	환경 중앙시	수자원이익사업	1,028,667		2	5	1	7	5	3	1
1108	환경 중앙시	LPG충전시설기자재개선사업	22,500		2	7	8	1	1	1	4
1109	환경 중앙시	충진질소제거조기처리사업	4,013		9	7	8	7	3	3	4
1110	환경 중앙시	환경측정기기지원구축사업	3,551		9	7	8	7	3	3	4
1111	환경 중앙시	환경측정기자재구축이체지원사업	1,740		5	7	8	7	1	1	4
1112	환경 중앙시	환경기초시설설치보조지원	9,496,035		8	7	6	7	1	1	3
1113	환경 중앙시	환경기초시설설치지원	9,600,000		5	7	4	7	1	1	4
1114	환경 중앙시	통합하수도정비시설설치(도시침수대응기반구축)	8,600,000		5	5	7	8	2	1	4
1115	환경 중앙시	Ecopolicy	5,461,754		5	6	8	9	3	3	1
1116	환경 중앙시	환경기초시설설치보조지원	3,702,000		8	7	9	7	1	1	3
1117	환경 중앙시	환경기초시설지원사업	2,500,000		8	7	9	7	1	1	3

순번	시군구	지출명 (사업명)	2024년예산 (단위 : 천원 /1년간)	민간이전 분류 (지방자치단체 세출예산 집행기준에 의거) 1. 민간경상사업보조(307-02) 2. 민간단체 법정운영비보조(307-03) 3. 민간행사사업보조(307-04) 4. 민간위탁금(307-05) 5. 사회복지시설 법정운영비보조(307-10) 6. 민간위원탁교육비(307-12) 7. 공기관등에대한경상적위탁사업비(308-13) 8. 민간자본사업보조,자체재원(402-01) 9. 민간자본보조,이전재원(402-02) 10. 민간위탁사업비(402-03) 11. 공기관등에 대한 자본적 위탁사업비(403-02)	민간이전지출 근거 (지방보조금 관리기준 참고) 1. 법률에 규정 2. 국고보조 재원(국가지정) 3. 용도 지정 기부금 4. 조례에 직접규정 5. 지자체가 권장하는 사업을 하는 공공기관 6. 시,도 정책 및 재정사정 7. 기타 8. 해당없음	입찰방식			운영예산 산정		성과평가 실시여부
						계약체결방법 (경쟁형태) 1. 일반경쟁 2. 제한경쟁 3. 지명경쟁 4. 수의계약 5. 법정위탁 6. 기타 ( ) 7. 없음	계약기간 1. 1년 2. 2년 3. 3년 4. 4년 5. 5년 6. 기타 ( )년 7. 단가계약 (1년미만) 8. 없음	낙찰자선정방법 1. 적격심사 2. 협상에의한계약 3. 최저가낙찰제 4. 규격가격분리 5. 2단계 경쟁입찰 6. 기타 ( ) 7. 없음	운영예산 산정 1. 내부산정 (지자체 자체적으로 산정) 2. 외부산정 (외부전문기관위탁 산정) 3. 내·외부 모두 산정 4. 산정 無 5. 없음	정산방법 1. 내부정산 (지자체 내부적으로 정산) 2. 외부정산 (외부전문기관위탁 정산) 3. 내·외부 모두 정산 4. 정산 無 5. 없음	1. 실시 2. 미실시 3. 향후 추진 4. 해당없음
1118	강원 태백시	황지동도시재생사업	2,436,794	11	1	5	4	7	1	1	3
1119	강원 태백시	주거급여사업	814,500	11	1	7	8	7	5	5	4
1120	강원 태백시	버스정보시스템(BIS)구축	110,000	11	1	7	1	6	1	1	3
1121	강원 태백시	LPG용기사용가구시설개선사업	11,250	11	1	7	8	7	1	1	3
1122	강원 태백시	가스전기시설개선지원	1,774	11	4	7	8	7	1	1	3
1123	강원 태백시	서민층가스시설개선	1,740	11	1	7	8	7	1	1	3
1124	강원 속초시	원암저수지계농업기반시설정비사업(농어촌공사지원사업비)	100,000	11	5	7	8	7	1	1	1
1125	강원 속초시	소상공인시설개선지원	90,000	11	1	7	8	7	1	1	3
1126	강원 속초시	통합지방재정재해복구시스템구축사업분담금	60,749	11	5	7	1	7	5	5	4
1127	강원 속초시	PMNOx동시저감장치설치	15,000	11	6	7	8	7	1	1	4
1128	강원 속초시	야생동물피해예방시설설치	7,000	11	6	7	8	7	1	1	4
1129	강원 삼척시	액화수소신뢰성평가센터구축	9,050,000	11	2	5	3	6	3	3	3
1130	강원 삼척시	지역특화임대형스마트팜조성사업	3,950,000	11	2	7	8	7	3	3	3
1131	강원 삼척시	마을정비형공공임대주택건립(국가직접지원)	3,924,490	11	7	7	8	7	4	4	4
1132	강원 삼척시	자원~우지간도로개설(소멸기금)	2,500,000	11	1	5	3	6	1	1	4
1133	강원 삼척시	일반농산어촌개발(어촌테마마을)	1,991,000	11	1	5	5	7	1	1	4
1134	강원 삼척시	일반농산어촌개발(신남권역)	1,580,000	11	1	5	5	7	1	1	4
1135	강원 삼척시	어촌신활력증진지원사업(대진항)	1,456,429	11	1	5	3	6	1	1	4
1136	강원 삼척시	농공단지조성	1,000,000	11	5	7	8	7	1	1	4
1137	강원 삼척시	마달혜진아파트~국도7호선도시계획도로확장공사	1,000,000	11	1	5	3	6	1	1	4
1138	강원 삼척시	주거급여지원	893,250	11	1	7	8	7	1	1	4
1139	강원 삼척시	청년농촌보금자리조성사업	800,000	11	1	7	8	7	3	3	3
1140	강원 삼척시	수산자원산란서식장조성(대문어)(도)(국가직접지원)	500,000	11	1	5	5	7	1	1	4
1141	강원 삼척시	일반농산어촌개발(비화)	473,000	11	1	7	8	7	5	5	4
1142	강원 삼척시	마을만들기(자율개발미로사둔1리마을)(전환사업)	300,000	11	1	7	8	7	1	1	4
1143	강원 삼척시	봉황철도굴다리확장	280,000	11	7	5	8	7	3	3	4
1144	강원 삼척시	마을만들기(자율개발근덕상맹방1리마을)(전환사업)	200,000	11	5	7	8	7	5	5	3
1145	강원 삼척시	마을만들기(자율개발근덕부남1리마을)(전환사업)	200,000	11	5	7	8	7	5	5	3
1146	강원 삼척시	마을만들기(자율개발신기리신기마을)(전환사업)	200,000	11	5	7	8	7	5	5	3
1147	강원 삼척시	연구교육관운영관리	150,000	11	2	7	8	7	3	3	3
1148	강원 삼척시	바다숲조성(도)(전환사업)	147,500	11	1	5	1	7	1	1	4
1149	강원 삼척시	어도개보수	125,000	11	2	5	1	7	5	1	1
1150	강원 삼척시	마을만들기(자율개발하장어리마을)(전환사업)	100,000	11	5	7	8	7	5	5	3
1151	강원 삼척시	재정전산시스템관리	80,996	11	1	7	8	7	5	5	4
1152	강원 삼척시	도로명주소정보화구축	53,727	11	1	5	1	2	2	2	4
1153	강원 삼척시	도로명주소정보화구축	34,236	11	1	5	1	2	2	2	4
1154	강원 삼척시	광동댐부유물운반처리(한강수계기금)	21,000	11	2	7	8	7	5	5	4
1155	강원 삼척시	LPG용기사용가구시설개선지원사업	15,750	11	1	7	8	7	5	5	4
1156	강원 삼척시	저소득층노후전기시설개선(도)	3,550	11	5	7	8	7	5	5	4
1157	강원 삼척시	저소득층가스안전차단기지원(도)	3,480	11	5	7	8	7	5	5	4

순번	시군구	지출명 (사업명)	2024년예산 (단위 : 천원 /1년간)	민간이전 분류 (지방자치단체 세출예산 집행기준에 의거)	민간이전지출 근거 (지방보조금 관리기준 참고)	입찰방식			운영예산 산정		성과평가 실시여부
						계약체결방법 (경쟁형태)	계약기간	낙찰자선정방법	운영예산 산정	정산방법	
1158	강원 횡성군	소각시설설치사업	7,038,000	11	1	5	6	7	2	3	3
1159	강원 횡성군	꿈틀놀이터놀이공간설치	1,020,000	11	2	5	1	7	1	1	4
1160	강원 횡성군	수선유지급여	368,500	11	8	7	8	7	5	5	4
1161	강원 횡성군	공통기반및재해복구유지보수	81,853	11	5	1	1	2	3	3	1
1162	강원 횡성군	온나라유지보수비	60,060	11	5	1	1	2	3	3	1
1163	강원 횡성군	지방행정통합시스템상담센터운영시군분담금	6,950	11	5	1	1	2	3	3	1
1164	강원 횡성군	택시운행정보관리시스템운영사업	897	11	1	5	1	7	2	2	4
1165	강원 영월군	시외버스터미널환경개선사업	32,000	11	1,5	5	1	7	2	3	4
1166	강원 영월군	주천지구도시재생뉴딜사업	1,000,000	11	5	7	8	7	3	3	4
1167	강원 영월군	폐광지역걷는길(운탄고도)통합안내센터운영	210,000	11	5	5	3	7	5	3	3
1168	강원 영월군	행정전산운영	158,415	11	1	5	1	7	2	2	2
1169	강원 영월군	정수시설유지관리보수	2,417,078	11	5	5	6	2	5	5	3
1170	강원 평창군	신재생에너지(지열냉난방시설설치)	3,247,496	11	2	7	8	7	5	5	4
1171	강원 평창군	통합및지역센터운영비용(시설대가)	3,149,509	11	1	5	6	7	2	2	1
1172	강원 평창군	기초생활거점육성	2,840,142	11	1	5	5	7	5	1	4
1173	강원 평창군	농촌중심지활성화(일반지구)	2,467,000	11	1	5	5	7	5	1	4
1174	강원 평창군	농어촌취약지역생활여건개조사업	484,000	11	1	5	4	7	5	1	4
1175	강원 평창군	농업생산기반시설위탁비	270,000	11	1	4	5	7	5	1	4
1176	강원 평창군	수선유지급여	257,500	11	1	5	8	7	4	1	2
1177	강원 평창군	지적(임야)도오류정비사업위탁비	180,000	11	1	5	1	7	5	1	4
1178	강원 평창군	어도개보수사업	125,000	11	1	7	8	7	5	5	4
1179	강원 평창군	지적측량기준점조사위탁비	37,840	11	1	5	1	7	5	1	4
1180	강원 평창군	LPG용기사용가구시설개선사업	36,000	11	2	7	8	7	1	1	2
1181	강원 평창군	저소득층타이머콕설치지원	4,200	11	2	7	8	7	1	1	2
1182	강원 평창군	저소득층전기시설개선사업	2,218	11	2	7	8	7	1	1	2
1183	강원 평창군	차세대지방세정보시스템구축사업	119	11	1	7	8	7	2	2	2
1184	강원 정선군	시설개량대가공기관대행사업비	3,214,933	11	5	5	6	7	3	1	1
1185	강원 정선군	건천지구밭기반정비	2,000,000	11	1	5	3	7	1	1	4
1186	강원 정선군	농산물창업가공센터조성	883,000	11	1	7	8	7	5	2	3
1187	강원 정선군	새뜰마을사업(천포리)	615,000	11	8	7	8	7	5	5	4
1188	강원 정선군	아리랑센터2층중정방수및바닥교체	450,000	11	8	7	7	7	1	1	4
1189	강원 정선군	신설및개조급수공사공기관대행사업비	400,000	11	5	5	6	7	3	1	1
1190	강원 정선군	마을만들기(용산2리)	190,943	11	1	5	3	1	1	1	1
1191	강원 정선군	내수면어도설치및개보수지원	125,000	11	2	7	8	7	1	1	1
1192	강원 정선군	아리랑홀와이어로프교체및상부시설보수	120,000	11	8	7	7	7	1	1	1
1193	강원 정선군	용배수로정비(북평면,여량면)	100,000	11	1	5	8	7	1	1	1
1194	강원 정선군	세대플러스(주민특화)사업추진	80,000	11	1	7	8	7	5	2	3
1195	강원 정선군	마을만들기(구절3리)	76,100	11	1	5	3	1	1	1	1
1196	강원 정선군	통합지방재정재해복구시스템구축사업	70,878	11	7	7	8	7	5	5	4
1197	강원 정선군	무대기계및조명등소모품구입	20,000	11	8	7	7	7	1	1	4

순번	시군구	지출명 (사업명)	2024년예산 (단위 : 천원 /1년간)	민간이전 분류 (지방자치단체 세출예산 집행기준에 의거) 1. 민간경상사업보조(307-02) 2. 민간단체 법정운영비보조(307-03) 3. 민간행사사업보조(307-04) 4. 민간위탁금(307-05) 5. 사회복지시설 법정운영비보조(307-10) 6. 민간인위탁교육비(307-12) 7. 공기관등에대한경상적위탁사업비(308-13) 8. 민간자본사업보조,자체재원(402-01) 9. 민간자본사업보조,이전재원(402-02) 10. 민간위탁사업비(402-03) 11. 공기관등에 대한 자본적 위탁사업비(403-02)	민간이전지출 근거 (지방보조금 관리기준 참고) 1. 법률에 규정 2. 국고보조 재원(국가지정) 3. 용도 지정 기부금 4. 조례에 직접규정 5. 지자체가 권장하는 사업을 하는 공공기관 6. 시,도 정책 및 재정사정 7. 기타 8. 해당없음	입찰방식			운영예산 산정		성과평가 실시여부
						계약체결방법 (경쟁형태) 1. 일반경쟁 2. 제한경쟁 3. 지명경쟁 4. 수의계약 5. 법정위탁 6. 기타 ( ) 7. 없음	계약기간 1. 1년 2. 2년 3. 3년 4. 4년 5. 5년 6. 기타 ( )년 7. 단기계약 (1년미만) 8. 없음	낙찰자선정방법 1. 적격심사 2. 협상에의한계약 3. 최저가낙찰제 4. 규격가격분리 5. 2단계 경쟁입찰 6. 기타 ( ) 7. 없음	운영예산 산정 1. 내부산정 (지자체 자체적으로 산정) 2. 외부산정 (외부전문기관위탁 산정) 3. 내·외부 모두 산정 4. 산정 無 5. 없음	정산방법 1. 내부정산 (지자체 내부적으로 정산) 2. 외부정산 (외부전문기관위탁 정산) 3. 내·외부 모두 산정 4. 정산 無 5. 없음	1. 실시 2. 미실시 3. 향후 추진 4. 해당없음
1198	강원 정선군	청백e(개별상시모니터링)시스템운영지원	11,000	11	5	5	1	7	2	2	4
1199	강원 화천군	수선유지급여지급	395,000	11	1	5	1	7	3	1	1
1200	강원 화천군	차세대주민등록시스템운영자치단체부담금	17,860	11	1	4	1	1	2	2	2
1201	강원 양구군	다목적실내체육관건립	2,777,000	11	4	1	2	1	1	3	3
1202	강원 양구군	폐기물처리시설(소각)설치사업	2,187,000	11	1	7	8	7	5	5	4
1203	강원 양구군	양구종합스포츠센터	2,181,000	11	4	1	2	1	1	3	3
1204	강원 양구군	양구종합체육공원조성사업	1,986,000	11	1	5	3	7	3	3	3
1205	강원 양구군	제2실내테니스장조성	1,982,000	11	4	1	2	1	1	3	3
1206	강원 양구군	파로호꽃섬하늘다리조성사업	1,967,000	11	2	5	4	7	2	2	4
1207	강원 양구군	양구군노후상수관망정비사업	1,834,000	11	5	7	8	7	5	5	4
1208	강원 양구군	방산1지구시설개량형대구획경지정리사업	1,825,000	11	1	4	3	7	2	1	4
1209	강원 양구군	송우지구시설개량형대구획경지정리사업	1,725,000	11	1	4	3	7	2	1	4
1210	강원 양구군	양구지구배수개선사업	1,710,000	11	1	4	3	7	2	1	4
1211	강원 양구군	다목적실내체육관신축사업	1,095,000	11	4	1	2	1	1	3	3
1212	강원 양구군	DMZ청년창업농혁신사업챌린지	875,000	11	4	6	5	7	4	3	1
1213	강원 양구군	귀농귀촌인정착지원센터	715,000	11	5	4	3	6	3	1	3
1214	강원 양구군	취약지역생활여건개조사업(현2리)	527,000	11	1	4	3	7	2	1	4
1215	강원 양구군	자연중심산지유통복합타운조성	500,000	11	2	1	7	2	5	1	3
1216	강원 양구군	주거급여지원	283,750	11	1	5	1	7	5	5	4
1217	강원 양구군	관광지홍보전략	200,000	11	2	7	1	7	2	1	4
1218	강원 양구군	취약지역생활여건개조사업(지석1리)	200,000	11	1	4	3	7	2	1	4
1219	강원 양구군	어도개보수	125,000	11	2	5	1	7	3	2	4
1220	강원 양구군	농업생산기반시설유지관리	100,000	11	1	4	3	7	2	1	4
1221	강원 양구군	통합지방재정재해복구시스템구축	60,749	11	1	5	1	7	2	2	4
1222	강원 양구군	2023년도주소정보관리시스템유지관리사업	52,077	11	1	6	1	7	2	2	4
1223	강원 양구군	강원FC스폰서십광고비	50,000	11	8	7	8	7	5	5	4
1224	강원 양구군	차세대주민등록시스템운영	17,860	11	2	7	1	2	2	2	1
1225	강원 양구군	저소득층노후전기시설개선사업	14,150	11	4	7	8	3	3	1	4
1226	강원 양구군	LPG용기사용가구시설개선사업	10,800	11	2	7	8	3	3	1	4
1227	강원 양구군	2023년도입체주소구축및주소정보기본도유지관리사업	9,749	11	1	6	1	7	2	2	4
1228	강원 양구군	2024년자치단체상시모니터링시스템(청백e)유지보수	9,346	11	5	7	1	7	2	2	4
1229	강원 양구군	양구백자박물관운영(TV광고홍보)	5,500	11	5	7	1	7	2	1	4
1230	강원 양구군	양구백자박물관운영(월간도예홍보)	3,630	11	5	7	1	7	2	1	4
1231	강원 양구군	저소득층고령가구가스안전차단기(타이머콕)보급사업	2,100	11	4	7	8	3	3	1	4
1232	강원 양구군	장애인등록증개별배송서비스	800	11	5	7	8	7	1	1	4
1233	강원 양구군	택시운행정보관리시스템운영관리수수료	422	11	6	7	7	7	5	5	4
1234	강원 인제군	유기성폐자원바이오가스화시설설치[자체]	2,000,000	11	7	7	8	7	2	2	2
1235	강원 인제군	가축분뇨공공처리시설설치사업[국비]	500,000	11	8	7	8	7	5	5	4
1236	강원 인제군	LPG사용가구시설개선	11,250	11	2	5	7	2	3	1	3
1237	강원 고성군	고성광역해양관광복합지구조성사업	1,436,000	11	1	4	5	7	1	1	2

순번	시군구	지출명 (사업명)	2024년예산 (단위: 천원 /1년간)	민간이전 분류 (지방자치단체 세출예산 집행기준에 의거)	민간이전지출 근거 (지방보조금 관리기준 참고)	입찰방식			운영예산 산정		성과평가 실시여부
						계약체결방법 (경쟁형태)	계약기간	낙찰자선정방법	운영예산 산정	정산방법	
1238	강원 고성군	택시운행정보관리시스템운영	1,249	11	5	7	1	2	2	2	4
1239	충북 청주시	청주산단통합관제센터구축사업	7,000,000	11	2	1	3	2	3	2	1
1240	충북 청주시	청주OSCO건립	5,700,000	11	6	4	8	7	3	5	3
1241	충북 청주시	탄소저감을위한반도체융합부품기술지원사업	4,644,800	11	2	7	8	7	5	3	1
1242	충북 청주시	수선유지급여	2,400,000	11	2	5	1	7	1	1	4
1243	충북 청주시	한희재해위험개선지구정비사업	1,940,000	11	1	5	1	7	1	1	4
1244	충북 청주시	지능형반도체IT소부장지원센터구축사업	1,650,000	11	2	7	8	7	5	3	1
1245	충북 청주시	오창저수지국가생태탐방로조성	1,410,000	11	2	7	8	7	1	1	1
1246	충북 청주시	MV및용응제품배터리안전신뢰성평가기반구축	1,356,500	11	2	7	8	7	5	3	1
1247	충북 청주시	농어촌공사관리구역기반시설유지관리비	1,200,000	11	1	5	1	7	1	1	4
1248	충북 청주시	바이오헬스혁신창업기술사용화센터구축	1,000,000	11	2,4,5,6	5	4	6	2	2	3
1249	충북 청주시	천연물BT기반의료기기인증지원플랫폼고도화사업	405,000	11	2	7	8	7	1	1	4
1250	충북 청주시	외평동791번지일원배수로정비사업	300,000	11	1	5	1	7	1	1	4
1251	충북 청주시	충청권이차전지핵심소재기술실증및평가지원플랫폼구축	288,353	11	2	7	8	7	5	3	1
1252	충북 청주시	전파플레이그라운드구축	250,000	11	1	7	8	7	1	1	1
1253	충북 청주시	3D생체조직칩실증상용화지원기반구축	250,000	11	2	7	8	7	1	1	4
1254	충북 청주시	중소기업R&D정부공모과제지원사업	200,000	11	5	4	1	2	1	3	2
1255	충북 청주시	오창도암리522번지일원배수로정비사업	200,000	11	1	5	1	7	1	1	4
1256	충북 청주시	첨단분야(이차전지)혁신융합대학	200,000	11	2	7	8	7	5	3	1
1257	충북 청주시	반도체특성화대학지원사업	200,000	11	2	7	8	7	5	3	1
1258	충북 청주시	복임금암리65번지일원배수로정비사업	180,000	11	1	5	1	7	1	1	4
1259	충북 청주시	용곡지구위탁관리비	100,000	11	1	5	1	7	1	1	4
1260	충북 청주시	학연협력플랫폼구축시범사업	100,000	11	2	7	8	7	5	5	4
1261	충북 청주시	신평지구소규모농업시설사업	94,000	11	1	5	1	7	1	1	4
1262	충북 청주시	남일가중리31번지일원배수로정비사업	90,000	11	1	5	1	7	1	1	4
1263	충북 청주시	지역혁신선도연구센터(RLRC)지원사업	10,000	11	2	7	8	7	5	5	4
1264	충북 충주시	소재.부품.장비산업연계XR실증단지구축사업	7,731,000	11	2	7	8	7	1	2	3
1265	충북 충주시	슬레이트처리및개량지원사업	1,545,840	11	2	1	2	7	1	1	3
1266	충북 충주시	기초생활수급자집수리사업	1,382,582	11	2	5	8	7	1	1	4
1267	충북 충주시	ICT기반신성장산업육성혁신거점구축	700,000	11	2	7	8	7	1	2	3
1268	충북 충주시	복탄1리마을취약지역생활여건개조사업	559,000	11	1	1	2	7	2	2	3
1269	충북 충주시	주덕읍농촌중심지활성화사업	3,297,000	11	2	7	8	7	1	1	4
1270	충북 제천시	장락동및고암동도시침수예방사업	13,186,000	11	8	7	8	7	5	5	4
1271	충북 제천시	제천서부동도시재생사업마중물사업	4,441,060	11	8	7	8	7	5	5	4
1272	충북 제천시	제천역세권도시재생뉴딜마중물사업	3,725,547	11	8	7	8	7	5	5	4
1273	충북 제천시	금성면농촌공간정비사업	3,128,000	11	8	7	8	7	5	5	4
1274	충북 제천시	봉양읍농촌중심지활성화사업(농촌협약)	1,571,429	11	8	7	8	7	5	5	4
1275	충북 제천시	원도심상권르네상스사업(4차년도)	1,542,000	11	8	7	8	7	5	5	4
1276	충북 제천시	서부동어울림센터조성사업제천시분담금	1,500,000	11	8	7	8	7	5	5	4
1277	충북 제천시	송학면농촌중심지활성화사업(농촌협약)	1,477,143	11	8	7	8	7	5	5	4

순번	시군구	지출명 (사업명)	2024년예산 (단위 : 천원 /1년간)	민간이전 분류 (지방자치단체 세출예산 집행기준에 의거) 1. 민간경상사업보조(307-02) 2. 민간단체 법정운영비보조(307-03) 3. 민간사업보조(307-04) 4. 민간위탁금(307-05) 5. 사회복지시설 법정운영비보조(307-10) 6. 민간인위탁교육비(307-12) 7. 민간자본사업보조,자체재원(402-01) 8. 민간자본사업보조,이전재원(402-02) 9. 민간위탁사업비(402-03) 10. 공기관등에 대한 자본적 위탁사업비(403-02)	민간이전지출 근거 (지보조금 관리기준 참고) 1. 법률에 규정 2. 국고보조 재원(국가지정) 3. 용도 지정 기부금 4. 조례에 직접규정 5. 지자체가 권장하는 사업을 하는 공공기관 6. 시,도 정책 및 재정사정 7. 기타 8. 해당없음	입찰방식			운영예산 산정		성과평가 실시여부 1. 실시 2. 미실시 3. 향후 추진 4. 해당없음
						계약체결방법 (경쟁형태) 1. 일반경쟁 2. 제한경쟁 3. 지명경쟁 4. 수의계약 5. 법정위탁 6. 기타 ( ) 7. 없음	계약기간 1. 1년 2. 2년 3. 3년 4. 4년 5. 5년 6. 기타 ( )년 7. 단가계약 (1년미만) 8. 없음	낙찰자선정방법 1. 적격심사 2. 협상에의한계약 3. 최저가낙찰제 4. 규격가격분리 5. 2단계 경쟁입찰 6. 기타 ( ) 7. 없음	운영예산 산정 1. 내부산정 (지자체 자체적으로 산정) 2. 외부산정 (외부전문기관위탁 산정) 3. 내·외부 모두 산정 4. 산정 無 5. 없음	정산방법 1. 내부정산 (지자체 내부적으로 정산) 2. 외부정산 (외부전문기관위탁 정산) 3. 내·외부 모두 산정 4. 정산 無 5. 없음	
1278	충북 제천시	제천역세권도시재생뉴딜채움하우스(공공임대주택)조성사업	1,421,000	11	8	7	8	7	5	5	4
1279	충북 제천시	임대형스마트팜시설보완내역반영	1,224,000	11	8	7	8	7	5	5	4
1280	충북 제천시	청전동A도시재생마중물사업	1,215,000	11	8	7	8	7	5	5	4
1281	충북 제천시	백운면농촌중심지활성화사업(농촌협약)	1,050,000	11	8	7	8	7	5	5	4
1282	충북 제천시	청풍면기초생활거점조성사업(농촌협약)	910,000	11	8	7	8	7	5	5	4
1283	충북 제천시	수선유지급여사업	865,150	11	8	7	8	7	5	5	4
1284	충북 제천시	금성면기초생활거점조성사업(농촌협약)	790,000	11	8	7	8	7	5	5	4
1285	충북 제천시	임대형스마트팜공사비물가상승반영	635,000	11	8	7	8	7	5	5	4
1286	충북 제천시	차세대천연물조직배양세포주은행구축사업(매칭사업)	500,000	11	8	7	8	7	5	5	4
1287	충북 제천시	농어촌취약지역생활여건개조사업(한수면덕곡.서창리)	199,000	11	8	7	8	7	5	5	4
1288	충북 제천시	의림지관광시설유지대행관리비(한국농어촌공사)	150,000	11	8	7	8	7	5	5	4
1289	충북 제천시	농업기반시설유지관리예산지원비	150,000	11	8	7	8	7	5	5	4
1290	충북 제천시	농업용저수지안전점검위탁사업비	140,000	11	8	7	8	7	5	5	4
1291	충북 제천시	과학기술기반현안해결(자본)	112,500	11	8	7	8	7	5	5	4
1292	충북 제천시	통합지방재정시스템재해복구시스템구축	91,107	11	8	7	8	7	5	5	4
1293	충북 제천시	LPG용기사용가구시설개선사업	67,500	11	8	7	8	7	5	5	4
1294	충북 제천시	국가주소정보시스템차세대구축및유지관리	55,377	11	8	7	8	7	5	5	4
1295	충북 제천시	도로명주소기본도위치정확도개선사업	48,429	11	8	7	8	7	5	5	4
1296	충북 보은군	율산자연재해위험지구정비사업	3,338,000	11	7	7	8	7	1	1	1
1297	충북 보은군	보은읍농촌중심지활성화(일반지구)	2,850,000	11	1	5	1	7	1	1	1
1298	충북 보은군	회남면기초생활거점조성사업	1,597,000	11	1	5	4	7	1	1	1
1299	충북 보은군	덕동리농어촌취약지역생활여건개조사업	571,000	11	1	5	1	7	1	1	1
1300	충북 보은군	도시침수예방사업	567,000	11	1	5	8	7	4	1	4
1301	충북 보은군	평각1리농어촌취약지역생활여건개조사업	535,000	11	1	5	4	7	1	1	1
1302	충북 보은군	이식1리농어촌취약지역생활여건개조사업	514,000	11	1	5	4	7	1	1	1
1303	충북 보은군	비룡호수귀농귀촌레이크힐링타운조성사업(동거동락)	500,000	11	4	5	3	7	4	1	4
1304	충북 보은군	주거급여수선유지급여사업	500,000	11	1,2,5	5	1	7	5	1	4
1305	충북 보은군	장안면기초생활거점조성사업	400,000	11	1	5	5	7	1	1	1
1306	충북 보은군	탄부면기초생활거점조성사업	400,000	11	1	5	5	7	1	1	1
1307	충북 보은군	수한면기초생활거점조성사업	400,000	11	1	5	5	7	1	1	1
1308	충북 보은군	산외면기초생활거점조성사업	400,000	11	1	5	5	7	1	1	1
1309	충북 보은군	군정홍보광고	307,800	11	1	7	7	7	1	1	4
1310	충북 보은군	성리마을만들기(자율개발)	300,000	11	1	5	3	7	1	1	1
1311	충북 보은군	중판2리마을만들기(자율개발)	300,000	11	1	5	3	7	1	1	1
1312	충북 보은군	탁주리마을만들기(자율개발)	300,000	11	1	5	3	7	1	1	1
1313	충북 보은군	산대2리마을만들기(자율개발)	300,000	11	1	5	3	7	1	1	1
1314	충북 보은군	농업용관정,저수지유지관리	300,000	11	1	5	1	7	1	1	1
1315	충북 보은군	지적재조사측량수수료	277,321	11	1	5	7	7	5	5	1
1316	충북 보은군	강신1리농어촌취약지역생활여건개조사업	171,000	11	1	5	4	7	1	1	1
1317	충북 보은군	고승지구대구획경지정리사업실시설계용역	160,000	11	1	5	1	7	1	1	1

순번	시군구	지출명 (사업명)	2024년예산 (단위: 천원/1년간)	민간이전 분류 (지방자치단체 세출예산 집행기준에 의거)	민간이전지출 근거 (지방보조금 관리기준 참고)	계약체결방법 (경쟁형태)	계약기간	낙찰자선정방법	운영예산 산정	정산방법	성과평가 실시여부
1318	충북 보은군	하장리농어촌취약지역생활여건개조사업	126,000	11	1	5	4	7	1	1	1
1319	충북 보은군	송헌리마을만들기(자율개발)	100,000	11	1	5	3	7	1	1	1
1320	충북 보은군	달산1리마을만들기(자율개발)	100,000	11	1	5	3	7	1	1	1
1321	충북 보은군	거현1리마을만들기(자율개발)	100,000	11	1	5	3	7	1	1	1
1322	충북 보은군	용촌2리마을만들기(자율개발)	100,000	11	1	5	3	7	1	1	1
1323	충북 보은군	통합지방재정시스템재해복구시스템구축위탁사업비(1차)	60,749	11	1	5	6	7	3	3	4
1324	충북 보은군	갈평1리마을만들기(자율개발)	60,396	11	1	5	3	7	1	1	1
1325	충북 보은군	복암1리마을만들기(자율개발)	60,000	11	1	5	3	7	1	1	1
1326	충북 보은군	화전1리마을만들기(자율개발)	60,000	11	1	5	3	7	1	1	1
1327	충북 보은군	둔덕1리마을만들기(자율개발)	60,000	11	1	5	3	7	1	1	1
1328	충북 보은군	보은군이미지홍보	48,600	11	1	7	7	7	1	1	4
1329	충북 보은군	골목이옛길유지관리	25,000	11	1	5	1	7	1	1	1
1330	충북 보은군	LPG용기사용가구시설개선사업	22,500	11	2	4	7	7	1	1	1
1331	충북 보은군	차세대주민등록시스템운영비	17,860	11	1	5	8	7	5	3	1
1332	충북 옥천군	옥천읍농촌중심지활성화사업	2,567,100	11	1	6	3	6	1	1	4
1333	충북 옥천군	군북환평리농어촌마을하수도정비사업(L=2.4km)	1,959,000	11	2	7	8	7	3	3	4
1334	충북 옥천군	안내면기초생활거점육성사업	1,482,290	11	1	5	4	7	5	1	4
1335	충북 옥천군	옥천차집관로개량사업(2차)(L=4km)	1,389,000	11	2	7	8	7	3	3	4
1336	충북 옥천군	청산의지리농어촌마을하수도정비사업(L=2.5km)	1,241,000	11	2	7	8	7	3	3	4
1337	충북 옥천군	군북면기초생활거점육성사업	1,156,290	11	1	5	4	7	5	1	4
1338	충북 옥천군	대학타운형도시재생뉴딜사업위탁사업비	1,000,000	11	7	7	8	7	5	5	4
1339	충북 옥천군	행복주택(청년주택)건립사업	800,000	11	7	7	8	7	5	5	4
1340	충북 옥천군	군북항곡리농어촌마을하수도정비사업(L=1.5km)	778,000	11	2	7	8	7	3	3	4
1341	충북 옥천군	옥천읍삼양로그린뉴딜지중화사업(L=1.km)	600,000	11	2	7	8	7	5	1	4
1342	충북 옥천군	인정리취약지역생활여건개조사업	580,000	11	1	7	8	7	5	1	3
1343	충북 옥천군	수선유지급여	574,467	11	2	5	1	7	5	1	4
1344	충북 옥천군	두룡리취약지역생활여건개조사업	518,000	11	1	7	8	7	5	1	3
1345	충북 옥천군	산계2리취약지역생활여건개조사업	459,000	11	1	7	8	7	5	1	3
1346	충북 옥천군	옥천읍중앙로전선지중화사업(L=1.1km)	350,000	11	6	7	8	7	5	1	4
1347	충북 옥천군	이원면기초생활거점육성사업	346,600	11	1	7	8	7	1	1	4
1348	충북 옥천군	청산면기초생활거점육성사업	307,400	11	1	7	5	7	5	1	4
1349	충북 옥천군	수리시설개보수사업지원	300,000	11	1	5	1	7	4	4	3
1350	충북 옥천군	군서면기초생활거점육성사업	290,000	11	1	7	8	7	5	1	4
1351	충북 옥천군	동이면기초생활거점육성사업	255,700	11	1	7	5	7	5	1	4
1352	충북 옥천군	저수지안전점검	210,000	11	1	5	1	7	4	4	3
1353	충북 옥천군	옥천읍금장로전선지중화사업(L=.5km)	200,000	11	6	7	8	7	5	1	4
1354	충북 옥천군	마장리취약지역생활여건개조사업	195,000	11	1	7	8	7	5	1	3
1355	충북 옥천군	산계1리취약지역생활여건개조사업	192,000	11	1	7	8	7	5	1	3
1356	충북 옥천군	저수지정밀안전진단	107,320	11	1	5	1	7	5	5	4
1357	충북 옥천군	지하수영향성조사및사후관리(8개소)	88,000	11	1	5	1	7	4	4	3

순번	시군구	지출명 (사업명)	2024년예산 (단위 : 천원/1년간)	민간이전 분류 (지방자치단체 세출예산 집행기준에 의거) 1. 민간경상사업보조(307-02) 2. 민간단체 법정운영비보조(307-03) 3. 민간행사사업보조(307-04) 4. 민간위탁금(307-05) 5. 사회복지시설 법정운영비보조(307-10) 6. 민간위탁교육비(307-12) 7. 공기관등에대한경상적위탁사업비(308-13) 8. 민간자본사업보조,자체재원(402-01) 9. 민간자본보조,이전재원(402-02) 10. 민간위탁사업비(402-03) 11. 공기관등에 대한 자본적 위탁사업비(403-02)	민간이전지출 근거 (지방보조금 관리기준 참고) 1. 법률에 규정 2. 국고보조 재원(국가지정) 3. 용도 지정 기부금 4. 조례에 직접규정 5. 지자체가 권장하는 사업을 하는 공공기관 6. 시,도 정책 및 재정사정 7. 기타 8. 해당없음	입찰방식			운영예산 산정		성과평가 실시여부
						계약체결방법 (경쟁형태) 1. 일반경쟁 2. 제한경쟁 3. 지명경쟁 4. 수의계약 5. 법정위탁 6. 기타 7. 없음	계약기간 1. 1년 2. 2년 3. 3년 4. 4년 5. 5년 6. 기타( )년 7. 단기계약 (1년미만) 8. 없음	낙찰자선정방법 1. 적격심사 2. 협상에의한계약 3. 최저가낙찰제 4. 규격가격분리 5. 2단계 경쟁입찰 6. 기타( ) 7. 없음	운영예산 산정 1. 내부산정 (지자체 자체적으로 산정) 2. 외부산정 (외부전문기관위탁 산정) 3. 내·외부 모두 산정 4. 산정 無 5. 없음	정산방법 1. 내부정산 (지자체 내부적으로 정산) 2. 외부정산 (외부전문기관위탁 정산) 3. 내·외부 모두 산정 4. 정산 無 5. 없음	1. 실시 2. 미실시 3. 향후 추진 4. 해당없음
1358	충북 옥천군	통합지방재정시스템재해복구시스템구축	70,878	11	8	7	1	7	2	2	4
1359	충북 옥천군	농업생산기반시설운영관리	54,691	11	1	5	1	7	5	5	4
1360	충북 옥천군	지적기준점위탁관리	29,000	11	1	4	7	7	1	1	1
1361	충북 옥천군	차세대표준인사정보시스템유지관리	25,072	11	6	6	3	6	2	2	4
1362	충북 옥천군	LPG용기사용가구시설개선사업지원	22,500	11	1	5	4	7	3	3	4
1363	충북 옥천군	소규모지적재조사사업	5,000	11	1	5	2	7	1	1	1
1364	충북 영동군	농촌중심지활성화	4,907,857	11	1	7	8	7	3	3	1
1365	충북 영동군	농촌공간정비사업	4,514,900	11	1	7	8	7	3	3	1
1366	충북 영동군	황간면도시재생사업	2,100,000	11	1	7	8	7	5	5	1
1367	충북 영동군	기초생활거점육성	949,713	11	1	7	8	7	3	3	1
1368	충북 영동군	농특산물대도시옥외광고홍보	300,000	11	4	7	8	7	5	5	4
1369	충북 영동군	마을만들기자율개발사업(전환사업)	295,000	11	1	7	8	7	3	3	1
1370	충북 영동군	농특산물온라인매체홍보	100,000	11	4	7	8	7	5	5	4
1371	충북 영동군	농특산물TV매체홍보	100,000	11	4	7	8	7	5	5	4
1372	충북 영동군	기능분류모델시스템고도화지자체별분담비	4,250	11	5	7	7	7	2	2	4
1373	충북 증평군	지방상수도현대화사업	2,919,000	11	7	7	8	7	2	1	3
1374	충북 증평군	4차산업기술통합관광플랫폼구축	1,600,000	11	5	7	8	7	1	1	3
1375	충북 증평군	도안면기초생활거점조성	1,474,285	11	1	6	2	2	1	1	3
1376	충북 증평군	농촌공간정비사업	900,000	11	1	5	5	7	1	1	4
1377	충북 증평군	마을만들기종합개발(백암)(전환사업)	500,000	11	1	6	2	2	1	1	3
1378	충북 증평군	농촌공간계획(농촌다움복원)(전환사업)	450,000	11	1	7	8	7	5	5	4
1379	충북 증평군	마을만들기종합개발(뇌실)(전환사업)	350,000	11	1	6	1	2	1	1	3
1380	충북 증평군	마을만들기종합개발(재명)(전환사업)	337,500	11	1	6	1	2	1	1	3
1381	충북 증평군	수소충전소설치지원사업	300,000	11	2	7	8	7	5	5	4
1382	충북 증평군	마을만들기종합개발(곡강골)(전환사업)	300,000	11	1	6	1	2	1	1	3
1383	충북 증평군	주거급여	168,390	11	1	5	1	7	5	1	2
1384	충북 증평군	내수면어도개보수	125,000	11	1	7	8	7	1	1	4
1385	충북 증평군	스마트공장구축지원사업(매칭)	52,738	11	6	7	8	7	5	2	4
1386	충북 증평군	도로명주소정보화사업	52,077	11	2	5	1	7	2	2	4
1387	충북 증평군	소기업형스마트공장구축지원사업(매칭)	37,080	11	6	7	8	7	5	2	4
1388	충북 증평군	수리시설물유지보수	30,000	11	1	4	1	7	5	5	4
1389	충북 증평군	LPG용기사용가구시설개선사업	22,500	11	2	7	8	7	5	2	4
1390	충북 증평군	도로명주소정보화사업	9,749	11	2	5	1	7	2	2	4
1391	충북 증평군	스마트공장구축지원사업(매칭)	7,000	11	6	7	8	7	5	2	4
1392	충북 증평군	택시운행정보관리시스템구축	1,300	11	1	5	8	7	5	5	2
1393	충북 진천군	하수도정비중점관리지역(백곡2분구)도시침수대응사업)	6,184,000	11	1	7	8	7	1	1	3
1394	충북 진천군	지방상수도현대화사업	5,830,000	11	1	7	8	7	1	1	3
1395	충북 진천군	진천음성광역폐기물소각처리시설증설사업	3,523,000	11	2	5	6	2	5	1	2
1396	충북 진천군	광혜원처리구역하수관로정비사업	1,297,000	11	1	7	8	7	1	1	3
1397	충북 진천군	농어촌취약지역생활여건개조사업(양촌마을))	596,000	11	7	7	8	7	1	1	3

번호	사업구분	지원과제명	2024년예산 (단위: 백만원/억원)	신청자격 요건 (지원대상 분류코드 등 기재) 1. 연구자지원사업 세부분류 표기 (307-02) 2. 연구산업육성지원사업 세부분류 표기(307-03) 3. 용품서비스(307-05) 4. 연구산업용역관리(307-04) 5. 시설장비비관리(307-10) 6. 인력양성관리(307-13) 7. 사업 및 기술 정책사업 추진 8. 연구인력활성화(308-13) 9. 연구산업화조성 이용활성화(402-01) 10. 연구산업지원(402-03) 11. 일공동개발 지원 사업실시(403-02)	제재조치 기준	성과점검 기준	주관사업비	위탁사업비	사업관리 1.만족도 2.실적 3.기타()	실적관리 1.만족도 2.기준수 3.재공 4.예산 5.심의 6.기타()	평가위원 1.만족도 2.실적 3.기준수 4.장비 5.컨설팅 6.기타()	예산성 1.만족도 2.실적 3.(통성소설기준) 4.예산
1398	총괄 전담기	다년도연구사업 관리지원 사업(세부사업)	574,000	11	7	7	8	7	1	1	1	3
1399	총괄 전담기	신기술사업 관리지원 사업	500,000	11	7	8	7	1	1	1	3
1400	총괄 전담기	기반조성지원 관리지원 사업(기반조성 추진단 사업)	357,634	11	7	2	8	7	2	1	3
1401	총괄 전담기	우수 논문과 사업	318,546	11	2	5	1	7	4	1	1
1402	총괄 전담기	수요발굴연구개발 지원사업(수요기업참여형/수요기업공동형)	156,528	11	1	6	6	7	5	3	4
1403	총괄 전담기	미수용 지원사업	125,000	11	8	4	7	7	4	1	3
1404	총괄 전담기	수혜자 수자원 관리(물공공기관 관리)	95,000	11	7	7	8	7	1	1	3
1405	총괄 전담기	수요발굴 연구개발 추진사업	92,225	11	7	6	7	7	5	3	4
1406	총괄 전담기	구축지원 관리지원사업	70,878	11	1	6	3	6	5	3	4
1407	총괄 전담기	지방도로수요발굴 지원사업(지역기업 지원, 이공간활동)	28,000	11	7	6	6	7	5	3	3
1408	총괄 전담기	국가수자원관리	24,000	11	7	8	1	7	7	1	3
1409	총괄 전담기	LPG용기사용자지원사업	22,500	11	2	5	9	7	2	3	4
1410	총괄 전담기	2024년도 수자원활용(BRM) 사업(신규도전적공공)	4,250	11	1	5	8	7	5	5	4
1411	총괄 전담기	수요발굴적지원사업(학생용)	1,667	11	5	1	7	기타(연구용역)	2	2	4
1412	총괄 경영지	2024년도지원사업세부관리수자원계발지원 등	70,878	11	7	1	8	7	7	5	4
1413	총괄 경영지	다년공동수주사업지원사업(2차)	16,289,600	11	5	5	5	7	1	1	1
1414	총괄 경영지	공공사업수주사업 관리지원사업	4,861,000	11	1	5	5	7	5	5	4
1415	총괄 경영지	공공수주사업 지원사업(2차)	3,270,000	11	5	5	5	7	1	1	1
1416	총괄 경영지	해외산업,원공동지원사업 지원사업 등	1,500,000	11	8	7	8	7	5	5	4
1417	총괄 경영지	신공공수주 지원사업 관리지원사업	1,000,000	11	1	7	8	7	4	1	3
1418	총괄 경영지	공공수주사업 자원지원사업	922,480	11	2	7	8	7	2	2	4
1419	총괄 경영지	공공수주 지원사업 관리지원사업	702,000	11	1	5	5	7	5	1	4
1420	총괄 경영지	수요발굴지원사업 지원사업	519,900	11	1	2	7	7	5	1	4
1421	총괄 경영지	수요관리사업	375,255	11	2	7	1	7	1	1	1
1422	총괄 경영지	아이디어공공지원(MV)지원사업경력된지원개발지원	336,609	11	5	8	7	7	1	1	4
1423	총괄 경영지	물관리사업	283,421	11	1	5	1	2	2	1	4
1424	총괄 경영지	다년공동지원사업 관리지원사업	195,000	11	1	5	4	7	2	1	4
1425	총괄 경영지	수자원공동사업,공공사업 해외공동수주사업	138,661	11	7	7	1	7	5	5	4
1426	총괄 경영지	수요종합유공사업 사업자원	69,000	11	2	7	8	7	2	2	4
1427	총괄 경영지	LPG용기사용자지원사업	45,000	11	2	7	8	7	5	1	4
1428	총괄 경영지	수요공기관지원 수주사업	43,128	11	1	5	1	7	2	1	4
1429	총괄 경영지	수자원KAIS구축	35,554	11	1	5	1	7	2	1	4
1430	총괄 경영지	기계KAIS관리지원	18,173	11	1	5	1	7	2	1	4
1431	총괄 E강기	인공지능수자원공공지원(원공역사공동) 지원관리수지원사업	600,000	11	7	7	7	7	1	1	4
1432	총괄 E강기	기계공공지원기지원원공지원관리지원사업	538,000	11	5	7	8	7	5	5	4
1433	총괄 E강기	기계의신공공공수주지원사업	285,000	11	4	7	8	7	5	5	4
1434	총괄 E강기	수요공지원사업의공공지원지원사업	196,000	11	2	7	8	7	5	5	4
1435	총괄 E강기	해외공지원공지원사업(공공공지원공지원지원공지원관리시공사업)	92,500	11	2	7	7	7	5	2	4
1436	총괄 E강기	LPG용기사용자수지원사업지원	67,500	11	5	7	8	7	2	3	2
1437	총괄 E강기	지원사업공공지원수주	66,874	11	2	7	7	7	5	5	2

순번	시군구	지출명 (사업명)	2024년예산 (단위: 천원/1년간)	민간이전 분류 (지방자치단체 세출예산 집행기준에 의거) 1. 민간경상사업보조(307-02) 2. 민간단체 법정운영비보조(307-03) 3. 민간행사사업보조(307-04) 4. 민간위탁금(307-05) 5. 사회복지시설 법정운영비보조(307-10) 6. 민간인위료육비(307-12) 7. 공기관등에대한경상적위탁사업비(308-13) 8. 민간자본사업보조,자체재원(402-01) 9. 민간자본사업보조,이전재원(402-02) 10. 민간위탁사업비(402-03) 11. 공기관등에 대한 자본적 위탁사업비(403-02)	민간이전지출 근거 (지방보조금 관리기준 참고) 1. 법률에 규정 2. 국고보조 재원(국가지정) 3. 용도 지정 기부금 4. 조례에 직접규정 5. 지자체가 권장하는 사업을 하는 공공기관 6. 시,도 정책 및 재정사정 7. 기타 8. 해당없음	입찰방식 계약체결방법 (경쟁형태) 1. 일반경쟁 2. 제한경쟁 3. 지명경쟁 4. 수의계약 5. 법정위탁 6. 기타 () 7. 없음	계약기간 1. 1년 2. 2년 3. 3년 4. 4년 5. 5년 6. 기타 ()년 7. 단기계약(1년미만) 8. 없음	낙찰자선정방법 1. 적격심사 2. 협상에의한계약 3. 최저가낙찰제 4. 규격가격분리 5. 2단계 경쟁입찰 6. 기타 () 7. 없음	운영예산 산정 1. 내부산정(지자체 자체적으로 산정) 2. 외부산정(외부전문기관위탁 산정) 3. 내·외부 모두 산정 4. 산정 無 5. 없음	정산방법 1. 내부정산(지자체 내부적으로 정산) 2. 외부정산(외부전문기관위탁 정산) 3. 내·외부 모두 정산 4. 정산 無 5. 없음	성과평가 실시여부 1. 실시 2. 미실시 3. 향후 추진 4. 해당없음
1438	충북 단양군	저수지안전점검위탁	60,000	11	4	7	8	7	5	5	4
1439	충북 단양군	주소정보관리시스템차세대구축사업	35,554	11	1	6	1	2	5	1	4
1440	충북 단양군	주소정보기본도유지관리사업	22,149	11	1	6	1	2	5	1	4
1441	충청남도	지방의료원기능특성화사업	13,002,000	11	1	7	8	7	1	1	2
1442	충청남도	공주의료원민간투자사업(BTL)시설임대료	4,069,000	11	1	6	6	2	1	1	1
1443	충청남도	백석농공단지스마트혁신지구조성사업	600,000	11	1	7	2	6	1	2	3
1444	충청남도	재난거점병원운영지원(차량및물품구입)	300,000	11	1	5	8	7	3	3	1
1445	충청남도	지방의료원정보화지원사업	262,000	11	1	7	8	7	5	1	4
1446	충청남도	충남지하수저류댐설계등	129,000	11	1	7	8	7	5	5	4
1447	충청남도	출장건강검진차량교체지원	40,000	11	5	7	8	7	5	5	4
1448	충청남도	공주의료원1층진료시설환경개선비지원	40,000	11	5	7	8	7	5	5	4
1449	충청남도	홍성의료원병동환경개선비지원	40,000	11	5	7	8	7	5	5	4
1450	충청남도	간호기숙사편의시설지원	40,000	11	5	7	8	7	5	5	4
1451	충청남도	공공보건의료협력체계구축사업(자본)	22,500	11	1	7	8	7	1	2	2
1452	충청남도	청소년성문화센터교재교구교체지원	5,000	11	5	7	8	7	1	1	4
1453	충청남도	통합지방재정시스템재해복구시스템구축	86,736	11	2	7	8	7	5	5	4
1454	충청남도	청백e시스템유지보수및운영지원	25,449	11	1	5	1	7	2	2	2
1455	충남 천안시	천안물재이용활성화사업	570,000	11	2	5	8	7	5	5	4
1456	충남 공주시	복합커뮤니티센터건립(균발)	5,220,000	11	1	2	8	1	1	1	4
1457	충남 공주시	유구읍농촌중심지활성화	3,602,000	11	1	4	6	2	1	3	1
1458	충남 공주시	청년농촌보금자리조성	3,200,000	11	1	7	8	7	5	5	4
1459	충남 공주시	농촌취약지역생활여건개조(경천1리)	678,000	11	1	4	6	2	1	3	1
1460	충남 공주시	농촌취약지역생활여건개조(신영2리)	542,000	11	1	4	6	2	1	3	1
1461	충남 공주시	농촌취약지역생활여건개조(내흥1리)	493,000	11	1	4	6	2	1	3	1
1462	충남 공주시	오인리마을만들기(자율개발)	340,000	11	1	4	6	7	1	3	1
1463	충남 공주시	하신리마을만들기(자율개발)	200,000	11	1	4	6	7	1	3	1
1464	충남 공주시	명곡2리마을만들기(자율개발)	200,000	11	1	4	6	7	1	3	1
1465	충남 공주시	송학1리마을만들기(자율개발)	200,000	11	1	4	6	7	1	3	1
1466	충남 보령시	죽도갯벌복원사업	2,871,428	11	1	5	4	7	5	1	4
1467	충남 보령시	척골마을(송학1리)어촌테마마을	2,144,286	11	2	4	5	7	1	2	2
1468	충남 보령시	원산도진말갯벌복원사업	1,624,286	11	1	5	4	7	5	1	4
1469	충남 보령시	호도어장진입로개설	1,295,000	11	1	7	8	7	5	5	4
1470	충남 보령시	친환경에너지보급(히트펌프)	1,073,600	11	2	5	7	2	1	1	4
1471	충남 보령시	원산도초전항~통계목간호안정비	948,750	11	1	7	8	7	5	5	4
1472	충남 보령시	대천천염생식물시범단지조성사업	163,000	11	1	5	8	7	4	5	4
1473	충남 보령시	장고도마을단위LPG시설구축	87,200	11	1	5	6	7	1	1	4
1474	충남 보령시	주꾸미산란장조성	76,500	11	1	5	7	2	1	1	4
1475	충남 보령시	보령해저터널홍보관위탁사업비	8,300	11	4	5	1	7	1	1	2
1476	충남 보령시	청년맞춤임대형스마트팜단지조성	10,000,000	11	4	7	8	7	5	5	4
1477	충남 보령시	웅천읍농촌중심지활성화사업(농촌협약)	1,733,000	11	1	7	8	7	5	5	4

순번	시군구	지출명 (사업명)	2024년예산 (단위: 천원/1년간)	민간이전 분류 (지방자치단체 세출예산 집행기준에 의거)	민간이전지출 근거 (지방보조금 관리기준 참고)	계약체결방법 (경쟁형태)	계약기간	낙찰자선정방법	운영예산 산정	정산방법	성과평가 실시여부
1478	충남 보령시	농업농촌RE1실증사업	1,291,000	11	1,5	7	8	7	5	5	4
1479	충남 보령시	남포면기초생활거점조성사업	1,166,000	11	1	4	4	6	1	1	3
1480	충남 보령시	수선유지급여	1,100,000	11	1	5	1	7	3	3	1
1481	충남 보령시	주산면기초생활거점조성사업(농촌협약)	420,000	11	1	7	8	7	5	5	4
1482	충남 보령시	미산면기초생활거점조성사업(농촌협약)	420,000	11	1	7	8	7	5	5	4
1483	충남 보령시	성주면기초생활거점조성사업(농촌협약)	420,000	11	1	7	8	7	5	5	4
1484	충남 보령시	통합지방재정시스템재해복구시스템구축비분담금	80,996	11	1	7	8	7	2	2	4
1485	충남 보령시	2024충남투어패스위탁운영	20,000	11	6	4	1	7	1	1	3
1486	충남 보령시	2024충남워케이션위탁운영	20,000	11	6	4	1	7	1	1	3
1487	충남 보령시	보령시시설관리공단자본적위탁사업비	11,450	11	4	7	8	7	5	5	4
1488	충남 보령시	빈집실태조사및정비계획수립	10,000	11	1	5	7	7	3	4	1
1489	충남 보령시	근로자종합복지관자본적위탁사업비	5,700	11	4	7	8	7	5	5	4
1490	충남 보령시	LPG용기사용가구시설개선사업	5,000	11	2	5	6	7	2	1	4
1491	충남 보령시	청소년수련관물품구입	3,000	11	1,4	7	8	7	1	1	1
1492	충남 보령시	원산도해양레저관광거점조성	3,600,000	11	1	7	8	7	4	1	2
1493	충남 보령시	원산도명품해수욕장조성	1,333,000	11	1	7	8	7	4	1	2
1494	충남 아산시	기초생활거점조성(선장면)	1,036,000	11	2	4	5	7	1	1	3
1495	충남 아산시	기초생활거점조성(염치읍)	1,020,000	11	2	4	5	7	1	1	3
1496	충남 아산시	기초생활거점조성(송악면)	1,020,000	11	2	4	5	7	1	1	3
1497	충남 아산시	편안한물길조성사업	1,000,000	11	1	5	1	7	1	1	4
1498	충남 아산시	마을단위LPG소형저장탱크보급사업	720,000	11	1	7	8	7	1	1	4
1499	충남 아산시	주거급여수선유지비	700,893	11	1	5	1	7	1	1	1
1500	충남 아산시	대구획경지정리사업(채신언2지구)	600,000	11	1	5	1	7	1	1	4
1501	충남 아산시	기초생활거점조성(인주면)	500,000	11	1	5	1	7	1	1	3
1502	충남 아산시	기초생활거점조성(도고면)	420,000	11	2	4	4	7	1	1	3
1503	충남 아산시	온천동주차전용건축물개발사업(개발비용)	350,000	11	4	5	8	7	1	1	2
1504	충남 아산시	대구획경지정리사업(채신언1지구)	300,000	11	1	5	1	7	1	1	4
1505	충남 아산시	선장신덕리소규모배수개선	300,000	11	1	5	1	7	1	1	4
1506	충남 아산시	학교급식지원배송차량지원	300,000	11	5	5	8	3	1	1	1
1507	충남 아산시	인주해암용수간선확장	200,000	11	1	5	1	7	1	1	4
1508	충남 아산시	선장대흥리배수로정비	200,000	11	1	5	1	7	1	1	4
1509	충남 아산시	2024제16회대통령배e스포츠대회	150,000	11	1	7	8	7	1	1	4
1510	충남 아산시	농업용수확보시설설치사업	120,000	11	1	5	1	7	1	1	4
1511	충남 아산시	통합지방재정재해복구시스템구축	101,229	11	7	7	1	7	1	1	4
1512	충남 아산시	농업기반시설정비사업	100,000	11	1	5	1	7	1	1	4
1513	충남 아산시	LPG용기사용가구시설개선사업	82,500	11	5	7	8	7	1	1	4
1514	충남 아산시	공설봉안당운영(시설관리공단)	82,000	11	5	6	6	7	1	1	4
1515	충남 아산시	쇠고기이력제사업(귀표부착)	74,880	11	1	7	1	7	5	5	4
1516	충남 아산시	옹기발효음식전시체험관시설유지보수	40,000	11	5	6	2	7	1	2	3
1517	충남 아산시	코레일열차연계관광객유치지원	30,000	11	5	7	1	7	5	1	3

순번	시군구	지출명 (사업명)	2024년예산 (단위 : 천원 /1년간)	민간이전 분류	민간이전지출 근거	계약체결방법 (경쟁형태)	계약기간	낙찰자선정방법	운영예산 산정	정산방법	성과평가 실시여부
1518	충남 아산시	서민층가스시설개선사업(타이머콕)	21,600	11	5	7	8	7	1	1	4
1519	충남 아산시	공영주차장운영(시설관리공단)	16,500	11	4	5	8	7	1	1	1
1520	충남 아산시	아산코미디홀시설유지관리	10,000	11	5	6	2	7	1	2	3
1521	충남 아산시	곡교천야영장위탁운영	9,520	11	5	6	8	7	1	2	3
1522	충남 서산시	가로림만갯벌식생복원사업	2,835,714	11	1	5	6	7	3	1	4
1523	충남 서산시	주거급여(자가)	550,416	11	1	7	8	7	1	1	1
1524	충남 서산시	LPG용기사용가구시설개선사업	77,000	11	2	7	8	7	3	1	4
1525	충남 서산시	취약계층가스타이머콕지원사업	27,500	11	4	7	1	7	3	1	4
1526	충남 논산시	자연재해위험개선지구정비공사(성평)	1,000,000	11	1	7	8	7	1	1	1
1527	충남 논산시	LPG용기사용가구시설개선사업	110,000	11	2	7	8	7	1	1	4
1528	충남 논산시	서민층가스타이머콕보급사업	30,000	11	1	7	8	7	1	1	4
1529	충남 계룡시	하수관로정비BTL임대료지급	2,480,000	11	1	1	6	2	2	4	1
1530	충남 계룡시	아이돌봄지원사업	370,000	11	2	7	2	7	5	5	4
1531	충남 계룡시	주거급여지원	70,000	11	2	7	8	7	2	2	1
1532	충남 계룡시	예산편성관리	50,628	11	5	7	8	7	2	2	4
1533	충남 당진시	수소도시운영기관위탁사업비	10,000,000	11	4	7	8	7	5	5	4
1534	충남 당진시	공기관등에대한자본적위탁사업비(맷돌포구어촌뉴딜3사업)	2,830,730	11	1	7	8	7	5	1	3
1535	충남 당진시	공기관등에대한자본적위탁사업비(마섬항어촌신활력증진사업)	1,433,477	11	1	7	8	7	5	1	3
1536	충남 당진시	수선유지급여	500,000	11	1	7	8	7	5	5	4
1537	충남 당진시	수산자원산란서식장조성	300,000	11	1	7	8	7	1	1	4
1538	충남 당진시	당진정보고일원배전선로지중화사업시비분담금	229,625	11	1	7	1	6	2	1	4
1539	충남 당진시	어도개보수	125,000	11	1	7	8	7	1	1	4
1540	충남 당진시	연안바다목장관리	100,000	11	1	7	8	7	1	1	4
1541	충남 당진시	서민층가스시설개선사업(자원)	82,500	11	7	7	8	7	5	5	4
1542	충남 당진시	취약계층가스타이머콕보급사업(자원)	27,000	11	7	7	8	7	5	5	4
1543	충남 당진시	저소득층에너지효율개선사업	20,000	11	7	6	1	6	1	1	4
1544	충남 금산군	차세대e호조재해복구시스템구축사업	70,878	11	2	7	8	7	2	2	4
1545	충남 금산군	LPG용기사용가구시설개선사업	11,000	11	2	7	8	7	5	5	4
1546	충남 부여군	주거(수선유지)급여	750,000	11	1	5	1	1	1	1	1
1547	충남 부여군	아이돌봄지원	383,890	11	1	7	8	7	5	5	4
1548	충남 부여군	종합운동장관리공단전출금(경상)	152,802	11	8	7	8	7	1	1	1
1549	충남 부여군	가구단위LPG소형저장탱크보급사업	87,500	11	1	6	1	6	2	3	4
1550	충남 부여군	군민가스시설개선사업	82,500	11	1	6	1	6	2	3	4
1551	충남 부여군	국민체육센터관리공단전출금(경상)	73,105	11	8	7	8	7	1	1	1
1552	충남 부여군	백마강생활체육공원관리공단전출금(경상)	71,701	11	8	7	8	7	1	1	1
1553	충남 부여군	스마트공장구축사업	50,000	11	2	7	8	7	1	1	3
1554	충남 부여군	시설관리공단전출금(서동요세트장시설운영)	43,859	11	5	6	7	6	5	5	4
1555	충남 부여군	군민체육관리공단전출금(경상)	33,427	11	8	7	8	7	1	1	1
1556	충남 부여군	시설관리공단전출금(경상)	32,541	11	5	6	7	6	5	5	4
1557	충남 서천군	수선유지급여지원	700,000	11	1	5	1	1	1	1	4

연번	사업구분	사업명	2024예산액(백만원/천원)	성과계획서 목표 1. 민간전문서비스지원(307-02) 2. 민간차시설기능보강(307-03) 3. 민간미혼모자시설(307-05) 4. 지역아동돌봄지원(307-10) 5. 지역아동센터운영지원(307-12) 6. 민간어린이집운영지원(308-13) 7. 공공형어린이집지원(402-01) 8. 민간어린이집지원(402-01) 9. 민간어린이집지원(402-02) 10. 민간대체시설(402-03) 11. 공공기관에 대한 지원 및 민간이전(403-02)	재정사업 자율평가 (예비타당성조사) 1. 필요성 2. 사업목적 명확성 3. 법령 등 근거 4. 수행주체 5. 사업방식의 적절성 6. 기타() 7. 기타() 8. 해당없음	재정사업 계획수립 1. 계획 2. 목표 3. 성과지표 4. 사업량 5. 예산책정 6. 기타 () 7. 기타 () 8. 해당없음	사업집행관리 1. 매뉴얼 2. 집행관리 3. 모니터링 4. 중간평가 5. 환류계획 6. 기타 () 7. 기타 () 8. 해당없음	성과평가 관리 1. 내부평가 2. 외부평가(실적대비성과평가 등) 3. 차년도 계획 반영 4. 성과환류 5. 환류 6. 기타 () 7. 기타 () 8. 해당없음	성과평가 사항 1. 내부평가 2. 외부평가(실적대비성과평가 등) 3. 차년도 계획 반영 4. 성과환류 5. 환류
1558	중점사업관	돌봄드림어린이집환경개선지원사업	4,500,000	11	6	7	8	7	5	5	4
1559	중점사업관	진해문화돌봄이사업	1,926,000	11	5	5	4	7	1	1	4
1560	중점사업관	수리기름건어매지원및영상지원	1,320,000	11	2	7	8	7	5	5	4
1561	중점사업관	취업여성근거기동교육(희망포털)	664,462	11	1	7	8	7	5	5	4
1562	중점사업관	가족어울림광장운영	396,000	11	5	5	1	7	1	1	4
1563	중점사업관	양육자기술품품기사업	200,000	11	5	6	3	7	5	1	4
1564	중점사업관	수유관기술품품기사업	200,000	11	5	6	3	7	5	1	4
1565	중점사업관	놀이키기술품품기사업	200,000	11	5	6	3	7	5	1	4
1566	중점사업관	차계기기술품품기사업	200,000	11	5	6	3	7	5	1	4
1567	중점사업관	업고관기술품품기사업	156,000	11	5	6	3	7	5	1	4
1568	중점사업관	장난감가든대여기사업	140,000	11	5	6	3	7	5	1	4
1569	중점사업관	공공시설대여장난감대여기사업	70,878	11	1	5	5	5	3	2	2
1570	중점사업관	대여가든기부제사업	56,000	11	5	6	3	7	5	1	4
1571	중점사업관	가족기부장보호지원	33,000	11	1	5	1	7	1	1	2
1572	중점사업관	7·9~19세가 청소년수시사람구조차	8,514,956	11	5	5	8	7	5	1	1
1573	중점사업관	쉬어가는지하관운영지원사회복지조사	3,500,000	11	1	5	8	7	1	1	4
1574	중점사업관	사회보건및보호사회지원기획지원지원	500,000	11	5	5	8	7	5	1	1
1575	중점사업관	중점사업보호제지역지원사업	500,000	11	5	5	8	7	5	1	1
1576	중점사업관	청소년부세계지원사업	300,000	11	5	5	8	7	5	1	1
1577	중점사업관	수상자기지원계자수	300,000	11	5	5	8	7	5	1	1
1578	중점사업관	장애기기수수지원수정지원	250,500	11	2	7	8	7	5	5	4
1579	중점사업관	사계유공자지원	200,000	11	5	5	5	7	5	1	1
1580	중점사업관	고지수업수수기지원사업	128,000	11	5	5	8	7	5	1	1
1581	중점사업관	청소년수업수수기지원사업	120,000	11	5	5	8	7	5	5	1
1582	중점사업관	중점수업수업지원수지원수업	70,878	11	8	7	1	7	5	5	4
1583	중점사업관	금지수업수수업수수기지원사업	52,000	11	5	5	8	7	5	1	1
1584	중점사업관	정수지기장제지업운영	22,000	11	5	7	8	7	5	5	4
1585	중점사업관	지역비보호지원업수지업수지기지수	21,988	11	8	5	1	7	5	5	4
1586	중점사업관	지역비보호업수업수 지원수지기	17,860	11	8	5	1	7	5	5	4
1587	중점사업관	기본업지업수수수업	12,000	11	2	7	8	7	5	1	4
1588	중점예산관	사회서비스활동자원수사원사원	2,000,000	11	7	7	8	7	5	5	4
1589	중점예산관	에너비지원장장비수수업서비업수수(중수)	1,369,000	11	6	7	8	7	1	1	4
1590	중점예산관	중복비지지수업서비수업수서비업	1,288,426	11	7	7	8	7	5	5	4
1591	중점예산관	기본수수수업지업수수기업수지	1,216,000	11	6	7	8	7	5	1	4
1592	중점예산관	에너비물수업(훼계)시기업수사	1,188,500	11	2	7	8	7	5	5	4
1593	중점예산관	에너비스지지장장비수업지업수지	1,004,500	11	8	5	5	7	5	1	2
1594	중점예산관	수수업수수업수업서비업수업	750,000	11	1	4	1	7	5	1	2
1595	중점예산관	복지사지업수(경수)(경수기)	614,000	11	1	5	5	4	5	1	1
1596	중점예산관	복지사지업수(경수)(중점25)	572,000	11	1	5	4	4	1	1	1
1597	중점예산관	복지사지업수(경수)(경수12)	483,000	11	1	5	3	2	1	1	1

순번	시군구	지출명 (사업명)	2024년예산 (단위 : 천원 /1년간)	민간이전 분류 (지방자치단체 세출예산 집행기준에 의거) 1. 민간경상사업보조(307-02) 2. 민간단체 법정운영비보조(307-03) 3. 민간행사사업보조(307-04) 4. 민간위탁금(307-05) 5. 사회복지시설 법정운영비보조(307-10) 6. 민간위탁교육비(307-12) 7. 공기관등에대한경상적위탁사업비(308-13) 8. 민간자본사업보조,자체재원(402-01) 9. 민간자본사업보조,이전재원(402-02) 10. 민간위탁사업비(402-03) 11. 공기관등에 대한 자본적 위탁사업비(403-02)	민간이전지출 근거 (지방보조금 관리기준 참고) 1. 법률에 규정 2. 국고보조 재원(국가지정) 3. 용도 지정 기부금 4. 조례에 직접규정 5. 지자체가 권장하는 사업을 하는 공공기관 6. 시,도 정책 및 재정사정 7. 기타 8. 해당없음	계약체결방법 (경쟁형태) 1. 일반경쟁 2. 제한경쟁 3. 지명경쟁 4. 수의계약 5. 법정위탁 6. 기타 ( ) 7. 없음	계약기간 1. 1년 2. 2년 3. 3년 4. 4년 5. 5년 6. 기타 ( )년 7. 단기계약 (1년미만) 8. 없음	낙찰자선정방법 1. 적격심사 2. 협상에의한계약 3. 최저가낙찰제 4. 규격가격분리 5. 2단계 경쟁입찰 6. 기타 ( ) 7. 없음	운영예산 산정 1. 내부산정 (지자체 자체적으로 산정) 2. 외부산정 (외부전문기관위탁 산정) 3. 내·외부 모두 산정 4. 산정 無 5. 없음	정산방법 1. 내부정산 (지자체 내부적으로 정산) 2. 외부정산 (외부전문기관위탁 정산) 3. 내·외부 모두 산정 4. 정산 無 5. 없음	성과평가 실시여부 1. 실시 2. 미실시 3. 향후 추진 4. 해당없음
1598	충남 예산군	취약지역개조(농어촌)(화산리)	480,000	11	1	5	4	7	1	1	1
1599	충남 예산군	취약지역개조(농어촌)(하평리)	469,000	11	1	5	4	7	1	1	1
1600	충남 예산군	마을만들기(2023년지구)(후사리)	400,000	11	1	5	3	7	1	1	1
1601	충남 예산군	기초생활거점조성사업(신양면)	400,000	11	1	5	4	7	1	1	1
1602	충남 예산군	아이돌보미위탁금	330,000	11	1	7	8	7	5	1	4
1603	충남 예산군	마을만들기	324,000	11	1	5	3	7	1	1	1
1604	충남 예산군	군정홍보광고	200,000	11	1	7	8	7	5	5	4
1605	충남 예산군	마을만들기(2023년지구)(시산2리)	200,000	11	1	5	3	7	1	1	1
1606	충남 예산군	마을만들기(2023년지구)(손지2리)	200,000	11	1	5	3	7	1	1	1
1607	충남 예산군	마을만들기(2023년지구)(신평2리)	200,000	11	1	5	3	7	1	1	1
1608	충남 예산군	마을만들기(2023년지구)(구만3리)	200,000	11	1	5	3	7	1	1	1
1609	충남 예산군	방송사프로그램제작지원	160,000	11	1	7	8	7	5	5	4
1610	충남 예산군	지역향토문화축제홍보광고	150,000	11	4	7	8	7	5	1	1
1611	충남 예산군	일반농산어촌개발공모사업계획수립용역	100,000	11	1	5	1	7	1	1	1
1612	충남 예산군	통합지방재정시스템(재해복구시스템)구축	80,996	11	1	4	1	7	2	2	4
1613	충남 예산군	캠페인광고	75,000	11	1	7	8	7	5	5	4
1614	충남 예산군	군공식SNS운영비	60,000	11	1	7	8	7	5	5	4
1615	충남 예산군	군정홍보영상방송송출료	50,000	11	1	7	8	7	5	5	4
1616	충남 예산군	마을만들기(2022년지구)(상하1리)	42,800	11	1	5	3	7	1	1	1
1617	충남 예산군	LPG용기사용가구시설개선사업	41,250	11	2	4	8	7	5	5	4
1618	충남 예산군	군정홍보방송광고	40,000	11	1	7	8	7	5	5	4
1619	충남 예산군	군정홍보방송광고제작	22,000	11	1	7	8	7	5	5	4
1620	충남 예산군	동영상홍보보도자료제작	20,000	11	1	7	8	7	5	5	4
1621	경상북도	히회과학자마을조성사업비	7,000,000	11	5	7	4	7	1	1	4
1622	경상북도	제12호태풍오마이스피해복구	4,257,000	11	1	5	8	7	1	1	4
1623	경상북도	하천재해예방사업	2,000,000	11	8	7	8	7	5	5	4
1624	경상북도	운곡자연재해위험개선지구정비사업(지특중앙)	1,000,000	11	8	7	8	7	5	5	4
1625	경상북도	인공어초어장관리	611,250	11	1	7	1	2	5	1	4
1626	경상북도	주소정보기본도현행화사업	506,147	11	1	5	1	2	1	1	4
1627	경상북도	디지털지방의정표준플랫폼구축	202,000	11	5	7	6	6	5	5	4
1628	경상북도	수산종자방류효과조사	191,000	11	1	7	1	2	1	1	4
1629	경상북도	주소정보관리시스템운영	55,377	11	1	5	1	1	1	1	4
1630	경상북도	연안어업실태조사	52,000	11	2	5	1	6	5	1	4
1631	경상북도	교류협력지역공무원연수	30,000	11	4	6	8	7	1	3	1
1632	경상북도	유라시아지역교류협력사업	20,000	11	4	6	8	7	1	3	1
1633	경북 포항시	주거급여(자가대상자)집수리사업	3,500,000	11	1	7	8	7	5	5	4
1634	경북 포항시	포항철강산단통합관제센터구축	1,450,000	11	2	7	8	7	1	1	4
1635	경북 포항시	양식장친환경에너지보급사업(히트펌프)	666,667	11	2	4	8	7	3	3	4
1636	경북 포항시	포항시해양심층수개발기본계획연구용역	200,000	11	1	2	7	1	3	3	4
1637	경북 포항시	마을어장체험판매시설설치사업	200,000	11	1	2	7	1	3	3	4

순번	시군구	지출명 (사업명)	2024년예산 (단위: 천원/1년간)	민간이전 분류	민간이전지출 근거	입찰방식 계약체결방법 (경쟁형태)	입찰방식 계약기간	입찰방식 낙찰자선정방법	운영예산 산정	정산방법	성과평가 실시여부
1638	경북 포항시	통합지방재정재해복구시스템구축분담금	101,229	11	5	7	8	7	2	2	4
1639	경북 포항시	양식장친환경에너지보급사업(인버터)	43,593	11	2	4	8	7	3	3	4
1640	경북 경주시	월성발굴조사및학술연구	7,500,000	11	2	7	1	7	1	1	4
1641	경북 경주시	e모빌리티배터리공유스테이션기술개발및실증	5,460,000	11	2	7	5	7	5	5	4
1642	경북 경주시	안강지구정비	4,800,000	11	5	1	4	1	1	1	4
1643	경북 경주시	안강읍화물자동차공영차고지조성토지보상및제반경비	2,500,000	11	1	7	8	1	5	5	4
1644	경북 경주시	신라문화제행사지원	2,055,000	11	8	7	1	1	1	1	4
1645	경북 경주시	중수로해체기술원설립지원	800,000	11	7	7	8	7	3	3	4
1646	경북 경주시	온나라문서시스템2.구축위수탁비	500,000	11	1	7	8	7	5	5	4
1647	경북 경주시	경주문화예술르네상스사업	450,000	11	8	7	1	1	1	1	4
1648	경북 경주시	부동산종합공부지적(임야도면자료정비)	250,000	11	5	5	7	7	1	1	3
1649	경북 경주시	황성공원토지은행매매계약대금납부	250,000	11	1	7	8	7	5	5	4
1650	경북 경주시	지적재조사측량수수료	183,991	11	2	5	1	7	5	5	4
1651	경북 경주시	통합지방재정재해복구시스템구축분담금	101,229	11	2	7	8	7	5	5	4
1652	경북 경주시	주소정보기본도유지보수사업	81,583	11	8	5	1	7	1	1	4
1653	경북 경주시	LPG용기사용가구시설개선사업	67,500	11	5	7	8	7	5	5	4
1654	경북 경주시	주소정보관리시스템유지관리	57,027	11	8	5	1	7	1	1	4
1655	경북 경주시	지적기준점유지관리(조사및재설치)	22,000	11	1	5	7	7	1	5	3
1656	경북 영천시	과실전문생산단지기반조성사업	164,890	11	1	7	8	7	1	1	2
1657	경북 영천시	경부선금호대창하이패스IC위수탁사업비	5,000,000	11	7	7	8	7	3	3	4
1658	경북 영천시	신녕면기초생활거점조성사업	1,955,000	11	2	5	4	2	1	1	1
1659	경북 영천시	신재생에너지용복합지원사업	1,755,205	11	1	7	8	7	5	5	4
1660	경북 영천시	화남면기초생활거점조성사업	1,182,000	11	2	5	4	2	1	2	1
1661	경북 영천시	임고면기초생활거점조성사업	1,060,000	11	2	5	4	2	1	2	1
1662	경북 영천시	완산뜨락도시재생지중화사업	600,000	11	2	4	8	7	2	1	3
1663	경북 영천시	북안면명주리취약지역생활여건개조사업	487,000	11	2	5	4	2	1	2	1
1664	경북 영천시	지하수관리기본계획수립용역	200,000	11	5	7	2	7	1	1	3
1665	경북 영천시	LPG용기사용가구시설개선사업	60,750	11	1	7	8	7	5	5	4
1666	경북 영천시	서민층가스안전차단기(타이머콕)보급사업	19,000	11	1	7	8	7	5	5	4
1667	경북 김천시	송북지구소규모용수개발사업	3,026,000	11	1	4	5	7	4	5	4
1668	경북 김천시	봉산지구배수개선사업	600,000	11	1	4	5	7	4	5	4
1669	경북 김천시	장암지구배수개선사업	100,000	11	1	4	5	7	4	5	4
1670	경북 김천시	지적재조사조사및측량수수료	60,775	11	2	5	1	7	5	5	4
1671	경북 안동시	안기복개천생태하천복원사업	8,000,000	11	7	6	6	1	1	1	4
1672	경북 안동시	과실전문생산단지기반조성	7,458,750	11	1	5	1	7	5	1	4
1673	경북 안동시	그린뉴딜지중화사업[전기](자이아파트서측~서부초등학교서측교차로)	2,928,575	11	1	7	8	7	5	5	4
1674	경북 안동시	특용작물산업화지원센터구축	2,700,000	11	1	5	8	7	5	5	2
1675	경북 안동시	농어촌취약지역생활여건개조사업(일직면귀미1리)	614,000	11	2	7	4	7	3	3	3
1676	경북 안동시	도심전선지중화사업[전기](서부초등학교차로~안동교회)	427,000	11	1	7	8	7	5	5	4
1677	경북 안동시	와룡면기초생활거점조성사업	400,000	11	2	7	8	7	5	1	4

순번	시군구	지출명 (사업명)	2024년예산 (단위 : 천원 /1년간)	민간이전 분류 (지방자치단체 세출예산 집행기준에 의거) 1. 민간경상사업보조(307-02) 2. 민간단체 법정운영비보조(307-03) 3. 민간행사사업보조(307-04) 4. 민간위탁금(307-05) 5. 사회복지시설 법정운영비보조(307-10) 6. 민간위탁교육비(307-12) 7. 공기관등에대한경상적위탁사업비(308-13) 8. 민간자본사업보조,자체재원(402-01) 9. 민간자본사업보조,이전재원(402-02) 10. 민간위탁사업비(402-03) 11. 공기관에 대한 자본적 위탁사업비(403-02)	민간이전지출 근거 (지방보조금 관리기준 참고) 1. 법률에 규정 2. 국고보조 재원(국가지정) 3. 용도 지정 기부금 4. 조례에 직접규정 5. 지자체가 권장하는 사업을 하는 공공기관 6. 시,도 정책 및 재정사정 7. 기타 8. 해당없음	입찰방식			운영예산 산정		성과평가 실시여부 1. 실시 2. 미실시 3. 향후 추진 4. 해당없음
						계약체결방법 (경쟁형태) 1. 일반경쟁 2. 제한경쟁 3. 지명경쟁 4. 수의계약 5. 법정위탁 6. 기타 ( ) 7. 없음	계약기간 1. 1년 2. 2년 3. 3년 4. 4년 5. 5년 6. 기타 ( )년 7. 단가계약 (1년미만) 8. 없음	낙찰자선정방법 1. 적격심사 2. 협상에의한계약 3. 최저가낙찰제 4. 규격가격분리 5. 2단계 경쟁입찰 6. 기타 ( ) 7. 없음	운영예산 산정 1. 내부산정 (지자체 자체적으로 산정) 2. 외부산정 (외부전문기관위탁 산정) 3. 내·외부 모두 산정 4. 산정 無 5. 없음	정산방법 1. 내부정산 (지자체 내부적으로 정산) 2. 외부정산 (외부전문기관위탁 정산) 3. 내·외부 모두 산정 4. 정산 無 5. 없음	
1678	경북 안동시	통합지방재정관리시스템재해복구시스템구축비분담금	91,107	11	7	7	8	7	5	5	4
1679	경북 안동시	농어촌장애인주택개조지원사업	41,800	11	2	7	7	7	1	1	4
1680	경북 구미시	이계천통합집중형오염지류개선사업(생태하천복원)	1,000,000	11	1	5	6	7	1	1	4
1681	경북 구미시	이계천통합집중형오염지류개선사업(비점오염저감)	474,000	11	1	5	6	7	1	1	4
1682	경북 구미시	도개지구지표수보강개발사업	429,000	11	1	7	8	7	5	5	4
1683	경북 구미시	이계천통합집중형오염지류개선사업(하수관로정비)	200,000	11	1	5	6	7	1	1	4
1684	경북 구미시	지하수보조측정망설치사업	175,000	11	1	7	8	7	5	5	4
1685	경북 구미시	지적재조사사업측량비(일필지측량비)	171,105	11	8	5	7	7	5	5	4
1686	경북 구미시	기업사랑사진공모전	80,000	11	4	7	8	7	5	5	4
1687	경북 구미시	기업사랑UCC공모전	80,000	11	4	7	8	7	5	5	4
1688	경북 구미시	중소중견기업ESG경영지원구축	70,000	11	4	7	8	7	5	5	4
1689	경북 구미시	도로명주소기본도현행화사업(24년도입체주소구축및주소정보기본도유지관리)	69,726	11	8	7	1	7	5	5	4
1690	경북 구미시	기업상생첨단산업진로연계프로그램	60,000	11	4	7	8	7	5	5	4
1691	경북 구미시	가스안전차단기(타이머콕)보급사업	28,500	11	1	5	1	7	2	3	1
1692	경북 구미시	지하수보조측정망위탁관리용역	18,000	11	1	7	8	7	5	5	4
1693	경북 구미시	LPG용기사용가구시설개선지원사업	15,750	11	1	5	1	7	2	3	1
1694	경북 구미시	금리단길지중화사업	2,854	11	1	7	8	7	2	2	1
1695	경북 상주시	상주적십자병원이전부지매입위탁	13,000,000	11	8	6	6	6	1	1	4
1696	경북 상주시	기존농업인용임대형스마트팜2단지조성위탁	9,600,000	11	1	5	6	7	4	3	4
1697	경북 상주시	모동지구풍수해생활권종합정비사업	7,600,000	11	1	5	6	7	5	5	4
1698	경북 상주시	함창읍농촌중심지활성화사업	5,205,400	11	1	5	8	7	5	5	3
1699	경북 상주시	청리면덕산지구농촌공간정비사업	4,900,000	11	1	5	8	7	5	5	3
1700	경북 상주시	낙동면농촌중심지활성화사업	3,672,000	11	1	5	8	7	5	5	3
1701	경북 상주시	청리지구배수개선사업	2,500,000	11	1	5	5	7	1	1	4
1702	경북 상주시	신재생에너지융복합지원사업	2,077,168	11	5	5	8	7	1	1	2
1703	경북 상주시	함창읍행정복지센터재신축공사(1차)	2,000,000	11	1	5	8	7	5	5	3
1704	경북 상주시	함창(구향)자연재해위험개선지구정비사업	1,800,000	11	1	5	6	7	5	5	4
1705	경북 상주시	낙동면행정복지센터재신축공사(1차)	1,700,000	11	1	5	8	7	5	5	3
1706	경북 상주시	모서특수지구농촌용수공급사업(전환)	1,500,000	11	5	5	1	7	1	1	4
1707	경북 상주시	원통지재해위험저수지정비사업	1,300,000	11	5	5	1	7	1	5	4
1708	경북 상주시	과실전문생산단지기반조성사업	1,086,250	11	2	7	8	7	5	5	4
1709	경북 상주시	사벌국면기초생활거점조성사업	1,000,000	11	1	5	8	7	5	5	3
1710	경북 상주시	외서면기초생활거점조성사업	1,000,000	11	1	5	8	7	5	5	3
1711	경북 상주시	공검면기초생활거점조성사업	1,000,000	11	1	5	8	7	5	5	3
1712	경북 상주시	상상주도어울림화수분조성사업	1,000,000	11	8	5	8	7	5	5	3
1713	경북 상주시	주거급여(수선유지비)	840,000	11	2	7	7	7	3	3	1
1714	경북 상주시	지적도면D/B자료정비사업	600,000	11	5	5	1	7	1	1	4
1715	경북 상주시	상주사벌권역관광벨트연계도로개설사업(보상금)	451,000	11	1	5	6	7	1	1	4
1716	경북 상주시	공검역곡양수장노후시설정비사업	300,000	11	5	5	1	7	1	1	4
1717	경북 상주시	중동간상양수장노후시설정비사업	250,000	11	5	5	1	7	1	1	4

순번	시군구	지출명 (사업명)	2024년예산 (단위: 천원/1년간)	민간이전 분류	민간이전지출 근거	계약체결방법 (경쟁형태)	계약기간	낙찰자선정방법	운영예산 산정	정산방법	성과평가 실시여부
1718	경북 상주시	관광지(경천대,회상나루)조성계획변경용역(3차분)	200,000	11	5	7	8	7	5	5	4
1719	경북 상주시	LPG용기사용가구시설개선사업	135,000	11	1	5	8	7	3	3	2
1720	경북 상주시	노후관정시설개선사업	110,000	11	5	5	1	7	1	5	4
1721	경북 상주시	송골지재해위험저수지정비사업	100,000	11	5	5	1	7	1	5	4
1722	경북 상주시	모서도안1리(금잔들)암반관정설치사업	100,000	11	5	5	1	7	1	5	4
1723	경북 상주시	외서이촌리농용암반관정설치사업	100,000	11	5	5	1	7	1	5	4
1724	경북 상주시	낙동유곡2리(유포지구)암반관정설치공사	100,000	11	5	5	1	7	1	5	4
1725	경북 상주시	통합지방재정시스템재해복구시스템구축위탁	91,107	11	6	6	1	6	2	2	2
1726	경북 상주시	호우및태풍카눈재해복구비(매호양수장)	50,592	11	5	5	1	7	1	1	4
1727	경북 상주시	가공배전선로삼상화사업(한전)지자체부담금	40,000	11	5	7	8	7	2	2	2
1728	경북 상주시	관광서비스시설환경개선사업위탁	30,000	11	5	5	8	7	5	5	4
1729	경북 상주시	서민층가스안전자동차단기(타이머콕)보급사업	22,800	11	1	5	8	7	3	3	2
1730	경북 상주시	모동신천지구배수로확장공사실시설계용역	20,000	11	5	5	1	7	1	1	4
1731	경북 상주시	시내버스행선지안내기확대구축사업	7,500	11	1	7	8	7	5	5	4
1732	경북 문경시	과실전문생산단지기반조성사업	2,523,750	11	2	7	8	7	1	1	4
1733	경북 문경시	도시재생뉴딜사업(경제기반형)	2,189,000	11	2	7	5	7	1	3	1
1734	경북 문경시	점촌3동취약지역생활여건개조사업	329,000	11	2	1	3	1	1	3	1
1735	경북 문경시	관광진흥공단자본대행사업비(문경에코월드)	300,000	11	4	5	8	7	1	1	4
1736	경북 문경시	관광서비스시설환경개선사업	200,000	11	5	5	1	7	3	2	1
1737	경북 문경시	통합지방재정재해복구시스템구축	80,996	11	1	5	1	7	1	1	1
1738	경북 문경시	관광진흥공단자본대행사업비(관광사격장)	21,600	11	4	5	8	2	1	1	1
1739	경북 문경시	관광진흥공단자본대행사업비(국민여가캠핑장)	11,250	11	4	5	8	7	1	1	4
1740	경북 문경시	관광진흥공단자본대행사업비(관광축제홍보)	10,400	11	4	5	8	7	1	1	1
1741	경북 문경시	관광진흥공단자본대행사업비(국민체육센터)	5,400	11	4	5	8	2	1	1	1
1742	경북 문경시	관광진흥공단자본대행사업비(철로자전거)	4,400	11	4	5	8	7	1	1	4
1743	경북 경산시	경산창업열린공간조성	13,100,000	11	5	7	5	7	1	1	1
1744	경북 경산시	경산시자원회수시설증설사업(소각시설)	5,744,000	11	2	5	5	2	2	2	4
1745	경북 경산시	경산자원회수시설(증설)하수찌꺼기건조시설설치사업	5,653,000	11	2	5	5	2	2	2	4
1746	경북 경산시	xEV보호차체충돌안전기업지원기반조성	3,350,000	11	2	7	8	7	5	5	4
1747	경북 경산시	ICT융복합어린이재활기기실증센터구축사업	1,801,000	11	2	7	8	7	1	3	3
1748	경북 경산시	오목지구(오목천)하천재해예방사업위탁운영	1,300,000	11	1	7	8	7	5	5	4
1749	경북 경산시	자원순환형셀룰로오스나노섬유소재산업화센터구축사업	1,000,000	11	2	4	5	7	3	3	4
1750	경북 경산시	경산시자원회수시설증설민간투자사업(BTOa)위탁수수료	900,000	11	1	5	5	2	2	2	4
1751	경북 경산시	경산청년지식놀이터운영	300,000	11	5	7	8	7	5	5	1
1752	경북 경산시	LPG용기사용가구시설개선	22,500	11	2	7	8	7	3	3	1
1753	경북 경산시	서민층가스안전차단기(타이머콕)보급	17,100	11	6	7	8	7	3	3	1
1754	경북 의성군	노지스마트농업시범사업(용수기반)	2,514,000	11	1	5	2	6	5	5	3
1755	경북 의성군	신재생에너지용복합지원사업	2,489,089	11	7	6	1	6	1	1	1
1756	경북 의성군	신평면기초생활거점조성사업	1,679,000	11	1	5	6	7	1	1	3
1757	경북 의성군	주거급여(수선유지급여)	860,000	11	2	5	1	7	3	3	4

순번	시군구	지출명 (사업명)	2024년예산 (단위 : 천원 /1년간)	민간이전 분류 (지방자치단체 세출예산 집행기준에 의거) 1. 민간경상사업보조(307-02) 2. 민간단체 법정운영비보조(307-03) 3. 민간행사사업보조(307-04) 4. 민간장학금(307-05) 5. 사회복지시설 법정운영비보조(307-10) 6. 민간인위탁교육비(307-12) 7. 공기관등에대한경상적위탁사업비(308-13) 8. 민간자본사업보조,자체재원(402-01) 9. 민간자본사업보조,이전재원(402-02) 10. 민간위탁사업비(402-03) 11. 공기관등에 대한 자본적 위탁사업비(403-02)	민간이전지출 근거 (지방보조금 관리기준 참고) 1. 법률에 규정 2. 국고보조 재원(국가지정) 3. 용도 지정 기부금 4. 조례에 직접규정 5. 지자체가 권장하는 사업을 하는 공공기관 6. 시,도 정책 및 재정사정 7. 기타 8. 해당없음	입찰방식			운영예산 산정		성과평가 실시여부
						계약체결방법 (경쟁형태) 1. 일반경쟁 2. 제한경쟁 3. 지명경쟁 4. 수의계약 5. 법정위탁 6. 기타 ( ) 7. 없음	계약기간 1. 1년 2. 2년 3. 3년 4. 4년 5. 5년 6. 기타 ( )년 7. 단기계약 (1년미만) 8. 없음	낙찰자선정방법 1. 적격심사 2. 협상에의한계약 3. 최저가낙찰제 4. 규격가격분리 5. 2단계 경쟁입찰 6. 기타 ( ) 7. 없음	운영예산 산정 1. 내부산정 (지자체 자체적으로 산정) 2. 외부산정 (외부전문기관위탁 산정) 3. 내·외부 모두 산정 4. 산정 無 5. 없음	정산방법 1. 내부정산 (지자체 내부적으로 정산) 2. 외부정산 (외부전문기관위탁 정산) 3. 내·외부 모두 산정 4. 정산 無 5. 없음	1. 실시 2. 미실시 3. 향후 추진 4. 해당없음
1758	경북 의성군	사곡면기초생활거점조성사업	800,000	11	1	5	6	7	1	1	3
1759	경북 의성군	단복효제2리취약지역생활여건개조	773,000	11	1	5	6	7	1	1	3
1760	경북 의성군	비안장춘2리취약지역생활여건개조	626,000	11	1	5	6	7	1	1	3
1761	경북 의성군	단밀서제1리취약지역생활여건개조	567,000	11	1	5	6	7	1	1	3
1762	경북 의성군	다인신락1리취약지역생활여건개조	537,000	11	1	5	6	7	1	1	3
1763	경북 의성군	춘산면기초생활거점조성사업	400,000	11	1	5	6	7	1	1	3
1764	경북 의성군	의성비봉1리취약지역생활여건개조	214,000	11	1	5	6	7	1	1	3
1765	경북 의성군	금성대리1리취약지역생활여건개조	207,000	11	1	5	6	7	1	1	3
1766	경북 의성군	단밀생송1리취약지역생활여건개조	204,000	11	1	5	6	7	1	1	3
1767	경북 의성군	통합지방재정재해복구시스템구축사업부담금	80,996	11	5	7	8	7	5	5	4
1768	경북 의성군	가스사용시설안전관리대행지원사업	80,000	11	1	5	8	7	3	3	4
1769	경북 의성군	LPG용기사용가구시설개선사업	67,500	11	1	5	8	7	3	3	4
1770	경북 의성군	서민층가스안전차단기보급사업	22,800	11	1	5	8	7	3	3	4
1771	경북 의성군	가스안전차단기(타이머콕)보급	11,400	11	1	5	8	7	3	3	4
1772	경북 의성군	LPG용기사용가구시설개선사업(저소득층자부담)	10,000	11	1	5	8	7	3	3	4
1773	경북 의성군	지적재조사기준점관측및설치	4,040	11	1	5	1	7	5	4	1
1774	경북 청송군	이전지구소규모농촌용수개발사업	2,000,000	11	8	7	8	7	5	5	4
1775	경북 청송군	얼음골급경사지붕괴위험지역정비사업	1,420,000	11	5	7	8	7	5	5	4
1776	경북 청송군	거두지구소규모농촌용수개발사업	884,000	11	8	7	8	7	5	5	4
1777	경북 청송군	농촌취약지역생활여건개조사업(하속1리)	650,000	11	1	5	4	7	1	1	3
1778	경북 청송군	농촌취약지역생활여건개조사업(신점1리)	599,000	11	1	5	4	7	1	1	3
1779	경북 청송군	온나라2.0전환구축	472,000	11	1	5	1	7	2	2	4
1780	경북 청송군	수선유지급여사업	400,000	11	1	5	8	7	5	5	4
1781	경북 청송군	농촌취약지역생활여건개조사업(거대리)	204,000	11	1	5	4	7	1	1	3
1782	경북 청송군	관광서비스시설환경개선사업	200,000	11	6	7	8	7	1	1	1
1783	경북 청송군	2024지하수영향조사용역	105,000	11	8	7	8	7	5	5	4
1784	경북 청송군	어천용수간설구조물개체공사	87,000	11	8	7	8	7	5	5	4
1785	경북 청송군	청송군농업용저수지안전(정기)점검위탁용역	80,000	11	8	7	8	7	5	5	4
1786	경북 청송군	진보1-19용수지선구조물개체공사	63,000	11	8	7	8	7	5	5	4
1787	경북 청송군	통합지방재정재해복구시스템구축분담금	60,749	11	7	7	8	7	2	1	4
1788	경북 청송군	인지용수간선구조물보수공사	40,500	11	8	7	8	7	5	5	4
1789	경북 청송군	갈평2용수간설구조물개체공사	30,000	11	8	7	8	7	5	5	4
1790	경북 청송군	체험경북가족여행프로그램운영	10,000	11	6	7	8	7	5	1	1
1791	경북 청송군	소규모사업장방지시설설치지원(사업대행)	1,900	11	6	6	6	6	5	3	2
1792	경북 영양군	농어촌취약지역개조(화천2리)	570,000	11	7	7	8	7	5	5	4
1793	경북 영양군	농어촌취약지역개조(화매1리)	555,000	11	7	7	8	7	5	5	4
1794	경북 영양군	농어촌취약지역개조(연당1리)	399,000	11	7	7	8	7	5	5	4
1795	경북 영양군	단상배전선로삼상화지원사업	30,000	11	5	7	8	7	5	5	4
1796	경북 영양군	LPG용기사용가구시설개선사업	11,250	11	1	7	8	7	5	5	4
1797	경북 영양군	서민층가스안전차단기(타이머콕)지원	5,700	11	1	7	8	7	5	5	4

순번	시군구	지출명 (사업명)	2024년예산 (단위 : 천원 /1년간)	민간이전 분류	민간이전지출 근거	입찰방식			운영예산 산정		성과평가 실시여부
						계약체결방법 (경쟁형태)	계약기간	낙찰자선정방법	운영예산 산정	정산방법	
1798	경북 영양군	택시운행정보관리시스템(TIMS)운영비지급	450	11	5	7	8	7	1	1	2
1799	경북 영덕군	LPG소형저장탱크보급사업	1,180,467	11	1	6	1	2	3	3	4
1800	경북 영덕군	경북청춘창업드림지원사업	118,425	11	5	4	7	7	1	1	4
1801	경북 영덕군	영덕사랑상품권제작	104,000	11	6	4	1	7	1	1	4
1802	경북 영덕군	카드형영덕사랑상품권충전수수료	45,000	11	6	4	1	7	1	1	4
1803	경북 영덕군	LPG용기사용가구시설개선사업	45,000	11	1	6	1	2	3	3	4
1804	경북 영덕군	경북공공배달앱운영(지원)	40,000	11	6	6	1	6	1	1	4
1805	경북 영덕군	시골청춘뿌리내림지원사업	37,235	11	5	4	7	7	1	1	4
1806	경북 영덕군	청년창업지역정착지원사업	25,000	11	5	4	7	7	1	1	4
1807	경북 영덕군	청년일자리창출우수기업지원	24,000	11	5	4	7	7	1	1	4
1808	경북 영덕군	서민층가스안전차단기(타이머콕)보급사업	17,100	11	1	6	1	2	3	3	4
1809	경북 영덕군	일자리창출사례발굴	11,000	11	5	7	8	7	1	1	1
1810	경북 영덕군	대한민국일자리엑스포참가	8,000	11	5	4	7	7	1	1	4
1811	경북 영덕군	청년근로자사랑채용사업	7,700	11	5	4	7	7	1	1	4
1812	경북 영덕군	명절지역신문광고	600	11	7	7	8	7	5	5	4
1813	경북 청도군	과실전문생산단지기반조성사업	2,252,500	11	2	7	8	7	1	1	1
1814	경북 청도군	청도자연드림파크개발사업보상위탁금	6,000,000	11	1	7	8	7	1	1	4
1815	경북 청도군	LPG용기사용가구시설개선사업	90,000	11	1	7	8	7	5	5	4
1816	경북 청도군	통합지방재정재해복구시스템구축비분담금	70,878	11	6	7	1	7	5	5	2
1817	경북 청도군	서민층가스안전차단기(타이머콕)보급사업	22,800	11	4	7	8	7	5	5	4
1818	경북 고령군	주거급여(기초)	400,000	11	1	7	8	7	1	1	2
1819	경북 고령군	가스사용시설안전관리대행지원사업	100,000	11	7	7	1	7	5	5	4
1820	경북 고령군	LPG용기사용가구시설개선	22,500	11	7	7	1	7	5	5	4
1821	경북 고령군	서민층가스안전차단기(타이머콕)보급사업	8,550	11	7	7	1	7	5	5	4
1822	경북 고령군	기능분류모델시스템고도화사업자치단체분담금	3,250	11	1	5	1	7	5	5	4
1823	경북 성주군	농촌돌봄마을시범단지조성	2,600,000	11	2	2	1	2	1	1	1
1824	경북 성주군	성주지구지표수보강개발사업	1,300,000	11	7	7	7	7	1	1	4
1825	경북 성주군	월항면기초생활거점조성사업	555,000	11	5	5	4	2	5	2	4
1826	경북 성주군	국민기초생활보장수선유지급여	460,000	11	1	5	8	7	5	3	4
1827	경북 성주군	장애인의료비지원	110,814	11	2	7	8	7	1	1	3
1828	경북 성주군	관내배수장위탁관리비(안포1,안포2)	80,000	11	7	7	7	7	1	1	4
1829	경북 성주군	통합지방재정재해복구시스템구축사업비	70,878	11	6	6	1	7	2	2	4
1830	경북 성주군	상시배수장위탁관리비(후포,문명배수장)	55,000	11	7	7	7	7	1	1	4
1831	경북 성주군	LPG용기사용가구시설개선사업	33,750	11	5	7	1	7	2	2	3
1832	경북 성주군	서민층가스안전차단기(타이머콕)보급사업	8,550	11	5	7	1	7	2	2	3
1833	경북 칠곡군	칠곡군노후상수관망정비(현대화사업)	5,388,000	11	7	6	4	7	5	5	4
1834	경북 칠곡군	신재생에너지보급융복합지원사업	1,555,923	11	8	7	8	7	5	5	4
1835	경북 칠곡군	국민기초생활보장수급자수선유지급여	610,000	11	1	5	1	7	2	2	1
1836	경북 칠곡군	지적재조사측량위탁수수료교부금지급	117,436	11	1	5	1	6	5	5	4
1837	경북 칠곡군	lpg용기사용가구시설개선사업	27,000	11	8	7	8	7	5	5	4

순번	시군구	지출명 (사업명)	2024년예산 (단위 : 천원 /1년간)	민간이전 분류 (지방자치단체 세출예산 집행기준에 의거) 1. 민간경상사업보조(307-02) 2. 민간단체 법정운영비보조(307-03) 3. 민간단체사업보조(307-04) 4. 민간위탁금(307-05) 5. 사회복지시설 법정운영비보조(307-10) 6. 민간위탁교육비(307-12) 7. 공기관등에대한경상적위탁사업비(308-13) 8. 민간자본사업보조,자체재원(402-01) 9. 민간자본사업보조,이전재원(402-02) 10. 민간위탁사업비(402-03) 11. 공기관등에 대한 자본적 위탁사업비(403-02)	민간이전지출 근거 (지방보조금 관리기준 참고) 1. 법률에 규정 2. 국고보조 재원(국가지정) 3. 용도 지정 기부금 4. 조례에 직접규정 5. 지자체가 권장하는 사업 6. 시,도 정책 및 재정사정 7. 기타 8. 해당없음	입찰방식			운영예산 산정		성과평가 실시여부 1. 실시 2. 미실시 3. 향후 추진 4. 해당없음
						계약체결방법 (경쟁형태) 1. 일반경쟁 2. 제한경쟁 3. 지명경쟁 4. 수의계약 5. 법정위탁 6. 기타 ( ) 7. 없음	계약기간 1. 1년 2. 2년 3. 3년 4. 4년 5. 5년 6. 기타 ( )년 7. 단기계약 (1년미만) 8. 없음	낙찰자선정방법 1. 적격심사 2. 협상에의한계약 3. 최저가낙찰제 4. 규격가격분리 5. 2단계 경쟁입찰 6. 기타 ( ) 7. 없음	운영예산 산정 1. 내부산정 (지자체 자체적으로 산정) 2. 외부산정 (외부전문기관위탁 산정) 3. 내·외부 모두 산정 4. 산정 無 5. 없음	정산방법 1. 내부정산 (지자체 내부적으로 정산) 2. 외부정산 (외부전문기관위탁 정산) 3. 내·외부 모두 정산 4. 정산 無 5. 없음	
1838	경북 칠곡군	서민충가스안전차단기(타이머콕)보급사업	10,260	11	8	7	8	7	5	5	4
1839	경북 칠곡군	택시운행정보시스템운영	2,321	11	1	7	8	7	1	1	4
1840	경북 예천군	곤충양잠산업거점단지조성사업	9,500,000	11	2	7	8	7	5	5	3
1841	경북 예천군	예천제3농공단지보상업무위탁사업비	3,500,000	11	8	7	8	7	5	4	4
1842	경북 예천군	수선유지급여	560,000	11	2	5	1	7	3	3	4
1843	경북 예천군	유천면기초생활거점조성사업(계속)	545,000	11	1	5	4	7	1	2	4
1844	경북 예천군	용문상금곡리지거리취입보개체	356,627	11	2	5	6	7	2	1	4
1845	경북 예천군	농업생산기반시설유지관리	300,000	11	1	5	1	7	4	1	4
1846	경북 예천군	풍양공덕3리수로교조형물정비	300,000	11	2	5	6	7	2	1	4
1847	경북 예천군	지적재조사사업일필지측량비	236,742	11	2	5	1	7	5	1	2
1848	경북 예천군	사곡리새뜰마을사업	208,000	11	1	7	8	7	5	5	4
1849	경북 예천군	은산1리새뜰마을사업	202,000	11	1	7	8	7	5	5	4
1850	경북 예천군	은풍우곡백석1용수간선보수	156,533	11	2	5	6	7	2	1	4
1851	경북 예천군	용문상금곡리지거리취입보개체	91,614	11	2	5	6	7	2	1	4
1852	경북 예천군	과실전문생산단지기반조성사업(별방지구추가)(1년차)	85,000	11	2	7	8	7	1	1	4
1853	경북 예천군	통합지방재정시스템재해복구시스템구축비지자체별분담금	70,878	11	8	7	1	7	2	2	2
1854	경북 예천군	풍양효갈리효갈배수로정비	69,846	11	2	5	6	7	2	1	4
1855	경북 예천군	가스사용시설안전관리대행지원	60,000	11	5	7	8	7	3	2	4
1856	경북 예천군	과실전문생산단지(초항지구)호우피해복구(농림축산식품부)	58,848	11	2	7	8	7	1	1	4
1857	경북 예천군	LPG용기사용가구시설개선사업	45,000	11	5	7	8	7	3	2	4
1858	경북 예천군	은풍우곡백석1용수간선보수	40,211	11	2	5	6	7	2	1	4
1859	경북 예천군	풍양효갈리효갈배수로정비	17,942	11	2	5	6	7	2	1	4
1860	경북 예천군	과실전문생산단지(초항지구)호우피해복구(행정안전부)	17,087	11	2	7	8	7	1	1	4
1861	경북 예천군	서민충가스안전차단기(타이머콕)보급	8,550	11	5	7	8	7	3	2	4
1862	경북 봉화군	봉화군노후관로정비사업	5,926,000	11	1	5	8	7	1	1	2
1863	경북 봉화군	댐상류하수도시설운영	3,006,862	11	1	5	5	7	3	1	1
1864	경북 봉화군	봉화내성천류비점오염저감사업	778,700	11	1	7	8	7	5	5	4
1865	경북 봉화군	수선유지급여지원사업	560,000	11	2	7	8	7	5	5	4
1866	경북 봉화군	봉화내성천류비점오염저감사업(기금)	419,300	11	1	7	8	7	5	5	4
1867	경북 봉화군	분뇨처리시설운영	418,530	11	1	5	5	7	3	1	1
1868	경북 봉화군	사용종료매립시설관리	340,000	11	1	5	5	7	3	1	1
1869	경북 봉화군	청원건널목관리위탁용역	300,000	11	8	7	8	7	5	5	4
1870	경북 봉화군	봉화군하수도정비침수예방시설운영	300,000	11	1	5	5	7	3	1	1
1871	경북 봉화군	지하수암반관정유효기간연장	150,000	11	1	5	1	7	3	1	1
1872	경북 봉화군	소규모영세사업장방지시설지원	108,000	11	2	5	7	7	1	1	4
1873	경북 봉화군	소규모영세사업장시설운영지원(사업대행)	5,700	11	2	5	7	7	1	1	4
1874	경북 울진군	기초주거급여	730,000	11	1	7	8	7	3	3	4
1875	경북 울진군	국가주소정보시스템운영	77,359	11	1	6	1	7	3	1	4
1876	경북 울진군	재정시스템유지보수	70,878	11	1	5	8	7	5	5	4
1877	경북 울진군	하수관거BTL사업성과평가위탁수수료	44,000	11	1	5	7	7	2	5	1

순번	시군구	지출명 (사업명)	2024년예산 (단위 : 천원 /1년간)	민간이전 분류 (지방자치단체 세출예산 집행기준에 의거)	민간이전지출 근거 (지방보조금 관리기준 참고)	입찰방식			운영예산 산정		성과평가 실시여부
						계약체결방법 (경쟁형태)	계약기간	낙찰자선정방법	운영예산 산정	정산방법	
1878	경북 울릉군	통합지방재정시스템재해복구시스템구축지자체위탁사업비	50,628	11	8	7	8	7	1	1	4
1879	경상남도	풍력너셀테스트베드구축사업	6,231,400	11	2	7	8	7	5	2	1
1880	경상남도	에너지산업융복합단지기반구축	5,120,000	11	2	7	8	7	5	5	4
1881	경상남도	경남권공공어린이재활병원건립사업	2,400,000	11	2	6	8	7	4	3	3
1882	경상남도	가스터빈소재부품질평가및성능검증플랫폼개발	1,306,000	11	2	5	5	7	3	3	1
1883	경상남도	경상남도가족센터운영지원(국고보조)	685,320	11	2	7	8	7	1	1	1
1884	경상남도	피해장애인쉼터운영지원	680,106	11	2	5	5	7	1	1	3
1885	경상남도	아이돌봄지원사업(광역)	595,324	11	2	7	8	7	1	1	1
1886	경상남도	차세대고효율전력반도체실증인프라	560,980	11	2	7	8	7	5	5	4
1887	경상남도	노인맞춤돌봄서비스광역지원기관운영지원	215,340	11	2	7	3	7	5	1	1
1888	경상남도	국산가스터빈전문인력양성사업	200,000	11	2	5	5	7	3	3	1
1889	경상남도	부유식해상풍력시스템개발	200,000	11	2	6	5	6	3	1	1
1890	경상남도	경상남도가족센터운영지원(도추가)	120,000	11	6	7	8	7	1	1	1
1891	경상남도	인공어초사업(인공어초시설)(전환)	100,000	11	1	5	1	7	1	1	4
1892	경상남도	일반도민찾아가는폭력예방교육운영	88,688	11	2	5	3	7	3	1	1
1893	경상남도	독거노인장애인응급안전안심서비스광역지원기관운영지원	69,154	11	2	7	3	7	5	1	1
1894	경상남도	3대가족상및경남대상	30,000	11	6	7	8	7	1	1	1
1895	경상남도	경상남도자연환경조사	25,000	11	1,4	5	1	7	1	1	4
1896	경상남도	따오기서식지모니터링및인식증진	20,000	11	1	5	1	7	1	1	1
1897	경상남도	이혼위기가정가족기능강화지원사업	10,000	11	6	7	8	7	1	1	1
1898	경상남도	경남생태누리바우처운영지원	10,000	11	1,4	5	1	7	1	1	4
1899	경상남도	가정의달행사	5,000	11	6	7	8	7	1	1	1
1900	경남 창원시	성산자원회수시설2호기대보수사업	12,231,000	11	1	7	8	7	3	3	4
1901	경남 창원시	동읍농촌중심지활성화	4,632,786	11	5	7	8	7	5	5	4
1902	경남 창원시	수정안녕항어촌뉴딜3사업	3,507,126	11	7	6	6	7	1	3	3
1903	경남 창원시	제덕항어촌뉴딜3사업	3,426,609	11	7	6	6	7	1	3	3
1904	경남 창원시	창원시농촌신활력플러스사업	2,083,000	11	5	7	8	7	5	5	4
1905	경남 창원시	내서읍농촌중심지활성화	1,896,000	11	5	7	8	7	5	5	4
1906	경남 창원시	창원레츠파크시설환경개선공사	1,653,210	11	1,4	7	8	7	1	3	2
1907	경남 창원시	스마트원예단지기반조성사업	1,596,000	11	2	1	1	1	2	2	4
1908	경남 창원시	북면기초생활거점조성사업	1,185,000	11	5	7	8	7	5	5	4
1909	경남 창원시	용호항어촌신활력증진사업	1,150,579	11	7	6	6	7	1	3	3
1910	경남 창원시	학동지구대구획정지정리	1,030,000	11	2	7	8	7	5	5	4
1911	경남 창원시	창원시마을만들기(자율개발)사업	700,000	11	5	7	8	7	5	5	4
1912	경남 창원시	지방상수도현대화사업	661,400	11	2	6	6	7	2	5	4
1913	경남 창원시	C블루윙펀드3호조성	660,000	11	5	4	1	7	1	1	4
1914	경남 창원시	창원들녘지표수보강개발2단계	500,000	11	5	7	8	7	5	5	4
1915	경남 창원시	진전면기초생활거점조성	474,000	11	5	7	8	7	5	5	4
1916	경남 창원시	율티항어촌신활력증진사업	473,033	11	7	7	8	7	5	5	4
1917	경남 창원시	옥계항어촌신활력증진사업	473,033	11	7	7	8	7	5	5	4

| 순번 | 시군구 | 지출명
(사업명) | 2024년예산
(단위 : 천원 /1년간) | 민간이전 분류
(지방자치단체 세출예산 집행기준에 의거)
1. 민간경상사업보조(307-02)
2. 민간단체 법정운영비보조(307-03)
3. 민간행사사업보조(307-04)
4. 민간위탁금(307-05)
5. 사회복지시설 법정운영비보조(307-10)
6. 민간위탁교육비(307-12)
7. 공기관등에대한경상적위탁사업비(308-13)
8. 민간자본사업보조,자체재원(402-01)
9. 민간자본사업보조,이전재원(402-02)
10. 민간위탁사업비(402-03)
11. 공기관등에 대한 자본적 위탁사업비(403-02) | 민간이전지출 근거
(지방보조금 관리기준 참고)
1. 법률에 규정
2. 국고보조 재원(국가지정)
3. 용도 지정 기부금
4. 조례에 직접규정
5. 지자체가 권장하는 사업을 하는 공공기관
6. 시,도 정책 및 재정사정
7. 기타
8. 해당없음 | 입찰방식 ||| 운영예산 산정 || 성과평가
실시여부
1. 실시
2. 미실시
3. 향후 추진
4. 해당없음 |
						계약체결방법 (경쟁형태) 1. 일반경쟁 2. 제한경쟁 3. 지명경쟁 4. 수의계약 5. 법정위탁 6. 기타 ( ) 7. 없음	계약기간 1. 1년 2. 2년 3. 3년 4. 4년 5. 5년 6. 기타 ( )년 7. 단가계약 (1년미만) 8. 없음	낙찰자선정방법 1. 적격심사 2. 협상에의한계약 3. 최저가낙찰제 4. 규격가격분리 5. 2단계 경쟁입찰 6. 기타 ( ) 7. 없음	운영예산 산정 1. 내부산정 (지자체 자체적으로 산정) 2. 외부산정 (외부전문기관위탁 산정) 3. 내·외부 모두 산정 4. 산정 無	정산방법 1. 내부정산 (지자체 내부적으로 정산) 2. 외부정산 (외부전문기관위탁 정산) 3. 내·외부 모두 산정 4. 정산 無 5. 없음	
1918	경남 창원시	진전면오서지구농촌공간정비	444,600	11	5	7	8	7	5	5	4
1919	경남 창원시	용원동복합공영주차타워위탁개발대행사업비	390,000	11	7	7	6	6	5	1	4
1920	경남 창원시	C블루윙펀드2호조성	300,000	11	5	4	1	7	1	1	1
1921	경남 창원시	부도임대주택수리비지원사업	280,000	11	1	7	8	7	5	5	4
1922	경남 창원시	팔룡동복합공영주차타워위탁개발대행사업비업비	280,000	11	7	7	6	6	5	1	4
1923	경남 창원시	석동복합공영주차타워위탁개발대행사업비	275,000	11	7	7	6	6	5	1	4
1924	경남 창원시	문화관광형시장	250,000	11	5	7	8	7	5	5	4
1925	경남 창원시	에너지절감시설지원	244,240	11	6	7	8	7	5	5	4
1926	경남 창원시	C블루윙펀드4호조성	150,000	11	5	4	1	7	1	1	1
1927	경남 창원시	첫걸음기반조성시장	150,000	11	5	7	8	7	5	5	4
1928	경남 창원시	가자미류산란서식장조성사업	150,000	11	8	7	8	7	5	5	4
1929	경남 창원시	과실전문생산단지유지관리비	150,000	11	4	4	7	3	1	1	3
1930	경남 창원시	주소정보기본도유지보수사업	124,000	11	1	6	1	7	1	1	2
1931	경남 창원시	지방재정관리시스템재해복구시스템구축	111,347	11	1	7	1	7	5	5	4
1932	경남 창원시	양배수장유지관리비	100,000	11	5	7	8	7	5	5	4
1933	경남 창원시	농업생산기반시설유지관리비	100,000	11	5	7	8	7	5	5	4
1934	경남 창원시	저소득층에너지(냉,난방)지원사업	90,000	11	6	7	8	7	5	5	4
1935	경남 창원시	농수특산물통합브랜드대외마케팅	70,000	11	6	5	7	7	1	1	1
1936	경남 창원시	낚시터환경개선사업	40,000	11	6	7	8	7	5	5	4
1937	경남 창원시	산업기계재제조스팩업및보급확산기반조성사업	35,000	11	2	7	8	7	5	2	1
1938	경남 창원시	신재생에너지기반구축사업	30,000	11	1	7	8	7	5	5	4
1939	경남 창원시	차세대주소정보시스템(KAIS)H/W도입부담액(A등급)	21,989	11	1	6	1	7	3	1	4
1940	경남 창원시	주소정보시스템(KAIS)운영지원부담액(A등급)	17,155	11	1	6	1	7	3	1	4
1941	경남 창원시	차세대주소정보시스템(KAIS)데이터통합/전환부담액(A등급)	17,015	11	1	6	1	7	3	1	4
1942	경남 창원시	LPG용기사용가구시설개선사업	11,250	11	2	7	8	7	5	5	4
1943	경남 창원시	창원도서관도서구입비지원	7,000	11	1	7	8	7	1	1	4
1944	경남 창원시	마산도서관도서구입비지원	7,000	11	1	7	8	7	1	1	4
1945	경남 창원시	진동도서관도서구입비지원	7,000	11	1	7	8	7	1	1	4
1946	경남 창원시	지혜의바다도서관도서구입비지원	7,000	11	1	7	8	7	1	1	4
1947	경남 창원시	GIS엔진및S/W유지관리부담액(A등급)	2,518	11	1	6	1	7	3	1	4
1948	경남 진주시	수선유지급여	894,000	11	1	5	1	2	5	1	4
1949	경남 진주시	지역사회건강조사조사분석위탁운영	68,590	11	2	6	8	7	2	3	2
1950	경남 진주시	미래항공기체(AAV)실증센터구축사업지원	12,300,000	11	5	7	8	7	1	1	1
1951	경남 진주시	저소득층LED조명지원사업	70,000	11	1	1	1	3	1	1	4
1952	경남 진주시	서민충전기시설개선사업	30,000	11	1	6	1	7	1	3	4
1953	경남 통영시	온나라문서시스템2.전환	559,000	11	1	5	1	2	7		2
1954	경남 통영시	산모신생아건강관리사지원(전환사업)	218,189	11	1	7	8	7	2	2	4
1955	경남 통영시	저소득층기저귀및조제분유지원	181,600	11	2	7	8	7	2	2	4
1956	경남 통영시	청소년산모의료비지원	3,600	11	2	7	8	7	2	2	4
1957	경남 김해시	김해시주촌면원지지구농촌공간정비사업	7,160,300	11	1	7	8	7	1	1	3

순번	시군구	지출명 (사업명)	2024년예산 (단위 : 천원 /1년간)	민간이전 분류 (지방자치단체 세출예산 집행기준에 의거)	민간이전지출 근거 (지방보조금 관리기준 참고)	입찰방식			운영예산 산정		성과평가 실시여부
						계약체결방법 (경쟁형태)	계약기간	낙찰자선정방법	운영예산 산정	정산방법	
1958	경남 김해시	서부권수소충전소구축	6,000,000	11	1	7	8	7	5	5	4
1959	경남 김해시	지방상수도현대화사업	3,730,000	11	1	7	5	7	3	3	3
1960	경남 김해시	부전~마산복선전철구간신월(가칭)역신설추진	3,000,000	11	8	7	8	7	5	5	4
1961	경남 김해시	농촌테마공원조성(전환사업)	2,000,000	11	6	5	8	7	1	1	1
1962	경남 김해시	수소액화플랜트용압축기테스트베드실증센터건립	1,500,000	11	7	4	3	2	1	3	3
1963	경남 김해시	첨단물류서비스로봇공통플랫폼구축	1,450,000	11	7	6	5	6	3	3	1
1964	경남 김해시	수선유지급여	944,000	11	2	7	8	7	5	5	4
1965	경남 김해시	차세대고효율전력반도체실증인프라사업	708,990	11	2	6	5	6	3	3	1
1966	경남 김해시	중고로봇재제조로봇리퍼브센터기반구축사업	560,000	11	7	6	5	6	3	3	1
1967	경남 김해시	통합지방재정시스템재해복구시스템구축위탁비	101,229	11	7	7	2	7	2	2	4
1968	경남 김해시	지방세외수입정보화사업운영	48,386	11	6	5	1	7	2	1	2
1969	경남 김해시	청백e(통합상시모니터링)시스템유지보수및운영지원	15,674	11	5	4	1	2	2	2	4
1970	경남 김해시	시레저수지계측시스템운영	8,000	11	1	7	8	7	1	1	1
1971	경남 김해시	기능분류모델(BRM)시스템고도화사업분담금	6,460	11	7	5	1	2	1	1	4
1972	경남 거제시	사등권역어촌뉴딜3사업	4,900,000	11	1	5	3	7	5	1	4
1973	경남 거제시	장목권역어촌신활력증진사업	2,681,600	11	1	5	4	7	5	1	4
1974	경남 거제시	거제문화예술회관무대설비시설개선공사(대,소극장)	2,480,000	11	1	7	8	7	1	1	4
1975	경남 거제시	다대권역어촌종합개발사업	2,068,571	11	1	5	5	7	5	1	4
1976	경남 거제시	구영권역단위거점개발사업	1,970,000	11	2	2	1	2	1	1	4
1977	경남 거제시	송포권역단위거점개발사업	851,400	11	2	2	1	2	1	1	4
1978	경남 거제시	마을단위특화개발(계속)	700,000	11	2	2	1	2	1	1	4
1979	경남 거제시	마을단위특화개발사업(양화,학산,연양,천곡)	700,000	11	2	1	1	5	1	1	4
1980	경남 거제시	기초생활수급자수선유지급여	667,000	11	1	5	1	7	5	1	4
1981	경남 거제시	업무관리시스템(온나라2.)전환	580,000	11	1	5	1	7	2	2	4
1982	경남 거제시	하청도시계획도로(중로323호선)개설	500,000	11	5	6	3	6	1	1	2
1983	경남 거제시	소규모바다목장조성	400,000	11	1	7	8	7	1	1	4
1984	경남 거제시	행정타운조성(위탁운영비및사후환경영향조사비)	331,500	11	7	5	8	2	1	1	4
1985	경남 거제시	거제지구등농업기반시설정비사업	270,000	11	2	7	8	7	5	5	4
1986	경남 거제시	해상서식기반조성	250,000	11	1	7	8	7	1	1	4
1987	경남 거제시	통합지방재정시스템재해복구시스템구축	91,107	11	1	5	2	7	2	2	4
1988	경남 거제시	LPG용기사용가구시설개선	78,750	11	5	5	3	7	1	1	4
1989	경남 거제시	노후건축물에너지진단및시설개선지원	50,000	11	4	5	5	7	5	5	4
1990	경남 거제시	자원조성기반시설유지보강	20,000	11	1	7	8	7	1	1	4
1991	경남 거제시	대구인공수정란(자어)방류	16,670	11	1	7	8	7	1	1	3
1992	경남 양산시	재사용배터리적용E모빌리티산업생태계활성화(국가직접지원)	4,000,000	11	2	7	3	7	3	3	3
1993	경남 양산시	양산가야사문화권정비	130,000	11	6	1	7	5	1	2	4
1994	경남 양산시	LPG용기사용가구시설개선사업	11,250	11	2	6	6	7	1	3	4
1995	경남 양산시	양산시복지재단운영	7,790	11	5	7	8	7	1	1	1
1996	경남 의령군	기초생활거점조성(대의면)	1,454,000	11	2	5	6	6	1	1	2
1997	경남 의령군	기초생활거점조성(칠곡면)	1,386,000	11	2	5	6	6	1	1	2

순번	시군구	지출명 (사업명)	2024년예산 (단위: 천원/1년간)	민간이전 분류 (지방자치단체 세출예산 집행기준에 의거) 1. 민간경상사업보조(307-02) 2. 민간단체 법정운영비보조(307-03) 3. 민간행사사업보조(307-04) 4. 민간위탁금(307-05) 5. 사회복지시설 법정운영비보조(307-10) 6. 민간위탁교육비(307-12) 7. 공기관등에대한경상적위탁사업비(308-13) 8. 민간자본사업보조,자체재원(402-01) 9. 민간자본사업보조,이전재원(402-02) 10. 민간위탁사업비(402-03) 11. 공기관등에 대한 자본적 위탁사업비(403-02)	민간이전지출 근거 (지방보조금 관리기준 참고) 1. 법률에 규정 2. 국고보조 재원(국가지정) 3. 용도 지정 기부금 4. 조례에 직접규정 5. 지자체가 권장하는 사업을 하는 공공기관 6. 시,도 정책 및 재정사정 7. 기타 8. 해당없음	입찰방식 계약체결방법 (경쟁형태) 1. 일반경쟁 2. 제한경쟁 3. 지명경쟁 4. 수의계약 5. 법정위탁 6. 기타 ( ) 7. 없음	계약기간 1. 1년 2. 2년 3. 3년 4. 4년 5. 5년 6. 기타 ( )년 7. 단기계약 (1년미만) 8. 없음	낙찰자선정방법 1. 적격심사 2. 협상에의한계약 3. 최저가낙찰제 4. 규격가격분리 5. 2단계 경쟁입찰 6. 기타 ( ) 7. 없음	운영예산 산정 1. 내부산정 (지자체 자체적으로 산정) 2. 외부산정 (외부전문기관위탁 산정) 3. 내·외부 모두 산정 4. 산정 無 5. 없음	정산방법 1. 내부정산 (지자체 내부적으로 정산) 2. 외부정산 (외부전문기관위탁 정산) 3. 내·외부 모두 정산 4. 정산 無 5. 없음	성과평가 실시여부 1. 실시 2. 미실시 3. 향후 추진 4. 해당없음
1998	경남 의령군	기초생활거점조성(낙서면)	1,172,000	11	2	5	6	6	1	1	2
1999	경남 의령군	대의면농촌공간정비사업	802,000	11	2	5	6	6	1	1	2
2000	경남 의령군	취약지역개조(농어촌)덕교지구	588,000	11	2	5	6	6	1	1	2
2001	경남 의령군	기초생활거점조성(궁류면)	570,000	11	2	5	6	6	1	1	2
2002	경남 의령군	취약지역개조(농어촌)수부지구	566,000	11	2	5	6	6	1	1	2
2003	경남 의령군	취약지역개조(농어촌)방계지구	552,000	11	2	5	6	6	1	1	2
2004	경남 의령군	취약지역개조(농어촌)구산지구	387,000	11	2	5	6	6	1	1	2
2005	경남 의령군	기초생활수료자수선유지급여	340,000	11	2	7	8	7	1	1	4
2006	경남 의령군	문화관광형시장육성사업	250,000	11	2	5	1	7	2	2	1
2007	경남 의령군	토요애농산물공동브랜드광고	250,000	11	4	5	8	7	1	1	4
2008	경남 의령군	지정면기초생활거점조성사업(2단계)	190,000	11	2	5	6	6	1	1	2
2009	경남 의령군	취약지역개조(농어촌)괴진지구	162,000	11	2	5	6	6	1	1	2
2010	경남 의령군	취약지역개조(농어촌)죽공지구	153,000	11	2	5	6	6	1	1	2
2011	경남 의령군	봉수면기초생활거점조성사업(2단계)	120,000	11	2	5	6	6	1	1	2
2012	경남 의령군	유곡기초생활거점조성사업(2단계)	120,000	11	2	5	6	6	1	1	2
2013	경남 의령군	토요애쇼핑몰운영및마케팅	25,000	11	4	5	8	7	1	1	4
2014	경남 의령군	브라보행복택시운영지원	3,600	11	2	1	3	1	1	5	4
2015	경남 의령군	소상공인맞춤형컨설팅지원	1,500	11	6	6	1	6	1	1	2
2016	경남 함안군	가야지구농촌공간정비사업	7,357,000	11	5	1	1	1	1	1	1
2017	경남 함안군	남강정암지구하천골재채취사업	2,713,128	11	4	7	8	7	5	5	4
2018	경남 함안군	취약지역생활여건개조사업(덕촌지구)	1,906,000	11	5	1	4	1	1	1	1
2019	경남 함안군	여항면기초생활거점육성	1,722,000	11	5	1	2	1	1	1	1
2020	경남 함안군	발달장애인주간활동서비스	1,528,087	11	2	5	3	1	1	1	4
2021	경남 함안군	대산면기초생활거점육성	1,443,000	11	5	1	1	1	1	1	1
2022	경남 함안군	칠서면기초생활거점육성	1,289,000	11	5	1	1	1	1	1	1
2023	경남 함안군	칠원읍농촌중심지활성화	983,000	11	5	1	1	1	1	1	1
2024	경남 함안군	마을만들기사업(유상)	900,000	11	5	1	3	1	1	1	1
2025	경남 함안군	도시형배수장위수탁	523,720	11	5	7	1	7	2	1	1
2026	경남 함안군	마을만들기사업(수동)	450,000	11	5	1	3	1	1	1	1
2027	경남 함안군	마을만들기사업(신등)	450,000	11	5	1	3	1	1	1	1
2028	경남 함안군	마을만들기사업(대평)	432,000	11	5	1	3	1	1	1	1
2029	경남 함안군	마을만들기사업(취무)	431,000	11	5	1	3	1	1	1	1
2030	경남 함안군	마을만들기사업(고려동)	429,000	11	5	1	3	1	1	1	1
2031	경남 함안군	마을만들기사업(유현)	407,000	11	5	1	3	1	1	1	1
2032	경남 함안군	마을만들기사업(회문)	366,000	11	5	1	3	1	1	1	1
2033	경남 함안군	취약지역생활여건개조사업(진동지구)	300,000	11	5	1	6	1	1	1	1
2034	경남 함안군	칠북면기초생활거점육성	225,000	11	5	1	1	1	1	1	1
2035	경남 함안군	발달재활서비스	216,000	11	2	2	3	1	1	1	4
2036	경남 함안군	발달장애인방과후돌봄서비스지원	210,901	11	2	2	3	1	1	1	4
2037	경남 함안군	취약지역생활여건개조사업(영동지구)	100,000	11	5	1	4	1	1	1	1

순번	시군구	지출명 (사업명)	2024년예산 (단위 : 천원 /1년간)	민간이전 분류 (지방자치단체 세출예산 집행기준에 의거)	민간이전지출 근거 (지방보조금 관리기준 참고)	입찰방식			운영예산 산정		성과평가 실시여부
						계약체결방법 (경쟁형태)	계약기간	낙찰자선정방법	운영예산 산정	정산방법	
2038	경남 함안군	희귀질환자의료비지원	88,000	11	1	7	8	7	2	3	4
2039	경남 함안군	국가암관리지자체지원	85,755	11	1	7	8	7	2	3	4
2040	경남 함안군	국가건강검진사업운영(의료급여수급권자일반건강검진)	12,300	11	1	7	8	7	2	3	4
2041	경남 함안군	취약지역생활여건개조사업(대암지구)	8,000	11	5	1	3	1	1	1	1
2042	경남 함안군	의료급여수급권자영유아검진	380	11	1	7	8	7	2	3	4
2043	경남 함안군	치매치료관리비지원(전환)	280,564	11	1	7	8	7	1	1	1
2044	경남 함안군	공동방제단운영(운영비)	170,471	11	2	7	8	7	5	1	4
2045	경남 함안군	LPG용기사용가구가스시설개선	45,000	11	1	7	8	7	5	5	4
2046	경남 함안군	서민충전기시설개선사업	18,000	11	6	7	5	7	5	1	1
2047	경남 함안군	취약계층타임밸브보급사업	11,000	11	1	7	8	7	5	5	4
2048	경남 창녕군	농촌공간정비사업	3,328,500	11	5	1	5	1	1	1	3
2049	경남 창녕군	길곡면기초생활거점육성사업	2,193,000	11	5	1	5	1	1	1	3
2050	경남 창녕군	소각시설위탁관리대행사업비	2,150,000	11	6	6	5	2	2	1	1
2051	경남 창녕군	남지읍농촌중심지활성화사업	2,000,000	11	5	1	5	1	1	1	3
2052	경남 창녕군	가축분뇨공공처리시설운영	1,679,000	11	4	5	5	7	3	3	4
2053	경남 창녕군	영산면기초생활거점육성사업	900,000	11	5	1	5	1	1	1	3
2054	경남 창녕군	생학지구취약지역생활여건개조사업	596,000	11	1	1	3	1	1	1	3
2055	경남 창녕군	화영지구취약지역생활여건개조사업	552,000	11	1	1	3	1	1	1	3
2056	경남 창녕군	마을만들기사업(신규지구)	500,000	11	1	1	3	1	1	1	3
2057	경남 창녕군	계팔마을만들기사업	300,000	11	1	1	3	1	1	1	3
2058	경남 창녕군	괴산마을만들기사업	210,000	11	1	1	3	1	1	1	3
2059	경남 창녕군	대봉마을만들기사업	200,000	11	1	1	3	1	1	1	3
2060	경남 창녕군	신전마을만들기사업	200,000	11	1	1	3	1	1	1	3
2061	경남 창녕군	모전마을만들기사업	200,000	11	1	1	3	1	1	1	3
2062	경남 창녕군	신안마을만들기사업	200,000	11	1	1	3	1	1	1	3
2063	경남 창녕군	월령마을만들기사업	200,000	11	1	1	3	1	1	1	3
2064	경남 창녕군	서리마을만들기사업	200,000	11	1	1	3	1	1	1	3
2065	경남 창녕군	월하마을만들기사업	200,000	11	1	1	3	1	1	1	3
2066	경남 창녕군	두곡마을만들기사업	200,000	11	1	1	3	1	1	1	3
2067	경남 창녕군	옥천마을만들기사업	200,000	11	1	1	3	1	1	1	3
2068	경남 창녕군	남유마을만들기사업	200,000	11	1	1	3	1	1	1	3
2069	경남 창녕군	우강1구마을만들기사업	200,000	11	1	1	3	1	1	1	3
2070	경남 창녕군	옥천지구취약지역생활여건개조사업	169,000	11	1	1	3	1	1	1	3
2071	경남 창녕군	대곡마을만들기사업	120,000	11	1	1	3	1	1	1	3
2072	경남 창녕군	침출수위탁관리	107,000	11	6	6	1	2	1	1	1
2073	경남 고성군	녹색환경경관숲만들기사업	300,000	11	1	7	8	7	5	5	4
2074	경남 고성군	전통시장R&D지원	300,000	11	2	7	8	7	5	5	3
2075	경남 고성군	특성화시장육성사업	250,000	11	2	7	8	7	5	5	3
2076	경남 고성군	스마트공장구축지원사업	90,000	11	1	7	2	7	2	3	1
2077	경남 고성군	관광지홍보및운영	4,950	11	4	7	8	7	1	1	1

순번	시군구	지출명 (사업명)	2024년예산 (단위: 천원 /1년간)	민간이전 분류	민간이전지출 근거	입찰방식 계약체결방법	계약기간	낙찰자선정방법	운영예산 산정	정산방법	성과평가 실시여부
2078	경남 남해군	지방상수도비상공급망구축(남해~하동,L=24km,가압장4개소)	7,228,571	11	1	5	5	7	5	3	1
2079	경남 남해군	폐기물처리시설(신규)	3,513,823	11	1	5	8	7	1	1	4
2080	경남 남해군	읍면단위(중규모)LPG배관망구축사업2개소	3,312,000	11	1,2	6	5	7	2	2	4
2081	경남 남해군	남해군후속노후상수관로정비사업	2,688,000	11	1	5	6	7	5	3	1
2082	경남 남해군	계획공모형지역관광개발사업(활성화)(유럽형독일마을창조)	2,300,000	11	7	4	5	7	1	1	4
2083	경남 남해군	2024년경남도립남해대학기숙사건립사업	1,500,000	11	1	7	8	7	1	1	4
2084	경남 남해군	유기성폐기물통합바이오가스화시설	1,126,000	11	1	5	8	7	1	1	4
2085	경남 남해군	친환경에너지보급(해수열히트펌프)	864,000	11	6	7	7	1	5	1	4
2086	경남 남해군	주거급여(보조/지원)	474,000	11	2	5	1	7	1	1	1
2087	경남 남해군	수산자원산란서식장조성사업	381,000	11	1	7	8	7	1	1	4
2088	경남 남해군	농어촌공사관리농업기반시설정비지원	300,000	11	5	7	8	7	5	5	4
2089	경남 남해군	노후상수도정비사업사후관리기술지원	270,000	11	7	7	8	7	5	5	4
2090	경남 남해군	해삼서식기반조성(전환)	250,000	11	1	7	8	7	1	1	4
2091	경남 남해군	창선고령자복지주택건립	187,500	11	7	7	8	7	5	5	4
2092	경남 남해군	남해군통합브랜드홍보광고	176,400	11	4	4	1	6	1	1	4
2093	경남 남해군	재정시스템유지보수	70,878	11	8	5	1	7	1	5	4
2094	경남 남해군	LPG용기사용가구시설개선사업	45,000	11	2	5	1	7	5	1	3
2095	경남 남해군	남해군버스정보시스템(BIS)운영	36,099	11	5	7	8	7	2	2	4
2096	경남 남해군	친환경에너지보급(인버터)	25,411	11	6	7	7	1	5	1	4
2097	경남 남해군	고향사랑기부제종합정보시스템유지보수비(한국지역정보개발원)	18,137	11	1	5	1	2	2	2	4
2098	경남 남해군	남해도서관자료구입지원	15,000	11	4	7	8	7	1	1	1
2099	경남 하동군	소각시설설치	8,382,000	11	2	4	6	6	1	1	4
2100	경남 하동군	친환경에너지타운조성	2,900,000	11	2	4	6	2	1	1	4
2101	경남 하동군	2022년어촌뉴딜3사업	2,698,920	11	1	7	3	7	3	3	1
2102	경남 하동군	금남면기초생활거점육성	1,000,000	11	5	5	5	7	5	5	4
2103	경남 하동군	지표수보강개발사업(전환사업)	805,000	11	5	1	6	1	1	1	1
2104	경남 하동군	진교면중심도로가지중화	700,000	11	1	7	8	7	5	5	4
2105	경남 하동군	친환경에너지보급사업(해수열)	640,000	11	1	7	8	7	1	1	4
2106	경남 하동군	정보화장비운영	460,852	11	5	5	1	7	2	2	4
2107	경남 하동군	산불진화예방및도정수행동헬기임차	230,793	11	6	7	8	7	5	5	4
2108	경남 하동군	하동군보조지하수관측망설치및운영	150,000	11	1	7	8	7	2	2	3
2109	경남 하동군	농업기반시설주민숙원사업	100,000	11	5	5	4	7	1	1	1
2110	경남 하동군	장애인의료비지원	90,510	11	8	7	7	7	1	1	4
2111	경남 하동군	도로명주소운영지원	86,251	11	1	5	1	6	5	5	4
2112	경남 하동군	군정주요시책통합관리	80,996	11	1	7	8	7	5	5	4
2113	경남 하동군	농어촌공공도서관운영	30,000	11	4	5	8	7	1	1	3
2114	경남 하동군	기업지원촉진업무	30,000	11	7	7	8	7	1	1	4
2115	경남 하동군	수산종자관리사업사전사후영향조사	20,000	11	1	7	8	7	1	1	4
2116	경남 하동군	LPG용기사용가구시설개선사업	18,000	11	2	7	8	7	1	1	4
2117	경남 산청군	신안면농촌중심지활성화사업	5,261,000	11	1	7	8	7	5	5	4

순번	시군구	지출명 (사업명)	2024년예산 (단위 : 천원 /1년간)	민간이전 분류 (지방자치단체 세출예산 집행기준에 의거)	민간이전지출 근거 (지방보조금 관리기준 참고)	입찰방식 계약체결방법 (경쟁형태)	입찰방식 계약기간	입찰방식 낙찰자선정방법	운영예산 산정	정산방법	성과평가 실시여부
2118	경남 산청군	농촌공간정비사업	3,300,000	11	1	7	8	7	5	5	4
2119	경남 산청군	단성면기초생활거점조성사업	1,437,000	11	1	7	8	7	5	5	4
2120	경남 산청군	시천면농촌중심지활성화사업	1,377,000	11	1	7	8	7	5	5	4
2121	경남 산청군	신촌지구소규모용수개발사업	1,195,252	11	5	7	8	7	1	1	3
2122	경남 산청군	공사관리수리시설유지관리사업	700,000	11	5	7	8	7	1	1	3
2123	경남 산청군	삼장면기초생활거점조성사업	693,000	11	1	7	8	7	5	5	4
2124	경남 산청군	실매지구표수보강개발사업	644,320	11	5	7	8	7	1	1	3
2125	경남 산청군	상능지구농어촌취약지역생활여건개조사업	639,000	11	8	7	4	7	4	1	1
2126	경남 산청군	척지지구농어촌취약지역생활여건개조사업	546,000	11	8	7	4	7	4	1	1
2127	경남 산청군	구사지구농어촌취약지역생활여건개조사업	515,000	11	8	7	4	7	4	1	1
2128	경남 산청군	내정지구농어촌취약지역생활여건개조사업	507,000	11	8	7	4	7	4	1	1
2129	경남 산청군	온나라문서시스템2.구축	480,000	11	1	7	8	7	5	5	4
2130	경남 산청군	신등면기초생활거점조성사업	366,000	11	1	7	8	7	5	5	4
2131	경남 산청군	주거급여(기초주거급여수급자수선유지급여)	357,000	11	1	5	1	2	5	3	4
2132	경남 산청군	LP가스사용시설안전관리대행사업	282,250	11	1	5	8	7	1	1	1
2133	경남 산청군	표준기록관리시스템고도화사업	230,000	11	8	4	1	7	1	1	4
2134	경남 산청군	통합지방재정재해복구시스템구축자치단체분담금	70,878	11	1	5	1	7	1	1	1
2135	경남 산청군	장애인의료비지원	53,200	11	2	7	8	7	1	1	2
2136	경남 산청군	대학위탁평생교육과정운영	28,500	11	4	6	1	6	1	1	1
2137	경남 산청군	LPG용기사용가구시설개선사업	6,750	11	1	5	8	7	2	1	1
2138	경남 함양군	화촌풍수해생활권정비사업(보상금)	1,000,000	11	1,7	7	8	7	5	5	4
2139	경남 함양군	기초생활거점조성사업(마천면)	726,000	11	7	5	2	6	3	3	3
2140	경남 함양군	취약지역개조사업(농어촌)(평정)	605,000	11	7	5	4	6	3	3	3
2141	경남 함양군	취약지역개조사업(농어촌)(대안)	537,000	11	7	5	4	6	3	3	3
2142	경남 함양군	농촌공간정비사업(금호지구)	514,000	11	7	5	4	6	3	3	3
2143	경남 함양군	지적재조사사업	287,045	11	7	7	8	7	5	5	4
2144	경남 함양군	마을만들기(자율개발)(공배마을)(전환사업)	250,000	11	7	5	2	6	3	3	3
2145	경남 함양군	마을만들기(자율개발)(독자마을)(전환사업)	250,000	11	7	5	2	6	3	3	3
2146	경남 함양군	취약지역개조(농어촌)(조산)	209,000	11	7	5	2	6	3	3	3
2147	경남 함양군	취약지역개조(농어촌)(숙림)	202,000	11	7	5	2	6	3	3	3
2148	경남 함양군	취약지역개조(농어촌)(시목마을)	150,000	11	7	5	2	6	3	3	3
2149	경남 함양군	취약지역개조(농어촌)(대병마을)	150,000	11	7	5	2	6	3	3	3
2150	경남 함양군	도로명주소사업	78,841	11	7	7	8	7	5	5	4
2151	경남 함양군	LPG용기사용가구시설개선사업	22,500	11	2	5	1	7	3	1	4
2152	경남 합천군	2024년가공배전선로지중화사업	500,000	11	5	7	8	7	1	1	1
2153	전라북도	수소저장용기시험인증플랫폼구축	1,300,000	11	1	7	3	7	1	1	1
2154	전라북도	슈퍼캡융합특수모빌리티산업고도화플랫폼구축	560,000	11	5	7	3	7	2	3	1
2155	전라북도	수전해기반수소생산기지구축사업(국가직접지원)	400,000	11	2	7	8	7	5	2	4
2156	전라북도	다공성탄소소재기반환경소재및부품개발기반구축	330,000	11	5	7	5	7	2	3	1
2157	전라북도	야생동물구조관리센터시설개선	300,000	11	2	7	6	6	5	5	4

순번	시군구	지출명 (사업명)	2024년예산 (단위: 천원/1년간)	민간이전 분류	민간이전지출 근거	계약체결방법 (경쟁형태)	계약기간	낙찰자선정방법	운영예산 산정	정산방법	성과평가 실시여부
2158	전라북도	자치단체공통기반및재해복구시스템유지관리	183,278	11	1	5	1	7	1	1	4
2159	전라북도	통합지방재정재해복구시스템구축분담금	121,471	11	4	5	1	7	1	1	1
2160	전라북도	온나라및문서유통시스템유지관리위탁	98,854	11	1	5	1	7	1	1	4
2161	전라북도	사용후연료전지기반구축(국가직지원)	70,000	11	2	7	8	7	5	2	4
2162	전라북도	전북물포럼운영	50,000	11	6	7	8	7	1	1	1
2163	전라북도	정책콘테스트방송제작	30,000	11	7	7	8	7	5	5	4
2164	전라북도	자치단체기능분류모델시스템고도화분담금	7,470	11	1	7	8	7	5	5	4
2165	전라북도	지방행정공통정보시스템서비스데스크운영위탁	6,950	11	1	5	1	7	1	1	4
2166	전북 전주시	발달장애인주간활동서비스지원	5,333,479	11	1	7	8	7	3	3	2
2167	전북 전주시	수소저장용기시험인증플랫폼구축사업(국도비직접지원)	4,500,000	11	4	7	8	7	5	5	3
2168	전북 전주시	주거급여	2,393,000	11	2	5	1	7	1	1	4
2169	전북 전주시	발달장애인방과후활동서비스지원	1,297,180	11	1	7	8	7	3	3	2
2170	전북 전주시	무형문화재예술마을조성사업	800,000	11	2	5	1	7	5	2	4
2171	전북 전주시	가공배전선로지중화사업	700,000	11	1	5	8	7	2	2	2
2172	전북 전주시	장애인의료비지원	540,502	11	1	7	8	7	3	3	2
2173	전북 전주시	농어촌공사관리농업기반시설안전성개선사업지원	500,000	11	1	7	8	7	5	5	4
2174	전북 전주시	화전지구소규모배수개선사업	400,000	11	1	7	8	7	5	5	4
2175	전북 전주시	삼성스마트공장구축지원사업(도비직접지원)	336,000	11	6	7	8	7	5	5	4
2176	전북 전주시	중소기업해외시장개척지원사업	300,000	11	6	7	8	7	5	5	4
2177	전북 전주시	소규모공동주택생활환경개선사업	260,000	11	1	3	5	7	1	1	4
2178	전북 전주시	지방재정정보시스템운영	257,641	11	1	5	1	7	2	2	4
2179	전북 전주시	지역에너지클러스터인재양성(국도비직접지원)	175,000	11	6	7	8	7	3	3	3
2180	전북 전주시	수치지형도수정제작(국가직접지원)	150,000	11	2	7	8	7	5	5	4
2181	전북 전주시	창업도약패키지지원사업(국도비직접지원)	100,000	11	7	7	8	7	5	5	4
2182	전북 전주시	주소정보기본도유지관리사업	81,583	11	1	5	1	7	5	5	4
2183	전북 전주시	생활폐기물감량화및재활용품분리배출정책추진	60,500	11	1	7	8	7	5	5	4
2184	전북 전주시	주소정보관리시스템유지관리사업	58,677	11	1	5	1	7	5	5	4
2185	전북 전주시	사방사업(국가직접지원)	42,366	11	1	7	8	7	5	5	4
2186	전북 전주시	취약계층가스시설안전장치보급사업	19,800	11	6	7	8	7	3	2	4
2187	전북 전주시	고향사랑기부제종합정보시스템유지관리위탁사업비	13,270	11	1	7	8	7	5	1	4
2188	전북 전주시	LPG용기사용가구시설개선사업	6,750	11	2	7	8	7	3	2	4
2189	전북 익산시	주거급여(수선유지)	1,800,000	11	2	5	1	7	1	1	4
2190	전북 익산시	여산면기초생활거점조성사업(23년협약)	1,113,000	11	1	5	1	7	5	1	3
2191	전북 익산시	낭산면기초생활거점조성사업(23년협약)	1,103,000	11	1	5	1	7	5	1	3
2192	전북 익산시	망성면기초생활거점조성사업(23년협약)	946,000	11	1	5	1	7	5	1	3
2193	전북 익산시	상지원마을취약지역생활여건개조사업	615,900	11	1	5	4	7	5	1	3
2194	전북 익산시	중흥마을취약지역생활여건개조사업	408,900	11	1	5	4	7	5	1	3
2195	전북 익산시	다공성탄소소재기반구축사업	96,000	11	1	7	8	7	1	1	2
2196	전북 정읍시	정우면기초생활거점	1,979,000	11	2	4	5	1	3	3	3
2197	전북 정읍시	영원면기초생활거점사업	872,000	11	2	4	5	1	3	3	3

순번	시군구	지출명 (사업명)	2024년예산 (단위: 천원/1년간)	민간이전 분류 (지방자치단체 세출예산 집행기준에 의거)	민간이전지출 근거 (지방보조금 관리기준 참고)	입찰방식			운영예산 산정		성과평가 실시여부
						계약체결방법 (경쟁형태)	계약기간	낙찰자선정방법	운영예산 산정	정산방법	
2198	전북 정읍시	농촌취약지역생활여건개조사업	557,000	11	1	5	4	7	5	1	4
2199	전북 정읍시	전기자동차충전인프라구축	300,000	11	5	7	8	7	5	5	4
2200	전북 정읍시	여성직업교육훈련	94,000	11	6	7	8	7	5	5	4
2201	전북 정읍시	전통식품마케팅활성화지원사업	80,000	11	5	5	1	7	2	2	2
2202	전북 정읍시	LPG용기사용가구시설개선사업	29,250	11	1	7	8	7	3	1	4
2203	전북 정읍시	취약계층가스타이머콕보급	20,350	11	1	7	8	7	3	1	4
2204	전북 정읍시	식품명인전통식품홍보판촉지원사업	10,000	11	5	5	1	7	2	2	2
2205	전북 정읍시	대학생학자금대출이자지원	5,000	11	4	7	8	7	5	5	4
2206	전북 남원시	주거급여(수선유지급여)	1,025,000	11	2	7	8	7	5	5	4
2207	전북 남원시	대강입암지구농어촌취약지역생활여건개조사업	819,600	11	5	5	4	7	1	1	3
2208	전북 남원시	수지동동지구농어촌취약지역생활여건개조사업	586,000	11	5	5	4	7	1	1	3
2209	전북 남원시	이백계산지구농어촌취약지역생활여건개조사업	167,000	11	5	7	8	7	5	5	4
2210	전북 남원시	대강강석지구농어촌취약지역생활여건개조사업	139,000	11	5	7	8	7	5	5	4
2211	전북 남원시	온(On)가족센터건립업무대행수수료	72,000	11	1	7	8	7	5	5	4
2212	전북 김제시	종자기업공동활용종자가공처리센터구축	4,000,000	11	2	7	8	7	5	5	4
2213	전북 김제시	김제도시재생뉴딜중심거점시설건립사업	3,800,000	11	5	2	2	1	1	1	3
2214	전북 김제시	만경읍농촌중심지활성화사업	3,797,000	11	8	7	5	7	5	3	3
2215	전북 김제시	농촌공간정비사업	3,300,000	11	6	7	5	7	3	3	4
2216	전북 김제시	자가가구수선유지	2,796,000	11	2	5	1	1	5	5	4
2217	전북 김제시	신바람창업지원센터건립사업	2,500,000	11	2	7	8	7	5	5	4
2218	전북 김제시	광활면기초생활거점조성사업	2,424,000	11	8	7	4	7	5	3	3
2219	전북 김제시	청하면기초생활거점조성사업	2,256,000	11	8	7	4	7	5	3	3
2220	전북 김제시	새만금청년복합센터조성사업	2,000,000	11	8	7	2	7	5	3	3
2221	전북 김제시	전선로지중화지원사업(검산초등학교통학로지중화)	1,879,500	11	8	7	8	7	5	5	4
2222	전북 김제시	성덕면기초생활거점조성사업	1,396,000	11	8	7	4	7	5	3	3
2223	전북 김제시	부량면기초생활거점조성사업	1,214,000	11	8	7	4	7	5	3	3
2224	전북 김제시	진봉면기초생활거점조성사업	922,000	11	8	7	5	7	5	3	3
2225	전북 김제시	김제초등학교통학로지중화사업(그린뉴딜)	801,000	11	8	7	8	7	5	5	4
2226	전북 김제시	소규모배수개선사업	650,000	11	8	7	8	7	5	5	4
2227	전북 김제시	백산면기초생활거점조성사업	630,000	11	8	7	4	7	5	3	3
2228	전북 김제시	봉남면취약지역생활여건개조사업	621,000	11	8	7	4	7	5	3	3
2229	전북 김제시	지적재조사측량수수료	613,883	11	7	5	1	7	2	2	1
2230	전북 김제시	수소충전소설치사업	600,000	11	2	7	8	7	5	5	4
2231	전북 김제시	부량면취약지역생활여건개조사업	569,000	11	8	7	4	7	5	3	3
2232	전북 김제시	안전신뢰성화기술혁신기반구축	469,000	11	2	6	5	7	3	3	4
2233	전북 김제시	2024년대구획경지정리(시비부담금)	400,402	11	8	7	8	7	5	5	4
2234	전북 김제시	차세대지방재정관리시스템재해복구시스템구축	91,107	11	1	7	1	7	2	2	4
2235	전북 김제시	뿌리기업그린환경시스템구축지원	77,000	11	7	7	8	7	1	1	2
2236	전북 김제시	백구면기초생활거점조성사업	74,000	11	8	7	6	7	5	3	3
2237	전북 김제시	공덕면기초생활거점조성사업	74,000	11	8	7	5	7	5	3	3

순번	시군구	지출명 (사업명)	2024년예산 (단위 : 천원 /1년간)	민간이전 분류	민간이전지출 근거	계약체결방법 (경쟁형태)	계약기간	낙찰자선정방법	운영예산 산정	정산방법	성과평가 실시여부
2238	전북 김제시	황산면기초생활거점조성사업	74,000	11	8	7	5	7	5	3	3
2239	전북 김제시	LPG용기사용가구시설개선사업	45,000	11	5	5	5	2	3	1	1
2240	전북 김제시	죽산면기초생활거점조성사업	44,000	11	8	7	5	7	5	3	3
2241	전북 김제시	취약계층가스안전장치(타이머콕)보급사업	22,000	11	5	5	5	2	3	1	1
2242	전북 완주군	고천지구재해위험지구정비사업	1,600,000	11	5	5	3	7	1	1	1
2243	전북 완주군	주거급여(수선유지급여)	700,000	11	2	7	1	7	5	3	4
2244	전북 완주군	통합지방재정시스템재해복구시스템구축분담금(1차)	80,996	11	1	7	8	7	5	2	4
2245	전북 완주군	표준인사정보시스템(인사랑)구축및유지관리	30,000	11	5	7	7	7	2	1	1
2246	전북 장수군	농촌공간정비사업(산서면)	2,310,000	11	2	7	1	7	1	1	1
2247	전북 장수군	장계마을정비형공공임대주택사업	1,934,953	11	7	7	6	6	2	2	3
2248	전북 장수군	기초생활보장수급자수선유지	444,630	11	2	3	1	7	1	1	1
2249	전북 장수군	장수한우구충사업및광물질보급사업	432,600	11	4	7	8	7	5	1	4
2250	전북 장수군	지적재조사측량수수료	282,183	11	5	7	8	7	5	5	4
2251	전북 장수군	내수면자원조성사업(어도개보수)	125,000	11	2	7	8	7	5	1	4
2252	전북 장수군	차세대KAIS구축및기존KAIS유지보수비	53,727	11	7	5	1	7	2	1	1
2253	전북 장수군	일반세대LPG용기시설개선사업	45,000	11	1	5	1	7	1	1	3
2254	전북 장수군	입체주소구축및주소정보기본도유지관리	18,015	11	2	5	1	7	2	1	1
2255	전북 장수군	취약계층가스시설안전장비보급사업	9,900	11	1	5	1	7	1	1	4
2256	전북 장수군	국가지점번호판일제조사	9,000	11	7	7	8	7	5	5	4
2257	전북 임실군	전북형삼성스마트공장제조혁신프로젝트	80,000	11	6	7	1	7	1	1	1
2258	전북 임실군	청년혁신가예비창업지원사업	30,000	11	6	7	1	7	1	1	1
2259	전북 순창군	순창읍중앙로일원도시재생뉴딜사업(총사업비13,955백만원,'21~'24년)	5,280,048	11	2	5	3	7	3	3	1
2260	전북 순창군	순창읍농촌중심지활성화사업(총사업비16억원,'21~'25년)	3,715,000	11	2	5	3	7	3	3	1
2261	전북 순창군	인계면기초생활거점조성사업(총사업비4억원,'21~'25년)	1,613,000	11	2	5	5	7	3	3	1
2262	전북 순창군	팔덕면기초생활거점조성사업(총사업비4억원,'22~'25년)	1,613,000	11	2	5	4	7	3	3	1
2263	전북 순창군	마을만들기(자율개발)사업(신규5개마을)	1,500,000	11	4	7	8	7	5	5	4
2264	전북 순창군	금과면기초생활거점조성사업(총사업비4억원,'21~'25년)	1,199,000	11	2	5	5	7	3	3	1
2265	전북 순창군	순창군가족센터건립	1,100,000	11	7	7	8	7	5	5	4
2266	전북 순창군	농업기반시설정비사업	1,000,000	11	5	1	1	3	1	1	4
2267	전북 순창군	풍산면기초생활거점조성사업2단계(총사업비2억원,'23~'25년)	800,000	11	2	5	3	7	3	3	1
2268	전북 순창군	유등면기초생활거점조성사업2단계(총사업비2억원,'23~'25년)	800,000	11	2	5	3	7	3	3	1
2269	전북 순창군	취약지역기초생활인프라정비사업(자포,상하외령)(총3억,'22~'25년)	600,000	11	2	7	8	7	5	5	4
2270	전북 순창군	농촌취약지역생활여건개조사업(평남마을,총사업비15.9억,'21~'24년)	560,305	11	2	7	8	7	5	5	4
2271	전북 순창군	농촌취약지역생활여건개조사업	502,000	11	2	7	8	7	5	5	4
2272	전북 순창군	주거현물급여(수선유지사업)	500,000	11	1	7	8	7	5	3	4
2273	전북 순창군	농촌취약지역생활여건개조사업(오교마을,총사업비15.7억,'22~'25년)	473,000	11	2	7	8	7	5	5	4
2274	전북 순창군	친환경에너지보급사업	401,200	11	2	7	8	7	1	1	4
2275	전북 순창군	부동산종합공부시스템전산도면고도화사업	200,000	11	1	5	1	7	5	1	4
2276	전북 순창군	운남지구소규모배수개선사업(총사업비15억원)	200,000	11	5	1	1	3	1	1	4
2277	전북 순창군	대정마을자율개발사업(총5억원,'23~'25년)	150,000	11	1	2	2	1	5	1	2

순번	시군구	지출명 (사업명)	2024년예산 (단위: 천원/1년간)	민간이전 분류 (지방자치단체 세출예산 집행기준에 의거) 1. 민간경상사업보조(307-02) 2. 민간단체 법정운영비보조(307-03) 3. 민간행사사업보조(307-04) 4. 민간위탁금(307-05) 5. 사회복지시설 법정운영비보조(307-10) 6. 민간위탁교육비(307-12) 7. 공기관등에대한경상적위탁사업비(308-13) 8. 민간자본사업보조,자체재원(402-01) 9. 민간자본보조,이전재원(402-02) 10. 민간위탁사업비(402-03) 11. 공기관등에 대한 자본적 위탁사업비(403-02)	민간이전지출 근거 (지방보조금 관리기준 참고) 1. 법률에 규정 2. 국고보조 재원(국가지정) 3. 용도 지정 기부금 4. 조례에 직접규정 5. 지자체가 권장하는 사업을 하는 공공기관 6. 시,도 정책 및 재정사정 7. 기타 8. 해당없음	입찰방식			운영예산 산정		성과평가 실시여부 1. 실시 2. 미실시 3. 향후 추진 4. 해당없음
						계약체결방법 (경쟁형태) 1. 일반경쟁 2. 제한경쟁 3. 지명경쟁 4. 수의계약 5. 법정위탁 6. 기타 ( ) 7. 없음	계약기간 1. 1년 2. 2년 3. 3년 4. 4년 5. 5년 6. 기타 ( )년 7. 단기계약 (1년미만) 8. 없음	낙찰자선정방법 1. 적격심사 2. 협상에의한계약 3. 최저가낙찰 4. 규격가격분리 5. 2단계 경쟁입찰 6. 기타 ( ) 7. 없음	운영예산 산정 1. 내부산정 (지자체 자체적으로 산정) 2. 외부산정 (외부전문기관위탁 산정) 3. 내·외부 모두 산정 4. 산정 無 5. 없음	정산방법 1. 내부정산 (지자체 내부적으로 정산) 2. 외부정산 (외부전문기관위탁 정산) 3. 내·외부 모두 산정 4. 정산 無 5. 없음	
2278	전북 순창군	호계마을자율개발사업(총5억원,'23~'25년)	150,000	11	1	2	2	1	5	1	2
2279	전북 순창군	건곡마을자율개발사업(총5억원,'23~'25년)	150,000	11	1	2	2	1	5	1	2
2280	전북 순창군	소촌마을자율개발사업(총5억원,'23~'25년)	150,000	11	1	2	2	1	5	1	2
2281	전북 순창군	아미마을자율개발사업(총5억원,'23~'25년)	150,000	11	1	2	2	1	5	1	2
2282	전북 순창군	기초행정구역공간정보구축사업	92,000	11	1	7	8	7	5	5	4
2283	전북 순창군	통합지방재정재해복구시스템구축분담금	60,749	11	6	7	8	7	2	2	4
2284	전북 순창군	지산마을자율개발사업(총5억원,'22~'24년)	50,000	11	1	2	2	1	5	1	2
2285	전북 순창군	태촌마을자율개발사업(총5억원,'22~'24년)	50,000	11	1	2	2	1	5	1	2
2286	전북 순창군	속리마을자율개발사업(총5억원,'22~'24년)	50,000	11	1	2	2	1	5	1	2
2287	전북 순창군	수정마을자율개발사업(총5억원,'22~'24년)	50,000	11	1	2	2	1	5	1	2
2288	전북 순창군	내동마을자율개발사업(총5억원,'22~'24년)	50,000	11	1	2	2	1	5	1	2
2289	전북 순창군	미네랄블럭지원사업	50,000	11	4	7	8	7	2	3	4
2290	전북 순창군	생균제공급지원사업	50,000	11	4	7	8	7	2	3	4
2291	전북 순창군	군관리저수지안전점검용역	44,000	11	5	7	1	7	1	1	4
2292	전북 순창군	한우등록비지원사업	40,000	11	4	7	8	7	2	3	4
2293	전북 순창군	가공배전선로심상화사업	23,312	11	5	7	8	7	1	1	4
2294	전북 순창군	LPG용기사용가구시설개선사업	11,250	11	5	7	8	7	5	5	4
2295	전북 순창군	취약계층가스안전장치보급사업	9,900	11	5	7	8	7	5	5	4
2296	전북 고창군	옛도심지역도시재생뉴딜사업	5,494,000	11	2	7	8	7	5	5	4
2297	전북 고창군	고창터미널도시재생혁신지구	905,000	11	2	7	8	7	5	5	4
2298	전북 고창군	심원면죽곡마을취약지역생활여건개조사업	512,000	11	2	7	8	7	5	5	4
2299	전북 고창군	시가지특화경관조성사업(23년군비부담비)	500,000	11	5	7	8	7	5	5	4
2300	전북 고창군	고창터미널도시재생혁신지구(2023년군비부담금)	310,000	11	5	7	8	7	5	5	4
2301	전북 고창군	어도시설개보수사업	125,000	11	2	7	8	7	5	5	4
2302	전북 고창군	전북형삼성스마트공장제조혁신사업(도비직접지원)	80,000	11	6	7	8	7	5	5	4
2303	전북 고창군	LPG용기사용가구시설개선	51,750	11	2	5	8	7	3	1	3
2304	전북 고창군	뿌리기업그린환경시스템구축지원사업	21,000	11	6	7	8	7	1	1	4
2305	전북 고창군	취약계층가스시설안전장치보급사업	17,050	11	6	5	8	7	3	1	3
2306	전북 부안군	수소도시조성	2,000,000	11	6	4	5	2	3	3	3
2307	전북 부안군	수전해기반수소생산기지구축	500,000	11	6	4	5	2	3	3	3
2308	전북 부안군	LPG용기사용가구시설개선사업	22,500	11	2	7	6	7	5	5	4
2309	전북 부안군	취약계층가스시설안전장치보급사업	14,850	11	6	7	6	7	5	5	4
2310	전북 부안군	기초생활보장수선유지급여	891,090	11	1	5	1	7	5	5	4
2311	전북 부안군	통합지방재정시스템재해복구시스템구축	80,996	11	5	5	1	7	2	2	2
2312	전북 부안군	청백e(통합상시모니터링)시스템운영유지	12,510	11	5	5	1	7	2	2	2
2313	전남 완도군	고금면LPG배관망구축사업	1,687,000	11	2	5	2	7	5	5	4
2314	전남 완도군	해양헬스케어유효성실증센터지자체자체부담금	980,000	11	2	7	8	7	2	2	3
2315	전남 완도군	소안횡간마을LPG시설구축사업	956,000	11	2	5	2	7	5	5	4
2316	전남 완도군	LPG용기사용가구시설개선사업	243,375	11	2	5	1	7	5	5	4
2317	전남 완도군	완도읍LPG배관망유지보수	100,000	11	1	5	1	7	5	5	4

- 542 -

순번	시군구	지출명 (사업명)	2024년예산 (단위 : 천원/1년간)	민간이전 분류 (지방자치단체 세출예산 집행기준에 의거)	민간이전지출 근거 (지방보조금 관리기준 참고)	입찰방식 계약체결방법 (경쟁형태)	계약기간	낙찰자선정방법	운영예산 산정	정산방법	성과평가 실시여부
2318	전남 완도군	서민층가스안전장치보급사업	53,100	11	6	5	1	7	5	5	4
2319	전남 완도군	친환경에너지보급(해수열히트펌프)	3,948,000	11	2	2	1	3	5	1	4
2320	전남 완도군	친환경에너지보급(인버터)	1,008,044	11	2	2	1	3	5	1	4
2321	전남 완도군	바다숲조성사업	910,000	11	5	7	8	7	5	5	4
2322	전남 완도군	고수온대응지원사업	456,000	11	6	7	8	7	5	5	4
2323	전남 완도군	수산가공분야에너지절감시설보급사업	400,000	11	2	5	7	7	1	1	3
2324	전남 완도군	조업중인양쓰레기수매	400,000	11	5	7	8	7	5	5	4
2325	전남 완도군	해삼서식기반조성사업	200,000	11	5	7	8	7	5	5	4
2326	전남 완도군	바다정원화사업	165,000	11	5	7	8	7	5	5	4
2327	전남 완도군	적조피해대비어류양식환경개선물질공급사업	67,500	11	6	7	8	7	5	5	4
2328	전남 목포시	서민층가스안전장치(타이머콕)보급사업	6,000	11	6	5	1	7	2	2	1
2329	전남 목포시	LPG용기사용가구시설개선사업	4,500	11	2	5	1	7	2	2	1
2330	전남 여수시	신재생에너지융복합지원사업	3,525,816	11	5	7	8	7	5	5	4
2331	전남 여수시	여수산단에너지자급자족인프라구축	2,450,000	11	7	6	3	6	5	3	3
2332	전남 여수시	기초주거급여수선유지사업	1,410,358	11	1,2	5	8	6	1	3	3
2333	전남 여수시	복산지구배수개선사업(복산지구배수개선사업)	1,000,000	11	1	7	8	7	3	3	2
2334	전남 여수시	섬지역특성화사업	1,000,000	11	2	7	8	7	5	5	4
2335	전남 여수시	친환경에너지보급	480,000	11	6	1	7	3	2	1	4
2336	전남 여수시	해삼서식기반조성사업	200,000	11	1	7	8	7	5	5	4
2337	전남 여수시	2024년여수산단특별안전구역안전솔루션지원사업	118,000	11	2	7	8	7	5	5	4
2338	전남 여수시	가스안전장치(일산화탄소경보차단기)설치	50,000	11	1,5	7	8	7	5	5	4
2339	전남 순천시	차세대지방재정관리시스템구축관련자치단체별분담금	91,107	11	1	7	8	7	1	1	1
2340	전남 순천시	농촌지역가스시설개선사업	86,400	11	1	7	8	7	5	5	4
2341	전남 순천시	2024년차세대표준지방인사정보시스템등유지관리	51,165	11	1	7	8	7	5	5	4
2342	전남 순천시	순천형기차여행상품운영	30,000	11	4	7	1	7	1	1	1
2343	전남 순천시	LPG사용가구시설개선사업	22,500	11	1	7	8	7	1	1	1
2344	전남 순천시	서민층가스안전장치(타이머콕)보급사업	10,500	11	1	7	8	7	1	1	4
2345	전남 나주시	주거급여(주거수선유지자업비지원)	900,000	11	2	4	1	2	5	1	4
2346	전남 나주시	주소정보관리시스템유지관리사업	55,377	11	2	5	1	7	2	2	1
2347	전남 나주시	주소정보기본도유지보수사업	49,059	11	2	5	1	7	2	2	1
2348	전남 나주시	행복동지사업	40,000	11	2	4	1	2	5	1	1
2349	전남 광양시	청년농업인임대형스마트팜조성	900,000	11	6	7	8	7	5	5	4
2350	전남 담양군	슬레이트처리및지붕개량사업	1,024,000	11	1,4	7	8	7	5	5	4
2351	전남 담양군	농어촌취약지역생활여건개조사업	832,000	11	2	7	8	7	5	5	4
2352	전남 담양군	용면기초생활거점육성사업	767,000	11	2	7	8	7	5	5	4
2353	전남 담양군	가사문학면기초생활거점육성사업	703,000	11	2	7	8	7	5	5	4
2354	전남 담양군	자연재해위험개선지구정비사업(봉산대전)(군비추가분)	699,000	11	7	6	6	7	3	3	4
2355	전남 담양군	무정면봉안지구농촌공간정비사업	585,000	11	2	7	8	7	5	5	4
2356	전남 담양군	외동마을	532,000	11	2	7	8	7	5	5	4
2357	전남 담양군	기초주거(현물)급여위탁지원	500,000	11	2	7	8	7	5	5	4

순번	시군구	지출명 (사업명)	2024년예산 (단위: 천원 /1년간)	민간이전 분류	민간이전지출 근거	계약체결방법 (경쟁형태)	계약기간	낙찰자선정방법	운영예산 산정	정산방법	성과평가 실시여부
2358	전남 담양군	장애인의료비지원	203,594	11	1	7	8	7	5	1	2
2359	전남 담양군	월평마을	150,000	11	2	7	8	7	5	5	4
2360	전남 담양군	차동마을	150,000	11	2	7	8	7	5	5	4
2361	전남 담양군	통합지방재정시스템재해복구시스템구축	70,878	11	1	7	1	7	2	2	4
2362	전남 담양군	추월산인공폭포유지관리비	20,000	11	5	7	8	7	5	5	4
2363	전남 담양군	LPG용기사용가구시설개선사업	18,000	11	5	7	8	7	5	5	4
2364	전남 담양군	서민층가스안전장치(타이머콕)보급사업	15,000	11	5	7	8	7	5	5	4
2365	전남 담양군	표준지방인사정보시스템인프라자원증설	1,300	11	5	7	8	7	5	5	4
2366	전남 곡성군	마을만들기사업(2022년)(전환사업)	750,000	11	2	7	8	7	1	1	3
2367	전남 곡성군	입면제월리취약지역생활여건개조사업	620,000	11	2	7	8	7	1	1	3
2368	전남 곡성군	마을만들기사업(2023년)(전환사업)	600,000	11	2	7	8	7	1	1	3
2369	전남 곡성군	석곡면덕흥리취약지역생활여건개조사업	553,000	11	2	7	8	7	1	1	3
2370	전남 곡성군	삼기면농소리취약지역생활여건개조사업	511,000	11	2	7	8	7	1	1	3
2371	전남 곡성군	마을만들기사업(2024년)(전환사업)	300,000	11	2	7	8	7	5	5	4
2372	전남 곡성군	지적재조사사업추진	280,500	11	2	5	1	7	5	5	4
2373	전남 곡성군	겸면운교리취약지역생활여건개조사업	206,000	11	2	7	8	7	5	5	4
2374	전남 곡성군	곡성군지역역량강화사업	178,000	11	2	7	8	7	1	1	3
2375	전남 곡성군	삼기면월경리취약지역생활여건개조사업	172,000	11	2	7	8	7	5	5	4
2376	전남 곡성군	죽곡면고치리취약지역생활여건개조사업	168,000	11	2	7	8	7	5	5	4
2377	전남 곡성군	통합지방재정재해복구시스템구축분담금	60,749	11	6	5	1	7	2	2	4
2378	전남 곡성군	LPG용기사용가구시설개선사업	22,500	11	5	7	8	7	5	3	4
2379	전남 곡성군	겸면기초생활거점조성사업	19,000	11	2	7	8	7	1	1	3
2380	전남 곡성군	서민층가스안전장치보급사업	15,000	11	2	7	8	7	5	3	4
2381	전남 곡성군	곡성군립청소년관현악단악기구입지원	14,000	11	5	7	8	7	5	5	4
2382	전남 구례군	차세대지방재정관리시스템구축분담금	60,749	11	7	5	8	7	3	3	3
2383	전남 고흥군	2022년어촌뉴딜3	11,274,900	11	2	5	3	6	1	1	3
2384	전남 고흥군	아이돌봄지원	1,666,945	11	1,4	1	5	1	1	1	1
2385	전남 고흥군	스마트원예단지기반조성	1,550,000	11	2	7	8	7	5	5	4
2386	전남 고흥군	대서면권역단위거점개발	1,500,000	11	2	5	3	7	2	2	2
2387	전남 고흥군	친환경에너지보급(히트펌프,인버터)	1,440,000	11	2	7	8	7	5	5	4
2388	전남 고흥군	권역단위거점개발(남양면)	1,273,000	11	2	5	4	7	2	2	2
2389	전남 고흥군	남해안권무인이동체모니터링및실증기반구축	932,000	11	7	7	7	7	1	2	1
2390	전남 고흥군	갯녹음예방바다숲조성	420,000	11	1	5	2	7	2	2	1
2391	전남 고흥군	드론기업역량강화	400,000	11	5	7	7	7	2	2	1
2392	전남 고흥군	첫만남이용권지원	400,000	11	1,4	1	5	1	1	1	1
2393	전남 고흥군	LPG용기사용가구시설개선	231,976	11	2	7	8	7	5	5	4
2394	전남 고흥군	인공어초(해삼서식기반조성)(전환사업)	187,500	11	1	5	2	7	2	2	1
2395	전남 고흥군	예산편성관리	80,996	11	1	7	6	6	5	5	1
2396	전남 고흥군	저소득층가스안전장치지원	15,000	11	5	7	8	7	5	5	4
2397	전남 화순군	통합지방재정재해복구시스템구축	80,996	11	7	5	1	7	2	2	4

순번	시군구	지출명 (사업명)	2024년예산 (단위 : 천원/1년간)	민간이전 분류 (지방자치단체 세출예산 집행기준에 의거) 1. 민간경상사업보조(307-02) 2. 민간단체 법정운영비보조(307-03) 3. 민간행사사업보조(307-04) 4. 민간위탁금(307-05) 5. 사회복지시설 법정운영비보조(307-10) 6. 민간인위탁교육비(307-12) 7. 공기관등에대한경상적위탁사업비(308-13) 8. 민간자본사업보조,자체재원(402-01) 9. 민간자본사업보조,이전재원(402-02) 10. 민간위탁사업비(402-03) 11. 공기관등에 대한 자본적 위탁사업비(403-02)	민간이전지출 근거 (지방보조금 관리기준 참고) 1. 법률에 규정 2. 국고보조 재원(국가지정) 3. 용도 지정 기부금 4. 조례에 직접규정 5. 지자체가 권장하는 사업을 하는 공공기관 6. 시,도 정책 및 재정사정 7. 기타 8. 해당없음	입찰방식 계약체결방법 (경쟁형태) 1. 일반경쟁 2. 제한경쟁 3. 지명경쟁 4. 수의계약 5. 법정위탁 6. 기타 ( ) 7. 없음	계약기간 1. 1년 2. 2년 3. 3년 4. 4년 5. 5년 6. 기타 ( )년 7. 단가계약 (1년미만) 8. 없음	낙찰자선정방법 1. 적격심사 2. 협상에의한계약 3. 최저가낙찰제 4. 규격가격분리 5. 2단계 경쟁입찰 6. 기타 ( ) 7. 없음	운영예산 산정 1. 내부산정 (지자체 자체적으로 산정) 2. 외부산정 (외부전문기관위탁 산정) 3. 내·외부 모두 산정 4. 산정 無 5. 없음	정산방법 1. 내부정산 (지자체 내부적으로 정산) 2. 외부정산 (외부전문기관위탁 정산) 3. 내·외부 모두 산정 4. 정산 無 5. 없음	성과평가 실시여부 1. 실시 2. 미실시 3. 향후 추진 4. 해당없음
2398	전남 화순군	청백e시스템유지관리및운영지원비	12,510	11	7	5	1	7	2	2	2
2399	전남 장흥군	안양면행보한살터조성사업	696,000	11	2	5	5	2	1	1	4
2400	전남 장흥군	고정밀전자지도구축사업	112,500	11	2	1	6	1	5	4	4
2401	전남 장흥군	차세대주소정보시스템유지관리및운영지원	53,727	11	1	6	1	7	3	1	4
2402	전남 장흥군	도로명주소정보기본도유지보수	22,462	11	1	6	1	7	1	1	2
2403	전남 장흥군	자동차운행제한통합관제센터운영관리위탁	12,570	11	6	7	8	7	5	2	4
2404	전남 장흥군	자동차운행제한단속시스템유지관리	8,690	11	6	7	8	7	5	2	4
2405	전남 강진군	강진만권역행복한살터조성사업	1,989,000	11	5	5	5	2	1	1	3
2406	전남 강진군	병영면기초생활거점조성	710,000	11	5	5	4	7	1	1	3
2407	전남 강진군	성전면기초생활거점조성	710,000	11	5	5	4	7	1	1	3
2408	전남 강진군	도암면기초생활거점조성(2단계)	700,000	11	5	5	3	2	1	1	3
2409	전남 강진군	작천면기초생활거점조성(2단계)	700,000	11	5	5	3	2	1	1	3
2410	전남 강진군	친환경에너지보급사업(해수열히트펌프)	384,000	11	2	7	8	7	5	5	4
2411	전남 강진군	(기본)농업기반시설유지관리대행사업	100,000	11	5	5	1	7	1	1	4
2412	전남 강진군	통합지방재정재해복구시스템구축부담금	70,878	11	5	7	8	7	5	5	4
2413	전남 강진군	(기본)농업기반시설유지관리대행사업	70,000	11	5	5	1	7	1	1	4
2414	전남 강진군	(기본)농업기반시설유지관리대행사업	50,000	11	5	5	1	7	1	1	4
2415	전남 강진군	(기본)농업기반시설유지관리대행사업	40,000	11	5	5	1	7	1	1	4
2416	전남 강진군	(기본)농업기반시설유지관리대행사업	40,000	11	5	5	1	7	1	1	4
2417	전남 해남군	수선유지급여	980,000	11	1	5	1	7	3	3	1
2418	전남 해남군	첫만남이용권지원사업	520,000	11	2	7	8	7	5	1	4
2419	전남 해남군	군농업연구단지조성지중화사업부담금	200,000	11	1	7	8	7	5	5	4
2420	전남 해남군	저소득층기저귀조제분유지원	160,226	11	2	7	8	7	5	1	4
2421	전남 해남군	산모신생아건강관리지원(전환사업)	83,929	11	2	7	8	7	5	1	4
2422	전남 해남군	출산가정방문산후조리서비스확대지원	29,348	11	6	7	8	7	5	1	4
2423	전남 해남군	영유아건강검진	1,482	11	2	7	8	7	5	1	4
2424	전남 해남군	청소년산모임산출산의료비지원	1,200	11	2	7	8	7	5	1	4
2425	전남 해남군	표준모자보건수첩제작	449	11	1	7	8	7	5	1	4
2426	전남 영암군	대불스마트그린산단통합시스템구축사업	3,700,000	11	2	7	8	7	5	5	4
2427	전남 영암군	청년경영실습임대농장조성	900,000	11	6	7	8	7	5	5	4
2428	전남 영암군	영암읍중앙로지중화사업	500,000	11	5	7	8	7	2	2	2
2429	전남 영암군	노후수리시설물정비사업	500,000	11	5	7	7	7	5	1	4
2430	전남 영암군	대불산단전선지중화사업(1차)	500,000	11	1	6	8	7	1	1	4
2431	전남 영암군	기초주거급여수급자수선유지급여	450,000	11	2	7	8	7	5	5	4
2432	전남 영암군	학산마을정비형기반시설설치비및부담금	183,940	11	7	7	8	7	5	5	4
2433	전남 영암군	통합지방재정재해복구시스템구축부담금	84,708	11	7	7	8	7	5	5	4
2434	전남 영암군	시종와우지구대구획경지정리사업	58,140	11	2	7	7	7	5	1	4
2435	전남 영암군	LPG용기사용가구시설개선사업	56,250	11	2	7	8	7	3	3	2
2436	전남 영암군	인사행정시스템유지보수	25,582	11	7	1	1	2	2	2	4
2437	전남 영암군	서민층가스안전장치보급사업	15,000	11	6	7	8	7	3	3	2

순번	시군구	지출명 (사업명)	2024년예산 (단위 : 천원 /1년간)	민간이전 분류 (지방자치단체 세출예산 집행기준에 의거) 1. 민간경상사업보조(307-02) 2. 민간단체 법정운영비보조(307-03) 3. 민간행사사업보조(307-04) 4. 민간위탁금(307-05) 5. 사회복지시설 법정운영비보조(307-10) 6. 민간인위탁교육비(307-12) 7. 공기관등에대한경상적위탁사업비(308-13) 8. 민간자본사업보조,자체재원(402-01) 9. 민간자본사업보조,이전재원(402-02) 10. 민간위탁사업비(402-03) 11. 공기관등에 대한 자본적 위탁사업비(403-02)	민간이전지출 근거 (지방보조금 관리기준 참고) 1. 법률에 규정 2. 국고보조 재원(국가지정) 3. 용도 지정 기부금 4. 조례에 직접규정 5. 지자체가 권장하는 사업을 하는 공공기관 6. 시,도 정책 및 재정사정 7. 기타 8. 해당없음	입찰방식			운영예산 산정		성과평가 실시여부 1. 실시 2. 미실시 3. 향후 추진 4. 해당없음
						계약체결방법 (경쟁형태) 1. 일반경쟁 2. 제한경쟁 3. 지명경쟁 4. 수의계약 5. 법정위탁 6. 기타 ( ) 7. 없음	계약기간 1. 1년 2. 2년 3. 3년 4. 4년 5. 5년 6. 기타 ( )년 7. 단기계약 (1년미만) 8. 없음	낙찰자선정방법 1. 적격심사 2. 협상에의한계약 3. 최저가낙찰 4. 규격가격분리 5. 2단계 경쟁입찰 6. 기타 ( ) 7. 없음	운영예산 산정 1. 내부산정 (지자체 자체적으로 산정) 2. 외부산정 (외부전문기관위탁 산정) 3. 내·외부 모두 산정 4. 산정 無 5. 없음	정산방법 1. 내부정산 (지자체 내부적으로 정산) 2. 외부정산 (외부전문기관위탁 정산) 3. 내·외부 모두 산정 4. 정산 無 5. 없음	
2438	전남 영암군	LPG용기사용가구시설개선사업지원(자체)	12,500	11	1	7	8	7	3	3	2
2439	전남 영암군	지자체기능분류모델시스템고도화사업분담금	4,250	11	7	1	1	2	2	2	4
2440	전남 함평군	수선유지급여가구	700,000	11	1	5	1	6	3	3	4
2441	전남 영광군	초소형e모빌리티부품시생산지원기반구축사업3차년도군비분담금교부	2,400,000	11	8	7	8	7	5	5	4
2442	전남 영광군	2023년도항월항어촌뉴딜3사업보조금교부결정통보및송금의뢰(2차)	1,880,367	11	8	7	8	7	5	5	4
2443	전남 영광군	서해안선영광졸음쉼터하이패스IC설치공사(상행선)시설부담금납부	1,500,000	11	8	7	8	7	5	5	4
2444	전남 영광군	도시취약지역생활여건개조사업보조금교부(영광남천)	1,282,000	11	8	7	8	7	5	5	4
2445	전남 영광군	2023년도항월항어촌뉴딜3사업보조금교부결정통보및송금의뢰	1,200,000	11	8	7	8	7	5	5	4
2446	전남 영광군	2023년염산송암지구지표수보강개발사업보조금교부및송금지출품의	1,000,000	11	8	7	8	7	5	5	4
2447	전남 영광군	기초생활거점육성사업교부금교부(묘량면)	1,000,000	11	8	7	8	7	5	5	4
2448	전남 영광군	영광군스마트복합쉼터수소충전소구축사업공기관대행사업비지급	900,000	11	8	7	8	7	5	5	4
2449	전남 영광군	2023년주거급여수선유지급여사업보조금송금	800,000	11	8	7	8	7	5	5	4
2450	전남 영광군	2023년농업생산기반정비사업보조금(1회추경)교부및송금지출품의	800,000	11	8	7	8	7	5	5	4
2451	전남 영광군	2023년주거급여수선유지급여사업보조금송금	800,000	11	8	7	8	7	5	5	4
2452	전남 영광군	도시취약지역생활여건개조사업보조금교부(영광남천)	708,000	11	8	7	8	7	5	5	4
2453	전남 영광군	2023년농업생산기반정비사업보조금교부및송금지출품의	675,000	11	8	7	8	7	5	5	4
2454	전남 영광군	미래차전자기파인증센터구축사업3차년도군비분담금교부	660,000	11	8	7	8	7	5	5	4
2455	전남 영광군	농어촌취약지역생활여건개조사업보조금교부(염산오동)	584,000	11	8	7	8	7	5	5	4
2456	전남 영광군	2023년참조기양식산업화센터건립사업보조금지급	578,000	11	8	7	8	7	5	5	4
2457	전남 영광군	2023년마을단위(장고마을)LPG배관망구축사업보조금지급	568,704	11	8	7	8	7	5	5	4
2458	전남 영광군	농어촌취약지역생활여건개조사업보조금교부(안마도)	549,000	11	8	7	8	7	5	5	4
2459	전남 영광군	2023년지적재조사사업측량수수료지급(영광월평,군서남죽)	374,000	11	8	7	8	7	5	5	4
2460	전남 영광군	2023년월평항어촌신활력증진사업보조금교부결정및송금의뢰(2차)	369,720	11	8	7	8	7	5	5	4
2461	전남 영광군	2023년2차지적재조사사업업무위탁측량수수료지급	363,902	11	8	7	8	7	5	5	4
2462	전남 영광군	2023년기계화경작로확포장보조금교부및송금지출품의	330,000	11	8	7	8	7	5	5	4
2463	전남 영광군	일반농산어촌개발사업보조금교부(농촌협약활성화계획수립용역)	300,000	11	8	7	8	7	5	5	4
2464	전남 영광군	2023년도월평항어촌신활력증진사업보조금교부결정통보및송금의뢰	280,280	11	8	7	8	7	5	5	4
2465	전남 영광군	2023년참조기,부세양식기술개발위탁사업비지급	200,000	11	8	7	8	7	5	5	4
2466	전남 영광군	2023년도송이도마을특화개발사업교부결정통보및송금의뢰	107,143	11	8	7	8	7	5	5	4
2467	전남 영광군	2023년수치지역세계표준화좌표변환사업선급금지출	100,000	11	8	7	8	7	5	5	4
2468	전남 영광군	국도77호선영광스마트복합쉼터조성사업시설분담금납부	80,000	11	8	7	8	7	5	5	4
2469	전남 영광군	2023년LPG용기사용가구시설개선사업위탁사업비보조금지급	45,000	11	8	7	8	7	5	5	4
2470	전남 영광군	2023년부동산행정정보일원화자료정비사업선급금지급	43,500	11	8	7	8	7	5	5	4
2471	전남 영광군	차세대지방재정관리시스템구축사업(4차년도)위탁소요경비납부	33,974	11	8	7	8	7	5	5	4
2472	전남 영광군	2023년도입체주소구축및주소정보기본도유지관리사업업무위탁사업비지급	25,667	11	8	7	8	7	5	5	4
2473	전남 영광군	2023년지적기준점세계표준화좌표변환사업선급금지출	21,780	11	8	7	8	7	5	5	4
2474	전남 영광군	디지털주소정보플랫폼구축(1차)위탁사업비지급	20,013	11	8	7	8	7	5	5	4
2475	전남 영광군	2023년도주소정보관리시스템유지관리위탁사업비지급	18,173	11	8	7	8	7	5	5	4
2476	전남 영광군	2023년서민층가스안전장치(타이머콕)보급사업보조금지급	15,000	11	8	7	8	7	5	5	4
2477	전남 영광군	2023년LPG용기사용가구시설개선사업위탁사업비보조금지급(군비추가분)	10,000	11	8	7	8	7	5	5	4

순번	시군구	지출명 (사업명)	2024년예산 (단위 : 천원 /1년간)	민간이전 분류 (지방자치단체 세출예산 집행기준에 의거)	민간이전지출 근거 (지방보조금 관리기준 참고)	입찰방식 계약체결방법 (경쟁형태)	계약기간	낙찰자선정방법	운영예산 산정	정산방법	성과평가 실시여부
2478	전남 영광군	차세대지방세정보시스템구축2단계(2차년도)위탁사업비납부	115	11	8	7	8	7	5	5	4
2479	전남 장성군	청운지하차도개설	9,000,000	11	1	7	8	7	5	5	4
2480	전남 장성군	기초생활거점조성진원면	1,843,000	11	1	5	4	6	1	1	4
2481	전남 장성군	슬레이트처리지원	1,056,000	11	2	4	1	6	2	1	4
2482	전남 장성군	농업기반시설관리	600,000	11	5	7	8	7	1	1	4
2483	전남 장성군	국공립어린이집확충사업	193,578	11	1	7	8	7	1	1	1
2484	전남 장성군	공간정보DB구축및관리	187,500	11	1	6	1	7	3	1	4
2485	전남 장성군	예산운영관리	70,878	11	5	7	1	6	2	2	1
2486	전남 장성군	취수장정수장운영관리	50,000	11	7	7	8	7	5	5	4
2487	전남 진도군	지방상수도위탁통합운영대가	5,980,836	11	1	5	6	7	3	3	1
2488	전남 진도군	2022년어촌뉴딜300사업(모사항)	3,573,286	11	1	5	3	6	5	5	4
2489	전남 진도군	독거군도기항지개선사업	2,450,000	11	1	5	3	6	5	5	4
2490	전남 진도군	신재생에너지보급융복합지원사업(409개소)	2,371,331	11	5	7	8	7	1	3	4
2491	전남 진도군	어촌신활력증진사업(신규지구)	1,456,429	11	1	5	3	6	5	5	4
2492	전남 진도군	2023년어촌신활력증진사업(동육항)	1,456,429	11	1	5	3	6	5	5	4
2493	전남 진도군	수선유지급여	500,000	11	1	5	1	7	3	3	1
2494	전남 진도군	농업인월제지원사업	70,000	11	6	7	8	7	1	1	4
2495	전남 진도군	차세대지방세정보시스템구축사업	62,252	11	5	5	1	2	4	1	1
2496	전남 진도군	통합지방재정재해복구시스템구축분담금	60,749	11	2	5	1	2	2	2	2
2497	전남 진도군	공동방제단운영(인건비)	29,162	11	1	5	1	7	5	5	4
2498	전남 진도군	공동방제단운영(운영비)	21,583	11	1	5	1	7	5	5	4
2499	전남 진도군	도로명주소기본도현행화사업분담금	20,981	11	2	5	1	7	2	2	1
2500	전남 진도군	택시운행정보시스템군비부담금	1,007	11	1	7	6	6	1	1	2
2501	전남 신안군	신안군북부권역갯벌식생복원사업	2,836,000	11	2	5	4	7	5	1	3
2502	전남 신안군	추포암태간갯벌생태계복원사업	1,950,000	11	2	5	4	7	5	1	3
2503	제주 제주시	LPG용기사용가구시설개선사업(한국가스안전공사)	56,250	11	1	5	3	7	1	1	1
2504	제주 제주시	면정홍보에따른광고료	1,000	11	1	5	8	7	1	1	4
2505	제주 제주시	수선유지급여집수리사업	500,000	11	2	7	8	7	1	2	4
2506	제주 제주시	동행정홍보및시책광고료	1,000	11	1	5	8	7	5	5	4
2507	제주 제주시	묵리항어촌뉴딜3사업	4,148,950	11	2	5	3	6	3	3	3
2508	제주 제주시	금능권역어촌테마마을조성사업	2,115,000	11	2	5	3	6	3	3	3
2509	제주 제주시	협재리행복한살터조성사업	2,035,000	11	2	5	3	6	3	3	3
2510	제주 제주시	제주형마을만들기사업(제주다움복원)	835,000	11	1	7	8	7	5	5	4
2511	제주 제주시	힐링커뮤니티센터및발담정원조성	755,000	11	2	5	3	6	3	3	3
2512	제주 제주시	한림2리마을단위특화개발사업(균특이양)	700,000	11	6	5	3	6	3	3	3
2513	제주 제주시	김녕리마을단위특화개발사업(균특이양)	400,000	11	6	5	3	6	3	3	3
2514	제주 제주시	행원리마을단위특화개발사업(균특이양)	400,000	11	6	5	3	6	3	3	3
2515	제주 제주시	제주형마을만들기사업(종합개발)	395,000	11	1	7	8	7	5	5	4
2516	제주 제주시	제주형마을만들기사업(자율개발)	279,000	11	1	7	8	7	5	5	4
2517	제주 제주시	마을단위특화개발	230,000	11	1	7	8	7	5	5	4

순번	시군구	지출명 (사업명)	2024년예산 (단위 : 천원 /1년간)	민간이전 분류 (지방자치단체 세출예산 집행기준에 의거) 1. 민간경상사업보조(307-02) 2. 민간단체 법정운영비보조(307-03) 3. 민간행사사업보조(307-04) 4. 민간위탁금(307-05) 5. 사회복지시설 법정운영비보조(307-10) 6. 민간인위탁교육비(307-12) 7. 공기관등에대한경상적위탁사업비(308-13) 8. 민간자본사업보조,자체재원(402-01) 9. 민간자본사업보조,이전재원(402-02) 10. 민간위탁사업비(402-03) 11. 공기관등에 대한 자본적 위탁사업비(403-02)	민간이전지출 근거 (지방보조금 관리기준 참고) 1. 법률에 규정 2. 국고보조 재원(국가지정) 3. 용도 지정 기부금 4. 조례에 직접규정 5. 지자체가 권장하는 사업을 하는 공공기관 6. 시,도 정책 및 재정사정 7. 기타 8. 해당없음	입찰방식			운영예산 산정		성과평가 실시여부
						계약체결방법 (경쟁형태) 1. 일반경쟁 2. 제한경쟁 3. 지명경쟁 4. 수의계약 5. 법정위탁 6. 기타 ( ) 7. 없음	계약기간 1. 1년 2. 2년 3. 3년 4. 4년 5. 5년 6. 기타 ( )년 7. 단기계약 (1년미만) 8. 없음	낙찰자선정방법 1. 적격심사 2. 협상에의한계약 3. 최저가낙찰제 4. 규격가격분리 5. 2단계 경쟁입찰 6. 기타 ( ) 7. 없음	운영예산 산정 1. 내부산정 (지자체 자체적으로 산정) 2. 외부산정 (외부전문기관위탁 산정) 3. 내·외부 모두 산정 4. 산정 無 5. 없음	정산방법 1. 내부정산 (지자체 내부적으로 정산) 2. 외부정산 (외부전문기관위탁 정산) 3. 내·외부 모두 산정 4. 정산 無 5. 없음	1. 실시 2. 미실시 3. 향후 추진 4. 해당없음
2518	제주 제주시	월정리마을단위특화개발사업(균특이양)	230,000	11	6	5	3	6	3	3	3
2519	제주 서귀포시	중앙동도시재생센터민간위탁운영	6,253,000	11	4	7	8	7	5	5	4
2520	제주 서귀포시	성산리어촌테마마을조성사업	3,965,000	11	4	4	4	7	1	1	3
2521	제주 서귀포시	가축분뇨공공처리시설기능개선및증설사업대행	3,771,000	11	1	4	8	6	3	3	4
2522	제주 서귀포시	제주형마을만들기(자율종합개발)	2,627,000	11	1	5	6	7	1	1	1
2523	제주 서귀포시	대평포구어촌신활력증진사업	1,436,428	11	4	4	3	7	1	1	3
2524	제주 서귀포시	신풍리마을단위특화개발사업	800,000	11	4	4	3	7	1	1	3
2525	제주 서귀포시	삼달2리마을단위특화개발사업	720,000	11	4	4	3	7	1	1	3
2526	제주 서귀포시	신산리마을단위특화개발사업	720,000	11	4	4	3	7	1	1	3
2527	제주 서귀포시	신양리어촌종합개발사업	542,214	11	4	4	5	7	1	1	3
2528	제주 서귀포시	수선유지급여(주거급여)	400,000	11	2	5	1	7	5	5	4
2529	제주 서귀포시	서귀포삼다종합사회복지관기자재구입등	277,000	11	1,4	7	5	7	1	1	3
2530	제주 서귀포시	제주형마을만들기(제주다움복원)	160,000	11	1	5	6	7	1	1	1
2531	제주 서귀포시	사계항어촌뉴딜3사업	122,240	11	4	4	3	7	1	1	3
2532	제주 서귀포시	수산2리마을단위특화개발사업	120,000	11	4	4	4	7	1	1	3
2533	제주 서귀포시	서귀포공립요양원증축시설장비구입	100,000	11	7	7	8	7	1	1	3
2534	제주 서귀포시	세화2리항어촌뉴딜3사업	97,600	11	4	4	3	7	1	1	3
2535	제주 서귀포시	행정정보공통기반및재해복구시스템유지관리	93,612	11	1	5	1	7	2	2	4
2536	제주 서귀포시	LPG용기사용가구가스시설개선지원	29,250	11	2	5	3	7	2	1	2
2537	제주 서귀포시	지방행정공통시스템상담센터운영분담금	6,950	11	1	5	1	7	2	2	4

KCOI 발간도서 소개

● 민간위탁 통계

KCOMI 통계
2023 전국 지방자치단체 민·관 협업사무 운영 현황 I
민간경상사업보조(307-02)
민간단체법정운영비보조(307-03)
민간행사사업보조(307-04)

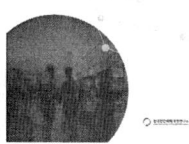

본 도서는 전국 17개 광역자치단체를 포함한 243개 지방자치단체의 2021년 민관 협업사무 운영 현황으로서 국내에서 유일하게 전국 민관 협업사무 운영 현황을 파악할 수 있는 자료이다. 해당 시리즈는 총 3권으로 제작되었다.

배성기 지음
한국민간위탁경영연구소
2023년 2월 출간

KCOMI 통계
2023 전국 지방자치단체 민·관 협업사무 운영 현황 II
민간위탁금(307-05)
사회복지시설법정운영비보조(307-10)
민간인위탁교육비(307-12)
공기관등에대한경상적대행사업비(308-10)

본 도서는 전국 17개 광역자치단체를 포함한 243개 지방자치단체의 2021년 민관 협업사무 운영 현황으로서 국내에서 유일하게 전국 민관 협업사무 운영 현황을 파악할 수 있는 자료이다. 해당 시리즈는 총 3권으로 제작되었다.

배성기 지음
한국민간위탁경영연구소
2023년 2월 출간

KCOMI 통계
2023 전국 지방자치단체 민·관 협업사무 운영 현황 III
민간경상사업보조(307-02)
민간단체법정운영비보조(307-03)
민간행사사업보조(307-04)

본 도서는 전국 17개 광역자치단체를 포함한 243개 지방자치단체의 2021년 민관 협업사무 운영 현황으로서 국내에서 유일하게 전국 민관 협업사무 운영 현황을 파악할 수 있는 자료이다. 해당 시리즈는 총 3권으로 제작되었다.

배성기 지음
한국민간위탁경영연구소
2023년 2월 출간

KCOMI 통계 - Ebook
2023 전국 지방자치단체 민간위탁 운영현황
민간위탁금(307-05)
사회복지시설법정운영비보조(307-10)
민간인위탁교육비(307-12)
공기관등에대한경상적대행사업비(308-10)

본 도서는 전국 17개 광역자치단체를 포함한 243개 지방자치단체의 민간위탁금(307-06) 예산 운영 현황으로서, 예산 및 해당사무별 업체선정방법, 개별조례 유무, 원가산정기준, 서비스(성과)평가 유무 등을 파악할 수 있는 자료이다.

배성기 지음
한국민간위탁경영연구소
2023년 2월 출간

KCOMI 통계
2022 전국 지방자치단체 민·관 협업사무 운영 현황 I

민간경상사업보조(307-02)
민간단체법정운영비보조(307-03)
민간행사사업보조(307-04)

본 도서는 전국 17개 광역자치단체를 포함한 243개 지방자치단체의 2021년 민관 협업사무 운영 현황으로서 국내에서 유일하게 전국 민관 협업사무 운영 현황을 파악할 수 있는 자료이다. 해당 시리즈는 총 3권으로 제작되었다.

배성기 지음
한국민간위탁경영구소
2022년 3월 출간

KCOMI 통계
2022 전국 지방자치단체 민·관 협업사무 운영 현황 II

민간위탁금(307-05)
사회복지시설법정운영비보조(307-10)
민간인위탁교육비(307-12)
공기관등에대한경상적대행사업비(308-10)

본 도서는 전국 17개 광역자치단체를 포함한 243개 지방자치단체의 2021년 민관 협업사무 운영 현황으로서 국내에서 유일하게 전국 민관 협업사무 운영 현황을 파악할 수 있는 자료이다. 해당 시리즈는 총 3권으로 제작되었다.

배성기 지음
한국민간위탁경영구소
2022년 3월 출간

KCOMI 통계
2022 전국 지방자치단체 민·관 협업사무 운영 현황 III

민간경상사업보조(307-02)
민간단체법정운영비보조(307-03)
민간행사사업보조(307-04)

본 도서는 전국 17개 광역자치단체를 포함한 243개 지방자치단체의 2021년 민관 협업사무 운영 현황으로서 국내에서 유일하게 전국 민관 협업사무 운영 현황을 파악할 수 있는 자료이다. 해당 시리즈는 총 3권으로 제작되었다.

배성기 지음
한국민간위탁경영구소
2022년 3월 출간

KCOMI 통계 - Ebook
2022 전국 지방자치단체 민간위탁 운영현황

민간위탁금(307-05)
사회복지시설법정운영비보조(307-10)
민간인위탁교육비(307-12)
공기관등에대한경상적대행사업비(308-10)

본 도서는 전국 17개 광역자치단체를 포함한 243개 지방자치단체의 민간위탁금(307-06) 예산 운영 현황으로서, 예산 및 해당사무별 업체선정방법, 개별조례 유무, 원가산정기준, 서비스(성과)평가 유무 등을 파악할 수 있는 자료이다.

배성기 지음
한국민간위탁경영구소
2022년 5월 출간

KCOMI 통계
2022 공공기관 민간위탁 운영현황

본 도서는 전국 340개 공공기관을 대상으로 2021년 전체사무 민간이전 운영현황을 파악할 수 있는 자료이다.

배성기 지음
한국민간위탁경영구소
2022년 5월 출간

KCOMI 통계
2022 중앙행정기관 행정사무 민간이전 운영현황

본 도서는 전국 342개 중앙행정기관을 대상으로 2018년 민간이전 사업 현황을 분석한 자료로서 국내에서 유일하게 민간위탁 현황을 분석하여, 전국 민간위탁 사무의 관리 현황을 제시하고 있다.

배성기 지음
한국민간위탁경영구소
2022년 5월 출간

KCOMI 통계
2021 전국 지방자치단체 민·관 협업사무 운영 현황 I

민간경상사업보조(307-02)
민간단체법정운영비보조(307-03)
민간행사사업보조(307-04)

본 도서는 전국 17개 광역자치단체를 포함한 243개 지방자치단체의 2021년 민관 협업사무 운영 현황으로서 국내에서 유일하게 전국 민관 협업사무 운영 현황을 파악할 수 있는 자료이다. 해당 시리즈는 총 3권으로 제작되었다.

배성기 지음
한국민간위탁경영구소
2021 3월 출간

KCOMI 통계
2021 전국 지방자치단체 민·관 협업사무 운영 현황 II

민간위탁금(307-05)
사회복지시설법정운영비보조(307-10)
민간인위탁교육비(307-12)
공기관등에대한경상적대행사업비(308-10)

본 도서는 전국 17개 광역자치단체를 포함한 243개 지방자치단체의 2021년 민관 협업사무 운영 현황으로서 국내에서 유일하게 전국 민관 협업사무 운영 현황을 파악할 수 있는 자료이다. 해당 시리즈는 총 3권으로 제작되었다.

배성기 지음
한국민간위탁경영구소
2021년 3월 출간

KCOMI 통계
2021 전국 지방자치단체 민·관 협업사무 운영 현황 I

민간경상사업보조(307-02)
민간단체법정운영비보조(307-03)
민간행사사업보조(307-04)

본 도서는 전국 17개 광역자치단체를 포함한 243개 지방자치단체의 2021년 민관 협업사무 운영 현황으로서 국내에서 유일하게 전국 민관 협업사무 운영 현황을 파악할 수 있는 자료이다. 해당 시리즈는 총 3권으로 제작되었다.

배성기 지음
한국민간위탁경영구소
2021 3월 출간

KCOMI 통계 - Ebook
2021 전국 지방자치단체 민간위탁 운영현황

민간위탁금(307-05)
사회복지시설법정운영비보조(307-10)
민간인위탁교육비(307-12)
공기관등에대한경상적대행사업비(308-10)

본 도서는 전국 17개 광역자치단체를 포함한 243개 지방자치단체의 민간위탁금(307-06) 예산 운영 현황으로서, 예산 및 해당사무별 업체선정방법, 개별조례 유무, 원가산정기준, 서비스(성과)평가 유무 등을 파악할 수 있는 자료이다.

배성기 지음
한국민간위탁경영구소
2021년 7월 출간

KCOMI 통계
2021 공공기관 민간위탁 운영현황

본 도서는 전국 340개 공공기관을 대상으로 2021년 전체사무 민간이전 운영현황을 파악할 수 있는 자료이다.

배성기 지음
한국민간위탁경영구소
2021년 5월 출간

KCOMI 통계
2021 중앙행정기관 행정사무 민간이전 운영현황

본 도서는 전국 342개 중앙행정기관을 대상으로 2018년 민간이전 사업 현황을 분석한 자료로서 국내에서 유일하게 민간위탁 현황을 분석하여, 전국 민간위탁 사무의 관리 현황을 제시하고 있다.

배성기 지음
한국민간위탁경영구소
2021년 5월 출간

KCOMI 통계 - Ebook
2020 전국 지방자치단체 민·관 협업사무 운영 현황 I

민간경상사업보조(307-02)
민간단체법정운영비보조(307-03)
민간행사사업보조(307-04)

본 도서는 전국 17개 광역자치단체를 포함한 243개 지방자치단체의 2020년 민관 협업사무 운영 현황으로서 국내에서 유일하게 전국 민관 협업사무 운영 현황을 파악할 수 있는 자료이다. 해당 시리즈는 총 3권으로 제작되었다.

배성기 지음
한국민간위탁경영연구소
2020년 7월 출간

KCOMI 통계 - Ebook
2020 전국 지방자치단체 민·관 협업사무 운영 현황 II

민간위탁금(307-05)
사회복지시설법정운영비보조(307-10)
민간인위탁교육비(307-12)
공기관등에대한경상적대행사업비(308-10)

본 도서는 전국 17개 광역자치단체를 포함한 243개 지방자치단체의 2020년 민관 협업사무 운영 현황으로서 국내에서 유일하게 전국 민관 협업사무 운영 현황을 파악할 수 있는 자료이다. 해당 시리즈는 총 3권으로 제작되었다.

배성기 지음
한국민간위탁경영연구소
2020년 7월 출간

KCOMI 통계 - Ebook
2020 전국 지방자치단체 민·관 협업사무 운영 현황 III

민간자본사업보조,자체재원(402-01)
민간자본사업보조,이전재원(402-02)
민간위탁사업비(402-03)
공기관등에대한자본적위탁사업비(403-02)

본 도서는 전국 17개 광역자치단체를 포함한 243개 지방자치단체의 2020년 민관 협업사무 운영 현황으로서 국내에서 유일하게 전국 민관 협업사무 운영 현황을 파악할 수 있는 자료이다. 해당 시리즈는 총 3권으로 제작되었다.

배성기 지음
한국민간위탁경영연구소
2020년 7월 출간

KCOMI 통계
2020 전국 지방자치단체 민·관 협업사무 운영 현황 통합본

본 도서는 전국 17개 광역자치단체를 포함한 243개 지방자치단체의 각 분야별 2018년 민관 협업사무 운영 현황으로 하수도시설, 하수슬러지건조화시설, 생활폐기물 수집운반, 생활폐기물 소각시설, 재활용 선별시설, 문화예술, 체육, 관광, 공원, 주차장, 청소년수련시설, 장애인복지시설의 운영 현황을 파악할 수 있는 자료이다.

배성기 지음
한국민간위탁경영연구소
2020년 7월 출간

KCOMI 통계 - Ebook
2020 전국 지방자치단체 민·관 협업사무 운영 현황 |하수도시설|

본 도서는 전국 17개 광역자치단체를 포함한 243개 지방자치단체의 하수도시설에 대한 2020년 민관 협업사무 운영 현황을 파악할 수 있는 자료이다.

배성기 지음
한국민간위탁경영연구소
2020년 5월 출간

KCOMI 통계 - Ebook
2020 전국 지방자치단체 민·관 협업사무 운영 현황 |하수슬러지건조화시설(소각포함)|

본 도서는 전국 17개 광역자치단체를 포함한 243개 지방자치단체의 하수슬러지건조화시설(소각포함)에 대한 2018년 민관 협업사무 운영 현황을 파악할 수 있는 자료이다.

배성기 지음
한국민간위탁경영연구소
2020년 5월 출간

KCOMI 통계 - Ebook
2020 전국 지방자치단체 민·관 협업사무 운영 현황
|생활폐기물 수집운반|

본 도서는 전국 17개 광역자치단체를 포함한 243개 지방자치단체의 생활폐기물 수집운반에 대한 2020년 민관 협업사무 운영 현황을 파악할 수 있는 자료이다.

배성기 지음
한국민간위탁경영연구소
2020년 5월 출간

KCOMI 통계 - Ebook
2020 전국 지방자치단체 민·관 협업사무 운영 현황
|생활폐기물 소각시설|

본 도서는 전국 17개 광역자치단체를 포함한 243개 지방자치단체의 생활폐기물 소각시설에 대한 2020년 민관 협업사무 운영 현황을 파악할 수 있는 자료이다.

배성기 지음
한국민간위탁경영연구소
2020년 5월 출간

KCOMI 통계 - Ebook
2020 전국 지방자치단체 민·관 협업사무 운영 현황
|재활용 선별시설|

본 도서는 전국 17개 광역자치단체를 포함한 243개 지방자치단체의 재활용 선별시설에 대한 2020년 민관 협업사무 운영 현황을 파악할 수 있는 자료이다.

배성기 지음
한국민간위탁경영연구소
2020년 5월 출간

KCOMI 통계 - Ebook
2020 전국 지방자치단체 민·관 협업사무 운영 현황
|문화예술부문|

본 도서는 전국 17개 광역자치단체를 포함한 243개 지방자치단체의 문화예술부문에 대한 2020년 민관 협업사무 운영 현황을 파악할 수 있는 자료이다.

배성기 지음
한국민간위탁경영연구소
2020년 5월 출간

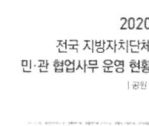

KCOMI 통계 - Ebook
2020 전국 지방자치단체 민·관 협업사무 운영 현황
|관광부문|

본 도서는 전국 17개 광역자치단체를 포함한 243개 지방자치단체의 관광부문에 대한 2020년 민관 협업사무 운영 현황을 파악할 수 있는 자료이다.

배성기 지음
한국민간위탁경영연구소
2020년 5월 출간

KCOMI 통계 - Ebook
2020 전국 지방자치단체 민·관 협업사무 운영 현황
|체육부문|

본 도서는 전국 17개 광역자치단체를 포함한 243개 지방자치단체의 체육부문에 대한 2020년 민관 협업사무 운영 현황을 파악할 수 있는 자료이다.

배성기 지음
한국민간위탁경영연구소
2020년 5월 출간

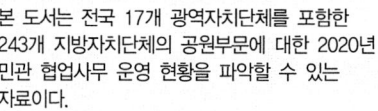

KCOMI 통계 - Ebook
2020 전국 지방자치단체 민·관 협업사무 운영 현황
|공원부문|

본 도서는 전국 17개 광역자치단체를 포함한 243개 지방자치단체의 공원부문에 대한 2020년 민관 협업사무 운영 현황을 파악할 수 있는 자료이다.

배성기 지음
한국민간위탁경영연구소
2020년 5월 출간

KCOMI 통계 - Ebook
2020 전국 지방자치단체 민·관 협업사무 운영 현황
|주차장시설|

본 도서는 전국 17개 광역자치단체를 포함한 243개 지방자치단체의 체육부문에 대한 2020년 민관 협업사무 운영 현황을 파악할 수 있는 자료이다.

배성기 지음
한국민간위탁경영연구소
2020년 5월 출간

KCOMI 통계 - Ebook
2020 전국 지방자치단체 민·관 협업사무 운영 현황
|청소년수련시설|

본 도서는 전국 17개 광역자치단체를 포함한 243개 지방자치단체의 청소년수련시설에 대한 2020년 민관 협업사무 운영 현황을 파악할 수 있는 자료이다.

배성기 지음
한국민간위탁경영연구소
2020년 5월 출간

KCOMI 통계 - Ebook
2020 전국 지방자치단체 민·관 협업사무 운영 현황
|장애인복지시설|

본 도서는 전국 17개 광역자치단체를 포함한 243개 지방자치단체의 장애인복지시설에 대한 2020년 민관 협업사무 운영 현황을 파악할 수 있는 자료이다.

배성기 지음
한국민간위탁경영연구소
2020년 5월 출간

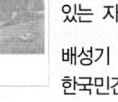

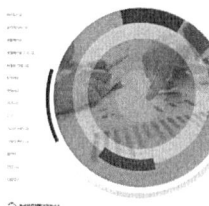

KCOMI 통계
2019 전국 지방자치단체 민·관 협업사무 운영 현황 통합본

본 도서는 전국 17개 광역자치단체를 포함한 245개 지방자치단체의 각 분야별 2019년 민관 협업사무 운영 현황으로 하수도시설, 하수슬러지건조화시설, 생활폐기물 수집운반, 생활폐기물 소각시설, 재활용 선별시설, 문화예술, 체육, 관광, 공원, 주차장, 청소년수련시설, 장애인복지시설의 운영 현황을 파악할 수 있는 자료이다.

배성기 지음
한국민간위탁경영구소
2019년 출간

KCOMI 통계
2019 전국 지방자치단체 민·관 협업사무 운영 현황 I

민간경상사업보조(307-02)
민간단체법정운영비보조(307-03)
민간행사사업보조(307-04)

본 도서는 전국 17개 광역자치단체를 포함한 245개 지방자치단체의 2019년 민관 협업사무 운영 현황으로서 국내에서 유일하게 전국 민관 협업사무 운영 현황을 파악할 수 있는 자료이다. 해당 시리즈는 총 3권으로 제작되었다.

배성기 지음
한국민간위탁경영구소
2019년 출간

KCOMI 통계
2019 전국 지방자치단체 민·관 협업사무 운영 현황 II

민간위탁금(307-05)
사회복지시설법정운영비보조(307-10)
사회복지사업보조(307-11)

본 도서는 전국 17개 광역자치단체를 포함한 245개 지방자치단체의 2019년 민관 협업사무 운영 현황으로서 국내에서 유일하게 전국 민관 협업사무 운영 현황을 파악할 수 있는 자료이다. 해당 시리즈는 총 3권으로 제작되었다.

배성기 지음
한국민간위탁경영구소
2019년 출간

KCOMI 통계
2019 전국 지방자치단체 민·관 협업사무 운영 현황 III

민간인위탁교육비(307-12),
공기관등에대한경상적대행사업비(308-10)
공사공단경상전출금(309-01)
민간자본사업보조,자체재원(402-01)
민간자본사업보조,이전재원(402-02)
민간위탁사업비(402-03)
공기관등에대한자본적위탁사업비(403-02)
공사공단자본전출금(404-01)

본 도서는 전국 17개 광역자치단체를 포함한 245개 지방자치단체의 2019년 민관 협업사무 운영 현황으로서 국내에서 유일하게 전국 민관 협업사무 운영 현황을 파악할 수 있는 자료이다. 해당 시리즈는 총 3권으로 제작되었다.

배성기 지음
한국민간위탁경영구소
2019년 출간

KCOMI 통계 - Ebook
2019 전국 지방자치단체 민·관 협업사무 운영 현황
|하수도시설|

본 도서는 전국 17개 광역자치단체를 포함한 245개 지방자치단체의 하수도시설에 대한 2019년 민관 협업사무 운영 현황을 파악할 수 있는 자료이다.

배성기 지음
한국민간위탁경영구소
2019년 출간

KCOMI 통계 - Ebook
2019 전국 지방자치단체 민·관 협업사무 운영 현황
|슬러지처리시설|

본 도서는 전국 17개 광역자치단체를 포함한 245개 지방자치단체의 하수슬러지건조화시설(소각포함)에 대한 2019년 민관 협업사무 운영 현황을 파악할 수 있는 자료이다.

배성기 지음
한국민간위탁경영구소
2019년 출간

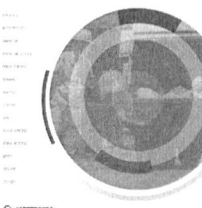

KCOMI 통계 - Ebook
2019 전국 지방자치단체 민·관 협업사무 운영 현황
|생활폐기물 수집운반|

본 도서는 전국 17개 광역자치단체를 포함한 245개 지방자치단체의 생활폐기물 수집운반에 대한 2019년 민관 협업사무 운영 현황을 파악할 수 있는 자료이다.

배성기 지음
한국민간위탁경영구소
2019년 출간

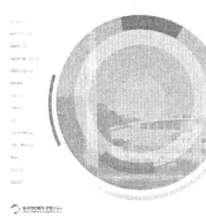

KCOMI 통계 - Ebook
2019 전국 지방자치단체 민·관 협업사무 운영 현황
|생활폐기물 소각시설|

본 도서는 전국 17개 광역자치단체를 포함한 245개 지방자치단체의 생활폐기물 소각시설에 대한 2019년 민관 협업사무 운영 현황을 파악할 수 있는 자료이다.

배성기 지음
한국민간위탁경영구소
2019년 출간

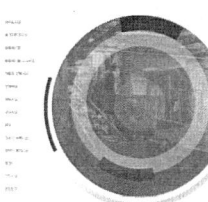

KCOMI 통계 - Ebook
2019 전국 지방자치단체 민·관 협업사무 운영 현황
|재활용 선별시설|

본 도서는 전국 17개 광역자치단체를 포함한 245개 지방자치단체의 재활용 선별시설에 대한 2019년 민관 협업사무 운영 현황을 파악할 수 있는 자료이다.

배성기 지음
한국민간위탁경영연구소
2019년 출간

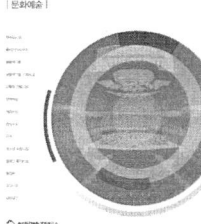

KCOMI 통계 - Ebook
2019 전국 지방자치단체 민·관 협업사무 운영 현황
|문화예술부문|

본 도서는 전국 17개 광역자치단체를 포함한 245개 지방자치단체의 문화예술부문에 대한 2019년 민관 협업사무 운영 현황을 파악할 수 있는 자료이다.

배성기 지음
한국민간위탁경영연구소
2019년 출간

KCOMI 통계 - Ebook
2019 전국 지방자치단체 민·관 협업사무 운영 현황
|관광부문|

본 도서는 전국 17개 광역자치단체를 포함한 245개 지방자치단체의 관광부문에 대한 2019년 민관 협업사무 운영 현황을 파악할 수 있는 자료이다.

배성기 지음
한국민간위탁경영연구소
2019년 출간

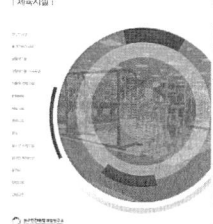

KCOMI 통계 - Ebook
2019 전국 지방자치단체 민·관 협업사무 운영 현황
|체육부문|

본 도서는 전국 17개 광역자치단체를 포함한 245개 지방자치단체의 체육부문에 대한 2019년 민관 협업사무 운영 현황을 파악할 수 있는 자료이다.

배성기 지음
한국민간위탁경영연구소
2019년 출간

KCOMI 통계 - Ebook
2019 전국 지방자치단체 민·관 협업사무 운영 현황
|공원부문|

본 도서는 전국 17개 광역자치단체를 포함한 245개 지방자치단체의 공원부문에 대한 2019년 민관 협업사무 운영 현황을 파악할 수 있는 자료이다.

배성기 지음
한국민간위탁경영연구소
2019년 출간

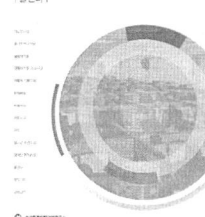

KCOMI 통계 - Ebook
2019 전국 지방자치단체 민·관 협업사무 운영 현황
|콜센터|

본 도서는 전국 17개 광역자치단체를 포함한 245개 지방자치단체의 콜센터 업무에 대한 2019년 민관 협업사무 운영 현황을 파악할 수 있는 자료이다.

배성기 지음
한국민간위탁경영연구소
2019년 출간

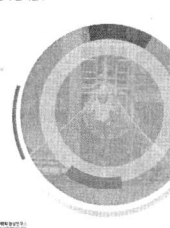

KCOMI 통계 - Ebook
2019 전국 지방자치단체 민·관 협업사무 운영 현황
|청소년수련시설|

본 도서는 전국 17개 광역자치단체를 포함한 245개 지방자치단체의 청소년수련시설에 대한 2019년 민관 협업사무 운영 현황을 파악할 수 있는 자료이다.

배성기 지음
한국민간위탁경영연구소
2019년 출간

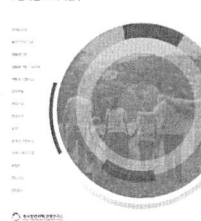

KCOMI 통계 - Ebook
2019 전국 지방자치단체 민·관 협업사무 운영 현황
|장애인복지시설|

본 도서는 전국 17개 광역자치단체를 포함한 245개 지방자치단체의 장애인복지시설에 대한 2019년 민관 협업사무 운영 현황을 파악할 수 있는 자료이다.

배성기 지음
한국민간위탁경영연구소
2019년 출간

KCOMI 통계
2019 정보화사업 운영 현황

본 도서는 전국 지방자치단체, 중앙행정기관, 공공기관의 2019년 정보화사업을 대상으로 사업 현황을 분석한 운영 현황 자료이다.

배성기 지음
한국민간위탁경영연구소
2019년 8월 출간

SVI 통계 - Ebook
2019 공공기관 사회적 가치 구현사업 운영현황 | 통계자료 |

본 도서는 공공기관 사회적 가치 구현사업의 운영 현황에 대한 통계를 파악할 수 있는 자료이다.

배성기 지음
사회적 가치 연구소
2019년 7월 출간

● 민간위탁 운영 관리 매뉴얼

지방자치단체사무의 민간위탁서비스
운영관리매뉴얼 I
민간위탁조례 및 계약관리방안

민간위탁 성패의 키는 계약관리이다.
본 도서는 민간위탁 서비스를 공급함에 있어 사회적 문제와 이슈를 관리 할 수 있는 체계적인 조례 제정 및 계약관리방법론을 제시하고 있다.

배성기 지음
한국민간위탁경영구소 / 450페이지 / 40,000원
2012년 8월 출간

지방자치단체사무의 민간위탁서비스
운영관리매뉴얼 II
민간위탁 운영관리비용 산정

효율적인 서비스 제공을 위한 원가산정방법론 제시 민간위탁서비스의 대시민 만족도를 높이기 위한 시작은 적정한 비용산정과 지급에서 시작된다. 이를 위해 본 도서에서는 세부적인 원가산정방법과 산정예시를 들어 설명하고 있다.

배성기 지음
한국민간위탁경영구소 / 409페이지 / 40,000원
2012년 8월 출간

지방자치단체사무의 민간위탁서비스
운영관리매뉴얼 III
민간위탁 서비스 평가

평가 없는 성장 없다.
본 도서에서는 민간위탁 서비스의 지속적인 성장 경영을 위한 경영학적 관리지표개발 및 서비스평가방안을 제시하고 있다.

배성기 지음
한국민간위탁경영구소 / 407페이지 / 40,000원
2012년 8월 출간

지방자치단체 민간투자사업 매뉴얼

지방자치단체 공무원들이 민간투자사업 정책 수립을 위한 전반적인 내용을 포괄적으로 다루어, 실무에 직접 적용할 수 있도록 방향을 제시하고 있다.

배성기 지음
한국민간위탁경영구소 / 247페이지 / 25,000원
2015년 9월 출간

● 민간위탁 서비스 경영

공공하수도시설 민간위탁 서비스경영

환경부통계를 기준으로 전국 공공하수처리시설 중 민간위탁으로 운영되는 시설은 318개소, 운영비는 5,000억 원, 운영인원은 3,642명이다. 민간위탁서비스의 질을 높이기 위해서는 시설관리만이 아닌 경영학적 기법이 도입된 체계적인 관리가 필요하다. 이를 위해서 본 도서에서는 공공하수도시설 민간위탁 서비스 경영을 위한 다양한 방안을 제시하고 있다.

배성기 · 안영진 · 박철휘 · 박종운 지음
한국민간위탁경영연구소 / 530페이지 / 40,000원
2012년 4월 출간

공공체육시설 민간위탁 서비스경영

전국 공공체육시설수는 15,137개소로 지속적으로 증가하고 있으며, 국민이 영위하고자 하는 공공체육서비스의 수준도 날로 증가 하고 있다. 이에 민간위탁으로 운영중인 공공체육시설의 서비스 수준의 향상을 위하여 본 도서에서는 공공체육시설 민간위탁 서비스 경영을 위한 다양한 방안을 제시하고 있다.

배성기 · 김영철 지음
한국민간위탁경영연구소 / 500페이지 / 40,000원
출간예정

관광시설 민간위탁 서비스경영

관광시설은 관광을 위한 편익을 제공하는 시설로서 숙박, 교통, 휴식시설 등을 통해 지역경제 활성화에 도움을 주고 있다. 이중 민간위탁으로 운영중인 관광시설을 대상으로 본 도서에서는 관광시설 민간위탁 서비스 경영을 위한 다양한 방안을 제시하고 있다.

배성기 · 김상원 · 김혜진 지음
한국민간위탁경영연구소 / 500페이지 / 40,000원
2015년 9월 출간

생활폐기물 수집 · 민간위탁 서비스경영

우리나라 일일 발생 생활폐기물량은 5만톤 수준으로 지자체에서는 소각, 매립, 재활용 등의 처리를 민간위탁을 통해 수행하고 있다. 본 도서는 민간위탁을 통해 생활폐기물을 처리하고 있는 시사세를 내상으로 효율석효과석 관리기법을 제시하고 있다.

배성기 지음
한국민간위탁경영연구소 / 500페이지 / 40,000원
2012년 4월 출간

● 정부원가계산

공기업·준 정부기관·기타 공공기관
정부원가계산의 이론과 실제

공공감사법 적용대상기관인 중앙 41개 기관, 공공 272개 기관의 정부예산 지출시 합리적인 예산지출 및 효과성을 높이기 위해 본 도서는 정부원가계산의 올바른 방법을 이론과 사례를 기준으로 제시하고자 하였다.

배성기 지음
한국민간위탁경영연구소/400페이지/35,000원
2012년 8월 출간

● 사회적 기업 및 비영리 법인

사회적기업 및 비영리법인의
공공부문 계약 입찰

국가 공공서비스가 좀 더 선진화 되기 위해서는 많은 사회적기업 및 비영리법인이 공공서비스 분야의 입찰 참가를 해야 한다. 정부와 동격의 파트너십을 통해 국민 모두를 파트너십의 수혜자로 만들기 위해 친절하고 자세하게 계약 참여 안내를 하고 있다.

배성기 옮김
한국민간위탁경영연구소 · scotland.gov.uk
/250페이지/30,000원
2012년 8월 출간

● 기타 민간위탁 분야 도서

KCOMI통계 2013
전국 민간위탁 운영현황 분석

본 도서는 민간위탁 본연의 목적과 기능을 유지하기 위해 발주처에서는 선택의 폭을 넓히고, 위탁기업들은 건전한 경쟁관계를 유도하기 위하여 전국 246개 지자체별 민간위탁 사무현황, 위탁예산현황, 위탁기업의 현황, 위탁기간 현황, 위탁자 선정방법 등을 조사·분석하였다.

배성기 지음
한국민간위탁경영연구소 / 513페이지 / 20,000원
2013년 8월 출간

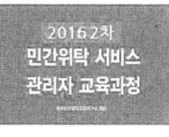

민간위탁 절차·평가 개선 교육교재

민간위탁제도가 도입된 지 13년이 지났지만 민간위탁에 대한 제도적 정비 및 운영상의 문제에 대한 지적은 끊이지 않는다. 본 도서는 민간위탁 사무를 추진함에 있어 꼭 필요한 조례, 계약, 비용, 평가 등의 내용을 중심으로 지방자치단체 공무원들의 정책결정을 돕고자 작성되었다.

배성기 지음
한국민간위탁경영연구소
민간위탁교육 참가자 배부용

공공하수처리시설 민간위탁
서비스평가

평가없는 성장 없다.
본 도서는 현행 공공하수처리시설 민간위탁 평가에 대한 법적 근거 및 제도에 대한 고찰을 통하여 보다 합리적인 민간위탁 서비스 평가 방안을 제시하고 있다.

배성기·안영진·박철휘·박종운 지음
한국민간위탁경영연구소 / 316페이지 / 25,000원
2011년 12월 출간

큰 사회(BIG Society)

영국 캐머런 총리의 큰 사회는 공공서비스 향상을 추구하며, 개념적으로는 국가를 반대하지 않으며 다양한 증거를 바탕으로 영국 사회를 지원하고 사회적 욕구를 충족시키는 현재 국가의 능력에 대해 깊이 있게 고민한다. 이는 우리나라에도 시사하는 바가 크므로 소개하고자 하였다.

배성기·이화진·김태현·남효응 옮김
나남출판사 · UBP / 165페이지 / 15,000원
출간 예정

공공관리 번역 도서

분쟁 후 취약한 상황에서의 정부기능 및 정부서비스 민간위탁

본 역서는 원조의 비효율적 비효과적 집행을 방지하고, 수원국의 역량개발에 도움을 줄 수 있는 방안을 도모하여 현장실무자들과 정부의 정책입안자들과 협력하기 위한 안내서의 역할을 해 줄 것이다. 또한 선진국의 민간위탁제도 운영방법론은 국내에서 좋은 시사점을 제공하고 있다.

배성기 옮김
한국민간위탁경영연구소 · OECD / 165페이지 / 25,000원
2011년 11월 출간

지방정부 서비스계약 (Local Government Contract)

공공을 위한 최선의 거래를 추구하는데 있어서 책임성과 유연성, 공익성과 경제성 등을 최적으로 조합하는 것은 현대 서비스 계약업무의 핵심이다. 본 역서는 그 조합방식을 유용하게 제안하고 있다.

배성기 옮김
한국민간위탁경영연구소 · ICMA / 200페이지 / 30,000원
출간 예정

정부계약자들을 위한 가격책정 및 원가계산 (Pricing and Cost Accounting)

정부와 계약기간 중 요구사항을 준수하고, 이윤을 유지하기 위한 협상방법을 수록하고 있다. 입찰에 대한 변경 요구 사항은 가격책정 원가계산 하도급 계약변경을 수반하며 이에 대한 정보를 제공하고 있다.

배성기 옮김
한국민간위탁경영연구소 · MC / 220페이지 / 25,000원
출간예정

서비스 수준관리 (Service Level Management)

서비스 수준관리(SLM)는 서비스 업무범위를 정의하여 서비스제공에 따른 업무목표, 해당부서 및 책임부서를 기술하고 고객과 서비스 공급업체의 업무분담을 명확히 하여 서비스 공급업체와 고객 양측 모두의 기대와 목적을 충족시키기 위한 내용을 기술하고 있다.

배성기 옮김
한국민간위탁경영연구소 · TAS / 240페이지 / 25,000원
출간 예정

공공관리와 성과 (Public Management and Performance)

공공서비스 성과가 뜻하는 바가 무엇이고, 이와 관련된 연구의 주요 성과는 무엇인가? 왜 관리가 중요한가? 연구자, 정책결정자, 실무자들에게 주는 함의는 무엇이며, 향후 과제는 무엇인가? 에 대해 저자들은 이야기 하고 있다.

배성기 · 김윤경 · 김영철 옮김
한국민간위탁경영연구소 · 캠브리지대학출판사 / 200페이지 / 35,000원
2012년 8월 출간

사회기반시설 자산관리 (Infrastructure Asset Management)

자산관리의 목표, 서비스 제공능력과 자산상태의 구체적 목표를 검토하고, 자산관리 활동을 최적화·체계화하기 위해 현재의 서비스 제공능력과 자산상태(condition)를 비교한다. 또 최적의 의사결정을 위해 필요한 재정적 고려사항에 대해서도 요약하고 있다.

유인균 · 박미연 · 배성기 옮김
한국민간위탁경영연구소 · CIRIA / 200페이지 / 35,000원
2012년 8월 출간

지방자치단체 사회적가치구현을 위한 공공조달프레임워크

영국의 중앙 및 지방정부기관들은 최저가 대신 사회적 가치를 고려해 최고가치(Best Value)를 지닌 쪽을 선택하도록 규정과 지침을 만들어 공공조달에 적용하고 있다.

이에, 영국의 사회적 가치 구현을 위한 조달규정 및 지침관련 사례를 발굴하여 국내에 홍보·전파하고자 출간하게 되었다.

배성기
브릿지협동조합 / 170페이지 / 25,000원
2016년 4월 출간

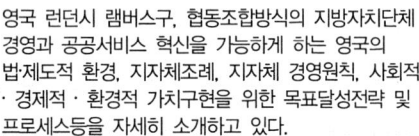

지방자치단체 공공서비스 혁신
협동조합도시 런던시 램버스구

영국 런던시 램버스구, 협동조합방식의 지방자치단체 경영과 공공서비스 혁신을 가능하게 하는 영국의 법·제도적 환경, 지자체조례, 지자체 경영원칙, 사회적 · 경제적 · 환경적 가치구현을 위한 목표달성전략 및 프로세스등을 자세히 소개하고 있다.

배성기 지음
브릿지협동조합 / 104페이지 / 25,000원
2016년 5월 출간

영국 중앙정부 및 지방정부 사회적 가치 구현 사례집

본 자료집은 Highways England와 하도급업체가 2012년 공공서비스(사회적가치)법에 의한 서비스 공급과 관련된 사회적가치를 확인하고 구현하기 위한 접근방법을 설명한다.

배성기 옮김
사회적 가치 연구소 / 290페이지 / 21,000원
2018년 6월 출간

사회적기업 및 비영리법인의 공공부문 계약 입찰

지방계약분야는 사회·경제적 상황에 따라 빠르게 변화하는 분야이며, 많은 관련 법령과 하위 규정들이 있어 실무자들이 업무를 숙지하는 데 상대적으로 어려움을 겪는 분야이기도 합니다. 2018년도 매뉴얼은 계약시 고려해야 할 사회적 가치와 더불어 실무에서 주로 활용되는 유권해석, 판례 등을 중점적으로 수록하였습니다.

서울특별시 엮음
브릿지협동조합 / 350페이지 / 24,000원
2018년 6월 출간

출간 예정 도서

공공서비스 기획 |모범 기획 원칙|

Commissioning Public Services는 공공조달 기획담당자들을 위한 영국의 공공서비스 조달기획 안내서로 지역고용, 양질의 일자리, 사회권·노동권 준수, 사회통합, 차별해소, 재분배 효과, 기업의 사회적 책임 이행 등이 조달원칙의 핵심 고려사항으로 설계되고 입찰, 낙찰, 계약 이행 등 각 단계에서 사회적 가치를 가진 재화 및 서비스가 자연스럽게 경쟁력을 가질 수 있도록 체계가 구축되어 공공구매를 통한 사회적가치가 최대화될 수 있기를 바랍니다.

배성기 옮김
한국민간위탁경영연구소
2019년 출간예정

공동체 편익 증대를 위한 안내서

장기간 경기침체와 부의 불평등 심화 그리고 인구의 수도권 집중은 취약계층에게 여러 가지 부담을 안겨주었고, 그 중 인간으로서 가장 기본적인 살 공간과 관련된 주거문제에 직면하게 하였습니다. Community Benefit Clause Guidance Manual은 영국의 사회임대주택사업자가 주택의 운영 및 관리 서비스 조달 시 서비스 공급자로 하여금 지역공동체 편익을 구현하도록 계약조항으로 수립하는 방법을 설명한 안내서입니다.

배성기 옮김
한국민간위탁경영연구소
2019년 출간예정

민·관 파트너십 구성 및 운영을 위한 안내서

공공사회파트너십은 공공기관이 사회적경제조직들로부터 재화 및 서비스를 단순히 구매한다는 차원을 넘어 공공기관이 주도하는 공공부문과 사회적경제조직들로 구성된 사회적경제부문이 함께 공공서비스를 설계하고 생산하는 것을 핵심으로 하는 개념입니다. Public Social Partnerships은 공공부문과 사회적경제조직이 공동으로 참여하는 공공서비스에 대한 새로운 접근방법을 묘사하고 있습니다.

배성기 옮김
한국민간위탁경영연구소
2019년 출간예정

사회적 가치 구현을 위한 안내서

사회적기업 육성 예산은 일자리창출 예산의 의미를 부여받고 있으며, 일자리 창출 엔진이라는 꼬리표가 사회적기업의 지원 예산을 확보하는데는 유용했으나 사회적기업의 정상적인 발전을 가로막는 부작용을 낳고 있는 것 또한 사실입니다. 따라서 사회적기업 육성예산은 이 사회적 부가가치(social added value) 창출의 엔진을 육성한다는 본래의 의미를 부여 받아야 할 필요성이 있습니다.

배성기 옮김
한국민간위탁경영연구소
2019년 출간예정

사회적기업을 위한 사업기획 안내서

이 안내서는 영국의 사회적경제 전문가집단인 FSD(Fourth Sector Development)가 사회적기업 창업을 고려하거나 성장을 도모하는 이들을 위해 개발한 7단계 전략에 기초하여 급변하는 사회경제적 환경에서 사회적경제 활동가들에게 사회적기업을 위한 사업계획을 사례와 함께 단계별로 설명하여 시간과 비용을 절감하고, 합리적 투자를 유도하여 사회적경제부문의 경쟁력 강화를 지원하고자 합니다.

배성기 옮김
한국민간위탁경영연구소
2019년 출간예정

사회투자성과 개발 안내서

SROI는 2000년대 들어 미국의 비영리재단 REDF가 제안된 개념으로, 사회적기업이나 비영리 조직이 생산한 사회적 가치와 경제적 가치를 통합해 정량적으로 측정하는 방법론이며 주관적인 판단이 개입하기 쉬운 사회적 가치를 화폐가치로 객관화했습니다. 한편 사회적기업에 관해 오랜 전통을 갖고 있는 영국에서는 SROI가 제안되기 이전부터 다양한 방식으로 사회적기업의 비재무적 성과를 측정하기 위한 방법론이 모색되었습니다.

배성기 옮김
한국민간위탁경영연구소
2019년 출간예정

협업기획 - 공공서비스 기획에 대한 새로운 사고

Collaborative Commissioning은 협업을 통한 공공서비스 기획과 관련된 영국사례로 사회적 가치 창출을 주된 목적으로 하는 사회적경제조직과 사회책임경영(CSR)기업 등이 공공시장에서 영리지향적 기업보다 경쟁 우위에 설 수 있도록 유도하고, 약 100조원이 넘는 공공조달시장의 상당 비율을 사회적경제에 친화적인 공공시장으로 전환될 수 있는 토대가 마련되는 계기가 되길 바랍니다.

배성기 옮김
한국민간위탁경영연구소
2019년 출간예정

배성기 (裵成基)

| 약력 |

現 공공서비스연구원 원장, 한국민간위탁연구소 소장, 한국공공서비스연구소 소장, 한국사회적가치연구소 소장, 한국지방의정연구소 소장, 단국대학교 경영학 박사, 가천대학교 회계학 석사
現 단국대학교 경영학과 외래교수
現 파주시청 민간위탁 운영심의위원, 은평구청 민간위탁 적정성운영위원
現 중랑구의회 의정자문위원, 한국의정연구회 지방의회연구소 초빙교수
現 송파구 민간위탁 운영평가위원, 사회적기업 육성 위원
現 성북구 사회적경제 육성위원, 성북민관협치 운영위원
現 국민권익위원회 부패영향평가 자문위원
現 가천대학교 사회적기업과고용관계연구소 비상임 선임연구원
現 에코아이 지속가능경영연구소 비상임 소장
現 (재)현대산업경제연구원 비상임 연구위원
前 서울시 민간위탁 원가분석 자문위원
前 단국대학교 경제학과 외래교수

| 주요 연구수행실적 |

「정부 및 지자체 등으로부터 위탁받은 사업 매뉴얼 구축 용역」
「2017년 재정사업 성과평가 용역(산림자원육성)」
「농림축산식품 정보화사업 성과관리체계 구축 연구」
「자동차전용도로 효율적 관리를 위한 직무분석 용역」
「산림문화휴양촌 관리운영 방안 수립 연구 용역」
「생활폐기물 수집·운반 및 처리시설 민간위탁 타당성 및 운영효율화 방안」
「산업단지 폐수처리시설 민간위탁 타당성 및 운영효율화 방안」
「종합사회복지관 민간위탁 타당성 및 운영효율화 방안」
「장애인복지관 민간위탁 타당성 및 운영효율화 방안」
「노인종합복지관 민간위탁 타당성 및 운영효율화 방안」
「아동·청소년시설 민간위탁 타당성 및 운영효율화 방안」
「소각장 민간위탁 타당성 및 운영효율화 방안」
「자동집하시설 민간위탁 타당성 및 운영효율화 방안」
「가로등관리 민간위탁 타당성 및 운영효율화 방안」
「공원관리 민간위탁 타당성 및 운영효율화 방안」
「문화예술체육시설 운영관리 민간위탁 타당성 및 운영효율화 방안」 외 다수

| 주요 저술실적 |

저서 : 지방자치단체 민간위탁 운영관리메뉴얼 Ⅰ,Ⅱ,Ⅲ권, 민간위탁 원가산정, 공공관리와 성과, 민간위탁 조례 및 계약 관리 방안, 하수처리시설 민간위탁 서비스 평가, 공공하수도시설 민간위탁 서비스 경영, 생활폐기물 수집·운반 및 처리시설 민간위탁 서비스 경영 등
번역 : OECD 정부기능 및 정부서비스 민간위탁 외 4권
논문 : 민간위탁서비스 핵심운영요인이 운영성과에 미치는 영향에 관한 실증 연구(2014) 등 3개
발표 : 한국생산관리학회, 한국구매조달학회, 한국관광경영학회 등 다수

한국민간위탁연구소는 공공서비스 관리 혁신을 통해
더 나은 정부, 더 나은 사회, 더 많은 사업기회를 만들어 갑니다.

T. 02-943-1941   F. 02-943-1948   E. kcomi@kcomi.re.kr   H. www.kcomi.re.kr

큰날개

큰날개는 급변하는 국내의 사회 환경 가운데에서 다양한 의견을 수렴하여 인간이 추구하는
더 높은 이상향을 향해 나아가고자 하는 바람을 추구하는 출판전문기업입니다.
특히 사회적으로 가치 있는 콘텐츠를 가진 사람이라면 누구나 책을 출간 할 수 있고,
원하는 독자층에 도달 할 수 있도록 도와주는 퍼블리싱 파트너(Publishing Partner)가 되고자 합니다.

T. 02-943-1947 F. 02-943-1948 H. bigwing.modoo.at